DEEP LEARNING

深層学習

Ian Goodfellow, Yoshua Bengio, Aaron Courville【著】
岩澤有祐、鈴木雅大、中山浩太郎、松尾 豊【監訳】

ASCII DWANGO

まえがき

この本は，深層学習（ディープラーニング）の決定版とも言える教科書で，全世界で多くの読者がこの本を使って勉強しています．著者の 3 人は深層学習の学術コミュニティでは大変に有名な方です．特に，Yoshua Bengio 氏は，近年の深層学習を切り拓き，コミュニティを引っ張ってきた張本人であり，Geoffrey Hinton 氏，Yann LeCun 氏と並んで，カナディアン・マフィアとも呼ばれる，まさに深層学習の開祖です．また，Ian Goodfellow 氏は，Bengio 氏の弟子ですが，近年の深層学習分野における偉大な発明である，敵対的生成ネットワーク（GAN）を考案した人物であり，30 歳そこそこですでに大きな功績を挙げている人物です．Aaron Courville 氏は，Bengio 氏の研究室で研究員・助教をやっており，多くの研究業績を持つとともに，Bengio 氏の活動を支えてきました．つまり，この本は，Bengio 氏を中心とする有名研究者らによって書かれたということになります．

深層学習の分野は，大変に動きが早く，本書のオリジナルである英語版がオンラインに公開されてから，長い間，執筆途中の状態が続き，出版に至りませんでした．その間も，内容の拡充は続き，特に，最初の数学の基礎の部分は大きく追加され，本書を読むにあたって前提となる知識も多く収録されました．本書は，数学の基礎から，ニューラルネットワークの基礎，CNN や RNN などのすでに確立した手法，そして，深層学習の研究という流れで本書は構成されています．特に，最終の 20 章の深層生成モデルが，Ian Goodfellow 氏の専門とするところであり，ここが本書の最高潮とも言える部分です．

本書でもカバーされていない話題として，例えば，転移学習や蒸留，深層学習における目的関数の性質，圧縮や高速化などの実装上の課題，深層強化学習などが挙げられます．しかし，深層学習の基礎を勉強するために必要なことはカバーされており，特に理論も含めてしっかり勉強したい方には最適の本だと思います．

私の研究室（東京大学松尾研究室）では，本書の英語版の輪読を 2015 年ごろから行い，できるだけ早く世に出そうと翻訳作業を着々と進めてきました．研究室のメンバー，あるいは研究室外部で輪読に参加しているメンバーが中心となって，本書の翻訳を行いました．特に，監訳者である岩澤 有祐氏，鈴木 雅大氏には細かい言い回しや表現等のチェックも含め，相当な労力をかけてもらい，本書の完成にこぎつけました．公開初日に 30,000 人以上のユーザが訪問した日本語訳のオンライン公開でも，ここには書き記せないほど多くの方からフィードバックをいただきました．改めて，この本の完成にご尽力頂いた皆様に感謝の意を表します．

我々は，深層学習が，今後の人工知能分野において極めて重要な基盤技術になると信じています．多くの読者が深層学習を勉強するために，この本が少しでも役に立つことができれば，監訳者，翻訳者全員の本意とするところです．

松尾 豊

日本語版刊行によせて

We welcome this Japanese translation of our textbook on Deep Learning. Deep learning is the driving force behind the amazing developments we are currently witnessing in Artificial Intelligence. It is our goal, with this translation, to allow Japanese speakers to master the principles and algorithms underlying these developments. The field of Deep Learning continues to experience a tremendous amount of activity and innovation. We hope you, our reader, will use this textbook as an entry point to the wider Deep Learning literature.

私たちの深層学習に関する教科書の日本語翻訳版が刊行されることを歓迎します．深層学習は，私たちが現在人工知能領域で目撃している驚異的な発展の原動力となっています．この翻訳は，日本語話者がこうした発展の基礎となる原理とアルゴリズムを習得できることを目標としています．深層学習の分野では，膨大な量の活動と技術革新が続いています．読者には，この教科書を幅広い深層学習の世界への入り口として使っていただけることを願っています．

Aaron Courville

目次

ウェブサイト

www.deeplearningbook.org

本書は，上記のウェブサイトと連携している．このウェブサイトでは，演習や講義のスライド，誤記の訂正など，読者と指導者の両方に役立つさまざまな補足資料が提供されている．

謝辞

本書は，多くの方々の貢献がなければ出版に至らなかっただろう．

本書の提案について見解をいただき，その内容と構成の計画に協力してくださった以下の方々に感謝する．Guillaume Alain, Kyunghyun Cho, Çağlar Gülçehre, David Krueger, Hugo Larochelle, Razvan Pascanu and Thomas Rohée.

本書の内容に関してご意見をいただいた以下の方々に感謝する． 一部の方々には，多くの章でご意見をいただいた．Martín Abadi, Guillaume Alain, Ion Androutsopoulos, Fred Bertsch, Olexa Bilaniuk, Ufuk Can Biçici, Matko Bošnjak, John Boersma, Greg Brockman, Alexandre de Brébisson, Pierre Luc Carrier, Sarath Chandar, Pawel Chilinski, Mark Daoust, Oleg Dashevskii, Laurent Dinh, Stephan Dreseitl, Jim Fan, Miao Fan, Meire Fortunato, Frédéric Francis, Nando de Freitas, Çağlar Gülçehre, Jurgen Van Gael, Javier Alonso García, Jonathan Hunt, Gopi Jeyaram, Chingiz Kabytayev, Lukasz Kaiser, Varun Kanade, Asifullah Khan, Akiel Khan, John King, Diederik P. Kingma, Yann LeCun, Rudolf Mathey, Matías Mattamala, Abhinav Maurya, Kevin Murphy, Oleg Mürk, Roman Novak, Augustus Q. Odena, Simon Pavlik, Karl Pichotta, Eddie Pierce, Kari Pulli, Roussel Rahman, Tapani Raiko, Anurag Ranjan, Johannes Roith, Mihaela Rosca, Halis Sak, César Salgado, Grigory Sapunov, Yoshinori Sasaki, Mike Schuster, Julian Serban, Nir Shabat, Ken Shirriff, Andre Simpelo, Scott Stanley, David Sussillo, Ilya Sutskever, Carles Gelada Sáez, Graham Taylor, Valentin Tolmer, Massimiliano Tomassoli, An Tran, Shubhendu Trivedi, Alexey Umnov, Vincent Vanhoucke, Marco Visentini-Scarzanella, Martin Vita, David Warde-Farley, Dustin Webb, Kelvin Xu, Wei Xue, Ke Yang, Li Yao, Zygmunt Zając and Ozan Çağlayan.

また，個々の章に関して有用なご意見をいただいた以下の方々にも感謝したい．

- 表記: Zhang Yuanhang.
- 1章，はじめに: Yusuf Akgul, Sebastien Bratieres, Samira Ebrahimi, Charlie Gorichanaz, Brendan Loudermilk, Eric Morris, Cosmin Pârvulescu and Alfredo Solano.
- 2章，線形代数: Amjad Almahairi, Nikola Banić, Kevin Bennett, Philippe Castonguay, Oscar Chang, Eric Fosler-Lussier, Andrey Khalyavin, Sergey Oreshkov, István Petrás, Dennis Prangle, Thomas Rohée, Gitanjali Gulve Sehgal, Colby Toland, Alessandro Vitale and Bob Welland.
- 3章，確率と情報理論: John Philip Anderson, Kai Arulkumaran, Vincent Dumoulin, Rui Fa, Stephan Gouws, Artem Oboturov, Antti Rasmus, Alexey Surkov and Volker Tresp.
- 4章，数値計算: Tran Lam AnIan Fischer and Hu Yuhuang.
- 5章，機械学習の基礎: Dzmitry Bahdanau, Justin Domingue, Nikhil Garg, Makoto Otsuka, Bob Pepin, Philip Popien, Emmanuel Rayner, Peter Shepard, Kee-Bong Song, Zheng Sun

and Andy Wu.

- 6章, 深層順伝播型ネットワーク: Uriel Berdugo, Fabrizio Bottarel, Elizabeth Burl, Ishan Durugkar, Jeff Hlywa, Jong Wook Kim, David Krueger and Aditya Kumar Praharaj.
- 7章, 深層学習のための正則化: Morten Kolbæk, Kshitij Lauria, Inkyu Lee, Sunil Mohan, Hai Phong Phan and Joshua Salisbury.
- 8章, 深層モデルの訓練のための最適化: Marcel Ackermann, Peter Armitage, Rowel Atienza, Andrew Brock, Tegan Maharaj, James Martens, Kashif Rasul, Klaus Strobl and Nicholas Turner.
- 9章, 畳み込みネットワーク: Martín Arjovsky, Eugene Brevdo, Konstantin Divilov, Eric Jensen, Mehdi Mirza, Alex Paino, Marjorie Sayer, Ryan Stout and Wentao Wu.
- 10章, 系列モデリング：回帰結合型ニューラルネットワークと再帰型ネットワーク: Gökçen Eraslan, Steven Hickson, Razvan Pascanu, Lorenzo von Ritter, Rui Rodrigues, Dmitriy Serdyuk, Dongyu Shi and Kaiyu Yang.
- 11章, 実用的な方法論: Daniel Beckstein.
- 12章, アプリケーション: George Dahl, Vladimir Nekrasov and Ribana Roscher.
- 13章, 線形因子モデル: Jayanth Koushik.
- 15章, 表現学習: Kunal Ghosh.
- 16章, 深層学習のための構造化確率モデル: Minh Lê and Anton Varfolom.
- 18章, 分配関数との対峙: Sam Bowman.
- 19章, 近似推論: Yujia Bao.
- 20章, 深層生成モデル: Nicolas Chapados, Daniel Galvez, Wenming Ma, Fady Medhat, Shakir Mohamed and Grégoire Montavon.
- Bibliography: Lukas Michelbacher and Leslie N. Smith.

また，自身の出版物の画像，図，データなどを転載することを許可していただいた方々にも感謝する．本書全体を通して，図表の説明文の中に彼らの貢献を記している．

本書のウェブ版の作成に使用した pdf2htmlEX を書き，さらには出来上がった HTML の品質改善を支援していただいた Lu Wang に感謝したい．

本書の執筆中，Ian を辛抱強く支えていただいただけでなく，校正の手助けもしていただいた，Ian の妻，Daniela Flori Goodfellow に感謝したい．

Ian が本書を書くために多大な時間を費やすことができ，また同僚からの意見や指導を受けられるような知的な環境を提供していただいた Google Brain チームに感謝する．特に，Ian の元上司である Greg Corrado と現在の上司である Samy Bengio に対して，本プロジェクトを支援していただいたことに感謝したい．最後に，執筆が困難なとき励ましていただいた Geoffrey Hinton に感謝する．

表記

本節では，本書全体を通して使われる表記を簡潔に説明する．対応する数学的概念についてよく知らないものがある場合，これらの概念のほとんどを 2 章から 4 章で説明するので，そちらを参照されたい．

数値と配列

a	スカラー (整数または実数)
$\boldsymbol{a}$	ベクトル
$\boldsymbol{A}$	行列
A	テンソル
$\boldsymbol{I}_n$	n 行 n 列の単位行列
$\boldsymbol{I}$	文脈で示された次元の単位行列
$\boldsymbol{e}^{(i)}$	i 番目の要素が 1 である標準基底ベクトル $[0,\ldots,0,1,0,\ldots,0]$
$\text{diag}(\boldsymbol{a})$	対角要素が $\boldsymbol{a}$ で与えられる対角行列
a	スカラーの確率変数
$\mathbf{a}$	ベクトル値の確率変数
$\mathbf{A}$	行列値の確率変数

集合とグラフ

$\mathbb{A}$	集合
$\mathbb{R}$	実数の集合
$\{0,1\}$	0と1からなる集合
$\{0,1,\dots,n\}$	0から n までのすべての整数からなる集合
$[a,b]$	a と b を含む実区間
$(a,b]$	a は含まず b は含む実区間
$\mathbb{A}\backslash\mathbb{B}$	差集合，すなわち，$\mathbb{B}$ に属さない $\mathbb{A}$ の要素からなる集合
$\mathcal{G}$	グラフ
$Pa_{\mathcal{G}}(\mathrm{x}_i)$	$\mathcal{G}$ における x_i の親

インデックス

a_i	ベクトル $\boldsymbol{a}$ の i 番目の要素で，i は1から始まる
a_{-i}	i 番目の要素以外のベクトル $\boldsymbol{a}$ の全要素
$A_{i,j}$	行列 $\boldsymbol{A}$ の i 行 j 列の要素
$\boldsymbol{A}_{i,:}$	行列 $\boldsymbol{A}$ の行 i
$\boldsymbol{A}_{:,i}$	行列 $\boldsymbol{A}$ の列 i
$\mathsf{A}_{i,j,k}$	3-D[*1]のテンソル A の要素 (i,j,k)
$\mathsf{A}_{:,:,i}$	3-Dのテンソルの2-D配列のスライス
a_i	確率ベクトル $\mathbf{a}$ の i 番目の要素

線形代数の演算

$\boldsymbol{A}^\top$	行列 $\boldsymbol{A}$ の転置行列
$\boldsymbol{A}^+$	$\boldsymbol{A}$ のムーア・ペンローズ擬似逆行列
$\boldsymbol{A}\odot\boldsymbol{B}$	$\boldsymbol{A}$ と $\boldsymbol{B}$ の要素ごとの（アダマール）積
$\det(\boldsymbol{A})$	$\boldsymbol{A}$ の行列式

[*1] 訳注：ここでのDとはテンソルの階数（rank）に相当する．ただし本書でのテンソルは，実装における配列を意識しており，Dも単に配列の軸の個数（すなわちインデックスの個数）という意味で用いられているので，階数とは訳さずにそのままDとした．ベクトルの次元（dimension）とは異なるので注意されたい．

微積分

$\dfrac{dy}{dx}$	y の x に関する微分[*2]
$\dfrac{\partial y}{\partial x}$	y の x に関する偏微分
$\nabla_{\boldsymbol{x}} y$	y の $\boldsymbol{x}$ に関する勾配
$\nabla_{\boldsymbol{X}} y$	y の $\boldsymbol{X}$ に関する行列の微分
$\nabla_{\mathsf{X}} y$	y の X に関する微分を含むテンソル
$\dfrac{\partial f}{\partial \boldsymbol{x}}$	$f:\mathbb{R}^n \to \mathbb{R}^m$ のヤコビ行列 $\boldsymbol{J} \in \mathbb{R}^{m \times n}$
$\nabla_{\boldsymbol{x}}^2 f(\boldsymbol{x})$ or $\boldsymbol{H}(f)(\boldsymbol{x})$	入力点 $\boldsymbol{x}$ における f のヘッセ行列
$\int f(\boldsymbol{x})d\boldsymbol{x}$	$\boldsymbol{x}$ の全定義域における定積分
$\int_{\mathbb{S}} f(\boldsymbol{x})d\boldsymbol{x}$	集合 $\mathbb{S}$ における $\boldsymbol{x}$ に関する定積分

確率と情報理論

$\mathrm{a} \perp \mathrm{b}$	確率変数 a と b は独立である
$\mathrm{a} \perp \mathrm{b} \mid \mathrm{c}$	a と b は c が与えられた下で独立である
$P(\mathrm{a})$	離散変数における確率分布
$p(\mathrm{a})$	連続変数における確率分布，あるいは型が指定されていない変数における確率分布
$\mathrm{a} \sim P$	確率変数 a の分布は P である
$\mathbb{E}_{\mathrm{x} \sim P}[f(x)]$ or $\mathbb{E}f(x)$	$P(\mathrm{x})$ に関する $f(x)$ の期待値
$\mathrm{Var}(f(x))$	$P(\mathrm{x})$ の下での $f(x)$ の分散
$\mathrm{Cov}(f(x), g(x))$	$P(\mathrm{x})$ の下での $f(x)$ と $g(x)$ の共分散
$H(\mathrm{x})$	確率変数 x のシャノンエントロピー
$D_{\mathrm{KL}}(P \Vert Q)$	P と Q のカルバック・ライブラーダイバージェンス
$\mathcal{N}(\boldsymbol{x}; \boldsymbol{\mu}, \boldsymbol{\Sigma})$	平均 $\boldsymbol{\mu}$，共分散 $\boldsymbol{\Sigma}$ のときの $\boldsymbol{x}$ におけるガウス分布

[*2] 訳注：原文では derivative であり，正確には導関数である．ただし，本書では導関数と微分（differential）などを使い分けていないため，主に微分と訳すことにした．

関数

$f : \mathbb{A} \to \mathbb{B}$	定義域が $\mathbb{A}$ で値域が $\mathbb{B}$ の関数 f
$f \circ g$	関数 f と g の合成
$f(\boldsymbol{x};\boldsymbol{\theta})$	$\boldsymbol{\theta}$ をパラメータとする $\boldsymbol{x}$ の関数（本文中では，表記を減らすため，$f(\boldsymbol{x})$ と書いて引数 $\boldsymbol{\theta}$ を省略することもある）
$\log x$	x の自然対数
$\sigma(x)$	ロジスティックシグモイド，$\dfrac{1}{1+\exp(-x)}$
$\zeta(x)$	ソフトプラス，$\log(1+\exp(x))$
$\|\|\boldsymbol{x}\|\|_p$	$\boldsymbol{x}$ の L^p ノルム
$\|\|\boldsymbol{x}\|\|$	$\boldsymbol{x}$ の L^2 ノルム
x^+	x の正の部分，すなわち，$\max(0,x)$
$\mathbf{1}_{\text{condition}}$	condition が真の場合は 1，そうでない場合は 0

引数がスカラーの関数 f を使い，それを $f(\boldsymbol{x})$，$f(\boldsymbol{X})$，$f(\mathsf{X})$ のようにベクトル，行列，テンソルに適用する場合がある．これは，f を配列の要素ごとに適用することを意味する．たとえば，$\mathsf{C} = \sigma(\mathsf{X})$ の場合，i，j および k の有効な値すべてに対して $\mathsf{C}_{i,j,k} = \sigma(\mathsf{X}_{i,j,k})$ となる．

データ集合と確率分布

p_{data}	データ生成分布
$\hat{p}_{\text{data}}$	訓練集合によって定義される経験分布
$\mathbb{X}$	訓練集合
$\boldsymbol{x}^{(i)}$	データ集合の i 番目の事例（入力）
$y^{(i)}$ or $\boldsymbol{y}^{(i)}$	教師あり学習において，$\boldsymbol{x}^{(i)}$ に関連付けられた目標
$\boldsymbol{X}$	列 $\boldsymbol{X}_{i,:}$ に入力事例 $\boldsymbol{x}^{(i)}$ を持つ $m \times n$ 行列

第1章

はじめに

発明家たちは，考える機械を作ることを長く夢見てきた．この欲求は，少なくとも古代ギリシャの時代までさかのぼる．神話の登場人物であるピグマリオン，ダイダロス，ヘパイストスは，みな伝説的な創造主であると考えてよいし，ガラティア，タロース，パンドラは，みな人工生命と考えてよいだろう (Ovid and Martin, 2004; Sparkes, 1996; Tandy, 1997).

プログラム可能なコンピュータが最初に考案されたとき，人々はそれが知的なものになるかどうかに考えを巡らせた．これは，コンピュータが実際に作られる100年以上前のことだった (Lovelace, 1842). 今日では，**人工知能**（artificial intelligence，AI）は数多くの実践的な応用と活発な研究テーマを持つ，盛況な分野である．定型的な労働を自動化し，言葉や画像を理解し，医療の診断を行い，基礎科学研究を支援する知的なソフトウェアが期待されている．

人工知能の初期にこの領域では，人間にとっては難解だが，コンピュータにとっては比較的簡単な問題に取り組み，それを解決するということが急速に進んだ．そのような問題とは，形式的で数学的なルールで記述できるものであった．人工知能にとっての真の挑戦とは，人間にとって実行するのは簡単だが，形式的に記述するのが難しいタスクを解決することだとわかった．そのタスクとは，話し言葉や画像の中の顔を認識するといった，我々が当たり前と感じるくらいに直感的に解決している課題である．

この本は，こういったより直感的な問題に対する解決策について書かれたものである．この解決策によって，コンピュータは経験から学べるようになり，世界を概念の階層という観点から理解できるようになる．その個々の概念はより単純な概念との関係で定義される．この手法では経験から知識を集めることで，人間がコンピュータに必要な知識すべてを形式的に指定する必要がなくなる．概念の階層があることで，コンピュータは複雑な概念をより簡単な概念から学習することができる．これらの概念が相互にどう構築されているかを示すグラフを描けば，そのグラフは深く，数多くの階層を持つものになるだろう．このことから，我々はAIに対するこのアプローチを**深層学習**（deep learning）と呼ぶ．

初期のAIの成功の多くは，比較的単純で定型的な環境で生まれ，コンピュータは世界についての知識をあまり必要としなかった．たとえば，チェスをプレイするシステムであるIBMのDeep Blueは，1997年に世界チャンピオンのGarry Kasparovに勝利した (Hsu, 2002)．チェスの世界は，とても単純で，たった64個のマスと，厳密に制限された方法でのみ動かせる32個のコマで構成されている．もちろん勝利に至るチェスの戦略を考案することは素晴らしい成果だが，この場合，チェスのコマ一式やその動きをコンピュータに教え込むことが難しいわけではない．チェスは完全に形式的なルールによって完全に記述でき，プログラマーがそのリストを事前に簡単に作成できる．

皮肉なことに，抽象的で型にはまったタスクは，人間にとっては最も困難な精神的作業であるが，コンピュータにとっては最も簡単なものである．コンピュータはずっと前から，人間で最強のチェスプレーヤーにも勝利してきたが，物体や音声を認識するといった平均的な人間の能力に対抗できるようになったのはつい最近のことである．人間の日常生活には，世界に関する途方もない量の知識が必要である．この知識の多くは，主観的かつ直感的であり，したがって形としてはっきり示すのが難しい．コンピュータが知的に振る舞うためには，これと同様の知識を習得する必要がある．人工知能についての重要な課題の1つは，この型にはまらない知識をコンピュータに導入する方法である．

いくつかの人工知能のプロジェクトでは，形式言語を使って世界についての知識をハードコーディングしようとした．コンピュータは論理的推論ルールを使って，この形式言語で書かれた文について自動的に推論することができる．これは人工知能に対する**知識ベース**（knowledge base）アプローチとして知られている．これらのプロジェクトは，いずれも大成功には至っていない．このようなプロジェクトで最も有名なものはCyc(Lenat and Guha, 1989) である．Cyc は推論エンジンと，CycL と呼ばれる言語で書かれた文のデータベースを備えたシステムである．これらの文は，人間の管理者が入力するのだが，これは手に負えないプロセスである．人にとっては，世界を正確に記述する，十分複雑で形式的なルールを考案することが難しい．たとえば，Cyc は Fred という名前の男が朝にひげをそるという話が理解できなかった (Linde, 1992)．Cyc の推論エンジンは，この話の中に矛盾を見つけた．Cyc は人間には電気の部品がないことは知っているが，Fred が電気カミソリを持っていたので，エンティティ「Fred がひげそり中（FredWhileShaving)」には電気の部品が含まれていると考えた．したがって，Cyc は Fred がひげをそっている間，Fred はそれでも人間なのかと尋ねた．

ハードコーディングされた知識に頼るシステムが困難に直面するということは，AI システムが生データからパターンを抽出することで，自分自身の知識を獲得する能力を持つ必要があることを示唆している．この能力は，**機械学習**（machine learning）として知られている．機械学習の導入によって，コンピュータが，現実世界の知識に関わる問題に取り組み，主観的に見える判断を下すことを可能にした．**ロジスティック回帰**（logistic regression）と呼ばれる簡単な機械学習のアルゴリズムは，帝王切開による出産を推奨するかどうかを決定することができる (Mor-Yosef *et al.*, 1990)．**ナイーブベイズ**（naive Bayes）と呼ばれる簡単な機械学習のアルゴリズムでは，問題のないメールとスパムメールを区別することができる．

これらの簡単な機械学習アルゴリズムの性能は，与えられたデータの**表現**（representation）に大きく依存する．たとえば，ロジスティック回帰が帝王切開の推奨に使われる場合，AI システムは患者を直接診断しない．その代わり，たとえば子宮瘢痕があるかないかといった関連する情報をいくつか，医師がシステムに教える．患者の表現に含まれる情報それぞれは，**特徴量**（**素性**，feature）として知られる．ロジスティック回帰は，患者に関するこのような特徴量のそれぞれが，さまざまな結果とどのような相関があるかを学習する．しかしながら，ロジスティック回帰は特徴量を定義する方法には何ら影響を及ぼすことができない．もしロジスティック回帰に，医師によって形式化された報告ではなく，患者の MRI スキャン画像を与えたなら，有用な予測を行うことはできない．MRI 画像の各画素と，出産中に起こりうるどんな困難な事態の間にも，無視できるような相関しか存在しないからである．

表現に対するこのような依存性は，コンピュータサイエンス全般に，あるいは日常生活にさえ出現する一般的な現象である．コンピュータサイエンスでは，データの集合を探すような操作は，その集合が知的に構造化されてインデックスが付けられていれば，急速に処理ができる．人間は，アラビア数字での計算は簡単にできるが，ローマ数字での計算にはずっと長い時間がかかる．表現の選択が，機械学習アルゴリズムの性能に甚大な影響を及ぼすことは驚きではない．図1.1は，このことを視覚的にわかりやすく示した例である．

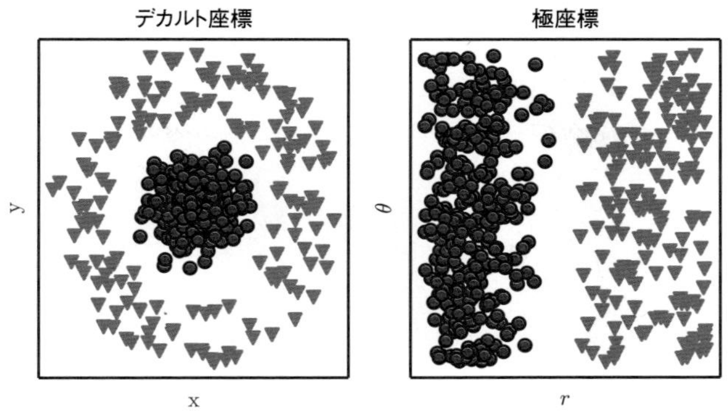

図 **1.1:** 異なる表現の例：散布図上のデータの間に直線を引くことで，2 つのカテゴリのデータを分けることを考える．左の散布図のように，デカルト座標を使ってデータを表現すると，このタスクは不可能である．右の散布図のように，極座標でデータを表現すると，タスクは簡単になり，垂直な直線を引いて解決できる．図は，David Warde-Farley と共同で作成した．

人工知能のタスクの多くは，そのタスクのために抽出すべき，正しい特徴量の集合を設計し，その特徴量を簡単な機械学習のアルゴリズムに提供することで解決できる．たとえば，音声から話者を同定する場合に有用な特徴量は，話者の声道の大きさを推定した量である．この特徴量は，話者が男性か女性か，あるいは子供であるかを判断する強力な手掛かりとなる．

しかしながら，多くのタスクにおいて，抽出すべき特徴量を知ることは難しい．たとえば，写真の中から車を検出するプログラムを書きたいとしよう．車には車輪があることがわかっているので，車輪の存在を特徴量として使いたくなる．残念ながら，画素の値で，車輪がどのように見えるかを正確に記述するのは難しい．車輪は幾何的に単純な形状をしているが，車輪に落ちる影，車輪の金属部分にギラギラ反射する太陽，車のフェンダーや車輪部分の手前に写った物体などによって，車輪の画像は複雑になる場合がある．

この問題に対する 1 つの解決策は，機械学習を使って表現から出力への写像を発見するだけでなく，表現そのものも発見することである．このアプローチは，**表現学習**（representation learning）と呼ばれる．学習された表現を使うと，手動で設計された表現を使うよりもずっと良好な結果が得られることが多い．また，AI システムが，人の介入を最小限に抑えつつ，新しいタスクにすぐに適応できるようにもなる．表現学習のアルゴリズムは，簡単なタスクに対しては数分で，難しいタスクに対しては数時間から数ヶ月で，有用な特徴量の集合を発見することができる．複雑なタスクのための特徴量を手動で設計するには，多くの人的時間と労力が必要となる．研究者のコミュニティ全体で数十年かかることもある．

表現学習のアルゴリズムの典型的な例が，**自己符号化器**（autoencoder）である．自己符号化器は，入力データを異なる表現に変換する**符号化器**（encoder）機能と，新しい表現を元の形式に戻す**復号化器**（decoder）機能の組み合わせである．自己符号化器は，入力が符号化器，次いで復号化器を通過するときに，できるだけ多くの情報が保存されるように訓練されるが，同時に，新しい表現が多様で良好な性質を保持するようにも訓練される．自己符号化器の種類によって，獲得させようとする性質の種類は異なる．

特徴量および特徴量を学習するアルゴリズムを設計するとき，通常その目的は観測データを説明する**変動の要因**を分類することである．この文脈では，「要因」という言葉を，単に影響を与える個々の原因を指すのに使用する．要因は通常，乗算によって組み合わされるものではない．このような要因は，直接観測できる量ではないことが多い．その代わり，観測可能な量に影響を及ぼす，物理世界では観測されない物体もしくは観測されない力として存在する場合がある．あるいは，観測データに対して，有用で簡潔な説明や推定された原因を提供する，人の心の中にある構成概念として存在する場合もある．要因は，データの豊富な変動性を理解しやすくする概念または抽象と考えることができるのである．録音された音声を分析するとき，変動の要因には，話者の年齢，性別，アクセント，そして話している言葉がある．車の画像を分析するとき，変動の要因には，車の位置や色，太陽の角度や明るさがある．

現実世界での人工知能の応用の多くに見られる難しさの主な原因は，変動の要因の多くが観測可能なデータのあらゆる部分に影響を与えてしまうことである．赤い車の画像の各画素は，夜には黒にとても近い色に見えるかもしれない．車の輪郭の形は，見る角度に依存する．ほとんどの応用では変動の要因の**もつれを解いて**（*disentangle*），重要でない変動の要因を取り除く必要がある．

もちろん，このような高位の抽象的な特徴量を，生データから抽出することは非常に難しい場合がある．話者のアクセントのような変動の要因の多くは，洗練された，人間レベルに近いデータに対する理解があって初めて同定できる．元の問題を解くのと同じくらい表現を獲得するのが難しい場合，表現学習は，一見すると，役に立たないように見える．

深層学習（**deep learning**）は，他の単純な表現で記述された表現を導入することで，表現学習におけるこの中心的な問題を解決する．深層学習によって，コンピュータは単純な概念からより複雑な概念を構築できる．図1.2は，深層学習のシステムが，人の画像の概念をどのように表現できるかを示している，ここでは人の画像が，たとえば角や輪郭といったより単純な概念の組み合わせで表現され，さらにそれらの概念がより単純な概念であるエッジで定義されている．

深層学習モデルの典型的な例は，順伝播型の深層ネットワークで，**多層パーセプトロン**（**multilayer perceptron, MLP**）と呼ばれる．多層パーセプトロンは，単に，入力値の集合を出力値に写像する数学的な関数である．この関数は，より単純な関数を数多く組み合わせることで構成されている．異なる数学的関数を用いると，その都度入力の新しい表現が得られると考えられる．

データの正しい表現を学習するというアイデアは，深層学習に関する視点の 1 つである．深層学習に関するもう 1 つの視点は，深さによって，コンピュータが複数ステップのコンピュータプログラムを学習できるという点である．表現の各層は，個々の命令の集合を並列に実行した後のコンピュータのメモリの状態と考えることができる．ネットワークが深ければ，逐次的に実行できる命令の数が増える．命令を逐次的に実行できれば，後から実行される命令が，それ以前に実行された命令の結果を参照できるので，大きな力を発揮できる．この深層学習の視点によれば，ある層の活性の情報すべてが，必ずしも入力を記述する変動の要因を符号化するわけではない．表現には，入力を理解できるプログラムの実行に役立つ，状態情報も保持されている．この状態情報は，従来のコンピュータプログラムにおけるカウンタやポインタと類似しているかもしれない．入力の内容には特に関係がないが，モデルがその処理を構造化する場合に役立つ．

モデルの深さを測るには 2 つの方法がある．1 つ目の方法は，その構造を評価するために実行しなければならない逐次的な命令の数に基づくものである．これを，モデルの入力が与えられたときに，モデルの各出力をどのように計算するかを記述するフローチャート上で，最長経路の長さと考えることができる．2 本の同等なコンピュータプログラムが，書かれている言語によって異なる長さとなるように，同じ関数でも，フローチャート上のそれぞれのステップで使われる関数によって，深さの異なるフローチャートとして描かれる場合がある．図1.3は，この言語の選択によって同じアーキテクチャに 2 つの

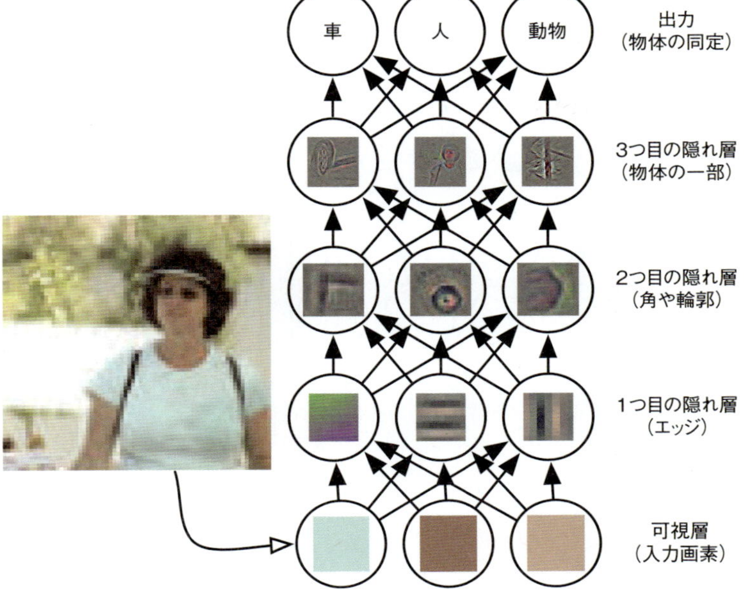

図 **1.2:** 深層学習のモデルの図．コンピュータにとって，画素の値の集合で表されたこの画像のような，生のセンサー入力データの意味を理解することは難しい．画素の集合を写像して物体を同定する関数は，とても複雑である．この写像の学習や評価を，直接実行するのは不可能に思える．深層学習では，求められる複雑な写像を，一連の入れ子状の単純な写像に分割することでこの難しさを解決する．この場合，その写像それぞれは，モデルの異なる層で記述される．入力が提示されるのは**可視層**で，これは観測可能な変数が含まれることから名付けられた．そして，一連の**隠れ層**で，画像から徐々に抽象的になっていく特徴量を抽出する．これらの層に「隠れ」という語が使われるのは，その値がデータの中には与えられていないからである．代わりに，観測されたデータの中の関係性を説明するためにはどの概念が有用であるかを，モデルが決定しなければならない．与えられた画素において，最初の層は，近接する画素の明るさを比較することで，エッジを簡単に検出できる．1 つ目の隠れ層からエッジの記述が与えられると，2 つ目の隠れ層は，エッジの集まりとして認識可能な角や広がる輪郭を簡単に探すことができる．2 つ目の隠れ層から角や輪郭で表された画像の記述が与えられると，3 つ目の隠れ層は，角や輪郭からなる特定の集まりを探すことで，特定の物体に関する部分を検出することができる．最後に，この画像が含む物体部分によるこの画像の記述を使って，画像の中に存在する物体が認識できる．画像はZeiler and Fergus (2014) の許可を得て転載した．

異なる測定結果が与えられる様子を図示している．

深層確率モデルで使われるもう 1 つのアプローチは，モデルの深さを，計算グラフの深さではなく，概念が互いにどのように関係しているかを記述するグラフの深さとみなすものである．この場合，それぞれの概念の表現を計算するために必要な計算のフローチャートの深さは，概念自体のグラフよりもずっと深くなる場合がある．これは，与えられる概念が複雑であるほど，より単純な概念に対するシステムの理解が洗練されるからである．たとえば，片目が影になっている顔の画像を観測する AI システムには，当初は片方の目しか見えないかもしれない．顔が存在することが検知された後は，おそらくもう片方の目も存在すると推測できる．この場合，概念グラフには 2 つの層，すなわち目の層と顔の層だけが含まれるが，n 回にわたってそれぞれの概念の推定を洗練させた場合，計算グラフには $2n$ の層が含まれる．

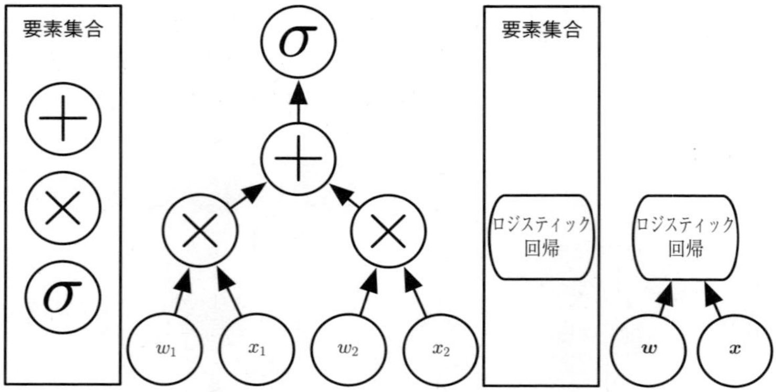

図 **1.3:** 入力を出力へ写像する計算グラフの図で，各ノードは演算を実行する．深さは，入力から出力までの最長経路の長さであるが，それは計算ステップを構成するものの定義に依存する．これらのグラフに描かれた計算は，ロジスティック回帰モデルの出力 $\sigma(w^T x)$ である．ただし，σ はロジスティックシグモイド関数である．もし加算，乗算，ロジスティックシグモイドをコンピュータ言語の要素として使うのであれば，このモデルの深さは 3 になる．もしロジスティック回帰を要素そのものと見れば，このモデルの深さは 1 である．

計算グラフの深さと確率モデルのグラフの深さのうち，どちらの視点が最適かは，つねに明確だとは限らないし，またグラフを構成するための最小要素の選び方は人によって異なるので，構造の深さについての正しい値が 1 つしかないというわけではない．それはちょうど，コンピュータプログラムの長さについて，正しい値が 1 つだけとは限らないということと同様である．また，モデルが「深い」と認定されるために必要な深さについても，合意があるわけではない．しかし，深層学習は，従来の機械学習と比較して，学習された関数あるいは概念をより多く合成するモデルについての研究だとみなしてよい．

要約すると，この本の主題である深層学習は，AI に対するアプローチの 1 つである．特に，機械学習の一種であり，コンピュータシステムが経験とデータによって改善することを可能にする技術である．我々は，機械学習が，複雑な実世界の環境下で動作する AI システムを構築可能にする唯一のアプローチだと考えている．深層学習は特殊な部類の機械学習であり，それぞれの概念が単純な概念との関係性で定義される入れ子になった概念の階層と，抽象性の低い表現から計算された抽象性の高い表現で世界を表すことで，大きな力と柔軟性を発揮する．図1.4に，このようないくつかの AI 分野の関係を図示する．図1.5では，それぞれがどのように機能するかを示す概略的な図を提示する．

1.1　誰がこの本を読むべきか

本書は，さまざまな読者に有用と考えられるが，我々は 2 種類の読者層を対象として本書を書いた．対象読者層の 1 つは，機械学習を学ぶ大学の学生（学部生または大学院生）で，深層学習や人工知能研究のキャリアを始めようと考えている人々である．もう 1 つの対象読者層は，機械学習や統計学に関わった経歴を持たないソフトウェアエンジニアで，早急にその経験を身に付けて，自身の製品やプラットフォームで深層学習を使い始めたい人々である．深層学習は，たとえばコンピュータビジョン，音声処理，自然言語処理，ロボット工学，生物情報学と化学，ビデオゲーム，検索エンジン，オンライン広告やファイナンスといった数多くのソフトウェア領域で有用であることが，すでに証明されている．

この本は，幅広い読者層に最も適したものとなるように，3 部構成となっている．I部は基礎的な数学

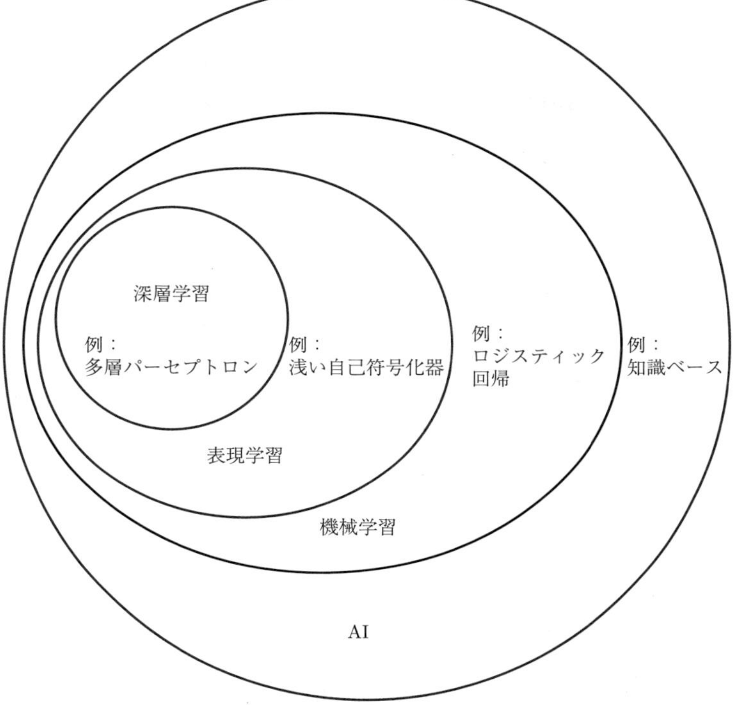

図 **1.4:** 深層学習が表現学習の一種であることを示したベン図．さらに，表現学習は機械学習の一種である．機械学習は人工知能へのアプローチとして数多く使われているが，これがすべてというわけではない．ベン図の各部分には，AI 技術の例を挙げている．

のツールと機械学習の概念を紹介する．II部は，基本的には解決された技術であり，最も確立されたと言える深層学習のアルゴリズムについて述べる．III部は，将来の深層学習の研究に重要だと広く信じられている，より理論的なアイデアについて述べる．

読者は，自分の興味や経験に応じて，関係のない部分を自由に飛ばして構わない．たとえば，線形代数，確率論，および基礎的な機械学習の概念に明るい読者は，I部を飛ばせるし，単純に機能するシステムを実装したい人はII部の先を読む必要はない．読むべき章を選びやすくするために，図1.6に本書の構成の概要を示すフローチャートを提示する．

我々は，すべての読者にコンピュータ科学の経験があると仮定している．プログラミング，計算性能の問題についての基本的な理解，計算複雑性理論，微積分の初歩，そしてある程度のグラフ理論の用語について精通しているものと仮定している．

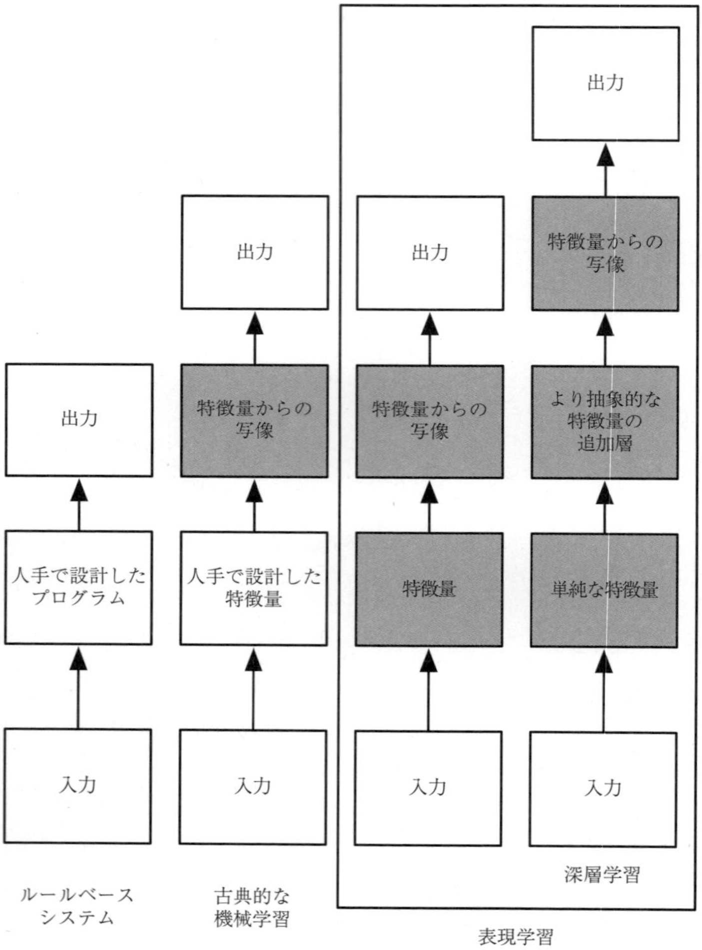

図 1.5: AI システムのさまざまな部分が，異なる AI 分野の間でどのように関連しているかを示したフローチャート．影付きのボックスは，データから学習できる要素を示している．

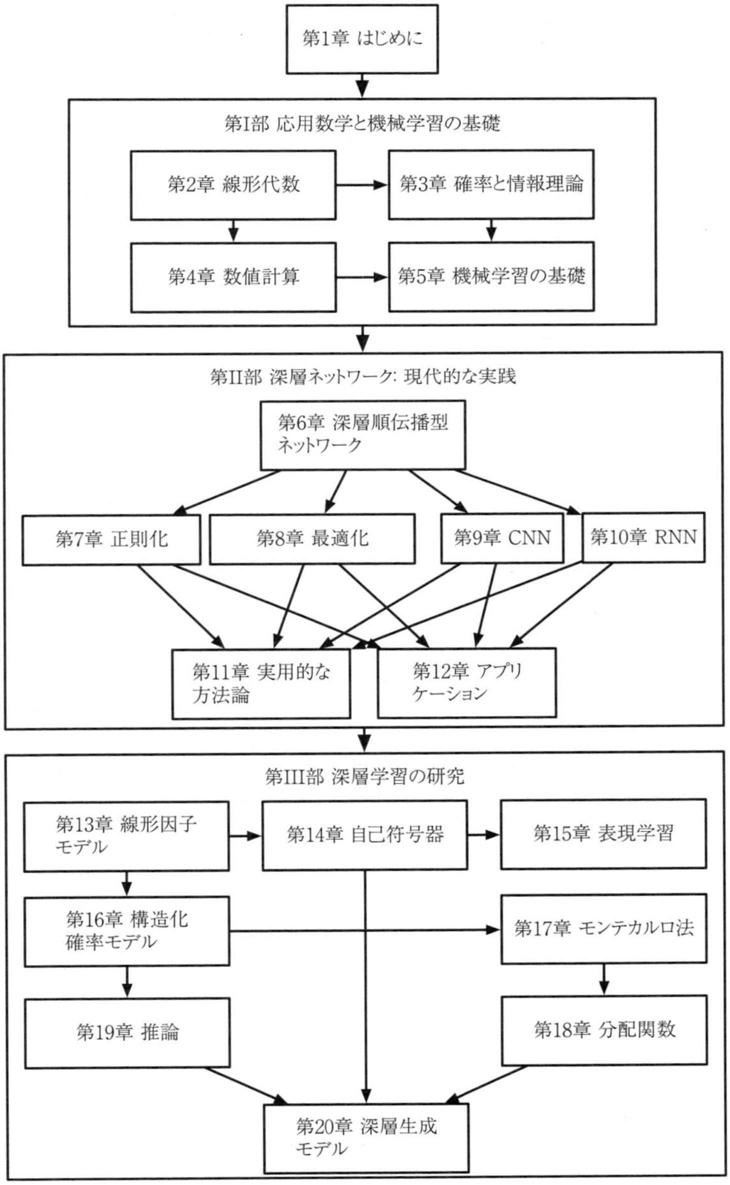

図 **1.6:** 本書の構成の概要．ある章から別の章への矢印は，矢印の元の章が先の章を理解する場合の前提となる内容であることを示している．

1.2　深層学習の動向の歴史

歴史的な文脈で深層学習を理解するのが最もわかりやすい．深層学習の詳細な歴史を示すのではなく，主要な動向をいくつか挙げる．

- 深層学習は長く豊かな歴史を持つが，いくつかの思想的な視点を反映して数多くの名前が付けられ，その人気には盛衰があった．
- 深層学習は，利用可能な学習データの量が増えるに従って，有用性が高まった．
- 深層学習に利用できるコンピュータ基盤（ハードウェア，ソフトウェアとも）が改善されるとともに，深層学習モデルのサイズは時とともに大きくなった．
- 深層学習は，時とともに正確性を高めながら，ますます複雑になる応用に対応できるようになった．

1.2.1　ニューラルネットワークの数多くの名前と変わりゆく運命

本書の読者の多くは，深層学習が，ワクワクする新技術だと聞いたことがあると思われるので，新興分野に関する本で「歴史」が言及されているのを見て驚くことだろう．実は，深層学習の始まりは1940年代にまでさかのぼる．深層学習は新しいものと**見える**だけで，それは現在の知名度に至るまでの数年間は比較的名前が知られておらず，また数多くの異なる名前が使われていたからで，「深層学習」と呼ばれるようになったのは，ほんのつい最近のことである．この分野は，何人もの研究者やいくつもの視点の影響を反映し，何度もその看板を掛け替えてきている．

深層学習の歴史を網羅することは，本書の対象とする範囲を超える．しかし，基本的な文脈のいくつかは，深層学習を理解するのに有用である．大まかに言って，その発展には 3 つの波があった．1940 年代から 1960 年代に，深層学習は**サイバネティクス**（**cybernetics**）として知られ，また 1980 年代から 1990 年代には**コネクショニズム**（**connectionism**）として知られていて，深層学習の名での今回の復活は 2006 年に始まった．これを数値的に示したものが図1.7である．

今日知られている最も初期の学習アルゴリズムに，生物学的学習の計算論的なモデル，つまり，脳の中で学習がどのように起こるか，あるいは起こりうるかというモデルを意図したものがある．その結果，深層学習に付けられた名前の 1 つに，**人工ニューラルネットワーク**（**artificial neural networks, ANNs**）がある． これは深層学習モデルが，生物学的な脳（人間の脳であろうが他の動物の脳であろうが）から着想を得た工学的なシステムであるという視点からきている．機械学習に使われるニューラルネットワークは，脳の機能を理解するために使われることもあった (Hinton and Shallice, 1991) が，一般的には，生物学的機能の現実的なモデルとして設計されていたわけではなかった．深層学習の神経学的な視点は，主に 2 つのアイデアに動機付けられている．1 つは，脳は知的な行動が可能であることの実例であり，知能を構築する概念的に単純な道筋は，脳の背後にある計算原理をリバースエンジニアリングし，その機能を複製することである，というものである．もう 1 つの視点は，脳と人間の知能の根底にある原理を理解することは非常に興味深いもので，これらの基本的な科学的疑問に光を当てる機械学習モデルは，工学的な応用を解決する能力とは別に，たいへん有益だというものである．

「深層学習」という現代用語は，現在の機械学習モデルにおける神経科学的観点を超えている．この

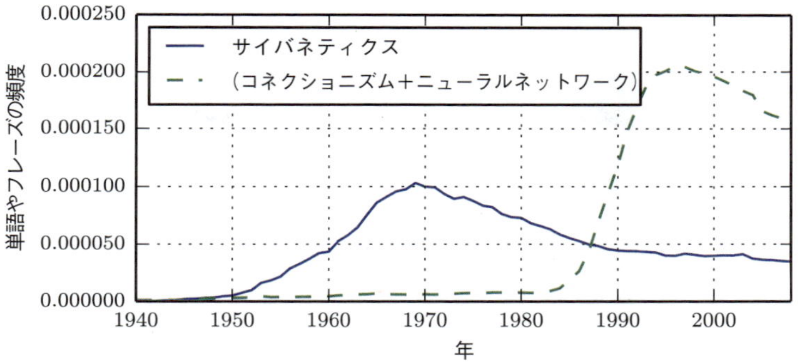

図 **1.7:** 人工ニューラルネットワークの歴史の 3 つの波のうちの 2 つを，Google Books で，「サイバネティクス」「コネクショニズム」または「ニューラルネットワーク」というフレーズの出現頻度で測定（3 つ目の波は最近すぎて現れていない）．最初の波は，1940 年代から 1960 年代にサイバネティクスとともに始まり，生物学的学習理論 (McCulloch and Pitts, 1943; Hebb, 1949) と，単一ニューロンの学習を可能にするパーセプトロンのような最初のモデル (Rosenblatt, 1958) の発展を伴っていた．2 つ目の波は，1980–1995 年の間にコネクショニストのアプローチで始まり，1 つまたは 2 つの隠れ層を持つニューラルネットワークを学習するための誤差逆伝播法 (Rumelhart *et al.*, 1986a) が使われた．現在の 3 番目の波である深層学習は，2006 年ごろに始まり (Hinton *et al.*, 2006; Bengio *et al.*, 2007; Ranzato *et al.*, 2007a)，2016 年の時点では本の形で出版され始めているところである．他の 2 つの波も同様に本として出版されているものの，それぞれの科学的な活動が起こってからかなり後の出版になっている．

用語は**複数レベルの構成**の学習という，より一般的な原理に訴えるため，必ずしも神経科学に基づいていない機械学習フレームワークに適用することができる．現代の深層学習の前身で最も初期のものは，神経科学の視点の影響を受けた単純な線形モデルであった．このモデルは，n 個の値 $x_1, \ldots, x_n$ の集合を入力とし，それを出力 y と関連付けるように設計された．このモデルは，重み $w_1, \ldots, w_n$ の集合を学習し，その出力 $f(\boldsymbol{x}, \boldsymbol{w}) = x_1 w_1 + \cdots + x_n w_n$ を計算する．このニューラルネットワーク研究の最初の波は，図1.7に示したように，サイバネティクスとして知られていた．

McCulloch-Pitts ニューロン (McCulloch and Pitts, 1943) は，初期の脳機能のモデルであった．この線形モデルは，$f(\boldsymbol{x}, \boldsymbol{w})$ の正負を判断することで，入力を 2 つのカテゴリに識別することができた．もちろん，このモデルが求められるカテゴリの定義に一致するためには，重みが正しく設定されなければならない．この重みは，人手で設定することができた．1950 年代には，パーセプトロン (Rosenblatt, 1958, 1962) が，各カテゴリの入力事例が与えられた場合に，カテゴリを定義する重みを学習できる最初のモデルとなった．だいたい同時期にさかのぼる**適応的線形要素**（adaptive linear element, ADALINE）は，単純に $f(\boldsymbol{x})$ 自体の値を返すことで実数値を予測し (Widrow and Hoff, 1960)，さらに学習によって，データからこれらの数値を予測することもできた．

この単純な学習アルゴリズムは，現代の機械学習の景観に大きな影響を与えた．ADALINE の重みを調整するために使われた学習アルゴリズムは，**確率的勾配降下法**（stochastic gradient descent）と呼ばれるアルゴリズムの特殊なケースであった．確率的勾配降下法のアルゴリズムを少し修正したものが，今日でも深層学習モデルの主要な学習アルゴリズムとなっている．

パーセプトロンや ADALINE に使われた $f(\boldsymbol{x}, \boldsymbol{w})$ に基づくモデルは，**線形モデル**（linear models）と呼ばれる．これらのモデルは，多くの場合，元のモデルの訓練とは異なる方法で**訓練**されているものの，依然として最も広く用いられる機械学習のモデルである．

線形モデルには数多くの限界がある．最もよく知られているのは，XOR 関数を学習できないことである．これは，$f([0,1],\boldsymbol{w})=1$ および $f([1,0],\boldsymbol{w})=1$ だが，$f([1,1],\boldsymbol{w})=0$ および $f([0,0],\boldsymbol{w})=0$ となる関数である．この線形モデルの欠点を見つけて批判した人々は，生物学から着想を得た学習全般に対する反発を引き起こした (Minsky and Papert, 1969)．これによって，ニューラルネットワークの人気が最初に大きく落ち込むことになった．

今日，神経科学は深層学習の研究者たちにとって重要な着想の源とみなされているが，もはやこの分野の主要な案内役ではなくなっている．今日の深層学習研究において神経科学の役割が低下した主な理由は，単に，案内役として使うには脳についての情報が十分ではないからである．脳で実際に使われるアルゴリズムについての深い理解を得るためには，（どんなに少なくとも）何千もの相互に接続したニューロンの活動を同時に観察できなければならない．これができないので，脳の最も単純で十分に研究されている部分についてさえ，理解からは程遠い状態にある (Olshausen and Field, 2005)．

神経科学は，単一の深層学習アルゴリズムが数多くのタスクを解決できるという期待の根拠になっている．視覚的な信号を音声処理をつかさどる領域に送るようにフェレットの脳を再配線すると，脳の音声処理領域で「見る」ことを学習できるということが神経科学者によって発見された (Von Melchner *et al.*, 2000)．これは，多くの哺乳類の動物の脳では，脳で解決するタスクのほとんどが，単一のアルゴリズムを使って解決されている可能性を示唆している．この仮説が唱えられる前は，機械学習の研究はもっと分断化されていて，自然言語処理，視覚，運動計画および音声認識を専門とする研究者のコミュニティで別々に研究されていた．今日，これらの応用のコミュニティは今も分かれているが，深層学習の研究グループでは，これらの応用領域の多く，あるいはすべてを同時に研究することは当たり前になっている．

神経科学から大まかなガイドラインを導き出すことができる．周囲のユニットとの相互作用によってのみ知的に振る舞う演算ユニットを数多く利用するという基本的なアイデアは，脳から着想を得たものである．ネオコグニトロン (Fukushima, 1980) は，哺乳類の視覚システムの構造に着想を得た画像処理のための強力なモデル構造を導入し，9.10節でも説明するように，後に現代の畳み込みネットワーク (LeCun *et al.*, 1998b) の基礎となった．今日のニューラルネットワークの多くは，**正規化線形関数**（**rectified linear unit**）と呼ばれるモデルニューロンに基づいたものである．元のコグニトロン (Fukushima, 1975) では，脳の機能についての知識に強く着想を得た，より複雑なモデルを導入した．簡単化された現代のモデルは，Nair and Hinton (2010) やGlorot *et al.* (2011a) が神経科学の影響に言及し，またJarrett *et al.* (2009) はもっと工学志向の影響に言及したように，数多くの視点からアイデアを取り入れて開発された．神経科学は重要な着想の源ではあるが，厳密な指針と考える必要はない．実際のニューロンは，現代の ReLU（rectified linear unit, 正規化線形関数）とは大きく異なる関数の計算をしていることがわかっているが，もっと広く見た神経科学の現状では，いまだ機械学習の性能改善にはつながっていない．また，神経科学は，いくつかのニューラルネットワーク**アーキテクチャ**に着想を与えることに成功してきたが，この構造を訓練するために使う**学習アルゴリズム**について，神経科学で十分な指針を提供できるほど，生物的な学習についてはまだ明らかになっていない．

メディアの記事では，深層学習と脳の類似点を強調することが多い．カーネルマシンやベイズ統計のような機械学習の分野の研究者と比べると，深層学習の研究者の方が，脳に着想を得たと言及することが多いのは事実だが，深層学習が脳のシミュレーションをする試みだと考えるべきではない．現代の深層学習は，数多くの分野，特に線形代数，確率論，情報理論や数値最適化のような応用数学の基礎から着想を得ている．深層学習の研究者の中には，神経科学を着想の重要な源であるとする研究者がいる一方で，神経科学にまったく関心がない研究者もいる．

脳がアルゴリズムとしてどのように働くのかを理解する努力がいまだ健在であるということは，注目に値する．この試みは主に「計算論的神経科学」として知られ，深層学習とは別の研究分野であるが，研究者が両方の分野を行き来することはよくあることである．深層学習の分野は，知能を必要とするタスクをうまく解決できるコンピュータシステムをどのように作るかが主な研究対象であるが，計算論的神経科学の分野では，実際に脳がどのように働くかについて，より正確なモデルを作ることが主な研究対象である．

1980 年代には，ニューラルネットワーク研究の第二の波が，**コネクショニズム**（connectionism），あるいは**並列分散処理**（parallel distributed processing）と呼ばれる形で，大きな動きを見せた (Rumelhart *et al.*, 1986c; McClelland *et al.*, 1995)．コネクショニズムは，認知科学の文脈で発生した．認知科学は，複数の異なるレベルの分析を組み合わせて心理を理解しようとする学際的なアプローチである．1980 年代初頭，ほとんどの認知科学者は記号推論のモデルを研究していた．その注目度にもかかわらず，記号モデルでは，脳がニューロンを使ってどのようにそのモデルを実装しているかの説明が難しかった．コネクショニストは，実際の神経機構に立脚しうる認知モデルを研究し始め (Touretzky and Minton, 1985)，心理学者 Donald Hebb の 1940 年代の研究 (Hebb, 1949) にまでさかのぼって多くのアイデアを復活させた．コネクショニズムの中心的なアイデアは，大量の単純な演算ユニットが，相互にネットワークでつながっていれば，知的な振る舞いを生み出すことができるというものである．この考えは，計算論的なモデルにおける隠れユニットに適用されるのと同様に，生物学的な神経システムにおけるニューロンにも適用される．

重要な概念のいくつかは，1980 年代のコネクショニズムの動きの間に生まれ，今日の深層学習においても中心的な存在であり続けている．

このような概念の 1 つに，**分散表現**（distributed representation）(Hinton *et al.*, 1986) の概念がある．これは，システムへの個々の入力が，多くの特徴量で表されるべきであり，各特徴量は数多くの取りうる入力の表現に含まれるべきだという考えである．たとえば，自動車，トラック，鳥を認識できる視覚システムがあり，各物体の色は赤，緑または青だとしよう．これらの入力を表現する 1 つの方法は，赤いトラック，赤い車，赤い鳥，緑のトラックなどのように，取りうる 9 通りの組み合わせそれぞれに対して活性化するニューロンや隠れユニットを別々に用意する方法である．この場合，9 つの異なるニューロンを必要とし，各ニューロンは色と物体の概念を個別に学習しなければならない．この状況を改善するために，分散表現を使って，3 つのニューロンで色を表し，さらに 3 つのニューロンで物体を表すという方法がある．これによって，ニューロンが 9 つではなく，全部で 6 つだけ必要となり，赤色を表すニューロンは，ある特定のカテゴリの画像からだけでなく，車，トラック，鳥の画像から赤色を学習することができる．分散表現は，本書の中心的な概念であり，15章でさらに詳しく説明する．

コネクショニストの活動の中でもう 1 つの大きな成果は，内部表現を持つ深層ニューラルネットワークの訓練に誤差逆伝播法をうまく使ったことと，誤差逆伝播法のアルゴリズムを普及させたことである (Rumelhart *et al.*, 1986a; LeCun, 1987)．このアルゴリズムへの注目度には浮き沈みがあるが，本書の執筆時点においては，深いモデルの訓練には有力な方法である．

1990 年代に，研究者はニューラルネットワークを使った系列のモデル化において重要な進展を生み出した．Hochreiter (1991) とBengio *et al.* (1994) は，10.7節で述べるように，長い系列のモデリングにおける基礎的な数学的課題をいくつか特定した．Hochreiter and Schmidhuber (1997) はこの課題のいくつかを解決するために，長期短期記憶（long short-term memory, LSTM）を提唱した．今日，

LSTM は Google における多くの自然言語処理を含め，数多くの系列モデリングのタスクに広く使われている．

ニューラルネットワーク研究の 2 番目の波は 1990 年代中ごろまで続いた．ニューラルネットワークなどの AI 技術を活用したベンチャーは，出資者を探すのに，現実的とは言えない野心的な主張をし始めた．AI 研究がこうした非合理的な期待に応えられないとわかると，投資家は失望した．同時期に，機械学習の他の分野では進展があった．カーネルマシン (Boser *et al.*, 1992; Cortes and Vapnik, 1995; Schölkopf *et al.*, 1999) とグラフィカルモデル (Jordan, 1998) の両方で，多くの重要なタスクで良好な結果を出した．この 2 つの要因によって，ニューラルネットワークの注目度は低下し，それは 2007 年まで続いた．

この間も，ニューラルネットワークはいくつかのタスクで素晴らしい結果を出し続けていた (LeCun *et al.*, 1998b; Bengio *et al.*, 2001)．カナダ先端研究機構（The Canadian Institute for Advanced Research, CIFAR）は神経計算・適応知覚（Neural Computation and Adaptive Perception, NCAP）研究機関を通じて，ニューラルネットワークの研究が継続されるように支援した．このプログラムは，トロント大学の Geoffrey Hinton，モントリオール大学の Yoshua Bengio，そしてニューヨーク大学の Yann LeCun によってそれぞれ率いられた機械学習の研究グループを結束させたものである．学際的な CIFAR NCAP 研究機関には，神経科学者や人間の視覚とコンピュータビジョンの専門家も参画していた．

この時点では，深いネットワークを訓練させるのは非常に難しいと一般的に信じられていた．今では 1980 年代から存在するアルゴリズムが極めてうまく機能することがわかっているが，これは 2006 年ごろには明らかではなかった．おそらく問題は，単純に，これらのアルゴリズムの計算コストが高すぎて，当時利用可能だったハードウェアでは十分な実験ができなかったという点にある．

ニューラルネットワーク研究の第 3 の波は，2006 年のブレークスルーで始まった．Geoffrey Hinton は，深層信念ネットワークと呼ばれるニューラルネットワークが，層ごとの貪欲事前学習（greedy layer-wise pretraining） (Hinton *et al.*, 2006) と呼ばれる戦略を使って効率的に訓練できることを示した．これについては15.1節でさらに詳しく述べる．他の CIFAR の連携研究グループでは，同じ戦略を使って，他の多くの種類の深いネットワークも訓練できることを早々に示し (Bengio *et al.*, 2007; Ranzato *et al.*, 2007a)，テスト事例での汎化性能を体系的に改善するのに役立った[*1]．このニューラルネットワーク研究の波は，「深層学習」という言葉の利用を普及させ，今や研究者が以前よりもっと深いニューラルネットワークを訓練することが可能になったことを強調し，深さの理論的な重要性に焦点を当てた (Bengio and LeCun, 2007; Delalleau and Bengio, 2011; Pascanu *et al.*, 2014a; Montufar *et al.*, 2014)．この時点で，深層ニューラルネットワークは，手動で設計された機能だけでなく他の機械学習の技術を活用した競合する AI システムの性能をしのいでいた．ニューラルネットワークが注目されたこの第 3 の波は，深層学習研究の焦点が劇的に変化してきているにもかかわらず，本書の執筆時点まで続いている．第 3 の波は，新しい教師なし学習の技術と深いモデルが小規模なデータ集合から良好に汎化する能力に焦点を当てることから始まったが，今日では，ずっと古い教師あり学習のアルゴリズムや深いモデルがラベル付きの大規模なデータ集合を活用する能力に，より大きな関心が集まっている．

[*1] 訳注：「汎化」の定義については 5.2 節を参照されたい．

1.2.2 増大するデータ集合のサイズ

人工ニューラルネットワークの最初の実験が 1950 年代に行われたにもかかわらず，最近になってようやく深層学習が極めて重要な技術と認識されるようになったことが，不思議に思われるかもしれない．深層学習は，1990 年代から商業的な応用ではうまく使われていたが，最近までは，技術というよりはむしろ芸術であり，専門家だけが使えるものとみなされることが多かった．深層学習のアルゴリズムでよい性能を得るには，ある程度のスキルが必要なのは間違いない．幸いにも，訓練データの量が増えるにつれて必要なスキルは少なくて済む．今日，複雑なタスクにおいて人間と同等の能力を発揮する学習アルゴリズムは，1980 年代に幼稚な問題を解くのに苦労していた学習アルゴリズムとほとんど同じものであるが，そのアルゴリズムで訓練するモデルは，とても深いアーキテクチャでの訓練を簡略化するように変化を遂げてきた．新しい進歩で最も重要なものは，今日では，アルゴリズムがうまく機能するために必要な資源を，提供できるということである．図1.8は，時が経つにつれて，ベンチマークのデータ集合のサイズがどのように増加したかを示している．この傾向は，社会のデジタル化が進んだことに起因している．コンピュータ上での活動が増えるほど，その活動の記録が増えていく．コンピュータが相

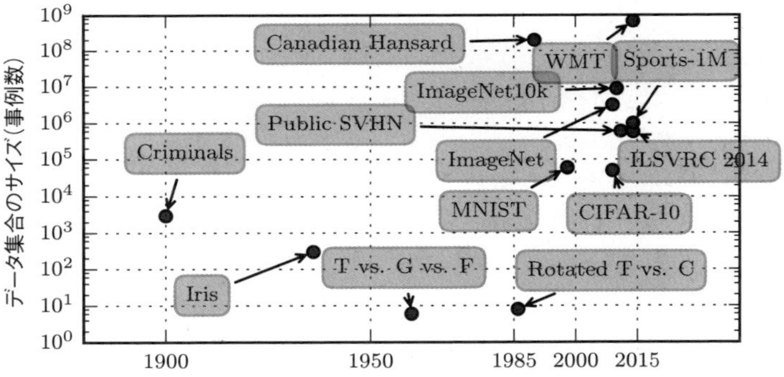

図 **1.8:** データ集合のサイズは時とともに増大してきた．1900 年代初頭，統計学者は，手動で作成した数百から数千の測定値を使ってデータ集合を研究した (Garson, 1900; Gosset, 1908; Anderson, 1935; Fisher, 1936)．1950 年代から 1980 年代にかけて，生物に着想を得た機械学習の先駆者たちは，低解像度の文字のビットマップなどの，小さな人工的データ集合で研究することが多かった．このデータ集合は，演算コストが少なく，ニューラルネットワークがある特定の関数 (Widrow and Hoff, 1960; Rumelhart *et al.*, 1986b) を学習できることを示すように設計された．1980 年代と 1990 年代には，機械学習は一段と統計的手法を使うようになり，手書き数字をスキャン (LeCun *et al.*, 1998b) した MNIST データ集合（図1.9に示す）のように，数万もの例を含んだ，さらに大きなデータ集合が用いられるようになった．2000 年代の最初の 10 年は，CIFAR-10 データ集合 (Krizhevsky and Hinton, 2009) のような，サイズは同じでもっと洗練されたデータ集合が継続的に作られた．この 10 年の終わりから 2010 年代の前半にかけ，数十万から数千万の例を含む極めて大きなデータ集合を使うことで，深層学習で可能なことがすっかり変わってしまった．このようなデータ集合には，公開されている Street View House Numbers データ集合 (Netzer *et al.*, 2011)，ImageNet データ集合のさまざまなバージョン (Deng *et al.*, 2009, 2010a; Russakovsky *et al.*, 2014a)，そして Sports-1M データ集合 (Karpathy *et al.*, 2014) がある．グラフの最上部には，カナダの議会議事録から作られた IBM のデータ集合 (Brown *et al.*, 1990) や，WMT2014 English to French データ集合 (Schwenk, 2014) などの翻訳文のデータ集合があり，一般的には他のデータ集合よりもかなり大きいものになっている．

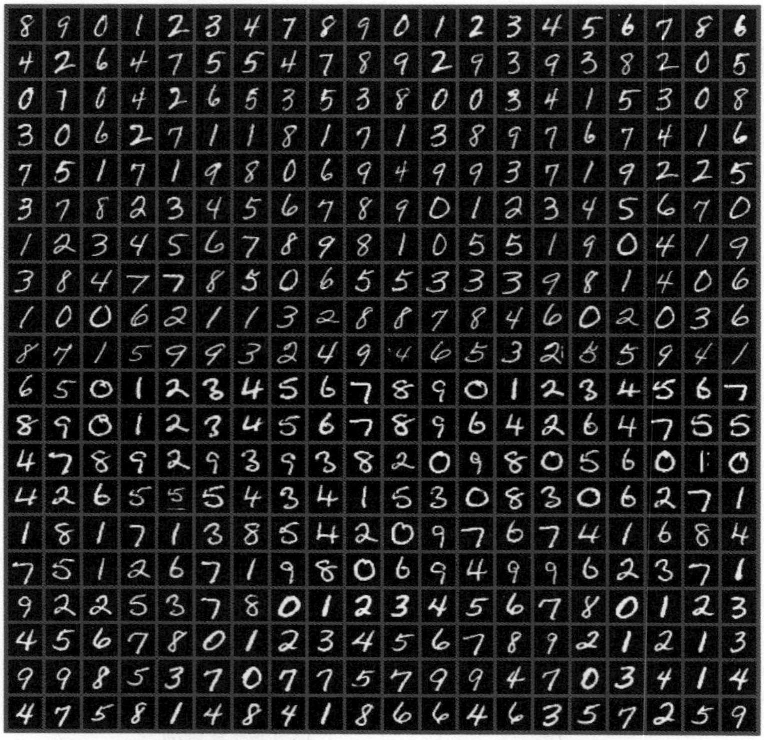

図 **1.9:** MNIST データ集合からの入力例.「NIST」は米国国立標準技術研究所で，もともとこのデータを集めた機関である.「M」は「修正された（modified）」ことを表していて，これはデータが機械学習のアルゴリズムに使いやすいように前処理されているからである．MNIST データ集合には，手書き数字をスキャンしたデータと，各画像に 0 から 9 のどの数字が書かれているかを示す関連ラベルが含まれている．この単純な分類問題は，最も単純でかつ最も広く使われる深層学習のテストである．現代の技術ではとても簡単に解けてしまう問題にもかかわらず，いまだによく利用される．Jeffly Hinton は，これを「機械学習の**ショウジョウバエ**」と述べている．これは，生物学者がよくショウジョウバエを研究に使うように，このデータ集合を使うことで機械学習の研究者は，管理された研究室環境でアルゴリズムの研究ができるということを意味している．

互にネットワークでつながるに従って，その記録を集めて，機械学習の応用に適したデータ集合に整理することが簡単になってきている.「ビッグデータ」の時代に機械学習がずっと簡単になったのは，少量のデータだけを観測した後に新しいデータに対してうまく汎化するという統計的推定の重要な負荷が大幅に軽減されたからである．2016 年の時点でだいたいの目安として，一般的に教師ありの深層学習のアルゴリズムでは，カテゴリごとに約 5,000 のラベルあり事例があれば，満足できる性能が達成され，また少なくとも 1,000 万のラベルあり事例を含むデータ集合で訓練すれば，人間に匹敵する，あるいは人間を超える性能を発揮する．これよりも小規模なデータ集合でうまく機能させるのは，重要な研究分野であり，特に教師なし学習や半教師あり学習で，大量のラベルなし事例を活用する方法に焦点が当てられている．

1.2.3 増大するモデルサイズ

1980 年代から比較的成功が少なかった後で，今日，ニューラルネットワークが急激に成功を収めているもう 1 つの大きな理由は，今日ではずっと大きなモデルを利用可能にする計算機資源があることである．コネクショニズムの主要な洞察の 1 つに，多くのニューロンが一緒に活動すると動物は賢くなるというものがある．個々のニューロンやニューロンの小さな集合は特に有用ではない．

生物のニューロンは，特段，密に連結してはいない．図1.10に示すように，機械学習のモデルは数十年の間，ニューロンあたりの結合数は哺乳類の脳と同規模となっていた．

ニューラルネットワークのニューロンの総数については，図1.11に示すように，ごく最近まで驚くほど少なかった．隠れユニットの導入以来，人工ニューラルネットワークのサイズはだいたい 2.4 年ごとに 2 倍になっている．この伸びは，より高速で大きなメモリを備えたコンピュータと，それまでより大きなデータ集合が利用可能になったことで実現した．ネットワークが大きいほど，より複雑なタスクでの精度を高められる．この傾向は何十年も続くように見える．新しい技術によってスケーリングが高速化しない限り，人工ニューラルネットワークは，早くても 2050 年代までは人間の脳と同数のニューロンを持つことはないだろう．生物のニューロンは現在の人工ニューロンよりもより複雑な機能を示す可能性があるので，生物のニューラルネットワークのサイズは，この図に描かれているよりもさらに大き

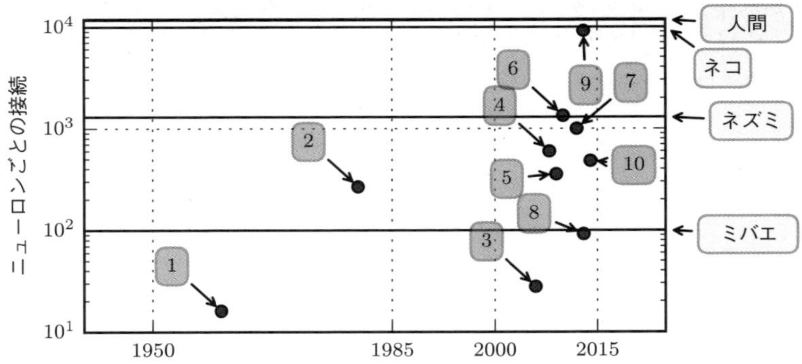

図 **1.10:** ニューロンあたりの接続数の変化．初期には，人工ニューラルネットワークのニューロンの間の接続の数は，ハードウェアの性能によって制限されていた．今日，ニューロンの間の接続の数は，主に設計で考慮すべき事項である．人工ニューラルネットワークの中には，ニューロンあたりの接続数がネコとほとんど同じものもあれば，接続数がネズミのような小さな哺乳類と同じくらいあることもよくある．人間の脳でもニューロンあたりの接続は途方もなく多いわけではない．生物学的なニューラルネットワークのサイズはWikipedia (2015) による．

1. 適応的線形要素 (Widrow and Hoff, 1960)
2. ネオコグニトロン (Fukushima, 1980)
3. GPU 加速型畳み込みネットワーク (Chellapilla *et al.*, 2006)
4. 深層ボルツマンマシン (Salakhutdinov and Hinton, 2009a)
5. 教師なし畳み込みネットワーク (Jarrett *et al.*, 2009)
6. GPU 加速型多層パーセプトロン (Ciresan *et al.*, 2010)
7. 分散型自己符号化器 (Le *et al.*, 2012)
8. マルチ GPU による畳み込みネットワーク (Krizhevsky *et al.*, 2012)
9. 商用オフザシェルフ（COTS）の HPC による教師なし畳み込みネットワーク (Coates *et al.*, 2013)
10. GoogLeNet (Szegedy *et al.*, 2014a)

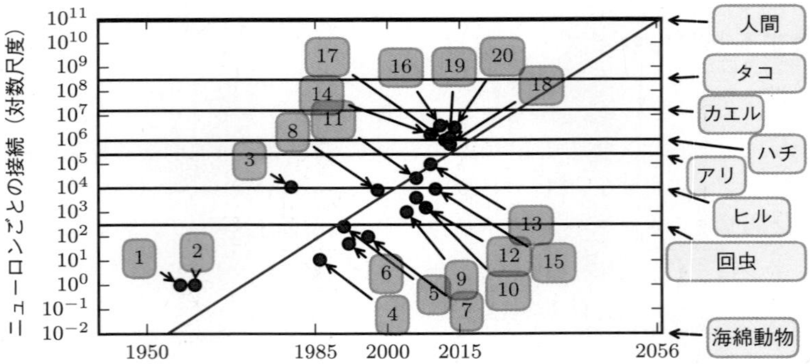

図 **1.11:** 時間とともに増大するニューラルネットワークのサイズ．隠れユニットの導入以来，人工ニューラルネットワークのサイズはだいたい 2.4 年ごとに 2 倍になっている．生物学的なニューラルネットワークのサイズはWikipedia (2015) による．

1. パーセプトロン (Rosenblatt, 1958, 1962)
2. 適応的線形要素 (Widrow and Hoff, 1960)
3. ネオコグニトロン (Fukushima, 1980)
4. 初期の誤差逆伝播ネットワーク (Rumelhart *et al.*, 1986b)
5. 音声認識のための回帰結合型ニューラルネットワーク (Robinson and Fallside, 1991)
6. 音声認識のための多層パーセプトロン (Bengio *et al.*, 1991)
7. 平均場シグモイド信念ネットワーク (Saul *et al.*, 1996)
8. LeNet-5 (LeCun *et al.*, 1998b)
9. エコーステートネットワーク (Jaeger and Haas, 2004)
10. 深層信念ネットワーク (Hinton *et al.*, 2006)
11. GPU 加速型畳み込みネットワーク (Chellapilla *et al.*, 2006)
12. 深層ボルツマンマシン (Salakhutdinov and Hinton, 2009a)
13. GPU 加速型深層信念ネットワーク (Raina *et al.*, 2009)
14. 教師なし畳み込みネットワーク (Jarrett *et al.*, 2009)
15. GPU 加速型多層パーセプトロン (Ciresan *et al.*, 2010)
16. OMP-1 ネットワーク (Coates and Ng, 2011)
17. 分散型自己符号化器 (Le *et al.*, 2012)
18. マルチ GPU 畳み込みネットワーク (Krizhevsky *et al.*, 2012)
19. 商用オフザシェルフ（COTS）の HPC による教師なし畳み込みネットワーク (Coates *et al.*, 2013)
20. GoogLeNet (Szegedy *et al.*, 2014a)

いかもしれない．

今にして思うと，ヒルよりも少ない数のニューロンを持つニューラルネットワークが，複雑な人工知能の問題を解けなかったのも特に驚きではない．今日のネットワークは，計算システムの観点からは極めて大きいものと考えられるが，カエルのような比較的原始的な脊椎動物の神経系よりも小さい．

より速い CPU が利用可能になり，汎用 GPU が出現し（12.1.2節で説明する），より速いネットワーク接続や，分散コンピューティングのためのソフトウェア基盤の改善によって，時間の経過とともにモデルの大きさが増加することは，深層学習の歴史の中で最も重要な潮流の 1 つである．この流れは一般的には，将来もずっと続いていくと予想される．

1.2.4　精度，複雑性，実世界の影響の増大

1980 年代以降，深層学習は一貫してその性能を向上させ，正確な認識や予測を提供してきた．そして，深層学習はさらに幅広く応用されて成功を収めてきた．

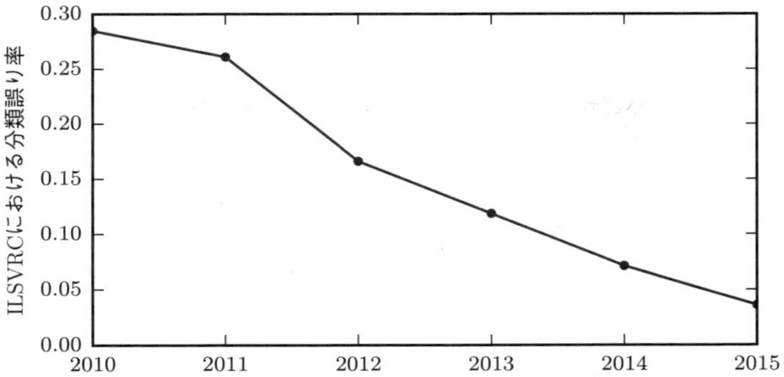

図 **1.12:** 誤り率の年ごとの低下．深いネットワークが ImageNet 大規模視覚認識チャレンジで競うのに十分な大きさになってから，毎年堅実にコンテストに勝利し，参加するたびに大幅に誤り率を低減している．データは，Russakovsky *et al.* (2014b) と He *et al.* (2015) より．

最も初期の深層学習のモデルは，きちんと切り取られた極端に小さな画像の中の物体をそれぞれ認識することに使われた (Rumelhart *et al.*, 1986a)．それ以後，ニューラルネットワークが処理できる画像のサイズは徐々に大きくなってきた．現代の物体認識のネットワークは，高解像度の鮮やかな写真を処理し，認識したい物体の近くで写真が切り取られている必要がない (Krizhevsky *et al.*, 2012)．同様に，最も初期のネットワークは，2 種類の物体（ときには 1 種類の物体の有無）だけを認識できたが，現代のネットワークは，通常少なくとも 1,000 個の異なる物体カテゴリを認識する．物体認識の最大のコンテストは，毎年開かれる，ImageNet Large Scale Visual Recognition Challenge（イメージネット大規模視覚認識チャレンジ，ILSVRC）である．深層学習が華々しく登場した劇的な瞬間は，畳み込みネットワークが初めてこのチャレンジで圧勝したときで，最高水準だった top–5 誤り率の 26.1% を 15.3% に引き下げた (Krizhevsky *et al.*, 2012)．これは，畳み込みネットワークが各画像の可能性のあるカテゴリのランク付きリストを出力したときに，正しいカテゴリがそのリストの第 5 位までに現れない事例が，テスト事例の 15.3% だということを意味している．それ以後，このコンテストではつねに深層畳み込みネットワークが勝利し，本書の執筆時点では，深層学習の性能向上によって，図1.12に示すように，このコンテストの top–5 誤り率は，最新の結果では 3.6% まで下がっている．

深層学習は，音声認識にも劇的な影響を与えた．音声認識の誤り率は，1990 年代に性能が向上した後，2000 年ごろからは向上が見られなくなっていた．深層学習が音声認識に導入 (Dahl *et al.*, 2010; Deng *et al.*, 2010b; Seide *et al.*, 2011; Hinton *et al.*, 2012a) されたことで，誤り率は急激に低下し，誤り率が半分になったケースもあった．この歴史を12.3節でさらに詳しく説明する．

深いネットワークは，歩行者の検出や画像の分割においても目覚ましい成功を収め (Sermanet *et al.*, 2013; Farabet *et al.*, 2013; Couprie *et al.*, 2013)，道路標識の分類 (Ciresan *et al.*, 2012) では，人間を超える性能を発揮した．

深いネットワークが大きくなり，その精度が上がると同時に，解決できるタスクの複雑さも増した．Goodfellow *et al.* (2014d) は，ニューラルネットワークが，単一の物体を識別するのではなく，画像から読み取れる文字列すべてを出力するように学習できることを示した．以前は，この種の学習には系列内の各要素にラベル付けが必要であると広く信じられていた (Gülçehre and Bengio, 2013)．前述した LSTM 系列モデルなどの回帰結合型ニューラルネットワークの場合は今や，固定された入力ではなく，

系列と**系列**の関係をモデル化するために使われる．この系列から系列への学習により，もう 1 つの応用である機械翻訳の革新が進みつつあるようである (Sutskever *et al.*, 2014; Bahdanau *et al.*, 2015).

複雑さが増大する傾向によって，メモリセルから読み込み，メモリセルに任意の内容を書き込むことを学習するニューラルチューリングマシン (Graves *et al.*, 2014a) が導入されることになったのは当然の帰結だった．このようなニューラルネットワークは，望ましい振る舞いの例から簡単なプログラムを学習することができる．たとえば，ごちゃ混ぜになった数字列ときれいに並んだ数字列の例を与えられると，数字のリストを整理して並べることを学習できる．この自己プログラミングの技術はまだ生まれたばかりだが，将来は原理的に，ほぼどのようなタスクに対しても応用できる可能性がある．

深層学習によるもう 1 つの最高の成果は，**強化学習**（reinforcement learning）の領域への拡張である．強化学習の文脈では，自律的なエージェントは，人間からの指示なしで，試行錯誤によってタスクの遂行を学習しなければならない．DeepMind は，深層学習に基づく強化学習のシステムが，Atari のビデオゲームをプレイすることの学習が可能であることを示し，多くのタスクで人間と同じレベルの能力を達成してみせた (Mnih *et al.*, 2015)．深層学習は，ロボット工学の分野でも強化学習の性能を大きく向上させた (Finn *et al.*, 2015).

このような深層学習の応用の多くは，大きな利益を生む．今や深層学習は，Google, Microsoft, Facebook, IBM, Baidu, Apple, Adobe, Netflix, NVIDIA, NEC など，数多くのトップテクノロジー企業で利用されている．

深層学習の進展は，ソフトウェア基盤の進展にも大きく依存している．Theano (Bergstra *et al.*, 2010; Bastien *et al.*, 2012), PyLearn2 (Goodfellow *et al.*, 2013c), Torch (Collobert *et al.*, 2011b), DistBelief (Dean *et al.*, 2012), Caffe (Jia, 2013), MXNet (Chen *et al.*, 2015), そして TensorFlow(Abadi *et al.*, 2015) などのソフトウェアライブラリはすべて，重要な研究プロジェクトや商用製品をサポートしている．

深層学習は，他の科学にも貢献した．物体認識を行う現代の畳み込みネットワークは，神経科学者が研究できる視覚処理のモデルを提供している (DiCarlo, 2013)．深層学習は，大量のデータを処理して科学分野で有用な予測を行うための，有用なツールも提供している．製薬企業が新しい薬を作る際の，分子がどのように相互作用するかの予測 (Dahl *et al.*, 2014) や，原子を構成する粒子を探すこと (Baldi *et al.*, 2014)，人間の脳の 3-D マップを構成することに使われる顕微鏡写真を自動的に解析する (Knowles-Barley *et al.*, 2014) ためにうまく利用されている．深層学習は，将来ますます多くの科学分野で利用されることだろう．

まとめると，深層学習は，過去数十年にわたって進歩する間は，人間の脳，統計，そして応用数学に関する知識を活用した機械学習のアプローチだった．近年，その注目度と有用性は非常に高まっているが，それは，より強力なコンピュータ，より大きなデータ集合，そしてより深いネットワークを訓練するための技術の帰結である．今後何年かは，深層学習はさらに改良され，新しい研究分野に応用される挑戦と機会に満ちたものになる．

第I部

応用数学と機械学習の基礎

本書のこの部では，深層学習を理解するのに必要な基本的な数学的概念を紹介する．多変数関数を定義したり，関数の最高点や最低点を見つけ出したり，信念の度合いを定量化したりすることを可能にする，応用数学の一般的な考え方から始める．

次に，機械学習の基本的な目的について説明する．特定の信念を表すモデルの設定，その信念が現実にどれほどよく対応しているかを測定するコスト関数の設計，そして学習アルゴリズムを使用したそのコスト関数の最小化によって，こうした目的をどのように達成するかについて説明する．

この基本的な枠組みは，深層学習以外の機械学習の手法も含む，幅広い種類の機械学習アルゴリズムの基礎である．本書の以降の部では，この枠組みの範囲で深層学習アルゴリズムを展開する．

第2章

線形代数

線形代数は，科学と工学全体で広く使われている数学の一分野である．しかし，線形代数は離散数学ではなく連続数学の一種なので，コンピュータ科学者の多くには，その経験がほとんどない．線形代数の深い理解は，多くの機械学習アルゴリズム，特に深層学習の理解と取り扱いに不可欠である．そこで深層学習の紹介に先立ち，線形代数の主要な知識に焦点を当てた事前説明を行う．

線形代数に慣れている読者は，本章を飛ばしてもよい．過去にこれらの概念に関する経験があるが，重要な公式を見直すための詳しい参考書が必要なら，*The Matrix Cookbook* (Petersen and Pedersen, 2006) をお勧めする．線形代数にまったく触れたことがない読者は，本書を読むのに十分な内容を本章で学べるが，(Shilov, 1977) のように，特に線形代数に焦点を当てた他の教科書を参照することを強くお勧めする．本章では，数多くの重要な線形代数の話題のうち，深層学習の理解に不要なものは完全に割愛する．

2.1 スカラー，ベクトル，行列，テンソル

線形代数の学問では次のような数種類の数学的対象を扱う．

- スカラー（scalars）：スカラーは単なる単一の数である．これは線形代数の他の研究対象のほとんどが，通常は複数の数からなる配列であるのとは対照的である．スカラーはイタリックで書かれる．通常，小文字の変数名がスカラーに割り当てられる．スカラーを導入するときは，そのスカラーがどんな種類の数なのかを明示する．たとえば，実数値のスカラーを定義して「$s \in \mathbb{R}$ を直線の傾きとする」，あるいは自然数のスカラーを定義して「$n \in \mathbb{N}$ をユニットの個数とする」のように言う場合がある．
- ベクトル（vectors）：ベクトルは数値の配列である．数字は順番に並べられている．その順序に対応したインデックスで，個々の要素を示すことができる．通常，ベクトルは $\boldsymbol{x}$ のように，太字の小文字で記す．ベクトルの要素は，イタリック体のベクトル名に下付き文字を添えて区別される．$\boldsymbol{x}$ の 1 番目の要素は x_1，2 番目の要素は x_2，のように記述される．ベクトルに格納できる数値の種類についても説明が必要である．各要素が $\mathbb{R}$ に含まれ，ベクトルの要素数が n 個の場合，そのベクトルは $\mathbb{R}$ のデカルト積を n 回取ることで形成される集合に含まれ，その集合は $\mathbb{R}^n$ と表記される．ベクトルの要素を明示的に指定する必要があるときは，次のように角括弧で囲ま

れた列で表記する.

$$\boldsymbol{x} = \begin{bmatrix} x_1 \\ x_2 \\ \vdots \\ x_n \end{bmatrix}. \tag{2.1}$$

ベクトルは，空間上の点を表しているとみなすことができて，このときそれぞれの要素は各軸に沿った座標を与える.

ベクトルの要素の集合に，インデックスを振る必要がある場合がある. この場合，インデックスを含む集合を定義して，その集合を下付き文字で記す. たとえば，x_1，x_3，x_6 を対象にする場合，集合 $S = \{1,3,6\}$ を定義し，$\boldsymbol{x}_S$ と書く. $-$ 記号はある集合の補集合のインデックスを示すために使われる. たとえば $\boldsymbol{x}_{-1}$ は，$\boldsymbol{x}$ のうち x_1 以外の全要素を含むベクトルである. $\boldsymbol{x}_{-S}$ は，$\boldsymbol{x}$ のうち x_1，x_3，x_6 以外の全要素を含むベクトルである.

- **行列**（matrices）：行列は 2-D の数値配列なので，各成分は 1 つだけでなく 2 つのインデックスで示される. 通常，行列の変数名は，$\boldsymbol{A}$ のように太字の大文字で表す. 実数値行列 $\boldsymbol{A}$ の高さが m で幅が n のとき，$\boldsymbol{A} \in \mathbb{R}^{m \times n}$ と表す. 通常，行列の要素を示す場合は，行列名に太字のフォントではなくイタリックを使い，インデックスはコンマで区切って並べる. たとえば，$A_{1,1}$ は，$\boldsymbol{A}$ の左上の成分で，$A_{m,n}$ は右下の要素である. 水平座標に「:」を書くことで，垂直座標が i であるすべての要素を指定できる. たとえば $\boldsymbol{A}_{i,:}$ は，$\boldsymbol{A}$ の垂直座標 i における水平な断面を示している. これは，$\boldsymbol{A}$ の i 番目の**行**（row）と言う. 同様に，$\boldsymbol{A}_{:,i}$ は，$\boldsymbol{A}$ の i 番目の**列**（column）である. 行列の成分を明示的に指定する必要があるときは，その成分を角括弧で囲まれた配列として以下のように表記する.

$$\begin{bmatrix} A_{1,1} & A_{1,2} \\ A_{2,1} & A_{2,2} \end{bmatrix}. \tag{2.2}$$

複数の文字で表される行列値の式に，インデックスを振る必要が生じることがある. この場合，その数式の後ろにインデックスを振るが，どの文字も小文字には変えない. たとえば $f(\boldsymbol{A})_{i,j}$ は，関数 f を $\boldsymbol{A}$ に適用して得られた行列の (i,j) 成分である.

- **テンソル**（tensors）：場合によっては，3 つ以上の軸を持つ配列が必要になる. 一般的な場合では，軸の数が可変で，規則的なグリッド上に配置された数字の配列はテンソルとして知られている. 「A」という名称のテンソルを次の書体で表記する：**A**. **A** の座標 (i,j,k) 成分を $\mathrm{A}_{i,j,k}$ と表す.

行列に関する重要な演算の 1 つに**転置**（transpose）がある. 行列の転置とは，左上の角から始まって右下までの**主対角線**（main diagonal）と呼ばれる行列の対角線に対する鏡像である. この演算の視覚的な描写を，図2.1に示す. 行列 $\boldsymbol{A}$ の転置を $\boldsymbol{A}^{\top}$ と表し，これは以下のように定義される.

$$(\boldsymbol{A}^{\top})_{i,j} = A_{j,i}. \tag{2.3}$$

$$\boldsymbol{A} = \begin{bmatrix} A_{1,1} & A_{1,2} \\ A_{2,1} & A_{2,2} \\ A_{3,1} & A_{3,2} \end{bmatrix} \Rightarrow \boldsymbol{A}^{\top} = \begin{bmatrix} A_{1,1} & A_{2,1} & A_{3,1} \\ A_{1,2} & A_{2,2} & A_{3,2} \end{bmatrix}$$

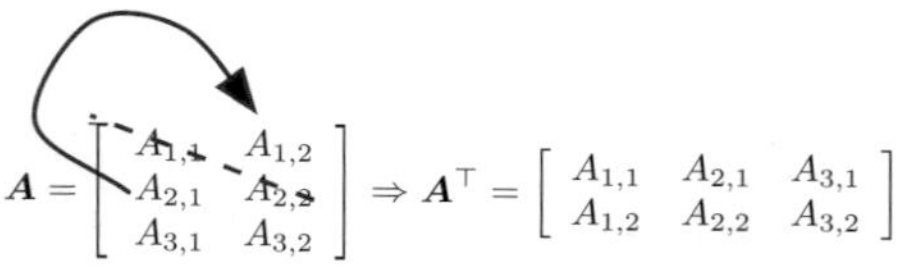

図 2.1: 行列の転置は，主対角線に対する鏡像と考えられる.

ベクトルは，列を 1 つだけ含む行列と考えられる．したがってベクトルの転置は，行を 1 つだけ持つ行列である．ベクトルを定義するとき，たとえば $\boldsymbol{x} = [x_1, x_2, x_3]^\top$ のように，ベクトルの要素を行の行列として本文中に書き込み，さらに転置演算子を使って，これを普通の列ベクトルに変形させる場合がある．

スカラーは，要素を 1 つだけ持つ行列と考えられる．このことから，スカラーの転置はそのスカラー自体になる，つまり $a = a^\top$ であることがわかる．

同じ型の行列同士は，単に対応する要素を足し合わせることで，加算ができる．すなわち，$\boldsymbol{C} = \boldsymbol{A}+\boldsymbol{B}$，ただし $C_{i,j} = A_{i,j} + B_{i,j}$．

行列にスカラーを足したり，あるいはスカラーを掛けたりするには，単に行列の各要素に対して演算を行えばよい．すなわち，$\boldsymbol{D} = a \cdot \boldsymbol{B} + c$，ただし $D_{i,j} = a \cdot B_{i,j} + c$．

深層学習の文脈では，あまり一般的でない記法も用いられている．行列とベクトルの加算による，別の行列の生成を許容している．すなわち，$\boldsymbol{C} = \boldsymbol{A} + \boldsymbol{b}$，ただし $C_{i,j} = A_{i,j} + b_j$．言い換えれば，ベクトル $\boldsymbol{b}$ が行列の各行に加算されることになる．この簡略化により，それぞれの行で加算を行う前に，$\boldsymbol{b}$ を各行にコピーした行列を定義せずに済む．$\boldsymbol{b}$ を暗黙的に多くの場所にコピーすることは，**ブロードキャスティング**（broadcasting）と呼ばれる．

2.2　行列とベクトルの乗算

行列に関わる最も重要な演算の 1 つが，2 つの行列の乗算である．行列 $\boldsymbol{A}$ と $\boldsymbol{B}$ を掛けた**行列の積**（matrix product）は，第 3 の行列 $\boldsymbol{C}$ となる．この積が定義されるためには，$\boldsymbol{A}$ の列の数と $\boldsymbol{B}$ の行の数は同じでなければならない．$\boldsymbol{A}$ の型が $m \times n$ で，$\boldsymbol{B}$ の型が $n \times p$ なら，$\boldsymbol{C}$ の型は $m \times p$ となる．行列の積は，2 つまたはそれより多くの行列を一緒に並べて，たとえば以下のように書ける．

$$\boldsymbol{C} = \boldsymbol{A}\boldsymbol{B}. \tag{2.4}$$

積の演算は，以下で定義される．

$$C_{i,j} = \sum_k A_{i,k} B_{k,j}. \tag{2.5}$$

2 つの行列の積は通常，単純に個々の成分の積を並べた行列**ではない**ことに注意されたい．そのような演算も存在して，**要素ごとの積**（element-wise product）または**アダマール積**（Hadamard product）と呼ばれ，$\boldsymbol{A} \odot \boldsymbol{B}$ と表記される．

同じ次元の 2 つのベクトル $\boldsymbol{x}$ と $\boldsymbol{y}$ の間の**ドット積**（dot product）とは，行列の積 $\boldsymbol{x}^\top\boldsymbol{y}$ である．行列の積 $\boldsymbol{C} = \boldsymbol{A}\boldsymbol{B}$ は，$\boldsymbol{A}$ の i 行と $\boldsymbol{B}$ の j 列の内積として $C_{i,j}$ を計算したものとみなせる．

行列の積の演算には，行列の数学的な解析をしやすくする有用な性質が数多く存在する．たとえば，行列の乗算は分配法則を満たしている．

$$\boldsymbol{A}(\boldsymbol{B} + \boldsymbol{C}) = \boldsymbol{A}\boldsymbol{B} + \boldsymbol{A}\boldsymbol{C}. \tag{2.6}$$

また，結合法則も満たしている．

$$\boldsymbol{A}(\boldsymbol{B}\boldsymbol{C}) = (\boldsymbol{A}\boldsymbol{B})\boldsymbol{C}. \tag{2.7}$$

行列の乗算はスカラーの乗算とは異なり，交換法則を**満たさない**（条件 $\boldsymbol{A}\boldsymbol{B} = \boldsymbol{B}\boldsymbol{A}$ は必ずしも成立しない）．しかし，2 つのベクトル間の内積は可換である．

$$\boldsymbol{x}^\top \boldsymbol{y} = \boldsymbol{y}^\top \boldsymbol{x}. \tag{2.8}$$

行列の積の転置は，単純な形になる．

$$(\boldsymbol{AB})^\top = \boldsymbol{B}^\top \boldsymbol{A}^\top. \tag{2.9}$$

ここから，このような積の値がスカラーであり，したがってそれ自身の転置に等しいという事実を利用すれば，式2.8を次のように書くことができる．

$$\boldsymbol{x}^\top \boldsymbol{y} = \left(\boldsymbol{x}^\top \boldsymbol{y}\right)^\top = \boldsymbol{y}^\top \boldsymbol{x}. \tag{2.10}$$

本書のテーマは線形代数ではないので，ここでは行列の積の有用な性質を包括的に挙げたリストを示すことはしないが，もっと多くの性質が存在することに留意されたい．

ここまでに学んだ線形代数の知識で，次のような線形方程式系を記述することができる．

$$\boldsymbol{A}\boldsymbol{x} = \boldsymbol{b} \tag{2.11}$$

ただし，$\boldsymbol{A} \in \mathbb{R}^{m \times n}$ は既知の行列であり，$\boldsymbol{b} \in \mathbb{R}^m$ は既知のベクトル，そして $\boldsymbol{x} \in \mathbb{R}^n$ は求めたい未知の変数を持つベクトルだとする．$\boldsymbol{x}$ の各要素 x_i はそれぞれ未知の変数である．$\boldsymbol{A}$ の各行と $\boldsymbol{b}$ の各要素からもう 1 つの制約が課される．式2.11は以下のように書き換えられる．

$$\boldsymbol{A}_{1,:}\boldsymbol{x} = b_1 \tag{2.12}$$

$$\boldsymbol{A}_{2,:}\boldsymbol{x} = b_2 \tag{2.13}$$

$$\cdots \tag{2.14}$$

$$\boldsymbol{A}_{m,:}\boldsymbol{x} = b_m. \tag{2.15}$$

または，さらに明示的に，以下のように書ける．

$$\boldsymbol{A}_{1,1}x_1 + \boldsymbol{A}_{1,2}x_2 + \cdots + \boldsymbol{A}_{1,n}x_n = b_1 \tag{2.16}$$

$$\boldsymbol{A}_{2,1}x_1 + \boldsymbol{A}_{2,2}x_2 + \cdots + \boldsymbol{A}_{2,n}x_n = b_2 \tag{2.17}$$

$$\cdots \tag{2.18}$$

$$\boldsymbol{A}_{m,1}x_1 + \boldsymbol{A}_{m,2}x_2 + \cdots + \boldsymbol{A}_{m,n}x_n = b_m. \tag{2.19}$$

行列とベクトルの積の表記は，この形式の方程式をもっと簡潔に表記したものである．

2.3　単位行列と逆行列

線形代数には，$\boldsymbol{A}$ の多くの値に対して解析的に式2.11を解くことを可能にする，**逆行列法**（matrix inversion）という強力な手段がある．

逆行列法を説明するために，まず**単位行列**（identity matrix）の概念を定義する必要がある．単位行列とは，任意のベクトルに掛け合わせてもそのベクトルを変化させないような行列である．n 次元のベクトルを変えない単位行列を $\boldsymbol{I}_n$ と記す．形式的には，$\boldsymbol{I}_n \in \mathbb{R}^{n \times n}$ で，かつ以下のように表せる．

$$\forall \boldsymbol{x} \in \mathbb{R}^n, \boldsymbol{I}_n \boldsymbol{x} = \boldsymbol{x}. \tag{2.20}$$

$$\begin{bmatrix} 1 & 0 & 0 \\ 0 & 1 & 0 \\ 0 & 0 & 1 \end{bmatrix}$$

図 **2.2:** 単位行列の例．これは $\boldsymbol{I}_3$ である．

単位行列の構造は単純で，主対角線に沿った成分は 1，他の成分はすべてゼロとなっている．単位行列の例は図2.2を参照してほしい．

$\boldsymbol{A}$ の**逆行列**（matrix inverse）は $\boldsymbol{A}^{-1}$ と表され，その定義は以下のようになる．

$$\boldsymbol{A}^{-1}\boldsymbol{A} = \boldsymbol{I}_n. \tag{2.21}$$

これで，以下の手順を利用して，式2.11を解くことができる．

$$\boldsymbol{A}\boldsymbol{x} = \boldsymbol{b} \tag{2.22}$$

$$\boldsymbol{A}^{-1}\boldsymbol{A}\boldsymbol{x} = \boldsymbol{A}^{-1}\boldsymbol{b} \tag{2.23}$$

$$\boldsymbol{I}_n\boldsymbol{x} = \boldsymbol{A}^{-1}\boldsymbol{b} \tag{2.24}$$

$$\boldsymbol{x} = \boldsymbol{A}^{-1}\boldsymbol{b}. \tag{2.25}$$

もちろんこの手順は，$\boldsymbol{A}^{-1}$ を見つけられるかどうかに依存している．次項で $\boldsymbol{A}^{-1}$ が存在する条件を議論する．

$\boldsymbol{A}^{-1}$ が存在する場合，それを閉形式で求めるためのアルゴリズムがいくつか存在する．理論的には，同じ逆行列を使って，$\boldsymbol{b}$ の異なる値について，何度も方程式を解くことができる．しかし，$\boldsymbol{A}^{-1}$ は主に理論的な手段として有用なのであって，実際には，ほとんどのソフトウェアアプリケーションで実用としては使わない方がよい．$\boldsymbol{A}^{-1}$ は，デジタルなコンピュータでは限定された精度で表現されてしまうため，通常は $\boldsymbol{b}$ の値を利用するアルゴリズムを使う方が，得られる $\boldsymbol{x}$ の推定値の精度が高くなる．

2.4　線形従属と張る空間

$\boldsymbol{A}^{-1}$ が存在するためには，式2.11が $\boldsymbol{b}$ のどんな値に対しても 1 つだけ解を持たなければならない．$\boldsymbol{b}$ の値のいくつかに対して，連立方程式の解がない，または無限に多くの解を持つ場合がある．しかし，ある $\boldsymbol{b}$ に対して，解の数が 2 個以上かつ有限個となることはない．なぜなら，もし $\boldsymbol{x}$ と $\boldsymbol{y}$ の両方が解であれば，任意の実数 α について

$$\boldsymbol{z} = \alpha\boldsymbol{x} + (1-\alpha)\boldsymbol{y} \tag{2.26}$$

も解となるからである．

方程式の解の数を解析するために，$\boldsymbol{A}$ の列が，**原点**（origin）（すべての要素が 0 のベクトルで指定される点）から移動できるさまざまな方向を指定していて，$\boldsymbol{b}$ に到達する道筋の数を決定するものだと考えてみよう．この見方において，$\boldsymbol{x}$ の各要素は，それぞれの方向に進む距離を指定している．つまり，x_i は列 i の方向に進む距離を示している．

$$\boldsymbol{A}\boldsymbol{x} = \sum_i x_i \boldsymbol{A}_{:,i}. \tag{2.27}$$

一般的に，この演算は**線形結合**（linear combination）と呼ばれる．形式的には，いくつかのベクトルからなる集合 $\{\boldsymbol{v}^{(1)},\ldots,\boldsymbol{v}^{(n)}\}$ の線形結合は，それぞれのベクトル $\boldsymbol{v}^{(i)}$ に対応するスカラーの係数を掛け，その結果を加算したものになる．

$$\sum_i c_i \boldsymbol{v}^{(i)}. \tag{2.28}$$

ベクトルの集合の**張る空間**（**スパン，**span）とは，元のベクトルの線形結合によって得られるすべての点からなる集合である．したがって，$\boldsymbol{Ax} = \boldsymbol{b}$ に解があるかどうかは，$\boldsymbol{b}$ が $\boldsymbol{A}$ の列の張る空間に含まれるかどうかを調べれば判定できる．この場合の張る空間は，$\boldsymbol{A}$ の**列空間**（column space）または**値域**（range）として知られている．

$\boldsymbol{Ax} = \boldsymbol{b}$ が $\boldsymbol{b} \in \mathbb{R}^m$ のすべての値に対して解を持つためには，$\boldsymbol{A}$ の列空間が $\mathbb{R}^m$ 全体であることが必要である．もし列空間から除外される $\mathbb{R}^m$ 内の点があるなら，その点は解を持たない $\boldsymbol{b}$ の潜在的な値である．$\boldsymbol{A}$ の列空間が $\mathbb{R}^m$ 全体であるという必要条件はただちに，$\boldsymbol{A}$ は少なくとも m 列を持たねばならないこと，すなわち $n \geq m$ を含意している．それ以外の場合は，列空間の次元数は m 未満になる．たとえば，3×2 行列を考えてみる．対象となる $\boldsymbol{b}$ は 3 次元だが，$\boldsymbol{x}$ は 2 次元しかないので，$\boldsymbol{x}$ の値を動かしても，せいぜい $\mathbb{R}^3$ の中の 2 次元平面内をなぞれるだけである．この方程式は，$\boldsymbol{b}$ がその平面上にある場合にのみ解を持つ．

$n \geq m$ は，すべての点が解を持つための必要条件にすぎない．列の一部が冗長になる可能性があるため，これは十分条件ではない．2 つの列が同じである 2×2 行列を考えてみよう．この行列は，そこから 1 つの列だけを複製した 2×1 行列と同じ列空間を持つ．言い換えると，この列空間はまだ単なる直線でしかないので，たとえ 2 列あっても，$\mathbb{R}^2$ 全体を覆うことはできない．

この冗長性は**線形従属**（linear dependence）として知られている．ベクトルの集合は，その集合内のどのベクトルも他のベクトルの線形結合ではない場合，**線形独立**（linearly independent）と呼ばれる．集合内のベクトルの線形結合となるベクトルを，同じ集合に追加しても，その新しいベクトルは集合の張る空間に点を加えない．このことは，行列の列空間が $\mathbb{R}^m$ 全体を覆うためには，その行列には m 個の線形独立な列を持つ集合が少なくとも 1 つ必要になることを意味している．これは式2.11が $\boldsymbol{b}$ のあらゆる値に対して解を持つための，必要十分条件である．必要条件は，集合がちょうど m 個の線形独立な列を持つことであって，少なくとも m 個あればいいということではないことに注意してほしい．相互に線形独立な列の数が m 個を超えるような m 次元ベクトルの集合は存在しないが，列の数が m 個を超える行列であれば，そのような集合を複数持つ場合がある．

行列が逆行列を持つためには，式2.11が $\boldsymbol{b}$ の各値に対して**最大で**解が 1 つであることも必要である．そのためには，行列の列の数を最大で m 個とする必要がある．それ以外の場合は，各解をパラメータ化する方法が複数通り存在する．

同時にこれは，行列が**正方**（square）でなければならないことを意味している．つまり，$m = n$ で，かつすべての列が線形独立でなければならない．線形従属な列を持つ正方行列は，**特異**（singular）と呼ばれる．

$\boldsymbol{A}$ が正方行列でない，あるいは正方行列だが特異行列である場合でも，この方程式を解くことは可能である．しかし，その解を見つけるために逆行列法を用いることはできない．

ここまで，逆行列は左から掛けると説明してきたが，右から掛ける逆行列を定義することも可能である．

$$\boldsymbol{A}\boldsymbol{A}^{-1} = \boldsymbol{I}. \tag{2.29}$$

正方行列の場合，左から掛ける逆行列と右から掛ける逆行列は等しくなる．

2.5 ノルム

ベクトルの大きさを計算しなければならない場合がある．通常機械学習では，**ノルム**（norm）という関数を使って，ベクトルの大きさを計算する．形式的には，ノルム L^p は次のように得られる．

$$||\boldsymbol{x}||_p = \left(\sum_i |x_i|^p \right)^{\frac{1}{p}}. \tag{2.30}$$

ここで $p \in \mathbb{R}, p \geq 1$ である．

L^p ノルムを含めて，ノルムはベクトルを非負の値に写像する関数である．直感的には，ベクトル $\boldsymbol{x}$ のノルムは，原点から点 $\boldsymbol{x}$ までの距離を表している．より厳密には，ノルムは次の性質を満たす任意の関数 f である．

- $f(\boldsymbol{x}) = 0 \Rightarrow \boldsymbol{x} = \boldsymbol{0}$
- $f(\boldsymbol{x} + \boldsymbol{y}) \leq f(\boldsymbol{x}) + f(\boldsymbol{y})$ (**三角不等式**（triangle inequality））
- $\forall \alpha \in \mathbb{R}, f(\alpha \boldsymbol{x}) = |\alpha| f(\boldsymbol{x})$

$p = 2$ である L^2 ノルムは，**ユークリッドノルム**（Euclidean norm）として知られていて，これは単に原点から $\boldsymbol{x}$ で示される点までのユークリッド距離である．L^2 ノルムは機械学習で頻繁に使用されるため，単に $||\boldsymbol{x}||$ と表記されて，添え字の 2 は省略されることが多い．また，ベクトルの大きさを L^2 ノルムの二乗で示すこともよくあり，単に $\boldsymbol{x}^\top \boldsymbol{x}$ で計算できる．

L^2 ノルムの二乗は，L^2 ノルムそのものよりも，数学的にも計算的にも扱いやすい．たとえば，L^2 ノルムの二乗の $\boldsymbol{x}$ の各要素に対する微分はそれぞれ，$\boldsymbol{x}$ の対応する要素にのみ依存するが，一方の L^2 ノルムではどの微分もベクトル全体に依存する．さまざまな状況で，L^2 ノルムの二乗は原点近くでは非常にゆっくりと増加するため，望ましくない場合がある．機械学習への応用では，厳密にゼロである要素と，小さいが非ゼロ要素との区別が重要な場合がある．このような場合は，すべての場所において同じ割合で増加するが，数学的な単純性を保持した関数である L^1 ノルムを使う．L^1 ノルムは次のように単純化できる．

$$||\boldsymbol{x}||_1 = \sum_i |x_i|. \tag{2.31}$$

L^1 ノルムが機械学習でよく使われるのは，ゼロの要素とゼロ以外の要素の差が非常に重要である場合である．$\boldsymbol{x}$ の要素が 0 から ϵ だけ離れるたびに，L^1 ノルムは ϵ だけ増加する．

非ゼロ要素の数を数えてベクトルの大きさを測ることがある．この関数を「L^0 ノルム」と呼ぶ著者もいるが，これは誤った用語の使い方である．ベクトルを α 倍しても，非ゼロ要素の数は変わらないので，ベクトル内の非ゼロ要素の数はノルムではない．L^1 ノルムは，非ゼロ要素の数の代用としてよく使われる．

機械学習でよく出てくるもう 1 つのノルムは L^∞ ノルムであり，**最大値ノルム**（max norm）とも呼ばれる．最大値ノルムは，次のようにベクトルの中で絶対値が最大の要素の絶対値である．

$$||\boldsymbol{x}||_\infty = \max_i |x_i|. \tag{2.32}$$

行列のサイズを調べたい場合もある．深層学習の観点で，これを行う最も一般的な方法は，**フロベニウスノルム**（Frobenius norm）である．

$$||A||_F = \sqrt{\sum_{i,j} A_{i,j}^2}. \tag{2.33}$$

これはベクトルの L^2 ノルムに似ている．

2 つのベクトルの内積は，ノルムで書き直すことができる．具体的には次のようになる．

$$\boldsymbol{x}^\top \boldsymbol{y} = ||\boldsymbol{x}||_2 ||\boldsymbol{y}||_2 \cos\theta. \tag{2.34}$$

ただし θ は $\boldsymbol{x}$ と $\boldsymbol{y}$ の間の角度である．

2.6　特殊な行列とベクトル

特殊な行列やベクトルの中には特に便利なものがある．

対角（diagonal）行列は大部分がゼロで，主対角線に沿ってのみ非ゼロ成分がある．形式的には，行列 $\boldsymbol{D}$ はすべての $i \neq j$ について $D_{i,j} = 0$ のときのみ対角行列である．ここまでですでに対角行列の 1 つの例として単位行列を学んでいる．単位行列は，すべての対角成分が 1 の対角行列である．対角成分がベクトル $\boldsymbol{v}$ の要素で与えられる正方対角行列を，$\text{diag}(\boldsymbol{v})$ と記す．対角行列が興味深いのは，対角行列の掛け算の計算効率がよい点である．$\text{diag}(\boldsymbol{v})\boldsymbol{x}$ を計算する場合，各要素 x_i を v_i 倍すればよい．言い換えれば，$\text{diag}(\boldsymbol{v})\boldsymbol{x} = \boldsymbol{v} \odot \boldsymbol{x}$ である．正方対角行列の逆行列もまた計算効率がよい．逆行列が存在するのは，すべての対角成分が非ゼロの場合のみであり，その場合は，$\text{diag}(\boldsymbol{v})^{-1} = \text{diag}([1/v_1, \ldots, 1/v_n]^\top)$ である．多くの場合で，任意の行列に関する一般的な機械学習アルゴリズムを導き出せるが，いくつかの行列を対角行列に限定すれば，もっと計算負荷の低い（そしてもっと記述しやすい）アルゴリズムが得られることもある．

すべての対角行列が正方行列である必要はない．長方形の対角行列を作ることが可能である．非正方対角行列は逆行列を持たないが，それでも乗算のコストは高くない．非正方対角行列 $\boldsymbol{D}$ の場合，積 $\boldsymbol{D}\boldsymbol{x}$ は $\boldsymbol{x}$ の各要素を拡大縮小するが，$\boldsymbol{D}$ が幅より高さがあるなら，結果にゼロをいくつか連結して挿入し，$\boldsymbol{D}$ は高さより幅があるなら，ベクトルの最後の要素のいくつかを破棄する．

対称（symmetric）行列は，その転置行列が元の行列と同じになる行列である．

$$\boldsymbol{A} = \boldsymbol{A}^\top. \tag{2.35}$$

対称行列は，順序に依存しない 2 つの引数を持つ関数によって成分が生成される場合に出てくることが多い．たとえば，$\boldsymbol{A}$ が距離を成分として持つ行列で，$\boldsymbol{A}_{i,j}$ が点 i から点 j までの距離を表すとすると，距離関数は対称なので，$\boldsymbol{A}_{i,j} = \boldsymbol{A}_{j,i}$ となる．

単位ベクトル（unit vector）は，**単位ノルム**（unit norm）

$$||\boldsymbol{x}||_2 = 1 \tag{2.36}$$

を持つベクトルである．

ベクトル $\boldsymbol{x}$ とベクトル $\boldsymbol{y}$ は，$\boldsymbol{x}^\top \boldsymbol{y} = 0$ のとき，互いに**直交**（orthogonal）している．これは，両方のベクトルのノルムが非ゼロなら，互いに 90 度の角度を成していることを意味する．$\mathbb{R}^n$ では，ノルムが非ゼロベクトルが最大で n 個，互いに直交する可能性がある．ベクトルが直交しているだけでなく単位ノルムも持つとき，**正規直交**（orthonormal）と呼ぶ．

直交行列（orthogonal matrix）は正方行列で，その行が互いに正規直交で，かつ列も互いに正規直交となる行列である．

$$\boldsymbol{A}^\top \boldsymbol{A} = \boldsymbol{A}\boldsymbol{A}^\top = \boldsymbol{I}. \tag{2.37}$$

このことから，

$$\boldsymbol{A}^{-1} = \boldsymbol{A}^\top \tag{2.38}$$

となり，その逆行列が簡単に計算できるので，直交行列は興味深い．直交行列の定義には十分注意されたい．直感に反して，それらの行は単に直交しているのではなく，すべてが正規直交している．行または列が直交しているが正規直交ではない行列を指す特別な用語はない．

2.7　固有値分解

数学的な対象の多くは，対象の表現方法の選択によらず，対象を構成部分に分解したり，その普遍的な性質を探したりする方がより理解しやすくなる．

たとえば，整数は素因数に分解できる．12 という数字の表現は，10 進数で書くか 2 進数で書くかによって変わるが，$12 = 2 \times 2 \times 3$ はつねに真である．たとえばこの表現から，12 は 5 で割り切れないとか，12 の整数倍は 3 で割り切れるといった有用な性質を知ることができる．

整数を素因数に分解することで，その本質が発見できるように，行列を分解することで，成分の配列という表現からは明らかではない，行列の機能的性質についての情報が得られる．

最も広く使用されている行列分解の 1 つに**固有値分解**（eigendecomposition）がある．これは行列を固有ベクトルと固有値の集合に分解するものである．

正方行列 $\boldsymbol{A}$ の**固有ベクトル**（eigenvector）とは，$\boldsymbol{A}$ を掛けたとき，

$$\boldsymbol{A}\boldsymbol{v} = \lambda \boldsymbol{v} \tag{2.39}$$

のようにその縮尺のみが変わる非ゼロベクトル $\boldsymbol{v}$ のことである．スカラー λ は，この固有ベクトルに対応する**固有値**（eigenvalue）と呼ばれる．（$\boldsymbol{v}^\top \boldsymbol{A} = \lambda \boldsymbol{v}^\top$ となるような**左固有ベクトル**（left eigenvector）もあるが，通常は右固有ベクトルに関心がある．）

$\boldsymbol{v}$ が $\boldsymbol{A}$ の固有ベクトルならば，$s \in \mathbb{R}, s \neq 0$ の場合に再度拡大縮小された任意のベクトル $s\boldsymbol{v}$ も固有ベクトルになる．さらには，$s\boldsymbol{v}$ も同じ固有値を持つ．このため，通常は単位固有ベクトルのみに注目する．

行列 $\boldsymbol{A}$ に n 個の線形独立な固有ベクトル $\{\boldsymbol{v}^{(1)}, \ldots, \boldsymbol{v}^{(n)}\}$ があり，それに対応する固有値が $\{\lambda_1, \ldots, \lambda_n\}$ だとする．すべての固有ベクトルを連結すると，列ごとに固有ベクトルを 1 つ持つ行列 $\boldsymbol{V}$ ができる．つまり，$\boldsymbol{V} = [\boldsymbol{v}^{(1)}, \ldots, \boldsymbol{v}^{(n)}]$. 同様に，固有値を連結すると $\boldsymbol{\lambda} = [\lambda_1, \ldots, \lambda_n]^\top$ というベクトルができる．このとき，$\boldsymbol{A}$ の**固有値分解**（eigendecomposition）は次式で与えられる．

$$\boldsymbol{A} = \boldsymbol{V}\mathrm{diag}(\boldsymbol{\lambda})\boldsymbol{V}^{-1}. \tag{2.40}$$

特定の固有値と固有ベクトルを持つ行列を**構成**することで，望む方向に空間を広げられることがわかった．しかしながら，行列を固有値と固有ベクトルに**分解**（decompose）したいことがよくある．そ

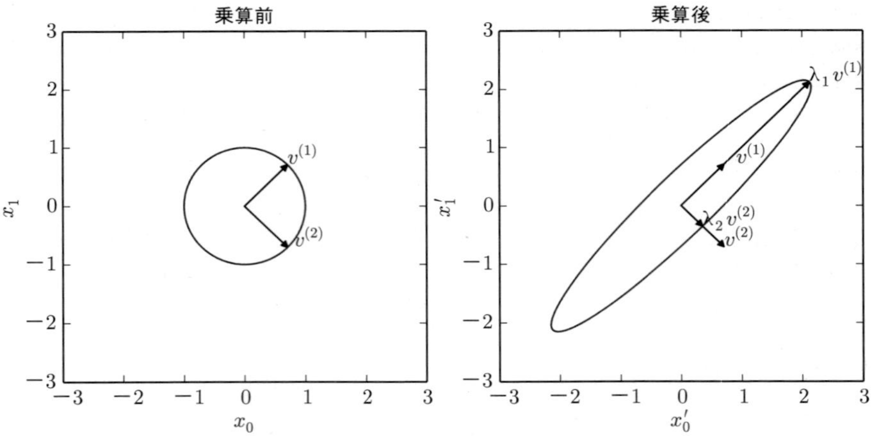

図 **2.3:** 固有ベクトルと固有値の効果の例．ここでは，行列 $\boldsymbol{A}$ が 2 つの正規直交ベクトルを持ち，それぞれ $\boldsymbol{v}^{(1)}$ の固有値を λ_1，$\boldsymbol{v}^{(2)}$ の固有値を λ_2 とする．（左）すべての単位ベクトル $\boldsymbol{u} \in \mathbb{R}^2$ の集合を，単位円としてプロットしている．（右）$\boldsymbol{Au}$ となる点すべての集合をプロットした．$\boldsymbol{A}$ が単位円をどのように歪めるかを観察することで，空間が $\boldsymbol{v}^{(i)}$ の方向に λ_i だけ拡大縮小されることがわかる．

うすることで，整数の素因数分解がその整数の振る舞いを理解するのに役立つのと同様に，行列の特別な性質を解析できる．

すべての行列が固有値と固有ベクトルに分解できるわけではない．場合によっては，分解はできても，実数でなく複素数を含むこともある．幸い本書では，通常，単純な分解ができる特定の行列のみを扱う．特に，実対称行列はすべて，実数値だけからなる固有ベクトルと固有値を使って，次のように分解できる．

$$\boldsymbol{A} = \boldsymbol{Q}\boldsymbol{\Lambda}\boldsymbol{Q}^\top. \tag{2.41}$$

ただし $\boldsymbol{Q}$ は $\boldsymbol{A}$ の固有ベクトルからなる直交行列であり，$\boldsymbol{\Lambda}$ は対角行列である．固有値 $\Lambda_{i,i}$ は，$\boldsymbol{Q}$ の列 i の固有ベクトルに関連付けられ，$\boldsymbol{Q}_{:,i}$ と表記される．$\boldsymbol{Q}$ は直交行列なので，$\boldsymbol{A}$ は，$\boldsymbol{v}^{(i)}$ の方向に λ_i だけ拡大縮小した空間と考えられる．例として図2.3を参照されたい．

すべての実対称行列 $\boldsymbol{A}$ は固有値分解できることが保証されているが，固有値分解が一意であるとは限らない．任意の 2 つ以上の固有ベクトルが同じ固有値を持つなら，それらの張る空間にある直交ベクトルの任意の集合も同じ固有値を持つ固有ベクトルであり，代わりにその固有ベクトルを使う $\boldsymbol{Q}$ を選んでも同じことになる．慣例的に，通常 $\boldsymbol{\Lambda}$ の成分は降順で並べる．この慣例の下で，すべての固有値が一意である場合にのみ，固有値分解は一意に定まる．

行列を固有値分解すると，行列について多くの有用な事実がわかる．行列は，固有値のいずれかがゼロであるときにのみ特異となる．実対称行列の固有値分解を使って，$||\boldsymbol{x}||_2 = 1$ の場合に $f(\boldsymbol{x}) = \boldsymbol{x}^\top \boldsymbol{A}\boldsymbol{x}$ の形をした二次式を最適化できる．$\boldsymbol{x}$ が $\boldsymbol{A}$ の固有ベクトルに等しいときは必ず，対応する固有値が f の値となる．制限領域内の f の最大値は，固有値の最大値であり，制限領域内の最小値は，固有値の最小値である．

固有値がすべて正の行列は**正定値**（positive definite）と呼ばれる．固有値がすべて正またはゼロの値の行列は**半正定値**（positive semidefinite）と呼ばれる．同様に，すべての固有値が負であれば，行列は**負定値**（negative definite）であり，すべての固有値が負またはゼロであるなら，それは**半負定値**（negative semidefinite）である．$\forall \boldsymbol{x}$，$\boldsymbol{x}^\top \boldsymbol{A}\boldsymbol{x} \geq 0$ が保証される半正定値行列は興味深い．正定値行列では，さらに $\boldsymbol{x}^\top \boldsymbol{A}\boldsymbol{x} = 0 \Rightarrow \boldsymbol{x} = \boldsymbol{0}$ が保証される．

2.8 特異値分解

2.7節では，行列を固有ベクトルと固有値に分解する方法を説明した．**特異値分解**（singular value decomposition，SVD）は行列を分解するもう 1 つの方法で，**特異ベクトル**（singular vectors）と**特異値**（singular values）に分解する．SVD からは，固有値分解でわかるものと同様の情報もいくらか得られるが，SVD はもっと一般的に適用できるものである．実行列はすべて特異値分解を持つが，固有値分解については同じことが当てはまらない．たとえば，行列が正方でない場合，固有値分解は定義されず，代わりに特異値分解を使う必要がある．

固有値分解では，行列 $\boldsymbol{A}$ を解析して，固有ベクトルの行列 $\boldsymbol{V}$ と固有値 $\boldsymbol{\lambda}$ のベクトルが見つかると，$\boldsymbol{A}$ は以下のように書き換えられることを思い出してほしい．

$$\boldsymbol{A} = \boldsymbol{V}\mathrm{diag}(\boldsymbol{\lambda})\boldsymbol{V}^{-1}. \tag{2.42}$$

特異値分解も似ているが，今回は $\boldsymbol{A}$ を次のように 3 つの行列の積で書く点が異なっている．

$$\boldsymbol{A} = \boldsymbol{U}\boldsymbol{D}\boldsymbol{V}^\top. \tag{2.43}$$

$\boldsymbol{A}$ が $m \times n$ 行列であるとする．すると，$\boldsymbol{U}$ は $m \times m$ 行列と定義され，$\boldsymbol{D}$ は $m \times n$ 行列で，$\boldsymbol{V}$ は $n \times n$ 行列となる．

これらの行列はそれぞれ特別な構造を持つように定義されている．行列 $\boldsymbol{U}$ と $\boldsymbol{V}$ はともに直交行列となるように定義される．行列 $\boldsymbol{D}$ は対角行列となるように定義される．$\boldsymbol{D}$ は必ずしも正方行列ではないことに注意されたい．

$\boldsymbol{D}$ の対角成分は，行列 $\boldsymbol{A}$ の**特異値**（singular values）と呼ばれる．$\boldsymbol{U}$ の列は**左特異ベクトル**（left-singular vectors）とも呼ばれる．$\boldsymbol{V}$ の列は**右特異ベクトル**（right-singular vectors）としても呼ばれる．

実際には，$\boldsymbol{A}$ の特異値分解を，$\boldsymbol{A}$ の関数の固有値分解で解釈できる．$\boldsymbol{A}$ の左特異ベクトルは，$\boldsymbol{A}\boldsymbol{A}^\top$ の固有ベクトルである．$\boldsymbol{A}$ の右特異ベクトルは，$\boldsymbol{A}^\top\boldsymbol{A}$ の固有ベクトルである．$\boldsymbol{A}$ の非ゼロ特異値は，$\boldsymbol{A}^\top\boldsymbol{A}$ の固有値の平方根である．同じことが $\boldsymbol{A}\boldsymbol{A}^\top$ にも当てはまる．

おそらく SVD の最も有用な特徴は，SVD を使うと逆行列法を非正方行列に部分的に一般化できることである．これは次節で説明する．

2.9 ムーア・ペンローズ擬似逆行列

逆行列は，非正方行列に対しては定義されない．行列 $\boldsymbol{A}$ の左逆行列 $\boldsymbol{B}$ を求めて，以下の線形方程式を解くとする．

$$\boldsymbol{A}\boldsymbol{x} = \boldsymbol{y}. \tag{2.44}$$

このとき，両辺に左から乗算して以下のようになる．

$$\boldsymbol{x} = \boldsymbol{B}\boldsymbol{y}. \tag{2.45}$$

問題の構造によっては，$\boldsymbol{A}$ から $\boldsymbol{B}$ への一意な写像を構成できない場合がある．

$\boldsymbol{A}$ は幅よりも高さがある場合，この方程式は解を持たない可能性がある．$\boldsymbol{A}$ は高さよりも幅がある場合，解が複数になる可能性がある．

このような場合，**ムーア・ペンローズ擬似逆行列**（Moore-Penrose pseudoinverse）を用いることで，いくらか前進が図れる．$\boldsymbol{A}$ の擬似逆行列は次の行列で定義される．

$$\boldsymbol{A}^+ = \lim_{\alpha \searrow 0} (\boldsymbol{A}^\top \boldsymbol{A} + \alpha \boldsymbol{I})^{-1} \boldsymbol{A}^\top. \tag{2.46}$$

擬似逆行列を計算するための実践的なアルゴリズムは，上の定義ではなく，次式に基づく．

$$\boldsymbol{A}^+ = \boldsymbol{V}\boldsymbol{D}^+\boldsymbol{U}^\top. \tag{2.47}$$

ただし，$\boldsymbol{U}$，$\boldsymbol{D}$ および $\boldsymbol{V}$ は $\boldsymbol{A}$ の特異値分解であり，対角行列 $\boldsymbol{D}$ の擬似逆行列 $\boldsymbol{D}^+$ は，非ゼロ成分の逆数を求めた結果の行列を，転置させることで得られる．

$\boldsymbol{A}$ の行数より列数が多い場合に，擬似逆行列を使って線形方程式を解くと，数多くある可能な解のうちの 1 つが得られる．特に解 $\boldsymbol{x} = \boldsymbol{A}^+\boldsymbol{y}$ は，すべての可能な解の中で最小のユークリッドノルム $||\boldsymbol{x}||_2$ を与える．

$\boldsymbol{A}$ に列よりも多くの行がある場合は，解が存在しない可能性がある．この場合，擬似逆行列を用いると，ユークリッドノルム $||\boldsymbol{A}\boldsymbol{x} - \boldsymbol{y}||_2$ の観点で $\boldsymbol{A}\boldsymbol{x}$ が $\boldsymbol{y}$ に最も近くなるような $\boldsymbol{x}$ が得られる．

2.10　トレース演算子

トレース演算子を使うと，行列の対角成分の総和が得られる．

$$\mathrm{Tr}(\boldsymbol{A}) = \sum_i \boldsymbol{A}_{i,i}. \tag{2.48}$$

トレース演算子はさまざまな理由で有用である．総和表記を使わないと記述が難しい演算でも，行列積とトレース演算子を使うことで記述できる場合がある．たとえば，トレース演算子を使うことで行列のフロベニウスノルムを異なる方法で書ける．

$$||A||_F = \sqrt{\mathrm{Tr}(\boldsymbol{A}\boldsymbol{A}^\top)}. \tag{2.49}$$

数式をトレース演算子を用いて記述することで，その数式を多くの便利な性質を使って操作できるようになる．たとえば，トレース演算子は転置演算子に対して不変である．

$$\mathrm{Tr}(\boldsymbol{A}) = \mathrm{Tr}(\boldsymbol{A}^\top). \tag{2.50}$$

多くの因子からなる正方行列のトレースも，もし対応する行列の積が定義可能な形になるなら，最後の因子を最初の位置に動かしても不変である．

$$\mathrm{Tr}(\boldsymbol{A}\boldsymbol{B}\boldsymbol{C}) = \mathrm{Tr}(\boldsymbol{C}\boldsymbol{A}\boldsymbol{B}) = \mathrm{Tr}(\boldsymbol{B}\boldsymbol{C}\boldsymbol{A}). \tag{2.51}$$

または，もっと一般的には次のように書ける．

$$\mathrm{Tr}(\prod_{i=1}^{n} \boldsymbol{F}^{(i)}) = \mathrm{Tr}(\boldsymbol{F}^{(n)} \prod_{i=1}^{n-1} \boldsymbol{F}^{(i)}). \tag{2.52}$$

この巡回置換に対する不変性は，結果の積が別の形の場合でも成り立つ．たとえば，$\boldsymbol{A} \in \mathbb{R}^{m \times n}$ かつ $\boldsymbol{B} \in \mathbb{R}^{n \times m}$ ならば，次が言える．

$$\mathrm{Tr}(\boldsymbol{AB}) = \mathrm{Tr}(\boldsymbol{BA}). \tag{2.53}$$

これは，$\boldsymbol{AB} \in \mathbb{R}^{m \times m}$ かつ $\boldsymbol{BA} \in \mathbb{R}^{n \times n}$ であっても成り立つ．

もう 1 つ心にとどめておくべき有用な事実は，スカラーはそれ自身のトレースであること，すなわち $a = \mathrm{Tr}(a)$ となることである．

2.11 行列式

正方行列の行列式は，行列を実数値のスカラーに写像する関数で，$\det(\boldsymbol{A})$ で表される．行列式は，行列のすべての固有値の積に等しい．行列式の絶対値は，行列による乗算で空間がどれだけ拡大または縮小するかを示す尺度と考えることができる．行列式が 0 の場合，空間は少なくとも 1 つの次元に沿って完全に収縮し，体積がすべて失われてしまう．行列式が 1 の場合は，変換しても体積は保存される．

2.12 例：主成分分析

単純な機械学習アルゴリズムの 1 つである，**主成分分析**（principal components analysis，PCA）は，線形代数の基本知識のみを使用して導出できる．

$\mathbb{R}^n$ における m 個の点の集まり $\{\boldsymbol{x}^{(1)}, \ldots, \boldsymbol{x}^{(m)}\}$ があり，これらの点に不可逆圧縮を適用したいとしよう．不可逆圧縮は，点の格納に必要となるメモリ容量が少なくて済むが，精度が失われる可能性がある．ここでは精度はできるだけ落としたくないとする．

これらの点を符号化する場合，点の次元を落として表現する方法がある．各点 $\boldsymbol{x}^{(i)} \in \mathbb{R}^n$ に対して，対応する符号化ベクトル $\boldsymbol{c}^{(i)} \in \mathbb{R}^l$ を見つける．l が n より小さければ，元のデータよりも符号化された点を格納する方が，メモリ容量は少なくて済む．ここでは，入力から符号を生成する符号化関数 $f(\boldsymbol{x}) = \boldsymbol{c}$ と，符号から再構成された入力を生成する復号化関数 $\boldsymbol{x} \approx g(f(\boldsymbol{x}))$ を見つけたい．

PCA は，復号化器をどのように選ぶかによって定義される．具体的には，復号化器を非常に単純にするために，行列の乗算を使って符号を $\mathbb{R}^n$ に逆写像することを選択する．つまり $g(\boldsymbol{c}) = \boldsymbol{Dc}$ である．ただし $\boldsymbol{D} \in \mathbb{R}^{n \times l}$ は，復号化を定義する行列である．

この復号化器に最適な符号を計算することは，難しい問題になる可能性がある．符号化の問題を容易にするために，PCA では $\boldsymbol{D}$ の列が互いに直交するように制約を設ける．（$\boldsymbol{D}$ は $l = n$ でない限り，厳密にはまだ「直交行列」ではないことに注意されたい．）

ここまで説明してきた問題に対しては，多数の解の可能性がある．なぜなら，すべての点で比例的に c_i を減少させることで，$\boldsymbol{D}_{:,i}$ を増大できるからである．問題の一意な解を得るために，$\boldsymbol{D}$ のすべての列が単位ノルムを持つことを制約とする．

この基本的な考えを実装可能なアルゴリズムに転換するため，最初にするべきことは，各入力点 $\boldsymbol{x}$ に対する最適な符号化点 $\boldsymbol{c}^*$ を生成する方法を見つけることである．その方法の 1 つは，入力点 $\boldsymbol{x}$ とその再構成 $g(\boldsymbol{c}^*)$ の間の距離を最小化することである．この距離はノルムを使って表せる．主成分分析アルゴリズムでは，L^2 ノルムを用いて次のように書ける．

$$\boldsymbol{c}^* = \arg\min_{\boldsymbol{c}} ||\boldsymbol{x} - g(\boldsymbol{c})||_2. \tag{2.54}$$

L^2 ノルムそのものを使う代わりに，L^2 ノルムの二乗を使うことができる．なぜなら，どちらも同じ $\boldsymbol{c}$ の値で最小化されるからである．どちらも同じ $\boldsymbol{c}$ の値で最小化されるのは，L^2 ノルムが非負であり，二乗演算は非負の引数に対して単調に増加するからである．

$$\boldsymbol{c}^* = \arg\min_{\boldsymbol{c}} ||\boldsymbol{x} - g(\boldsymbol{c})||_2^2. \tag{2.55}$$

最小化する関数は，次のように単純化される．

$$(\boldsymbol{x} - g(\boldsymbol{c}))^\top (\boldsymbol{x} - g(\boldsymbol{c})) \tag{2.56}$$

（式2.30の L^2 ノルムの定義による）

$$= \boldsymbol{x}^\top \boldsymbol{x} - \boldsymbol{x}^\top g(\boldsymbol{c}) - g(\boldsymbol{c})^\top \boldsymbol{x} + g(\boldsymbol{c})^\top g(\boldsymbol{c}) \tag{2.57}$$

（分配法則による）

$$= \boldsymbol{x}^\top \boldsymbol{x} - 2\boldsymbol{x}^\top g(\boldsymbol{c}) + g(\boldsymbol{c})^\top g(\boldsymbol{c}) \tag{2.58}$$

（スカラー $g(\boldsymbol{c})^\top \boldsymbol{x}$ とその転置は等しいことによる）．

最初の項は $\boldsymbol{c}$ に依存しないため，最初の項を省略して再び関数を最小化できる．

$$\boldsymbol{c}^* = \arg\min_{\boldsymbol{c}} -2\boldsymbol{x}^\top g(\boldsymbol{c}) + g(\boldsymbol{c})^\top g(\boldsymbol{c}). \tag{2.59}$$

さらに先に進むために，$g(\boldsymbol{c})$ の定義を以下のように置き換える必要がある．

$$\boldsymbol{c}^* = \arg\min_{\boldsymbol{c}} -2\boldsymbol{x}^\top \boldsymbol{D}\boldsymbol{c} + \boldsymbol{c}^\top \boldsymbol{D}^\top \boldsymbol{D}\boldsymbol{c} \tag{2.60}$$

$$= \arg\min_{\boldsymbol{c}} -2\boldsymbol{x}^\top \boldsymbol{D}\boldsymbol{c} + \boldsymbol{c}^\top \boldsymbol{I}_l \boldsymbol{c} \tag{2.61}$$

（$\boldsymbol{D}$ の直交性と単位ノルムの制約による）

$$= \arg\min_{\boldsymbol{c}} -2\boldsymbol{x}^\top \boldsymbol{D}\boldsymbol{c} + \boldsymbol{c}^\top \boldsymbol{c}. \tag{2.62}$$

この最適化問題はベクトルの計算を使って次のように解ける（この解法がわからない場合は4.3節を参照されたい）．

$$\nabla_{\boldsymbol{c}}(-2\boldsymbol{x}^\top \boldsymbol{D}\boldsymbol{c} + \boldsymbol{c}^\top \boldsymbol{c}) = \boldsymbol{0} \tag{2.63}$$

$$-2\boldsymbol{D}^\top \boldsymbol{x} + 2\boldsymbol{c} = \boldsymbol{0} \tag{2.64}$$

$$\boldsymbol{c} = \boldsymbol{D}^\top \boldsymbol{x}. \tag{2.65}$$

これによってアルゴリズムが効率的になる．すなわち，行列とベクトルの演算を使うだけで，$\boldsymbol{x}$ の最適な符号化ができる．ベクトルを符号化するためには，次の符号化関数を適用する．

$$f(\boldsymbol{x}) = \boldsymbol{D}^\top \boldsymbol{x}. \tag{2.66}$$

さらに行列の乗算を行って，次のように PCA の再構成演算も定義できる．

$$r(\boldsymbol{x}) = g(f(\boldsymbol{x})) = \boldsymbol{D}\boldsymbol{D}^\top \boldsymbol{x}. \tag{2.67}$$

次に，符号化行列 $\boldsymbol{D}$ を選択する必要がある．そのために，入力と再構成の間の L^2 距離を最小化するという考えを再び用いる．すべての点の復号化に同じ行列 $\boldsymbol{D}$ を用いるので，もはやそれらの点を別々なものと考えることはできない．その代わりに，すべての次元とすべての点について計算された，誤差の行列のフロベニウスノルムを最小化しなければならない．

$$\boldsymbol{D}^* = \arg\min_{\boldsymbol{D}} \sqrt{\sum_{i,j} \left(x_j^{(i)} - r(\boldsymbol{x}^{(i)})_j \right)^2} \text{ subject to } \boldsymbol{D}^\top \boldsymbol{D} = \boldsymbol{I}_l. \tag{2.68}$$

$\boldsymbol{D}^*$ を求めるアルゴリズムを導くために，$l=1$ の場合を考えることから始めよう．この場合，$\boldsymbol{D}$ は単一のベクトル $\boldsymbol{d}$ である．式2.67を式2.68に代入して，$\boldsymbol{D}$ を $\boldsymbol{d}$ に単純化すると，問題は以下のように簡略化される．

$$\boldsymbol{d}^* = \arg\min_{\boldsymbol{d}} \sum_i ||\boldsymbol{x}^{(i)} - \boldsymbol{d}\boldsymbol{d}^\top \boldsymbol{x}^{(i)}||_2^2 \text{ subject to } ||\boldsymbol{d}||_2 = 1. \tag{2.69}$$

上の定式化は，代入を行う最も直接的な方法だが，書き方としては，この方程式を書くのに最も好ましい方法とは言えない．ここではスカラー値 $\boldsymbol{d}^\top \boldsymbol{x}^{(i)}$ がベクトル $\boldsymbol{d}$ の右に置かれている．スカラー係数は，演算対象のベクトルの左に書かれるのが一般的である．したがって，通常は次のような式となる．

$$\boldsymbol{d}^* = \arg\min_{\boldsymbol{d}} \sum_i ||\boldsymbol{x}^{(i)} - \boldsymbol{d}^\top \boldsymbol{x}^{(i)} \boldsymbol{d}||_2^2 \text{ subject to } ||\boldsymbol{d}||_2 = 1. \tag{2.70}$$

または，スカラーがそれ自身の転置であるという事実を利用すると次のようになる．

$$\boldsymbol{d}^* = \arg\min_{\boldsymbol{d}} \sum_i ||\boldsymbol{x}^{(i)} - \boldsymbol{x}^{(i)\top} \boldsymbol{d}\boldsymbol{d}||_2^2 \text{ subject to } ||\boldsymbol{d}||_2 = 1. \tag{2.71}$$

読者は，このような形式的な再配置に慣れることを目指そう．

ここで，個々の事例のベクトルについての総和としてではなく，事例の単一の計画行列の観点から問題を書き直すといいだろう．これによってさらに簡潔な表記が使える．$\boldsymbol{X} \in \mathbb{R}^{m \times n}$ は，$\boldsymbol{X}_{i,:} = \boldsymbol{x}^{(i)\top}$ のような点を記述するベクトルを，すべて積み重ねて定義された行列とする．すると問題は次のように書き直せる．

$$\boldsymbol{d}^* = \arg\min_{\boldsymbol{d}} ||\boldsymbol{X} - \boldsymbol{X}\boldsymbol{d}\boldsymbol{d}^\top||_F^2 \text{ subject to } \boldsymbol{d}^\top \boldsymbol{d} = 1. \tag{2.72}$$

ここでいったん制約を無視すると，フロベニウスノルムの部分は以下のように単純化できる．

$$\arg\min_{\boldsymbol{d}} ||\boldsymbol{X} - \boldsymbol{X}\boldsymbol{d}\boldsymbol{d}^\top||_F^2 \tag{2.73}$$

$$= \arg\min_{\boldsymbol{d}} \operatorname{Tr}\left(\left(\boldsymbol{X} - \boldsymbol{X}\boldsymbol{d}\boldsymbol{d}^\top \right)^\top \left(\boldsymbol{X} - \boldsymbol{X}\boldsymbol{d}\boldsymbol{d}^\top \right) \right) \tag{2.74}$$

（式2.49による）

$$= \arg\min_{\boldsymbol{d}} \operatorname{Tr}(\boldsymbol{X}^\top \boldsymbol{X} - \boldsymbol{X}^\top \boldsymbol{X}\boldsymbol{d}\boldsymbol{d}^\top - \boldsymbol{d}\boldsymbol{d}^\top \boldsymbol{X}^\top \boldsymbol{X} + \boldsymbol{d}\boldsymbol{d}^\top \boldsymbol{X}^\top \boldsymbol{X}\boldsymbol{d}\boldsymbol{d}^\top) \tag{2.75}$$

$$= \arg\min_{\boldsymbol{d}} \operatorname{Tr}(\boldsymbol{X}^\top \boldsymbol{X}) - \operatorname{Tr}(\boldsymbol{X}^\top \boldsymbol{X}\boldsymbol{d}\boldsymbol{d}^\top) - \operatorname{Tr}(\boldsymbol{d}\boldsymbol{d}^\top \boldsymbol{X}^\top \boldsymbol{X}) + \operatorname{Tr}(\boldsymbol{d}\boldsymbol{d}^\top \boldsymbol{X}^\top \boldsymbol{X}\boldsymbol{d}\boldsymbol{d}^\top) \tag{2.76}$$

$$= \arg\min_{\boldsymbol{d}} - \operatorname{Tr}(\boldsymbol{X}^\top \boldsymbol{X}\boldsymbol{d}\boldsymbol{d}^\top) - \operatorname{Tr}(\boldsymbol{d}\boldsymbol{d}^\top \boldsymbol{X}^\top \boldsymbol{X}) + \operatorname{Tr}(\boldsymbol{d}\boldsymbol{d}^\top \boldsymbol{X}^\top \boldsymbol{X}\boldsymbol{d}\boldsymbol{d}^\top) \tag{2.77}$$

（$\boldsymbol{d}$ を含まない項は $\arg\min$ に影響しないことによる）

$$= \arg\min_{\boldsymbol{d}} -2 \operatorname{Tr}(\boldsymbol{X}^\top \boldsymbol{X}\boldsymbol{d}\boldsymbol{d}^\top) + \operatorname{Tr}(\boldsymbol{d}\boldsymbol{d}^\top \boldsymbol{X}^\top \boldsymbol{X}\boldsymbol{d}\boldsymbol{d}^\top) \tag{2.78}$$

（式2.52から，トレースの内部では行列の順序を巡回させてよいことによる）

$$= \arg\min_{\boldsymbol{d}} -2\,\mathrm{Tr}(\boldsymbol{X}^\top \boldsymbol{X}\boldsymbol{d}\boldsymbol{d}^\top) + \mathrm{Tr}(\boldsymbol{X}^\top \boldsymbol{X}\boldsymbol{d}\boldsymbol{d}^\top \boldsymbol{d}\boldsymbol{d}^\top) \tag{2.79}$$

（再び同じ性質を用いる）．

ここで，再び制約を導入して，

$$\arg\min_{\boldsymbol{d}} -2\,\mathrm{Tr}(\boldsymbol{X}^\top \boldsymbol{X}\boldsymbol{d}\boldsymbol{d}^\top) + \mathrm{Tr}(\boldsymbol{X}^\top \boldsymbol{X}\boldsymbol{d}\boldsymbol{d}^\top \boldsymbol{d}\boldsymbol{d}^\top) \text{ subject to } \boldsymbol{d}^\top \boldsymbol{d} = 1 \tag{2.80}$$

$$= \arg\min_{\boldsymbol{d}} -2\,\mathrm{Tr}(\boldsymbol{X}^\top \boldsymbol{X}\boldsymbol{d}\boldsymbol{d}^\top) + \mathrm{Tr}(\boldsymbol{X}^\top \boldsymbol{X}\boldsymbol{d}\boldsymbol{d}^\top) \text{ subject to } \boldsymbol{d}^\top \boldsymbol{d} = 1 \tag{2.81}$$

（制約による）

$$= \arg\min_{\boldsymbol{d}} -\mathrm{Tr}(\boldsymbol{X}^\top \boldsymbol{X}\boldsymbol{d}\boldsymbol{d}^\top) \text{ subject to } \boldsymbol{d}^\top \boldsymbol{d} = 1 \tag{2.82}$$

$$= \arg\max_{\boldsymbol{d}} \mathrm{Tr}(\boldsymbol{X}^\top \boldsymbol{X}\boldsymbol{d}\boldsymbol{d}^\top) \text{ subject to } \boldsymbol{d}^\top \boldsymbol{d} = 1 \tag{2.83}$$

$$= \arg\max_{\boldsymbol{d}} \mathrm{Tr}(\boldsymbol{d}^\top \boldsymbol{X}^\top \boldsymbol{X}\boldsymbol{d}) \text{ subject to } \boldsymbol{d}^\top \boldsymbol{d} = 1. \tag{2.84}$$

この最適化問題は固有値分解を用いて解くことができる．具体的には，最適な $\boldsymbol{d}$ は最大の固有値に対応する $\boldsymbol{X}^\top \boldsymbol{X}$ の固有ベクトルから得られる．

この解法は，$l = 1$ の場合のみ有効で，第1主成分のみを再構成する．さらに一般的には，主成分の基底を再構成したい場合，行列 $\boldsymbol{D}$ は最大固有値に対応する l 個の固有ベクトルで与えられる．これは帰納法を使って証明できる．演習としてその証明を書いてみることを勧める．

線形代数は，深層学習を理解するために必要な，基本的な数学の分野の1つである．機械学習のさまざまな場面に現れる，もう1つの重要な数学の分野は確率論である．それを次章で説明する．

第 3 章

確率と情報理論

本章では，確率論と情報理論について説明する．

確率論は不確実な命題を表現する数学的な枠組みである．この枠組みにより，不確実性を定量化する手段はもちろん，不確実さを伴う命題を導く公理も提供される．人工知能の応用では，主に 2 つの方法で確率論を使う．1 つ目は，確率法則によって AI システムがどのように推論するべきかを知って，確率論を使うことで得られる多様な表現の計算や近似のためのアルゴリズムを設計することである．2 つ目は，確率と統計を使って，提案された AI システムの振る舞いを理論的に解析することである．

確率論は科学と工学の数多くの分野で活用される基本的なツールである．本章は，主にソフトウェア工学の経験はあるものの，確率論に触れる機会が限られている読者が，本書の内容を理解できるようになることを目的としている．

確率論は不確実な命題を作り出し，不確実性が存在する中での推論を可能にする一方で，情報理論は確率分布の形で不確実性の程度の定量化を可能にする．

すでに確率論と情報理論に精通している読者は，機械学習の構造化確率モデルの記述に使われるグラフを説明する3.14節を除いて，本章を飛ばして構わない．

もし本章のテーマについて事前の経験がまったくないとしても，本章は深層学習の研究プロジェクトをうまく実行するのに十分なはずであるが，Jaynes (2003) のような資料を追加で参照することを強く推奨する．

3.1 なぜ確率なのか

コンピュータ科学の分野の多くではほとんどの場合，完全に決定論的で確実な対象を扱う．通常プログラマーは，CPU が機械語の命令それぞれを完璧に実行すると想定してよい．ハードウェアのエラーは発生するものではあるが，ほとんどのソフトウェアアプリケーションにおいては，それを織り込んで設計する必要がないくらいに非常に珍しいことである．多くのコンピュータ科学者とソフトウェアエンジニアが，比較的洗練された確かな環境で働いていることを考えると，機械学習で確率論がかなり使われていることに驚くだろう．

機械学習はつねに不確実な量を扱い，また時には確率的な（非決定論的な）量を扱わなければならない．不確実性と確率性は数多くの要因から生じうる．研究者は遅くとも 1980 年代から，確率を使って不確実性を定量化することについて活発に議論してきた．ここで紹介されている議論の多くは，Pearl

(1988) でまとめられているか，あるいは示唆されているものである．

ほとんどすべての活動において，不確実性が存在する中での推論能力が要求される．実際，定義によって真であるとする数学的な宣言を除けば，絶対的に真である命題や絶対に起こることが保証される事象を思いつくのは難しい．

不確実性を生み出す可能性のある原因は3つある．

1. モデル化されるシステムに固有の確率性．たとえば，量子構造の解釈のほとんどは，素粒子の力学が確率的であることを示している．カードが厳密に無作為にシャッフルされるはずの仮想的なカードゲームのように，確率的な力学があると仮定する理論的なシナリオを作ることもできる．
2. 不完全な可観測性．決定論的システムであっても，システムの振る舞いを決める変数のすべてを観測することができない場合は，確率的であるように見える．たとえば，モンティ・ホール問題では，ゲーム番組の参加者が3つのドアの中から1つを選び，選んだドアの向こうにある賞品を勝ち取る．2つのドアの向こうにはハズレを意味するヤギがいて，3番目のドアの向こうには賞品の車がある．参加者の選択による結果は決定論的だが，参加者の観点からは結果は不確実である．
3. 不完全なモデリング．観測した情報を破棄しなければならないモデルを使うとき，破棄された情報はモデルの予測を不確実なものにする．たとえば，自身の周りにある物体すべての位置を正確に観測できるロボットを作るとしよう．もしロボットが，その物体の未来の位置を予測するときに空間を離散的に分割するならば，それによってロボットはすぐに，物体の正確な位置に対する確実性を失ってしまう．すなわち，それぞれの物体は，その存在が観測された離散的なセルの中ならどこにでも存在する可能性がある．

多くの場合，たとえ我々が真の規則が決定論的であり，モデル化しているシステムが複雑な規則に適合しそうだとしても，確実だが複雑な規則ではなく不確実だが単純な規則を用いる方が実用的である．たとえば，「ほとんどの鳥は飛ぶ」という単純な規則は低コストで開発できて，広い範囲で有用だが，一方で「まだ飛び方を覚えていない幼い鳥や，飛ぶ能力を失った病気かけがの鳥，ヒクイドリやダチョウ，キウイ，$\cdots$，といった飛ぶ能力がない鳥を除けば，鳥は飛ぶ」という形式の規則を開発や維持，伝達することは高コストであり，またこれらのあらゆる努力をもってしても，もろく，失敗しやすい．

不確実性を表現し，推論する手法が必要だというのは明らかな一方で，人工知能の応用に必要なあらゆるツールが確率論から提供されるというのは，明示的に明らかなわけではない．もともと確率論は，事象の出現頻度を分析するために生み出された．ポーカーゲームで特定の手札を引くような事象を研究するために，どのように確率論が使われるのかというのは理解しやすい．このような事象は，反復可能であることが多い．ある結果が起こる確率が p であるというのは，もしその実験（例：手札を引く）を無限回繰り返したときに，繰り返しのうちの p の割合に相当する回数だけその結果が起こることを意味する．このような推論は，繰り返すことができない命題にはそのまま適用できそうにない．もし医者が患者を診断し，インフルエンザである確率が 40% であると言う場合，これは何かまったく異なることを意味している．患者の複製を無限に作ることもできなければ，患者の複製が同じ症状を見せているのに，違う基礎疾患を持っていると考える理由もない．医者が患者を診断する場合，**信念の度合い** (degree of belief) を表現するために確率を使う．1は患者がインフルエンザにかかっていることが確実であることを示し，0は患者がインフルエンザにかかっていないことが確実であることを示す．前者の確率のように，事象が起こる割合に直接関係しているものは**頻度確率**（frequentist probability）と呼ばれ，確実性を量的な度合いで表す後者のような確率は**ベイズ確率**（Bayesian probability）と呼ばれる．

不確実性についての常識的な推論に期待される特徴をいくつか挙げた場合，それらの性質を満たす唯一の方法は，ベイズ確率が頻度確率とまったく同じように振る舞うとみなすことである．たとえばポーカーゲームで，ある手札がプレーヤーに与えられている場合にそのプレーヤーが勝つ確率を計算したいならば，ある症状が患者に見られる場合に病気である確率を計算するのとまったく同じ公式を使う．同じ公理で，頻度確率とベイズ確率を使えるということを小規模な常識的仮定が意味している理由の詳細については，Ramsey (1926) を参照されたい．

確率論は，不確実性を扱うための論理学の拡張と見ることができる．論理学によって，ある命題の集合が真または偽であるという仮定が与えられたときに，どの命題が真または偽であるかを決定するための，形式的な規則の集合が得られる．確率論の場合は，ある命題のもっともらしさが与えられたときに，対象とする命題が真であるもっともらしさを決定するための，形式的な規則の集合が得られる．

3.2 確率変数

確率変数（random variable）は，無作為に異なる値を取ることができる変数である．通常，確率変数自体は小文字の単純な書体で表記し，変数として取ることが可能な値は小文字の筆記体で記す．たとえば，x_1 と x_2 は両方とも確率変数 x が取りうる値である．ベクトル値の変数では，確率変数は $\mathbf{x}$，その値の 1 つは $\boldsymbol{x}$ と書かれる．確率変数はそれ自体，起こりうる状態の単なる記述である．すなわち，それぞれの状態のもっともらしさを記述する確率分布と組み合わせる必要がある．

確率変数は離散値でも連続値でもよい．離散確率変数では，有限個または可算無限個の状態が存在する．この状態は整数でなくてもいいことに注意されたい．また単に，まったく数値ではないと考えられる名称付きの状態でもよい．連続確率変数は実数値と関連付けられている．

3.3 確率分布

確率分布（probability distribution）とは，確率変数や確率変数の集合が取りうる状態それぞれのもっともらしさを記述するものである．確率分布を記述する方法は，変数が離散か連続であるかどうかで決まる．

3.3.1 離散変数と確率質量関数

離散変数の確率分布は**確率質量関数**（probability mass function，PMF）を使って記述できる．通常は，確率質量関数を大文字 P で表す．しばしば，それぞれの確率変数は異なる確率質量関数と関連付けられる．そのため，読者は関数の名前ではなく確率変数により用いられている確率質量関数を推測しなければばならない．つまり，通常 $P(\mathrm{x})$ は，$P(\mathrm{y})$ と同じではない．

確率質量関数は，ある確率変数の状態から，その確率変数がその状態を取る確率への写像である．$\mathrm{x} = x$ である確率は $P(x)$ で表され，確率が 1 であるとは $\mathrm{x} = x$ が必ず起きることを示し，確率が 0 であるとは $\mathrm{x} = x$ が起こりえないことを示している．どの確率質量関数を使うかをはっきりさせるため，確率変数名を $P(\mathrm{x} = x)$ のように明示的に書く場合がある．最初に変数を定義し，さらに記号 $\sim$ を使って，確率変数がどの分布に従うかを後から指定することがある．その場合は，$\mathrm{x} \sim P(\mathrm{x})$ のように書く．

確率質量関数は，同時に多くの変数に作用することが可能である．そのような多変数の確率分布は**同**

時確率分布（joint probability distribution）と呼ばれる．$P(\mathrm{x}=x, \mathrm{y}=y)$ は同時に $\mathrm{x}=x$ かつ $\mathrm{y}=y$ である確率を表し，簡潔に $P(x,y)$ とも書ける．

確率変数 x の確率質量関数であるためには，関数 P は以下の性質を満さなければならない．

- P の定義域は，x が取りうる状態すべての集合でなければならない．
- $\forall x \in \mathrm{x}, 0 \leq P(x) \leq 1$. 発生しない事象の確率は 0 であり，これよりも発生確率が低くなる状態はない．同様に，発生することが保証されている事象の確率は 1 であり，これよりも発生確率が高くなる状態はない．
- $\sum_{x \in \mathrm{x}} P(x) = 1$. この性質を**正規化**（normalized）されていると言う．この性質がなければ，多数発生している事象の 1 つの確率を計算することで，1 より大きな確率が得られてしまう場合がある．

たとえば，k 個の異なる状態を持つ離散確率変数 x を考える．すべての i に対して確率質量関数を

$$P(\mathrm{x}=x_i) = \frac{1}{k} \tag{3.1}$$

とすることで，x の**一様分布**（uniform distribution）を定義できる．これは，どの状態も等しくもっともらしいとする確率分布である．これが確率質量関数の要件を満たすことがわかる．k は正整数であるため，$\frac{1}{k}$ の値は正である．また，以下の式からわかるように，分布は正しく正規化されている．

$$\sum_i P(\mathrm{x}=x_i) = \sum_i \frac{1}{k} = \frac{k}{k} = 1. \tag{3.2}$$

3.3.2　連続変数と確率密度関数

連続確率変数を取り扱うとき，確率分布の記述には，確率質量関数ではなく**確率密度関数**（probability density function, PDF）を使う．確率密度関数であるためには，関数 p は以下の性質を満たさなければならない．

- p の定義域は，x が取りうる状態すべての集合でなければならない．
- $\forall x \in \mathrm{x}, p(x) \geq 0$. ただし，$p(x) \leq 1$ は必要条件でないことに注意されたい．
- $\int p(x)dx = 1$.

確率密度関数 $p(x)$ からは，特定の状態の確率は直接的に得られない．代わりに，容積が δx の微小領域の中にある確率は $p(x)\delta x$ で与えられる．

確率密度関数を積分すると，点集合の実際の確率質量を求めることができる．特に，集合 $\mathbb{S}$ に x が存在する確率は，$p(x)$ をその集合について積分することで求められる．1 変数の例では，区間 $[a,b]$ に x が存在する確率は，$\int_{[a,b]} p(x)dx$ で求められる．

連続確率変数の特定の確率密度に対応する確率密度関数の例として，実数のある区間での一様分布を考えよう．これは関数 $u(x;a,b)$ で考えることができる．ただし a と b は区間の端点であり，$b>a$ である．「;」記号は「（後述の変数で）パラメータ化されている」という意味で，x は関数の引数であり，a と b は関数を定義するパラメータだと考える．この区間の外には確率質量が存在しないようにするために，すべての $x \notin [a,b]$ で $u(x;a,b)=0$ とする．$[a,b]$ では $u(x;a,b)=\frac{1}{b-a}$ であり，これはどこでも

非負であることがわかる．さらには，その積分は 1 である．x が $[a, b]$ において一様分布に従うことを，$\mathrm{x} \sim U(a, b)$ と表す．

3.4 周辺確率

変数の集合の確率分布がわかっているときに，その部分集合の確率分布を知りたい場合がある．部分集合の確率分布は，**周辺確率分布**（marginal probability distribution）と呼ばれる．

たとえば，離散確率変数 x と y について，$P(\mathrm{x}, \mathrm{y})$ がわかっているとしよう．$P(\mathrm{x})$ は**確率の加法定理**（sum rule）で求められる．

$$\forall x \in \mathrm{x}, P(\mathrm{x} = x) = \sum_y P(\mathrm{x} = x, \mathrm{y} = y). \tag{3.3}$$

「周辺確率」という名称は，紙の上での周辺確率の計算手順に由来する．x の値で行を，y の値で列を指定するマス目の中に $P(\mathrm{x}, \mathrm{y})$ の値が書かれている場合，マス目の 1 行分の値を足し合わせ，その行の右にある紙の余白（周辺）に $P(x)$ の値を書くのが自然である．

連続変数の場合は，合計の代わりに積分を使う必要がある．

$$p(x) = \int p(x, y) dy. \tag{3.4}$$

3.5 条件付き確率

ある事象が起きたという条件の下で，別な事象が起きる確率を知りたい場合は多い．これは**条件付き確率**（conditional probability）と呼ばれる．$\mathrm{x} = x$ が与えられた下で $\mathrm{y} = y$ となる条件付き確率を $P(\mathrm{y} = y \mid \mathrm{x} = x)$ と表す．この条件付き確率は，以下の式で求められる．

$$P(\mathrm{y} = y \mid \mathrm{x} = x) = \frac{P(\mathrm{y} = y, \mathrm{x} = x)}{P(\mathrm{x} = x)}. \tag{3.5}$$

条件付き確率は，$P(\mathrm{x} = x) > 0$ のときのみ定義される．絶対に起きない事象を条件とした条件付き確率は計算できない．

条件付き確率を，何らかの行動があった後に何が起きるかを計算することと混同しないことが重要である．ドイツ語を話す人がドイツ人である条件付き確率は非常に高いが，もし無作為に選んだ人がドイツ語を話すように教わったとしても，その人の出身国は変わらない．行動の結果を計算することは，**介入質問**（intervention query）をすると言う．介入質問は，**因果関係モデル**（causal modeling）の領域であり，本書では対象としない．

3.6 条件付き確率の連鎖律

多数の確率変数における同時確率分布は，たった 1 つの変数に対する条件付き確率分布に分解できる場合がある．

$$P(\mathrm{x}^{(1)}, \ldots, \mathrm{x}^{(n)}) = P(\mathrm{x}^{(1)}) \Pi_{i=2}^{n} P(\mathrm{x}^{(i)} \mid \mathrm{x}^{(1)}, \ldots, \mathrm{x}^{(i-1)}). \tag{3.6}$$

この見方を，**確率の連鎖律**（chain rule）または**確率の乗法定理**（product rule）と呼ぶ．これは，式3.5の条件付き確率の定義から直接的に導かれる．たとえば，この条件付き確率の定義を 2 回適用すると以下が得られる．

$$\begin{aligned} P(\mathrm{a},\mathrm{b},\mathrm{c}) &= P(\mathrm{a}\mid\mathrm{b},\mathrm{c})P(\mathrm{b},\mathrm{c}) \\ P(\mathrm{b},\mathrm{c}) &= P(\mathrm{b}\mid\mathrm{c})P(\mathrm{c}) \\ P(\mathrm{a},\mathrm{b},\mathrm{c}) &= P(\mathrm{a}\mid\mathrm{b},\mathrm{c})P(\mathrm{b}\mid\mathrm{c})P(\mathrm{c}). \end{aligned}$$

3.7　独立と条件付き独立

2 つの確率変数 x と y の確率分布が，x だけを含むものと y だけを含むものの 2 つの因子の積で表現できるならば，この 2 つの確率変数は**独立**（independent）である．

$$\forall x \in \mathrm{x}, y \in \mathrm{y},\ p(\mathrm{x}=x,\mathrm{y}=y) = p(\mathrm{x}=x)p(\mathrm{y}=y). \tag{3.7}$$

確率変数 z が与えられた下で，2 つの確率変数 x と y の条件付き確率分布が，z のすべての値において上記の方法で因数分解されるならば，x と y は**条件付き独立**（conditionally independent）である．

$$\forall x \in \mathrm{x}, y \in \mathrm{y}, z \in \mathrm{z},\ p(\mathrm{x}=x,\mathrm{y}=y\mid\mathrm{z}=z) = p(\mathrm{x}=x\mid\mathrm{z}=z)p(\mathrm{y}=y\mid\mathrm{z}=z). \tag{3.8}$$

独立と条件付き独立を簡潔な表記で表すことができる．$\mathrm{x}\perp\mathrm{y}$ は x と y が独立であることを意味し，$\mathrm{x}\perp\mathrm{y}\mid\mathrm{z}$ は z が与えられた下で x と y が条件付き独立であることを意味する．

3.8　期待値，分散と共分散

確率分布 $P(\mathrm{x})$ に関する関数 $f(x)$ の**期待値**（expectation, expected value）とは，P から x が抽出された下で f が取る値の平均または平均値のことである．離散変数の場合，期待値は以下の総和で計算できる．

$$\mathbb{E}_{\mathrm{x}\sim P}[f(x)] = \sum_x P(x)f(x). \tag{3.9}$$

一方で連続変数の場合は，以下の積分で計算される．

$$\mathbb{E}_{\mathrm{x}\sim p}[f(x)] = \int p(x)f(x)dx. \tag{3.10}$$

分布の性質が前後関係からはっきりしている場合，期待値が計算される確率変数の名前を，$\mathbb{E}_{\mathrm{x}}[f(x)]$ のように単純に書くことができる．期待値を計算する確率変数が明らかな場合，添え字をすべて省略して $\mathbb{E}[f(x)]$ と書ける．通常 $\mathbb{E}[\cdot]$ は，括弧の中にあるすべての確率変数の値の平均だと想定できる．同様に，曖昧さがない場合は，角括弧を省略することができる．

たとえば，α と β が x に依存しない場合，期待値は次のように線形となる．

$$\mathbb{E}_{\mathrm{x}}[\alpha f(x) + \beta g(x)] = \alpha\mathbb{E}_{\mathrm{x}}[f(x)] + \beta\mathbb{E}_{\mathrm{x}}[g(x)]. \tag{3.11}$$

分散（variance）は，確率分布からさまざまな x の値を抽出した場合，その確率変数 x の関数値のばらつき度合いを示す指標である．

$$\mathrm{Var}(f(x)) = \mathbb{E}\left[(f(x) - \mathbb{E}[f(x)])^2\right]. \tag{3.12}$$

分散が小さいとき，$f(x)$ の値はその期待値の近くに集まっている．分散の平方根は**標準偏差**（standard deviation）と呼ばれる．

共分散（covariance）は，2つの変数の大きさとともに，それらの値がどの程度線形的に互いに関連しているかを表す．

$$\mathrm{Cov}(f(x), g(y)) = \mathbb{E}\left[(f(x) - \mathbb{E}[f(x)])(g(y) - \mathbb{E}[g(y)])\right]. \tag{3.13}$$

共分散の絶対値が大きいということは，値が大きく変化し，同時にその値がそれぞれの平均値から大きく離れていることを意味する．共分散の符号が正である場合，両方の変数は同時に，相対的に大きな値となる傾向がある．共分散の符号が負である場合，一方の変数が相対的に小さな値を取るときに，もう一方の変数は相対的に大きな値となる傾向があり，その逆も言える．**相関**（correlation）のような他の指標では，変数の大きさの影響を排除して，変数の関連度合いのみを測るために，各変数の寄与度を正規化している．

共分散と依存という考えは関連があるが，別な概念である．2つの独立な変数の共分散は0であり，2つの変数の共分散が0ではない場合は依存しているので，関連はある．しかしながら，独立は共分散とは異なる性質である．2つの確率変数で共分散が0になるためには，それらの変数の間に線形の依存関係があってはならない．独立は，共分散が0であることよりも強い要件である，なぜなら，独立は非線形の関係性も除外するからである．2つの変数が依存していて，しかも共分散が0になる場合がある．たとえば最初に，区間 $[-1, 1]$ の一様分布から実数 x を抽出することを考える．次に確率変数 s を取る．確率 $\frac{1}{2}$ で，s の値を1にする．それ以外の場合は，s の値を -1 にする．その後 $y = sx$ として，確率変数 y を生成できる．明らかに，x と y は独立ではない．なぜなら，x は完全に y の大きさを決定しているからである．しかし，$\mathrm{Cov}(x, y) = 0$ となる．

確率変数のベクトル $\boldsymbol{x} \in \mathbb{R}^n$ の**共分散行列**（covariance matrix）は，以下のような $n \times n$ 行列である．

$$\mathrm{Cov}(\mathbf{x})_{i,j} = \mathrm{Cov}(\mathrm{x}_i, \mathrm{x}_j). \tag{3.14}$$

共分散行列の対角成分は，分散になる．

$$\mathrm{Cov}(\mathrm{x}_i, \mathrm{x}_i) = \mathrm{Var}(\mathrm{x}_i). \tag{3.15}$$

3.9 一般的な確率分布

単純な確率分布のいくつかは，機械学習のさまざまな場面で有用である．

3.9.1 ベルヌーイ分布

ベルヌーイ分布（Bernoulli distribution）は1つの二値の確率変数における分布である．これは1つのパラメータ $\phi \in [0, 1]$ で制御され，それによって確率変数の確率が1に等しくなる．この分布には次の性質がある．

$$P(\mathrm{x} = 1) = \phi \tag{3.16}$$

$$P(\mathrm{x} = 0) = 1 - \phi \tag{3.17}$$

$$P(\mathrm{x} = x) = \phi^x (1-\phi)^{1-x} \tag{3.18}$$

$$\mathbb{E}_{\mathrm{x}}[\mathrm{x}] = \phi \tag{3.19}$$

$$\mathrm{Var}_{\mathrm{x}}(\mathrm{x}) = \phi(1-\phi). \tag{3.20}$$

3.9.2 マルチヌーイ分布

マルチヌーイ（multinoulli）または**カテゴリ**（categorical）分布は，k 個の異なる状態を取る 1 つの離散変数における分布である．ここで k は有限の値である[*1]．マルチヌーイ分布はベクトル $\boldsymbol{p} \in [0,1]^{k-1}$ でパラメータ化される．ただし p_i は i 番目の状態の確率である．最後の k 番目の状態の確率は，$1 - \mathbf{1}^\top \boldsymbol{p}$ で求められる．$\mathbf{1}^\top \boldsymbol{p} \le 1$ の制約が必要なことに注意されたい．マルチヌーイ分布を使って対象カテゴリの分布を参照することが多いので，通常は，状態 1 が数値 1 になるとは仮定しない．そのため通常は，マルチヌーイ分布に従う確率変数の期待値や分散の計算は必要ない．

ベルヌーイ分布とマルチヌーイ分布は，その定義域におけるあらゆる分布を十分に記述できる．これらの分布がその定義域におけるあらゆる分布を記述できるのは，強力な分布であるからというよりは，むしろそれぞれの定義域が単純だからであり，つまりすべての状態を列挙できるような離散変数をモデル化しているからである．連続変数を扱うときは，状態の数は数え切れないので，少数のパラメータで記述される分布にはいずれも，厳格な制約を課すべきである．

3.9.3 ガウス分布

最もよく使われる実数の分布は**正規分布**（normal distribution）であり，**ガウス分布**（Gaussian distribution）とも呼ばれる．

$$\mathcal{N}(x;\mu,\sigma^2) = \sqrt{\frac{1}{2\pi\sigma^2}} \exp\left(-\frac{1}{2\sigma^2}(x-\mu)^2\right). \tag{3.21}$$

図3.1に正規分布密度関数のグラフを示す．

2 つのパラメータ $\mu \in \mathbb{R}$ と $\sigma \in (0,\infty)$ が正規分布を決定する．パラメータ μ は中央の峰の座標を与える．これは分布の平均でもある．すなわち $\mathbb{E}[\mathrm{x}] = \mu$ である．この分布の標準偏差は σ であり，分散は σ^2 である．

確率密度関数を評価するとき，σ を二乗して逆数にする必要がある．複数のパラメータの値で確率密度関数を頻繁に評価する必要がある場合，分布をパラメータ化するもっと効率的な方法は，パラメータ $\beta \in (0,\infty)$ を使って分布の**精度**（precision），または逆分散を制御することである．

$$\mathcal{N}(x;\mu,\beta^{-1}) = \sqrt{\frac{\beta}{2\pi}} \exp\left(-\frac{1}{2}\beta(x-\mu)^2\right). \tag{3.22}$$

[*1] 「マルチヌーイ」は，Gustavo Lacerda によって最近作られた語で，Murphy (2012) によって広められた．マルチヌーイ分布は**多項分布**（multinomial distribution）の特別な形である．多項分布は，$\{0,\ldots,n\}^k$ に含まれるベクトルの分布で，マルチヌーイ分布から n 個のサンプルが取られたときに，k 個の各カテゴリが選ばれた回数を表している．多くの書籍で，$n=1$ の場合のみを参照していることを明らかにしないまま，「多項」という単語を使ってマルチヌーイを参照している．

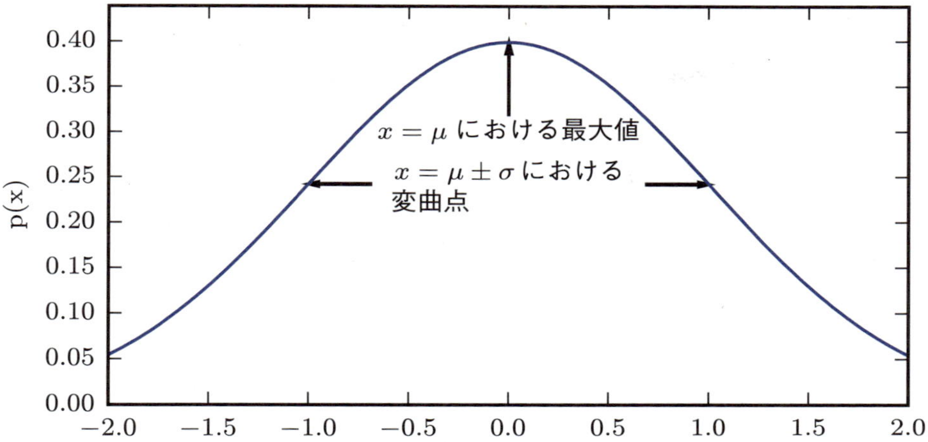

図 3.1: 正規分布．正規分布 $\mathcal{N}(x;\mu,\sigma^2)$ は，よく知られた「ベル型曲線」になる．中央の峰の x 座標は μ で，峰の幅は σ で制御される．この例では，$\mu=0$，$\sigma^2=1$ である**標準正規分布**（standard normal distribution）を図示している．

正規分布は多くの応用において賢明な選択である．選択すべき実数に対する分布の形式について事前知識がない場合，正規分布は 2 つの大きな理由から，最初の選択としては正しいものである．

1 つ目は，モデル化したい分布の多くは，正規分布に本当に近いということである．**中心極限定理**（central limit theorem）は，多くの独立な確率変数の和が近似的に正規分布になることを示している．これは実践上，複雑な系の多くでは，たとえその系がより構造化された振る舞いをする部分に分解できたとしても，正規分布に従う雑音としてうまくモデル化されることを意味する．

2 つ目は，同じ分散を持つすべての確率分布の中で，正規分布は実数における不確実性の最大となる量を符号化するということである．このように，正規分布はモデルに最小限の事前知識を導入する分布と考えられる．この考えを十分に発展させて正当化するには，さらに数学的なツールが必要なため，19.4.2節で説明する．

正規分布は $\mathbb{R}^n$ に一般化され，その場合は**多変量正規分布**（multivariate normal distribution）と呼ばれる．これは正定値対称行列 $\boldsymbol{\Sigma}$ でパラメータ化できる．

$$\mathcal{N}(\boldsymbol{x};\boldsymbol{\mu},\boldsymbol{\Sigma}) = \sqrt{\frac{1}{(2\pi)^n \det(\boldsymbol{\Sigma})}} \exp\left(-\frac{1}{2}(\boldsymbol{x}-\boldsymbol{\mu})^\top \boldsymbol{\Sigma}^{-1}(\boldsymbol{x}-\boldsymbol{\mu})\right). \tag{3.23}$$

パラメータ $\boldsymbol{\mu}$ は，今はベクトル値であるが，やはり分布の平均となる．パラメータ $\boldsymbol{\Sigma}$ は分布の共分散行列である．一変量の場合のように，パラメータの多くの異なる値で何度か確率密度関数を評価したいときは，$\boldsymbol{\Sigma}$ の逆行列を求める必要があるため，計算量の観点から，共分散は分布をパラメータ化する効率的な方法ではない．代わりに**精度行列**（precision matrix）$\boldsymbol{\beta}$ を使うことができる．

$$\mathcal{N}(\boldsymbol{x};\boldsymbol{\mu},\boldsymbol{\beta}^{-1}) = \sqrt{\frac{\det(\boldsymbol{\beta})}{(2\pi)^n}} \exp\left(-\frac{1}{2}(\boldsymbol{x}-\boldsymbol{\mu})^\top \boldsymbol{\beta}(\boldsymbol{x}-\boldsymbol{\mu})\right). \tag{3.24}$$

この共分散行列を対角行列に限定することが多い．さらに簡潔なものは**等方性**（isotropic）ガウス分布で，その共分散行列は単位行列のスカラー倍となる．

3.9.4　指数分布とラプラス分布

深層学習の観点では，$x=0$ で尖った部分を持つ確率分布が必要になることが多い．そのために，**指数分布**（exponential distribution）を使うことができる．

$$p(x;\lambda) = \lambda \mathbf{1}_{x\geq 0} \exp\left(-\lambda x\right). \tag{3.25}$$

指数分布では，指標関数 $\mathbf{1}_{x\geq 0}$ を使って x の負の値すべてに確率 0 を割り当てる．

任意の点 μ で確率質量の尖った峰を作ることのできる，指数分布に密接に関連した確率分布は**ラプラス分布**（Laplace distribution）である．

$$\mathrm{Laplace}(x;\mu,\gamma) = \frac{1}{2\gamma}\exp\left(-\frac{|x-\mu|}{\gamma}\right). \tag{3.26}$$

3.9.5　ディラック分布と経験分布

確率分布の質量すべてを 1 点に集中させるように指定したい場合がある．これは**ディラックのデルタ関数**（Dirac delta function）$\delta(x)$ を使って確率密度関数を定義することで実現できる．

$$p(x) = \delta(x-\mu). \tag{3.27}$$

ディラックのデルタ関数は，0 以外のところはすべて 0 だが，積分すると 1 になるように定義される．ディラックのデルタ関数は，x の値それぞれを実数値の出力に結び付けるような，よくある関数ではない．代わりに，**超関数**（generalized function）と呼ばれる別種の数学的な対象であり，積分したときにその性質が定義されるものである．ディラックのデルタ関数は，0 以外のすべての点において質量を微小にする一連の関数の極限点とみなすことができる．

$p(x)$ を δ が $-\mu$ だけ移動したものと定義することで，$x=\mu$ で無限に狭く無限に高い確率質量の峰が得られる．

ディラックのデルタ分布は，**経験分布**（empirical distribution）の構成要素としてよく利用される．

$$\hat{p}(\boldsymbol{x}) = \frac{1}{m}\sum_{i=1}^{m}\delta(\boldsymbol{x}-\boldsymbol{x}^{(i)}). \tag{3.28}$$

このとき，データ集合またはサンプルの集合を形成する m 個の点 $\boldsymbol{x}^{(1)},\ldots,\boldsymbol{x}^{(m)}$ それぞれで，確率質量の値が $\frac{1}{m}$ となっている．ディラックのデルタ分布は，連続変数の経験分布を定義する場合にだけ必要となる．離散変数に対しては，状況はもっと単純である．経験分布はマルチヌーイ分布として概念化できる．その場合の確率は，訓練データ中の値の**経験的頻度**（empirical frequency）と単純に等しい各入力値と関連付けられている．

訓練事例のデータ集合から形成された経験分布は，このデータ集合でモデルを学習させるときに，サンプルを抽出する分布を特定しているとみなすことができる．経験分布に関するもう 1 つの重要な観点は，訓練データの尤度を最大化する確率密度だという点である（5.5節を参照）．

3.9.6 分布の混合

確率分布を，もっと単純な他の確率分布を組み合わせて定義することもよく行われている．分布を組み合わせる一般的な方法の 1 つは**混合分布**（mixture distribution）を構成することである．混合分布は，いくつかの要素分布から構成される．各試行において，サンプルを生成する要素分布の選択は，マルチヌーイ分布から要素情報を抽出することで決定される．

$$P(\mathrm{x}) = \sum_i P(\mathrm{c} = i) P(\mathrm{x} \mid \mathrm{c} = i). \tag{3.29}$$

ここで，$P(\mathrm{c})$ は要素情報のマルチヌーイ分布である．

本書では，すでに混合分布の例を 1 つ挙げている．実数値の変数の経験分布は，訓練事例それぞれにディラックの要素を 1 つ持つ混合分布である．

混合モデルは，確率分布を組み合わせてさらに豊かな分布を作るための単純な戦略の 1 つである．16章では，単純な確率分布から複雑な確率分布を構築する手法について，さらに詳細に説明する．

混合モデルから，**潜在変数**（latent variable）という概念を少しだけ垣間見ることができる．これは，後々非常に重要なものとなってくる．潜在変数は，直接には観測できない確率変数である．混合モデルの要素情報の変数 c はその一例である．潜在変数は同時分布によって x と関連している場合があり，その場合は $P(\mathrm{x}, \mathrm{c}) = P(\mathrm{x} \mid \mathrm{c}) P(\mathrm{c})$ である．潜在変数における分布 $P(\mathrm{c})$ と潜在変数を可視変数に関係付ける分布 $P(\mathrm{x} \mid \mathrm{c})$ は，潜在変数を参照せずに分布 $P(\mathrm{x})$ を記述できる場合でも，$P(\mathrm{x})$ の形状を決定する．潜在変数については16.5節でさらに詳しく説明する．

混合モデルの中で，非常に強力かつ一般的な種類は，**混合ガウス**（Gaussian mixture）モデルであり，その構成要素 $p(\mathbf{x} \mid \mathrm{c} = i)$ はガウス分布である．各要素には，別々にパラメータ化された平均 $\boldsymbol{\mu}^{(i)}$ と共分散 $\boldsymbol{\Sigma}^{(i)}$ がある．混合モデルには，さらにいくつかの制約を設けることができる．たとえば，共分散は $\boldsymbol{\Sigma}^{(i)} = \boldsymbol{\Sigma}, \forall i$ という制約を課して，構成要素間で共有できる．ガウス分布が 1 つのときのように，混合ガウスモデルでは，各要素の共分散行列が対角か等方であるという制約を課す場合もある．

平均と共分散に加えて，混合ガウスモデルのパラメータは各要素 i に対して，**事前確率**（prior probability）$\alpha_i = P(\mathrm{c} = i)$ を規定する．「事前」という単語は，$\mathbf{x}$ が観測される**前**の，c に関するモデルの信念が表現されていることを示している．これに対して，$P(\mathrm{c} \mid \boldsymbol{x})$ は $\mathbf{x}$ が観測された**後**に計算されるため，**事後確率**（posterior probability）となる．十分な数の要素を持つ混合ガウスモデルを使えば，どんな平滑密度も，任意の誤差量で近似できるという意味では，混合ガウスモデルは密度の**万能近似器**（universal approximator）である．

図3.2に混合ガウスモデルから抽出されたサンプルを示す．

3.10 一般的な関数の有用な性質

確率分布を扱っているとき，特に深層学習モデルで使われる確率分布を取り扱うときに，よく目にするいくつかの関数がある．

そのような関数の 1 つに，**ロジスティックシグモイド**（logistic sigmoid）がある．

$$\sigma(x) = \frac{1}{1 + \exp(-x)}. \tag{3.30}$$

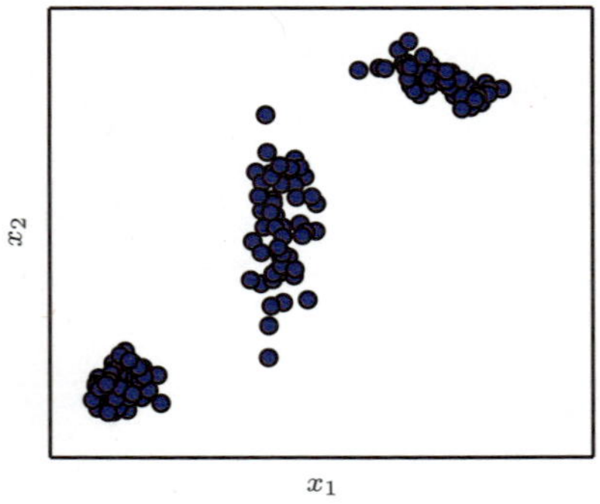

図 **3.2:** 混合ガウスモデルから抽出されたサンプル．この例には，3 つの要素がある．左から右の順で，1 つ目の要素は等方性の共分散行列を持ち，これは各方向に対する分散が等しいことを意味する．2 つ目は対角共分散行列を持ち，各軸の方向に沿って別々に分散を制御できることを意味する．この例では x_1 軸よりも x_2 軸に沿った分散の方が大きい．3 つ目の要素はフルランクの共分散行列をもち，任意の基底方向に沿って別々に分散を制御できる．

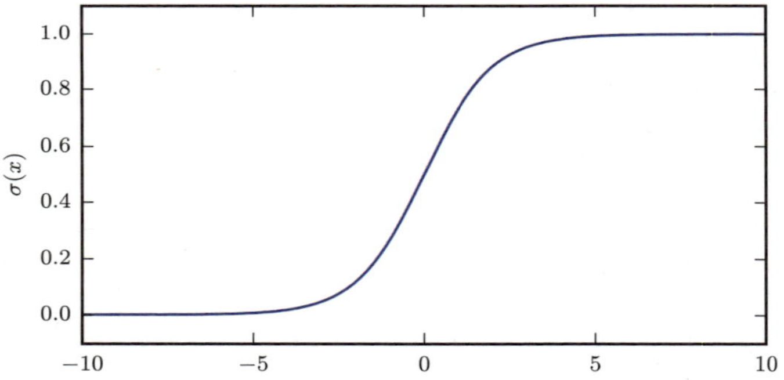

図 **3.3:** ロジスティックシグモイド関数

ロジスティックシグモイドは，その値域が $(0,1)$ であり，ベルヌーイ分布の ϕ パラメータの有効な値域内にあるため，ϕ パラメータを生成する際によく使われる．図3.3にシグモイド関数のグラフを示す．シグモイド関数は，引数の値が正で大きいかまたは負で大きいときに関数の値は**飽和する（saturate）**．これは入力の小さな変化に対してグラフが非常に平らになり，あまり変化がないことを意味する．

もう 1 つ，よく見かける関数は**ソフトプラス（softplus）**関数 (Dugas *et al.*, 2001) である．

$$\zeta(x) = \log(1 + \exp(x)). \tag{3.31}$$

ソフトプラス関数は，その値域が $(0,\infty)$ なので，正規分布のパラメータ β や σ を生成する場合に有用である．これは，シグモイドを含んだ表現を変形させるときにもよく現れる．ソフトプラス関数の名前は，以下の式を平滑化した，あるいは「柔らかくした」形であるという事実からきている．

$$x^+ = \max(0, x). \tag{3.32}$$

図3.4にソフトプラス関数のグラフを示す．

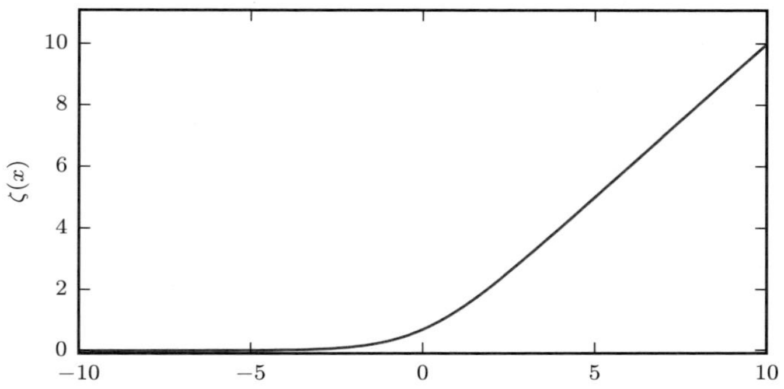

図 **3.4:** ソフトプラス関数.

以下の性質はすべて有用であり，読者は暗記しておいてもいいだろう．

$$\sigma(x) = \frac{\exp(x)}{\exp(x) + \exp(0)} \tag{3.33}$$

$$\frac{d}{dx}\sigma(x) = \sigma(x)(1 - \sigma(x)) \tag{3.34}$$

$$1 - \sigma(x) = \sigma(-x) \tag{3.35}$$

$$\log \sigma(x) = -\zeta(-x) \tag{3.36}$$

$$\frac{d}{dx}\zeta(x) = \sigma(x) \tag{3.37}$$

$$\forall x \in (0,1),\ \sigma^{-1}(x) = \log\left(\frac{x}{1-x}\right) \tag{3.38}$$

$$\forall x > 0,\ \zeta^{-1}(x) = \log\left(\exp(x) - 1\right) \tag{3.39}$$

$$\zeta(x) = \int_{-\infty}^{x} \sigma(y)dy \tag{3.40}$$

$$\zeta(x) - \zeta(-x) = x. \tag{3.41}$$

関数 $\sigma^{-1}(x)$ は統計学で**ロジット**（**logit**）と呼ばれているが，この単語が機械学習で使われるのは非常にまれである．

式3.41は「ソフトプラス」という名前をさらにふさわしくしている．ソフトプラス関数は，**正の部の関数**（**positive part function**）$x^+ = \max\{0, x\}$ の平滑化を意図したものである．正の部の関数は，**負の部の関数**（**negative part function**）$x^- = \max\{0, -x\}$ と相対するものである．負の部分に類似している滑らかな関数を得るために，$\zeta(-x)$ を使うことができる．ちょうど x が，恒等式 $x^+ - x^- = x$ を使って正の部分と負の部分から元の値に戻せるように，$\zeta(x)$ と $\zeta(-x)$ の間の同じ関係性を使って x の値を元に戻すことも可能である．これを式3.41に示す．

3.11 ベイズ則

$P(\mathrm{y} \mid \mathrm{x})$ がわかっていて，$P(\mathrm{x} \mid \mathrm{y})$ を知る必要のある場合は多い．幸運にも，もし $P(\mathrm{x})$ がわかっていれば，**ベイズ則**（Bayes' rule）を使って，求めたい量を算出できる．

$$P(\mathrm{x} \mid \mathrm{y}) = \frac{P(\mathrm{x})P(\mathrm{y} \mid \mathrm{x})}{P(\mathrm{y})}. \tag{3.42}$$

$P(\mathrm{y})$ が数式の中に現れるが，通常 $P(\mathrm{y}) = \sum_x P(y \mid x)P(x)$ で計算できるので，$P(\mathrm{y})$ を知ることから始める必要はないことに注意されたい．

ベイズ則を条件付き確率の定義から導くのは簡単だが，たくさんの教材において名前で言及されるため，この数式の名前を知っていることは有用である．この名前は Reverend Thomas Bayes にちなんで名付けられた．彼はこの数式の特殊な場合を最初に発見した．ここで説明する一般化された数式は，Pierre-Simon Laplace が独自に発見した．

3.12 連続変数の技術的詳細

連続確率変数と確率密度関数を形式として正しく理解するためには，**測度論**（measure theory）と呼ばれる，数学分野で発展している確率論が必要である．測度論は本書の対象とする範囲を超えるが，測度論を使って解決する課題のいくつかを簡潔に説明することはできる．

3.3.2節では，集合 $\mathbb{S}$ に含まれる連続ベクトル値 $\mathbf{x}$ の確率が，集合 $\mathbb{S}$ における $p(\boldsymbol{x})$ の積分で得られることを説明した．集合 $\mathbb{S}$ の選択によっては，矛盾が生じる場合がある．たとえば，$p(\boldsymbol{x} \in \mathbb{S}_1) + p(\boldsymbol{x} \in \mathbb{S}_2) > 1$ だが $\mathbb{S}_1 \cap \mathbb{S}_2 = \emptyset$ であるような 2 つの集合 $\mathbb{S}_1$ と $\mathbb{S}_2$ を構成することは可能である．一般的にこのような集合は，実数値の無限の精度を十分に活用して構成される．これはたとえば，フラクタルの形をした集合や有理数の集合を変換して定義される集合を作ることで構成される*2．測度論の重要な貢献の 1 つは，矛盾を避けながら，確率を計算することができる集合族を特徴付けている点である．本書では，比較的簡潔に記述できる集合に関してのみ積分するので，この測度論の観点は該当する懸念事項になることはない．

本書の目的において，測度論は，$\mathbb{R}^n$ のほとんどの点に適用されるが，いくつかの端点では適用されない定理を説明する場合にはさらに有用である．測度論から，点の集合が無視できるくらい小さいということを説明する厳密な方法が得られる．そのような集合は**測度零**（measure zero）を持つと言われる．本書ではこの概念を形式的に定義していない．本書の目的において，測度零の集合は，測定している空間でまったく領域を占めていないと直感的に理解するだけで十分である．たとえば，$\mathbb{R}^2$ の中で直線は測度零である一方，面である多角形は測度が正になる．同様に，個々の点は測度零である．測度零の集合が多数あるとき，それらを可算個統合した和集合はどれも測度零になる（そのため，たとえばすべての有理数の集合は測度零である）．

測度論でもう 1 つ便利な単語は，**ほとんど至るところで**（almost everywhere）である．ほとんど至るところで見られる性質は，測度零の集合を除いた全空間で見られる．例外が占める空間は無視できるため，多くの応用で，それを無視しても問題ない．いくつかの確率論における重要な結果は，離散値では

*2 バナッハ・タルスキー定理は，そのような集合の面白い例を提示する．

どこでも成り立つが，連続値については「ほとんど至るところで」しか成り立たない．

連続変数の技術的詳細の中には，お互いの決定論的関数となる連続確率変数を扱うことに関係するものがある．2 つの確率変数 $\mathbf{x}$ と $\mathbf{y}$ があり，可逆で連続かつ微分可能な変換 g を使って $\boldsymbol{y} = g(\boldsymbol{x})$ が成り立つとしよう．このとき，$p_y(\boldsymbol{y}) = p_x(g^{-1}(\boldsymbol{y}))$ が成り立つと考えるかもしれないが，実際にはそうならない．

単純な例として，スカラーの確率変数 x と y があり，$\mathrm{y} = \frac{\mathrm{x}}{2}$，$\mathrm{x} \sim U(0,1)$ であるとする．もし規則 $p_y(y) = p_x(2y)$ を使うなら，p_y は区間 $[0, \frac{1}{2}]$ を除いたすべての領域で 0 になり，この区間内では 1 になる．これによって以下の式が導かれる．

$$\int p_y(y)dy = \frac{1}{2}. \tag{3.43}$$

しかし，この式は確率分布の定義に反する．これはよくある間違いである．この方法の問題点は，関数 g によって導入される空間の歪みを反映していないことである．体積 $\delta\boldsymbol{x}$ の限りなく微小な領域に存在する $\boldsymbol{x}$ の確率は，$p(\boldsymbol{x})\delta\boldsymbol{x}$ で求められることを思い出そう．g は空間を拡大縮小できるので，$\boldsymbol{x}$ の空間における $\boldsymbol{x}$ の周辺の微小な体積は，$\boldsymbol{y}$ の空間では体積が異なる場合がある．

この問題をどのように修正するのかを説明するために，スカラーの場合に立ち返ってみる．ここで以下の性質を保持する必要がある．

$$|p_y(g(x))dy| = |p_x(x)dx|. \tag{3.44}$$

これを解くことで，以下が得られる．

$$p_y(y) = p_x(g^{-1}(y)) \left| \frac{\partial x}{\partial y} \right|. \tag{3.45}$$

または以下のようにも表せる．

$$p_x(x) = p_y(g(x)) \left| \frac{\partial g(x)}{\partial x} \right|. \tag{3.46}$$

さらに高い次元では，導関数によって，**ヤコビ行列**（**Jacobian matrix**）—$J_{i,j} = \frac{\partial x_i}{\partial y_j}$ となる行列の行列式に一般化される．したがって，実数値ベクトル $\boldsymbol{x}$ と $\boldsymbol{y}$ について，以下のように表せる．

$$p_x(\boldsymbol{x}) = p_y(g(\boldsymbol{x})) \left| \det\left(\frac{\partial g(\boldsymbol{x})}{\partial \boldsymbol{x}} \right) \right|. \tag{3.47}$$

3.13 情報理論

情報理論は応用数学の一分野であり，信号の中に含まれる情報量を数値で表現することを対象として発展している．情報理論はもともと，無線伝送を使ったコミュニケーションのように，雑音のあるチャネルにアルファベットの各文字を載せてメッセージを送るという研究のために生み出された．この背景から，情報理論は，さまざまな符号化手法を使って最適な符号を設計し，特定の確率分布から抽出されたメッセージの長さの期待値を計算する方法を教えてくれる．機械学習の観点からは，このようなメッセージの長さの解釈が当てはまらない連続変数にも情報理論を適用できる．この分野は，電子工学と計算機科学において数多くの領域の基礎となっている．本書ではほとんどの場合，情報理論の主要な考えをいくつか活用して，確率分布を特徴付け，あるいは確率分布の間の類似性を数量で表している．情報理論についてのさらなる詳細はCover and Thomas (2006) とMacKay (2003) を参照されたい．

情報理論における基本的な直観は，起こりそうもない事象が起こったことを学習するのは，起こりそうな事象が起こったことを学習するよりも，より情報に意味があるということである．「今朝太陽が昇った」というメッセージは，送信する必要がないくらい情報がないが，「今朝日食があった」というメッセージは重要な情報と言える．

この直感を定式化することで，情報を量的に表現したい．

- 起こりやすい事象の情報量が少なく，極端な場合，間違いなく起こる事象には，それがどんなものであれ情報量はない．
- 起こりにくい事象ほど，その情報量は多い．
- 独立な事象は付加情報を持つ．たとえば，コインを投げて表が 1 回出るのを見るよりも，表が 2 回出るのを見る方が，2 倍の情報を伝達する．

この 3 つの性質すべてを満たすために，事象 $\mathrm{x} = x$ の**自己情報量**（self-information）を以下のように定義する．

$$I(x) = -\log P(x). \tag{3.48}$$

本書では log を使って，e を底とする自然対数を表す．そのため，$I(x)$ の定義は**ナット**（nats）の単位で書かれる．1 ナットは確率 $\frac{1}{e}$ の事象を観測したときに得られる情報量である．底が 2 の対数である，**ビット**（bits）もしくは**シャノン**（shannons）と呼ばれる単位を使う書籍もある．ビットで測った情報は，ナットで測った情報を再スケーリングしているだけである．

x が連続であるとき，類似性から情報の同じ定義を使うが，離散の場合の性質からは失われてしまうものがある．たとえば単位密度の事象は，起こることが保証されている事象ではないにもかかわらず，その情報量は 0 である．

自己情報量は 1 つの結果のみを扱う．**シャノンエントロピー**（Shannon entropy）を使って，確率密

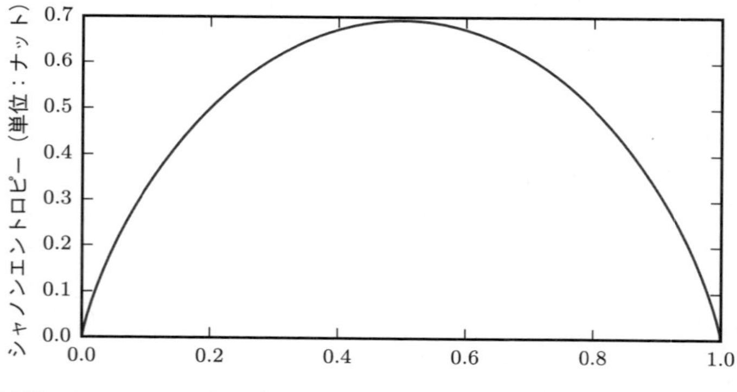

図 3.5: 二項確率変数のシャノンエントロピー．このグラフでは，決定論的な分布に近い分布のシャノンエントロピーが低い一方で，一様分布に近い分布のシャノンエントロピーが高い様子を示している．横軸には，二項確率変数が 1 に等しくなる確率 p を表示する．エントロピーは $(p-1)\log(1-p) - p\log p$ で得られる．p が 0 に近いとき，確率変数はほとんどつねに 0 であるため，分布はほぼ決定論的である．p が 1 に近いときも，確率変数はほとんどつねに 1 であるため，分布はほぼ決定論的である．$p = 0.5$ のときに，エントロピーは最大になる，なぜなら分布は 2 つの結果に対する一様分布だからである．

度全体の不確実性を量的に表現できる.

$$H(\mathrm{x}) = \mathbb{E}_{\mathrm{x}\sim P}[I(x)] = -\mathbb{E}_{\mathrm{x}\sim P}[\log P(x)]. \tag{3.49}$$

なお，これは $H(P)$ とも表記される．言い換えると，分布のシャノンエントロピーは，その分布から抽出される事象に期待される情報量である．それによって，分布 P から抽出されるシンボルを符号化するために平均的に必要なビット数（対数の底が 2 の場合．それ以外のときは単位が異なる）の下限が求められる．（結果がほとんど確実で）ほぼ決定論的な分布のエントロピーは低く，一様分布に近い分布のエントロピーは高い．これを図3.5に示す．x が連続であるとき，シャノンエントロピーは**微分エントロピー**（differential entropy）と呼ばれる．

同じ確率変数 x に対して異なる確率分布 $P(\mathrm{x})$ と $Q(\mathrm{x})$ があるとき，**カルバック・ライブラーダイバージェンス**（Kullback-Leibler（KL）divergence）を使って，この 2 つの分布にどれだけの差があるのかを測ることができる．

$$D_{\mathrm{KL}}(P\|Q) = \mathbb{E}_{\mathrm{x}\sim P}\left[\log \frac{P(x)}{Q(x)}\right] = \mathbb{E}_{\mathrm{x}\sim P}\left[\log P(x) - \log Q(x)\right] \tag{3.50}$$

を用いてどのようにこれら 2 つの分布が異なるのか測ることができる．

離散変数の場合，確率分布 Q から抽出されたメッセージの長さを最短にするように設計された符号を使うとき，これは確率分布 P から抽出された記号を含むメッセージを送るために必要な，追加の情報量（底 2 の対数を使うならばビットで測られるが，機械学習では通常，ナットと自然対数を使う）になる．

KL ダイバージェンスには数多くの有用な性質があり，その中で最も重要なのは非負であるという点である．離散変数において，P と Q が同じ分布である場合に限り，また連続変数において，それらが「ほとんど至るところで」等しくなる場合に限り，KL ダイバージェンスは 0 となる．KL ダイバージェンスは非負であり，2 つの分布の違いを測るので，分布間の距離のようなものを測るものとして概念化されることが多い．しかし，これは非対称である．すなわち，ある P と Q について，$D_{\mathrm{KL}}(P\|Q) \neq D_{\mathrm{KL}}(Q\|P)$ であるため，距離尺度としては正しくない．この非対称性は，$D_{\mathrm{KL}}(P\|Q)$ または $D_{\mathrm{KL}}(Q\|P)$ を使うかどうかの選択に重大な影響を及ぼすことを意味する．さらに詳細を図3.6に示す．

KL ダイバージェンスと密接に関係している量は**交差エントロピー**（cross-entropy）$H(P,Q) = H(P) + D_{\mathrm{KL}}(P\|Q)$ である．交差エントロピーは，KL ダイバージェンスに似ているが，左側の項が削除されている．すなわち，

$$H(P,Q) = -\mathbb{E}_{\mathrm{x}\sim P}\log Q(x). \tag{3.51}$$

Q は取り除かれた項に関与しないため，Q に関して交差エントロピーを最小化することは KL ダイバージェンスを最小化することと等しい．

数多くのこういった量を計算するとき，$0\log 0$ の形の表現をよく見かける．情報理論の世界では慣習的に，この表現を $\lim_{x\to 0} x\log x = 0$ として扱う．

3.14 構造化確率モデル

機械学習のアルゴリズムには，非常に多くの確率変数における確率分布が関与する場合が多い．このような確率分布には，相対的に少ない変数の間に直接的な関係性があることが多い．1 つの関数で同時

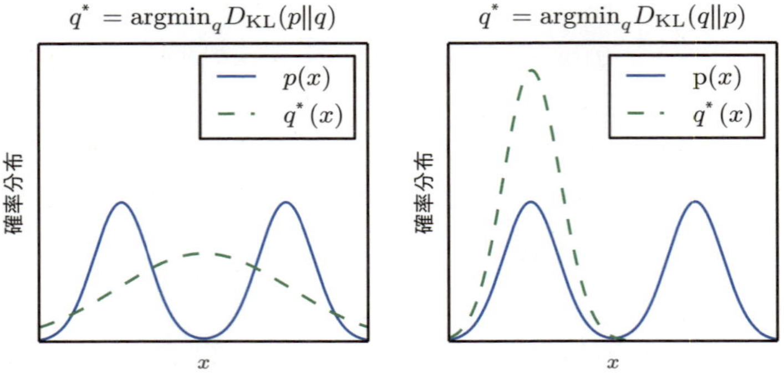

図 **3.6:** KL ダイバージェンスは非対称である．分布 $p(x)$ があり，それを他の分布 $q(x)$ で近似したいとする．このとき，$D_{\text{KL}}(p\|q)$ または $D_{\text{KL}}(q\|p)$ のどちらを最小化するかは選択できる．p に 2 つのガウス分布の混合を使い，q に 1 つのガウス分布を使って，この選択の影響を図示している．KL ダイバージェンスのどの方向を使うかは，課題に応じて選択する．真の分布の高確率のところは通常どこでも高確率にする近似が必要となる応用もあれば，真の分布の低確率のところはどこでもまれに高確率とする近似が必要な応用もある．KL ダイバージェンスの方向の選択には，応用ごとにこれらの考え方のどれを優先するかが反映される．（左）$D_{\text{KL}}(p\|q)$ の最小化の効果．この場合，p の確率が高い部分に高い確率を持つ q を選択する．p に複数のモードがあるとき，全体的に高い確率質量とするため，そのモード全体をぼかすように q を選択する．（右）$D_{\text{KL}}(q\|p)$ の最小化の効果．この場合，p の確率が低い部分に低い確率を持つ q を選択する．図のように，p が十分に広がって分離している複数のモードを持つとき，p のモード間の低確率の領域に確率質量が置かれることを避けるため，KL ダイバージェンスは 1 つのモードを選択することで最小化される．ここでは，左のモードが強調されるように q が選択された結果を図示する．右のモードを選択しても，同じ値の KL ダイバージェンスが得られる．十分に確率の低い領域でモードが分離していない場合でも，この KL ダイバージェンスの方向を選択して，モードをぼかすことができる．

確率分布の全体を記述することは（計算量的にも統計学的にも）非常に効率が悪い．

1 つの関数で確率分布を表現する代わりに，掛け合わせが可能なたくさんの因子に確率分布を分割できる．たとえば，3 つの確率変数 a,b,c があるとする．a は b の値に影響を与え，b は c の値に影響を与えるが，b が与えられた下で a と c は独立だとする．この 3 変数すべてにおける確率分布を，2 変数における確率分布の積で表すことができる．

$$p(\mathrm{a}, \mathrm{b}, \mathrm{c}) = p(\mathrm{a})p(\mathrm{b} \mid \mathrm{a})p(\mathrm{c} \mid \mathrm{b}). \tag{3.52}$$

このような因数分解によって，分布の記述に必要なパラメータの数を大きく削減できる．各因子は，その因子の中にある変数の数のべき乗に相当する数のパラメータを使う．これはすなわち，より変数の少ない分布に因数分解できるなら，分布を表現するコストを大きく削減できるということになる．

グラフを使ってこのような因数分解を表現できる．ここでは，「グラフ」という単語はグラフ理論の意味で使われていて，辺で相互につながっている頂点の集合を意味している．グラフで確率分布の因数分解を表現するときは，これを**構造化確率モデル**（structured probabilistic model），あるいは**グラフィカルモデル**（graphical model）と呼ぶ．

構造化確率モデルには，主に有向と無向の 2 種類がある．いずれのグラフィカルモデルもグラフ $\mathcal{G}$ を使うが，このグラフでは，各ノードが確率変数に対応していて，2 つの確率変数を結んでいる辺は，確率分布がこの 2 つの確率変数の間の直接的な関係を表現できることを意味している．

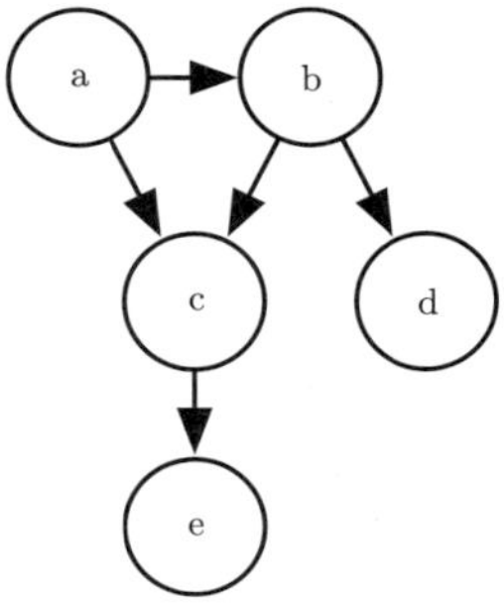

図 **3.7:** 確率変数 a,b,c,d,e の有向グラフィカルモデル．このグラフは以下の形に分解できる確率分布に対応している．

$$p(\mathrm{a,b,c,d,e}) = p(\mathrm{a})p(\mathrm{b} \mid \mathrm{a})p(\mathrm{c} \mid \mathrm{a,b})p(\mathrm{d} \mid \mathrm{b})p(\mathrm{e} \mid \mathrm{c}). \tag{3.54}$$

このグラフィカルモデルから，分布の性質のいくつかがすぐに理解できる．たとえば，a と c は直接関連しているが，a と e は c を介して間接的にのみ関連している．

有向（directed）モデルは向きのある辺を使ったグラフで，上記の例にあるように，条件付き確率分布への因数分解で表現する．特に，有向モデルは分布の中のどの確率変数 x_i についても 1 つの因子を持ち，その因子は $Pa_{\mathcal{G}}(\mathrm{x}_i)$ で表される x_i の親が与えられた下での，x_i の条件付き分布で構成される．

$$p(\mathbf{x}) = \prod_i p\left(\mathrm{x}_i \mid Pa_{\mathcal{G}}(\mathrm{x}_i)\right). \tag{3.53}$$

図3.7に有向グラフと，それが表す確率分布の因数分解の例を示す．

無向（undirected）モデルは向きがない辺を使ったグラフで，関数の集合への因数分解で表現する．これは，有向の場合とは違い，通常これらの関数はいかなる確率分布でもない．$\mathcal{G}$ で相互につながっているノードのあらゆる集合は，いずれもクリークと呼ばれる．無向モデルのクリーク $\mathcal{C}^{(i)}$ は，それぞれ因子 $\phi^{(i)}(\mathcal{C}^{(i)})$ に関連付けられている．これらの因子は単に関数であり，確率分布ではない．各因子の出力は非負でなければならないが，因子の総和や積分が 1 でなければならないといった，確率分布のような制約はない．

ある確率変数の状態の確率は，これらの全因子の積に**比例**（proportional）する．つまり，大きな値の因子が割り当てられる可能性がより高くなりやすい．もちろん，この積の総和が 1 になる保証はない．そのため，ϕ 関数の積の全状態の総和か積分で定義される正規化定数 Z で割って，正規化した確率分布が得られる．

$$p(\mathbf{x}) = \frac{1}{Z}\prod_i \phi^{(i)}\left(\mathcal{C}^{(i)}\right). \tag{3.55}$$

図3.8に，無向グラフとそれが表す確率分布の因数分解の例を示す．

このような因数分解のグラフでの表現は，確率分布を記述するための表現手段であるということを留意されたい．これらは相互排反な確率分布族ではない．有向か無向かは確率分布の性質ではなく，確率分布の**説明**（description）の性質であり，どんな確率分布も両方の方法で記述できる．本書のI部とII部では，構造化確率モデルを，単に異なる機械学習アルゴリズムがどのような直接的な確率的関係性を表すかを記述する言語として使用する．

III部では，構造化確率モデルについてさらに詳しく説明するが，その研究トピックの議論までは，こ

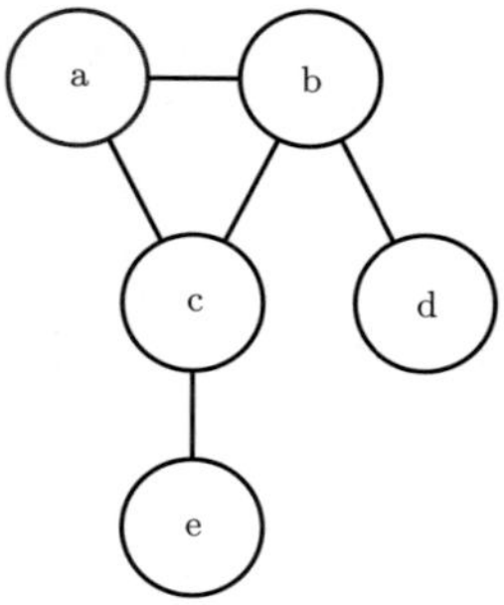

図 **3.8:** 確率変数 a,b,c,d,e の無向グラフィカルモデル．このグラフは以下の形に分解できる確率分布に対応している．

$$p(\mathrm{a}, \mathrm{b}, \mathrm{c}, \mathrm{d}, \mathrm{e}) = \frac{1}{Z}\phi^{(1)}(\mathrm{a}, \mathrm{b}, \mathrm{c})\phi^{(2)}(\mathrm{b}, \mathrm{d})\phi^{(3)}(\mathrm{c}, \mathrm{e}). \tag{3.56}$$

このグラフィカルモデルから．分布の性質のいくつかをすぐに理解できる．たとえば，a と c は直接関係しているが，a と e は c を介して間接的にのみ関係している．

れ以上の構造化確率モデルの理解は必要ない．

本章では，深層学習に最も関連の深い，確率論の基本的な概念を概説した．基本となる数学的ツールがあと 1 つ残っている．それは数値法である．

第 4 章

数値計算

総じて機械学習のアルゴリズムは膨大な量の計算を必要とする．これは典型的には数学的問題に対して正しい解を記号表現として与える数式を解析的に導出するのではなく，逐次的に解の推定値を更新することで問題を解くアルゴリズムのことを指す．よくある処理としては最適化（関数を最大化あるいは最小化する引数の値を見つける）や連立一次方程式の求解がある．デジタルなコンピュータ上では数学的関数を評価することですら難しいことがある．なぜなら実数を扱う関数は有限なメモリを使って正確に表現できないからである．

4.1　オーバーフローとアンダーフロー

デジタルコンピュータ上で連続値の計算を実行する場合，その基本的な難点は無数にある実数を有限のビットパターンで表現しなければならないという点である．ほとんどすべての実数についてコンピュータで数値を表現した場合に近似による誤差が発生する．この誤差は多くの場合丸め誤差である．丸め誤差は特に計算を多数回組み合わせるときに問題となる．丸め誤差の累積を小さくするようにアルゴリズムが設計されていなければ理論的には動作するはずのアルゴリズムでも実際には動作しなくなる場合がある．

特に問題となる丸め誤差の 1 つに**アンダーフロー**（**underflow**）がある．アンダーフローは 0 に近い数値が 0 に丸められてしまうことで発生する．引数が正の小さい値ではなく 0 の場合，多くの関数は定性的に異なる動作をする．通常はたとえばゼロ除算（これが生じると例外を発生させるソフトウェア環境もあれば NaN を返すものもある）や 0 の対数（通常これは $-\infty$ として扱われ，さらに他の数値演算でこの値を使用すると NaN になる）は避けたい事象である．

もう 1 つ大きく問題となる数値誤差に**オーバーフロー**（**overflow**）がある．オーバーフローは巨大な数値が ∞ あるいは $-\infty$ に近似されるときに発生する．さらに計算を実行するとこの無限大の数値は通常 NaN になる．

アンダーフローやオーバーフローに対して安定した動作が求められる関数の一例としてソフトマックス関数が挙げられる．ソフトマックス関数はマルチヌーイ分布の予測に使用されることが多い．ソフトマックス関数の定義は次のとおりである．

$$\mathrm{softmax}(\boldsymbol{x})_i = \frac{\exp(x_i)}{\sum_{j=1}^{n} \exp(x_j)}. \tag{4.1}$$

ここですべての x_i がある定数 c に等しいとどうなるかを考える．解析的には出力はすべて $\frac{1}{n}$ になるはずだとわかる．数値計算的には c が非常に大きい場合そうはならない可能性がある．もし c が非常に大きな負の値であれば $\exp(c)$ ではアンダーフローを生じる．この場合ソフトマックス関数の分母は 0 となり，最終的な結果は未定義となる．c が非常に大きな正の値の場合，$\exp(c)$ はオーバーフローしこれも同様に結果は未定義となる．この問題はいずれも代わりに $\boldsymbol{z} = \boldsymbol{x} - \max_i x_i$ として $\mathrm{softmax}(\boldsymbol{z})$ を計算することで解決できる．ソフトマックス関数の値は入力ベクトルから定数を加減しても変化しないことが解析的に簡単な代数計算で示される．入力ベクトルから $\max_i x_i$ を引くと exp の引数の最大値は 0 となりその結果オーバーフローの可能性はなくなる．また同様に分母は最低でも 1 つの項が 1 となる．したがってアンダーフローの可能性もなくなり結果としてゼロ除算が発生することもない．

他にもまだ小さな問題がある．分子がアンダーフローしてしまうと計算結果が 0 と評価されてしまう．$\log \mathrm{softmax}(\boldsymbol{x})$ の実装において最初にソフトマックスのサブルーチンを実行しその結果を log 関数に渡す場合，誤って $-\infty$ が得られる可能性がある．その代わり $\log \mathrm{softmax}$ を数値的に安定した方法で計算する別の関数を実装する必要がある．これにはソフトマックス関数を安定化させるために利用したものと同じトリックが使用できる．

本書で説明しているさまざまなアルゴリズムを実装する際に注意すべき数値計算上の考慮事項はほとんどの場合詳述されていない．低レベルのライブラリの開発者は深層学習のアルゴリズムを実装する際に数値的な問題を念頭に置くべきである．本書の大部分の読者は安定的な実装を提供する低レベルのライブラリを単に利用すればよいだろう．場合によっては新しいアルゴリズムを実装する際にその実装を自動的に安定させることが可能である．Theano (Bergstra *et al.*, 2010; Bastien *et al.*, 2012) は深層学習での利用の際に発生する数値計算上不安定な計算式の多くを自動的に検知して安定化させるソフトウェアパッケージの一例である．

4.2 悪条件

条件（condition）とは入力値の小さな変化に対して関数がどれだけ急激に変化するかを表すものである．入力値がわずかに変化するだけで急激に変化する関数は入力値の丸め誤差が出力に大きな変化をもたらすため科学的な計算をする上では問題となる．

次の関数 $f(\boldsymbol{x}) = \boldsymbol{A}^{-1}\boldsymbol{x}$ を考える．$\boldsymbol{A} \in \mathbb{R}^{n \times n}$ が固有値分解できる場合，この関数の**条件数**（condition number）は以下で表される．

$$\max_{i,j} \left| \frac{\lambda_i}{\lambda_j} \right|. \tag{4.2}$$

これは最大固有値と最小固有値の大きさの比である．この値が大きい場合，逆行列は入力値の誤差に特に敏感となる．

この敏感さは行列そのものに固有の性質であり逆行列の計算中に生じた丸め誤差によるものではない．悪条件の行列の場合，その逆行列を掛けると既存の誤差は増幅する．実際には逆行列の計算自体によって誤差はさらに蓄積される．

4.3 勾配に基づく最適化

深層学習のアルゴリズムではほとんどの場合にある種の最適化を行う．最適化とは $\boldsymbol{x}$ を変更することで関数 $f(\boldsymbol{x})$ の最小化あるいは最大化を行う処理のことである．通常ほとんどの最適化問題は関数

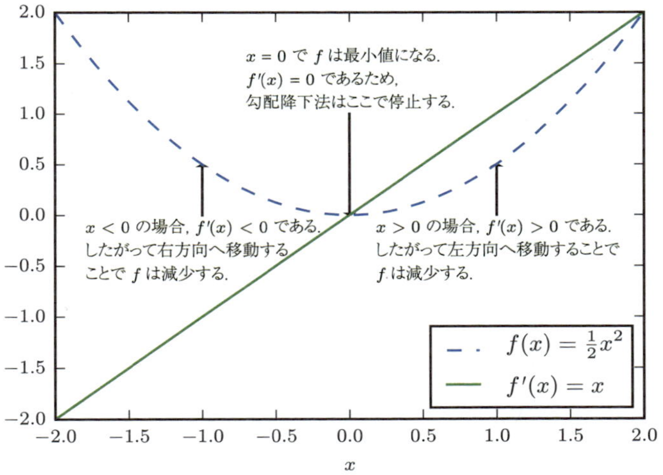

図 **4.1:** 勾配降下法. 勾配降下法が関数の下り坂に沿って極小値に到達するために微分をどう利用するか示した図.

$f(\boldsymbol{x})$ の最小化を指す. 最大化は $-f(\boldsymbol{x})$ の最小化問題として実現できる場合がある.

最小化あるいは最適化したい関数のことを**目的関数**（objective function）あるいは**基準**（criterion）と呼ぶ. これを最小化する場合は**コスト関数**（cost function）, **損失関数**（loss function）, あるいは**誤差関数**（error function）とも呼ぶこともある. 本書ではこれらの単語を同列に扱うが他の機械学習の本ではそれぞれの単語に特別な意味を持たせている場合もある.

関数を最小化あるいは最大化する値には上に $*$ を付けて表すことが多い. たとえば $\boldsymbol{x}^* = \arg\min f(\boldsymbol{x})$ のように書く.

すでに読者は微積分に精通していると想定しているが微積分の概念が最適化にどのように関係しているかをここで簡単に説明する.

関数 $y = f(x)$ を考える. ここで x と y はともに実数である. この関数の**微分**（derivative）を $f'(x)$ あるいは $\frac{dy}{dx}$ と表す. 微分 $f'(x)$ は $f(x)$ の点 x における勾配を与える. 言い換えると, 微分によって入力値の微小な変化に対応する出力値の変化が得られる. つまり $f(x + \epsilon) \approx f(x) + \epsilon f'(x)$ である.

したがって微分は関数を最小化するのに有用である. なぜなら y を少しだけ改善するにはどのように x を変化させればよいかがわかるからである. たとえば $f(x - \epsilon\,\mathrm{sign}(f'(x)))$ は ϵ が十分小さい場合, $f(x)$ よりも小さくなる. したがって x を微分の符号と反対の方向に小さいステップだけ動かすことで $f(x)$ を減少させることができる. この手法は**勾配降下法**（gradient descent）(Cauchy, 1847) と呼ばれる. 図4.1にこの手法の例を示す.

$f'(x) = 0$ の場合, 微分からはどちらの方向に移動すべきかわからない. $f'(x) = 0$ である点は**臨界点**（critical points）あるいは**停留点**（stationary points）として知られる. $f(x)$ がその点の近傍にあるすべての点の値よりも小さい場合, その点を**極小値**（local minimum）と呼ぶ. したがってその点から無限小だけ移動しても $f(x)$ の値がさらに小さくなることはない. $f(x)$ がその点の近傍にあるすべての点の値よりも大きい場合, その点を**極大値**（local maximum）と呼ぶ. したがってその点から無限小だけ移動しても $f(x)$ の値がさらに大きくなることはない. 臨界点の中には極大値にも極小値にもならない点がある. そのような点は**鞍点**（saddle points）と呼ばれる. 図4.2に, それぞれの臨界点の例を示す.

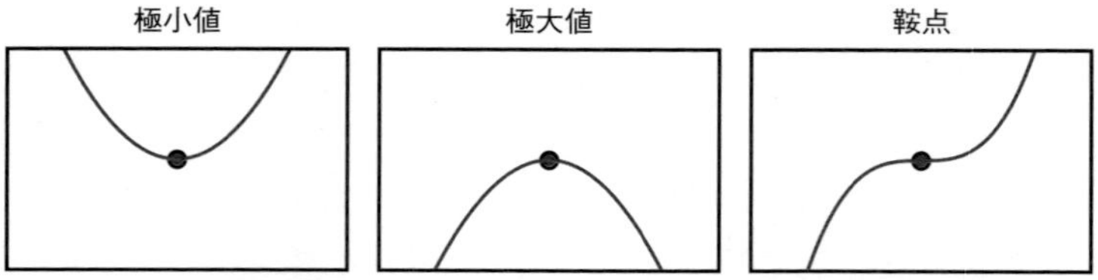

図 **4.2:** 臨界点の種類．3 種類の臨界点それぞれを 1 次元で図示した例．臨界点は勾配が 0 の点である．そのような点は近傍の点よりも値が小さい極小値，近傍の点よりも値が大きい極大値，あるいは近傍の点に値が大きい点と小さい点の両方が存在する鞍点のいずれかになる．

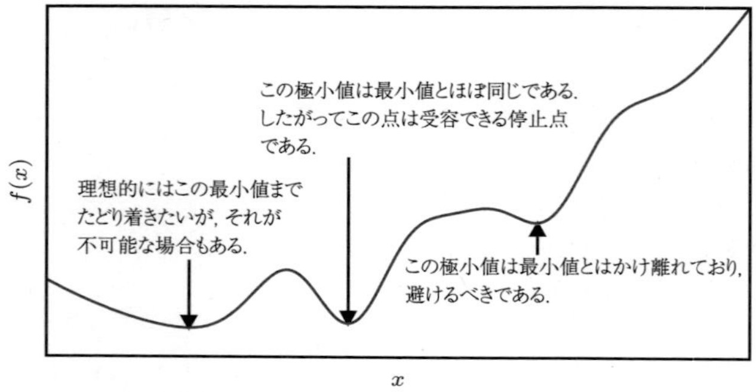

図 **4.3:** 近似的な最小化．極小値や鞍点が複数存在すると最適化アルゴリズムは最小値の探索に失敗することがある．深層学習での活用では見つかった値が真の最小値でなくてもコスト関数の値が十分小さければ通常はその解を受け入れる．

$f(x)$ 全体で最も小さい値となる点を**最小値**（global minimum）と言う．関数の最小値は 1 つだけの場合も複数存在する場合もある．また，極小値であっても大域的最適解ではない場合もありうる．深層学習での活用においては多くの最小ではない極小値と非常に平坦な領域に囲まれた多くの鞍点を有する可能性がある関数を最適化することになる．これらの特徴があると最適化は非常に難しくなる．特に関数の入力が多次元の場合は難しい．そこで通常は必ずしも真の最小値でなくても非常に小さな f の値を見つけることで十分とする．図4.3に例を示す．

入力が複数ある関数 $f : \mathbb{R}^n \to \mathbb{R}$ を最小化することがよくある．「最小化」の概念を意味あるものにするためには出力は依然としてただ 1 つ（スカラー）でなければならない．

複数の入力を持つ関数には**偏微分**（partial derivatives）の概念を用いる必要がある．偏微分 $\frac{\partial}{\partial x_i} f(\boldsymbol{x})$ は点 $\boldsymbol{x}$ において変数 x_i のみが増加した場合の f の変化量を表す．**勾配**（gradient）は微分の概念をベクトルに関する微分へ一般化したものである．すなわち f の勾配は f に関する偏微分すべてを要素とするベクトルであり，$\nabla_{\boldsymbol{x}} f(\boldsymbol{x})$ と表す．勾配の i 番目の要素は f の x_i に関する偏微分である．多次元の場合，臨界点は勾配のすべての要素が 0 になる点である．

$\boldsymbol{u}$（単位ベクトル）の方向に関する**方向微分**（directional derivative）は u 方向の f の傾きを表す．言い換えると，方向微分は関数 $f(\boldsymbol{x} + \alpha \boldsymbol{u})$ の α に関する微分を $\alpha = 0$ で評価したものである．連鎖律を使用すると $\frac{\partial}{\partial \alpha} f(\boldsymbol{x} + \alpha \boldsymbol{u})$ は $\alpha = 0$ の場合，$\boldsymbol{u}^\top \nabla_{\boldsymbol{x}} f(\boldsymbol{x})$ となる．

f を最小化するために f が最も速く減少する方向を見つけたい．これには方向微分を使用することができる．

$$\min_{\boldsymbol{u},\boldsymbol{u}^\top\boldsymbol{u}=1} \boldsymbol{u}^\top\nabla_{\boldsymbol{x}}f(\boldsymbol{x}) \tag{4.3}$$

$$= \min_{\boldsymbol{u},\boldsymbol{u}^\top\boldsymbol{u}=1} ||\boldsymbol{u}||_2||\nabla_{\boldsymbol{x}}f(\boldsymbol{x})||_2\cos\theta. \tag{4.4}$$

ここで θ は $\boldsymbol{u}$ と勾配の間の角度である．$||\boldsymbol{u}||_2 = 1$ を代入し $\boldsymbol{u}$ に依存しない項を無視するとこの式は $\min_{\boldsymbol{u}}\cos\theta$ へと簡素化される．これは $\boldsymbol{u}$ と勾配が反対方向を向いているときに最小になる．この場合は勾配は真っすぐ上り方向を向いており，負の勾配は真っすぐ下り方向を向いている．負の勾配方向へ移動することで f を減少させることができる．この手法は**最急降下法**（method of steepest descent），あるいは**勾配降下法**（gradient descent）として知られる．

最急降下法から以下のような新しい点が考えられる．

$$\boldsymbol{x}' = \boldsymbol{x} - \epsilon\nabla_{\boldsymbol{x}}f(\boldsymbol{x}). \tag{4.5}$$

ここで ϵ は**学習率**（learning rate）と呼ばれるステップ幅を決める正のスカラー値である．ϵ の決め方には複数の方法がある．代表的な方法は ϵ を小さい定数にすることである．これにより方向微分が 0 になるステップ幅を求めることができる場合がある．他には $f(\boldsymbol{x} - \epsilon\nabla_{\boldsymbol{x}}f(\boldsymbol{x}))$ をいくつかの ϵ に対して計算し，評価関数の値が最小となるものを選択する方法もある．この最後の戦略は**直線探索**（line search）と呼ばれる．

最急降下法は勾配の全要素が 0 になった場合（実際には 0 に非常に近くなった場合）に収束する．場合によっては，この反復アルゴリズムを利用せず，$\nabla_{\boldsymbol{x}}f(\boldsymbol{x}) = 0$ を $\boldsymbol{x}$ について解くことで直接的に臨界点を求めることができる．

最急降下法は連続空間での最適化にしか使用できないが，よりよい状態に向けて小さいステップの移動（近似的に最良の小さな移動）を繰り返すという一般的な考えは離散空間に対しても適用できる．離散パラメータを取る評価関数を登っていく方法を**山登り法**（hill climbing）(Russel and Norvig, 2003) と言う．

4.3.1　勾配を超えて：ヤコビ行列とヘッセ行列

入力も出力もともにベクトルである関数の偏微分をすべて求めなければならない場合がある．そのような偏微分すべてを要素として持つ行列は**ヤコビ行列**（Jacobian matrix）と呼ばれる．特に関数 $\boldsymbol{f} : \mathbb{R}^m \to \mathbb{R}^n$ について $\boldsymbol{f}$ のヤコビ行列 $\boldsymbol{J} \in \mathbb{R}^{n\times m}$ は $J_{i,j} = \frac{\partial}{\partial x_j}f(\boldsymbol{x})_i$ と定義される．

微分の微分が必要になる場合もある．これは**二階微分**と呼ばれる．たとえば関数 $f : \mathbb{R}^n \to \mathbb{R}$ について x_j に関する f の微分の x_i に関する微分を $\frac{\partial^2}{\partial x_i \partial x_j}f$ と表す．1 次元の場合 $\frac{d^2}{dx^2}f$ を $f''(x)$ と書くことができる．二階微分を使用することで入力を変化させた場合に一次微分がどう変化するを求めることができる．これにより勾配に沿った 1 ステップの移動が勾配のみに基づいて予測した場合の改善を実際にもたらすかどうかがわかるため，二階微分は重要である．二階微分は**曲率**（curvature）を測るものと考えることができる．二次関数について考えるとしよう（実際に目にする関数の多くは二次関数ではないが，少なくとも局所的には二次関数でよく近似できる）．もしこの関数の二階微分が 0 ならば曲率は 0 になる．この場合，関数は完全に平坦な直線でその値は勾配のみを利用して正確に予測することができる．もし勾配が 1 ならステップ幅 ϵ で負の勾配方向に移動させるとコスト関数は ϵ の値だけ減少する．二階微分が負の場合，関数は下向きに曲がることになる．したがって実際にはコスト関数は ϵ の値より大きく減少する．最後に二階微分が正の場合は関数は上向きに曲がることになる．したがって実際には

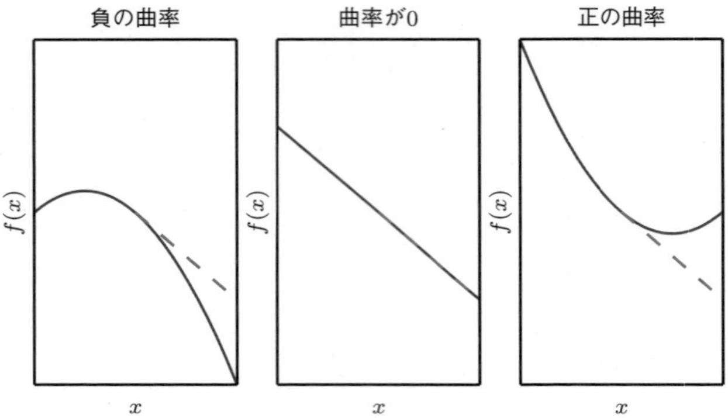

図 **4.4:** 二階微分は関数の曲率を決定する．ここに曲率の違う二次関数の例を示す．点線は勾配法の 1 ステップで下方向へ移動する場合に勾配の情報のみから予測したコスト関数の値を示している．負の曲率の場合，コスト関数の値は勾配で予測したものよりも大きく減少する．曲率が 0 の場合，勾配から予測される減少値は正しい．曲率が正の場合，関数は予測よりもゆっくり減少し最終的には増加し始める．したがってステップ幅を大きくしすぎると意図せず関数を増加させることになってしまう．

コスト関数は ϵ の値よりも小さく減少する．図4.4は勾配から予測されるコスト関数の値と真の値の関係に曲率の違いがどのように影響するかを示している．

関数の入力が多次元の場合，二階微分が多数存在する．これらの二階微分をまとめて行列にしたものを**ヘッセ行列**（Hessian matrix）と呼ぶ．$\boldsymbol{H}(f)(\boldsymbol{x})$ のヘッセ行列は次式で定義される．

$$\boldsymbol{H}(f)(\boldsymbol{x})_{i,j} = \frac{\partial^2}{\partial x_i \partial x_j} f(\boldsymbol{x}). \tag{4.6}$$

ヘッセ行列は勾配のヤコビ行列と等価である．

二階微分が連続である領域ではどこでも微分演算子は可換である．つまり微分順序を入れ替えることが可能であり，以下が成り立つ．

$$\frac{\partial^2}{\partial x_i \partial x_j} f(\boldsymbol{x}) = \frac{\partial^2}{\partial x_j \partial x_i} f(\boldsymbol{x}). \tag{4.7}$$

この場合 $H_{i,j} = H_{j,i}$ となるためこのような点ではヘッセ行列は対称行列となる．深層学習に関連して扱う関数の大部分は対称なヘッセ行列をほとんど至るところで持つ．ヘッセ行列は実対称行列であるためヘッセ行列を実数の固有値の集合と固有ベクトルの直交基底に分解できる．単位ベクトル $\boldsymbol{d}$ で表現された方向に関する二階微分は $\boldsymbol{d}^\top \boldsymbol{H} \boldsymbol{d}$ である．$\boldsymbol{d}$ が $\boldsymbol{H}$ の固有ベクトルである場合，この方向の二階微分は対応する固有値で与えられる．その他の $\boldsymbol{d}$ の方向については方向二階微分はすべての固有値の加重平均（このときの重みは 0 ∼ 1 の間）であり，$\boldsymbol{d}$ との間の角度が小さい固有ベクトルほど重み付けが大きくなる．最大の固有値が最大の二階微分を決定し，最小の固有値が最小の二階微分を決定する．

（方向）二階微分によって最急降下法の 1 ステップがどの程度うまく機能するかを予測できる．関数 $f(\boldsymbol{x})$ について現在の点 $\boldsymbol{x}^{(0)}$ の周りで二次のテイラー級数近似をすると次式のようになる．

$$f(\boldsymbol{x}) \approx f(\boldsymbol{x}^{(0)}) + (\boldsymbol{x} - \boldsymbol{x}^{(0)})^\top \boldsymbol{g} + \frac{1}{2}(\boldsymbol{x} - \boldsymbol{x}^{(0)})^\top \boldsymbol{H}(\boldsymbol{x} - \boldsymbol{x}^{(0)}). \tag{4.8}$$

ここで $\boldsymbol{g}$ と $\boldsymbol{H}$ はそれぞれ $\boldsymbol{x}^{(0)}$ における勾配とヘッセ行列である．学習率が ϵ の場合，新しい点 $\boldsymbol{x}$ は

$\boldsymbol{x}^{(0)} - \epsilon \boldsymbol{g}$ になる．これを上の近似式に代入すると以下のようになる．

$$f(\boldsymbol{x}^{(0)} - \epsilon \boldsymbol{g}) \approx f(\boldsymbol{x}^{(0)}) - \epsilon \boldsymbol{g}^\top \boldsymbol{g} + \frac{1}{2}\epsilon^2 \boldsymbol{g}^\top \boldsymbol{H} \boldsymbol{g}. \tag{4.9}$$

ここでは 3 つの項がある．それは関数の元の値，関数の傾きから予測される改善の値，そしてこの関数の曲率に対応するために適用しなければならない補正値である．最後の項が大きすぎると最急降下法のステップは実際には関数を登るように移動してしまうことがある．$\boldsymbol{g}^\top \boldsymbol{H} \boldsymbol{g}$ が 0 あるいは負の場合，テイラー級数近似では ϵ が無限に大きくなれば f は無限に小さくなる．実際には大きい ϵ に対してテイラー級数近似は正確ではなくなるためこの場合はもっとヒューリスティックな方法を選択する必要がある．$\boldsymbol{g}^\top \boldsymbol{H} \boldsymbol{g}$ が正の場合，関数のテイラー級数近似を減少させる最適なステップ幅は次式で求めることができる．

$$\epsilon^* = \frac{\boldsymbol{g}^\top \boldsymbol{g}}{\boldsymbol{g}^\top \boldsymbol{H} \boldsymbol{g}}. \tag{4.10}$$

最悪の場合は $\boldsymbol{g}$ が $\boldsymbol{H}$ の最大固有値 $\lambda_{\max}$ に対応する固有ベクトルと同じ方向の場合で，その最適なステップ幅は $\frac{1}{\lambda_{\max}}$ となる．最小化する関数が二次関数でよく近似できる場合はこのようにヘッセ行列の固有値で学習率の大きさを決定することができる．

二階微分を使って臨界点が極大値，極小値，鞍点のいずれであるか判断できる．臨界点では $f'(x) = 0$ であることを思い出そう．二階微分で $f''(x) > 0$ の場合，一次微分 $f'(x)$ は右側に移動すれば増加し左側に移動すれば減少する．つまり十分小さい ϵ に対して $f'(x - \epsilon) < 0$ であり，$f'(x + \epsilon) > 0$ である．言い換えると，傾斜は右方向には上を向き左方向には下を向くような形になっている．このように $f'(x) = 0$ かつ $f''(x) > 0$ の場合，x で極小であると結論付けることができる．同様に $f'(x) = 0$ かつ $f''(x) < 0$ の場合，x で極大であると結論付けられる．この手法は**二階微分による極値判定法**（second derivative test）として知られる．残念ながら $f''(x) = 0$ の場合はこの手法では判定できない．その場合は x は鞍点かもしれないし，あるいは平坦な領域の一部かもしれない．

多次元の場合は関数のすべての二階微分について調べる必要がある．ヘッセ行列の固有値分解を使用して二階微分による極値判定法を多次元の場合へ一般化することができる．$\nabla_{\boldsymbol{x}} f(\boldsymbol{x}) = 0$ となる臨界点ではヘッセ行列の固有値を調べることでその臨界点が極小か，極大か，あるいは鞍点かを判別できる．そのヘッセ行列が正定値（すべての固有値が正）の場合，その点は極小である．これは方向二階微分がどの方向に対しても正になる必要があることと一変量の場合の二階微分による極値判定を参考に考えると理解できる．同様にヘッセ行列が負定値（すべての固有値が負）の場合，その点は極大である．多次元の場合にはその点が鞍点である明確な根拠を見つけることが可能である．少なくとも 1 つの固有値が正かつ少なくとも 1 つの固有値が負の場合，f の断面の 1 つで $\boldsymbol{x}$ は極大となりもう 1 つの断面で $\boldsymbol{x}$ は極小となる．図4.5に例を示す．最後に，多次元の二階微分による極値判定法は一変量の場合と同様に判定不能になる場合がある．少なくとも 1 つの固有値が 0 でそれ以外の 0 でない固有値の符号がすべて同じである場合は判定不能になる．なぜなら 0 の固有値に対応する断面では一変量の二階微分による極値判定法では判定不能だからである．

多次元の場合，ある点の各方向に対してそれぞれ異なる二階微分が存在する．この点でのヘッセ行列の条件数は二階微分が相互にどの程度差があるかを測る指標である．ヘッセ行列の条件数が悪い場合，最急降下法はうまく機能しない．なぜならある方向には勾配が急激に大きくなる一方で別の方向にはゆっくりとしか大きくならないからである．最急降下法では微分の中に現れるこのような勾配の変化がわからないので勾配がより長く負である方向を優先的に探索すべきであるという判断ができない．悪条件の場合はよいステップ幅を選択することも難しくなる．ステップ幅を十分小さくして最小値を通り越

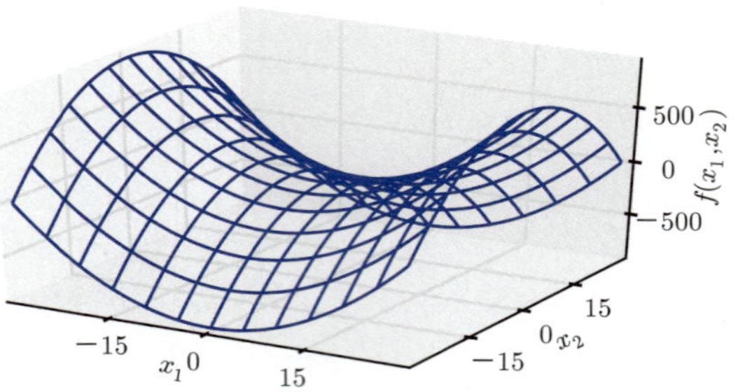

図 **4.5:** 正と負の両方の曲率を持つ鞍点の例．この例での関数は $f(\boldsymbol{x}) = x_1^2 - x_2^2$ である．x_1 軸に沿ってこの関数は上方に曲がっている．この軸はヘッセ行列の正の固有値を持つ固有ベクトルである．x_2 軸に沿ってこの関数は下方に曲がっている．この方向はヘッセ行列の負の固有値を持つ固有ベクトルである．「鞍点」という名称はこの関数の鞍のような形状に由来している．この図は鞍点を持つ関数の典型的な例である．多次元の場合，0 になる固有値がなくても正と負の両方の固有値を持てば鞍点は存在する．鞍点の固有値に両方の符号があれば 1 つの断面で極大となりもう 1 つの断面で極小となる．

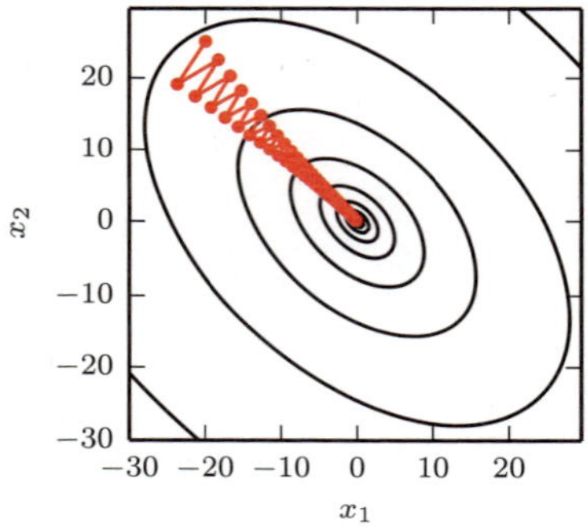

図 **4.6:** 最急降下法ではヘッセ行列が持つ曲率の情報を活用することができない．ここでは最急降下法を使用してヘッセ行列の条件数が 5 である二次関数 $f(\boldsymbol{x})$ を最小化している．これは曲率が最も大きい方向の曲率は最も小さい方向の曲率の 5 倍あることを意味している．今回最大曲率の方向は $[1, 1]^\top$，最小曲率の方向は $[1, -1]^\top$ である．点線は最急降下法がたどる道筋を示している．この非常に細長い二次関数は長い渓谷に似ている．この渓谷の壁は急峻であるために最急降下法は谷を下るために時間の無駄を繰り返している．ステップ幅がいくぶん大きすぎるため関数の底を通り過ぎてしまいやすい．その結果，次の反復では反対側の渓谷の壁を下らなければならなくなる．この方向の固有ベクトルに対応するヘッセ行列の固有値は正の大きな値であり，方向微分が急激に大きくなることを示している．したがってヘッセ行列に基づく最適化アルゴリズムはこの関数では最も急な勾配方向は有望でない探索方向だと予測できる．

したり大きな正の曲率を持つ方向に上昇することを避けなければならない．しかし，通常このステップ幅は他のもっと小さな曲率を持つ方向に対しては小さすぎることになる．図4.6に例を示す．

この問題はヘッセ行列の情報を探索に使用することで解決できる．ヘッセ行列を使用する最も簡単な方法は**ニュートン法**（Newton's method）と呼ばれる．ニュートン法は点 $\boldsymbol{x}^{(0)}$ 近傍の $f(\boldsymbol{x})$ の二次テイラー級数展開に基づくものである．

$$f(\boldsymbol{x}) \approx f(\boldsymbol{x}^{(0)}) + (\boldsymbol{x} - \boldsymbol{x}^{(0)})^\top \nabla_{\boldsymbol{x}} f(\boldsymbol{x}^{(0)}) + \frac{1}{2}(\boldsymbol{x} - \boldsymbol{x}^{(0)})^\top \boldsymbol{H}(f)(\boldsymbol{x}^{(0)})(\boldsymbol{x} - \boldsymbol{x}^{(0)}). \tag{4.11}$$

この関数の臨界点を求めると以下になる.

$$\boldsymbol{x}^* = \boldsymbol{x}^{(0)} - \boldsymbol{H}(f)(\boldsymbol{x}^{(0)})^{-1}\nabla_{\boldsymbol{x}} f(\boldsymbol{x}^{(0)}). \tag{4.12}$$

f が正定値の二次関数である場合，ニュートン法では式4.12を一度適用すれば直接関数の最小値に移動できる．f が実際には二次関数でなくても局所的に正定値の二次関数に近似できる場合，ニュートン法では式4.12を複数回適用する．近似関数の更新とその近似関数の最小値への移動を繰り返すことで最急降下法よりもずっと早く臨界点を見つけることができる．これは極小値の近傍では有用な性質であるが近くに鞍点がある場合には有害な性質となる．8.2.3節で説明するようにニュートン法は近くの臨界点が極小（ヘッセ行列の固有値すべてが正）の場合にのみ適している．一方最急降下法では勾配が鞍点の方向を向いていない限り鞍点に移動することはない.

最急降下法のように勾配のみを利用する最適化アルゴリズムは**一次最適化アルゴリズム**（first-order optimization algorithms）と呼ばれる．ニュートン法のようにヘッセ行列も利用する最適化アルゴリズムは**二次最適化アルゴリズム**（second-order optimization algorithms）(Nocedal and Wright, 2006) と呼ばれる.

本書のほとんどの場面で使用される最適化アルゴリズムは幅広い関数に適用できるものの，一方ではほとんど何の保証もない．深層学習で使用される関数族は非常に複雑であるため深層学習のアルゴリズムで保証があるものは少ない．他の多くの分野では限られた関数族に対して最適化アルゴリズムを設計することが有力な最適化手法となっている.

深層学習においては**リプシッツ連続**（Lipschitz continuous）である関数あるいはリプシッツ連続微分（Lipschitz continuous derivatives）を持つ関数に限定することである程度の保証を得られる場合がある．リプシッツ連続な関数とはある関数 f の変化率が**リプシッツ定数**（Lipschitz constant）$\mathcal{L}$ で以下のように抑えられる関数のことである.

$$\forall \boldsymbol{x}, \forall \boldsymbol{y}, |f(\boldsymbol{x}) - f(\boldsymbol{y})| \le \mathcal{L}||\boldsymbol{x} - \boldsymbol{y}||_2. \tag{4.13}$$

この性質は有用である．なぜなら勾配降下法のようなアルゴリズムで入力値を小さく動かした場合に出力値も小さく変化するという仮定を定量化できるからである．リプシッツ連続は極めて弱い制約であり深層学習における最適化問題の多くは比較的小さな修正によってリプシッツ連続にすることができる.

おそらく最適化の特定分野で最も成功したのは**凸最適化**（convex optimization）だろう．凸最適化アルゴリズムではさらに強い制約を課すことでもっと多くの保証を提供できる．凸最適化アルゴリズムは凸関数，つまりヘッセ行列が至るところで半正定値である関数にのみ適用できる．そのような関数には鞍点が存在せずまたすべての極小値が必然的に最小値となるため行儀がよい．しかしながら，深層学習におけるほとんどの問題は凸最適化の形で表すことが困難である．凸最適化は一部の深層学習アルゴリズムのサブルーチンとしてしか使用されていない．凸最適化における解析から得られるアイデアは深層学習アルゴリズムの収束性の証明には有用であるが，一般的に深層学習においては凸最適化の重要性は大幅に減少する．凸最適化に関してさらに詳しい情報はBoyd and Vandenberghe (2004) あるいはRockafellar (1997) を参照されたい.

4.4 制約付き最適化

場合によっては $f(\boldsymbol{x})$ を取りうる $\boldsymbol{x}$ の値すべてを対象に最大化あるいは最小化をするのではなく，ある集合 $\mathbb{S}$ に含まれる $\boldsymbol{x}$ のみを対象に最大化あるいは最小化をしたい場合がある．これは**制約付き最**

適化（constrained optimization）と呼ばれる．$\mathbb{S}$ に含まれる点 $\boldsymbol{x}$ は制約付き最適化の用語で**実現可能**（feasible）点と呼ばれる．

しばしば小さい解を求めたい場合がある．その場合の一般的な手法は $||\boldsymbol{x}|| \leq 1$ のようなノルムの制約を課すことである．

制約付き最適化を行うための単純な方法の 1 つは制約条件を考慮するように単に勾配降下法を修正することである．ステップ幅 ϵ として小さい定数を使う場合，勾配降下法の 1 ステップを実施した後でその結果を $\mathbb{S}$ に戻すように写像する．直線探索を利用する場合は新たな実現可能点 $\boldsymbol{x}$ を生成するステップ幅 ϵ についてのみ探索するか，あるいは直線上の各点を制約のある領域へ戻すように写像する．この方法ではステップの移動や直線探索の開始前に実現可能領域の接空間へ勾配を写像することで効率が上昇する場合がある (Rosen, 1960).

さらに洗練された方法として解が元の制約付きの最適化問題に対する解へと変換可能となるような，制約のない別な最適化問題を設計する方法がある．たとえば $\boldsymbol{x} \in \mathbb{R}^2$ の $\boldsymbol{x}$ が厳密に単位 L^2 ノルムであるという制約の下で関数 $f(\boldsymbol{x})$ を最小化したい場合，代わりに $g(\theta) = f([\cos\theta, \sin\theta]^\top)$ を θ に関して最小化し，その後 $[\cos\theta, \sin\theta]$ を元の問題の解として返すことができる．この方法には創造力が必要となる．最適化問題の間の変換は扱う問題それぞれについて個別に設計しなければならない．

カルーシュ・クーン・タッカー（Karush-Kuhn-Tucker, KKT）法[*1]は制約付き最適化問題に対する非常に一般的な解を与える．KKT 法では**一般化ラグランジアン**（generalized Lagrangian）あるいは**一般化ラグランジュ関数**（generalized Lagrange function）と呼ばれる新しい関数を使用する．

ラグランジアンを定義するためにまずは $\mathbb{S}$ を等式と不等式で表現する必要がある．$\mathbb{S}$ を m 個の関数 $g^{(i)}$ と n 個の関数 $h^{(j)}$ を使って $\mathbb{S} = \{\boldsymbol{x} \mid \forall i, g^{(i)}(\boldsymbol{x}) = 0$ および $\forall j, h^{(j)}(\boldsymbol{x}) \leq 0\}$ と表す．$g^{(i)}$ に関する等式は**等式制約**（equality constraints），$h^{(j)}$ に関する不等式は**不等式制約**（inequality constraints）と呼ばれる．

それぞれの制約に対して KKT 乗数と呼ばれる新しい変数 λ_i と α_j を導入する．一般的ラグランジアンは以下のように定義される．

$$L(\boldsymbol{x}, \boldsymbol{\lambda}, \boldsymbol{\alpha}) = f(\boldsymbol{x}) + \sum_i \lambda_i g^{(i)}(\boldsymbol{x}) + \sum_j \alpha_j h^{(j)}(\boldsymbol{x}). \tag{4.14}$$

これで制約付きの最小化問題が一般化ラグランジアンの制約なしの最適化問題として解けるようになる．実現可能点が少なくとも 1 つ存在し $f(\boldsymbol{x})$ が ∞ の値を取らない場合，

$$\min_{\boldsymbol{x}} \max_{\boldsymbol{\lambda}} \max_{\boldsymbol{\alpha}, \boldsymbol{\alpha} \geq 0} L(\boldsymbol{x}, \boldsymbol{\lambda}, \boldsymbol{\alpha}) \tag{4.15}$$

は

$$\min_{\boldsymbol{x} \in \mathbb{S}} f(\boldsymbol{x}) \tag{4.16}$$

と同じ最適点 $\boldsymbol{x}$ と最適値を持つ．これが成り立つ理由は制約が満たされる場合は必ず

$$\max_{\boldsymbol{\lambda}} \max_{\boldsymbol{\alpha}, \boldsymbol{\alpha} \geq 0} L(\boldsymbol{x}, \boldsymbol{\lambda}, \boldsymbol{\alpha}) = f(\boldsymbol{x}) \tag{4.17}$$

であり，一方で制約が満たされない場合は

$$\max_{\boldsymbol{\lambda}} \max_{\boldsymbol{\alpha}, \boldsymbol{\alpha} \geq 0} L(\boldsymbol{x}, \boldsymbol{\lambda}, \boldsymbol{\alpha}) = \infty \tag{4.18}$$

[*1] KKT 法は**ラグランジュの未定乗数法**（Lagrange multipliers）を一般化したもので，等式制約を許容し不等式制約は許容しない．

となるからである．この性質により実現不可能な点は最適点にならず，実現可能点の中での最適値が変化しないことが保証される．

制約付き最大化を行うためには $-f(\boldsymbol{x})$ の一般化ラグランジュ関数を構成しそれにより以下の最適化問題に行き着く．

$$\min_{\boldsymbol{x}} \max_{\boldsymbol{\lambda}} \max_{\boldsymbol{\alpha},\boldsymbol{\alpha}\geq 0} -f(\boldsymbol{x}) + \sum_i \lambda_i g^{(i)}(\boldsymbol{x}) + \sum_j \alpha_j h^{(j)}(\boldsymbol{x}). \tag{4.19}$$

この式を外側のループにおける最大化問題に変換することもできる．

$$\max_{\boldsymbol{x}} \min_{\boldsymbol{\lambda}} \min_{\boldsymbol{\alpha},\boldsymbol{\alpha}\geq 0} f(\boldsymbol{x}) + \sum_i \lambda_i g^{(i)}(\boldsymbol{x}) - \sum_j \alpha_j h^{(j)}(\boldsymbol{x}). \tag{4.20}$$

等式制約項の符号は重要ではない．最適化では各 λ_i の符号を自由に選択できるため，加算でも減算でも好きなように定義できる．

とりわけ興味深いのが不等式制約である．制約 $h^{(i)}(\boldsymbol{x})$ が $h^{(i)}(\boldsymbol{x}^*) = 0$ である場合は，**活性**（active）と言う．制約が活性でない場合，その制約を使って解いた問題の解は少なくともその制約を取り除いた問題の局所解になる．不活性な制約により他の解が除外される可能性がある．たとえば，大域的に最適となる点から構成される領域（同じコストの幅広い平坦な領域）全体に対する凸問題は，制約によって除外されたこの領域の部分集合を解として持つことがある．あるいは非凸問題では収束点で不活性となる制約によりよりよい局所停留点が除外されてしまうこともある．しかしながら，不活性な制約があってもなくても収束で求められた点は停留点のままである．不活性な $h^{(i)}$ は負の値を持つため $\min_{\boldsymbol{x}} \max_{\boldsymbol{\lambda}} \max_{\boldsymbol{\alpha},\boldsymbol{\alpha}\geq 0} L(\boldsymbol{x}, \boldsymbol{\lambda}, \boldsymbol{\alpha})$ の解では $\alpha_i = 0$ となる．したがって，解において $\boldsymbol{\alpha} \odot \boldsymbol{h}(\boldsymbol{x}) = \boldsymbol{0}$ である．言い換えると，解においてはすべての i に対して $\alpha_i \geq 0, h^{(i)}(\boldsymbol{x}) \leq 0$ の少なくとも 1 つの制約は活性となるはずである．この考えの直感的な説明としては解は不等式制約による境界上にあり，KKT 乗数を使って $\boldsymbol{x}$ の解に影響を与えるようにするか，あるいは不等式制約は解に何の影響も与えないため，KKT 乗数を 0 にすることでそれを表現している，と説明することができる．

制約付き最適化問題の最適点はいくつかの単純な性質で記述できる．この性質は Karush-Kuhn-Tucker (KKT) 条件 (Karush, 1939; Kuhn and Tucker, 1951) と呼ばれる．ある点が最適となるためには KKT 条件は必要条件であるがつねに十分条件であるわけではない．KKT 条件を以下に示す．

- 一般化ラグランジアンの勾配が 0.
- $\boldsymbol{x}$ および KKT 乗数の両方に関する制約がすべて満たされている．
- 不等式制約が「相補性（complementary slackness）」$\boldsymbol{\alpha} \odot \boldsymbol{h}(\boldsymbol{x}) = \boldsymbol{0}$ を持つ．

KKT 法に関してさらに詳細な情報はNocedal and Wright (2006) を参照されたい．

4.5 例：線形最小二乗法

次式の関数を最小化する $\boldsymbol{x}$ の値を求めたいとする．

$$f(\boldsymbol{x}) = \frac{1}{2}||\boldsymbol{A}\boldsymbol{x} - \boldsymbol{b}||_2^2. \tag{4.21}$$

この問題は特殊な線形代数のアルゴリズムを使って効率的に解くことができるが，ここでは勾配に基づく最適化手法の簡単な例としてその手法の最適化過程を示す．

まず，勾配を計算する必要がある．

$$\nabla_{\boldsymbol{x}} f(\boldsymbol{x}) = \boldsymbol{A}^\top(\boldsymbol{A}\boldsymbol{x} - \boldsymbol{b}) = \boldsymbol{A}^\top\boldsymbol{A}\boldsymbol{x} - \boldsymbol{A}^\top\boldsymbol{b}. \tag{4.22}$$

するとその勾配に沿って小さなステップで下方に移動できる．そのアルゴリズムの詳細をアルゴリズム4.1に示す．

Algorithm 4.1 勾配降下法を用い，$\boldsymbol{x}$ の任意の値から始めて $f(\boldsymbol{x}) = \frac{1}{2}||\boldsymbol{A}\boldsymbol{x} - \boldsymbol{b}||_2^2$ を $\boldsymbol{x}$ について最小化するアルゴリズム．

ステップ幅（ϵ）と許容誤差（δ）を正の小さい値に設定する
while $||\boldsymbol{A}^\top\boldsymbol{A}\boldsymbol{x} - \boldsymbol{A}^\top\boldsymbol{b}||_2 > \delta$ **do**
  $\boldsymbol{x} \leftarrow \boldsymbol{x} - \epsilon\left(\boldsymbol{A}^\top\boldsymbol{A}\boldsymbol{x} - \boldsymbol{A}^\top\boldsymbol{b}\right)$
end while

ニュートン法を使ってこの問題を解くこともできる．その場合，実際の関数が二次関数であるためニュートン法による二次関数近似は厳密であり，1 回のステップでアルゴリズムは最小値へと収束する．

同じ関数を $\boldsymbol{x}$ に対する制約 $\boldsymbol{x}^\top\boldsymbol{x} \leq 1$ の下で解くことを考える．そのために以下のラグランジアンを導入する．

$$L(\boldsymbol{x}, \lambda) = f(\boldsymbol{x}) + \lambda\left(\boldsymbol{x}^\top\boldsymbol{x} - 1\right). \tag{4.23}$$

そして以下の問題を解く．

$$\min_{\boldsymbol{x}} \max_{\lambda, \lambda \geq 0} L(\boldsymbol{x}, \lambda). \tag{4.24}$$

非制約の最小二乗問題に対する最小ノルム解はムーア・ペンローズ擬似逆行列 $\boldsymbol{x} = \boldsymbol{A}^+\boldsymbol{b}$ を利用して解ける場合がある．この点が実現可能であればそれは制約付き最適化問題に対する解となる．そうでなければ条件が活性である解を求める必要がある．ラグランジアンを $\boldsymbol{x}$ に関して微分すると次式が得られる．

$$\boldsymbol{A}^\top\boldsymbol{A}\boldsymbol{x} - \boldsymbol{A}^\top\boldsymbol{b} + 2\lambda\boldsymbol{x} = 0. \tag{4.25}$$

この式から解は以下の形になることがわかる．

$$\boldsymbol{x} = (\boldsymbol{A}^\top\boldsymbol{A} + 2\lambda\boldsymbol{I})^{-1}\boldsymbol{A}^\top\boldsymbol{b}. \tag{4.26}$$

λ の大きさは結果が制約を満たすように選ばなければならない．この値は λ に対する勾配上昇法を使って求められる．そのために以下を計算する．

$$\frac{\partial}{\partial\lambda} L(\boldsymbol{x}, \lambda) = \boldsymbol{x}^\top\boldsymbol{x} - 1. \tag{4.27}$$

$\boldsymbol{x}$ のノルムが 1 より大きくなる場合，この微分は正となる．したがって微分を上方に移動させ λ についてラグランジアンを増加させるために λ の値を増加させる．このときペナルティ項 $\boldsymbol{x}^\top\boldsymbol{x}$ の係数が大きくなるため，$\boldsymbol{x}$ の線形方程式を解くとさらに小さなノルムを持つ解が得られる．この線形方程式を解いて λ を調節する手順を $\boldsymbol{x}$ が正しいノルムを持ち λ の微分が 0 になるまで繰り返す．

ここまで機械学習のアルゴリズムを開発するために必要な数学的基礎について説明してきた．これで本格的な学習システムの構築と解析のための準備が整った．

第5章

機械学習の基礎

深層学習は機械学習の一種である．深層学習をよく理解するためには，機械学習の基本原則をしっかり理解する必要がある．本章では，本書の残りの章すべてで適用される最も重要な一般原則に関する簡潔な講座を提供する．初心者である読者やより幅広い視野を持ちたい読者は， Murphy (2012) や Bishop (2006) といった，より包括的に基礎事項を取り扱っている教科書を読むことを勧める．すでに機械学習の基礎に精通している読者は5.11節に進んで構わない．そこでは，深層学習アルゴリズムの発展に強く影響を与えた伝統的な機械学習のテクニックに関する視点がいくつか説明されている．

まず，学習アルゴリズムとは何かという定義から始め，線形回帰アルゴリズムの例を示す．そして，訓練データを適合させるという課題と，新しいデータへ一般化するパターンを発見するという課題がどのように異なるかを説明する．機械学習アルゴリズムにはほとんどの場合，ハイパーパラメータと呼ばれる設定値がある．これは学習アルゴリズムそのものとは別に決定される必要がある．したがって，追加データを用いてこれをどのように設定するかを説明する．機械学習とは基本的には応用統計学の一分野であり，複雑な関数を統計的に推定するためにコンピュータの使用を重視していて，その関数の信頼区間を証明することには重きを置いていない．したがって，ここでは統計に対する2つの中心的なアプローチ，すなわち頻度主義推定量とベイズ推論を提示する．ほとんどの機械学習アルゴリズムは，教師あり学習と教師なし学習に分類できる．したがって，ここではその違いについて説明し，それぞれについて単純な学習アルゴリズムの例を示す．ほとんどの深層学習アルゴリズムは，確率的勾配降下法と呼ばれる最適化アルゴリズムに基づいている．ここでは，最適化アルゴリズムやコスト関数，モデル，そしてデータ集合など，さまざまなアルゴリズムの構成要素を組み合わせて機械学習アルゴリズムを設計する方法を説明する．最後に，5.11節で，伝統的な機械学習の汎化性能を制限してしまう要因をいくつか説明する．これらの課題があることで，それを克服する深層学習アルゴリズムの開発が推進されてきた．

5.1 学習アルゴリズム

機械学習アルゴリズムとは，データから学習ができるアルゴリズムのことである．しかし，学習とは何を意味するのか．Mitchell (1997) は「コンピュータプログラムは，性能指標 P で測定されるタスク T における性能が経験 E により改善される場合，そのタスク T のクラスおよび性能指標 P に関して経験 E から学習すると言われている．」と簡潔に定義している．非常に多くの種類の経験 E とタスク T，そして性能指標 P が考えられるが，本書ではこれらの項目に何が使われるかについて正式には定義しない．その代わりに以降の章では，機械学習アルゴリズムの構築に使えるさまざまなタスク，性能指標そして経験についての直感的な説明と例を提供する．

5.1.1　タスク T

機械学習アルゴリズムを使うことで，人間が書いて設計する固定的なプログラムでは解決できない難しいタスクに取り組むことが可能になる．科学や哲学の観点から，機械学習は興味深いと言える．なぜなら，機械学習の理解を深めることは，知能の基礎となる原則をより深く理解することにつながるからである．

この比較的正式な「タスク」の定義においては，学習過程そのものはタスクではない．学習はタスクを実行する能力を獲得する手段である．たとえば，もしロボットを歩かせたければ，歩くことがタスクとなる．ロボットに歩くことを学習させるプログラムを書くこともできるし，歩き方を指定するプログラムを人間が直接的に書くことを試みてもいい．

機械学習のタスクは通常，機械学習システムがどのように**事例**（example）を実行するべきかという観点で記述される．事例とは，機械学習システムで実行したい対象や事象から定量的に測定された**特徴量**（**素性**，features）の集合である．通常，事例はベクトル $\boldsymbol{x} \in \mathbb{R}^n$ で表す．ここで，ベクトルの各項目 x_i は異なる特徴量である．たとえば，画像の特徴量は通常，画像のピクセル値である．

多種多様なタスクが機械学習によって解決される．最も一般的な機械学習のタスクのいくつかを以下に示す．

- **分類**（classification）：この種類のタスクでは，ある入力が k 個のカテゴリのどれに分類されるかを，コンピュータプログラムに判断させる．このタスクを解決するためには，通常，学習アルゴリズムには関数 $f : \mathbb{R}^n \to \{1, \ldots, k\}$ を生成することが求められる．$y = f(\boldsymbol{x})$ のとき，モデルはベクトル $\boldsymbol{x}$ で記述される入力を，数値コード y で特定されるカテゴリに割り当てる．分類タスクには他にも種類があり，たとえば，関数はクラスについての確率分布を出力する．分類タスクの一例に物体認識があり，入力が画像（通常，ピクセルの明るさの値の集合で記述される）で，出力は画像内の物体を特定する数値コードである．たとえば，the Willow Garage PR2 robot は飲み物の種類を認識し，指示に従ってそれを客のもとに運ぶウェイターとして振る舞うことができる (Goodfellow *et al.*, 2010)．現在の物体認識は，深層学習を使って実現すると最も性能がよい (Krizhevsky *et al.*, 2012; Ioffe and Szegedy, 2015)．物体認識は，コンピュータに顔認識をさせる技術 (Taigman *et al.*, 2014) と同じ基礎技術であり，これを使うと，写真の中の人を自動的にタグ付けすることや，コンピュータとそのユーザーがより自然に交流することが可能になる．
- **欠損値のある入力の分類**（classification with missing inputs）：コンピュータプログラムへの入力ベクトルに含まれるすべての測定値がつねに提供されるという保証がない場合，分類はさらに困難になる．この分類タスクを解決するために，学習アルゴリズムはベクトルの入力をカテゴリの出力へ写像する**単一**の関数を定義するだけでよい．入力の一部が欠けている場合は，単一の分類関数を提供するのではなく，学習アルゴリズムは**一組**の関数を学習する必要がある．それぞれの関数は，それぞれ入力が欠けている別々な部分集合を持つ $\boldsymbol{x}$ の分類に対応する．このような状況は医療診断で生じることが多い．なぜなら，医療検査の多くは高額で，しかもプライバシーに関わるものだからである．このような大きな関数群を効率的に定義する方法の 1 つは，関連する変数すべてに対する確率分布を学習し，欠けた値を除外して分類問題を解くことである．n 個の入力変数がある場合，入力値が欠けた集合それぞれのために必要な 2^n 個の異なる分類関数がすべて得られるが，コンピュータプログラムなら同時確率分布を記述する関数を 1 つだけ学習すればよい．Goodfellow *et al.* (2013b) は，この方法で深層確率モデルをこのタスクに適用した例である．本章で説明する他のタスクの多くも，欠損のある入力を処理するように一般化できる．欠損のある入力を使っての分類は，機械学習にできることの一例にすぎない．

- **回帰**（regression）：この種類のタスクでは，コンピュータプログラムは与えられた入力から数値を予測することが要求される．このタスクの解決のために，学習アルゴリズムは関数 $f : \mathbb{R}^n \rightarrow \mathbb{R}$ を出力する必要がある．このようなタスクは，出力の形式が異なっている点以外は分類タスクに似ている．回帰タスクの例には，被保険者 1 人が請求すると予想される金額の推定（保険料設定に用いる）や，有価証券の将来の価格の予測がある．このような予測は，アルゴリズムを使った株取引にも用いられる．
- **転写**（transcription）：この種類のタスクでは，機械学習システムは比較的構造化されていないデータ表現を観察し，個別の文字の形に変換することが要求される．たとえば光学的文字認識では，コンピュータプログラムに文字を含む画像を示し，その文字を（たとえば ASCII や Unicode 形式の）文字列の形式で返すことが要求される．Google Street View では深層学習を用いて，この方法で住所番地を生成している (Goodfellow *et al.*, 2014d)．もう 1 つの例として音声認識がある．音声認識ではコンピュータプログラムに音声波形が与えられ，音声録音の中で発声されている言葉を表す文字列や単語 ID コードが出力される．深層学習は，現代の音声認識システムにおける重要な要素であり，Microsoft や IBM，Google などの大企業で利用されている．
- **機械翻訳**：機械翻訳タスクでは，入力はすでにある言語のシンボルの系列になっていて，コンピュータプログラムはこれを別の言語のシンボルの系列に変換しなければならない．これは一般的には，英語からフランス語への翻訳のように，自然言語に対して適用される．近年，深層学習はこのようなタスクに重要な影響を与え始めている (Sutskever *et al.*, 2014; Bahdanau *et al.*, 2015)．
- **構造出力**（structured output）：構造出力のタスクは，異なる要素間に重要な関係があるベクトル（もしくは，複数の値を含む別なデータ構造）を出力するタスクのことである．これは幅広いカテゴリであり，上記の転写や翻訳タスクを始めとして，数多くのタスクが含まれる．その一例は構文解析で，木構造のノードに動詞や名詞，副詞などのタグを付けることで，自然言語文を，その文法構造を示す木構造にマッピングする．深層学習を構文解析タスクに適用した例として，Collobert (2011) を参照されたい．もう 1 つの例としては，画像のピクセル単位の分割がある．これはコンピュータプログラムが画像内のすべてのピクセルを個別のカテゴリに割り当てる．たとえば，深層学習を使って航空写真の道路の位置にラベルを付けることができる (Mnih and Hinton, 2010)．その出力形式は，このようなラベル付けタスクの例ほど，入力構造を忠実に反映させる必要はない．たとえば，画像の説明文を生成する場合，コンピュータプログラムは画像を観察し，画像を説明する自然言語文を出力する (Kiros *et al.*, 2014a,b; Mao *et al.*, 2015; Vinyals *et al.*, 2015b; Donahue *et al.*, 2014; Karpathy and Li, 2015; Fang *et al.*, 2015; Xu *et al.*, 2015)．このようなタスクは，すべてが密接な関係にある複数の変数をプログラムが出力しなければならないので，構造出力のタスクと呼ばれる．たとえば，画像の説明文生成プログラムが生成する語句は，意味の通る文となっていなければならない．
- **異常検知**（anomaly detection）：この種類のタスクでは，コンピュータプログラムが一連の事象や対象を巡回し，その一部に異常もしくは不正のフラグを立てる．異常検知タスクの例として，クレジットカード不正利用の検出がある．購買習慣をモデル化することで，クレジットカード会社はカードの誤用を検出できる．もし泥棒があなたのクレジットカードやその情報を盗めば，その泥棒による購買とあなた自身による購買では異なる確率分布を示すことが多い．クレジットカード会社は，いつもと違う購入にカードが使われるとすぐに口座を凍結することで不正利用を防ぐことができる．Chandola *et al.* (2009) は異常を検知する手法を調査した文献である．

- **合成とサンプリング**（synthesis and sampling）：この種類のタスクでは，機械学習アルゴリズムは訓練データの事例と類似した新たな事例の生成をする必要がある．機械学習による合成とサンプリングは，手作業で大量のコンテンツを生成することに費用がかかるか，退屈するか，あるいは時間がかかりすぎるようなメディアを扱うアプリケーションに有用である．たとえばビデオゲームでは，アーティストが手作業で各ピクセルにラベルを付けるのではなく，大きなオブジェクトや風景のテクスチャが自動的に生成される (Luo *et al.*, 2013)．ある入力が与えられたときに特定の出力を生成する，合成もしくはサンプリングの処理が必要になる場合がある．たとえば音声合成タスクでは，プログラムに文字で書かれた文を入力し，その文を音声に変換した音声波形を出力する．これは構造出力のタスクの一種であるが，各入力に対する正しい出力が 1 つもないという制限が追加されている．出力がより自然かつ現実的に聞こえるように，出力には大きなばらつきを明確に持たせたい．
- **欠損値補完**（imputation of missing values）：このタイプのタスクでは，機械学習アルゴリズムに新たな事例 $\boldsymbol{x} \in \mathbb{R}^n$ が与えられるが，$\boldsymbol{x}$ のいくつかの要素 x_i が欠けている．アルゴリズムは欠損した要素の値を推定しなければならない．
- **ノイズ除去**（denoising）：この種類のタスクでは，機械学習アルゴリズムに，**きれいな事例** $\boldsymbol{x} \in \mathbb{R}^n$ が未知の破損過程を経て**破損した事例** $\tilde{\boldsymbol{x}} \in \mathbb{R}^n$ となる入力が与えられる．学習アルゴリズムは，きれいな事例 $\boldsymbol{x}$ をその破損した事例 $\tilde{\boldsymbol{x}}$ から推定するか，あるいはもっと一般的には，その条件付き確率分布 $p(\boldsymbol{x} \mid \tilde{\boldsymbol{x}})$ を推定する必要がある．
- **密度推定**（density estimation）または**確率質量関数推定**（probability mass function estimation）：密度推定問題では，機械学習アルゴリズムは関数 $p_{\text{model}} : \mathbb{R}^n \to \mathbb{R}$ を学習することが必要となる．ここで $p_{\text{model}}(\boldsymbol{x})$ は，事例が抽出される空間における確率密度関数（$\mathbf{x}$ が連続値である場合），あるいは確率質量関数（$\mathbf{x}$ が離散値である場合）と解釈できる．このようなタスクをうまく実行する（性能指標 P について説明する際に，この意味を厳密に定める）ためには，アルゴリズムは入力されたデータの構造を学習する必要がある．事例がどこに密集しているのか，あるいは事例が起こりそうにない場所を知らなければならない．上述したタスクの大部分では，少なくとも暗に確率分布の構造を把握するための学習アルゴリズムが必要になる．密度推定によって，その分布を明確に把握できる．その後，原則として，その分布についての計算を実行して，他のタスクも解決できる．たとえば，密度推定を行って確率分布 $p(\boldsymbol{x})$ を得ると，その分布を使って欠損値補完タスクを解決できる．ある値 x_i が欠落していて，他のすべての数値 $\boldsymbol{x}_{-i}$ が与えられている場合，その分布は $p(x_i \mid \boldsymbol{x}_{-i})$ で得られることがわかる．実際には，密度推定によってこのような関連タスクすべてが必ず解決できるわけではない．なぜなら，$p(\boldsymbol{x})$ に関して必要となる演算が難しい計算になることが多いからである．

もちろん，多くの異なるタスクや異なる種類のタスクも実行できる．ここに示したタスクのタイプは，機械学習にできることの例を示すことだけを意図したものであり，タスクの厳格な分類を定義するものではない．

5.1.2 性能指標 P

機械学習アルゴリズムの能力を評価するためには，その性能を測る定量的な尺度を設計しなければならない．通常，性能指標 P はシステムによって実行されるタスク T に固有である．

分類や，欠損値のある入力の分類，転写などのタスクでは，モデルの**精度**（accuracy）を測定することが多い．精度は，単純にモデルが正しい出力を生成する事例の割合である．**誤差率**（error rate）を測定することでも同様の情報が得られ，これは誤った出力を生成した事例の割合である．誤差率は，期待0/1損失と呼ばれることが多い．ある事例における0/1損失は，正しく分類されている場合は0で，そうでない場合は1である．密度推定などのタスクでは，精度や誤差率，0/1損失を測定することに意味がない．その代わりに別な測定基準を用いて各事例に対する連続値のスコアをモデルに与える必要がある．最も一般的なアプローチは，モデルがいくつかの事例に割り当てる対数確率の平均を使うことである．

通常は，未知のデータに対して機械学習アルゴリズムがどの程度うまく機能するかを知りたい．なぜなら，それによって現実世界に導入された際にどれだけうまく機能するかが決まるからである．したがって，機械学習システムの学習に使われるデータとは異なる**テスト集合**（test set）を用いて性能指標を評価する．

性能指標の選択は簡単でしかも客観的に思えるかもしれないが，システムの望ましい動作によく対応する性能指標の選択は困難な場合が多い．

なぜなら，何を測定すべきかを決めることが難しい場合があるからである．たとえば，転写タスクを実行する場合には，システムの転写精度を文字列全体で評価すべきか，それとも，文字列の一部の要素が正しく得られることを部分的に評価するもっときめ細かい性能指標を用いるべきだろうか．回帰タスクを実行する場合，頻繁に中程度の誤りを起こすものと，まれに大規模な誤りを起こすもののどちらに重いペナルティを課すべきだろうか．このような設計の選択は，アプリケーションに依存する．

理想的には何を測定すべきかわかっているが，それを測定することが現実的でない場合がある．たとえばこれは，密度推定に関連して頻繁に起こる．最良の確率モデルの多くは，確率分布を明示的に表さない．このようなモデルでは多くの場合，その空間内のある点に割り当てられた実際の確率値を計算することは難しい．このような場合には，やはり設計した目的に対応する別な基準を設計するか，あるいは望ましい基準に対する良好な近似を設計する必要がある．

5.1.3 経験 E

機械学習アルゴリズムは，学習過程においてどのような経験を獲得できるかによって，大きく**教師なし**（unsupervised）と**教師あり**（supervised）に分類できる．

本書の学習アルゴリズムのほとんどは，**データ集合**（dataset）すべてを経験することができると考えてよい．データ集合とは，5.1.1節で定義されるように，多くの事例の集合である．事例を**データポイント**（data points）と呼ぶこともある．

統計学者や機械学習の研究者が研究に利用した最も古いデータ集合の1つにIris dataset (Fisher, 1936) がある．これは，150本のアヤメのさまざまな部位を測定した値の集合である．その1本ずつが1つの事例に対応している．各事例の特徴量は，葉の長さ，葉の幅，花弁の長さ，花弁の幅といったアヤメの各部位の測定値である．データ集合には，それぞれのアヤメが属する種も記録されている．データ集合の中には，アヤメの種が3種類ある．

教師なし学習アルゴリズム（unsupervised learning algorithms）は多くの特徴量を含むデータ集合から，そのデータ集合構造の有益な特性を学習する．深層学習の観点からは，通常，密度推定のように明示的な形か，あるいは合成やノイズ除去のタスクのように暗黙的な形かにかかわらず，データ集合を生成する確率分布全体を学習させたい．他の教師なし学習には，類似する事例をグループに分割するクラスタリングのような役割を実行するものもある．

教師あり学習アルゴリズム（supervised learning algorithms）は，特徴量を含むデータ集合を利用するが，各事例は**ラベル**（label）や**目標**（target）と関連付けられている．たとえばIris datasetでは，それぞれのアヤメがその種と関連付けられている．教師あり学習アルゴリズムはIris datasetを調べ，それらの測定値からアヤメを3つの種に分類することを学習できる．

大まかに言えば，教師なし学習は確率ベクトル $\mathbf{x}$ の事例を観察し，確率分布 $p(\mathbf{x})$ やその分布の重要な特性を明示的もしくは暗黙的に学習する．一方で教師あり学習は，確率ベクトル $\mathbf{x}$ とそれに関連付けられた数値もしくはベクトル $\mathbf{y}$ の事例を観察し，$p(\mathbf{y} \mid \mathbf{x})$ を推定することで，$\mathbf{x}$ から $\mathbf{y}$ を予測できるように学習する．教師あり学習という用語は，機械学習システムがすべきことを教えるインストラクターや教師が目的変数 $\mathbf{y}$ を提示する，という見方に由来する．教師なし学習の場合はインストラクターも教師もいないので，アルゴリズムはこの情報なしでデータを理解することを学習する必要がある．

教師なし学習と教師あり学習は，正式に定義されている用語ではない．その境界は曖昧な場合が多い．機械学習技術では，両方のタスクを実行できるものが多い．たとえば確率の連鎖律によって，ベクトル $\mathbf{x} \in \mathbb{R}^n$ に対する同時分布は以下のように分解できる．

$$p(\mathbf{x}) = \prod_{i=1}^{n} p(\mathrm{x}_i \mid \mathrm{x}_1, \ldots, \mathrm{x}_{i-1}). \tag{5.1}$$

表面的には，この分解によって，モデル $p(\mathbf{x})$ の教師なし学習を n 個の教師あり学習に分割して解くことができる．他の方法としては，従来の教師なし学習技術を使って同時分布 $p(\mathbf{x}, y)$ を学習し，さらに以下の式の推定によって $p(y \mid \mathbf{x})$ を学習する教師あり学習の問題を解くことができる．

$$p(y \mid \mathbf{x}) = \frac{p(\mathbf{x}, y)}{\sum_{y'} p(\mathbf{x}, y')}. \tag{5.2}$$

教師あり学習と教師なし学習は，完全に正式で明確な概念であるというわけではないが，機械学習アルゴリズムを使って実行することを大まかに分類する場合に役立つ．伝統的に，回帰と分類，構造出力の問題は教師あり学習である．他のタスクに使われる密度推定は，通常，教師なし学習であると考えられている．

別な形の学習の枠組みも可能である．たとえば，半教師あり学習では，事例に教師用目的変数を含むものもあれば，含まないものもある．複数事例の学習では，事例の集合全体には，あるクラスの事例を含むか含まないかのラベル付けがされているが，その集合の中の個々の要素はラベル付けがされない．近年の深層モデルを用いた複数事例の学習の例については，Kotzias *et al.* (2015) を参照されたい．

機械学習アルゴリズムの中には，固定的なデータ集合を経験するだけではないものがある．たとえば，**強化学習**（reinforcement learning）アルゴリズムは環境と相互作用するので，学習システムとその経験の間にフィードバックループが存在する．このようなアルゴリズムは本書の対象とする範囲を超えている．強化学習に関する情報についてはSutton and Barto (1998) やBertsekas and Tsitsiklis (1996) を，強化学習に対する深層学習のアプローチについてはMnih *et al.* (2013) を参照されたい.

大多数の機械学習アルゴリズムでは単純にデータ集合を経験する. データ集合を記述する方法は数多く存在する. どのような場合でもデータ集合は事例の集合であり, すなわちそれは特徴量の集合である.

データ集合を記述する一般的な手法の1つに**計画行列**（design matrix）がある. 計画行列とは, 各行にそれぞれ異なる事例が含まれた行列である. 行列の各列は, それぞれ異なる特徴量に対応している. たとえば, Iris dataset には150の事例が含まれ, それぞれ4つの特徴量を持っている. これはつまり, このデータ集合が計画行列 $\boldsymbol{X} \in \mathbb{R}^{150\times 4}$ で記述できるということで, ここで $X_{i,1}$ は i 番目のアヤメの萼片の長さ, $X_{i,2}$ は i 番目のアヤメの萼片の幅, などとなる. 本書で取り上げる学習アルゴリズムの大多数は, 計画行列のデータ集合に対してどのように動作するかという点から記述されている.

当然ながら, データ集合を計画行列として記述するには各事例をベクトルとして記述できる必要があり, そのベクトルはすべて同じサイズでなければならない. これはつねに可能であるとは限らない. たとえば, 高さや幅が異なる写真の集合がある場合, 写真に含まれるピクセル数がそれぞれ異なるため, すべての写真を同じ長さのベクトルとして表現できるとは限らない. 9.7節や10章で, このような種類や形の異なるデータを扱う方法を説明する. このような場合, m 行を持つ行列としてデータ集合を記述するのではなく, m 個の要素を含む集合:$\{\boldsymbol{x}^{(1)}, \boldsymbol{x}^{(2)}, \ldots, \boldsymbol{x}^{(m)}\}$ として記述する. この表記では, 2つの事例ベクトル $\boldsymbol{x}^{(i)}$ と $\boldsymbol{x}^{(j)}$ が同じサイズであるという意味ではない.

教師あり学習の場合, 事例には特徴量の集合だけではなく, ラベルや目的変数も含まれている. たとえば, 学習アルゴリズムを用いて写真の中の物体を認識したい場合, それぞれの写真にどの物体が見えるかを指定する必要がある. 数値コードを使って, 0は人間, 1は車, 2は猫, などのように指定できる. 特徴量の観測値を成分とする計画行列 $\boldsymbol{X}$ を含むデータ集合を用いた処理を行う場合には, ラベルのベクトル $\boldsymbol{y}$ も与える. ここで y_i は事例 i のラベルである.

もちろん, ラベルが単に1つの数値だけではない場合もある. たとえば, 音声認識システムを学習させてすべての文章を転写したい場合, 事例の各文のラベルは単語列になる.

教師あり学習と教師なし学習に正式な定義がないように, データ集合と経験の厳密な分類も存在しない. ここで説明する構造でほとんどのケースを説明できるが, 新たなアプリケーションのために新たな構造を設計することは, つねに可能である.

5.1.4 例：線形回帰

本書での機械学習アルゴリズムの定義は, あるタスクを実行するコンピュータプログラムの性能を経験を通じて改善することができるアルゴリズムとしているが, これはやや抽象的である. これをもっと具体的にするために, 例として単純な機械学習アルゴリズムである**線形回帰**（linear regression）を紹介する. アルゴリズムの挙動の理解に役立つように, さらに多くの機械学習の概念を紹介する際には, この例に繰り返し立ち返ることになるだろう.

その名前が示すとおり, 線形回帰は回帰問題を解決する. 言い換えると, ベクトル $\boldsymbol{x} \in \mathbb{R}^n$ を入力とし, その出力としてスカラー値 $y \in \mathbb{R}$ を予測するシステムを構築することが目的である. 線形回帰の出力は, 入力の線形関数である. y からのモデルの予測を $\hat{y}$ とすると, その出力は以下のように定義できる.

$$\hat{y} = \boldsymbol{w}^\top \boldsymbol{x}. \tag{5.3}$$

ここで $\boldsymbol{w} \in \mathbb{R}^n$ は**パラメータ**（parameters）のベクトルである.

パラメータはシステムの動作を制御する変数である．この場合，w_i は特徴量 x_i に掛ける係数で，その後すべての特徴量の寄与度を足し合わせる．$\boldsymbol{w}$ は，それぞれの特徴量が予測に対してどのように影響を与えるかを決定する**重み**（weights）の集合と考えることができる．ある特徴量 x_i に正の重み w_i を付ける場合，その特徴量の値を増加させると，予測 $\hat{y}$ の値が増加する．特徴量に負の重みを付ける場合，その特徴量の値を増加させると，予測値が減少する．特徴量の重みが大きければ，その特徴量は予測に大きな影響力を持つ．特徴量の重みがゼロであれば，その特徴量は予測にまったく影響しない．

したがって，タスク T は，$\hat{y} = \boldsymbol{w}^\top \boldsymbol{x}$ を出力することで $\boldsymbol{x}$ から y を予測することであると定義される．次に，性能指標 P の定義が必要になる．

m 個の事例入力の計画行列があり，この入力は学習には使わず，モデルの性能を評価するためだけに使用する．この事例それぞれに対して y の正しい値を提供する，回帰目的変数のベクトルもあるとする．このデータ集合は評価だけに使われるので**テスト集合**と呼ばれる．この入力の計画行列を $\boldsymbol{X}^{(\text{test})}$，回帰目的変数のベクトルを $\boldsymbol{y}^{(\text{test})}$ と表す．

モデルの性能を測定する方法の 1 つに，テスト集合におけるモデルの**平均二乗誤差**（mean squared error）を計算する方法がある．$\hat{\boldsymbol{y}}^{(\text{test})}$ がテスト集合におけるモデルの予測であるとすると，平均二乗誤差は以下の式で求められる．

$$\text{MSE}_{\text{test}} = \frac{1}{m} \sum_i (\hat{\boldsymbol{y}}^{(\text{test})} - \boldsymbol{y}^{(\text{test})})_i^2. \tag{5.4}$$

直感的に，$\hat{\boldsymbol{y}}^{(\text{test})} = \boldsymbol{y}^{(\text{test})}$ のときに，この誤差が 0 になることがわかる．また，次式のように考えることもできる．

$$\text{MSE}_{\text{test}} = \frac{1}{m} ||\hat{\boldsymbol{y}}^{(\text{test})} - \boldsymbol{y}^{(\text{test})}||_2^2. \tag{5.5}$$

つまり，予測と目的変数の間のユークリッド距離が増加すると，誤差が増加する．

機械学習アルゴリズムを作成する場合，訓練集合 $(\boldsymbol{X}^{(\text{train})}, \boldsymbol{y}^{(\text{train})})$ を観察することでアルゴリズムが経験を獲得するときに，MSE_{test} を減少させるように重み $\boldsymbol{w}$ を改善するアルゴリズムを設計しなければならない．これを実現する直感的な方法（その理由は5.5.1節で説明する）は，単に訓練集合における平均二乗誤差 $\text{MSE}_{\text{train}}$ を最小化することである．

$\text{MSE}_{\text{train}}$ を最小化するには，単純にその勾配が $\mathbf{0}$ となる点を求めればよい．

$$\nabla_{\boldsymbol{w}} \text{MSE}_{\text{train}} = 0 \tag{5.6}$$

$$\Rightarrow \nabla_{\boldsymbol{w}} \frac{1}{m} ||\hat{\boldsymbol{y}}^{(\text{train})} - \boldsymbol{y}^{(\text{train})}||_2^2 = 0 \tag{5.7}$$

$$\Rightarrow \frac{1}{m} \nabla_{\boldsymbol{w}} ||\boldsymbol{X}^{(\text{train})}\boldsymbol{w} - \boldsymbol{y}^{(\text{train})}||_2^2 = 0 \tag{5.8}$$

$$\Rightarrow \nabla_{\boldsymbol{w}} \left(\boldsymbol{X}^{(\text{train})}\boldsymbol{w} - \boldsymbol{y}^{(\text{train})}\right)^\top \left(\boldsymbol{X}^{(\text{train})}\boldsymbol{w} - \boldsymbol{y}^{(\text{train})}\right) = 0 \tag{5.9}$$

$$\Rightarrow \nabla_{\boldsymbol{w}} \left(\boldsymbol{w}^\top \boldsymbol{X}^{(\text{train})\top} \boldsymbol{X}^{(\text{train})} \boldsymbol{w} - 2\boldsymbol{w}^\top \boldsymbol{X}^{(\text{train})\top} \boldsymbol{y}^{(\text{train})} + \boldsymbol{y}^{(\text{train})\top} \boldsymbol{y}^{(\text{train})}\right) = 0 \tag{5.10}$$

$$\Rightarrow 2\boldsymbol{X}^{(\text{train})\top} \boldsymbol{X}^{(\text{train})} \boldsymbol{w} - 2\boldsymbol{X}^{(\text{train})\top} \boldsymbol{y}^{(\text{train})} = 0 \tag{5.11}$$

$$\Rightarrow \boldsymbol{w} = \left(\boldsymbol{X}^{(\text{train})\top} \boldsymbol{X}^{(\text{train})}\right)^{-1} \boldsymbol{X}^{(\text{train})\top} \boldsymbol{y}^{(\text{train})}. \tag{5.12}$$

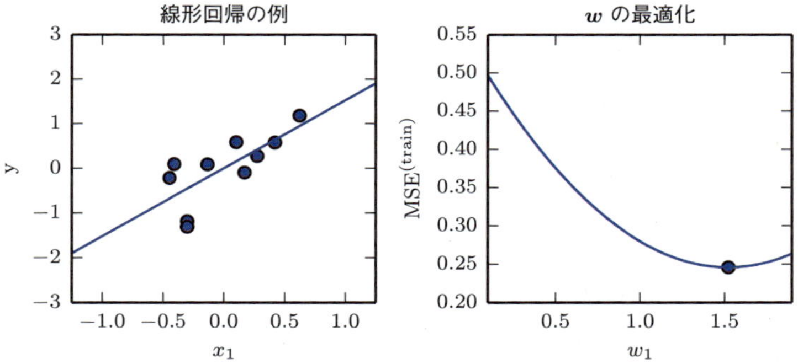

図 **5.1:** それぞれが 1 つの特徴量を持つ，10 個のデータポイントから構成される訓練集合の線形回帰問題．特徴量が 1 つしかないため，重みベクトル $\boldsymbol{w}$ には学習すべきパラメータとして $w_1$1 つだけが含まれる．（**左**）直線 $y = w_1 x$ がすべての訓練ポイントのできるだけ近くを通過するように，線形回帰が w_1 の設定を学習していることを確認しよう．（**右**）プロットされた点は正規方程式によって求められた w_1 の値を示し，それが訓練集合における平均二乗誤差を最小化していることがわかる．

式5.12で解が求められる連立方程式は**正規方程式** (normal equations) として知られている．式5.12を評価することで単純な学習アルゴリズムが構成される．実際に動作する線形回帰の学習アルゴリズムの例を，図5.1に示す．

線形回帰（linear regression）という用語は，インターセプト項 b というパラメータが 1 つ追加された，わずかながらもさらに洗練されたモデルを示す場合が多いことに注意しよう．このモデルは次式で表される．

$$\hat{y} = \boldsymbol{w}^\top \boldsymbol{x} + b. \tag{5.13}$$

したがって，パラメータから予測値への写像は線形関数のままであるが，特徴量から予測値へのマッピングはアフィン関数となる．このアフィン関数への拡張は，モデルの予測値のグラフは直線のままであるが，原点を通過する必要がないことを意味する．このバイアスパラメータ b を追加する代わりに，つねに 1 に設定された項を引数 x に追加することで，重みだけを用いるモデルをそのまま使うことができる．追加された項 1 に対応する重みがバイアスパラメータの役割を果たす．本書では，アフィン関数を参照する際に「線形」という用語を頻繁に用いている．

インターセプト項 b はアフィン変換の**バイアス**（bias）パラメータと呼ばれることが多い．この用語は，入力がまったくない場合に変換の出力が b に偏るという観点に由来する．この言葉は統計的バイアスの考え方とは異なる．統計的バイアスとは，統計的推定アルゴリズムの期待推定量が真の値と等しくないことを言う．

当然ながら線形回帰は非常に単純で制約のある学習アルゴリズムであるが，学習アルゴリズムがどのように機能するかの例を提示している．以降の章では，学習アルゴリズム設計の基礎となる基本原則をいくつか説明し，その原則を用いてさらに複雑な学習アルゴリズムを構築する方法を説明する．

5.2　容量，過剰適合，過少適合

機械学習の中心的な課題は，モデルの学習に使用した入力だけではなく，**これまで見たことのない新たな入力**に対してもアルゴリズムはよい性能を発揮しなければならないということにある．過去に観察されなかった入力に対してもうまく機能する能力は**汎化**（generalization）と呼ばれる．

通常，機械学習モデルを学習させる場合は訓練集合を使用し，**訓練誤差**（training error）と呼ばれる訓練集合における誤差の指標を計算できて，その訓練誤差を小さくする．ここまで説明してきた内容は単純に最適化問題である．機械学習が最適化と異なるのは，**汎化誤差**（generalization error）（**テスト誤差**（test error）とも呼ばれる）も小さくしたいという点である．汎化誤差は新しい入力に対する誤差の期待値で定義される．ここで期待値は，システムが実際に遭遇すると予想される入力の分布からの予想される入力を使って求められる．

汎化誤差は通常，訓練集合とは別に収集された**テスト集合**での性能を測ることで推定される．

線形回帰の例では以下のように，訓練誤差を最小化してモデルを学習させた．

$$\frac{1}{m^{(\mathrm{train})}}||\boldsymbol{X}^{(\mathrm{train})}\boldsymbol{w} - \boldsymbol{y}^{(\mathrm{train})}||_2^2. \tag{5.14}$$

しかし，実際に問題になるのはテスト誤差 $\frac{1}{m^{(\mathrm{test})}}||\boldsymbol{X}^{(\mathrm{test})}\boldsymbol{w} - \boldsymbol{y}^{(\mathrm{test})}||_2^2$ である．

訓練集合だけが観測できるとき，テスト集合への性能にどう影響を与えることができるだろうか．**統計的学習理論**（statistical learning theory）の分野から，いくつかの答えが得られる．もし訓練集合とテスト集合が任意に収集される場合，実際にできることはほとんどない．もし訓練集合とテスト集合の収集方法に前提をいくつか置くことができるなら，ある程度先に進むことができる．

訓練データとテストデータは**データ生成過程**（data-generating process）と呼ばれるデータ集合の確率分布から生成される．通常は，**i.i.d. 仮定**（i.i.d. assumptions）と総称される一連の仮定を置く．その仮定とは，各データ集合の事例が互いに**独立**（independent）であり，また，訓練集合とテスト集合が**同一の分布に従う**（identically distributed），すなわち相互に同じ確率分布から抽出されるというものである．この仮定により，単一の事例に対する確率分布を用いてデータ生成過程を記述できる．そして，同じ確率分布を用いて，すべての教師事例とテスト事例を生成する．その共有される潜在的な分布は**データ生成分布**（data generating distribution）と呼ばれ，p_{data} と表される．この確率的な枠組みと i.i.d. 仮定によって，訓練誤差とテスト誤差の関係性を数学的に調べることが可能になる．

訓練誤差とテスト誤差との間で観察できる直接的な関係の 1 つは，無作為に選択されたモデルの期待訓練誤差が，そのモデルの期待テスト誤差に等しいことである．確率分布 $p(\boldsymbol{x}, y)$ があり，訓練集合とテスト集合を生成するためにその分布から繰り返し事例をサンプリングすると仮定する．ある固定値 $\boldsymbol{w}$ について，期待訓練誤差は期待テスト誤差とまったく同じになる．なぜなら，どちらの予測も，データ集合のサンプリングに同じ方法を用いて構成されるからである．この 2 つの条件の唯一の違いは，サンプリングしたデータ集合に設定する名前である．

もちろん，機械学習アルゴリズムを使用する際には，事前にパラメータを設定せずに，両方のデータ集合をサンプリングする．訓練集合をサンプリングし，それを使って訓練集合の誤差を減少させるようにパラメータを選択して，その後テスト集合をサンプリングする．この過程を実行すると，予測テスト誤差は訓練誤差の期待値以上になる．機械学習アルゴリズムがどの程度うまく動作するかを決定する要素は，以下に挙げる能力である．

1. 訓練誤差を小さくする
2. 訓練誤差とテスト誤差の差を小さくする

この 2 つの要素は，機械学習における 2 つの中心的な課題に相当する．それは，**過少適合**（**未学習**，underfitting）と**過剰適合**（**過学習**，overfitting）である．訓練集合において十分に小さな誤差が得られない場合，過少適合が発生し，訓練誤差とテスト誤差との差が大きすぎる場合，過剰適合が発生する．

モデルが過剰適合や過少適合を起こしやすいかどうかは，モデルの**容量**（capacity）を変更することで制御できる．簡単に言うと，モデルの容量とは，モデルが多様な関数に適合する能力である．容量の低いモデルは訓練集合を適合させることが難しい場合がある．容量の大きなモデルの場合は，テスト集合においては意味をなさない訓練集合の特性を記憶してしまうことで，過剰適合になる可能性がある．

学習アルゴリズムの容量を制御する方法の 1 つに，**仮説空間**（hypothesis space）を選ぶことがある．仮説空間は学習アルゴリズムが解として選択できる関数の集合である．たとえば，線形回帰アルゴリズムは入力である線形関数すべての集合を仮説空間として持つ．線形回帰を一般化することで，単なる線形関数ではなく多項式をその仮説空間に含められる．こうすることでモデルの容量は向上する．

一次多項式は，すでによく知られている線形回帰モデルを提供し，その予測は以下で示される．

$$\hat{y} = b + wx. \tag{5.15}$$

線形回帰モデルにもう 1 つの特徴量として x^2 を導入することで，x の二次関数のモデルを学習できる．

$$\hat{y} = b + w_1 x + w_2 x^2. \tag{5.16}$$

このモデルは**入力**の二次関数を実装したものであるが，出力は引き続き**パラメータ**の線形関数であるため，正規方程式を使ってそのモデルを閉形式で学習させることができる．さらに x の次数を上げて特徴量を追加できるが，たとえば，以下は次元が 9 の多項式である．

$$\hat{y} = b + \sum_{i=1}^{9} w_i x^i. \tag{5.17}$$

機械学習アルゴリズムは一般的に，実行する必要のあるタスクの真の複雑さと，与えられる訓練データの量に対して適切な容量があるときに，最もよく性能を発揮する．容量が不十分なモデルでは複雑なタスクを解くことができない．容量の大きいモデルでは複雑なタスクを解くことができるが，現在のタスクを解く以上に容量が高い場合は，過剰適合となる可能性がある．

図5.2で，この原則の実例を示している．真の潜在的な関数が二次関数である問題に対して，線形，二次，そして 9 次の予測モデルによる適合を比較する．線形関数は真の潜在的な問題にある曲率を捉えられないので，過少適合となる．9 次の予測モデルは正しい関数を表現できるが，訓練事例よりも多くのパラメータを持つため，訓練点を厳密に通過する関数を無限に多く表現できる．大きく異なる解が非常に多数存在する場合，よく汎化された解が得られる可能性はほとんどない．この例では，二次のモデルがタスクの真の構造に完璧に適合するので，新たなデータに対してもよく汎化される．

ここまでモデルの容量を変更する方法を 1 つだけ説明してきた．それはモデルに入力される特徴量の数を変更し，同時にそれらの特徴量に関連付けられた新たなパラメータを追加する方法である．実際は，モデルの容量を変更する方法は数多く存在する．容量はモデルの選択だけで決まるものではない．モデルは，訓練対象を減らす目的でパラメータを変化させるときに，学習アルゴリズムが選択する関数の集合を指定する．これは，モデルの**表現容量**（representational capacity）と呼ばれる．この関数の集合か

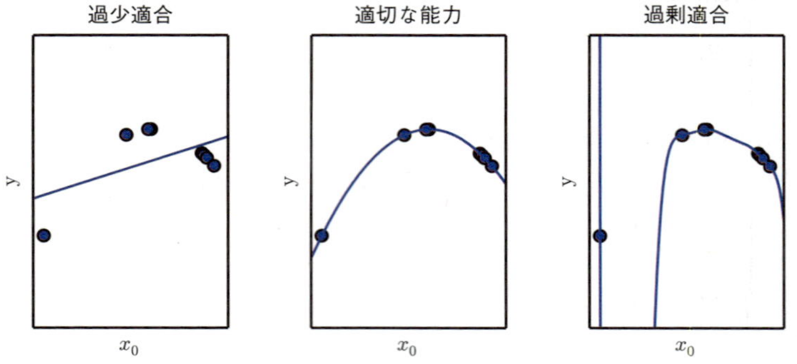

図 **5.2:** この訓練集合に 3 つのモデルを適合させる．訓練データは x の値を無作為にサンプリングし，二次関数を評価することで y を決定論的に選択して合成する形で作成された．（**左**）このデータに適合させた線形関数は過少適合となる．データに存在する曲率を捉えることができないからである．（**中央**）このデータに適合させた二次関数は，不可視点もよく汎化されている．過剰適合や過少適合の程度は大きくない．（**右**）このデータに適合させた 9 次の多項式は過剰適合となる．ここでは，この未知の正規方程式を解くために，ムーア・ペンローズ擬似逆行列を使用した．この解はすべての訓練点を厳密に通過するが，残念ながら正しい構造を抽出できていない．この例では，2 つの訓練点の間に，真の潜在的な関数には現れない深い谷が存在する．また，データの左端で急激に増加しているが，真の関数はこの領域で減少している．

ら最適な関数を発見することは，難しい最適化問題である場合が多い．実際，学習アルゴリズムは最適な関数を発見するわけではなく，単に訓練誤差を大幅に減少させる関数を発見するのである．このような最適化アルゴリズムの不完全性といった制約が追加されるということは，学習アルゴリズムの**有効容量**（effective capacity）が一連のモデルの表現容量に劣る可能性があることを意味する．

機械学習モデルの汎化を改善するための現代的なアイデアは，プトレマイオスと同時代の哲学者の思索を改良したものである．初期の学者の多くによって，今では**オッカムの剃刀**（Occam's razor）（c. 1287-1347）として広く知られる節約の原理がもたらされた．この原理は，競合する複数の仮説が既知の観察を同様にうまく説明できる場合「最も単純な」仮説を選ぶべきであるとしている．この考え方は 20 世紀に統計的学習理論の創始者によってさらに正確に定式化された (Vapnik and Chervonenkis, 1971; Vapnik, 1982; Blumer *et al.*, 1989; Vapnik, 1995).

統計的学習理論は，モデルの容量を定量化するさまざまな手法を提供する．その中で最もよく知られているものは **Vapnik-Chervonenkis 次元**（**VC 次元**，Vapnik-Chervonenkis dimension）である．VC 次元は二項分類の容量を測るものである．VC 次元は二項分類によって任意にラベル付けできる m 個の異なる点 $\boldsymbol{x}$ の訓練集合が存在するときに，m が取りうる最大値で定義される．

モデルの容量を定量化することで，統計的学習理論による定量的な予測が可能となる．統計的学習理論における最も重要な結論は，訓練誤差と汎化誤差との間の不一致は，モデルの容量が増えることで増加し訓練事例が増えることで減少する量によって上に有界であることを示している (Vapnik and Chervonenkis, 1971; Vapnik, 1982; Blumer *et al.*, 1989; Vapnik, 1995)．このような境界があることは機械学習が機能することについての知的な根拠となるが，深層学習アルゴリズムを扱う際に実際に使用されることはまずない．これは，その境界がまったく厳格でないことや，深層学習アルゴリズムの容量を決定することが非常に困難であることが理由である．深層学習モデルの容量を決定するという問題は特に難しい．なぜなら，その有効容量が最適化アルゴリズムの容量によって制限され，しかも深層学

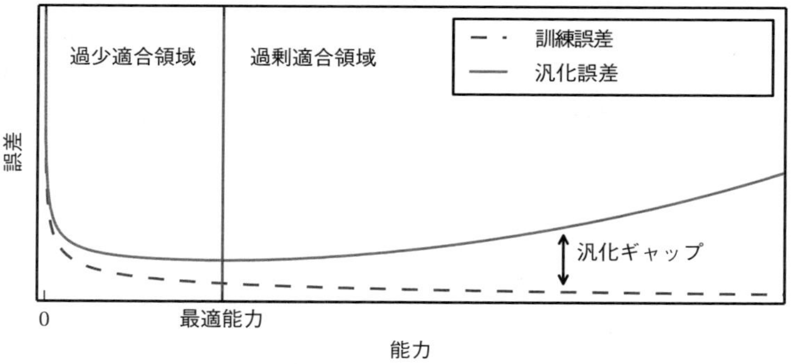

図 **5.3:** 容量と誤差の間の一般的な関係．訓練誤差とテスト誤差は，挙動が異なる．グラフの左端では訓練誤差と汎化誤差はどちらも大きい．これは**過少適合領域**（underfitting regime）である．容量が増大すると訓練誤差は減少するが，訓練誤差と汎化誤差の差は広がる．最終的には，その差が訓練誤差の減少量を上回り，**過剰適合領域**（overfitting regime）に突入する．その場合は容量が大きくなりすぎて，**最適容量**（optimal capacity）を上回っている．

習に関わる一般的な非凸最適化問題の理論的な理解がほとんどできていないからである．

単純な関数ほど（訓練誤差とテスト誤差の差が小さくなるように）汎化される可能性が高いと考えられるが，訓練誤差を小さくするためには，それでも十分に複雑な仮説を選択しなければならないことを忘れてはならない．通常は，（誤差尺度が最小値を持つと仮定した場合）モデル容量が増加するにつれて誤差の取りうる最小値まで漸近するように訓練誤差は減少する．通常汎化誤差は，モデル容量の関数として U 字型の曲線を描く．これを図5.3に示す．

任意の高い容量という最も極端な状態に到達するには，**ノンパラメトリック**（non-parametric）モデルの概念を導入する． これまでは，線形回帰などのパラメトリックモデルだけを説明してきた．パラメトリックモデルは，データが観察される前にそのサイズが有限で固定のパラメータベクトルで記述される関数を学習する．ノンパラメトリックモデルにはそのような制限はない．

ノンパラメトリックモデルは，（存在しうるすべての確率分布を探索するアルゴリズムのように）現実には実装できない単なる理論的な抽象化になってしまう場合がある．しかし，その複雑さを訓練集合のサイズの関数にすることで，実用的なノンパラメトリックモデルを設計することもできる．そのようなアルゴリズムの一例が**最近傍回帰**（nearest neighbor regression）である．固定長の重みベクトルを持つ線形回帰とは異なり，最近傍回帰モデルでは単純に訓練集合から $\boldsymbol{X}$ と $\boldsymbol{y}$ を保存する．テスト点 $\boldsymbol{x}$ を分類する場合，モデルは訓練集合の中の最も近い要素を調べ，関連する回帰目的変数を返す．言い換えれば，$i = \arg\min ||\boldsymbol{X}_{i,:} - \boldsymbol{x}||_2^2$ のとき $\hat{y} = y_i$ である．このアルゴリズムは，学習された距離指標のような L^2 ノルム以外の距離尺度へも一般化できる (Goldberger *et al.*, 2005)．最近傍にひもづけられている y_i において，すべての $\boldsymbol{X}_{i,:}$ に対する y_i の平均を取ることによってアルゴリズムがひもづけを切ることができるなら，このアルゴリズムを使えば，どの回帰データ集合においても，取りうる最小の訓練誤差にすることができる（2 つの同じ入力が別々の出力に関連付けられている場合には，0 より大きくなる可能性がある）．

必要に応じてパラメータ数を増加させることができるアルゴリズムの中にパラメトリックな学習アルゴリズムをラップすることで，ノンパラメトリックな学習アルゴリズムを設計することもできる．たとえば，線形回帰により多項式の次数を変化させる学習の外部ループを，入力の多項式展開の上部に考えることができる．

理想的なモデルは，データを生成する真の確率分布を単純に知っている神託（オラクル，oracle）である．そのようなモデルであっても，その分布にまだノイズが含まれている可能性があるため，多くの問題で誤差が生じることになる．教師あり学習の場合，$\boldsymbol{x}$ から y への写像は本質的に確率的であるか，あるいは y が $\boldsymbol{x}$ に含まれる変数以外の変数を含む決定的な関数である可能性がある．真の確率分布 $p(\boldsymbol{x}, y)$ から神託が予測した際に生じる誤差を**ベイズ誤差**（Bayes error）と呼ぶ．

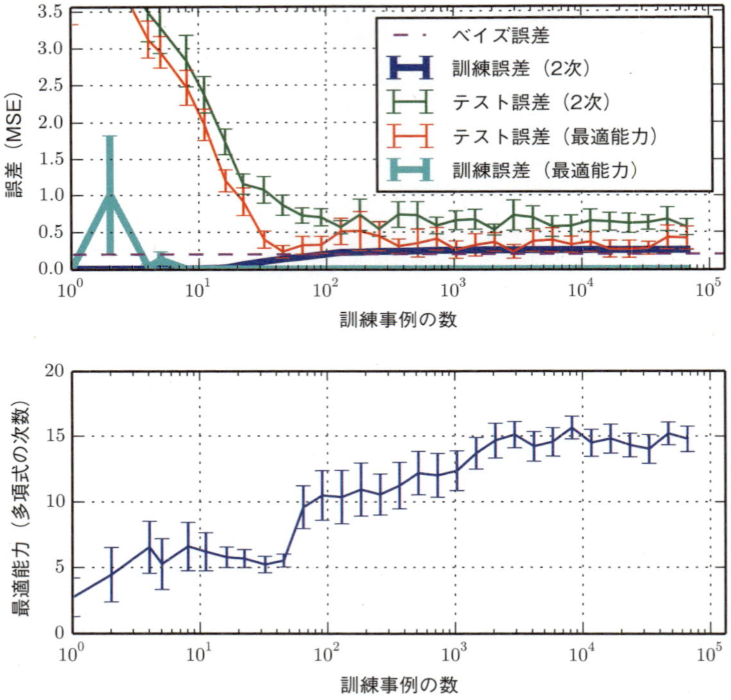

図 **5.4:** 訓練データ集合のサイズが訓練誤差とテスト誤差および最適モデル容量に与える影響．5 次多項式に適度な量のノイズを加えて回帰問題を合成的に構成し，テスト集合を 1 つ生成して，さらにサイズが異なる訓練集合をいくつか生成した．それぞれのサイズについて 40 通りの訓練集合を生成し，95% の信頼区間を示すエラーバーを図示した．（上）2 次モデルと，テスト誤差を最小化するように次数が選ばれたモデルの，2 つのモデルにおける訓練集合とテスト集合の平均二乗誤差．どちらも閉じた系で当てはめた．2 次モデルでは，訓練集合のサイズが大きくなると訓練誤差が増加する．これは，データ集合が大きいほど適合が難しくなるからである．同時にテスト誤差は減少する．なぜなら，訓練データとつじつまの合う誤った仮説が減るからである．2 次モデルはタスクを解くのに十分な容量を持たないため，テスト誤差は大きな値に漸近する．最適な容量でのテスト誤差はベイズ誤差に漸近する．訓練アルゴリズムが訓練集合の特別な事例を記憶する容量があるため，訓練誤差がベイズ誤差を下回る可能性がある．訓練データ集合のサイズが無限に増えるにつれて，どの固定容量のモデル（ここでは 2 次モデル）でも，その訓練誤差は少なくともベイズ誤差まで増大する．（下）訓練集合のサイズが大きくなるにつれて，最適容量（ここでは最適な多項式回帰の次数で示す）が増加する．最適容量はタスクを解くのに十分な複雑さに達した後に安定する．

訓練誤差と汎化誤差は訓練集合のサイズによって変わる．訓練事例の数が増加しても汎化誤差の予測値が増加することは決してない．ノンパラメトリックモデルでは，最良の誤差が得られるまではデータが多いほど良好な汎化が実現される．最適に至らない容量を持つ固定化されたパラメトリックなモデルはいずれも，ベイズ誤差より大きな誤差の値に漸近する．図5.4にこれを示す．モデルが最適な容量を持っていても，訓練誤差と汎化誤差の差が大きくなる可能性があることに注意が必要である．このような場合は，訓練事例をさらに多く集めることで，その差を減らすことができるかもしれない．

5.2.1　ノーフリーランチ定理

学習理論は，機械学習アルゴリズムは有限の訓練集合からうまく一般化できると主張する．これは論理学の基本原則のいくつかと矛盾しているようである．帰納的推論，もしくは限定的な事例集合からの一般的な規則の推論は，論理的に有効ではない．集合内の全要素を説明する規則を論理的に推論するには，その集合の全要素に関する情報が必要である．

機械学習では，純粋な論理的推論で使われる完全に確実な規則ではなく，確率的な規則のみを提供することによってこの問題を部分的に回避している．機械学習では，関係する集合の**ほとんどの**要素についてほぼ正しい規則の発見が約束される．

残念ながら，これでも問題がすべて解決されるわけではない．機械学習の**ノーフリーランチ定理**（**no free lunch theorem**）(Wolpert, 1996) では，データを生成する分布すべてを平均すると，どの分類アルゴリズムも過去に観測されていない点を分類する際の誤差率は同じになると述べている．言い換えると，ある意味では，他の機械学習アルゴリズムよりも普遍的によいと言える機械学習アルゴリズムは存在しないということになる．考えうる最も高度なアルゴリズムでも，単純にすべての点を同じクラスに属するとする予測と比べても，（存在しうるすべてのタスクに対して）平均すると同じ性能になる．

幸いにも，この結果はデータを生成する**すべての**分布を平均した場合にのみ成立する．現実世界での応用で出現する確率分布の種類に仮定を設けることで，その分布に対してよい性能を発揮する学習アルゴリズムを設計できる．

つまり，機械学習の目標は普遍的な学習アルゴリズムや絶対的に最良の学習アルゴリズムを探し求めることではないということである．その代わりに，人工知能エージェントが経験する「現実世界」に関連のある分布がどのようなものであるか，あるいは対象としたいデータ生成の分布から抽出されるデータに対してよい性能を発揮する機械学習アルゴリズムがどのようなものであるかを理解することが目標である．

5.2.2　正則化

ノーフリーランチ定理は特定のタスクに対してうまく機能する機械学習アルゴリズムを設計しなければならないということを意味している．これは学習アルゴリズムに意図的な設定を組み込むことで実現する．この設定がアルゴリズムに解かせたい学習の問題に適していれば，性能は向上する．

これまで具体的に説明してきた学習アルゴリズムを修正する唯一の方法は，学習アルゴリズムが選択できる解の仮説空間から関数の追加や削除をすることで，モデルの表現容量を増減させることである．回帰問題において多項式の次数を増減させる具体例を示してきた．これまでの説明は単純化しすぎていたと言える．

アルゴリズムの挙動は，その仮説空間に許容される関数群の大きさだけでなく，その関数の独自性によっても強く影響を受ける．これまで見てきた学習アルゴリズムである線形回帰は，その入力の線形関数群から構成される仮説空間を持つ．この線形関数は入力と出力との関係が線形に非常に近い問題に対しては有用である．一方で，非常に非線形な挙動を示す問題に対してはあまり有用ではない．たとえば，x から $\sin(x)$ を予測しようとすると，線形回帰はうまく機能しない．したがって，これらの関数の数を制御するだけではなく，解を導くためにどの関数を選択するかでアルゴリズムの性能を制御できる．

学習アルゴリズムに対して，その仮説空間内のある解を他の解より優先させることも可能である．これはどちらの関数も解ではあるが，その一方が優先されるという意味である．優先されない解は，優先された解よりも訓練データに対してずっとよく適合する場合だけ選ばれることになる．

たとえば，**重み減衰**（weight decay）を含めることで，線形回帰の訓練基準を変更できる．重み減衰を伴う線形回帰を実行するためには，訓練の平均二乗誤差と，小さい二乗 L^2 ノルムを持たせるための重みに対する優先度を示す基準 $J(\boldsymbol{w})$ の両方で構成される和を最小化する．具体的には以下の式で示される．

$$J(\boldsymbol{w}) = \mathrm{MSE}_{\mathrm{train}} + \lambda \boldsymbol{w}^\top \boldsymbol{w}. \tag{5.18}$$

ここで，λ はあらかじめ設定する値であり，小さな重みをどの程度優先するかを制御する．$\lambda = 0$ のときは優先度が設定されず，λ を大きくすると重みは小さくなる．$J(\boldsymbol{w})$ の最小化は訓練データへの適合と自身の大きさを釣り合わせる重みを選択することになる．これによって得られる解は，より小さな勾配を持つか，あるいは少数の特徴量に重みを置くものになる．重み減衰によってモデルが過剰適合や過少適合になる傾向を制御する方法の例として，複数の λ の値を使って高次の多項式回帰モデルを訓練できるということがある．その結果を図5.5に示す．

もっと一般的には，**正則化項**（regularizer）と呼ばれるペナルティをコスト関数に追加することで，関数 $f(\boldsymbol{x};\boldsymbol{\theta})$ を学習するモデルを正則化できる．重み減衰の場合，正則化項は $\Omega(\boldsymbol{w}) = \boldsymbol{w}^\top \boldsymbol{w}$ である．

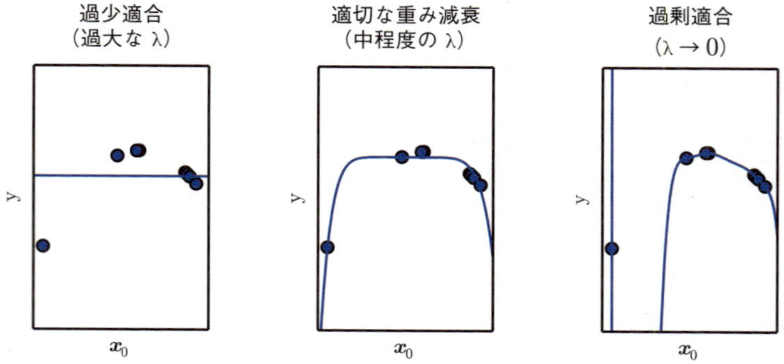

図 5.5: 図5.2に例示した訓練集合に高次の多項式回帰モデルを適合させる．真の関数は 2 次であるが，ここでは 9 次のモデルのみを用いる．高次のモデルの過剰適合を防ぐために，重み減衰の量を変更する．**（左）**非常に大きな λ を使う場合，勾配がまったくない関数をモデルに学習させることができる．これは定数の関数しか表現できないため，過少適合である．**（中央）**λ の値が中程度の場合，学習アルゴリズムは一般的な正しい形状の曲線に戻る．このモデルは，さらに複雑な形状を持つ関数を表現できるが，重み減衰を考慮して，より小さな係数で記述される単純な関数が選択されている．**（右）**重み減衰が 0 に近づく（すなわち，ムーア・ペンローズ擬似逆行列を用いて最低限の正則化で未決定問題を解く）場合，9 次の多項式は図5.2で示したように，著しい過剰適合となる．

7章では，他にも多くの正則化項が利用可能であることを説明する．

モデルの容量を制御する場合に，ある関数を他の関数よりも優先することは，仮説空間に対して要素を追加したり除外したりすることよりも一般的な方法である．仮説空間から関数を除外することは，その関数に対して無限に優先度を下げることであると考えることができる．

重み減衰の例では，最小化する基準の中の追加項として，より小さい重みで定義される線形関数を優先することを明確に表現した．他にも，暗黙的にでも明示的にでも，他の解に対して優先度を表現する方法は数多くある．このようなアプローチをまとめて**正則化**（regularization）と呼ぶ．**正則化は，訓練誤差ではなく，汎化誤差を減少させる目的で学習アルゴリズムに加える変更である．** 正則化は，機械学習分野において大きく注目を集めている点の１つであり，重要性でこれに匹敵するのは最適化だけである．

ノーフリーランチ定理から，最良の機械学習アルゴリズムは存在せず，特に，最良の正則化の形式は存在しないことが明らかである．その代わりに，解きたいタスクに適した正則化の形式を選択する必要がある．一般的に，そして特に本書における深層学習に対する考え方とは，広範囲のタスク（たとえば人々が行うことのできる知的なタスクすべて）が非常に汎用的な形式の正則化によって，すべて効率的に解けるかもしれないというものである．

5.3 ハイパーパラメータと検証集合

ほとんどの機械学習アルゴリズムには，そのアルゴリズムの挙動を制御するための設定値がある．この設定値は**ハイパーパラメータ**（hyperparameters）と呼ばれる．ハイパーパラメータの値は学習アルゴリズムそのものでは調節されない（ただし，ネストした学習手順を設計して，ある学習アルゴリズムが他の学習アルゴリズムに適用できる最適なハイパーパラメータを学習するようにすることは可能である）．

図5.2の多項式回帰の例では，多項式の次数というハイパーパラメータが１つ存在し，**容量**（capacity）のハイパーパラメータとして作用している．重み減衰の強さを制御するために用いられる λ の値は，ハイパーパラメータのもう１つの例である．

設定値を最適化することが難しいことが理由で，学習アルゴリズムが学習できないハイパーパラメータが設定値として選ばれることがある．訓練集合でハイパーパラメータを学習することが適切でないため，設定値がハイパーパラメータでなければならない場合はもっと頻繁にある．

このことは，モデルの容量を制御するすべてのハイパーパラメータに該当する．訓練集合で学習された場合，このようなハイパーパラメータはつねに可能な範囲で最大のモデル容量を選択するので，結果的に過剰適合になる（図5.3を参照）．たとえば，高い次数の多項式と $\lambda = 0$ の重み減衰を用いる方が，低い次数の多項式と正の重み減衰を用いる場合よりも，つねに訓練集合にうまく適合できる．

この問題を解決するためには，訓練アルゴリズムが観察しない**検証集合**（validation set）が必要になる．

学習過程が完了した後で，訓練集合と同一の分布からの事例で構成される訓練集合とは別のテスト集合を使って，学習アルゴリズムの汎化誤差を推定できる方法を説明した．どのような形でも，ハイパーパラメータを含めたモデルに関する選択にテスト事例を用いないことが重要である．このため，テスト集合の事例も検証集合に用いてはならない．したがって，**訓練**データから検証集合が構築される．具体的には，訓練データを 2 つの別々なセットに分割する．分割されたセットの 1 つをパラメータの学習に使用し，他方のセットを検証集合として訓練中または訓練後の汎化誤差の推定に使用して，それに応じてハイパーパラメータを更新できるようにする．パラメータを学習するために使用される方のデータ集合は，訓練過程全体に使われるもっと大きなデータ群と混同されるかもしれないが，通常これも訓練集合と呼ばれる．ハイパーパラメータの選択のために使われる方のデータ集合は検証集合と呼ばれる．通常は，訓練データの約 80% を訓練に，約 20% を検証に用いる．検証集合を使ってハイパーパラメータを「訓練」するので，検証集合の誤差は汎化誤差が過小に評価されるが，通常その度合いは訓練誤差よりも小さくなる．ハイパーパラメータの最適化がすべて完了すると，テスト集合を用いて汎化誤差を推定できるようになる．

実際には，同じテスト集合を長年繰り返し使って別々なアルゴリズムの性能を評価してきたことや，特に，テスト集合について報告された最高の性能を超えることを目指した科学界でのあらゆる試みを振り返ってみると，最終的にはテスト集合に対しても楽観的な評価に落ち着くことになる．したがって，ベンチマークは陳腐化し，訓練されたシステムが実際に使われた場合の真の性能が反映されない．ありがたいことに，科学界は新たな（通常はさらに野心的で大きい）ベンチマーク用のデータ集合に移行していく傾向がある．

5.3.1　交差検証

データ集合を，固定化された訓練集合と固定化されたテスト集合に分割すると，結果的にテスト集合が小さくなった場合に問題が生じる可能性がある．小さなテスト集合は，推定された平均テスト誤差に統計的な不確実性があることを意味し，与えられたタスクにおいてアルゴリズム A がアルゴリズム B よりもよく機能すると主張することが難しくなる．

データ集合内に数十万以上の事例がある場合，これは深刻な問題にはならない．データ集合が小さすぎる場合は，代わりの手順を取ることで，計算コストの増加と引き換えに平均テスト誤差の推定にすべての事例を使用することが可能となる．その手順は，元のデータ集合から無作為に抽出された，部分的もしくは分割されたテストセットに対して訓練とテストの計算を繰り返すという考え方に基づいている．その中で最も一般的なものはアルゴリズム5.1に示す k-分割交差検証法であり，そのためのデータ集合は k 個の重複しない部分的なテストセットに分割される．その後，k 回の試行の平均テスト誤差を計算することでテスト誤差を推定する．i 回目の試行で i 番目の部分テストセットをテスト集合として使用し，残りを訓練集合として使用する．問題点の 1 つは，そのような平均誤差推定量の分散については不偏推定量が存在しないことであるが (Bengio and Grandvalet, 2004)，通常は近似が利用される．

5.4　推定量，バイアス，バリアンス

訓練事例集合に対してだけではなく汎化してタスクを解決するという機械学習の目標を達成するための多くの手段が，統計学の分野より提供されている．パラメータ推定やバイアス，バリアンスといった基礎的な概念は，汎化や過剰適合，過少適合といった概念を形式的にに特徴付けるのに有効である．

Algorithm 5.1 k-分割交差検証アルゴリズム．与えられたデータ集合 $\mathbb{D}$ が単純に訓練/テストもしくは訓練/検証に分割するのに小さすぎると，小さいテスト集合の損失 L の平均値は分散が大きくなりすぎる可能性があるため，正確な汎化誤差の推定値が得られなくなる．その場合は，このアルゴリズムを学習アルゴリズム A の汎化誤差を推定するために使用することができる．データ集合 $\mathbb{D}$ は要素として抽象的な事例 $\boldsymbol{z}^{(i)}$（i 番目の事例）を含む．これは，教師あり学習の場合は（入力変数，目的変数）の組 $\boldsymbol{z}^{(i)} = (\boldsymbol{x}^{(i)}, y^{(i)})$ を，教師なし学習の場合は単に入力のみの $\boldsymbol{z}^{(i)} = \boldsymbol{x}^{(i)}$ を表している．このアルゴリズムは $\mathbb{D}$ の各事例について誤差ベクトル $\boldsymbol{e}$ を返す．その平均が推定汎化誤差である．個々の事例の誤差を用いて平均値の信頼区間を計算することができる（式5.47）．交差検証を実施した後ではこの信頼区間は正当化されない．しかし，アルゴリズム A の誤差の信頼区間がアルゴリズム B の誤差の信頼区間の下側にありかつ交わらない場合に限って，このやり方をアルゴリズム A がアルゴリズム B より優れていると述べるときに使うことは，一般的な慣習である．

Define `KFoldXV`$(\mathbb{D}, A, L, k)$:
Require: 与えられたデータ集合 $\mathbb{D}$ とその要素 $\boldsymbol{z}^{(i)}$
Require: 学習アルゴリズム A，データ集合を入力とし，学習済みの関数を出力とする関数
Require: 損失関数 L，学習済みの関数と事例 $\boldsymbol{z}^{(i)} \in \mathbb{D}$ からスカラー値 $\in \mathbb{R}$ へ変換する関数
Require: 分割数 k
　$\mathbb{D}$ を k 個の互いに排他的な部分テストセット $\mathbb{D}_i$ に分割する．それらの和集合は $\mathbb{D}$
　for i from 1 to k **do**
　　$f_i = A(\mathbb{D} \backslash \mathbb{D}_i)$
　　for $\boldsymbol{z}^{(j)}$ in $\mathbb{D}_i$ **do**
　　　$e_j = L(f_i, \boldsymbol{z}^{(j)})$
　　end for
　end for
　Return $\boldsymbol{e}$

5.4.1　点推定量

点推定は関心のある量について「最良の」予測を1つ提示する試みである．一般的に関心のある量とは，パラメトリックなモデルにおける単一のパラメータやパラメータのベクトルである．これにはたとえば5.1.4節の線形回帰の例における重みがあるが，関数全体でも構わない．

パラメータの推定値とその真の値を区別するために，本書での表記としてパラメータ $\boldsymbol{\theta}$ の点推定を $\hat{\boldsymbol{\theta}}$ で表すことにする．

$\{\boldsymbol{x}^{(1)}, \ldots, \boldsymbol{x}^{(m)}\}$ を m 個の独立同一分布（i.i.d.）のデータ点からなる集合とする．**点推定量**（point estimator）もしくは**統計量**（statistic）は，データの任意の関数である．

$$\hat{\boldsymbol{\theta}}_m = g(\boldsymbol{x}^{(1)}, \ldots, \boldsymbol{x}^{(m)}). \tag{5.19}$$

この定義では g が $\boldsymbol{\theta}$ の真の値に近い値を返す必要はなく，また g の値域が $\boldsymbol{\theta}$ に許容される値の集合と同じであることさえ必要ない．この点推定量の定義は非常に一般的であり，推定量の設計者には多大な柔軟性がもたらされる．したがって，ほとんどすべての関数が推定量として利用可能であるが，良好な推定量は訓練データを生成した真の潜在的な $\boldsymbol{\theta}$ に近い出力を持つ関数である．

現段階では，統計に関して頻度論者の視点に立つ．すなわち，真のパラメータの値 $\boldsymbol{\theta}$ は固定であるが未知であり，点推定 $\hat{\boldsymbol{\theta}}$ はデータの任意の関数であると仮定している．データは確率的な過程から抽出されるため，そのデータの任意の関数はいずれも確率的である．したがって $\hat{\boldsymbol{\theta}}$ は確率変数である．

点推定は入力変数と目的変数の関係の推定であると言うこともできる．このような種類の点推定を関数推定量と呼ぶ．

■関数推定　関数の推定（もしくは関数の近似）をすることに関心がある場合がある．ここでは，入力ベクトル $\boldsymbol{x}$ が与えられたときの変数 $\boldsymbol{y}$ を予測しようとしている．$\boldsymbol{y}$ と $\boldsymbol{x}$ との近似的な関係を記述する関数 $f(\boldsymbol{x})$ があると仮定する．たとえば，$\boldsymbol{y} = f(\boldsymbol{x}) + \boldsymbol{\epsilon}$ を考えたとき，$\boldsymbol{\epsilon}$ が $\boldsymbol{x}$ から予測できない $\boldsymbol{y}$ の部分を表すと仮定してよい．関数推定ではモデルか推定関数 $\hat{f}$ で f を近似したい．関数推定はパラメータ $\boldsymbol{\theta}$ を推定することとまったく同じであり，関数推定量 $\hat{f}$ は関数空間における点推定量にすぎない．（5.1.4節で説明した）線形回帰の例と（5.1.4節で説明した）多項式回帰の例はどちらも，パラメータ $\boldsymbol{w}$ の推定あるいは $\boldsymbol{x}$ を y に写像する関数 $\hat{f}$ の推定であると解釈できる手法の例である．

ここで，点推定量で最もよく研究されている性質を概説し，その性質からこれらの推定量について何がわかるのかを説明する．

5.4.2　バイアス

推定量のバイアスは次式で定義される．

$$\mathrm{bias}(\hat{\boldsymbol{\theta}}_m) = \mathbb{E}(\hat{\boldsymbol{\theta}}_m) - \boldsymbol{\theta}. \tag{5.20}$$

ここで，期待値は（確率変数からのサンプルとみなされる）データに関するもので，$\boldsymbol{\theta}$ はデータを生成する分布を定義するために用いられる $\boldsymbol{\theta}$ の潜在的な真の値である．推定量 $\hat{\boldsymbol{\theta}}_m$ は $\mathrm{bias}(\hat{\boldsymbol{\theta}}_m) = \boldsymbol{0}$ である場合に**不偏**（unbiased）と呼ばれ，$\mathbb{E}(\hat{\boldsymbol{\theta}}_m) = \boldsymbol{\theta}$ であることを意味する．推定量 $\hat{\boldsymbol{\theta}}_m$ は $\lim_{m\to\infty} \mathrm{bias}(\hat{\boldsymbol{\theta}}_m) = \boldsymbol{0}$ である場合に**漸近不偏**（asymptotically unbiased）と呼ばれ，$\lim_{m\to\infty} \mathbb{E}(\hat{\boldsymbol{\theta}}_m) = \boldsymbol{\theta}$ であることを意味する．

■例：ベルヌーイ分布　平均が θ であるベルヌーイ分布に従う，独立同一分布のサンプル集合 $\{x^{(1)}, \ldots, x^{(m)}\}$ を考える．

$$P(x^{(i)}; \theta) = \theta^{x^{(i)}} (1-\theta)^{(1-x^{(i)})}. \tag{5.21}$$

この分布におけるパラメータ θ の一般的な推定量は，訓練サンプルの平均値である．

$$\hat{\theta}_m = \frac{1}{m} \sum_{i=1}^{m} x^{(i)}. \tag{5.22}$$

この推定量に偏りがあるかを判断するために，式5.22を式5.20に代入する．

$$\mathrm{bias}(\hat{\theta}_m) = \mathbb{E}[\hat{\theta}_m] - \theta \tag{5.23}$$

$$= \mathbb{E}\left[\frac{1}{m} \sum_{i=1}^{m} x^{(i)}\right] - \theta \tag{5.24}$$

$$= \frac{1}{m} \sum_{i=1}^{m} \mathbb{E}\left[x^{(i)}\right] - \theta \tag{5.25}$$

$$= \frac{1}{m}\sum_{i=1}^{m}\sum_{x^{(i)}=0}^{1}\left(x^{(i)}\theta^{x^{(i)}}(1-\theta)^{(1-x^{(i)})}\right)-\theta \tag{5.26}$$

$$= \frac{1}{m}\sum_{i=1}^{m}(\theta)-\theta \tag{5.27}$$

$$= \theta-\theta=0. \tag{5.28}$$

$\mathrm{bias}(\hat{\theta})=0$ なので，推定量 $\hat{\theta}$ は不偏である．

■例：平均のガウス分布推定量　ここで，$p(x^{(i)})=\mathcal{N}(x^{(i)};\mu,\sigma^2)$ のときにガウス分布 $i\in\{1,\ldots,m\}$ に従う，独立同一分布のサンプル集合 $\{x^{(1)},\ldots,x^{(m)}\}$ を考える．ガウス確率密度関数は次式で与えられることを思い出してほしい．

$$p(x^{(i)};\mu,\sigma^2)=\frac{1}{\sqrt{2\pi\sigma^2}}\exp\left(-\frac{1}{2}\frac{(x^{(i)}-\mu)^2}{\sigma^2}\right). \tag{5.29}$$

ガウス平均パラメータの一般的な推定量は**サンプル平均**（sample mean）として知られている．

$$\hat{\mu}_m=\frac{1}{m}\sum_{i=1}^{m}x^{(i)} \tag{5.30}$$

サンプル平均のバイアスを決定するために，再びその期待値を計算する．

$$\mathrm{bias}(\hat{\mu}_m)=\mathbb{E}[\hat{\mu}_m]-\mu \tag{5.31}$$

$$=\mathbb{E}\left[\frac{1}{m}\sum_{i=1}^{m}x^{(i)}\right]-\mu \tag{5.32}$$

$$=\left(\frac{1}{m}\sum_{i=1}^{m}\mathbb{E}\left[x^{(i)}\right]\right)-\mu \tag{5.33}$$

$$=\left(\frac{1}{m}\sum_{i=1}^{m}\mu\right)-\mu \tag{5.34}$$

$$=\mu-\mu=0. \tag{5.35}$$

したがってサンプル平均は，ガウス平均パラメータの不偏推定量であることがわかる．

■例：ガウス分布の分散の推定量　この例では，ガウス分布の分散パラメータ σ^2 に関する 2 つの推定量を比較する．どちらかの推定量に偏りがあるかどうかを知りたい．

σ^2 の 1 つ目の推定量は**サンプル分散**（sample variance）として知られている．

$$\hat{\sigma}_m^2=\frac{1}{m}\sum_{i=1}^{m}\left(x^{(i)}-\hat{\mu}_m\right)^2. \tag{5.36}$$

ここで $\hat{\mu}_m$ はサンプル平均である．より形式的には，以下の式を計算したい．

$$\mathrm{bias}(\hat{\sigma}_m^2)=\mathbb{E}[\hat{\sigma}_m^2]-\sigma^2. \tag{5.37}$$

まずは，項 $\mathbb{E}[\hat{\sigma}_m^2]$ の評価から始める．

$$\mathbb{E}[\hat{\sigma}_m^2]=\mathbb{E}\left[\frac{1}{m}\sum_{i=1}^{m}\left(x^{(i)}-\hat{\mu}_m\right)^2\right] \tag{5.38}$$

$$=\frac{m-1}{m}\sigma^2. \tag{5.39}$$

これを式5.37に代入して，$\hat{\sigma}_m^2$ のバイアスは $-\sigma^2/m$ となる．したがって，サンプル分散は偏りのある推定量である．

不偏サンプル分散（unbiased sample variance）推定量は次式で表される．

$$\tilde{\sigma}_m^2 = \frac{1}{m-1}\sum_{i=1}^{m}\left(x^{(i)} - \hat{\mu}_m\right)^2. \tag{5.40}$$

これはもう 1 つのアプローチである．その名前が示すように，この推定量は不偏である．つまり，$\mathbb{E}[\tilde{\sigma}_m^2] = \sigma^2$ であることがわかる．

$$\mathbb{E}[\tilde{\sigma}_m^2] = \mathbb{E}\left[\frac{1}{m-1}\sum_{i=1}^{m}\left(x^{(i)} - \hat{\mu}_m\right)^2\right] \tag{5.41}$$

$$= \frac{m}{m-1}\mathbb{E}[\hat{\sigma}_m^2] \tag{5.42}$$

$$= \frac{m}{m-1}\left(\frac{m-1}{m}\sigma^2\right) \tag{5.43}$$

$$= \sigma^2. \tag{5.44}$$

2 つの推定量があり，一方には偏りがあって，もう一方にはない．不偏推定量の方が明らかに望ましいものであるが，必ずしも「最良の」推定量ではない．以降で説明するように，他の重要な性質を持つ偏りのある推定量を使うことも多い．

5.4.3 分散と標準誤差

推定量で考慮したいもう 1 つの特性は，それがデータサンプルの関数としてどれだけ変化すると予測されるかである．推定量のバイアスを決定するためにその期待値を計算したように，推定量のバリアンスを計算できる．推定量の**バリアンス**（variance）は，単純に以下の分散である．

$$\mathrm{Var}(\hat{\theta}). \tag{5.45}$$

ここで，その確率変数は訓練集合である．また，分散の平方根は**標準誤差**（standard error）と呼ばれ，$\mathrm{SE}(\hat{\theta})$ と表される．

推定量の分散や標準誤差は，潜在的なデータ生成過程からデータ集合を別々に再サンプリングする際に，データから計算した推定量がどのように変化するかを示す尺度を提供する．小さいバイアスを持つ推定量が好ましいのと同様に，比較的小さいバリアンスを持つ推定量も好まれる．

有限のサンプルから統計量を計算する場合，同じ分布から別なサンプルを得ることができればその統計量が変わってしまうという意味では，潜在的な真のパラメータの推定値は不確かなものであると言える．推定量の予測される変動の程度は，定量化したい誤差要因である．

サンプル平均の標準誤差は，以下の式で与えられる．

$$\mathrm{SE}(\hat{\mu}_m) = \sqrt{\mathrm{Var}\left[\frac{1}{m}\sum_{i=1}^{m}x^{(i)}\right]} = \frac{\sigma}{\sqrt{m}}. \tag{5.46}$$

ここで，σ^2 はサンプル x^i の真の分散である．標準誤差は σ の推定値を用いて推定される場合が多い．残念なことに，サンプル分散の平方根や分散の不偏推定量の平方根から標準偏差の不偏推定量は求められない．どちらのアプローチも真の標準偏差を過小に評価する傾向にあるが，実際には今も使用されている．分散の不偏推定量の平方根の方が，過小評価される程度が小さい．m が大きい場合，その近似は非常に妥当なものになる．

サンプル平均の標準誤差は，機械学習の実験において非常に有用である．汎化誤差は，テスト集合の誤差のサンプル平均を計算して推定することが多い．テスト集合内の事例の数で，この推定の精度が決まる．平均値の分布が近似的に正規分布になることを示す中心極限定理を活用すると，標準誤差を用いて任意の選択された間隔に真の期待値が含まれる確率を計算することができる．たとえば，平均 $\hat{\mu}_m$ を中心とする 95% 信頼区間は，平均が $\hat{\mu}_m$，分散が $\mathrm{SE}(\hat{\mu}_m)^2$ である正規分布の下で，以下になる．

$$(\hat{\mu}_m - 1.96\mathrm{SE}(\hat{\mu}_m), \hat{\mu}_m + 1.96\mathrm{SE}(\hat{\mu}_m)). \tag{5.47}$$

一般的に機械学習の実験では，アルゴリズム A の誤差の 95% 信頼区間の上界がアルゴリズム B の誤差の 95% 信頼区間の下界を下回っている場合，アルゴリズム A はアルゴリズム B より優れていると言う．

■例：ベルヌーイ分布　もう一度，ベルヌーイ分布 （$P(x^{(i)};\theta)\theta^{x^{(i)}}(1-\theta)^{(1-x^{(i)})}$ を思い出そう）から独立同一に抽出されるサンプル集合 $\{x^{(1)}, \ldots, x^{(m)}\}$ を考えよう．今回は 推定量 $\hat{\theta}_m = \frac{1}{m}\sum_{i=1}^{m} x^{(i)}$ の分散を計算したい．

$$\mathrm{Var}\left(\hat{\theta}_m\right) = \mathrm{Var}\left(\frac{1}{m}\sum_{i=1}^{m} x^{(i)}\right) \tag{5.48}$$

$$= \frac{1}{m^2}\sum_{i=1}^{m} \mathrm{Var}\left(x^{(i)}\right) \tag{5.49}$$

$$= \frac{1}{m^2}\sum_{i=1}^{m} \theta(1-\theta) \tag{5.50}$$

$$= \frac{1}{m^2} m\theta(1-\theta) \tag{5.51}$$

$$= \frac{1}{m}\theta(1-\theta). \tag{5.52}$$

推定量の分散はデータ集合内の事例数 m の関数として減少する．これはよく使われる推定量に共通の特性であり，一致性について説明する際に改めて取り上げる（5.4.5節を参照）．

5.4.4　平均二乗誤差を最小化するためのバイアスとバリアンスとのトレードオフ

バイアスとバリアンスは推定量の誤差を生じる 2 つの発生源を測定する．バイアスは，関数やパラメータの真の値からの期待偏差を測定する．一方でバリアンスは，データのサンプル化の方法に起因すると考えられる期待推定値からの偏差を測定する．

一方の推定量はバイアスが大きく，もう一方はバリアンスが大きい 2 つの推定量から選択できる場合はどうなるだろうか．どのような選択をしたらよいだろうか．たとえば，図5.2に示された関数を近似すると仮定し，大きなバイアスを持つモデルと大きなバリアンスを持つモデルの 2 つからしか選択できないとする．どのような選択をしたらよいだろうか．

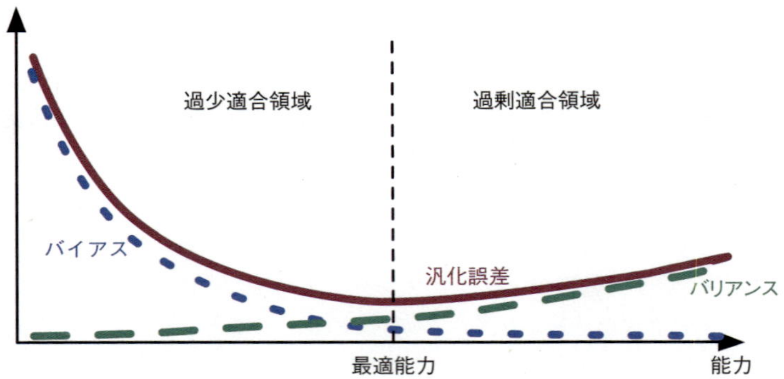

図 5.6: 容量（x 軸）が増加するにつれて，バイアス（点線）が減少してバリアンス（破線）が増加する傾向にあり，汎化誤差（太い曲線）の U 字型曲線がもう 1 つできる．1 つの軸に沿って容量を変えることで最適な容量が得られ，容量がこの最適値を下回ると過少適合になり，上回ると過剰適合になる．この関係は5.2節や図5.3で説明した，容量，過少適合，過剰適合の間の関係に似ている．

このトレードオフを解決する最も一般的な方法は，交差検証を使用することである．経験上，交差検証は現実世界の数多くのタスクにおいて非常に成功している．これに代えて，推定量の**平均二乗誤差**（mean squared error，MSE）を比較することもできる．

$$\mathrm{MSE} = \mathbb{E}[(\hat{\theta}_m - \theta)^2] \tag{5.53}$$

$$= \mathrm{Bias}(\hat{\theta}_m)^2 + \mathrm{Var}(\hat{\theta}_m). \tag{5.54}$$

平均二乗誤差は，パラメータ θ の推定量と真の値の間の全体として期待される偏差を二乗誤差という意味で測定する．式5.54から明らかなように，平均二乗誤差の評価にはバイアスとバリアンスの両方が組み込まれている．望ましい推定量とは平均二乗誤差が小さな推定量であり，バイアスとバリアンスの両方をある程度抑えるような推定量である．

バイアスとバリアンスとの関係は，容量や過少適合，過剰適合という機械学習の概念と密接に関係している．汎化誤差が MSE によって測定される（バイアスとバリアンスが汎化誤差に有意義な構成要素である）場合，容量を増加させることでバリアンスを増加させ，バイアスを減少させる傾向を生じさせる．これは図5.6に示してあり，容量の関数としての U 字型曲線の汎化誤差を改めて見ることになる．

5.4.5　一致性

ここまで固定サイズの訓練集合におけるさまざまな推定量の特性について説明してきた．通常は訓練データの量が増える場合の推定量の挙動にも注意が必要である．特に，通常はデータ集合内のデータポイント数 m の数が増えるにつれて，点推定量は対応するパラメータの真の値に収束することが望ましい．正式には，次式のようになってほしい．

$$\mathrm{plim}_{m\to\infty}\hat{\theta}_m = \theta. \tag{5.55}$$

記号 plim は確率の収束を示し，任意の $\epsilon > 0$ に対して，$m \to \infty$ となる場合に $P(|\hat{\theta}_m - \theta| > \epsilon) \to 0$ であることを意味する．式5.55で表される条件は**一致性**（consistency）として知られている．これは弱一致性と呼ばれることもあり，強一致性は $\hat{\theta}$ から θ への**概**（almost sure）収束と呼ばれることもあ

る．$p(\lim_{m\to\infty} \mathbf{x}^{(m)} = \boldsymbol{x}) = 1$ のときに，確率変数列 $\mathbf{x}^{(1)}, \mathbf{x}^{(2)}, \ldots$ の値は $\boldsymbol{x}$ に**概収束**（almost sure convergence）する．

一致性によって，推定量によって引き起こされるバイアスはデータ事例の数が増加するにつれて減少することが保証される．しかしながら，その逆は真ではなく，漸近的な不偏性は一致性を意味しない．たとえば，m 個のサンプル $\{x^{(1)}, \ldots, x^{(m)}\}$ を含むデータ集合があるときに，正規分布 $\mathcal{N}(x;\mu,\sigma^2)$ の平均パラメータ μ を推定することを考える．最初のサンプル $x^{(1)}$ を不偏推定量として使用することとして，$\hat{\theta} = x^{(1)}$ である．この場合，$\mathbb{E}(\hat{\theta}_m) = \theta$ となるので，データ点の数にかかわらず推定量は不偏である．これは当然ながら推定が漸近的に不偏であることを意味する．しかしながら，$m \to \infty$ の場合に $\hat{\theta}_m \to \theta$ ではないため，これは一致推定量ではない．

5.5 最尤推定

これまで，一般的な推定量の定義を説明し，その特性を分析してきた．しかし，このような推定量はどこから生じるものなのだろうか．ある関数がよい推定量になると考えて，そのバイアスとバリアンスを分析するよりも，よい推定量となる関数をモデルごとに導出できる原則を把握しておきたい．

そのような原則の中で最も一般的なものが最尤法である．

真であるが未知のデータ生成分布 $p_{\text{data}}(\mathbf{x})$ から独立に抽出された m 個の事例集合 $\mathbb{X} = \{\boldsymbol{x}^{(1)}, \ldots, \boldsymbol{x}^{(m)}\}$ を考えよう．

$p_{\text{model}}(\mathbf{x};\boldsymbol{\theta})$ は，$\boldsymbol{\theta}$ でインデックスが付けられた同一空間上の確率分布のパラメトリックな集合とする．言い換えれば，$p_{\text{model}}(\boldsymbol{x};\boldsymbol{\theta})$ は任意の $\boldsymbol{x}$ の構成を真の確率 $p_{\text{data}}(\boldsymbol{x})$ を推定する実数に写像する．

すると，$\boldsymbol{\theta}$ の最尤推定量は以下の式で定義される．

$$\boldsymbol{\theta}_{\text{ML}} = \arg\max_{\boldsymbol{\theta}} p_{\text{model}}(\mathbb{X};\boldsymbol{\theta}) \tag{5.56}$$

$$= \arg\max_{\boldsymbol{\theta}} \prod_{i=1}^{m} p_{\text{model}}(\boldsymbol{x}^{(i)};\boldsymbol{\theta}). \tag{5.57}$$

この多数の確率の積はさまざまな理由で不便である．たとえば，数値上のアンダーフローが発生しやすい．もっと便利で等価な最適化問題とするために，この尤度の対数を取っても arg max は変化しないが，都合のよいことに，積を和に変換できることに注目する．

$$\boldsymbol{\theta}_{\text{ML}} = \arg\max_{\boldsymbol{\theta}} \sum_{i=1}^{m} \log p_{\text{model}}(\boldsymbol{x}^{(i)};\boldsymbol{\theta}). \tag{5.58}$$

再びコスト関数のスケーリングをしても arg max は変化しないので，m で割ることで基準の変形ができて，それは訓練データによって定義される経験分布 $\hat{p}_{\text{data}}$ の期待値で表現される．

$$\boldsymbol{\theta}_{\text{ML}} = \arg\max_{\boldsymbol{\theta}} \mathbb{E}_{\mathbf{x}\sim\hat{p}_{\text{data}}} \log p_{\text{model}}(\boldsymbol{x};\boldsymbol{\theta}). \tag{5.59}$$

最尤推定を解釈する方法の１つとして，最尤推定は訓練集合で定義される経験分布 $\hat{p}_{\text{data}}$ とモデル分布の間の差を最小化するとみなす方法がある．このとき，この２つの分布の間の差は，KL ダイバージェンスで測定する．KL ダイバージェンスは以下の式で与えられる．

$$D_{\text{KL}}\left(\hat{p}_{\text{data}} \| p_{\text{model}}\right) = \mathbb{E}_{\mathbf{x}\sim\hat{p}_{\text{data}}}\left[\log \hat{p}_{\text{data}}(\boldsymbol{x}) - \log p_{\text{model}}(\boldsymbol{x})\right]. \tag{5.60}$$

左側の項はデータ生成過程のみの関数であり，モデルの関数ではない．したがって，KL ダイバージェンスを最小化するようモデルを訓練するとき，単に以下を最小化するだけでよい．

$$-\mathbb{E}_{\mathbf{x}\sim\hat{p}_{\text{data}}}\left[\log p_{\text{model}}(\boldsymbol{x})\right]. \tag{5.61}$$

これは当然ながら，式5.59の最大化と同じになる．

このKL ダイバージェンスの最小化は，まさに分布間の交差エントロピーの最小化に対応する．ベルヌーイ分布やソフトマックス分布の負の対数尤度を具体的に特定することを表現するために，多くの書籍で「交差エントロピー」という語が使われているが，それは不適切な使い方である．負の対数尤度から構成される損失はすべて，訓練集合によって定義される経験分布とモデルによって定義される確率分布の間の交差エントロピーである．たとえば，平均二乗誤差は経験分布とガウスモデルの間の交差エントロピーである．

したがって，最尤法はモデルの分布を経験分布 $\hat{p}_{\text{data}}$ に一致させる試みとみなすことができる．理想的には真のデータ生成分布 p_{data} に一致させたいが，この分布を直接扱うことはできない．

尤度を最大化するかKL ダイバージェンスを最小化するかにかかわらず，最適な $\boldsymbol{\theta}$ は同じである一方で，目的関数の値は異なる．ソフトウェアに関しては，どちらの場合もコスト関数の最小化と表現されることが多い．したがって，最尤法は負の対数尤度（NLL）の最小化であり，また交差エントロピーの最小化とも等価である．最尤法をKL ダイバージェンスの最小化とみなす観点は，KL ダイバージェンスの既知の最小値が0なので，この場合には有用である．負の対数尤度は，$\boldsymbol{x}$ が実数の場合には，実際に負になる可能性がある．

5.5.1　条件付き対数尤度と平均二乗誤差

最尤推定量は，与えられた $\mathbf{x}$ から $\mathbf{y}$ を予測するために条件付き確率 $P(\mathbf{y}\mid\mathbf{x};\boldsymbol{\theta})$ を推定する目的で，容易に一般化できる．これは実際には最も一般的な状況で，それは最尤推定量がほとんどの教師あり学習の基礎となっているからである．$\boldsymbol{X}$ がすべての入力を表し，$\boldsymbol{Y}$ が観測されたすべての目的変数を表す場合，条件付き最尤推定量は以下の式で表される．

$$\boldsymbol{\theta}_{\text{ML}} = \arg\max_{\boldsymbol{\theta}} P(\boldsymbol{Y}\mid\boldsymbol{X};\boldsymbol{\theta}). \tag{5.62}$$

ここでの事例がi.i.d. であると仮定すると，これは以下の式に分解できる．

$$\boldsymbol{\theta}_{\text{ML}} = \arg\max_{\boldsymbol{\theta}} \sum_{i=1}^{m} \log P(\boldsymbol{y}^{(i)}\mid\boldsymbol{x}^{(i)};\boldsymbol{\theta}). \tag{5.63}$$

■例：最尤法としての線形回帰　5.1.4節で説明した線形回帰は，最尤法の手順として正当性を説明できる可能性がある．これまでは，入力 $\boldsymbol{x}$ から出力値 $\hat{y}$ を生成することを学習するアルゴリズムとして，線形回帰を推奨した．$\boldsymbol{x}$ から $\hat{y}$ への写像は平均二乗誤差を最小化するように選択されるが，これは多かれ少なかれ任意に導入される基準である．ここで，最尤推定という観点から線形回帰を再考する．ここではモデルが単一の予測 $\hat{y}$ を生成するものではなく，条件付き確率 $p(y\mid\boldsymbol{x})$ を生成するものと考える．無限に大きな訓練集合では，同じ入力値 $\boldsymbol{x}$ に対して y の値が異なる訓練事例が見つかる可能性があると考えられる．学習アルゴリズムの目的は，分布 $p(y\mid\boldsymbol{x})$ を $\boldsymbol{x}$ と対応するすべての y に適合させることである．以前得られたものと同じ線形回帰アルゴリズムを導出するために，$p(y\mid\boldsymbol{x}) = \mathcal{N}(y;\hat{y}(\boldsymbol{x};\boldsymbol{w}),\sigma^2)$

を定義する．関数 $\hat{y}(\boldsymbol{x};\boldsymbol{w})$ は，ガウス分布の平均の予測である．この例では，その分散は利用者が選択したある定数 σ^2 に固定されていると仮定する．この $p(y \mid \boldsymbol{x})$ の関数形式の選択によって，以前開発したものと同じ学習アルゴリズムを生み出すための最尤推定の手順であることがわかる．事例が i.i.d. であると仮定しているので，条件付き対数尤度（式5.63）は以下の式で与えられる．

$$\sum_{i=1}^{m} \log p(y^{(i)} \mid \boldsymbol{x}^{(i)};\boldsymbol{\theta}) \tag{5.64}$$

$$= -m\log\sigma - \frac{m}{2}\log(2\pi) - \sum_{i=1}^{m} \frac{\left\|\hat{y}^{(i)} - y^{(i)}\right\|^2}{2\sigma^2}. \tag{5.65}$$

ここで，$\hat{y}^{(i)}$ は i 番目の入力 $\boldsymbol{x}^{(i)}$ に対する線形回帰出力であり，m は訓練事例の数である．対数尤度と次式の平均二乗誤差を比較する．

$$\mathrm{MSE}_{\mathrm{train}} = \frac{1}{m}\sum_{i=1}^{m} ||\hat{y}^{(i)} - y^{(i)}||^2. \tag{5.66}$$

すると，$\boldsymbol{w}$ に関して対数尤度を最大化すると平均二乗誤差を最小化する場合と同じパラメータの推定量 $\boldsymbol{w}$ が得られることがただちにわかる．この 2 つの基準は異なる値を持つが，最適の位置は同じになる．これは，最尤推定の手順として最小二乗誤差が使用できることの正当性を説明している．以下で説明するように，最尤推定量には望ましい特性がいくつかある．

5.5.2 最尤法の特性

最尤推定量の主な魅力は，事例の数が $m \to \infty$ になる場合に，m の増加に伴う収束率という観点から，漸近的に最良の推定量となることが示される点である．

適切な条件の下で，最尤推定量は一致性の性質（5.4.5節参照）を持つ．これはつまり，訓練事例の数が無限に増えるにつれて，パラメータの最尤推定量がそのパラメータの真の値に収束するということを意味する．その条件は以下のとおりである．

- 真の分布 p_{data} がモデル集合 $p_{\mathrm{model}}(\cdot;\boldsymbol{\theta})$ の内部に存在しなければならない．そうでない場合，p_{data} を再生できる推定量は存在しない．
- 真の分布 p_{data} がちょうど 1 つの $\boldsymbol{\theta}$ の値に対応していなければならない．そうでない場合，最尤法は正確な p_{data} を再生できるが，データ生成過程において使用された $\boldsymbol{\theta}$ の値を特定できない．

最尤推定量の他にも帰納的な原理があり，その多くは一致推定量であるという性質を共有している．しかしながら，一致推定量は**統計的有効性**（statistical efficiency）が異なる可能性がある．これは，ある一致推定量は他の一致推定量に比べ，数が m 個に固定されたサンプルに対する汎化誤差がより小さくなりうるということ，それと同様に，一定の水準の汎化誤差を得るために必要となる事例数が少なくなりうるということを意味する．

通常，統計的有効性は，（線形回帰のような）**パラメトリックの場合**（parametric case）で調べることができる．その場合の目的は，関数の値ではなく，パラメータの値（真のパラメータを決定できると仮定）を推定することである．

真のパラメータにどれだけ近づいたかを測定する方法に平均二乗誤差の期待値があり，パラメータの推定値と真の値の間の二乗誤差を計算する．この場合，期待値はデータ生成分布からの m 個の訓練サンプルに対するものである．このパラメトリックな平均二乗誤差は m の増加に伴って減少し，m が大きい場合，クラメール・ラオの下限 (Rao, 1945; Cramér, 1946) は最尤推定量より小さな平均二乗誤差を持つような一致推定量は存在しないことを示している．

このような（一致性と有効性の）理由から，最尤法は機械学習において好ましい推定量と考えられる場合が多い．事例の数が過剰適合の挙動を生じるほど少ない場合，重み減衰のような汎化戦略を使用すると，訓練データが限られている場合にバリアンスがさらに小さいバイアス付きの最大尤度が得られる．

5.6 ベイズ統計

ここまでは，**頻度論統計**（frequentist statistics）と，1 つの値 $\boldsymbol{\theta}$ を推定した後，その推定値に基づいてすべての予測を行う手法について説明してきた．もう 1 つの手法は，予測を行う際に $\boldsymbol{\theta}$ の取りうる値すべてを考慮するものである．後者は**ベイズ統計**（Bayesian statistics）の領域である．

5.4.1節で論じたように，頻度論の観点では真のパラメータの値 $\boldsymbol{\theta}$ は固定だが未知であるのに対し，その点推定 $\hat{\boldsymbol{\theta}}$ は，それが（確率的とみなされる）データ集合の関数であるという理由から，確率変数である．

統計に対するベイズ論の観点はまったく異なる．ベイズ論では，確率を使って知識の状態の確からしさを反映する．データ集合は直接観測できるため，確率的ではない．一方，真のパラメータ $\boldsymbol{\theta}$ は未知もしくは不確定であるため，確率変数として表現される．

データを観察する前に，**事前確率分布**（prior probability distribution），$p(\boldsymbol{\theta})$（単に「事前分布」と呼ばれることもある）を用いて $\boldsymbol{\theta}$ に関する知識を表現する．一般的に，機械学習の専門家は，非常に広い（すなわち高いエントロピーを持つ）事前分布を選択して，データを観察する前に，$\boldsymbol{\theta}$ の値が非常に不確かであることを反映させる．たとえば，$\boldsymbol{\theta}$ が有限の範囲もしくは体積の中にあり，一様分布に従うと**先験的に**（*a priori*）仮定する．事前分布の多くは，代わりに（もっと小さい係数や定数に近い関数といった）「より単純な」解への優先度を反映する．

ここに，データサンプル集合 $\{x^{(1)}, \dots, x^{(m)}\}$ があるとする．ベイズの定理を用いてデータの尤度 $p(x^{(1)}, \dots, x^{(m)} \mid \boldsymbol{\theta})$ と事前分布とを結合することで，$\boldsymbol{\theta}$ についての信念に関するデータの影響を回復させられる．

$$p(\boldsymbol{\theta} \mid x^{(1)}, \dots, x^{(m)}) = \frac{p(x^{(1)}, \dots, x^{(m)} \mid \boldsymbol{\theta}) p(\boldsymbol{\theta})}{p(x^{(1)}, \dots, x^{(m)})}. \tag{5.67}$$

一般的にベイズ推定が使われる場面では，事前分布は比較的高いエントロピーを持つ一様分布もしくはガウス分布から始まり，通常は，データの観察によって事後分布はエントロピーを失い，いくつかの可能性の高いパラメータの値の周りに集中する．

最尤推定と比較して，ベイズ推定には重要な違いが 2 点ある．第 1 に，$\boldsymbol{\theta}$ の点推定を用いて予測を行う最尤法とは異なり，ベイズ法では $\boldsymbol{\theta}$ についての全分布を用いて予測を行う．たとえば，m 個の事例を観察した後，次のデータサンプル $x^{(m+1)}$ の予測される分布は以下の式で与えられる．

$$p(x^{(m+1)} \mid x^{(1)}, \dots, x^{(m)}) = \int p(x^{(m+1)} \mid \boldsymbol{\theta}) p(\boldsymbol{\theta} \mid x^{(1)}, \dots, x^{(m)})\, d\boldsymbol{\theta}. \tag{5.68}$$

ここで正の確率密度を持つ $\boldsymbol{\theta}$ の値はそれぞれ次の事例の予測に寄与するが，その寄与度は事後密度そのものによって重み付けされている．$\{x^{(1)}, \dots, x^{(m)}\}$ を観察した後で，まだ $\boldsymbol{\theta}$ の値が不確かな場合，この不確実性はどの予測にも直接組み込まれる．

5.4節では，与えられた点推定量 $\boldsymbol{\theta}$ の不確からしさが，その分散の評価によって頻度論的アプローチでどのように扱われるかを説明した．推定量の分散は，観察したデータを違った形のサンプリングに変更した場合に推定量がどう変わるかを示すものである．推定量の不確からしさにどう対処するかという問いに対するベイズ論での答えは，単純にその上で積分することであり，それは過剰適合を防ぐのに十分役立つ．もちろんその統合は確率法則の適用にすぎず，ベイズ論的アプローチの正当性を主張するのは簡単である一方，推定量を構築する頻度論的なメカニズムは，点推定量を1つ持つデータ集合に含まれる知識のすべてを要約するという，ややこの目的に限定された判断に基づいている．

ベイズ論的推定法と最尤法の間の重要な違いの2つ目は，ベイズ事前分布の寄与である．ベイズ事前分布は，**先験的**に優先されるパラメータ空間の領域に向けて確率質量密度を移動させることで影響を与える．実際，ベイズ事前分布は，単純あるいは滑らかなモデルの方を優先することが多い．ベイズ論的アプローチを批判する人々は，ベイズ事前分布が人間の主観的な判断の源であり，それが予測に影響を与えると考えている．

一般的にベイズ法は，使用可能な訓練データが限られている方が非常に良好に汎化されるが，訓練事例の数が多い場合は計算コストが高くなってしまう．

■例：ベイズ線形回帰　ここでは線形回帰のパラメータを学習するベイズ推定手法を考える．線形回帰では，入力ベクトル $\boldsymbol{x} \in \mathbb{R}^n$ の線形写像を学習し，スカラー値 $y \in \mathbb{R}$ を予測する．この予測はベクトル $\boldsymbol{w} \in \mathbb{R}^n$ を使ってパラメータ化される．

$$\hat{y} = \boldsymbol{w}^\top \boldsymbol{x}. \tag{5.69}$$

m 個の訓練サンプル $(\boldsymbol{X}^{(\text{train})}, \boldsymbol{y}^{(\text{train})})$ が与えられたとき，訓練集合全体における y の予測は以下の式で表現できる．

$$\hat{\boldsymbol{y}}^{(\text{train})} = \boldsymbol{X}^{(\text{train})} \boldsymbol{w}. \tag{5.70}$$

これを $\boldsymbol{y}^{(\text{train})}$ における条件付きガウス分布で表現すると，以下の式を得る．

$$p(\boldsymbol{y}^{(\text{train})} \mid \boldsymbol{X}^{(\text{train})}, \boldsymbol{w}) = \mathcal{N}(\boldsymbol{y}^{(\text{train})}; \boldsymbol{X}^{(\text{train})}\boldsymbol{w}, \boldsymbol{I}) \tag{5.71}$$

$$\propto \exp\left(-\frac{1}{2}(\boldsymbol{y}^{(\text{train})} - \boldsymbol{X}^{(\text{train})}\boldsymbol{w})^\top (\boldsymbol{y}^{(\text{train})} - \boldsymbol{X}^{(\text{train})}\boldsymbol{w})\right). \tag{5.72}$$

これは，y のガウス分散が1であると仮定した場合の標準的な平均二乗誤差の形式に基づいている．これ以降，表現を簡潔にするために $(\boldsymbol{X}^{(\text{train})}, \boldsymbol{y}^{(\text{train})})$ を単純に $(\boldsymbol{X}, \boldsymbol{y})$ と表記する．

モデルのパラメータベクトル $\boldsymbol{w}$ の事後分布を決定するためには，まず事前分布を指定する必要がある．事前分布はこのパラメータの値に関する単純な信念を反映していなければならない．モデルパラメータに関する事前分布の信念を表現することは難しい，もしくは不自然な場合があるが，実際には $\boldsymbol{\theta}$ に関するかなり広範囲の分布を仮定し，高い不確からしさを表現する．実数のパラメータの場合，事前分布としてガウス分布を使うことが一般的である．

$$p(\boldsymbol{w}) = \mathcal{N}(\boldsymbol{w}; \boldsymbol{\mu}_0, \boldsymbol{\Lambda}_0) \propto \exp\left(-\frac{1}{2}(\boldsymbol{w} - \boldsymbol{\mu}_0)^\top \boldsymbol{\Lambda}_0^{-1} (\boldsymbol{w} - \boldsymbol{\mu}_0)\right). \tag{5.73}$$

ここで，$\boldsymbol{\mu}_0$ と $\boldsymbol{\Lambda}_0$ はそれぞれ事前分布平均ベクトルと共分散行列である[*1]．

[*1] 特別な共分散構造を仮定する理由がなければ，通常は対角共分散行列 $\boldsymbol{\Lambda}_0 = \text{diag}(\boldsymbol{\lambda}_0)$ を仮定する．

このように指定された事前分布を用いて，モデルパラメータの**事後**（posterior）分布を決定できるようになる．

$$p(\boldsymbol{w} \mid \boldsymbol{X}, \boldsymbol{y}) \propto p(\boldsymbol{y} \mid \boldsymbol{X}, \boldsymbol{w}) p(\boldsymbol{w}) \tag{5.74}$$

$$\propto \exp\left(-\frac{1}{2}(\boldsymbol{y} - \boldsymbol{X}\boldsymbol{w})^\top (\boldsymbol{y} - \boldsymbol{X}\boldsymbol{w})\right) \exp\left(-\frac{1}{2}(\boldsymbol{w} - \boldsymbol{\mu}_0)^\top \boldsymbol{\Lambda}_0^{-1} (\boldsymbol{w} - \boldsymbol{\mu}_0)\right) \tag{5.75}$$

$$\propto \exp\left(-\frac{1}{2}\left(-2\boldsymbol{y}^\top \boldsymbol{X}\boldsymbol{w} + \boldsymbol{w}^\top \boldsymbol{X}^\top \boldsymbol{X}\boldsymbol{w} + \boldsymbol{w}^\top \boldsymbol{\Lambda}_0^{-1} \boldsymbol{w} - 2\boldsymbol{\mu}_0^\top \boldsymbol{\Lambda}_0^{-1} \boldsymbol{w}\right)\right). \tag{5.76}$$

ここで $\boldsymbol{\Lambda}_m = \left(\boldsymbol{X}^\top \boldsymbol{X} + \boldsymbol{\Lambda}_0^{-1}\right)^{-1}$ と $\boldsymbol{\mu}_m = \boldsymbol{\Lambda}_m \left(\boldsymbol{X}^\top \boldsymbol{y} + \boldsymbol{\Lambda}_0^{-1} \boldsymbol{\mu}_0\right)$ を定義する．この新しい変数を用いて，事後分布をガウス分布に書き換えることができる．

$$p(\boldsymbol{w} \mid \boldsymbol{X}, \boldsymbol{y}) \propto \exp\left(-\frac{1}{2}(\boldsymbol{w} - \boldsymbol{\mu}_m)^\top \boldsymbol{\Lambda}_m^{-1} (\boldsymbol{w} - \boldsymbol{\mu}_m) + \frac{1}{2}\boldsymbol{\mu}_m^\top \boldsymbol{\Lambda}_m^{-1} \boldsymbol{\mu}_m\right) \tag{5.77}$$

$$\propto \exp\left(-\frac{1}{2}(\boldsymbol{w} - \boldsymbol{\mu}_m)^\top \boldsymbol{\Lambda}_m^{-1} (\boldsymbol{w} - \boldsymbol{\mu}_m)\right). \tag{5.78}$$

パラメータベクトル $\boldsymbol{w}$ を含まない項はすべて省略されているが，これは積分が 1 になるように分布が正規化される必要があるという事実を示している．式3.23は，多変量ガウス分布を正規化する方法を示している．

この事後分布を調べることで，ベイズ推論の効果についての感触が得られる．ほとんどの場合，$\boldsymbol{\mu}_0$ を $\boldsymbol{0}$ に設定する．$\boldsymbol{\Lambda}_0 = \frac{1}{\alpha}\boldsymbol{I}$ と設定した場合，μ_m から得られる $\boldsymbol{w}$ の推定量は重み減衰ペナルティ $\alpha\boldsymbol{w}^\top\boldsymbol{w}$ を持つ頻度論の線形回帰と同じになる．その違いの 1 つは，α が 0 に設定されるとベイズ推定が定義できない，すなわち，無限に広範な $\boldsymbol{w}$ の事前分布を持つベイズ学習過程は実行できないという点である．さらに重要な違いは，ベイズ推定は共分散行列を提供して $\boldsymbol{w}$ の値すべてがどれだけの尤度を持つかを示していて，推定量 μ_m だけを提示するわけではないということである．

5.6.1　最大事後確率（MAP）推定

最も理にかなったアプローチは，パラメータ $\boldsymbol{\theta}$ の完全なベイズ事後分布を用いて予測を行うことであるが，それでも点推定を行うことが望ましい場合が多い．

点推定量が望ましい一般的な理由の 1 つは，対象にしたいモデルのベイズ事後分布に関する処理が難しい場合がほとんどである一方で，点推定量では扱いやすい近似が提供されるからである．単純に最尤推定量を再び利用しなくても，事前分布が点推定量の選択に影響を及ぼすことで，引き続きベイズ推定アプローチの利点をある程度享受できる．これを行う合理的な方法の 1 つは，**最大事後確率**（maximum a posteriori，MAP）点推定を選択することである．MAP 推定では，最大事後確率（もしくは，連続値 $\boldsymbol{\theta}$ を扱うもっと一般的な場合は最大確率密度）を与える点を選択する．

$$\boldsymbol{\theta}_{\mathrm{MAP}} = \arg\max_{\boldsymbol{\theta}} p(\boldsymbol{\theta} \mid \boldsymbol{x}) = \arg\max_{\boldsymbol{\theta}} \log p(\boldsymbol{x} \mid \boldsymbol{\theta}) + \log p(\boldsymbol{\theta}). \tag{5.79}$$

右辺には $\log p(\boldsymbol{x} \mid \boldsymbol{\theta})$，すなわち標準対数尤度の項と，事前分布に対応する項 $\log p(\boldsymbol{\theta})$ があることがわかる．

例として，重み $\boldsymbol{w}$ に対するガウス事前分布を持つ線形回帰モデルを考える．この事前分布が $\mathcal{N}(\boldsymbol{w}; \boldsymbol{0}, \frac{1}{\lambda}\boldsymbol{I}^2)$ で与えられる場合，式5.79の対数事前分布の項は，おなじみの重み減衰ペナルティ

$\lambda \boldsymbol{w}^\top \boldsymbol{w}$ に比例し，さらに，$\boldsymbol{w}$ に依存せず学習過程に影響を与えない項を加えたものになる．したがって，重みに対するガウス事前分布を持つ MAP ベイズ推定は重み減衰に相当する．

完全ベイズ推定の場合と同様に，MAP ベイズ推定は訓練データ内には見つからない情報を事前分布を持ち込むことで活用できるという利点がある．この追加情報は（最尤推定と比較して）MAP 点推定のバリアンスを減少させるのに役立つ．しかし，それにはバイアスの増大という代償が伴う．

重み減衰を使って正則化される最尤推定学習のように，正則化を伴う推定の戦略の多くは，ベイズ推論に対して MAP 近似を行うものと解釈できる．この視点が適用されるのは，正則化によって $\log p(\boldsymbol{\theta})$ に対応する目的関数に新たな項が追加される場合である．すべての正則化ペナルティが MAP ベイズ推定に対応するわけではない．たとえば，正則化項の中には確率分布の対数でないものがある．またデータに依存する正則化項もあるが，この場合当然ながら，事前確率分布はデータに依存しない．

MAP ベイズ推定は，複雑ではあるが解釈しやすい正則化項を設計するためのわかりやすい手法を提供する．たとえば，単一のガウス分布ではなく混合ガウス分布を事前分布として使用することで，さらに複雑な正則化項が導かれる (Nowlan and Hinton, 1992).

5.7 教師あり学習アルゴリズム

5.1.3節で説明したように，大まかに言えば，教師あり学習アルゴリズムは訓練集合の入力 $\boldsymbol{x}$ と出力 $\boldsymbol{y}$ が与えられた場合に，その入力と出力を関連付けることを学習するアルゴリズムであることを思い出してほしい．出力 $\boldsymbol{y}$ を自動的に収集することが難しいため，人間の「教師」がそれを与えなければならない場合が多いが，訓練集合の目的変数が自動的に収集される場合でも，この用語が用いられる．

5.7.1 確率的教師あり学習

本書の教師あり学習アルゴリズムのほとんどは，確率分布 $p(y \mid \boldsymbol{x})$ の推定に基づいている．パラメトリックな分布群 $p(y \mid \boldsymbol{x};\boldsymbol{\theta})$ の最良のパラメータベクトル $\boldsymbol{\theta}$ は，単純に最尤推定を用いることで求められる．

これまでに線形回帰が以下の分布群に対応していることを見てきた．

$$p(y \mid \boldsymbol{x};\boldsymbol{\theta}) = \mathcal{N}(y;\boldsymbol{\theta}^\top \boldsymbol{x}, \boldsymbol{I}). \tag{5.80}$$

別の確率分布群を定義することで，線形回帰を分類のシナリオへと一般化できる．クラス 0 とクラス 1 の 2 つのクラスがある場合，そのうちの 1 つの確率を特定するだけでよい．2 つの値の和が 1 でなければならないため，クラス 1 の確率がわかればクラス 0 の確率が決まる．

線形回帰に用いた実数値に対する正規分布は，その平均でパラメータ化されている．この平均にはどのような値が与えられても有効である．二項変数に関する分布は，その平均がつねに 0 と 1 との間でなければならないため，さらに少し複雑である．この問題を解く場合，ロジスティックシグモイド関数を使って，線形関数の出力を区間 (0, 1) の範囲に押し込み，その値を確率と解釈することも可能である．

$$p(y = 1 \mid \boldsymbol{x};\boldsymbol{\theta}) = \sigma(\boldsymbol{\theta}^\top \boldsymbol{x}). \tag{5.81}$$

このアプローチは**ロジスティック回帰**（**logistic regression**）として知られている．（モデルを回帰ではなく分類に使用しているので，この名称は少し奇妙である．）

線形回帰の場合は正規方程式を解くことで最適な重みが求められた．ロジスティック回帰ではやや難しくなる．最適な重みを求めるための閉形式の解が存在しないのである．代わりに，対数尤度を最大化して探索しなければならない．これは勾配降下法を用いて負の対数尤度を最小化すれば実行できる．

これと同じ戦略は，適切な入力変数と出力変数に対するパラメトリックな条件付き確率分布群を記録することで，本質的にあらゆる教師あり学習問題に適用できる．

5.7.2　サポートベクトルマシン

教師あり学習に最も影響力のあるアプローチに，サポートベクトルマシンがある (Boser *et al.*, 1992; Cortes and Vapnik, 1995)．このモデルは，線形関数 $\boldsymbol{w}^\top \boldsymbol{x} + b$ で決定されるという点で，ロジスティック回帰に似ている． ロジスティック回帰と異なり，サポートベクトルマシンは確率ではなく，クラス識別情報のみを出力する．$\boldsymbol{w}^\top \boldsymbol{x} + b$ が正のとき，サポートベクトルマシンは正のクラスが存在すると予測する．同様に，$\boldsymbol{w}^\top \boldsymbol{x} + b$ が負のときは，負のクラスが存在すると予測する．

サポートベクトルマシンにおける重要な革新の 1 つは**カーネルトリック**（kernel trick）である．カーネルトリックは，機械学習アルゴリズムの多くが事例の間の内積でもっぱら記述できることを観察することで構成される．たとえば，これはサポートベクトルマシンで用いられる線形関数が以下の式で書けることから示される．

$$\boldsymbol{w}^\top \boldsymbol{x} + b = b + \sum_{i=1}^{m} \alpha_i \boldsymbol{x}^\top \boldsymbol{x}^{(i)}. \tag{5.82}$$

ここで $\boldsymbol{x}^{(i)}$ は訓練事例であり，$\boldsymbol{\alpha}$ は係数のベクトルである．このように学習アルゴリズムを書き換えることで，$\boldsymbol{x}$ は与えられた特徴量関数 $\phi(\boldsymbol{x})$ の出力に，内積は**カーネル**（kernel）と呼ばれる関数 $k(\boldsymbol{x}, \boldsymbol{x}^{(i)}) = \phi(\boldsymbol{x}) \cdot \phi(\boldsymbol{x}^{(i)})$ に置き換えることができる．$\cdot$ 演算子は $\phi(\boldsymbol{x})^\top \phi(\boldsymbol{x}^{(i)})$ に相当する内積を表す．特徴量空間の中にはベクトルの内積をそのまま使用できないものがある．無限次元空間では別な形の内積を用いる必要があり，それはたとえば総和ではなく積分に基づく内積である．このような内積についてすべて説明することは，本書の対象とする範囲を超えている．

内積からカーネルを使った評価に置き換えた後で，以下の関数を用いて予測を実行できる．

$$f(\boldsymbol{x}) = b + \sum_{i} \alpha_i k(\boldsymbol{x}, \boldsymbol{x}^{(i)}). \tag{5.83}$$

この関数は $\boldsymbol{x}$ に関して非線形であるが，$\phi(\boldsymbol{x})$ と $f(\boldsymbol{x})$ との関係は線形である．また，$\boldsymbol{\alpha}$ と $f(\boldsymbol{x})$ との関係も線形である．カーネルに基づく関数は，すべての入力に $\phi(\boldsymbol{x})$ を適用してデータを前処理し，新しく変換された空間で線形モデルを学習させることとまったく同じである．

カーネルトリックは 2 つの理由で強力である．1 つ目の理由は，効率的に収束することが保証された凸最適化手法を用いて，$\boldsymbol{x}$ の関数として非線形なモデルを学習させることが可能になることである．これが可能なのは，ϕ を固定と考えて $\boldsymbol{\alpha}$ のみを最適化するからである．すなわち，最適化アルゴリズムから見ると，別な空間では決定関数が線形になるからである．2 つ目の理由は，カーネル関数 k は，$\phi(\boldsymbol{x})$ のベクトル 2 つを単純に構成して明示的にそれらの内積を取るよりも，計算上かなり効率のよい実装が許容されることが多いということである．

$\phi(\boldsymbol{x})$ が無限次元となってもよい場合があり，そのとき結果として，単純で明示的なアプローチでは無限の計算コストがかかってしまう．多くの場合，$\phi(\boldsymbol{x})$ が扱いにくい場合でも $k(\boldsymbol{x}, \boldsymbol{x}')$ は非線形で扱いやすい $\boldsymbol{x}$ の関数である．扱いやすいカーネルを持つ無限次元の特徴量空間の例として，非負の整数 x

に関する特徴量写像 $\phi(x)$ を構成する．この写像によって x 個の 1 とそれに続く無限に多くの 0 が返されると仮定すると，対応する無限次元の内積と厳密に等価なカーネル関数 $k(x, x^{(i)}) = \min(x, x^{(i)})$ を記述できる．

最も一般的に使用されるカーネルは**ガウスカーネル**（Gaussian kernel）である．

$$k(\boldsymbol{u}, \boldsymbol{v}) = \mathcal{N}(\boldsymbol{u} - \boldsymbol{v}; 0, \sigma^2 \boldsymbol{I}). \tag{5.84}$$

ここで $\mathcal{N}(\boldsymbol{x}; \boldsymbol{\mu}, \boldsymbol{\Sigma})$ は標準正規密度である．このカーネルは**動径基底関数**（radial basis function，RBF）カーネルとしても知られている．その理由は，その値が $\boldsymbol{u}$ 空間の中の $\boldsymbol{u}$ から放射状に外側へ伸びる線に沿って減少するからである．ガウシアンカーネルは無限次元空間の内積に対応するが，その空間の導出は，例示した整数に対する min のカーネルほど単純ではない．

ガウシアンカーネルは，ある種の**テンプレートマッチング**（template matching）を実行するものと考えることができる．訓練ラベル y と関連付けられた訓練事例 $\boldsymbol{x}$ は，クラス y のテンプレートとなる．テスト点 $\boldsymbol{x}'$ がユークリッド距離で $\boldsymbol{x}$ と近いとき，ガウシアンカーネルは大きく反応し，$\boldsymbol{x}'$ がテンプレート $\boldsymbol{x}$ と非常に近いことを示す．その後，モデルとしては関連付けられた訓練ラベル y の重みを大きくする．全体として，このような訓練ラベルは対応する訓練事例の類似度で重み付けされ，それが予測において組み合わされる．

カーネルトリックを用いて改良できるアルゴリズムはサポートベクトルマシンだけではない．他にも多くの線形モデルが，この方法で改良できる．カーネルトリックを採用したアルゴリズムは，**カーネルマシン**（kernel machines）もしくは**カーネル法**（kernel methods）として知られている (Williams and Rasmussen, 1996; Schölkopf *et al.*, 1999)．

カーネルマシンの主な欠点は，決定関数を評価するためのコストが訓練事例の数に対して線形になることである．なぜなら，i 番目の事例が $\alpha_i k(\boldsymbol{x}, \boldsymbol{x}^{(i)})$ 項を決定関数に追加することになるからである．サポートベクトルマシンでは，要素の大部分が 0 のベクトル $\boldsymbol{\alpha}$ を学習することでこれを軽減することができる．その後，新たな事例の分類には，0 でない α_i を持つ訓練事例についてだけカーネル関数を評価すればよい．このような訓練事例は**サポートベクトル**（support vectors）として知られている．

カーネルマシンでも，データ集合が大きいと訓練の計算コストが高くなってしまう．この点については，5.9節で再考する．一般的なカーネルを持つカーネルマシンは，良好な汎化が難しい．その理由は5.11節で説明する．深層学習の現在の形は，このようなカーネルマシンの限界を克服するように設計されている．現在の深層学習のルネサンスは，MNIST ベンチマークにおいてニューラルネットの性能が RBF カーネル SVM を上回る可能性があることをHinton *et al.* (2006) らが示したことから始まった．

5.7.3 その他の単純な教師あり学習アルゴリズム

確率的でないもう 1 つの教師あり学習アルゴリズムがすでに登場している．それは最近傍回帰である．もっと一般的に言えば，k 近傍法は分類や回帰に使用できる技法の集合である．ノンパラメトリックな学習アルゴリズムとして k 近傍法ではパラメータの数が固定されている必要はない．通常，k 近傍法アルゴリズムはパラメータを持つとは考えず，訓練データの単純な関数を実装していると考える．実際には，訓練段階や学習過程さえもない．その代わりに，テストの段階で新たなテスト入力 $\boldsymbol{x}$ に対する出力 y を生成したいとき，訓練データ $\boldsymbol{X}$ 内の $\boldsymbol{x}$ の最近傍の事例を k 個見つける．その後，訓練集合の対応する y の値の平均を返す．この方法は本質的には，y の平均を定義できるならば，どの教師あり学習にも使える．分類の場合，$c_y = 1$ かつ他のすべての i の値に対して $c_i = 0$ となる one-hot コードベクトル $\boldsymbol{c}$ の平均を取ることができる．その後，この one-hot コードの平均を，クラスに対する確率分布を与えるものと解釈することができる．ノンパラメトリックな学習アルゴリズムとして，k 近傍法は非常に高い容量を実現する．たとえば，複数クラスの間での分類タスクがあり，その性能を 0-1 損失で評価するとする．この条件の下で 1 近傍法は，訓練事例の数が無限に増えるにつれてベイズ誤差の 2 倍に収束する．ベイズ誤差を超えるこの誤差は，等距離にある近傍の間のつながりを無作為に切断して，近傍を 1 つだけ選択することで生じる．訓練データが無限にある場合，すべてのテスト点 $\boldsymbol{x}$ には距離が 0 となる訓練集合の近傍が無数に存在することになる．その近傍から無作為に 1 つを選択するのではなく，すべての近傍をこのアルゴリズムで使用できるなら，この処理はベイズ誤差率に収束する．k 近傍法の高い容量によって，大きな訓練集合が与えられると高い精度が得られるようになる．しかし，そのために計算コストが高くなり，小さく有限の訓練集合が与えられる場合は非常に悪い汎化になるかもしれない．k 近傍法の弱点の 1 つに，ある特徴量が別の特徴量よりも特徴的であるとは学習できないことがある．たとえば，等方性ガウス分布から抽出される $\boldsymbol{x} \in \mathbb{R}^{100}$ の回帰タスクを考える．ただし，変数 x_1 のみが出力と関連するものとする，さらに，この特徴量が単純に出力を直接符号化し，すべての場合で $y = x_1$ とすると，最近傍回帰ではこの単純なパターンを検出できない．ほとんどの点 $\boldsymbol{x}$ の最近傍は，唯一の特徴量 x_1 からではなく，x_2 から x_{100} まである多数の特徴量によって決定される．したがって本質的には，少ない訓練集合に対する出力はランダムになる．

同じく入力空間を複数領域に分割し領域ごとに個別のパラメータを持つ他の学習アルゴリズムとして，**決定木**（**decision tree**）(Breiman *et al.*, 1984) とその多くの変形がある．図5.7に示すように，決定木の各ノードは入力空間内の 1 つの領域に関連付けられ，内部ノードは（通常は軸に沿った分割によって）そのノードの子ノードごとに 1 つずつの小区域に分割する．このように，空間は重複部分のない領域に細分化され，葉ノードと入力領域との間には 1 対 1 の対応関係がある．通常，それぞれの葉ノードは入力領域内のすべての点を同じ出力に写像する．普通，決定木は特殊なアルゴリズムで訓練されるが，それは本書の対象とする範囲を超える．実際に決定木は，それをパラメトリックなモデルに変えるサイズの制約で正則化されるが，任意のサイズの木を学習することが許容される場合，その学習アルゴリズムはノンパラメトリックであると考えることができる．それぞれのノード内で軸に沿った分割と定数出力を持った典型的に用いられる決定木は，ロジスティック回帰でも解決できるような簡単な問題の解決にも苦労する．たとえば，2 つのクラスの問題があり，$x_2 > x_1$ で必ず正のクラスが発生する場合，決定境界は軸に沿ったものにならない．したがって，決定木には多数のノードで決定境界を近似して軸に沿ったステップで真の決定関数を定常的に行き来するステップ関数の実装が必要になる．

これまで見てきたように，最近傍予測器や決定木には多くの制約がある．しかし，計算資源に制限がある場合には有効な学習アルゴリズムである．また，洗練されたアルゴリズムと k 近傍法や決定木の基本の間の類似点や相違点を考えることで，もっと洗練された学習アルゴリズムの着想を得ることもできる．

従来の教師あり学習アルゴリズムについて，さらに資料が必要な場合は，Murphy (2012) やBishop (2006)，Hastie *et al.* (2001) などの機械学習の教科書を参照されたい．

5.8　教師なし学習アルゴリズム

5.1.3節で説明したように，教師なし学習アルゴリズムは「特徴量」だけを経験し教師信号は経験しないアルゴリズムである．教師あり学習アルゴリズムと教師なし学習アルゴリズムの違いは，正式かつ厳

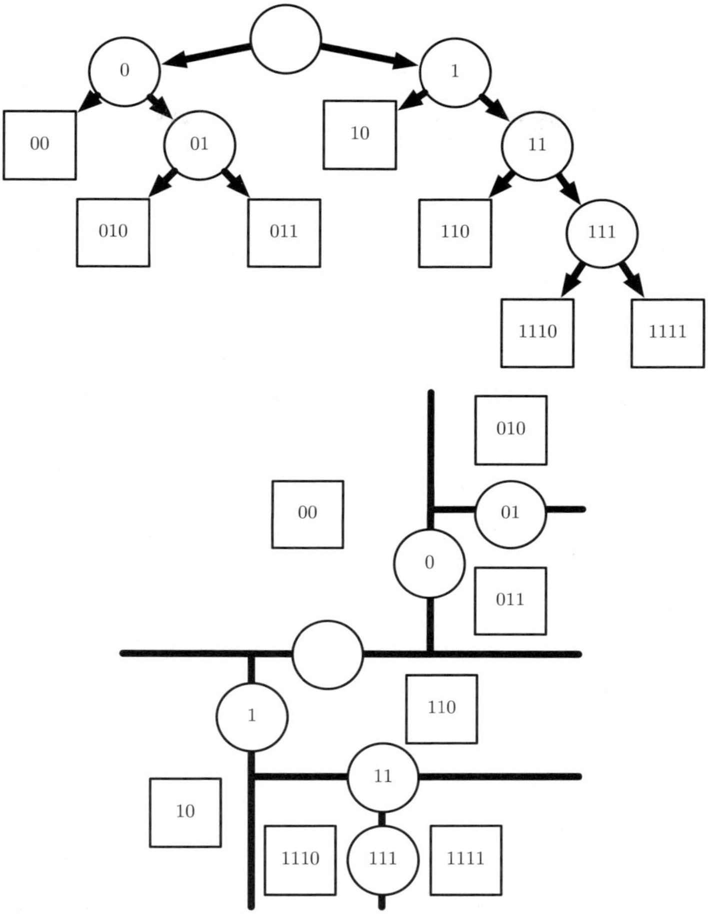

図 **5.7:** 決定木の働きを説明する図．（上）木の各ノードが入力事例を左の子ノード（0）と右の子ノード（1）のどちらに送信するかを選択する．内部ノードは円で，葉ノードは四角形で示す．各ノードは，木の中での位置に対応する二値文字列の識別子付きで表示される．これは親の識別子に 1 ビット（0 = 左か上を選択，1 = 右か下を選択）を付加することで得られる，（下）木によって空間が領域に分割されている．この 2 次元平面は，決定木がどのように $\mathbb{R}^2$ を分割するかを示している．木のノードはこの平面にプロットされ，各内部ノードは事例の分類に用いる分割線に沿って描かれ，葉ノードは，それが受け取る事例の領域の中心に描かれている．結果は区分的に定数になる関数であり，区分は葉ごとに 1 つある．それぞれの葉には定義のために少なくとも 1 つの訓練事例を必要とするので，決定木は訓練事例の数よりも多くの極大値を持つ関数を学習することができない．

格には定義されていない．それは，ある値が特徴量であるか教師によって提供される目的変数であるかを区別する客観的なテストが存在しないからである．形式張らなければ，教師なし学習とは，人手で注釈を付けることを必要としない分布から情報を抽出しようとする試みを指す．通常，この用語は密度推定や分布からサンプルを抽出することの学習，分布からのデータのノイズ除去の学習，データが近くに存在する多様体の発見，あるいは関連する事例グループへのデータのクラスタリングと関連付けられている．

古典的な教師なし学習のタスクは，データの「最良の」表現を発見することである．「最良」はさまざまな意味を持つが，一般的に言えば，$\boldsymbol{x}$ そのものより**単純な**，あるいは理解しやすい表現を保持することを目的としたペナルティや制約に従いながらも，$\boldsymbol{x}$ について可能な限り多くの情報を保持する表現を探すことである．

より単純な表現を定義する方法は複数ある．最も一般的に使われる 3 つの表現は，より低次元な表現，疎な表現，独立した表現である．低次元な表現では，表現を小さくするために，x についての情報を可能な限り圧縮する．疎な表現 (Barlow, 1989; Olshausen and Field, 1996; Hinton and Ghahramani, 1997) は，ほとんどの入力に対して要素のほとんどが 0 になる表現にデータ集合を埋め込む．疎な表現を使う場合，表現がほとんど 0 になっても余分な情報は捨ててしまわないように，一般的に表現の次元を増やすことが必要となる．その結果，表現空間の軸に沿ってデータが分布する傾向がある表現の全体的な構造が得られる．独立した表現は，表現の次元が統計的に独立になるように，データ分布の潜在的な変動の要因を**ひもとく**．

もちろん，これら 3 つの基準は互いに排他的なものではないことは確かである．低次元な表現は元の高次元なデータよりも依存性が少ないもしくは弱い成分を生成することが多い．これは，表現のサイズを減らす方法の 1 つとして，冗長性を発見して除去しているからである．識別して除去する冗長度が増えれば，次元削減アルゴリズムは情報を必要以上に破棄せずに，さらなる圧縮を達成できる．

表現の概念は深層学習の中心的なテーマの 1 つであり，したがって本書の中心的なテーマの 1 つである．本章では，表現学習アルゴリズムの簡単な例をいくつか展開する．同時に，そのアルゴリズムの例で上記 3 つの基準すべてを操作可能にする方法を示す．以下の章のほとんどでは，上記の基準を別な方法で発展させる，あるいは他の基準を導入する表現学習アルゴリズムをさらに紹介する．

5.8.1　主成分分析

2.12節では，主成分分析アルゴリズムでデータを圧縮する手段が提供されることを説明した．また，主成分分析はデータ表現を学習する教師なし学習アルゴリズムとみなすこともできる．この表現は，上記の単純な表現に関する 2 つの基準に基づくものである．主成分分析は，元の入力よりも次元が低い表現を学習する．また，成分が互いに線形な相関を持たない表現を学習する．これは，成分が統計的に独立な表現を学習するという基準に向けた第一歩である．完全な独立を達成するには，表現学習アルゴリズムが変数間の非線形な関係性を除去することも必要になる．

図5.8に示すように，主成分分析は入力 $\boldsymbol{x}$ を表現 $\boldsymbol{z}$ に射影するデータの直交かつ線形の変換を学習する．2.12節では，元のデータを（平均二乗誤差という意味で）最もよく再構成する 1 次元表現を学習できて，この表現が実際にそのデータの第 1 主成分に対応することがわかった．したがって，主成分分析は，（再び，最小二乗再構成誤差で測定されるとして）できる限り多くの情報を保存する単純かつ効果的な次元削減手法として使用できる．これ以降では，主成分分析の表現がどのように元データ $\boldsymbol{X}$ との相関を減少させていくかを調べていく．

$m \times n$ の計画行列 $\boldsymbol{X}$ を考えよう．そのデータの平均は 0，すなわち $\mathbb{E}[\boldsymbol{x}] = \boldsymbol{0}$ と仮定する．もしそうでない場合は，前処理の段階ですべての事例から平均を引くことで，データの平均を簡単に 0 にすることができる．

$\boldsymbol{X}$ に関連付けられたバイアスのないサンプル共分散行列は，以下の式で与えられる．

$$\mathrm{Var}[\boldsymbol{x}] = \frac{1}{m-1}\boldsymbol{X}^\top \boldsymbol{X}. \tag{5.85}$$

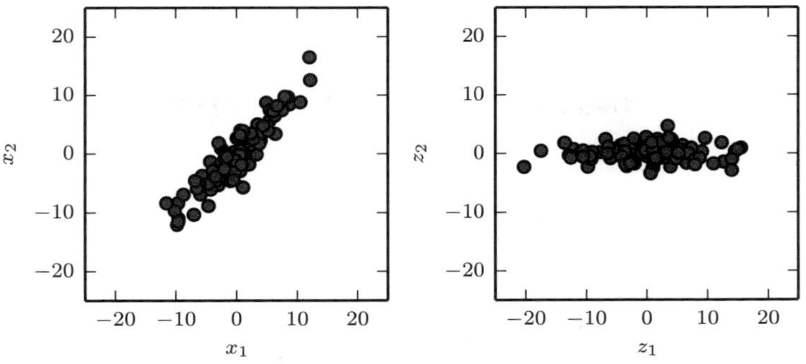

図 **5.8:** 主成分分析は新たな空間の軸で分散が最大となる方向に沿って線形射影を学習する．（**左**）元のデータは $\boldsymbol{x}$ のサンプルで構成されている．この空間では，軸に沿っていない方向で分散が発生する可能性がある．（**右**）変換されたデータ $\boldsymbol{z} = \boldsymbol{x}^\top \boldsymbol{W}$ では，すでに z_1 軸に沿った変化が最大になっている．2 番目に大きな分散の方向は z_2 に沿っている．

主成分分析では（線形変換を介して）表現 $\boldsymbol{z} = \boldsymbol{x}^\top \boldsymbol{W}$ が求められる．ここで $\mathrm{Var}[\boldsymbol{z}]$ は対角化されている．

2.12節では，計画行列 $\boldsymbol{X}$ の主成分が $\boldsymbol{X}^\top \boldsymbol{X}$ の固有ベクトルによって与えられることがわかった．この観点から次式が成り立つ．

$$\boldsymbol{X}^\top \boldsymbol{X} = \boldsymbol{W} \boldsymbol{\Lambda} \boldsymbol{W}^\top. \tag{5.86}$$

本章では，主成分を別な方法で導出する．主成分は特異値分解（SVD）によっても得られる．具体的には，主成分は $\boldsymbol{X}$ の右特異ベクトルである．これを示すために，$\boldsymbol{X} = \boldsymbol{U} \boldsymbol{\Sigma} \boldsymbol{W}^\top$ と分解したときの右特異ベクトルを $\boldsymbol{W}$ とする．そして，固有ベクトルからなる基底として $\boldsymbol{W}$ を用い，元の固有ベクトル方程式を復元する．

$$\boldsymbol{X}^\top \boldsymbol{X} = \left(\boldsymbol{U} \boldsymbol{\Sigma} \boldsymbol{W}^\top\right)^\top \boldsymbol{U} \boldsymbol{\Sigma} \boldsymbol{W}^\top = \boldsymbol{W} \boldsymbol{\Sigma}^2 \boldsymbol{W}^\top. \tag{5.87}$$

特異値分解は，主成分分析が対角化された $\mathrm{Var}[z]$ になることを示すのに役立つ．$\boldsymbol{X}$ の特異値分解を用いて，$\boldsymbol{X}$ の分散を以下のように表すことができる．

$$\mathrm{Var}[\boldsymbol{x}] = \frac{1}{m-1} \boldsymbol{X}^\top \boldsymbol{X} \tag{5.88}$$

$$= \frac{1}{m-1} (\boldsymbol{U} \boldsymbol{\Sigma} \boldsymbol{W}^\top)^\top \boldsymbol{U} \boldsymbol{\Sigma} \boldsymbol{W}^\top \tag{5.89}$$

$$= \frac{1}{m-1} \boldsymbol{W} \boldsymbol{\Sigma}^\top \boldsymbol{U}^\top \boldsymbol{U} \boldsymbol{\Sigma} \boldsymbol{W}^\top \tag{5.90}$$

$$= \frac{1}{m-1} \boldsymbol{W} \boldsymbol{\Sigma}^2 \boldsymbol{W}^\top. \tag{5.91}$$

ここで，特異値分解の行列 $\boldsymbol{U}$ が直交するように定義されているので，$\boldsymbol{U}^\top \boldsymbol{U} = \boldsymbol{I}$ であるという事実を用いている．これは $\boldsymbol{z}$ の共分散が必要に応じて対角化されていることを示している．

$$\mathrm{Var}[\boldsymbol{z}] = \frac{1}{m-1} \boldsymbol{Z}^\top \boldsymbol{Z} \tag{5.92}$$

$$= \frac{1}{m-1} \boldsymbol{W}^\top \boldsymbol{X}^\top \boldsymbol{X} \boldsymbol{W} \tag{5.93}$$

$$= \frac{1}{m-1} \boldsymbol{W}^\top \boldsymbol{W} \boldsymbol{\Sigma}^2 \boldsymbol{W}^\top \boldsymbol{W} \tag{5.94}$$

$$= \frac{1}{m-1} \boldsymbol{\Sigma}^2. \tag{5.95}$$

ここでは再び特異値分解の定義から，$\boldsymbol{W}^\top \boldsymbol{W} = \boldsymbol{I}$ という事実を用いている．

上記の分析は，線形変換 $\boldsymbol{W}$ でデータ $\boldsymbol{x}$ を $\boldsymbol{z}$ へ射影すると，得られる表現は，（$\boldsymbol{\Sigma}^2$ で与えられる）対角化された共分散行列を有することを示している．これは直接的に $\boldsymbol{z}$ の個々の表現が互いに無相関であることを意味する．

データを互いに無相関な成分を持つ表現に変換する主成分分析の能力は，非常に重要な特性である．これはデータの根底にある**未知の変動要因の解消**を試みる表現の簡単な例である．主成分分析の場合，この解消は，分散の主軸が $\boldsymbol{z}$ と関連付けられた新たな表現空間の基底に沿うような（$\boldsymbol{W}$ で記述される）入力空間の回転を発見するという形になる．

相関はデータの成分間の依存関係を示す重要なカテゴリであるが，もっと複雑な形の特徴量の依存関係を解消する表現も学習させたい．そのためには，単純な線形変換でできる以上のことが必要になる．

5.8.2　k 平均クラスタリング

単純な表現学習アルゴリズムのもう 1 つの例は，k 平均クラスタリングである．k 平均クラスタリングのアルゴリズムは，互いに近接する訓練集合を集めて k 個のクラスタに分割する．したがって，このアルゴリズムは，入力 $\boldsymbol{x}$ を表現する k 次元の one-hot コードベクトル $\boldsymbol{h}$ を与えるものと考えられる．$\boldsymbol{x}$ がクラスタ i に属する場合は $h_i = 1$ であり，表現 $\boldsymbol{h}$ のそれ以外の項目はすべて 0 である．

k 平均クラスタリングによって提供される one-hot コードは疎な表現の一例である．なぜなら，どの入力に対してもその成分の大部分が 0 だからである．後ほど，もっと柔軟な疎な表現を学習する別なアルゴリズムを展開する．このとき，それぞれの入力 $\boldsymbol{x}$ に対し 0 でない成分が複数存在する．one-hot コードは疎な表現の極端な例で，分散表現の利点の多くを失っている．それでも one-hot コードは統計的な利点（同一クラスタ内の事例はすべて互いに類似しているという考えが自然に伝わる）があり，表現全体を 1 つの整数で捉えられるという計算上の利点もある．

k 平均アルゴリズムは，k 個のセントロイド $\{\boldsymbol{\mu}^{(1)}, \ldots, \boldsymbol{\mu}^{(k)}\}$ をそれぞれ別な値に初期化し，2 つのステップを交互に行うことで収束させるように動作する．1 つのステップでは，各訓練事例がクラスタ i に割り当てられる．この i は最も近いセントロイド $\boldsymbol{\mu}^{(i)}$ のインデックスである．もう 1 つのステップは，各セントロイド $\boldsymbol{\mu}^{(i)}$ をクラスタ i に割り当てられたすべての訓練事例 $\boldsymbol{x}^{(j)}$ の平均に更新する．

クラスタリングに関する難点の 1 つは，データのクラスタリングが現実世界にどの程度よく対応しているかを測定する基準が 1 つも存在しないという意味で，クラスタリングは本質的に不良に設定された問題であるという点である．クラスタのセントロイドからそのクラスタの要素へのユークリッド距離の平均のように，クラスタリングの特性を測定することができる．これによって，クラスタの割り当てから訓練データをどれだけうまく再構築できるかがわかる．クラスタの割り当てが現実世界の特性にどれだけよく対応しているかはわからない．さらには，現実世界のある特性にすべてよく対応しているクラスタリングが多数存在する可能性もある．ある 1 つの特徴に関連するクラスタリングを発見したいと望んでも，対象とするタスクに関係はないが，同様に有効な別のクラスタリングが得られる可能性がある．たとえば，赤いトラックの画像，赤い乗用車の画像，灰色のトラックの画像，灰色の乗用車の画像で構成されるデータ集合に対して 2 つのクラスタリングアルゴリズムを実行するとする．それぞれのクラスタリングアルゴリズムで，クラスタを2つ見つけさせると，一方のアルゴリズムは乗用車のクラスタとトラックのクラスタを発見し，もう一方のアルゴリズムは赤い車両と灰色の車両のクラスタを発見するかもしれない．クラスタの数を決定できる3つ目のクラスタリングアルゴリズムも実行すると想定する．この場合は事例を，赤いトラック，赤い乗用車，灰色のトラック，灰色の乗用車という4つのクラスタに割り当てることができる．この新たなクラスタリングは，少なくとも両方の属性に関する情報を捉えているが，類似性に関する情報を失ってしまっている．赤い乗用車は，灰色のトラックとは別のクラスタに含まれるが，それと同様に灰色の乗用車とも別なクラスタに含まれる．このクラスタリングアルゴリズムの出力からは，赤い乗用車が灰色のトラックより灰色の乗用車に近いということがわからない．赤い乗用車はどちらとも違うものであるということだけがわかるのである．

このような課題から，one-hot 表現よりも分散表現が好まれる理由がいくつか明らかになる．分散表現は車両ごとに2つの属性を持つことができた．1つは色を表現し，もう1つは車両が乗用車かトラックかを表現する．最適な分散表現が何であるかは依然として完全には明らかではないが（学習アルゴリズムは，対象となる2つの属性がメーカーと年数ではなく，色と乗用車かトラックかということであると，どのように知ることができるだろうか），多くの属性を持たせることで，対象とする属性が何かを推測するアルゴリズムの負荷を軽減し，単に1つの属性が適合するかをテストする代わりに多くの属性を比較する詳細な方法で，物体の間の類似性を測定できるようになる．

5.9 確率的勾配降下法

ほとんどすべての深層学習は，**確率的勾配降下法**（stochastic gradient descent，SGD）と呼ばれる非常に重要なアルゴリズムで動作している．確率的勾配降下法は，4.3節で紹介した勾配降下法を拡張したものである．

機械学習で繰り返し生じる問題は，良好な汎化のためには大きな訓練集合が必要であるが，大きな訓練集合では計算量も増大してしまうという点である．

機械学習アルゴリズムで用いられるコスト関数は，事例ごとの損失関数の訓練事例の和に分解されることが多い．たとえば，訓練データの負の条件付き対数尤度は以下のように書ける．

$$J(\boldsymbol{\theta}) = \mathbb{E}_{\mathbf{x},\mathrm{y}\sim\hat{p}_{\mathrm{data}}} L(\boldsymbol{x}, y, \boldsymbol{\theta}) = \frac{1}{m}\sum_{i=1}^{m} L(\boldsymbol{x}^{(i)}, y^{(i)}, \boldsymbol{\theta}). \tag{5.96}$$

ここで L は事例ごとの損失 $L(\boldsymbol{x}, y, \boldsymbol{\theta}) = -\log p(y \mid \boldsymbol{x}; \boldsymbol{\theta})$ である．

この加算型のコスト関数においては，勾配降下法は以下の式を計算する必要がある．

$$\nabla_{\boldsymbol{\theta}} J(\boldsymbol{\theta}) = \frac{1}{m}\sum_{i=1}^{m} \nabla_{\boldsymbol{\theta}} L(\boldsymbol{x}^{(i)}, y^{(i)}, \boldsymbol{\theta}). \tag{5.97}$$

この演算の計算コストは $O(m)$ である．訓練集合の事例の数が数十億へと増加するにつれて，1回の勾配ステップにかかる時間は極めて長くなってしまう．

SGD からわかるのは，勾配が期待値であるということである．この期待値は小さなサンプルセットを使って近似的に推定できる．具体的には，アルゴリズムの各ステップにおいて，訓練集合から一様に抽出されるサンプルの**ミニバッチ**（minibatch）$\mathbb{B} = \{\boldsymbol{x}^{(1)}, \ldots, \boldsymbol{x}^{(m')}\}$ をサンプリングできる．通常，ミニバッチのサイズ m' は，1から数百までの比較的少ない事例数となるように選ばれる．重要なことは，通常訓練集合のサイズ m が大きくなっても m' は固定されたままであるということである．数百の事例だけを使って計算された更新を用いて，数十億の事例を含む訓練集合を適合させることができる．

勾配の推定値は，ミニバッチ $\mathbb{B}$ の事例を用いて以下のように構成される．

$$\boldsymbol{g} = \frac{1}{m'} \nabla_{\boldsymbol{\theta}} \sum_{i=1}^{m'} L(\boldsymbol{x}^{(i)}, y^{(i)}, \boldsymbol{\theta}). \tag{5.98}$$

その後，確率的勾配降下法は推定された勾配を下る方向に進む．

$$\boldsymbol{\theta} \leftarrow \boldsymbol{\theta} - \epsilon \boldsymbol{g}. \tag{5.99}$$

ただし ϵ は学習率である．

勾配降下法は，処理時間がかかって信頼できないものとみなされることが多かった．以前は，非凸最適化問題に勾配降下法を適用することは無謀あるいは節操のないものとみなされた．今日では，II部で説明した機械学習モデルは，勾配降下法で訓練されると非常にうまく機能することが知られている．最適化アルゴリズムでは妥当な時間内に極小値にさえ到達できる保証はないが，コスト関数の値が非常に小さくなる点を有用だと言える速さで発見することがよくある．

確率的勾配降下法には，深層学習での利用以外でも重要な用途が数多く存在する．これは非常に大きなデータ集合に関する大きな線形モデルを訓練する際の主要な方法である．モデルサイズが固定の場合，SGD の更新ごとのコストは訓練集合のサイズ m に依存しない．実際には，訓練集合のサイズの増加に合わせて使用するモデルも大きくすることが多いが，必ずそうしなければならないわけではない．通常，収束するまでに必要な更新の回数は，訓練集合のサイズに応じて増加する．しかし，m が無限大に近づくにつれて，SGD が訓練集合内のすべての事例をサンプリングするより前に，モデルは最良の訓練誤差に収束する．m をさらに増やしても，モデルの最良の訓練誤差に達するまでに必要となる訓練時間は長くならない．この観点から，SGD でモデルを訓練する漸近コストは m の関数として $O(1)$ であると言ってよい．

深層学習の出現以前は，非線形モデルを学習させる方法として，主にカーネルトリックと線形モデルを組み合わせて使用していた．カーネル学習アルゴリズムの多くは，$m \times m$ 行列 $G_{i,j} = k(\boldsymbol{x}^{(i)}, \boldsymbol{x}^{(j)})$ を構築する必要がある．この行列の構築には $O(m^2)$ の計算コストがかかるが，これは，数十億の事例を持つデータ集合に対しては明らかに望ましくない．2006 年以降の学術領域で深層学習が最初に関心を持たれたのは，数万の事例を持つ中規模のデータ集合で訓練された場合に，競合のアルゴリズムに比べると，新たな事例に対して良好な汎化ができたからであった．その後すぐに，大きなデータ集合で非線形モデルを訓練する場合のスケーラブルな方法が提供されるという理由で，さらに産業領域からも注目を集めることになった．

確率的勾配降下法とその多数の拡張については，8章でさらに説明する．

5.10　機械学習アルゴリズムの構築

ほぼすべての深層学習アルゴリズムは，まったく単純な手法の特別な例として記述できる．それは，データ集合の仕様，コスト関数，最適化手順そしてモデルを組み合わせることである．

たとえば，線形回帰アルゴリズムは，$\boldsymbol{X}$ と $\boldsymbol{y}$ で構成されるデータ集合と，以下のコスト関数

$$J(\boldsymbol{w}, b) = -\mathbb{E}_{\mathbf{x}, \mathrm{y} \sim \hat{p}_{\text{data}}} \log p_{\text{model}}(y \mid \boldsymbol{x}), \tag{5.100}$$

モデルの仕様 $p_{\text{model}}(y \mid \boldsymbol{x}) = \mathcal{N}(y; \boldsymbol{x}^\top \boldsymbol{w} + b, 1)$，そしてほとんどの場合，正規方程式を使ってコスト関数の勾配が 0 になる点を求めて定義される最適化アルゴリズムの組み合わせである．

これらのどの構成要素も，他の要素とはほとんど独立に置き換えられれば，アルゴリズムの幅を広げることができる．

通常コスト関数には，学習アルゴリズムに統計的推定を実行させるための項が少なくとも 1 つ含まれる．最も一般的なコスト関数は負の対数尤度なので，コスト関数の最小化には最尤推定が行われる．

コスト関数には，正規化項のような項が追加される場合がある．たとえば，線形回帰のコスト関数に重み減衰を加えることで以下の式を得る．

$$J(\boldsymbol{w}, b) = \lambda ||\boldsymbol{w}||_2^2 - \mathbb{E}_{\mathbf{x},\mathrm{y} \sim \hat{p}_{\text{data}}} \log p_{\text{model}}(y \mid \boldsymbol{x}). \tag{5.101}$$

これはまだ閉形式での最適化が可能である．

モデルを非線形に変えた場合，ほとんどのコスト関数が閉形式では最適化できなくなる．この場合は勾配降下法のような繰り返しの数値的な最適化処理を選択する必要がある．

モデルやコスト，最適化アルゴリズムを組み合わせて学習アルゴリズムを構築するための手順は，教師あり学習と教師なし学習の両方に使える．線形回帰の例は，教師あり学習での利用方法を示している．教師なし学習では，$\boldsymbol{X}$ のみを含むデータ集合を定義し，適切な教師なし学習のコストとモデルを提供することで利用可能になる．たとえば，第 1 の主成分分析ベクトルは，損失関数を次式で指定することで得られる．

$$J(\boldsymbol{w}) = \mathbb{E}_{\mathbf{x} \sim \hat{p}_{\text{data}}} ||\boldsymbol{x} - r(\boldsymbol{x}; \boldsymbol{w})||_2^2. \tag{5.102}$$

一方で，モデルはノルムが 1 の $\boldsymbol{w}$ と再構成関数 $r(\boldsymbol{x}) = \boldsymbol{w}^\top \boldsymbol{x} \boldsymbol{w}$ を持つものと定義される．

場合によってはそのコスト関数が，計算上の理由で実際には評価できない関数である可能性がある．その場合でも，勾配を近似する何らかの方法がある限り，繰り返しの数値的な最適化を実行すれば，近似的な最小化が可能である．

ほとんどの機械学習アルゴリズムでこの手順が使われるが，それがすぐに明確になるとは限らない．ある機械学習アルゴリズムが特に独特なものであるか，あるいは手作業で設計されたもののように見える場合，通常は，特殊な場合の最適化手法を用いていると考えられる．決定木や k 平均のように，そのコスト関数に平坦な領域があり勾配に基づく最適化手法では最小化には不適切なため，特殊な場合の最適化手法が必要となるモデルがある．この手順を使用すると，ほとんどの機械学習アルゴリズムが記述できると認識することで，別なアルゴリズムについては個々に正当性を持ったアルゴリズムが数多く存在するということではなく，同様の目的で機能する関連タスクを実行する手法群の一部であると見なしやすくなる．

5.11　深層学習の発展を促す課題

本章で説明する単純な機械学習アルゴリズムは，幅広い重要な問題に対してよく機能する．しかし，音声認識や物体認識など，人工知能の中心的な問題を解決できていない．

従来のアルゴリズムが，このような人工知能のタスクに対する良好な汎化に失敗したことも，深層学習の開発が促進される要因となった．

本章では，高次のデータを扱う場合に新たな事例に対して汎化するという課題が指数関数的に困難になることや，従来の機械学習で汎化のために使われるメカニズムが高次元空間において複雑な関数を学習するのに不十分であることについて説明する．また，そのような空間では計算コストが高くなることが多い．深層学習は，このような課題や他の課題を克服するように設計されている．

5.11.1　次元の呪い

データの次元が高いと，機械学習の問題は解決が極めて難しくなることが多い．この現象は**次元の呪い**（curse of dimensionality）として知られている．特に懸念される点は，一連の変数に対して明確に存在しうる構成の総数が，変数の数が増加するにつれて指数関数的に増加することである．

次元の呪いはコンピュータサイエンスの数多くの分野，とりわけ機械学習の分野において発生する．

次元の呪いのせいで直面する課題の 1 つは，統計的な課題である．図5.9で示すように，$\boldsymbol{x}$ の取りうる構成の数が訓練事例の数よりもはるかに多いため，統計的な課題が生じる．この問題を理解するために，この図のように，入力空間が格子状に編成されていると考えよう．低次元の空間は，ほとんどでデータが含まれる少数の格子状のセルで記述できる．新しいデータ点に対して汎化する場合，通常は単に新たな入力と同じセルの中の訓練事例を調べるだけで何をすればよいかがわかる．たとえば，ある点 $\boldsymbol{x}$ の確率密度を推定したい場合，単に $\boldsymbol{x}$ と同じ単位のセルの中の訓練事例数を訓練事例の総数で割った値を返せばよい．事例を分類したい場合，同じセルの中で最も事例の多い訓練事例クラスを返すことができる．回帰を行う場合，そのセルの中の事例で観察される目的変数の値を平均することができる．しかし，事例がまったく見つからないセルについてはどうだろうか．高次元空間では構成の数が膨大であり，それが事例の数よりもはるかに多くなるため，格子状のセルに関連付けられた訓練事例が存在しないことが普通になってしまう．このような新たな構成について，何か意味のあることが言えるだろうか．従来の機械学習アルゴリズムでは単純に，新たな点での出力は，それに最も近い訓練点での出力と近似的に同じなるはずであると仮定している．

図 5.9: データの関連する次元の数が（左から右へ）増加すると，対象となる構成の数は指数関数的に増加する可能性がある．**（左）**この 1 次元の例では，対象となる 10 個の領域を区別するために配慮しなければならない変数は 1 つしかない．これらの領域（各領域はそれぞれ図中のセルに対応）それぞれに十分な事例があれば，学習アルゴリズムを正確に汎化するのは容易である．簡単な汎化の方法は，各領域内の目的関数の値を推定（そして，可能であれば隣接する領域間に内挿）することである．**（中央）**2 次元では，変数ごとに 10 個ある値を識別することがさらに困難になる．10×10=100 の領域を調べ続ける必要があり，これら領域すべてを取り扱うには，少なくとも同数の事例が必要である．**（右）**3 次元では領域の数が $10^3 = 1000$ となり，少なくともそれと同数の事例が必要になる．d 次元で v 個の変数を各軸に沿って識別するには，領域と事例は $O(v^d)$ だけ必要になりそうである．これが次元の呪いの例である．この図は Nicolas Chapados の厚意で提供された．

5.11.2 局所一様と平滑化

良好な汎化のためには，どのような関数を学習すべきかについての事前信念による方向性を，機械学習アルゴリズムに与える必要がある．このような事前信念は，モデルパラメータの確率分布という形の明示的な信念として組み込まれていることを見てきた．より簡潔に言えば，関数とパラメータの間の関係性に基づいて，事前信念が**関数**そのものに直接影響を与え，パラメータには間接的にだけ影響を与えるとも言える．さらには，さまざまな関数に対する信念の度合いを表現する確率分布という観点からそのバイアスが表現できないとしても（もしくは表現できたとしても），あるクラスの関数を他のクラスの関数より優先して選択する方向にバイアスがかかっているアルゴリズムを選択することで，事前信念が暗黙的に表現されていると，形式張らなければ言うことができる．

この暗黙的な「事前分布」の中で最も広く使われているものに，**平滑化事前分布**（smoothness prior）または**局所一様事前分布**（local constancy prior）がある．この事前分布では，学習する関数が小さな領域においてあまり変化してはならないとされる．

単純なアルゴリズムの多くは良好な汎化のためにほとんどがこの事前分布に依存しており，結果として人工知能レベルのタスクの解決に関係する統計的な課題には展開できていない．本書を通じて，高度なタスクの汎化誤差を減少させるために，深層学習が追加の（明示的および暗黙的な）事前分布を導入する方法について説明する．ここでは，平滑化事前分布だけではこのようなタスクに対し不十分である理由を説明する．

学習した関数が平滑化されているもしくは局所一様であるという事前信念を明示的もしくは暗黙的に表現する方法は，数多く存在する．その方法はすべて，ほとんどの構成 $\boldsymbol{x}$ と小さな変化 ϵ について，以下の条件を満たす関数 f^* を学習する過程を促進するように設計されている．

$$f^*(\boldsymbol{x}) \approx f^*(\boldsymbol{x}+\epsilon). \tag{5.103}$$

言い換えれば，（たとえば $\boldsymbol{x}$ がラベル付けされた訓練事例の場合，）入力 $\boldsymbol{x}$ に対する良好な解がわかっていれば，それはおそらく $\boldsymbol{x}$ の近傍に対しても良好な解であるということである．ある近傍で良好な解がいくつかある場合は，その解を（平均化や内挿のような形式で）組み合わせ，できるだけ多くの解に適合する解を生成し，それらを（平均化や内挿といった形式で）組み合わせるだろう．

局所一様のアプローチの極端な例は，学習アルゴリズムの一連の k 平均法である．このような予測器は，訓練集合内に k 個の同じ最近傍の集合を持つ点 $\boldsymbol{x}$ すべてを含む各領域に対して，文字どおり一様である．$k=1$ の場合，識別可能な領域の数は訓練事例の数を超えることがない．

k 平均法アルゴリズムは近傍の訓練事例から出力をコピーするが，ほとんどのカーネルマシンでは，付近の訓練事例に関連付けられた訓練集合の出力の間を補間する．カーネルの重要なクラスは**局所カーネル**（local kernels）群であり，ここで $k(\boldsymbol{u},\boldsymbol{v})$ は $\boldsymbol{u}=\boldsymbol{v}$ のときに大きな値となり，$\boldsymbol{u}$ と $\boldsymbol{v}$ とが互いに離れて増大していくにつれて減少する．局所カーネルは，テスト事例 $\boldsymbol{x}$ とそれぞれの訓練事例 $\boldsymbol{x}^{(i)}$ の近さを測定してテンプレートマッチングを行う類似度関数であると考えることができる．現在，深層学習の推進力の大部分は，局所テンプレートマッチングの限界と，局所テンプレートマッチングが失敗する場合でも深層モデルがどのように成功するかを研究することから生じている (Bengio *et al.*, 2006b).

決定木もほぼ，滑らかさに基づく学習の制限を受けてしまう．なぜなら，決定木は入力空間を葉の数と同数の領域に分割し，その領域ごとに別々のパラメータを使用（もしくは決定木の拡張のために多くのパラメータを使用）するからである．目的関数に少なくとも n 個の葉が正確に表現されるような木が

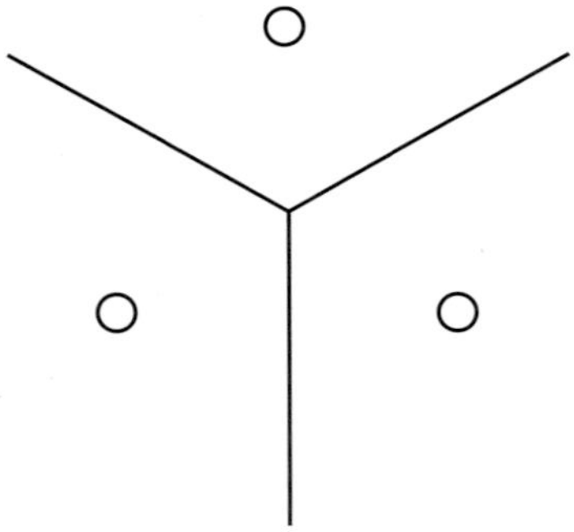

図 **5.10:** 近傍法アルゴリズムがどのように入力空間を領域に分割するかを示す図．各領域内の事例（ここでは円で表される）が領域の境界（ここでは線で示される）を定義している．各事例に関連付けられた y の値は，対応する領域内のすべての点に対して出力がどうあるべきかを定義する．最近傍マッチングによって定義される領域は，ボロノイ図と呼ばれる幾何学的パターンを形成する．このように隣接している領域の数は，訓練事例の数よりも速く増加することはない．この図は特に最近傍アルゴリズムの挙動を示しているが，汎化のためにほぼ局所平滑化事前分布に依存している他の機械学習アルゴリズムも同様の挙動を示す．すなわち，各訓練事例は学習器に対してその事例のすぐ近傍を汎化する方法を伝えているにすぎない．

必要な場合，その木に適合させるには少なくとも n 個の事例が必要である．予測される出力においてある程度の統計的信頼度を達成するためには，n の倍数分の個数が必要になる．

一般的に，入力空間内の $O(k)$ 個の領域を識別するには，上記の方法はすべて $O(k)$ 個の事例を必要とする．通常，$O(k)$ 個のパラメータがあり，その $O(1)$ 個のパラメータは $O(k)$ 個の領域それぞれに関連付けられている．最近傍法の手順でそれぞれの訓練事例がたかだか 1 つの領域を定義する例を，図5.10に示す．

訓練事例の数よりも多くの領域を識別する複雑な関数を表現する方法はあるだろうか．明らかに，潜在的な関数の滑らかさのみを想定すると，学習器はこれを実行できない．たとえば，チェッカーボードの一種が目的関数であると考えてみよう．チェッカーボードには多数の変種があるが，それらには単純な構造がある．訓練事例の数がチェッカーボード上の白と黒の四角形の数よりも大幅に少ない場合にどうなるかを想像してみよう．局所汎化と平滑化事前分布もしくは局所一様事前分布のみに基づくと，新しい点がチェッカーボード上で訓練事例と同じ四角形の中にある場合には，学習器はその点の色を正確に推測することが保証される．しかし，訓練事例を含まない四角形の中の点にまで学習器がチェッカーボードのパターンを正しく拡張できる保証はない．事前分布のみの場合に事例から得られる情報はその四角形の色だけであり，チェッカーボード全体の色を正しく取得する唯一の方法は，それぞれのセルに少なくとも 1 つの事例を対応させることである．

滑らかさの仮定や関連するノンパラメトリックな学習アルゴリズムは，学習する潜在的な真の関数の山に相当する点の大部分と谷に相当する点の大部分について，学習アルゴリズムが観察するのに十分な事例がある限り，極めてよく機能する．これは学習する関数が十分滑らかであり，十分に低い次元で変動する場合には，一般的に正しい．高次元では，非常に滑らかな関数でも滑らかに変化するが，その変化はそれぞれの次元に沿って違った形になる．関数がさらに領域によって異なる挙動を示す場合，訓練集合で記述するのは極めて困難になる．関数が複雑な場合（事例の数に比べて膨大な数の領域を識別したい場合），それをよく汎化させられる可能性はあるだろうか．

複雑な関数を効率的に表現できるか，そして，推定された関数が新たな入力に対してよく汎化させられるか，という 2 つの問いに対する答えは「できる」である．重要な洞察は，$O(2^k)$ のような非常に多数の領域は，基礎になっているデータ生成分布に関する仮定を追加してその領域の間に依存関係をいくつか導入すれば，$O(k)$ 個の事例で定義できるということである．この方法で，実際に非局所的に汎化できる (Bengio and Monperrus, 2005; Bengio *et al.*, 2006c)．深層学習アルゴリズムの多くは，これらの利点を獲得するために，広範囲な人工知能のタスクに関して合理的な明示的か暗黙的な仮定を提供する．

機械学習に対する他のアプローチでは，タスク固有のもっと強い仮定を設けることが多い．たとえば，目的関数が周期的であるという仮定を設ければ，チェッカーボードのタスクは簡単に解くことができる．通常は，ニューラルネットワークにはこのような強力でタスク固有の仮定を設けず，より広い範囲の構造に対して汎化できるようにする．人工知能タスクの構造は複雑すぎて，その性質は周期性のような単純かつ手作業で特定されるものに限定できないので，もっと汎用的な仮定を具現化する学習アルゴリズムが求められている．深層学習の中核にある考えは，データが**要素の構造**，または特徴量によって，潜在的に階層内の複数のレベルで生成されたと仮定するということである．他の同様に一般的な仮定の多くは，深層学習アルゴリズムをさらに改善できる．このような明らかに軽度な仮定により，事例の数と識別可能な領域の数との間の関係について飛躍的な進展が可能になる．このような飛躍的な進展については，6.4.1，15.4，および15.5節でさらに正確に説明する．深層分布表現を用いて得られる大きな利点は，次元の呪いで生じる指数関数的な課題に対抗できるほどのものである．

5.11.3　多様体学習

機械学習の多くの考えの根底にある重要な概念が多様体である．

多様体（manifold）は，連結した領域である．数学的には，各点の周りの近傍に関連付けられた点の集合である．どの点からも，多様体は局所的にはユークリッド空間であるように見える．日常生活では，地球の表面を 2 次元平面と体感しているが，実際には 3 次元空間の球面である．

各点を囲む近傍という概念は，多様体上のある位置から隣接する位置への移動に適用できる変換が存在することを示唆している．多様体としての地球の表面の例でいえば，東西南北に歩くことができるということである．

「多様体」という用語には数学的に正式な意味があるが，機械学習ではもっと緩やかな使い方をする傾向があり，高次元空間へ埋め込まれる自由度または次元を少しだけ考慮することで近似できる，連結された点の集合を指定している．それぞれの次元は変化の局所的な方向に対応する．図5.11は 1 次元の多様体の近くにある訓練データが 2 次元空間に埋め込まれた例である．機械学習の観点で，本書ではある点と別の点で多様体の次元が異なることを許容している．これは多様体自体が互いに交差する際によく生じる．たとえば，数字の 8 はほとんどの場所で 1 次元であるが，中央の交差している点では 2 次元になる．

機械学習アルゴリズムに $\mathbb{R}^n$ すべてについての重要な変動を学習することを期待すると，機械学習の問題の解決は絶望的だと思われる．**多様体学習**（manifold learning）アルゴリズムでは，$\mathbb{R}^n$ の大部分が無効な入力で構成され，重要な入力は点の小さな部分集合を含む多様体の集合に沿ってのみ生じると仮定して，この課題を克服している．このとき，学習された関数の出力における重要な変動は，多様体上のある方向に沿ってのみ生じるか，または，ある多様体から別の多様体に移動したときのみ生じること

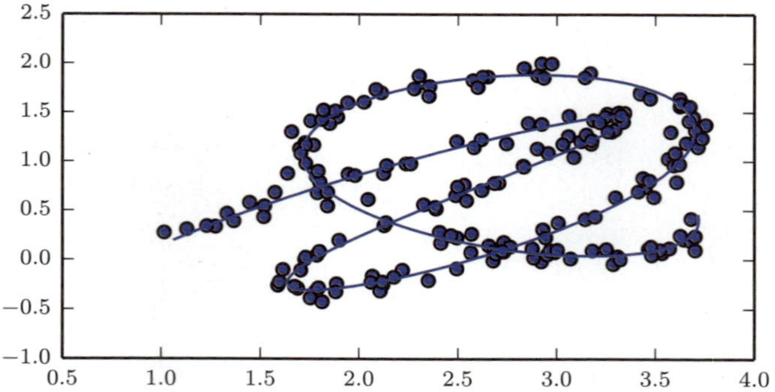

図 **5.11:** ねじれたひものような 1 次元多様体の付近に実際に集中している 2 次元空間の分布からサンプリングされたデータ．実線は，学習器が推論すべき根底にある多様体を示している．

も仮定している．多様体学習は連続値のデータの場合と教師なし学習の設定で導入されたが，この確率を集中させるアイデアを離散値のデータや教師あり学習の設定の両方に一般化できる．ただし．確率質量が高度に集中しているという重要な仮定は残っている．

データが低次元の多様体に沿って存在しているという仮定は，つねに正確で有用であるとは限らない．画像や音声，文字の処理を伴うような人工知能タスクの観点では，多様体の仮定は少なくともおおよそ正しいと言える．

多様体仮説（manifold hypothesis）が支持される 1 番目の見解は，現実世界で生じる画像や文字列，音声の確率分布が極めて集中している点である．一様ノイズは本質的に，このような領域からの構造化された入力との共通点がまったくない．代わりに，図5.12は一様にサンプリングされた点が，信号が届かないアナログテレビに映し出される静的なパターンのように見えることを示している．同様に，無作為に文字を選んで文章を生成する場合，意味のある英語の文章が得られる確率はどれくらいだろうか．それはほぼ 0 である．なぜなら，ほとんどの長い文字列は自然言語の文字列に対応していないからである．自然言語の文字列の分布は，文字列の空間全体から見れば，非常に狭い領域しか占めていない．

もちろん，集中する確率分布は，データが合理的に少数の多様体上に存在するということを示すのには不十分である．出現する事例が他の事例によって相互に連結されること，そしてその場合，各事例は多様体を走査するような変換を適用することで見つけられる非常に似た事例に囲まれているということを確認しなければならない．多様体仮説を支持する 2 つ目の主張は，少なくとも形式張らなければ，このような近傍や変換を想像できるということである．画像の場合は画像空間に多様体を描く変換が多数考えられるのは確かである．すなわち，光の明暗を徐々に変える，画像内の物体を徐々に移動あるいは回転させる，物体の表面の色を徐々に変化させる，などである．ほとんどのアプリケーションで，複数の多様体が関与する可能性がある．たとえば，人間の顔画像の多様体は，猫の顔画像の多様体と連結されていない可能性がある．

このような思考実験は，多様体仮説を支持する直感的な理由を伝える．より厳密な実験 (Cayton, 2005; Narayanan and Mitter, 2010; Schölkopf *et al.*, 1998; Roweis and Saul, 2000; Tenenbaum *et al.*, 2000; Brand, 2003; Belkin and Niyogi, 2003; Donoho and Grimes, 2003; Weinberger and Saul, 2004) では，人工知能で重要となる大きなデータ集合クラスの仮説が明確に支持されている．

図 **5.12:** 一様および無作為に画像をサンプリング（各ピクセルを均一分布に従って無作為に選択）すると，ノイズの多い画像が生じる．人工知能アプリケーションで頻繁に遭遇する顔や他の物体の画像を生成する可能性は 0 ではないが，現実的には，決してその発生を観察することはない．これは人工知能アプリケーションに現れる画像が画像空間の中で無視できるくらいの割合の領域しか占めていないことを示唆している．

データが低次元の多様体上にあるとき，機械学習アルゴリズムはそのデータを $\mathbb{R}^n$ の座標上ではなく，その多様体上の座標で表現することが最も自然だろう．日常生活では，道路は 3 次元空間に埋め込まれた 1 次元多様体と考えられる．ある住所への行き方は，3 次元空間の座標ではなく 1 次元の道路に沿った住所地番で指定される．この多様体の座標を抽出することは困難だが，それによって多くの機械学習アルゴリズムで改善が約束される．この一般的な原則は多くの場面に適用される．図5.13は，顔で構成されるデータ集合の多様体構造を示す．本書を読み終えるまでに，このような多様体構造を学習するために必要な手法を展開する．図20.6では，機械学習アルゴリズムがこの目標をうまく達成する方法を示す．

図 **5.13:** QMUL Multiview Face Dataset (Gong *et al.*, 2000) からの訓練事例．被験者は 2 つの回転角に対応する 2 次元多様体を覆うように動くことが求められた．学習アルゴリズムによって，このような多様体の座標を発見して解けることが望ましい．図20.6はその動作を示している．

本書の残りの部分で使用される数学と機械学習の基礎概念を説明したので，I部は完結となる．これで，読者が深層学習の研究を始めるための準備は整った．

第II部

深層ネットワーク：現代的な実践

本書のこの部では，実践的な応用の解決に使われる，現代の深層学習の状況をまとめる．

深層学習には長い歴史と多くの野望がある．いくつかの手法は，提案されてはいてもまだ完全には実を結んでいないし，いくつかの野心的な目標は，まだ実現されていない．このような深層学習の発展途上の分野は，本書の最後の部で登場する．

この部では，すでに産業界で広く使われているような，本質的に機能する技術に関するアプローチだけに焦点を当てる．

現代の深層学習は，教師あり学習に対して非常に強力な枠組みを提供する．1つの層の内部にさらに多くの層とユニットを追加することによって，深層ネットワークは複雑化する関数を表現できる．入力ベクトルから出力ベクトルへの写像で構成され，人間が簡単かつ迅速に実行できるタスクのほとんどは，十分に大きなモデルと十分に大きなラベル付き訓練事例があれば，深層学習で達成することができる．あるベクトルを他のベクトルに関連付けて記述できないタスクや，人間でも達成するためには熟考する時間が必要なほど難しいタスクについては，今のところはまだ深層学習の範囲を超えている．

本書のこの部では，現代の深層学習の現実的な応用のほとんどすべてに関わる，中核となるパラメトリックな関数近似技術について説明する．まず，そのような関数を表現するために使われる順伝播型深層ネットワークモデルの説明から始める．次に，そのモデルの正則化と最適化のための高度な技術を紹介する．順伝播型深層ネットワークモデルを，高解像度の画像や長い時系列のような大きな入力に対応するように拡張するためには，特殊化が必要になる．ここでは，大規模な画像に拡張するための畳み込みネットワークと，時系列を処理するための回帰結合型ニューラルネットワークを紹介する．最後に，深層学習に関連する応用の設計，構築，構成に関わる実践的方法論についての一般的なガイドラインを示し，その応用のいくつかを概説する．

これらの章は，深層学習を実装し活用することで，今日ある現実世界の問題を解決したいと考えている実践者にとって最も重要である．

第6章

深層順伝播型ネットワーク

深層順伝播型ネットワーク（deep feedforward networks）は典型的な深層学習モデルである．これは**順伝播型ニューラルネットワーク**（feedforward neural networks）あるいは**多層パーセプトロン**（multilayer perceptrons，MLP）とも呼ばれる．順伝播型ネットワークの目的はある関数 f^* を近似することである．たとえば分類器の場合，$y = f^*(\boldsymbol{x})$ は入力 $\boldsymbol{x}$ をカテゴリ y へ写像する．順伝播型ネットワークは写像 $\boldsymbol{y} = f(\boldsymbol{x}; \boldsymbol{\theta})$ を定義し，最もよい関数近似となるようなパラメータ $\boldsymbol{\theta}$ の値を学習する．

このモデルは入力 $\boldsymbol{x}$ から f を定める中間的な計算を経て最終的な出力 y へと順に関数が評価されるため**順伝播**（feedforward）と呼ばれる．モデルの出力をモデル自体に戻すような**フィードバック**（feedback）の接続はない．順伝播型ニューラルネットワークがフィードバック接続を含むように拡張されたものは**回帰結合型ニューラルネットワーク**（recurrent neural networks）と呼ばれる．回帰結合型ニューラルネットワークについては10章で説明する．

順伝播型ネットワークは機械学習に携わる者にとって極めて重要である．順伝播型ネットワークは多くの重要な商用アプリケーションの基礎となっている．たとえば写真の中の物体を認識するときに使用される畳み込みネットワークは順伝播型ネットワークの特殊な場合である．順伝播型ネットワークは多数の自然言語アプリケーションで利用されている回帰結合型ニューラルネットワークへの概念的な足がかりである．

順伝播型ニューラルネットワークが**ネットワーク**（network）と呼ばれる理由はそれが通常多くの異なる関数を組み合わせて表現されるからである．モデルは関数の組み合わせ方を記述した有向非巡回グラフに関連付けられる．例として3つの関数 $f^{(1)}, f^{(2)}, f^{(3)}$ が連鎖的につながり $f(\boldsymbol{x}) = f^{(3)}(f^{(2)}(f^{(1)}(\boldsymbol{x})))$ が構成されているとする．この連鎖構造はニューラルネットワークの構造として最も一般的なものである．この場合 $f^{(1)}$ をネットワークの**第一層目**（first layer），$f^{(2)}$ を**第二層目**（second layer）などと呼ぶ．全体の連鎖の長さがモデルの**深さ**（depth）である．「深層学習」という名前はこの用語に由来する．順伝播型ネットワークの最後の層は**出力層**（output layer）と呼ばれる．ニューラルネットワークの訓練時は $f^*(\boldsymbol{x})$ に一致するように $f(\boldsymbol{x})$ を変化させる．訓練データはさまざまな訓練点で評価されたノイズを含む近似例 $f^*(\boldsymbol{x})$ を提供する．各事例 $\boldsymbol{x}$ にはラベル $y \approx f^*(\boldsymbol{x})$ が付けられている．訓練事例は各データ $\boldsymbol{x}$ について出力層が何をすべきかを直接指定する．つまり出力層は y に近い値を出力しなければならない．訓練データは出力層以外の動作は直接指定しない．学習アルゴリズムは目的の出力を行うために出力層以外の層をどのように使用するかを決めなければならないが，訓練データは各層が何をすべきかを指定しない．その代わり学習アルゴリズムが f^* の最もよい近似を得るために出力層以外の層をどう使用するかを決定しなければならない．訓練データは出力層以外の各層における目的の出力を指定しないためこれらの層は**隠れ層**（hidden layers）と呼ばれる．

最後に，**ニューラル**ネットワークと呼ばれる理由はこれらが神経科学から大まかな着想を得ているためである．ネットワークの隠れ層は通常ベクトル値で表現される．隠れ層の次元がモデルの**幅**（width）を決定する．ベクトルの各要素はニューロンに似た役割を果たすものと解釈できる．隠れ層が入力および出力がベクトルである関数を表現していると解釈する代わりに，隠れ層は並列に動作する多数の**ユニット**（units）から構成され，それぞれがベクトルを入力としスカラーを出力とする関数であると考える．各ユニットが他の多くのユニットから入力を受け取って自身の活性化値を算出するという点でこれはニューロンに似ている．ベクトル値で表現される多くの層を使うというアイデアは神経科学に由来する．その表現を計算するために使用される関数 $f^{(i)}(\boldsymbol{x})$ の選択も大まかにはニューロンの計算機能についての神経科学的な観察に基づいている．しかしながら，近年のニューラルネットワークの研究は多くの数学的および工学的な原則に基づいており，ニューラルネットワークの目的は脳を完璧にモデル化することではない．順伝播型ネットワークは脳機能のモデルというよりも統計的な一般化を実現するように設計された関数近似システムであり，必要に応じて脳に関する知見を取り入れているものと考えるといいだろう．

順伝播型ネットワークを理解する方法の 1 つは線形モデルを取り上げその制約をどう克服するかを考えることである．ロジスティック回帰や線形回帰といった線形モデルは閉形式あるいは凸最適化の形で効率的かつ信頼性高く適合するので魅力的である．同時に線形モデルの場合にはモデルの容量が線形関数に限定されるという明らかな欠点もある．したがって線形モデルでは任意の 2 つの入力変数の相互作用が把握できない．

線形モデルを拡張して $\boldsymbol{x}$ の非線形関数を表現する場合，$\boldsymbol{x}$ 自体に線形モデルを適用するのではなく非線形変換 ϕ を用いて変換された入力 $\phi(\boldsymbol{x})$ に対して線形モデルを適用できる．同様に5.7.2節で説明したカーネルトリックにより暗黙的に写像 ϕ を適用すれば非線形な学習アルゴリズムが得られる．ϕ は $\boldsymbol{x}$ を記述する特徴量集合を与える，あるいは $\boldsymbol{x}$ の新しい表現を与えるものと考えることができる．

ここで問題はどのように写像 ϕ を選択するかである．

1. 選択肢の 1 つは，たとえば RBF カーネルに基づいたカーネルマシンで暗黙的に使われる無限次元の ϕ のように，非常に汎用的な ϕ を使うことである．もし $\phi(\boldsymbol{x})$ の次元が十分に高ければ訓練集合に適合するための容量をつねに十分に持つことができるが，テスト集合に対する汎化性能は低いままのことが多い．非常に一般的な特徴量の写像は通常局所的に滑らかであるという原則にのみ基づいており高度な問題を解くために十分な事前情報を符号化しない．
2. 別の選択肢は ϕ を人の手で設計する方法である．深層学習が登場する以前はこれが有力な方法だった．この方法には個々のタスクごとに数十年もの人手による労力が必要である．音声認識やコンピュータビジョンといった各領域に特化した専門家はいるが領域間での交流はほとんどないという状況だ．
3. 深層学習の戦略は ϕ を学習することである．この方法ではたとえばモデル $y = f(\boldsymbol{x};\boldsymbol{\theta},\boldsymbol{w}) = \phi(\boldsymbol{x};\boldsymbol{\theta})^\top \boldsymbol{w}$ を利用する．ただしパラメータ $\boldsymbol{\theta}$ は幅広い関数のクラスから ϕ を学習するために利用され，パラメータ $\boldsymbol{w}$ は $\phi(\boldsymbol{x})$ を目的の出力に写像するために利用される．これは深層順伝播型ネットワークの一例で ϕ が 1 つの隠れ層を定義している．この方法は 3 つの方法の中で唯一訓練問題で凸性を放棄しているがその欠点を利点が上回る．この方法では表現を $\phi(\boldsymbol{x};\boldsymbol{\theta})$ とパラメータ化し，最適化アルゴリズムを利用して良好な表現になる $\boldsymbol{\theta}$ を見つける．もし望めば $\phi(\boldsymbol{x};\boldsymbol{\theta})$ の非常に幅広い関数族を利用することでこの方法は非常に汎用的になり，1 番目の方法にある利点も持たせることができる．深層学習では 2 番目の方法の利点も併せて持たせることができる．専門家は汎化性能を高めるために高い性能を持つと期待できる関数族 $\phi(\boldsymbol{x};\boldsymbol{\theta})$ を設計することで自分自身が持つ知識を符号化できる．この場合の利点は設計者は正確な関数を見つける必要はなく，正しい汎用的な関数族を見つけるだけでよいという点である．

特徴量を学習することでモデル性能を向上させるというこの一般的な原則は本章で紹介する順伝播型ネットワークの範囲にとどまらない．これは深層学習において繰り返し現れるテーマであり，本書で紹介しているあらゆるモデルに適用されるものである．順伝播型ネットワークはフィードバック接続を持たない $\boldsymbol{x}$ から $\boldsymbol{y}$ への決定論的な写像の学習にこの原則を適用している．後述するモデルではこの原則を確率的写像やフィードバックありの関数，そして 1 つのベクトルに対する確率分布の学習に応用する．

本章はまず簡単な順伝播型ネットワークの例から始める．次に，順伝播型ネットワークを導入するために必要な設計上の選択についてそれぞれ説明する．最初に，順伝播型ネットワークを訓練する場合には線形モデルに必要なものと同じ設計上の選択を多数行う必要がある．具体的には最適化関数，コスト関数，そして出力ユニットの形式を決定することである．その後勾配に基づく学習法の基礎について確認し，順伝播型ネットワークに特有な設計時の選択のいくつかについて考える．順伝播型ネットワークでは隠れ層という概念を導入しているが，隠れ層の値を計算するために使われる**活性化関数**（activation functions）を選択する必要がある．また，ネットワーク構造の設計も必要になる．その構造とはネットワークに含まれる層の数と各層の間の接続の形態，そして各層のユニット数などである．深層ニューラルネットワークの学習では複雑な関数の勾配を計算する必要がある．ここではその勾配の効率的な計算に使用できる**誤差逆伝播法**（back-propagation）およびその近年の一般化について紹介する．最後に，歴史的な観点で本章を締めくくる．

6.1　例：XOR の学習

順伝播型ネットワークのアイデアを具体化するにあたって，例として XOR 関数の学習という非常に単純なタスクに対して完全に機能する順伝播型ネットワークから説明を始める．

XOR 関数（「排他的論理和」）は 2 つの二値の値 x_1 と x_2 で定義される演算である．厳密にどちらか一方だけが 1 に等しい場合，XOR 関数は 1 を返す．それ以外の場合は 0 を返す．この XOR 関数が学習したい目標関数 $y = f^*(\boldsymbol{x})$ である．モデルは関数 $y = f(\boldsymbol{x};\boldsymbol{\theta})$ であり，学習アルゴリズムは f が f^* にできる限り近づくようにパラメータ $\boldsymbol{\theta}$ の値を調節する．

この簡単な例では統計的な一般化は対象としない．このネットワークを 4 つの点 $\mathbb{X} = \{[0,0]^\top, [0,1]^\top, [1,0]^\top, [1,1]^\top\}$ で正しく機能させることが目標である．ネットワークはこの 4 つの点すべてで訓練させる．唯一の課題はモデルを訓練集合に適合させることである．

この問題は回帰問題として扱うことができる．損失関数として平均二乗誤差を利用する．この損失関数を選択する理由はこの例での計算を可能な限り簡単にするためである．実際の応用では二値データをモデリングするときのコスト関数に平均二乗誤差は適さない．6.2.2.2節でもっと適切な手法を説明する．

訓練集合全体で評価すると平均二乗誤差の損失関数は次式で表される．

$$J(\boldsymbol{\theta}) = \frac{1}{4} \sum_{\boldsymbol{x} \in \mathbb{X}} \left(f^*(\boldsymbol{x}) - f(\boldsymbol{x};\boldsymbol{\theta})\right)^2. \tag{6.1}$$

ここでモデル $f(\boldsymbol{x};\boldsymbol{\theta})$ の形式を選ぶ必要がある．$\boldsymbol{\theta}$ が $\boldsymbol{w}$ と b で構成される線形モデルを選ぶ場合，そ

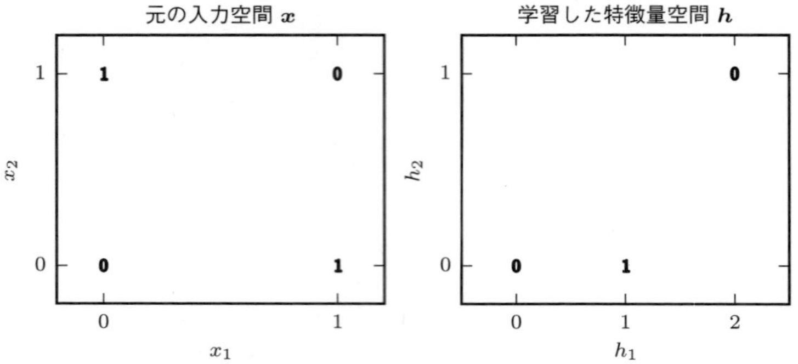

図 **6.1:** 表現の学習により XOR 問題を解く．図中の太字で示された数字は学習後の関数がその点で出力すべき値を示している．（**左**）元の入力に対して直接線形モデルを適用した場合，XOR 関数を表現できない．$x_1 = 0$ の場合，x_2 の値が増加するにつれてモデルの出力も増加しなければならない．$x_1 = 1$ の場合，x_2 の値が増加するにつれてモデルの出力は減少しなければならない．線形モデルの場合，x_2 の係数 w_2 は固定にする必要がある．したがって線形モデルでは x_1 の値を使って x_2 の係数を変化させることができず，この問題を解くことができない．（**右**）ニューラルネットワークによって抽出された特徴量で表現される変換後の空間では線形モデルで問題を解くことができる．この例では 1 を出力すべき 2 つの点が特徴量空間において 1 点に変換されている．言い換えると，非線形の特徴量は $\boldsymbol{x} = [1, 0]^\top$ と $\boldsymbol{x} = [0, 1]^\top$ の両方を特徴量空間上の 1 点 $\boldsymbol{h} = [1, 0]^\top$ に写像している．これで線形モデルは h_1 が増加して h_2 が減少した場合の関数を記述できる．この例では特徴量空間を学習する意図は訓練集合に適合できるようにモデルの容量を高めることだけである．さらに現実的な応用では学習された表現がモデルの汎化にも役立つ．

のモデルは以下のように定義される．

$$f(\boldsymbol{x}; \boldsymbol{w}, b) = \boldsymbol{x}^\top \boldsymbol{w} + b. \tag{6.2}$$

正規方程式を使って，$\boldsymbol{w}$ と b に関して閉形式で $J(\boldsymbol{\theta})$ を最小化できる．

正規方程式を解くと $\boldsymbol{w} = \boldsymbol{0}$ および $b = \frac{1}{2}$ が得られる．この線形モデルではあらゆるところで単純に 0.5 が出力される．どうしてこうなるのだろうか．図6.1は線形モデルでは XOR 関数を表現できないことを示している．この問題を解く方法の 1 つは，線形モデルが解を表現可能な別の特徴量空間を学習するモデルを利用することである．

具体的には 2 つのユニットから構成される隠れ層を 1 つ持つ非常に単純な順伝播型ネットワークを導入する．図6.2にこのモデルの図を示す．この順伝播型ネットワークには関数 $f^{(1)}(\boldsymbol{x}; \boldsymbol{W}, \boldsymbol{c})$ によって計算される隠れユニットのベクトル $\boldsymbol{h}$ がある．この隠れユニットの値が続いて第二層目の入力となる．この第二層目はネットワークの出力層である．最終層は依然としてただの線形回帰モデルであるが，ここでは $\boldsymbol{x}$ ではなく $\boldsymbol{h}$ に適用される．ネットワークには $\boldsymbol{h} = f^{(1)}(\boldsymbol{x}; \boldsymbol{W}, \boldsymbol{c})$ と $y = f^{(2)}(\boldsymbol{h}; \boldsymbol{w}, b)$ の 2 つの連鎖する関数が含まれており，完全なモデルは $f(\boldsymbol{x}; \boldsymbol{W}, \boldsymbol{c}, \boldsymbol{w}, b) = f^{(2)}(f^{(1)}(\boldsymbol{x}))$ となる．

$f^{(1)}$ として計算する関数は何にすべきだろうか．今のところ線形モデルがうまく機能しているので，$f^{(1)}$ も同様に線形のものにしたくなるかもしれない．残念ながらもし $f^{(1)}$ が線形ならば，順伝播型ネットワークは全体として入力に対して線形な関数のままである．バイアス項をいったん無視して $f^{(1)}(\boldsymbol{x}) = \boldsymbol{W}^\top \boldsymbol{x}$ および $f^{(2)}(\boldsymbol{h}) = \boldsymbol{h}^\top \boldsymbol{w}$ とする．すると $f(\boldsymbol{x}) = \boldsymbol{w}^\top \boldsymbol{W}^\top \boldsymbol{x}$ となる．この関数は $\boldsymbol{w}' = \boldsymbol{W}\boldsymbol{w}$ とすると $f(\boldsymbol{x}) = \boldsymbol{x}^\top \boldsymbol{w}'$ と表現できる．

この特徴量を表現するためには非線形関数を使用する必要があるのは明らかである．ほとんどのニューラルネットワークは学習したパラメータで制御されるアフィン変換を使用し，それに続いて

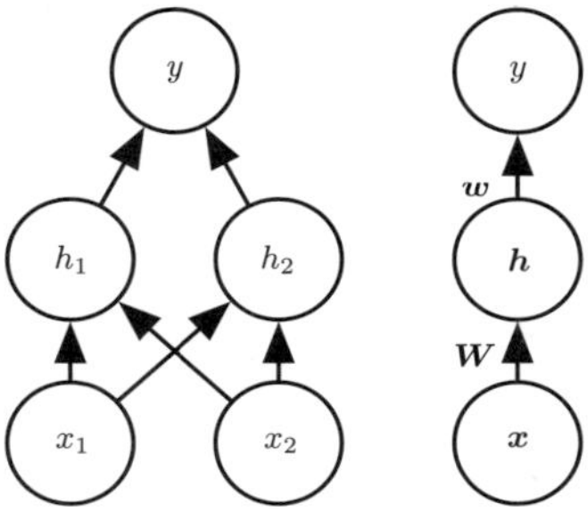

図 **6.2:** 2 種類の形式で描画した順伝播型ネットワークの例．具体的にはこれは XOR の例を解くために利用する順伝播型ネットワークである．このネットワークは 2 つのユニットで構成される隠れ層を 1 つ持つ．（左）この形式では各ユニットをグラフ中のノードとして表している．この形は明白で曖昧さがないがネットワークがこの例よりも大きくなるとあまりに多くのスペースを消費してしまう．（右）この形式では層の活性化を表現するベクトル全体をそれぞれグラフ中のノードとして描いている．この形ははるかにコンパクトになっている．グラフ中の各矢印に 2 つの層の間の関係を表すパラメータ名を注記することもある．ここでは行列 $\boldsymbol{W}$ は $\boldsymbol{x}$ を $\boldsymbol{h}$ へ写像する行列を表し，ベクトル $\boldsymbol{w}$ は $\boldsymbol{h}$ を y への写像を示している．このような図にラベル付けをする場合，通常は各層に関連付けられるバイアス項は省略する．

活性化関数と呼ばれる固定された非線形関数を適用することで特徴量を表現する．ここではその戦略を利用するために $\boldsymbol{W}$ を線形変換の重み，$\boldsymbol{c}$ をバイアスとして $\boldsymbol{h} = g(\boldsymbol{W}^\top \boldsymbol{x} + \boldsymbol{c})$ と定義する．以前，線形回帰モデルの説明のためにベクトルの重みとスカラーのバイアスパラメータを利用してベクトル入力からスカラー出力へのアフィン変換を説明した．ここではベクトル $\boldsymbol{x}$ からベクトル $\boldsymbol{h}$ へのアフィン変換を説明するので，バイアスパラメータのベクトルがすべて必要になる．活性化関数 g は通常，$h_i = g(\boldsymbol{x}^\top \boldsymbol{W}_{:,i} + c_i)$ のように要素ごとに適用されるものを選ぶ．最近のニューラルネットワークで標準的に推奨されるのは，**正規化線形関数**（rectified linear unit，ReLU）でありその活性化関数は $g(z) = \max\{0, z\}$ (Jarrett *et al.*, 2009; Nair and Hinton, 2010; Glorot *et al.*, 2011a) で定義される（図6.3参照）．

完全なネットワークは以下のように書くことができる．

$$f(\boldsymbol{x}; \boldsymbol{W}, \boldsymbol{c}, \boldsymbol{w}, b) = \boldsymbol{w}^\top \max\{0, \boldsymbol{W}^\top \boldsymbol{x} + \boldsymbol{c}\} + b. \tag{6.3}$$

これを使って XOR 問題の解法を記述できる．ただし，

$$\boldsymbol{W} = \begin{bmatrix} 1 & 1 \\ 1 & 1 \end{bmatrix} \tag{6.4}$$

$$\boldsymbol{c} = \begin{bmatrix} 0 \\ -1 \end{bmatrix} \tag{6.5}$$

$$\boldsymbol{w} = \begin{bmatrix} 1 \\ -2 \end{bmatrix} \tag{6.6}$$

とし，$b = 0$ とする．

ここで，モデルがどのように入力バッチを処理するかを見ていく．$\boldsymbol{X}$ を二値入力空間の 4 点すべて

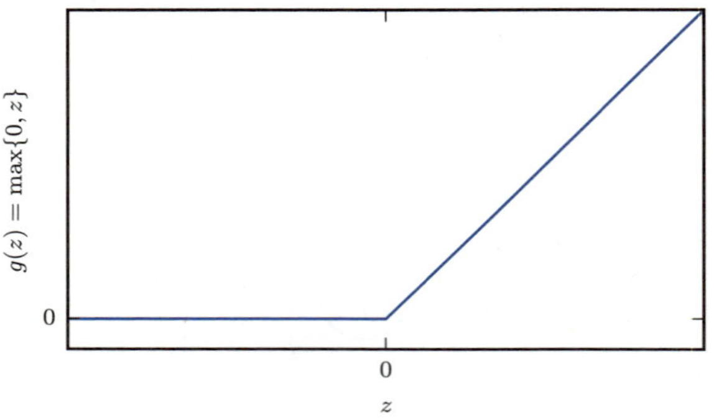

図 **6.3:** 正規化線形活性化関数．この活性化関数はほとんどの順伝播型ネットワークで使用が推奨される標準的な活性化関数である．この関数を線形変換の出力値に適用すると非線形変換となる．しかし，この関数は 2 つの線形部分から構成される区分線形関数であり，その意味では線形関数に非常に近い存在である．ReLU はほぼ線形であるため，勾配法で線形モデルを容易に最適化するための性質の多くを保持している．また，線形モデルがよく汎化するための性質の多くも保持している．コンピュータサイエンスにおいて共通の原則は最低限の要素から複雑なシステムを構築できるということである．チューリング機械のメモリには 0 と 1 の状態のみ保存できれば十分であるのと同様に，ReLU を使用して普遍的な関数近似器を作ることができる．

を含む持つ計画行列とし，1 行が 1 つの事例に対応しているものとする．

$$\boldsymbol{X} = \begin{bmatrix} 0 & 0 \\ 0 & 1 \\ 1 & 0 \\ 1 & 1 \end{bmatrix}. \tag{6.7}$$

ニューラルネットワークの最初のステップは入力行列を第一層の重み行列と掛け合わせることである．

$$\boldsymbol{XW} = \begin{bmatrix} 0 & 0 \\ 1 & 1 \\ 1 & 1 \\ 2 & 2 \end{bmatrix}. \tag{6.8}$$

次にバイアスベクトル $\boldsymbol{c}$ を加算し次式を得る．

$$\begin{bmatrix} 0 & -1 \\ 1 & 0 \\ 1 & 0 \\ 2 & 1 \end{bmatrix}. \tag{6.9}$$

この空間ではすべての事例が傾き 1 の直線に沿っている．この直線に沿って移動すると出力は最初が 0 で，その後 1 まで上昇し，それからまた 0 に戻る必要がある．線形モデルではそのような関数を実装できない．各事例について $\boldsymbol{h}$ の値の計算を完了するために正規化線形変換を適用して次の結果を得る．

$$\begin{bmatrix} 0 & 0 \\ 1 & 0 \\ 1 & 0 \\ 2 & 1 \end{bmatrix}. \tag{6.10}$$

　この変換は各事例の関係を変化させている．もはや各事例は 1 本の直線上に乗っていない．図6.1に示したように各事例は線形モデルで解ける空間上にある．

最後に重みベクトル $\boldsymbol{w}$ を掛けて以下を得る．

$$\begin{bmatrix} 0 \\ 1 \\ 1 \\ 0 \end{bmatrix}. \tag{6.11}$$

このニューラルネットワークはバッチ内の各事例に対して正しい答えを得たことになる．

この例ではまず単純に解を示した上で，その解の誤差が 0 になることを説明した．実際の状況ではモデルパラメータや訓練事例の数が何十億にもなることがあるためここで示したように単純には解を推測することはできない．その代わりに勾配に基づく最適化アルゴリズムを利用すれば誤差が非常に小さくなるパラメータを見つけることができる．ここで説明した XOR 問題の解は損失関数の最小値となっているため勾配降下法を使うとこの解に収束する可能性がある．XOR 問題に対する等価の解で勾配降下法により解を発見できるものが他にも存在する．勾配降下法の収束点はパラメータの初期値に依存する．実際に勾配降下法が見つける解はここで示したような簡潔でわかりやすい整数値の解にはならないだろう．

6.2　勾配に基づく学習

ニューラルネットワークを設計して訓練することは他の勾配降下法を使う機械学習モデルを学習することと大きくは変わらない．5.10節で最適化手法，コスト関数，そしてモデル族を指定することで機械学習のアルゴリズムを構築する方法について説明した．

これまで見てきた線形モデルとニューラルネットワークの最大の違いはニューラルネットワークの非線形性によって興味深い損失関数のほとんどが非凸になる点である．そのため通常ニューラルネットワークの学習には単純にコスト関数の値を非常に小さい値へ近づけていく，勾配に基づく反復的な最適化手法が使われる．一方で線形回帰モデルを訓練するために利用する線形方程式ソルバや，ロジスティック回帰や SVM の学習に利用されるような最小値に収束することが保証された凸最適化アルゴリズムは利用しない．凸最適化の場合，理論的にはどんな初期パラメータから始めても収束する（実際には頑健ではあるものの，数値計算上の問題に遭遇することもある）．確率的勾配降下法を非凸な損失関数に適用した場合はそのような収束性の保証がなく，また初期パラメータの値の影響を敏感に受ける．順伝播型ニューラルネットワークの場合，すべての重みを小さなランダム値で初期化することが重要である．バイアスは 0 または小さい正の値に初期化してもよい．順伝播型ネットワークや他のほとんどの深層モデルを学習するために利用され反復的な勾配に基づく最適化アルゴリズムについては8章で説明する．特に，パラメータの初期化については8.4節で説明する．今の段階では訓練アルゴリズムはほとんど必ずと言っていいほどコスト関数の値を小さくするために勾配を何らかの形で利用するのが基本だと理解しておけば十分である．具体的なアルゴリズムは4.3節で紹介した勾配降下法のアイデアを改良もしくは洗練させたものであり，特に5.9節で紹介した確率的勾配降下法を改良したものが最も頻繁に使われる．

もちろん，線形回帰や SVM のようなモデルも勾配降下法で訓練可能である．実際，訓練集合が非常に大規模の場合はそれが一般的である．この観点で言えばニューラルネットワークを訓練することと他のモデルを訓練することは大きくは違わない．ニューラルネットワークでの勾配の計算はやや複雑だがそれでも効率的かつ正確に行うことができる．6.5節で誤差逆伝播法を用いて勾配を得る方法と，その近年の一般化について説明する．

他の機械学習モデルと同様に勾配に基づく学習のためにはコスト関数を選択し，モデル出力の表現方法を選択する必要がある．以下でニューラルネットワークでの場合に特に重点をおいてもう一度このモデル設計について考えることにする．

6.2.1　コスト関数

深層ニューラルネットワークを設計する際の重要な点はコスト関数の選択である．幸いにもニューラルネットワークにおけるコスト関数はたいていの場合線形モデルのような他のパラメトリックモデルで利用するものと同じである．

ほとんどの場合，パラメトリックモデルでは分布 $p(\boldsymbol{y} \mid \boldsymbol{x}; \boldsymbol{\theta})$ を定義し，単純に最尤法の原則を使用する．つまり，訓練データとモデルの予測の間の交差エントロピーをコスト関数として利用することになる．

$\boldsymbol{y}$ に関する完全な確率分布を予測するのではなく，$\boldsymbol{x}$ の条件の下で $\boldsymbol{y}$ の分布を予測するといった，もっと簡易な手法を取ることもある．特殊な損失関数を使うことでこの推測値の予測器を訓練できる．

ニューラルネットワークの訓練に使用するコスト関数全体として，ここで説明する基本的なコスト関数に正則化項を組み合わせたものがしばしば使用される．5.2.2節で線形モデルに正則化を適用した場合の単純な例をいくつか説明した．線形モデルで利用した重み減衰のアプローチは深層ニューラルネットワークに対しても直接適用可能であり，正則化手法の中で最もよく使われているものである．7章ではニューラルネットワークのためのさらに高度な正則化手法について説明する．

6.2.1.1　最尤推定による条件付き分布の学習

最近のニューラルネットワークはほとんどの場合，最尤法を用いて訓練する．つまり，コスト関数は単純に負の対数尤度であり，モデルの分布と訓練データ間の交差エントロピーとも言える．このコスト関数は次式で与えられる．

$$J(\boldsymbol{\theta}) = -\mathbb{E}_{\mathbf{x},\mathbf{y}\sim\hat{p}_{\text{data}}} \log p_{\text{model}}(\boldsymbol{y} \mid \boldsymbol{x}). \tag{6.12}$$

コスト関数の具体的な形は $\log p_{\text{model}}$ の形式に応じてモデルごとに異なる．上式を展開すると通常はモデルパラメータに依存しない項が出てくるが，それは無視しても構わない．たとえば5.5.1節で説明したように $p_{\text{model}}(\boldsymbol{y} \mid \boldsymbol{x}) = \mathcal{N}(\boldsymbol{y}; f(\boldsymbol{x}; \boldsymbol{\theta}), \boldsymbol{I})$ ならば，その平均二乗誤差のコスト関数は拡大縮小係数 $\frac{1}{2}$ と $\boldsymbol{\theta}$ に依存しない項を使って以下のように再構成できる．

$$J(\boldsymbol{\theta}) = \frac{1}{2}\mathbb{E}_{\mathbf{x},\mathbf{y}\sim\hat{p}_{\text{data}}} ||\boldsymbol{y} - f(\boldsymbol{x}; \boldsymbol{\theta})||^2 + \text{const}. \tag{6.13}$$

ただし，無視された定数項はガウス分布の分散に基づくものでありここでは分散はパラメータ化しないことにしている．ここまでで，線形モデルにおいては出力分布の最尤推定と平均二乗誤差の最小化が等価であることを説明した．実際にはガウス分布の平均の推定に使われる $f(\boldsymbol{x}; \boldsymbol{\theta})$ によらずこの等価性は成り立つ．

この最尤推定からコスト関数を導出する手法の利点はモデルごとにコスト関数を設計する負荷がなくなることである．つまり，モデル $p(\boldsymbol{y} \mid \boldsymbol{x})$ を決めれば自動的にコスト関数 $\log p(\boldsymbol{y} \mid \boldsymbol{x})$ が決定される．

ニューラルネットワークの設計において繰り返し現れるテーマの 1 つに，コスト関数の勾配は学習アルゴリズムにとってよい指標となるように十分大きくかつ予測可能なものでなければならないというものがある．変化が飽和する（非常に平坦になる）関数は勾配が非常に緩やかになるためこの目的には使えない．これは，隠れユニットや出力ユニットの出力に利用される活性化関数が飽和することで発生することが多い．負の対数尤度なら多くのモデルでこの問題が解決される．出力ユニットには引数が非常に大きな負の値になった場合に飽和してしまう指数関数が含まれている．負の対数尤度のコスト関数に含まれる対数関数は出力ユニットの指数関数の作用を打ち消す．6.2.2節でコスト関数と出力ユニットの選択との間の関係について説明する．

最尤推定を実行するために使用される交差エントロピー関数には実際によく使われるモデルに適用した場合に通常は最小値を持たないという珍しい性質がある．離散的な出力変数に対して，ほとんどのモデルは 0 または 1 の確率を表現できないが，0 または 1 に限りなく近くなるようにパラメータ化される．そのようなモデルの例としてはロジスティック回帰がある．実数値の出力変数に対してはもしモデルが（たとえばガウス分布の分散のパラメータを学習することによって）出力分布の密度関数を制御できる場合，正しい訓練データ出力に対して非常に高い密度を割り当てることが可能となり，結果として交差エントロピーの値は負の無限大に近づく．7章ではモデルがこのような無制限の報酬を得られなくなるように学習問題を修正する正則化手法をいくつか紹介する．

6.2.1.2　条件付き統計量の学習

完全な確率分布 $p(\boldsymbol{y} \mid \boldsymbol{x}; \boldsymbol{\theta})$ を学習するのではなく，$\boldsymbol{x}$ が与えられた場合の $\boldsymbol{y}$ の条件付き統計量 1 つだけを学習したいことがしばしばある．

たとえば $\boldsymbol{y}$ の平均を予測するための予測器 $f(\boldsymbol{x}; \boldsymbol{\theta})$ を考える．

十分に強力なニューラルネットワークを利用すればそのニューラルネットワークは幅広い関数のクラスから任意の関数 f を表現できると考えることができる．なおこの関数のクラスとは，特定のパラメトリックな形式ではなく連続性や有界性といった条件のみで制限されているものである．この観点で考えるとコスト関数はただの関数というよりも**汎関数**（functional）であると見なせる．汎関数は関数を実数へと写像する．したがって学習は単にパラメータの集合を選択するのではなく，関数を選択することだと考えられる．このコスト汎関数をある望ましい関数で最小となるように設計することができる．たとえば $\boldsymbol{x}$ が与えられたときに $\boldsymbol{y}$ の期待値へ $\boldsymbol{x}$ を写像する関数が最小値となるようにコスト汎関数を設計できる．ある関数について最適化問題を解く場合，19.4.2節で説明する**変分法**（calculus of variations）と呼ばれる数学的手法を利用する．本章の内容を理解するのに変分法を理解する必要はない．ここでは変分法を使って以下の 2 つの結果が得られることを理解できれば十分である．

変分法を使って得られる最初の結果として，以下の最適化問題

$$f^* = \arg\min_f \mathbb{E}_{\mathbf{x},\mathbf{y} \sim p_{\text{data}}} ||\boldsymbol{y} - f(\boldsymbol{x})||^2 \tag{6.14}$$

を解くと，この関数が最適化可能なクラスに属しているならば，次式が得られる．

$$f^*(\boldsymbol{x}) = \mathbb{E}_{\mathbf{y} \sim p_{\text{data}}(\boldsymbol{y}|\boldsymbol{x})}[\boldsymbol{y}]. \tag{6.15}$$

言い換えると，真のデータ生成分布から無限に多いサンプルを得て訓練することができれば平均二乗誤差コスト関数を最小化することで $\boldsymbol{x}$ のそれぞれの値に対して $\boldsymbol{y}$ の平均を予測する関数が得られる．

コスト関数が変われば統計量も変化する．変分法を使って得られる 2 番目の結果としては，次式

$$f^* = \arg\min_f \mathbb{E}_{\mathbf{x},\mathbf{y} \sim p_{\text{data}}} ||\boldsymbol{y} - f(\boldsymbol{x})||_1 \tag{6.16}$$

から，最適化したい関数族でこのような関数が記述できるならば，$\boldsymbol{x}$ それぞれに対する $\boldsymbol{y}$ の**中央値**を予測する関数が得られる．このコスト関数は一般的に**平均絶対値誤差**（mean absolute error）と呼ばれる．

残念ながら平均二乗誤差と平均絶対値誤差は勾配に基づく最適化に使われると低い性能を示すことが多い．飽和する出力ユニットの中にはこのコスト関数と組み合わせると勾配が非常に小さくなるものがある．これが分布 $p(\boldsymbol{y} \mid \boldsymbol{x})$ の全体の推定を必要としない場合でも，平均二乗誤差や平均絶対値誤差より交差エントロピーのコスト関数の方がよく使われる理由の 1 つである．

6.2.2　出力ユニット

コスト関数の選択は出力ユニットの選択と強く結び付いている．ほとんどの場合，単純にデータ分布とモデル分布の間の交差エントロピーが利用される．したがって出力の表現方法の選択によって交差エントロピーの関数の形が決まる．

出力として使用できるニューラルネットワークのユニットはいずれも隠れユニットとしても利用できる．ここではこのようなユニットをモデルの出力として使うことに焦点を当てるが，原則的には内部でも使用できる．6.3節でこれらのユニットを隠れユニットとしての使う場合の詳細について説明する．

本節では順伝播型ネットワークが $\boldsymbol{h} = f(\boldsymbol{x}; \boldsymbol{\theta})$ で定義される隠れ特徴量の集合を提供するものとする．出力層の役割はその特徴量にさらに変換を施し，ネットワークが実行すべきタスクを完了させることである．

6.2.2.1　ガウス出力分布のための線形ユニット

単純な出力ユニットの 1 つに非線形関数を伴わないアフィン変換に基づくユニットがある．このユニットはよく線形ユニットと呼ばれる．

特徴量 $\boldsymbol{h}$ が与えられたとき線形ユニットはベクトル $\hat{\boldsymbol{y}} = \boldsymbol{W}^\top \boldsymbol{h} + \boldsymbol{b}$ を出力する．

線形出力層を使って条件付きガウス分布の平均を出力することが多い．

$$p(\boldsymbol{y} \mid \boldsymbol{x}) = \mathcal{N}(\boldsymbol{y}; \hat{\boldsymbol{y}}, \boldsymbol{I}). \tag{6.17}$$

対数尤度の最大化は平均二乗誤差の最小化と等価である．

最尤法の枠組みを使えばガウス分布の共分散の学習や，あるいはガウス分布の共分散を入力の関数にすることを単純化できる．しかしながら，共分散行列はすべての入力に対して正定値でなければならない．線形出力層でそのような制約を満たすことは困難であるため，通常は別なユニットを使って共分散をパラメータ化する．すぐ後の6.2.2.4節で共分散をモデル化する方法について説明する．

線形ユニットは飽和することがないため勾配に基づく最適化手法と相性がよく，幅広い最適化アルゴリズムと一緒に利用できる．

6.2.2.2　ベルヌーイ出力分布のためのシグモイドユニット

多くのタスクで二値変数 y の予測が必要となる．たとえば 2 クラス分類問題はこの形式に当てはまる．

最尤法のアプローチでは $\boldsymbol{x}$ で条件付けた場合の y に関するベルヌーイ分布を定義する．

ベルヌーイ分布は 1 つの数だけで定義される．ニューラルネットワークは $P(y = 1 \mid \boldsymbol{x})$ のみを予測する必要がある．この値が確率値として有効であるためにはその値の範囲は $[0, 1]$ でなければならない．

この制約を満たすためには設計時にある程度注意が必要になる．線形ユニットを使いその値に閾値を設けることで有効な確率が得られる．

$$P(y=1 \mid \boldsymbol{x}) = \max\left\{0, \min\left\{1, \boldsymbol{w}^\top \boldsymbol{h} + b\right\}\right\}. \tag{6.18}$$

これで有効な条件付き分布が定義されるのは確かだが，勾配降下法を使った場合にあまり効率的に訓練ができない．$\boldsymbol{w}^\top \boldsymbol{h} + b$ がユニットの区間外である場合は必ずそのパラメータに関するモデル出力の勾配は $\mathbf{0}$ になる．通常，勾配が $\mathbf{0}$ の場合は学習アルゴリズムが対応するパラメータをどのように改善すべきかがわからなくなるので問題となる．

その代わりにモデルが間違った答えを出力した場合には必ず急な勾配となるような，別な手法を用いる方が適切である．これはシグモイド出力ユニットを最尤法と組み合わせて利用することで実現できる．

シグモイド出力ユニットは次式で定義される．

$$\hat{y} = \sigma\left(\boldsymbol{w}^\top \boldsymbol{h} + b\right). \tag{6.19}$$

ただし，σ は3.10節で説明したロジスティックシグモイド関数である．

シグモイド出力ユニットは2つの要素で構成されると考えられる．まず，線形層を使って $z = \boldsymbol{w}^\top \boldsymbol{h} + b$ を計算する．次にシグモイド活性化関数を利用して z を確率値へと変換する．

$\boldsymbol{x}$ への依存をいったん無視して z を使って y に関する確率分布を定義する方法を説明する．シグモイドを利用する理由は積分しても 1 にならない，正規化されていない確率分布 $\tilde{P}(y)$ を構成することにある．その後，適切な定数で除算することで有効な確率分布が得られる．正規化されていない対数確率が y と z に関して線形であるという仮定から始まる場合，その累乗計算をすることで正規化前の確率を求められる．それを正規化すると z のシグモイド変換によって制御されるベルヌーイ分布が得られることがわかる．

$$\log \tilde{P}(y) = yz \tag{6.20}$$

$$\tilde{P}(y) = \exp(yz) \tag{6.21}$$

$$P(y) = \frac{\exp(yz)}{\sum_{y'=0}^{1} \exp(y'z)} \tag{6.22}$$

$$P(y) = \sigma\left((2y-1)z\right). \tag{6.23}$$

累乗と正規化に基づく確率分布は統計的モデリングの文献ではよく見られる．二値変数に関するこのような分布を定義する変数 z は**ロジット**（**logit**）と呼ばれる．

対数空間での確率を予測するこの手法は最尤学習と組み合わせるのが自然である．最尤法で使用されるコスト関数は $-\log P(y \mid \boldsymbol{x})$ であるためコスト関数の中の対数がシグモイドの指数を打ち消す．この作用がなければシグモイドの飽和により勾配に基づく最適化手法がうまく進まない可能性がある．シグモイドでパラメータ化されたベルヌーイ分布における最尤学習の損失関数は次式のようになる．

$$J(\boldsymbol{\theta}) = -\log P(y \mid \boldsymbol{x}) \tag{6.24}$$

$$= -\log \sigma\left((2y-1)z\right) \tag{6.25}$$

$$= \zeta\left((1-2y)z\right). \tag{6.26}$$

この導出は3.10節で説明した性質のいくつかを利用している．損失をソフトプラス関数の形で書き直すと損失は $(1-2y)z$ が大きな負の値になったときだけ飽和することがわかる．したがって，飽和はモ

デルが正しい答えを取得したときだけ，つまり $y=1$ かつ z が正の大きな値の場合，または $y=0$ かつ z が負の大きな値の場合にのみ発生する．z の符号が間違っている場合，ソフトプラス関数の引数 $(1-2y)z$ は $|z|$ に単純化しても構わない． z の符号が間違っている間に $|z|$ が大きくなると，ソフトプラス関数は漸近的に単純にその引数 $|z|$ を返すようになる．z に関する微分は $\mathrm{sign}(z)$ に漸近的に近づくため極めて正しくない z の極限ではソフトプラス関数の勾配が緩やかになることはまったくない．すなわち，勾配に基づく学習が間違った z を素早く修正するように動作するということであり，これは有用な性質である．

平均二乗誤差のような他の損失関数を利用する場合，$\sigma(z)$ が飽和した場合には必ず損失も飽和する可能性が生じる．シグモイド活性化関数は z が大きな負の値になると 0 に飽和し，大きな正の値になると 1 に飽和する．この飽和が発生するとモデルが返す答えが正しくても間違っていても勾配が緩やかになりすぎて学習には有用でなくなってしまう．この理由からほとんど必ずと言っていいほどシグモイド出力ユニットを学習する方法としては最尤法が好まれる．

解析的にはシグモイドの対数はつねに定義されかつ有限である．なぜならシグモイドは有効な確率の閉区間 $[0,1]$ 全体を利用するのではなく，開区間 $(0,1)$ に制限された値を返すからである．ソフトウェアの実装では数値計算上の問題を避けるために $\hat{y}=\sigma(z)$ の関数ではなく，z の関数として負の対数尤度を定義するのがよい．シグモイド関数がアンダーフローして 0 になった場合，$\hat{y}$ の対数を取ると負の無限大になってしまう．

6.2.2.3　マルチヌーイ出力分布のためのソフトマックスユニット

n 個の取りうる離散値に関する確率分布を表現したい場合はつねにソフトマックス関数が利用できる．これは二値変数に関する確率分布を表現するために利用されたシグモイド関数の一般化と考えられる．

ソフトマックス関数は分類器の出力として最もよく使われるもので，n 個の異なるクラスに対する確率分布を表現する．まれにモデルの内部変数について n 個の選択肢から 1 つを選択したい場合にソフトマックス関数をモデルの内部に使うこともある．

二値変数の場合には次のような値を 1 つ出力するようにしたかった．

$$\hat{y}=P(y=1\mid \boldsymbol{x}). \tag{6.27}$$

この値は 0 から 1 の間に収まる必要があり，さらにこの値の対数が勾配に基づく対数尤度の最適化に対してよい挙動を示すようにするため，代わりに $z=\log \tilde{P}(y=1\mid \boldsymbol{x})$ を予測することにした．これを累乗して正規化するとシグモイド関数で制御されるベルヌーイ分布が得られる．

n 個の値を持つ離散変数の場合に一般化するためには $\hat{y}_i=P(y=i\mid \boldsymbol{x})$ であるベクトル値 $\hat{y}$ を出力する必要がある．有効な確率分布を表現するように $\hat{\boldsymbol{y}}$ の各要素は 0 から 1 の間であるだけでなく，ベクトル全体の総和が 1 でなければならない．ベルヌーイ分布で機能したものと同じ手法でマルチヌーイ分布は一般化される．まず，線形の層で正規化されていない対数確率を予測する．

$$\boldsymbol{z}=\boldsymbol{W}^{\top}\boldsymbol{h}+\boldsymbol{b}. \tag{6.28}$$

ただし $z_i=\log \tilde{P}(y=i\mid \boldsymbol{x})$ である．次にソフトマックス関数で $\boldsymbol{z}$ を累乗して正規化することで目的の $\hat{\boldsymbol{y}}$ を得る．数式としてはソフトマックス関数は次式で与られる．

$$\mathrm{softmax}(\boldsymbol{z})_i=\frac{\exp(z_i)}{\sum_j \exp(z_j)}. \tag{6.29}$$

ロジスティックシグモイドの場合と同様，最大対数尤度を利用してソフトマックスが目標値 y を出力するように訓練するときは指数関数を使うとうまく機能する．この場合，$\log P(\mathrm{y} = i; \boldsymbol{z}) = \log \mathrm{softmax}(\boldsymbol{z})_i$ を最大化したい．対数尤度の中の対数関数はソフトマックスの指数関数で打ち消されるため指数関数でソフトマックスを定義するのは自然である．

$$\log \mathrm{softmax}(\boldsymbol{z})_i = z_i - \log \sum_j \exp(z_j). \tag{6.30}$$

式6.30の第一項は入力 z_i がつねにコスト関数に直接影響を与えていることを示している．この項は飽和することがないため，z_i の式6.30の第二項への寄与が非常に小さくても学習は進行することがわかる．対数尤度を最大化するとき第一項は z_i を大きくする方向に寄与し，一方で第二項はすべての $\boldsymbol{z}$ を小さくする方向に寄与する．第二項 $\log \sum_j \exp(z_j)$ は $\max_j z_j$ でおおむね近似できることが直感的にわかる．この近似は $\max_j z_j$ よりも十分小さい z_k に対して $\exp(z_k)$ は寄与度が低くなるという考えに基づいている．この近似から負の対数尤度のコスト関数は最も活性化されている間違った予測に対して必ず大きなペナルティを課すことになると直感的に理解できる．もし正解がすでにソフトマックスへの入力の最大値であるなら $-z_i$ 項と $\log \sum_j \exp(z_j) \approx \max_j z_j = z_i$ の項はおおむね打ち消し合う．この事例は全体の訓練コストにほとんど影響を与えず，まだ正しく分類されていない他の事例の影響が支配的になる．

これまでは単一の事例について見てきた．概して正則化されていない最尤法は訓練集合で観測された出力比をソフトマックスに予測させるようにパラメータを学習する．

$$\mathrm{softmax}(\boldsymbol{z}(\boldsymbol{x};\boldsymbol{\theta}))_i \approx \frac{\sum_{j=1}^{m} \mathbf{1}_{y^{(j)}=i, \boldsymbol{x}^{(j)}=\boldsymbol{x}}}{\sum_{j=1}^{m} \mathbf{1}_{\boldsymbol{x}^{(j)}=\boldsymbol{x}}}. \tag{6.31}$$

最尤法は一致推定量であるためモデルの族が訓練分布を表現できるならこれが保証される．実際にはモデル容量に制限があり最適化が不完全な場合，このモデルは部分ごとの近似しかできないことになる．

対数尤度以外の目的関数の多くはソフトマックス関数とはうまく機能しない．具体的には目的関数が対数関数を利用せず，ソフトマックスの指数関数を打ち消せない場合，指数関数の引数が大きな負の値になって勾配が消失し学習に失敗する．特に二乗誤差はソフトマックスのユニットに対しては相性の悪い損失関数で，モデルが高い確信度で間違った予測をした場合でもモデルの出力を変える学習に失敗する可能性がある (Bridle, 1990)．他の損失関数が失敗する理由を理解するためにはソフトマックス関数そのものを調べる必要がある．

シグモイドと同様にソフトマックスの活性化関数は飽和する可能性がある．シグモイド関数はその入力が極端に負や正の値の場合に飽和する単一の出力を持つ．ソフトマックスは複数の値を出力する．この出力値は入力値間の差が極端に大きくなると飽和する．ソフトマックスが飽和する場合，ソフトマックスに基づくコスト関数の多くは飽和した活性化関数を元に戻すことができずに飽和する．

ソフトマックス関数が入力の間の差異に対して反応することを理解するには入力の各要素すべてに同じスカラーを加えたとき，ソフトマックスの出力が不変であることを見ればよい．

$$\mathrm{softmax}(\boldsymbol{z}) = \mathrm{softmax}(\boldsymbol{z} + c). \tag{6.32}$$

この性質を用いると数値計算的に安定なソフトマックスの変種を導出できる．

$$\mathrm{softmax}(\boldsymbol{z}) = \mathrm{softmax}(\boldsymbol{z} - \max_i z_i). \tag{6.33}$$

この再構成された形を使用すると z が極めて大きな正あるいは負の値でも数値的誤差が非常に小さなソフトマックスを評価できる．数値計算的に安定なソフトマックス関数を見てみるとソフトマックス関数はその引数が $\max_i z_i$ からどれだけ離れているかを表す関数だとわかる．

出力 $\mathrm{softmax}(\boldsymbol{z})_i$ は対応する入力が最大値（$z_i = \max_i z_i$）で，かつ z_i が他のどの入力よりも非常に大きい場合に 1 に飽和する．$\mathrm{softmax}(\boldsymbol{z})_i$ の出力は z_i が最大値ではなく，しかも最大値が z_i と比べて非常に大きい場合に 0 に飽和する．これはシグモイドユニットの飽和の一般化であり，損失関数がこれを考慮に入れて設計されていない場合はシグモイド関数と同様に学習が困難になる．

ソフトマックスの引数 $\boldsymbol{z}$ は 2 通りの方法で生成できる．最も一般的な方法は前述したように線形層 $\boldsymbol{z} = \boldsymbol{W}^\top \boldsymbol{h} + \boldsymbol{b}$ を使用してネットワークの前の層に $\boldsymbol{z}$ の各要素を出力させる方法である．この方法は単純ではあるが実際には分布を過度にパラメータ化している．n 個の出力の総和が 1 でなければならないという制約はパラメータが $n-1$ 個だけ必要ということである．すなわち，n 番目の値の確率は $n-1$ 番目までの確率を 1 から引くことで求められる．このように $\boldsymbol{z}$ の 1 つの要素を固定するように要件を課すことができる．たとえば $z_n = 0$ を要件とすることができる．実際，これはまさにシグモイドユニットで行われていることである．$P(y=1 \mid \boldsymbol{x}) = \sigma(z)$ と定義することは 2 次元の $\boldsymbol{z}$ において $z_1 = 0$ で $P(y=1 \mid \boldsymbol{x}) = \mathrm{softmax}(\boldsymbol{z})_1$ と定義することと等価である．ソフトマックスの引数を $n-1$ 個にする場合と n 個にする場合はどちらも同じ確率分布の集合を記述できるが学習の動作は異なる．実際には過度にパラメータ化された方法でも制限された方法でも大きな違いはなく，過度にパラメータ化された方法を利用する方が実装は単純になる．

神経科学の観点からはソフトマックスは使われているユニット間に競合を発生させる方法だと考えると興味深い．つまり，ソフトマックスの出力の和はつねに 1 であるため，あるユニットの値を大きくすると必然的に他のユニットの値を小さくすることになる．これは大脳皮質の中で隣接するニューロンの間に存在すると信じられている側方抑制に似ている．極端な場合（最大の a_i と他の値の差が大きくなった場合），**勝者総取り**（winner-take-all）の状態（出力の 1 つが 1 に近くなり，他の値がほぼ 0 の状態）になる．

「ソフトマックス」という名前は少々紛らわしいかもしれない．この関数は max 関数よりはむしろ $\arg\max$ 関数の方に関係が近い．「ソフト」という用語はソフトマックス関数が連続で微分可能であることに由来する．出力が one-hot ベクトルで表現される $\arg\max$ 関数は連続でも微分可能でもない．このようにソフトマックス関数は $\arg\max$ の「やわらかい」バージョンである．対応する max 関数の「やわらかい」バージョンは，$\mathrm{softmax}(\boldsymbol{z})^\top \boldsymbol{z}$ である．ソフトマックス関数は「softargmax」と呼ぶ方が適切かもしれないが，現在の名前が慣習として確立している．

6.2.2.4　その他の出力の種類

これまでに説明した線形ユニット，シグモイド関数，ソフトマックス関数が最も一般的な出力ユニットである．ニューラルネットワークはほぼどんな種類の出力層でも一般化できる．最尤法の原則はほとんどどの種類の出力層に対してもよいコスト関数を定義するための指針を提示する．

一般に条件付き分布 $p(\boldsymbol{y} \mid \boldsymbol{x}; \boldsymbol{\theta})$ を定義する場合，最尤法の原則に従うと $-\log p(\boldsymbol{y} \mid \boldsymbol{x}; \boldsymbol{\theta})$ が適切なコスト関数となる．

概してニューラルネットワークは関数 $f(\boldsymbol{x}; \boldsymbol{\theta})$ を表していると考えることができる．この関数の出力は値 $\boldsymbol{y}$ を直接予測するわけではない．その代わり $f(\boldsymbol{x}; \boldsymbol{\theta}) = \boldsymbol{\omega}$ は y における分布のパラメータを与える．このときの損失関数は $-\log p(\mathbf{y}; \boldsymbol{\omega}(\boldsymbol{x}))$ と解釈できる．

たとえば $\mathbf{x}$ が与えられた下での $\mathbf{y}$ の条件付きガウス分布の分散を学習したい場合を考える．分散 σ^2 が定数であるような単純な場合，分散の最尤推定量は単純に観測値 $\mathbf{y}$ とその期待値の間の二乗誤差の事後平均となるため閉形式となる．特殊な場合のプログラムを書く必要のない，より計算コストが高い方法としては単に $\boldsymbol{\omega} = f(\boldsymbol{x};\boldsymbol{\theta})$ によって制御される分布 $p(\mathbf{y} \mid \boldsymbol{x})$ の属性の 1 つとして分散を含める方法がある．負の対数尤度 $-\log p(\boldsymbol{y};\boldsymbol{\omega}(\boldsymbol{x}))$ によって得られるコスト関数には最適化の過程で徐々に分散を学習するために必要な項が含まれている．標準偏差が入力に依存しない単純な場合では直接 $\boldsymbol{\omega}$ として利用されるパラメータをネットワーク内に作成することができる．この新しいパラメータは σ 自体でもよいし，あるいは σ^2 を意味する v や $\frac{1}{\sigma^2}$ を意味する β かもしれないが，それは分布をどのようにパラメータ化するかに依存する．異なる値の $\mathbf{x}$ に対して異なる $\mathbf{y}$ の分散をモデルに予測させたい場合がある．これは**不等分散**（heteroscedastic）モデルと呼ばれる．不等分散モデルの場合，単に分散を $f(\mathbf{x};\boldsymbol{\theta})$ が出力する値の 1 つで指定するだけである．これを行う典型的な方法の 1 つは式3.22で説明したように分散ではなく精度を使用してガウス分布を定式化することである．多変量の場合，以下の対角精度行列を使用するのが最も一般的である．

$$\mathrm{diag}(\boldsymbol{\beta}). \tag{6.34}$$

この定式化は勾配降下法と相性がよい．なぜなら $\boldsymbol{\beta}$ でパラメータ化されたガウス分布の対数尤度の式は β_i の掛け算と $\log \boldsymbol{\beta}_i$ の足し算のみで構成されるからである．乗算，加算，そして対数の演算の勾配はよい挙動を示す．対照的に出力を分散についてパラメータ化した場合，除算が必要になる．除算の関数は 0 付近で任意に急峻になる．急峻な勾配は学習に役立つ一方で任意に急峻になる勾配は通常安定性を欠く．標準偏差で出力をパラメータ化した場合，対数尤度には依然として除算に加えて二乗の項も含まれる．二乗演算は 0 の近くで勾配がなくなる可能性があり，二乗されるパラメータの学習が困難となる．標準偏差，分散，精度のいずれを使うにせよガウス分布の共分散行列を正定値にしなければならない．精度行列の固有値が共分散行列の固有値の逆数であるためこれは精度行列を正定値にすることと等価である．対角行列またはそのスカラー倍された対角行列を使う場合，モデル出力に課す必要のある唯一の条件は正値性である．$\boldsymbol{a}$ が対角精度行列を決定するモデルの活性化値だとする，ソフトプラス関数を使って正の精度ベクトル $\boldsymbol{\beta} = \zeta(\boldsymbol{a})$ が得られる．精度の代わりに標準偏差や分散を使う場合，あるいは対角行列の代わりに定数倍された単位行列を使う場合にも同じ手法を適用できる．

対角行列よりも情報の多い構造の共分散行列や精度行列を学習することはまれである．共分散行列が完全で条件付きの場合，予測される共分散行列の正定値性を保証するようなパラメータ化が選択されなければならない．これは $\boldsymbol{B}$ を制約のない正方行列とした場合に $\boldsymbol{\Sigma}(\boldsymbol{x}) = \boldsymbol{B}(\boldsymbol{x})\boldsymbol{B}^\top(\boldsymbol{x})$ と書くことで達成できる．行列がフルランクの場合の現実的な問題の 1 つはその尤度を計算するコストが高いことである．$\boldsymbol{\Sigma}(\boldsymbol{x})$ の行列式と逆行列（あるいはそれと同等か，より一般的に行われる $\boldsymbol{\Sigma}(\boldsymbol{x})$ や $\boldsymbol{B}(\boldsymbol{x})$ の固有値分解）の計算には $d \times d$ の行列の場合に $O(d^3)$ の計算量が必要になる．

マルチモーダルな回帰を実行したい場合は多い．これはつまり同じ $\boldsymbol{x}$ の値に対して $\boldsymbol{y}$ 空間で複数の峰を持つ可能性のある条件付き分布 $p(\boldsymbol{y} \mid \boldsymbol{x})$ から生成される実数を予測することである．この場合，混合ガウス分布が出力として自然な表現である (Jacobs *et al.*, 1991; Bishop, 1994)． 混合ガウス分布を出力とするニューラルネットワークは**混合密度ネットワーク**（mixture density network）と呼ばれることが多い．n 個の要素を持つ混合ガウス分布は次式の条件付き確率分布で定義される．

$$p(\boldsymbol{y} \mid \boldsymbol{x}) = \sum_{i=1}^{n} p(\mathrm{c} = i \mid \boldsymbol{x}) \mathcal{N}(\boldsymbol{y}; \boldsymbol{\mu}^{(i)}(\boldsymbol{x}), \boldsymbol{\Sigma}^{(i)}(\boldsymbol{x})). \tag{6.35}$$

このニューラルネットワークには出力が 3 つ必要である．それは $p(\mathrm{c} = i \mid \boldsymbol{x})$ を定義するベクトルと，

すべての i に対して $\boldsymbol{\mu}^{(i)}(\boldsymbol{x})$ を与える行列，そしてすべての i に対して $\boldsymbol{\Sigma}^{(i)}(\boldsymbol{x})$ を与えるテンソルである．これらの出力はそれぞれ以下の制約を満たさなければならない．

1. 混合分布の要素 $p(\mathrm{c} = i \mid \boldsymbol{x})$：これは潜在変数 c で関連付けられた n 個の要素でマルチヌーイ分布を構成する[*1]．通常は n 次元ベクトルのソフトマックスによってそれを得る．これにより出力が正かつその総和が 1 になることが保証される．
2. 平均 $\boldsymbol{\mu}^{(i)}(\boldsymbol{x})$：これは i 番目のガウス分布の要素の中心あるいは平均を意味し，制約条件はない（通常これらの出力ユニットに非線形関数は利用しない）．$\mathbf{y}$ が d 次元ベクトルの場合，ネットワークの出力は n 個の d 次元ベクトルすべてを含む $n \times d$ 行列となる．最尤推定でこれらの平均を学習することは出力モードが 1 つしかない分布の平均を求めるよりも少し複雑になる．実際に観測値を出力した要素の平均だけを更新したい．現実的にはそれぞれの観測値を出力した要素がどれなのかはわからない．負の対数尤度の表現は要素が事例を出力する確率を使ってその各要素の損失に対する事例の分布に必然的に重みを付けることになる．
3. 共分散 $\boldsymbol{\Sigma}^{(i)}(\boldsymbol{x})$： これは各要素 i に対する共分散行列を指定する．ガウス分布の要素の 1 つを学習する場合，行列式の計算を避けるために通常は対角行列を利用する．混合分布の平均の学習と同様に各混合要素に各点の分担を割り当てる必要があるため最尤法が複雑になる．混合モデルの下で適切な仕様の負の対数尤度が与えられれば勾配降下法で自動的に正しい処理が実行される．

（ニューラルネットワークの出力について）条件付き混合ガウス分布に対する勾配に基づいた最適化手法は不安定になりうることが報告されている．その理由の 1 つは（事例の分散が非常に小さくなるとその勾配は非常に大きくなるので）数値的に不安定になる可能性のある（分散による）除算が実行されることである．解決策の 1 つは**勾配をクリップ**（clip gradients）すること（10.11.1節）である．あるいは勾配をヒューリスティックにスケーリングする方法もある (Murray and Larochelle, 2014)．

混合ガウス分布の出力は音声や物体の動きの生成モデルに対して特に有効である (Schuster, 1999; Graves, 2013)．混合密度を使う戦略によってネットワークは複数の出力モードを表現し，その出力の分散を制御することができる．これは上記の実数値の分野で高い品質を得るために重要である．図6.4に混合密度ネットワークの例を示す．

一般的にはより多くの変数を含むさらに大きなベクトル $\boldsymbol{y}$ をモデル化し，その出力変数によりいっそう情報を含む構造を導入することを継続したいと考えるかもしれない．たとえば文章を構成する文字列をニューラルネットワークに出力させたい場合，そのモデル $p(\boldsymbol{y}; \boldsymbol{\omega}(\boldsymbol{x}))$ に最尤法の原理を引き続き適用することもできる．しかし，$\boldsymbol{y}$ を記述するためのモデルは複雑になるため本章の対象範囲を超えてしまう．10章で回帰結合型ニューラルネットワークを利用して文字列のような系列のモデルを定義する方法を説明する．またIII部では任意の確率分布をモデル化する発展的な方法について説明する．

6.3　隠れユニット

ここまではニューラルネットワークの設計における選択について，勾配降下法によって学習するパラメトリックな機械学習アルゴリズムのほとんどに共通するものに焦点を当てて説明してきた．ここから

[*1] c は潜在変数として考える．なぜなら c はデータ内で観測されないからである．入力を $\mathbf{x}$，目的関数を $\mathbf{y}$ とする場合，どのガウス分布の要素が $\mathbf{y}$ に関与しているのかを確実に知ることは不可能である．しかし $\mathbf{y}$ はガウス分布の要素の 1 つから生成されたと考えることができるためその未観測な要素を確率変数とすることができる．

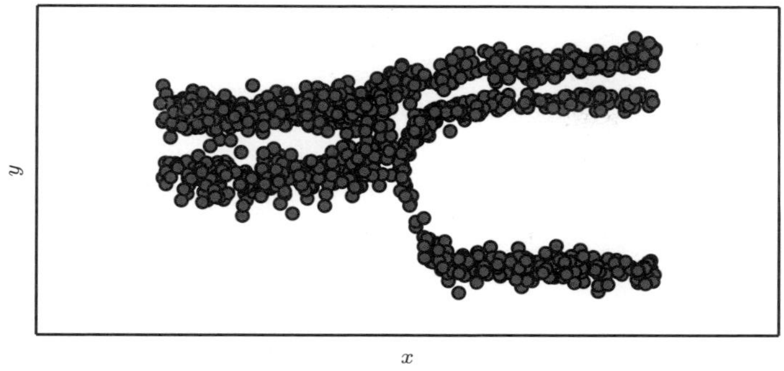

図 **6.4:** 混合密度出力層を持つニューラルネットワークから得られたサンプル．入力 x は一様分布からサンプリングされ出力 y は $p_{\text{model}}(y \mid x)$ からサンプリングされたものである．ニューラルネットワークは入力から出力分布のパラメータへの非線形写像を学習できる．これらのパラメータには 3 つの混合分布のうちのどれが出力を生成したかを管理する確率に加えて混合分布の各要素のパラメータが含まれている．各混合分布は予測した平均と分散をパラメータとして持つガウス分布である．出力分布のこのような側面はすべて入力 x に応じて非線形に変化することができる．

は順伝播型ネットワークに固有の問題に目を向ける．それはモデルの隠れ層の中で使用する隠れユニットの種類をどう選択するかという問題である．

隠れユニットの設計は研究が極めて活発な分野であり，理論的な原則に基づく確実な指針はまだ少ない．

ReLU が隠れユニットの標準的な選択としては優れている．他にも多くの隠れユニットが利用可能である．いつどの隠れユニットを使うべきかを決めるのは難しい場合がある（ただし，通常 ReLU は選択として許容できる）．ここでは各種の隠れユニットに関して，それを使うことについての基本的な洞察をいくつか説明する．このような洞察はいつどのユニットを試すかを決定する際に役立つ．通常はどの隠れユニットが最もよく機能するかを事前に予測できない．設計過程は試行錯誤の上に成り立つ．ある隠れユニットがうまく機能しそうだと直感したらそれを使ってネットワークを訓練し，検証データ集合でその性能を評価する．

本書で紹介する隠れユニットのいくつかは実際には入力の点すべてで微分可能というわけではない．たとえば ReLU$g(z) = \max\{0, z\}$ は $z = 0$ で微分不可能である．したがって g が勾配に基づく学習アルゴリズムでは使えないように見えるかもしれない．実際には機械学習タスクにおいてこれらのモデルを利用しても勾配降下法は十分よく機能する．その理由の 1 つは図4.3に示したように通常ニューラルネットワークの訓練アルゴリズムはコスト関数の極小値に到達するのではなく，コスト関数の値を大きく減少させるだけだからである．8章でこの考え方についてさらに詳しく説明する．訓練時に勾配が $\mathbf{0}$ になる点に実際に達することは想定していないためコスト関数の極小値が勾配の定義されていない点に対応していても問題ない．微分不可能な隠れユニットは通常はほんの少数の点でのみ微分不可能となる．一般的に関数 $g(z)$ は点 z のすぐ左の関数の傾きで定義される左微分と点 z のすぐ右の関数の傾きで定義される右微分を持つ．関数は点 z において左微分と右微分の両方が定義され，さらにそれらが等しい場合に限り微分可能である．ニューラルネットワークに関連して使用される関数は通常左微分と右微分が定義されている．$g(z) = \max\{0, z\}$ の場合，$z = 0$ における左微分は 0 で右微分は 1 である．ニューラルネットワークを訓練するためのソフトウェアの実装では通常は左微分か右微分のどちらかの値を返し微分が未定義であると通知したり例外を返したりはしない．このことはデジタルコンピュータ上での勾配に基づく最適化には数値計算上の誤差の影響があることを考えれば経験則的には正当化できるかもしれない．関数に $g(0)$ の評価をさせる場合，通常はその引数の値が真に 0 となることはない．その代わり，それは 0 に丸められた非常に小さい値 ϵ である可能性が高い．状況によっては理論的にもっとうまく正当性を主張できる方法あるが，通常ニューラルネットワークの訓練には当てはまらない．重要な点は以下で説明する隠れユニットの活性化関数が微分不可能であることは実際には無視しても問題がないということである．

特に明示しない限りほとんどの隠れ層は入力としてベクトル $\boldsymbol{x}$ を受け取り，アフィン変換 $\boldsymbol{z} = \boldsymbol{W}^\top \boldsymbol{x} + \boldsymbol{b}$ を計算し，そして要素ごとに非線形変換関数 $g(\boldsymbol{z})$ を適用する．ほとんどの隠れユニットにおいてその違いは活性化関数 $g(\boldsymbol{z})$ の形の選択だけである．

6.3.1 ReLU とその一般化

ReLU は活性化関数 $g(z) = \max\{0, z\}$ を利用する．

ReLU は線形関数と非常によく似ているため最適化しやすい．線形関数と ReLU の唯一の違いは ReLU は定義域の半分で 0 を出力する点である．そのためユニットが活性化している領域ではつねにその微分が大きいままである．勾配は大きいだけではなく一定である．正規化演算の二階微分はほとんど至るところで 0 であり，その微分はユニットが活性化されている点ではどこでも 1 である．これは学習においては二階微分の影響を受ける活性化関数と比べて勾配の方向の方がずっと有用であるということを意味している．

ReLU は通常アフィン変換の後に適用する．

$$\boldsymbol{h} = g(\boldsymbol{W}^\top \boldsymbol{x} + \boldsymbol{b}). \tag{6.36}$$

アフィン変換のパラメータを初期化する場合は $\boldsymbol{b}$ のすべての要素を 0.1 などの小さい正の値に設定するとよく機能する．こうすることで ReLU が訓練集合のほとんどの入力に対して最初は活性化し，勾配が通過できるようになる．

ReLU の一般化がいくつか存在する．この一般化のほとんどは ReLU と同等の性能を示し，場合によってはよりよい性能を発揮することがある．

ReLU の欠点の 1 つは活性化値が 0 になるような事例が勾配に基づく手法では学習できないという点である．ReLU のさまざまな一般化によって勾配をどこでも取得できることが保証される．

以下で紹介する ReLU の 3 つの一般化は $z_i < 0$ となる場合にゼロでない傾き α_i に基づくものである．すなわち $h_i = g(\boldsymbol{z}, \boldsymbol{\alpha})_i = \max(0, z_i) + \alpha_i \min(0, z_i)$ である．**Absolute value rectification** は $\alpha_i = -1$ に固定し，$g(z) = |z|$ を得る．これは画像の中の物体認識に使用されている (Jarrett *et al.*, 2009)．これは物体認識では入力の光源の極性反転に対して不変な特徴量を探すことが道理にかなっているためである．他の ReLU の一般化はもっと広く適用できる．**leaky ReLU** (Maas *et al.*, 2013) では α_i を 0.01 のような小さな値に固定し，一方で**パラメトリック ReLU**（**parametric ReLU**，**PReLU**）では α_i を学習可能なパラメータとして扱う (He *et al.*, 2015).

マックスアウトユニット（**maxout units**）(Goodfellow *et al.*, 2013a) は ReLU をさらに一般化したものである．要素ごとに関数 $g(z)$ を適用する代わりにマックスアウトユニットでは $\boldsymbol{z}$ を k 個の値のグループに分ける．個々のマックスアウトユニットはそのグループの 1 つから最大の要素を出力する．

$$g(\boldsymbol{z})_i = \max_{j \in \mathbb{G}^{(i)}} z_j. \tag{6.37}$$

ただし $\mathbb{G}^{(i)}$ はグループ i の入力に振られるインデックス集合 $\{(i-1)k+1, \ldots, ik\}$ である．これにより入力の $\boldsymbol{x}$ 空間において複数の方向に反応する区分線形関数の学習方法が得られる．

マックスアウトユニットは最大 k 個までの区分を組み合わせて区分線形凸関数を学習することができる．したがってマックスアウトユニットはただユニット間の関係を表すというよりも**活性化関数自体を学習**すると考えられる．k が十分大きければマックスアウトユニットはどんな凸関数も任意の精度で近似できる．あるいは，まったく異なる関数を同時に実装することも学習できる．特に 2 つの区分からなるマックスアウト層は $\boldsymbol{x}$ を入力とする ReLU，Absolute value ReLU，leaky ReLU，Parametric ReLU といった関数を使用する従来の層や，それ以外のまったく異なる関数を使用する層を同時に実現することができる．もちろんマックスアウト層は上記のタイプの層のどれとも異なる形でパラメータ化される．したがってマックスアウト層が他のタイプの層の 1 つとして同じ $\boldsymbol{x}$ の関数を学習した場合でも学習の様子は異なるものになるだろう．

マックスアウトユニットそれぞれは 1 つだけではなく k 個の重みベクトルでパラメータ化されるため，通常マックスアウトユニットには ReLU よりも多くの正則化が必要になる．訓練集合が大きく，ユニットごとの区分の数を小さくしておけるなら，正則化なしでもよく機能する (Cai *et al.*, 2013).

マックスアウトユニットには他にもいくつか利点がある．場合によっては必要なパラメータの数を減らすことにより統計的および計算的な利点が得られる．特に n 個の線形フィルタで得られる素性が k 個の素性のグループそれぞれに対して最大値を取ることで情報を失わずに圧縮できるなら，その次の層の重みの数を k 分の 1 に減らしてもうまく動作する．

各ユニットは複数のフィルタで動作するため，マックスアウトユニットは過去に学習したタスクの実行方法をニューラルネットワークが忘れてしまう**破壊的忘却**（**catastrophic forgetting**）と呼ばれる現象に抵抗するための手助となる冗長性を持っている (Goodfellow *et al.*, 2014a).

ReLU やそのすべての一般化はモデルの挙動が線形に近いほどそのモデルは最適化しやすくなるという原則に基づいている．深層線形ネットワーク以外の文脈でも線形の挙動を利用して最適化を容易にするというこの一般的な原則は当てはまる．回帰結合型ニューラルネットワークは系列を学習し，状態と出力の系列を生成することができる．回帰結合型ニューラルネットワークを訓練する際には複数の時間ステップを通して情報が伝達される必要があるが，これは（方向微分の大きさが 1 に近い）線形の演算がいくつか含まれている場合にはずっと簡単になる．最も性能のよい回帰結合型ニューラルネットワーク構造の 1 つである LSTM は総和を取ることで情報を時間方向に伝達する．総和を取ることは特にわかりやすい線形活性化関数の一種である．これは10.10.1節でさらに詳しく説明する．

6.3.2 ロジスティクシグモイドとハイパボリックタンジェント

ReLU が登場するまではほとんどのニューラルネットワークでロジスティックシグモイド活性化関数

$$g(z) = \sigma(z) \tag{6.38}$$

あるいは，ハイパボリックタンジェント活性化関数

$$g(z) = \tanh(z) \tag{6.39}$$

が使われていた．この 2 つの活性化関数は非常に近い関係にある．なぜなら $\tanh(z) = 2\sigma(2z) - 1$ だからである．

シグモイドユニットを出力ユニットとして利用し二値変数が 1 である確率を予測する方法についてはすでに説明した．区分線形ユニットとは異なりシグモイドユニットはほとんどの定義域で飽和する．シグモイドは z が正の大きな値の場合に大きな値に飽和し，負の大きな値の場合は小さな値に飽和する．また，z が 0 に近い点でのみ非常に敏感に入力に対して反応する．シグモイド関数の飽和領域が広いため勾配に基づく学習は困難となる．このためシグモイド関数を順伝播型ネットワークの隠れユニットとして使用することは今では非推奨である．シグモイドユニットを出力ユニットとして使う場合，適切なコスト関数を使用してシグモイドの飽和を打ち消すことができるならば勾配に基づく学習と相性がよい．

シグモイド活性化関数を使用しなければならない場合，通常はハイパボリックタンジェント活性化関数の方がロジスティックシグモイドよりもよく機能する．$\tanh(0) = 0$ である一方 $\sigma(0) = \frac{1}{2}$ であるため，その意味ではハイパボリックタンジェントは恒等関数により近い．tanh は 0 付近では恒等関数に似ているため，深層ニューラルネットワークの活性化関数の値を小さくすることができればそのネットワーク $\hat{y} = \boldsymbol{w}^\top \tanh(\boldsymbol{U}^\top \tanh(\boldsymbol{V}^\top \boldsymbol{x}))$ を訓練することは線形モデル $\hat{y} = \boldsymbol{w}^\top \boldsymbol{U}^\top \boldsymbol{V}^\top \boldsymbol{x}$ を訓練することと似ている．そのため tanh ネットワークの方が訓練しやすい．

順伝播型ネットワーク以外ではシグモイド活性化関数はもっと一般的に利用されている．回帰結合型ネットワークや多くの確率モデル，そして一部の自動符号化器には追加の制約が存在し区分線形関数が利用できないため，飽和するという欠点があるもののシグモイド関数は魅力的な選択肢になる．

6.3.3　その他の隠れユニット

他にも多くの種類の隠れユニットが利用できるが，それが利用される頻度はそれほど高くない．

一般的に言えば微分可能であれば幅広い種類の関数が極めてよく機能する．未発表の活性化関数でもすでによく利用されているものと同じくらいの性能を発揮する．具体的な例を挙げると著者らは $\boldsymbol{h} = \cos(\boldsymbol{W}\boldsymbol{x} + \boldsymbol{b})$ を利用して MNIST データ集合で順伝播型ネットワークを検証したところ，1% 未満の誤り率が得られた．これは従来の活性化関数を利用した場合の結果に匹敵する性能である．新技術の研究開発をする際にさまざまな活性化関数を試すと標準的な実践の変形はそれと同等の性能を示すことが多い．つまり，隠れユニットの新種は通常著しい性能向上をはっきりと示す場合にのみ発表されるということである．既存の隠れユニットとおよそ同等の性能を示す新しいユニットはありふれているので興味は持たれない．

文献に発表されている隠れユニットの種類をすべて列挙するのは現実的ではない．ここでは特に有用かつ特徴的なものをいくつか紹介する．

有用と考えられる隠れユニットの 1 つは活性化関数 $g(z)$ をまったく持たないものである．これは恒等関数を活性化関数として利用していると考えることもできる．線形ユニットがニューラルネットワークの出力として有用であることはすでに説明した．線形ユニットを隠れユニットにも使える可能性がある．ニューラルネットワークの各層が線形変換のみで構成されているならばそのネットワーク全体も線形になる．しかし，ニューラルネットワークのいくつかの層が純粋に線形であることは問題ない．n 個の入力と p 個の出力を持つニューラルネットワークの 1 つの層 $\boldsymbol{h} = g(\boldsymbol{W}^\top \boldsymbol{x} + \boldsymbol{b})$ を考える．この層を 2 つの層に置き換え，1 つの層は重み行列 $\boldsymbol{U}$ を使い，もう 1 つは重み行列 $\boldsymbol{V}$ を使うことにする．最初の層に活性化関数がなければこれは本質的には元の層に $\boldsymbol{W}$ に基づく重み行列を掛けたことになる．この手法では $\boldsymbol{h} = g(\boldsymbol{V}^\top \boldsymbol{U}^\top \boldsymbol{x} + \boldsymbol{b})$ を計算する．$\boldsymbol{U}$ が q 個の出力をする場合，$\boldsymbol{U}$ と $\boldsymbol{V}$ は合わせて $(n+p)q$ 個だけのパラメータを持ち，$\boldsymbol{W}$ は np 個のパラメータを持つ．q を小くするとパラメータの数を非常に少なくできることになる．これは線形変換のランクを低くするという制約を課すことと引き換えに実現されるが，それが十分なことは多い．このように線形の隠れユニットを使うとネットワークのパラメータの数を効率的に削減できる．

ソフトマックスユニットは（6.2.2.3節で説明したように）通常は出力として利用されるが，隠れ層として利用されることもある．ソフトマックスユニットは k 個の値を取る離散変数の確率分布を自然に表現するためスイッチの一種として使うことができる．通常このような隠れユニットは10.12節で説明するような明示的にメモリ操作を学習するもっと高度な構造でのみ使用される．

他に一般的な隠れユニットには以下のものがある．

- **動径基底関数**（radial basis function）あるいは RBF ユニット：$h_i = \exp\left(-\frac{1}{\sigma_i^2}||\boldsymbol{W}_{:,i} - \boldsymbol{x}||^2\right)$．この関数は $\boldsymbol{x}$ がテンプレート $\boldsymbol{W}_{:,i}$ に近づくにつれてより活性化する．ほとんどの $\boldsymbol{x}$ においてこの関数は 0 になるため，最適化は困難である．
- **ソフトプラス**（softplus）：$g(a) = \zeta(a) = \log(1 + e^a)$．これは ReLU を滑らかにした関数である．これをDugas *et al.* (2001) は関数近似のために使用し，Nair and Hinton (2010) は無向確率モデルの条件付き分布のために利用した． Glorot *et al.* (2011a) はソフトプラス関数と ReLU を比較し後者の方がよい結果が得られることを発見した．一般的にはソフトプラスの使用は推奨されない．ソフトプラスでは隠れユニットが直感と大きく異なる挙動を示すことがある．ソフトプラスはどこでも微分可能でまた完全には飽和しないためソフトプラスの方が ReLU より有利と考えるかもしれないが，経験的にはそうはならない．
- **Hard tanh**：$g(a) = \max(-1, \min(1, a))$ この関数の形は tanh や ReLU に似ているが ReLU とは異なり有界である．この関数は Collobert (2004) によって発表された．

隠れ層の設計は活発な研究領域であり今後有用な隠れユニットが多数発見されることだろう．

6.4　アーキテクチャの設計

ニューラルネットワークにおけるもう 1 つの重要な設計視点はアーキテクチャを決定することである．**アーキテクチャ**（architecture）という言葉はユニットの数やそれをどう組み合わせるかといったネットワーク全体の構造を意味する．

ほとんどのニューラルネットワークは層と呼ばれるユニットの集合として構成される．ほとんどのニューラルネットワークのアーキテクチャではこの層を連鎖構造にして各層は 1 つ前の層の関数となる．この構造では第一層は次式で与えられる．

$$\boldsymbol{h}^{(1)} = g^{(1)}\left(\boldsymbol{W}^{(1)\top}\boldsymbol{x} + \boldsymbol{b}^{(1)}\right). \tag{6.40}$$

二層目は以下のようになる．

$$\boldsymbol{h}^{(2)} = g^{(2)}\left(\boldsymbol{W}^{(2)\top}\boldsymbol{h}^{(1)} + \boldsymbol{b}^{(2)}\right). \tag{6.41}$$

これ以降の層も同様となる．

このような連鎖に基づくアーキテクチャにおいて構造面の主な検討項目はネットワークの深さと各層の幅である．この後で説明するように隠れ層を 1 つだけ持つネットワークでも訓練集合に十分適合できる．さらに深いネットワークを使えば各層のユニット数とパラメータ数を大幅に減らしながらテスト集合に対して汎化できることが多いが，一方で最適化も難しくなる傾向にある．あるタスクにとって理想的なネットワークアーキテクチャは検証集合の誤差を観察することで実験的に発見していかなければならない．

6.4.1　万能近似性と深さ

線形モデルは行列積を使って特徴量を出力に写像するが，その定義からわかるように線形な関数しか表現できない．線形モデルは多くの損失関数が凸最適化問題に帰着するため簡単に訓練できるという利点がある．ただ残念なことに非線形関数を学習したいことはよくある．

一見すると非線形関数を学習する場合には学習したい非線形性関数の種類に応じて特別なモデル族を設計する必要があるように見えるかもしれない．幸いなことに隠れ層を持つ順伝播型ネットワークは普遍的な近似の枠組みを提供する．特に**万能近似定理**（**universal approximation theorem**）(Hornik *et al.*, 1989; Cybenko, 1989) はネットワークが十分な数の隠れユニットを持つ場合，線形の出力層と（ロジスティックシグモイド活性化関数のような）「押しつぶす」ことができる活性化関数を持つ隠れ層が少なくとも 1 つ含まれる順伝播型ネットワークはどんなボレル可測関数でも任意の精度で近似できると述べている．順伝播型ネットワークの微分はその関数の微分を任意によく近似することもできる (Hornik *et al.*, 1990). ボレル可測の概念は本書の対象とする範囲を超えている．ここでは $\mathbb{R}^n$ の有界で閉じた部分集合上の任意の連続関数はボレル可測であり，したがってニューラルネットワークで近似できる可能性があるということがわかれば十分である．ニューラルネットワークは任意の有限次元の離散空間から別な空間へ写像する関数も近似できる可能性がある．もともとの定理はまず正または負に非常に大きい場合に飽和する活性化関数を持つユニットに関して述べたものだが，万能近似定理はさらに広い範囲の活性化関数のクラスに関しても証明されており，その中には現在広く使われている ReLU も含まれている (Leshno *et al.*, 1993).

万能近似定理が意味することはどんな関数を学習するかにかかわらず，大きな MLP であればその関数を**表現**できるということである．しかしながら，訓練アルゴリズムがその関数を**学習**できるかどうかは保証されていない．もし MLP がその関数を表現できたとしても 2 つの理由で学習が失敗することがある．まず，訓練に利用する最適化アルゴリズムは目的の関数に対応するパラメータの値を発見できない可能性がある．2 つ目に，訓練アルゴリズムは過剰適合が理由で間違った関数を選択する可能性がある．5.2.1節で紹介した「ノーフリーランチ定理」で普遍的に優れた機械学習アルゴリズムが存在しないことが示されたのを思い出されたい．ある関数が与えられたときにその関数を近似する順伝播型ネットワークが存在するという意味では，順伝播型ネットワークは関数を表現するための普遍的なシステムを提供する．ある特定の事例の訓練集合を調査し，訓練集合に存在しない点に汎化する関数を選択する場合の普遍的な手順はない．

万能近似定理によればネットワークが十分大きければ任意の精度で関数が近似できるが，そのネットワークがどれほどの大きさになるのかについては述べていない．Barron (1993) は 1 つの層を持つネットワークがある幅広い関数のクラスを近似するために必要なサイズの範囲を示した．残念ながら，最悪の場合指数関数的な数の隠れユニット（もしかすると 1 つの隠れユニットが区別が必要な入力状態それぞれに対応するかもしれない）が必要となる．これは二値の場合が最も理解しやすい．ベクトル $\boldsymbol{v} \in \{0,1\}^n$ に関して，取りうる二値関数の数は 2^{2^n} となる．その関数の選択には 2^n ビットが必要となるため一般的に $O(2^n)$ 次元の自由度が必要になる．

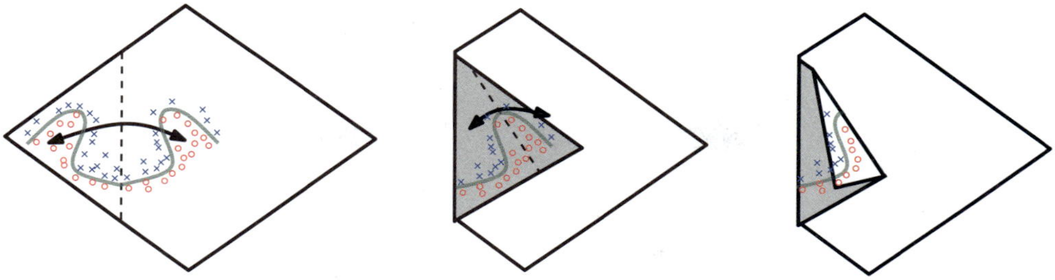

図 **6.5:** Montufar *et al.* (2014) によって形式化された，より深い ReLU ネットワークの指数的な利点を直観的かつ幾何学的に説明した図．（**左**）Absolute value ReLU では入力とその鏡像となる点のペアは出力が同じになる．鏡像の対称軸はユニットの重みとバイアスによって定義される超平面である．このユニットの次に計算される関数（灰色の点線が識別境界）はこの対称軸を横切ってより単純なパターンを対称にした鏡像になる．（**中央**）関数は対称軸で空間を折りたたむことで得られる．（**右**）別の繰り返しパターンを（別の下流ユニットにより）最初のパターンの上で折りたたむことができ，これにより別の対称性（2 つの隠れ層で 4 回繰り返される）が得られる．図はMontufar *et al.* (2014) の許可を得て転載したものである．

まとめると，1 つの隠れ層を持つ順伝播型ネットワークは任意の関数を表現するのに十分だが，その層は非現実的に大きなサイズとなる可能性があり，また正しい学習や汎化に失敗するかもしれない．多くの場合より深いモデルを利用すると目的の関数を表現するために必要なユニットの数が減り，汎化誤差も減らすことができる．

ある関数族は層の数がある値 d よりも深いアーキテクチャで効率的に近似できるが，深さが d 以下に制限される場合はもっと大きなモデルが必要になる．多くの場合，浅いモデルで必要になる隠れユニットの数は n のべき乗になる．この結果は最初に機械学習で利用される連続で微分可能なニューラルネットワークとは類似しないモデルに対して証明されたが，今ではそのようなモデルにも拡張されている．最初の結果は論理回路に対するものだった (Håstad, 1986)．その後の研究で非負の重みを持つ線形閾値ユニットに拡張され (Håstad and Goldmann, 1991; Hajnal *et al.*, 1993)，さらにその後連続値の活性化関数を持つニューラルネットワークに拡張された (Maass, 1992; Maass *et al.*, 1994)．最新のニューラルネットワーク研究では ReLU を利用している場合が多い．Leshno *et al.* (1993) は ReLU を含む，非多項式形式の幅広い活性化関数族を使用する浅いネットワークで万能近似定理が成り立つことを示したが，深さや効率に関する疑問は取り組まれていない．この研究では十分な幅の ReLU ネットワークであれば任意の関数を近似できるということを示しただけである．Montufar *et al.* (2014) は深い ReLU ネットワークで表現できる関数を浅い（一層しかない）ネットワークで表現するためには指数関数的に大きな数の隠れユニットが必要になることを示した．より正確には（ReLU あるいはマックスアウトユニットから得られる）区分的線形関数のネットワークはその深さに対する指数関数的な数の領域を持つ関数を表現できることを示した．図6.5は Absolute value ReLU ユニットを持つネットワークがある隠れユニットの入力に関して，その隠れユニットより前で計算された関数の鏡像をどのように作り出すのかを示したものである．各隠れユニットは（絶対値の非線形性の両側で）鏡像の応答を生成するためにどこで入力空間を折りたたむのかを指定する．このような折りたたみの操作を構成することであらゆる規則的な（たとえば繰り返しの）パターンを表現できる，指数関数的に多数の区分線形領域を得ることができる．

Montufar *et al.* (2014) の定理では入力数が d, 深さが l, 各隠れ層のユニット数が n の場合，深い

ReLU ネットワークによって分割される線形領域の数が

$$O\left(\binom{n}{d}^{d(l-1)} n^d\right) \tag{6.42}$$

となると説明している．つまり，深さ l のべき乗となる．ユニットごとに k 個のフィルタを持つマックスアウトネットワークでは線形領域の数は

$$O\left(k^{(l-1)+d}\right) \tag{6.43}$$

となる．

もちろん，機械学習（特に人工知能）の応用において学習したい関数がそのような性質を持っているかどうかは保証されない．

統計的な理由からも深いモデルが望ましい場合がある．特定の機械学習アルゴリズムを選択する場合には必ず，どのような関数をアルゴリズムが学習するべきかについて暗黙的に事前の信念を示していることになる．深いモデルを選択した場合は学習したい関数が複数の単純な関数で構成されるという非常に汎用的な信念を意味している．このことは表現学習の観点からみると学習の問題は潜在的な変動要因を発見することであり，さらにはそれがもっと単純な他の潜在的な変動要因で記述できると考えることだと解釈できる．あるいは，深いアーキテクチャを使用することは学習したい関数が複数のステップからなるコンピュータプログラムであり，その各ステップは直前のステップの出力を利用するという信念を表現していると解釈できる．この中間的な出力は必ずしも変動要因ではないが，ネットワークが内部処理を管理するために使用するカウンタやポインタと考えられる．実験からは深いモデルの方が幅広いタスクでよい汎化性能を示しているようである (Bengio *et al.*, 2007; Erhan *et al.*, 2009; Bengio, 2009; Mesnil *et al.*, 2011; Ciresan *et al.*, 2012; Krizhevsky *et al.*, 2012; Sermanet *et al.*, 2013; Farabet *et al.*, 2013; Couprie *et al.*, 2013; Kahou *et al.*, 2013; Goodfellow *et al.*, 2014d; Szegedy *et al.*, 2014a)．図6.6 と図6.7に実験結果の例をいくつか示す．この結果から深いアーキテクチャを使うことは実際にモデルが学習する関数空間について有用な事前知識を表現していることがわかる．

6.4.2 アーキテクチャ設計におけるその他の検討事項

ここまではニューラルネットワークを層の単純な連鎖として説明し，主にネットワークの深さと各層の幅を考慮してきた．実際にはニューラルネットワークにはもっと多様性がある．

特定のタスク向けにニューラルネットワークのアーキテクチャが数多く設計されている．9章では畳み込みニューラルネットワークと呼ばれるコンピュータビジョンに特化したアーキテクチャについて説明する．順伝播型ネットワークは10章で説明する系列処理のための回帰結合型ニューラルネットワークにも一般化できる．回帰結合型ニューラルネットワークにも特有の検討事項が存在する．

層を連鎖的につなげるのが最も一般的だが，通常は必ずそうしなければならないわけではない．メインとなる連鎖を構成し，その上で i 番目の層から $i+2$ 番目あるいはそれ以降の層へスキップして接続するような構成上の特徴を追加したアーキテクチャも多い．このスキップ接続がある場合，出力層から入力に近い層へ勾配が伝わりやすくなる．

アーキテクチャ設計におけるもう 1 つの主要な検討事項はまさにペアになる層を互いにどう接続するかという点である．行列 $\boldsymbol{W}$ による線形変換で記述される標準的なニューラルネットワークの層は各入

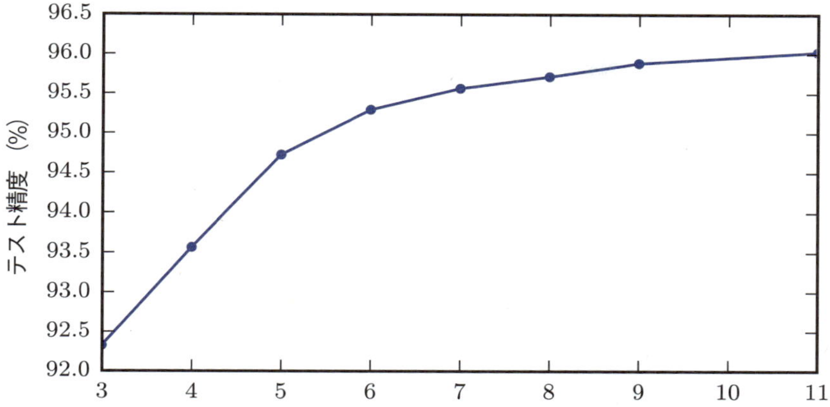

図 6.6: 深さの効果．この実験結果では住所が書かれた写真から複数桁の数字を認識する際に深いネットワークの方がよい汎化性能を示している．データは Goodfellow *et al.* (2014d) から引用している．テスト集合の精度は層が深くなるにつれて一貫して向上している．モデルサイズに関する他の増加が同じ効果が得られないことを示した対照実験については図6.7を参照されたい．

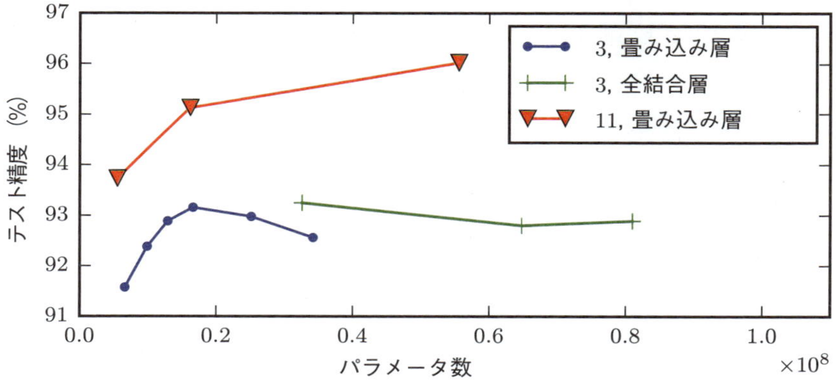

図 6.7: パラメータ数の効果．深いモデルの方がよい結果が得られる傾向にある．これは単にモデルが大きいからではない．Goodfellow *et al.* (2014d) による実験ではこの図にあるように，モデルの深さを増やさずに畳み込みネットワークの層のパラメータを増やしてもテスト集合の性能向上については同等の効果が得られないことを示している．凡例は各曲線を描くために使われたネットワークの深さとその曲線で表すサイズの変動が畳み込み層のものであるか全結合層のものであるかを示している．この実験では浅いモデルはパラメータ数が 2 千万前後で過剰適合となるが，深いモデルでは 6 千万を超えるパラメータ数でも効果があることを示している．このことから深いモデルはモデルが学習できる関数空間における有用な優先度を表現しているとわかる．特にこれは関数が複数のより単純な関数を多数組み合わせて構成されるべきであるという信念を示している．結果的にはより単純な表現で構成される表現を学習する（たとえば複数の辺で定義された角）か，あるいは前後関係に依存するステップ（たとえば最初に物体の位置を特定し，その後物体ごとに領域を分割して認識する）を持つプログラムを学習するかのどちらかになるだろう．

力ユニットがすべての出力に接続されている．本書のこの後の章で紹介する特殊なネットワークの多くは接続数が少なく，入力層の各ユニットが出力層のほんの一部のユニットとだけ接続するようになっている．接続数を減らす方針によってパラメータ数が減り，ネットワークを評価するために必要な計算量も減るが，通常これは問題に大きく依存する．たとえば9章で説明する畳み込みニューラルネットワークは固有の疎な接続のパターンを持ち，これはコンピュータビジョンの問題に対して非常に有効である．本章では一般的なニューラルネットワークのアーキテクチャに関してこれ以上具体的に助言することは難しい．この後の章でいくつかの応用領域においてよく機能することが知られている，個々のアーキテクチャ設計の戦略について説明する．

6.5　誤差逆伝播法およびその他の微分アルゴリズム

入力が $\boldsymbol{x}$ で出力が $\hat{\boldsymbol{y}}$ である順伝播型ニューラルネットワークを使用する場合，情報はネットワークを順方向に流れる．入力 $\boldsymbol{x}$ が最初の情報となりその後それが各層の隠れユニットに伝わり，最終的に $\hat{\boldsymbol{y}}$ が生成される．これを**順伝播**（forward propagation）と呼ぶ．訓練中はスカラー値の損失 $J(\boldsymbol{\theta})$ を得るまで順伝播し続ける．**誤差逆伝播法**（back-propagation, backprop）(Rumelhart *et al.*, 1986a) は勾配を計算するために損失からの情報をネットワーク上で逆向きに伝播させる手法である．

解析的に勾配を計算するのは素直な方法だがそのような式を数値計算的に評価するのは計算コストが高い場合がある．誤差逆伝播法は単純かつコストの低い方法で勾配の計算を行う．

誤差逆伝播法という用語は多層ニューラルネットワークの学習アルゴリズム全体を意味するものと誤解されることが多い．実際には誤差逆伝播は勾配計算に使われ，一方で確率的勾配法などの他のアルゴリズムがその勾配を使用して学習を実行するために使われる．さらに，誤差逆伝播法は多層ニューラルネットワーク特有のものであると誤解されることが多いが，原理的には任意の関数の勾配を計算できる（関数の中にはその微分が未定義であると報告するのが正しいものもある）．具体的には任意の f について勾配 $\nabla_{\boldsymbol{x}} f(\boldsymbol{x}, \boldsymbol{y})$ を計算する手法を説明する．ただし $\boldsymbol{x}$ はその微分を求めたい変数の集合，$\boldsymbol{y}$ は関数の入力として与えられるが勾配の計算が必要のない変数である．学習アルゴリズムにおいて最も頻繁に必要となる勾配はパラメータに関するコスト関数の勾配 $\nabla_{\boldsymbol{\theta}} J(\boldsymbol{\theta})$ である．機械学習タスクの中には学習の一部として，もしくは学習したモデルの解析のために他の微分の計算が必要になるものが多い．誤差逆伝播法はそのようなタスクにも適用することができる．一方で誤差逆伝播法はパラメータに関するコスト関数の勾配の計算に限定されるものでもない．ネットワークの中で情報を伝播させることによって微分を計算するという考え方は非常に一般的であり，これを使って複数の出力を持つ関数 f のヤコビ行列などの値の計算もできる．ここでは f の出力が 1 つである最も一般的な場合に限定して説明する．

6.5.1　計算グラフ

ここまではニューラルネットワークを比較的非公式なグラフ表現を利用して説明してきた．誤差逆伝播法をより厳密に説明するためにはより厳密な**計算グラフ**（computational graph）が役立つ．

計算をグラフとして形式化する方法は数多く存在する．

ここではグラフの各ノードが変数を表すものとする．変数はスカラーやベクトル，行列，テンソル，あるいはそれ以外の形式の変数の場合もある．

グラフの形式化のために**演算**（operation）という概念も導入する．演算は単に 1 つ以上の変数の関数である．グラフの表現には許容される一連の演算が含まれる．この中で演算よりも複雑な関数は複数の演算を組み合わせることで記述する．

演算は 1 つの出力変数を返すものと定義しても一般性を失うことはない．なぜなら出力変数はベクトル値のように複数の値を持つことができるからである．誤差逆伝播法のソフトウェアによる実装では通常は複数出力の演算が利用できるが，概念の理解にはあまり重要でない詳細な説明が増えるためここではその説明を省略する．

変数 x にある演算を適用して変数 y が求められる場合は x から y への有向辺を引く．適用した演算の名称を注釈として出力ノードにつける場合もあれば適用した演算が明らかな場合は注釈を省略する場合もある．

図6.8に計算グラフの例を示す．

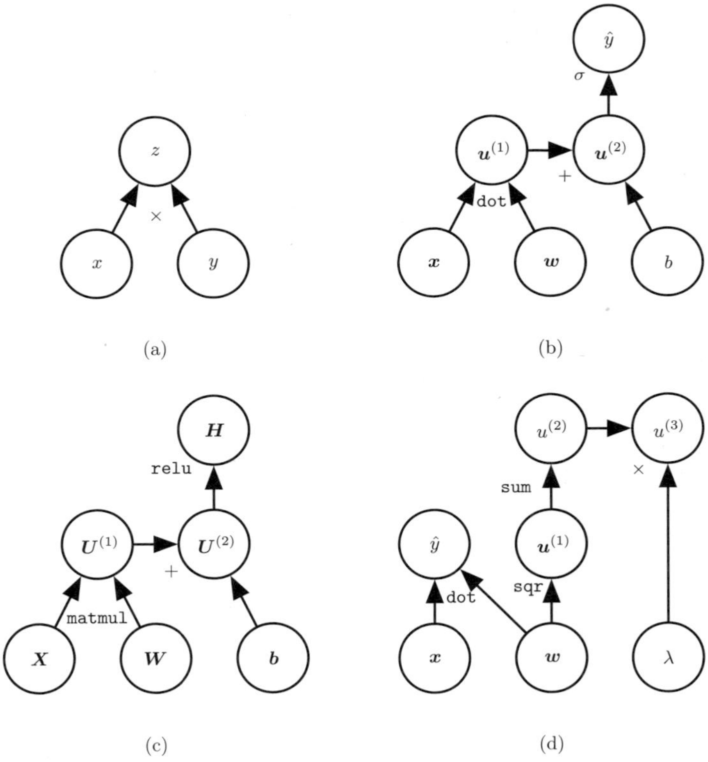

図 **6.8:** 計算グラフの例．(a) 演算 × を利用して $z = xy$ を計算する計算グラフ．(b) $\hat{y} = \sigma\left(\boldsymbol{x}^\top \boldsymbol{w} + b\right)$ を予測するロジスティック回帰の計算グラフ．内部表現のいくつかには代数的な表現の名前がついていないが，グラフには名前が必要である．ここでは単に i 番目の変数を $\boldsymbol{u}^{(i)}$ としている．(c) $\boldsymbol{H} = \max\{0, \boldsymbol{XW} + \boldsymbol{b}\}$ を表現する計算グラフ．入力 $\boldsymbol{X}$ のミニバッチを含む計画行列が与えられたときに正規化線形ユニットの活性化関数の計画行列 $\boldsymbol{H}$ を計算する．(d) a から c までの例は各変数に多くとも 1 つまでの演算を適用していたが複数の演算を適用することも可能である．この計算グラフは線形回帰モデルの重み $\boldsymbol{w}$ に複数の演算を適用したものである．重みは予測 $\hat{y}$ と重み減衰 $\lambda \sum_i w_i^2$ の計算に利用される．

6.5.2　微積分の連鎖律

微積分の連鎖律（確率の連鎖律と混同してはならない）は微分が既知の関数から構成される関数の微分の計算に利用される．誤差逆伝播法は非常に効率のよい演算を特定の順番で適用することで連鎖律を計算するアルゴリズムである．

x をある実数，f と g はいずれも実数を実数へ写像する関数とする．$y = g(x)$ および $z = f(g(x)) = f(y)$ とする．この場合，連鎖律により以下が得られる．

$$\frac{dz}{dx} = \frac{dz}{dy}\frac{dy}{dx}. \tag{6.44}$$

これをスカラー以外の場合にも一般化することができる．$\boldsymbol{x} \in \mathbb{R}^m$ および $\boldsymbol{y} \in \mathbb{R}^n$ とし，g が $\mathbb{R}^m$ から $\mathbb{R}^n$ への写像，そして f を $\mathbb{R}^n$ から $\mathbb{R}$ への写像とする．$\boldsymbol{y} = g(\boldsymbol{x})$ かつ $z = f(\boldsymbol{y})$ の場合，次式のように表せる．

$$\frac{\partial z}{\partial x_i} = \sum_j \frac{\partial z}{\partial y_j}\frac{\partial y_j}{\partial x_i}. \tag{6.45}$$

ベクトル表記を使うと等価的に次式のように表せる．

$$\nabla_{\boldsymbol{x}} z = \left(\frac{\partial \boldsymbol{y}}{\partial \boldsymbol{x}}\right)^\top \nabla_{\boldsymbol{y}} z. \tag{6.46}$$

ただし $\frac{\partial \boldsymbol{y}}{\partial \boldsymbol{x}}$ は g の $n \times m$ ヤコビ行列である．

この式から変数 $\boldsymbol{x}$ に関する勾配はヤコビ行列 $\frac{\partial \boldsymbol{y}}{\partial \boldsymbol{x}}$ に勾配 $\nabla_{\boldsymbol{y}} z$ を掛けて求められることがわかる．誤差逆伝播法はこのようなヤコビ行列と勾配の積をグラフ上の各演算で実行するように構成される．

通常誤差逆伝播法は単にベクトルに対してだけではなく，任意の次元のテンソルに対しても適用される．その場合も概念としてはベクトル値に対する誤差逆伝播法とまったく同じである．唯一の違いはテンソルを構成するためにグリッドにどのように数字を割り振るかという点だけである．誤差逆伝播法を適用する前に各テンソルをベクトルへと展開し，ベクトル値の勾配を計算し，その後勾配をテンソルに再構成することが考えられる．この再構成の観点で見ると誤差逆伝播法はやはりヤコビ行列に勾配を掛けるだけになる．

テンソル X に関する z の勾配の表記は X をベクトルであるかのように見なして $\nabla_{\mathsf{X}} z$ と書く．このとき X のインデックスは複数の座標を持つ．たとえば 3 次元テンソルのインデックスは 3 つの座標を持つ．インデックスのタプル全体を表す 1 つの変数 i を使ってこの表記を抽象化できる．取りうるすべてのインデックスの組を i とすると $(\nabla_{\mathsf{X}} z)_i$ は $\frac{\partial z}{\partial \mathsf{X}_i}$ となる．これは取りうるすべてのベクトルのインデックスを i としたときに $(\nabla_{\boldsymbol{x}} z)_i$ が $\frac{\partial z}{\partial x_i}$ となるのとまったく同じである．この表記を使用すればテンソルに適用した場合の連鎖律を表現できる．$\mathsf{Y} = g(\mathsf{X})$ かつ $z = f(\mathsf{Y})$ ならば以下のように書ける．

$$\nabla_{\mathsf{X}} z = \sum_j (\nabla_{\mathsf{X}} \mathsf{Y}_j) \frac{\partial z}{\partial \mathsf{Y}_j}. \tag{6.47}$$

6.5.3　誤差逆伝播のための連鎖律の再帰的な適用

連鎖律を使うとそのスカラーを生成した計算グラフ上の任意のノードに関する勾配の代数式を簡単に書き下すことができる．しかし，実際にコンピュータでその表記を評価する際にはさらに考慮すべきことがいくつか存在する．

特に，全体的な勾配の計算式の中で多数の同じ計算が何度も繰り返されることがある．その勾配を計算する場合には繰り返される計算の結果を保存しておくか，あるいは逐一計算し直すのかを選択する必要がある．図6.9 に全体の計算の中で部分的な計算が繰り返される例を示す．同じ計算を二度繰り返すのは単純に無駄になる場合がある．複雑なグラフの場合，そのような無駄な計算が指数関数的に増加する可能性があり，連鎖律を素直に実装した場合は現実的に計算不可能になる．一方で同じ式を 2 回計算することは実行時間が増加するものの，メモリ使用量の削減には有効な方法となる場合がある．

まず初めに，実際の順序に従って連鎖律を再帰的に適用して実際の勾配を直接計算する誤差逆伝播法のアルゴリズムから説明する（このアルゴリズムをアルゴリズム6.2に示す）．また，関連する順伝播のアルゴリズムをアルゴリズム6.1に示す．直接この計算を実行してもよいし，このアルゴリズムが誤差逆伝播法を実行する計算グラフを記号で定義したものと考えてもよい．しかしながら，この定式化では勾配を計算する記号グラフの演算や構成の方法を明らかにしているわけではない．このような定式化については6.5.6節でアルゴリズム6.5を使って説明する．そこで同時に任意のテンソルを含むノードにも一般化する．

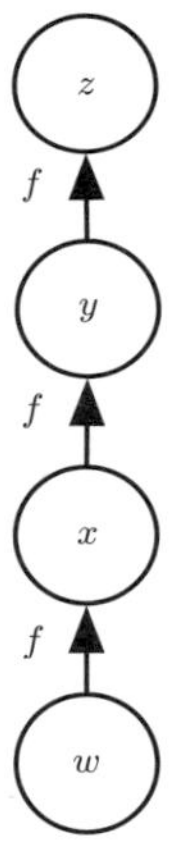

図 **6.9:** 勾配計算時に部分式が繰り返される計算グラフ．$w \in \mathbb{R}$ をグラフへの入力とする．連鎖の各ステップで同じ関数 $f : \mathbb{R} \to \mathbb{R}$ が適用される．つまり $x = f(w)$, $y = f(x)$, $z = f(y)$ となる．式6.44を適用し，$\frac{\partial z}{\partial w}$ を計算する．

$$\frac{\partial z}{\partial w} \tag{6.48}$$

$$= \frac{\partial z}{\partial y}\frac{\partial y}{\partial x}\frac{\partial x}{\partial w} \tag{6.49}$$

$$= f'(y)f'(x)f'(w) \tag{6.50}$$

$$= f'(f(f(w)))f'(f(w))f'(w). \tag{6.51}$$

式6.50の実装は $f(w)$ の値を一度だけ計算し，それを変数 x に格納する．誤差逆伝播法ではこのアプローチを利用する．また，式6.51は別なアプローチになるが，部分式 $f(w)$ が複数回現れる．この代替手法では $f(w)$ は必要なときにその都度再計算される．この式の値を格納するために必要なメモリが小さいなら，処理時間が短い式6.50の誤差逆伝播法の方が明らかに望ましい．しかし，式6.51も連鎖律の有効な実装であり，メモリに制限がある場合には有用である．

Algorithm 6.1 $u^{(1)}$ から $\sim u^{(n_i)}$ までの n_i 個の入力を出力 $u^{(n)}$ へ写像する計算を実行する手順．ここで定義される計算グラフでは各ノードは関数 $f^{(i)}$ を引数の集合 $\mathbb{A}^{(i)}$ に適用して数値 $u^{(i)}$ を計算する．この $\mathbb{A}^{(i)}$ は以前のノード $u^{(j)}$ の値から構成される．ただし $u^{(j)}$ は $j < i, j \in Pa(u^{(i)})$ である．計算グラフへの入力はベクトル $\boldsymbol{x}$ であり，それが最初の n_i 個のノード $u^{(1)} \sim u^{(n_i)}$ に設定される．計算グラフの出力は最終（出力）ノード $u^{(n)}$ から読み出す．

```
for i = 1, ..., n_i do
  u^(i) ← x_i
end for
for i = n_i + 1, ..., n do
  A^(i) ← {u^(j) | j ∈ Pa(u^(i))}
  u^(i) ← f^(i)(A^(i))
end for
return u^(n)
```

まず 1 つのスカラー値 $u^{(n)}$（たとえば訓練事例における損失）の計算方法を説明する計算グラフを考える．このスカラー値の n_i 個の入力ノード $u^{(1)}$ から $u^{(n_i)}$ に関する勾配を求めたい．言い換えると，すべての $i \in \{1, 2, \ldots, n_i\}$ について $\frac{\partial u^{(n)}}{\partial u^{(i)}}$ を求めたい．勾配降下法において誤差逆伝播法でパラメタに関する微分を計算する場合は $u^{(n)}$ はミニバッチあるいは 1 つの事例に関連する損失となり，一方で $u^{(1)}$ から $u^{(n_i)}$ はモデルのパラメータに対応する．

グラフのノードは $u^{(n_i+1)}$ から始まって $u^{(n)}$ までその出力を順々に計算できるように順序付けられているとする．アルゴリズム6.1で定義するように各ノード $u^{(i)}$ は演算 $f^{(i)}$ に関連付けられ，次式の関数を評価することで計算される．

$$u^{(i)} = f(\mathbb{A}^{(i)}). \tag{6.52}$$

ただし $\mathbb{A}^{(i)}$ は，$u^{(i)}$ の親ノードすべてからなる集合である．

このアルゴリズムは順伝播の計算を説明している．その計算グラフを $\mathcal{G}$ とする．誤差逆伝播法を実行するために $\mathcal{G}$ に依存する計算グラフを構成し，さらにいくつかノードを追加する．これで $\mathcal{G}$ の各ノードに 1 つのノードを持つ部分グラフ $\mathcal{B}$ が形成される．$\mathcal{B}$ の計算は $\mathcal{G}$ の計算とは厳密に正反対の順序で進行し，$\mathcal{B}$ の各ノードは順伝播グラフのノード $u^{(i)}$ に関連する微分 $\frac{\partial u^{(n)}}{\partial u^{(i)}}$ を計算する．これはアルゴリズム6.2で説明するようにスカラーの出力値 $u^{(n)}$ に対して連鎖律を使って実行される．

$$\frac{\partial u^{(n)}}{\partial u^{(j)}} = \sum_{i:j \in Pa(u^{(i)})} \frac{\partial u^{(n)}}{\partial u^{(i)}} \frac{\partial u^{(i)}}{\partial u^{(j)}}. \tag{6.53}$$

部分グラフ $\mathcal{B}$ は $\mathcal{G}$ 上のノード $u^{(j)}$ から $u^{(i)}$ への各辺に対してそれぞれ 1 つだけ辺を持つ．$u^{(j)}$ から $u^{(i)}$ への辺には $\frac{\partial u^{(i)}}{\partial u^{(j)}}$ の計算が関連付けられている．さらに各ノードについて，ノード $u^{(j)}$ の子ノード $u^{(i)}$ に対してすでに計算した勾配と同じ子ノード $u^{(i)}$ に関する偏微分 $\frac{\partial u^{(i)}}{\partial u^{(j)}}$ を要素に持つベクトル間の内積も計算する．まとめると，誤差逆伝播法を実行するために必要な計算量は $\mathcal{G}$ の辺の数に対して線形に増大する．このとき各辺の計算は（あるノードの親ノードに関する）偏微分の計算および 1 つの乗算と 1 つの加算の実行に対応している．この後でこの分析をテンソルの値を持つノードへ一般化する．これは複数のスカラー値を同じノードにまとめて効率的な実装を可能にする手法の 1 つにすぎない．

誤差逆伝播法はメモリに関係なく数多くある共通の部分式を除去するように設計されている．特に，誤差逆伝播法はグラフ上の各ノードにつきヤコビ行列の積 1 回分のオーダーの処理を行う．これは逆伝

Algorithm 6.2 グラフ中の変数に関して $u^{(n)}$ の微分を計算する誤差逆伝播法を簡素化したもの．理解をさらに深めるためにすべての変数がスカラーである簡単な例で説明する．求めたいのは $u^{(1)}, \ldots, u^{(n_i)}$ の微分である．この簡略化されたアルゴリズムではグラフ上のすべてのノードに関する微分を計算する．このアルゴリズムの計算コストは各辺に関係する偏微分の計算時間が一定であると仮定するとグラフ中の辺の数に比例する．これは順伝播の計算と同じオーダーである．各偏微分 $\frac{\partial u^{(i)}}{\partial u^{(j)}}$ は $u^{(i)}$ の親ノード $u^{(j)}$ の関数となっている．つまり，順伝播のグラフのノードを誤差逆伝播のグラフに追加されたノードに接続している．

ネットワークの活性値を得るために順伝播（この例ではアルゴリズム6.1）を実行する
計算された微分値を格納するデータ構造 `grad_table` を初期化する．$\texttt{grad\_table}[u^{(i)}]$ には $\frac{\partial u^{(n)}}{\partial u^{(i)}}$ が格納される
$\texttt{grad\_table}[u^{(n)}] \leftarrow 1$
for $j = n-1$ down to 1 **do**
　次の行は，保存された値を利用して $\frac{\partial u^{(n)}}{\partial u^{(j)}} = \sum_{i:j \in Pa(u^{(i)})} \frac{\partial u^{(n)}}{\partial u^{(i)}} \frac{\partial u^{(i)}}{\partial u^{(j)}}$ を計算する
　$\texttt{grad\_table}[u^{(j)}] \leftarrow \sum_{i:j \in Pa(u^{(i)})} \texttt{grad\_table}[u^{(i)}] \frac{\partial u^{(i)}}{\partial u^{(j)}}$
end for
return $\{\texttt{grad\_table}[u^{(i)}] \mid i = 1, \ldots, n_i\}$

播（アルゴリズム6.2）が関連する偏微分 $\frac{\partial u^{(i)}}{\partial u^{(j)}}$ を得るためにグラフのノード $u^{(j)}$ から $u^{(i)}$ への各辺をちょうど一度だけ通過するという事実からわかる．このようにして誤差逆伝播法では部分式の繰り返しによる処理の指数関数的爆発を回避している．他のアルゴリズムでは計算グラフを簡略化して部分式をさらに省略できる場合や，部分式の計算結果を保存せずに毎回再計算することでメモリ使用量を削減できる場合がある．この考え方については誤差逆伝播法アルゴリズムの説明の後で改めて触れることにする．

6.5.4 全結合 MLP での誤差逆伝播法

上述した誤差逆伝播法の計算の定義を明確にするために，複数層の全結合 MLP に関連する特定の計算グラフについて考えよう．

アルゴリズム6.3にまず順伝播の計算を示す．1つの（入力，目標）の訓練事例を $(\boldsymbol{x}, \boldsymbol{y})$ とした場合，この順伝播計算はパラメータを訓練事例に関連付けられた教師あり損失 $L(\hat{\boldsymbol{y}}, \boldsymbol{y})$ へ写像する．ただし $\boldsymbol{y}$ は入力が $\boldsymbol{x}$ の場合のニューラルネットワークの出力である．

アルゴリズム6.4はこのグラフに誤差逆伝播法を適用するための計算を示している．

アルゴリズム6.3と6.4では理解しやすいように単純でわかりやすいものを選んで提示している．しかしながら，これらは特定の問題に限定されるものである．

最近のソフトウェアの実装は以下の6.5.6節で説明するように，一般化された誤差逆伝播法に基づいている．この方法ではシンボリックな計算を表現するデータ構造を明示的に操作することで任意の計算グラフに対応できる．

Algorithm 6.3 典型的な深層ニューラルネットワーク上の順伝播と損失関数の計算．損失 $L(\hat{\boldsymbol{y}}, \boldsymbol{y})$ は出力 $\hat{\boldsymbol{y}}$ とその目標 $\boldsymbol{y}$ に依存する（損失関数の例については6.2.1.1節を参照）．総損失 J を得るために損失 $L(\hat{\boldsymbol{y}}, \boldsymbol{y})$ に正則化項 $\Omega(\theta)$ を加えることもある．ただし θ はすべてのパラメータ（重みとバイアス）を含む．アルゴリズム6.4はパラメータ $\boldsymbol{W}$ と $\boldsymbol{b}$ に関する J の勾配を計算する方法を示している．ただし入力事例 $\boldsymbol{x}$ が 1 つの場合を使用して説明している．実際に適用する場合はミニバッチを使用すべきである．6.5.7節にはさらに現実的な例を示す．

Require: ネットワークの深さ，l
Require: $\boldsymbol{W}^{(i)}, i \in \{1, \ldots, l\}$, このモデルの重み行列
Require: $\boldsymbol{b}^{(i)}, i \in \{1, \ldots, l\}$, このモデルのバイアスパラメータ
Require: $\boldsymbol{x}$, 処理すべき入力
Require: $\boldsymbol{y}$, 目標の出力
  $\boldsymbol{h}^{(0)} = \boldsymbol{x}$
  for $k = 1, \ldots, l$ **do**
    $\boldsymbol{a}^{(k)} = \boldsymbol{b}^{(k)} + \boldsymbol{W}^{(k)} \boldsymbol{h}^{(k-1)}$
    $\boldsymbol{h}^{(k)} = f(\boldsymbol{a}^{(k)})$
  end for
  $\hat{\boldsymbol{y}} = \boldsymbol{h}^{(l)}$
  $J = L(\hat{\boldsymbol{y}}, \boldsymbol{y}) + \lambda \Omega(\theta)$

Algorithm 6.4 アルゴリズム6.3の深層ニューラルネットワークの誤差逆伝播法の計算．入力 $\boldsymbol{x}$ に加えて目標 $\boldsymbol{y}$ を使用する．この計算により各層 k の活性化値 $\boldsymbol{a}^{(k)}$ の勾配が出力層から最初の隠れ層に向かって逆順に算出される．この勾配値は誤差を減少させるために各層の出力がどのように変化するべきかを示す値と解釈できる．この勾配値から各層のパラメータに関する勾配を計算できる．重みとバイアスの勾配を確率的な勾配の更新（勾配の計算が完了したらすぐにパラメータを更新する）や他の勾配に基づく最適化手法にそのまま使用できる．

  順伝播の計算後，出力層の勾配を計算する：
  $\boldsymbol{g} \leftarrow \nabla_{\hat{\boldsymbol{y}}} J = \nabla_{\hat{\boldsymbol{y}}} L(\hat{\boldsymbol{y}}, \boldsymbol{y})$
  for $k = l, l-1, \ldots, 1$ **do**
    各層の出力の勾配を非線形にする前の活性化関数の勾配へ変換する（もし f が要素ごとの演算の場合，要素ごとの積を計算する）
    $\boldsymbol{g} \leftarrow \nabla_{\boldsymbol{a}^{(k)}} J = \boldsymbol{g} \odot f'(\boldsymbol{a}^{(k)})$
    重みとバイアスに関する勾配を計算（必要な場合は正則化項も含む）
    $\nabla_{\boldsymbol{b}^{(k)}} J = \boldsymbol{g} + \lambda \nabla_{\boldsymbol{b}^{(k)}} \Omega(\theta)$
    $\nabla_{\boldsymbol{W}^{(k)}} J = \boldsymbol{g}\, \boldsymbol{h}^{(k-1)\top} + \lambda \nabla_{\boldsymbol{W}^{(k)}} \Omega(\theta)$
    勾配を 1 つ前の隠れ層の活性化関数に伝播させる
    $\boldsymbol{g} \leftarrow \nabla_{\boldsymbol{h}^{(k-1)}} J = \boldsymbol{W}^{(k)\top} \boldsymbol{g}$
  end for

6.5.5　シンボル間の微分

代数式や計算グラフはいずれも特定の値を持たない**シンボル**（symbols）あるいは変数に対して演算を行う．この代数やグラフに基づく表現を**シンボリック**（symbolic）表現と呼ぶ．ニューラルネットワークを実際に使用する，あるいは訓練する際はこれらのシンボルに具体的な値を割り当てなければならない．ネットワークの入力シンボル $\boldsymbol{x}$ を，たとえば $[1.2, 3.765, -1.8]^\top$ のような具体的な**数値**（numeric value）に置き換える．

誤差逆伝播法へのアプローチのいくつかでは計算グラフとそのグラフへの入力値の集合を使用し，その入力値についての勾配を記述する数値を返す．この方法をここでは「シンボルと数値間」の微分と呼ぶ．この手法は Torch(Collobert *et al.*, 2011b) や Caffe(Jia, 2013) などのライブラリで使用されている．

他の方法としては目的とする微分のシンボリックな記述を与えるノードを計算グラフに追加する方法もある．このアプローチは Theano(Bergstra *et al.*, 2010; Bastien *et al.*, 2012) や TensorFlow(Abadi *et al.*, 2015) で用いられている．図6.10にこの手法の動作例を示す．この手法の主な利点は微分が元の表現と同様の形式で記述される点である．微分は単に形式の違う計算グラフであるため誤差逆伝播法をもう一度適用して微分を行うことでさらに高次の微分を得ることができる．（6.5.10節でさらに高次の微分計算について説明する．）

今後は後者の手法を用い，微分の計算グラフの構築の観点から誤差逆伝播法を説明する．そうすることでこの計算グラフのどの部分においても後から特定の値を代入して評価することができる．これにより各演算が厳密にいつ計算されるべきかを指定する必要がなくなる．代わりに一般的なグラフ評価エンジンを使うことで各ノードはその親ノードの値が求まると同時に評価することができる．

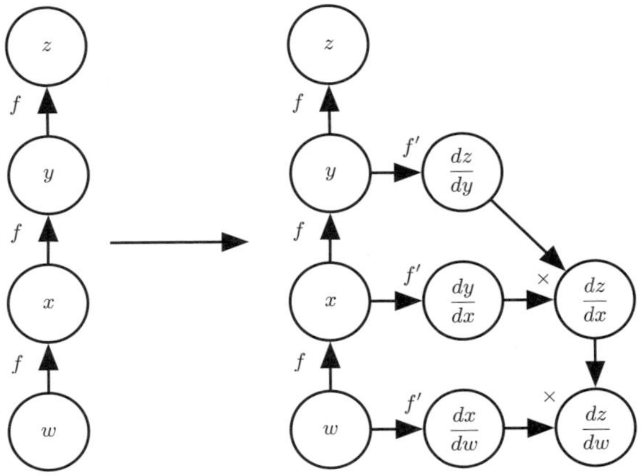

図 **6.10:** シンボル間の微分のアプローチによる微分計算の例．この手法では誤差逆伝播法は実際の数値を使う必要がない．その代わりに微分の計算方法を記述したノードを計算グラフに追加する．汎用的なグラフ評価エンジンを使うことで後で任意の数値に対する微分を計算できる．（**左**）この例は $z = f(f(f(w)))$ を表現するグラフから始まる．（**右**）誤差逆伝播法を実行し $\frac{dz}{dw}$ に対応する表現の計算グラフを構築する．この例では誤差逆伝播法の動作については説明しない．ここでの目的は望ましい結果が何であるかを示すことだけである．すなわちこれは微分のシンボル表現を利用した計算グラフである．

シンボル間の手法の記述にはシンボルと数値間の手法を包含している．シンボルと数値間の手法はシンボル間の手法によって構成されたグラフ上での計算とまったく同じ計算を実行するものと理解できる．主な違いはシンボルと数値間の手法ではグラフ構造が表出しないことである．

6.5.6　一般的な誤差逆伝播法

誤差逆伝播法は非常に単純である．あるスカラー z の勾配をグラフ上でその先祖ノードの 1 つにあたる $\boldsymbol{x}$ に関して計算する場合，まず z に関する勾配は $\frac{dz}{dz}=1$ である．続いて，グラフ中の z の各親ノードに関する勾配は現在の勾配に z を生成した演算のヤコビ行列を掛けることで計算できる．グラフ上を $\boldsymbol{x}$ に到達するまで逆方向に戻りながらヤコビ行列の掛け算を続ける．z から逆方向へ探索していく際にあるノードに到達する経路が 2 つ以上ある場合はそのノードに到達する複数の経路の勾配を単純に足し合わせる．

より形式的にはグラフ $\mathcal{G}$ の各ノードは 1 つの変数に対応している．最大限に一般化するためにこの変数をテンソル V とする．テンソルの次元は一般的に任意である．テンソルにはスカラーやベクトル，行列が含まれる．

各変数 V は以下のサブルーチンを持つものと仮定する．

- get_operation(V)：V を計算する演算を返す．これは計算グラフ上で V への入力辺として表現される．たとえば，Python や C++ で行列の積を計算するクラスと get_operation 関数があるとする．行列積 $\boldsymbol{C}=\boldsymbol{AB}$ によって構成され る変数がある場合，get_operation(V) は対応する C++ クラスのインスタンスへのポインタを返す．
- get_consumers($\mathsf{V},\mathcal{G}$)：計算グラフ $\mathcal{G}$ 上の V の子の変数のリストを返す．
- get_inputs($\mathsf{V},\mathcal{G}$)：計算グラフ $\mathcal{G}$ 上の V の親の変数のリストを返す．

各演算 op は演算 bprop にも関連している．この演算 bprop は式6.47で説明したヤコビ行列のベクトル積を計算する．このようにして誤差逆伝播法アルゴリズムは強力な汎用性を実現する．各演算はそれが関係するグラフ上の辺でどのように逆伝播が実行されるかを知っていなければならない．たとえば行列積の演算を実行して変数 $\boldsymbol{C}=\boldsymbol{AB}$ を作成する場合がある．スカラー z の $\boldsymbol{C}$ に関する勾配が $\boldsymbol{G}$ で与えられたとする．この行列積の演算は 2 つの入力変数それぞれに対する誤差逆伝播の規則を定義する必要がある．出力の勾配を $\boldsymbol{G}$ とした場合，bprop メソッドを呼び出し $\boldsymbol{A}$ に関する勾配を要求すると行列積の処理に関する bprop メソッドは $\boldsymbol{A}$ に関する勾配が $\boldsymbol{GB}^\top$ で与えられることを示す．同様に bprop メソッドを呼び出して $\boldsymbol{B}$ に関する勾配を要求するとその行列演算が bprop メソッドを実装し目的の勾配が $\boldsymbol{A}^\top\boldsymbol{G}$ で与えられることを伝える．誤差逆伝播法自体は微分のルールを何も知る必要がない．各演算の bprop ルールに適切な引数を付けて呼び出す必要があるだけである．形式的には op.bprop(inputs, X, G) は以下を返さなければならない．

$$\sum_i (\nabla_{\mathsf{X}} \text{op.f}(\text{inputs})_i)\, \mathsf{G}_i. \tag{6.54}$$

これは式6.47で表された連鎖律の実装に他ならない．ただし inputs はこの演算に対する入力値のリスト，op.f はこの処理で実装される数学的関数，X は勾配を計算したい入力，そして G はこの演算の出力の勾配である．

op.bprop メソッドは実際にはすべての入力を個々に区別できない場合でもつねにそれができるかの

Algorithm 6.5 誤差逆伝播法の概略．この部分では単純な前処理と後処理を行う．最も重要な処理はアルゴリズム6.6の `build_grad` サブルーチンで実行される．

Require: $\mathbb{T}$, 勾配を計算する変数の目標集合
Require: $\mathcal{G}$, 計算グラフ
Require: z, 微分を求める変数
　$\mathcal{G}'$ は $\mathcal{G}$ から z の祖先ノードと $\mathbb{T}$ の中の子孫ノードのみを抽出した部分グラフ
　テンソルをその勾配と関連付けるデータ構造 `grad_table` を初期化する
　`grad_table`$[z] \leftarrow 1$
　for $\mathbf{V}$ in $\mathbb{T}$ **do**
　　`build_grad`$(\mathbf{V}, \mathcal{G}, \mathcal{G}',$ `grad_table`$)$
　end for
　$\mathbb{T}$ に制限された `grad_table` を返す

ように振る舞う．たとえば x のコピーを 2 つ `mul` 演算子に渡して x^2 を計算する場合，`op.bprop` メソッドは両方の入力に関する微分として x を返すことになる．その後，誤差逆伝播法ではこの 2 つの引数を足し合わせて $2x$ を得るが，これは x に関して正しい微分値である．

通常，誤差逆伝播法のソフトウェア実装は演算処理とそれに対応する `bprop` メソッドを提供する．深層学習ライブラリの利用者は行列積や指数演算，対数演算などの汎用的な処理を使用して構築されたグラフを使って誤差逆伝播の処理を実行できる．逆伝播の新しい実装を構築したいソフトウェアエンジニアや既存のライブラリに自分の望む処理を追加したい上級ユーザーは通常新しい処理に対して `op.bprop` 関数を自ら導出しなければならない．

アルゴリズム6.5に誤差逆伝播法のアルゴリズムを形式的に示す．

6.5.2節で誤差逆伝播法は連鎖律の中の同じ部分式を何度も計算することを避けるために開発されたと説明した．誤差逆伝播法を素直に実装すると部分式の繰り返しにより実行時間が指数関数的に増大する可能性がある．すでに誤差逆伝播法のアルゴリズムを説明したためその計算コストを理解できる．各演算の評価におおよそ同じコストがかかると仮定すれば演算の実行回数で計算コストを分析できる．なおここでの演算とは計算グラフにおける基本的な単位を指しており，その演算は実際には複数の数学的演算（たとえば行列の積を単一の演算として扱うグラフが考えられる）を含む場合があることに注意されたい．n 個のノードを持つグラフで勾配を計算する場合，$O(n^2)$ を超える演算や $O(n^2)$ を超える演算の出力の格納が必要になることはない．ここではハードウェアで実行される個々の命令数ではなく計算グラフ上での演算を数えている．したがって実際には各演算の実行時間は大きく異なる場合がある点に注意が必要である．たとえば数百万の要素を持つ 2 つの行列の積がグラフ上では単一の演算に相当する場合もある．順伝播の段階で最悪の場合，元の計算グラフ上の n 個のノードすべてで演算が実行されるため勾配を計算するコストは最大で $O(n^2)$ のオーダーになる（どの値を計算したいかによりグラフ上のすべての演算を実行する必要がないことはある）．誤差逆伝播法は元のグラフの各辺に $O(1)$ のノードで表現されるヤコビ行列とベクトルの積を 1 つ追加する．計算グラフは有向非巡回グラフであるためその辺の数は最大でも $O(n^2)$ である．実際によく使用されるグラフでは状況はさらに改善される．ニューラルネットワークのコスト関数はほとんどの場合連鎖構造になっているため誤差逆伝播法のコストは $O(n)$ なる．これは指数関数的に多い数のノードを素直に実行する実装よりもずっとよい．式6.53の回帰的な連鎖律を以下のように非再帰的に展開して書き直すとその指数関数的に大きなコスト

Algorithm 6.6 アルゴリズム6.5で定義された誤差逆伝播法アルゴリズムから呼び出される，誤差逆伝播法アルゴリズムの内部ループのサブルーチン `build_grad`($\mathsf{V}, \mathcal{G}, \mathcal{G}'$, `grad_table`).

Require: V，その勾配が $\mathcal{G}$ と `grad_table` に追加される変数
Require: $\mathcal{G}$，変更対象のグラフ
Require: $\mathcal{G}'$，$\mathcal{G}$ を勾配に関連するノードのみに制限したもの
Require: `grad_table`，ノードとその勾配を関連付けるデータ構造
　if V が `grad_table` に含まれる **then**
　　`grad_table`[V] を返す
　end if
　$i \leftarrow 1$
　for C in `get_consumers`($\mathsf{V}, \mathcal{G}'$) **do**
　　op $\leftarrow$ `get_operation`(C)
　　$\mathsf{D} \leftarrow$ `build_grad`($\mathsf{C}, \mathcal{G}, \mathcal{G}'$, `grad_table`)
　　$\mathsf{G}^{(i)} \leftarrow$ op.bprop(`get_inputs`($\mathsf{C}, \mathcal{G}'$), V, D)
　　$i \leftarrow i + 1$
　end for
　$\mathsf{G} \leftarrow \sum_i \mathsf{G}^{(i)}$
　`grad_table`[V] $= \mathsf{G}$
　G とそれを作成する演算を $\mathcal{G}$ に追加
　G を返す

が確認できる．

$$\frac{\partial u^{(n)}}{\partial u^{(j)}} = \sum_{\substack{\text{path}\,(u^{(\pi_1)}, u^{(\pi_2)}, \ldots, u^{(\pi_t)}),\\ \text{from}\ \pi_1 = j\ \text{to}\ \pi_t = n}} \prod_{k=2}^{t} \frac{\partial u^{(\pi_k)}}{\partial u^{(\pi_{k-1})}}. \tag{6.55}$$

ノード j からノード n までの経路の数はその長さに応じて指数関数的に増えるため上式の和に含まれる項の数は順伝播グラフの深さに応じて指数関数的に増える可能性がある．この大きなコストは $\frac{\partial u^{(i)}}{\partial u^{(j)}}$ のために同じ計算が何度も繰り返されることによって生じている．誤差逆伝播法はこのような再計算を避けるために中間的な結果 $\frac{\partial u^{(n)}}{\partial u^{(i)}}$ を保存して活用する表の穴埋めアルゴリズムの一種であると考えることができる．グラフの各ノードはそのノードの勾配を保存する表の中に対応するエントリを持つ．順番にその表のエントリを埋めていく事で誤差逆伝播法での同じ部分式の計算を数多く繰り返すことが回避される．このように表を埋めていく戦略は**動的計画法**（dynamic programming）と呼ばれることがある．

6.5.7　例：誤差逆伝播法による多層パーセプトロンの訓練

例として多層パーセプトロン（multilayer perceptron，MLP）の訓練を題材に誤差逆伝播法を説明する．

ここでは隠れ層が一層だけの単純な MLP を用いる．モデルを訓練するためにミニバッチ確率的勾配降下法を利用する．誤差逆伝播法を使って 1 つのミニバッチに関する損失の勾配を計算する．特に，計画行列 $\boldsymbol{X}$ と関連するクラスラベルのベクトル $\boldsymbol{y}$ で形式化された訓練集合からの事例のミニバッチを用いる．ネットワークは隠れ層の特徴量 $\boldsymbol{H} = \max\{0, \boldsymbol{X}\boldsymbol{W}^{(1)}\}$ を計算する．表現を単純化するために

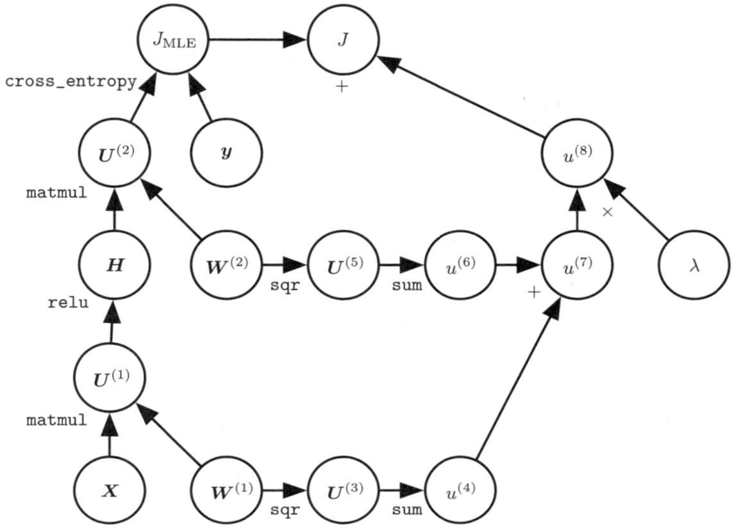

図 6.11: 交差エントロピー損失と重み減衰を用いた，単層 MLP の例を訓練するコストの計算に使われる計算グラフ．

このモデルではバイアスを利用していない．このグラフの表現には $\max\{0, \boldsymbol{Z}\}$ を要素ごとに計算できる演算 relu が含まれていると仮定する．次に，クラスに関する正規化されていない対数確率の予測が $\boldsymbol{H}\boldsymbol{W}^{(2)}$ で与えられる．グラフの表現には目標関数 $\boldsymbol{y}$ と上記の正規化されていない対数確率で定義される確率分布の間の交差エントロピーを計算する演算 cross_entropy が含まれていると仮定する．結果として得られる交差エントロピーが損失 J_{MLE} を定義する．この交差エントロピーを最小化するために分類器の最尤推定を行う．しかしながら，この例をより現実的なものにするために，正則化項も加える．最終的に総損失は次式で表される．

$$J = J_{\mathrm{MLE}} + \lambda \left(\sum_{i,j} \left(W_{i,j}^{(1)} \right)^2 + \sum_{i,j} \left(W_{i,j}^{(2)} \right)^2 \right). \tag{6.56}$$

これは交差エントロピーと係数 λ の重み減衰項から構成される．図6.11にこの計算グラフを示す．

この例での勾配の計算グラフは描画や読み取りが面倒なほど大きくなる．これは単純とはいえソフトウェアエンジニアが手動で導出するには面倒な勾配を自動的に生成することができる誤差逆伝播法の利点の 1 つを表している．

図6.11の順伝播のグラフを見ることで誤差逆伝播法の挙動を大まかに追っていくことができる．訓練のために $\nabla_{\boldsymbol{W}^{(1)}} J$ と $\nabla_{\boldsymbol{W}^{(2)}} J$ の両方を計算したいとする．J から重みへ戻る方向の経路は 2 つある．1 つが交差エントロピーのコストを通る経路，もう 1 つが重み減衰のコストを通る経路である．重み減衰のコストは比較的単純で $\boldsymbol{W}^{(i)}$ の勾配への寄与はつねに $2\lambda\boldsymbol{W}^{(i)}$ となる．

交差エントロピーのコストを通るもう 1 つの経路についてはもう少し複雑となる．$\boldsymbol{G}$ を演算 cross_entropy で提供される正規化されていない対数確率 $\boldsymbol{U}^{(2)}$ の勾配であるとする．誤差逆伝播法は異なる 2 つの分岐を探査しなければならない．短い方の分岐では行列積演算の 2 番目の引数に誤差逆伝播法のルールを適用して $\boldsymbol{W}^{(2)}$ の勾配に $\boldsymbol{H}^{\top}\boldsymbol{G}$ を追加する．もう 1 つの分岐はネットワークのさらに先へと降りていく長い連鎖に対応する．まず，誤差逆伝播法は行列積演算の 1 番目の引数に誤差逆伝播法のルールを適用して $\nabla_{\boldsymbol{H}} J = \boldsymbol{G}\boldsymbol{W}^{(2)\top}$ を計算する．次に，演算 `relu` が逆伝播のルールを使って 0 未満の $\boldsymbol{U}^{(1)}$ の要素に対応する勾配の要素を 0 にする．その結果を $\boldsymbol{G}'$ とする．誤差逆伝播法の最終ステップでは演算 `matmul` の 2 番目の引数に誤差逆伝播法のルールを適用して $\boldsymbol{W}^{(1)}$ の勾配に $\boldsymbol{X}^\top\boldsymbol{G}'$ を追加する．

これらの勾配の計算後，勾配降下法または他の最適化アルゴリズムがその勾配を使ってパラメータを更新する．

MLP では行列積のコストが主な計算コストとなる．順伝播の段階では，各重み行列の乗算を行う．結果として w を重みの数とすると $O(w)$ の積和演算になる．逆伝播の段階では各重み行列の転置の乗算をするため順伝播と同じ計算コストがかかる．このアルゴリズムのメモリに関する主なコストは隠れ層の非線形関数に対する入力の格納する必要がある点である．この値は計算されてから逆伝播で同じポイントに戻ってくるまで保持される．したがって m をミニバッチの中の事例数，n_h を隠れユニットの数とするとメモリのコストは $O(mn_h)$ になる．

6.5.8　複雑化の要因

本章の誤差逆伝播法の説明は実際の実装に比べて単純化されている．

前述のとおり演算は単一のテンソルを返す関数であるという条件で定義した．ソフトウェアの実装においては複数のテンソルを返す演算ができなければならない場合がほとんどである．たとえばテンソルの中の最大値とその値のインデックスの両方を求めたい場合，両方をメモリ上の単一のパスで計算するのが最良の方法である．したがってこの手順の最も効率のよい実装は 1 つの演算に 2 つの出力を持たせることである．

誤差逆伝播法のメモリ消費の制御方法についてはまだ説明していない．誤差逆伝播法では多数のテンソルの総和を計算することが多い．素直な実装ではこのテンソルごとに計算を別々に実施し，そのすべてを 2 番目のステップで足し合わせる．この素直なアプローチでは過度にメモリ消費量が高くなってしまうが，バッファを 1 つ用意して各値をそのバッファに足し込むことでメモリ消費量のボトルネックを回避できる．

また，現実世界における誤差逆伝播法の実装では 32 ビット浮動小数点数，64 ビット浮動小数点数，整数値といったさまざまなデータ型を扱う必要がある．これらのデータ型をどのように扱うかのポリシーについては設計時に十分注意を払わなければならない．

演算の中には勾配が定義されないものがある．そういった場合を監視し，ユーザーから要求された勾配が未定義かどうかを判断することが重要である．

現実世界の微分はさまざまな技術的側面によって複雑さが増大する．そのような技術的側面は決して対処できないものではない．この章では微分の計算においてかぎとなる知的なツールについて説明した．しかし，さらに多くの微妙な点が存在することを認識することが重要である．

6.5.9　深層学習コミュニティ以外での微分

深層学習のコミュニティは他の幅広いコンピュータサイエンスのコミュニティからはやや分離されており，微分の手法については独自の文化的姿勢を築き上げてきた．より一般的に言えば**自動微分**

(automatic differentiation) の分野がアルゴリズムで微分を計算する方法を取り扱っている．ここで説明した誤差逆伝播法は自動微分の方法の 1 つにすぎない．誤差逆伝播法は**リバースモード蓄積** (reverse mode accumulation) と呼ばれる幅広い技術クラスの特殊な場合である．連鎖律の部分式を異なる順序で評価する手法もある．一般に計算コストが最も低くなる評価順序を決定するのは困難な問題である．勾配を計算する演算の最適な順序を見つけることは代数式を最も簡単な形式に単純化する必要があるかもしれないという意味で NP 完全問題である (Naumann, 2008).

例として，$p_1, p_2, \ldots, p_n$ が確率を表す変数，$z_1, z_2, \ldots, z_n$ が正規化されていない対数確率を表す変数とする．また次式を定義する．

$$q_i = \frac{\exp(z_i)}{\sum_i \exp(z_i)}. \tag{6.57}$$

これは指数と和，除算でソフトマックス関数を構成しており交差エントロピー損失は $J = -\sum_i p_i \log q_i$ である．人間の数学者ならば z_i に関する J の微分は $q_i - p_i$ という非常に単純な形になることがわかる．誤差逆伝播法ではそのような形で勾配を簡略化することはできない．その代わりに勾配を明示的に元のグラフ上のすべての対数と指数の演算へと伝播させる．Theano(Bergstra *et al.*, 2010; Bastien *et al.*, 2012) のようなソフトウェアライブラリでは純粋な誤差逆伝播法で提示されるグラフに対し，いくつかの代数的な置換を施して性能を向上させる．

順伝播グラフ $\mathcal{G}$ は単一の出力ノードを持ち，その各偏微分 $\frac{\partial u^{(i)}}{\partial u^{(j)}}$ が一定の演算量で計算される場合，誤差逆伝播法では勾配の計算のために必要となる計算回数のオーダーは順伝播の計算に必要な計算回数のオーダーと同じになることが保証される．このことはアルゴリズム6.2から確認できる．なぜなら局所的なそれぞれの偏微分 $\frac{\partial u^{(i)}}{\partial u^{(j)}}$ は再帰的な連鎖律の式（式6.53）の関連する積和とともに一度だけ計算すればいいからである．したがって全体の計算量は O(辺の数) となる．しかしながら誤差逆伝播法で構成される計算グラフを単純化することでこれは削減できる可能性があり，これは NP 完全問題のタスクである．Theano や TensorFlow のような実装では既知の簡潔なパターンを照合しながら繰り返しグラフを簡素化するという，ヒューリスティックな手法を使っている．ここではスカラー出力の勾配を計算するためだけに誤差逆伝播法を定義したが，誤差逆伝播法はヤコビ行列（グラフ上の k 個の異なるスカラーのノード，あるいは k 個の要素を持つテンソル値のノード）の計算に拡張できる．したがってこの計算の素直な実装では必要な計算が k 倍に増えることになる．つまり，元の順伝播グラフ上にあるスカラーの内部ノードそれぞれについて素直な実装では 1 回ではなく k 回勾配を計算する．グラフの出力数が入力数よりも大きな場合，**フォワードモード蓄積** (forward mode accumulation) と呼ばれる別の自動微分手法を使用した方が望ましい場合がある．この計算方法はたとえば回帰結合型ネットワークで勾配を実時間で計算するために提案された (Williams and Zipser, 1989)．この方法ではグラフ全体の値や勾配を格納する必要がなく，計算効率とメモリのトレードオフを行っている．フォワードモードとバックワードモードの違いは一連の行列を左から掛けるか右から掛けるかの違いと類似している．例として

$$\boldsymbol{ABCD} \tag{6.58}$$

とし，行列はヤコビ行列と考える．たとえば $\boldsymbol{D}$ が列ベクトルで $\boldsymbol{A}$ が多くの行からなるとすると，このグラフは出力が 1 つで入力が多数あるグラフに対応する．行列の掛け算を後ろから始めて逆方向に進めて行くと行列とベクトルの積だけ計算すればよいことになる．この順序がバックワードモードに対応する．その代わりに左側から乗算を始めると行列と行列の積となるため全体の計算コストはずっと高くなる．しかし，もし $\boldsymbol{A}$ の行数が $\boldsymbol{D}$ の列数よりも少ない場合，左から右へ掛け算を実行した方がコストは小さくなる．これはフォワードモードに対応している．

機械学習以外のコミュニティの多くでは Python や C などの従来のプログラミング言語で書かれたコードに直接作用し，自動的にその言語で書かれた関数を微分するプログラムを生成する微分ソフトウェアを実装する方が一般的である．深層学習のコミュニティでは特定のライブラリで生成される明示的なデータ構造を利用して計算グラフを表現するのが一般的である．この特別な方法ではライブラリ開発者は各演算に対して bprop メソッドを定義しなければならず，またそのライブラリのユーザーとっては定義された演算しかできないという欠点がある．しかしこの方法には利点もあり，各演算に対してカスタマイズした誤差逆伝播法のルールを定義することが可能で，開発者は自動的な手法では再現できないと思われる方法で速度や安定性を向上させることができる．

したがって誤差逆伝播法は勾配を効率的に計算するための唯一の方法でも最適な方法でもないが，深層学習コミュニティにおいては実践的な手法として有用であり続ける．将来的には深層学習の専門家が自動微分の幅広い分野での進展をもっと認識するようになれば，深層ネットワークの微分の技術が向上する可能性がある．

6.5.10　高次の微分

ソフトウェアの枠組みの中には高次の微分が可能なものがいくつか存在する．深層学習のフレームワークの中では少なくとも Theano と TensorFlow がそれに該当する．これらのライブラリは元の関数の微分を記述する際と同じデータ構造を使って高次の微分の表現を記述している．つまりシンボリック微分の仕組みは微分に対しても適用できる．

深層学習の世界ではスカラー関数の二階微分を求めることはまれである．その代わりに通常はヘッセ行列の性質に注目する．関数 $f : \mathbb{R}^n \to \mathbb{R}$ に対してヘッセ行列のサイズは $n \times n$ である．深層学習の典型的なアプリケーションでは n はモデルのパラメータ数で，数十億に上ることも珍しくない．したがってヘッセ行列を表現するのはそもそも不可能である．

ヘッセ行列を明示的に計算する代わりに深層学習では一般的に**クリロフ法**（**Krylov methods**）を利用する．クリロフ法は行列とベクトルの積のみを利用した反復的な手法であり，逆行列や固有値，固有ベクトルの近似値の求解などのさまざまな操作に利用される．

クリロフ法をヘッセ行列に用いる場合，ヘッセ行列 $\boldsymbol{H}$ と任意のベクトル $\boldsymbol{v}$ の積が計算できるだけでよい．これを行う単純な手法 (Christianson, 1992) は以下を計算することである．

$$\boldsymbol{H}\boldsymbol{v} = \nabla_{\boldsymbol{x}} \left[\left(\nabla_{\boldsymbol{x}} f(x) \right)^{\top} \boldsymbol{v} \right]. \tag{6.59}$$

この計算式に現れる 2 つの勾配はいずれも適切なソフトウェアライブラリを使えば自動的に計算できる．外側の勾配の式は内側の関数の勾配を引数としていることに注意されたい．

$\boldsymbol{v}$ 自体が計算グラフによって生成されるベクトルである場合，自動微分のソフトウェアが $\boldsymbol{v}$ を生成したグラフに沿って微分しないように明確にしておくことが重要である．

通常ヘッセ行列を計算することは推奨されないが，ヘッセ行列とベクトルの積を利用して計算することができる．単純に $\boldsymbol{H}\boldsymbol{e}^{(i)}$ をすべての $i = 1, \ldots, n,$ について計算すればよい．ただし $\boldsymbol{e}^{(i)}$ は one-hot ベクトルで，$e_i^{(i)} = 1$ でありそれ以外の成分は 0 である．

6.6 歴史ノート

順伝播型ネットワークは勾配降下法を利用して関数近似の誤差を最小化する効率的な非線形関数近似器と考えることができる．この観点から見ると近代のニューラルネットワークには数世紀にわたる汎用的な関数近似の進展が凝縮されている．

誤差逆伝播法の基礎となる連鎖律は 17 世紀に発明された (Leibniz, 1676; L'Hôpital, 1696)．最適化問題を閉形式で解くために微積分と代数が長く使用されていたが，反復的に最適化問題の近似解を求める手法として勾配降下法が登場したのは 19 世紀になってからであった (Cauchy, 1847)．

1940 年の初めにこのような関数近似手法が使われ，パーセプトロンのような機械学習モデルが発展した．しかし，最も初期のモデルは線形モデルに基づいたものだった．Marvin Minsky を始めとする批評家たちが XOR 関数を学習することができないといった線形モデル族の欠点をいくつも指摘したことで，ニューラルネットワークを使った手法の勢いは後退していった．

非線形関数の学習には多層パーセプトロンおよびそのようなモデルで勾配を計算する手法が必要だった．1960 年代から 1970 年代にかけて，動的計画法に基づく連鎖律の効率的な適用が登場し始めた．そのほとんどは制御問題に関するもの (Kelley, 1960; Bryson and Denham, 1961; Dreyfus, 1962; Bryson and Ho, 1969; Dreyfus, 1973) であったが，感度解析に関するものもあった (Linnainmaa, 1976)．Werbos (1981) が人工ニューラルネットワークの訓練にこれらの手法を適用することを提案した．この考え方は最終的に違った方法で個別に再発見されて実用化に至った (LeCun, 1985; Parker, 1985; Rumelhart *et al.*, 1986a)．書籍 Parallel Distributed Processing では誤差逆伝播法によって成功した最初の実験結果をいくつか紹介している (Rumelhart *et al.*, 1986b)．これを紹介した章は誤差逆伝播法の普及に大きく貢献し，多層ニューラルネットワークの研究が非常に活発になるきっかけとなった．その書籍の著者たち，特に Rumelhart と Hinton が提唱した考えは誤差逆伝播法の範囲を大きく超えるものだった．そこには認知と学習の中心的観点をコンピュータで実装可能にするための重要なアイデアが含まれていた．この考え方はこの学派がニューロン間の接続が記憶と学習の肝として重要視したことから「コネクショニズム」と呼ばれる．特に，このアイデアには分散表現の概念が含まれていた (Hinton *et al.*, 1986)．

誤差逆伝播法の成功を経てニューラルネットワークの研究は人気を博し，1990 年代にはそれが最高潮に達した．その後は 2006 年に始まった近代的な深層学習の復興までは他の機械学習手法の方が主流であった．

近代のニューラルネットワークの根底にある核となる考えは 1980 年代から大きくは変わっていない．当時と同じ誤差逆伝播法のアルゴリズムとやはり同じ勾配降下法のアプローチが今も使われている．1986 年から 2015 年にかけてのニューラルネットワークの性能向上はほぼ以下の 2 点に起因する．1 つは，利用できるデータ集合のサイズが大きくなったことでニューラルネットワークにとっての課題である統計的な汎化の難易度が下がったことである．2 つ目は，計算機性能の向上とソフトウェア基盤の改善によりニューラルネットワークのサイズが非常に大きくなったことである．わずかながらのアルゴリズムの進歩も相まってニューラルネットワークの性能は大きく向上した．

そのようなアルゴリズム変化の 1 つは損失関数を平均二乗誤差から交差エントロピーに変更したことである．平均二乗誤差は 1980 年代から 1990 年代にかけて主流だったが，統計のコミュニティと機械学習のコミュニティの間に広まった交差エントロピー損失と最尤推定の原則へと徐々に置き換わっていった．交差エントロピー損失の利用によりシグモイドとソフトマックスを出力として持つモデルの性能は大きく向上した．それまでは平均二乗誤差損失を使った場合は飽和と学習の遅さが問題だった．

シグモイドの隠れユニットを正規化線形ユニットなどの区分線形関数に置き換えたことも順伝播ネットワークの性能を大きく向上させた．関数 $\max\{0, z\}$ を使う ReLU は初期のニューラルネットワークモデルに導入され，またそれ以前のコグニトロンやネオコグニトロンにまでさかのぼって導入された (Fukushima, 1975, 1980)．これらの初期のモデルは ReLU を利用せず代わりに非線形関数に正規化関数を適用していた．初期は ReLU が主流であったものの 1980 年代にそのほとんどはシグモイドに置き換わった．おそらく，ニューラルネットワークが非常に小さい間はシグモイドの方の性能が良かったからだろう．2000 年初期には微分不可能な点を含む活性化関数は避けるべきであるという，いくぶん迷信のような理由で ReLU は使用されなくなっていた．2009 年になってこれが変わり始めた．Jarrett *et al.* (2009) はニューラルネットワークのアーキテクチャ設計における複数の要素のうち，「ReLU を利用することが認識システムの性能向上における最も重要な点である」と述べている．

小さいデータ集合に対してJarrett *et al.* (2009) は ReLU を使うことが隠れ層の重みを学習することよりも重要であると述べている．ランダムな重みは正規化線形ネットワークで有用な情報を伝えるのに十分で，最上位の分類層がさまざまな特徴量をクラス識別子へ写像する方法を学習できる．

さらに多くのデータが利用可能な場合は学習で有用な知識を十分に抽出するようになり，重みを無作為に選ぶよりもよい性能が出る．Glorot *et al.* (2011a) は曲率や両側が飽和するような活性化関数を持つ深層ネットワークよりも深層 ReLU の方が訓練が非常に簡単であることを示した．

ReLU は神経科学が深層学習のアルゴリズム発展に影響を与え続けていることを示していることから，歴史的にも興味深い．Glorot *et al.* (2011a) は生命科学の観点から ReLU の利用を推奨した．半分正規化する非線形性は以下の神経細胞の性質を捉えることを目的としている．(1) ある入力に対して，神経細胞は完全に不活性になる．(2) ある入力に対して，神経細胞の出力はその入力に比例する．(3) ほとんどの時間で，神経細胞は不活性の状態で活動する（つまり**スパースな活性**（**sparse activations**）を持つ）．

2006 年に深層学習が現代の復興を見せ始めたときも順伝播型ネットワークの悪評は続いていた．2006 年から 2012 年ごろにかけて順伝播型ネットワークは他の確率モデルのようなモデルを一緒に活用しなければ精度が悪いと広く考えられていた．今日では正しい資源とエンジニアリングの実践で順伝播型ネットワークは十分よく機能することがわかっている．今日，順伝播型ネットワークにおける勾配に基づく学習は20章で説明する変分自己符号化器や敵対的生成ネットワークのような確率的モデルを開発するための手段として利用される．順伝播ネットワークでの勾配に基づく学習は他の手法と一緒に使わなければならないような信頼性を欠く技術ではなく，2012 年以降は他の多くの機械学習タスクに適用できる強力な技術であると認識されている．2006 年には機械学習のコミュニティで教師なし学習を使って教師あり学習を補完したが，皮肉なことに今では教師あり学習を使って教師なし学習を補完することが一般的になった．

順伝播型ネットワークはまだその潜在能力を発揮しきれていない．将来的には順伝播型ネットワークがもっと多くのタスクに適用されることや，また最適化アルゴリズムとモデル設計がその性能をさらに向上させることも期待されている．本章では主に基本的なニューラルネットワークのモデル族について説明してきた．次章以降ではこれらをどのように正則化して訓練するのかといったモデルの使い方について説明する．

第 7 章

深層学習のための正則化

機械学習における中心的な問題は，訓練データだけでなく新しい入力においても性能を発揮するアルゴリズムをどのように作るかである．機械学習において用いられる手法の多くは，訓練誤差が増加する可能性と引き換えにテスト誤差が減少するよう明示的に設計される．これらの手法はまとめて正則化として知られている．深層学習の専門家が利用可能な正則化の形態は非常に多く存在する．実際，より効果的な正則化の手法を開発することは，この分野における研究の主要な取り組みの 1 つである．

5章では，一般化とスパース学習，過小適合，バイアス，分散，そして正則化の基本的な構想を紹介した．読者がまだこれらの考えについて十分に理解できていないのであれば，本章を読み進む前に第 5 章を参照されたい．

本章では，深いモデルおよび深いモデルの構成要素として使えるモデルのための正則化手法に着目しながら，より詳細に正則化について説明する．

本章のいくつかの節で，機械学習における標準的な概念を扱う．すでに読者がこれらの概念について十分に理解しているのであれば，関連する節を飛ばして構わない．一方で，本章のほとんどでは，この基本的な概念をニューラルネットワークの特殊な場合に拡張することが主題となる．

5.2.2節では，正則化を「訓練誤差ではなく，汎化誤差の削減を意図した，学習アルゴリズムに対するあらゆる改良」と定義した．正則化の手法は数多く存在する．いくつかの手法では，パラメータの値に制限を加えるような，機械学習モデルに追加の制約を課す．またそれ以外の手法では，パラメータの値に対する緩い制限に対応する新たな項を，目的関数に加えるものもある．注意深く選択すれば，このような追加の制約やペナルティは，テスト集合での性能改善につながる．また，このような制約やペナルティが，特別な事前知識を符号化するように設計される場合がある．あるいは，このような制約やペナルティは，汎化を促進するために，より単純なモデルクラスのための一般的な優先度を表現するように設計される場合もある．ペナルティと制約は未決定問題の決定のために必要となる場合がある．また，アンサンブル法として知られる別な形の正則化では，訓練データを説明する複数の仮説を組み合わせることもある．

深層学習の観点では，正則化手法のほとんどは推定量の正則化に基づいている．推定量の正則化は，バイアスの増加とバリアンスの減少を引き換えることで機能する．効果的な正則化項とは，過度にバイアスを増加させずにバリアンスを大きく減少させるような，有益なトレードオフを行うものを指す．5章で汎化と過剰適合について議論した際，次の 3 つの状況に焦点を当てた．(1) 訓練するモデル族が真のデータ生成過程を含まない，すなわち，過小適合に対応しバイアスを含む状況．(2) 訓練するモデル族が，真のデータ生成過程に合致した状況．(3) 訓練するモデル族が，真のデータ生成過程を含むがその他の多くの生成過程も含む，すなわち，推定誤差のうちバイアスよりバリアンスが大半を占める過剰適合の領域に位置する状況．正則化の目的は，モデルを 3 番目の状況から 2 番目の状況に移行させることである．

現実的には，過度に複雑なモデル族は，目的関数や真のデータ生成過程，あるいはそのいずれかに近い近似形さえも必ず含むとは限らない．真のデータ生成過程を利用できることはほとんどないので，推定されたモデル族がその生成過程を含んでいるかどうかを確実に知ることはできない．しかしながら，深層学習アルゴリズムは，真のデータ生成過程がほぼ確実にモデル族の外にあるような領域に応用される場合がほとんどである．深層学習アルゴリズムは通常，真のデータ生成過程にすべての世界のモデル化が必要となる画像や音声系列，文字などの極めて複雑な領域に適用される．言ってみれば，つねに，四角い杭（データ生成過程）を丸い穴（モデル族）にはめ込もうとしているようなものである．

これが意味するところは，モデルの複雑さを制御することは，適切な数のパラメータを持つ適切なサイズのモデルを見つけるといった単純なことではないということである．その代わり，実際の深層学習を用いる実践的なシナリオのほとんどの場合，（汎化誤差を最小化するという意味において）最もよく適合するモデルは，適切に正則化された大きなモデルであることがわかる．

本章では，そのような大きく深い正則化モデルを作る方法についての手法をいくつか説明する．

7.1　パラメータノルムペナルティ

正則化は，深層学習が出現するより前の，数十年前から使われてきた．線形回帰やロジスティック回帰などの線形モデルでは，単純でわかりやすく，効果的な正則化手法が可能になる．

正則化のアプローチの多くは，目的関数 J にパラメータノルムペナルティ $\Omega(\boldsymbol{\theta})$ を加えることで，ニューラルネットワークや線形回帰，ロジスティック回帰などのモデルの容量を制限することに基づいている．正則化された目的関数を $\tilde{J}$ で表す．

$$\tilde{J}(\boldsymbol{\theta}; \boldsymbol{X}, \boldsymbol{y}) = J(\boldsymbol{\theta}; \boldsymbol{X}, \boldsymbol{y}) + \alpha\Omega(\boldsymbol{\theta}). \tag{7.1}$$

ただし，$\alpha \in [0, \infty]$ は標準的な目的関数 J と比較して，ノルムペナルティ項 Ω の相対的な貢献に重み付けするハイパーパラメータである．α を 0 に設定すると正則化しないことになる．α が大きくなるほど，より強い正則化に対応する．

学習アルゴリズムが正則化された目的関数 $\tilde{J}$ を最小化すると，訓練データにおける元の目的関数 J とパラメータ $\boldsymbol{\theta}$（またはパラメータの部分集合）の大きさを表す指標の両方が減少する．パラメータノルム Ω の選択に応じて，望ましい解は変わる．本節では，モデルパラメータのペナルティとして使われる場合のさまざまなノルムの効果を説明する．

いくつかのノルムの正則化の挙動を掘り下げてみる前に，ニューラルネットワークにおいて，一般的に各層でアフィン変換の**重みのみ**にペナルティを課し，バイアス項は正則化しないようなパラメータノルムペナルティ Ω が選ばれることを説明する．通常，バイアスを正確に適合させるためのデータは，重みを適合させるのより少なくてよい．それぞれの重みは 2 つの変数がどのように相互作用するかを示す．重みをうまく最適化するためには，両方の変数をさまざまな条件下で観測することが求められる．それぞれのバイアスは，1 つの変数のみを制御する．これは，バイアスを正則化しないでおけば，バリアンスは大きくなりすぎないことを意味する．また，バイアスパラメータを正則化すると，大幅な過少適合がもたらされる可能性がある．したがって，ベクトル $\boldsymbol{w}$ を使ってノルムペナルティから影響を受ける重みすべてを示し，それに対してベクトル $\boldsymbol{\theta}$ は，$\boldsymbol{w}$ と正則化されていないパラメータの両方を含むすべてのパラメータを表す．

ニューラルネットワークの観点では，ネットワークの各層ごとに異なる係数 α を持つ個別のペナルティを使うことが望ましい場合がある．しかし，複数のハイパーパラメータの正しい値を探すのはコストがかかるため，やはりすべての層で同じ重み減衰を使って探索空間を減らすのが適切である．

7.1.1 L^2 パラメータ正則化

すでに5.2.2節で説明したが，最も単純で一般的なパラメータノルムペナルティの1つは L^2 パラメータノルムであり，一般的には**重み減衰**（weight decay）として知られている．

この正則化手法は，目的関数に正則化項 $\Omega(\boldsymbol{\theta}) = \frac{1}{2}\|\boldsymbol{w}\|_2^2$ を加えることで，重みを原点[*1]に近づける．他の学術コミュニティでは，L^2 正則化は**リッジ回帰**（ridge regression）や**ティホノフ正則化**（Tikhonov regularization）としても知られている．

正則化された目的関数の勾配を調べることで，重み減衰正則化の挙動に関する洞察が得られる．表現を単純化するためにバイアスパラメータがないと仮定すると，$\boldsymbol{\theta}$ は $\boldsymbol{w}$ のみになる．このようなモデルは，全体が以下のような目的関数となる．

$$\tilde{J}(\boldsymbol{w}; \boldsymbol{X}, \boldsymbol{y}) = \frac{\alpha}{2}\boldsymbol{w}^\top \boldsymbol{w} + J(\boldsymbol{w}; \boldsymbol{X}, \boldsymbol{y}). \tag{7.2}$$

対応するパラメータの勾配は次式となる．

$$\nabla_{\boldsymbol{w}} \tilde{J}(\boldsymbol{w}; \boldsymbol{X}, \boldsymbol{y}) = \alpha \boldsymbol{w} + \nabla_{\boldsymbol{w}} J(\boldsymbol{w}; \boldsymbol{X}, \boldsymbol{y}). \tag{7.3}$$

以下のように重みを更新することで，勾配のステップが1つ進む．

$$\boldsymbol{w} \leftarrow \boldsymbol{w} - \epsilon \left(\alpha \boldsymbol{w} + \nabla_{\boldsymbol{w}} J(\boldsymbol{w}; \boldsymbol{X}, \boldsymbol{y})\right). \tag{7.4}$$

別な書き方をすると，更新は以下で表される．

$$\boldsymbol{w} \leftarrow (1 - \epsilon\alpha)\boldsymbol{w} - \epsilon \nabla_{\boldsymbol{w}} J(\boldsymbol{w}; \boldsymbol{X}, \boldsymbol{y}). \tag{7.5}$$

重み減衰項の追加によって学習則が変更され，通常の勾配の更新が行われる直前に，ステップごとに一定の割合で重みベクトルが急激に減少するのがわかる．これは1つのステップで起きていることを説明している．では，訓練全体ではどのようなことが起きるのだろうか．

最小の正則化されていない訓練コストを与える重みの値 $\boldsymbol{w}^* = \arg\min_{\boldsymbol{w}} J(\boldsymbol{w})$ の近傍で，目的関数を二次近似して，さらに分析を簡略化する．平均二乗誤差で線形回帰モデルを適合させる場合のように，目的関数が完全に二次関数であれば完璧に近似できる．近似 $\hat{J}$ は次式で与えられる．

$$\hat{J}(\boldsymbol{\theta}) = J(\boldsymbol{w}^*) + \frac{1}{2}(\boldsymbol{w} - \boldsymbol{w}^*)^\top \boldsymbol{H}(\boldsymbol{w} - \boldsymbol{w}^*). \tag{7.6}$$

ただし，$\boldsymbol{H}$ は $\boldsymbol{w}^*$ で評価される $\boldsymbol{w}$ に関する J のヘッセ行列である．$\boldsymbol{w}^*$ は最小値であるように定義され，そこでは勾配が消失するため，この二次近似には一次の項がない．同様に，$\boldsymbol{w}^*$ は J が最小となる位置であるため，$\boldsymbol{H}$ は半正定値であると結論付けることができる．

[*1] より一般的には，空間上の任意の特定の点の近くになるようにパラメータを正則化することができて，驚くべきことに，それでも正則化の効果が得られる．しかし，真の値に近いほどよりよい結果が得られ，真の値の正負がわからない場合は0を標準とするのが妥当である．モデルパラメータを0に正則化することは非常に一般的であるため，ここではこの特殊な場合に焦点を当てる．

$\hat{J}$ が最小になるのは，その勾配

$$\nabla_{\boldsymbol{w}} \hat{J}(\boldsymbol{w}) = \boldsymbol{H}(\boldsymbol{w} - \boldsymbol{w}^*) \tag{7.7}$$

が $\mathbf{0}$ に等しくなる場合である．

重み減衰の効果を調べるために，重み減衰の勾配を加えて式7.7を変形する．これで正則化された $\hat{J}$ の最小値を解くことができる．変数 $\tilde{\boldsymbol{w}}$ を使って最小値の位置を示す．

$$\alpha\tilde{\boldsymbol{w}} + \boldsymbol{H}(\tilde{\boldsymbol{w}} - \boldsymbol{w}^*) = 0 \tag{7.8}$$

$$(\boldsymbol{H} + \alpha\boldsymbol{I})\tilde{\boldsymbol{w}} = \boldsymbol{H}\boldsymbol{w}^* \tag{7.9}$$

$$\tilde{\boldsymbol{w}} = (\boldsymbol{H} + \alpha\boldsymbol{I})^{-1}\boldsymbol{H}\boldsymbol{w}^*. \tag{7.10}$$

α が 0 に近づくと，正則化された解 $\tilde{\boldsymbol{w}}$ は $\boldsymbol{w}^*$ に近づく．しかし，α が大きくなると何が起きるだろうか．$\boldsymbol{H}$ は実対称行列なので，対角行列 $\boldsymbol{\Lambda}$ と固有ベクトルの正規直交基底 $\boldsymbol{Q}$ を用いて $\boldsymbol{H} = \boldsymbol{Q}\boldsymbol{\Lambda}\boldsymbol{Q}^\top$ と分解できる．式7.10に分解を適用すると，次式が得られる．

$$\tilde{\boldsymbol{w}} = (\boldsymbol{Q}\boldsymbol{\Lambda}\boldsymbol{Q}^\top + \alpha\boldsymbol{I})^{-1}\boldsymbol{Q}\boldsymbol{\Lambda}\boldsymbol{Q}^\top\boldsymbol{w}^* \tag{7.11}$$

$$= \left[\boldsymbol{Q}(\boldsymbol{\Lambda} + \alpha\boldsymbol{I})\boldsymbol{Q}^\top\right]^{-1}\boldsymbol{Q}\boldsymbol{\Lambda}\boldsymbol{Q}^\top\boldsymbol{w}^* \tag{7.12}$$

$$= \boldsymbol{Q}(\boldsymbol{\Lambda} + \alpha\boldsymbol{I})^{-1}\boldsymbol{\Lambda}\boldsymbol{Q}^\top\boldsymbol{w}^*. \tag{7.13}$$

重み減衰の効果によって，$\boldsymbol{H}$ の固有ベクトルで定義された軸に沿って $\boldsymbol{w}^*$ が再スケーリングされることがわかる．具体的には，$\boldsymbol{H}$ の i 番目の固有ベクトルに沿う $\boldsymbol{w}^*$ の要素が，係数 $\frac{\lambda_i}{\lambda_i+\alpha}$ で再スケーリングされる．（このスケーリングがどのように行われるかを再確認したい場合は，最初に説明をした図2.3を参照されたい．）

たとえば $\lambda_i \gg \alpha$ の場合のように，$\boldsymbol{H}$ の固有値が相対的に大きい方向に沿う場合，正則化の効果は相対的に小さい．一方で，$\lambda_i \ll \alpha$ の要素は，ほぼ 0 に近づくように小さくなる．この効果の様子を図7.1に示す．

パラメータが目的関数を減少させることに大きく寄与する方向のみが，相対的に影響を受けないことになる．目的関数を減少させることに貢献しない方向では，ヘッセ行列の固有値が小さいことから，この方向の動きは勾配を大きく増加させないことがわかる．このような重要ではない方向に対応する重みベクトルの要素は，訓練全体で正則化を使うことで減衰する．

ここまで，抽象的かつ一般的な二次損失関数を最適化するときの重み減衰の効果ついて説明してきた．このような効果は，特に機械学習にどのように関係しているのだろうか．線形回帰モデルは真の損失関数が二次関数であり，これまでに説明してきたものと同じ分析手法に従うモデルなので，この線形回帰モデルを調べることで関係性を理解することができる．同じ分析手法を適用することで，同じ結果の特殊な例を得るが，今回は訓練データに関して表現された解を持つ．線形回帰において，損失関数は二乗誤差の和である．

$$(\boldsymbol{X}\boldsymbol{w} - \boldsymbol{y})^\top(\boldsymbol{X}\boldsymbol{w} - \boldsymbol{y}). \tag{7.14}$$

L^2 正則化を加えると，目的関数は以下のように変形される．

$$(\boldsymbol{X}\boldsymbol{w} - \boldsymbol{y})^\top(\boldsymbol{X}\boldsymbol{w} - \boldsymbol{y}) + \frac{1}{2}\alpha\boldsymbol{w}^\top\boldsymbol{w}. \tag{7.15}$$

これにより，解の正規方程式が

$$\boldsymbol{w} = (\boldsymbol{X}^\top\boldsymbol{X})^{-1}\boldsymbol{X}^\top\boldsymbol{y} \tag{7.16}$$

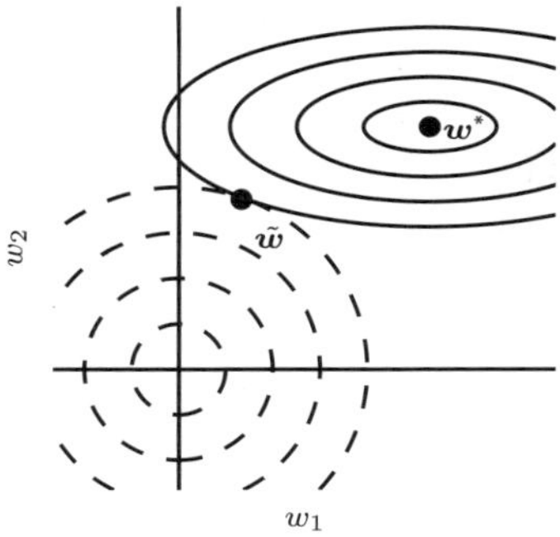

図 **7.1:** $\boldsymbol{w}$ の最適な値に対する L^2（または重み減衰）正則化の効果を示す図．実線で書かれた楕円は，正則化されていない目的関数の値が等しくなる点を結んだ曲線である．点線で描かれた円は，L^2 正則化の値が等しくなる点を結んだ曲線である．点 $\tilde{\boldsymbol{w}}$ では競合する 2 つの目的関数が接している．最初の次元では，ヘッセ行列 J の固有値は小さい．目的関数は，$\boldsymbol{w}^*$ から水平方向に離れてもあまり増加しない．目的関数はこの方向には強い選好を示さないので，正則化項はこの軸の方向に大きな効果がある．正則化によって w_1 は 0 に近づくように変化する．2 つ目の次元では，目的関数は $\boldsymbol{w}^*$ から離れる動きに非常に敏感である．対応する固有値は大きくなり，高い曲率を示す．結果的に，重み減衰が w_2 の位置に与える影響は相対的に小さくなる．

から

$$\boldsymbol{w} = (\boldsymbol{X}^\top \boldsymbol{X} + \alpha \boldsymbol{I})^{-1} \boldsymbol{X}^\top \boldsymbol{y} \tag{7.17}$$

に変形する．式7.16の行列 $\boldsymbol{X}^\top \boldsymbol{X}$ は共分散行列 $\frac{1}{m}\boldsymbol{X}^\top \boldsymbol{X}$ に比例する．L^2 正則化で，この行列を式7.17の $\left(\boldsymbol{X}^\top \boldsymbol{X} + \alpha \boldsymbol{I}\right)^{-1}$ と置き換える．新しい行列は，元の行列と同じだが，対角成分に α を加えたものとなっている．この行列の対角成分は各入力特徴量の分散に相当する．L^2 正則化によって，入力 $\boldsymbol{X}$ が大きな分散を持っていることを学習アルゴリズムに「検知」させることがわかる．これによって，出力目標の共分散がこの追加された分散と比べて小さい特徴量の重みが小さくなる．

7.1.2 L^1 正則化

L^2 重み減衰は，重み減衰の中で最も一般的な形であるが，一方でモデルパラメータのサイズにペナルティを設ける方法は他にもある．もう 1 つの選択肢としては，L^1 正則化がある．

形式的に，モデルのパラメータ $\boldsymbol{w}$ の L^1 正則化は以下の式で定義される．

$$\Omega(\boldsymbol{\theta}) = ||\boldsymbol{w}||_1 = \sum_i |w_i|. \tag{7.18}$$

すなわち，個々のパラメータの絶対値の総和である[*2]．ここで L^2 正則化の分析でも調べたように，バイアスパラメータを持たない単純な線形回帰モデルに対する L^1 正則化の効果について説明する．特に，L^1 正則化と L^2 正則化の違いを詳細に明らかにすることに焦点を当てる．L^2 の重み減衰と同様に，L^1 の重み減衰は正のハイパーパラメータ α を使ってペナルティ Ω をスケーリングすることで正則化の強

[*2] L^2 正則化のように，ゼロではなく，代わりにあるパラメータの値 $\boldsymbol{w}^{(o)}$ に向けてパラメータを正則化することができる．この場合，L^1 正則化は項 $\Omega(\boldsymbol{\theta}) = ||\boldsymbol{w} - \boldsymbol{w}^{(o)}||_1 = \sum_i |w_i - w_i^{(o)}|$ を導入する．

さを制御する．したがって，正則化された目的関数 $\tilde{J}(\boldsymbol{w};\boldsymbol{X},\boldsymbol{y})$ は次式で与えられる．

$$\tilde{J}(\boldsymbol{w};\boldsymbol{X},\boldsymbol{y}) = \alpha||\boldsymbol{w}||_1 + J(\boldsymbol{w};\boldsymbol{X},\boldsymbol{y}). \tag{7.19}$$

その勾配（実際には劣勾配）は次のようになる．

$$\nabla_{\boldsymbol{w}}\tilde{J}(\boldsymbol{w};\boldsymbol{X},\boldsymbol{y}) = \alpha\mathrm{sign}(\boldsymbol{w}) + \nabla_{\boldsymbol{w}}J(\boldsymbol{X},\boldsymbol{y};\boldsymbol{w}). \tag{7.20}$$

ただし $\mathrm{sign}(\boldsymbol{w})$ は単純に $\boldsymbol{w}$ の要素ごとの符号である．

式7.20を確認すると，L^1 正則化の効果は L^2 正則化の効果とはまったく異なることがすぐにわかる．特に，正則化の勾配への寄与は，すでに各 w_i に対して線形に変化しないことがわかる．その代わり，その寄与は $\mathrm{sign}(w_i)$ と同じ符号を持つ定数となる．この勾配の形式から得られる結論の 1 つは，L^2 正則化で説明したように，$J(\boldsymbol{X},\boldsymbol{y};\boldsymbol{w})$ の二次近似に対する明確な代数解が必ずしも存在するわけではないということである．

この単純な線形モデルは，テイラー級数を用いて表現できる二次損失関数を持つ．あるいはこれは，さらに洗練されたモデルの損失関数を近似する切り捨てられたテイラー級数であると考えられる．この設定における勾配は次式で与えられる．

$$\nabla_{\boldsymbol{w}}\hat{J}(\boldsymbol{w}) = \boldsymbol{H}(\boldsymbol{w}-\boldsymbol{w}^*). \tag{7.21}$$

ただし，再び，$\boldsymbol{H}$ は $\boldsymbol{w}$ で評価される $\boldsymbol{w}$ に関する J のヘッセ行列である．

完全に一般的なヘッセ行列の場合，L^1 ペナルティは明確な代数表現ができないため，さらに単純化する仮定として，ヘッセ行列が対角行列 $\boldsymbol{H} = \mathrm{diag}([H_{1,1},\ldots,H_{n,n}])$（ただし $H_{i,i} > 0$）とする．この仮定が有効になるのは，線形回帰問題のデータが前処理されて入力の特徴量間の相関がすべて削除される場合であり，これは PCA を使って実行できる．

正則化された目的関数 L^1 の二次近似はパラメータの和に分解される．

$$\hat{J}(\boldsymbol{w};\boldsymbol{X},\boldsymbol{y}) = J(\boldsymbol{w}^*;\boldsymbol{X},\boldsymbol{y}) + \sum_i\left[\frac{1}{2}H_{i,i}(\boldsymbol{w}_i-\boldsymbol{w}_i^*)^2 + \alpha|w_i|\right]. \tag{7.22}$$

この近似損失関数を最小化する問題には（各次元 i において）解析的な解があり，次の数式で表せる．

$$w_i = \mathrm{sign}(w_i^*)\max\left\{|w_i^*| - \frac{\alpha}{H_{i,i}}, 0\right\}. \tag{7.23}$$

すべての i において $w_i^* > 0$ となる場合を考える．すると，可能性として次の 2 つの結果が考えられる．

1. $w_i^* \le \frac{\alpha}{H_{i,i}}$ の場合．このとき，正則化された目的関数における w_i の最適値は単純に $w_i = 0$ である．なぜなら，w_i の値を 0 にする L^1 正則化によって，方向 i において，正則化された目的関数 $\tilde{J}(\boldsymbol{w};\boldsymbol{X},\boldsymbol{y})$ への $J(\boldsymbol{w};\boldsymbol{X},\boldsymbol{y})$ の寄与が圧倒的になるからである．
2. $w_i^* > \frac{\alpha}{H_{i,i}}$ の場合．この場合は，正則化によって w_i の最適値は 0 にならないが，その代わりに $\frac{\alpha}{H_{i,i}}$ と等しい距離分だけ方向 i に移動する．

$w_i^* < 0$ 場合も同様の処理が行われるが，L^1 ペナルティでは，w_i は $\frac{\alpha}{H_{i,i}}$ だけ負となるか，0 となる．

L^2 正則化と比較して，L^1 正則化ではより**スパース**（sparse）な解が得られる．この文脈でのスパース性は，いくつかのパラメータの最適値が 0 になっているという事実を示している．L^1 正則化のスパース性は，L^2 正則化で生じるものとは定性的に異なる挙動を示す．式7.13で L^2 正則化の解 $\tilde{w}$ を示した．L^1 正則化の分析で導入した正定値の対角ヘッセ行列 $\boldsymbol{H}$ の仮定を用いてこの式を見直すと，$\tilde{w}_i = \frac{H_{i,i}}{H_{i,i}+\alpha} w_i^*$ が得られる．w_i^* が 0 でなければ，$\tilde{w}_i$ も 0 でないままである．これは，L^2 正則化ではパラメータはスパースにならないが，L^1 正則化では十分大きい α でスパースになる可能性があることを示している．

L^1 正則化で誘発されるスパース性という性質は，**特徴量選択（素性選択，feature selection）**のメカニズムとして広く用いられてきた．特徴量選択を行うと，利用可能な特徴量のどの部分集合を選択するかで機械学習の問題を単純化できる．特に，よく知られている LASSO(Tibshirani, 1995)（least absolute shrinkage and selection operator）モデルは L^1 ペナルティに線形モデルと最小二乗損失関数を統合したものである．L^1 ペナルティによって重みの部分集合が 0 になり，対応する特徴量を問題なく破棄できるようになる．

5.6.1節では，正則化手法の多くが MAP ベイズ推定だと解釈できて，その中でも特に L^2 正則化は重みについてのガウス事前分布を持つ MAP ベイズ推定と等価であると説明した．L^1 正則化については，損失関数の正則化に使われるペナルティ $\alpha\Omega(\boldsymbol{w}) = \alpha \sum_i |w_i|$ は，事前分布が $\boldsymbol{w} \in \mathbb{R}^n$ における等方性ラプラス分布（式3.26）のときに，MAP ベイズ推定によって最大化される対数事前分布項と等価である．

$$\log p(\boldsymbol{w}) = \sum_i \log \mathrm{Laplace}(w_i; 0, \frac{1}{\alpha}) = -\alpha||\boldsymbol{w}||_1 + n \log \alpha - n \log 2. \tag{7.24}$$

$\boldsymbol{w}$ に関する最大化による学習の観点からは，$\log \alpha - \log 2$ の項は $\boldsymbol{w}$ に依存しないので無視できる．

7.2 条件付き最適化としてのノルムペナルティ

パラメータノルムペナルティによって正則化された損失関数を考える．

$$\tilde{J}(\boldsymbol{\theta}; \boldsymbol{X}, \boldsymbol{y}) = J(\boldsymbol{\theta}; \boldsymbol{X}, \boldsymbol{y}) + \alpha\Omega(\boldsymbol{\theta}). \tag{7.25}$$

4.4節で説明したように，元の目的関数にペナルティ集合を加えて構成される一般化ラグランジュ関数を構築することで，制約のある関数を最小化できる．各ペナルティは，カルーシュ・クーン・タッカー（KKT）乗数と呼ばれる係数と，制約が満たされているかどうかを表す関数の積になる．$\Omega(\boldsymbol{\theta})$ がある定数 k 未満になるような制約を課したい場合，次式のような一般化ラグランジュ関数を構成できる．

$$\mathcal{L}(\boldsymbol{\theta}, \alpha; \boldsymbol{X}, \boldsymbol{y}) = J(\boldsymbol{\theta}; \boldsymbol{X}, \boldsymbol{y}) + \alpha(\Omega(\boldsymbol{\theta}) - k). \tag{7.26}$$

制約問題の解は，次式で与えられる．

$$\boldsymbol{\theta}^* = \arg\min_{\boldsymbol{\theta}} \max_{\alpha, \alpha \geq 0} \mathcal{L}(\boldsymbol{\theta}, \alpha). \tag{7.27}$$

4.4節で説明したように，この問題を解くには $\boldsymbol{\theta}$ と α の両方を変形する必要がある．4.5節では，L^2 制約付き線形回帰の実例を示した．さまざまな手続きが可能であり，勾配降下法を使うものもあれば，勾配が 0 になる位置を解析的に求めるものもあるが，どの手続きにおいても，α は $\Omega(\boldsymbol{\theta}) > k$ のときには必ず増加し，$\Omega(\boldsymbol{\theta}) < k$ のときには必ず減少する必要がある．すべての正の α は $\Omega(\boldsymbol{\theta})$ を縮小させる．最適値 α^* は $\Omega(\boldsymbol{\theta})$ を縮小させるが，$\Omega(\boldsymbol{\theta})$ が k 未満になるほど強くはない．

制約の効果についてのある程度の洞察を得るため，α^* を固定してこの問題を単なる $\boldsymbol{\theta}$ の関数と考える．

$$\boldsymbol{\theta}^* = \arg\min_{\boldsymbol{\theta}} \mathcal{L}(\boldsymbol{\theta}, \alpha^*) = \arg\min_{\boldsymbol{\theta}} J(\boldsymbol{\theta}; \boldsymbol{X}, \boldsymbol{y}) + \alpha^*\Omega(\boldsymbol{\theta}). \tag{7.28}$$

これはまさに $\tilde{J}$ を最小化する正則化付き訓練問題と同じである．したがって，パラメータノルムペナルティは重みに制約を課すものだと考えられる．Ω が L^2 ノルムであれば，重みは L^2 の球内にあるという制約が課される．Ω が L^1 ノルムであれば，重みは制限された L^1 ノルムの領域内にあるという制約が課される．通常は，係数 α^* の値から直接 k の値がわかるわけではないので，α^* による重み減衰を使って制約を課した領域の大きさはわからない．原則的には，k について解くことができるが，k と α^* の間の関係性は J の形に依存している．制約領域の正確な大きさはわからないが，α を増減して制約領域の拡大や縮小をすることで，これを大まかに制御することができる．α を大きくすると制約領域は小さくなる．α を小さくすると制約領域は大きくなる．

ペナルティではなく，明示的な制約を使いたい場合がある．4.4節で述べたように，確率的勾配降下法などのアルゴリズムを修正して，$J(\boldsymbol{\theta})$ を 1 ステップずつ下るようにし，その後 $\Omega(\boldsymbol{\theta}) < k$ を満たす最近傍点に $\boldsymbol{\theta}$ を射影して戻すことができる．これは，適切な k の値がわかっていて，しかもこの k に対応する α の値を探索する時間を使いたくない場合に有用である．

ペナルティのある制約を課するよりも，明示的な制約と再射影の方を使うもう 1 つの理由は，ペナルティを使うと非凸最適化過程で小さい $\boldsymbol{\theta}$ に対応する極小値に陥ってしまう可能性があるからである．ニューラルネットワークを訓練するとき，通常これは「死んだユニット」を訓練するニューラルネットワークとなってしまう．「死んだユニット」とは，ユニットに出入りする重みがすべて非常に小さいため，ネットワークが学習する関数の挙動にあまり寄与しないユニットのことを指す．重みのノルムに対するペナルティと一緒に訓練すると，そのような条件下では重みを大きくすることで J をかなり小さくできるとしても局所最適となりうる．このような場合には再射影によって実装される明示的な制約の方が，重みを原点に近づけないため，よく機能する．再射影によって実行される明示的な制約は，重みが大きくなって制約領域から離れようとするときにのみ効果がある．

最後に，再射影による明示的な制約が有用なのは，最適化過程にある程度の安定性をもたらすからである．高い学習率を用いる場合，大きな重みが大きな勾配を生むというポジティブフィードバックループが生じる可能性があり，それが起きると更新される重みが大きくなってしまう．この更新で一貫して重みの大きさが増加すると，数値的にオーバーフローが発生するまで $\boldsymbol{\theta}$ は急速に原点から離れていく．再射影による明示的な制約があることで，このフィードバックループが無制限に重みを大きくし続けることを防げる．Hinton *et al.* (2012b) では，ある程度の安定性を維持しながら，制約と高い学習率を組み合わせてパラメータ空間の速い探索を可能にする方法を提唱している．

特にHinton *et al.* (2012b) では，Srebro and Shraibman (2005) によって提案された手法を推奨している．それは，重み行列全体のフロベニウスノルムに制約を課すよりも，ニューラルネットワークの層における重み行列の**各列**のノルムに制約を課す手法である．各列のノルムに対して個々に制約を課すことで，どの隠れユニットにおいても非常に大きな重みを持つことがなくなる．この制約をラグランジュ関数でのペナルティに変換すると，L^2 重み減衰に似ているが，各隠れユニットの重みに対して個別に KKT 乗数を持つものになる．この KKT 乗数はそれぞれ，各隠れユニットが制約に従うように別途動的に更新されることになる．実際，列ノルムの制限は，つねに明示的な制約として再射影と一緒に実装される．

7.3 正則化と制約不足問題

機械学習の問題を適切に定義するために，正則化が必要になる場合がある．線形回帰や PCA のような機械学習で使われる線形モデルの多くは，行列 $\boldsymbol{X}^\top\boldsymbol{X}$ の逆行列に依存している．$\boldsymbol{X}^\top\boldsymbol{X}$ が特異行列の場合には，これは不可能である．この行列は，データ生成分布が任意の方向で真に分散を持たない場合は必ず，そうでなければ入力の特徴量（$\boldsymbol{X}$ の列）よりもサンプル数（$\boldsymbol{X}$ の行）が少ないために任意の方向で分散が観察されないときは，特異になりうる．この場合，正則化の形式は代わりに $\boldsymbol{X}^\top\boldsymbol{X}+\alpha\boldsymbol{I}$ の逆行列に対応する．この正則化された行列は可逆であることが保証される．

この線形問題では関連する行列が可逆であるとき，閉形式解を持つ．閉形式解を持たず，問題が劣決定系である可能性もある．一例として，クラスが線形に分割可能な問題に適用されるロジスティック回帰がある．もし重みベクトル $\boldsymbol{w}$ で完璧な分類を行えるなら，$2\boldsymbol{w}$ でも完璧な分類とさらに高い尤度を実現できる．確率的勾配降下法などの反復的な最適化過程は，継続的に $\boldsymbol{w}$ を大きくし，理論的にはそれが止まることはない．実際，勾配降下法の数値的な実践により，結果的に非常に大きな重みに到達して数値的なオーバーフローが発生するので，その点での挙動は，プログラマーが決めた実数ではない値の扱い方に依存する．

ほとんどの正則化の形態では，劣決定系問題に適用した反復手法の収束が保証される．たとえば重み減衰では，尤度の傾きが重み減衰の係数と等しくなると勾配降下法は重みの増加を止める．

劣決定系問題を解くために正則化を用いる考えは，機械学習以外にも拡張されている．同じ考えは，基本的な線形代数問題のいくつかに対して有用である．

2.9節で説明したように，ムーア・ペンローズ擬似逆行列を用いて劣決定系の線形方程式を解くことができる．行列 $\boldsymbol{X}$ の擬似逆行列 $\boldsymbol{X}^+$ の定義のうちの 1 つは次式で表されることを思い出そう．

$$\boldsymbol{X}^+ = \lim_{\alpha \searrow 0}(\boldsymbol{X}^\top\boldsymbol{X}+\alpha\boldsymbol{I})^{-1}\boldsymbol{X}^\top. \tag{7.29}$$

これで式7.29は，重み減衰を使って線形回帰を実行するものと認識できる．特に，式7.29は正則化係数が 0 に縮小するときの式7.17の極限である．したがって，擬似逆行列は正則化を用いて劣決定系問題を安定化させるものと解釈できる．

7.4 データ集合の拡張

機械学習モデルの汎化性能を高める最善の方法は，より多くのデータで訓練することである．もちろん，現実的に利用可能なデータ量には限界がある．この問題を回避するには，偽のデータを作り，それを訓練集合に加えるという方法がある．一部の機械学習タスクでは，新しい偽のデータを作ることは合理的で理解しやすい方法となる場合がある．

このアプローチは分類において最も簡単な方法となる．分類器は，複雑で高次元の入力 $\boldsymbol{x}$ を受け取り，これを 1 つのカテゴリ y に集約する必要がある．これは，分類器が直面する主なタスクが，さまざまな変換に対して不変であることを意味する．訓練集合に含まれる入力 $\boldsymbol{x}$ を変換するだけで，新しいペア $(\boldsymbol{x},y)$ を簡単に作ることができる．

このアプローチは他の多くのタスクついても簡単に適用できるというものではない．たとえば，密度推定問題を解いた後でなければ，密度推定タスクのための新しい偽のデータを生成するのは難しい．

データ集合の拡張は，物体認識という特定の分類問題において特に効果を発揮してきた技術である．画像は高次元であり，極めて多様な変動因子を含んでいるが，その多くは擬似的に作り出すのが容易なものである．訓練用の画像を各方向に数ピクセルずつ移動させるような操作を行うと，たとえすでにモデルが9章で説明する畳み込みとプーリング技術によって部分的には並進不変に設計されていたとしても，汎化性能を大きく改善することが多い．画像の回転やスケーリングなどの他の演算の多くも，非常に効果的であることが証明されている．

正しいクラスを変えてしまうような変換を適用しないように注意が必要である．たとえば，光学文字認識のタスクでは「b」と「d」の違いや「6」と「9」の違いの認識が必要なので，水平方向の反転や180° の回転でデータ集合を拡張するのは，このようなタスクに対しては不適切である．

また，分類器が不変であるような変換もあるが，これを実行するのは簡単ではない．たとえば，平面外の回転は，入力ピクセルの単純な幾何学的演算としては実装できない．

データ集合の拡張は，音声認識タスクに対しても効果がある (Jaitly and Hinton, 2013).

ニューラルネットワークへの入力 (Sietsma and Dow, 1991) にノイズを加えることも，データ拡張の１つと見なせる．わずかなランダムノイズが入力に加えられた場合でも，多くの分類タスクやいくつかの回帰タスクは依然として解くことができる．しかしながら，ニューラルネットワークはノイズに対してあまり頑健ではないことが証明されている (Tang and Eliasmith, 2010)．ニューラルネットワークの頑健性を改善する方法として，単純にランダムノイズを入力に加えて訓練するという方法がある．入力への雑音の注入は，雑音除去自己符号化器 (Vincent *et al.*, 2008) のような教師なし学習アルゴリズムの一部である．ノイズの追加は，ノイズが隠れユニットに適用されたときにも機能し，これは複数の抽象化レベルにおけるデータ集合の拡張と見なせる．最近Poole *et al.* (2014) ではこのアプローチにおいて，ノイズの大きさを非常に注意深く調整すれば，極めて効果的であることが示された．7.12節で説明するドロップアウトという強力な正則化手法は，ノイズの**乗算**を使って新しい入力を構成する工程と見なせる．

機械学習のベンチマーク結果を比較するとき，データ拡張の効果を考慮に入れることは重要である．人手で設計されたデータ集合の拡張の枠組みによって，機械学習技術の汎化誤差を劇的に減らせる場合が多い．ある機械学習アルゴリズムの性能を他のものと比較するために，制御された実験を行うことが必要である．機械学習アルゴリズム A と機械学習アルゴリズム B を比較するとき，人手で設計された同じデータ集合の拡張の枠組みを使って両方のアルゴリズムを評価する必要がある．アルゴリズム A はデータ集合の拡張なしではよい性能が発揮できず，アルゴリズム B は人手による人工的な変換を多数組み合わせてよい性能を発揮するとする．このような場合，機械学習アルゴリズム B を使用したことよりもむしろ，人工的な変換の方が性能の改善につながった可能性が高い．実験が適切に制御されたかどうかを決定する際には，主観的な判断が必要になる場合がある．たとえば，入力にノイズが加えられた機械学習アルゴリズムは，データ集合の拡張の一方式を実行していることになる．通常，（画像をランダムに切り取るような）ある適用領域に特化した演算は個別の前処理ステップと考えられる一方で，（入力にガウスノイズを加えるような）一般的に適用可能な演算は機械学習アルゴリズムの一部と考えられる．

7.5　ノイズに対する頑健性

7.4節では，データ集合を拡張する手法として，入力に適用するノイズの利用を推奨した．モデルによっては，ごく小さな分散を持つノイズをモデルの入力に加えることは，重みのノルムにペナルティを課すことと等価である (Bishop, 1995a,b)．一般的には，ノイズの追加は，特にノイズが隠れユニットに加えられた場合に，単純にパラメータを縮小するよりずっと強力になりうるということを覚えておくことは重要である．隠れユニットへのノイズ適用は非常に重要なテーマであり，個別に議論するに値する．7.12節で説明するドロップアウトアルゴリズムは，このアプローチを発展させたものである．

モデルを正則化する中でノイズが使われてきた他の方法としては，重みにノイズを追加する方法がある．この手法は主に回帰結合型ニューラルネットワークの範囲で利用されてきた (Jim *et al.*, 1996; Graves, 2011)．これは重みに対するベイズ推定の確率的な実装と解釈できる．学習のベイズ的な取り扱いとは，モデルの重みは不確実なものであり，その不確実性を反映する確率分布で表現できると考えるものである．ノイズを重みに追加することは，この不確実性を反映する実用的で確率的な手法である．

重みに適用されるノイズは，学習する関数の安定性を向上させる従来の正則化の形式と（いくつかの仮定の下で）等価だと解釈できる．モデルの予測 $\hat{y}(\boldsymbol{x})$ と真の値 y の間の最小二乗損失関数

$$J = \mathbb{E}_{p(x,y)}\left[(\hat{y}(\boldsymbol{x}) - y)^2\right] \tag{7.30}$$

を使って特徴量 $\boldsymbol{x}$ の集合をスカラーに写像する関数 $\hat{y}(\boldsymbol{x})$ を訓練をさせる回帰問題の設定を考えよう．訓練集合は m 個のラベル付き事例 $\{(\boldsymbol{x}^{(1)}, y^{(1)}), \dots, (\boldsymbol{x}^{(m)}, y^{(m)})\}$ で構成される．

ここで，各入力の表現について，ネットワークの重みのランダムな摂動 $\epsilon_{\boldsymbol{W}} \sim \mathcal{N}(\boldsymbol{\epsilon}; \boldsymbol{0}, \eta \boldsymbol{I})$ も含めると仮定する．標準的な l 層の MLP があるとする．摂動のモデルを $\hat{y}_{\boldsymbol{\epsilon_W}}(\boldsymbol{x})$ で表す．ノイズが追加されても，ネットワークの出力の二乗誤差最小化に関心があることには変わりない．したがって目的関数は以下のようになる．

$$\tilde{J}_{\boldsymbol{W}} = \mathbb{E}_{p(\boldsymbol{x},y,\boldsymbol{\epsilon_W})}\left[(\hat{y}_{\boldsymbol{\epsilon_W}}(\boldsymbol{x}) - y)^2\right] \tag{7.31}$$

$$= \mathbb{E}_{p(\boldsymbol{x},y,\boldsymbol{\epsilon_W})}\left[\hat{y}^2_{\boldsymbol{\epsilon_W}}(\boldsymbol{x}) - 2y\hat{y}_{\boldsymbol{\epsilon_W}}(\boldsymbol{x}) + y^2\right]. \tag{7.32}$$

小さい η に対して，重みにノイズ（共分散が $\eta \boldsymbol{I}$）を加えた J の最小化は，正則化項 $\eta \mathbb{E}_{p(\boldsymbol{x},y)}\left[\|\nabla_{\boldsymbol{W}} \hat{y}(\boldsymbol{x})\|^2\right]$ を加えた J の最小化と等価である．この正則化の形式は，重みの小さな摂動が出力に与える影響が比較的小さいパラメータ空間の領域にパラメータを移動させる．言い換えると，正則化によって，単なる最小値ではなく，平坦な領域に囲まれた最小値を見つけながら，モデルが重みの小さな変動に対して比較的鈍感になる領域にモデルを移動させるのである (Hochreiter and Schmidhuber, 1995)．線形回帰の単純な場合（たとえば，$\hat{y}(\boldsymbol{x}) = \boldsymbol{w}^\top \boldsymbol{x} + b$ の場合）では，この正則化項は $\eta \mathbb{E}_{p(\boldsymbol{x})}\left[\|\boldsymbol{x}\|^2\right]$ となる．これはパラメータの関数ではないため，モデルパラメータに関する $\tilde{J}_{\boldsymbol{W}}$ の勾配には寄与しない．

7.5.1 出力目標へのノイズの注入

ほとんどのデータ集合で y のラベルにはある程度の間違いがある．y が間違っているときに $\log p(y \mid \boldsymbol{x})$ を最大化するのは問題になる場合がある．これを防ぐ 1 つの方法が，明示的にラベルのノイズをモデル化することである．たとえば，ある小さな定数 ϵ に対して，訓練集合のラベル y は確率 $1 - \epsilon$ で正しく，それ以外は他の可能性のあるラベルのどれかが正しいと仮定できる．この仮定は，ノイズサンプルを明示的に抽出するよりも，解析的にコスト関数に組み入れる方が簡単である．たとえば，**ラベル平滑化**（**label smoothing**）は，厳密に 0 と 1 に分類する目的関数を，それぞれ $\frac{\epsilon}{k-1}$ と $1 - \epsilon$ に置き換えることで，k 個の出力値を持つソフトマックスに基づいたモデルを正則化する．その後，標準的

な交差エントロピー損失をこれらの緩やかな目標（ソフトターゲット）に対して用いてもよい．ソフトマックス分類器と厳密な目標（ハードターゲット）による最尤学習は，実際にはまず収束することがないかもしれない．すなわち，ソフトマックスはちょうど0またはちょうど1になる確率を決して予測できないので，学習する重みが大きくなり続けて，ますます極端な予測を永遠にすることになる．重み減衰のような他の正則化手法を使えば，こうした事態を防ぐことが可能である．ラベル平滑化には正しい分類を妨げることなく厳密な確率の追求を防ぐというという利点がある．この手法は1980年代から用いられ，現代のニューラルネットワークにおいても継続的に目立つ形で取り入れられている (Szegedy *et al.*, 2015).

7.6　半教師あり学習

半教師あり学習の枠組みにおいては，$P(\mathbf{x})$ のラベルなし事例と $P(\mathbf{x}, \mathbf{y})$ のラベルあり事例の両方が $P(\mathbf{y} \mid \mathbf{x})$ の推定や $\mathbf{x}$ から $\mathbf{y}$ を予測する際に使われる．

深層学習の観点では，半教師あり学習は通常，表現 $\boldsymbol{h} = f(\boldsymbol{x})$ を学習することを指している．目標は，同じクラスの事例が類似の表現を持つように表現を学習することである．教師なし学習によって，表現空間で事例をグループ化する方法について，有用な手掛かりを得られる．入力空間で近くに集まっている事例は，類似した表現に写像されるべきである．新しい空間における線形分類器は，多くの場合でよりよい汎化を実現する可能性がある (Belkin and Niyogi, 2002; Chapelle *et al.*, 2003)．このアプローチで長年使われている変形は，（射影されたデータに関する）分類器に適用するときの前処理段階として主成分分析を適用することである．

モデルに教師なしと教師ありの要素を個別に持たせる代わりに，$P(\mathbf{x})$ または $P(\mathbf{x}, \mathbf{y})$ の生成モデルが $P(\mathbf{y} \mid \mathbf{x})$ の識別モデルとパラメータを共有するモデルを構築できる．その後，教師あり基準 $-\log P(\mathbf{y} \mid \mathbf{x})$ を教師なし基準や生成基準（たとえば $-\log P(\mathbf{x})$ や $-\log P(\mathbf{x}, \mathbf{y})$）に釣り合わせることができる．すると，生成基準は教師あり学習問題の解に関する事前信念の特殊な形態を表現している (Lasserre *et al.*, 2006)．すなわち $P(\mathbf{x})$ の構造は共有されたパラメータ化によって捕捉される形で $P(\mathbf{y} \mid \mathbf{x})$ の構造につながっている．全体の基準の中にどの程度の生成基準が含まれるかを制御することによって，単に生成基準だけ，または単に識別訓練基準だけの場合よりも良好に釣り合った点を見つけられる (Lasserre *et al.*, 2006; Larochelle and Bengio, 2008).

Salakhutdinov and Hinton (2008) は，回帰に使われるカーネルマシンのカーネル関数を学習するための手法を説明している．その場合，$P(\mathbf{x})$ のモデル化のためにラベルなし事例を使うことで，$P(\mathbf{y} \mid \mathbf{x})$ が非常に著しく改善される．

半教師あり学習についてさらに詳細は，Chapelle *et al.* (2006) を参照されたい．

7.7　マルチタスク学習

マルチタスク学習 (Caruana, 1993) は，いくつかのタスクから生じる（パラメータに課せられた緩やかな制約と見なせる）事例を貯めることで汎化性能を改善する方法である．訓練事例を追加すると，良好な汎化を実現する値に向かうようにモデルのパラメータが動くのと同様に，モデルの一部がタスク間で共有されると，モデルのその部分は（共有が妥当であると仮定して）よい値に向かうようにさらに制約が課され，汎化が改善されることが多い．

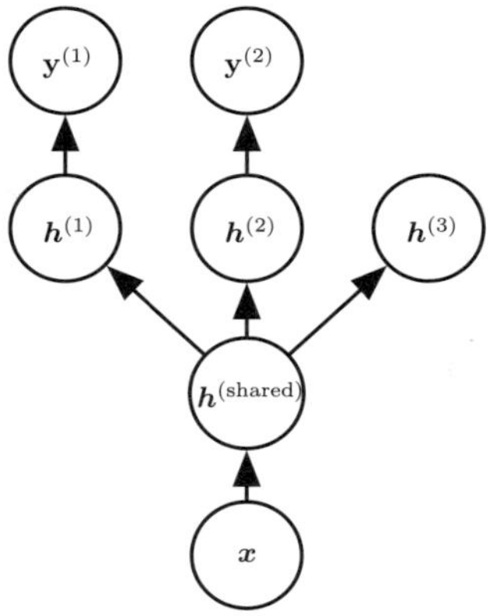

図 **7.2:** マルチタスク学習は，深層学習の枠組み中では複数の位置付けがあり，この図では，タスクが共通の入力を共有するが，異なる目標の確率変数を含むという一般的な状況を表している．深いネットワークの下位層（教師ありかつ順伝播であるか，あるいは下向きの矢印を持つ生成要素を含む）はそのようなタスクの間で共有される．一方で，タスク固有のパラメータ（それぞれ $\boldsymbol{h}^{(1)}$ と $\boldsymbol{h}^{(2)}$ に出入りする重みに関連付けられている）は，共有された表現 $\boldsymbol{h}^{(\text{shared})}$ を生成する層の後で学習できる．その根底にある仮定は，入力 $\mathbf{x}$ の変化を説明する因子の共通のプールが存在する一方で，各タスクはその部分集合に関連付けられるということである．この例ではさらに，最上位の隠れユニット $\boldsymbol{h}^{(1)}$ と $\boldsymbol{h}^{(2)}$ は，各タスク（それぞれ $\mathbf{y}^{(1)}$ と $\mathbf{y}^{(2)}$ を予測する）に固有のものである一方で，中間層の表現 $\boldsymbol{h}^{(\text{shared})}$ はすべてのタスクの間で共有されていると仮定している．教師なし学習の観点では，最上位の因子のいくつか ($\boldsymbol{h}^{(3)}$) が出力タスクにまったく関連付けられていないのには意味がある．すなわち，この因子はいくつかの入力の要素を表現しているが，$\mathbf{y}^{(1)}$ や $\mathbf{y}^{(2)}$ の予測には無関係ということである．

図7.2はマルチタスク学習の非常に一般的な形態を示している．($\mathbf{x}$ が与えられた下で $\mathbf{y}^{(i)}$ を予測する）別々な教師ありタスクが，同じ入力 $\mathbf{x}$ だけでなく，共通の因子のたまりを捉えるいくつかの中間レベルの表現 $\boldsymbol{h}^{(\text{shared})}$ も共有している．モデルは一般的に 2 つの部分とそれぞれに関連付けられるパラメータに分けられる．

1. タスク固有のパラメータ（タスクの事例だけから利益を得てよい汎化を実現する）．これは図7.2のニューラルネットワークでは，上位層である．
2. （すべてのタスクでプールされたデータから利益を得られる）すべてのタスクで共有される一般的なパラメータ．これは図7.2のニューラルネットワークでは，下位層である．

汎化と汎化誤差の上界 (Baxter, 1995) は，パラメータ共有によって改善することができる．このとき，(1 タスクモデルのシナリオと比較して，共有パラメータにおける事例数の増加に比例して）統計的強度が大幅に改善される．もちろんこれが言えるのは，タスク間の統計的な関係に関するいくつかの仮定が有効な場合，すなわちいくつかのタスクの間で共有されるものがある場合に限る．

深層学習の観点から見ると，その根底にある事前信念は，**異なるタスクに関連付けられているデータで観測される変動を説明する因子の中には，2 つ以上のタスクの間で共有されるものがいくつか存在する**ということである．

7.8　早期終了

十分な表現容量を持つ大きなモデルを訓練してタスクに過剰適合させるとき，訓練誤差は時間とともに着実に減少するが，検証誤差が再び増加し始めることがよくある．この挙動の例を図7.3に示すが，これは確実に発生するものである．

これはすなわち，検証誤差が最小となる時点のパラメータ設定に戻す事で，検証集合の誤差が低くなった（したがってテスト集合の誤差も低くなることが期待される）モデルが得られることを意味している．検証集合の誤差が改善されるたびに，モデルのパラメータのコピーを格納する．学習アルゴリズムが終了すると，最後のパラメータではなく上記の格納されたパラメータを返す．アルゴリズムはあらかじめ指定された回数を反復する間に，記録された最良の検証誤差を改善するパラメータがなければ終了する．この手続きをアルゴリズム7.1でさらに形式的に記述する．

この手法は**早期終了**（early stopping）として知られている．これは深層学習において最も一般的に使われている正則化の形態だろう．その高い評価は，その有効性と単純さの両方によるものである．

早期終了は，非常に効率的にハイパーパラメータを選択するアルゴリズムと考えられる．この観点では，学習回数は単純にもう 1 つのハイパーパラメータとなる．図7.3からわかるように，このハイパーパラメータによって検証集合における性能のグラフは U 字型の曲線を描く．モデルの容量を制御するハイパーパラメータのほとんどは，図5.3に示すような U 字型の検証集合における性能曲線を持っている．早期終了の場合は，何回のステップで訓練集合に適合できるかを決めることで，モデルの効果的な容量を制御している．ハイパーパラメータのほとんどは手間のかかる推測と確認過程によって選択する必要がある．すなわち，訓練の開始時にハイパーパラメータを設定し，その後何回か訓練してその効果を確認する．ハイパーパラメータである「学習回数」は，定義自体が独特で，1 回の訓練で多数のハイパーパラメータを試行することになる．早期終了で自動的にこのハイパーパラメータを選択するときに，唯一発生する重大なコストは，訓練中にも定期的に検証集合における評価を行うことである．理想的には，これは主要な訓練過程とは別のマシン，CPU，GPU を使って訓練過程と並行して実行する．その

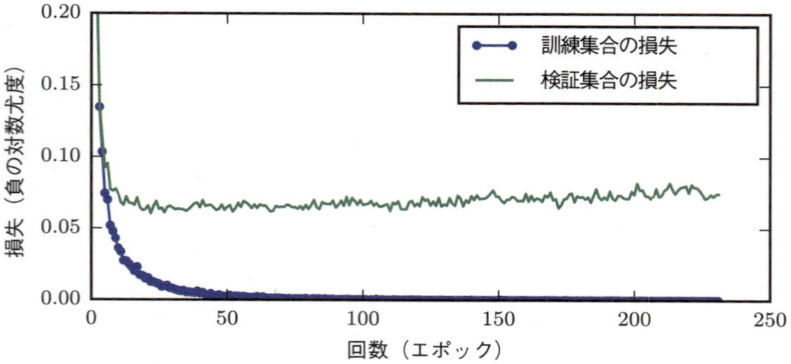

図 7.3:　負の対数尤度損失が時間とともにどのように変化するかを示した学習曲線（データ集合に対する訓練の反復回数，すなわち**エポック**（epochs）で示す）．この例では，MNIST でマックスアウトネットワークを訓練している．訓練目的関数が一貫して時間とともに減少しているが，検証集合の平均損失は結果的に再び増加し始め，非対称な U 字型の曲線を形作っていることがわかる．

Algorithm 7.1 最適な訓練回数を決定するための早期終了のメタアルゴリズム．このメタアルゴリズムは，さまざまな訓練アルゴリズムおよび検証集合の誤差の定量化方法でよく機能する一般的な手法である．

n を評価の間の訓練回数とする
p を「忍耐」，すなわち学習を終了するまでに検証集合誤差（ValidationSetError）が連続で悪化することを許容する回数，とする
$\boldsymbol{\theta}_o$ をパラメータの初期値とする
$\boldsymbol{\theta} \leftarrow \boldsymbol{\theta}_o$
$i \leftarrow 0$
$j \leftarrow 0$
$v \leftarrow \infty$
$\boldsymbol{\theta}^* \leftarrow \boldsymbol{\theta}$
$i^* \leftarrow i$
while $j < p$ **do**
　n 回訓練アルゴリズムを実行して $\boldsymbol{\theta}$ を更新する
　$i \leftarrow i + n$
　$v' \leftarrow \text{ValidationSetError}(\boldsymbol{\theta})$
　if $v' < v$ **then**
　　$j \leftarrow 0$
　　$\boldsymbol{\theta}^* \leftarrow \boldsymbol{\theta}$
　　$i^* \leftarrow i$
　　$v \leftarrow v'$
　else
　　$j \leftarrow j + 1$
　end if
end while
最適なパラメータは $\boldsymbol{\theta}^*$，最適な訓練回数は i^* となる

ような資源が利用できない場合は，訓練集合に比べて小さい検証データ集合を使う，あるいは検証集合誤差の評価の頻度を減らして最適な訓練回数に関する信頼性の低い推定を得るなど方法で，この定期的な評価のコストを削減してもよい．

早期終了でさらに発生するコストは，最良のパラメータのコピーを保持する必要があるという点である．しかし，このコストは通常無視できる．なぜなら，これらのパラメータは，より低速で大規模な形式のメモリに保存できるからである（たとえば，訓練は GPU のメモリ上で実行するが，最適なパラメータはホストメモリやディスクドライブに保存できる）．最適なパラメータが書き込まれる頻度は低く，また訓練中の読み込みは決してないので，このような速度が求められない書き込みは全体の訓練時間にほとんど影響しない．

早期終了は，根底にある訓練手続きや，目的関数，許容されるパラメータ集合への変更がほとんど必要ないという意味で，正則化の目立たない一形態と言える．これは学習のダイナミクスに問題を生じさせずに早期終了を使うのが容易であることを意味している．これは重み減衰とは対照的である．重み減衰の場合は，使いすぎず，またネットワークが理不尽に小さい重みを持つ解に対応する悪い極小値に陥

らないように注意が必要である．

早期終了を利用するときは単独でも，または他の正則化手法と組み合わせても構わない．汎化性能を改善するために目的関数を修正する正則化手法を使う場合でも，訓練目的関数の極小値で最良の汎化が得られることは珍しい．

早期終了には検証データが必要であるが，それは訓練データの一部をモデルに与えられないことを意味する．この追加データを最大限に活用するため，早期終了を使った最初の訓練手続きが完了した後で，さらに追加の訓練を実行できる．2 回目となる追加の訓練手続きでは，すべての訓練データを含める．この 2 回目の訓練手続きで使える基本的な手法は 2 つある．

1 つ目の手法（アルゴリズム7.2）はモデルをもう一度初期化し，すべてのデータで訓練し直すことである．この 2 回目の訓練手続きでは，早期終了が 1 回目の訓練手続きで最適と決定したときと同じ回数訓練させる．この手続きに関連した，繊細な点がいくつかある．たとえば，同じ数のパラメータの更新とデータ集合の同じ回数の訓練手続きのどちらで再訓練させるのがいいのかを知るよい方法はない．2 回目の訓練手続きのとき，訓練データ数が増えているので，各データ集合を学習に用いる際，さらに多くのパラメータの更新が必要になる．

すべてのデータを使うもう 1 つの手法は，1 回目の訓練で得られたパラメータを保持したままで，その後訓練を**続ける**ことである．しかし，ここではデータをすべて利用する．この段階で，ステップの回数については，いつ止めるべきかという方針をもはや持ち合わせていない．その代わり，検証集合における平均誤差関数を監視して，それが訓練集合の目的関数の値を下回って早期終了手続きが止まるまで，学習を続けることができる．この手法は一からモデルを再訓練するという高いコストを回避できるが，あまりよい挙動を示さない．たとえば，検証集合における目的関数が目標値に到達しない可能性がある

Algorithm 7.2 早期終了を使って訓練をどれだけ続けるかを決定し，その後すべてのデータで再訓練するためのメタアルゴリズム．

$\boldsymbol{X}^{(\text{train})}$ と $\boldsymbol{y}^{(\text{train})}$ を訓練集合とする
$\boldsymbol{X}^{(\text{train})}$ と $\boldsymbol{y}^{(\text{train})}$ を $(\boldsymbol{X}^{(\text{subtrain})}$，$\boldsymbol{X}^{(\text{valid})})$ と $(\boldsymbol{y}^{(\text{subtrain})}$，$\boldsymbol{y}^{(\text{valid})})$ にそれぞれ分割する
訓練データとして $\boldsymbol{X}^{(\text{subtrain})}$ と $\boldsymbol{y}^{(\text{subtrain})}$ を使い，検証データとして $\boldsymbol{X}^{(\text{valid})}$ と $\boldsymbol{y}^{(\text{valid})}$ を使って，任意の値 $\boldsymbol{\theta}$ から早期終了（アルゴリズム7.1）を実行する．これは最適な訓練回数 i^* を返す
$\boldsymbol{\theta}$ を任意の値にもう一度設定する
$\boldsymbol{X}^{(\text{train})}$ と $\boldsymbol{y}^{(\text{train})}$ で i^* 回訓練する

Algorithm 7.3 過剰適合を始めるときの目的関数の値を決定するために早期終了を使い，その値に達するまで訓練を続けるためのメタアルゴリズム．

$\boldsymbol{X}^{(\text{train})}$ と $\boldsymbol{y}^{(\text{train})}$ を訓練集合とする
$\boldsymbol{X}^{(\text{train})}$ と $\boldsymbol{y}^{(\text{train})}$ を $(\boldsymbol{X}^{(\text{subtrain})}, \boldsymbol{X}^{(\text{valid})})$ と $(\boldsymbol{y}^{(\text{subtrain})}, \boldsymbol{y}^{(\text{valid})})$ にそれぞれ分割する
訓練データとして $\boldsymbol{X}^{(\text{subtrain})}$ と $\boldsymbol{y}^{(\text{subtrain})}$ を使い，検証データとして $\boldsymbol{X}^{(\text{valid})}$ と $\boldsymbol{y}^{(\text{valid})}$ を使って，任意の値 $\boldsymbol{\theta}$ から早期終了（アルゴリズム7.1）を実行する．これは $\boldsymbol{\theta}$ を更新する
$\epsilon \leftarrow J(\boldsymbol{\theta}, \boldsymbol{X}^{(\text{subtrain})}, \boldsymbol{y}^{(\text{subtrain})})$
while $J(\boldsymbol{\theta}, \boldsymbol{X}^{(\text{valid})}, \boldsymbol{y}^{(\text{valid})}) > \epsilon$ **do**
　n 回 $\boldsymbol{X}^{(\text{train})}$ と $\boldsymbol{y}^{(\text{train})}$ で訓練する
end while

ため，この手法は終了する保証がない．この手続きは，さらに形式的にアルゴリズム7.3で説明する．

早期終了は訓練手続きの計算コストを削減する点でも有益である．訓練の反復回数を制限することによる明らかな削減に加えて，損失関数へのペナルティ項の追加や，そういった追加項の勾配の計算をしなくても正則化が得られるという利点がある．

■早期終了は正則化項としてどのように働くか　これまで，早期終了が正則化手法であると述べてきたが，その主張を補強するものとしては，検証セットの誤差がU字型曲線となる学習曲線を示すだけだった．早期終了がモデルを正則化するときの実際のメカニズムはどうなっているだろうか．Bishop (1995a) とSjöberg and Ljung (1995) は，図7.4に示すように，早期終了は初期パラメータの値 $\boldsymbol{\theta}_o$ に近接するパラメータ空間の，相対的に小さな体積に最適化過程を制限する効果があると主張した．さらに具体的には，τ 回の最適化ステップ（訓練を τ 回反復することに対応する）と学習率 ϵ を用いることを考える．積 $\epsilon\tau$ は効果的な容量を示す指標と見なせる．勾配に境界があると仮定すると，反復回数と学習率の両方を制限することで $\boldsymbol{\theta}_o$ から到達可能なパラメータ空間の体積を制限できる．この意味で，$\epsilon\tau$ はあたかも重み減衰で用いられた係数の逆数であるかのように振る舞う．

実際，二次誤差関数と単純な勾配降下法を持つ単純な線形モデルの場合，早期終了は L^2 正則化と等価になることを示すことが可能である．

従来の L^2 正則化と比較するため，パラメータが線形の重み（$\boldsymbol{\theta} = \boldsymbol{w}$）だけの単純な設定で調べる．経験的に得られる重みの最適値 $\boldsymbol{w}^*$ の近傍で二次近似を持つ損失関数 J をモデル化できる．

$$\hat{J}(\boldsymbol{\theta}) = J(\boldsymbol{w}^*) + \frac{1}{2}(\boldsymbol{w} - \boldsymbol{w}^*)^\top \boldsymbol{H}(\boldsymbol{w} - \boldsymbol{w}^*). \tag{7.33}$$

ただし，$\boldsymbol{H}$ は $\boldsymbol{w}^*$ で評価された $\boldsymbol{w}$ に関する J のヘッセ行列である．$\boldsymbol{w}^*$ が $J(\boldsymbol{w})$ の最小値であるという仮定の下では，$\boldsymbol{H}$ が半正定値であることがわかる．局所的なテイラー級数近似の下では，勾配は次式で与えられる．

$$\nabla_{\boldsymbol{w}} \hat{J}(\boldsymbol{w}) = \boldsymbol{H}(\boldsymbol{w} - \boldsymbol{w}^*). \tag{7.34}$$

訓練中のパラメータベクトルの軌跡を調べることにする．単純化するため，パラメータベクトルの初

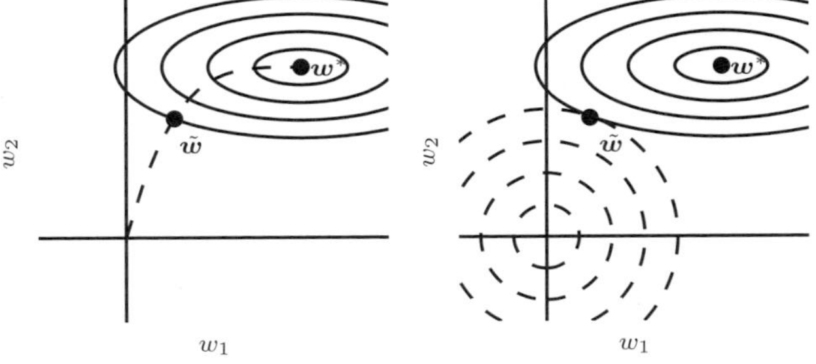

図 **7.4:** 早期終了の効果を示した図．（左）実線の楕円は負の対数尤度の値が等しい点を結んだ線である．破線は原点から開始したSGDの軌跡を示す．早期終了の結果，損失を最小化する点 $\boldsymbol{w}^*$ よりも手前の点 $\tilde{\boldsymbol{w}}$ で軌跡が止まる．（右）比較のために，L^2 正則化の効果の図を載せる．破線の円は L^2 ペナルティの値が等しい点を結んでいる．これによって損失全体の最小値は，正則化されていない損失の最小値よりも原点の近くに位置する．

期値を原点[*3] $\boldsymbol{w}^{(0)} = \boldsymbol{0}$ に置く．$\hat{J}$ における勾配降下法を分析することで，J の勾配降下法の近似的挙動について調べよう．

$$\boldsymbol{w}^{(\tau)} = \boldsymbol{w}^{(\tau-1)} - \epsilon \nabla_{\boldsymbol{w}} \hat{J}(\boldsymbol{w}^{(\tau-1)}) \tag{7.35}$$

$$= \boldsymbol{w}^{(\tau-1)} - \epsilon \boldsymbol{H}(\boldsymbol{w}^{(\tau-1)} - \boldsymbol{w}^*) \tag{7.36}$$

$$\boldsymbol{w}^{(\tau)} - \boldsymbol{w}^* = (\boldsymbol{I} - \epsilon \boldsymbol{H})(\boldsymbol{w}^{(\tau-1)} - \boldsymbol{w}^*). \tag{7.37}$$

この表現を $\boldsymbol{H}$ の固有ベクトル空間で書き換えて，$\boldsymbol{H}$ の固有値分解 $\boldsymbol{H} = \boldsymbol{Q}\boldsymbol{\Lambda}\boldsymbol{Q}^\top$ を求める．ただし $\boldsymbol{\Lambda}$ は対角行列で，$\boldsymbol{Q}$ は固有ベクトルの正規直交基底である．

$$\boldsymbol{w}^{(\tau)} - \boldsymbol{w}^* = (\boldsymbol{I} - \epsilon \boldsymbol{Q}\boldsymbol{\Lambda}\boldsymbol{Q}^\top)(\boldsymbol{w}^{(\tau-1)} - \boldsymbol{w}^*) \tag{7.38}$$

$$\boldsymbol{Q}^\top(\boldsymbol{w}^{(\tau)} - \boldsymbol{w}^*) = (\boldsymbol{I} - \epsilon \boldsymbol{\Lambda})\boldsymbol{Q}^\top(\boldsymbol{w}^{(\tau-1)} - \boldsymbol{w}^*). \tag{7.39}$$

$\boldsymbol{w}^{(0)} = 0$ かつ ϵ は $|1 - \epsilon\lambda_i| < 1$ が保証される十分小さい値が選ばれていると仮定すると，パラメータ τ が更新された後の，訓練中のパラメータの軌跡は以下で表される．

$$\boldsymbol{Q}^\top \boldsymbol{w}^{(\tau)} = [\boldsymbol{I} - (\boldsymbol{I} - \epsilon \boldsymbol{\Lambda})^\tau]\boldsymbol{Q}^\top \boldsymbol{w}^*. \tag{7.40}$$

ここで，L^2 正則化における式7.13にある $\boldsymbol{Q}^\top \tilde{\boldsymbol{w}}$ の表現は以下のように書き直せる．

$$\boldsymbol{Q}^\top \tilde{\boldsymbol{w}} = (\boldsymbol{\Lambda} + \alpha \boldsymbol{I})^{-1}\boldsymbol{\Lambda}\boldsymbol{Q}^\top \boldsymbol{w}^* \tag{7.41}$$

$$\boldsymbol{Q}^\top \tilde{\boldsymbol{w}} = [\boldsymbol{I} - (\boldsymbol{\Lambda} + \alpha \boldsymbol{I})^{-1}\alpha]\boldsymbol{Q}^\top \boldsymbol{w}^*. \tag{7.42}$$

式7.40と式7.42を比較すると，ハイパーパラメータ ϵ と α，τ が

$$(\boldsymbol{I} - \epsilon \boldsymbol{\Lambda})^\tau = (\boldsymbol{\Lambda} + \alpha \boldsymbol{I})^{-1}\alpha \tag{7.43}$$

となるように選択された場合，L^2 正則化と早期終了は（少なくとも目的関数の二次近似という前提では）等価と考えられることがわかる．さらには対数を取って $\log(1 + x)$ を級数展開すると，すべての λ_i が小さい（つまり，$\epsilon\lambda_i \ll 1$ かつ $\lambda_i/\alpha \ll 1$）ならば，

$$\tau \approx \frac{1}{\epsilon\alpha} \tag{7.44}$$

$$\alpha \approx \frac{1}{\tau\epsilon} \tag{7.45}$$

となる．すなわち，上記の仮定の下では，訓練の反復回数 τ は L^2 正則化パラメータに反比例し，$\tau\epsilon$ の逆数は重み減衰の係数になる．

（目的関数の）大きな曲率を持つ方向に対応するパラメータの値は，小さな曲率を持つ方向に比べて弱く正則化される．もちろんこれは，早期終了の観点では，大きな曲率を持つ方向に対応するパラメータは，曲率の小さい方向に対応するパラメータと比較して学習が早い傾向にあることを意味する．

本節で説明したのは，長さ τ の軌跡が L^2 正則化された目的関数の最小値に対応する点で終わるということである．早期終了はもちろん，単に軌跡の長さを制限するだけではない．早期終了は通常，空間上の特によい点で軌跡を止めるために，検証集合誤差を監視することが必要になる．したがって，早期終了は正則化の正しい量を自動的に決めることができるという点で重み減衰より優れている．一方重み減衰では，ハイパーパラメータの値を動かして数多くの訓練実験が必要である．

[*3] ニューラルネットワークが隠れユニット間の対象性の破れを得るために，6.2節で説明したように，すべてのパラメータを $\boldsymbol{0}$ には初期化できない．しかしながら，この議論は他のどんな初期値 $\boldsymbol{w}^{(0)}$ に対しても成り立つ．

7.9 パラメータ拘束とパラメータ共有

本章ではこれまで，パラメータに制約かペナルティを加えることを説明するときには，つねに固定した領域や点に関して説明してきた．たとえば，L^2 正則化（もしくは重み減衰）では，固定値ゼロから遠ざかることに対してモデルパラメータにペナルティを課していた．しかしながら，場合によってはモデルパラメータの適切な値に関する事前知識を表現する別な方法が必要かもしれない．パラメータがどんな値を取るべきかが正確にわからない場合はあるが，領域とモデル構造に関する知識から，モデルパラメータの間には依存性があるはずだということがわかる．表現したい依存性の一般的なタイプは，あるパラメータが他のパラメータと互いに近いというものである．次のようなシナリオを考えてみよう．（同じクラス集合を持ち）同じ分類タスクを行うが，入力の分布が少し異なる 2 つのモデルがあるとする．形式化のために，パラメータ $\boldsymbol{w}^{(A)}$ を持つモデル A とパラメータ $\boldsymbol{w}^{(B)}$ を持つモデル B があるとする．この 2 つのモデルは，$\hat{y}^{(A)} = f(\boldsymbol{w}^{(A)}, \boldsymbol{x})$ と $\hat{y}^{(B)} = g(\boldsymbol{w}^{(B)}, \boldsymbol{x})$ のように，入力を異なるものの関係している 2 つの出力に写像する．

（おそらくは類似した入力分布と出力分布とともに）タスクが十分に類似していて，モデルパラメータが互いに近い，すなわち $\forall i$，$w_i^{(A)}$ が $w_i^{(B)}$ に近いと想定できるとする．正則化でこの情報を活用できる．具体的には，式 $\Omega(\boldsymbol{w}^{(A)}, \boldsymbol{w}^{(B)}) = \|\boldsymbol{w}^{(A)} - \boldsymbol{w}^{(B)}\|_2^2$ のパラメータノルムペナルティを使うことができる．ここで，L^2 ペナルティを使ったが，他の選択も可能である．

このようなアプローチはLasserre *et al.* (2006) で提案され，その中では．教師あり学習の枠組みで分類器として訓練された一方のモデルのパラメータを正則化し，（観測された入力データの分布を捕捉するために）教師なし学習の枠組みで訓練された他方のモデルパラメータに近づけている．このアーキテクチャは，分類器モデルのパラメータの多くを教師なしモデルの対応するパラメータと対になるように構築されている．パラメータノルムペナルティはパラメータを正則化してお互いに近づける方法の 1 つではあるが，もっとよく使われる方法は制約を使うことである．すなわち，**パラメータ集合が等しくなるようにする**ことである．この正則化の手法は，さまざまなモデルやモデルの要素がパラメータの固有の集合を共有すると解釈されるので，**パラメータ共有**（parameter sharing）と呼ばれることが多い．（ノルムペナルティを通して）パラメータが近くになるように正則化することに対するパラメータ共有の大きな利点は，パラメータの部分集合（固有の集合）だけをメモリに保存すればいいという点である．畳み込みニューラルネットワークのようなモデルの中には，これによってモデルのメモリ使用量の大幅な削減につながるものがある．

7.9.1 畳み込みニューラルネットワーク

群を抜いて最も広く頻繁に使われるパラメータ共有は，コンピュータビジョンに適用される**畳み込みニューラルネットワーク**（convolutional neural networks, CNNs）で使われているものである．

自然の画像は，変換の前後で不変な統計的性質を数多く保有している．たとえば猫の写真は，1 ピクセル右に移動しても猫の写真のままである．CNN は画像の中の複数の位置にわたってパラメータを共有することでこの性質を取り込む．同じ特徴量（同じ重みを持つ隠れユニット）が入力の異なる位置にわたって計算される．これはすなわち，猫が画像の中の列 i と列 $i+1$ のどちらに現れても，同じ猫検出器を使ってその猫を見つけられるということである．

パラメータ共有によって，CNN が持つ固有のモデルパラメータの数を劇的に削減し，また訓練データを増やさなくてもネットワークのサイズを大幅に大きくすることが可能である．これは，ネットワークアーキテクチャに領域の知識を効果的に導入する方法としては最善の例の 1 つである．

CNN については9章でさらに詳細に説明する．

7.10　スパース表現

重み減衰はモデルパラメータに直接ペナルティを課して動作する．別な手法は，ニューラルネットワークのユニットの活性化にペナルティを課して，活性化がスパースになるようにすることである．これは間接的にモデルパラメータに複雑なペナルティを課すことに相当する．

L^1 ペナルティによって，スパースなパラメータ化，すなわちパラメータの多くが 0 になる（もしくは 0 に近づく）ことがどのように起こるかについては，すでに7.1.2節で説明した．一方で表現のスパース性は，表現の要素の多くが 0（もしくは 0 に近い）であるという表現を記述する．この区別は線形回帰の観点で，以下のように簡潔に説明できる．

$$\underset{\boldsymbol{y} \in \mathbb{R}^m}{\begin{bmatrix} 18 \\ 5 \\ 15 \\ -9 \\ -3 \end{bmatrix}} = \underset{\boldsymbol{A} \in \mathbb{R}^{m \times n}}{\begin{bmatrix} 4 & 0 & 0 & -2 & 0 & 0 \\ 0 & 0 & -1 & 0 & 3 & 0 \\ 0 & 5 & 0 & 0 & 0 & 0 \\ 1 & 0 & 0 & -1 & 0 & -4 \\ 1 & 0 & 0 & 0 & -5 & 0 \end{bmatrix}} \underset{\boldsymbol{x} \in \mathbb{R}^n}{\begin{bmatrix} 2 \\ 3 \\ -2 \\ -5 \\ 1 \\ 4 \end{bmatrix}} \tag{7.46}$$

$$\underset{\boldsymbol{y} \in \mathbb{R}^m}{\begin{bmatrix} -14 \\ 1 \\ 19 \\ 2 \\ 23 \end{bmatrix}} = \underset{\boldsymbol{B} \in \mathbb{R}^{m \times n}}{\begin{bmatrix} 3 & -1 & 2 & -5 & 4 & 1 \\ 4 & 2 & -3 & -1 & 1 & 3 \\ -1 & 5 & 4 & 2 & -3 & -2 \\ 3 & 1 & 2 & -3 & 0 & -3 \\ -5 & 4 & -2 & 2 & -5 & -1 \end{bmatrix}} \underset{\boldsymbol{h} \in \mathbb{R}^n}{\begin{bmatrix} 0 \\ 2 \\ 0 \\ 0 \\ -3 \\ 0 \end{bmatrix}}. \tag{7.47}$$

最初の表現は，スパースにパラメータ化された線形回帰モデルの例である．2 つ目は，データ $\boldsymbol{x}$ のスパース表現 $\boldsymbol{h}$ を持つ線形回帰である．すなわち，$\boldsymbol{h}$ は $\boldsymbol{x}$ の関数であり，ある意味では，$\boldsymbol{x}$ に存在する情報を表現しているが，それをスパースベクトルで表現する．

表現の正則化は，パラメータ正則化で使ったものと同様のメカニズムで実現される．

表現のノルムペナルティ正則化は，**表現**にノルムペナルティを損失関数 J に加算して実行される．このペナルティは $\Omega(\boldsymbol{h})$ で表される．以前と同様に，正則化された損失関数を $\tilde{J}$ を使って表すと次式になる．

$$\tilde{J}(\boldsymbol{\theta}; \boldsymbol{X}, \boldsymbol{y}) = J(\boldsymbol{\theta}; \boldsymbol{X}, \boldsymbol{y}) + \alpha\Omega(\boldsymbol{h}). \tag{7.48}$$

ただし，$\alpha \in [0, \infty]$ はノルムペナルティ項の相対的な寄与を重み付けしており，α が大きくなるほど，より正則化される．

パラメータの L^1 ペナルティによってパラメータのスパース性が誘発されるように．表現の要素の L^1 ペナルティ $\Omega(\boldsymbol{h}) = ||\boldsymbol{h}||_1 = \sum_i |h_i|$ によって表現のスパース性が誘発される．もちろん，L^1 ペナルティはスパースな表現をもたらすペナルティの 1 つの選択にすぎない．他には，表現におけるス

チューデントの t 事前分布から導かれたペナルティ (Olshausen and Field, 1996; Bergstra, 2011) や，特に単位区間に存在するように制約される要素を持つ表現に対して有用な KL ダイバージェンスペナルティ (Larochelle and Bengio, 2008) がある．Lee *et al.* (2008) とGoodfellow *et al.* (2009) では，複数の事例にわたる活性化の平均 $\frac{1}{m}\sum_i \boldsymbol{h}^{(i)}$ を正則化して，各成分が .01 のベクトルのように，ある目標値に近づけることに基づく手法例を提示している．

他のアプローチでは，活性化値に厳しい制約を持つ表現のスパース性が得られる．たとえば，**直交マッチング追跡**（orthogonal matching pursuit）(Pati *et al.*, 1993) は，入力 $\boldsymbol{x}$ を以下の制約最適化問題を解く表現 $\boldsymbol{h}$ で符号化する．

$$\underset{\boldsymbol{h}, \|\boldsymbol{h}\|_0 < k}{\arg\min} \|\boldsymbol{x} - \boldsymbol{W}\boldsymbol{h}\|^2. \tag{7.49}$$

ただし，$\|\boldsymbol{h}\|_0$ は $\boldsymbol{h}$ の 0 ではない要素の数である．この問題は $\boldsymbol{W}$ が直交するという制約があるときに効率的に解くことができる．この手法は OMP-k とよく呼ばれ，k は許容される非ゼロ特徴量の数を指定する値である．Coates and Ng (2011) は，OMP-1 が深いアーキテクチャで非常に効果的に特徴量を抽出できることを示した．

基本的に，隠れユニットを持つモデルであればスパースにできる．本書では，多種多様な文脈において用いられるスパースな正則化の例を数多く紹介する．

7.11 バギングやその他のアンサンブル手法

バギング（bagging）（**ブートストラップ集約**（bootstrap aggregating）の略）はいくつかのモデルを組み合わせることによって汎化誤差を減少させる手法である (Breiman, 1994)．この考えは，複数のモデルで別々に訓練させ，次にそのモデルすべてからテスト事例に対する出力を投票させるものである．これは**モデル平均化**（model averaging）と呼ばれる機械学習の一般的な手法の例である．この手法を採用した手法は**アンサンブル手法**（ensemble methods）と呼ばれている．

モデル平均化がうまく働く理由は，通常はモデルが異なれば，同じテスト事例であってもすべてが同じ間違いをすることはないためである．

例として，k 個の回帰モデルからなる集合を考える．各モデルが各事例に対して誤差 ϵ_i を出力すると仮定する．この誤差は平均 0 の多変量正規分布から得られるもので，分散は $\mathbb{E}[\epsilon_i^2] = v$，共分散は $\mathbb{E}[\epsilon_i \epsilon_j] = c$ で表される．そして，すべてのアンサンブルモデルの予測平均で得られる誤差は $\frac{1}{k}\sum_i \epsilon_i$ である．アンサンブル予測器の期待二乗誤差は以下になる．

$$\mathbb{E}\left[\left(\frac{1}{k}\sum_i \epsilon_i\right)^2\right] = \frac{1}{k^2}\mathbb{E}\left[\sum_i \left(\epsilon_i^2 + \sum_{j \neq i} \epsilon_i \epsilon_j\right)\right] \tag{7.50}$$

$$= \frac{1}{k}v + \frac{k-1}{k}c. \tag{7.51}$$

誤差が完全に相関していてかつ $c = v$ の場合，平均二乗誤差は v に減少するので，モデル平均化はまったく役に立たない．誤差にまったく相関がなくかつ $c = 0$ の場合，アンサンブルモデルの期待二乗誤差は $\frac{1}{k}v$ だけになる．これは，アンサンブルモデルの期待二乗誤差はアンサンブルのサイズに対して線形に減少することを意味している．言い換えれば，平均的には，アンサンブルモデルは少なくとも構成要素のどのモデルに対してもそれ以上の性能を発揮し，たとえ構成要素のモデルが個別に誤差を生じても，アンサンブルモデルはそれらのモデルよりもずっとよい性能を発揮する．

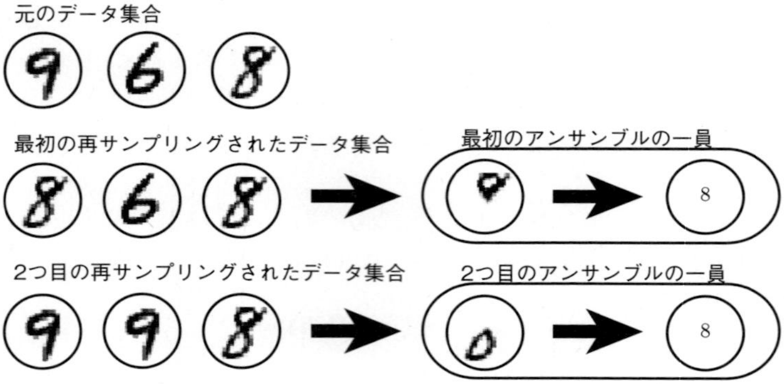

図 7.5: バギングの動作の漫画的描写．上図の 8，6，9 を含むデータ集合から 8 を見つける検出器を訓練することを考える．また，2 つの異なる再抽出されたデータ集合を作るとする．バギングの訓練手続きでは，置換して抽出することで各データ集合を構築する．最初のデータ集合では 9 が除外され，8 が繰り返される．このデータ集合では，検出器は 8 に相当する数字の上部の輪を学習する．2 つ目のデータ集合では，6 が除外され，9 が繰り返される．この場合，検出器は 8 に相当する数字の下部の輪を学習する．これら個々の分類規則のそれぞれは脆弱であるが，その出力を平均し，さらに検出器が頑健であれば，8 の両方の輪が現れたときにだけ最大の確信度が得られる．

アンサンブル手法によってモデル集合を構築する方法は異なる．たとえば，アンサンブルモデルを構成する各モデルは，異なるアルゴリズムや目的関数を用いた完全に異なるモデルを訓練して構成される場合がある．バギングは，同じ種類のモデル，アルゴリズム，目的関数を複数回再利用することが可能な手法である．

具体的には，バギングでは k 個の異なるデータ集合の構築が必要となる．各データ集合は，元のデータ集合と同じ数の事例を持つが，各データ集合は元のデータ集合から置き換えてサンプリングして構築される．これは，高い確率で，各データ集合で元のデータ集合の事例の一部が欠落し，代わりに重複した事例が含まれていることを意味している（元のデータ集合と大きさが同じ場合，平均的には元のデータ集合のおよそ 2/3 の事例が新たにできる最終的な訓練集合の中に残る）．その後，モデル i をデータ集合 i で訓練する．各データ集合に含まれる事例の差異により，訓練されたモデル間の差異が生じる．図7.5に例を示す．

ニューラルネットワークは，すべてのモデルが同じデータ集合で訓練されているとしても，モデル平均化によって得られる利点から，十分に幅広い多様な解の点に到達する．ランダムな初期化やミニバッチのランダムな選択，ハイパーパラメータ，あるいはニューラルネットワークの非決定論的な実装結果の違いによって，アンサンブルモデルを構成する個々のモデルには部分的に独立な誤差が生まれる．

モデル平均化は，汎化誤差を削減する手法としては極めて強力で信頼できるものである．科学論文でアルゴリズムのベンチマークを行う際には，モデル平均化を利用することは推奨されない．なぜならどの機械学習アルゴリズムでも，計算量とメモリ消費量の増加と引き換えにモデル平均化から大きな利益を得ることができるからである．この理由から，ベンチマークの比較では通常モデルは 1 つだけが使われる．

機械学習コンテストでは，多数のモデルに対してモデル平均化を使う手法によって勝利するのが当たり前になっている．最近の著名な例としては Netflix Grand Prize(Koren, 2009) がある．

アンサンブルを構築するすべてのテクニックが，個々のモデルよりもアンサンブルを正則化するように設計されるわけではない．たとえば，**ブースティング**（boosting）と呼ばれる手法 (Freund and Schapire, 1996b,a) では，個々のモデルよりも高い容量を持つアンサンブルを構築する．ブースティングは，アンサンブルにニューラルネットワークを徐々に追加することで，ニューラルネットワークのアンサンブルの構築に適用されてきた (Schwenk and Bengio, 1998)．ブースティングはまた，ニューラルネットワークに隠れユニットを徐々に追加することで，個々のニューラルネットワークをアンサンブルと解釈して適用されてきた (Bengio *et al.*, 2006a)．

7.12　ドロップアウト

ドロップアウト（dropout）(Srivastava *et al.*, 2014) は幅広いモデル族を正則化する，計算量が小さいが強力な手法を提供する．ドロップアウトは，非常に多くの大規模なニューラルネットワークに対してバギングを実用的にする方法であると考えられる．バギングには複数のモデルの訓練と各テスト事例に対する複数のモデルの評価が必要である．これは，各モデルが大規模なニューラルネットワークである場合に，そのようなモデルの訓練や評価は実行時間とメモリの点でコストがかかるため，実用的ではないと考えられる．5 個から 10 個のニューラルネットワークから構成されるアンサンブルを使うことは一般的であり，Szegedy *et al.* (2014a) では 6 個を使って ILSVRC で優勝しているが，それ以上多くなると急激に扱いづらくなってしまう．ドロップアウトによって，指数関数的に多くのニューラルネットワークを集めたアンサンブルの訓練と評価のための，安価な近似が得られる．

具体的には，ドロップアウトは図7.6に示すように，根本的な基本ネットワークから出力のないユニットを削除し，それで構成されるすべての部分ネットワークからなるアンサンブルモデルを学習させる．現代のニューラルネットワークのほとんどは，アフィン変換と非線形性の連続に基づいていて，ユニットの出力値に 0 を掛けることで，実質的にネットワークからユニットを取り除ける．この手続きには，ユニットの状態と基準値の間の差を求める放射基底関数ネットワークのようなモデルに対しては，軽微な修正が必要となる．ここで単純化のために，0 を掛けるドロップアウトアルゴリズムを説明するが，ネットワークからユニットを削除する他の演算でも動作するように簡単な修正を加えることができる．

バギングを使った学習では，k 個のモデルを定義し，置換による訓練集合からサンプリングして k 個のデータ集合を構築し，そしてデータ集合 i でモデル i を訓練することを思い出そう．ドロップアウトはこの処理の近似を目的としているが，その対象は指数関数的に大きな数のニューラルネットワークである．具体的には，ドロップアウトを使った訓練のために，確率的勾配降下法のような小さなステップで行うミニバッチに基づく学習アルゴリズムを用いる．ミニバッチに事例を導入するたびに，ネットワークのすべての入力と隠れユニットに適用する二値マスクを無作為にサンプリングする．各ユニットのマスクは，他のすべてから独立にサンプリングされる．マスクの値で 1（ユニットが含まれることになる）がサンプリングされる確率は，訓練が始まる前に固定されるハイパーパラメータである．これはモデルパラメータの現在の値や入力事例の関数ではない．通常入力ユニットは確率 0.8 で含まれ，隠れユニットは確率 0.5 で含まれるようにする．その後は通常どおり，順伝播，逆伝播，そして学習の更新を行う．図7.7はドロップアウトを使って順伝播を実行する方法を示す．

より形式的には，マスクベクトル $\boldsymbol{\mu}$ はどのユニットを含めるかを指定し，$J(\boldsymbol{\theta}, \boldsymbol{\mu})$ はパラメータ $\boldsymbol{\theta}$ とマスク $\boldsymbol{\mu}$ で定義されるモデルの損失を定義するものとする．その後，ドロップアウトの訓練で $\mathbb{E}_{\boldsymbol{\mu}} J(\boldsymbol{\theta}, \boldsymbol{\mu})$ を最小化する．期待値には指数関数的に多くの項が含まれるが，$\boldsymbol{\mu}$ の値をサンプリングすることでその勾配の不偏推定が得られる．

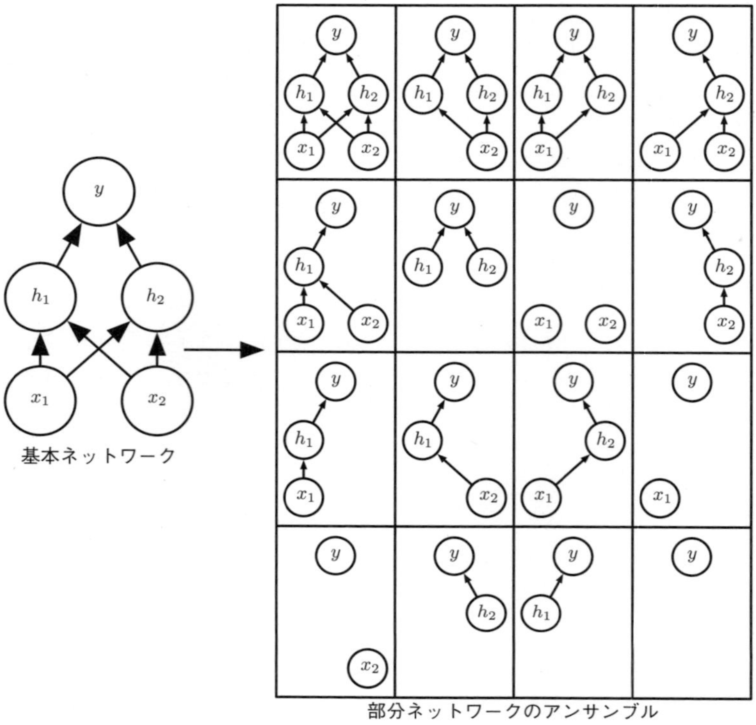

図 7.6: ドロップアウトは根本的な基本ネットワークから出力のないユニットを取り除くことによって構築されるすべての部分ネットワークから構成されるアンサンブルを訓練する．ここで，2 つの可視ユニットと 2 つの隠れユニットを持つ基本ネットワークから始めることにする．この 4 つのユニットから，16 個の可能性のある部分集合ができる．元のネットワークからユニットの部分集合をドロップアウトして構成される可能性のある 16 個の部分ネットワークをすべて示す．この小さな例では，結果としてできたネットワークの大部分は入力ユニットを持たないか，あるいは入力から出力につながる経路がない．この問題は，ネットワークの層が広くなれば，入力から出力への存在しうるパスすべてをドロップアウトしてしまう可能性が低くなるので，重要ではなくなる．

ドロップアウトの学習は，バギングの学習とまったく同じというわけではない．バギングの場合，モデルはすべて独立である．ドロップアウトの場合は，モデルはパラメータを共有し，各モデルが親のニューラルネットワークからパラメータの部分集合を継承する．このパラメータ共有によって，扱いやすいメモリのサイズで指数関数的な数のモデルを表現できる．バギングの場合，各モデルはそれぞれの訓練集合で収束するように訓練される．ドロップアウトの場合，典型的にほとんどのモデルは明示的に訓練されることはない．通常モデルのサイズ大きく，可能性のある部分ネットワークすべてをサンプリングしようとすると，宇宙の寿命が尽きるまで時間をかけても不可能となる．代わりに，可能な部分ネットワークの小さな部分それぞれが 1 ステップで訓練され，パラメータ共有によって残りの部分ネットワークのパラメータがよい設定になる．これらが唯一の違いである．これら以外では，ドロップアウトはバギングアルゴリズムに追従する．たとえば，各部分ネットワークが対象にする訓練集合は，実際に置き換えによってサンプリングされた元の訓練集合の部分集合である．

予測のために集められたアンサンブルは，それを構成する全モデルからの出力を統合する必要がある．

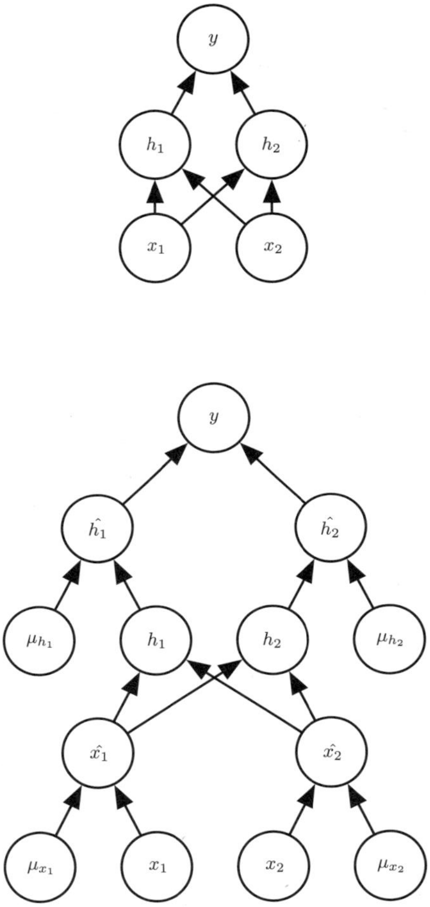

図 **7.7:** ドロップアウトを使った順方向ネットワークを通る順伝播の例．（上）この例では，入力ユニットを 2 つ，隠れユニットを 2 つ持つ隠れ層を 1 つ，出力ユニットを 1 つ持つ順方向ネットワークを使う．（下）ドロップアウトを使った順伝播を実行するため，無作為にベクトル $\boldsymbol{\mu}$ を抽出し，ネットワークの入力または隠れユニットそれぞれにベクトルの要素を 1 つ対応させる．$\boldsymbol{\mu}$ の要素は二値で，互いに独立に抽出される各要素が 1 になる確率はハイパーパラメータであり，通常は隠れ層で 0.5，入力では 0.8 となる．ネットワークの各ユニットに対応するマスクを掛け，その後は通常どおりに残りのネットワークで順伝播が継続される．これは図7.6の部分ネットワークから無作為に 1 つを選び，その上で順伝播を実行することと等価である．

この処理を，ここでは**推論**（inference）と呼ぶことにする．ここまでのバギングとドロップアウトの説明では，モデルが明示的に確率的である必要はなかった．今，モデルの役割が確率分布を出力することだと仮定する．バギングの場合，各モデル i は確率分布 $p^{(i)}(y \mid \boldsymbol{x})$ を出力する．このアンサンブルの予測は，これらの分布すべての算術平均で求められる．

$$\frac{1}{k}\sum_{i=1}^{k} p^{(i)}(y \mid \boldsymbol{x}). \tag{7.52}$$

ドロップアウトの場合，マスクベクトル $\boldsymbol{\mu}$ で定義される部分モデルはそれぞれ，確率分布 $p(y \mid \boldsymbol{x}, \boldsymbol{\mu})$

を定義する．すべてのマスクに対する算術平均は以下になる．

$$\sum_{\boldsymbol{\mu}} p(\boldsymbol{\mu}) p(y \mid \boldsymbol{x}, \boldsymbol{\mu}). \tag{7.53}$$

ここで，$p(\boldsymbol{\mu})$ は訓練の段階で $\boldsymbol{\mu}$ をサンプリングするために使われた確率分布である．

この総和には指数関数的な数の項が含まれるため，モデルの構造に何らかの単純化が許容されない場合には評価することが難しい．これまでのところ，深いニューラルネットワークで扱いやすくするための単純化手法が存在するかどうかはわかっていない．その代わり，多数のマスクからの出力を平均することで，推論をサンプリングで近似できる．10～20 個のマスクがあれば，よい性能を得るのに十分であることが多い．

しかし，さらによいアプローチとして，たった 1 回の順伝播を行うことでアンサンブル全体の予測を近似できる方法がある．これを実行するために，アンサンブルを構成するモデルから予測された分布の算術平均ではなく，幾何平均を使うように変更する． Warde-Farley *et al.* (2014) では，この観点で幾何平均が算術平均と同等の性能を発揮するという説明と経験的根拠が示されている．

複数の確率分布の幾何平均が確率分布になるとは限らない．結果が確率分布になることを保証するために，すべての部分モデルはどの事例にも確率 0 を割り当てないという要件を設け，結果として得られる分布を再度正規化する．幾何平均で直接定義される正規化されていない確率分布は，以下で与えられる．

$$\tilde{p}_{\text{ensemble}}(y \mid \boldsymbol{x}) = \sqrt[2^d]{\prod_{\boldsymbol{\mu}} p(y \mid \boldsymbol{x}, \boldsymbol{\mu})}. \tag{7.54}$$

ただし，d はドロップアウトするユニットの数を示す．ここでは表現を単純化するために $\boldsymbol{\mu}$ の一様分布を使うが，非一様分布を使うことも可能である．予測をするために，アンサンブルを再び正規化する必要がある．

$$p_{\text{ensemble}}(y \mid \boldsymbol{x}) = \frac{\tilde{p}_{\text{ensemble}}(y \mid \boldsymbol{x})}{\sum_{y'} \tilde{p}_{\text{ensemble}}(y' \mid \boldsymbol{x})} \tag{7.55}$$

ドロップアウトに関連する重要な洞察 (Hinton *et al.*, 2012b) は，1 つのモデルにおける $p(y \mid \boldsymbol{x})$ を評価することによって p_{ensemble} を近似できるということである．このモデルはすべてのユニットを利用するが，ユニット i の重みはユニット i が含まれる確率で掛け合わされたものになる[*4]．この変更をする理由は，そのユニットからの出力の正しい期待値を得るためである．このアプローチを**重みスケーリング推論規則**（weight scaling inference rule）と呼ぶ．深い非線形ネットワークにおけるこの近似推論規則の精度に関しては，理論的な議論はまだないが，経験的には非常によく動作する．

通常は，包含確率を $\frac{1}{2}$ とするため，重みのスケーリング規則は訓練の終わりに重みを 2 で割ってから，通常のようにモデルを使うことになる．同じ結果を得るための別の方法は，訓練中に，ユニットの状態を 2 倍することである．いずれにせよ，目標は，訓練で平均的にユニットの半分が欠落していても，テストでのユニットへの予想される全入力が，訓練でのそのユニットへの予想される全入力とほぼ同じなるようにすることである．

非線形の隠れユニットを持たないモデルクラスの多くは，重みスケーリング推論規則が厳密である．単純な例として，ベクトル $\mathbf{v}$ で表された n 個の入力変数を持つソフトマックス回帰分類器を考える．

$$P(\mathrm{y} = y \mid \mathbf{v}) = \text{softmax}\left(\boldsymbol{W}^\top \mathbf{v} + \boldsymbol{b}\right)_y. \tag{7.56}$$

[*4] 訳注：学習時にユニット i の重みにユニットが含まれる確率の逆数を掛け合わせ，評価時にすべてのユニットをそのまま利用する手法もある．詳しくは (Hinton *et al.*, 2012b) を参照されたい．

二値ベクトル d と入力を要素ごとに掛けて，部分モデル族にインデックスを付けることができる．

$$P(\mathrm{y}=y \mid \mathbf{v};\boldsymbol{d}) = \mathrm{softmax}\left(\boldsymbol{W}^\top(\boldsymbol{d}\odot\mathbf{v})+\boldsymbol{b}\right)_y. \tag{7.57}$$

アンサンブル予測器は，それを構成するモデルすべての予測の幾何平均を再正規化して定義する．

$$P_{\mathrm{ensemble}}(\mathrm{y}=y \mid \mathbf{v}) = \frac{\tilde{P}_{\mathrm{ensemble}}(\mathrm{y}=y \mid \mathbf{v})}{\sum_{y'}\tilde{P}_{\mathrm{ensemble}}(\mathrm{y}=y' \mid \mathbf{v})}. \tag{7.58}$$

ただし

$$\tilde{P}_{\mathrm{ensemble}}(\mathrm{y}=y \mid \mathbf{v}) = \sqrt[2^n]{\prod_{\boldsymbol{d}\in\{0,1\}^n} P(\mathrm{y}=y \mid \mathbf{v};\boldsymbol{d})} \tag{7.59}$$

である．重みスケーリング規則が厳密であることを確認するために，$\tilde{P}_{\mathrm{ensemble}}$ を単純化する．

$$\tilde{P}_{\mathrm{ensemble}}(\mathrm{y}=y \mid \mathbf{v}) = \sqrt[2^n]{\prod_{\boldsymbol{d}\in\{0,1\}^n} P(\mathrm{y}=y \mid \mathbf{v};\boldsymbol{d})} \tag{7.60}$$

$$= \sqrt[2^n]{\prod_{\boldsymbol{d}\in\{0,1\}^n} \mathrm{softmax}\left(\boldsymbol{W}^\top(\boldsymbol{d}\odot\mathbf{v})+\boldsymbol{b}\right)_y} \tag{7.61}$$

$$= \sqrt[2^n]{\prod_{\boldsymbol{d}\in\{0,1\}^n} \frac{\exp\left(\boldsymbol{W}_{y,:}^\top(\boldsymbol{d}\odot\mathbf{v})+b_y\right)}{\sum_{y'}\exp\left(\boldsymbol{W}_{y',:}^\top(\boldsymbol{d}\odot\mathbf{v})+b_{y'}\right)}} \tag{7.62}$$

$$= \frac{\sqrt[2^n]{\prod_{\boldsymbol{d}\in\{0,1\}^n}\exp\left(\boldsymbol{W}_{y,:}^\top(\boldsymbol{d}\odot\mathbf{v})+b_y\right)}}{\sqrt[2^n]{\prod_{\boldsymbol{d}\in\{0,1\}^n}\sum_{y'}\exp\left(\boldsymbol{W}_{y',:}^\top(\boldsymbol{d}\odot\mathbf{v})+b_{y'}\right)}}. \tag{7.63}$$

$\tilde{P}$ が正規化されることから，y に関して定数となる因数の積は無視しても問題ない．

$$\tilde{P}_{\mathrm{ensemble}}(\mathrm{y}=y \mid \mathbf{v}) \propto \sqrt[2^n]{\prod_{\boldsymbol{d}\in\{0,1\}^n}\exp\left(\boldsymbol{W}_{y,:}^\top(\boldsymbol{d}\odot\mathbf{v})+b_y\right)} \tag{7.64}$$

$$= \exp\left(\frac{1}{2^n}\sum_{\boldsymbol{d}\in\{0,1\}^n}\boldsymbol{W}_{y,:}^\top(\boldsymbol{d}\odot\mathbf{v})+b_y\right) \tag{7.65}$$

$$= \exp\left(\frac{1}{2}\boldsymbol{W}_{y,:}^\top\mathbf{v}+b_y\right). \tag{7.66}$$

これを式7.58に代入し直すと，重みが $\frac{1}{2}\boldsymbol{W}$ のソフトマックス分類器が得られる．

重みスケーリング規則は，条件付き正規分布出力を持つ回帰ネットワークや非線形性のない隠れ層を持つ深いネットワークといった他の設定においても厳密である．しかしながら，重みスケーリング規則は非線形性を持つ深いモデルに対しては近似でしかない．この近似は理論的に特徴付けられていないものの，経験的にはよく機能することが多い．Goodfellow *et al.* (2013a) は，アンサンブル予測器に対しては，重みスケーリング近似の方がモンテカルロ近似よりも（分類精度において）性能がよいことを実験的に発見した．これはモンテカルロ近似に 1000 個までの部分ネットワークのサンプリングを許容した場合でも当てはまった．Gal and Ghahramani (2015) は 20 個のサンプルとモンテカルロ近似を使うことで，分類精度の向上が得られるモデルがあることを発見した．推論近似の最適な選択は問題に依存するようである．

Srivastava *et al.* (2014) は，重み減衰やフィルタノルム制約，スパース活動正則化といった標準的で計算コストの低い他の正則化手法よりドロップアウトの方が効果的であることを示した．ドロップアウトはさらに改善を図るために，他の形式の正則化とも組み合わせることができる．

ドロップアウトの利点の 1 つは，計算量が非常に小さいことである．訓練中にドロップアウトを利用すると，無作為に n 個の二値の数字を作り出し，それらを状態と掛けるときに，1 回の更新で 1 個の事例あたりに必要な計算量は $O(n)$ だけになる．実装の仕方によっては，逆伝播の段階までこの二値を保持するために，$O(n)$ のメモリが必要になる．訓練されたモデルで推論を実行すると，まるでドロップアウトが使われていないかのように，事例あたりのコストは同じになる．ただし，事例で推論を始める前に，1 回だけ重みを 2 で割るコストがかかってしまう．

ドロップアウトの他の大きな利点は，使えるモデルや訓練手続きの種類に重大な制限がないことである．これは，離散表現を使っていて，しかも確率的勾配法によって訓練できるモデルであればほとんどどれでもよく機能する．これには順伝播型ニューラルネットワーク，制約付きボルツマンマシン (Srivastava *et al.*, 2014) のような確率モデル，回帰結合型ニューラルネットワーク (Bayer and Osendorfer, 2014; Pascanu *et al.*, 2014a) も含まれる．同程度に強力な他の正則化手法では，モデルのアーキテクチャにもっと厳しい制約を課すものが多い．

あるモデルにドロップアウトを適用した場合の 1 ステップあたりのコストは無視できる程度だが，完全なシステムでドロップアウトを使うコストは大きくなる可能性がある．ドロップアウトは正則化の手法なので，モデルの効果的な表現力を削減してしまう．この効果を相殺するためには，モデルのサイズを大きくしなければならない．一般的には，最適な検証集合誤差はドロップアウトを使うと十分に低くなるが，それはモデルサイズを非常に大きくすることと訓練アルゴリズムの反復を大幅に増やすこととの引き換えになる．非常に大きなデータ集合に対しては，正則化では汎化誤差の減少がほとんど得られない．このような場合には，ドロップアウトと大規模なモデルを使う計算コストの方が正則化で得られる利点より大きくなってしまう．

ラベルあり訓練事例が極端に少ない場合，ドロップアウトの効果は薄れてしまう．ベイジアンニューラルネットワーク (Neal, 1996) は，Altermative Splicing Dataset (Xiong *et al.*, 2011) という 5000 以下の事例が利用可能なデータで，ドロップアウトを超える性能を示した (Srivastava *et al.*, 2014). 追加でラベルなしデータが利用可能なら，教師なしの特徴量学習はドロップアウトよりも優位性が得られる．

Wager *et al.* (2013) では線形回帰にドロップアウトを適用した場合に，入力特徴量それぞれに異なる重み減衰の係数を持つ L^2 重み減衰と等価であることが示された．各特徴量の重み減衰係数の大きさはその分散で決まる．他の線形モデルでも同様の結果が得られる．深いモデルでは，ドロップアウトは重み減衰と等価にならない．

ドロップアウトで訓練する間に使われる確率性は，このアプローチの成功には必要ない．これは単に，すべての部分モデルに対する総和を近似する手法である． Wang and Manning (2013) ではこの周辺化に対する分析的な近似を導出した．その近似は，**高速ドロップアウト**（fast dropout）として知られていて，勾配の計算における確率性を削減することで，収束までの時間が早くなるという結果を得た．この手法は，すべてのサブネットワークに対する平均に対する，重みスケーリング近似より原則にのっとった近似としてテスト時にも適用できる（しかし計算量は大きくなる）．高速ドロップアウトを使って，小規模なニューラルネットワークの問題における標準的なドロップアウトとほぼ同じ性能が発揮されてきたが，いまだに大幅な改善が得られておらず，また大規模なネットワークの問題には適用されていない．

確率性はドロップアウトで正則化の効果を上げるときには必要ではないが，それはまた十分でもない．それを説明するために，Warde-Farley *et al.* (2014) は**ドロップアウトブースティング**（dropout boosting）と呼ばれる手法を使った制御された実験を設計した．これは，従来のドロップアウトとまったく同じマスクノイズを使うものの，正則化の効果を欠くように設計された．ドロップアウトブースティングはアンサンブル全体を訓練して，訓練集合の対数尤度を一度に最大化する．従来のドロップアウトがバギングと類似しているのと同じ意味で，このアプローチはブースティングと類似している．意図したように，ドロップアウトブースティングによる実験では，ネットワーク全体を1つのモデルとして訓練する場合と比較して，正則化の効果がほとんどないことが示されている．これは，ドロップアウトをバギングと解釈することの方が，ドロップアウトをノイズに対して頑健であると解釈するよりも価値があるということを表している．ひとまとめにされたアンサンブルの正則化の効果は，確率的にサンプリングされたアンサンブルのモデルが互いに独立によい性能を発揮するように訓練したときにのみ得られる．

ドロップアウトは，重みを共有するモデルで構成された指数関数的な大きさのアンサンブルを訓練する，他の確率的なアプローチにも影響を及ぼしている．ドロップコネクト（drop connect）はドロップアウトの特別な場合で，1つのスカラーの重みと1つの隠れユニットの状態の積をドロップできるユニットと考えることができる (Wan *et al.*, 2013)．確率的プーリングは，無作為のプーリング (9.3節参照) の一種で，畳み込みネットワークのアンサンブルを構築するが，各畳み込みネットワークは各特徴量マップの空間的に別な位置を担当している．現時点では，ドロップアウトが今も最も広く使われている暗黙的なアンサンブル手法である．

ドロップアウトの重要な考察の1つは，確率的な動作によるネットワークの訓練と複数の確率的な決定を平均することによる予測は，パラメータ共有をするバギングの一形態として実装されるということである．すでにドロップアウトを，ユニットを含むか除外するかで構成されるモデルのアンサンブルをバギングするものとして説明した．しかし，このモデルの平均化手法が包含と除外に基づいている必要はない．原則的には，任意の種類のランダムな修正が許容される．実際には，その変更に対して耐える方法をニューラルネットが学習できるような修正の族を選ばなければならない．理想的には，高速近似推論規則が許容されるモデル族を使うべきでもある．ベクトル $\boldsymbol{\mu}$ によってパラメータ化された修正はどんな形であっても，$\boldsymbol{\mu}$ のすべての可能性のある値に対する $p(y \mid \boldsymbol{x}, \boldsymbol{\mu})$ で構成されるアンサンブルを訓練することと考えることができる，$\boldsymbol{\mu}$ が有限の値である必要はない．たとえば，$\boldsymbol{\mu}$ は実数であってもよい．Srivastava *et al.* (2014) は，重みと $\boldsymbol{\mu} \sim \mathcal{N}(\mathbf{1}, I)$ を掛けることで二値マスクに基づくドロップアウトの性能を超えることを示した．$\mathbb{E}[\boldsymbol{\mu}] = \mathbf{1}$ であるため，重みのスケーリングをしなくても，標準的なネットワークはアンサンブルにおける近似推論を自動的に実装する．

これまで，ドロップアウトを純粋に効果的な近似バギングを実行する手法として説明してきた．これよりもさらに踏み込んだ，ドロップアウトの別の観点がある．ドロップアウトは，バギングしたモデルのアンサンブルだけではなく，隠れユニットを共有するモデルのアンサンブルも訓練する．つまり各隠れユニットは，モデルの中の他の隠れユニットがどのようなものであるかにかかわらず，よい性能を発揮できることになる．隠れユニットはモデル間で交換や置換が可能な形になっていなければならない．Hinton *et al.* (2012b) は，生物学のアイデアから着想を得た．それは，有性生殖は2つの異なる生物の間で遺伝子を交換するが，遺伝子は良質というだけでなく異なる生物の間で容易に交換可能なように進化的な圧力が生じるというものである．そのような遺伝子とその特徴は，置かれた環境の変化に対して頑健である．なぜなら生物やモデルの異常な特徴に対して間違った適応をするわけにはいかないからである．したがってドロップアウトは，各隠れユニットが単によい特徴量を持つというだけでなく，それが多くの観点でよい特徴量となるように正則化する．Warde-Farley *et al.* (2014) は，ドロップアウトの訓練と大きなアンサンブルの訓練を比較し，ドロップアウトから得られる汎化誤差の追加的な改善が，独立したモデルのアンサンブルから得られるものよりも大きいと結論付けた．

ドロップアウトの能力の大部分は，マスクノイズが隠れユニットに適用されるという事実から生じることを理解することは重要である．これは，入力のもともとの価値を破壊すると言うよりは，入力に含まれる情報を高度に知的で適応的に破壊する形と見ることができる．たとえば，もしモデルが鼻を見つけて顔を検出する隠れユニット h_i を学習したら，h_i を除外するのは画像に鼻があるという情報を消すことと同じである．モデルは冗長的に鼻の存在を符号化するか，口のような他の特徴量から顔を検出するように別な h_i を学習しなければならない．非構造的ノイズを入力に追加する従来のノイズ追加技術では，ノイズを大きくして画像情報のほとんどすべてを取り除く以外に，顔の画像から鼻に関する情報を任意に消去する方法はない．元の値ではなく抽出した特徴量を破壊することで，破壊過程でモデルがこれまで獲得した入力分布に関する知識をすべて活用できるようになる．ドロップアウトの他の重要な観点は，ノイズが乗算できることである．もしノイズを固定倍率で加算するならば，ノイズ ϵ が加えられた正規化線形隠れユニットは h_i が非常に大きくなるように学習し，単純に追加されたノイズ ϵ が比較的重要ではないようにできるだろう．乗算できるノイズは，ノイズへの頑健性の問題に対してこのような病理的な解を許容しない．

別な深層学習アルゴリズムであるバッチ正規化は，訓練時に加算や乗算で隠れユニットにノイズを導入してモデルを再パラメータ化する．バッチ正規化の主な目的は最適化の改善だが，ノイズには正則化の効果があり，ドロップアウトが不要になる場合もある．バッチ正規化については8.7.1節でさらに説明する．

7.13　敵対的学習

ニューラルネットワークは i.i.d. テスト集合で評価された場合に，人間と同じ性能に到達することが多くなりつつある．したがって，このようなモデルが本当にそのタスクを人間と同じレベルで理解しているのだろうかと考えるのは当然である．対象とするタスクに対するネットワークの理解のレベルを調べるために，モデルが誤分類した例を探すことができる．Szegedy *et al.* (2014b) は，人間と同レベルの精度で性能を発揮したニューラルネットワークに対し，データ点 $\boldsymbol{x}$ に近い入力 $\boldsymbol{x}'$ を検索するための最適化処理を用いて構成された例で，意図的にモデルの出力が $\boldsymbol{x}'$ で大きく異なるような設定にすると，ほぼ 100% の誤り率となることを示した．多くの場合，$\boldsymbol{x}$ は $\boldsymbol{x}'$ に非常に近いので，人間の観察者が元の事例と**敵対的事例**（adversarial example）の違いを判別できないが，ネットワークはまったく異なる予測をすることができる．図7.8に一例を示す．

敵対的事例には多くの関係性があり，本章の対象とする範囲を超えてはいるが，たとえばコンピュータセキュリティと関係がある．しかしながら，それらは正則化という観点で興味深い．なぜなら，**敵対的学習**（adversarial training），すなわち訓練集合に敵対的な加工をした事例の学習によって，元の i.i.d. テスト集合における誤り率を削減することができるからである．(Szegedy *et al.*, 2014b; Goodfellow *et al.*, 2014b).

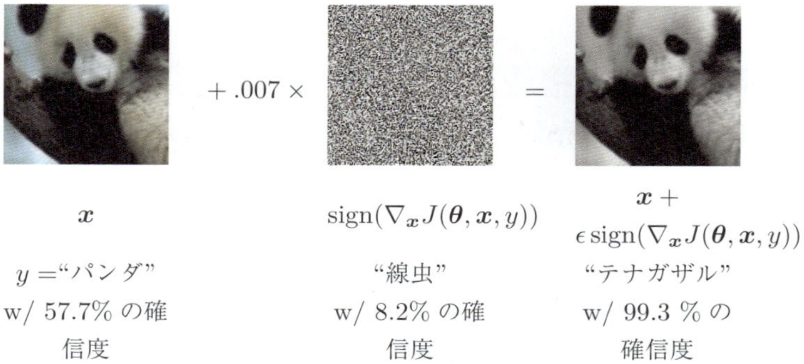

図 **7.8:** ImageNet において GoogLeNet(Szegedy *et al.*, 2014a) に適用された，敵対的事例の生成の説明．入力に関する損失関数の勾配要素の符号と同じ符号を持つ，知覚できないほどの小さなベクトルを追加することで，GoogleLeNet の画像分類結果を変えることができる．Goodfellow *et al.* (2014b) の許可を得て転載した．

Goodfellow *et al.* (2014b) は，この敵対的事例の主な原因の 1 つは過度の線形性であることを示した．ニューラルネットワークは主に線形性に関連した構成要素を元に構築されている．いくつかの実験では，それらが実装する全体的な関数は，結果的に高い線形性を持つことが示されている．このような線形関数は最適化が容易である．残念ながら，入力の数が膨大であれば，線形関数の値は急激に変化する可能性がある．各入力を ϵ だけ変えると，重み $\boldsymbol{w}$ を使った線形関数は最大で $\epsilon||\boldsymbol{w}||_1$ 変化し，$\boldsymbol{w}$ が高次元の場合には非常に大きな値になる．敵対的学習では，ネットワークを訓練データの近傍で局所的に一定となるようにすることで，この非常に繊細で局所的に線形な挙動を妨害する．これは局所不変性の事前知識を教師ありニューラルネットに明示的に導入する方法と考えられる．

敵対的学習は，積極的な正則化を組み合わせた大規模な関数族を利用した場合の容量を説明するときに役立つ．ロジスティック回帰のような純粋な線形モデルは線形であるように強制されているため，敵対的事例に対抗できない．ニューラルネットワークは，ほぼ線形からほぼ定数までの範囲の関数を表現することができ，したがって局所的な摂動に抵抗するように学習しながらも，訓練データの線形的な傾向を捉えるという柔軟性を持っている．

敵対的事例は半教師あり学習を実現する方法も提供する．データ集合の中でラベルが付与されていない点 $\boldsymbol{x}$ において，モデル自体はラベル $\hat{y}$ を割り当てる．モデルのラベル $\hat{y}$ は真のラベルではないかもしれないが，もしモデルが高品質であれば，$\hat{y}$ が真のラベルである確率は高い．分類器に $y' \neq \hat{y}$ であるラベル y' を出力させる敵対的事例 $\boldsymbol{x}'$ を探すことができる．真のラベルではなく訓練モデルから提供されたラベルを用いて生成された敵対的事例は，**仮想的敵対事例**（virtual adversarial examples）と呼ばれる (Miyato *et al.*, 2015)．その後分類器は $\boldsymbol{x}$ と $\boldsymbol{x}'$ に同じラベルを割り当てるように学習する．これによって，分類器はラベルなしのデータが存在する多様体に沿ってどこにおいても，小さな変化に対して頑健な関数を学習させることができる．このアプローチの利用を動機付ける仮説は，通常異なるクラス全体は非連結な多様体をなし，小さな摂動によってあるクラスに対応する多様体から別のクラスに対応する多様体に飛ぶことはできないというものである．

7.14　接距離，接線伝播法，そして多様体接分類器

機械学習アルゴリズムの多くは5.11.3節で述べたように，データが低次元多様体の近傍にあると仮定することで次元の呪いを克服しようとしている．

多様体仮説を活用した初期の試行の 1 つに**接距離**（tangent distance）アルゴリズム (Simard *et al.*, 1993, 1998) がある．これはノンパラメトリックの最近傍アルゴリズムであり，そこで使われている指標は一般的なユークリッド距離ではなく，その近傍で確率が集中している多様体の知識から得られるものである．事例を分類しようとしていること，そして同じ多様体上の事例は同じカテゴリを共有していることを仮定する．分類器は多様体上の動きに対応する変化の局所的要因に対して不変なはずなので，点 $\boldsymbol{x}_1$ と $\boldsymbol{x}_2$ の間の最近傍距離として，それぞれが属する多様体 M_1 と M_2 の間の距離を使うのが妥当である．これは計算上困難（M_1 と M_2 上の最も近い点の組を見つけるという最適化問題を解く必要がある）かもしれないが，計算量が少なく局所的に妥当な他の方法としては，M_i を $\boldsymbol{x}_i$ での接平面で近似し，2 つの接平面の間の距離を測るか，あるいは 1 つの接平面と 1 つの点の間の距離を測る方法がある．これは（その多様体の次元の中での）低次元線形系を解くことで実現できる．もちろん，このアルゴリズムでは接ベクトルを求めることが必要になる．

関連した内容としては，**接線伝播**（tangent prop）アルゴリズム (Simard *et al.*, 1992)（図7.9）では，ニューラルネットワークの各出力 $f(\boldsymbol{x})$ を既知の変動要因に対して局所的に不変にするペナルティを加えたニューラルネットワーク分類器を訓練している．このような変動要因は同じクラスの事例が集中している点の近傍の多様体に沿った動きに対応している．局所不変性を実現するためには，$\nabla_{\boldsymbol{x}} f(\boldsymbol{x})$ が $\boldsymbol{x}$ における既知の多様体の接ベクトル $\boldsymbol{v}^{(i)}$ に対して直交しているか，または等価的には正則化ペナルティ Ω を追加することで，$\boldsymbol{v}^{(i)}$ の方向に対して $\boldsymbol{x}$ での f の方向微分が小さいという要件を満たす必要がある．このときの正則化ペナルティ Ω は次式で表される．

$$\Omega(f) = \sum_i \left((\nabla_{\boldsymbol{x}} f(\boldsymbol{x}))^\top \boldsymbol{v}^{(i)} \right)^2 . \tag{7.67}$$

もちろんこの正則化は適切なハイパーパラメータでスケーリングできて，ほとんどのニューラルネットワークでは，ここで単純化して説明した 1 つの出力 $f(\boldsymbol{x})$ ではなく，多数の出力の総和を求める必要がある．接線距離アルゴリズムと同様に，通常接ベクトルは，画像の移動や回転，拡大縮小など変換の効果に関する形式の知識から演繹的に導出できる．接線伝播法は，教師あり学習 (Simard *et al.*, 1992) のためだけでなく，強化学習の観点 (Thrun, 1995) からも使われてきた．

接線伝播法はデータ集合拡張と密接に関係している．いずれの場合も，アルゴリズムの使用者はネットワークの出力を変えない変換の集合を指定することで，タスクに関する事前知識を符号化する．その違いは，データ集合拡張の場合は，少なくない回数の変換を施して生成した個別の入力を正しく分類するように，ネットワークは明示的に訓練される．接線伝播法の場合は，明示的に新しい入力点を調べる必要はない．代わりに，解析的に正則化することで，特定の変換に対応する方向の摂動に抵抗するようにする．この解析的なアプローチは，理論上は美しい方法であるが，大きな欠点が 2 つある．1 つ目は，微小な摂動に抵抗するようにモデルを正則化するだけという点である．明示的なデータ集合拡張では大きな摂動への抵抗が可能である．2 つ目は，正規化線形ユニットに基づくモデルでは微小のアプローチが困難であるという点である．これらのモデルが微分を縮小できるのは，ユニットを除外するか重みを縮小した場合だけである．シグモイドや tanh ユニットのように，大きな重みを持つ大きな値に飽和さ

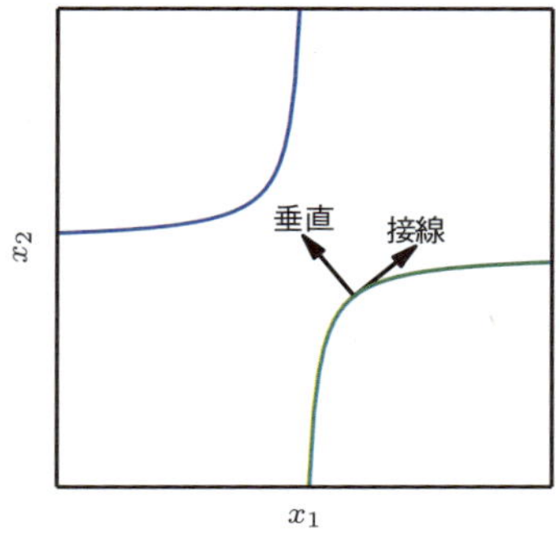

図 **7.9:** 接線伝播法アルゴリズム (Simard *et al.*, 1992) と多様体接分類器 (Rifai *et al.*, 2011c) の主要な考えを示す図．どちらも分類器の出力関数 $f(\boldsymbol{x})$ を正則化する．各曲線は異なるクラスの多様体を表し，ここでは 2 次元空間に埋め込まれた 1 次元多様体を図示する．一方の曲線では，1 点を選び，クラス多様体の接線ベクトル（多様体に平行で接している）とクラス多様体に垂直なベクトル（多様体と直交している）を描いた．複数の次元では，接線方向と垂直方向が多数存在する可能性がある．分類関数は多様体に対して垂直方向に動くときは急速に変化し，クラス多様体に沿って動くときは変化しないと予想される．接線伝播法と多様体接分類器はいずれも，多様体に沿って $\boldsymbol{x}$ が動いてもあまり変化しないように $f(\boldsymbol{x})$ を正則化する．接線伝播法では利用者が人手で（同じクラス多様体に残る画像の小さな変換を特定するような）接線方向を計算する関数を指定する必要があり，一方で多様体接分類器では自己符号化器が訓練データに適合するように訓練することで多様体の接線方向を推定する．自己符号化器を使った多様体の推定については14章で説明する．

せて微分を小さくすることができない．データ集合拡張では，正規化ユニットの異なる部分集合は，元の各入力の異なる変形に対して活性化できるため，正規化線形ユニットでうまく機能する．

接線伝播法は**二重逆伝播法**（**double backprop**）(Drucker and LeCun, 1992) と敵対的学習 (Szegedy *et al.*, 2014b; Goodfellow *et al.*, 2014b) にも関係がある．二重逆伝播法はヤコビ行列が小さくなるように正則化するが，一方で敵対的学習は元の入力に近い入力を見つけ，その入力に対する出力が元の入力に対する出力と同じであるとして訓練させる．手動で指定した変換を使う接線伝播法とデータ集合拡張はいずれも，入力の中の変化の特定の方向に対してモデルが不変となることが必要である．二重逆伝播法と敵対的学習はいずれも，入力の変化が小さい限り，入力の中の変化の**すべて**の方向に対してモデルが不変となることが必要である．ちょうどデータ集合拡張が接線伝播法の微小ではない形式であるように，敵対的学習は二重逆伝播法の微小ではない形式である．

多様体接分類器 (Rifai *et al.*, 2011c) では，事前に接ベクトルを知る必要がなくなる．14章で説明するように，自己符号化器は多様体接ベクトルを推定できる．多様体接分類器はこの手法を活用するので，ユーザーが接ベクトルを指定する必要がない．図14.10に示すように，このような推定された接ベクトルは画像の（移動，回転，拡大縮小のような）幾何学的配置から生じる古典的な不変性を越えて，対象に固有であるため（体の部位を動かすような）学習が必要な要素を含んでいる．したがって，多様体接分類器で提案されるアルゴリズムは次のように単純である．(1) 自己符号化器を使って教師なし学習で多様体の構造を学習する．(2) 接線を使って接線伝播法（式7.67）のニューラルネット分類器を正則化する．

本章では，ニューラルネットワークを正則化するためによく使われる手法のほとんどを説明してきた．正則化は機械学習における中心的なテーマであり，そのため，以降の章のほとんどで定期的に振り返ることになる．機械学習のもう 1 つの中心的なテーマは最適化であり，それを次章で説明する．

第8章

深層モデルの訓練のための最適化

深層学習のアルゴリズムには多くの場面で最適化が関与する．たとえば，PCA などのモデルで推論を実行するには，最適化問題を解く必要がある．証明を記述するため，あるいはアルゴリズムを設計するために解析的な最適化を使うことが多い．深層学習に関連したすべての最適化の中で，最も難しいのはニューラルネットワークの訓練である．ニューラルネットワークの訓練問題を1つ解くだけでも，数百台のマシンを使って何日もあるいは何ヶ月もの時間をかけることはよくある．このニューラルネットワークの訓練に関する問題は非常に重要かつ非常にコストがかかるため，特別な最適化手法が開発されている．本章では，ニューラルネットワークの訓練に利用される最適化手法を紹介する．

勾配に基づく最適化の基礎的な原理をよく理解していない読者は4章を振り返ることを勧める．4章では，一般的な数値最適化の概要について説明している．

本章では，最適化の特定のケースに焦点を当てる．それは，コスト関数 $J(\boldsymbol{\theta})$ を大幅に減少させるニューラルネットワークのパラメータ $\boldsymbol{\theta}$ を発見することである．このコスト関数は，訓練集合全体で評価される性能指標や付加的な正則化項を含む．

本章では，まず，機械学習タスクの訓練アルゴリズムとして用いられる最適化が，純粋な最適化とどのように異なるかを説明することから始める．次に，ニューラルネットワークの最適化を困難にする具体的な課題をいくつか紹介する．その後，最適化アルゴリズム自体やパラメータの初期化戦略を含む，実用的なアルゴリズムをいくつか説明する．より高度なアルゴリズムは，学習中に学習率を調節したり，コスト関数の二次微分に含まれる情報を利用したりする．最後に，単純な最適化アルゴリズムを組み合わせて高レベルの手法を形成している最適化戦略をいくつか紹介する．

8.1 学習と純粋な最適化の差異

深層モデルの学習に用いられる最適化アルゴリズムは，従来の最適化アルゴリズムといくつかの点で異なる．機械学習では通常，学習は間接的に行われる．機械学習のシナリオではほとんどの場合，ある性能指標 P に関心がある．これはテスト集合に関して定義され扱いにくい場合もあるため，P を間接的にのみ最適化する．すなわち，別のコスト関数 $J(\boldsymbol{\theta})$ を小さくすることで，P が改善することを期待する．これは J を最小化すること自体が目的である純粋な最適化とは対照的である．深層モデルを訓練する場合の最適化アルゴリズムも，機械学習の目的関数特有の構造に対する特殊化を含んでいる．

一般的に，コスト関数は訓練集合における平均として次式のように書ける．

$$J(\boldsymbol{\theta}) = \mathbb{E}_{(\boldsymbol{x},\mathrm{y})\sim\hat{p}_{\mathrm{data}}} L(f(\boldsymbol{x};\boldsymbol{\theta}), y). \tag{8.1}$$

ただし，L は事例あたりの損失関数，$f(\boldsymbol{x};\boldsymbol{\theta})$ は入力が $\boldsymbol{x}$ であるときに予測される出力，$\hat{p}_{\mathrm{data}}$ は経験分布である．教師あり学習の場合，y は目標出力である．本章では，正則化されていない教師あり学習の場合を考え，L の引数は $f(\boldsymbol{x};\boldsymbol{\theta})$ と y とする．しかし，たとえば $\boldsymbol{\theta}$ や $\boldsymbol{x}$ を引数に含める，あるいは y を引数から除外することで，この考え方をさまざまな形態の正則化や教師なし学習へ簡単に拡張できる．

式8.1は訓練集合に関する目的関数を定義している．通常，有限の訓練集合だけでなく，次式のようにデータの生成分布 p_{data} にわたって期待値を取った目的関数を最小化する．

$$J^*(\boldsymbol{\theta}) = \mathbb{E}_{(\boldsymbol{x},\mathrm{y})\sim p_{\mathrm{data}}} L(f(\boldsymbol{x};\boldsymbol{\theta}), y). \tag{8.2}$$

8.1.1 経験損失最小化

機械学習アルゴリズムの最終目的は，式8.2で与えられる期待汎化誤差を小さくすることである．この量は**損失**と呼ばれる．ここで，期待値は真の分布 p_{data} について取ることを強調しておく．真の分布 $p_{\mathrm{data}}(\boldsymbol{x}, y)$ が既知であれば，損失最小化は最適化タスクとなり，最適化アルゴリズムで解くことが可能である．しかしながら，$p_{\mathrm{data}}(\boldsymbol{x}, y)$ は未知で訓練集合だけが利用可能な場合，機械学習の問題となる．

機械学習の問題を最適化問題に戻す最も単純な方法は，訓練集合の期待損失を最小化することである．これは真の分布 $p(\boldsymbol{x}, y)$ を訓練集合で定義される経験分布 $\hat{p}(\boldsymbol{x}, y)$ に置き換えることを意味する．したがって，以下のように**経験損失**（empirical risk）を最小化する．

$$\mathbb{E}_{\boldsymbol{x},\mathrm{y}\sim\hat{p}_{\mathrm{data}}(\boldsymbol{x},y)}[L(f(\boldsymbol{x};\boldsymbol{\theta}), y)] = \frac{1}{m}\sum_{i=1}^{m} L(f(\boldsymbol{x}^{(i)};\boldsymbol{\theta}), y^{(i)}). \tag{8.3}$$

ただし m は訓練事例数である．

この平均訓練誤差の最小化に基づく学習過程は，**経験損失最小化**（empirical risk minimization）として知られている．この条件の下でも，機械学習は一般的な最適化と非常に類似している．すなわち，損失を直接的に最適化するのではなく，経験損失を最小化することで損失も大幅に減少することを期待する．さまざまな理論解析の結果から，真の損失をさまざまな量で減少することが期待される条件が確立されている．

しかしながら，経験損失最小化は過剰適合しがちである．容量の大きいモデルは単純に訓練集合を記憶できる．多くの場合，経験損失最小化は実用的ではない．現在最も効果的な最適化アルゴリズムは，勾配降下法に基づくものである．しかし，0/1 損失などの有用な損失関数の多くには，有用な導関数が存在しない（どの場所でも導関数は 0 になるか，あるいは定義されない）．この 2 つの問題があるため，深層学習では経験損失最小化はほとんど用いられない．代わりに少し異なるアプローチを取る必要がある．この場合，実際に最適化する量は本来最適化したい量とはさらに異なるものになる．

8.1.2 代理損失関数と早期終了

（分類誤差などの）実際に対象としたい損失関数は，効率的に最適化できるものではない．たとえば，期待 0/1 損失を正確に最小化することは，線形分類器の場合であっても，（入力次元に対して指数関数的になるため）一般的には難しい (Marcotte and Savard, 1992)．そのような状況下では，代わりに**代理損失関数**（surrogate loss function）を最適化することが多い．この関数は元の関数の代替として機能するが，いくつかの利点がある．たとえば 0/1 損失の代理損失関数として，一般的には正しいクラスの負の対数尤度関数が使われる．負の対数尤度を使うと，入力が与えられたときにモデルが各クラスの条件付き確率を推定できるようになり，それがうまくできれば，期待される分類誤差が最小となるクラスを選択できる．

代理損失関数は，結果的により多くのことを学習できるようにする場合がある．たとえば，対数尤度を代理損失関数として使って訓練すると，訓練集合の 0/1 損失が 0 に到達した後も，テスト集合の 0/1 損失は長い時間をかけて減少し続ける場合が多い．これは，期待 0/1 損失が 0 となっても，クラスをさらに相互に分離するようにすることで分類器の頑健性を高め，それによってさらに確信度と信頼性の高い分類器が得られるためである．その結果，単に訓練集合における 0/1 損失の平均を最小化することにより得られる情報よりも多くの情報を訓練集合から抽出できるようになり，テスト集合における 0/1 損失は減少し続ける．

一般的な最適化と学習アルゴリズムに用いられる最適化の非常に重要な違いは，学習アルゴリズムは通常極小点で停止しないということである．代わりに，機械学習アルゴリズムが代理損失関数を最小化し，早期終了 (7.8節) に基づく収束基準が満たされた時点で停止する．一般的に早期終了の基準は，検証集合で測定される 0/1 損失のようなもともとの真の損失関数に基づいており，過剰適合が生じ始めるとただちに停止するように設計されている．訓練は，代理損失関数がまだ大きな微分を持っている段階で停止することも多い．これは，勾配が非常に小さくなった段階で最適化アルゴリズムが収束したと考える純粋な最適化の問題設定と大きく異なる点である．

8.1.3 バッチアルゴリズムとミニバッチアルゴリズム

機械学習のアルゴリズムが一般的な最適化アルゴリズムと異なる点に，目的関数が訓練事例の和に分解できるということがある．機械学習の最適化アルゴリズムは一般的に，全コスト関数の項の部分集合のみを用いて推定されるコスト関数の期待値に基づいて，パラメータそれぞれの更新を計算する．

たとえば最尤推定問題は，対数空間でみると，各事例の和に分解される．

$$\boldsymbol{\theta}_{\mathrm{ML}} = \arg\max_{\boldsymbol{\theta}} \sum_{i=1}^{m} \log p_{\mathrm{model}}(\boldsymbol{x}^{(i)}, y^{(i)}; \boldsymbol{\theta}). \tag{8.4}$$

この和を最大化することは，訓練集合で定義される経験分布についての期待値を最大化することと等価である．

$$J(\boldsymbol{\theta}) = \mathbb{E}_{\mathbf{x},\mathrm{y}\sim\hat{p}_{\mathrm{data}}} \log p_{\mathrm{model}}(\boldsymbol{x}, y; \boldsymbol{\theta}). \tag{8.5}$$

ほとんどの最適化アルゴリズムで用いられる目的関数 J の性質もまた，その大半は訓練集合についての期待値に関するものである．たとえば，最も頻繁に用いられる性質は勾配である．

$$\nabla_{\boldsymbol{\theta}} J(\boldsymbol{\theta}) = \mathbb{E}_{\mathbf{x},\mathrm{y}\sim\hat{p}_{\mathrm{data}}} \nabla_{\boldsymbol{\theta}} \log p_{\mathrm{model}}(\boldsymbol{x}, y; \boldsymbol{\theta}). \tag{8.6}$$

この期待値を厳密に計算すると，データ集合中のすべての事例についてモデルを評価する必要が生じるため，計算コストが非常に高い．実用上は，データ集合からランダムに少数の事例を抽出し，抽出された事例についての平均を取ることで期待値を計算する．

n 個のサンプルから推定される平均の標準誤差 (式5.46) は，$\sigma/\sqrt{n}$ で与えられることを思い出そう．ただし，σ はサンプルの値の真の標準偏差である．分母の $\sqrt{n}$ は，勾配を推定するためにサンプルを増やしても，線形以下の利得しかないことを示している．100 個の事例に基づく勾配と，10,000 個の事例に基づく勾配の 2 つの推定値を比較してみよう．後者の場合は，前者の 100 倍の計算が必要になるが，サンプル平均の標準誤差は 10 分の 1 しか減少しない．ほとんどの最適化アルゴリズムは，正確な勾配をゆっくり計算するのではなく，近似的な勾配推定を速く計算できるようにすれば，（更新回数ではなく，合計計算時間の点で）より高速に収束する．

少数のサンプルから勾配を統計的に推定したいもう 1 つの理由は，訓練集合の冗長性である．最悪の場合，訓練集合内の m 個のサンプルすべてが同一であることが考えられる．サンプリングに基づく勾配の推定では，1 つのサンプルで正確な勾配を計算できる可能性があり，その場合は素直に実行する手法と比較して $1/m$ 回の計算で済む．現実的にこのような最悪の場合に遭遇することはほとんどないが，事例の大半が勾配に対して似た寄与しかしない場合は考えられる．

訓練事例すべてを用いる最適化アルゴリズムを**バッチ**（batch）または**決定論的**（deterministic）勾配法と呼ぶ．なぜなら，これは訓練事例すべてを大きなバッチとして一度に処理するからである．「バッチ」という言葉は，ミニバッチ確率的勾配降下法で使われるミニバッチの説明に用いられることが多いので，やや混乱を生じる場合がある．一般的に，「バッチ勾配降下法」という語は全訓練集合を用いることを暗に意味しているが，「バッチ」という語を使って事例の集合を示す場合には，そのような意味は含まれない．たとえば，「バッチサイズ」という言葉でミニバッチの大きさを示すのは極めて一般的である．

一度に 1 サンプルしか用いない最適化アルゴリズムは**確率的**（stochastic）手法または**オンライン**（online）手法と呼ばれることがある．通常オンラインという用語は，事例が固定サイズの訓練集合から何回かにわたってデータが渡される場合ではなく，継続的に生成される事例のストリームから抽出される場合に用いられる．

深層学習で用いられるアルゴリズムの多くは，この 2 つの手法の中間的なものであり，使用する訓練事例は複数だが，全訓練事例を使うわけではない．これらの手法は伝統的に**ミニバッチ**（minibatch）法や**確率的ミニバッチ**（minibatch stochastic）法と呼ばれ，最近では単に**確率的**（stochastic）手法と呼ぶのが一般的である．

確率的手法の標準的な例の 1 つに確率的勾配降下法があり，これは8.3.1節で詳細に説明する．

ミニバッチのサイズは，一般的に以下のような要素で決められる．

- バッチサイズが大きいほど勾配推定は正確になるが，その改善度はバッチサイズに対して線形以下である．
- 通常，マルチコア・アーキテクチャは非常に小さいバッチでは十分に活用されない．これは，これ以上処理時間が短縮されないような，絶対的に最小のバッチサイズを使うことを動機付ける．
- （よくあるように）バッチ内の事例がすべて並列に処理される場合，メモリ量はバッチサイズに応じて大きくなる．ハードウェアの設定との兼ね合いで，これがバッチサイズを制限する要因になる場合が多い．
- ハードウェアの種類によっては特定サイズの配列に対して実行時間が短縮される．特に GPU を用いる場合，2 のべき乗のバッチサイズで実行時間が短縮されるのが一般的である．よく使われる 2 のべき乗のバッチサイズは 32 から 256 の範囲であり，大きなモデルの場合には 16 とする場合がある．

- 小さなバッチは正則化の効果をもたらすことがある (Wilson and Martinez, 2003). これはおそらく，ミニバッチが学習過程に無作為性を追加するためである．汎化誤差はバッチサイズが 1 で最小となる場合が多い．そのような小さなバッチサイズを使った訓練では，勾配の推定値の分散が大きいので，安定性を維持するために学習率を小さくする必要があることもある．学習率の低下と全訓練集合を観察するのにより多くのステップがかかることの双方の理由により，全体の実行時間はとても長くなってしまう可能性がある．

異なる種類のアルゴリズムはさまざまな方法で異なる種類の情報をミニバッチから利用する．アルゴリズムの中には，他のアルゴリズムよりもサンプリング誤差に対して敏感なものがある．その理由は，少ないサンプルでは正確な推定が難しい情報を用いているか，あるいはサンプリング誤差を増幅するような形で情報を用いているからである．通常，勾配 g にのみ基づいて更新を計算する手法は比較的頑健であり，100 程度の小さなバッチサイズを扱える．通常，ヘッセ行列 $\boldsymbol{H}$ を使って $\boldsymbol{H}^{-1}\boldsymbol{g}$ のように更新の計算を行う二次手法では，10,000 程度の大きなバッチサイズが必要となる．このような大きなバッチサイズは，$\boldsymbol{H}^{-1}\boldsymbol{g}$ の推定における変動を最小化するために必要となる．$\boldsymbol{H}$ を，完全に推定されているが，条件数が悪いものとしよう．$\boldsymbol{H}$ またはその逆行列を掛けることで，すでに存在する誤差，特にこの場合は $\boldsymbol{g}$ の推定誤差が増幅される．$\boldsymbol{H}$ が完全に推定されていたとしても，$\boldsymbol{g}$ における非常に小さな変化が $\boldsymbol{H}^{-1}\boldsymbol{g}$ の更新において大きな変化を引き起こす可能性がある．もちろん，$\boldsymbol{H}$ は近似的にしか求まらないため，更新 $\boldsymbol{H}^{-1}\boldsymbol{g}$ には，$\boldsymbol{g}$ の推定値に悪条件の演算を適用することから，予測よりも大きな誤差が含まれることになる．

ミニバッチがランダムに選択されることも重要である．サンプル集合から期待勾配の不偏推定を計算する場合，サンプルが独立であることが求められる．2 つの連続する勾配推定が互いに独立であることも望ましいので，連続する 2 つのミニバッチもまた互いに独立であるべきである．データ集合の多くはほとんどの場合，当然のように連続する事例が高い相関を持つように配列される．たとえば，血液検査の結果に関する長いリストで構成された医療データのデータ集合があるとする．このリストには，最初に 1 人目の患者から 5 回に分けて採取された血液サンプル，次に 2 人目の患者の 3 回分の血液サンプル，続いて 3 人目の患者からの血液サンプル，といった形でデータが並べられているとする．このリストから順番に事例を抽出すると，各ミニバッチが，基本的にデータ集合中の多数の患者のうちの 1 人に相当するため，ミニバッチにはそれぞれ極めて大きなバイアスがかかることになる．このような，データ集合の順序に何らかの意味がある場合，ミニバッチを選択する前に事例をシャッフルする必要がある．非常に大きなデータ集合，たとえばデータセンターにあるような数十億もの事例を含むデータ集合では，ミニバッチを作成するたびに，真に一様に無作為となるように事例をサンプリングすることは非現実的な場合がある．幸運なことに，通常の実用上はデータセットの順序を 1 回シャッフルし，シャッフルしたものを格納しておくだけで十分である．この手続きにより，以降のすべてのモデルが利用する連続した事例のミニバッチ集合が固定され，各モデルは訓練データを用いる際に必ずこの順序で再利用しなければならなくなる．このように真に無作為な選択から逸脱しても，大きな弊害はないようである．どのような形でも事例のシャッフルをしない場合は，アルゴリズムの有効性が大幅に低下する可能性がある．

機械学習の最適化問題の多くは，事例に関して十分にうまく分解されるため，事例ごとに並行して個々の更新を行って全体を計算できる．言い換えると，事例のミニバッチ $\boldsymbol{X}$ に対する $J(\boldsymbol{X})$ を最小化する更新を，他のいくつかのミニバッチに対する更新と同時に計算できるということである．このような非同期並列分散処理のアプローチについては，12.1.3節でさらに説明する．

ミニバッチ確率的勾配降下法を使う興味深い理由は，事例が繰り返されない限り，それが真の汎化誤

差 (式8.2) の勾配に従うことである．ミニバッチ確率的勾配降下法の実装ではほとんどの場合，データ集合を 1 回シャッフルし，その後，そのデータ集合を何度も利用する．1 回目は，各ミニバッチを使って真の汎化誤差の不偏推定を計算する．2 回目は，その推定にバイアスがかかる．なぜならその推定は，データ生成分布から新しく偏りのないサンプルを抽出するのではなく，すでに用いた値を再サンプリングすることで構成されるからである．

確率的勾配降下が汎化誤差を最小化するという事実は，**ストリーム**データからミニバッチまたは事例を抽出するオンライン学習において最もわかりやすい．言い換えれば，固定の大きさの訓練集合を受け取るのではなく，学習器は各瞬間に新たな事例を確認する生物に似ていて，すべての事例 $(\boldsymbol{x}, y)$ がデータ生成分布 $p_{\text{data}}(\boldsymbol{x}, y)$ から得られている．この問題設定では，事例が繰り返されることはなく，すべての経験が p_{data} から偏りなくサンプリングされている．

等価性は $\boldsymbol{x}$ と y がともに離散的である場合が最も導出しやすい．この場合，汎化誤差 (式8.2) は以下のように和として書ける．

$$J^*(\boldsymbol{\theta}) = \sum_{\boldsymbol{x}} \sum_{y} p_{\text{data}}(\boldsymbol{x}, y) L(f(\boldsymbol{x}; \boldsymbol{\theta}), y). \tag{8.7}$$

上の式の厳密な勾配は以下になる．

$$\boldsymbol{g} = \nabla_{\boldsymbol{\theta}} J^*(\boldsymbol{\theta}) = \sum_{\boldsymbol{x}} \sum_{y} p_{\text{data}}(\boldsymbol{x}, y) \nabla_{\boldsymbol{\theta}} L(f(\boldsymbol{x}; \boldsymbol{\theta}), y). \tag{8.8}$$

式8.5および式8.6の対数尤度で同じ事実が示されることはすでに説明した．これが尤度以外の他の関数 L についても成り立つことがわかる．p_{data} と L についての緩やかな仮定の下で，$\boldsymbol{x}$ と y が連続であるときに同様の結果が得られる．

したがって，事例 $\{\boldsymbol{x}^{(1)}, \ldots \boldsymbol{x}^{(m)}\}$ のミニバッチと対応する目標 $y^{(i)}$ をデータ生成分布 p_{data} から抽出し，そのミニバッチのパラメータに関する損失の勾配を計算することで，汎化誤差の厳密な勾配の不偏推定量が得られる．

$$\hat{\boldsymbol{g}} = \frac{1}{m} \nabla_{\boldsymbol{\theta}} \sum_{i} L(f(\boldsymbol{x}^{(i)}; \boldsymbol{\theta}), y^{(i)}). \tag{8.9}$$

$\boldsymbol{\theta}$ を $\hat{\boldsymbol{g}}$ の方向に更新すると，汎化誤差に対して SGD が実行される．

もちろん，この解釈は事例が再利用されない場合にのみ成り立つ．それでも，訓練集合が極めて大きい場合を除き，通常は訓練集合を何度か繰り返し利用する方がよい．このような複数のエポックが用いられる場合，最初のエポックのみが汎化誤差の不偏勾配に従うが，もちろんそれ以後のエポックでも，訓練誤差とテスト誤差の差が大きくなることで生じる弊害を相殺するように訓練誤差が減少するので，通常は十分に役立つ．

コンピュータの計算能力よりも速く，サイズが急速に大きくなるデータ集合に対し，機械学習の応用では，各学習事例を一度だけ用いるか，あるいはすべては利用しないようにすることが一般的になってきている．極めて大きな訓練集合を用いる場合，過剰適合は問題とならないので，過小適合と計算効率が主要な問題点となる．Bottou and Bousquet (2008) では，訓練事例の増加に従って生じる汎化誤差の計算のボトルネックについて説明しているので参照されたい．

8.2　ニューラルネットワーク最適化の課題

一般的に，最適化は極めて難しいタスクである．伝統的に機械学習では，目的関数と制約を慎重に設計し，最適化問題が凸最適化となるようにすることでその難しさを回避してきた．ニューラルネットワークの学習では，一般的な非凸の場合に対処しなければならない．凸最適化でさえ，困難さと無縁ではない．本節では，深層モデルの学習の最適化に関わる最も有名な課題のいくつかを紹介する．

8.2.1 悪条件

凸関数最適化の場合でも，いくつかの課題が生じる．中でも最も有名なものが，ヘッセ行列 $\boldsymbol{H}$ の悪条件である．これは，凸かそれ以外かにかかわらず，大部分の数値的最適化において非常に一般的な問題であり，4.3.1節で詳しく説明されている．

悪条件の問題が，ニューラルネットワークの訓練問題に存在すると一般的に考えられている．悪条件は，非常に小さなステップでもコスト関数が増加するということにより生じるSGDの「立ち往生」を引き起こすことで顕在化することがある．

式4.9から，コスト関数の二次テイラー級数展開により，勾配降下ステップ $-\epsilon\boldsymbol{g}$ がコストに

$$\frac{1}{2}\epsilon^2\boldsymbol{g}^\top\boldsymbol{H}\boldsymbol{g} - \epsilon\boldsymbol{g}^\top\boldsymbol{g} \tag{8.10}$$

を追加すると予測されることを思い出そう．勾配の悪条件は，$\frac{1}{2}\epsilon^2\boldsymbol{g}^\top\boldsymbol{H}\boldsymbol{g}$ が $\epsilon\boldsymbol{g}^\top\boldsymbol{g}$ を超える場合に問題となる．悪条件がニューラルネットワークの訓練タスクにとって有害であるかどうかを判断するためには，二乗勾配ノルム $\boldsymbol{g}^\top\boldsymbol{g}$ と $\boldsymbol{g}^\top\boldsymbol{H}\boldsymbol{g}$ を監視すればよい．多くの場合，勾配ノルムは学習を通して大幅には縮小しないが，$\boldsymbol{g}^\top\boldsymbol{H}\boldsymbol{g}$ 項は1桁以上大きくなる．その結果，強力な勾配の存在にもかかわらず，学習は非常に遅くなる．なぜなら，より強い曲率を補正するためには，学習率を小さくしなければならないからである．図8.1に，ニューラルネットワークの訓練がうまく進んでいる間に勾配が大幅に増加する事例を示す．

悪条件はニューラルネットワークの学習以外でも存在するが，そのような場合に用いられる対処法をニューラルネットワークに適用することは難しい．たとえば，ニュートン法は悪条件のヘッセ行列を持

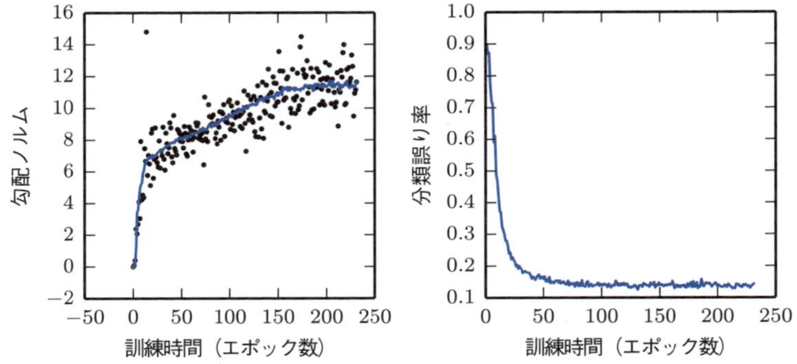

図 **8.1:** 勾配降下法は，どんな臨界点にも到達しないことが多い．この例では，勾配ノルムは，物体検出に使用される畳み込みネットワークの訓練中に増加している．（左）個々の勾配を評価するノルムが時間の経過とともにどのように分布するかを示す散布図．見やすくするために，勾配ノルムはエポックごとに1つだけプロットされている．すべての勾配ノルムの移動平均は実線の曲線でプロットされている．勾配ノルムは時間とともに明らかに増加していて，これは訓練過程が臨界点に収束した場合の予想に反している．（右）勾配の増加にもかかわらず，訓練過程はおおむね成功している．検証集合の分類誤差は，低い水準まで減少する．

つ凸関数の最適化に対しては素晴らしい手法だが，以降の節で説明するように，ニュートン法をニューラルネットワークに適用する場合には，大きな修正が必要になる．

8.2.2　局所値

凸最適化問題の最も顕著な特徴の 1 つは，極小値を見つける問題に還元できるという点である．どの極小値でも最小値であることが保証されている．凸関数の中には，単一の最小値ではなく，底に平坦領域を持つものがあるが，この平坦領域内の任意の点が許容できる解である．凸関数を最適化する場合，どんな臨界点でも見つかれば，よい解に到達したことがわかる．

ニューラルネットワークのような非凸関数では，複数の極小値が存在する可能性がある．実際，ほぼすべての深層モデルで，基本的には極めて多くの極小値を持つことが示されている．しかしながら，これから説明するように，これは必ずしも大きな問題ではない．

ニューラルネットワークや等価的にパラメータ化された複数の潜在変数を持つモデルはどれも，**モデル同定可能性**（model identifiability）問題が理由で極小値を複数持つ．十分に大きな訓練集合によって，1 つを除いてすべてのモデルパラメータを除外できるとき，そのモデルは同定可能であると言われる．潜在変数を持つモデルでは，潜在変数を相互に入れ替えることで等価なモデルが得られるので，同定可能とならない場合が多い．たとえば，ニューラルネットワークにおいてユニット i の入力の重みベクトルとユニット j の入力の重みベクトルを入れ換えることで第一層を変更し，また同じことを出力のベクトルに関しても実行できる．各層に n 個のユニットを持つ層が m 層ある場合，隠れユニットの並べ方は $n!^m$ 通り存在する．このような非同定可能性は**重み空間の対称性**（weight space symmetry）と呼ばれる．

重み空間の対称性に加え，多くのニューラルネットワークにおいて，非同定可能性を引き起こす要因が他にも存在する．たとえば，いかなる正規化線形ネットワークやマックスアウトネットワークにおいても，出力の重みすべてを $\frac{1}{\alpha}$ 倍するなら，ユニットの入力の重みとバイアスすべてを α 倍できる．これはすなわち，モデルの出力ではなく重みに直接依存する重み減衰のような項がコスト関数に含まれない場合，正規化線形ネットワークまたはマックスアウトネットワークの極小値はいずれも，等価的な極小値の $(m \times n)$ 次元の超平面上に存在することを意味する．

このようなモデルの同定可能性の問題は，ニューラルネットワークのコスト関数の極めて大きいかまたは数えられないほど無数の極小値が存在しうることを意味している．しかしながら，非同定可能性から生じるこのような極小値すべてにおいて，コスト関数の値は互いに等しい．結果的に，これらの極小値は問題となるような非凸性ではない．

極小点は，最小値と比較して極小点が高いコストを保つ場合には問題になりうる．隠れ層なしでも，最小値より高いコストの極小値を持つ小さなニューラルネットワークを構成することが可能である (Sontag and Sussman, 1989; Brady *et al.*, 1989; Gori and Tesi, 1992)．高いコストを持つ極小値が共通である場合は，勾配に基づく最適化アルゴリズムにおいて深刻な問題が生じる可能性がある．

実用におけるニュートン法が高いコストを持つ極小値に向かうかどうか，あるいは最適化アルゴリズムがそれらに遭遇するかどうかは，未解決の問題である．長年多くの専門家は一般的に，極小値がニューラルネットワークの最適化を阻害する問題であると考えてきた．しかし今日では，そうでもないようである．この問題は今も活発に研究されている領域であるが，専門家は現在，十分に大きなニューラルネットワークではほとんどの極小値が小さなコスト関数の値を持ち，それゆえ，パラメータ空間において小さいものの最小ではないコストを持つ点を見つけることは真の最小値を探すことに劣らず重要であると考えている (Saxe *et al.*, 2013; Dauphin *et al.*, 2014; Goodfellow *et al.*, 2015; Choromanska *et al.*, 2014).

専門家の多くは，ニューラルネットワークの最適化の難しさをすべて極小値によるものと考えている．専門家は，個々の問題ごとに慎重な検証を行うことが推奨される．極小値が問題とならないことの検証のためには，時間ごとの勾配ノルムをプロットする．勾配ノルムが小さな値に収縮しない場合，問題は極小点でもその他の臨界点でもない．高次元空間では，極小値が問題であることを明らかに示すのは非常に難しい．極小値以外にも多くの構造が小さな勾配を持つ．

8.2.3　プラトー，鞍点，その他平坦な領域

高次の非凸関数の多くでは，勾配が 0 になる点，すなわち鞍点，と比較すると極小点（または極大点）は実際珍しい．鞍点の周囲のいくつかの点は鞍点よりも高いコストを持ち，いくつかの点は低いコストを持つ．鞍点では，ヘッセ行列は正負両方の固有値を持つ．正の固有値に関連付けられた固有ベクトルに沿って位置する点は，鞍点よりもコストが高く，負の固有値に沿って位置する点は，コストが低くなる．鞍点は，コスト関数のある断面に沿った極小値で，別の断面に沿った極大値であると捉えることができる．図4.5にこれを図示する．

ランダム関数のクラスの多くが次のような挙動を示す．低次元では極小値が多い．高次元においては，極小値は珍しく，鞍点はもっと一般的にみられる．この種の関数 $f:\mathbb{R}^n \to \mathbb{R}$ では，極小値の数に対する鞍点の数の予想される比は，n とともに指数関数的に増大する．このような挙動を直感的に理解するために，極小値におけるヘッセ行列が正の固有値だけを持つことを確認する．鞍点におけるヘッセ行列は正負両方の固有値を持つ．各固有値の符号がコインを投げた結果で決まるとする．1 次元では，コインを投げて表を一回出せばいいので，極小値を得ることは容易である．n 次元空間の場合，n 回コインを投げてすべてが表になることはほとんどない．これに関連する理論的な研究については，Dauphin *et al.* (2014) を参照されたい．

ランダム関数の多くが持つ驚くべき性質は，コストの低い領域に近づくにつれて，ヘッセ行列の固有値が正になる可能性が高まるという点である．これは，コインを投げる比喩の場合なら，低いコストの臨界点ではコインが表になる回数が n 回になる確率が高まるということである．これはまた，極小値ではコストは高くなる可能性よりも低くなる可能性の方がはるかに高いことも意味する．コストの高い臨界点は鞍点である可能性がはるかに高く，コストが極めて高い臨界点は極大値である可能性の方が高い．

これはランダム関数のクラスの多くで起きることだが，ニューラルネットワークにおいても起きることだろうか． Baldi and Hornik (1989) は，非線形性を持たない浅い自己符号化器（14章で説明する，入力を出力にコピーするように学習した順伝播ネットワーク）には最小値と鞍点が存在するが，最小値よりも高いコストを持つ極小点は存在しないことを理論的に示した．そこでは，証明はないものの，これらの結果が非線形性を持たないより深いネットワークにも拡張できると述べている．そのようなネットワークの出力は入力の線形関数となるが，その損失関数はパラメータの非凸関数なので，非線形なニューラルネットワークのモデルとして研究するのに有用である．そのようなネットワークは本質的には単に複数の行列の積である．Saxe *et al.* (2013) は，このようなネットワークにおける完全な学習の挙動に対する厳密解が提示され，このモデルで学習することで，非線形活性化関数を持つ深いモデルの訓練で観察された多くの定性的な特徴量が獲得されることを示した． Dauphin *et al.* (2014) は，実際のニューラルネットワークもまた，コストの高い鞍点を非常に多く含む損失関数を有することが実験的

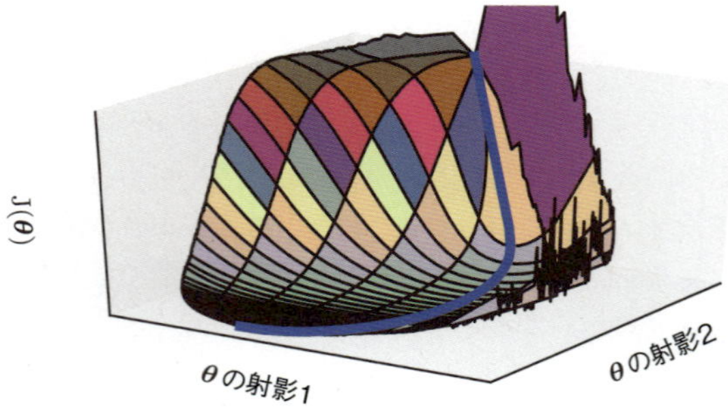

図 8.2: ニューラルネットワークのコスト関数の可視化．Goodfellow *et al.* (2015) の許諾を得て画像を修正した．順伝播ニューラルネットワーク，畳み込みネットワーク，および再帰ネットワークを現実の物体認識および自然言語処理タスクに適用した場合，この図は似たものになる．驚くべきことに，この視覚化では明らかな障害があまり見られない．2012 年ごろに始まった，非常に大きなモデルの学習に対する確率的勾配降下法の成功以前は，ニューラルネットのコスト関数の表面は，その射影からわかるよりも強い非凸構造を持つと一般的には考えられていた．この射影によって明らかになった主な障害は，パラメータが初期化される場所に近い，高いコストの鞍点であるが，青色の経路で示されるように，SGD の訓練の軌跡はこの鞍点を問題なく回避している．学習時間のほとんどは，コスト関数の比較的平らな谷を横断することに費やされる．その理由としては，勾配の大きなノイズ，この領域でのヘッセ行列の悪条件，あるいは単純に間接的につながっている経路を介して図中に見られる高い「山」を周回する必要性が考えられる．

に示した．Choromanska *et al.* (2014) は，さらに理論的な議論が提示され，ニューラルネットワークに関連する高次のランダム関数の他のクラスでも同様であることが示した．

鞍点の増加は学習アルゴリズムにとって何を意味するだろうか．勾配情報だけを用いる一次最適化アルゴリズムについては，状況は明らかではない．勾配は，鞍点近傍で非常に小さくなることが多い．一方で，勾配降下法は経験的に鞍点を避けられることが多いようである．Goodfellow *et al.* (2015) では，図8.2で示す例のような，最先端のニューラルネットワークの学習の軌跡をいくつか可視化している．この可視化によって，重みがすべて 0 となる明らかな鞍点付近でコスト関数が平坦になることがわかるが，同時に勾配降下法の軌跡が急速にその領域から離れていくこともわかる．Goodfellow *et al.* (2015) ではまた，連続時間の勾配降下法は，近傍の鞍点に引っ張られるのではなく，反発するように離れることが分析的に示される場合があるが，勾配降下法のより現実的な使用では，状況が異なる可能性があると主張している．

ニュートン法では，鞍点が問題となるのは明らかである．勾配降下法は「坂を下る方向」に動くように設計されており，臨界点を見つけるようには明示的に設計されていない．しかし，ニュートン法は勾配が 0 になる点について解くように設計されている．適切に修正を施さなければ，ニュートン法では鞍点に飛んでしまう場合がある．おそらくは，高次元空間で鞍点が増加することが，ニューラルネットワークの学習で勾配降下法の代わりに二次手法を使うと成功しない理由だろう．Dauphin *et al.* (2014) では，二次最適化のための**サドルフリーニュートン法** (saddle-free Newton method) が提案され，それによって伝統的な手法に対して大幅な改善が得られることが示された．二次手法を大きなニューラルネットワークに拡張することはまだ難しいが，もし拡張できるのであれば，このサドルフリーのアプローチは有望である．

極小点と鞍点以外にも勾配が 0 となる点が存在する．最適化の観点からは，極大点は鞍点と同様のものと見られ，アルゴリズムの多くはこの極大点に引き寄せられないが，修正されていないニュートン法では引き寄せられてしまう．高次元空間では，極小値と同じように，ランダム関数のクラスの多くで極大値は非常に数が少なくなる．

定数値の幅広い平坦な領域が存在する場合もある．このような場所では，勾配とヘッセ行列はすべて 0 となる．このような縮退した地点は，あらゆる数値最適化アルゴリズムにとって大きな問題となる．凸問題において，幅広く平坦な領域はすべて最小値で構成されることになるが，一般的な最適化問題においては，そのような領域は目的関数の高い値に対応している場合がある．

8.2.4 崖と勾配爆発

多層のニューラルネットワークは図8.3に示すような非常に急峻な崖に似た領域を持つことが多い．これは大きな重みをいくつも掛け合わせた結果である．極めて急峻な崖の構造の表面では，勾配の更新ステップがパラメータを非常に遠くまで動かしてしまう場合があり，通常は崖を完全に飛び降りてしまう．

崖には上から近づいても下から近づいても危険となる可能性があるが，幸いなことに，10.11.1節で説明する**勾配クリッピング**（gradient clipping）の経験則を使えば，致命的な結果を回避できる．基本的な考え方は，勾配が最適なステップ幅ではなく，微小領域内の最適な方向のみを指定するということを思い出すことである．従来の勾配降下アルゴリズムで非常に大きなステップの移動が提案された場合は，勾配クリッピングの経験則を介してステップ幅を小さくし，勾配がほぼ最急降下の方向を示す領域の外に出にくくする．崖の構造は，回帰結合型ニューラルネットワークのコスト関数において最も一般的である．なぜなら，このようなモデルの場合，各ステップに 1 つの要素があり，その要素が多数掛け合わされることになるからである．したがって，長い時列では極めて多くの乗算が発生する．

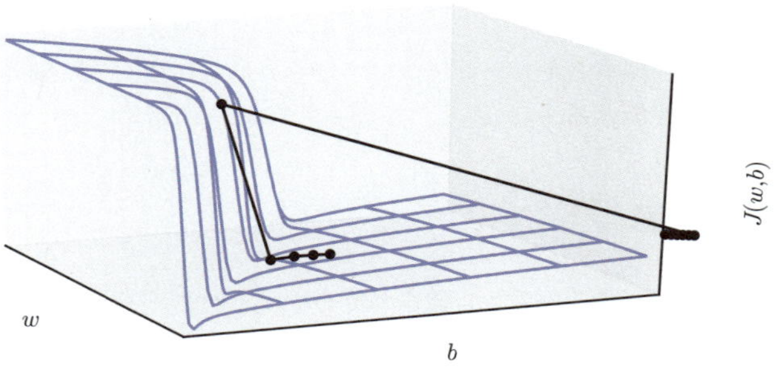

図 8.3: 極度に非線形な深層ニューラルネットワークまたは回帰結合型ニューラルネットワークの目的関数には，パラメータ空間に鋭い非線形性が含まれることが多いが，それはいくつものパラメータの乗算の結果である．この非線形性によって，非常に大きな微分を生じる場所が出てくる．パラメータがこのような崖の領域に近づくと，勾配降下法の更新はパラメータを非常に遠くまで移動させてしまい，おそらくはそれまでに実行された最適化作業の大部分を無駄にしてしまう可能性がある．図はPascanu *et al.* (2013) の許諾を得て改変した．

8.2.5　長期依存性

計算グラフが極めて深くなる場合，ニューラルネットワークの最適化アルゴリズムが解決すべきもう 1 つの課題が生じる．多層の順伝播型ネットワークはそのような深い計算グラフを持つ．10章で説明する回帰結合型ネットワークも同様であり，長い時系列の各ステップで同じ操作を繰り返し適用するので，非常に深い計算グラフが構築される．同じパラメータを繰り返し適用すると，特にはっきりした問題が生じる．

たとえば，行列 $\boldsymbol{W}$ を繰り返し掛けることで構成される経路が計算グラフに含まれるとする．t ステップ進むのは，$\boldsymbol{W}^t$ を掛けることと同じである．$\boldsymbol{W}$ は固有値分解 $\boldsymbol{W} = \boldsymbol{V}\mathrm{diag}(\boldsymbol{\lambda})\boldsymbol{V}^{-1}$ を持つとする．こうした単純な場合では，

$$\boldsymbol{W}^t = \left(\boldsymbol{V}\mathrm{diag}(\boldsymbol{\lambda})\boldsymbol{V}^{-1}\right)^t = \boldsymbol{V}\mathrm{diag}(\boldsymbol{\lambda})^t\boldsymbol{V}^{-1} \tag{8.11}$$

は簡単に理解できる．絶対値が 1 に近くない固有値 λ_i の場合，その絶対値が 1 より大きいと爆発し，1 より小さいと消失する．**勾配消失問題と勾配爆発問題**（vanishing and exploding gradient problem）は，このようなグラフにおける勾配は $\mathrm{diag}(\boldsymbol{\lambda})^t$ に応じてスケーリングされるという事実を示している．勾配消失があると，コスト関数を改善するためにパラメータをどの方向に動かすべきかを知ることが難しくなり，一方で勾配爆発があると学習は不安定になる．前述の，勾配クリッピングが必要となる崖の構造は，勾配が爆発する現象の一例である．

ここで説明した各ステップでの $\boldsymbol{W}$ の乗算の繰り返しは，行列 $\boldsymbol{W}$ の最大の固有値とそれに対応する固有ベクトルを求めるために使われる**べき乗法**（power method）アルゴリズムに非常に似ている．この観点から，$\boldsymbol{x}^\top\boldsymbol{W}^t$ が最終的に $\boldsymbol{W}$ の主固有ベクトルに直交する $\boldsymbol{x}$ の要素をすべて破棄するのは当然である．

回帰結合型ネットワークは各時間ステップで同じ行列 $\boldsymbol{W}$ を使用するが，順伝播ネットワークはそうではない．そのため，非常に深い順伝播ネットワークでも，勾配消失と勾配爆発の問題をおおむね回避できる (Sussillo, 2014)．

10.7節では，回帰結合型ネットワークについてさらに詳細に説明した後で，回帰結合型ネットワークの学習の課題について説明する．

8.2.6　不正確な勾配

ほとんどの最適化アルゴリズムは，正確な勾配やヘッセ行列を利用できるという前提で設計されている．実際には，これにノイズが加わったり，バイアスが含まれる推定しか得られないのが一般的である．ほぼすべての深層学習のアルゴリズムがサンプリングに基づく推定に依存していて，少なくともこれまでのところは，訓練事例のミニバッチを使って勾配を計算している．

他の場合では，最小化したい目的関数が実際には扱いにくいものであることがある．目的関数が扱いにくい場合は，勾配もまた扱いにくいのが一般的である．そのような場合は，勾配を近似することしかできない．このような問題は，本書のIII部で扱う高度なモデルにおいて生じることがほとんどである．たとえば，コントラスティブ・ダイバージェンス法は，ボルツマンマシンの扱いにくい対数尤度の勾配を近似する手法である．

ニューラルネットワークのさまざまな最適化アルゴリズムは，勾配推定の不完全さに対処するように設計されている．また，真の損失よりも近似しやすい代理損失関数を選択することで，この問題を回避することもできる．

8.2.7 局所構造と全体構造の不十分な対応関係

これまで議論してきた問題の多くは，ある点での損失関数の特性に対応している．$J(\boldsymbol{\theta})$ が現在の点 $\boldsymbol{\theta}$ で悪条件の場合，$\boldsymbol{\theta}$ が崖にある場合，または $\boldsymbol{\theta}$ が鞍点にあって勾配が坂を下れない場合は，ステップを先に進めることが難しい．

これらの問題すべてが 1 つの点で解決されても，局所的に最大の改善をもたらす方向がはるかに低コストの遠い領域を指していなければ，性能が不十分なままの可能性がある．

Goodfellow *et al.* (2015) は，学習時間の多くは解に到達するまでの軌跡の長さで決まると主張している．図8.2では，学習の軌跡の大半が，山の形をした構造の周りの大きな弧をたどることに費やされていることを示している．

最適化の課題に関する研究の多くは，学習が最小値や極小化，あるいは鞍点に到達するかどうかに焦点を当ててきたが，実際にはニューラルネットワークはいずれの臨界点にも到達しない．図8.1は，ニューラルネットワークが勾配の小さい領域に到達しない場合が多いことを図示している．実際，このような臨界点は必ずしも存在する必要はない．たとえば，損失関数 $-\log p(y \mid \boldsymbol{x}; \boldsymbol{\theta})$ は最小点を持たず，代わりにモデルの確信度が高くなるにつれて何らかの値に漸近的に近づく場合がある．離散値 y とソフトマックスにより得られる $p(y \mid \boldsymbol{x})$ を持つ分類器では，モデルが訓練集合内の事例すべてを正しく分類することができる場合，負の対数尤度が任意にゼロに近づくが，実際にはゼロに到達することはない．同様に，実数値のモデル $p(y \mid \boldsymbol{x}) = \mathcal{N}(y; f(\boldsymbol{\theta}), \beta^{-1})$ は，負の無限大に漸近する負の対数尤度を持つ場合がある．つまり，$f(\boldsymbol{\theta})$ が y の目標とする訓練集合すべての値を正しく予測できれば，学習アルゴリズムによって β は無制限に増加する．図8.4に，極小点や鞍点が存在しない場合でも，局所的な最適化では良好なコスト関数が求められない例を示す．

学習の軌跡の長さに影響を与える要素についてさらに理解を深め，処理の出力を良好に特徴付けるようにするためには，今後の研究が必要である．

既存の研究の方向性は，局所的でない動きを用いるアルゴリズムの開発ではなく，難しい全体構造を持つ問題において，良好な初期点を見つけることを目的としているものが多い．

勾配降下法や，ニューラルネットワークの訓練に効果のあるすべての学習アルゴリズムは，小さな局所的移動に基づいている．これまでは，この局所的な動きの正しい方向を計算することがいかに難しいかということに主として焦点を当ててきた．勾配のような目的関数のいくつかの要素は，正しい方向の推定値にバイアスまたはバリアンスを含む近似的な値としてしか計算できないかもしれない．このような場合，局所的降下は，有効な解に向かう適切に短い経路を定義するかもしれないし，しないかもしれないが，実際には局所的降下の経路をたどることはできない．目的関数には悪条件や不連続な勾配などの問題がある場合があり，これにより勾配がよい目的関数を持つモデルを提供する領域が非常に小さくなるということが生じる．この場合，ステップ幅 ϵ の局所的降下は，解への適切に短い経路を定義するかもしれないが，ステップ幅 $\delta \ll \epsilon$ で局所的降下の方向を計算することしかできない．このような場合，局所的降下は解までの経路を定義するかもしれないが，経路には多くのステップが含まれるため，その経路を進むと計算コストが高くなる．たとえば，関数が幅広い平坦な領域を持つ場合や厳密に臨界点に

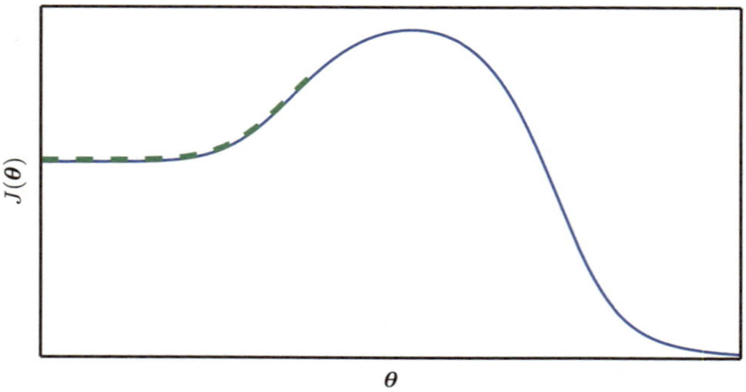

図 8.4: 局所的な下り坂の移動に基づく最適化は，局所的な表面が全体での解の方向を指していないと失敗する可能性がある．ここでは，鞍点も極小値もない場合でも，それが起こる例を示す．この例でのコスト関数には，最小値ではなく，低い値に向かう漸近値のみが含まれる．この場合に困難となる主な原因は，初期化が「山」の間違った側でされていて，その山を横切ることができないことである．さらに高次元の空間では，学習アルゴリズムはこのような「山」を迂回できることが多いが，それによって軌跡が長くなり，図8.2に示すように過剰な訓練時間を招くことがある．

到達できる場合（通常，この後者のシナリオは，ニュートン法のように臨界点を明示的に解く方法でのみ起こる），局所的な情報ではまったく方向性が得られないことがある．その場合，局所的な勾配降下では解への経路がまったく定義されない．他の場合では，局所的な動きは貪欲になりすぎて，図8.4に示すように，降下する経路に沿って移動するが何の解にも到達しない，あるいは図8.2に示すように，解まで不必要に長い軌跡に沿った移動になる可能性がある．現時点では，これらの問題のどれがニューラルネットワークの最適化の困難さに最も関係しているかがわかっておらず，活発に研究されている領域である．

これらの問題のどれが最も重要であるかにかかわらず，局所的降下がたどれる経路に対して解に適切に直接接続された空間領域が存在し，その良好に動作する領域内で学習の初期化ができるなら，これらの問題はすべて回避できる可能性がある．この最後の観点から，従来の最適化アルゴリズムにおける良好な開始点の選択に関する研究が進められている．

8.2.8　最適化の理論的限界

いくつかの理論的研究結果で，ニューラルネットワークのために設計したいかなる最適化アルゴリズムにおいても，その性能に限界があることが示されている (Blum and Rivest, 1992; Judd, 1989; Wolpert and MacReady, 1997)．この結果は，通常ニューラルネットワークを実際に使用する場合にはほとんど関係ない．

理論的研究結果のいくつかは，ニューラルネットワークのユニットが離散値を出力する場合にのみ当てはまる．ほとんどのニューラルネットワークのユニットは，局所探索による最適化が可能となる滑らかに増加する値を出力する．理論的研究結果の中には，扱いにくい問題のクラスが存在するものの，どの問題がそのクラスに該当するのかを判断するのは難しい場合があると示すものがある．あるいは，あるサイズのネットワークの解を見つけることは難しいものの，実際には，より多くのパラメータ設定が許容できる解に対応する，もっと大きなネットワークを使用することで，簡単に解を見つけられることを示す研究成果もある．さらには，ニューラルネットワークの学習の場合，通常，関数の正確な最小値を求めたいわけではなく，その値を十分に小さくして良好な汎化誤差を得るためだけに探索を実行する．最適化アルゴリズムがこの目標を達成できるかどうかについて，その理論的な分析は極めて困難である．したがって，最適化アルゴリズムの性能にもっと現実的な限界を設定することは，機械学習の研究において現在も重要な目標である．

8.3　基本的なアルゴリズム

すでに，訓練集合全体における勾配を下る勾配降下 (4.3節) アルゴリズムを紹介した．5.9節や8.1.3節で説明したように，これは任意に選択されたミニバッチの勾配を下る確率的勾配降下法を用いることで，かなり加速される可能性がある．

8.3.1　確率的勾配降下法

確率的勾配降下法（SGD）とその派生形は，おそらく機械学習全般そして特に深層学習において最もよく用いられる最適化アルゴリズムである．8.1.3節で説明したように，i.i.d を仮定してデータ生成分布から抽出された m 個の事例についてミニバッチの勾配の平均を取ることで，勾配の不偏推定が得られる．

アルゴリズム8.1は，この勾配の坂の推定のたどり方を示している．

Algorithm 8.1 k 回目の訓練の反復における確率的勾配降下法（SGD）の更新

Require: 学習率 ϵ_k

Require: 初期パラメータ $\boldsymbol{\theta}$

while 終了条件を満たさない **do**

　訓練集合 $\{\boldsymbol{x}^{(1)}, \ldots, \boldsymbol{x}^{(m)}\}$ と対応する目標 $\boldsymbol{y}^{(i)}$ から m 個の事例のミニバッチをサンプリング

　勾配の推定値を計算： $\hat{\boldsymbol{g}} \leftarrow +\frac{1}{m}\nabla_{\boldsymbol{\theta}} \sum_i L(f(\boldsymbol{x}^{(i)};\boldsymbol{\theta}), \boldsymbol{y}^{(i)})$

　更新を適用： $\boldsymbol{\theta} \leftarrow \boldsymbol{\theta} - \epsilon_k \hat{\boldsymbol{g}}$

end while

SGD アルゴリズムにおいて重要なパラメータは学習率である．以前，固定の学習率 ϵ を用いた SGD を説明した．実際には，時間とともに学習率を徐々に減少させる必要があるので，ここでは k 回目の反復時点の学習率を ϵ_k とする．

これは，SGD 勾配推定量が最小値に到達しても消失しないノイズの発生源（m 個の訓練事例からの無作為なサンプリング）となっているからである．それに対して，バッチ勾配降下を用いる場合，全コスト関数の真の勾配は最小値に近づくと小さくなり，到達すると $\mathbf{0}$ になるため，バッチ勾配降下法では固定の学習率を用いることができる．SGD の収束を保証する十分条件は以下になる．

$$\sum_{k=1}^{\infty} \epsilon_k = \infty, \quad \text{and} \tag{8.12}$$

$$\sum_{k=1}^{\infty} \epsilon_k^2 < \infty. \tag{8.13}$$

実用上は $\alpha = \frac{k}{\tau}$ として，τ 回までの反復で線形に学習率を減衰させるのが一般的である．

$$\epsilon_k = (1-\alpha)\epsilon_0 + \alpha\epsilon_\tau. \tag{8.14}$$

τ 回の反復以降は，ϵ を定数にしておくのが一般的である．

学習率は試行錯誤で選択してもいいが，通常最もよいのは，目的関数を時間の関数としてプロットした学習曲線を確認して選択する方法である．これは科学というよりも芸術であり，この話題に関するほとんどの指針はある程度疑いを持って聞いた方がいい．線形のスケジュールを用いる場合，選択すべきパラメータは ϵ_0，ϵ_τ と τ である．通常，τ には訓練集合を数百回の試行を行うために必要な反復回数が設定される．通常 ϵ_τ は，だいたい ϵ_0 の値の 1% に設定される．主な問題は，どのように ϵ_0 を設定するかである．これが大きすぎると学習曲線は激しい振動を示し，コスト関数が大きく増加することが多い．穏やかな振動は，特にドロップアウトを使用することで生じるコスト関数のような確率的コスト関数で訓練する場合には問題ない．学習率が小さすぎると，学習はゆっくり進むことになるが，初期の学習率が小さすぎる場合は，学習が高いコスト値にとどまってしまう場合がある．一般的に，総学習時間と最終的なコスト値に関する最適な初期学習率は，最初の 100 回程度の反復後に最高の性能をもたらす学習率よりも高くなる．したがって，最初の数回の反復を監視し，その時点で最もよい性能を出す学習率よりも高いが，一方で深刻な不安定性を生じさせるほどは高くない学習率を用いるのが最善である．

SGD とそれに関連するミニバッチやオンラインの勾配に基づく最適化で最も重要な性質は，更新ごとの計算時間が訓練事例の増加に応じて増大しないことである．そのため，学習事例が非常に大きくなったときでも収束する．十分に大きいデータ集合については，全訓練集合を処理する前に，最終的なテスト集合誤差の固定された許容範囲に収束する可能性がある．

最適化アルゴリズムの収束率を調べるために，**超過誤差**（excess error）$J(\boldsymbol{\theta}) - \min_{\boldsymbol{\theta}} J(\boldsymbol{\theta})$ を測定することが一般的である．これは現在のコスト関数が取りうる最小のコストをどれだけ超えているかを示す量である．SGD が凸問題に適用されるとき，超過誤差は k 回の反復後で $O(\frac{1}{\sqrt{k}})$ となり，強い凸の場合は $O(\frac{1}{k})$ となる．この境界は追加の条件が仮定されない限り改善されない．理論的に，バッチ勾配降下法は確率的勾配降下法よりも収束率がよい．しかしながら，クラメール・ラオ限界 (Cramér, 1946; Rao, 1945) によれば，汎化誤差は $O(\frac{1}{k})$ よりも速く減少することはない．Bottou and Bousquet (2008) では，したがって機械学習のタスクの場合，$O(\frac{1}{k})$ よりも高速に収束する最適化アルゴリズムを追求する意味がないかもしれないと主張している．なぜなら，高速な収束は過剰適合に対応している可能性があるためである．さらに漸近分析によって，少ないステップ数の後に確率的勾配降下法が持つ利点が曖昧になる．大きなデータ集合では，少数の事例で勾配を評価する一方で，初期に学習が高速に進む SGD の性質は，その遅い漸近的な収束を考慮しても価値がある．本章の残りの部分で説明するアルゴリズムの大半は，実用上意味のある利点を実現するが，$O(\frac{1}{k})$ 漸近分析によって曖昧になった定数係数は失われる．また，学習の過程で徐々にミニバッチのサイズを大きくすることで，バッチ勾配降下法と確率的勾配降下法の両方の利点のトレードオフが可能である．

SGD について，さらに詳しい情報はBottou (1998) を参照されたい．

8.3.2　モメンタム

確率的勾配降下法はよく使われる最適化戦略であるが，学習が遅くなる場合がある．モメンタム法 (Polyak, 1964) は，学習を高速化するために設計されていて，特に曲率が高い場合，小さく一定の勾配の場合，またはノイズが含まれる勾配に直面した場合に用いられる．モメンタムアルゴリズムは，指数

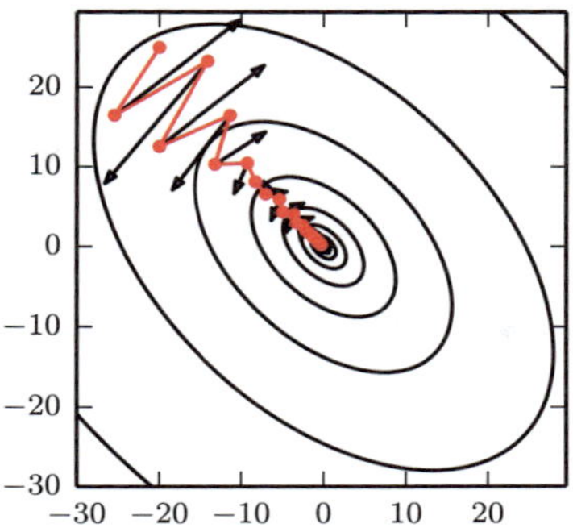

図 **8.5:** モメンタム法は，主に 2 つの問題を解決することを目的としている．1 つはヘッセ行列の悪条件で，もう 1 つは確率的勾配降下法の分散である．ここでは，モメンタム法によって 1 つ目の問題がどのように解決されるかを図示する．楕円の線は，悪条件のヘッセ行列の二次損失関数を表している．楕円を横切る経路は，モメンタム法の学習則に従ってこの関数が最小化されるときに，それがたどる経路を示す．途中の各ステップにおいて，その点で勾配降下法が取るステップを示す矢印を描いている．悪条件の二次目的関数は，両側が急峻な細長い谷または渓谷のように見えることがわかる．モメンタム法では渓谷を縦方向に正しく横切る一方で，勾配のステップは，渓谷の狭い軸を行き来して時間を浪費している．モメンタムを使わない勾配降下法の挙動を示す図4.6とも比較されたい．

関数的に減衰する過去の勾配の移動平均を蓄積し，継続的にその勾配の方向に進むようにする．モメンタム法の効果を図8.5に図示する．

形式としては，モメンタムアルゴリズムでは速度の役割を果たす変数 $\boldsymbol{v}$ を導入する．これはパラメータ空間をパラメータが移動する方向と速さである．速度は指数関数的に減衰する負の勾配の平均に設定される．**モメンタム**（momentum）という名称は物理学の事象に由来するもので，パラメータ空間で負の勾配が粒子をニュートンの運動法則に従って動かす力のことである．物理学におけるモメンタムは，質量と速度の積である．モメンタム学習アルゴリズムでは，単位質量を仮定するので，速度ベクトル $\boldsymbol{v}$ は粒子のモメンタムとも考えられる．ハイパーパラメータ $\alpha \in [0, 1)$ は，これまでの勾配の寄与が指数関数的に減衰する速度を決定する．更新の規則は次式で与えられる．

$$\boldsymbol{v} \leftarrow \alpha \boldsymbol{v} - \epsilon \nabla_{\boldsymbol{\theta}} \left(\frac{1}{m} \sum_{i=1}^{m} L(\boldsymbol{f}(\boldsymbol{x}^{(i)}; \boldsymbol{\theta}), \boldsymbol{y}^{(i)}) \right) \tag{8.15}$$

$$\boldsymbol{\theta} \leftarrow \boldsymbol{\theta} + \boldsymbol{v}. \tag{8.16}$$

速度 $\boldsymbol{v}$ は勾配要素 $\nabla_{\boldsymbol{\theta}} \left(\frac{1}{m} \sum_{i=1}^{m} L(\boldsymbol{f}(\boldsymbol{x}^{(i)}; \boldsymbol{\theta}), \boldsymbol{y}^{(i)}) \right)$ を蓄積する．α が ϵ に対して大きいほど，これまでの勾配が現在の方向に与える影響が大きくなる．モメンタムを用いる SGD アルゴリズムについてはアルゴリズム8.2で説明する．

以前は，ステップ幅は単に勾配のノルムと学習率の積であったが，モメンタムにより今では，ステップ幅は勾配の**系列**の大きさと方向に依存する．ステップ幅は，多くの連続する勾配がまったく同じ方向を向いているときに最大となる．モメンタムアルゴリズムが勾配 $\boldsymbol{g}$ をつねに観測するならば，アルゴリズムは終端速度に到達するまで $-\boldsymbol{g}$ の方向に加速し，そのときのそれぞれのステップ幅は

$$\frac{\epsilon ||\boldsymbol{g}||}{1 - \alpha} \tag{8.17}$$

で表される．そのため，モメンタムのハイパーパラメータを $\frac{1}{1-\alpha}$ の点から考えることは有用である．

Algorithm 8.2 モメンタムを使った確率的勾配降下法（SGD）

Require: 学習率 ϵ, モメンタムパラメータ α
Require: 初期パラメータ $\boldsymbol{\theta}$, 初期速度 $\boldsymbol{v}$
　while 終了条件を満たさない **do**
　　訓練集合 $\{\boldsymbol{x}^{(1)}, \dots, \boldsymbol{x}^{(m)}\}$ と対応する目標 $\boldsymbol{y}^{(i)}$ から m 個の事例のミニバッチをサンプリングする
　　勾配の推定値を計算する: $\boldsymbol{g} \leftarrow \frac{1}{m}\nabla_{\boldsymbol{\theta}} \sum_i L(f(\boldsymbol{x}^{(i)}; \boldsymbol{\theta}), \boldsymbol{y}^{(i)})$
　　速度の更新を計算する: $\boldsymbol{v} \leftarrow \alpha \boldsymbol{v} - \epsilon \boldsymbol{g}$
　　更新を適用する: $\boldsymbol{\theta} \leftarrow \boldsymbol{\theta} + \boldsymbol{v}$
　end while

たとえば $\alpha = 0.9$ は，勾配降下アルゴリズムと比較して，その最大速度に 10 を掛けることに相当する．

実際に，α として用いられる一般的な値は 0.5, 0.9, 0.99 である．学習率のように，α は時間とともに変化させても構わない．一般的には小さな値で始めて，後から大きくしていく．α を時間とともに変更することは，ϵ を時間とともに縮小するよりも重要度が低い．

モメンタムアルゴリズムは，連続時間のニュートン力学系に従う粒子をシミュレーションしているものとみなすことができる．物理的類似性によって，モメンタムアルゴリズムと勾配降下アルゴリズムがどのように振る舞うかを直感的に理解しやすくなる．

時間軸上の任意の点における粒子の位置は $\boldsymbol{\theta}(t)$ で与えられる．この粒子は合力 $\boldsymbol{f}(t)$ を受ける．この力によって粒子が加速する．

$$\boldsymbol{f}(t) = \frac{\partial^2}{\partial t^2}\boldsymbol{\theta}(t). \tag{8.18}$$

この式を位置の二次微分方程式と見るよりも，時間 t における粒子の速度を表す変数 $\boldsymbol{v}(t)$ を導入して，ニュートン力学系を一次微分方程式で書き直すことができる．

$$\boldsymbol{v}(t) = \frac{\partial}{\partial t}\boldsymbol{\theta}(t) \tag{8.19}$$

$$\boldsymbol{f}(t) = \frac{\partial}{\partial t}\boldsymbol{v}(t). \tag{8.20}$$

そうすると，モメンタムアルゴリズムは，数値シミュレーションを使って微分方程式を解くことで構成される．微分方程式を解く単純な数値手法にオイラー法があり，これは単に各勾配の方向に小さな有限のステップで進むことによって，方程式によって定義される力学をシミュレーションすることで構成される．

これはモメンタムの更新の基本的な形式を示しているが，モメンタムにおける力とは具体的に何だろうか．モメンタムにおける力の 1 つはコスト関数の負の勾配 $-\nabla_{\boldsymbol{\theta}} J(\boldsymbol{\theta})$ に比例する．この力は粒子をコスト関数の表面上に沿って下り方向に押す．勾配降下アルゴリズムは単純に各勾配に基づいて 1 ステップ進めるが，モメンタムアルゴリズムで使われるニュートン法のシナリオは代わりに，この力を使って粒子の速度を変更する．この粒子は，氷の表面を滑り落ちるアイスホッケーのパックと考えることができる．表面の急峻な部分を下るたびに速度が集中し，再び上り坂に行くまでその方向に滑り続ける．

モメンタムではもう 1 つ力が必要になる．唯一の力がコスト関数の勾配である場合，粒子は決して停止しない可能性がある．氷の表面に摩擦がまったくないと仮定して，アイスホッケーのパックが谷の片側を滑り落ち，一直線に反対側を上って，永遠に振動し続けることを想像されたい．この問題を解決するため，$-\boldsymbol{v}(t)$ に比例するもう 1 つの力を導入する．物理学用語では，この力は粘性抵抗に相当し，粒

子がシロップのような抵抗のある媒体上を押し進むような状態である．この力によって粒子は時間とともに徐々にエネルギーを失い，最終的には極小点に収束する．

特に $-\boldsymbol{v}(t)$ と粘性抵抗を用いる理由は何だろうか．$-\boldsymbol{v}(t)$ を用いる理由の 1 つは数学的な利便性である．速度の整数乗は扱いやすい．しかしながら，他の物理系では速度の整数乗に基づく別種の抵抗が存在する．たとえば，空気中を移動する粒子には，速度の二乗に比例する乱流抵抗の力が作用し，地面に沿って移動する粒子には一定の大きさの力で乾性摩擦が作用する．これらの可能性をそれぞれ排除することができる．速度の二乗に比例する乱流抵抗は，速度が小さいときに非常に弱くなる．すると，粒子を停止させるほど強い力ではなくなる．乱流抵抗の力だけが作用する，初期速度がゼロでない粒子は，初期の位置から永遠に離れていき，開始点からの距離は $O(\log t)$ で増加する．したがって，速度のべき指数を小さくしなければならない．乾性摩擦を表す 0 乗を用いると，力が強くなりすぎる．コスト関数の勾配による力が小さいがゼロではないとき，摩擦による一定の力によって，粒子は極小値に到達する前に停止してしまう可能性がある．粘性抵抗であればこの問題はどちらも回避できる．粘性抵抗の力は十分に弱いので，勾配は極小値に到達するまで動き続けることができるが，勾配が移動を支持しない場合には動きを止めてしまう程度の強さである．

8.3.3　ネステロフのモメンタム

Sutskever *et al.* (2013) では，ネステロフの加速勾配法に着想を得た，モメンタムアルゴリズムの派生形が提案された (Nesterov, 1983, 2004)．この場合の更新則は以下で与えられる．

$$\boldsymbol{v} \leftarrow \alpha \boldsymbol{v} - \epsilon \nabla_{\boldsymbol{\theta}} \left[\frac{1}{m} \sum_{i=1}^{m} L\left(\boldsymbol{f}(\boldsymbol{x}^{(i)}; \boldsymbol{\theta} + \alpha \boldsymbol{v}), \boldsymbol{y}^{(i)} \right) \right] \tag{8.21}$$

$$\boldsymbol{\theta} \leftarrow \boldsymbol{\theta} + \boldsymbol{v}. \tag{8.22}$$

ただし，パラメータ α と ϵ は標準的なモメンタム法と似た役割を果たす．ネステロフのモメンタムと通常のモメンタムの違いは，どこで勾配が評価されるかである．ネステロフのモメンタムでは現在の速度が適用された後で勾配が評価される．したがって，ネステロフのモメンタムは標準的なモメンタムに**修正要因**を追加しようとしていると解釈できる．完全なネステロフのモメンタムアルゴリズムを，アルゴリズム8.3に示す．

凸バッチ勾配の場合，ネステロフのモメンタムは，Nesterov (1983) で示されたように，超過誤差の収束率を $O(1/k)$（k ステップの後）から $O(1/k^2)$ に動かす．残念ながら，確率的勾配降下法の場合には，ネステロフのモメンタムでは収束率は改善されない．

8.4　パラメータの初期化戦略

最適化アルゴリズムの中には反復的ではなく，単純に解を求めるだけのものもある．また，本質的には反復的だが，正しいクラスの最適化問題に適用された場合，初期設定によらず許容可能な時間内で許容可能な解に収束する最適化アルゴリズムもある．通常，深層学習の学習アルゴリズムは，このいずれの利点も持たない．通常，深層学習モデルの学習アルゴリズムは反復的であるため，反復を開始する初期点をユーザーが指定する必要がある．さらに，深層モデルの学習は非常に難しいタスクであり，ほとんどのアルゴリズムは初期設定の選択に大きく影響を受ける．初期点次第でアルゴリズムが収束するかどうかが決まりうる．初期点の中には，非常に不安定なためアルゴリズムに困難な計算が生じ，完全に

Algorithm 8.3 ネステロフのモメンタムを使った確率的勾配降下法（SGD）

Require: 学習率 ϵ, モメンタムパラメータ α
Require: 初期パラメータ $\boldsymbol{\theta}$, 初期速度 $\boldsymbol{v}$
  while 終了条件を満たさない **do**
    訓練集合 $\{\boldsymbol{x}^{(1)}, \ldots, \boldsymbol{x}^{(m)}\}$ と対応する目標 $\boldsymbol{y}^{(i)}$ から m 個の事例のミニバッチをサンプリングする
    暫定的な更新を適用: $\tilde{\boldsymbol{\theta}} \leftarrow \boldsymbol{\theta} + \alpha \boldsymbol{v}$
    （暫定点での）勾配を計算する: $\boldsymbol{g} \leftarrow \frac{1}{m} \nabla_{\tilde{\boldsymbol{\theta}}} \sum_i L(f(\boldsymbol{x}^{(i)}; \tilde{\boldsymbol{\theta}}), \boldsymbol{y}^{(i)})$
    速度の更新を計算する: $\boldsymbol{v} \leftarrow \alpha \boldsymbol{v} - \epsilon \boldsymbol{g}$
    更新を適用する: $\boldsymbol{\theta} \leftarrow \boldsymbol{\theta} + \boldsymbol{v}$
  end while

失敗にしてしまうものがある．学習が確かに収束する場合は，初期点によって，学習の収束までの速さと収束点のコストの大小が決まる．また，同等のコストを持つ点では，汎化誤差が大きく変動する可能性があり，初期点が汎化に影響を与える場合もある．

現代の初期化戦略は，単純で試行錯誤に基づくものである．ニューラルネットワークの最適化はまだ十分に理解が進んでいないため，初期化戦略の改善を設計することは難しいタスクである．初期化戦略の多くは，ネットワークが初期化されたときに良好な性質を達成することに基づいている．しかしながら，学習が進み始めた後で，どの性質がどのような状況で保存されるかに関してよく理解されていない．さらに難しいのは，初期点のいくつかは最適化の観点からは有用でも，汎化の観点からは有害かもしれないという点である．初期点が汎化に与える影響については，特に解明されておらず，開始点の選択方法についての指標はほとんどない．

確実にわかっている唯一の性質は，おそらく初期パラメータが異なるユニット間での「対称性を破る」必要があるということである．同じ活性化関数を持つ 2 つの隠れユニットが同じ入力に接続されている場合，これらのユニットは異なる初期パラメータを持たなければならない．それらが同じ初期パラメータを持つ場合，決定論的なコストとモデルに適用される決定論的な学習アルゴリズムによって，この両方のユニットはつねに同じ方法で更新される．モデルや学習アルゴリズムが（たとえば，ドロップアウトを使って学習する場合のように）確率的な手法を使ってユニットごとに異なる更新をさせることができるとしても，通常は，ユニットごとに他のどのユニットとも異なる関数を計算するように初期化するのが最善である．これは，順伝播の零空間で入力パターンがまったく失われず，また逆伝播の零空間では勾配パターンが失われないようにする手助けをするだろう．ユニットごとに異なる関数を計算させるという目標は，パラメータの無作為な初期化を動機付けている．相互にすべて異なる役割を持つ基底関数の大きな集合を明示的に探索することもできるが，これはしばしば無視できない計算コストを生じさせる．たとえば，最大で入力と同数の出力を持つ場合なら，グラム・シュミットの直交化法を初期の重み行列に適用し，各ユニットが互いに大きく異なる関数を計算することを保証することができる．高次元空間における高エントロピー分布からの無作為な初期化は，計算コストが安価で，また互いに同じ関数の計算をするユニットを割り当てる可能性は低い．

一般的には，経験則により選択された定数を各ユニットのバイアスとして設定し，重みだけをランダムに初期化する．たとえば，予測の条件付き分散を符号化するような追加のパラメータは，通常バイアスの場合と同様に経験則により選択された定数に設定される．

ほとんどつねに，モデル内の重みすべてを，ガウス分布または一様分布からランダムに抽出された値

に初期化する．ガウス分布か一様分布かの選択は大きな違いがないようであるが，これはまだ十分には研究されていない．しかしながら，初期分布の大きさは，最適化手順の結果とネットワークの汎化性能の両方に大きな影響を与える．

初期の重みが大きいほど，対称性の破れの効果は大きくなり，冗長なユニットを回避するのに役立つ．また同時に，各層の線形成分を通過する順伝播または逆伝播において信号が失われるのを防ぐことにも役立つ．つまり，行列の値が大きいほど行列積の出力は大きな値となる．しかし，初期の重みが大きすぎると，順伝播または逆伝播中に値が爆発するかもしれない．回帰型ネットワークでは，大きな重みによって**カオス**（chaos）（入力の小さな摂動に対して極端に敏感なため，決定論的な順伝播処理の挙動がランダムに見える状態）に陥る可能性もある．勾配爆発問題は，勾配クリッピング（勾配降下法のステップを実行する前に，勾配の値を閾値で制限する）によってある程度緩和される．大きな重みは，活性化関数を飽和させる極端な値になってしまう可能性があり，それによって飽和したユニットでの完全な勾配消失が生じる．これらの競合する要素から，初期の重みの理想的な大きさが決まる．

正則化と最適化の観点から，ネットワークをどのように初期化するべきかについて，非常に異なる洞察が得られる．最適化の観点からは，情報をうまく伝播させるために重みを大きくすることが推奨されるが，正則化の懸念からは，重みを小さくすることが推奨される．重みに小さな変化を徐々に生じさせ，（小さな勾配の領域にとどまるためか，または過剰適合に基づく早期終了の基準が発動するため）初期パラメータにより近い領域で停止する傾向がある確率的勾配降下法のような最適化アルゴリズムの使用は，最終のパラメータが初期のパラメータに近くなるべきであるという前提を表している．7.8節で説明したように，早期終了を用いる勾配降下法が重み減衰と等価になるモデルがあることを思い出そう．一般的には，早期終了を用いる勾配降下法は重み減衰と同じではないが，初期化の影響を考える際には大まかに類似している．パラメータ $\boldsymbol{\theta}$ を $\boldsymbol{\theta}_0$ に初期化することは，ガウス分布の事前確率 $p(\boldsymbol{\theta})$ の平均を $\boldsymbol{\theta}_0$ とすることと似ている．この観点から，$\boldsymbol{\theta}_0$ を 0 に近づけることは意味がある．この事前確率から，ユニット間の相互作用の有無に関しては，相互作用がない可能性の方が高いことがわかる．ユニット間の相互作用は，目的関数の尤度項が相互作用に対して強い優先度を示したときにのみ生じる．一方で，$\boldsymbol{\theta}_0$ を大きな値で初期化すると，どのユニット間で相互作用すべきか，あるいはどのように相互作用するべきかが事前確率によって示される．

初期の重みの大きさを決定するにはいくつかの経験則が利用できる．その 1 つは，m 個の入力と n 個の出力がある全結合層の重みを初期化する場合に，それぞれの重みを $U(-\frac{1}{\sqrt{m}}, \frac{1}{\sqrt{m}})$ からサンプリングする方法である．一方で，Glorot and Bengio (2010) では**正規化された初期化**（normalized initialization）の利用が提案されている．

$$W_{i,j} \sim U\left(-\sqrt{\frac{6}{m+n}}, \sqrt{\frac{6}{m+n}}\right). \tag{8.23}$$

後者の経験則は，すべての層で同一の活性化分散を持つように初期化することと，すべての層で同一の勾配分散を持つように初期化することの 2 つの目標の間で妥協するように設計されている．この式は，ネットワークが行列の積の連鎖のみから構成され，非線形性を持たないという仮定から導かれる．現実のニューラルネットワークではこの仮定が成り立たないのは明らかだが，線形モデルのために設計された戦略の多くは，対応する非線形なモデルに対してもまずまずの性能を発揮する．

Saxe *et al.* (2013) では，各層に適用される非線形性を考慮して慎重に選択されたスケーリング係数または**利得**（gain）係数 g を用いて，ランダムに直交行列を初期化することが提案されている．それによって，非線形活性化関数の種類に応じたスケーリング係数の値が導出される．この初期化手法は，非線形性を持たない行列の積の系列としての，深いネットワークのモデルにも利用される．このようなモデルでは，この初期化スキームによって，収束に必要となる学習の総反復回数が深さに依存しないことが保証される．

スケーリング係数 g を増加させることで，ネットワークの中を順伝播すると活性化関数のノルムが増加し，逆伝播すると勾配のノルムが増加する領域へ，ネットワークが押し進められることになる．Sussillo (2014) では，直交の初期化をしなくても，利得係数を正しく設定すれば，1,000 層までの深さのネットワークを学習するには十分であることが示された．このアプローチの重要な洞察は，順伝播ネットワークにおいて，活性化関数と勾配は順伝播または逆伝播のステップごとに増加または縮小し，ランダムウォークの挙動を示すということである．これは順伝播ネットワークが各層で異なる重み行列を用いているからである．このランダムウォークがノルムを維持するように調整されると，順伝播ネットワークは，8.2.5節で説明した各ステップで同じ重み行列を用いるときに生じる勾配消失問題や勾配爆発問題をほぼ回避できるようになる．

残念ながら，このような初期の重みについての最適な基準が最適な性能にはつながらないことが多い．これには 3 つの理由が考えられる．1 つ目は，間違った基準を使用している可能性があることである．ある信号のノルムをネットワーク全体で保持することは，実際には有益ではないかもしれない．2 つ目は，初期化のときに導入された性質は，学習が進み始めた後では残っていないかもしれない．3 つ目は，この基準によって最適化は速くなるかもしれないが，意図せずに汎化誤差を増大させる可能性がある．実際には通常，重みの取りうる範囲について，その最適値が理論的な予測と厳密に一致はしないが，その近傍に存在するハイパーパラメータとして扱う必要がある．

初期の重みすべてが，たとえば $\frac{1}{\sqrt{m}}$ といった同じ標準偏差を持つように設定するスケーリング規則の欠点の 1 つは，層が大きくなると個々の重みが非常に小さくなってしまうことである．Martens (2010) では，各ユニットが厳密に k 個のゼロでない重みを持つように初期化される，**スパース初期化**（**sparse initialization**）と呼ばれる初期化手法の代替案が提案された．個々の重み要素の大きさを m で縮小させずに，ユニットへの入力の合計を入力の数 m とは独立に保つということが狙いである．スパース初期化によって，初期化時のユニットの多様性がさらに向上する．しかし，それによってガウス分布の大きな値を持つように選ばれた重みに対し，非常に強い事前確率を適用することにもなる．勾配降下法が「誤った」大きな値を縮小させるのには長い時間がかかるので，この初期化手法は，マックスアウトユニットのような，相互に注意深い連係が必要な複数のフィルタを持つユニットでは問題となる場合がある．

計算資源が十分にあれば，各層の重みの初期の大きさをハイパーパラメータとして扱い，またその大きさを，ランダムサーチのような11.4.2節で説明するハイパーパラメータ探索アルゴリズムを使って選択するのはよいアイデアである．密な初期化と疎な初期化のどちらを使うかの選択も，ハイパーパラメータにすることができる．あるいは，最良の初期の大きさを手動で探すこともできる．初期の大きさを選択する場合のよい経験則は，データの単一ミニバッチに対する活性の範囲や標準偏差，勾配を観察することである．重みが小さすぎると，活性がネットワーク上を順伝播するにつれて，ミニバッチ全体で活性の範囲が縮小する．許容できないほどの小さな活性で第一層を識別し，その重みを増加することを繰り返すと，最終的に適切な初期の活性を持つネットワークを得ることが可能となる．この時点で学習がまだ遅すぎるようであれば，活性だけではなく，勾配の範囲と標準偏差を観察するといいかもしれない．この手順は基本的に自動化が可能で，また一般的に検証事例集合の誤差に基づくハイパーパラメータの最適化よりも計算量が少なくなる．なぜなら，この手順は，検証事例集合で学習したモデルからのフィードバックではなく，単一のバッチデータにおける初期のモデルの挙動からのフィードバックに基づいているからである．この手順は長く経験則として用いられてきたが，近年，Mishkin and Matas (2015) で具体的な形式化と検証が行われた．

ここまでは，重みの初期化に焦点を当ててきた．幸いなことに，通常は他のパラメータの初期化はもっと簡単である．

バイアスの設定に関するアプローチは，重みの設定に関するアプローチと連係させる必要がある．バイアスをゼロに設定することは，多くの重みの初期化スキームと互換性がある．以下のように，バイアスをゼロでない値に設定する場合もある．

- バイアスを出力ユニットで使うのであれば，出力に関する正しい周辺統計量を出力するようにバイアスを初期化すると有益な場合が多い．これを実現するために，初期の重みが十分に小さく，ユニットの出力がバイアスだけで決まると仮定する．これによって，訓練事例集合における出力の周辺統計量に適用される活性化関数の逆変換にバイアスを設定することが正当化される．たとえば，出力がクラスに対する分布であり，さらにその分布が，あるベクトル $\boldsymbol{c}$ の要素 c_i で与えられるクラス i の周辺確率を持つ非常に歪んだ分布であるなら，式 $\mathrm{softmax}(\boldsymbol{b}) = \boldsymbol{c}$ を解くことでバイアスベクトル $\boldsymbol{b}$ を設定できる．これは分類器だけではなく，自己符号化器やボルツマンマシンのようなIII部で説明するモデルにも適用できる．このモデルは，出力が入力データ $\boldsymbol{x}$ に類似する層を持ち，この層のバイアスを $\boldsymbol{x}$ に関する周辺分布に一致させるように初期化する場合に非常に役立つ．
- 初期化において，過度の飽和を防ぐようにバイアスを選択したい場合がある．たとえば，ReLUの隠れ層のバイアスを 0 ではなく 0.1 に設定して，ReLU が初期化時に飽和するのを防ぐことができる．しかし，このアプローチはバイアスからの強い入力を想定しない重みの初期化手法では利用できない．たとえば，ランダムウォーク初期化と一緒に利用することは推奨されない (Sussillo, 2014)．
- あるユニットが他のユニットを関数に含めるかどうかを制御する場合がある．そのような場合には，出力が u のユニットと $h \in [0,1]$ の別なユニットがあるとして，それらを掛け合わせて出力 uh を構成する．h は，$uh \approx u$ または $uh \approx 0$ を判断するゲートと見なせる．このような状況では，ほとんどの場合，h のバイアスを初期化の時点で $h \approx 1$ となるように設定する．そうでない場合は，u を学習する機会がない．たとえばJozefowicz *et al.* (2015) では，10.10.1節で説明する LSTM モデルの忘却ゲートのバイアスを 1 に設定することが提案されている．

他に一般的に用いられるパラメータは，分散または精度パラメータである．たとえば，以下のモデルを使って，条件付き分散の推定を持つ線形回帰が可能である．

$$p(y \mid \boldsymbol{x}) = \mathcal{N}(y \mid \boldsymbol{w}^T \boldsymbol{x} + b, 1/\beta). \tag{8.24}$$

ただし β は精度パラメータである．通常，分散または精度パラメータを 1 に設定して問題はない．別のアプローチとしては，初期の重みは 0 に十分近く，重みの影響を無視できる間にバイアスの値が設定されると仮定し，その後出力の正しい周辺平均を生成するようにバイアスを設定し，学習集合における出力の周辺分散に分散パラメータを設定するというものがある．

このような，単純な定数またはランダムな方法でモデルパラメータを初期化する以外にも，モデルパラメータを機械学習によって初期化することも可能である．本書のIII部で説明する一般的な戦略は，教師なしモデルで学習したパラメータで教師ありモデルを初期化することである．このときは，同じ入力を使って学習する．また関連するタスクで教師あり学習を行うこともできる．関連のないタスクで教師あり学習を行うことでも，無作為な初期化より速い収束をもたらす初期化が可能な場合がある．このような初期化戦略の中には，分布に関する情報を符号化してモデルの初期パラメータに取り込むことで，収束を速くして汎化性能を向上させるものがある．また，パラメータが正しいスケールを持つように設定する，あるいはユニットによって互いに異なる関数の計算をするように設定することで，明らかによい性能が発揮されるものもある．

8.5　適応的な学習率を持つアルゴリズム

ニューラルネットワークの研究者は，モデルの性能に大きな影響を与えるという理由で，学習率は設定するのが最も難しいハイパーパラメータの 1 つであると長い間認識してきた．4.3および8.2節で説明したように，コストはパラメータ空間のある方向にはとても敏感であるが，他の方向には鈍感であることが多い．モメンタムアルゴリズムはこの問題をある程度緩和できるが，それには新たなハイパーパラメータの導入が必要になる．このような局面では，他に方法がないかと考えるのは自然である．感度の方向が，ある程度軸に沿っていると考えた場合，パラメータごとに個別の学習率を用いて，学習の過程を通じてこの学習率を自動的に適応させることは理にかなっている．

デルタ・バー・デルタ（delta-bar-delta）アルゴリズム (Jacobs, 1988) は，学習時のモデルパラメータの各学習率の適応に関する初期の発見的なアプローチである．このアプローチは単純な考えに基づいている．与えられたモデルのパラメータに関する損失の偏微分が同じ符号のままであれば，学習率を大きくする．この偏微分で符号が変化する場合は学習率を小さくする．もちろん，このような規則は完全なバッチ最適化にのみ適用できる．

より最近では，モデルパラメータの学習率を適応させる数多くの増分法（あるいはミニバッチに基づく手法）が数多く提案されている．本節では，そのアルゴリズムのいくつかを簡単に説明する．

8.5.1　AdaGrad

アルゴリズム8.4に示す AdaGrad アルゴリズムは，すべてのモデルパラメータの学習率を，過去の学習率の二乗和の平方根に反比例するようにスケーリングすることで個々に適応させる (Duchi *et al.*, 2011)．損失関数の偏微分が最大となるパラメータでは，その大きさに応じて学習率が急速に減少し，一方で偏微分が小さいパラメータでは学習率が比較的緩やかに減少する．全体の効果としては，パラメータ空間内で斜面が緩やかな方向ほど大きな経過がみられる．

凸最適化の場合，AdaGrad アルゴリズムは，望ましい理論的性質を持つ．しかしながら，経験的には，深層ニューラルネットワークモデルの学習において，**学習の最初から**勾配の二乗の累計を計算することは，事実上の学習率の早すぎる過剰な減少を招く可能性がある．AdaGrad が良好な性能を発揮する場合はあるが，あらゆる深層学習モデルでうまくいくというわけではない．

8.5.2　RMSProp

RMSProp アルゴリズム (Hinton, 2012) では AdaGrad を修正し，勾配の累計を指数関数的な重みを付けた移動平均に変更することで，非凸の条件下で AdaGrad の性能を改善している．AdaGrad は凸関数に適用したときに急速に収束するように設計されている．ニューラルネットワークの学習のた

Algorithm 8.4 AdaGrad アルゴリズム

Require: グローバルの学習率 ϵ

Require: 初期パラメータ $\boldsymbol{\theta}$

Require: 小さい定数 δ．数値的安定性のために，おおよそ 10^{-7} とする

勾配の累計を蓄積する変数を初期化する $\boldsymbol{r} = \boldsymbol{0}$

while 終了条件を満たさない **do**

訓練集合 $\{\boldsymbol{x}^{(1)}, \ldots, \boldsymbol{x}^{(m)}\}$ と対応する目標 $\boldsymbol{y}^{(i)}$ から m 個の事例のミニバッチをサンプリングする

勾配を計算する: $\boldsymbol{g} \leftarrow \frac{1}{m}\nabla_{\boldsymbol{\theta}} \sum_i L(f(\boldsymbol{x}^{(i)};\boldsymbol{\theta}), \boldsymbol{y}^{(i)})$

勾配の二乗を蓄積する: $\boldsymbol{r} \leftarrow \boldsymbol{r} + \boldsymbol{g} \odot \boldsymbol{g}$

更新を計算する: $\Delta\boldsymbol{\theta} \leftarrow -\frac{\epsilon}{\delta+\sqrt{\boldsymbol{r}}} \odot \boldsymbol{g}$ (除算と平方根を要素ごとに適用)

更新を適用する: $\boldsymbol{\theta} \leftarrow \boldsymbol{\theta} + \Delta\boldsymbol{\theta}$

end while

めに非凸関数に適用した場合，学習の軌跡は数多くの異なる構造を通過し，最終的には局所的に凸のボウル状になった領域に到達する可能性がある．AdaGrad は過去のすべての勾配の二乗に基づいて学習率を縮小させ，上記のような凸構造に到達する前に学習率が小さくなりすぎてしまう可能性がある．RMSProp は指数関数的に減衰する平均を使って極めて遠い過去の履歴を取り除き，凸のボウル状の領域を発見すると，ボウルの中で初期化された AdaGrad アルゴリズムのインスタンスであるかのように高速に収束する．

RMSProp の標準形をアルゴリズム8.5に示し，ネステロフのモメンタムと組み合わせたアルゴリズムをアルゴリズム8.6に示す．AdaGrad と比較すると，移動平均を使うために新たなハイパーパラメータ rho が導入されており，これを使って移動平均の長さを制御する．

経験的に RMSprop は，効果的かつ実用的な深層ニューラルネットワークの最適化アルゴリズムであることが示されている．現在，これは深層ニューラルネットワークの専門家が日常的に採用している，頼りになる最適化手法の 1 つである．

Algorithm 8.5 RMSProp アルゴリズム

Require: グローバルの学習率 ϵ, 減衰率 ρ

Require: 初期パラメータ $\boldsymbol{\theta}$

Require: 小さい定数 δ, 通常は 10^{-6}, 小さな値での除算を安定させるために使われる

勾配の累計を蓄積する変数を初期化する $\boldsymbol{r} = 0$

while 終了条件を満たさない **do**

訓練集合 $\{\boldsymbol{x}^{(1)}, \ldots, \boldsymbol{x}^{(m)}\}$ と対応する目標 $\boldsymbol{y}^{(i)}$ から m 個の事例のミニバッチをサンプリングする

勾配を計算する: $\boldsymbol{g} \leftarrow \frac{1}{m}\nabla_{\boldsymbol{\theta}} \sum_i L(f(\boldsymbol{x}^{(i)};\boldsymbol{\theta}), \boldsymbol{y}^{(i)})$

勾配の二乗を蓄積する: $\boldsymbol{r} \leftarrow \rho\boldsymbol{r} + (1-\rho)\boldsymbol{g} \odot \boldsymbol{g}$

パラメータの更新を計算する: $\Delta\boldsymbol{\theta} = -\frac{\epsilon}{\sqrt{\delta+\boldsymbol{r}}} \odot \boldsymbol{g}$ ($\frac{1}{\sqrt{\delta+\boldsymbol{r}}}$ を要素ごとに適用)

更新を適用する: $\boldsymbol{\theta} \leftarrow \boldsymbol{\theta} + \Delta\boldsymbol{\theta}$

end while

Algorithm 8.6 ネステロフモメンタムを使ったRMSPropアルゴリズム

Require: グローバルの学習率 ϵ, 減衰率 ρ, モメンタム係数 α
Require: 初期パラメータ $\boldsymbol{\theta}$, 初期速度 $\boldsymbol{v}$
勾配の累計を蓄積する変数を初期化する $\boldsymbol{r} = \boldsymbol{0}$
while 終了条件を満たさない **do**
訓練集合 $\{\boldsymbol{x}^{(1)}, \ldots, \boldsymbol{x}^{(m)}\}$ と対応する目標 $\boldsymbol{y}^{(i)}$ から m 個の事例のミニバッチをサンプリングする
暫定の更新を計算する: $\tilde{\boldsymbol{\theta}} \leftarrow \boldsymbol{\theta} + \alpha \boldsymbol{v}$
勾配を計算する: $\boldsymbol{g} \leftarrow \frac{1}{m} \nabla_{\tilde{\boldsymbol{\theta}}} \sum_i L(f(\boldsymbol{x}^{(i)}; \tilde{\boldsymbol{\theta}}), \boldsymbol{y}^{(i)})$
勾配を蓄積する: $\boldsymbol{r} \leftarrow \rho \boldsymbol{r} + (1-\rho) \boldsymbol{g} \odot \boldsymbol{g}$
速度の更新を計算する: $\boldsymbol{v} \leftarrow \alpha \boldsymbol{v} - \frac{\epsilon}{\sqrt{\boldsymbol{r}}} \odot \boldsymbol{g}$ （$\frac{1}{\sqrt{\boldsymbol{r}}}$ を要素ごとに適用)
更新を適用する: $\boldsymbol{\theta} \leftarrow \boldsymbol{\theta} + \boldsymbol{v}$
end while

8.5.3 Adam

Adam(Kingma and Ba, 2014) はさらに別の適応的学習率最適化アルゴリズムであり，アルゴリズム8.7に示す.「Adam」という名前は,「適応モーメント（adaptive moments)」という用語に由来する．これまでのアルゴリズムの中で言えば，おそらくこれはRMSpropとモメンタムの組み合わせと見るのが最も適しているが，重要な違いがいくつか存在する．1つ目は，Adamでは，モメンタムは勾配の（指数関数的な重み付けのある）一次モーメントの推定として直接導入される点である．モメンタムをRMSpropに追加する最も単純な方法は，再スケーリングされた勾配にモメンタムを適用することである．再スケーリングにモメンタムを組み合わせることについて，理論的に明確な動機があるわけではない．2つ目は，Adamには一次モーメント（モメンタム項）と（中心化されていない）二次モーメント両方の推定へのバイアス補正が含まれていて，原点での初期化（アルゴリズム8.7を参照）が考慮されている点である．RMSPropにも（中心化されていない）二次モーメントの推定が導入されているが，補正要素が欠けている．したがって，Adamとは異なり，RMSPropの二次モーメントは学習の初期においてバイアスが大きくなる可能性がある．Adamの場合は，通常はハイパーパラメータの選択に対してかなり頑健であると考えられているが，推奨のデフォルト設定から学習率を変えなければいけない場合がある．

8.5.4 適切な最適化アルゴリズムの選択

各モデルパラメータに学習率を適応化させることで，深層モデルの最適化に関する課題への対処を試みる関連アルゴリズムの数々を説明してきた．ここで当然の疑問は，どのアルゴリズムを選ぶべきか，ということだろう．

残念ながら現時点では，この点についての一致した見解はない．Schaul *et al.* (2014) に，広範な学習タスクで使われている，多数の最適化アルゴリズムの有益な比較が提示されている．その結果からは，適応学習率に関するアルゴリズム群（代表的なものはRMSPropとAdaDelta）がかなり頑健であることが示唆されたが，ベストといえるアルゴリズムは現れていない．

現在のところ，最も人気があり，かつ活発に利用されている最適化アルゴリズムはSGD，モメンタ

Algorithm 8.7 Adam アルゴリズム

Require: ステップ幅 ϵ（推奨のデフォルト値: 0.001）
Require: モーメントの推定に対する指数減衰率 ρ_1 および ρ_2 その範囲は $[0,1)$（推奨のデフォルト値: それぞれ 0.9 および 0.999）
Require: 数値的な安定のために使用する小さな定数 δ（推奨のデフォルト値: 10^{-8}）
Require: 初期パラメータ $\boldsymbol{\theta}$
一次と二次のモーメントの変数を初期化する $\boldsymbol{s}=\mathbf{0}$, $\boldsymbol{r}=\mathbf{0}$
時間ステップを初期化する $t=0$
while 終了条件を満たさない **do**
  訓練集合 $\{\boldsymbol{x}^{(1)},\ldots,\boldsymbol{x}^{(m)}\}$ と対応する目標 $\boldsymbol{y}^{(i)}$ から m 個の事例のミニバッチをサンプリングする
  勾配を計算する: $\boldsymbol{g}\leftarrow\frac{1}{m}\nabla_{\boldsymbol{\theta}}\sum_i L(f(\boldsymbol{x}^{(i)};\boldsymbol{\theta}),\boldsymbol{y}^{(i)})$
  $t\leftarrow t+1$
  バイアス付きの一次モーメントの推定を更新する: $\boldsymbol{s}\leftarrow\rho_1\boldsymbol{s}+(1-\rho_1)\boldsymbol{g}$
  バイアス付きの二次モーメントの推定を更新する: $\boldsymbol{r}\leftarrow\rho_2\boldsymbol{r}+(1-\rho_2)\boldsymbol{g}\odot\boldsymbol{g}$
  一次モーメントのバイアスを修正する: $\hat{\boldsymbol{s}}\leftarrow\frac{\boldsymbol{s}}{1-\rho_1^t}$
  二次モーメントのバイアスを修正する: $\hat{\boldsymbol{r}}\leftarrow\frac{\boldsymbol{r}}{1-\rho_2^t}$
  更新を計算する: $\Delta\boldsymbol{\theta}=-\epsilon\frac{\hat{\boldsymbol{s}}}{\sqrt{\hat{\boldsymbol{r}}}+\delta}$ （処理は要素ごとに適用される）
  更新を適用する: $\boldsymbol{\theta}\leftarrow\boldsymbol{\theta}+\Delta\boldsymbol{\theta}$
end while

ムを使ったSGD，RMSProp，モメンタムを使ったRMSProp，AdaDelta そして Adam である．現段階では，使うアルゴリズムの選択は，ユーザーがそのアルゴリズム（ハイパーパラメータのチューニングのしやすさ）にどの程度精通しているかに大きく依存するようである．

8.6 二次手法の近似

本節では，深層ニューラルネットワークの学習に，二次手法を適用することについて説明する．この問題がこれまでどのように対処されてきたかについては， LeCun *et al.* (1998a) を参照されたい．説明を単純化するために，対象とする目的関数は経験損失のみとする．

$$J(\boldsymbol{\theta})=\mathbb{E}_{\mathbf{x},\mathrm{y}\sim\hat{p}_{\mathrm{data}}(\boldsymbol{x},y)}[L(f(\boldsymbol{x};\boldsymbol{\theta}),y)]=\frac{1}{m}\sum_{i=1}^{m}L(f(\boldsymbol{x}^{(i)};\boldsymbol{\theta}),y^{(i)}). \tag{8.25}$$

しかしながら，ここで説明する手法は，7章で説明したパラメータ正則化項を含む関数のように，もっと一般的な目的関数にも拡張が可能である．

8.6.1 ニュートン法

4.3節では二次の勾配手法を紹介した．一次手法とは対照的に，二次手法では二次微分を使って最適化を改善する．最も広く使われている二次手法はニュートン法である．ここでは，ニュートン法の詳細ついて，ニューラルネットワークの学習への応用に重点を置きながら説明する．

ニュートン法は，二次テイラー級数展開に基づく最適化手法であり，ある点 $\boldsymbol{\theta}_0$ の近傍で $J(\boldsymbol{\theta})$ を近

似する．また，これより高次の微分は無視する．

$$J(\boldsymbol{\theta}) \approx J(\boldsymbol{\theta}_0) + (\boldsymbol{\theta} - \boldsymbol{\theta}_0)^\top \nabla_{\boldsymbol{\theta}} J(\boldsymbol{\theta}_0) + \frac{1}{2}(\boldsymbol{\theta} - \boldsymbol{\theta}_0)^\top \boldsymbol{H}(\boldsymbol{\theta} - \boldsymbol{\theta}_0). \tag{8.26}$$

ただし $\boldsymbol{H}$ は，$\boldsymbol{\theta}_0$ で評価された $\boldsymbol{\theta}$ に関する J のヘッセ行列である．その後，この関数の臨界点での解を求めると，以下のようなニュートンパラメータの更新則が得られる．

$$\boldsymbol{\theta}^* = \boldsymbol{\theta}_0 - \boldsymbol{H}^{-1} \nabla_{\boldsymbol{\theta}} J(\boldsymbol{\theta}_0). \tag{8.27}$$

したがって，局所的な二次関数（正定値である $\boldsymbol{H}$ を持つ）に対しては，$\boldsymbol{H}^{-1}$ で勾配を再スケーリングすると，ニュートン法で直接最小値に到達する．目的関数が凸であるが二次関数ではない（もっと高次の項が存在する）場合，この更新が繰り返されて，アルゴリズム8.8に示す，ニュートン法に基づく学習アルゴリズムが構成される．

Algorithm 8.8 目的関数 $J(\boldsymbol{\theta}) = \frac{1}{m}\sum_{i=1}^{m} L(f(\boldsymbol{x}^{(i)}; \boldsymbol{\theta}), y^{(i)})$ を使うニュートン法

Require: 初期パラメータ $\boldsymbol{\theta}_0$
Require: m 個の事例から構成される訓練集合
　while 終了条件を満たさない **do**
　　勾配を計算する: $\boldsymbol{g} \leftarrow \frac{1}{m}\nabla_{\boldsymbol{\theta}} \sum_i L(f(\boldsymbol{x}^{(i)}; \boldsymbol{\theta}), \boldsymbol{y}^{(i)})$
　　ヘッセ行列を計算する: $\boldsymbol{H} \leftarrow \frac{1}{m}\nabla_{\boldsymbol{\theta}}^2 \sum_i L(f(\boldsymbol{x}^{(i)}; \boldsymbol{\theta}), \boldsymbol{y}^{(i)})$
　　ヘッセ行列の逆行列を計算する: $\boldsymbol{H}^{-1}$
　　更新を計算する: $\Delta\boldsymbol{\theta} = -\boldsymbol{H}^{-1}\boldsymbol{g}$
　　更新を適用する: $\boldsymbol{\theta} = \boldsymbol{\theta} + \Delta\boldsymbol{\theta}$
　end while

二次でない表面については，ヘッセ行列が正定値である限り，ニュートン法を反復的に適用できる．これには 2 段階の反復手順が必要になる．まず，逆ヘッセ行列を更新または計算する（すなわち，二次近似を更新する）．次に，式8.27に従ってパラメータを更新する．

8.2.3節では，ヘッセ行列が正定値であるときのみ，ニュートン法の利用が適切であることを説明した．深層学習において，一般的に目的関数の表面は，鞍点のような多くの特徴を持つ非凸面であり，それがニュートン法にとっては問題となる．たとえば鞍点近傍でヘッセ行列の固有値すべてが正でない場合，ニュートン法は間違った方向に移動するように更新してしまう可能性がある．この状況はヘッセ行列を正則化することで回避できる．よく用いられる正則化戦略としては，ヘッセ行列の対角要素に定数 α を加算する方法がある．正則化された更新は以下のようになる．

$$\boldsymbol{\theta}^* = \boldsymbol{\theta}_0 - \left[H\left(f(\boldsymbol{\theta}_0)\right) + \alpha \boldsymbol{I}\right]^{-1} \nabla_{\boldsymbol{\theta}} f(\boldsymbol{\theta}_0). \tag{8.28}$$

この正則化戦略は，レーベンバーグ・マーカート法 (Levenberg, 1944; Marquardt, 1963) のようなニュートン法の近似手法の中で用いられ，ヘッセ行列の負の固有値がゼロに近い値である限り，十分によく機能する．曲率のさらに極端な方向がある場合，α の値を大きくして負の固有値を相殺することが必要になる．しかし，α が大きくなると，ヘッセ行列は対角要素 $\alpha\boldsymbol{I}$ の影響を強く受けるようになり，ニュートン法で選ばれる方向は標準的な勾配を α で割った値に収束する．強い負の曲率が存在する場合，α を非常に大きな値にして，適切に選ばれた学習率を持つ勾配降下法よりもニュートン法の方が小さなステップで移動するようにしなければならない．

鞍点のような目的関数の特徴から生じる課題以外に，ニュートン法を大規模なニューラルネットワークの訓練に適用することは，計算負荷が大きくなるので限定的となる．ヘッセ行列の要素の数はパラメータの数の二乗となるため，k 個のパラメータ（非常に小さなニューラルネットワークでもパラメータの数 k は数百万にもなりうる）ではニュートン法で $k \times k$ 行列の逆行列が必要になり，$O(k^3)$ もの計算複雑性を伴う．また，更新ごとにパラメータが変化するので，**訓練の反復のたびに**逆ヘッセ行列を計算する必要がある．結果的に，ニュートン法で現実的に学習可能なネットワークは，パラメータの数が非常に少ないものだけとなる．本節の以降の部分では，計算に関連する問題を回避しつつ，ニュートン法の利点のいくつかを取り込もうとする代替手法について説明する．

8.6.2　共役勾配

共役勾配は，反復的に降下する**共役方向**（conjugate directions）によって，逆ヘッセ行列の計算を効率的に回避する手法である．このアプローチの着想は，勾配に関連付けられた方向に反復的に直線探索を適用する最急降下法（詳細は4.3節を参照）の欠点を注意深く検証した結果から得られている．図8.6は，最急降下法が二次のボウルに適用された場合に，行ったり来たりのジグザグなパターンで非効率な進み方をする様子を図示している．これは，直線探索の各方向が勾配で与えられる場合に，その直前の直線探索の方向と直交することが保証されることから生じる．

直前の探索方向を $\boldsymbol{d}_{t-1}$ とする．直線探索が終了する最小値においては，方向微分は $\boldsymbol{d}_{t-1}$ の方向でゼロ，すなわち $\nabla_{\boldsymbol{\theta}} J(\boldsymbol{\theta}) \cdot \boldsymbol{d}_{t-1} = 0$ である．この点における勾配が現在の探索方向を決めるため，$\boldsymbol{d}_t = \nabla_{\boldsymbol{\theta}} J(\boldsymbol{\theta})$ は方向 $\boldsymbol{d}_{t-1}$ に何も寄与しない．したがって，$\boldsymbol{d}_t$ は $\boldsymbol{d}_{t-1}$ と直交する．この $\boldsymbol{d}_t$ と $\boldsymbol{d}_{t-1}$ の関係を，最急降下法の複数の反復について図8.6に示す．図示されているように，直交する降下方向を選択するので，直前の探索方向に沿った最小点は保持されない．そのため，探索が進行するにつれてジグザグなパターンが生じることになり，現在の勾配方向の最小値へ降下することによって，直前の勾配方向の目的関数を再度最小化する必要がある．したがって，各直線探索の終端の勾配に従うと，ある意味で，直前の直線探索の方向における経過を破棄することになる．共役勾配法は，この問題の解決を

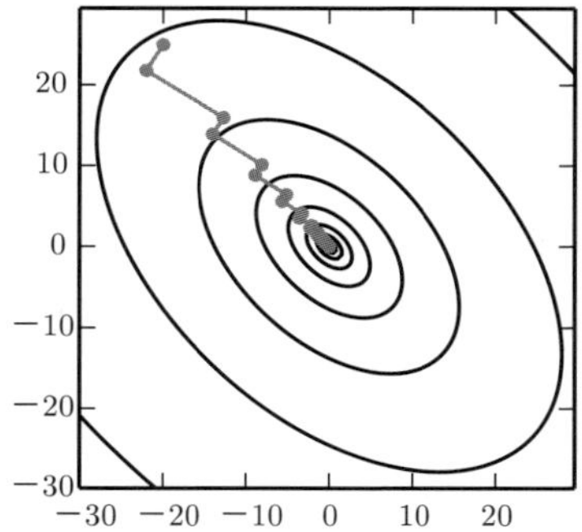

図 **8.6:** 二次のコストの曲面に適用された最急降下法．最急降下法では，各ステップの最初の点での勾配で定義される直線に沿って，最もコストの低い点にジャンプする．これは，図4.6の固定された学習率を使用した場合に見られる問題をいくらか解決するが，最適なステップ幅を使っても，アルゴリズムは依然として最適値を目指して行ったり来たりしながら進行する．定義から，与えられた方向に沿った目的関数の最小値において，その方向と最終点の勾配は直交する．

図る手法である．

共役勾配法では，直前の直線探索の方向に対して**共役**（conjugate）な探索方向を求めることを試みる．すなわち，その方向における経過を破棄しないということである．訓練の t 回目の反復において，その次の探索方向 $\boldsymbol{d}_t$ は以下の形式になる．

$$\boldsymbol{d}_t = \nabla_{\boldsymbol{\theta}} J(\boldsymbol{\theta}) + \beta_t \boldsymbol{d}_{t-1}. \tag{8.29}$$

ただし β_t は係数であり，その大きさで，方向 $\boldsymbol{d}_{t-1}$ をどの程度現在の探索方向に加えるかを制御する．

2 つの方向 $\boldsymbol{d}_t$ と $\boldsymbol{d}_{t-1}$ は，$\boldsymbol{H}$ をヘッセ行列として，$\boldsymbol{d}_t^\top \boldsymbol{H} \boldsymbol{d}_{t-1} = 0$ ならば共役であると定義される．

共役性を持たせる簡単な方法では，β_t を選択するために $\boldsymbol{H}$ の固有ベクトルの計算が必要となり，大規模な問題においてニュートン法よりも計算量的に実現性の高い手法を開発するという目的が達成されない．このような計算に頼らずとも，共役方向は計算できるだろうか．幸いにも，その答えは「Yes」である．

β_t を計算するときによく使われる手法が 2 つあり，それらを以下に挙げる．

1. Fletcher-Reeves：
$$\beta_t = \frac{\nabla_{\boldsymbol{\theta}} J(\boldsymbol{\theta}_t)^\top \nabla_{\boldsymbol{\theta}} J(\boldsymbol{\theta}_t)}{\nabla_{\boldsymbol{\theta}} J(\boldsymbol{\theta}_{t-1})^\top \nabla_{\boldsymbol{\theta}} J(\boldsymbol{\theta}_{t-1})} \tag{8.30}$$

2. Polak-Ribière：
$$\beta_t = \frac{\left(\nabla_{\boldsymbol{\theta}} J(\boldsymbol{\theta}_t) - \nabla_{\boldsymbol{\theta}} J(\boldsymbol{\theta}_{t-1})\right)^\top \nabla_{\boldsymbol{\theta}} J(\boldsymbol{\theta}_t)}{\nabla_{\boldsymbol{\theta}} J(\boldsymbol{\theta}_{t-1})^\top \nabla_{\boldsymbol{\theta}} J(\boldsymbol{\theta}_{t-1})} \tag{8.31}$$

二次曲面において，共役方向は，直前の方向に対して勾配の大きさが増加しないことを保証する．そのため，直前の方向については最小値にとどまる．その結果，k 次元のパラメータ空間においては，共役勾配で最小値に到達するまでに．最大で k 回の直線探索が必要となる．アルゴリズム8.9に共役勾配アルゴリズムを示す．

■非線形共役勾配法　ここまで，二次の目的関数に適用された共役勾配法について説明してきた．もちろん本章の第一の目的は，対応する目的関数が二次からは程遠いニューラルネットワークや他の関連する深層学習モデルの訓練の最適化手法を探索することである．おそらく驚くことだろうが，共役勾配法はこの条件下でも，いくつかの修正を行えば適用が可能である．目的関数が二次であるという保証がまったくないため，共役方向が直前の方向における目的関数の最小値に滞在していることは，もはや保証されない．その結果，**非線形共役勾配**（nonlinear conjugate gradients）アルゴリズムでは，変更のない勾配に沿って共役勾配法で直線探索を再開する場合に，随時リセットが必要になる．

専門家たちは，非線形共役勾配アルゴリズムをニューラルネットワークの学習に適用すると，まずまずの結果が得られるが，非線形共役勾配法を始める前に，確率的勾配降下法を数回反復して最適化の初期化を行うことが有益な場合が多いということを報告している．また，（非線形）共役勾配アルゴリズムは伝統的にバッチ手法の 1 つと位置付けられてきたが，ミニバッチ手法でもニューラルネットワークの学習で成功を収めている (Le *et al.*, 2011)．共役勾配法を特にニューラルネットワークに適応させることは，スケーリングされた共役勾配アルゴリズムのように，初期の段階から提案されてきた (Moller, 1993)．

Algorithm 8.9 共役勾配法

Require: 初期パラメータ $\boldsymbol{\theta}_0$
Require: m 個の事例からなる訓練集合
初期化 $\boldsymbol{\rho}_0 = \mathbf{0}$
初期化 $g_0 = 0$
初期化 $t = 1$
while 終了条件を満たさない **do**
勾配を初期化する $\boldsymbol{g}_t = \mathbf{0}$
勾配を計算する: $\boldsymbol{g}_t \leftarrow \frac{1}{m}\nabla_{\boldsymbol{\theta}} \sum_i L(f(\boldsymbol{x}^{(i)}; \boldsymbol{\theta}), \boldsymbol{y}^{(i)})$
以下を計算する $\beta_t = \frac{(\boldsymbol{g}_t - \boldsymbol{g}_{t-1})^\top \boldsymbol{g}_t}{\boldsymbol{g}_{t-1}^\top \boldsymbol{g}_{t-1}}$ (Polak-Ribière)
（非線形の共役勾配: β_t を必要に応じてゼロにリセットする．たとえば $k = 5$ など，t がある定数 k の倍数のとき）
探索方向を計算する: $\boldsymbol{\rho}_t = -\boldsymbol{g}_t + \beta_t \boldsymbol{\rho}_{t-1}$
直線探索を実行する: $\epsilon^* = \text{argmin}_\epsilon \frac{1}{m} \sum_{i=1}^m L(f(\boldsymbol{x}^{(i)}; \boldsymbol{\theta}_t + \epsilon \boldsymbol{\rho}_t), \boldsymbol{y}^{(i)})$
（真の二次コスト関数では，明示的に探索するのではなく，解析的に ϵ^* を求める）
更新を適用する: $\boldsymbol{\theta}_{t+1} = \boldsymbol{\theta}_t + \epsilon^* \boldsymbol{\rho}_t$
$t \leftarrow t + 1$
end while

8.6.3 BFGS

Broyden–Fletcher–Goldfarb–Shanno（BFGS）アルゴリズムは，計算量の負荷なしでニュートン法の利点を活用しようとするものである．その点では，BFGS は共役勾配法に似ている．しかし，BFGS はニュートン法の更新の近似に，さらに直接的なアプローチをとっている．ニュートン法の更新は，次式で与えられることを思い出そう．

$$\boldsymbol{\theta}^* = \boldsymbol{\theta}_0 - \boldsymbol{H}^{-1} \nabla_{\boldsymbol{\theta}} J(\boldsymbol{\theta}_0). \tag{8.32}$$

ただし $\boldsymbol{H}$ は，$\boldsymbol{\theta}_0$ で評価される $\boldsymbol{\theta}$ に関する J のヘッセ行列である．ニュートン法の更新を適用する際の計算上の難点は，逆ヘッセ行列 $\boldsymbol{H}^{-1}$ の計算である．準ニュートン法（BFGS アルゴリズムが最も有名）で採用されるアプローチは，$\boldsymbol{H}^{-1}$ のよい近似となるように低ランクの更新によって反復的に改良した行列 $\boldsymbol{M}_t$ を使って，逆行列を近似する方法である．

BFGS 近似の仕様と導出は，Luenberger (1984) を始めとして，数多くの最適化の教科書に記載されている．

一度逆ヘッセ行列の近似 $\boldsymbol{M}_t$ が更新されると，降下方向は $\boldsymbol{\rho}_t$ は $\boldsymbol{\rho}_t = \boldsymbol{M}_t \boldsymbol{g}_t$ によって決定される．この方向のステップ幅 ϵ^* を決定するため，この方向で直線探索を実行する．パラメータへの最終的な更新は以下で与えられる．

$$\boldsymbol{\theta}_{t+1} = \boldsymbol{\theta}_t + \epsilon^* \boldsymbol{\rho}_t. \tag{8.33}$$

共役勾配法と同様に，BFGS アルゴリズムでは二次の情報を含む方向へ一連の直線探索を繰り返す．しかし共役勾配法と異なり，このアプローチが成功するかは直線に沿った真の最小値に非常に近い点を発見する直線探索に大きく依存しない．したがって，共役勾配法と比較すると，BFGS は直線探索のたびに行う改善のための時間が少なく済むという利点がある．一方で，BFGS アルゴリズムでは $O(n^2)$ のメモリ量を必要とする逆ヘッセ行列 M を保持する必要があり，そのため，一般的に数百万ものパラメータを持つ現代の深層モデルのほとんどに対して，BFGS を利用することは現実的ではない．

■省メモリ BFGS（limited memory BFGS，L-BFGS）　BFGS アルゴリズムのメモリコストは，完全な逆ヘッセ行列の近似 $\boldsymbol{M}$ を保持しなければ，大幅に減らすことができる．L-BFGS アルゴリズムは，BFGS と同じ手法で近似 $\boldsymbol{M}$ を計算するが，そのときに，ステップごとに近似を保持するのではなく，$\boldsymbol{M}^{(t-1)}$ が単位行列であるという仮定から始める．厳密な直線探索と一緒に用いれば，L-BFGS で定義される方向は互いに共役である．しかしながら，共役勾配法とは異なり，この手順では直線探索の最小値に近似的にしか到達しない場合によい挙動を継続する．ここで説明されているストレージを持たない L-BFGS の戦略を一般化して，各時間ステップで $\boldsymbol{M}$ を更新するために使われるベクトルの一部を保持することで，ヘッセ行列に関するより多くの情報を保持するように一般化できる．その場合のメモリコストは，ステップあたり $O(n)$ である．

8.7　最適化戦略とメタアルゴリズム

最適化テクニックの多くは厳密にはアルゴリズムではなく，むしろアルゴリズムを生成することに特化できる汎用のテンプレート，あるいは多くの異なるアルゴリズムに組み込めるサブルーチンである．

8.7.1　バッチ正規化

バッチ正規化 (Ioffe and Szegedy, 2015) は深層ニューラルネットワークの最適化において，近年では最も刺激的な新機軸であるが，実際には最適化アルゴリズムではない．これは非常に深いモデルの訓練に関する難しさを解決するための，適応的な再パラメータ化手法である．

非常に深いモデルは，複数の関数または層の合成で成り立っている．その勾配は，他の層が変わらないという仮定の下で，各パラメータを更新する方法を指示する．実際には，すべての層は同時に更新される．更新を行われると，一緒に構成されている多くの関数が，他の関数が変わらないという仮定の下で計算された更新を使って同時に変更されるため，予期しない結果になることがある．単純な例として，非常に深いニューラルネットワークで，各層はユニットを 1 つだけ持ち，各隠れ層では活性化関数を用いない，すなわち $\hat{y} = xw_1w_2w_3 \dots w_l$ である場合を考えよう．ここで w_i は i 番目の層の重みを示す．i 番目の層の出力は $h_i = h_{i-1}w_i$ で表される．出力 $\hat{y}$ は入力 x の線形関数であり，重み w_i の非線形関数である．コスト関数によって $\hat{y}$ に勾配 1 が設定されるため，$\hat{y}$ をわずかに減少させたいとする．その場合は，逆伝播アルゴリズムによって，勾配 $\boldsymbol{g} = \nabla_{\boldsymbol{w}}\hat{y}$ を計算できる．$\boldsymbol{w} \leftarrow \boldsymbol{w} - \epsilon\boldsymbol{g}$ の更新を行うときに何が起こるかを考えよう．$\hat{y}$ の一次テイラー級数近似から，$\hat{y}$ の値が $\epsilon\boldsymbol{g}^\top\boldsymbol{g}$ だけ減少することが予測される．$\hat{y}$ を 0.1 だけ減らしたい場合，勾配に利用可能なこの一次の情報は，学習率 ϵ を $\frac{0.1}{\boldsymbol{g}^\top\boldsymbol{g}}$ に設定できることを示している．しかし，実際の更新には二次および三次から，最大で l 次の効果まで含まれる．新しい $\hat{y}$ の値は以下で与えられる．

$$x(w_1 - \epsilon g_1)(w_2 - \epsilon g_2) \dots (w_l - \epsilon g_l). \tag{8.34}$$

この更新から生じる二次の項の例は，$\epsilon^2 g_1 g_2 \prod_{i=3}^{l} w_i$ である．この項は $\prod_{i=3}^{l} w_i$ が小さければ無視できて，3 番目から l 番目の層までの重みが 1 より大きい場合は，指数関数的に大きくなる．そのため，適切な学習率を選択することが非常に難しくなる．なぜなら，ある1つの層のパラメータを更新したときの影響は，他のすべての層に大きく依存するためである．二次の最適化アルゴリズムでは，この二次の相互作用を考慮しながら更新を計算することでこの問題に対処するが，非常に深いネットワークでは，さらに高次の相互作用までもが影響を及ぼす可能性があることがわかる．二次の最適化アルゴリズムでさえ計算上コストが高く，膨大な二次の相互作用すべてに対して完全に対処しないように，通常は数多くの近似を行う必要がある．$n > 2$ としたときに n 次の最適化アルゴリズムを構築することは絶望的に見える．代わりに何ができるだろうか．

バッチ正規化によって，ほぼどんな深層ネットワークに対しても，洗練された再パラメータ化の手法が提供される．再パラメータ化を行うと，多くの層にわたって更新を調整する難しさが大幅に軽減される．バッチ正規化は，ネットワークのどんな入力や隠れ層にも適用できる．$\boldsymbol{H}$ を正規化する層の活性のミニバッチとする．これは計画行列であり，各事例の活性が行列の行に現れる．$\boldsymbol{H}$ を正規化するために，以下のように置き換える．

$$\boldsymbol{H}' = \frac{\boldsymbol{H} - \boldsymbol{\mu}}{\boldsymbol{\sigma}} \tag{8.35}$$

ただし，$\boldsymbol{\mu}$ は各ユニットの平均を保持するベクトルであり，$\boldsymbol{\sigma}$ は各ユニットの標準偏差を保持するベクトルである．ここでの計算は，ベクトル $\boldsymbol{\mu}$ と $\boldsymbol{\sigma}$ を行列 $\boldsymbol{H}$ のすべての行に適用するためのブロードキャスティングに基づいている．各行内では，計算は要素ごとになるので，$H_{i,j}$ は μ_j を引いて，σ_j で割ることで正規化される．ネットワークの残りの部分でも，元のネットワークで $\boldsymbol{H}$ に対して行っていたものとまったく同じ処理を $\boldsymbol{H}'$ に対して実行する．

訓練時の平均と標準偏差は以下になる．

$$\boldsymbol{\mu} = \frac{1}{m} \sum_i \boldsymbol{H}_{i,:} \tag{8.36}$$

および

$$\boldsymbol{\sigma} = \sqrt{\delta + \frac{1}{m} \sum_i (\boldsymbol{H} - \boldsymbol{\mu})_i^2}. \tag{8.37}$$

ただし，δ は 10^{-8} のような小さな正の値であり，$z = 0$ で $\sqrt{z}$ の未定義の勾配に遭遇することを回避するために導入される．重要なのは，平均と標準偏差を計算し，それを $\boldsymbol{H}$ の正規化に適用するために，**上記の処理を逆伝播する**という点である．これは，h_i の標準偏差または平均を単純に増加させるように作用する処理が，勾配からは決して提案されないことを意味する．すなわち，正規化処理はそのような挙動の影響を取り除き，勾配内の対応する要素をゼロにする．これがバッチ正規化手法の主要な革新であった．それまでのアプローチでは，コスト関数にペナルティを追加して正規化された活性統計量をユニットに持たせたり，勾配降下法のステップが終わるたびにユニットの統計量を再度正規化する処理を入れ込むといったことを行っていた．結果として，前者のアプローチは不完全な正規化手法であり，後者では学習アルゴリズムが平均と分散の変更を繰り返し提案するものの，正規化ステップがこれを繰り返し無効にするために，著しく時間を無駄にする手法であった．バッチ正規化はモデルの再パラメータ化を行い，一部のユニットがつねに定義に基づいて標準化されるようにして，巧みにこの両方の問題を回避した．

テスト時には，$\boldsymbol{\mu}$ と $\boldsymbol{\sigma}$ を学習時に収集された移動平均に置き換えることができる．これによって，ミニバッチ全体に依存する $\boldsymbol{\mu}$ と $\boldsymbol{\sigma}$ の定義を用いることなく，1つの事例でモデルの評価が可能になる．

再度 $\hat{y} = xw_1w_2 \dots w_l$ の例を考えると，このモデルの学習の難しさは，h_{l-1} を正規化することではとんど解消できることがわかる．x は単位ガウス分布から抽出されるとする．その場合，x から h_{l-1}

への変換が線形であるため，h_{l-1} もまたガウス分布から得られる．しかし，もはや h_{l-1} の平均はゼロでなく分散も単位行列ではない．バッチ正規化を適用すると，平均がゼロで分散が単位行列という性質を取り戻した $\hat{h}_{l-1}$ が得られる．下位層での更新のほとんどすべて対して，$\hat{h}_{l-1}$ は単位ガウス分布のままとなる．その後，出力 $\hat{y}$ は単純な線形関数 $\hat{y} = w_l \hat{h}_{l-1}$ として学習できる．このモデルでの学習は，今や非常に単純なものとなっている．なぜなら，下位層のパラメータがほとんどの場合影響を及ぼすことがなく，その出力はつねに単位ガウス分布に再正規化されるからである．いくつかの特別な場合には，下位層が影響を及ぼす場合がある．下位層の 1 つで重みを 0 に変えると出力が縮退する場合があり，また下位層の重みの 1 つの符号を変更すると，$\hat{h}_{l-1}$ と y の関係が入れ替わってしまう場合がある．このような状況は非常にまれである．正規化がなければ，ほぼすべての更新で h_{l-1} の統計量に極端な影響を与えてしまう．こうしてバッチ正規化によって，モデルの学習がはるかに簡単になった．この例ではもちろん，学習が容易になる代わりに下位層は役に立たなくなっている．この線形の例では，下位層はすでにまったく悪影響を及ぼさないが，有益な影響も与えない．なぜなら，一次と二次の統計量はすでに正規化されているが，線形ネットワークが影響を及ぼせるのは，それがすべてだからである．非線形活性関数を持つ深層ニューラルネットワークでは，下位層は非線形なデータの変換を行うので，有用なままである．バッチ正規化では．学習を安定化させるために各ユニットの平均と分散のみを標準化するように動作するが，ユニット間の関係と 1 つのユニットの非線形な統計量を変更できる．

ネットワークの最終層で線形変換を学習できるので，ある層内のユニット間の線形関係をすべて取り除いてしまいたいと考えるかもしれない．実際このアプローチは，バッチ正規化の着想をもたらしたDesjardins *et al.* (2015) らによって試された．残念ながら，線形な相互作用をすべて排除することは，個々のユニットの平均と標準偏差を標準化するよりもはるかに計算コストがかかってしまうので，現時点ではバッチ正規化が最も実用的なアプローチである．

ユニットの平均と標準偏差を正規化すると，そのユニットを含むニューラルネットワークの表現力を低下させる可能性がある．ネットワークの表現力を維持するためには，隠れユニットの活性のバッチ $\boldsymbol{H}$ を，単に正規化された $\boldsymbol{H}'$ ではなく，$\boldsymbol{\gamma}\boldsymbol{H}' + \boldsymbol{\beta}$ に置き換える方が一般的である．変数 $\boldsymbol{\gamma}$ と $\boldsymbol{\beta}$ は，新しい変数がどんな平均や標準偏差でも持てるようにした学習済みのパラメータである．一見すると，これは役に立たないように見える．なぜ平均を $\mathbf{0}$ に設定し，さらに任意の値 $\boldsymbol{\beta}$ に設定し直すことができるパラメータを導入するのだろうか．その答えは，この新たなパラメータ化においては，以前のパラメータ化と同じ入力の関数族を表現できるが，新たなパラメータ化では学習ダイナミクスが異なるからである．以前のパラメータ化では，$\boldsymbol{H}$ の平均は $\boldsymbol{H}$ より下位層のパラメータ間の複雑な相関関係で決まっていた．新たなパラメータ化では，$\boldsymbol{\gamma}\boldsymbol{H}' + \boldsymbol{\beta}$ の平均は $\boldsymbol{\beta}$ のみで決まる．新たなパラメータ化は，勾配降下法を使ってはるかに簡単に学習できる．

ほとんどのニューラルネットワークの層は $\phi(\boldsymbol{XW} + \boldsymbol{b})$ という形式を取る．ただし ϕ は，正規化線形変換のような固定された非線形活性化関数である．バッチ正規化を入力 $\boldsymbol{X}$ に適用するか，それとも変換された値 $\boldsymbol{XW} + \boldsymbol{b}$ に適用するかを疑問に思うのは当然である．Ioffe and Szegedy (2015) では後者が推奨されている．もっと具体的には，$\boldsymbol{XW} + \boldsymbol{b}$ は正規化された $\boldsymbol{XW}$ で置き換えるべきである．バイアス項は，バッチ正規化の再パラメータ化によって適用される β と重複するため，除外すべきである．通常ある層への入力は，前の層にある ReLU のような非線形な活性化関数の出力である．したがって入力の統計量は，より非ガウスであり，線形処理による標準化にはあまり適していない．

9章で説明する畳み込みネットワークでは，特徴マップ内のあらゆる空間位置で同じ正規化をする μ および σ を適用して，特徴マップの統計量が，空間的位置に関係なく同じままとなるようにすることが重要である．

8.7.2　座標降下法

最適化問題をいくつかの部分に分割することで，高速に解くことができる場合がある．$f(\boldsymbol{x})$ を 1 つの変数 x_i について最小化し，さらに別の変数 x_j について最小化するということをすべての変数について繰り返すことで，極小点に到達することが保証されている．この処理は一度に 1 つの座標を最適化するため，**座標降下法**（coordinate descent）と呼ばれている．より一般に，**ブロック座標降下法**（block coordinate descent）は変数の部分集合について同時に最小化を行う方法を指す．「座標降下法」という言葉は，厳密に個別の座標降下法を指す以外に，ブロック座標降下法を指すことも多い．

座標降下法は特に，最適化問題における異なる変数が，比較的分離された役割を担うグループに明確に分けられる場合，またはある変数のグループに関する最適化が，すべての変数に関する最適化よりもはるかに効率的である場合に適している．たとえば，以下のコスト関数を考えよう．

$$J(\boldsymbol{H}, \boldsymbol{W}) = \sum_{i,j} |H_{i,j}| + \sum_{i,j} \left(\boldsymbol{X} - \boldsymbol{W}^\top \boldsymbol{H}\right)^2_{i,j}. \tag{8.38}$$

この関数はスパースコーディングと呼ばれる学習問題を記述している．スパースコーディングの目標は，活性値の行列 $\boldsymbol{W}$ を線形に復号化して，訓練集合 $\boldsymbol{X}$ を再構成できる重み行列 $\boldsymbol{W}$ を求めることである．スパースコーディングの応用のほとんどで，重み減衰あるいは $\boldsymbol{W}$ の列ノルムに対する制約を用いて，極端に小さい $\boldsymbol{H}$ や大きい $\boldsymbol{W}$ となる病的な解を回避している．

この関数 J は凸ではない．しかし，訓練アルゴリズムへの入力を 2 つに分けることができる．1 つは辞書パラメータ $\boldsymbol{W}$ で，もう 1 つはコード表現 $\boldsymbol{H}$ である．どちらか一方の変数集合に関して目的関数を最小化することは，凸問題となる．このように，ブロック座標降下法によって，$\boldsymbol{H}$ を固定して $\boldsymbol{W}$ の最適化し，$\boldsymbol{W}$ を固定して $\boldsymbol{H}$ を最適化するということを交互に実行することで，効率的な凸最適化アルゴリズムを使える最適化戦略が得られる．

座標降下法は，関数 $f(\boldsymbol{x}) = (x_1 - x_2)^2 + \alpha\left(x_1^2 + x_2^2\right)$（ただし α は正の定数）のように，ある変数の値が別の変数の最適値に大きな影響を与える場合には，あまりよい戦略ではない．最初の項では 2 つの変数が似た値になることが望ましいが，2 つ目の項では 0 に近づくのが望ましい．この解は両方をゼロに設定することである．これは正定値の二次問題なので，ニュートン法では 1 ステップでこの問題を解くことができる．しかし α が小さい場合，最初の項によって，一方の変数をもう一方の変数の現在の値と大きく異なる値に変更することが許されないため，座標降下法では進み方が非常にゆっくりになってしまう．

8.7.3　ポルヤック平均化

ポルヤック平均化 (Polyak and Juditsky, 1992) は，パラメータ空間内で最適化アルゴリズムが通過した軌跡上の複数の点を平均することで構成される．勾配降下法を t 回反復して点 $\boldsymbol{\theta}^{(1)}, \ldots, \boldsymbol{\theta}^{(t)}$ を通過した場合，ポルヤック平均化アルゴリズムの出力は $\hat{\boldsymbol{\theta}}^{(t)} = \frac{1}{t}\sum_i \boldsymbol{\theta}^{(i)}$ となる．凸問題に適用される勾配降下法のような問題のクラスの中には，このアプローチで収束が強力に保証されるものがある．ニューラルネットワークに適用すると，この正当性は経験則となるが，実際にうまく動作する．基本的な考えは，最適化アルゴリズムは谷を飛び越えて行き来することを何度も繰り返し，谷底に近い点に到達しない場合があるということである．ただし，谷の両側の到達点すべてを平均すると谷底に近くなるはずである．

非凸問題では，最適化の軌跡が通過する経路が非常に複雑で，さまざまな領域を訪れる可能性がある．コスト関数の大きな障壁によって，現在の点から離れている可能性のある遠い過去のパラメータ空間の点を含めることは，有用な挙動のようには思われない．したがって，ポルヤック平均化を非凸問題に適用するときは，指数関数的に減衰する移動平均を使うのが一般的である．

$$\hat{\boldsymbol{\theta}}^{(t)} = \alpha\hat{\boldsymbol{\theta}}^{(t-1)} + (1-\alpha)\boldsymbol{\theta}^{(t)}. \tag{8.39}$$

移動平均のアプローチは数多くの応用で用いられている．最近の例についてはSzegedy *et al.* (2015)を参照されたい．

8.7.4　教師あり事前学習

モデルが複雑で最適化が難しい場合やタスクが非常に困難な場合，直接的にモデルを訓練してタスクを解くのは，野心的すぎるのかもしれない．タスクを解くために，より単純なモデルを訓練した後で，そのモデルを複雑にする方が効果的な場合がある．また，より単純なタスクを解くモデルを訓練した後で目的のタスクに取り組む方が効果的な場合もある．このような，単純なタスクで単純なモデルを訓練してから，目的とするモデルを訓練して目的のタスクを実行するという戦略は，総称して**事前学習**（pretraining）と呼ばれる．

貪欲法（Greedy algorithms）は問題を多くの要素に分割し，その要素ごとに個別に最適な要素を求める．残念ながら，個々には最適となる要素を組み合わせても，最適な完全解が得られる保証はない．しかしながら，貪欲法では最良の同時解を求めるアルゴリズムと比べて計算コストがはるかに低く，また貪欲法の解の質は，最適でないとしても，許容できる場合が多い．貪欲法を実行した後で，同時最適化アルゴリズムで問題全体の最適解を探索する**再学習**（fine tuning）を実行する場合もある．同時最適化アルゴリズムを貪欲法の解で初期化すると，最適化を大いに高速化し，その解の質を高められる．

事前学習アルゴリズム，特に貪欲法を使った事前学習アルゴリズムは，深層学習の至るところで使われている．本節では特にこのような，教師あり学習問題をさらに単純な教師あり学習問題に分割する事前学習アルゴリズムについて説明する．このアプローチは**貪欲教師あり事前学習**（greedy supervised pretraining）として知られる．

最初の貪欲教師あり事前学習 (Bengio *et al.*, 2007) では，各段階は最終的なニューラルネットワークの層の一部だけが関わる，教師あり学習の訓練タスクで構成されている．貪欲教師あり事前学習の例を図8.7に示す．この図では，追加された隠れ層はそれぞれ浅い教師あり MLP の一部として事前学習したもので，以前に学習した隠れ層の出力を入力として受け取っている．Simonyan and Zisserman (2015) では，一度に 1 つの層の事前学習を行う代わりに，深層畳み込みネットワーク（11 の重み層）の事前学習を行い，その後このネットワークの最初の 4 層と最後の 3 層を使って，さらに深いネットワークを初期化している．新しい非常に深いネットワークの中間層はランダムに初期化される．その後，新しいネットワークを同時に学習する． Yu *et al.* (2010) で探求された別の方法は，すでに学習済みの MLP の**出力**を生の入力と一緒に，追加された各段階の入力として用いる方法である．

なぜ貪欲教師あり事前学習が有用なのだろうか． Bengio *et al.* (2007) で最初に議論された仮説は，それが深い階層の中間層によりよい方針を提供することに役立つというものである．一般的には，事前学習は最適化と汎化の両方に有用となる可能性がある．

教師あり事前学習に関連するアプローチの 1 つに，その考えを転移学習の領域まで拡張することがある．Yosinski *et al.* (2014) では，8 つの重み層を持つ深層畳み込みネットワークをタスク集合

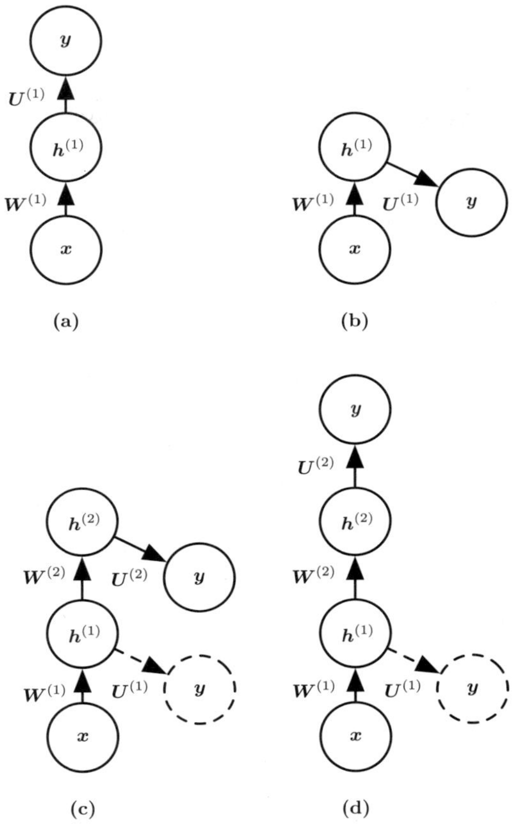

図 **8.7:** 貪欲的な教師あり事前学習の 1 つの方式の説明 (Bengio *et al.*, 2007). (a) 十分に浅いアーキテクチャを訓練することから始める. (b) 同じアーキテクチャを別な形で表した図. (c) 元のネットワークの入力層から隠れ層までだけを残し, 隠れ層から出力層までを破棄する. 第 1 の隠れ層の出力を, 第 1 のネットワークと同じ目的関数で訓練された, 別の教師ありの隠れ層 MLP への入力として送ることで, 第 2 の隠れ層を追加する. これを, 必要な層の数だけ繰り返すことができる. (d) 結果を別の形で表した図であり, 順伝播ネットワークとみなされる. 最適化をさらに改善するために, このプロセスの最後でのみ, または各段階で, すべての層をまとめて再学習できる.

(ImageNet の 1,000 個の物体カテゴリの部分集合) で事前学習し, その後, このネットワークの最初の k 層を使って同じサイズのネットワークを初期化した. そして, その 2 つ目のネットワーク (上位層はランダムに初期化されている) の層を, 最初のタスクより訓練事例が少ない別のタスク集合 (ImageNet の 1,000 個の物体カテゴリの別の部分集合) を実行するように同時に訓練した. ニューラルネットワークの転移学習に関連する他のアプローチは, 15.2節で説明する.

関連するもう 1 つのアプローチは FitNets (Romero *et al.*, 2015) である. このアプローチは, 訓練しやすい十分に浅く十分に幅 (層ごとのユニット数) が広いネットワークを訓練することから始める. その後, このネットワークは**生徒** (student) と呼称される 2 つ目のネットワークの**教師** (teacher) となる. 生徒ネットワークはずっと深くて幅が狭く (11 層から 19 層), 普通の条件下では SGD で学習することが難しい. 生徒ネットワークが元のタスクの出力を予測するだけでなく, 教師ネットワークの中間層の値を予測するように訓練することで，生徒ネットワークの訓練がより簡単になる．この追加タスクによって，隠れ層がどのように使われて，どのように最適化問題を単純化できるかについてのヒントが得られる．5 層の教師ネットワークの中間層をより深い生徒ネットワークの中間層から回帰させるために，パラメータを追加する．しかし，最終的な分類目標を予測するのではなく，教師ネットワークの中間層を予測することを目的とする．したがって，生徒ネットワークの下位層には，生徒ネットワークの出力がそれ自身のタスクの達成を助けるとともに，教師ネットワークの中間層を予測するという 2 つの目的がある．狭く深いネットワークは，広く浅いネットワークと比較して訓練が困難なように見えるが，狭く深いネットワークの方がよい汎化性能を示す場合があり，またパラメータ数がずっと少なくなるほど狭い場合には，間違いなく計算コストが低くなる．隠れ層についてのヒントがなければ，生徒ネットワークは訓練集合とテスト集合の両方の実験で，性能が非常に悪い結果となる．したがって，中間層についてのヒントは，別の方法では訓練が難しいと思われるニューラルネットワークの訓練に役立つツールの 1 つであるが，他の最適化手法やアーキテクチャの変更でも問題は解決されるかもしれない．

8.7.5　最適化を支援するモデルの設計

最適化を改善する最善の戦略は，必ずしも最適化アルゴリズムを改善することではない．代わりに，深層モデルの最適化の改善は，最適化が簡単になるようなモデル設計から得られることが多い．

原理的には，ギザギザの非単調なパターンで増減する活性化関数を用いることができるが，最適化が非常に困難となる．実際には，**最適化が容易なモデル族を選択する方が，強力な最適化アルゴリズムを使うよりも重要である**．過去 30 年間のニューラルネットワークの学習における進歩の大半は，最適化手順の変更でなく，モデル族を変更することで得られてきた．1980 年代にニューラルネットワークの学習に用いられたモメンタムを使う確率的勾配降下法は，現代の最先端のニューラルネットワークに今も使用されている．

具体的には，現代のニューラルネットワークは，ほとんど至るところで微分可能かつ定義域の大部分で大きな傾きを持つような，層と活性化関数の間の線形変換を使うという**設計上の選択**を反映している．特に，LSTM, 正則化線形ユニットおよびマックスアウトユニットのようなモデルにおける革新はすべて，シグモイドユニットに基づく深層ネットワークのような過去のモデルよりも，線形関数を使う方向に変わってきている．このようなモデルには，最適化を容易にするよい性質がある．勾配は，線形変換のヤコビ行列が適切な特異値を持つときに，多くの層を通過する．さらに，線形関数は一貫して 1 つの方向に増加するので，モデルの出力が正解から程遠くても，単純に勾配を計算することで，出力のどの方向に移動すれば損失関数が減少するかが明らかである．言い換えれば，現代のニューラルネットワークにおいて，その**局所的な**勾配情報が遠くの解に向かって移動することに適切にうまく対応するように設計されている．

他にも最適化を簡単にするモデル設計の戦略がある．たとえば，層間の線形経路やスキップ接続は，下位層のパラメータから出力までの最短経路を短くするので，勾配消失問題が緩和される (Srivastava *et al.*, 2015)．スキップ接続に関連するアイデアとして，GoogLeNet (Szegedy *et al.*, 2014a) や深層教師ありネットワーク (Lee *et al.*, 2014) のように，ネットワークの中間層にも追加の出力層出力をつなげることである．このような「補助ヘッド」はネットワークの最上部の主要出力と同じタスクを実行するように訓練され，下位層に大きな勾配が与えられることを保証する．訓練が完了した後，この「補助ヘッド」は取り除いてもよい．これは，前節で説明した事前学習の戦略の代替手法である．このようにして，1 つのフェーズですべての層を同時に訓練できるが，アーキテクチャを変更できるので，中間層（特に下位層）がより短い経路を通じて何をすべきかのヒントが得られる．このようなヒントによって，誤差信号が下位層に伝わる．

8.7.6 継続法とカリキュラム学習

8.2.7節で説明したように，最適化に関わる課題の多くはコスト関数の大域的構造から生じるものであり，単純に局所的な更新方向の推定を改善するだけでは解決できない．この問題を解決する一般的な戦略は，局所降下で発見できるパラメータ空間内を通る短い経路で，解とつながる領域のパラメータを初期化しようとするものである．

継続法（continuation method）は，局所最適化が空間内のよい挙動をする領域でほとんどの時間を費やすことが保証されるように初期の点を選択することで，最適化を簡単にする戦略の総称である．継続法の基本となる考え方は，同じパラメータに対する一連の目的関数を構成することである．コスト関数 $J(\boldsymbol{\theta})$ を最小化するため，新たなコスト関数 $\{J^{(0)},\ldots,J^{(n)}\}$ を構成する．これらのコスト関数は徐々に難しくなるように設計されていて，$J^{(0)}$ は比較的容易に最小化でき，$J^{(n)}$ は最も難しく，$J(\boldsymbol{\theta})$ はプロセス全体が目指す真のコスト関数である．$J^{(i)}$ が $J^{(i+1)}$ よりも容易であると言う場合，$J^{(i)}$ が $\boldsymbol{\theta}$ 空間のより広い領域でよい挙動をすることを意味する．無作為な初期化の場合は，この領域がより広いため，局所降下でコスト関数の最小化が成功する領域に着地する可能性が高い．一連のコスト関数は，ある関数の解がその次の関数の良好な初期点となるよう設計されている．このように，簡単な問題を解くことから始めて，真の根底にある問題に対する解に到達するまで，徐々に難しくなる問題が解けるように解を改善していくのである．

（ニューラルネットワークの学習で継続法が使われる以前の）伝統的な継続法は通常，目的関数を滑らかにすることに基づいていた．Wu (1997) にその手法の例と関連する手法の説明があるので参照されたい．継続法はまた，パラメータにノイズを加える焼きなまし法とも密接に関連している．継続法は近年，大きな成功を収めている．最近の文献，特にAIへの応用の文献の概要については，Mobahi and Fisher (2015) を参照されたい．

伝統的に継続法は，極小値の課題を解決することを目的に設計されることがほとんどであった．具体的には，多くの極小値が存在する中でも最小に到達できるように設計された．そのため，このような継続法は，元のコスト関数を「ぼかす」ことで，もっと単純なコスト関数を構成しようとした．このぼかし処理は，サンプリングによる以下の近似で実行できる．

$$J^{(i)}(\boldsymbol{\theta}) = \mathbb{E}_{\theta' \sim \mathcal{N}(\boldsymbol{\theta}';\boldsymbol{\theta},\sigma^{(i)2})} J(\boldsymbol{\theta}'). \tag{8.40}$$

このアプローチの直感的な理解は，いくつかの非凸関数をぼかすと近似的に凸になるということである．多くの場合，このぼかしを行っても，ぼかしの少ない問題を徐々に解いて得られる最小値の位置に関する情報が十分保持される．継続法による結果は，3つの場合に分けることができる．1つ目の場合，凸関数から始まり，ある関数から次の関数へ適切に導くことで最小値に到達する一連のコスト関数を定義できる場合である．しかし，この場合漸増する多くのコスト関数が必要になる可能性があり，全体のコストは高いままとなる．加えて，NP困難な最適化問題は，継続法が適用できる場合でもNP困難なままである．他の2つの場合には，いずれも継続法の適用は失敗に終わる．失敗する1つ目の場合は，関数をどれだけぼかしても凸にならない場合である．たとえば，関数 $J(\boldsymbol{\theta}) = -\boldsymbol{\theta}^\top\boldsymbol{\theta}$ が該当する．もう1つの場合は，関数はぼかした結果として凸にはなるが，ぼかした関数の最小値が元の関数の最小値でなく極小値に導いてしまう場合である．

継続法はもともと，極小値問題に対処するために設計されたが，ニューラルネットワークの最適化において，極小値はもはや主要な問題だと考えられていない．幸いにも，継続法は依然として役立つことがある．継続法で導入されるより簡単な目的関数によって，平坦な領域を除外したり，勾配の推定の分散を低下させたり，ヘッセ行列の条件数を改善したりすることができる．あるいは，局所的な更新の計算を容易にしたり，局所的な勾配の方向と大域的な解に向かう方向の対応を改善したりするその他のさまざまなことも可能になる．

Bengio *et al.* (2009) では，**カリキュラム学習**（curriculum learning）または**シェイピング**（shaping）と呼ばれるアプローチが継続法と解釈できることが示された．カリキュラム学習は，単純な概念の学習から始めて，その単純な概念に依存するより複雑な概念の学習へ進む学習過程を計画するという考えに基づいている．この基本的な戦略は，動物の訓練 (Skinner, 1958; Peterson, 2004; Krueger and Dayan, 2009) と機械学習 (Solomonoff, 1989; Elman, 1993; Sanger, 1994) の進歩を加速させるものとして以前知られていた．Bengio *et al.* (2009) は，（コスト関数への単純な事例の影響を大きくしたり，あるいは単純な事例をより頻繁にサンプリングしたりすることで）より単純な事例の影響を大きくすることでより前の $J^{(i)}$ を簡単にする継続法としてこの方法を説明した．そして，大規模なニューラル言語モデリングのタスクにおいて，カリキュラムに従うことで，よりよい結果が得られることを実験的に示した．カリキュラム学習は，幅広い自然言語タスク (Spitkovsky *et al.*, 2010; Collobert *et al.*, 2011a; Mikolov *et al.*, 2011b; Tu and Honavar, 2011) やコンピュータビジョンタスク (Kumar *et al.*, 2010; Lee and Grauman, 2011; Supancic and Ramanan, 2013) で成功を収めている．カリキュラム学習はまた，人間が**教える**方法と一致することも確認された (Khan *et al.*, 2011)．すなわち，教師はまず簡単で類型的な例を示すことから始め，より明確ではないケースを使って学習者が決定面を調整する手助けをする．人間に教える場合には，カリキュラムに基づく戦略の方が，一様なサンプル抽出に基づく戦略よりも**効果的**であり，また他の教育戦略の効果を高めることも可能である (Basu and Christensen, 2013).

カリキュラム学習の研究についてのもう 1 つの重要な貢献は，長期依存を捉える回帰結合型ニューラルネットワークの訓練の場面で生まれた．Zaremba and Sutskever (2014) は，**統計的カリキュラム**を使ってさらに良好な結果が得られることを発見した．これは，簡単な事例と困難な事例をランダムに混合したものをつねに学習者に提示し，困難な事例（この場合，より長い依存性）が含まれる平均的な割合を徐々に大きくするというものである．決定論的なカリキュラムでは，ベースライン（全訓練集合からの通常の訓練）に対する改善は見られなかった．

ここでは，基本的なニューラルネットワークのモデル群と，それらの正則化と最適化の方法を説明した．以降の章では，ニューラルネットワークを非常に大きなサイズに拡張し，特殊な構造を持つ入力データの処理を可能にする専門的なニューラルネットワーク群に焦点を移す．本章で説明した最適化手法は，ほとんど変更を加えずに，このような特殊なアーキテクチャに直接適用できることが多い．

第9章

畳み込みネットワーク

畳み込みニューラルネットワーク（convolutional neural networks, CNNs）とも呼ばれる**畳み込みネットワーク**（convolutional networks）(LeCun, 1989) は，格子状のトポロジーを持つデータの処理に使われる特殊なニューラルネットワークである．格子状のトポロジーを有するデータの例としては時系列データがあり，これは等時間間隔で取得したサンプルが 1-D に配列されたものと考えられる．あるいは画像データは，ピクセルが 2-D に配列されたものと考えられる．畳み込みネットワークは実用的なアプリケーションにおいて極めてよく成功している．「畳み込みネットワーク」という名称は，「畳み込み」という数学的な処理を利用していることを意味している．畳み込みとは特殊な線形変換であり，**畳み込みネットワークは単純に，少なくともどこか 1 つの層で行列の掛け算の代わりに畳み込みを利用するニューラルネットワークのことである．**

本章ではまず，畳み込みとは何かについて説明する．次に，畳み込みをニューラルネットワークで利用する理由について説明する．その後，畳み込みネットワークのほとんどで利用されている**プーリング**（pooling）と呼ばれる処理について説明する．畳み込みニューラルネットワークで利用される畳み込み処理は，工学や純粋数学などの他の領域で定義される畳み込みと厳密には対応していない．本章では，ニューラルネットワークで実際に利用されている畳み込み関数のいくつかのバリエーションについて説明する．また，畳み込みネットワークが次元の異なるさまざまなデータに対してどのように適用できるかを説明する．その後，畳み込み処理をさらに効率的に行う方法について説明する．畳み込みネットワークは，神経科学の原理が深層学習に影響を与えた顕著な例である．畳み込みネットワークの背景にある神経科学的な原理について説明した後，畳み込みネットワークが深層学習の歴史上で果たしてきた役割について言及して本章をまとめる．本章では畳み込みネットワークの構造を選択する方法については説明しない．本章の目的は，畳み込みネットワークが提供するいくつかのツールについて説明することである．どのような場合にどのツールを利用すればよいのかの一般的な方針については11章を参照されたい．畳み込みネットワークの構造に関する研究は極めて早い速度で進んでおり，ベンチマークに対する最も優れた構造は数週間から 1 ヶ月のうちに更新されている．そのため，最も優れた構造について紙媒体で説明することは適切ではないだろう．しかし，その最も優れた構造も，ここで説明する基礎技術によって構成されている．

9.1 畳み込み処理

最も一般的な形式としては，畳み込みは実数の引数を 2 つ持つ関数に対する処理と定義される．畳み込みを定義するにあたり，まず 2 つの関数の例から始める．

今，宇宙船の位置をレーザーセンサーで追跡しているとしよう．そのレーザーセンサーは，ある時刻 t における宇宙船の位置 $x(t)$ を出力するものである．x と t はどちらも実数値であり，すなわち任意の時間における宇宙船の位置がレーザーセンサーから出力される．

ここで，レーザーセンサーの観測値には多少のノイズが含まれているとしよう．宇宙船の位置をより正確に推定するためには，いくつかの観測値の平均を取りたいだろう．当然ながら，時間的に新しい観測値の方が現在の位置との関連性が高いので，より最近の観測値に重みをもたせた重み付き平均としたい．この処理は，a を観測値が得られてからの時間として，重み関数 $w(a)$ を利用することで実現できる．このような重み付き平均を取る処理をすべての時刻で適用すれば，宇宙船の位置を表す平滑化された推定値が次の関数で求められる．

$$s(t) = \int x(a)w(t-a)da. \tag{9.1}$$

この処理が**畳み込み**（convolution）と呼ばれるものである．畳み込み処理は通常アスタリスク記号を使って以下のように表記する．

$$s(t) = (x * w)(t). \tag{9.2}$$

宇宙船の例では w は有効な確率密度関数である必要があり，そうでなければ出力は重み付け平均値にはならない．また，w はすべての負の引数に対して 0 である必要がある．引数が負であるということは，この宇宙船の例では未来の時間の値を見ることであり，通常は不可能である．しかし，これらの制約はこの事例に特有のものである．一般に，畳み込みは上記の積分が定義される関数であれば，どのような関数の組み合わせに対しても定義され，重み付き平均の処理以外にも利用できる．

畳み込みネットワークの用語では，畳み込み処理の 1 つ目の引数（宇宙船の例においては関数 x）は**入力**（input）と呼ばれ，2 つ目の引数（関数 w）は**カーネル**（kernel）と呼ばれることが多い．また，出力は**特徴マップ**（feature map）と呼ばれることが多い．

ここでの例では，すべての瞬間における宇宙船の位置を観測するレーザーセンサーを考えたが，これは非現実的である．コンピュータ上でデータを処理する場合には，時間は離散化されるのが一般的で，センサーは等間隔でデータを出力する．今回の例では，レーザーセンサーは 1 秒に 1 回観測値を出力すると考えるのが現実的だろう．この場合，t は整数値のみを取ることになる．もし x と w が整数値 t でのみ定義されているとすれば，離散畳み込みは次式で定義される．

$$s(t) = (x * w)(t) = \sum_{a=-\infty}^{\infty} x(a)w(t-a). \tag{9.3}$$

機械学習の応用では，一般に入力はデータの多次元配列であり，カーネルは学習アルゴリズムによって学習されたパラメータの多次元配列である．今後，本章ではこのような多次元配列のことをテンソルと呼ぶ．入力とカーネルの各要素は明示的に別々に格納する必要があるため，これらの関数は値を格納する有限の集合以外の場所ではゼロであると考える．これは実際には，無限個の要素の総和を有限個の配列要素の総和として実装できることを意味する．

また，一度に複数の軸に対する畳み込みを行うことがよくある．たとえば，もし 2 次元の画像 I を入力とした場合に，次のような 2 次元のカーネル K も利用したいと考えるだろう．

$$S(i,j) = (I * K)(i,j) = \sum_m \sum_n I(m,n)K(i-m, j-n). \tag{9.4}$$

畳み込みは可換であることから，上記の式は次式と等価である．

$$S(i,j) = (K * I)(i,j) = \sum_m \sum_n I(i-m, j-n)K(m,n). \tag{9.5}$$

m と n の有効な値の範囲に変化が少ないので，機械学習ライブラリでは後者の式の方が簡単に実装できる．

この畳み込みの可換性は，m が増加するにつれて入力のインデックスが増加し，カーネルのインデックスが減少するという意味で，カーネルを入力に対して相対的に**反転した**（**flipped**）ことで生じている．カーネルを反転させる唯一の理由は可換性を獲得するためである．可換性は証明を行う際には有用であるが，ニューラルネットワークの実装においては通常あまり重要な性質ではない．代わりに，ニューラルネットワークライブラリの多くは，**相互相関**（**cross-correlation**）と呼ばれる畳み込みと関連した関数が実装されている．相互相関は畳み込みと同様の処理であるが，カーネル反転を行わない．相互相関は次式で表せる．

$$S(i,j) = (I * K)(i,j) = \sum_m \sum_n I(i+m, j+n)K(m,n). \tag{9.6}$$

多くの機械学習ライブラリでは相互相関を実装し，それを畳み込みと呼んでいる．本書では，どちらの処理も畳み込みと呼ぶ慣習に従う．また，カーネルの反転に関係する説明の中では，カーネルの反転を行っているかどうかを明示する．機械学習の文脈では，学習アルゴリズムは適切な場所でのカーネルの適切な値を学習するので，カーネル反転を利用した畳み込みを使うアルゴリズムは，反転なしのアルゴリズムで学習したカーネルを反転させたカーネルを学習する．また，畳み込みは機械学習において単独で利用されることは珍しく，他の関数と同時に利用され，またこの組み合わせ方はカーネル反転を利用するしないにかかわらず変更されない．

（カーネル反転を行わない）畳み込み処理を 3-D テンソルに適用した例については図9.1を参照されたい．

離散畳み込みは行列の掛け算とみなすことも可能である．しかし，ここでの行列のいくつかの要素はその他の要素と同じになるように制限されている．たとえば，1 変数の畳み込みの場合，行列の各行はその 1 つ上の行の要素を 1 つ右にシフトしたものと一致する．このような行列は**テプリッツ行列**（**Toeplitz Matrix**）として知られている．2 次元の場合，**二重循環行列**（**doubly block circulant matrix**）が畳み込みに対応する．畳み込みは，行列のいくつかの要素がその他の要素と一致するという制約に加えて，一般に非常にスパースな行列（多くの要素がゼロであるような行列）に対応する．これは，一般にカーネルは入力画像と比較してはるかに小さいためである．行列の積で表現できて，行列構造の特性に依存しないニューラルネットワークアルゴリズムは，ニューラルネットワークに関する変更をしなくても，畳み込みを使って表現できるはずである．典型的な畳み込みニューラルネットワークは，実際には大きな入力を効率的に扱うための特殊化をしているが，これは理論的な観点からは厳密には必要ではない．

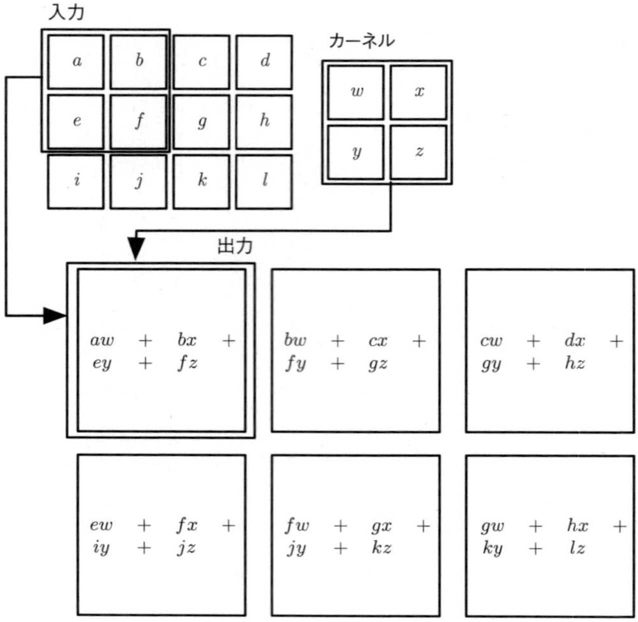

図 9.1: カーネル反転を行わない 2 次元畳み込みの例．出力をカーネルが画像全体に含まれる場所だけに制限している．このような畳み込みはいくつかの場合で「有効な」畳み込みと呼ばれる．ここで，画像中の矢印付きのボックスは，入力テンソルの左上の領域にカーネルを適用することで，出力テンソルの左上の要素がどのように構成されるかを示している．

9.2　モチベーション

畳み込みは機械学習システムをよりよくするための 3 つの考え方である，**疎な結合**（sparse interactions），**パラメータ共有**（parameter sharing），**等価表現**（equivariant representations）をうまく利用している．さらに，畳み込みは可変長の入力を処理する手段を提供している．これらの考え方について順に説明していこう．

伝統的なニューラルネットワークの層は，入力層の各ユニットと出力層の各ユニットのつながりを記述するパラメータを集めた行列の掛け算を利用している．これは，出力ユニットすべてが入力ユニットすべてから影響を受けることを意味している．一方で，畳み込みニューラルネットワークは一般に**疎な結合**（sparse interactions）（その他に**疎な結合性**（sparse connectivity）や**疎な重み**（sparse weights）と呼ばれる）を利用している．これは，入力より小さなカーネルを利用することで実現できる．たとえば画像を処理する場合，入力画像には数千あるいは数百万といった大量のピクセル値が含まれるかもしれないが，カーネルを使うとせいぜい数十から数百ピクセル程度のサイズの意味のある特徴（たとえばエッジなど）を検出できる．これは，保管するパラメータの数を減らせることを意味していて，それによってモデルに必要なメモリを減らし，さらには統計的有効性を改善できる．これはまた，出力の計算処理をより少ない処理でできることも意味している．一般的にこの有効性の改善は極めて大きい．もし m 個の入力と n 個の入力があった場合，行列の掛け算には $m \times n$ 個のパラメータが必要にな

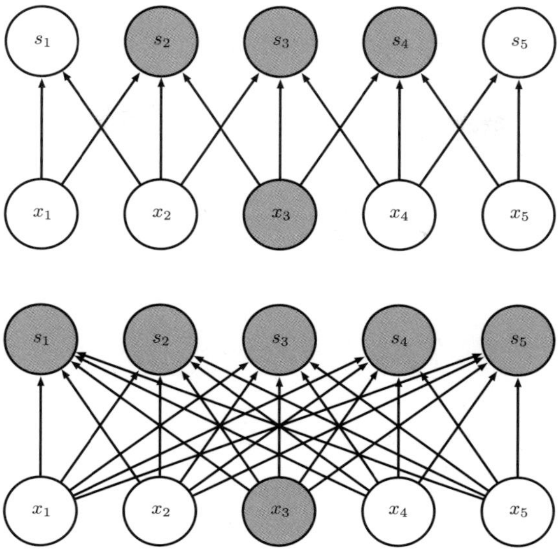

図 **9.2: 下層側から見た疎な結合性**．1 つの入力ユニット x_3 とその入力に影響される出力ユニット群 $\boldsymbol{s}$ の色を変えている．（上）カーネル幅が 3 の畳み込みで $\boldsymbol{s}$ を形成した場合，3 つの出力ユニットのみが $\boldsymbol{x}$ の影響を受ける．（下）行列の掛け算により $\boldsymbol{s}$ が構成されている場合，結合性はもはや疎ではないので，すべての出力ユニットが x_3 から影響を受ける．

るので，実際に利用されるアルゴリズムの計算のオーダーは，1 事例あたりで $O(m \times n)$ となる．それぞれの出力が k 個の結合を持つように制限を加えると，この疎な結合のアプローチは $k \times n$ 個のパラメータと $O(k \times n)$ の実行時間を必要とする．多くの実用的なアプリケーションの場合，k を m の数分の 1 程度のオーダーに抑えても，機械学習のタスクでよい精度を得ることが可能である．疎な結合性は図9.2と図9.3で説明している．図9.4に示すとおり，深層畳み込みネットワークの深い層におけるユニットは，**間接的**により多くの入力と相互作用している．これによりネットワークは，個々では疎な相互作用だけを記述する単純な基本要素から複雑な相互作用を構成して，多くの変数の間の相互作用を効率的に表現する．

パラメータ共有（parameter sharing）とは，あるモデルの複数の関数で同じパラメータを利用することを指す．伝統的なニューラルネットでは，ある層の出力を計算するときに重み行列の各要素は一度だけ使われる．各要素は入力要素の 1 つと掛け合わされて，その後は二度と利用されない．ある 1 つの入力要素に用いられる重みの値がその他の場所に用いられる重みの値に結び付けられているので，パラメータ共有と同じ意味で，ネットワークが**共有重み**（tied weights）を持っていると言うこともできる．畳み込みニューラルネットワークでは，カーネルのそれぞれの要素が入力のすべての位置で利用される（ただし，入力の境界ピクセルの値についてはその扱いに関する設計判断による）．畳み込み処理でのパラメータ共有は，すべての入力位置に対して別々に重みの集合を学習するのではなく，1 つの集合のみを学習することを意味する．このことは順伝播の際の計算時間には影響は及ぼさない（変わらず $O(k \times n)$ である）が，モデルの保存に必要なメモリ容量を k にまで低減する．一般に k は m よりも数分の 1 のオーダーで小さいことを思い出そう．通常 m と n は大まかに言って同じくらいの大きさであり，k は $m \times n$ という数に比べて実用上取るに足らない大きさである．したがって畳み込み処理は，メモリ効率や統計的有効性の観点で密行列の掛け算と比較して劇的に効率的である．パラメータ共有の効

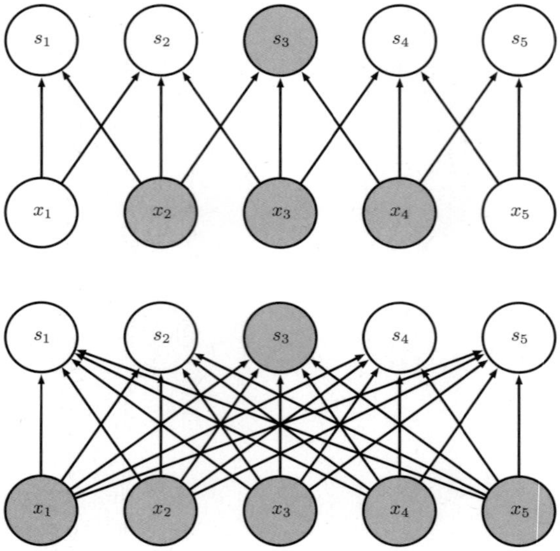

図 9.3: 上層側から見た疎な結合性． 1 つの出力ユニット s_3 と，その出力に影響を与えるすべての入力ユニット $\boldsymbol{x}$ の色を変えている．このようなユニットは s_3 の**受容野**（receptive field）として知られている．（上）カーネル幅が 3 の畳み込みで $\boldsymbol{s}$ を形成した場合，3 つの入力ユニットのみが s_3 に影響を与える．（下）行列の掛け算で $\boldsymbol{s}$ を形成した場合，結合性はもはや疎ではないので，すべての入力ユニットが x_3 に影響を与える．

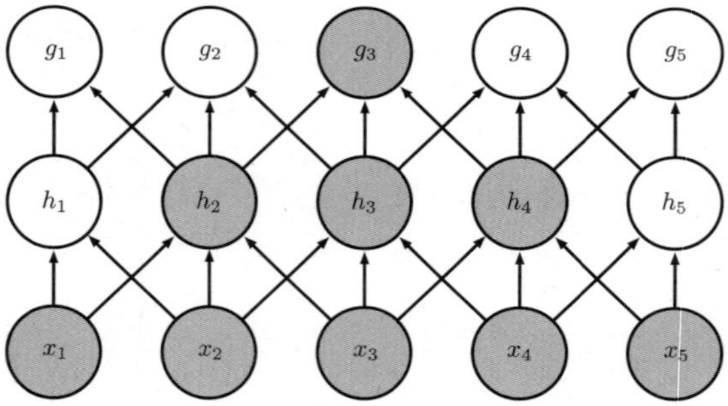

図 9.4: 畳み込みネットワークのより深い層のユニットに対する受容野は，浅い層のユニットに対する受容野と比較して大きい．ネットワークがストライド畳み込み（図9.12）やプーリング（9.3節）を含む場合にその効果は大きくなる．このことは，畳み込みネットワークにおける**直接的な**結合が極めて疎であっても，より深い層のユニットは入力画像のすべてあるいはほとんどと**間接的に**結合しているということを意味している．

果については図9.5で図示する．

図9.6は，疎な結合とパラメータ共有という 2 つの原則の実例として，この 2 つの原則が画像中のエッジを検出する線形関数の効率を劇的に改善する様子を示している．

畳み込みの場合，その特別な形のパラメータ共有によって，その層が移動に対する**等価性**（equivariance）という性質を持つようになる．ある関数が等価であるとは，入力が変化した場合に出力が同じように変化することを意味する．具体的には，$f(g(x)) = g(f(x))$ が成立する場合に関数 $f(x)$ は g と等価である．畳み込みの場合，g が入力を移動する関数，すなわち入力をシフトする関数であるとする

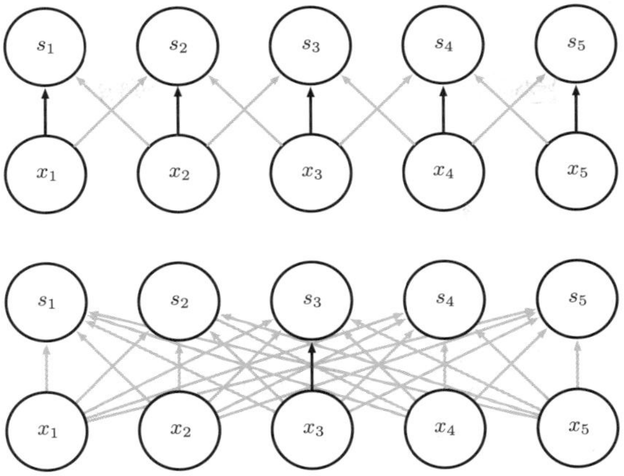

図 **9.5:** パラメータ共有．図中の黒い矢印は 2 つの異なるモデルにおいて特定のパラメータを利用している結合を示している．（上）黒い矢印は畳み込みモデルにおいて 3 つの要素を持つカーネルの中心の要素を利用していることを示している．パラメータ共有を行っているため，この 1 つのパラメータがすべての入力位置で利用される．（下）1 本の黒い矢印は全結合モデルでの重み行列の中心の要素を利用していることを示している．全結合モデルはパラメータ共有を行っていないので，このパラメータは一度だけ利用されている．

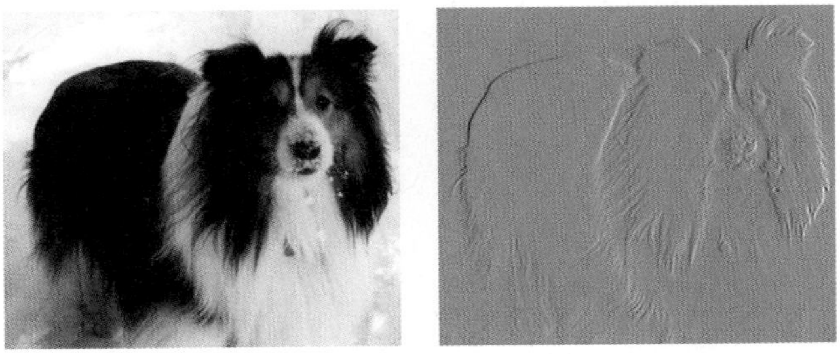

図 **9.6:** **エッジ検出の有効性**．右側の画像は元画像の各ピクセルの値から左側にある画像の中の近接するピクセルの値を引いたものである．この図は入力画像におけるすべての垂直方向のエッジの強さを示しており，これは物体検出を行うときに有用な処理になりうる．入力と出力のどちらの画像も高さは 280 ピクセルである．入力画像は 320 ピクセルの幅を持ち，一方で出力画像は 319 ピクセルの幅を持つ．このような変換は 2 つの要素を持つ畳み込みカーネルにより記述することができ，この畳み込みを計算するのには $319 \times 280 \times 3 = 267,960$ 回の浮動小数点演算（出力ピクセルごとに 2 回の掛け算と 1 回の足し算）が必要である．同様の変換を行列の掛け算で記述するには $320 \times 280 \times 319 \times 280$ 回，すなわち 80 億を超える行列の要素が必要なので，結果としてこの変換を表現するのに畳み込みの方が 40 億倍ほど効率的である．また単純な行列の掛け算を行うためには 160 億回の浮動小数点演算が必要であり，結果として畳み込みの方が 60,000 倍効率的となる．当然ながら，行列の要素のほとんどはゼロである．もし行列中の非ゼロ要素のみを保持することにすれば，行列の掛け算と畳み込みの浮動小数点演算は同数になる．ただし，それでも行列は $2 \times 319 \times 280 = 178,640$ 個の要素を保持する必要がある．小さな局所領域の線形変換を入力画像全体にわたって適用するときに，その変換を記述する方法として畳み込みは極めて効率的である．（写真協力：Paula Goodfellow）

と，畳み込み関数は g と等価である．たとえば，I をある整数座標における画像の明るさを出力する関数であるとしよう．また，関数 g をある画像関数を別の画像関数に写像する関数とする．すなわち $I' = g(I)$ が画像関数で $I'(x, y) = I(x-1, y)$ となる．これは入力 I のすべてのピクセルを 1 ユニット分右にずらす変換である．この変換を入力 I に対して適用した後に畳み込みを適用した結果は，畳み込みを I' に対して適用した後でその出力に変換 g を適用した結果と同じになる．このことは，時系列データに対して畳み込みを適用すると，特徴の変化がいつ入力に現れるかを示す，一種のタイムラインが生成されることを意味する．もし，何らかのイベントを後ろに移動して入力すると，単に時間が後ろに遅れるだけで，完全に同じ表現が出力として現れる．同様に画像を入力として畳み込み処理を適用した場合，ある特徴がどの場所で現れたかを示す 2-D マップが生成される．もし入力中の物体を移動させた場合，その出力の表現は同じ分だけ移動する．この性質は，近接する少数のピクセルの何らかの関数を，複数の入力位置に適用することが役に立つと知っているときに有用である．たとえば画像を処理する場合，最初の畳み込み層でエッジを検出することは有効である．同じエッジは多かれ少なかれ画像中のほとんどどの場所でも現れるので，画像全体でパラメータを共有することは実用的である．場合によっては，画像全体でパラメータを共有したくない場合もある．たとえば，個人の顔の中心に合わせて切り取った画像を処理する場合，位置によって異なる特徴を抽出したいと思うかもしれない．つまり，顔の最上部を処理するネットワーク部分では眉毛を探し，顔の下側を処理するネットワーク部分は顎を探す必要がある．

畳み込みは画像のスケーリングや回転といった他のいくつかの変換に対しては等価ではない．そのような変換処理には別のメカニズムが必要である．

最後に，データの種類によっては決まった形の行列の掛け算で定義されるニューラルネットワークでは処理できない場合がある．畳み込みはそのようなデータのいくつかを処理できる．この点については，9.7節でさらに説明する．

9.3　プーリング

典型的な畳み込みネットワークの層は，図9.7に示す 3 つの段階で構成されている．最初の段階では，この層は複数の畳み込み処理を並列に行い，一組の線形活性化値を出力する．2 つ目の段階では，それぞれの線形活性化値は正規化線形活性化関数のような非線形活性化関数を通過する．この段階はよく**検出器**（detector）の段階と呼ばれる．3 つ目の段階では，**プーリング関数**（pooling function）を使って層の出力をさらに修正する．

プーリング関数は，ある場所でのネットワークの出力を，周辺の出力の要約統計量で置き換える．たとえば，**最大プーリング**（max pooling）(Zhou and Chellappa, 1988) 処理では矩形の近傍中で最大の出力を返す．その他の有名なプーリング関数には，矩形近傍の平均，矩形近傍の L^2 ノルム，中心ピクセルからの距離に基づく重み付き平均がある．

どの場合においても，プーリングは入力の小さな移動に対してほぼ**不変**（invariant）な表現を作るのに役立つ．移動に対する不変性とは，入力を多少変化させたとしてもプーリング後のほとんどの出力値は変化しないという意味である．プーリングがどのように機能するかの例を図9.8に示す．**画像中のある特徴の厳密な位置より，画像中にその特徴が存在するかにどうかに関心がある場合，局所的な移動に対する不変性は有用な性質である．**たとえば，画像中に顔があるかどうかを判断したい場合，目の位置を完璧に知る必要はなく，顔の左側と右側に目があるということがわかればよい．他の状況では，その

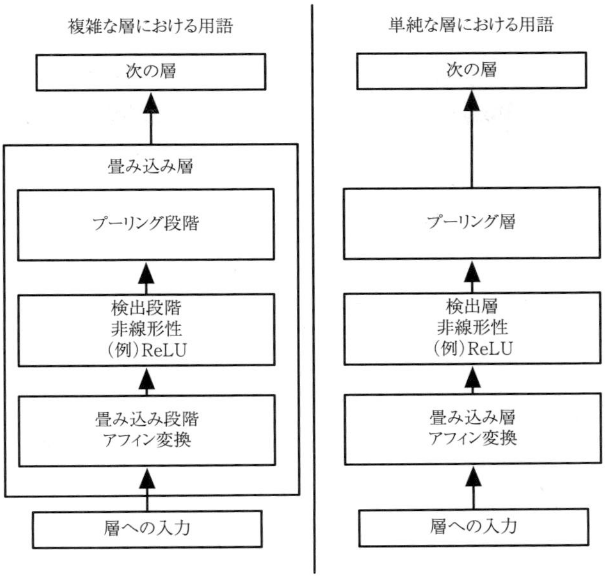

図 **9.7:** 典型的な畳み込みニューラルネットワーク層の構成要素．これらの層を記述するためによく利用される 2 つの用語がある．（左）畳み込みネットワークは，少数の比較的複雑な層からなるとみなされ，多くの「ステージ」を持っている．カーネルテンソルとネットワーク層の間には 1 対 1 の対応がある．本書では全般的に上記の用語を用いる．（右）畳み込みネットワークは，多数の単純な層からなるとみなされる．処理の各段階が 1 つの層と考えられる．すなわち，すべての「層」がパラメータを持つわけではない．

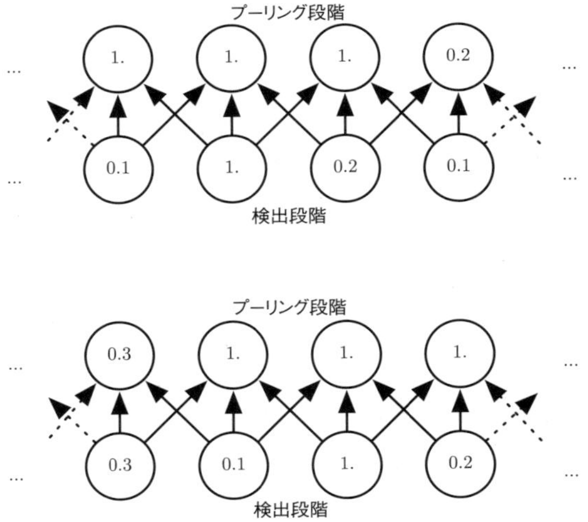

図 **9.8:** 最大プーリングがもたらす不変性．（上）ある畳み込み層の出力の中心から見た図．下部は非線形処理の出力を示している．上部は最大プーリング処理による出力を示している．プーリング領域に 1 ピクセルのストライドがあり，プーリング幅は 3 ピクセルである．（下）同じネットワークで，入力を 1 ピクセル右にずらした後の図．下部の値がすべて変化しているが，上部では半分の値だけが変化している．その理由は，最大プーリングのユニットの値は近傍の厳密な位置ではなく，その最大値にのみ敏感になっているからである．

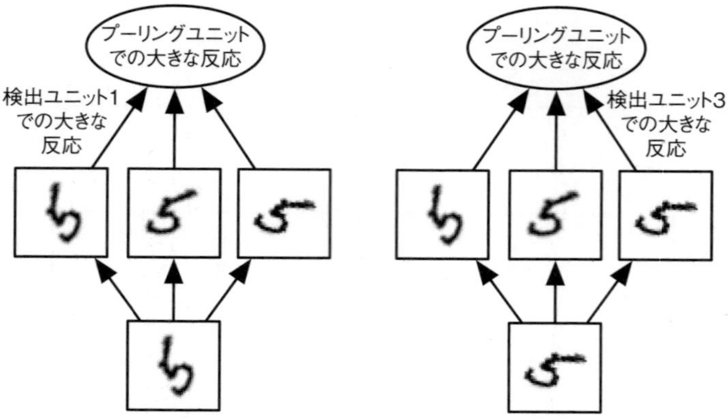

図 9.9: 学習された不変性の例. 別々のパラメータで学習した複数の特徴をプーリングするプーリングユニットは，入力の変換に対して不変となるように学習できる．ここでは 3 つの学習済みフィルタと最大プーリングユニットが，回転に対して不変となることをどのように学習できるのかを示している．3 つのフィルタはすべて，手書きの 5 を検出するためのものである．フィルタはそれぞれ，少しずつ向きの異なる 5 にマッチングしようとする．入力中に 5 が現れると対応するフィルタがマッチングし，検出ユニットを強く活性化させる．その後最大プーリングユニットは，どの検出ユニットが活性化したかにかかわらず，強く活性化させる．ここでは，このネットワークが 2 種類の入力を処理して，2 つの異なる検出ユニットを活性化させる様子を示している．プーリングユニットの効果はどちらもおおむね同じである．この原理はマックスアウトネットワーク (Goodfellow *et al.*, 2013a) やその他の畳み込みネットワークで活用されている．空間的な位置に対する最大プーリングは，当然ながら移動に対して不変となる．ここで示したような複数チャネルに対するプーリングアプローチは，他の変換を学習する場合にのみ必要となる．

特徴の位置を保持することが重要なこともある．たとえば，ある特定の向きで交わる 2 つの辺で定義される角を発見したい場合には，その 2 辺が交わっているかどうかを判定するのに十分な精度で位置情報を保存する必要がある．

プーリングを利用するということは，学習する関数が小さな移動に対して不変であるという非常に強い前提を置いているとみなすことができる．この仮定が正しい場合は，プーリングによってネットワークの統計的有効性を劇的に改善できる．

空間領域に対するプーリングは移動に対する不変性を与えるが，もし個々にパラメータ化された畳み込みの出力に対してプーリングを行った場合，どの変換に対して不変になるかを特徴量として学習できる（図9.9を参照されたい）．

プーリングは近傍全体の応答を要約するので，1 ピクセルごとではなく k ピクセルごとのプーリング領域の情報を要約した統計量を出力することで，検出ユニットより少ないプーリングユニット数とすることができる．具体例は図9.10を参照されたい．これによって，次の層で処理する入力数はおよそ $1/k$ になるので，ネットワークの計算効率を改善できる．次の層のパラメータ数がその層の入力数の関数であるとき（たとえば次の層の出力が全結合でかつ行列の掛け算に基づく場合），この入力サイズの削減は，計算効率の向上とパラメータの保持に必要なメモリ量の削減につながる．

多くのタスクにおいて，プーリングは可変サイズの入力を扱う上で欠かすことのできない要素である．たとえば，可変サイズの画像を分類したいとする．このとき，分類層への入力のサイズは固定でなければならない．通常これは，プーリング領域間のオフセットのサイズを変更し，入力のサイズにかかわら

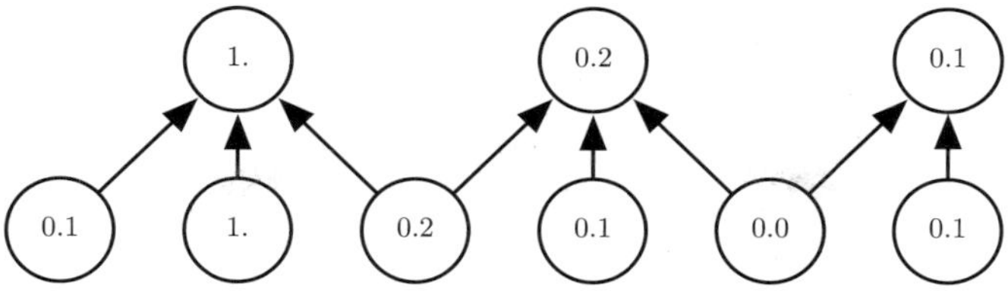

図 9.10: ダウンサンプリングによるプーリング．ここでは，プーリング幅が 3 でプーリング間のストライドが 2 の最大プーリングを利用している．これにより表現のサイズが 2 分の 1 になり，それによって次の層の計算および統計的負荷が削減される．一番右のプーリング領域のサイズが小さくなっているが，検出ユニットのいくらかを無視したくない場合にはこれを含める必要がある．

ず，分類層がつねに同じ数の要約統計量を受け取るようにすることで実現される．たとえば，ネットワークの最後のプーリング層は，画像サイズにかかわらず，画像の 4 象限それぞれに対応する 4 つの要約統計量を出力するように定義できる．

いくつかの理論的な研究では，どの種類のプーリングをどのような場面で利用するべきかの指針が提供されている (Boureau *et al.*, 2010)．また，たとえば興味深い特徴の場所においてクラスタリングアルゴリズムを実行し，特徴量をまとめて動的にプーリングすることも可能である．この方法では画像ごとに異なるプーリング領域が生成される (Boureau *et al.*, 2011)．もう 1 つの方法として，プーリング構造を 1 つだけ**学習**し，それを全画像に適用するというアプローチもある (Jia *et al.*, 2012)．

プーリングは，ボルツマンマシンや自己符号化器などのトップダウン情報を利用するニューラルネットワークに対して悪影響を与える可能性がある．その問題については，III部で上記のネットワークを紹介する際にさらに説明する．畳み込みボルツマンマシンにおけるプーリングについては，20.6節で説明する．微分可能なネットワークに必要なプーリングユニットの逆変換のような処理については20.10.6節で説明する．

畳み込みとプーリングを利用した，分類のための畳み込みネットワークアーキテクチャの全体像を図9.11に例示する．

9.4　無限に強い事前分布としての畳み込みとプーリング

5.2節で説明した**事前確率分布**（prior probability distribution）の概念を思い出そう．事前確率分布とは，データを見る前に，どのようなモデルが妥当かについての信念を符号化したモデルパラメータにおける確率分布である．

事前分布上で確率密度がどの程度密集しているかに応じて，事前分布の強さや弱さを考えることができる．弱い事前分布とは，大きな分散を持つガウス分布のように，エントロピーの大きい事前分布のことである．そのような事前分布では，データがパラメータを多少自由に動かすことを許容している．強い事前分布とは，小さな分散を持つガウス分布のように，エントロピーの小さい事前分布のことである．このような事前分布は，最終的にパラメータがどこに落ち着くかを決めるときに積極的な役割を果たす．

無限に強い事前分布とは，データがどれほどある値を支持するかにかかわらず，パラメータがいくつかの値になる確率をゼロにして，完全に使用禁止とする事前分布である．

畳み込みネットワークは重みに対して無限に強い事前分布を持つ全結合ネットワークに類似したもの

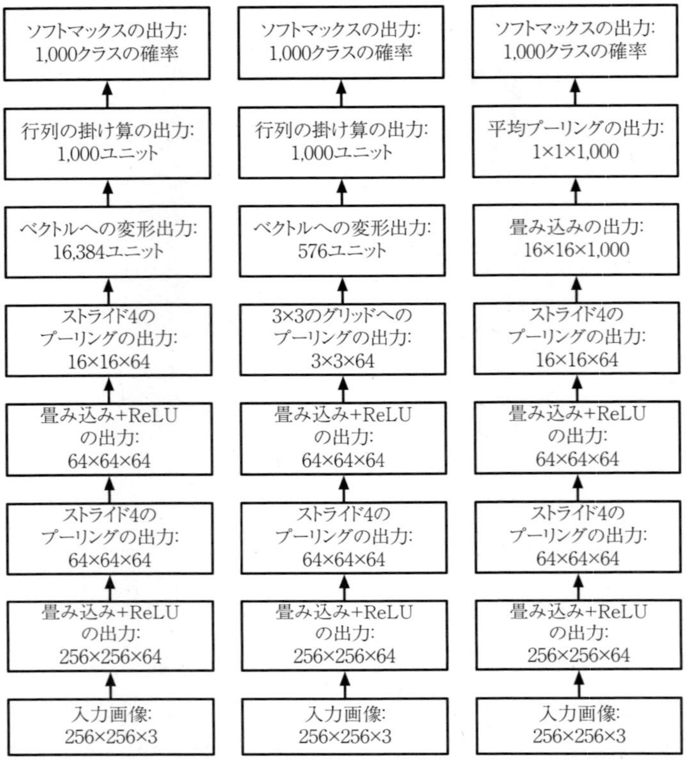

図 **9.11:** 畳み込みネットワークを用いて分類を行うアーキテクチャの例．この図で使用されている特定のストライド幅や深さは，実際の利用を推奨するものではない．これらはページ内に収まるように非常に浅く設計されている．実際の畳み込みネットワークは，ここで示しているような単純な連鎖構造とは違い，かなりの数の分岐が含まれていることが多い．**（左）**固定サイズの画像を処理する畳み込みネットワーク．いくつかの層において畳み込みとプーリングを交互に行った後，畳み込みの特徴マップのテンソルは空間次元を平坦化するように再形成される．ネットワークの残りの部分は6章で説明したような一般的な順伝播ネットワーク分類器である．**（中央）**可変サイズの入力を処理するが，それでも全結合部分を含む畳み込みネットワーク．このネットワークはさまざまなサイズのプールを持つプーリング処理を使うが，そのプールの数は固定で，ネットワークの全結合部分へ 576 ユニットの固定サイズのベクトルを提供する．**（右）**全結合層をまったく含まない畳み込みネットワーク．代わりに，最後の畳み込み層はクラスごとに 1 つの特徴マップを出力する．このモデルはおそらく，各空間位置で各クラスがどの程度発生しやすいかを示すマップを学習する．特徴マップを平均化して 1 つの値に集約すると，最上部のソフトマックス分類器の引数になる．

とみなすことができる．この無限に強い事前分布は，ある隠れユニットの重みが，空間内でずらしただけの近傍の重みと同じだと宣言する．また，その隠れユニットに割り当てられた空間的に連続する小さな受容野以外は，その重みがゼロになると宣言する．全体的には，畳み込みの利用は層のパラメータに関する無限に強い事前分布の導入と捉えることができる．この事前分布は，層が学習するべき関数が局所的な相互作用のみを含んでいて，変換に対して等価であるということを表している．同様に，プーリングの利用は各ユニットが小さな移動に対して不変であるという無限に強い事前分布と考えることができる．

もちろん，畳み込みネットワークを無限に強い事前分布を持つ全結合ネットワークとして実装することは計算上極めて無駄が多い．しかし，畳み込みネットワークを無限に強い事前分布を持つ全結合ネットであると考えると，畳み込みネットワークがどのように機能するかについての洞察がいくつか得られる．

重要な洞察の 1 つは，畳み込みやプーリングが過小適合を引き起こす可能性があるということである．すべての事前分布と同様に，畳み込みやプーリングはその事前分布による仮定が妥当なときだけ有用である．あるタスクが正確な空間情報を必要とするとき，すべての特徴量に対してプーリングを利用すると訓練誤差が増加する．いくつかの畳み込みネットワークアーキテクチャ (Szegedy *et al.*, 2014a) は，極めて不変な特徴と，移動不変性に関する事前分布が間違っていた場合に過小適合しない特徴を得るために，プーリングを使うチャネルと使わないチャネルを分けるように設計されている．タスクの中で，離れた場所の情報を入力に組み込む必要がある場合，畳み込みに基づく事前分布は不適切かもしれない．

この観点でのもう 1 つの重要な洞察は，統計的学習の評価のベンチマークを行う際に，畳み込みモデルは他の畳み込みモデルのみと比較されるべきであるという点である．畳み込みを利用していないモデルは，仮に画像のすべてのピクセルを並び替えたとしても学習することができる．多くの画像データ集合に対して，**並び替え不変**（permutation invariant）で学習によりトポロジーの概念を発見する必要があるモデルと，モデルの設計者が空間的な関係の知識を組み込んだモデルがあり，それぞれのモデルに対して独立したベンチマークが存在している．

9.5　基本的な畳み込み関数の変種

ニューラルネットワークに関連して畳み込みを議論する場合，通常数学の文献などで理解されるような標準的な離散畳み込み処理のことを厳密には指していない．実際に利用される関数は標準的な畳み込み処理とは微妙に異なっている．ここではこの差について詳細に説明し，ニューラルネットワークで利用されている有用な特性について説明する．

まず，畳み込み処理をニューラルネットワークの観点で語る場合，実際には，大量の畳み込み処理を並列的に行う処理を通常意味している．これは，1 つのカーネルで畳み込みが抽出できる特徴は，空間上の位置は多数あっても 1 つだけだからである．通常，ニューラルネットワークの各層で，多数の位置で多数の特徴を抽出させるようにしたい．

加えて，入力は単純な実数値のグリッドであるとは限らない．むしろ，入力はベクトル値を持つ観測のグリッドである．たとえば，カラー画像は各ピクセルでの赤緑青の強さに関する情報を持つ．多層畳み込みネットワークの場合，一層目の出力が二層目への入力になる．この出力は通常それぞれの位置での多数の畳み込み処理の結果である．画像処理の場合，通常は畳み込みの入力と出力を 3-D テンソルであると考える．このとき，インデックスの 1 つはチャネルを，そして 2 つは各チャネルの空間的な座標とする．ソフトウェアの実装は一般にバッチ処理モードで行われるので，4 つ目のインデックスがバッチの中のサンプルを指すように，実際には 4-D テンソルが利用される．しかし，単純化のためここではバッチを示す軸については記述しない．

畳み込みネットワークは通常複数チャネルの畳み込みを利用するため，畳み込みネットワークで使われる線形処理は，カーネル反転が使われている場合でも可換であるという保証はない．このような複数チャネルの処理では，それぞれの処理で入力と出力のチャネル数が同じ場合にのみ可換である．

4-D カーネルテンソル K を考えてみよう．ここで要素 $\mathsf{K}_{i,j,k,l}$ は，出力のチャネル i のユニットと入力のチャネル j のユニットの間の接続の強さを表し，このとき出力ユニットと入力ユニットの k 行 l 列のオフセットを含んでいる．また入力は観測データ V で構成され，要素 $V_{i,j,k}$ はチャネル i の j 行 k 列の入力ユニットの値である．出力は V と同じ形式の Z で構成されるとする．Z が K を反転させずに，V 上で K を畳み込むことで得られる場合は次式のようになる．

$$Z_{i,j,k} = \sum_{l,m,n} V_{l,j+m-1,k+n-1} K_{i,l,m,n}. \tag{9.7}$$

ただし，l，m およびに n に対する総和は，テンソルのインデックス処理が有効な値すべてが対象となる．線形代数の記法では，1 を最初の要素のインデックスとして利用するため，上記の式中では -1 が必要になる．C 言語や Python などのプログラミング言語ではインデックスが 0 から始まるため，上記の数式はもっと簡潔なものになる．

（精緻な特徴を獲得するのをあきらめる代わりに）計算コストを削減するために，いくつかのカーネルの位置で処理をスキップしたい場合がある．これは，完全な畳み込み関数の出力をダウンサンプリングすると考えることができる．出力の各軸で s ピクセルごとのサンプリングだけをしたい場合，ダウンサンプリングの畳み込み関数 c は次式で定義される．

$$Z_{i,j,k} = c(\mathsf{K}, \mathsf{V}, s)_{i,j,k} = \sum_{l,m,n} \left[V_{l,(j-1)\times s+m,(k-1)\times s+n} K_{i,l,m,n} \right]. \tag{9.8}$$

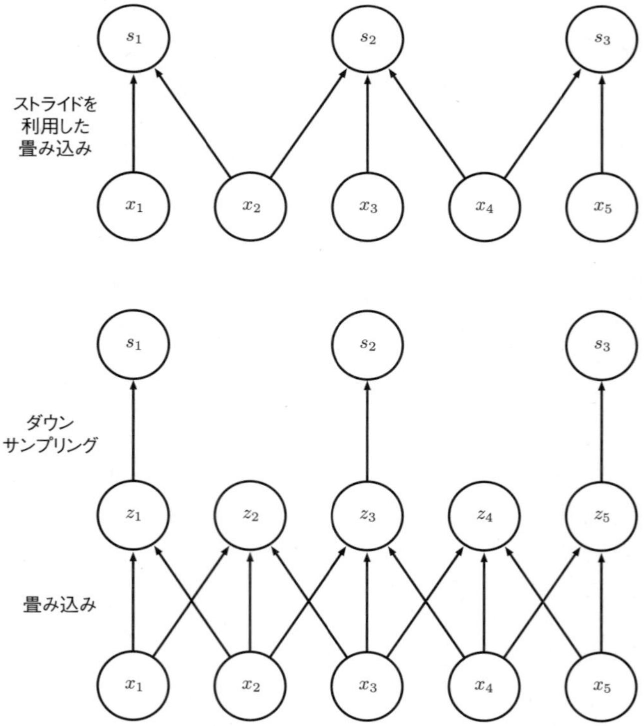

図 **9.12:** ストライドを利用した畳み込み．この例では，ストライド幅 2 を利用している．（上）ストライド幅 2 の畳み込みを 1 つの処理に実装．（下）ストライド幅のピクセル数が 1 より大きい畳み込みは，ユニットストライド幅の畳み込みの後にダウンサンプリングを行うことと数学的に等価である．ダウンサンプリングを利用した 2 段階アプローチでは，後で計算結果の多くが破棄されるため，明らかに計算の無駄が多いと言える．

ただし，s はこのダウンサンプリングの畳み込みのストライド幅である．また，各軸に対して異なるストライド幅を設定することも可能である．これを図9.12に図示する．

畳み込みニューラルネットワークの実装で不可欠な特徴の1つに，入力 **V** の幅を広げるためのゼロパディングがある．この機能がないと，各層で表現の幅がカーネル幅より1ピクセルだけ小さくなってしまう．入力にゼロパディングすることで，カーネル幅と出力のサイズを独立に制御できる．ゼロパディングを行わない場合，ネットワークの空間的な大きさが急速に縮小することを許容するか，あるいは小さなカーネルを利用するかのどちらかを選択する必要があるが，どちら場合もネットワークの表現力が著しく制限される．この例を図9.13に示す．

ゼロパディングの3つの特殊な設定について言及しておく必要があるだろう．1つ目は，とにかくゼロパディングを行わないという極端な例であり，畳み込みカーネルはカーネル全体が画像中に含まれるような位置のみを対象とすることができる．MATLABの用語では，これは**有効**（valid）畳み込みと呼ばれている．この場合，出力内のすべてのピクセルは入力内の同じ数のピクセルの関数であるため，出力ピクセルの動作はある程度規則的である．しかし，出力サイズは層ごとに縮小していくことになる．

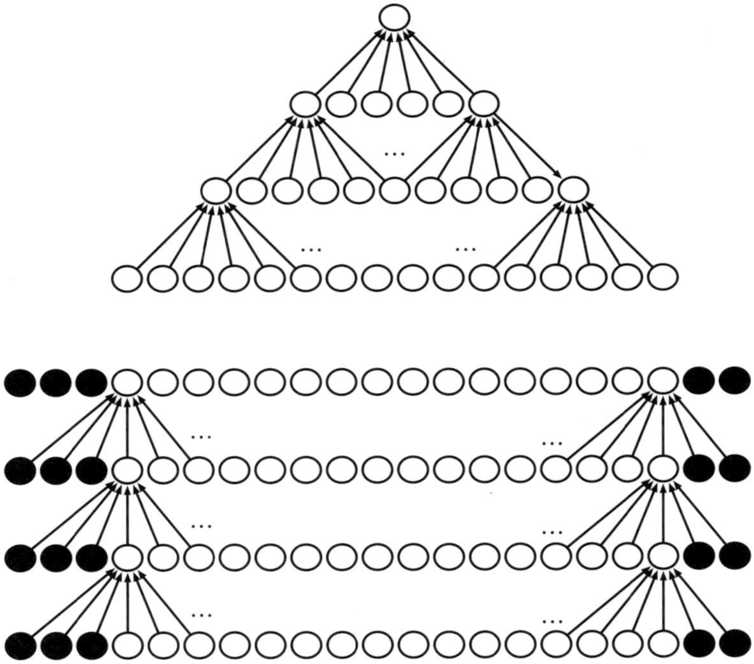

図 **9.13: ネットワークサイズに対するゼロパディングの影響．** すべての層で幅が6のカーネルを利用した畳み込みネットワークを考えてみよう．この例ではプーリングを利用していないため，畳み込み処理自体だけでネットワークの大きさが縮小している．（上）この畳み込みネットワークでは暗黙的なゼロパディングをまったく利用していない．そのため，それぞれの層で5ピクセル分ずつ表現が縮小している．16ピクセルから始めた場合，畳み込み層を3つしか持てず，また最後の層はカーネルを動かさないので，実質的には二層のみが真の畳み込み層である．縮小率はより小さなカーネルを利用することで緩和されるが，小さなカーネルでは表現力が低くなり，またこのような構造ではある程度の縮小は避けられない．（下）それぞれの層で5つのゼロを暗黙的に加えることで，ネットワークが深くなるに従って表現が縮小することを防いでいる．これによって任意の深さの畳み込みネットワークを構築することができる．

入力画像の幅が m でカーネル幅が k の場合，出力の幅は $m-k+1$ となる．もし利用しているカーネル幅が大きい場合は，この縮小率は劇的に大きくなる．縮小率は0よりも大きいので，それによってネットワークに含めることのできる畳み込み層の数が制限されることになる．層が追加されていくと，ネットワークの空間的な次元はやがて 1×1 になり，追加される層は畳み込みとしては意味を持たなくなる．ゼロパディングのもう1つの特殊な例は，出力サイズが入力サイズとちょうど同じになるようにゼロパディングを行う場合である．MATLABでは，これは**同一**（same）畳み込みと呼ばれている．この場合，ネットワークは利用するハードウェアが許容する限り，いくつでも畳み込み層を持つことができる．なぜならこの畳み込み処理は次の層で利用できるアーキテクチャの候補に影響を与えないためである．しかしこの場合，入力中の端に近いピクセルは中心部分のピクセルよりも出力に対して与える影響が小さくなる．そのため，モデルにおける端のピクセルの表現がある程度過小になってしまう場合がある．この問題点が理由で，MATLABでは**完全な**（full）畳み込みと呼ばれているもう1つの特殊な例が考えられている．この畳み込みでは，すべてのピクセルが各方向で k 回ずつ処理されるのに十分な数のゼロを入力に加える．結果として，出力画像の幅は $m+k-1$ となる．この場合，端に近い出力ピクセルは中心部分に近い出力ピクセルと比べて少ないピクセルの関数となる．このことは，畳み込みの特徴マップ上のすべての場所でよい性能を発揮する，単一のカーネルの学習を難しくする可能性がある．通常，（テストデータに対する分類精度の観点において）理想的なゼロパディングの量は，畳み込みの「有効」と「同一」の間のどこかにある．

畳み込みではなく，**局所結合層**（locally connected layers）を利用したい場合がある (LeCun, 1986, 1989)．この場合，MLPのグラフ上の隣接行列は同じになるが，すべての結合がそれぞれ重みを持っていて，全体の重みは6-Dテンソル $\mathbf{W}$ で記述される．ここで $\mathbf{W}$ のインデックスについては，i は出力のチャネル，j は出力の行，k は出力の列，l は入力のチャネル，m は入力の行オフセット，n は入力の列オフセットをそれぞれ示しているとする．このとき，局所結合層の線形部分は以下で与えられる．

$$Z_{i,j,k}=\sum_{l,m,n}\left[V_{l,j+m-1,k+n-1}w_{i,j,k,l,m,n}\right]. \tag{9.9}$$

これは，小さなカーネルを持つが，位置の間でパラメータを共有していない離散的な畳み込みと類似した処理となるので，**非共有畳み込み**（unshared convolution）と呼ばれることもある．図9.14では，局所結合，畳み込み，全結合の3つを比較している．

局所結合層は，各特徴が空間の小さな一部分の関数であるものの，同じ特徴が空間全体で発生すると考える理由がない場合に有効である．たとえば，ある画像が顔の画像であるかを判定したい場合，画像の下半分にある口の画像を探すだけでよい．

またこの場合，たとえば各出力チャネル i が入力チャネル l の部分集合のみの関数に制限するといった，さらに結合を制限した畳み込みや局所結合層を作ることも有効である．このような制限を実現する場合の一般的な方法は，最初の m 個の出力チャネルを最初の n 個のチャネルとだけ結合し，2番目の m 個の出力チャネルは2番目の n 個の入力チャネルと結合するといった方法である．具体例を図9.15に示す．少ないチャネル間で相互作用をモデル化すると，ネットワークのパラメータが減り，メモリ消費の低下，統計的な効率の向上，順伝播や逆伝播の実行に必要な計算量の削減といった利点がある．これにより，隠れ層のユニット数を減らすことなく上記のような目的を達成できる．

タイル型畳み込み（tiled convolution）(Gregor and LeCun, 2010a; Le *et al.*, 2010) は畳み込みと局所結合層の間の折衷案である．タイル型畳み込みでは，空間内の位置**すべて**で個々の重み集合を学習するのではなく，空間を移動するときに回転するカーネルの集合を学習する．これはすなわち，空間上のすぐ近傍の場所は局所結合層のように異なるフィルタを持つようになるが，パラメータを保持するため

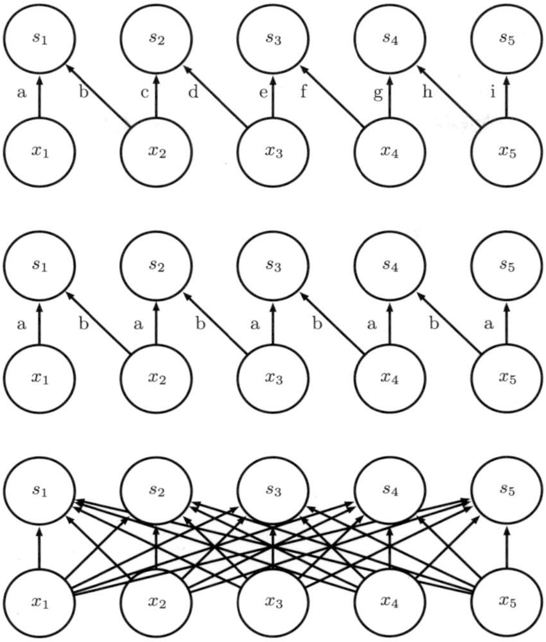

図 9.14: 局所結合と畳み込み，全結合の比較．**（上）**パッチサイズが 2 ピクセルの局所結合層．各エッジがそれぞれ固有の重みパラメータで表されていることを示すため，各エッジにそれぞれ固有の英数字によってラベル付けされている．**（中央）**カーネル幅 2 ピクセルの畳み込み層．このモデルは上記の局所結合層とまったく同じ結合性を持っている．この 2 つのモデルの違いはどのユニットが相互作用しているかではなく，どのようにパラメータが共有されているかである．局所結合層はパラメータ共有を行わない．各エッジに付けられたラベルの文字の繰り返しでわかるように，畳み込み層では同じ 2 つの重みを入力全体に対して繰り返し利用している．**（下）**全結合層は各エッジがそれぞれ独自のパラメータを持つという点で局所結合層と類似している（パラメータ数が多すぎるので，この図ではラベルを表示していない）．しかし，全結合層には局所結合層の制限された結合性を持っていない．

に必要なメモリは，出力特徴マップ全体の大きさではなくこのカーネル集合の大きさの分だけ増加することを意味している．局所結合層，タイル型畳み込み，標準的な畳み込みの違いは図9.16を参照されたい．

タイル型畳み込みを代数学的に定義するために，k が 6-D テンソルで，そのうちの 2 つの次元が特徴マップでの異なる場所に対応しているとする．出力マップの各位置に対して個別のインデックスを持つのではなく，出力の場所は各方向の t 個の異なるカーネルスタックの集合から循環的に選択される．もし t が出力幅と同じであれば，タイル型畳み込みは局所結合層と同じになる．

$$Z_{i,j,k} = \sum_{l,m,n} V_{l,j+m-1,k+n-1} K_{i,l,m,n,j\%t+1,k\%t+1}. \tag{9.10}$$

ただし，% は剰余演算であり，たとえば $t\%t = 0$, $(t+1)\%t = 1$ などとなる．上記の数式を一般化して，次元ごとのタイル幅を利用するのは理解しやすい．

局所結合層とタイル型畳み込みは，どちらも最大プーリングとの間に興味深い関係がある．すなわち，これらの層の検出ユニットは異なるフィルタを使用している．これらのフィルタが，同じ特徴に関して，それが変換されたものを学習する場合，最大プーリングした後の出力は学習した変換に対して不変とな

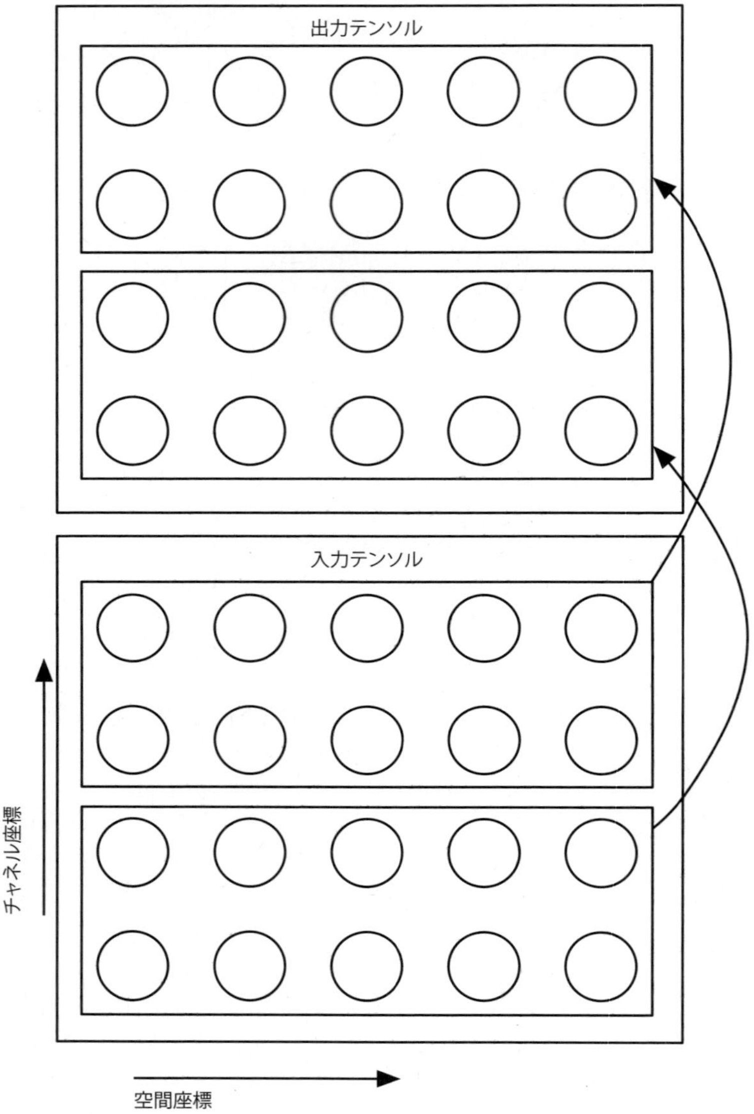

図 9.15: 最初の 2 つの出力チャネルが最初の 2 つの入力チャネルのみと結合し，また 2 番目の 2 つの出力チャネルが 2 番目の 2 つの入力チャネルとのみ結合する畳み込みネットワーク．

る（図9.9参照）．畳み込み層は特に変換に対して不変になるような組み込みがされている．

畳み込みネットワークを実装する場合，通常は畳み込み以外にも他の処理の実装が必要である．学習を行うためには，出力に関する勾配が与えられた下で，カーネルに関する勾配の計算ができなければならない．単純な場合には，これは畳み込み処理で実行できるが，ストライド幅が 1 より大きいなどの場合では，この方法が使えないことが多い．

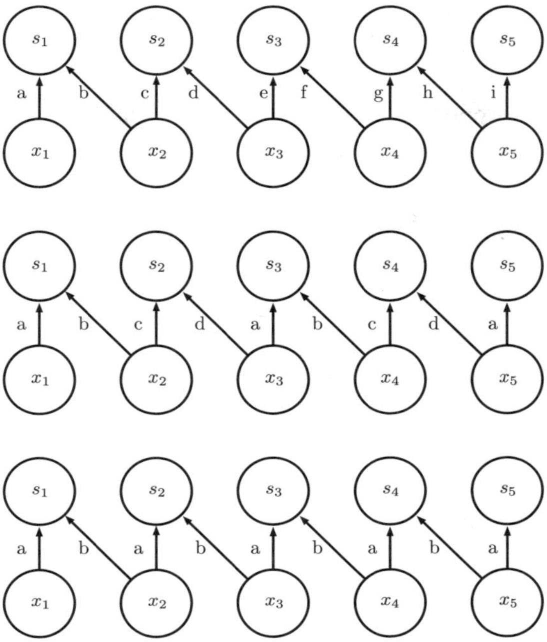

図 9.16: 局所結合層とタイル型畳み込み，標準的な畳み込みの比較．同じ大きさのカーネルを利用した場合には，これらはいずれも同じ結合の集合を持つ．この図では幅 2 ピクセルのカーネルを利用する場合を示している．これらの手法の違いは，パラメータを共有する方法にある．**（上）**局所結合層はまったく共有を行わない．各結合がそれぞれ固有の重みを持つことを，個々の接続に割り振った個別の文字で示している．**（中央）**タイル型畳み込みは t 種類の異なるカーネルを有している．ここでは $t=2$ の場合について示す．一方のカーネルは “a” と “b” のラベルが割り振られたエッジを持ち，他方のカーネルは “c” と “d” のラベルが割り振られたエッジを持つ．タイル型畳み込みでは，出力で右に 1 ピクセルずらすごとに別なカーネルを利用する．すなわち，局所結合層と同様に，出力の近傍のユニットは異なるパラメータを持つことになる．一方局所結合層とは異なり，利用可能な t 個のカーネルを使い切った後は再び最初のカーネルに戻ってそれを利用する．2 つの出力ユニットが出力で t の倍数分のステップだけ離れている場合，それらのユニットでパラメータを共有する．**（下）**伝統的な畳み込みは $t=1$ の場合のタイル型畳み込みと等価である．カーネルは 1 つだけで，それがすべての場所で適用される．図で示すように，“a” と “b” でラベル付けされた重み付きのカーネルがあらゆる場所で使われる．

畳み込み処理が線形的な処理であり，したがって（入力テンソルをフラットなベクトルに書き直せば）行列の掛け算で記述できることを思い出そう．ここで関係する行列は，畳み込みカーネルの関数である．この行列はスパースで，カーネルの各要素は行列の一部の要素にコピーされる．この考え方は，畳み込みニューラルネットワークの実装に必要ないくつかの処理を導出することに役立つ．

畳み込みで定義される行列の転置の掛け算はそのような処理の一例である．これは，畳み込み層を通して誤差の微分を逆伝播する際に必要になるので，複数の隠れ層を持つ畳み込みネットワークを学習することが必要である．同じ処理は可視ユニットを隠れユニットから再構成する際にも必要である (Simard *et al.*, 1992)．可視層の再構成は本書のIII部で説明する，たとえば自己符号化器や RBM，スパースコーディングなどのモデルでよく使われる処理である．畳み込みの転置は，このようなモデルを畳み込みで構築するために必要である． カーネルの勾配計算のように，この入力の勾配計算も畳み込み処理で記述できる場合があるが，一般的には第 3 の処理の実装が必要となる．このような転置処理を順伝播と一緒に行う場合は注意が必要である．この転置処理が返すべき出力のサイズは，順伝播での出力マップのサイズに加えて，ゼロパディングの使い方や順伝播処理のストライド幅に依存する．順伝播に複数の入力サイズを与えても出力マップのサイズが同じになる場合があるので，転置処理には明示的に元の入力のサイズを教える必要がある．

この 3 つの処理，すなわち畳み込み，出力から重みへの逆伝播，出力から入力への逆伝播があれば，任意の深さの畳み込み順伝播ネットワークの訓練に必要な勾配をすべて計算し，また畳み込みの転置に基づく再構成関数を持つ畳み込みネットワークを訓練することに対しては十分である．完全に一般的な多次元で複数事例の場合での数式の完全な導出についてはGoodfellow (2010) を参照されたい．これらの数式がどのように機能するのかの感触を得てもらうために，ここでは 2 次元で事例が 1 つの場合を説明する．

式9.8で説明したように，多チャネルの画像 V に対し，ストライド幅 s として適用されるカーネルスタック K のストライド付き畳み込みを導入した畳み込みネットワーク $c(\mathsf{K}, \mathsf{V}, s)$ を訓練したいとする．また，最小化したい損失関数を $J(\mathsf{V}, \mathsf{K})$ としよう．順伝播の間は，出力 Z の計算に c そのものを使う必要がある．その後出力値はネットワークの残りの部分を伝播してコスト関数 J の計算に利用される．逆伝播の間は，$G_{i,j,k} = \frac{\partial}{\partial Z_{i,j,k}} J(\mathsf{V}, \mathsf{K})$ で定義されるようなテンソル G を受け取ることとなる．

このネットワークを訓練するためには，カーネルの重みに関する微分の計算が必要になる．そのために次式の関数を使う．

$$g(\mathsf{G}, \mathsf{V}, s)_{i,j,k,l} = \frac{\partial}{\partial K_{i,j,k,l}} J(\mathsf{V}, \mathsf{K}) = \sum_{m,n} G_{i,m,n} V_{j,(m-1)\times s+k,(n-1)\times s+l}. \tag{9.11}$$

今対象にしている層が最下層ではない場合，誤差をさらに逆伝播させるために V に関する勾配を計算する必要がある．これには以下の関数を使う．

$$h(\mathsf{K}, \mathsf{G}, s)_{i,j,k} = \frac{\partial}{\partial V_{i,j,k}} J(\mathsf{V}, \mathsf{K}) \tag{9.12}$$

$$= \sum_{\substack{l,m \\ \text{s.t.} \\ (l-1)\times s+m=j}} \sum_{\substack{n,p \\ \text{s.t.} \\ (n-1)\times s+p=k}} \sum_{q} K_{q,i,m,p} G_{q,l,n}. \tag{9.13}$$

14章で説明する自己符号化器ネットワークは，入力を出力にコピーするように学習する順伝播型ニューラルネットワークである．単純な例は主成分分析である．主成分分析では $\boldsymbol{W}^\top \boldsymbol{W}\boldsymbol{x}$ という式を利用して入力 $\boldsymbol{x}$ を近似された再構成出力 $\boldsymbol{r}$ へとコピーする．主成分分析のように重み行列の転置を掛けることは，より一般的な自己符号化器でもよく行われている．このようなモデルで畳み込みを利用する場合，関数 h を使って畳み込み処理の転置の計算を実行する．ここで Z と同じ形式の隠れユニットを H とすると，再構成は次式で表せる．

$$\mathsf{R} = h(\mathsf{K}, \mathsf{H}, s). \tag{9.14}$$

自己符号化器を訓練するために，R に関する勾配をテンソル E として受け取る．復号化器を訓練するためには，K に関する勾配を求める必要がある．これは，$g(\mathsf{H}, \mathsf{E}, s)$ で与えられる．符号化器を訓練するために，H に関する勾配を求める必要がある．これは，$c(\mathsf{K}, \mathsf{E}, s)$ で与えられる．また，g を c と h で微分することも可能であるが，このような処理は標準的なネットワーク構造で実行する逆伝播には必要ない．

一般的に畳み込み層で入力を出力に変換するために，線形処理を行うだけでなく，バイアス項を非線形関数の前に加える．これによって，バイアス間でどのようにパラメータを共有するのかという疑問が生じる．局所結合層の場合，各ユニットが独立したバイアスを持つことは自然であり，タイル型畳み込みの場合はカーネルと同じタイルパターンとバイアスを共有するのが自然である．畳み込み層の場合，出力のチャネルごとに 1 つのバイアスを持ち，各畳み込みマップの中のすべての位置で共有するのが一般的であるが，もし入力が既知で固定サイズであれば，出力マップの各位置で個別にバイアスを学習することも可能である．バイアスを個別にすると，モデルの計算効率がわずかに劣化するが，場所による画像の統計量の違いを修正できるようになる．たとえば，暗黙的なゼロパディングを利用する場合，画像の端にある検出ユニットはより総入力数が少なくなるため，より大きなバイアスが必要となる可能性がある．

9.6 構造出力

畳み込みネットワークを使って，単に分類タスクにおけるクラスラベルや回帰タスクにおける実数値を予測するだけでなく，高次元な構造を持つオブジェクトを出力することもできる．通常，このオブジェクトは単にテンソルであり，標準的な畳み込み層から出力される．たとえば，モデルがテンソル S を出力するとする．ただし $S_{i,j,k}$ はネットワークへの入力ピクセル (j,k) がクラス i に属する確率である．これによってモデルが画像内のすべてのピクセルにラベルを付け，個々のオブジェクトの外形に沿った正確なマスクを描画できるようになる．

図9.13に示したように，出力平面が入力平面よりも小さくなるという問題は頻繁に生じる．画像内の 1 つの物体を分類する目的で一般的に利用される構造では，大きな幅を持つプーリング層を利用することで，最も大きくネットワークの空間次元を減少させることができる．入力サイズと同程度の大きさの出力マップを生成したい場合は，プーリングをまったく利用しないようにすればいい (Jain *et al.*, 2007)．別の戦略は，単純にさらに低い解像度のラベルのグリッドを出力することである (Pinheiro and Collobert, 2014, 2015)．また，理論的にはユニットストライドを持つプーリング処理を行うこともできる．

画像のピクセルごとにラベル付けを行う場合の戦略の 1 つは，まず画像のラベルに関する最初の推測を行い，その推測を近傍のピクセル間の相互作用を利用して改良することである．この改良ステップを何回か繰り返すことは，深いネットワークの最後の層の間で重みを共有しながら，各段階で同じ畳み込みを利用することに対応している (Jain *et al.*, 2007)．これによって，層の間で共有された重みを持つ連続した畳み込み層で実行される一連の計算は，特殊な回帰結合型ネットワークになる (Pinheiro and Collobert, 2014, 2015)．図9.17はこのような回帰結合型畳み込みネットワークの構造を示している．

いったん各ピクセルに対する予測が行われると，さまざまな手法を使ってこの出力結果を処理し，画像を領域に分割できる (Briggman *et al.*, 2009; Turaga *et al.*, 2010; Farabet *et al.*, 2013)．一般的なアイデアは，大きなグループの隣接したピクセルは同じラベルに関係付けられる傾向にあるということである．グラフィカルモデルは近接するピクセルの間の確率的な関係を記述できる．あるいは，グラフィカルモデルの訓練目的関数の近似値を最大化するように，畳み込みネットワークを訓練することができる (Ning *et al.*, 2005; Thompson *et al.*, 2014).

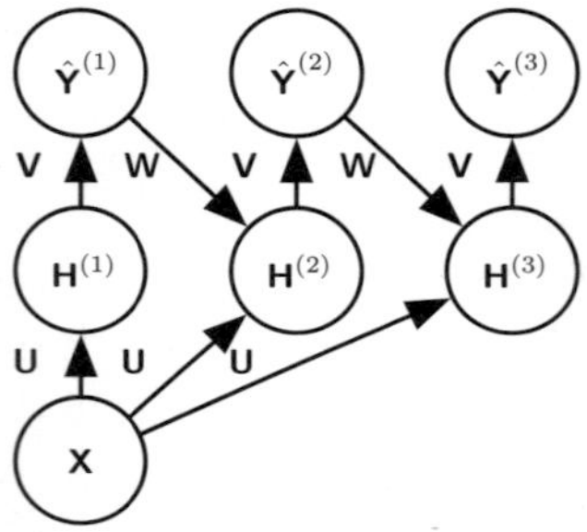

図 **9.17:** ピクセルのラベリングのための回帰結合型畳み込みネットワークの例．入力は画像のテンソル **X** で，各軸が画像の行，画像の列，およびチャネル（赤，緑，青）に対応している．目的は，各ピクセルのラベルに関する確率分布を持つラベルのテンソル $\hat{Y}$ を出力することである．このテンソルは画像の行，画像の列，複数のクラスに対応する軸を持つ．回帰結合型ネットワークでは $\hat{Y}$ を一発で出力するのではなく，1 つ前の $\hat{Y}$ の推定値を新しい推定値を作成するための入力として利用して，$\hat{Y}$ の推定を繰り返して改善していく．更新された推定結果それぞれには同じパラメータが使われ，結果の改善のための推定は何度実行してもよい．畳み込みカーネルのテンソル **U** は，入力画像が与えられたときの隠れ表現を計算するために各ステップで利用される．カーネルテンソル **V** は，隠れ値が与えられたときのラベルの推定値を生成するために利用される．最初のステップ以外では，隠れ層への入力を作成するためにカーネル **W** は $\hat{Y}$ に畳み込まれる．各ステップで同じパラメータが利用されるため，これは10章で説明する回帰結合型ネットワークの一例である．

9.7　データの種類

畳み込みニューラルネットワークで用いられるデータは，通常複数のチャネルから構成され，各チャネルは空間や時間のある点での観測値である．表9.1に次元とチャネル数に基づくデータの種類の具体的な例を示す．

畳み込みニューラルネットワークをビデオデータに適用した事例についてはChen *et al.* (2010) を参照されたい．

ここまでは，訓練データとテストデータのどの事例でも，同じ空間次元を持つ場合についてのみ説明してきた．畳み込みニューラルネットワークの利点の 1 つは，空間的な大きさの異なる入力も処理できることである．このような入力は従来の行列の掛け算に基づくニューラルネットワークでは表現できない．この点は，計算コストや過剰適合が重大な問題ではない場合でも，畳み込みニューラルネットワークを利用する抵抗しがたい理由である．

たとえば，画像ごとに高さと幅が違う画像の集合を考えてみよう．このような入力を固定サイズの重み行列でモデル化する方法は自明ではないが，畳み込み処理なら素直に適用できる．すなわち，畳み込みカーネルは入力の大きさに合わせて必要な回数適用され，畳み込みの出力をそれに応じて増減できる．畳み込み処理は行列の掛け算とみることもできるが，同じ畳み込みカーネルで入力のサイズに応じて異なるサイズの二重循環行列を適用する．たとえば入力のピクセルごとにクラスラベルを割り当てたいときなど，ネットワークの入力だけではなくその出力も可変となる場合がある．この場合には，特段追加の設計は必要ない．あるいは，画像全体に対して 1 つのクラスラベルを割り当てたいとき，ネットワークは固定サイズの出力を生成しなければならない場合もある．この場合，ある程度追加の設計工程が必要となる．それはたとえば，入力のサイズに比例するようにサイズをスケーリングできるプーリング領

表 **9.1:** 畳み込みネットワークで利用可能なデータ形式の例.

	単一チャネル	複数チャネル
1-D	音声波形．畳み込みを行う軸は時間に対応する．時間を離散化し，時間ステップごとに一度，波形の大きさを計測する．	スケルトンのアニメーションデータ．コンピュータでレンダリングされる 3-D キャラクターのアニメーションは，時間の経過とともに「スケルトン」の姿勢を変更することで生成される．各時刻におけるキャラクターの姿勢は，キャラクターのスケルトンの各関節の角度で記述される．畳み込みモデルに入力されるデータの各チャネルは，1 つの関節の 1 つの軸に関連する角度を表す．
2-D	フーリエ変換で事前処理された音声データ．音声波形を 2-D テンソルに変換する．行は周波数軸に対応し，列は時間軸に対応する．時間軸上で畳み込みを行うと，モデルは時間上でシフトしても不変である．周波数軸上で畳み込みを行うと，モデルは周波数に対して不変である．そのため，オクターブ分ずらして再生された同じメロディーの場合，表現は同じであるが，ネットワークの出力では異なる高さになる．	カラー画像データ．1 つのチャネルごとに赤のピクセル，緑のピクセル，青のピクセルの情報が含まれる．畳み込みカーネルが画像の水平軸と垂直軸の両方を移動し，両方向の平行移動の等価性を比較する．
3-D	体積データ．この種のデータの一般的なソースは，CT スキャンなどの医療画像技術である．	カラー動画データ．軸のうちの 1 つは時間，1 つはビデオフレームの高さ，そしてもう 1 つはビデオフレームの幅に対応する．

域を持つプーリング層を挿入して，プーリングされた出力の数が固定になるようにする．上記のような戦略の例については図9.11にそのいくつかを提示している．

サイズが可変の入力を処理する場合に畳み込みを使うことに意味があるのは，時間的に長さが異なる録音や幅が異なる空間上の観測量など，観測対象は同じ種類だが観測される量が異なるために入力のサイズが可変となる場合だということに注意しよう．入力が異なる種類の観測量を含むためにサイズが可変となる場合には，畳み込みは意味がない．たとえば，大学入学の申し込みを処理するとき，特徴量としては高校での成績と標準テストの点数があるが，申請者すべてが標準テストを受けているわけではない場合，高校での成績にひもづく特徴と標準テストにひもづく特徴に同じ重みを畳み込むのは意味がない．

9.8 効率的な畳み込みアルゴリズム

現代の畳み込みネットワークの応用では，100 万個以上のユニットを含むネットワークが利用されることが多く，12.1節で説明するような並列な計算リソースを利用する強力な実装が必要不可欠である．しかし，適切に畳み込みアルゴリズムを選択することで畳み込み処理を高速化できる場合も多い．

畳み込み処理は，フーリエ変換で入力とカーネルの双方を周波数領域に移し，周波数領域上で 2 つの信号を観測点ごとに掛け算した後に再び逆フーリエ変換で時間領域に戻す操作と等価である．課題の大きさによっては，離散畳み込み処理を素直に実装するより上記の方法の方が高速になることがある．

d 次元のカーネルが d 個のベクトル（1 次元につき 1 つのベクトル）の外積で表現できる場合，そのカーネルは**可分**（separable）と呼ばれる．カーネルが可分である場合，素朴な畳み込み処理は非効率的である．これは，これらのベクトルそれぞれに d 個の 1 次元畳み込み合成するのと等価である．この合成アプローチは，外積を使って d 次元の畳み込みを 1 回計算する場合と比べてはるかに高速である．また，カーネルをベクトルで表現するためのパラメータ数も少なくなる．カーネルの幅の要素数が各次元で w の場合，単純な多次元畳み込み処理は $O(w^d)$ の計算量とパラメータの保存領域を必要とするのに対して，可分畳み込みは $O(w \times d)$ で済む．もちろん，すべての畳み込み処理がこのように表現できるわけではない．

モデルの精度を損なうことなく畳み込み処理や近似畳み込み処理を高速化する方法は，活発に研究されている領域である．順伝播だけの効率を向上する技術さえも有用である．なぜなら商業的に利用する場合には，ネットワークの訓練よりむしろそのデプロイにより多くのリソースが割かれるからである．

9.9　ランダムあるいは教師なし特徴量

一般的に，畳み込みネットワークの訓練で最もコストがかかるのは特徴量の学習である．出力層は，複数層のプーリングを経た後の入力として提供される特徴量が少ないので，通常は比較的コストは高くない．勾配降下法を利用した教師あり学習を行う場合，勾配降下法の全ステップで，ネットワーク全体の順伝播と逆伝播を実行する必要がある．畳み込みネットワークの訓練コストを低減させる方法の 1 つは，教師ありの方法では訓練されない特徴を利用することである．

教師あり学習を利用せずに畳み込みカーネルを求めるための，基本的な戦略が 3 つある．1 つは，単純にランダムに初期化することである．もう 1 つは人手で設計する方法で，たとえば各カーネルが特定の方向や大きさのエッジを検出するように設定する．最後の方法が，教師なし学習によりカーネルを学習する方法である．たとえば，Coates *et al.* (2011) では小さな画像パッチに対して k 平均クラスタリングを適用し，学習したセントロイドそれぞれを畳み込みカーネルとして利用している．III部ではその他の数多くの教師なし学習のアプローチについて説明する．教師なしの基準で特徴量を学習する方法では，ネットワーク構造の一番上にある分類器の層とは別に基準を決めることができる．この場合，たった一度で全訓練集合の特徴量を抽出できる．基本的には最終層の学習に利用する訓練データを構築することになる．最終層がロジスティック回帰か SVM だと仮定すると，通常最終層の学習は凸最適化問題となる．

ランダムなフィルタは畳み込みニューラルネットワークで驚くほどうまく働くことが多い (Jarrett *et al.*, 2009; Saxe *et al.*, 2011; Pinto *et al.*, 2011; Cox and Pinto, 2011)．Saxe *et al.* (2011) では，畳み込みとその後のプーリングで構成される層は，ランダムな重みが割り当てられると周波数選択的でかつ移動に対して不変性を持つことを示した．そして，これによって畳み込みネットワークの構造を選択するときのコストが高くならない方法が得られると主張している．その方法とは，まず複数の畳み込みネットワーク構造の最終層のみを訓練して性能を比較評価し，最高精度を示したネットワーク構造を使ってさらに高価な方法で全体のネットワーク構造を訓練するというものである．

中間的な方法としては，特徴量も学習するが，完全な順伝播や逆伝播を勾配の全ステップでは行わなくてよいような方法を考える．多層パーセプトロンの場合と同様に，層ごとの貪欲事前学習を利用する．これは，まず最初の層を独立に訓練し，そこで獲得した特徴量を一度だけ抽出して，そのパラメータとともに次の層をまた独立に訓練するという工程を繰り返す方法である．8章では教師ありの層ごとの貪欲事前学習を行う方法について説明し，またIII部ではこれを拡張して各層で教師なし基準を利用する方法を説明する．畳み込みネットワークの層ごとの貪欲事前学習の標準的な例としては，深層畳み込み

信念ネットワーク (Lee *et al.*, 2009) がある．畳み込みネットワークは，多層パーセプトロンよりも一歩進んだ事前学習の方法を提供する．ある畳み込み層すべてを一度に訓練する代わりに，Coates *et al.* (2011) で k 平均法を利用して行っているように，小さなパッチのモデルを訓練することができる．その後，このパッチベースのモデルのパラメータを使って，畳み込み層のカーネルを定義できる．このことは，教師なし学習を使って**畳み込みを訓練時に一切利用せずに**畳み込みネットワークを訓練できることを意味している．このアプローチを使えば，多大な計算コストの発生を推論時のみに限定して，巨大なモデルを訓練することができる (Ranzato *et al.*, 2007b; Jarrett *et al.*, 2009; Kavukcuoglu *et al.*, 2010; Coates *et al.*, 2013)．このアプローチは，ラベル付きのデータ集合が小さく，計算能力も今より限られていた 2007 年から 2013 年ごろに一般的であった．現在では，ほとんどの畳み込みネットワークは訓練の繰り返しのたびにネットワーク全体での順伝播と逆伝播を利用する，純粋な教師あり学習により訓練されている．

教師なし事前学習に関する他のアプローチと同様に，このアプローチの利点が生まれる理由を解明することは，難しい問題としてまだ残っている．教師なし事前学習は，教師あり学習と比較してある程度の正則化の効果があるのか，あるいは単に学習則の計算量の低減によって訓練できるネットワーク構造が大きくなっているということなのかもしれない．

9.10 畳み込みネットワークの神経科学的基礎

畳み込みニューラルネットワークはおそらく，生物に学ぶ人工知能としては最大の成功事例だろう．畳み込みネットワークは他の多くの領域からも影響を受けているが，ニューラルネットワークの重要な設計原理のいくつかは，神経科学の分野から影響を受けたものである．

畳み込みネットワークの歴史は，同様の計算モデルが開発されるよりもはるか昔に，神経科学領域での実験から始まった．神経科学者である David Hubel と Torsten Wiesel は，数年間に及ぶ共同研究で，哺乳類の視覚システムの働きに関する最も基本的な事実を数多く突き止めた (Hubel and Wiesel, 1959, 1962, 1968)．彼らの研究成果はやがてノーベル賞の受賞という形で認められた．彼らの発見で現代の深層学習モデルに最も影響を与えたものは，猫の個々のニューロンの活動記録を元にしたものであった．彼らは，猫の前に置かれたスクリーン上のさまざまな位置に投影された画像に対して，猫の脳がどのように反応するのかを観察した．彼らの偉大な発見は，視覚システムの始めの部分では，ニューロンはたとえば厳密に特定の方向を向いた棒状のものなどの，光の極めて特定のパターンに強く反応するが，その他のパターンにはほとんど反応しなかったというものである．

彼らの業績は脳機能のさまざまな側面を特徴付けるのに役に立ったが，それは本書の対象とする範囲を超えている．深層学習の観点からは，単純化された視点で脳機能を見ていけばよい．

この単純化された視点では，脳の V1 と呼ばれる（あるいは**1 次視覚皮質**（primary visual cortex）としても知られる）領域に焦点を当てる．V1 は，極めて高度な処理を視覚的入力に対して行う脳内の最初の領域である．単純な説明としては，画像は目に届く光によって形作られていて，目の裏側に位置する光に対して敏感な組織である網膜を刺激する．網膜上のニューロンは，いくつか基本的な処理を画像に対して加えるが，画像の表現を大きく変えることはない．次に，入力画像は視神経（optic nerve）と**外側膝状体**（*lateral geniculate nucleus*）と呼ばれる脳領域を通過する．本章で必要な範囲での説明としては，この 2 つの解剖的な領域の主な役割は，単純に信号を目から頭部の裏側に位置する V1 に運ぶことである．

畳み込みネットワーク層は，V1 の次の 3 つの特徴を捉えるように設計されている．

1. V1 は空間的な領域に配置されていて，実際には網膜上の画像の構成を正確に反映する 2 次元構造となっている．たとえば，網膜の下半分に到達した光は V1 の対応する半分のみに影響を与える．畳み込みネットワークは 2 次元マップ上で特徴を定義してこの特性を捉えている．
2. V1 には数多くの**単純細胞**（simple cells）が含まれている．単純細胞の活動は，小さな，空間的には局所的な受容野での画像に対する線形関数によってある程度特徴付けられる．畳み込みネットワークにおける検出ユニットは，単純細胞のこのような特徴を模倣するように設計されている．
3. V1 には同様にいくつもの**複雑細胞**（complex cells）も含まれている．これらの細胞は単純細胞で検出するものに似た特徴に対して反応するが，複雑細胞は特徴の位置に関する小さな移動に対しては反応しない．複雑細胞は畳み込みニューラルネットワークにおけるプーリングに着想を与えている．複雑細胞は，空間的な位置に関するプーリングでは単純に捉えられないような光の変化に対しても反応しない．これらの無反応性は，たとえばマックスアウトのような，チャネルをまたがったプーリング方法に着想を与えている (Goodfellow *et al.*, 2013a).

最もよくわかっているのは V1 についてであるが，同じ基本原理は視覚システムの他の領域でも成り立つと一般的には考えられている．この単純化した視点から言えば，脳の深い領域へと進んでいくときに，検出とそれに続くプーリングという基本戦略が繰り返し適用されることになる．解剖学的な脳の層をいくつも通過するうちに，入力に含まれる何らかの特定の概念に対しては反応するが，他のさまざまな変換に対しては反応しない細胞を発見する．このような細胞には「おばあさん細胞」という別名が付けられている．これは，人間が自分のおばあちゃんの画像を見たときに，おばあちゃんが左にいるか右にいるか，顔をクローズアップしたものか全身を捉えるようにズームアウトしたものか，明るく照らされているか影が差しているか，などといったことに関係なく活性化されるニューロンを持っているという考えに由来する．

このようなおばあさん細胞は，実際に人間の脳の**内側側頭葉**（*medial temporal lobe*）と呼ばれる領域に存在していることが示されている．研究者は，個々のニューロンが有名人の写真に対して反応するかどうかを検証した (Quiroga *et al.*, 2005)．そしてハル・ベリーに関する概念に対して活性化する個別のニューロンが発見され，これは後に「ハル・ベリーニューロン」と呼ばれることになった．そのニューロンは，ハル・ベリーの写真やハル・ベリーの絵を見たとき，あるいは「ハル・ベリー」という単語を含む文を見たときでも発火するものである．もちろん，この現象はハル・ベリー本人とは何の関係もない．他にはビル・クリントンやジェニファー・アニストンなどに反応したニューロンもあった．

このような内側側頭葉のニューロンは，現代の畳み込みネットワークよりいくらか一般的であり，畳み込みネットワークは人や物体の名前を呼んだときにそれを特定するというところまで自動的に一般化はできない．畳み込みネットワークの特徴量を出力する最終層に最も類似しているのは，脳の**下側頭葉**（*inferotemporal cortex, IT*）と呼ばれる領域である．ある物体を見るとき，情報は網膜から始まり LGN を通って V1 に送られ，V2，V4，IT へと順に流れていく．これがある物体を見てから 100ms 以内に起こる．もし，人間がより長い時間連続的に物体を眺めることができる場合，脳がトップダウンフィードバックを利用して脳の低次領域の発火を更新するので，情報は逆方向へと流れ始める．しかし，その人が見続けられないようにし，ほぼ順伝播のみが起こる最初の 100ms の結果生じた発火頻度のみを観測した場合，IT の働きは畳み込みネットワークに近いことが示されている．畳み込みネットワークは IT の発火頻度を予測することができ，物体認識のタスクにおいては（観測する時間が制限された）人間に近い性能を発揮している (DiCarlo, 2013).

とは言え，畳み込みネットワークと哺乳類の視覚システムには多くの違いがある．そのうちのいくつかは計算論的神経科学者にはよく知られているが，本書の扱う範囲を超えている．また，まだよくわかっていない違いもある．それは哺乳類の視覚システムがどのように働くのかという基本的な質問の多くに対する答えがまだ出ていないからである．簡潔にまとめると次のような違いがある．

- 人間の目は**中心窩**（fovea）と呼ばれる小さな区画を除いては非常に低解像度である．中心窩は人間の両腕の長さに対して親指の爪くらいの大きさの領域のみを観測している．人間は視野全体を高い解像度で見ているように感じるが，それは脳の潜在意識に関する部分が小さな領域の画像を繋ぎ合わせて作り出している幻想である．ほとんどの畳み込みネットワークは大きな高解像度の画像を入力として受け取っている．人間の脳は**サッケード**（saccades）と呼ばれる眼球の運動を行い，視覚的に最も目立つ部分あるいはタスクに関連する部分を感知している．同様のアテンションメカニズムを深層学習モデルに組み込むことは，研究の活発な方向性の1つである．深層学習の領域では，アテンションメカニズムは12.4.5.1節で説明するように，自然言語処理において特に成功している．陥凹形成メカニズム（foveation mechanism）を取り入れた視覚モデルがいくつか開発されてはいるものの，これまでのところ有力なアプローチにはなっていない (Larochelle and Hinton, 2010; Denil *et al.*, 2012).
- 人間の視覚システムは，聴覚のような他の多くの感覚や，ムードや思考といった要素と統合されている．畳み込みネットワークは今までのところ純粋に視覚のみを取り扱っている．
- 人間の視覚システムは単に物体を認識する以上のことを行っている．多数の物体や物体間の関係を含む光景全体を理解し，人間の身体が周りの環境と接するために必要な3-Dの豊富な位置情報を処理する．畳み込みネットワークはこのような問題のいくつかに適用されてきたが，その応用はまだ初期段階である．
- V1のような脳の単純な領域でさえ，高次領域からのフィードバックの影響を強く受けている．フィードバックの仕組みはニューラルネットワークのモデルで広く調べられてきたが，これまでのところ説得力のある改良は報告されていない．
- 順伝播のITの発火頻度は畳み込みネットワークとほとんど同じ情報を捉えているものの，中間的な計算がどの程度類似しているかは明らかではない．おそらく脳では大きく異なる活性化関数やプーリング関数を利用していると考えられる．個々のニューロンの活性化は，おそらく単一の線形フィルタの反応ではうまく特徴付けられていない．V1の最近のモデルでは，各ニューロンに複数の2次フィルタを利用している (Rust *et al.*, 2005)．実際のところ，単純化された図式の中の「単純細胞」や「複雑細胞」といった区別は存在しないものかもしれない．「単純細胞」と「複雑細胞」はいずれも同種類のニューロンなのかもしれないし，その「パラメータ」が振る舞いの連続を「単純」と呼ぶものから「複雑」と呼ぶものまで変化させているのかもしれない．

神経科学からは畳み込みネットワークの**訓練**方法について，ほとんど知見が得られていないことも言及しておくべきであろう．複数の空間的な位置でパラメータを共有するモデル構造は視覚に関する初期のコネクショニストモデルにまでさかのぼる (Marr and Poggio, 1976) が，これらのモデルは現代的な誤差逆伝播アルゴリズムや勾配降下法を利用していなかった．たとえばネオコグニトロン (Fukushima, 1980) は，現代的な畳み込みネットワークが持つモデル構造の設計要素のほとんどを組み込んでいたが，層ごとの教師なしクラスタリングアルゴリズムを頼りにしていた．

Lang and Hinton (1988) は，**時間遅れニューラルネットワーク**（time delay neural networks, TDNNs）を訓練するために誤差逆伝播法を利用する方法を提案した． 現代の用語で言えば，時間遅れニューラルネットワークは時系列に適用される 1 次元の畳み込みネットワークである．このモデルに適用される逆伝播は神経科学的な観察から得た着想ではなく，また生物学的に信じがたいものとみなされることもあった．時間遅れニューラルネットワークの逆伝播を使った訓練の成功に続いて，LeCun *et al.* (1989) は，画像に適用される 2-D 畳み込みに同じ訓練アルゴリズムを適用した現代的な畳み込みネットワークを開発した．

これまでのところ，単純細胞がおおむね線形で特定の特徴に対して選択的であること，複雑細胞はより非線形で単純細胞の特徴の変換に対して無反応になること，そして選択性と無反応性の間を行き来する層の積み重ねが特殊な現象に対するおばあさん細胞を生み出すことを説明してきた．ただ，個々の細胞が何を検出しているのかを正確には説明していない．深い非線形なネットワークでは，個々の細胞の機能を理解することは難しい．単純細胞の応答は線形関数によって得られるので，最初の層の単純細胞は比較的簡単に分析できる．人工ニューラルネットワークでは，単純に畳み込みカーネルの画像を可視化して畳み込み層の対応するチャネルが何に反応しているかを見ることもできる．生物学的な神経回路網では，重み自体を確認できない．代わりに，電極をニューロンに取り付け，動物の網膜の前に白色ノイズの画像のサンプルをいくつか表示し，それらのサンプルがどのようにニューロンを活性化したかを記録する．その後，線形モデルをこれらの反応に適合させて，ニューロンの重みの近似が求められる．この方法は**逆相関法**（reverse correlation）と呼ばれている (Ringach and Shapley, 2004).

逆相関法は多くの V1 にある細胞が**ガボール関数**（Gabor functions）で記述される重みを持つことを示している．ガボール関数は画像中の 2-D の点における重みを記述する．画像を 2-D の座標を持つ関数 $I(x,y)$ であると考えることができる．同様に，単純細胞は，画像中の x 座標の集合 $\mathbb{X}$ と y 座標の集合 $\mathbb{Y}$ で定義される集合の位置でサンプリングし，やはり位置の関数である重み $w(x,y)$ を適用するものだと考えることができる．この観点から見ると，画像に対する単純細胞の応答は以下で与えられる．

$$s(I) = \sum_{x\in\mathbb{X}} \sum_{y\in\mathbb{Y}} w(x,y) I(x,y). \tag{9.15}$$

特に，$w(x,y)$ はガボール関数の形を取る．

$$w(x,y;\alpha,\beta_x,\beta_y,f,\phi,x_0,y_0,\tau) = \alpha \exp\left(-\beta_x x'^2 - \beta_y y'^2\right) \cos(fx' + \phi). \tag{9.16}$$

ただし，

$$x' = (x - x_0)\cos(\tau) + (y - y_0)\sin(\tau) \tag{9.17}$$

$$y' = -(x - x_0)\sin(\tau) + (y - y_0)\cos(\tau) \tag{9.18}$$

である．

ここで，α，β_x，β_y，f，ϕ，x_0，y_0 および τ はガボール関数の性質を制御するパラメータである．図9.18はこれらのパラメータ設定を変えたときのガボール関数の例をいくつか示している．

x_0, y_0, および τ は座標系を定義するパラメータである．x と y を移動および回転して x' と y' とする．具体的には，単純細胞は（x_0, y_0）を中心とする画像の特徴に反応し，また τ ラジアンだけ水平位置から回転させた線に沿った移動で生じる輝度の変化に反応する．

x' と y' の関数として見ると，関数 w は x' の軸上に沿って動かした際の輝度の変化に反応する．ガボール関数は，ガウス関数とコサイン関数という 2 つの重要な因子を持っている．

ガウス因子 $\alpha \exp\left(-\beta_x x'^2 - \beta_y y'^2\right)$ は，$x = 0, y = 0$ に近くなる場合だけ，すなわち細胞の受容野の中心に近い場合にだけ単純細胞が反応することを保証するためのゲート項としてみることができる．

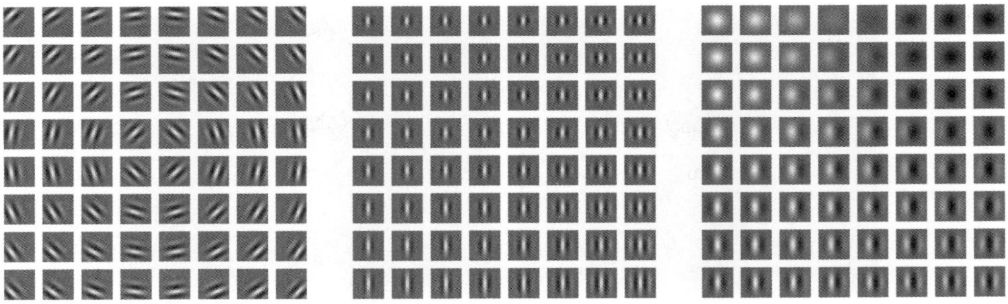

図 **9.18:** さまざまなパラメータ設定の下でのガボール関数．白は大きな正の重みを，そして黒は大きな負の重みを表し，また背景のグレーは重みがゼロであることに対応している．**（左）** x_0，y_0，およびに τ という座標系を制御するパラメータを変化させたときのガボール関数．このグリッド内の各ガボール関数にはグリッド内の位置に比例した x_0 と y_0 の値が割り当てられ，τ は各ガボールフィルタがそのグリッドの中心から放射する方向に敏感であるように選択されている．**（中央）** ガウシアンスケールパラメータ β_x と β_y を変化させたときのガボール関数．ガボール関数は，グリッドの中を左から右に移動すると幅が増加（β_x が減少）し，上から下に移動すると高さが増加（β_y が減少）している．その他の 2 つのプロットでは，β の値は画像の幅の 1.5 倍に固定している．**（右）** 正弦曲線パラメータ f と ϕ を変化させたときのガボール関数．上から下に移動すると f が増加し，左から右に移動するにつれて ϕ が増加している．その他の 2 つのプロットでは ϕ は 0 に，f は画像の幅の 5 倍に固定している．

スケーリング因子 α は単純細胞の応答の大きさを調整し，一方で β_x と β_y はどのくらい素早くその受容野が閉じるかを制御している．

コサイン因子 $\cos(fx' + \phi)$ は x' 軸方向の輝度の変化に対してどのように反応するかを制御している．パラメータ f はコサイン関数の周波数を，また ϕ は位相のオフセットを制御している．

すべて合わせると，この単純細胞に関する単純化した視点では，単純細胞が特定の場所における特定の方向への輝度の特定の空間周波数に反応することを意味している．単純細胞は画像の中の輝度の波が，重みと同じ位相を持っているときに最も強く活性化する．これは，重みが正の場所では画像が明るく，負の場所で暗くなる場合に起こる．単純細胞は，輝度の波と重みの位相が完全にずれている場合，すなわち重みが正の場所で画像が暗く負の場所で明るくなる場合に最も阻害される．

複雑細胞の単純化された視点では，2 つの単純細胞の応答で構成される 2-D ベクトルの L^2 ノルムを計算する．これは $c(I) = \sqrt{s_0(I)^2 + s_1(I)^2}$ となる．重要な特殊ケースは，s_1 は s_0 と ϕ を除いてすべて同じパラメータを持ち，ϕ が s_1 が 1/4 周期 s_0 から位相がずれるように固定されている場合である．この場合，s_0 と s_1 は**直角位相ペア（quadrature pair）**となる．このように定義された複雑細胞は，**波の位相オフセットによらず**，ガウス関数により再度重み付けされた画像 $I(x, y)\exp(-\beta_x x'^2 - \beta_y y'^2)$ が周波数 f の高振幅の正弦波成分を τ 方位に (x_0, y_0) 付近で持つ場合に反応する．言い換えれば，複雑細胞は τ の方位に関する画像の小さな移動または画像の反転（黒を白に入れ換える，またはその逆）に対して無反応である．

神経科学と機械学習の間で最も衝撃的な対応関係は，機械学習のモデルで学習した特徴と，V1 で用いられている特徴を視覚的に比較することで得られた．Olshausen and Field (1996) は，単純な教師なし学習のアルゴリズムであるスパースコーディングが，単純細胞のものと似た受容野を使って特徴を学習することを示した．それ以来，自然画像に適用した極めて幅広い種類の統計的学習アルゴリズムが，ガボール関数に近い特徴を学習することがわかった．これにはほとんどの深層学習アルゴリズムも含ま

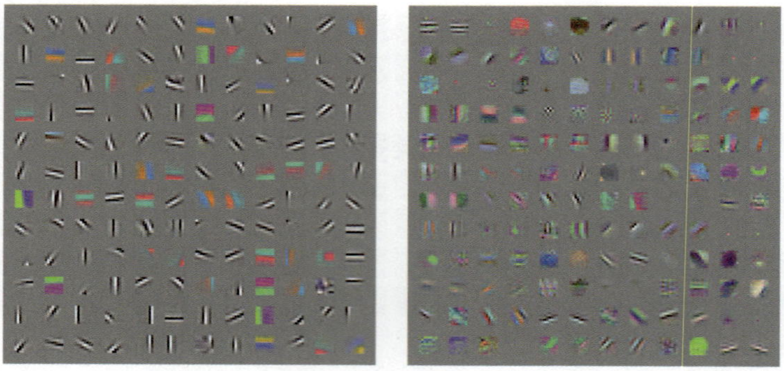

図 **9.19:** 機械学習アルゴリズムの多くは，自然画像に適用すると，エッジまたは特定の色のエッジを検出する特徴を学習する．この特徴検出器は，一次視覚野に存在することが知られているガボール関数を想起させるものである．**(左)** 小さな画像パッチに適用された教師なし学習アルゴリズム（スパイクとスラブを用いたスパースコーディング）で学習された重み．**(右)** 完全な教師あり畳み込みマックスアウトネットワークが一層目で学習した畳み込みカーネル．近接するフィルタのペアは，同じマックスアウトユニットを活性化する．

れ，その最初の層で同様の特徴を学習している．図9.19はいくつかの具体例を示している．非常に多くのアルゴリズムがエッジ検出器を学習しているため，学習する特徴からだけでは，どの学習アルゴリズムが脳のモデルとして「正しい」かを結論付けることは難しい（もしアルゴリズムが自然画像に適用された際に，何らかの形のエッジ検出器を学習**しない**なら，確かにそれは悪い兆候だと言える）．これらの特徴は自然画像における統計的構造の重要な部分であり，さまざまな統計的モデリングのアプローチで抽出できる．自然画像の統計分野に関しては，Hyvärinen *et al.* (2009) を参照されたい．

9.11　畳み込みネットワークと深層学習の歴史

畳み込みネットワークは深層学習の歴史の中で重要な役割を果たしてきた．畳み込みネットワークは，脳の研究から得られた洞察を成功裏に機械学習に応用した重要な事例である．畳み込みネットワークはまた，任意の深いモデルが実行可能と考えられるようになるよりずっと以前に，よい性能を発揮した最初の深層モデルのうちの 1 つである．また，商用利用の問題を解決した最初のニューラルネットワークでもあり，今日でも深層学習の商用利用の最前線にとどまっている．たとえば，1990 年代には，AT&T のニューラルネットワーク研究グループが小切手の読み取りのための畳み込みネットワークを開発した (LeCun *et al.*, 1998b)．1990 年代終わりまでには，NEC が開発したシステムが米国内の小切手全体のうちの 10% 以上を読み取るようになっていた．その後，畳み込みネットワークを利用した OCR や手書き文字認識システム (Simard *et al.*, 2003) をマイクロソフトが導入している．このような畳み込みネットワークの応用事例や，さらに最近の応用事例の詳細についてはSimard *et al.* (2003) を参照されたい．2010 年までのより詳細な畳み込みネットワークの歴史については，LeCun *et al.* (2010) を参照されたい．

畳み込みネットワークはまた，数多くのコンテストでも勝利を収めてきた．最近の深層学習に対する商用利用の観点での強い関心は，Krizhevsky *et al.* (2012) らが ImageNet 物体認識チャレンジで勝利したときに始まった．しかし，そこまで影響力はなかったものの，畳み込みネットワークはそれより何年も前から，その他の機械学習やコンピュータビジョンのコンテストで優勝していた．

畳み込みネットワークは，誤差逆伝播法で訓練して機能した初期の深層ネットワークの 1 つである．一般的な逆伝播ネットワークが失敗だと考えられていたときに，なぜ畳み込みネットワークでは成功したのかはすべて明らかになっているわけではない．それは単純に，畳み込みネットワークの方が全結合ネットワークより計算効率が高く，したがって複数の実験を行って実装やハイパーパラメータを調整することが容易だったからということなのかもしれない．また，より大規模なネットワークでも訓練しやすいようである．現在のハードウェアを利用すれば，全結合ネットワークがうまく機能しないと考えられていた時代に利用可能だったデータ集合や当時一般的だった活性化関数を利用しても，より大きな全結合ネットワークがさまざまなタスクで妥当な性能を発揮すると考えられる．ニューラルネットワークの成功を妨げる大きな障壁は心理的なもの（専門家はニューラルネットワークが機能するとは期待していなかったので，真面目に利用しようという努力をしなかった）だったのかもしれない．いずれにせよ，畳み込みネットワークが数十年前によい性能を発揮したことは幸運だった．多くの点で，畳み込みネットワークは他の深層学習を導く光となり，ニューラルネットワークが一般的に受け入れられる道を切り開いた．

畳み込みネットワークは，明確な格子状のトポロジーを持つデータを処理するためにニューラルネットワークを特殊化し，そのようなモデルを非常に大きなサイズに拡張する方法を提供する．このアプローチは，2 次元画像のトポロジーにおいて最も成功している．次の章では，1 次元の系列データを扱う場合のニューラルネットワークフレームワークのもう 1 つの強力な特殊化である，回帰結合型ニューラルネットワークについて説明する．

第 10 章

系列モデリング：回帰結合型ニューラルネットワークと再帰型ネットワーク

回帰結合型ニューラルネットワーク（recurrent neural networks，RNNs）(Rumelhart *et al.*, 1986a) は，時系列データを処理するためのニューラルネットワークの 1 つである．畳み込みニューラルネットワークが画像のような格子状の値 $\mathbf{X}$ を処理することに特化しているように，回帰結合型ニューラルネットワークは系列上の値 $\boldsymbol{x}^{(1)}, \ldots, \boldsymbol{x}^{(\tau)}$ を処理することに特化している．画像に特化した畳み込みニューラルネットワークは，高さや幅のある画像に対して容易にスケーリングし，また畳み込みニューラルネットワークの中には可変サイズの画像に対しても処理が行えるものがある．同様に，回帰結合型ニューラルネットワークは，系列データに特化されていないネットワークで処理できるデータ長よりも，はるかに長い系列データのスケーリングができる．ほとんどの回帰結合型ニューラルネットワークでは，可変長の系列データの処理も可能である．

多層ネットワークから回帰結合型ネットワークへ移行するために，1980 年代に機械学習と統計モデルの分野で発見された初期のアイデアの 1 つを活用する必要がある．それは，あるモデルの異なる部分でパラメータを共有することである．パラメータを共有することで，異なる形式（ここでは異なる系列長）の事例に対してモデルを拡張，適用できるようになり，さまざまな事例に対して一般化することができる．時間のインデックスの値それぞれに対して別々のパラメータを用意すると，訓練時には見られなかった長さの系列データに対しては一般化ができず，また，時間軸上で異なる長さの系列と異なる時間的位置関係を持つデータに対して，統計的な強度を共有することができない．パラメータ共有は，特定の情報が系列内の複数の位置で見られる場合に特に重要になる．たとえば，「I went to Nepal in 2009」と「In 2009, I went to Nepal」という 2 つの文を考える．機械学習モデルにこの文を読ませ，話者がネパールへ行った年の情報を抽出するとき，「2009」が文中の 6 番目もしくは 2 番目のどちらに出現しても，これが関連する情報だとモデルに認識させたい．ここで，固定長の文を処理する順伝播型ニューラルネットワークを訓練させたとする．従来の全結合順伝播型ネットワークは入力の特徴量それぞれで異なるパラメータを持つため，文中の各位置で個別に言語規則をすべて学習する必要がある．それに対し，回帰結合型ニューラルネットワークは複数の時間ステップにわたって同じ重みを共有する．

関連するアイデアの 1 つは，1 次元の時系列データに対して畳み込みを用いることである．この畳み込みのアプローチは，時間遅れニューラルネットワーク (Lang and Hinton, 1988; Waibel *et al.*, 1989; Lang *et al.*, 1990) の基礎である．畳み込み処理により時間方向にパラメータを共有できるようになるが，その共有範囲は狭い．畳み込みの出力系列のそれぞれの要素は，入力系列の中の少数の近接する要素の関数になる．パラメータ共有のアイデアは，同じ畳み込みカーネルをそれぞれの時間ステップで利用するというところに現れている．回帰結合型ニューラルネットワークは異なる方法でパラメータを共有する．出力の各要素は，それ以前の出力に適用したものと同じ更新ルールを使って生成される．この回帰の形式によって，時間方向に非常に深い計算グラフにおけるパラメータ共有が可能になる．

説明の簡素化のために，RNN は時間ステップのインデックス t が 1 から τ の範囲にある，ベクトル $\boldsymbol{x}^{(t)}$ を持つ系列データに対する処理とする．実際には，回帰型ネットワークは普通このような系列のミニバッチを処理するが，このミニバッチの各要素は系列長 τ はそれぞれ異なる．表記の簡素化のため，ここではミニバッチのインデックスを省略した．さらに，時間ステップのインデックスは現実世界での時間経過をそのまま反映させる必要はなく，単純に系列内の位置を指すだけの場合もある．RNN は画像のような 2 次元の空間データに適用することも可能であり，また，時間軸を含むデータに適用されても，ネットワークへの入力前に系列データをすべて観測済みならば，ネットワークに時間をさかのぼる結合を持たせることも可能である．

本章では計算グラフのアイデアを拡張して，「循環」を含むようにする．この循環は，変数の現在の値が，将来の時間ステップでの同じ変数の値に与える影響を表す．このような計算グラフを使うと回帰結合型ニューラルネットワークが定義できる．その後，回帰結合型ニューラルネットワークの構築，学習，そして利用のためのさまざまな方法を説明する．

本章より詳しい回帰結合ニューラルネットの情報が必要な読者は，Graves (2012) の教科書を参照されたい．

10.1　計算グラフの展開

計算グラフは，たとえば入力とパラメータを出力と損失へ写像するといった，一連の計算の構造を形式化する手法である．一般的な説明は6.5.1節を参照されたい．本節では繰り返しの構造を持つ計算グラフに回帰の計算を**展開**（unfolding）するというアイデアを説明する．なお，通常この繰り返しはイベントの連鎖に対応している．この計算グラフの展開によって結果的に，深層ネットワーク構造全体でパラメータの共有が可能になる．

たとえば，次のような古典的な動的システムを考える．

$$\boldsymbol{s}^{(t)} = f(\boldsymbol{s}^{(t-1)}; \boldsymbol{\theta}). \tag{10.1}$$

ただし，$\boldsymbol{s}^{(t)}$ は系の状態と呼ばれる．

時刻 t における $\boldsymbol{s}$ の定義が，時刻 $t-1$ における同じ定義を参照するので，式10.1は回帰的である．

有限な時間ステップ数 τ に対して，この定義を $\tau-1$ 回適用することで計算グラフが展開される．たとえば，$\tau=3$ として式10.1を展開すると，以下が得られる．

$$\boldsymbol{s}^{(3)} = f(\boldsymbol{s}^{(2)}; \boldsymbol{\theta}) \tag{10.2}$$

$$= f(f(\boldsymbol{s}^{(1)}; \boldsymbol{\theta}); \boldsymbol{\theta}). \tag{10.3}$$

このように，繰り返しこの定義を適用して式を展開すると，回帰を含まない表現が得られる．このような表現は，伝統的な有向非巡回計算グラフで表される．式10.1と式10.3を展開した計算グラフを図10.1に図示する．

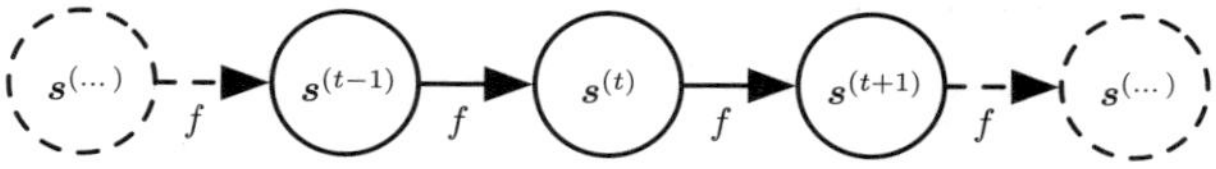

図 10.1: 式10.1で記述される古典的な動的システムを，展開した計算グラフで表した図．それぞれのノードはある時間 t における状態を表していて，関数 f は t での状態を $t+1$ での状態に写像する．すべての時間ステップで同じパラメータ（関数 f のパラメータ化に使われた θ と同じ値）が使われる．

もう 1 つの例として，外部信号 $\boldsymbol{x}^{(t)}$ で動作する動的システムを考える．

$$\boldsymbol{s}^{(t)} = f(\boldsymbol{s}^{(t-1)}, \boldsymbol{x}^{(t)}; \boldsymbol{\theta}). \tag{10.4}$$

ここで，状態が過去の全系列の情報を含んでいることがわかる．

回帰結合型ニューラルネットワークはさまざまな方法で構築できる．ほぼすべての任意の関数が順伝播型ニューラルネットワークであると考えられるのと同様に，回帰を含む関数は実質的に回帰結合型ニューラルネットワークと考えることができる．

回帰結合型ニューラルネットワークの多くは式10.5か，もしくは似たような式を使って隠れユニットの値を定義する．状態がネットワークの隠れユニットであることを示すために，状態を表す変数 $\boldsymbol{h}$ を使って式10.4を書き換えると以下になる．

$$\boldsymbol{h}^{(t)} = f(\boldsymbol{h}^{(t-1)}, \boldsymbol{x}^{(t)}; \boldsymbol{\theta}) \tag{10.5}$$

となる．これを，図10.2に示す．通常の RNN では，状態 $\boldsymbol{h}$ の情報を読み込んで予測を行う出力層のような構造を追加する．

過去から未来を予測するタスクのために回帰結合型ネットワークを学習させるとき，ネットワークは一般的には，t までの過去の入力系列のタスクに関連した観点での情報の損失を含んだ要約として $\boldsymbol{h}^{(t)}$ を使うことを学習する．この要約は，任意の長さの系列 $(\boldsymbol{x}^{(t)}, \boldsymbol{x}^{(t-1)}, \boldsymbol{x}^{(t-2)}, \dots, \boldsymbol{x}^{(2)}, \boldsymbol{x}^{(1)})$ を固定長のベクトル $\boldsymbol{h}^{(t)}$ に変換しているため，一般的には必ず損失を含んだものである．学習時の基準によって，この要約は過去の系列に関して，一部の観点が他の観点よりも正確になるように，選択的に保持することが可能である．たとえば，RNN が以前の単語列から次の単語を予測する統計言語モデリングに用いられる場合，時間ステップ t までの入力系列すべての情報を保持している必要はないかもしれない．残りの文を予測するのに十分な情報だけを保持すればよい．最も難しい状況は，自己符号化器の枠組み（14章）にあるように，元の入力系列を近似的に復元できるほどの十分な情報を $\boldsymbol{h}^{(t)}$ に持たせようとする場合である．

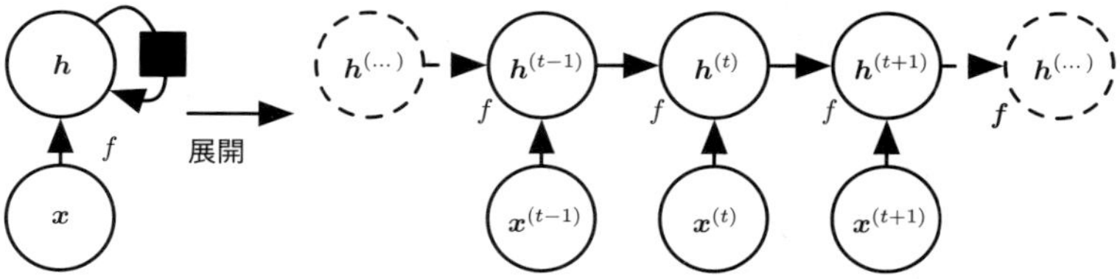

図 10.2: 出力のない回帰結合型ネットワーク．この回帰結合型ネットワークは単に，入力 $\boldsymbol{x}$ からの情報を，時間に沿って次へ送られる状態 $\boldsymbol{h}$ に組み入れる処理している．**（左）** 回路図．黒の四角形は時間ステップ 1 つ分の遅れを表している．**（右）** 同じネットワークを展開した計算グラフ．各ノードはそれぞれ 1 つの時間における値と関連付けられている．

式10.5は 2 通りの図で表現できる．RNN を図で表現する 1 つ目の方法は，生物の神経回路網のように，モデルの物理的な実装の中に存在する構成要素それぞれに 1 つのノードが含まれることを示す図で表すことである．この観点では，図10.2の左図のように，現在の状態が未来の状態に影響を与えるような物理的な部分を持つ，リアルタイムで稼働する回路がネットワークで定義される．本章では，回路図の中の黒い四角で，状態 t から状態 $t+1$ へ 1 時間ステップの遅延が生じることを示す．もう 1 つの RNN を表現する方法は，展開された計算グラフを使うことであり，そのグラフ中では各構成要素が多数の変数で表され，時間ステップごとにその時点での構成要素の状態を表す変数を 1 つ持つ．各時間ステップにおけるそれぞれの変数は，図10.2の右図のように，計算グラフ上で個別のノードとして描かれる．展開と呼ぶのは，図の左のような回路を図の右のような繰り返し部分を持つ計算グラフに変換する操作のことである．展開された計算グラフは系列長に依存するサイズになる．

関数 $g^{(t)}$ を用いて，t 時間ステップ後の展開された回帰は次のように表せる．

$$\boldsymbol{h}^{(t)} = g^{(t)}(\boldsymbol{x}^{(t)}, \boldsymbol{x}^{(t-1)}, \boldsymbol{x}^{(t-2)}, \ldots, \boldsymbol{x}^{(2)}, \boldsymbol{x}^{(1)}) \tag{10.6}$$

$$= f(\boldsymbol{h}^{(t-1)}, \boldsymbol{x}^{(t)}; \boldsymbol{\theta}). \tag{10.7}$$

関数 $g^{(t)}$ は過去の系列 $(\boldsymbol{x}^{(t)}, \boldsymbol{x}^{(t-1)}, \boldsymbol{x}^{(t-2)}, \ldots, \boldsymbol{x}^{(2)}, \boldsymbol{x}^{(1)})$ すべてを入力として現在の状態を出力するが，回帰構造の展開により f を繰り返し適用して関数 $g^{(t)}$ を分解できる．この展開処理には 2 つの大きな利点がある．

1. 系列の長さにかかわらず，学習されたモデルはつねに同じ入力サイズを持つ．なぜなら，モデルは状態の可変長の履歴によってではなく，ある状態から別の状態への遷移によって規定されるからである．
2. すべての時間ステップにおいて同じパラメータを持つ**同じ**遷移関数 f を使うことが可能である．

この 2 つの要因によって，可能性のある時間ステップすべてで個別のモデル $g^{(t)}$ を学習する必要がなくなり，すべての時間ステップとあらゆる系列長で動作する単一のモデル f を学習できる．共有されるモデルを 1 つだけ学習することによって，訓練データに現れなかった系列長に一般化でき，また，パラメータを共有しない場合よりもはるかに少ない量の訓練事例でモデルパラメータの推定が可能になる．

回帰グラフと展開された計算グラフはそれぞれに用途がある．回帰計算グラフは簡潔である．展開された計算グラフは，実行する計算を明示的に表す．展開された計算グラフは，情報が流れる経路を明示的に示すことで，情報の流れの考え方を時間的に順方向（出力と損失の計算）と逆方向（勾配の計算）で示す場合にも役立つ．

10.2　回帰結合型ニューラルネットワーク

10.1節の計算グラフ展開とパラメータ共有のアイデアを用いて，さまざまな回帰結合型ニューラルネットワークを設計することができる．

回帰結合型ニューラルネットワークの重要な設計パターンを以下に例示する．

- 図10.3に示すように，各時間ステップで出力を生成し，隠れユニット間で回帰的な結合を持つ回帰結合型ネットワーク
- 図10.4に示すように，各時間ステップで出力を生成し，ある時間ステップの出力と次の時間ステップの隠れユニット間にだけ回帰的な結合を持つ回帰結合型ネットワーク

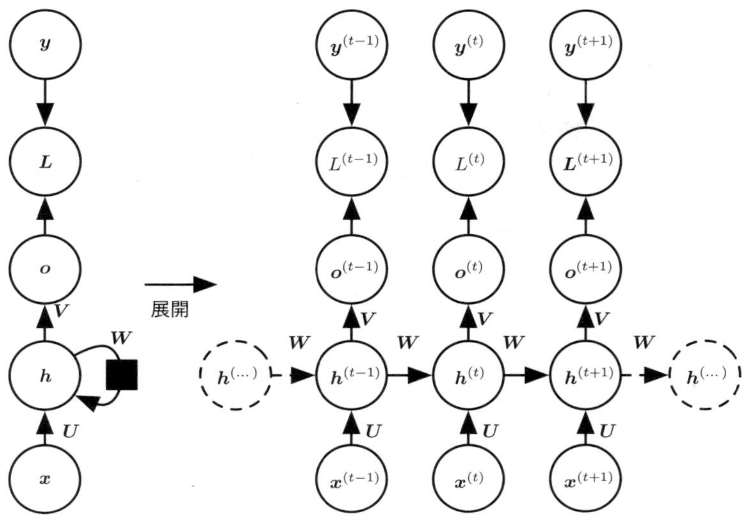

図 **10.3:** 入力系列 $\boldsymbol{x}$ の値を対応する出力系列 $\boldsymbol{o}$ の値に変換する回帰結合型ネットワークの訓練損失を計算する場合の計算グラフ．損失 L は，各 $\boldsymbol{o}$ が対応する訓練データの正解 $\boldsymbol{y}$ からどれほど離れているかを測る．ソフトマックス出力を使う場合，$\boldsymbol{o}$ は正規化されていない対数確率であると仮定する．損失 L は内部的には $\hat{\boldsymbol{y}} = \mathrm{softmax}(\boldsymbol{o})$ を計算し，これを正解データ $\boldsymbol{y}$ と比較する．RNN は重み行列 $\boldsymbol{U}$ によってパラメータ化された入力から隠れ層への接続，重み行列 $\boldsymbol{W}$ によってパラメータ化された隠れ層から隠れ層への回帰的な接続，そして重み行列 $\boldsymbol{V}$ によってパラメータ化された隠れ層から出力への接続を持つ．式10.8は，このモデルにおける順伝播を定義する．(左) 回帰的な接続によって描かれた RNN とその損失．(右) 同じ RNN と損失を時間軸に展開した計算グラフで，ノードはそれぞれ 1 つの時刻と関連付けられている．

- 図10.5に示すように，隠れユニット間で回帰的な結合を持ち，系列全体を読み込んでから出力を 1 つ生成する回帰結合型ネットワーク

図10.3は，わかりやすい代表的な例であり，本章の中で何度も取り扱う．

チューリングマシンによって計算可能な関数はいずれも，図10.3と式10.8で表されるような有限サイズの回帰結合型ネットワークで計算可能であるという意味で，図10.3と式10.8で表される回帰結合型ニューラルネットワークは万能であると言える．出力は多数の時間ステップの後，RNN から読むことができる．この時間ステップは，チューリングマシンに用いられる時間ステップ数とは漸近的な線形の関係にあり，また入力の長さとも漸近的な線形の関係にある (Siegelmann and Sontag, 1991; Siegelmann, 1995; Siegelmann and Sontag, 1995; Hyotyniemi, 1996)．チューリングマシンで計算可能な関数は離散的であるため，この結果は近似ではなく，関数の厳密な実装である．RNN をチューリングマシンとして使用する場合は，二値の系列を入力として受け取るが，その出力は二値化するために離散化する必要がある．有限サイズの RNN を 1 つ使用することで，この設定のすべての関数を計算することが可能である (Siegelmann and Sontag (1995) は 886 個のユニットを使用した)．チューリングマシンの「入力」は，計算される関数の仕様であるため，すべての問題に対してこのチューリングマシンをモデル化したネットワークがあれば十分である．証明に使用される理論的な RNN の場合，無限の精度の有理数の重みと活性関数を表現することによって，無限のスタックをモデル化できる．

図10.3に示す RNN の順伝播方程式を構成する．この図では，隠れユニットの活性化関数は指定され

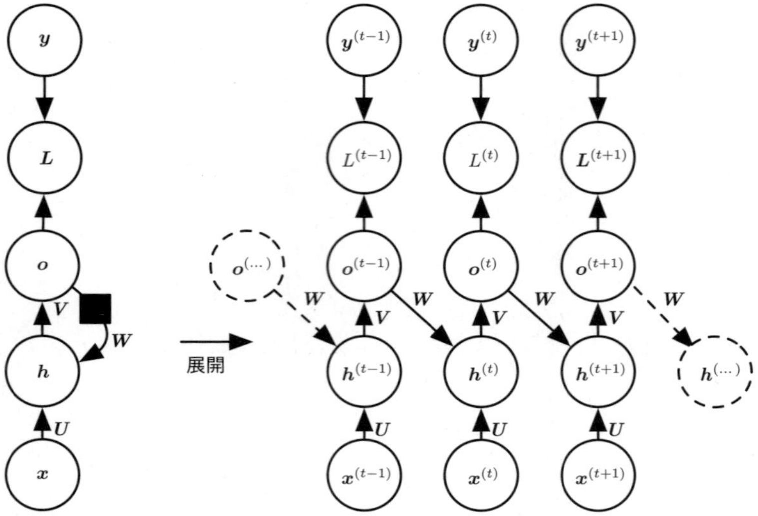

図 **10.4:** RNN の回帰構造が，出力から隠れ層へのフィードバック接続のみの場合．各時間ステップ t において，入力が $\boldsymbol{x}_t$，隠れ層の活性化関数が $\boldsymbol{h}^{(t)}$，出力が $\boldsymbol{o}^{(t)}$，目的関数が $\boldsymbol{y}^{(t)}$，そして損失が $L^{(t)}$ である．（**左**）回路図（**右**）展開された計算グラフ．このような RNN は図10.3で表現されるような RNN ほど強力ではない（表現できる関数集合の規模が小さい）．図10.3の RNN は，過去の必要な情報をすべて隠れ状態 $\boldsymbol{h}$ に入力し，$\boldsymbol{h}$ を未来に伝えることを選択できる．この図の RNN は，出力値を $\boldsymbol{o}$ に入力するように訓練され，$\boldsymbol{o}$ が未来へ伝えられる唯一の情報である．$\boldsymbol{h}$ から将来に送られる直接の接続はない．過去の $\boldsymbol{h}$ は，それを生成するために使われた予測を介して現在へ間接的に接続される．$\boldsymbol{o}$ が非常に高次元で表現力が高くない場合，通常は，過去の重要な情報が損なわれてしまう．そのため，この図の RNN はあまり強力ではないが，10.2.1節で説明するように，各時間ステップで個別に訓練できるので，訓練時の並列化がしやすくなるため，訓練が容易になる．

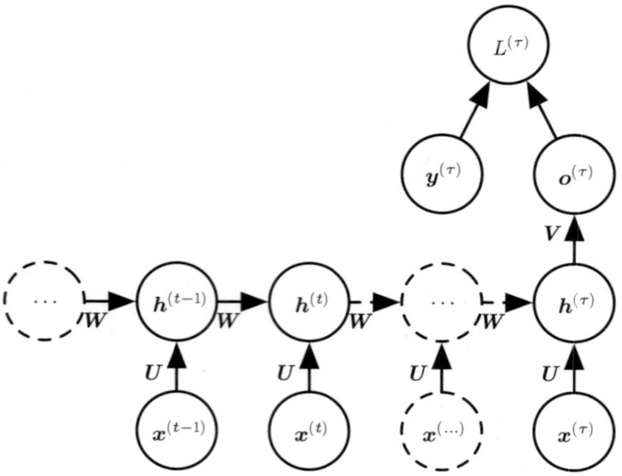

図 **10.5:** 系列の最後に 1 つの出力を持つ，時間方向に展開された回帰結合型ニューラルネットワーク．このようなネットワークを使って，系列情報を要約し，その後の処理のための入力として使用される固定長の表現を生成できる．（ここに示すように）最後に目標が存在する場合がある．あるいは，出力 $\boldsymbol{o}^{(t)}$ の勾配が，ネットワークのさらに下流の要素から誤差逆伝播で得られる．

ていない．ここでは双曲線正接関数とする．またこの図では，出力と損失関数がどのような形を取るのかが正確に指定されていない．ここでは，RNN を使って単語や文字を予測するように，出力は離散的であるとする．離散変数を表現する自然な方法は，出力 $\boldsymbol{o}$ を，離散変数の各値がそれぞれの正規化されていない対数確率のベクトルと考えることである．次に，後処理のステップとしてソフトマックス演算を適用し，出力に対して正規化された確率ベクトル $\hat{\boldsymbol{y}}$ を得ることができる．順伝播では，まず初期状態 $\boldsymbol{h}^{(0)}$ を明示することから始める．次に $t=1$ から $t=\tau$ までの各時間ステップにおいて，以下のような更新の式を適用する．

$$\boldsymbol{a}^{(t)} = \boldsymbol{b} + \boldsymbol{W}\boldsymbol{h}^{(t-1)} + \boldsymbol{U}\boldsymbol{x}^{(t)} \tag{10.8}$$

$$\boldsymbol{h}^{(t)} = \tanh\left(\boldsymbol{a}^{(t)}\right) \tag{10.9}$$

$$\boldsymbol{o}^{(t)} = \boldsymbol{c} + \boldsymbol{V}\boldsymbol{h}^{(t)} \tag{10.10}$$

$$\hat{\boldsymbol{y}}^{(t)} = \operatorname{softmax}(\boldsymbol{o}^{(t)}). \tag{10.11}$$

ただし，パラメータはバイアスベクトル $\boldsymbol{b}$ と $\boldsymbol{c}$，および入力層から隠れ層，隠れ層から出力層，隠れ層から隠れ層への接続の重み行列がそれぞれ $\boldsymbol{U}$，$\boldsymbol{V}$，$\boldsymbol{W}$ である．これは，入力系列を同じ長さの出力系列へ写像する回帰結合型ネットワークの例である．$\boldsymbol{x}$ の値の系列と，それと対になる $\boldsymbol{y}$ の値の系列が与えられたとき，その全損失はすべての時間ステップにおける損失の単純な合計となる．たとえば，$L^{(t)}$ が $\boldsymbol{x}^{(1)},\dots,\boldsymbol{x}^{(t)}$ を与えられた下での $y^{(t)}$ の負の対数尤度である場合，以下のようになる．

$$L\left(\{\boldsymbol{x}^{(1)},\dots,\boldsymbol{x}^{(\tau)}\},\{\boldsymbol{y}^{(1)},\dots,\boldsymbol{y}^{(\tau)}\}\right) \tag{10.12}$$

$$=\sum_t L^{(t)} \tag{10.13}$$

$$=-\sum_t \log p_{\text{model}}\left(y^{(t)} \mid \{\boldsymbol{x}^{(1)},\dots,\boldsymbol{x}^{(t)}\}\right). \tag{10.14}$$

ただし，$p_{\text{model}}\left(y^{(t)} \mid \{\boldsymbol{x}^{(1)},\dots,\boldsymbol{x}^{(t)}\}\right)$ は，モデルの出力ベクトル $\hat{\boldsymbol{y}}^{(t)}$ から $y^{(t)}$ の要素を読み取ることで得られる．パラメータに関してこの損失関数の勾配を計算するのは，計算コストの高い処理である．勾配の計算では，図10.3の展開されたグラフを左から右へ進む順伝播を実行し，その後，グラフを右から左へ進む逆伝播を実行する必要がある．計算時間は $O(\tau)$ であるが，順伝播グラフは本質的に連続的で各時間ステップの計算は前のステップの計算の後でのみ可能なので，並列化でこの計算時間を削減することができない．順伝播で計算された状態は逆伝播で再利用されるまで保持される必要があるため，メモリのコストもまた $O(\tau)$ となる．$O(\tau)$ の計算コストを伴う，展開された計算グラフに適用される誤差逆伝播アルゴリズムは，**通時的誤差逆伝播法**（back-propagation through time，BPTT）と呼ばれ，これは10.2.2節でさらに説明する．このように隠れユニット間で回帰構造を持つネットワークは非常に強力であるが，訓練のための計算量が多い．他の計算方法はないだろうか．

10.2.1 教師強制と出力回帰のあるネットワーク

1つの時間ステップの出力から次の時間ステップの隠れユニットへの回帰的な接続のみを持つネットワーク（図10.4に示す）は，隠れユニット間の回帰的な接続がないため，厳密にはあまり強力ではない．たとえば，このネットワークは万能チューリングマシンをモデル化できない．このネットワークには隠れユニット間の回帰的な接続がないため，出力ユニットでネットワークが未来を予測するために使用する過去の情報をすべて持っている必要がある．出力ユニットは訓練集合の目標と一致するように明示的に訓練されているため，人間がシステムのすべての状態を記述する方法を知っていて，それを訓練データの正解として提示しない限り，出力ユニットは過去の入力の履歴についての必要な情報を持っていないと考えられる．隠れユニット間の回帰的な接続を排除する利点は，時刻 t における予測と正解の比較に基づくすべての損失関数で，すべての時間ステップが分離されることである．したがって訓練を並列化して，各時間ステップ t における勾配を個別に計算できるようになる．訓練集合が出力の理想値を提供するので，前の時間ステップの出力を最初に計算する必要はない．

出力が自分自身に戻る回帰的な接続を持つモデルは，**教師強制**（teacher forcing）で訓練できる．教師強制とは，最尤法の基準から得られる処理で，訓練中にモデルが時刻 $t+1$ の入力として実際の真の出力 $y^{(t)}$ を受け取る．これは 2 つの時間ステップにおける系列を調べることでわかる．条件付き最尤推定の基準は以下になる．

$$\log p\left(\boldsymbol{y}^{(1)}, \boldsymbol{y}^{(2)} \mid \boldsymbol{x}^{(1)}, \boldsymbol{x}^{(2)}\right) \tag{10.15}$$

$$= \log p\left(\boldsymbol{y}^{(2)} \mid \boldsymbol{y}^{(1)}, \boldsymbol{x}^{(1)}, \boldsymbol{x}^{(2)}\right) + \log p\left(\boldsymbol{y}^{(1)} \mid \boldsymbol{x}^{(1)}, \boldsymbol{x}^{(2)}\right). \tag{10.16}$$

この例では，時刻 $t=2$ において，それまでの系列 $\boldsymbol{x}$ と訓練集合から直前 $\boldsymbol{y}$ の値の**両方**が与えられた下での，$\boldsymbol{y}^{(2)}$ の条件付き確率を最大化するように訓練されることがわかる．したがって，最尤推定の場合，訓練中にモデル自体の出力をモデルに戻すのではなく，正しい出力が何かを指定する目標値を，モデルとの接続に与えるべきである．これを図10.6に示す．

もともと教師強制は，隠れユニット同士の結合がないモデルにおいて，通時的誤差逆伝播法を避けられるという利点があった．教師強制は，ある時間ステップにおける出力が次の時間ステップで計算される値と接続されている限り，隠れユニット間の接続を持つモデルにも適用できる．しかし，隠れユニッ

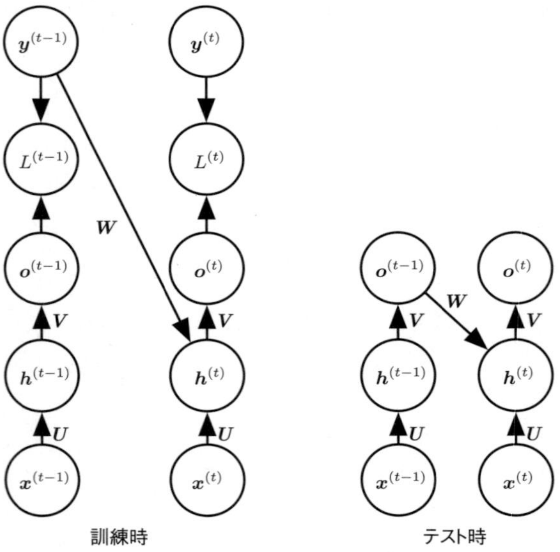

図 10.6:　教師強制の図．教師強制は，出力が次の時間ステップの隠れ層への接続を持つ RNN に適用できる訓練方法である．（左）訓練時，訓練集合の正解から抽出された**正しい出力** $\boldsymbol{y}^{(t)}$ を $\boldsymbol{h}^{(t+1)}$ への入力として用いる．（右）モデルの導入時，通常は真の出力はわかっていない．この場合は，正しい出力 $\boldsymbol{y}^{(t)}$ をモデルの出力 $\boldsymbol{o}^{(t)}$ で近似し，その出力をモデルにフィードバックする．

トが以前の時間ステップの関数である場合，通時的誤差逆伝播法が必要になる．従って，モデルが教師強制と通時的誤差逆伝播法の両方を用いて訓練されることもある．

訓練後に，ネットワークが**開ループ**（open-loop）モード，つまりネットワークの出力（もしくは出力分布からのサンプル）が入力としてフィードバックされると，教師強制の欠点が現れる．このとき，ネットワークへの訓練時に観察される入力とテスト時に観察される入力がまったく異なる可能性がある．この難題を緩和する 1 つの方法は，教師強制の入力とフリーランニング（free-running）入力の両方を用いて訓練することである．これはたとえば，出力から入力への展開された回帰的な接続経路を使って未来の多数の時間ステップにわたって正しい目標の予測をするといった方法を取る．このようにして，ネットワークは訓練時にはなかった入力の条件（たとえば，フリーランニングで生成した系列）を考慮に入れることと，その状態から，数ステップ後に正しい出力をネットワークに生成させる状態へと写像して戻す方法を学習できる．訓練時に観察される入力とテスト時に観察される入力の間のギャップを緩和する別のアプローチ (Bengio *et al.*, 2015b) は，入力として生成された値と実際のデータの値を無作為に選ぶ方法である．このアプローチでは，カリキュラム学習戦略を活用し，生成された値を徐々に増やしながら訓練する．

10.2.2 回帰結合型ネットワークにおける勾配計算

回帰結合型ニューラルネットワークの勾配計算は単純である．展開された計算グラフに，6.5.6節の一般化された誤差逆伝播法を単純に適用する．特殊なアルゴリズムは必要ない．その後，誤差逆伝播法で求められた勾配を，汎用的な勾配に基づく手法で用いて RNN を訓練できる．

通時的誤差逆伝播法の挙動を直感的に理解するために，上記の RNN の式（式10.8と式10.12）においてBPTT を使って勾配を計算する方法の例を示す．計算グラフ上のノードには，パラメータ $\boldsymbol{U}$，$\boldsymbol{V}$，$\boldsymbol{W}$，$\boldsymbol{b}$，$\boldsymbol{c}$ に加えて，t をインデックスとするノードの系列 $\boldsymbol{x}^{(t)}$，$\boldsymbol{h}^{(t)}$，$\boldsymbol{o}^{(t)}$，$L^{(t)}$ がある．各ノード N について，計算グラフ上でそれに続くノードで計算される勾配に基づいて，勾配 $\nabla_{\mathsf{N}} L$ を回帰的に計算する必要がある．最終的な損失の直前のノードから回帰を開始する．

$$\frac{\partial L}{\partial L^{(t)}} = 1. \tag{10.17}$$

この導出では，出力 $\boldsymbol{o}^{(t)}$ がソフトマックス関数への引数として使用され，出力に対する確率ベクトル $\hat{\boldsymbol{y}}$ が得られる．また損失は，それまでの入力から得られる真の目標 $y^{(t)}$ の負の対数尤度であると仮定する．すべての i と t について，時間ステップ t における出力の勾配 $\nabla_{\boldsymbol{o}^{(t)}} L$ は次のようになる．

$$(\nabla_{\boldsymbol{o}^{(t)}} L)_i = \frac{\partial L}{\partial o_i^{(t)}} = \frac{\partial L}{\partial L^{(t)}} \frac{\partial L^{(t)}}{\partial o_i^{(t)}} = \hat{y}_i^{(t)} - \mathbf{1}_{i, y^{(t)}}. \tag{10.18}$$

これを系列の最後から始めて，逆伝播させる．最後の時間ステップ τ では，$\boldsymbol{h}^{(\tau)}$ の子ノードは $\boldsymbol{o}^{(\tau)}$ しかないため，その勾配は単純である．

$$\nabla_{\boldsymbol{h}^{(\tau)}} L = \boldsymbol{V}^\top \nabla_{\boldsymbol{o}^{(\tau)}} L. \tag{10.19}$$

次に，$t = \tau - 1$ から $t = 1$ へ逆向きに反復して，勾配を時間軸上で逆伝播できる．なお，$\boldsymbol{h}^{(t)}$ $(t < \tau)$ は子ノードとして $\boldsymbol{o}^{(t)}$ と $\boldsymbol{h}^{(t+1)}$ の両方を持つことに注意する．したがって，この勾配は次式で与えられる．

$$\nabla_{\boldsymbol{h}^{(t)}} L = \left(\frac{\partial \boldsymbol{h}^{(t+1)}}{\partial \boldsymbol{h}^{(t)}}\right)^\top (\nabla_{\boldsymbol{h}^{(t+1)}} L) + \left(\frac{\partial \boldsymbol{o}^{(t)}}{\partial \boldsymbol{h}^{(t)}}\right)^\top (\nabla_{\boldsymbol{o}^{(t)}} L) \tag{10.20}$$

$$= \boldsymbol{W}^{\top} (\nabla_{\boldsymbol{h}^{(t+1)}} L) \operatorname{diag}\left(1 - \left(\boldsymbol{h}^{(t+1)}\right)^2\right) + \boldsymbol{V}^{\top} (\nabla_{\boldsymbol{o}^{(t)}} L) . \tag{10.21}$$

ただし，$\operatorname{diag}\left(1 - \left(\boldsymbol{h}^{(t+1)}\right)^2\right)$ は要素 $1 - (h_i^{(t+1)})^2$ を持つ対角行列である．これは時刻 $t+1$ で隠れユニット i に関連付けられた双曲線正接関数のヤコビ行列である．

計算グラフの内部ノードの勾配が得られると，パラメータノードの勾配を得ることができる．パラメータは多くの時間ステップで共有されるため，この変数を含む微分演算を表すときには注意が必要である．我々が実装したい方程式は，6.5.6節の bprop メソッドを用いる．これは，計算グラフ内の 1 つのエッジがどれだけ勾配へ寄与しているかを計算するものである．しかし，微分で使用される演算子 $\nabla_{\boldsymbol{W}} f$ では，計算グラフ内の**すべて**のエッジによる f の値への $\boldsymbol{W}$ の寄与を考慮に入れている．この曖昧さを解消するために，ダミー変数 $\boldsymbol{W}^{(t)}$ を導入する．これは $\boldsymbol{W}$ のコピーとして定義され，時間ステップ t でしか用いられない．すると，$\nabla_{\boldsymbol{W}^{(t)}}$ を用いて時間ステップ t における重みの勾配への寄与を表せる．

この表記を使うと，残りのパラメータの勾配は次のようになる．

$$\nabla_{\boldsymbol{c}} L = \sum_t \left(\frac{\partial \boldsymbol{o}^{(t)}}{\partial \boldsymbol{c}}\right)^{\top} \nabla_{\boldsymbol{o}^{(t)}} L = \sum_t \nabla_{\boldsymbol{o}^{(t)}} L \tag{10.22}$$

$$\nabla_{\boldsymbol{b}} L = \sum_t \left(\frac{\partial \boldsymbol{h}^{(t)}}{\partial \boldsymbol{b}^{(t)}}\right)^{\top} \nabla_{\boldsymbol{h}^{(t)}} L = \sum_t \operatorname{diag}\left(1 - \left(\boldsymbol{h}^{(t)}\right)^2\right) \nabla_{\boldsymbol{h}^{(t)}} L \tag{10.23}$$

$$\nabla_{\boldsymbol{V}} L = \sum_t \sum_i \left(\frac{\partial L}{\partial o_i^{(t)}}\right) \nabla_{\boldsymbol{V}} o_i^{(t)} = \sum_t (\nabla_{\boldsymbol{o}^{(t)}} L)\, \boldsymbol{h}^{(t)^{\top}} \tag{10.24}$$

$$\nabla_{\boldsymbol{W}} L = \sum_t \sum_i \left(\frac{\partial L}{\partial h_i^{(t)}}\right) \nabla_{\boldsymbol{W}^{(t)}} h_i^{(t)} \tag{10.25}$$

$$= \sum_t \operatorname{diag}\left(1 - \left(\boldsymbol{h}^{(t)}\right)^2\right) (\nabla_{\boldsymbol{h}^{(t)}} L)\, \boldsymbol{h}^{(t-1)^{\top}} \tag{10.26}$$

$$\nabla_{\boldsymbol{U}} L = \sum_t \sum_i \left(\frac{\partial L}{\partial h_i^{(t)}}\right) \nabla_{\boldsymbol{U}^{(t)}} h_i^{(t)} \tag{10.27}$$

$$= \sum_t \operatorname{diag}\left(1 - \left(\boldsymbol{h}^{(t)}\right)^2\right) (\nabla_{\boldsymbol{h}^{(t)}} L)\, \boldsymbol{x}^{(t)^{\top}} . \tag{10.28}$$

訓練時に $\boldsymbol{x}^{(t)}$ についての勾配を計算する必要はない．なぜなら，損失を定義する計算グラフにおいて，$\boldsymbol{x}^{(t)}$ は親となるパラメータを持たないからである．

10.2.3　有向グラフィカルモデルとしての回帰結合型ネットワーク

これまで説明してきた回帰結合型ネットワークの例では，損失 $L^{(t)}$ は訓練の正解 $\boldsymbol{y}^{(t)}$ と出力 $\boldsymbol{o}^{(t)}$ の間の交差エントロピーであった．順伝播ネットワークの場合と同様に，回帰結合型ネットワークでも原則としてほとんどすべての損失を利用することができる．損失はタスクに基づいて選択されるべきである．順伝播ネットワークの場合と同様に，通常は RNN の出力を確率分布として解釈するのが望ましく，普通はその分布に関連付けられた交差エントロピーを利用して損失を定義する．平均二乗誤差は，たとえば順伝播ネットワークの場合と同様に，ガウス分布を持つ出力分布に関連付けられた交差エントロピー損失である．

式10.12のような予測対数尤度を訓練の目的関数とした場合，過去の入力が与えられた下での，次の系列の要素 $\boldsymbol{y}^{(t)}$ の条件付き分布を推定するように RNN を訓練する．これは以下の対数尤度，

$$\log p(\boldsymbol{y}^{(t)} \mid \boldsymbol{x}^{(1)}, \ldots, \boldsymbol{x}^{(t)}) \tag{10.29}$$

もしくは，ある時間ステップでの出力が次の時間ステップにフィードバックされる形のモデルであれば，以下の対数尤度

$$\log p(\boldsymbol{y}^{(t)} \mid \boldsymbol{x}^{(1)}, \ldots, \boldsymbol{x}^{(t)}, \boldsymbol{y}^{(1)}, \ldots, \boldsymbol{y}^{(t-1)}) \tag{10.30}$$

を最大化することを意味する．$\boldsymbol{y}$ の系列の同時確率を時間ステップごとの確率的予測の連続として分解することは，系列全体の完全な同時分布を捉える方法の 1 つである．過去の $\boldsymbol{y}$ を次の時間ステップの予測を条件付ける入力としない場合，有向グラフィカルモデルには過去の $\boldsymbol{y}^{(i)}$ から現在の $\boldsymbol{y}^{(t)}$ までのエッジが一切含まれない．この場合，$\boldsymbol{x}$ が与えられた下での出力 $\boldsymbol{y}$ は互いに条件付き独立である．実際の $\boldsymbol{y}$ の値（予測ではなく，実際に観測されたか，もしくは生成された値）をネットワークにフィードバックするとき，有向グラフィカルモデルには過去のすべての $\boldsymbol{y}^{(i)}$ から現在の $\boldsymbol{y}^{(t)}$ までのエッジが含まれる．

簡単な例として，RNN がスカラーの確率変数の系列 $\mathbb{Y} = \{\mathrm{y}^{(1)}, \ldots, \mathrm{y}^{(\tau)}\}$ だけをモデル化する場合を考える．この場合，入力 x はないものとする．時間ステップ t の入力は単純に $t-1$ の出力である．次に RNN は変数 y に関する有向グラフィカルモデルを定義する．条件付き確率に関する連鎖律（式3.6）を使って，これらの観測値の同時分布をパラメータ化する．

$$P(\mathbb{Y}) = P(\mathbf{y}^{(1)}, \ldots, \mathbf{y}^{(\tau)}) = \prod_{t=1}^{\tau} P(\mathbf{y}^{(t)} \mid \mathbf{y}^{(t-1)}, \mathbf{y}^{(t-2)}, \ldots, \mathbf{y}^{(1)}). \tag{10.31}$$

ただし，縦線の右側は $t = 1$ のとき，もちろん空である．したがって，このようなモデルによる値の集合 $\{y^{(1)}, \ldots, y^{(\tau)}\}$ の負の対数尤度は次式になる．

$$L = \sum_t L^{(t)}. \tag{10.32}$$

ただし，

$$L^{(t)} = -\log P(\mathrm{y}^{(t)} = y^{(t)} \mid y^{(t-1)}, y^{(t-2)}, \ldots, y^{(1)}). \tag{10.33}$$

グラフィカルモデルのエッジは，他の変数に直接依存している変数がどれであるかを示す．グラフィカルモデルの多くは，強い相互作用に対応しないエッジを省略することで，統計的および計算的有効性の達成を目指す．たとえば，マルコフ仮説を立てて，過去の履歴全体から $\mathrm{y}^{(t)}$ へのエッジを持たせるのではなく，$\{\mathrm{y}^{(t-k)}, \ldots, \mathrm{y}^{(t-1)}\}$ から $\mathrm{y}^{(t)}$ へのみエッジを持たせると考えるが一般的である．しかし，過去の入力すべてが系列の次の要素に影響を与えるはずだと考える場合もある．RNN は，$\mathrm{y}^{(t-1)}$ における $\mathrm{y}^{(i)}$ の効果では捕捉できないような，離れた過去の値 $\mathrm{y}^{(i)}$ に $\mathrm{y}^{(t)}$ の分布が依存する可能性があると考えられる場合に有用である．

RNN をグラフィカルモデルとして解釈する 1 つの方法は，その構造が完全グラフ，つまり y 値の任意の対の間の直接的な依存関係を表すことができるグラフィカルモデルを定義するものとして RNN を見ることである．完全グラフ構造を持つ y 値についてのグラフィカルモデルを，図10.7に示す．RNN を完全グラフと解釈することは，隠れユニット $\boldsymbol{h}^{(t)}$ をモデルから除外して無視することに基づいている．

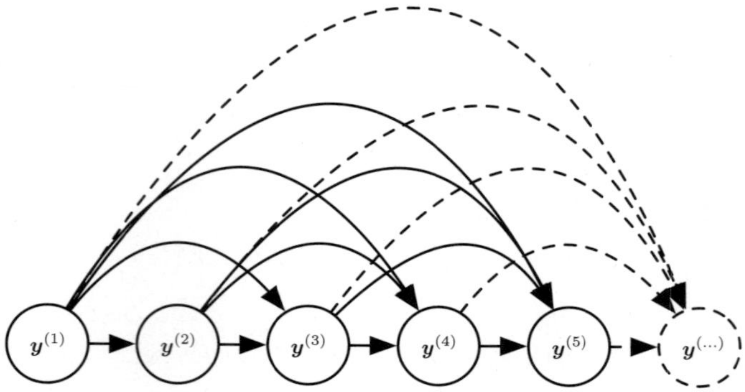

図 10.7: 系列 $y^{(1)}$,$y^{(2)}$,...,$y^{(t)}$,... の全結合グラフィカルモデル．過去のすべての観測値 $y^{(i)}$ は，過去の値が与えられた場合，条件付き分布 $y^{(t)}$（$t > i$）に影響を与える可能性がある．このグラフのようにグラフィカルモデルをパラメータ化する（式10.6のように）のは，系列の各要素についての入力とパラメータの数が次々に増えるため，あまり効率的とは言えない．図10.8に示すように，RNN は同様の全結合性を持つが，効率的なパラメータ化を実現する．

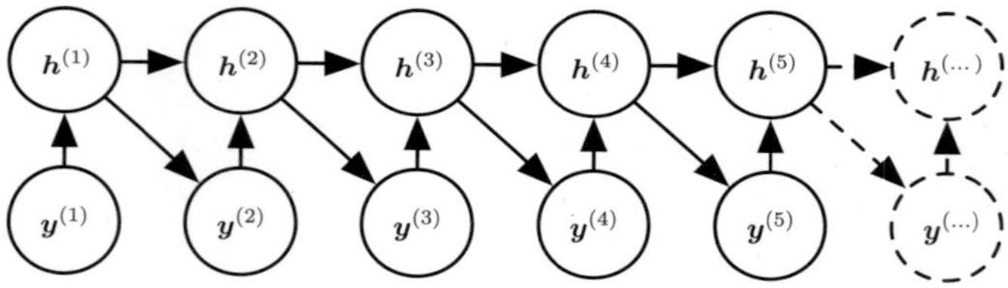

図 10.8: RNN のグラフィカルモデルに状態変数を導入することで，モデルが入力の決定論的な関数ではあるが，式10.5に基づいてどのように効率的なパラメータ化が実現されるかが理解しやすくなる．系列（$\boldsymbol{h}^{(t)}$ と $\boldsymbol{y}^{(t)}$）の各段階は同じ構造（各ノードの入力数が同じ）を持ち，同じパラメータを他の段階と共有できる．

隠れユニット $\boldsymbol{h}^{(t)}$ を確率変数と見なした場合の RNN のグラフィカルモデルの構造を考えてみるとさらに興味深い[*1]．グラフィカルモデルに隠れユニットを含めると，RNN によって観察値に対する同時分布の効率的なパラメータ化が提供されることがわかる．離散値上の任意の同時分布を表形式，すなわち取りうる値の割り当てごとに異なるエントリを持つ配列で表現したとする．このエントリの値はその割り当てが発生する確率を示す．もし y が k 個の異なる値を取ることができる場合，表形式の表現は $O(k^\tau)$ 個のパラメータを持つ．比較すると，RNN のパラメータの数は，パラメータ共有をしているため，系列長の関数として $O(1)$ になる．RNN のパラメータ数は，モデルの能力を制御するために調整される場合があるが，系列長に合わせてスケーリングされることはない．式10.5は，同じ関数 f と同じパラメータ $\boldsymbol{\theta}$ を各時間ステップで回帰的に適用して，RNN が変数間の長期的な関係を効率的にパラメータ化することを示している．図10.8にグラフィカルモデルの解釈を図示する．グラフィカルモデルにノード $\boldsymbol{h}^{(t)}$ を組み込むことで，過去と未来が切り離され，ノード $\boldsymbol{h}^{(t)}$ はそれらの間の中間的な量として機能する．遠い過去の変数 $y^{(i)}$ は，$\boldsymbol{h}$ に及ぼす影響を介して変数 $y^{(t)}$ に影響を及ぼすことができる．このグラフ構造は，各時間ステップで同じ条件付き確率分布を使用することでモデルを効率的にパラメータ化できることと，変数がすべて観測されるなら，すべての変数の同時割り当ての確率を効率的

[*1] 親ノードを与えられたとき，これらの変数の条件付き分布は決定論的である．このような決定論的な隠れユニットを持つグラフィカルモデルを設計することは少々まれだが，まったく合理的なことである．

に評価できることを示している.

グラフィカルモデルが効率的にパラメータ化されても，処理の一部には計算上の課題が残っている. たとえば，系列の途中で欠損している値を予測することは困難である.

回帰結合型ネットワークのパラメータを削減したことによって，そのパラメータの最適化が困難になるかもしれない.

回帰結合型ネットワークで用いられるパラメータ共有は，同じパラメータが異なる時間ステップで使用できるという前提に基づいている. この前提は，時刻 t における変数が与えられた下での時刻 $t+1$ における変数の条件付き確率分布が**定常**（stationary）であること，つまり，ある時間ステップとその次の時間ステップとの間の関係は t に依存しないということと同じである. 原則的には，各時間ステップで t を入力として用い，異なる時間ステップ間でできるだけパラメータを共有しながら，モデルに時間依存性を学習させることは可能である. これはすでに，t ごとに異なる条件付き確率分布を利用するよりはるかによいであろうが，新しい t の値を入力する場合はネットワークは外挿しなければならないだろう.

グラフィカルモデルとしての RNN の概観を完成させるためには，モデルからのサンプリングの方法を説明する必要がある. 実行する必要がある主な処理は，単純に各時間ステップにおいて条件付き分布からサンプリングするだけである. しかし，もう 1 つの問題がある. それは，RNN には系列の長さを決定するための何らかのメカニズムが必要だという点である. これはさまざまな方法で実現できる.

出力が語彙のリストから抽出されるシンボルである場合，系列の最後であることを示す特別なシンボルを追加することができる (Schmidhuber, 2012). このシンボルが生成されたら，サンプリング過程を停止する. 訓練集合では，系列の追加要素として，各訓練事例の $\boldsymbol{x}^{(\tau)}$ の直後に，このシンボルを挿入する.

もう 1 つの選択肢は，各時間ステップにおいて生成を続けるか止めるかの判断を表現するベルヌーイ出力を，モデルに追加で導入する方法である. このアプローチは，シンボルの系列を出力する RNN だけではなく，任意の RNN に対して適用できるため，余分なシンボルを語彙に追加するアプローチよりも一般的である. たとえば，実数の系列を出力する RNN に適用することができる. 新しい出力ユニットは，通常，交差エントロピー損失で訓練されたシグモイドユニットである. このアプローチでは，シグモイドは，各時間ステップにおいて系列が終了するか継続するかを正しく予測する対数確率を最大にするように訓練される.

系列の長さ τ を決定するもう 1 つの方法は，整数 τ 自体を予測する出力をモデルに追加することである. モデルは τ の値をサンプリングし，その後 τ ステップ分のデータをサンプリングする. このアプローチでは，生成される系列の終端に近いかどうかを回帰の更新で把握するために，各時間ステップで回帰の更新に入力を追加する必要がある. この追加の入力は，τ の値か，あるいは残りの時間ステップ数である $\tau - t$ の値のどちらで構成されても構わない. この入力がなければ，未完成の文のような，突然終了する系列を RNN が生成してしまうかもしれない. この手法は，次式のような分解に基づいている.

$$P(\boldsymbol{x}^{(1)}, \ldots, \boldsymbol{x}^{(\tau)}) = P(\tau)P(\boldsymbol{x}^{(1)}, \ldots, \boldsymbol{x}^{(\tau)} \mid \tau). \tag{10.34}$$

τ を直接予測するこの手法は，たとえば Goodfellow *et al.* (2014d) で用いられている.

10.2.4　RNN を使った文脈で条件付けされた系列モデリング

前節では，入力 $\boldsymbol{x}$ のない確率変数 $y^{(t)}$ の系列に関する有向グラフィカルモデルと RNN がどのように対応しているかを説明した．もちろん，式10.8にあるような RNN の展開には，入力系列 $\boldsymbol{x}^{(1)}, \boldsymbol{x}^{(2)}, \ldots, \boldsymbol{x}^{(\tau)}$ が含まれていた．一般に，RNN では変数 $\boldsymbol{y}$ の同時分布だけでなく，$\boldsymbol{x}$ が与えられた下での $\boldsymbol{y}$ の条件付き分布も表すように，グラフィカルモデルの表現が拡張される．6.2.1.1節で，順伝播ネットワークの文脈で議論したように，変数 $P(\boldsymbol{y};\boldsymbol{\theta})$ を表現するモデルはいずれも，$\boldsymbol{\omega} = \boldsymbol{\theta}$ である条件付き分布 $P(\boldsymbol{y}|\boldsymbol{\omega})$ を表すモデルとして再解釈できる．この $P(\boldsymbol{y} \mid \boldsymbol{\omega})$ のモデルを，$\boldsymbol{\omega}$ が $\boldsymbol{x}$ の関数になるようにすることで $P(\boldsymbol{y} \mid \boldsymbol{x})$ を表すように拡張することができる．RNN の場合は，別な方法でこれを実現できる．ここでは，最も一般的でわかりやすい方法について説明する．

以前は，$t = 1, \ldots, \tau$ に対するベクトル $\boldsymbol{x}^{(t)}$ の系列を入力とする RNN について説明した．もう 1 つの選択肢は，ただ 1 つのベクトル $\boldsymbol{x}$ を入力とすることである．$\boldsymbol{x}$ が固定長のベクトルの場合，これを単に $\mathbf{y}$ を生成する RNN への入力とすることができる．RNN にこの入力を追加する一般的な方法を以下にいくつか挙げる．

1. 各時間ステップにおける追加入力として与える
2. 状態の初期値 $\boldsymbol{h}^{(0)}$ として与える
3. 上記の両方

最も一般的と言える，最初のアプローチを図10.9に示す．入力 $\boldsymbol{x}$ と各隠れユニットベクトル $\boldsymbol{h}^{(t)}$ の間の相互作用は，新たに導入された重み行列 $\boldsymbol{R}$ によってパラメータ化される．$\boldsymbol{R}$ は値 y の系列のみのモデルには存在していない．同じ内積 $\boldsymbol{x}^\top \boldsymbol{R}$ が，時間ステップごとに隠れユニットへの入力として加えられる．$\boldsymbol{x}$ の選択は，$\boldsymbol{x}^\top \boldsymbol{R}$ の値を決定するものであり，実質的には各隠れユニットに使用される新しいバイアスパラメータと考えられる．重みは入力とは独立したままである．このモデルは，条件付けられていないモデルのパラメータ θ を取って $\boldsymbol{\omega}$ に変換していると考えることができる．ここで，$\boldsymbol{\omega}$ 内のバイアスパラメータは入力の関数である．

RNN は単一のベクトル $\boldsymbol{x}$ だけではなく，ベクトルの系列 $\boldsymbol{x}^{(t)}$ も入力として受け取ることができる．式10.8に記述された RNN は条件付き分布 $P(\boldsymbol{y}^{(1)}, \ldots, \boldsymbol{y}^{(\tau)} \mid \boldsymbol{x}^{(1)}, \ldots, \boldsymbol{x}^{(\tau)})$ に対応し，これは

$$\prod_t P(\boldsymbol{y}^{(t)} \mid \boldsymbol{x}^{(1)}, \ldots, \boldsymbol{x}^{(t)}) \tag{10.35}$$

のように分解されるという条件付き独立性を仮定している．この条件付き独立性の仮定を除くために，図10.10に示すように，時刻 t における出力から時刻 $t+1$ の隠れユニットへの接続を追加できる．したがって，モデルは系列 $\boldsymbol{y}$ の任意の確率分布を表すことができる．ある系列が与えられた下での，ある別の系列の分布を表すこの種のモデルは依然として 1 つの制約を持つ．それは，両方の系列長が同じでなければならないということである．この制約を取り除く方法については10.4節で説明する．

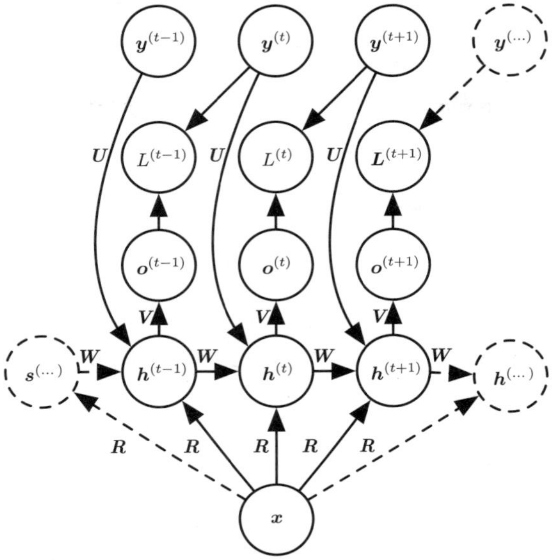

図 10.9: 固定長ベクトル $\boldsymbol{x}$ を系列 $\mathbf{Y}$ の分布へ写像する RNN．この RNN は，1 つの画像をモデルへの入力として使い，そのモデルがその画像を説明する単語の系列を出力する画像キャプショニングなどのタスクに向いている．観測された出力系列の各要素 $\boldsymbol{y}^{(t)}$ は，（現在の時間ステップにおける）入力として，そして訓練中は（前の時間ステップにおける）正解として，両方の役割を果たす．

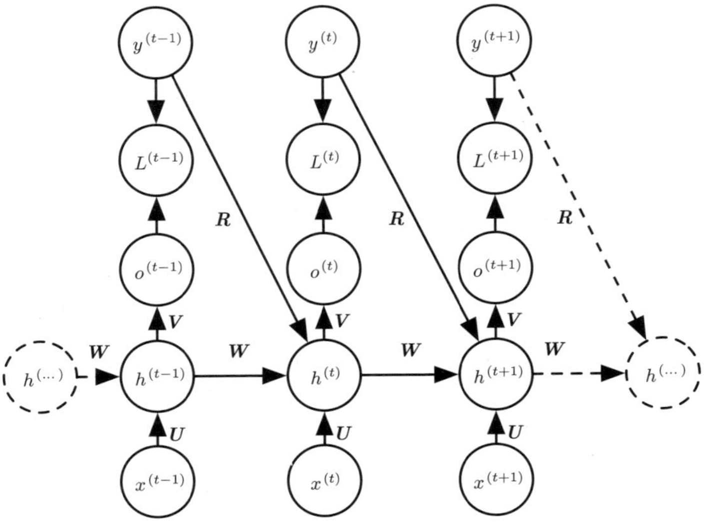

図 10.10: $\boldsymbol{x}$ の可変長の系列を，同じ長さの $\boldsymbol{y}$ の系列の分布へ写像する条件付き回帰結合型ニューラルネットワーク．図10.3と比較すると，この RNN には直前の出力から現在の状態への接続が含まれている．この接続によってこの RNN は，系列 $\boldsymbol{y}$ と同じ長さの系列 $\boldsymbol{x}$ が与えられた下での，系列 $\boldsymbol{y}$ における任意の分布をモデル化することができる．図10.3の RNN は，$\boldsymbol{x}$ が与えられた元で $\boldsymbol{y}$ の値が互いに条件付きで独立となる分布のみを表現できる．

10.3　双方向 RNN

今まで考えてきた回帰結合型ネットワークはすべて，「因果的」な構造を持っている．つまり，時刻 t の状態は，過去の情報 $\boldsymbol{x}^{(1)}, \ldots, \boldsymbol{x}^{(t-1)}$ と，現在の入力 $\boldsymbol{x}^{(t)}$ だけを利用する．ここで説明したモデルの中には，$\boldsymbol{y}$ が利用可能である場合，過去の値 $\boldsymbol{y}$ の情報が現在の状態に影響を与えるものもいくつかある．

しかし，応用の場面では，**入力系列全体**に依存する $\boldsymbol{y}^{(t)}$ の予測を出力したい場合が多い．たとえば音声認識では，現在の音を音素として正しく解釈することは，調音結合の影響があるせいで，後に続くいくつかの音素に依存する場合がある．あるいは，近接する単語間の言語的な依存関係の影響で，後に続く数単語に依存する場合もある．たとえば，現在の単語について，いずれも音響的にはもっともらしい 2 つの解釈がある場合，その曖昧さを解消するために，さらに未来を（そして過去も）見る必要があるかもしれない．これは手書き文字認識や，次節で説明する他の多くの Sequence-to-Sequence の学習タスクにも当てはまる．

このような必要性に対処するために，双方向回帰結合型ネットワーク（または双方向 RNN）が開発された (Schuster and Paliwal, 1997)．双方向回帰結合型ネットワークは，手書き文字認識 (Graves *et al.*, 2008; Graves and Schmidhuber, 2009) や，音声認識 (Graves and Schmidhuber, 2005; Graves

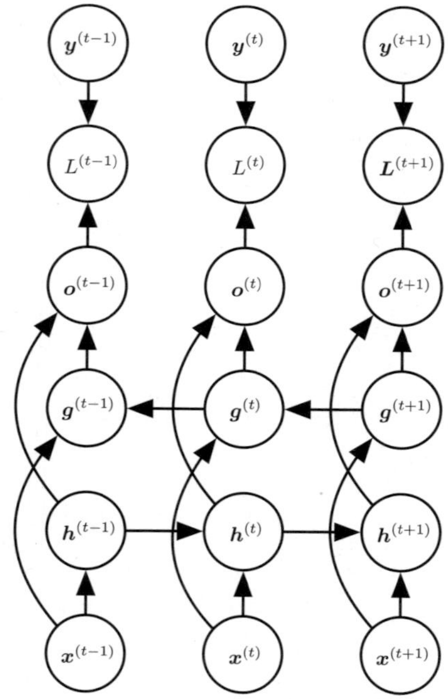

図 **10.11:** 典型的な双方向回帰結合型ニューラルネットワークの計算．入力系列 $\boldsymbol{x}$ から出力系列 $\boldsymbol{y}$ への写像を学習する．各時間ステップ t で，損失 $L^{(t)}$ が計算される．$\boldsymbol{h}$ における回帰構造によって情報は時間方向に順伝播（右方向）され，一方で $\boldsymbol{g}$ における回帰構造によって情報は時間方向とは逆に逆伝播（左方向）される．したがって各時間ステップ t において，出力ユニット $\boldsymbol{o}^{(t)}$ は，入力 $\boldsymbol{h}^{(t)}$ に含まれた過去の関連する要約情報と，入力 $\boldsymbol{g}^{(t)}$ に含まれた未来の関連する要約情報を利用することができる．

et al., 2013)，そして生物情報学 (Baldi *et al.*, 1999) など，その必要性が生じる応用分野において多大な成功を収めている (Graves, 2012).

その名前が示唆するように，双方向 RNN は，系列の開始から時間と同じ向きに移動する RNN と，系列の終わりから時間とは逆方向に移動するもう 1 つの RNN を組み合わせたものである．図10.11に，典型的な双方向 RNN を図示する．この図で $\boldsymbol{h}^{(t)}$ は時間と同じ向きに移動する一方の RNN の状態を表し，$\boldsymbol{g}^{(t)}$ は時間の経過とは逆方向に移動するもう一方の RNN の状態を表す．これによって，出力ユニット $\boldsymbol{o}^{(t)}$ が**過去と未来の両方**に依存する表現を計算できるようになるが，t の周りに固定長の窓を設ける（順伝播ネットワーク，畳み込みネットワーク，または固定長のルックアヘッドバッファを備えた通常の RNN では必要）ことをしなくても，t の周りの入力値に対して非常に敏感になる.

このアイデアは当然のように，画像などの 2 次元入力に拡張できる．その場合は上，下，左，右の方向へそれぞれ移動する 4 つの RNN を使う．2-D グリッドの各点 (i,j) において，出力 $O_{i,j}$ はほぼ局所的な情報を含んだ表現を計算するが，同時に RNN がその情報の伝播を学習できるなら，その表現は長い時間範囲の入力にも依存する．畳み込みネットワークと比較して，画像に適用される RNN の方が一般的には計算量が多いが，同じ特徴マップの特徴の間で，横方向に広い範囲で相互作用が可能である (Visin *et al.*, 2015; Kalchbrenner *et al.*, 2015)．実際，この RNN の順伝播方程式は，横方向の相互作用を組み込んだ特徴マップにおける回帰的な伝播の前に，各層へのボトムアップの入力を計算する畳み込みを使用することを示すような形式で書くことができる.

10.4 Encoder-Decoder と Sequence-to-Sequence

図10.5では，RNN が入力系列を固定長のベクトルに写像する方法を示した．図10.9では，RNN が固定長のベクトルを系列に写像する方法を確認した．図10.3，10.4，10.10と10.11では，RNN が入力系列を同じ長さの出力系列へ写像する方法を説明した.

ここでは，入力系列を必ずしも同じ長さではない出力系列へ写像するように RNN を訓練する方法について説明する．これは，音声認識，機械翻訳，質問応答など，訓練集合の入力系列と出力系列が一般的には同じ長さではない（それぞれの長さに関係性はあるかもしれないが）応用の多くで必要となる.

このような RNN への入力を，「文脈」と呼ぶことが多い．ここでこの文脈 C の表現を生成しようと考える．文脈 C は，入力系列 $\boldsymbol{X} = (\boldsymbol{x}^{(1)}, \ldots, \boldsymbol{x}^{(n_x)})$ を要約したベクトル，もしくはベクトルの系列である.

可変長の系列を別の可変長の系列へ写像する RNN の最も簡単な構造は，初めにCho *et al.* (2014a) によって提案され，その少し後にSutskever *et al.* (2014) によって提案された．彼らは別々にこの構造を発明し，このアプローチを使って最先端の翻訳手法を初めて提案した．前者のシステムは，別の機械翻訳システムによって提案されたスコアリング方法に基づいているが，一方で後者は翻訳文の生成に，単独で動作する回帰結合型ネットワークを用いている．この著者らは，図10.12に示すアーキテクチャを，encoder-decoder アーキテクチャまたは sequence-to-sequence アーキテクチャとそれぞれ呼んでいる．アイデアは以下のように非常に簡単である．(1) **符号化器**（**encoder**），**リーダー**（**reader**），あるいは**入力**（**input**）と呼ばれる RNN が入力系列を処理する．符号化器は文脈 C を出力するが，これは通常最後の隠れ層の状態の単純な関数になる．(2) **復号化器**（**decoder**），**ライター**（**writer**），あるいは**出力**（**output**）RNN は，出力系列 $\boldsymbol{Y} = (\boldsymbol{y}^{(1)}, \ldots, \boldsymbol{y}^{(n_y)})$ を生成するために，固定長のベクトルによって（図10.9のように）条件付けられている．このアーキテクチャが，本章の前節までで紹介した

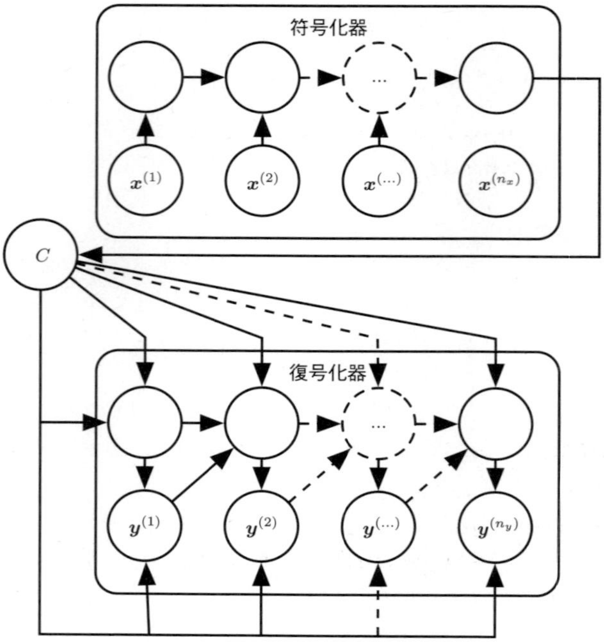

図 10.12: 入力系列（$\mathbf{x}^{(1)}, \mathbf{x}^{(2)}, \ldots, \mathbf{x}^{(n_x)}$）が与えられると，出力系列（$\mathbf{y}^{(1)}, \ldots, \mathbf{y}^{(n_y)}$）を生成することを学習するencoder-decoder RNN，もしくはsequence-to-sequence RNN の構造．これは，入力系列を読み込む符号化RNN と，出力系列を生成する（または，与えられた出力系列の確率を計算する）復号化 RNN で構成される．符号化 RNN の最後の隠れ状態を使って，通常は固定長の文脈変数 C を計算する．C は入力系列の意味的な要約を表し，復号化 RNN へ入力として与えられる．

アーキテクチャに比べて革新的な点は，以前紹介したアーキテクチャでは系列の長さ n_x と n_y について $n_x = n_y = \tau$ という制約があったのに対し，ここで紹介したアーキテクチャは n_x と n_y がお互いに違っても構わないという点である．sequence-to-sequence RNN では，訓練データの系列 $\boldsymbol{x}$ と $\boldsymbol{y}$ の対すべてについて，$\log P(\boldsymbol{y}^{(1)}, \ldots, \boldsymbol{y}^{(n_y)} \mid \boldsymbol{x}^{(1)}, \ldots, \boldsymbol{x}^{(n_x)})$ の平均が最大化されるように 2 つの RNN を同時に学習させる．符号化 RNN の最後の状態 $\boldsymbol{h}_{n_x}$ は，通常，復号化 RNN への入力となる入力系列の表現 C として用いられる．

文脈 C がベクトルなら，復号化 RNN は，10.2.4節で説明するように，単純に vector-to-sequence RNN である．今まで見てきたように，vector-to-sequence RNN には，入力を受け取る方法が 2 つある．入力は RNN の初期状態として与えられるか，もしくは各時間ステップで隠れユニットに接続されるかのどちらかである．この 2 つの方法を組み合わせることもできる．

符号化器と復号化器で隠れ層のサイズが同じでなければならないという制約はない．

このアーキテクチャの明確な制限の 1 つは，符号化 RNN によって出力される文脈 C の次元が低すぎると，長い系列情報を適切に要約できないという点である．この現象は機械翻訳の文脈で，Bahdanau *et al.* (2015) により観察された．そこでは C を固定長のベクトルではなく，可変長系列にすることが提案された．加えて，系列 C の要素を出力系列の要素に関連付けることを学ぶ**アテンションメカニズム**（attention mechanism）を導入した．さらに詳細については12.4.5.1節を参照されたい．

10.5 深層回帰結合型ネットワーク

ほとんどの RNN の計算は，次の 3 つの，パラメータおよび関連する演算のブロックに分割できる．

1. 入力から隠れ状態
2. 直前の隠れ状態から次の隠れ状態
3. 隠れ状態から出力

図10.3の RNN アーキテクチャでは，3 つのブロックそれぞれが，単一の重み行列に関連付けられている．言い換えると，ネットワークが展開されているとき，それぞれのブロックは浅い変換に対応する．浅い変換とは，深い多層パーセプトロンの中の 1 つの層で表される変換を意味する．通常この 1 つの層の変換は学習された重み行列によるアフィン変換であり，あらかじめ定められた非線形変換がその後に実行される．

これらの処理を深くすることは有益なのだろうか．実験結果 (Graves *et al.*, 2013; Pascanu *et al.*, 2014a) は有益であることを強く示唆している．この実験で得られた根拠は，必要な写像を実行するためには十分な深さが必要だという考えと一致している．深層 RNN の初期の研究については，Schmidhuber (1992)，El Hihi and Bengio (1996)，Jaeger (2007a) を参照されたい．

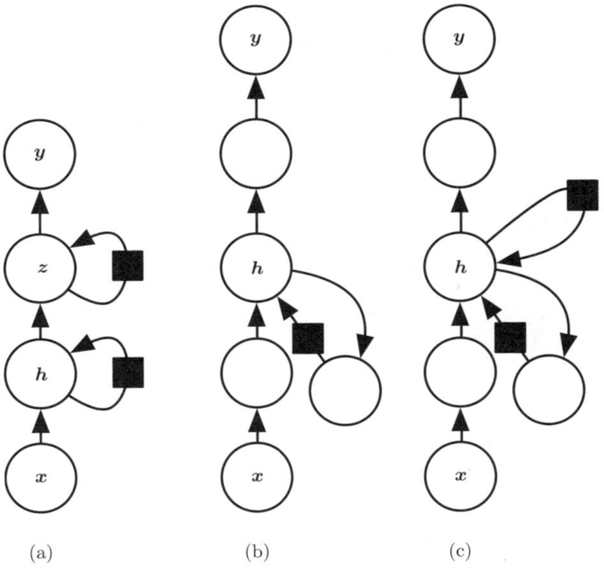

図 **10.13:** 回帰結合型ニューラルネットワークは，さまざまな方法で深くすることができる (Pascanu *et al.*, 2014a)．(a) 隠れた回帰状態は，階層的に編成されたグループに分解することができる．(b) より深い計算（たとえば MLP）を，入力から隠れ層，隠れ層から隠れ層，そして隠れ層から出力の部分に導入可能である．これによって，異なる時間ステップをつなぐ最短経路が長くなる可能性がある．(c) 経路が長くなることの影響は，スキップ接続を導入することで緩和できる．

Graves *et al.* (2013) は図10.13（左の図）にあるように，RNN の状態を複数の層に分解することの重要な利点を初めて示した．図10.13に示す階層の下部の層は，生の入力を，より適切でさらに高いレベルの隠れ状態の表現へ変換する役割を果たしていると考えることができる．Pascanu *et al.* (2014a) はさらに一歩踏み込んで，図10.13b に示すように，上記 3 つのブロックにそれぞれ個別に（深くてもよい）MLP を持たせることを提案している．表現能力を考慮すると，3 つのブロックそれぞれに十分な能力を割り当てるべきだが，その目的で深層化すると最適化が難しくなり，学習に悪影響を及ぼす可能性がある．一般的に，アーキテクチャが浅いほど最適化が容易であり，また図10.13b に深さを追加することで，時間ステップ t の変数から時間ステップ $t+1$ の変数までの最短経路が長くなってしまう．たとえば，単一の隠れ層を持つ MLP を使って状態から状態へ遷移させる場合，図10.3の通常の RNN と比較して，任意の 2 つの時間ステップの変数間で最短経路の長さが 2 倍になった．しかし，Pascanu *et al.* (2014a) が提起するように，この問題は隠れ層から隠れ層への経路に図10.13c で示すようなスキップ接続を導入することによって軽減できる．

10.6　再帰型ニューラルネットワーク

再帰型ニューラルネットワーク*2は，回帰結合型ニューラルネットワークのもう 1 つの一般化であり，RNN の連鎖的な構造とは別の，深い木構造の計算グラフを持つ．再帰型ネットワークの典型的な計算グラフを図10.14に示す．再帰型ニューラルネットワークはPollack (1990) によって提案され，Bottou (2011) によって機械による推論において利用できる可能性が記述された．再帰ネットワークは自然言語処理 (Socher *et al.*, 2011a,c, 2013a) に加えてコンピュータビジョン (Socher *et al.*, 2011b) においても，ニューラルネットへの入力として**データ構造**を処理することに成功している．

再帰ネットワークが回帰結合型ネットワークに比べて明確に有利な点は，同じ長さ τ の系列に対して，その（非線形演算の構成要素の数として測定される）深さを τ から $O(\log \tau)$ へと大幅に減らせることであり，これは長期依存を取り扱うのに有利となる可能性がある．最適な木構造をどのように構成するかは未解決の問題である．1 つの選択肢は，平衡二分木のような，データに依存しない木構造を持たせることである．応用領域によっては，同時に使われる外部の手法によって適切な木構造が決まる場合がある．たとえば自然言語の文を処理するとき，再帰ネットワークの木構造は，自然言語パーサーから提供される構文木の構造に固定することができる (Socher *et al.*, 2011a, 2013a)．理想的には，Bottou (2011) が示唆するように，任意の入力に適した木構造を学習器自体が発見して推論するようにしたい．

再帰ネットワークのアイデアはさまざまに応用できる．たとえば，Frasconi *et al.* (1997) とFrasconi *et al.* (1998) はデータを木構造に対応させ，入力と正解をその木の個々のノードに対応させた．各ノードで実行される計算は，伝統的な人工ニューロンの計算（全入力に対するアフィン変換の後に単調な非線形変換を実行）である必要はない．たとえば，Socher *et al.* (2013a) は，テンソル演算と双線形形式を用いることを提案している．これらは，概念が連続値ベクトル（埋め込み）で表されるときに，概念間の関係性をモデル化するのに有用である (Weston *et al.*, 2010; Bordes *et al.*, 2012) と以前からわかっていた．

*2 回帰結合型ニューラルネットワークとの混同を避けるために，再帰型ニューラルネットワーク (recursive neural network) を「RNN」と略することはない

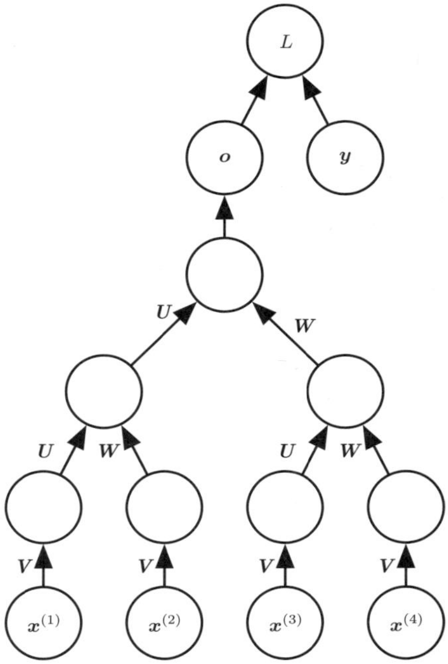

図 **10.14:** 再帰型ネットワークは，回帰結合型ネットワークの計算グラフをチェーンから木へと一般化した計算グラフを持つ．可変長の系列 $\boldsymbol{x}^{(1)}, \boldsymbol{x}^{(2)}, \ldots, \boldsymbol{x}^{(t)}$ が，決まったパラメータ集合（重み行列 $\boldsymbol{U}$, $\boldsymbol{V}$, $\boldsymbol{W}$）を用いて固定長の表現（$\boldsymbol{o}$）へと写像される．この図は，系列全体に関連付けられた正解 $\boldsymbol{y}$ が与えられた教師あり学習の例を示している．

10.7 長期依存性の課題

回帰結合型ネットワークで長期依存性を学習するという数学的な課題は，8.2.5節に紹介されている．基本的な問題は，多くの時間ステップにわたって伝播された勾配が消失する（ほとんどの場合）か，爆発する（まれではあるが，最適化に大きな悪影響を与える）傾向にあることである．回帰結合型ネットワークが安定する（勾配が爆発せずに，メモリを保存できる）パラメータを仮定しても，長期依存性の問題は，短期の相互作用と比較して長期の相互作用には指数関数的に小さい重みしか与えられないこと（多くのヤコビ行列の乗算を含む）によって生じる．これに対しては多くの解決策が提案されている (Hochreiter, 1991; Doya, 1993; Bengio *et al.*, 1994; Pascanu *et al.*, 2013)．本節では，この問題についてさらに詳細に説明する．残りの節では，この問題を解決する方法について説明する．

回帰結合型ネットワークは，各時間ステップにおいて毎回，同じ関数を複数回合成する．この合成は，図10.15に示すように，極端に非線形な挙動を引き起こす可能性がある．

特に，回帰結合型ニューラルネットワークに用いられる関数の合成は，行列の乗算にいくらか類似している．この回帰関係

$$\boldsymbol{h}^{(t)} = \boldsymbol{W}^{\top} \boldsymbol{h}^{(t-1)} \tag{10.36}$$

を，非線形活性化関数と入力 $\boldsymbol{x}$ を含まない非常に単純な回帰結合型ニューラルネットワークと考える

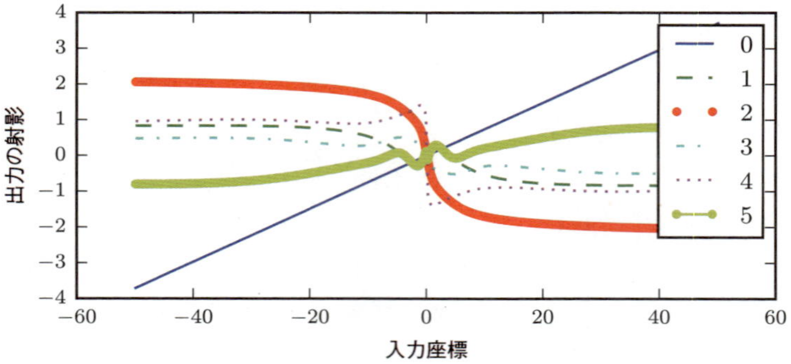

図 **10.15:** 関数の合成の繰り返し．多くの非線形関数を合成（ここに示す線形関数–双曲線正接関数の層のように）すると，結果は極めて非線形になり，通常，ほとんどの値は小さな微分となり，一部の値が大きな微分となって，増減を交互に何度も繰り返す．ここでは，100 次元の隠れ状態を 1 次元に線形写像した値を y 軸にプロットしている．x 軸は，100 次元空間における任意の方向に沿った初期状態の座標である．したがって，このグラフは高次関数の線形断面として見ることができる．このグラフは各時間ステップ後の関数，または等価的には，遷移関数が毎回再構成された後の関数を示す．

ことができる．8.2.5節で説明したように，この回帰関係は本質的に累乗計算を表す．これは

$$\boldsymbol{h}^{(t)} = \left(\boldsymbol{W}^{t}\right)^{\top} \boldsymbol{h}^{(0)} \tag{10.37}$$

と単純化され，$\boldsymbol{W}$ が直行行列 $\boldsymbol{Q}$ を用いて，

$$\boldsymbol{W} = \boldsymbol{Q\Lambda Q}^{\top} \tag{10.38}$$

の形に固有値分解されるとき，回帰関係はさらに単純化できて

$$\boldsymbol{h}^{(t)} = \boldsymbol{Q}^{\top}\boldsymbol{\Lambda}^{t}\boldsymbol{Q}\boldsymbol{h}^{(0)} \tag{10.39}$$

のようになる．固有値は t 乗され，1 未満の大きさの固有値は 0 に減衰し，1 より大きい固有値は爆発する．最大の固有ベクトルと同じ向きを持たない $\boldsymbol{h}^{(0)}$ の要素は，最終的に破棄される．

これは，回帰結合型ネットワークに特有の問題である．スカラーの場合に，重み w 自体を繰り返し何度も乗算することを考えると，その積 w^t は，w の大きさ次第で消失するか，または爆発する．時間ステップごとに異なる重み $w^{(t)}$ を持つ非回帰結合型ネットワークの場合には状況が異なる．初期状態が 1 で与えられるときは，時刻 t における状態は $\prod_t w^{(t)}$ で与えられる．ここで，$w^{(t)}$ の値が無作為かつ互いに独立に生成され，その平均が 0 で分散 v とすると，この積の分散は $O(v^n)$ である．望ましい分散 v^* を得るために，分散 $v = \sqrt[n]{v^*}$ を持つ重みを個別に選択してもよい．Sussillo (2014) が主張しているように，慎重にスケーリングが選択された非常に深い順伝播ネットワークでは，勾配の消失もしくは爆発の問題を回避することができる．

RNN の勾配の消失および爆発の問題は，別の研究者によって個別に発見された (Hochreiter, 1991; Bengio *et al.*, 1993, 1994)．単純に勾配の消失もしくは爆発が起こらないパラメータ空間の領域にとどまれば，この問題は回避されると考えるかもしれない．だが残念なことに，小さな摂動に対して頑健であるようにメモリを保存するためには，RNN は勾配が消えてしまうパラメータ空間の領域に入る必要がある (Bengio *et al.*, 1993, 1994)．特に，モデルが長期依存性を表現できるときは必ず，長期相互作

用の勾配は，短期相互作用の勾配に比べて指数関数的に小さい．これは，学習が不可能ではないが，長期依存性を学習するためには非常に長い時間がかかる可能性があるということを意味する．これは，長期の依存関係に関する信号は，短期の依存関係により生じる最小の変動に埋もれてしまう傾向があるためである．実際に， Bengio *et al.* (1994) の実験では，捕捉する必要がある依存関係の期間を長くするにつれて，勾配法に基づく最適化がますます困難になり，SGD を使った従来の RNN の訓練が成功する確率は，系列の長さが 10 や 20 になるだけで急速に 0 に達することを示した．

動的システムとしての回帰結合型ネットワークのより深い取り扱いについては， Pascanu *et al.* (2013) とともに，Doya (1993)，Bengio *et al.* (1994)，そしてSiegelmann and Sontag (1995) を参照されたい．本章の残りの部分では，長期依存性の学習の難しさを軽減するさまざまなアプローチ（場合によっては，RNN に数百ステップにわたる依存性を学習させる）について説明するが，長期依存性の学習という問題は，いまだに深層学習の主要な課題の 1 つである (Jaeger, 2003; Maass *et al.*, 2002; Jaeger and Haas, 2004; Jaeger, 2007b).

10.8 エコーステートネットワーク

回帰結合型ネットワークにおいて，$\boldsymbol{h}^{(t-1)}$ から $\boldsymbol{h}^{(t)}$ への写像をする回帰重みと $\boldsymbol{x}^{(t)}$ から $\boldsymbol{h}^{(t)}$ への写像をする入力重みは，学習することが難しいパラメータである．この難しさを回避するアプローチ (Jaeger, 2003; Maass *et al.*, 2002; Jaeger and Haas, 2004; Jaeger, 2007b) の 1 つは，回帰隠れユニットが過去の入力の履歴をうまく捕捉できるようにして，**出力重みだけを学習**するように，回帰重みを設定する方法である．このアイデアは，**エコーステートネットワーク**（echo state networks，ESNs）(Jaeger and Haas, 2004; Jaeger, 2007b) と**リキッドステートマシン**（liquid state machines） (Maass *et al.*, 2002) として，別々に提案された．後者は，ESN に使用される連続値の隠れユニットの代わりに，（二値出力の）スパイキングニューロンを使用するという点以外は，前者と同様である．ESN とリキッドステートマシンはいずれも，**リザーバコンピューティング**（reservoir computing） (Lukoševičius and Jaeger, 2009) と呼ばれ，入力履歴の異なる側面を捕捉できる一時的な特徴の貯留場所を隠れユニットが形成するという事実を示している．

これらのリザーバコンピューティング回帰結合型ネットワークが，カーネルマシンと類似しているとする考え方がある．つまり，リザーバコンピューティング回帰結合型ネットワークは，任意の長さの系列（時刻 t までの入力履歴）を固定長のベクトル（回帰状態 $\boldsymbol{h}^{(t)}$）へ写像し，ここで，線形予測器（典型的には線形回帰）を使って問題を解くことができる．訓練基準は，出力重みの関数として凸になるように容易に設計することができる．たとえば，出力が隠れユニットから出力の正解への線形回帰から成り，訓練基準が平均二乗誤差である場合，それは凸であり，単純な学習アルゴリズムで確実に解くことができる (Jaeger, 2003).

したがって重要な疑問は，回帰結合型ニューラルネットワークの状態において，大量の履歴情報を表現できるようにするには，回帰重みと入力重みをどう設定するかという点である．リザーバコンピューティングの文献で提案された答えは，回帰結合型ネットワークを動的システムとして見て，動的システムができるだけ安定した状態に近くなるように入力と回帰重みを設定することである．

もともとのアイデアは，状態から状態への遷移関数のヤコビ行列の固有値を 1 に近づけることだった．8.2.5節で説明したように，回帰結合型ネットワークの重要な特徴は，ヤコビ行列の固有値スペクトル $\boldsymbol{J}^{(t)} = \frac{\partial s^{(t)}}{\partial s^{(t-1)}}$ である．特に重要なのは，$\boldsymbol{J}^{(t)}$ の**スペクトル半径**（spectral radius）であり，これはその固有値の絶対値の最大値で定義される．

スペクトル半径の影響を理解するために，時刻 t に対して変化しないヤコビ行列 $\boldsymbol{J}$ を使って，誤差逆伝播する単純な場合を考える．たとえばこのような場合はネットワークが純粋に線形である場合に起こる．$\boldsymbol{J}$ が固有値ベクトル $\boldsymbol{v}$ と，それに対応する固有値 λ を持つとする．時間に対して逆方向に勾配ベクトルを伝播させるとどうなるかを考えてみよう．勾配ベクトル $\boldsymbol{g}$ から始めると，誤差逆伝播の 1 ステップ後には $\boldsymbol{Jg}$ となり，n ステップ後に $\boldsymbol{J}^n\boldsymbol{g}$ となる．では代わりに，摂動する $\boldsymbol{g}$ を誤差逆伝播するときを考える．勾配ベクトルを $\boldsymbol{g}+\delta\boldsymbol{v}$ から始めた場合，1 ステップ後には $\boldsymbol{J}\ (\boldsymbol{g}+\delta\boldsymbol{v})$ になり，n ステップ後には $\boldsymbol{J}^n(\boldsymbol{g}+\delta\boldsymbol{v})$ となる．このことから，$\boldsymbol{g}$ から始まる誤差逆伝播と $\boldsymbol{g}+\delta\boldsymbol{v}$ から始まる誤差逆伝播では，n ステップの誤差逆伝播の後で $\delta\boldsymbol{J}^n\boldsymbol{v}$ だけ離れてしまうことがわかる．$\boldsymbol{v}$ が固有値 λ を持つ $\boldsymbol{J}$ の単位固有ベクトルとして選択された場合，ヤコビ行列による乗算は，各ステップの差を単純にスケーリングするだけになる．誤差逆伝播を 2 回実行すると，$\delta|\lambda|^n$ の距離だけ離れる．$\boldsymbol{v}$ が $|\lambda|$ の最大値に対応するとき，この摂動は，初期の摂動のサイズ δ を最も大きくする．

$|\lambda|>1$ であるとき，偏差の大きさ $\delta|\lambda|^n$ は指数関数的に大きくなっていく．また，$|\lambda|<1$ のとき，偏差の大きさは指数関数的に小さくなる．

もちろんこの例では，ヤコビ行列はすべての時間ステップで同じと仮定していて，これは回帰結合型ネットワークが非線形性を持たないことに対応している．非線形性が存在する場合，非線形性の微分は多くの時間ステップにおいて 0 に近づき，大きなスペクトル半径に起因する勾配爆発を防ぐのに役立つ．実際に，エコーステートネットワークに関する最新の研究では，1 よりはるかに大きなスペクトル半径を使用することを推奨している (Yildiz *et al.*, 2012; Jaeger, 2012).

行列乗算の反復による誤差逆伝播法について今まで述べてきたことはすべて，状態が $\boldsymbol{h}^{(t+1)}=\boldsymbol{h}^{(t)\top}\boldsymbol{W}$ として記述される，非線形性を持たないネットワークでの順伝播でも同様に成り立つ．

線形写像 $\boldsymbol{W}^\top$ が L^2 ノルムで測ったときに $\boldsymbol{h}$ をつねに縮小させる場合，この写像は**縮小的**（**contractive**）と呼ばれる．スペクトル半径が 1 より小さい場合，$\boldsymbol{h}^{(t)}$ から $\boldsymbol{h}^{(t+1)}$ への写像は収縮的であるため，小さな変化は時間ステップごとに小さくなっていく．このため，有限の精度（たとえば 32 ビットの整数）で状態ベクトルを格納すると，必然的にネットワークは過去についての情報を忘れてしまうことになる．

ヤコビ行列から，誤差逆伝播中に $\boldsymbol{h}^{(t)}$ のわずかな変化がどのように 1 ステップ先に伝播されるか，また同じ意味で，$\boldsymbol{h}^{(t+1)}$ の勾配がどのように 1 ステップ後に伝播されるかがわかる．$\boldsymbol{W}$ と $\boldsymbol{J}$ はどちらも対称行列である必要がない（どちらも実正方行列）ため，複素数の固有値と固有ベクトルを持つことができて，虚数成分は潜在的に振動性の挙動に対応する（同じヤコビ行列が繰り返し適用される場合）．誤差逆伝播で関心のある $\boldsymbol{h}^{(t)}$ もしくは少し変化した $\boldsymbol{h}^{(t)}$ が実数であるとしても，それらは複素数の形式で表現することができる．重要なことは，行列にベクトルをかけたとき，おそらくは複素数であるこれらの基底の係数の大きさ（複素数の絶対値）がどうなるかである．1 より大きな絶対値を持つ固有値は，拡大（繰り返し適用されると指数関数的に大きくなる）もしくは縮小（繰り返し適用されると指数関数的に減衰する）に対応する．

非線形写像では，ヤコビ行列を各ステップで自由に変更できる．したがって，そのダイナミクスはさらに複雑になる．しかし，小さな初期変動がいくつかのステップの後に大きな変動に変わる可能性があるという点は変わらない．純粋に線形な場合と非線形な場合の違いの 1 つは，tanh などのスカッシング非線形関数を用いると，回帰的なダイナミクスが制限される可能性があることである．順伝播が制限されたダイナミクスを持つ場合であっても，たとえば tanh ユニットの系列がすべてその線形領域の中央にあり，かつ 1 より大きなスペクトル半径を有する重み行列によって接続されている場合は，誤差逆伝播が無制限のダイナミクスを保持することが可能であることに留意されたい．そうは言うものの，tanh ユニットがすべて同時に線形に活性化する部分にあることはまれである．

エコーステートネットワークの戦略は，単純に重みを 3 といった値のスペクトル半径に固定することである．このとき情報は時間に対して順方向に伝達されるが，tanh のような非線形関数の飽和の効果によって安定化するので爆発しない．

さらに最近では，ESN に重みを設定する技術を利用して，完全に訓練可能な回帰結合型ネットワーク（通時的誤差逆伝播で学習した隠れ層間の回帰重みを持つ）の重みを**初期化**できることがわかり，長期依存性の学習に役立っている (Sutskever, 2012; Sutskever *et al.*, 2013)．この設定では，8.4節で説明したスパース初期化スキームと組み合わせて，スペクトル半径を 1.2 に初期化するとよい性能が得られている．

10.9 複数時間スケールのための Leaky ユニットとその他の手法

長期依存性を処理する 1 つの方法は，複数の時間スケールで動作するモデルを設計することである．すなわち，モデルの一部は細かい時間スケールで動作して詳細の処理を行い，一方でモデルの他の部分では粗い時間スケールで動作して遠い過去から現在までの情報を効率的に伝達するようにする．細かい時間スケールと粗い時間スケールのモデルの両方を構築するのにはさまざまな方法がある．たとえば，時間方向にスキップ接続を追加する，異なる時間における信号を統合する「Leaky ユニット」を導入する，あるいは細かい時間スケールでのモデル化に使われた接続の一部を削除する，などである．

10.9.1 時間方向にスキップ接続を追加

粗い時間スケールを得る 1 つの方法は，離れた過去の変数から現在の変数への直接接続を追加することである．このようなスキップ接続を使用する考えはLin *et al.* (1996) にさかのぼり，順伝播ニューラルネットワークに遅れを組み込むというアイデア (Lang and Hinton, 1988) を受け継いでいる．通常の回帰結合型ネットワークでは，回帰接続は時刻 t のユニットから時刻 $t+1$ のユニットにつながっている．回帰結合型ネットワークにより長い遅れを組み込んで構築することは可能である (Bengio, 1991)．

8.2.5節で説明したように，勾配は，**時間ステップの数に関して**指数関数的に爆発または消失する．Lin *et al.* (1996) は，この問題を軽減するために時間遅れ d を持つ回帰接続を導入した．すると勾配は τ ではなく $\frac{\tau}{d}$ の関数として指数的に消失するようになる．遅延接続とシングルステップ接続の両方が存在するため，勾配は依然として τ に関して指数関数的に爆発する可能性がある．そのため，この方法で長期依存性がすべてうまく表現されるわけではないものの，学習アルゴリズムがより長期の依存性を捕捉することはできる．

10.9.2 Leaky ユニットと異なる時間スケールのスペクトル

微分の積が 1 に近くなる経路を得る方法には，ユニットに**線形**の自己接続とその接続において 1 に近い重みを持たせる方法がある．

ある値 $v^{(t)}$ の移動平均 $\mu^{(t)}$ に，更新の式 $\mu^{(t)} \leftarrow \alpha\mu^{(t-1)} + (1-\alpha)\, v^{(t)}$ を適用して累積すると，パ

ラメータ α は $\mu^{(t-1)}$ から $\mu^{(t)}$ への線形自己接続の例となる．

α が 1 に近いと，移動平均は過去の情報を長時間記憶し，α が 0 に近いと，過去の情報は急速に破棄される．線形自己接続を持つ隠れユニットは，そのような移動平均と似た挙動を示す．このような隠れユニットは，**Leaky ユニット**と呼ばれる．

d 時間ステップ間のスキップ接続は，ユニットがつねに d 時間ステップ前の値から影響を受けて学習できることを保証する方法である．1 に近い重みを持つ線形自己接続を使用することも，ユニットが過去の値にアクセスできることを保証する方法である．線形自己接続のアプローチを使うことで，整数値のスキップ幅を調整するより，実数値 α を調整する方が，この効果をスムーズで柔軟に適応させることができる．

これらのアイデアはMozer (1992) とEl Hihi and Bengio (1996) により提案された．Leaky ユニットはエコーステートネットワークにおいても有用であることがわかっている (Jaeger *et al.*, 2007).

Leaky ユニットに用いられる時定数の設定には，基本的な戦略が 2 つある．1 つ目の戦略は，たとえば，初期化の時点で何らかの分布から値をサンプリングして，それを定数値として固定するように手動で設定することである．もう 1 つの戦略は，時定数を自由なパラメータにしてそれらを学習することである．そのような Leaky ユニットを異なる時間スケールで持つことは，長期依存性の取り扱いに役立つ (Mozer, 1992; Pascanu *et al.*, 2013).

10.9.3　接続の削除

長期依存性を扱うもう 1 つのアプローチは，RNN の状態を複数の時間スケールで構造化するアイデアであり (El Hihi and Bengio, 1996)，情報をより遅い時間スケールで長い区間伝達させることが容易になる．

これは，長さが 1 の接続を積極的に**削除**し，それより長い接続で置き換えるという考え方であるため，前述した時間のスキップ接続とは異なる．このように修正されたユニットは，長い時間スケールで動作する必要がある．時間のスキップ接続はエッジを**加える**．このような新しい接続を受けるユニットは，長い時間スケールで動作することを学習できるが，他の短い時間スケールの接続に焦点を当てて学習することもできる．

回帰ユニットのグループを異なる時間スケールで動作させる方法はさまざまである．1 つの選択肢は，回帰ユニットに Leaky ユニットを用い，ユニットのグループごとに別々の固定時間スケールを関連付けることである．これは Mozer (1992) の提案であり， Pascanu *et al.* (2013) で利用されて成功している．もう 1 つの選択肢は，異なる時間で明示的かつ離散的な更新が行われることであり，これをユニットのグループごとに違う頻度で行う．これはEl Hihi and Bengio (1996) とKoutnik *et al.* (2014) の手法であり，ベンチマーク用データ集合の多くでよく機能している．

10.10　長期短期記憶とその他のゲート付き RNN

本書を執筆している時点では，実際のアプリケーションで使用される最も効果的な系列モデルは，**ゲート付き RNN**（gated RNN）と呼ばれるものである．これには，**長期短期記憶**（long short-term memory，LSTM），**ゲート付き回帰ユニット**（gated recurrent unit，GRU）に基づくネットワークが含まれる．

Leaky ユニットと同様に，ゲート付き RNN は消失も爆発もしない勾配を持ち，それを伝播させる時間方向の経路を作るというアイデアに基づいている．Leaky ユニットではこれを実行するのために，手動で選択した定数，またはパラメータによる接続重みを使った．ゲート付き RNN ではこれを，時間ステップごとに変更可能な接続重みへと一般化した．

Leaky ユニットは，ネットワークが長時間にわたる情報（特定の特徴量やカテゴリの証拠など）を蓄積することを可能にする．しかしながら，その情報が使用されたら，ニューラルネットワークは古い状態を**忘れる**方がよい．たとえば，系列がいくつかの部分系列で構成されていて，Leaky ユニットが各部分系列内に証拠を蓄積させたければ，古い状態をゼロにして忘れる仕組みが必要である．状態をいつゼロにするかを手動で決める代わりに，ニューラルネットワークにこれを学習させる．これがゲート付き RNN で実行されることである．

10.10.1 LSTM

勾配が長時間伝達される経路を作るために自己ループを導入するという巧妙なアイデアは，最初の**長期短期記憶**（**long short-term memory，LSTM**）モデル (Hochreiter and Schmidhuber, 1997) の中心的な貢献である．さらに，この自己ループの重みを固定せず，文脈によって条件付けるという重要な修正が追加された (Gers *et al.*, 2000)．自己ループの重みをゲートで制御する（別の隠れユニットで制御する）ことによって，状態を統合する時間スケールを動的に変更することができる．この場合，固定されたパラメータを持つ LSTM であっても，時定数がモデル自体によって出力されるため，入力系列に基づいて統合の時間スケールが変わる可能性がある．LSTM は制約のない手書き文字認識 (Graves *et al.*, 2009)，音声認識 (Graves *et al.*, 2013; Graves and Jaitly, 2014)，手書き文字生成 (Graves, 2013)，機械翻訳 (Sutskever *et al.*, 2014)，画像キャプショニング (Kiros *et al.*, 2014b; Vinyals *et al.*, 2014b; Xu *et al.*, 2015)，構文解析 (Vinyals *et al.*, 2014a) など，数多くの応用において目覚ましい成功を収めている．

LSTM のブロック図を図10.16に示す．図に対応する浅い回帰結合型ネットワークアーキテクチャの場合の順伝播の式を以下に示す．これよりも深いアーキテクチャもうまく利用されている (Graves *et al.*, 2013; Pascanu *et al.*, 2014a)．LSTM 回帰結合型ネットワークは，入力と回帰ユニットのアフィン変換に要素ごとの非線形変換を単純に適用するユニットの代わりに，通常の RNN の回帰に加えて，内部回帰（自己ループ）を持つ「LSTM セル」を持つ．各セルは普通の回帰結合型ネットワークと同じ入出力を持つが，より多くのパラメータと，情報の流れを制御するためのゲートユニットのシステムを備える．最も重要な構成要素は，前節で説明した Leaky ユニットと同様の線形自己ループを持つ状態ユニット $s_i^{(t)}$ である．しかし，ここでは自己ループの重み（もしくは時定数）は**忘却ゲート**（**forget gate**）ユニット $f_i^{(t)}$（時刻 t における i 番目のセル）によって制御され，シグモイドユニットで重みを 0 から 1 の間の値に設定する．

$$f_i^{(t)} = \sigma\left(b_i^f + \sum_j U_{i,j}^f x_j^{(t)} + \sum_j W_{i,j}^f h_j^{(t-1)}\right). \tag{10.40}$$

ただし，$\boldsymbol{x}^{(t)}$ は現在の入力ベクトルで，$\boldsymbol{h}^{(t)}$ はすべての LSTM セルの出力を含む現在の隠れ層のベクトル，そして $\boldsymbol{b}^f$，$\boldsymbol{U}^f$，$\boldsymbol{W}^f$ はそれぞれ忘却ゲートのバイアス，入力重み，そして回帰重みである．し

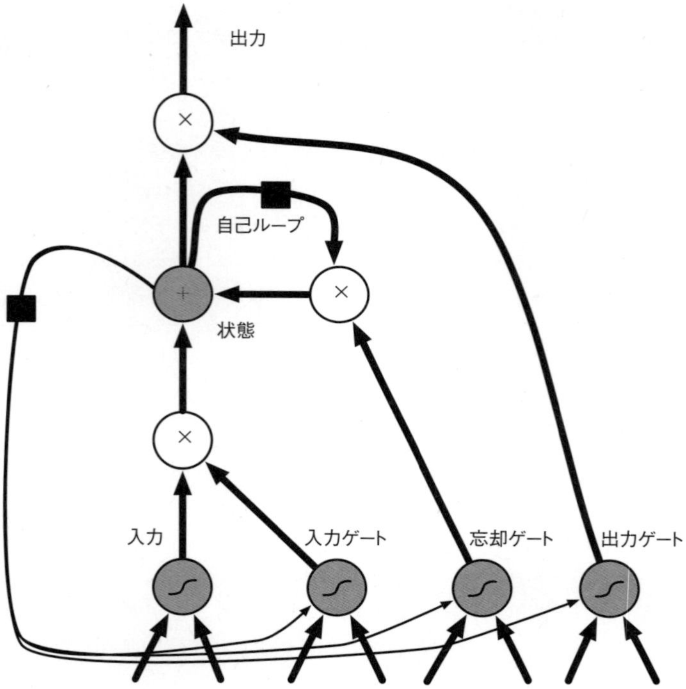

図 10.16: LSTM 回帰結合型ネットワークの「セル」のブロック図．通常の再帰ネットワークの隠れユニットの代わりに，セルが互いに回帰的に接続される．入力の特徴量は，通常の人工ニューロンのユニットによって計算される．シグモイド入力ゲートが許容する場合に，入力値が状態に蓄積されていく．状態ユニットは線形の自己ループを持ち，その重みは忘却ゲートによって制御される．セルの出力は，出力ゲートで遮断できる．すべてのゲートユニットにはシグモイド非線形関数を持ち，一方で入力ユニットはどんなスカッシング非線形関数を持ってもよい．状態ユニットは，ゲートユニットへの追加入力として使われることもできる．黒い四角形は，時間ステップ 1 つ分の遅れを示す．

たがって，LSTM セルの内部状態は，条件付き自己ループ重みを $f_i^{(t)}$ として以下のように更新される．

$$s_i^{(t)} = f_i^{(t)} s_i^{(t-1)} + g_i^{(t)} \sigma \left(b_i + \sum_j U_{i,j} x_j^{(t)} + \sum_j W_{i,j} h_j^{(t-1)} \right). \tag{10.41}$$

ただし，$\boldsymbol{b}$, $\boldsymbol{U}$, $\boldsymbol{W}$ はそれぞれ LSTM セルのバイアス，入力重み，そして回帰重みである．**外部入力ゲート**（external input gate）ユニットは，独自のパラメータで（0 から 1 の間のゲートの値を得るシグモイドユニットを持つ）忘却ゲートと同様に計算される．

$$g_i^{(t)} = \sigma \left(b_i^g + \sum_j U_{i,j}^g x_j^{(t)} + \sum_j W_{i,j}^g h_j^{(t-1)} \right). \tag{10.42}$$

LSTM セルの出力 $h_i^{(t)}$ は，やはりシグモイドユニットを使う**出力ゲート**（output gate）$q_i^{(t)}$ によっても遮断される．

$$h_i^{(t)} = \tanh\left(s_i^{(t)}\right) q_i^{(t)} \tag{10.43}$$

$$q_i^{(t)} = \sigma\left(b_i^o + \sum_j U_{i,j}^o x_j^{(t)} + \sum_j W_{i,j}^o h_j^{(t-1)}\right). \tag{10.44}$$

ただし $\boldsymbol{b}^o$, $\boldsymbol{U}^o$, $\boldsymbol{W}^o$ はそれぞれバイアス，入力重み，そして回帰重みである．これの派生形として，図10.16に示すように，i 番目のユニットの 3 つのゲートにセルの状態 $s_i^{(t)}$ を（その重みとともに）追加の入力として使うことを選択できる．これにはさらに 3 つのパラメータが必要である．

LSTM ネットワークは単純な回帰アーキテクチャよりも簡単に長期依存性を学習するということが，長期依存性を学習する能力を検証するために設計された人工的なデータ集合を使って最初に示された (Bengio *et al.*, 1994; Hochreiter and Schmidhuber, 1997; Hochreiter *et al.*, 2001)．またその後，難しい系列処理のタスクにおいて最先端の性能を獲得した (Graves, 2012; Graves *et al.*, 2013; Sutskever *et al.*, 2014) ことでも示された．今まで研究と利用が進められてきた LSTM の派生系や代替手法については以下で説明する．

10.10.2　その他のゲート付き RNN

LSTM のアーキテクチャのどの構成要素が実際には必要だろうか．他の成功したアーキテクチャでは，時間のスケーリングとそれぞれのユニットの忘却の振る舞いをネットワークが動的に制御できるようにするために，どう設計されているだろうか．

これらの問いに対するいくつかの答えとして，ゲート付き回帰ユニット（GRU），と呼ばれるユニットを持ったゲート付き RNN が最近提案されている (Cho *et al.*, 2014b; Chung *et al.*, 2014, 2015a; Jozefowicz *et al.*, 2015; Chrupala *et al.*, 2015)．LSTM との大きな違いは，単一のゲートユニットが，忘却の要因と状態ユニットの更新の決定を同時に制御する点である．その更新の式は以下である．

$$h_i^{(t)} = u_i^{(t-1)} h_i^{(t-1)} + (1 - u_i^{(t-1)})\sigma\left(b_i + \sum_j U_{i,j} x_j^{(t-1)} + \sum_j W_{i,j} r_j^{(t-1)} h_j^{(t-1)}\right). \tag{10.45}$$

ここで，$\boldsymbol{u}$ は「更新」ゲートで，$\boldsymbol{r}$ は「リセット」ゲートである．それぞれの値は以下で定義される．

$$u_i^{(t)} = \sigma\left(b_i^u + \sum_j U_{i,j}^u x_j^{(t)} + \sum_j W_{i,j}^u h_j^{(t)}\right) \tag{10.46}$$

$$r_i^{(t)} = \sigma\left(b_i^r + \sum_j U_{i,j}^r x_j^{(t)} + \sum_j W_{i,j}^r h_j^{(t)}\right). \tag{10.47}$$

リセットゲートと更新ゲートは個別に状態ベクトルの一部を「無視」することができる．更新ゲートは条件付き Leaky 統合器のように振る舞う．これは任意の次元を線形にゲート制御することができるので，その状態を新しい「目標状態」の値（Leaky 統合器が収束する値）で置き換えることで，状態ベクトルをコピー（シグモイドユニットの値が極値に近いとき），もしくは完全に無視（シグモイドユニットの値がもう 1 つの極値に近いとき）することを選択する．リセットゲートは，状態のどの部分が次の目標状態を計算するのに使用されるかを制御し，過去の状態と将来の状態との間の関係に非線形な効果を追加で導入する．

この点についてはさらに多くの派生形を設計することができる．たとえば，リセットゲート（もしくは忘却ゲート）出力は，複数の隠れユニットで共有できる．あるいは，グローバルゲート（層全体など，ユニットのグループ全体を制御）とローカルゲート（ユニットごとの制御）の積を用いて，全体制御と局所制御を組み合わせることができる．しかし，LSTM と GRU のアーキテクチャの派生形に関するいくつかの調査では，幅広いタスクにおいて明確に LSTM と GRU より優れたものは見当たらなかった (Greff *et al.*, 2015; Jozefowicz *et al.*, 2015)．Greff *et al.* (2015) は忘却ゲートが特に重要な構成要素であることを，またJozefowicz *et al.* (2015) は LSTM の忘却ゲートにバイアス 1 を加える（ Gers *et al.* (2000) によって提案された手法）ことによって，今まで開発されてきた派生形のアーキテクチャの中で LSTM を最良の性能にできることが発見した．

10.11　長期依存性の最適化

8.2.5節および10.7節では，長い時間ステップにわたって RNN を最適化する場合の勾配の消失と爆発の問題について説明した．

Martens and Sutskever (2011) により提案された興味深いアイデアは，一次微分が消失するのと同時に二次微分も消滅する場合があるということである．二次最適化アルゴリズムは大まかに言って，一次微分を二次微分で除算するものである（高次元においては，勾配にヘッセ行列の逆行列を掛ける）．二次微分が一次微分と同様の割合で収縮するなら，一次微分と二次微分の比は比較的一定に保たれる．残念なことに二次最適化法には，高い計算コスト，大きなミニバッチの必要性，鞍点に引きつけられる傾向など，多くの欠点がある．Martens and Sutskever (2011) は，二次最適化法を用いて有望な結果を見出した．その後，Sutskever *et al.* (2013) は，慎重に初期化を行ったネステロフの加速度勾配降下法などのもっと単純な方法で，同様の結果が得られることが発見した．詳細はSutskever (2012) を参照されたい．これらのアプローチはどちらも，単純に LSTM に適用された SGD（モメンタムなしでも）によって置き換えられた．これは，最適化しやすいモデルを設計する方が，強力な最適化アルゴリズムを設計するよりもずっと簡単な場合があるという事例の 1 つで，機械学習領域では昔からよくあることである．

10.11.1　勾配のクリッピング

8.2.4節で説明したように，多くの時間ステップの回帰結合型ネットワークで計算される極めて非線形な関数は，非常に大きいか，もしくは非常に小さい微分を持つ傾向がある．これは図8.3と図10.17に示されていて，（パラメータの関数としての）目的関数が，「崖」のある「地形」を持っているのがわかる．「崖」とは，幅広く比較的平らな領域が，急速に目的関数が変化する狭い領域によって分断されることでできる領域のことである．

ここで発生する問題は，パラメータ勾配が非常に大きいとき，勾配降下によるパラメータ更新によって，目的関数の値がさらに大きい領域へパラメータを遠ざけてしまい，それまで行われてきた最適化の工程を無駄にしてしまう可能性があるという点である．この勾配は，現在のパラメータを囲む微小領域内の最急降下方向に対応する向きを示す．この微小領域の外側では，コスト関数は上方に湾曲し始める可能性がある．あまりに大きな上方への湾曲の横断を避けるために，更新は十分小さい幅で行う必要がある．通常は，連続するステップの学習率がおおむね同じになる程度にゆっくりと減衰する学習率を使用する．地形の中の比較的線形な部分に適したステップサイズは不適切である場合が多く，次のステップで地形の中のさらに湾曲した部分に入ると，上方への動きが発生する．

勾配クリッピング（clipping the gradient）という単純な解決策が長年用いられてきた．このアイデア

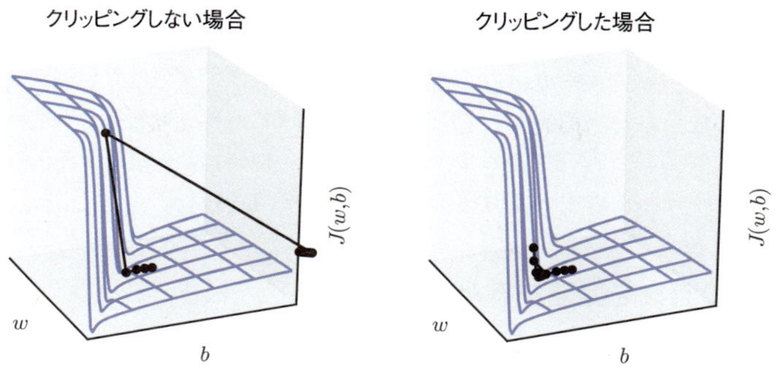

図 **10.17:** 2 つのパラメータ $\boldsymbol{w}$，$\boldsymbol{b}$ を有する回帰結合型ネットワークにおける勾配クリッピングの効果の例．勾配クリッピングによって，非常に急な崖の近くで勾配降下法がより合理的に実行される．このような急な崖は，回帰結合型ネットワークがほぼ線形の挙動を示す場所の付近で生じるのが一般的である．崖は時間ステップ数に対して指数関数的に急峻になる．なぜなら，重み行列は時間ステップごとに 1 回掛け合わされるからである．**（左）**勾配クリッピングのない勾配降下法では，この小さな谷底を通り過ぎて，崖の面から非常に大きな勾配が得られる．この大きな勾配によって，パラメータはグラフの軸のはるか外に飛ばされてしまう．**（右）**勾配クリッピングを伴う勾配降下法では，崖に対してより緩やかに反応する．崖の表面を上る間はステップサイズが制限されて，解付近の勾配が急な領域からパラメータが飛び出してしまうことがない．この図はPascanu *et al.* (2013) からの許可を得て転載している．

にはさまざまな例がある (Mikolov, 2012; Pascanu *et al.*, 2013)．選択肢の 1 つは，パラメータ更新の直前に，ミニバッチからのパラメータ勾配を**要素ごとに**クリッピングすることである (Mikolov, 2012)．もう 1 つは，パラメータ更新の直前に勾配 $\boldsymbol{g}$ のノルム $||\boldsymbol{g}||$ をクリッピングすること (Pascanu *et al.*, 2013) である．

$$\text{if } ||\boldsymbol{g}|| > v \tag{10.48}$$

$$\boldsymbol{g} \leftarrow \frac{\boldsymbol{g}v}{||\boldsymbol{g}||}. \tag{10.49}$$

ただし，v はノルムの閾値であり，$\boldsymbol{g}$ はパラメータ更新に用いられる．すべてのパラメータ（重みやバイアスなどの，別なパラメータのグループを含む）の勾配が単一のスケーリング因子と一緒に再正規化されるので，後者の方法では各ステップが依然として勾配方向にあることを保証するという利点があるが，実験ではどちらの方法も同じように動作することが示されている．パラメータ更新は真の勾配と同じ方向を持つが，勾配ノルムクリッピングによってパラメータ更新ベクトルノルムは有界となる．このように勾配を制限することで，勾配が爆発した場合の有害なステップの実行が回避される．実際，勾配の大きさが閾値を上回るときに，単純に**無作為なステップ**を取るだけでも，ほぼ同様にうまく動作する傾向がある．爆発が非常に激しく，勾配が数値的に `Inf` もしくは `Nan`（無限または非数であるとみなされる）である場合，サイズ v の無作為なステップを取ると，通常は数値的に不安定な設定から離れることができる．ミニバッチごとの勾配ノルムをクリッピングしても，個々のミニバッチの勾配の方向は変わらない．しかしながら，多くのミニバッチからのノルムがクリッピングされた勾配の平均を取ることは，真の勾配（すべてのデータを使用して形成された勾配）のノルムをクリッピングすることと等価ではない．大きな勾配ノルムを持つ事例だけでなく，そのような事例と同じミニバッチに含まれる事例も，最終的な勾配方向への寄与が減少する．これは，真の勾配方向がミニバッチの勾配すべての平均と等しい従来のミニバッチ勾配降下とは対照的である．言い換えれば，従来の確率的勾配降下法では勾配の不偏推定量を使用する一方で，ノルムクリッピングを伴う勾配降下法では経験的に有用であることがわかっている手続き的なバイアスを用いる．要素単位のクリッピングでは，更新の方向が真の勾配またはミニバッチと揃っていないが，依然として降下方向を向いている．逆伝播された（隠れユニットに関する）勾配をクリップすることも提案されている (Graves, 2013) が，他の派生的な手法との比較は公開されておらず，これらの手法はすべて同様に動作すると推測される．

10.11.2　情報の流れを促進するための正規化

勾配クリッピングは勾配爆発を処理するのに役立つが，勾配の消失に対しては役立たない．勾配の消失に対処し長期依存性をさらによく捉えるために，展開された回帰構造の計算グラフに，経路に関連付けられた勾配の積が1に近い経路を作成するという考え方について説明した．これを実現するための1つのアプローチは，10.10.1節で説明したLSTMや，その他の自己ループとゲート機能を使うことである．別の考えとしては，「情報の流れ」を促すようにパラメータを正規化もしくは制約することである．特に，損失関数が系列の終わりの出力にペナルティを課すだけだとしても，勾配ベクトル $\nabla_{\boldsymbol{h}^{(t)}} L$ を逆伝播してその大きさを維持するようにしたい．数式上では，

$$(\nabla_{\boldsymbol{h}^{(t)}} L) \frac{\partial \boldsymbol{h}^{(t)}}{\partial \boldsymbol{h}^{(t-1)}} \tag{10.50}$$

が，

$$\nabla_{\boldsymbol{h}^{(t)}} L \tag{10.51}$$

と同じ大きさになるようにしたい．この目的のために，Pascanu *et al.* (2013) は以下のような正則化項を提案した．

$$\Omega = \sum_t \left(\frac{\left| |(\nabla_{\boldsymbol{h}^{(t)}} L) \frac{\partial \boldsymbol{h}^{(t)}}{\partial \boldsymbol{h}^{(t-1)}} \right| |}{||\nabla_{\boldsymbol{h}^{(t)}} L||} - 1 \right)^2 . \tag{10.52}$$

この正則化項の勾配の計算は難しいように見えるが，Pascanu *et al.* (2013) は，逆伝播されたベクトル $\nabla_{\boldsymbol{h}^{(t)}} L$ を定数（この正則化項の目的から，このベクトルについて逆伝播をする必要がない）であるかのように扱う近似を提案している．この正則化項を使った実験から，（勾配爆発に対処する）ノルムクリッピング手順と組み合わせると，この正則化項はRNNが学ぶことができる依存関係の時間幅をかなり大きくできることが示唆されている．この正則化項によってRNNのダイナミクスは爆発的な勾配の手前まで進んでしまうので，勾配クリッピングは特に重要である．勾配クリッピングがなければ，勾配爆発によって学習は成功しない．

このアプローチの大きな弱点は，言語モデリングなどのデータが豊富なタスクにおいては，LSTMほど効果的ではないという点である．

10.12　明示的なメモリ

知能には知識が必要であり，知識の獲得は学習を通して行われる．このことは大規模な深層アーキテクチャの開発を動機付けた．しかし，知識にはさまざまな種類がある．たとえば歩き方や，犬と猫の見た目の違いなどのように．暗黙的であり，潜在的であって，言葉で表現するのが難しい知識がある．一方で，明示的であり，宣言的であって，言葉で比較的表現しやすい知識もある．それはたとえば，「猫は

動物の一種である」といった日々の常識的な知識や,「営業チームとのミーティングは午後 3:00 に 141 会議室で開かれます」といった現在の目的を達成するために知る必要のある具体的な事実のようなものである.

ニューラルネットワークは暗黙的な知識を保存することには優れているが,事実を記録しておくのは苦手である.確率的勾配降下法では,ニューラルネットワークのパラメータに格納される前に,同じ入力を数多く表現する必要があり,その場合でも,その入力は特に正確に記録されるわけではない.Graves *et al.* (2014b) は,これは,人間が何らかの目標の達成に関係する情報を明示的に保持して操作できるようにする**ワーキングメモリ**(working memory)システムと同等のものが,ニューラルネットワークには欠けているためであるという仮説を提示した.このような明示的なメモリの要素があれば,特定の事実について迅速かつ「意図的」に記憶や検索をするだけでなく,それらを順序立てて推論することが可能になる.情報を一連のステップで処理し,ネットワークへの入力方法がステップごとに変えられるニューラルネットワークの必要性は,ネットワークが入力に対して直感的かつ自動的に反応するためということよりも,推論する能力のために重要であると長い間認識されてきた (Hinton, 1990).

この問題を解決するために,Weston *et al.* (2014) は,アドレッシングメカニズムを使ってアクセス可能なメモリセル集合を持つ**メモリネットワーク**(memory networks)を導入した.メモリネットワークはもともと,メモリセルの使用方法を指示する教師信号を必要としていた.Graves *et al.* (2014b) は,**ニューラルチューリングマシン**(neural Turing machine)を導入した.これは,コンテンツベースのソフトアテンションメカニズム(Bahdanau *et al.* (2015) と12.4.5.1節を参照)を使うことで,どの処理をすべきかを明示的に教示しなくても,メモリセル上で任意の内容を読み書きすることを学ぶことができ,また,この教師信号なしで end-to-end の学習ができる.このソフトアドレッシングメカニズムは,勾配に基づく最適化が可能な形でアルゴリズムをエミュレートするようなアーキテクチャでも標準的になっている (Sukhbaatar *et al.*, 2015; Joulin and Mikolov, 2015; Kumar *et al.*, 2015; Vinyals *et al.*, 2015a; Grefenstette *et al.*, 2015).

メモリセルそれぞれは,LSTM および GRU のメモリセルの拡張と考えることができる.それらとの違いは,デジタルコンピュータのメモリアクセスでは特定のアドレスに対して読み書きするのと同様に,ネットワークがどのセル上で読み書きするかを選択する内部状態を出力するという点である.

正確な整数アドレスを生成する関数を最適化することは困難である.その難しさを軽減するために,ニューラルチューリングマシンは実際には多くのメモリセル上で同時に読み書きを行う.読み出すときは,多くのセルの重み付き平均を取る.書き込むときは,複数のセルをそれぞれ違う量だけ変更する.この演算の係数は,たとえば,ソフトマックス関数を使って生成し,少数のセルに集中するように選択する.これらの重みをゼロでない微分と一緒に使うことで,メモリアクセスを制御する関数を,勾配降下法で最適化できる.これらの係数の勾配は,それぞれの値を増やすべきか減らすべきかを示すが,勾配は通常大きい係数を受け取るメモリアドレスにおいてのみ大きくなる.

これらのメモリセルは,一般的には,LSTM や GRU のメモリセルに記憶された単一のスカラー量ではなく,ベクトルを含むように拡張される.メモリセルのサイズを大きくするのには 2 つの理由がある.1 つ目の理由は,メモリセルにアクセスするコストを増やしたことである.多くのセルの係数を生成するために計算コストを必要とするが,これらの係数が少数のセルに集中するのが望ましい.スカラー値ではなくベクトル値を読み込むことで,このコストの一部を相殺できる.ベクトル値メモリセルを使用するもう 1 つの理由は,セルに読み書きするために使用される重みがセルの関数となる**コンテンツベースアドレッシング**(content-based addressing)が可能になることである.ベクトル値のセルを使えば,メモリ上のベクトルの要素とすべてではないが一部が一致するようなパターンを生成できれば,そのパターンを元に，完全なベクトル値をメモリ上で検索して取得できる．これは，人間がいくつかの単語を元に歌詞を思い出す方法に似ている．コンテンツベースの読み出し命令は，「“We all live in a yellow submarine” というコーラスを含む曲の歌詞を取得せよ」というような指示と考えることができる．コンテンツベースアドレッシングは，検索対象のサイズを大きくしておく方がさらに効果的である．もし，歌詞の個々の文字が別々のメモリセルに格納されていると，コンテンツベースの方法で歌詞を見つけることができない．対照的に，**ロケーションベースアドレッシング**（location-based addressing）ではメモリ上の内容を参照することはできない．ロケーションベースの読み出し命令は，「スロット 347 に格納されている歌詞を取得せよ」というような指示と考えることができる．ロケーションベースアドレッシングは，メモリセルが小さくても完全に動作するメカニズムになることが多い．

ほとんどの時間ステップでメモリセルの内容がコピーされる（忘れない）なら，それに含まれる情報を時間的に順伝播させることができて，勾配は消滅も爆発もすることなく時間的に逆伝播させられる．

明示的なメモリのアプローチを図10.18に示す．ここでは，「タスクニューラルネットワーク」がメモリに結合されている．そのタスクニューラルネットワークは順伝播もしくは回帰的になりうるが，システム全体は回帰結合型ネットワークである．タスクネットワークは，特定のメモリアドレスへの読み出しと書き込みを選択できる．明示的なメモリを用いることで，モデルが通常の RNN もしくは LSTM RNN では学習できないタスクを学習することが可能になるようである．この利点が生まれる 1 つの理由は，情報と勾配が非常に長い期間にわたって（時間的に順方向または逆方向にそれぞれ）伝播されるからかもしれない．

メモリセルの重み付き平均に関する逆伝播の代替案として，メモリアドレス係数を確率として解釈し，1 つのセルだけを確率的に読み出す方法がある (Zaremba and Sutskever, 2015)．離散的決定を行うモデルの最適化をする場合，20.9.1節で説明されているような特別な最適化アルゴリズムが必要にな

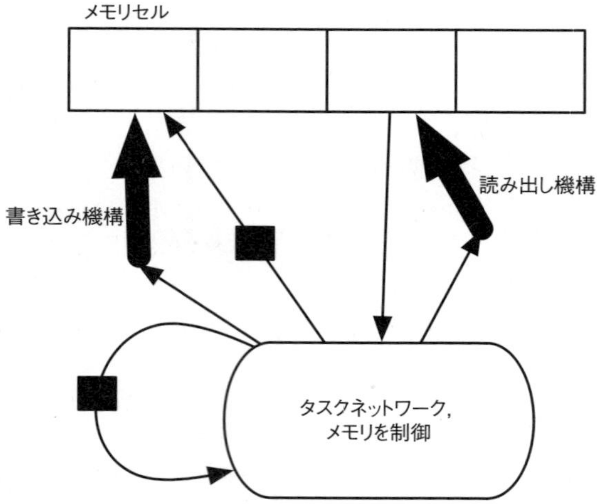

図 10.18: 明示的なメモリを持ったネットワークの回路図．ニューラルチューニングマシンの重要な設計要素のいくつかを示している．この図では，モデルの「表現」部分（「タスクネットワーク」で，この図の下部の回帰ネット）と，事実を保持できるモデルの「記憶」部分（セルの集合）とを区別する．タスクネットワークはメモリを「制御」することを学習し，メモリ上で読み出す場所と書き込む場所（読み書きのメカニズムを介する．図中では読み書きのアドレスを指す太い矢印で示す）を決定する．

る．現在のところ，ソフトな意思決定を行う決定論的なアルゴリズムを訓練するより，離散的決定を行う確率論的なアーキテクチャを訓練する方が依然として困難である．

ソフト（誤差逆伝播が可能）であろうと確率的かつハードであろうと，アドレスを選択するメカニズムは，機械翻訳の文脈で以前に導入された**アテンションメカニズム**（**attention mechanism**）(Bahdanau *et al.*, 2015) と同じ形式であり，これについては12.4.5.1節で説明する．ニューラルネットワークのアテンションメカニズムのアイデアは，それ以前に手書き文字生成 (Graves, 2013) の文脈で導入されており，そのアテンションメカニズムは系列の中を時間的に順方向にしか進まないように制約されたものであった．機械翻訳およびメモリネットワークの場合，各ステップにおいてアテンションの焦点は，直前のステップとはまったく異なる場所に移動することができる．

回帰結合型ニューラルネットワークは，深層学習を系列データに拡張する方法を提供する．回帰結合型ニューラルネットワークは深層学習にまつわるツールの中で，最後の主要なツールである．次は，これらのツールをどのように選択して使うのか，そしてどのように現実世界のタスクに適用するのかについて説明する．

第 11 章

実用的な方法論

深層学習の技術をうまく適用するためには，既存のアルゴリズムとその動作原理をよく知っているだけでは不十分である．優秀な機械学習の専門家は，適用する問題に応じてアルゴリズムを選択する方法や，機械学習システムを改善するために，実験から得られる結果を監視してそれに対応する方法を知る必要もある．日々の機械学習システムの開発で専門家は，さらにデータを集めるか，あるいはモデルの容量を上げるか下げるか，正則化を加えるか除くか，モデルの最適化を改善するか，モデルの中の近似推論を改善するか，モデルのソフトウェアの実装をデバッグするかといったことを判断しなければならない．これらはすべて，試すことに時間を要する処理なので，盲目的に推測するのではなく，正しい行動を選択できることが重要となる．

本書のほとんどの部分は，さまざまな機械学習モデル，学習アルゴリズム，そして目的関数について書かれている．その内容から，機械学習の専門家になるための最も重要な要素は，幅広い機械学習の手法に精通し，しかも多様な数学について詳しいことだという印象を持つかもしれない．現実には，一般的なアルゴリズムを正しく用いれば，よく理解していないアルゴリズムをいい加減に用いるよりはずっとよい結果が得られる．アルゴリズムを正しく適用するには，基本的な方法論を理解しているかが重要である．本章で推奨する内容はほとんどNg (2015) を手直ししたものである．

本章では以下の実用的な設計工程を推奨する．

- 目標の決定 — 使用する誤差指標と，その誤差指標で目標とする値．この目標と誤差指標は，応用で解決しようとする問題に応じて決定する．
- 適切な評価指標を含め，最初から最後までの工程を可能な限り早く確立する．
- システムをうまく操作して，性能のボトルネックを見極める．期待される性能を出せていない箇所を調べ，その性能劣化の要因が過剰適合，過小適合，あるいはデータまたはソフトウェアの問題によるものなのかを診断する．
- 上記の診断から得られた所見に基づいて，新しいデータの収集やハイパーパラメータの調整，アルゴリズムの変更といった修正を繰り返し加える．

実際の例として，Street view address number transcription system を取り上げる (Goodfellow *et al.*, 2014d)．このアプリケーションの目的は，Google マップに建造物の情報を追加することである．ストリートビューカーは，建物の写真を撮り，各写真に対応する GPS 座標を記録する．畳み込みネットが各写真に対応する住所を認識し，Google マップデータベースの正しい位置にその住所を追加できるようにする．この商用アプリケーションがどのように開発されたかを説明して，本章で主張する設計の方法論をどのように進めるべきかの例とする．

では，この処理における各ステップの内容を説明しよう．

11.1 性能指標

最初に，使用する誤差指標に関する目標を決定する必要がある．なぜなら，その誤差指標次第でそれ以降の行動がすべて決まるからである．

また，どの程度の性能を求めるかも考えておく必要がある．ほとんどの応用において，完全に誤差をゼロにすることは不可能であることも肝に銘じておいてほしい．訓練データが無限にあり，しかも真の確率分布を復元できるとしても，期待される最小の誤差はベイズ誤差で定義される．これは，入力される特徴量が出力の変数についての完全な情報を持っていないこと，あるいはシステムが本質的に確率的であることが原因かもしれない．また，訓練データが有限であるということも制約になる．

訓練データの量は，さまざまな理由で制約を受ける．目標が，現実社会で可能な限りよい製品またはサービスを作り出すことであれば，通常は，さらに多くのデータを収集できる．しかし，精度を改善した場合の価値を見極めて，追加でデータを収集した場合のコストと比較する必要がある．データの収集には，時間，費用あるいは人的苦痛（たとえば，データの収集過程に侵襲的な医療検査が必要な場合）が必要になる．目標が，固定的なベンチマークにおいてどのアルゴリズムが最高の性能を発揮するかという科学的な質問に答えることであるならば，通常はベンチマークの仕様で訓練集合が決まり，それ以上データを収集することは認められない．

妥当と考えられる性能水準を決定するにはどうすればいいだろうか．通常，学術的な世界では，過去に公表されたベンチマークの結果に基づいて，達成可能な誤差率をある程度推定できる．現実世界では，アプリケーションが安全で，費用対効果が高く，あるいは顧客にとって魅力的であるために必要な，誤差率についての知見がある．望ましい現実的な誤差率を決めると，この誤差率を達成することが，設計における意思決定の方針になる．

性能指標の目標値以外に考慮すべき重要な要素は，どの指標を用いるかである．機械学習の構成要素を含む完全なアプリケーションの有効性の測定に利用される性能指標は，いくつも存在する．この性能指標は通常，モデルの学習に用いられるコスト関数とは異なる．5.1.2節で説明したように，システムの正解率または等価的には誤差率を測定するのが一般的である．

しかしながら，さらに高度な指標を必要とするアプリケーションは多い．

ミスが発生した場合，その内容によっては大きな代償を支払うことになる場合がある．たとえば，電子メールのスパム検出システムは2種類のミスを犯す可能性がある．1つは正当なメッセージを間違ってスパムに分類してしまうことで，もう1つは間違ってスパムを受信箱に入れてしまうことである．正当なメッセージをブロックしてしまうことは，疑わしいメッセージを受け入れてしまうよりもはるかに大きな問題である．スパム分類器の誤差率を測るよりも，正当なメッセージをブロックしてしまうコストがスパムを受け入れてしまうコストよりも高くなるような，全体的なコストを測る方が望ましい．

まれにしか発生しない事象を検出する二値分類器を学習したい場合がある．たとえば，珍しい疾患に対する医療検査の設計を考える．100万人に1人の割合でその疾患を持つ人がいると仮定する．その疾患に対して陰性であると常時出力するように分類器をハードコードするだけで，この検出タスクでは99.9999%の正解率が得られる．このようなシステムの性能を特徴付ける場合，正解率は不十分な指標であるのは明らかである．この問題を解決する1つの方法は，代わりに**適合率**（precision）と**再現率**（recall）を測定することである．適合率はモデルの検出結果が正しかった割合であり，一方で再現率は真の事象が検出された割合である．誰も前述の疾患にかかっていないと報告する検出器は完全な正解率を達成するが，再現率はゼロである．誰もがこの疾患にかかっていると報告する検出器は，完全な再現率を達成するが，適合率はその疾患を持つ人の割合（100万人のうち1人だけという今回の疾患の例では0.0001%）に等しい．適合率と再現率を使用するときは，y 軸に適合率，x 軸に再現率を取る**PR曲線**（PR curve）を描くのが一般的である．分類器は検出されるべき事象が発生したとき高い値になるスコアを出力する．たとえば，疾患を検出するように設計された順伝播ニューラルネットワークでは $\hat{y} = P(y = 1 \mid \boldsymbol{x})$ を出力して，特徴量 $\boldsymbol{x}$ で表現される検査結果の人がその疾患にかかっている確率を推定する．このスコアがある閾値を超えた場合には，必ず検出の報告がなされるようにシステムを設計する．この閾値を変更することで，適合率を再現率と相反して調節することができる．分類器の性能を，曲線ではなく単一の値で表したい場合は多い．その目的で，適合率 p と再現率 r を次に示す**F値**（F-score）に変換できる．

$$F = \frac{2pr}{p + r}. \tag{11.1}$$

あるいは，PR曲線の下の総面積を求める方法もある．

機械学習システムが判断を拒否するような応用を考えることも可能である．これは，機械学習アルゴリズムが判断についての確信度を推定できる場合に，特に判断を間違うことが危険で，その判断を人間のオペレータが必要に応じて引き継げる場合に有効である．ストリートビュー転写システムはその一例である．このタスクは，写真から地番を転記し，地図上の正しい住所と写真が撮影された場所を対応付けるというものである．地図が不正確だと地図の価値が大きく棄損することになるため，転写内容が正しい場合にのみ住所を追加するということが重要となる．機械学習システム自体が，正しい転記内容を取得できる可能性が，人間が行う場合と比べて低くなると判断した場合は，写真からの転記を代わりに人間にさせることが最善の方法となる．当然ながら，機械学習システムが有用なのは，人間のオペレータが処理すべき写真の数を劇的に減らせる場合に限られる．このような場合には，評価指標として**網羅率**（coverage）を使うのが自然である．網羅率は，機械学習システムが予測値を返すことのできる事例の割合である．網羅率を正解率と相反して調節することは可能である．どの事例を処理することも拒否すれば100%の正解率を達成できるが，その場合の網羅率は0%となる．ストリートビューのタスクにおいて，プロジェクトの目標は，95%の網羅率を維持しながら，人間と同じ水準の転写正解率を達成することだった．このタスクにおける人間と同じ水準の性能とは98%の正解率である．

他にも利用できる指標が数多く存在する．たとえば，クリックスルー率の測定，ユーザー満足度調査の収集などが可能である．特殊な用途の領域では，用途別の基準も存在する．

重要なことは，改善すべき性能指標を事前に決定し，その指標の改善に注力することである．明確に定義された目標がなければ，機械学習システムに対する変更が改善につながるかどうかの判断が難しくなる．

11.2　初期のベースラインモデル

性能指標と目標を決めたら，どんな実応用でも次のステップは，最初から最後まで動作する妥当なシステムをできるだけ早く完成させることである．本節では，さまざまな状況ごとに，最初のベースラインとなるアプローチとして用いられるアルゴリズムを提示する．深層学習の研究の進歩は早いので，本書の執筆のすぐ後にもっとよい初期アルゴリズムが利用可能になる可能性があることは覚えていてほしい．

対象とする問題の複雑さによっては，深層学習を用いずに始めることも考えられる．線形な重みをいくつか正しく選択することで問題が解ける可能性があるなら，ロジスティック回帰のような単純な確率モデルから始めた方がいいだろう．

対象とする問題が物体認識や音声認識，機械翻訳などの「AI 完全（AI-complete）」な問題に分類されるなら，適切な深層学習のモデルから始めることでよい結果が得られるだろう．

まず，対象とするデータの構造に基づいて，モデルの一般的なカテゴリを選択する．たとえば，固定長のベクトルを入力とする教師あり学習を行いたいのであれば，全結合層を持つ順伝播ニューラルネットワークを用いる．入力がトポロジーとして既知の構造を持つ場合（たとえば入力が画像の場合），畳み込みニューラルネットワークを用いる．このような場合，区分線形ユニットの一種（ReLU またはその一般化である Leaky ReLU, PreLus やマックスアウト）を使うことから始めるべきである．入力または出力が系列の場合は，ゲートありの回帰ユニット（LSTM または GRU）を用いる．

最適化アルゴリズムの合理的な選択は，学習率を減衰させるモメンタムを使った SGD である．（よく使われる減衰手法には，固定した最小の学習率に至るまで線形に減衰させる，指数関数的に減衰させる，または検証誤差が台に達するたびに 2 分の 1 から 10 分の 1 減らすといった手法があるが，問題によって性能の良し悪しが生じる．）合理的な代替手法としては Adam がある．バッチ正規化は，特に畳み込みネットワークやシグモイド非線形関数を持つネットワークにおいて，最適化性能に劇的な効果を示すことがある．最初のベースラインシステムにバッチ正規化含めないのは妥当であるが，最適化が問題になるようであれば，すぐに導入する方がよい．

訓練集合に数千万件以上の事例が含まれていない限り，最初から何らかの軽い正則化を含めた方がよい．早期終了はほぼ普遍的に使用されるべきである．ドロップアウトは，実装が容易で，さまざまなモデルや学習アルゴリズムと一緒に使える優れた正則化手法である．またバッチ正規化によって汎化誤差を減らし，ドロップアウトを省略できる．なぜなら，各変数の正規化に使用される統計量の推定値にノイズが含まれるからである．

対象とするタスクがすでに詳細に研究されたタスクに類似しているなら，まずはその過去の研究タスクで最良の性能を示したモデルとアルゴリズムをコピーすることでうまく機能する可能性がある．そのタスクで学習されたモデルをコピーするのもいいかもしれない．たとえば，ImageNet で学習した畳み込みネットワークから得た特徴量を用いて，別なコンピュータビジョンのタスクを解くことは一般的に行われている (Girshick *et al.*, 2015).

よくある質問は，III部でさらに説明するが，教師なし学習を最初から使うかどうかという点である．これは対象とする分野にある程度依存する．自然言語処理のような分野では，教師なしの単語埋め込み学習のような教師なし学習から大きな効果が得られることがわかっている．他の，コンピュータビジョンのような分野では，ラベルありデータが極端に少ない場合に，半教師あり学習を除いては，現在の教師なし学習の手法では効果が得られない (Kingma *et al.*, 2014; Rasmus *et al.*, 2015)．教師なし学習が重要だとわかっている応用であれば，最初の基準となるベースラインシステムにそれを含めるべきである．そうでない場合は，もし対象が教師なしタスクならば，最初の試行では教師なし学習だけを使う．最初のベースラインシステムで過剰適合が観察されたら，いつでも教師なし学習を追加してみることが可能である．

11.3 データの追加収集の判断

最初の全体システムが構築された後は，アルゴリズムの性能を評価し，それを改善する方法を決定する．機械学習の初心者の多くは，改善のためにさまざまなアルゴリズムを試そうとしがちである．しかし，学習アルゴリズムを改善するよりも，データをさらに集める方がはるかに効果がある場合が多い．

さらにデータを収集するかどうかをどのように決定すればいいだろうか．まず，訓練集合の性能が許容できるものかどうかを判断する．訓練集合での性能が不十分な場合，学習アルゴリズムはすでに利用可能な訓練データを使用していないため，さらにデータを収集する理由はない．代わりに，層を追加する，あるいは各層に隠れ層を追加することで，モデルのサイズを増やしてみる．また，たとえば学習率のハイパーパラメータを調整して，学習アルゴリズムを改善することを試みる．大規模なモデルや慎重に調整された最適化アルゴリズムがうまく機能しないなら，問題は訓練データの**品質**にあるかもしれない．データに含まれるノイズが大きすぎる，あるいは望ましい出力を予測するために必要な正しい入力がデータに含まれていない可能性がある．これは，初めからやり直す，よりクリーンなデータを収集する，あるいはもっと情報が豊富な特徴量を収集するといったことを実行すべきであることを示唆している．

もし，訓練集合における性能が許容できるものであるなら，テスト集合での性能を測定する．テスト集合における結果も許容できるものであれば，するべきことは何も残っていない．テスト集合での性能が訓練集合と比較して著しく劣る場合，さらにデータを集めることが最も効果的な解決策の１つである．考慮すべき要点は，さらにデータを収集する場合のコストと実現可能性，他の手段でテスト誤差を減少させる場合のコストと実現可能性，テスト集合での性能を大きく向上させるために必要と予想されるデータ量である．数百万から数十億のユーザーを持つ巨大インターネット企業では，巨大なデータ集合の収集は実現可能であり，またそれを実行する場合の費用は他の代替策と比較してかなり小さいので，答えはほとんどつねに，もっと多くの訓練データを集めることである．たとえば，物体認識を解決する場合，大きなラベルありデータ集合を作成することは，最も重要な要素の１つだった．他の，医療応用のような状況では，データをさらに収集することは，コストが大きくなりすぎるかまたは実現不可能かもしれない．データの追加収集に対する単純な代替手段は，重み減衰の係数のようなハイパーパラメータを調整したり，ドロップアウトのような正則化戦略を追加することで，モデルのサイズを縮小したり正則化を改善したりすることである．正則化のハイパーパラメータを調整しても訓練集合とテスト集合の間の性能差が許容できない場合は，データをさらに収集することを推奨する．

データをさらに集めるかどうかを判断する際には，収集するデータ量も決める必要がある．図5.4にあるように，訓練集合の大きさと汎化誤差の関係を示す曲線をグラフ化するのも有効である．そのような曲線を外挿することで，一定水準の性能を引き出すために追加すべき訓練データの量を推定できる．通常．全体からみてほんのわずかな数の事例を追加しても，汎化誤差に大した影響を及ぼさない．そのため，たとえば連続した実験でデータ数を倍にしていくなど，訓練集合のサイズを対数スケールで変化させて実験することが推奨される．

もし，もっと大量のデータを集めることが不可能ならば，汎化誤差を改善するために残された唯一の方法は，学習アルゴリズム自体を改善することである．これは研究領域であり，応用の専門家に対するアドバイスの範囲には含まれない．

11.4　ハイパーパラメータの選択

ほとんどの深層学習アルゴリズムは，そのアルゴリズムの挙動をさまざまな側面で制御するハイパーパラメータをいくつも備えている．このハイパーパラメータの中には，アルゴリズムを実行するときの時間とメモリコストに影響を与えるものがある．また，学習プロセスで復元されたモデルの品質と，そのモデルが新しい入力に対して導入されたときに正しい結果を推論する能力に影響を与えるものもある．

このハイパーパラメータの選択には，基本的なアプローチが 2 つある．手動で選択するか，自動で選択するかのどちらかである．ハイパーパラメータを手動で選択するためには，ハイパーパラメータがどのような働きをしていて，機械学習モデルが良好な汎化性能をどのように達成するかを理解する必要がある．ハイパーパラメータを自動的に選択する場合は，上記のような考えを理解する必要性が大幅に減るが，計算コストがはるかに高くなることが多い．

11.4.1　手動でのハイパーパラメータ調整

ハイパーパラメータを手動で設定するためには，ハイパーパラメータ，訓練誤差，汎化誤差そして計算リソース（メモリと実行時間）の間の関係を理解する必要がある．5章で述べた機械学習アルゴリズムの有効容量に関する基礎的な考え方を土台とすることを意味する．

手動によるハイパーパラメータ探索の目標は，通常は実行時間と利用可能なメモリの制約の範囲で最小の汎化誤差を求めることである．さまざまなハイパーパラメータの実行時間とメモリの影響を判断する方法については，プラットフォームに大きく依存するため，ここでは議論しない．

手動によるハイパーパラメータ探索の主な目的は，モデルの有効容量を，タスクの複雑度に適合するように調整することである．有効容量は 3 つの要素に制約を受けている．それは，モデルの表現能力，モデルの学習に用いられるコスト関数を良好に最小化する学習アルゴリズムの能力，そしてコスト関数と学習手続きがモデルを正則化する度合いである．モデルの層が多いほど，そして層あたりの隠れユニットが多いほど，表現能力が高くなり，より複雑な関数を表現できるようになる．しかし，学習アルゴリズムが学習コストを良好に最小化する関数を見つけられない場合，あるいは重み減衰のような正則化項によってこの関数のいくつかの動作が妨げられる場合，モデルは必ずしもこれらの関数すべてを学習できるとは限らない．

図5.3に示したように，一般的に汎化誤差は，1 つのハイパーパラメータの関数としてグラフを描くと U 字型の曲線になる．極端なケースとしては，ハイパーパラメータの値は低い容量に対応し，訓練誤差が大きいために，汎化誤差が大きくなる場合がある．これは過小適合の領域である．別の極端なケースでは，ハイパーパラメータの値は高い容量に対応し，訓練誤差とテスト誤差の差が大きいため，汎化誤差が大きくなる場合もある．この間のどこかに最適のモデル容量が存在し，中程度の汎化の差を中程度の訓練誤差に加えることで最小の汎化誤差を実現する．

ハイパーパラメータの中には，その値が大きいときに過剰適合を起こすものがある．1 つの層に含まれる隠れユニットの数はその一例である．なぜなら，隠れユニットの数を増やすとモデルの容量が高くなるからである．またハイパーパラメータの中には，その値が小さいときに過剰適合を起こすものもある．たとえば，重み減衰の係数で許容される最小値ゼロは，学習アルゴリズムの最大有効容量に対応する．

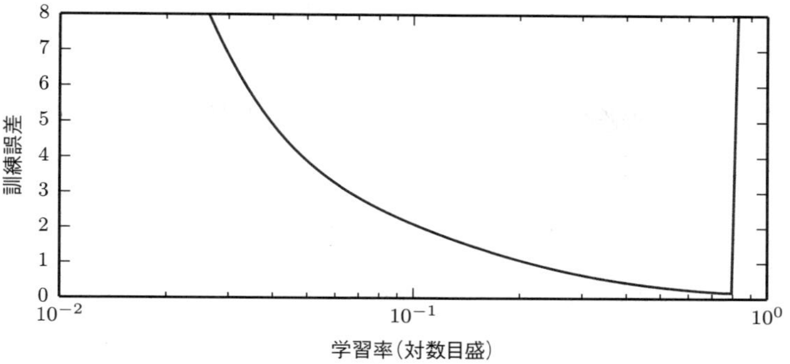

図 11.1: 学習率と訓練誤差の間の典型的な関係．学習率が最適値を上回ると，誤差が急激に増加することに注意しよう．これは訓練時間が固定された場合の現象で，学習率が小さくなると，その減少分に比例する割合で訓練を遅らせてしまう場合がある．汎化誤差はこの曲線をたどるか，あるいは学習率が大きすぎるまたは小さすぎることから生じる正則化効果によって複雑になる可能性がある．なぜなら，不十分な最適化はある程度過剰適合を低減または防止できて，等価な訓練誤差を持つ点の間でも，汎化誤差が異なる可能性があるからである．

ハイパーパラメータのどれもが U 字曲線全体を探索できるというわけではない．ハイパーパラメータの多くは，層の中のユニットの数やマックスアウトユニットの中の線形要素の数のように離散値であり，したがって曲線に沿ったいくつかの点だけを訪れることが可能である．ハイパーパラメータの中には二値のものがある．通常このハイパーパラメータは，入力の特徴量から平均を引き，それを標準偏差で割ることで正規化する前処理のステップのように，学習アルゴリズムの要素の選択肢を使うかどうかを指定するスイッチである．このハイパーパラメータは，曲線上の 2 点だけを探索する．他のハイパーパラメータは，何らかの最小値または最大値を持ち，それを使って曲線上の一部の探索を制限する．たとえば，重み減衰の係数の最小値はゼロである．これは，もし重み減衰の係数がゼロのときにモデルが過小適合しているなら，重み減衰の係数を変更することでは過剰適合の領域には入れないことを意味する．言い換えれば，ハイパーパラメータのいくつかは，容量を減らすことができるだけである．

学習率は，おそらく最も重要なハイパーパラメータだろう．時間の制約でハイパーパラメータを 1 つだけしか調整できないのであれば，学習率を調整すべきである．学習率は，他のハイパーパラメータよりも複雑な方法でモデルの有効容量を制御する．モデルの有効容量は，学習率が特別に高いときや低いときではなく，最適化問題に対して正しいときに最も高くなる．学習率は図11.1に示すように，訓練誤差に対して U 字の曲線を描く．学習率が高すぎると，勾配降下で訓練誤差が縮小せず，意図に反して訓練誤差を大きくしてしまう場合がある．理想的な二次の場合，これは学習率が最適値の 2 倍以上の大きさである場合に発生する (LeCun *et al.*, 1998a)．学習率が小さすぎると，学習が遅くなるだけでなく，学習誤差が永遠に高止まりしてしまう可能性がある．この現象についてはまだ十分に理解されていない（これは凸損失関数では発生しない）．

学習率以外のパラメータを調整する場合には，訓練誤差とテスト誤差の両方を監視して，モデルが過剰適合しているか過小適合しているかを判別し，その後モデルの容量を適切に調整する必要がある．

訓練集合の誤差率が，目標とする誤差率よりも高い場合，能力を高める以外の選択肢はない．正則化を用いず，最適化アルゴリズムが正しく動作していると確信ができるなら，ネットワークにさらに層を追加するか，隠れユニットをさらに増やす必要がある．残念ながら，こうすることでモデルに関連する

表 11.1: さまざまなハイパーパラメータがモデルの能力に与える影響

ハイパーパラメータ	能力が向上する場合...	理由	注意
隠れユニットの数	増加させたとき	隠れユニットの数を増やすと，モデルの表現能力が向上する．	隠れユニットの数を増やすと，本質的にモデルに関連するすべての処理で実行時間とメモリコストが増加する．
学習率	最適にチューニングされたとき	学習率が不適切な場合，それが高すぎても低すぎても，最適化の失敗して有効容量が低いモデルになる．	
畳み込みカーネルの幅	増加させたとき	カーネル幅を大きくすると，モデルの中のパラメータ数が増える．	カーネル幅が広いほど，出力の次元が減り，暗黙的なゼロパディングを使用してこの影響を減らさない限り，モデルの能力は劣化する．カーネル幅が広くなると，パラメータの格納に必要なメモリ量と実行時間が増加するが，出力の次元が減ればメモリコストは削減される．
暗黙的なゼロパディング	増加させたとき	畳み込みの前に暗黙的なゼロを追加して，表現サイズを大きいまま保持する．	ほとんどの処理の実行時間とメモリコストが増加する．
重み減衰の係数	減少させたとき	重み減衰の係数を小さくすると，モデルパラメータを自由に大きくできる．	
ドロップアウトの割合	減少させたとき	ユニットをドロップする頻度が減ると，ユニットは訓練集合に適合するためにお互いに「協調する」機会が増える．	

計算コストは増加する．

テスト集合の誤差率が，目標とする誤差率よりも高い場合には，2 種類の対処法がある．テスト誤差は，訓練誤差に訓練誤差とテスト誤差の差を足した和である．最適なテスト誤差は，この 2 つの量のトレードオフで求められる．一般的に訓練誤差が非常に小さいとき（したがって容量が大きいとき），そしてテスト誤差が主に訓練誤差とテスト誤差の差で決まるとき，ニューラルネットワークは最高の性能を発揮する．目標はこの差を減らすことで，そのときにこの差が減少するよりも速く訓練誤差が増加しないようにすることである．その差を減らすためには，ドロップアウトや重み減衰を追加するといった正則化のハイパーパラメータの変更を行い，モデルの有効容量を減らすようにする．通常，最もよい性能は，たとえばドロップアウトによる正則化がうまく実行された大きなモデルから得られる．

ほとんどのハイパーパラメータは，それがモデルの能力を増やすものか，あるいは減らすものかを推論することで設定できる．いくつかの事例を表 11.1に挙げる．

手動でハイパーパラメータを設定する間も，最終的な目標を見失ってはいけない．それは，テスト集合において良好な性能を得ることである．正則化を追加することは，この目標を達成するための手段の1つにすぎない．訓練誤差が小さい間は，訓練データをさらに収集することで，つねに汎化誤差を減少させることが可能である．実質的に成功を保証する強引な手法は，モデルの能力と訓練集合のサイズをタスクが解決するまで増やし続けることである．このアプローチは，当然のことながら学習と推論の計算コストを増加させてしまうため，十分な計算リソースがある場合にのみ実行可能である．原理的には，このアプローチは最適化の難しさのせいで失敗する可能性があるが，問題に対してモデルが適切に選択されれば，最適化は大きな障壁にはならない場合が多い．

11.4.2 自動的にハイパーパラメータを最適化するアルゴリズム

理想的な学習アルゴリズムは，手動によるハイパーパラメータの調整が不要で，単純にデータ集合を取り込んで関数を出力するものである．ロジスティック回帰やSVMなどの学習アルゴリズムがよく利用される理由には，1つまたは2つ程度のハイパーパラメータを調整するだけでよい性能を示すということがある．ニューラルネットワークは，少数の調整されたハイパーパラメータでよい性能を示す場合もあるが，40以上のハイパーパラメータを調整すると大きな効果が得られる場合が多い．手動でのハイパーパラメータの調整は，他者がすでに検討した同様の応用やアーキテクチャで決定されたものを初期設定とする，あるいはユーザーが長い年月をかけて類似のタスクに適用されるニューラルネットワークのハイパーパラメータの値を探索する経験をした，というような有利な状況で始められる場合にうまく機能する．しかしながら，このような状況から始められる応用は多くない．このような場合，自動化アルゴリズムを使ってハイパーパラメータの有用な値を求めるようにする．

学習アルゴリズムのユーザーがハイパーパラメータの良好な値を探索する方法を考える場合，最適化が必要になることがわかる．すなわち，検証誤差のような目的関数を最適化するハイパーパラメータの値を見つけようとするのである．その際には，何らかの制約（たとえば，学習時間やメモリ，認識時間の上限）が課される場合もあるそのために，学習アルゴリズムを内包してそのハイパーパラメータを決定し，結果的に学習アルゴリズムのハイパーパラメータをユーザーから見えなくする，**ハイパーパラメータ最適化**（hyperparameter optimization）アルゴリズムを開発することが原理的には可能である．残念ながら，ハイパーパラメータ最適化アルゴリズムは，それ自体がハイパーパラメータを持っている．一例は，学習アルゴリズムの各ハイパーパラメータの値の範囲である．しかし，通常この二次的なハイパーパラメータの選択は，同じ二次的なハイパーパラメータをあらゆるタスクに用いたとしても，幅広いタスクで納得できる性能が達成される可能性があるという意味で容易だと言える．

11.4.3 グリッドサーチ

ハイパーパラメータの数が3つ以下の場合は，**グリッドサーチ**（grid search）を行うのが一般的である．各ハイパーパラメータについて，ユーザーは探索対象となる値の集合を選択する．この集合は小さく有限の大きさである．その後，グリッドサーチアルゴリズムを使って，各ハイパーパラメータの値の集合のデカルト積の中で，ハイパーパラメータの値のすべての組み合わせに対してモデルを学習する．そして，最良の検証集合誤差を出力する実験結果のハイパーパラメータを，最適なものとして選択する．ハイパーパラメータの値のグリッドを図11.2の左図に示す．

探索に使う値のリストはどのように選択されるべきだろうか．数値的な（順序付けられた）ハイパーパラメータの場合，過去の同様の実験結果に基づいて各リストの最小要素と最大要素が保

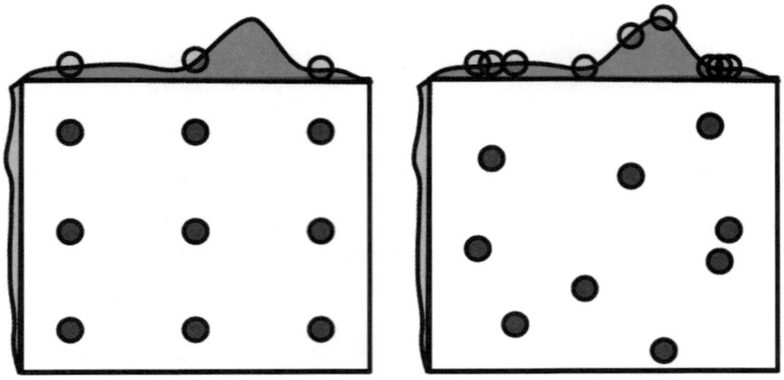

図 **11.2:** グリッドサーチとランダムサーチの比較説明のために，2 つのハイパーパラメータを表示しているが，通常扱うケースではもっと多くのパラメータが存在する．（左）グリッドサーチを実行するために，各ハイパーパラメータの値の集合が提示される．探索アルゴリズムは，これらの集合の外積の中で結合されたハイパーパラメータそれぞれの構成について訓練を実行する．（右）ランダムサーチを実行するために，結合されたハイパーパラメータの構成に対する確率分布が提示される．通常，このハイパーパラメータのほとんどは互いに独立である．単一のハイパーパラメータに対して一般的に選択される分布には，一様分布と対数一様分布（対数一様分布のサンプリングは，一様分布からのサンプルの対数 exp を取る）がある．その後この探索アルゴリズムは，結合されたハイパーパラメータの構成を無作為にサンプリングし，そのそれぞれで訓練を実行する．グリッドサーチとランダムサーチの両方で検証集合の誤差が評価され，最適な設定が返される．この図は，一部のハイパーパラメータだけが結果に大きな影響を与える典型的なケースを示している．この図では，水平軸上のハイパーパラメータのみが重要な影響を及ぼしている．グリッドサーチでは影響力のないハイパーパラメータの数に対して指数関数的な計算量を無駄にすることになるが，一方でランダムサーチではほぼすべての試行で影響力のあるハイパーパラメータすべての個別の値が検証される．図はBergstra and Bengio (2012) より許可を得て転載した．

守的に選択される．そうすることで，最適値が選択された範囲内にある可能性が高まる．一般的にグリッドサーチではおおよそ**対数スケール**（*logarithmic scale*）上の値を取る．たとえば，学習率は集合 $\{0.1, 0.01, 10^{-3}, 10^{-4}, 10^{-5}\}$ から値を選択し，あるいは隠れユニットの数であれば集合 $\{50, 100, 200, 500, 1000, 2000\}$ から値を選択する．

グリッドサーチは，通常，繰り返し実行されると最も性能がよくなる．たとえば，$\{-1, 0, 1\}$ の値を用いてハイパーパラメータ α に関するグリッドサーチを実行することを考える．見つかった最良の値が 1 であれば，最良の α が存在する範囲を小さな値で推測していたことがわかるので，グリッドを移動してたとえば $\{1, 2, 3\}$ の範囲でもう一度 α についての探索を行う．もし，見つかった最良の値が 0 であれば，推定範囲を狭めて $\{-0.1, 0, 0.1\}$ でグリッドサーチを実行する．

グリッドサーチの明らかな問題点は，計算コストがハイパーパラメータの数に応じて指数関数的に増大することである．m 個のハイパーパラメータがあり，それぞれが最大で n 個の値を取る場合，必要となる学習と評価の試行回数は $O(n^m)$ で増加する．試行は並行して実行可能で，緩やかな並列性（探索を実行する複数のマシンの間の通信はほとんど必要ない）を利用できる．残念ながら，グリッドサーチの指数関数的なコストのために，並列化しても満足できるサイズの探索ができない場合がある．

11.4.4 ランダムサーチ

幸いにも，プログラミングが容易で使いやすく，ハイパーパラメータの良好な値にもっと速く収束するグリッドサーチの代替手法があり，それがランダムサーチである (Bergstra and Bengio, 2012).

ランダムサーチは以下のように進行する．まず，各ハイパーパラメータに対する周辺分布を定義する．これはたとえば，二値または離散のハイパーパラメータに対するベルヌーイまたはマルチヌーイ，あるいは正の実数値のハイパーパラメータの対数スケールに対する一様分布などが使われる．たとえば以下のようにする．

$$\texttt{log\_learning\_rate} \sim u(-1,-5) \tag{11.2}$$

$$\texttt{learning\_rate} = 10^{\texttt{log\_learning\_rate}}. \tag{11.3}$$

ただし，$u(a,b)$ は区間 (a,b) における一様分布のサンプルを示す．同様に，`log_number_of_hidden_units` は $u(\log(50),\log(2000))$ からサンプリングしてもよい．

グリッドサーチの場合とは異なり，もっと大きな値の集合を探索しながら計算コストの増大も回避できるように，ハイパーパラメータの値を**離散化するべきではない**し，破棄もしてはならない．実際，図11.2に示すように，性能指標に強く影響を及ぼさないハイパーパラメータがある場合，ランダムサーチはグリッドサーチよりも指数関数的に効率がよくなる．この点については， Bergstra and Bengio (2012) での詳細な研究によって，ランダムサーチの方がグリッドサーチよりもはるかに少ない試行回数で検証集合誤差を減らせることが明らかになっている．

グリッドサーチと同様に，ランダムサーチを繰り返して，最初の実行結果に基づいて探索を改善したい場合は多い．

ランダムサーチがグリッドサーチよりも速く良好な解を見つけ出せる大きな理由は，グリッドサーチの場合と異なり，ランダムサーチはあるハイパーパラメータの 2 つの値（他のハイパーパラメータの値）で同じ結果が得られるときには無駄な探索を実行しないためである．グリッドサーチの場合，他のハイパーパラメータがこの 2 回の探索で同じ値を持っているが，ランダムサーチでは通常異なる値を持っている．したがって，これらの 2 つの値の間の変化によって検証集合誤差に大きな違いが生じない場合，グリッドサーチでは等価な実験を不必要に 2 回に繰り返すことになるが，ランダムサーチでは他のハイパーパラメータについて独立した探索を 2 回実行する．

11.4.5 モデルに基づくハイパーパラメータの最適化

良好なハイパーパラメータの探索は，最適化の問題とみなすことができる．決定変数はハイパーパラメータである．最適化すべきコストは，そのハイパーパラメータを使用した訓練結果から得られる検証集合誤差である．検証集合上でハイパーパラメータに関して微分可能な，何らかの誤差尺度の勾配を計算できる簡略化された設定の下では，単純にこの勾配をたどればよい (Bengio *et al.*, 1999; Bengio, 2000; Maclaurin *et al.*, 2015)．残念ながら，実用的な設定ではほとんどの場合，この勾配は利用できない．その理由は，計算コストとメモリコストが高いため，あるいは離散値のハイパーパラメータの場合のように，検証集合誤差と本質的に区別できない相互作用を持つハイパーパラメータが存在するためである．

この勾配の欠如を補う目的で，検証集合誤差のモデルを作成し，このモデルの中で最適化を実行することで，新しいハイパーパラメータの推測値を提案することが可能である．モデルに基づくハイパーパラメータ探索のアルゴリズムのほとんどは，ベイズ回帰モデルを使用して，各ハイパーパラメータの検証集合誤差の期待値と，その期待値の不確実性の両方を推定する．したがって，最適化には，探索（不確実性が高く，大幅な改善につながる可能性があるが，低い性能となる可能性もあるハイパーパラメータを提案する）と活用（これまで扱ったどのハイパーパラメータとも同等の性能を発揮するとモデルが確信しているハイパーパラメータを提案する．これは通常，過去に観察したことのあるハイパーパラメータに非常に類似している）の間のトレードオフを伴う．ハイパーパラメータの最適化への現代的なアプローチには，Spearmint (Snoek *et al.*, 2012)，TPE (Bergstra *et al.*, 2011) および SMAC (Hutter *et al.*, 2011) がある．

現在，深層学習の良好な結果を得る，またはそのような結果をより少ない労力で得るための確立されたツールとして，ベイズ的ハイパーパラメータ最適化を明確に推奨することはできない．ベイズ的なハイパーパラメータの最適化は，人間の専門家と同等またはそれ以上の性能を発揮することもあれば，問題によっては壊滅的に失敗することもある．それが特定の問題に対して機能するかどうかを見極めることは価値があるかもしれないが，まだ十分成熟していないか，あるいは信頼性は高くない．それでも，ハイパーパラメータの最適化は深層学習でのニーズに後押しされることが多いものの，機械学習の分野全体だけでなく，一般的な工学の分野にも利益をもたらす可能性がある，重要な研究分野である．

ランダムサーチよりも洗練されたハイパーパラメータの最適化アルゴリズムのほとんどに共通する欠点の 1 つは，学習を完了するまではそこからの情報をまったく抽出できないという点である．これは，実験の初期に得られる情報量という観点で，人間の専門家による手動検索よりもずっと効率が悪い．なぜなら，手動検索の方は一部のハイパーパラメータがまったく役に立たないかどうかを早期に知ることが可能だからである．Swersky *et al.* (2014) では，複数の実験を管理するアルゴリズムの初期のバージョンを紹介している．このハイパーパラメータを最適化するアルゴリズムでは，新しい実験を開始すること，有望ではない実行中の実験を「停止」すること，さらにはいったん「停止」していたが，情報が増えたことで有望と見られるようになった実験を再開することを，いろいろなタイミングで選択できる．

11.5　デバッグの戦略

機械学習システムがうまく動作しない場合，性能が悪いのはアルゴリズム自体の問題なのか，あるいはアルゴリズムの実装にバグがあるのかを判断することは難しい．機械学習システムは，さまざまな理由でデバッグが困難である．

ほとんどの場合，アルゴリズムの意図した動作がどのようなものであるかは，事前にはわからない．実際，機械学習を使用することの要点は，人が自分自身で特定することができなかった有用な挙動を発見することだけである．新しい分類タスクでニューラルネットワークを訓練し，5% のテスト誤差を達成したとして，これが期待される動作なのか，それとも最適に至っていない動作なのかを直接的に知る方法はない．

さらに難しいのは，ほとんどの機械学習モデルそれぞれに，適応可能な部分が複数ある点である．ある部分が壊れている場合に他の部分が適応して，おおよそ許容できる性能を達成する可能性がある．たとえば，重み $\boldsymbol{W}$ とバイアス $\boldsymbol{b}$ でパラメータ化される，複数の層を持つニューラルネットワークを訓練していると仮定する．さらに，各パラメータの勾配降下の規則を個別に手動で実装し，以下のようなバイアスの更新で誤差が発生したとする．

$$\boldsymbol{b} \leftarrow \boldsymbol{b} - \alpha. \tag{11.4}$$

ただし α は学習率である．この誤った更新では勾配がまったく使われていない．この場合，学習の間は一貫してバイアスが負になるが，これでは合理的な学習アルゴリズムが正しく実装されていないことが明らかである．しかし，このバグはモデルの出力を調べるだけでは明らかにならない可能性がある．これは入力の分布に応じて，重みが負のバイアスを補うように適応できる可能性があるためである．

ニューラルネットのデバッグ戦略のほとんどは，これら 2 つの問題のいずれかまたは両方を回避するように設計されている．それは，正しい挙動が実際に予測できるように簡単なケースを設計するか，あるいはニューラルネットワークの実装の一部を独立に実行するテストを設計することである．

重要なデバッグのテストを以下に挙げる．

実行中のモデルの可視化：画像の中の物体を検出するモデルを訓練する場合，モデルの提案によって検出された画像を，元の画像上に重ねて表示して見てみる．音声の生成モデルを訓練する場合は，モデルが生成する音声サンプルの一部を聞いてみる．これは当然のことのように思われるかもしれないが，正解率や対数尤度のような定量的な評価指標だけに注目するという失敗に陥りやすい．機械学習モデルがタスクを実行しているところを直接観察すると，達成した定量的な性能の数値が妥当かどうかを判断するのに役立つ．評価のバグは，システムの性能が低い場合にもよい性能であるかのように錯覚させる可能性があるため，最も壊滅的なバグの 1 つである．

最悪の失敗の可視化：ほとんどのモデルは，実行するタスクに対する何らかの信頼度を出力できる．たとえば，ソフトマックス出力層に基づく分類器は，各クラスに確率を割り当てる．したがって，最も可能性の高いクラスに割り当てられる確率は，その分類の判断に対するモデルの信頼度の推定値になる．通常は最尤学習により，これらの値は正しい予測の正確な確率ではなく，過大評価されたものになっている．しかし，実際に正しくラベル付けされていない可能性のある事例は，このモデルでは確率が低くなるという意味で，ある程度有用である．正しくモデル化するのが最も難しい訓練集合の事例を見ることで，データの前処理やラベル付けの方法に問題が見つかる場合が多い．たとえば，もともとストリートビュー転写システムには，アドレス番号検出システムが画像をあまりにぎりぎりに切り出していたため，数値の一部を除外してしまうという問題が存在した．そのため，転写ネットワークはこれらの画像での正解に非常に低い確率を割り当てた．画像を並べ替えて最も確信度の高い失敗を特定してみると，画像の切り出しに関するシステム的な問題があることが判明した．もっと広く画像を切り出すように検出システムを修正したことで，転写ネットワークが処理しなければならない当該位置の画像の種類が増え，アドレス番号の桁数も増えたものの，システム全体の性能ははるかに向上した．

訓練誤差とテスト誤差を用いたソフトウェアに関する推論：基本となるソフトウェアが正しく実装されているかどうかを判断することは困難な場合が多い．訓練誤差やテスト誤差からいくつか手掛かりを得ることができる．訓練誤差は小さいが，テスト誤差が大きい場合，訓練手順が正しく機能し，モデルが基本的なアルゴリズム上の理由で過剰適合している可能性が高い．別の可能性としては，学習後にモデルを保存してからテスト集合の評価のために再読み込みするときに問題があることか，またはテストデータが訓練データとは異なる形で用意されていたことが理由で，テスト誤差が正しく測定されないことがある．訓練誤差とテスト誤差の両方とも大きい場合，ソフトウェアの欠陥であるか，またはモデルが基本的なアルゴリズム上の理由で過小適合しているかどうかを判断するのは難しい．この場合，次に説明する追加のテストが必要となる．

小さなデータ集合への適合：訓練集合において誤差が大きい場合，純粋に過小適合によるものか，それともソフトウェアの不具合によるものかを判断する．通常，小さなモデルでさえも十分に小さなデータ集合に対して適合できることが保証される．たとえば，事例が 1 つだけの分類データ集合は，出力層のバイアスを正しく設定するだけで適合させることができる．通常，1 つの事例に正しくラベル付けする分類器や，高精度で 1 つの事例を再現できる自己符号化器，あるいはある事例に似ているサンプルを一貫して出力する生成モデルを訓練できない場合，ソフトウェアの不具合が存在し，訓練集合上での良好な最適化を妨げている．このテストは，少数の事例を持つ小さなデータ集合に拡張できる．

逆伝播の微分と数値微分の比較：独自の勾配計算を実装しなければならないソフトウェアフレームワークを使用している場合，あるいは微分のライブラリに新しい操作を追加して，その `bprop` メソッドを定義する必要がある場合，この勾配の式を間違って実装することがエラーの原因となることがよくある．その導関数が正しいことを検証する 1 つの方法は，自動微分の実装によって計算された微分と**有限差分法**（finite difference）で計算された微分を比較してみることである．なぜなら，

$$f'(x) = \lim_{\epsilon \to 0} \frac{f(x+\epsilon) - f(x)}{\epsilon} \tag{11.5}$$

であるので，有限の小さな ϵ を使えば微分係数を近似できる．

$$f'(x) \approx \frac{f(x+\epsilon) - f(x)}{\epsilon}. \tag{11.6}$$

中心差分（centered difference）を用いて近似の精度を向上させることが可能である．

$$f'(x) \approx \frac{f(x+\frac{1}{2}\epsilon) - f(x-\frac{1}{2}\epsilon)}{\epsilon}. \tag{11.7}$$

摂動の大きさ ϵ は，摂動が有限精度の数値計算によって過剰に丸められないように，十分大きくしておく必要がある．

通常は，ベクトル値の関数 $g : \mathbb{R}^m \to \mathbb{R}^n$ の勾配またはヤコビ行列をテストしたい．残念ながら，有限差分法では一度に 1 つしか微分を取ることができない．有限差分法を mn 回実行して g の偏微分をすべて評価するか，g の入力と出力の両方でランダムな射影を使用する新しい関数にテストを適用するかのいずれかが実行可能である．たとえば，導関数の実装のテストを $f(x)$ に適用できる．ただし $f(x) = \boldsymbol{u}^T g(\boldsymbol{v}x)$ であり，$\boldsymbol{u}$ と $\boldsymbol{v}$ は無作為に選択されたベクトルである．$f'(x)$ を正しく計算するには，g に対して正しく逆伝播できる必要があるが，f には 1 つの入力と 1 つの出力しかないため，有限差分法を使うと効率的に計算できる．通常は，このテストを $\boldsymbol{u}$ と $\boldsymbol{v}$ の複数の値に対して繰り返すことで，ランダムな投影と直交するという間違いを，テストで見落としてしまう可能性を減らすことを推奨する．

複素数の数値計算が利用できる場合，関数への入力として複素数を使用すると，勾配の数値的な推定が非常に効率的に実行できる (Squire and Trapp, 1998)．この方法は，以下の観察に基づいている．

$$f(x + i\epsilon) = f(x) + i\epsilon f'(x) + O(\epsilon^2) \tag{11.8}$$

$$\mathrm{real}(f(x+i\epsilon)) = f(x) + O(\epsilon^2), \quad \mathrm{imag}(\frac{f(x+i\epsilon)}{\epsilon}) = f'(x) + O(\epsilon^2). \tag{11.9}$$

ただし $i = \sqrt{-1}$ である．前述の実数値の場合とは異なり，異なる点の f の値の差を取るので相殺効果はない．これによって，たとえば $\epsilon = 10^{-150}$ のように，ϵ に小さな値を使うことが可能で，あらゆる実用的な目的において，誤差 $O(\epsilon^2)$ は微小な大きさになる．

活性化と勾配のヒストグラムの監視：多数の訓練反復（だいたい 1 エポック分）で収集されたニューラルネットワークの活性化と勾配の統計量を可視化することは，有益となる場合が多い．隠れユニットの活性化の前の値から，ユニットが飽和しているか，あるいはどのくらいの頻度で飽和しているかがわかる．たとえば正規化器では，どのくらいの頻度で活性化がオフになるだろうか．つねにオフになって

いるユニットはあるだろうか．双曲線正接ユニットの場合，活性化の前の値の絶対値の平均から，そのユニットがどの程度飽和しているかがわかる．伝播された勾配が急速に増大または消失する深いネットワークでは，最適化が阻害される可能性がある．Bottou (2015) で示唆されているように，ミニバッチに対するパラメータの更新の大きさとして，パラメータの大きさの 50% または 0.001%（パラメータの動きがあまりにも遅くなる）ではなく，1% 程度を表現させたい．良好な速さで動いているパラメータ群もあれば，立ち往生しているパラメータ群もあるという状況かもしれない．データが（自然言語のように）スパースな場合，パラメータの中にはほとんど更新されないものがあり，この点については，パラメータの変化を監視する際に注意が必要である．

最後に，深層学習アルゴリズムの多くは，各ステップで生成される結果について何らかの保証を提供する．たとえば，III部では，最適化問題に代数的解法を適用して機能する近似推論アルゴリズムをいくつか紹介する．一般的に，これらはそれぞれの保証をテストしてデバッグできる．最適化アルゴリズムの中には，アルゴリズムの 1 ステップ後に目的関数が決して増加しないことや，アルゴリズムの各ステップ後に変数の部分集合に関する勾配がゼロになること，収束のときにすべての変数に関する勾配はゼロになることなどを保証するものがある．通常，丸め誤差の影響で，上記の条件はデジタルコンピュータでは厳密には成り立たないため，デバッグテストには何らかの許容誤差パラメータを含める必要がある．

11.6　例：複数桁の数字認識

設計手法を実際に適用する方法を最初から最後まで説明するために，深層学習の要素の設計という観点から，ストリートビュー転写システムについて簡単に説明する．当然ながら，ストリートビューカーやデータベース基盤など，システム全体の中の他の多くの要素が最も重要であった．機械学習タスクの観点から見ると，工程はデータ収集から始まった．自動車で生データを収集し，ラベルは手動で付けられた．他の機械学習の手法を使って転記前にアドレス番号を**検出**することを含め，転記タスクの実行前に膨大なデータ集合の整備が行われた．

この転写プロジェクトは，評価指標とその指標の望ましい値を選択することから始まった．重要な一般原則は，評価指標の選択をプロジェクトのビジネス目標に合わせることである．地図は精度が高い場合にのみ有用なので，高い正解率をこのプロジェクトの要件として設定することが重要であった．具体的には，目標は人間と同レベルの 98% の正解率を得ることであった．このレベルの正解率は，必ずしも実現可能なわけではない．そこで，この正解率に到達するために，ストリートビュー転写システムでは網羅率を犠牲にした．したがって，正解率を 98% に維持した状態で網羅率を最適化することが，プロジェクトでの主要な評価指標となった．畳み込みニューラルネットワークが改善されると，それ以下ではネットワークが入力の転記を拒否する確信度の閾値を下げることが可能となり，最終的には目標だった 95% の網羅率を上回った．

定量的な目標を選択した後で，推奨される方法論の次のステップは，合理的なベースラインシステムを迅速に確立することである．コンピュータビジョンタスクの場合，これは正規化線形ユニットを持つ畳み込みニューラルネットワークを意味する．転写プロジェクトはこのようなモデルから始まった．当時，畳み込みニューラルネットワークに予測の系列を出力させるのは一般的ではなかった．可能な限り単純なベースラインから始めるために，モデルの出力層の最初の実装は，n 個のソフトマックスユニットで構成され，n 個の文字列を予測した．このソフトマックスユニットは，分類タスクの場合とまったく同じように訓練され，各ソフトマックスユニットは独立に訓練された．

推奨される方法論は，ベースラインを繰り返し改善し，変更のたびに改善がみられるかどうかをテストすることである．ストリートビュー転記システムに対する最初の変更は，網羅率という指標とデータ構造についての理論的理解に基づいていた．具体的には，ネットワークは，ある閾値 t に対して出力系列の確率が $p(\boldsymbol{y} \mid \boldsymbol{x}) < t$ となる場合は必ず，入力 $\boldsymbol{x}$ の分類を拒否する．当初，$p(\boldsymbol{y} \mid \boldsymbol{x})$ の定義はアドホックなもので，単純にソフトマックス出力をすべて掛け合わせたものであった．このことが，原則にのっとった対数尤度を実際に計算した，特殊な出力層とコスト関数の開発につながった．このアプローチにより，事例を拒否するメカニズムははるかに効率的に機能するようになった．

この時点では，網羅率はまだ 90% を下回っていたが，このアプローチに理論上の明らかな問題はなくなっていた．この場合，本書の方法論では，次に訓練集合とテスト集合の性能を測り，問題が過小適合か過剰適合かを判断することを推奨する．実際の例では，訓練集合とテスト集合の誤差はほぼ同じであった．実際，このプロジェクトが非常に順調に進行した大きな理由は，数千万件にも上るラベルあり事例のデータ集合が利用可能だったからである．訓練集合とテスト集合の誤差が非常に近かったため，問題は過小適合しているか，あるいは訓練データにあると考えられた．本書で推奨するデバッグ戦略の 1 つは，モデルの最悪の誤差を可視化することである．この場合は，モデルが最も高い信頼度を与えた不正確な訓練集合の転写を視覚化した．それによって，入力画像があまりに厳密に切り出され，その操作によって番地の桁の一部が削除された事例から訓練集合がほぼ構成されていたことが判明した．たとえば，番地が「1849」の写真があまりに厳密に切り出されたため，「849」だけが残っていた．この問題は，切り出す領域を決定するアドレス番号検出システムの正解率を改善することにして，それに数週間を費やせば解決できたかもしれない．代わりに，プロジェクトチームははるかに実用的な判断を下し，アドレス番号検出システムが予測するよりも幅広くなるように，単純にシステムで切り出し領域の幅を広げることにした．この変更だけで，転写システムの網羅率が 10% 向上した．

最後に，ハイパーパラメータの調整によって，最後の数 % 分の性能が向上した．ここでは主として，計算コストの制約を維持しながらモデルを大きくする方法を取った．訓練集合とテスト集合の誤差はほぼ同じままだったので，性能不足は過小適合が原因であると同時に，データ集合自体にもいくつか問題が残っていたことはつねに明らかだった．

全体として転写プロジェクトは大きな成功を収め，人手で実施するよりも迅速かつ低コストで何億もの住所の転写が可能になった．

本章で説明した設計の原則によって，同様の成功が他にも数多く生まれることを願っている．

第 12 章

アプリケーション

本章では，コンピュータビジョン，音声認識，自然言語処理，その他の商用の分野などにおけるアプリケーションとして，深層学習の技術がどのように利用されているかを説明する．まずは，多くの本格的な AI アプリケーションに必要とされる大規模なニューラルネットワークの実装について議論することから始める．次に，すでに深層学習が活用されているいくつかの分野について解説する．深層学習の目標の 1 つは，幅広いタスクに適用可能な汎用性の高いアルゴリズムを設計することだが，今のところ，アプリケーションに応じてある程度の特殊化を必要とする．たとえば，画像処理に関するタスクでは，事例ごとに多数の入力特徴量（ピクセル）を処理する必要がある．また，言語処理に関するタスクでは，入力特徴量ごとに多数の候補（語彙内の単語）をモデリングする必要がある．

12.1　大規模深層学習

深層学習はコネクショニズムの考え方に基づいている．これは，個々の生物学的ニューロンや機械学習モデルの個々の特徴量に知性がないとしても，これらのニューロンや特徴量が多数集まり集合体として動作することで，全体としては知的な振る舞いをするという考え方である．ここで，ニューロンが**多数集まる**ことは非常に重要であると強調しておきたい．ニューラルネットワークは，1980 年代と比較して精度が飛躍的に向上し，より複雑なタスクに適用可能となった．この性能向上に貢献した 1 つの重要な要素は，使用するネットワーク規模が劇的に増加したことである．1.2.3節で見たように，ネットワークの規模は過去 30 年間で指数関数的に増加したが，それでもまだ昆虫の神経系と同じくらいの規模にすぎない．

ニューラルネットワークの規模は深層学習にとって最も重要な要素であるため，その土台となるハードウェアとソフトウェアにはともに高い性能が求められる．

12.1.1　高速な CPU 上での実装

従来，ニューラルネットワークは，1 台の計算機上の CPU を用いて訓練するのが一般的だった．しかし，今日では，この方法ではほとんどの場合に能力不足だと考えられており，GPU を計算に利用したり，ネットワークで接続された多数の計算機の CPU を使用したりするのが一般的である．このような高価な計算機環境に移行するまでは，研究者が懸命に努力しても，CPU ではニューラルネットワークに必要な高い計算負荷を処理できないことを実証するだけだった．

CPU 上での効率的な数値計算の実装方法については本書の対象範囲ではないが，ここでは特定の CPU アーキテクチャへの丁寧な実装が，大きな計算性能の改善に有効であることを示す．たとえば，2011 年に最高性能を持っていた CPU の場合，浮動小数点演算よりも固定小数点演算の方がニューラルネットワークを高速に実行できた．Vanhoucke *et al.* (2011) は，固定小数点の実装を丁寧に調整することで，強力な浮動小数点システムに対して 3 倍程度の高速化を実現した．しかし，CPU の新しいモデルにはそれぞれ異なる性能特性があり，浮動小数点による実装の方が速くなる場合もある．重要な原則は，個々の CPU に特化した数値計算のための丁寧な調整が，性能を大きく改善するために有効であるということである．固定小数点と浮動小数点のどちらを使用するかの選択以外にも，データ構造を最適化してキャッシュミスを回避する方法や，ベクトル命令を使用するといった戦略もある．機械学習に従事する研究者の多くはこれらの実装の詳細に無頓着であるが，実装性能がモデルのサイズを制限することになれば，モデルの精度も低下してしまう．

12.1.2　GPU 上での実装

最新のニューラルネットワーク実装の多くはグラフィックスプロセッシングユニットを利用している．グラフィックスプロセッシングユニット（GPU）は，もともとグラフィックスアプリケーション用に開発された特殊なハードウェアであり，特にビデオゲームの消費者市場によってハードウェア開発が促進されてきた．よりよいビデオゲームを開発するために必要とされた性能特性が，ニューラルネットワークの高速化にも有用だったのである．

ビデオゲームの描画では，多くの演算を並列で高速に実行する必要がある．キャラクターや背景のモデルは，頂点の 3D 座標のリストで表現される．グラフィックスカードは，多くの頂点で行列の掛け算や割り算を並列に実行し，3D 座標を 2D スクリーン上の座標に変換する必要がある．また，グラフィックスカードは，ピクセルごとに多数の演算を並列に行い，各ピクセルの色を決定する必要がある．どちらの場合も演算は極めて単純であり，CPU が通常処理するような計算に比べると，分岐処理はあまり含まれていない．たとえば，同一のリジットオブジェクト内の各頂点には同じ行列が乗算されるため，頂点ごとに IF 文を評価して，乗算する行列を決める必要はない．計算は互いに完全に独立しているので，容易に並列化できる．計算には，描画される各物体のテクスチャ（カラーパターン）を表現するビットマップを保持する大量のメモリバッファの処理も含まれる．これらの結果として，グラフィックスカードは，従来の CPU よりもクロックスピードが遅くなり，分岐能力が低下するという犠牲を払っても，高度な並列性と高いメモリ帯域幅を持つように設計されてきた．

ニューラルネットワークのアルゴリズムは，上述のリアルタイムグラフィックスアルゴリズムと同じ性能特性を必要とする．ニューラルネットワークは，通常，パラメータ，活性値，勾配のための大きなバッファを多数必要とし，それぞれの値は訓練のステップごとに完全に更新されなければならない．これらのバッファは，従来のデスクトップコンピュータのキャッシュには入りきらないほど大きいため，システムのメモリ帯域幅がボトルネックとなることが多い．CPU に対する GPU の圧倒的な利点はメモリ帯域幅が大きい点である．ニューラルネットワークの訓練アルゴリズムは，通常，分岐や複雑な制御をあまり含んでいないため，GPU のハードウェアに適している．また，ニューラルネットワークは，同じ層の他のニューロンとは独立して処理できる多数の個別の「ニューロン」に分離することができるので，GPU の並列計算の恩恵を受けやすい．

GPU のハードウェアは，元来，グラフィックスに関するタスクにしか使用できないほど専用化されていたが，やがて，カスタムサブルーチンを使用して，頂点の座標を変換したり，ピクセルに色を割り当てたりできるなど，より柔軟になってきた．原理的には，これらのピクセル値を実際の描画に関するタスクでのみ利用するような制限などなかった．計算の出力をピクセル値のバッファに書き込むことによって，科学計算に応用できる素地はあったのである．Steinkrau *et al.* (2005) は二層の全結合ニューラルネットワークを GPU 上に実装し，CPU を利用した実装と比較して 3 倍の速度向上を果たした．その後まもなく，Chellapilla *et al.* (2006) は，同じテクニックが教師あり畳み込みニューラルネットワークの速度向上に利用できることを実証した．

汎用 GPU（**general purpose GPU**）が出現すると，ニューラルネットワークの訓練にグラフィックスカードを利用するアプローチが爆発的に普及した．これらの GPGPU は，描画用のサブルーチンだけでなく，任意のコードを実行することが可能であった．NVIDIA のプログラミング言語 CUDA は，C 言語風の任意のコードを書く方法を提供した．比較的便利なプログラミングモデル，膨大な並列性，大きなメモリ帯域幅を持つ GPGPU は，今やニューラルネットワークのプログラミングの理想的なプラットフォームである．このプラットフォームは，登場するとすぐに，深層学習の研究者に急速に採用されていった (Raina *et al.*, 2009; Ciresan *et al.*, 2010).

GPGPU の効率的なコードを書くことは相変わらず難しい作業であり，専門家に任せておくのが最もよい．性能向上のための手法は，GPU と CPU では大幅に異なる．たとえば，CPU で性能を向上させるためには，通常，できるだけキャッシュから情報を読み取るように設計する．GPU では，書き込み可能なメモリはほとんどの区画でキャッシュされないため，一度計算した値をメモリから読み戻すのではなく，同じ値を 2 回計算する方が実際に高速になる．GPU のコードは本質的にマルチスレッドでもあるので，異なるスレッドは互いに慎重に連携するように設計しなければならない．たとえば，メモリ操作が**コアレスド**（**coalesced**）の場合は，より高速になる．コアレスドな読み込みや書き込みは，複数のスレッドが同時に必要とする 1 つの値を，単一のメモリトランザクションの一部として，それぞれ読んだり書いたりできる場合に発生する．GPU の種類が異なれば，コアレス（coalesce）に読み書きできるパターンの種類も異なる．通常，n 個のスレッドの中で，スレッド i がメモリの $i+j$ バイト目にアクセスし，j が 2 の累乗の倍数であればメモリ操作をコアレスしやすくなるが，正確な仕様は GPU のモデルによって異なる．GPU を利用する上で一般に考慮するべきもう 1 つの点は，グループ内の各スレッドが同時に同じ命令を実行することである．これは，GPU では分岐が難しいことを示している．スレッド集合は，**ワープ**（**warp**）という小さなグループに分割される．ワープ内の各スレッドは各サイクル中に同じ命令を実行するため，同じワープ内のスレッドを異なるコード順で実行する必要がある場合，これらの異なるコード順は並行ではなく逐次的にたどらなければならない．

高い性能を持つ GPU 用のコードを書くのは困難であるため，研究者は処理の流れを構造化しておき，新しいモデルやアルゴリズムをテストするために新たな GPU 用のコードを書く必要をなくすべきである．典型的には，畳み込みや行列積のような高性能演算用のソフトウェアライブラリを構築し，この演算ライブラリの呼び出しとしてモデルを記述することで実現できる．たとえば，機械学習ライブラリ Pylearn2 (Goodfellow *et al.*, 2013c) では，すべての機械学習アルゴリズムを Theano (Bergstra *et al.*, 2010; Bastien *et al.*, 2012) と cuda-convnet (Krizhevsky, 2010) という高性能演算機能を提供するライブラリの呼び出しとして記述している．このような分解型のアプローチによって，複数種類のハードウェアのサポートも容易になる．たとえば，同じ Theano のプログラムは，Theano の呼び出し部分を変更することなく，CPU でも GPU でも実行できる．TensorFlow(Abadi *et al.*, 2015) や Torch(Collobert *et al.*, 2011b) のような他のライブラリも同様の機能を提供している．

12.1.3　大規模分散処理を利用した実装

多くの場合，単一の計算機上で利用できる計算リソースでは不十分なため，多数の計算機を利用して訓練と推論の負荷を分散したくなる．

推論部分を分散処理するのは簡単である．なぜなら，処理したい入力事例は，それぞれ別の計算機で実行できるためである．これは**データ並列処理**（data parallelism）として知られている．

複数の計算機が 1 つのデータ点に対して共同で動作し，それぞれがモデルの異なる部分を実行する**モデル並列処理**（model parallelism）も存在し，推論と訓練の両方で実現可能である．

訓練時におけるデータ並列処理には，多少困難が伴う．SGD の 1 つのステップで使用されるミニバッチのサイズを大きくすることはできるが，性能に関しては，バッチサイズに対して線形の最適化効果を得られるわけではない．勾配降下における複数のステップを，複数の計算機で並列に計算できればよいと考えるかもしれない．残念ながら，勾配降下の標準的な定義は完全に逐次的なアルゴリズムであり，ステップ t における勾配は，ステップ $t-1$ によって生成されるパラメータの関数である．

この問題は，**非同期確率的勾配降下法**（asynchronous stochastic gradient descent）(Bengio *et al.*, 2001; Recht *et al.*, 2011) を利用することで解決できる．このアプローチでは，複数のプロセッサコアがメモリ上のパラメータを共有する．各コアはパラメータをロックせずに読み込み，勾配を計算し，パラメータをロックせずに増やす．これにより，いくつかのコアがお互いの進行を上書きするため，各勾配降下ステップによってもたらされる平均的な改善量は減少するが，ステップの生産速度の増加は学習プロセスの全体的な高速化をもたらす．Dean *et al.* (2012) は，このロックフリーな勾配降下法の分散実装の先駆けであり，パラメータを共有メモリに記憶するのではなく，**パラメータサーバ**（parameter server）によって管理している．分散型の非同期勾配降下法は，大きな深層ネットワークを訓練するための主要な戦略であり続け，産業界の著名な深層学習のグループによって使用されている (Chilimbi *et al.*, 2014; Wu *et al.*, 2015)．学術界の深層学習研究者は，通常，同程度の規模の分散型学習システムを導入する余裕はないが，大学の環境で利用可能な比較的低コストのハードウェアで分散ネットワークを構築する方法に焦点を絞った研究がいくつか行われている (Coates *et al.*, 2013)．

12.1.4　モデル圧縮

機械学習を利用する多くの商用アプリケーションにおいては，推論の際の実行時間と使用メモリが少ないことは，訓練の際の実行時間とメモリ使用量が少ないことよりはるかに重要である．パーソナライゼーションを必要としないアプリケーションでは，モデルを一度訓練してしまえば，それを配布して数十億人のユーザーが使用できる．多くの場合，エンドユーザーには開発者よりも利用できるリソースに制約がある．たとえば，強力なコンピュータクラスタを使用して音声認識のネットワークを訓練した後，携帯電話に導入したいことがあるだろう．

推論に要するコストを削減するための重要な戦略が，**モデル圧縮**（model compression）(Buciluǎ *et al.*, 2006) である．モデル圧縮の基本的な考え方は，元のコストの高いモデルを，より少ないメモリと実行時間で評価できるモデルに置き換えることである．

モデル圧縮は，元のモデルのサイズが主に過剰適合を防止する目的で決定された場合に適用できる．多くの場合，汎化誤差を最小化するモデルは，独立して訓練されたいくつかのモデルをアンサンブルしたものであるが，アンサンブルを構成する n 個のモデルをすべて評価するのはコストが高い．単一のモデルであっても，サイズが大きければ（たとえば，ドロップアウトで正則化されている場合など）高い汎化性能を実現することが可能な場合もある．

このような大型モデルは，ある関数 $f(\boldsymbol{x})$ を学習する際に，タスクに必要なパラメータよりもずっと多くのパラメータを使用する．このように大きなサイズが必要な理由は，訓練に利用できる事例の数が限られているためである．この関数 $f(\boldsymbol{x})$ をいったん適合させてしまえば，ランダムにサンプリングした点 $\boldsymbol{x}$ に f を適用するだけで，無限に多くの事例を持つ訓練集合を生成できる．その後，この訓練集合を利用して，$f(\boldsymbol{x})$ に適合するより小さい新しいモデルを学習する．新しい小型モデルの能力を最も効率的に利用するためには，新しい点 $\boldsymbol{x}$ をサンプリングする際に，後でモデルに与えられる実際のテスト入力に似ている分布を利用するのが最善である．これは，訓練事例を破損させたり，元の訓練集合を利用して訓練した生成モデルによって点を生成させたりすることによって可能となる．

あるいは，小さなモデルを元の訓練ポイントだけで訓練することも可能であるが，その場合には，たとえば間違ったクラスの事後分布など，モデルの他の特徴量をコピーするように訓練できてしまう (Hinton *et al.*, 2014, 2015).

12.1.5 動的構造

一般に，データ処理を高速化するための 1 つの戦略は，入力処理に必要な計算を記述するグラフに，**動的構造**（dynamic structure）を持たせたシステムを構築することである．データ処理システムは，多くのニューラルネットワークのうちどの部分集合を実行すべきかを，入力データに基づいて動的に決定できる．個々のニューラルネットワークも，内部的に動的構造を持つことが可能であり，入力データからの情報を計算するために，どの特徴量（隠れユニット）の部分集合を利用するかを決定できる．ニューラルネットワーク内のこのような動的構造は，**条件付き計算**（conditional computation）(Bengio, 2013; Bengio *et al.*, 2013b) と呼ばれることもある．ネットワークを構成する構成要素の多くは，それぞれほんの一部の入力に対してのみ対応していればよく，必要なときにのみその特徴量を計算することで，システムをより高速に実行できる．

計算の動的構造は，ソフトウェア工学分野全体に適用されるコンピュータ科学の基本的な原理である．ニューラルネットワークに応用できる最も単純な動的構造は，あるニューラルネットワーク（または他の機械学習モデル）のグループの中で，どの部分集合が特定の入力に対して適用されるべきかを決定することである．

分類器の推論処理を高速化するための巧妙な戦略の 1 つに，分類器の**カスケード**（cascade）を使用する方法がある．カスケード戦略は，まれに出現する対象（またはイベント）の出現を検出することが目標である場合に適用できる．対象が現れたことを確実に知るためには，高容量で高性能な分類器を使用する必要があり，実行コストが高くなる．しかし，対象が出現するのはまれであるため，対象を含まない入力を除外するのであれば，通常，はるかに少ない計算量で可能である．このような状況では，分類器の系列を訓練することができる．この系列の最初の分類器は小さい容量で，高い再現率を持つように訓練される．つまり，対象が現れたときに，誤って入力を拒否しないように訓練される．最後の分類器は，高い適合率を持つように訓練される．テスト時には，分類器を順番に実行することで推論を行い，カスケード内のいずれかの要素が拒否すれば，すぐにその事例は放棄される．全体としてみれば，高容量モデルを使用して高い信頼度で対象の出現を検証することができるが，すべての事例について完全な推論処理のコストをかける必要はない．カスケードを大容量にするには，2 つの異なる方法が存在する．

1 つ目の方法は，カスケードの後ろの方にある分類器を個別に大容量にすることである．この場合，一部の分類器が個々に大容量を持つため，システム全体が大容量になることは明白である．2 つ目の方法として，個々のモデルの容量は小さいものの，多くの小型モデルを組み合わせることにより，結果としてシステム全体が大容量であるカスケードを作ることも可能である．Viola and Jones (2001) は，携帯用デジタルカメラでの使用に適した高速で頑健性の高い顔検出器を実現するために，ブースティングを適用した決定木のカスケードを使用した．この分類器は，基本的にはスライディングウィンドウのアプローチを使用して顔の場所を検出するもので，多数のウィンドウを検証して，顔を含まないウィンドウは除外される．カスケードによる別のアプローチは，前の方のモデルに一種のハード・アテンションの仕組みを実装している．カスケードを構成する始めの方のモデルで物体の場所を発見し，カスケードの後ろの方のモデルは，物体の位置を与えられた上で，さらに処理を実行する．たとえば，Google ではストリートビュー画像における住所番号を，1 つ目の機械学習モデルで住所番号の位置を探し出し，2 つ目のモデルで転記するような 2 ステップのカスケードを使って転記している (Goodfellow *et al.*, 2014d).

決定木を構成する各ノードは，各入力に対してどの部分木を評価するべきかを決定するため，決定木そのものが動的構造の一例であると言える．深層学習と動的構造の統合を達成する簡単な方法は，各ノードが，ニューラルネットワークを利用して，評価すべき部分木を決定するように決定木を訓練することである (Guo and Gelfand, 1992)．しかし，推論計算の高速化を主たる目的として，この方法が利用されたことはほとんどない．

同じ考え方で，**ゲーター**（gater）と呼ばれるニューラルネットワークを使用して，いくつかの**エキスパートネットワーク**（expert network）の中のどれを利用して出力を計算するか，現在の入力に応じて選択することができる．このアイデアの最初のバージョンは，**混合エキスパート**（mixture of experts）(Nowlan, 1990; Jacobs *et al.*, 1991) と呼ばれている．ゲーターが出力するのは，確率または（ソフトマックス非線形性から得られる）重みの集合で，1 つの要素が 1 つのエキスパートに対応している．各エキスパートからの出力に重みを付けて混合することで，最終的な出力が得られる．この手法では，ゲーターを使用することで計算コストを削減することはできない．しかし，ゲーターによって事例ごとに 1 つのエキスパートが選択されるようにすれば，**ハード混合エキスパート**（hard mixture of experts）が得られ，これは訓練と推論の時間を大幅に短縮する．この戦略は，ゲーティングによる決定の数が少ない場合には，ゲートの状態は組み合わせ的に大きくならないので，効果的である．しかし，ユニットやパラメータの異なるサブセットを選択したい場合，ゲーターの状態をすべて数え上げる（とともに出力を計算する）必要があるため，「ソフトスイッチ」を使用することはできない．この問題に対処するために，組み合わせ的な数のゲーターを訓練するためのいくつかのアプローチが検討されてきた．Bengio *et al.* (2013b) はゲーティングの確率に関する勾配を推定する実験を行った．また，Bacon *et al.* (2015) とBengio *et al.* (2015a) は強化学習（方策勾配）を用いて，隠れユニットのブロックに対して一種の条件付きドロップアウトを学習させる方法を提案したが，これは，近似の品質に悪い影響を与えることなく計算コストを実際に減少させた．

別の種類の動的構造はスイッチであり，この場合隠れユニットは文脈に応じて異なるユニットから入力を受け取ることができる．この動的なルーティング手法は，アテンションの仕組みとして解釈できる (Olshausen *et al.*, 1993)．現在のところ，大規模アプリケーションにおけるハードスイッチの利用の有効性は証明されていない．最新のアプローチは，むしろ多くの可能な入力に対する加重平均を使用する方法で，これは，当然ながら動的構造が持つ計算上の利点をすべて得られない．最新のアテンションの仕組みについては，12.4.5.1節で述べる．

動的構造のシステムを使用する上での代表的な障害は，異なる入力に対して異なるコードに分岐して実行することで並列性が低下することである．これは，このネットワークが処理する演算には，事例のミニバッチに対する行列積やバッチ畳み込みで記述できるものがほとんどないことを意味する．より特化したサブルーチンを書いて，事例ごとに異なるカーネルで畳み込んだり，計画行列の行ごとに異なる重み列を乗算したりすることは可能である．残念なことに，このようなより特化したサブルーチンを効率的に実装するのは難しい．CPU 上での実装では，キャッシュの一貫性が欠如するために処理速度が低下する．GPU 上での実装では，コアレスドなメモリトランザクションの欠如と，ワープの構成要素が異なる分岐を取るときにワープを直列化する必要性とによって処理速度が低下する．この問題は，事例をグループに分割し，グループの構成要素がすべて同じ分岐を取るようにして，これらのグループ化された事例を同時に処理することによって緩和できる場合もある．これは，オフラインの設定において，決められた量の事例を処理する場合に必要な時間を最小化するという目的では採用できる方法だろう．事例を連続して処理する必要があるリアルタイムの設定では，作業負荷の分割は負荷分散上の問題を引き起こす可能性がある．たとえば，カスケードの最初のステップの処理をある計算機に割り当て，カスケードの最後のステップの処理を別の計算機に割り当てると，最初の計算機は過負荷に，最後の計算機は軽負荷になる傾向があるだろう．同様の問題は，ニューラルネットワークの決定木において，計算機ごとに異なるノードの処理を割り当てる場合にも生じる．

12.1.6　専用ハードウェアによる深層ネットワークの実装

ニューラルネットワーク研究の初期のころから，ハードウェア設計者は，ニューラルネットワークのアルゴリズムの訓練や推論を高速化することができる専用のハードウェア実装に取り組んできた．深層ネットワーク用の専用ハードウェアに関して，初期の情報や，もう少し最近の情報についてはこちらを参照してほしい (Lindsey and Lindblad, 1994; Beiu *et al.*, 2003; Misra and Saha, 2010).

異なる方式の専用ハードウェア (Graf and Jackel, 1989; Mead and Ismail, 2012; Kim *et al.*, 2009; Pham *et al.*, 2012; Chen *et al.*, 2014a,b) が，過去数十年間にわたって ASIC（application-specific integrated circuit，特定用途向け集積回路）として開発されてきた．ASIC には，（数字のバイナリ表現に基づく）デジタル方式，（電圧や電流の連続値による物理的な実装に基づく）アナログ方式 (Graf and Jackel, 1989; Mead and Ismail, 2012)，（デジタルとアナログの構成要素を組み合わせた）ハイブリッド方式がある．近年，より柔軟な FPGA（field programmable gated array）の実装（チップの製造後に回路の詳細を書き込むことができる）が開発されている．

汎用処理装置（CPU や GPU）上のソフトウェア実装では，浮動小数点数を表現するために，通常，32 ビットまたは 64 ビットの精度が使用されるが，（少なくとも推論時には）もっと低い精度の浮動小数点が問題なく利用できることは以前から知られている (Holt and Baker, 1991; Holi and Hwang, 1993; Presley and Haggard, 1994; Simard and Graf, 1994; Wawrzynek *et al.*, 1996; Savich *et al.*, 2007)．これは，工業製品における深層学習の利用が普及し，より高速なハードウェアが持つインパクトが GPU で実証されるにつれて，近年ではより重要な問題となってきている．深層ネットワーク向けの専用ハードウェアに関する最近の研究を動機付けている別の要因は，CPU/GPU が持つ 1 つのコアに対する高速化技術が徐々に停滞しつつあり，最近の計算速度向上技術はもっぱらコアの並列化に起因することである．この状況は，ニューラルネットワークのハードウェア実装（着手してから使えるようになるまで 2 年かかる）が，汎用 CPU の急速な進歩と低価格化に追いつかなかった 1990 年代（前回のニューラルネットワークブームのころ）とは大きく異なる．（たとえば，音声認識，コンピュータビジョン，自然言語処理などの）大衆向けの深層学習アプリケーションを目指し，電話などの低消費電力デバイスの新しいハードウェア設計が開発されている時代において，専用ハードウェアを構築することは，さらなる技術的限界を超えるための 1 つの方法である．

誤差逆伝播法を利用するニューラルネットワークの低精度実装に関する最近の研究 (Vanhoucke *et al.*, 2011; Courbariaux *et al.*, 2015; Gupta *et al.*, 2015) は，誤差逆伝播法を用いる深層ニューラルネットワークの利用や訓練には 8 ビットから 16 ビットの精度で十分であることを示唆している．明らかなのは，推論時よりも訓練時に，より高い精度が要求されることと，動的な固定小数点を使用することで，1 つの数値を表現するのに必要なビット数を減らすことができるということである．従来の固定小数点数が取りうる数値は固定の範囲（浮動小数点表現における一定の指数に対応）に制限されている．動的な固定小数点は，（1 つの層内のすべての重みなど）ある数値の集合の中で，その範囲を共有する．浮動小数点表現ではなく固定小数点表現を使用し，数値を表現するためのビット数を減らすことにより，ハードウェアの表面積，電力要件，乗算の実行に必要な計算時間が削減される．乗算は，誤差逆伝播法に基づく最新の深層ニューラルネットワークを利用したり学習したりするために最も必要とされる演算である．

12.2　コンピュータビジョン

コンピュータビジョンは，伝統的に深層学習のアプリケーションが活発に研究されてきた領域である．これは，人間や動物には簡単だが，コンピュータには困難な課題だからである (Ballard *et al.*, 1983)．深層学習アルゴリズムの最も一般的な標準ベンチマークタスクは，その多くが物体認識または光学的な文字認識の形式である．

コンピュータビジョンは，画像を処理する幅広い方法と，驚くほど多様な用途とを含む非常に広い分野である．コンピュータビジョンの応用は，顔の認識など人間の視覚能力を再現することから，まったく新しい視覚能力のカテゴリを創造することにまで及ぶ．後者のカテゴリの一例である最近のコンピュータビジョンアプリケーションは，ビデオ内に写っている物体の微小な振動から，物体を振動させている音波を復元するものである (Davis *et al.*, 2014)．コンピュータビジョンに関する深層学習研究の多くは，画像を利用して可能なことの範囲を拡大するようなエキゾチックなアプリケーションよりも，人間の能力を複製することを目的とするような狭い範囲の AI の中核技術に集中している．コンピュータビジョンにおいて，深層学習の多くは，何らかの形で物体認識や物体検出に利用される．これは，どのような物体が画像中に存在するかを出力したり，各物体の周りにバウンディングボックスで画像の注釈を付けたり，画像中の記号列を転記したり，画像中の各ピクセルに対して所属する物体の識別情報をラベル付けしたりなどの形を意味している．生成モデルが深層学習研究の重要な指針の 1 つになったことで，深層モデルを利用した画像合成に関する研究も数多く行われている．無から画像を合成しても，通常，コンピュータビジョンの取り組みであるとはみなされない．しかし，画像の欠損を修復したり，画像から物体を取り去ったりするようなコンピュータビジョンのタスクである画像復元においては，画像合成が可能なモデルは，一般に有用である．

12.2.1　前処理

多くのアプリケーション領域では，元の入力データが多くの深層学習の仕組みの上で表現しづらい形式であるため，高度な前処理が必要である．コンピュータビジョンの分野では，通常，このような前処理の必要性は比較的小さい．画像は，ピクセルがすべて $[0,1]$ や $[-1,1]$ のように同じ合理的な範囲に入るように標準化される必要がある．$[0,1]$ の範囲にある画像データと $[0,255]$ の範囲にある画像データを混在させると，通常は失敗する．同じスケールを持つように画像を整形することは，厳格に守るべきたった 1 つの前処理である．多くのコンピュータビジョンのアーキテクチャでは標準化されたサイズの画像を必要とするため，そのサイズに合うように画像をクロッピングもしくはスケーリングする必要がある．この再スケーリングでさえ，必ずしも厳密に必要なわけではない．いくつかの畳み込みモデルは可変サイズの入力を受け入れ，出力サイズを一定に保つためにプーリング領域のサイズを動的に調整する (Waibel *et al.*, 1989)．他の畳み込みモデルには，可変の出力サイズを持ち，入力と同じサイズに自動的にスケーリングするものがある．たとえば，ノイズを除去したり，画像内の各ピクセルにラベル付けしたりするモデル (Hadsell *et al.*, 2007) などである．

データ集合拡張は，訓練集合の前処理にのみ利用される．データ集合拡張は，ほとんどのコンピュータビジョンのモデルの汎化誤差を低減する優れた方法である．テスト時に適用可能な関連するアイデアとしては，同じ入力の異なるバージョン（たとえば，同じ画像に対して少しずつ場所を変えてクロッピングしたもの）を数多くモデルに与える方法や，異なる学習をしたモデルが投票で出力を決定する方法などがある．後者の考え方はアンサンブル手法として解釈でき，汎化誤差を減らすのに有効である．

他の種類の前処理として，訓練集合とテスト集合の両方に適用可能で，モデルが考慮するべき変動量を抑えるために各事例をより標準的な形式にすることを目標としているものがある．データの変動量を減らすことは，汎化誤差を減らすことと，訓練集合に適合するために必要なモデルのサイズを小さくすることの両方に寄与する．簡単なタスクは小さなモデルでも解決でき，また，簡単な手法は，より高い汎化性能を得られる見込みがある．この種の前処理は，通常，入力データのばらつきのうち，人間の設計者が容易に記述でき，タスクとは関係がないと人間の設計者が確信を持てる種類のものを除去するように設計されている．大規模なデータ集合や大きなモデルを使用して訓練する場合，この種の前処理は不要な場合が多い．そのような場合は，どのような変動性に対してモデルが不変になるべきかをモデル自身に学習させるのが最もよい．たとえば，ImageNet を分類する AlexNet のシステムには，前処理のステップが 1 つしか存在せず，それは訓練事例の各ピクセルから平均値を差し引くことである (Krizhevsky *et al.*, 2012)．

12.2.1.1　コントラスト正規化

多くのタスクにおいて安全に取り除くことができる最も明らかな変動要因の 1 つは，画像内のコントラストの量である．コントラストとは，単に画像内の明るいピクセルと暗いピクセルの差の大きさを指す．画像のコントラストを定量化するには多くの方法がある．深層学習においては，コントラストは，通常，1 枚の画像または画像中の領域における画素の標準偏差を指す．テンソル $\mathsf{X} \in \mathbb{R}^{r\times c\times 3}$ で表される画像を考える．ただし，$X_{i,j,1}$ は行 i 列 j における赤の輝度，$X_{i,j,2}$ は緑の輝度，$X_{i,j,3}$ は青の輝度を示す．この場合，画像全体のコントラストは

$$\sqrt{\frac{1}{3rc}\sum_{i=1}^{r}\sum_{j=1}^{c}\sum_{k=1}^{3}\left(X_{i,j,k}-\bar{\mathsf{X}}\right)^2} \tag{12.1}$$

として与えられる．ただし，$\bar{\mathsf{X}}$ は画像全体の平均輝度とする．

$$\bar{\mathsf{X}} = \frac{1}{3rc}\sum_{i=1}^{r}\sum_{j=1}^{c}\sum_{k=1}^{3}X_{i,j,k}. \tag{12.2}$$

大域コントラスト正規化（global contrast normalization，GCN）は，画像ごとにコントラストがばらつかないようにするため，各画像から平均値を差し引いた後，画素の標準偏差が定数 s に等しくなるように大きさを変更する．どんなスケーリング係数もコントラストがゼロの画像（すべてのピクセルが同じ輝度を有する画像）のコントラストを変えることができないため，このアプローチは複雑となる．非常に低い値だがゼロではないようなコントラストを持つ画像は，ほとんど情報量がないことが多い．そのような場合に，真の標準偏差で除算したとしても，通常は，センサーノイズや圧縮による画像の乱れを増幅しているだけである．このことが，小さな正の正則化パラメータ λ を導入して，標準偏差の推定にバイアスをかけようとする動機となる．あるいは，分母が少なくとも ϵ 以上になるように制限することも可能である．入力画像 $\mathbf{X}$ が与えられたとき，GCN は，以下の式によって出力画像 $\mathbf{X}'$ を生成する．

$$X'_{i,j,k} = s \frac{X_{i,j,k} - \bar{X}}{\max\left\{\epsilon, \sqrt{\lambda + \frac{1}{3rc}\sum_{i=1}^{r}\sum_{j=1}^{c}\sum_{k=1}^{3}\left(X_{i,j,k} - \bar{X}\right)^2}\right\}}. \tag{12.3}$$

解析対象の物体をクロッピングした大きな画像で構成されるデータ集合の中に，輝度がほとんど一定である画像が含まれていることはないだろう．このような場合，$\lambda = 0$ と設定しても小さな分母の問題はほとんど無視できて，非常にまれな場合にゼロで割り算するのを防ぐためには ϵ を 10^{-8} のような極端に小さな値に設定しておけば安全である．これは，Goodfellow *et al.* (2013a) が CIFAR-10 データ集合に対して用いたアプローチである．ランダムにクロッピングされた小さな画像は，輝度がほぼ一定である可能性が高く，積極的な正則化がより有用になる． Coates *et al.* (2011) は，CIFAR-10 のデータからランダムに選択された小区画に対して，$\epsilon = 0$，$\lambda = 10$ という設定を利用した．

スケールパラメータ s はCoates *et al.* (2011) が示したように，通常は 1 に設定できる．もしくは，Goodfellow *et al.* (2013a) のように，事例全体で個々のピクセルの標準偏差が 1 に近くなるように設定することも可能である．

式12.3の標準偏差は，（画像の平均値がすでに差し引かれているという仮定の下で）画像の L^2 ノルムを再スケーリングしただけである．標準偏差にはピクセル数による除算が含まれており，標準偏差に基づく GCN は画像サイズにかかわらず同じ s を使用できる．このため，L^2 ノルムではなく，標準偏差で GCN を定義することが望ましい．しかし，L^2 ノルムが標準偏差に比例するという見方が，直感的に役に立つこともある．事例を球殻に写像するものとして GCN を理解することができる．図12.1を見てほしい．ニューラルネットワークは，正確な位置よりも，空間内の方向に応答することに優れていることが多いため，これは有用な特性となりうる．同じ方向の複数の距離に応答するには，重みベクトルが同一線上にあり，バイアスが異なる隠れユニットが必要である．学習アルゴリズムがそのような調整方法を発見するのは困難である．さらに，多くの浅いグラフィカルモデルでは，同一線上に沿って複数の別々のモードを表現することに問題がある．GCN では，各事例を方向と距離に還元するのではなく，単に方向のみに還元することで，これらの問題を回避している．

球状化（sphering）という前処理もあるが，直感に反して，これは GCN と同じ操作ではない．球状化は，データを球殻に置くことを意味するのではなく，主成分が等しい分散を持つように再スケーリングすることであり，この結果，PCA で使用される多変量正規分布が球形の輪郭を持つようになる．球状化は，**白色化**（whitening）として一般的に知られている．

大域コントラスト正規化では，エッジやコーナーなど，際立たせたい画像の特徴を強調できないことがよくある．大きな暗い領域と大きな明るい領域が 1 つのシーンに含まれる場合（建物の影が半分を占める街の広場の画像など），大域コントラスト正規化は，暗い領域の明るさと明るい領域の明るさとの

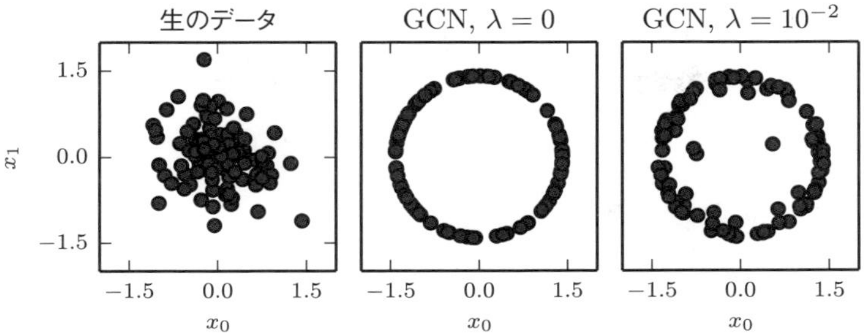

図 **12.1:** 事例を球上に写像する GCN．（**左**）生の入力データは，任意のノルムを持つことができる．（**中央**）$\lambda = 0$ の GCN は，すべての非ゼロの事例を完全に球上に写像する．ここで，$s = 1$ かつ $\epsilon = 10^{-8}$ としている．L^2 ノルムではなく標準偏差を正規化する GCN を使用するため，得られる球は単位球ではない．（**右**）$\lambda > 0$ で正規化された GCN は，球に近づくように事例を描画するが，ノルムのばらつきを完全に捨てるわけではない．s と ϵ は変更していない．

図 **12.2:** 大域コントラスト正規化と局所コントラスト正規化の比較．視覚的には，大域コントラスト正規化の影響はわずかである．すべての画像をほぼ同じスケールに変更することによって，複数のスケールを処理するための学習アルゴリズムの負担が軽減される．局所コントラスト正規化は，画像をより強く修正し，一定輝度のすべての領域を破棄する．これにより，モデルはエッジの部分にのみ集中できる．2 行目の住宅のような精細なテクスチャの領域では，正規化カーネルの帯域幅が大きすぎるために，詳細が失われることがある．

差異が大きくなるようにする．ところが，この場合には，暗い領域内のエッジは強調されない．

この問題は，**局所コントラスト正規化**（local contrast normalization）を利用する動機となる．局所コントラスト正規化は，コントラストが画像全体ではなく，小さなウィンドウごとに正規化されるようにする．大域コントラスト正規化と局所コントラスト正規化の比較を図12.2に示す．

局所コントラスト正規化は，さまざまな定義が可能であるが，いずれの場合も，各ピクセルの値から周辺ピクセルの平均値を引き，周辺ピクセルの標準偏差で割ることで，あるピクセルの値を修正する．修正対象のピクセルを中心とする長方形のウィンドウ内のすべてのピクセルの平均と標準偏差を文字どおりに使っている場合もある (Pinto *et al.*, 2008)．他には，修正対象のピクセルを中心とするガウス重みを用いた加重平均および加重標準偏差を用いる場合もある．カラー画像の場合，異なる色チャネルを別々に処理する戦略もあれば，異なるチャネルの情報を組み合わせて各画素を正規化する戦略もある (Sermanet *et al.*, 2012).

通常，計算効率のよい局所コントラスト正規化は，可分な畳み込み（9.8節参照）を使用してローカル平均およびローカル標準偏差の特徴マップを計算し，異なる特徴マップについて要素ごとの減算と要素ごとの除算を行うことで実現できる．

局所コントラスト正規化は微分可能な演算であり，入力に適用される前処理演算としてだけではなく，ネットワークの隠れ層に適用される非線形性としても利用できる．

大域コントラスト正規化と同様に，通常，ゼロによる除算を避けるために，局所コントラスト正規化を正則化する必要がある．実際，局所コントラスト正規化は，通常，小さなウィンドウで行われるため，正則化することがさらに重要になる．小さなウィンドウに含まれる値は，そのすべてが互いにほぼ同じになる可能性が高く，標準偏差がゼロになりがちだからである．

12.2.1.2　データ集合拡張

7.4節で説明したとおり，クラスを変えない変形によって修正した訓練事例のコピーを追加して訓練集合のサイズを増やすことで，分類器の汎化性能を簡単に向上させることができる．物体認識は，このようなデータ集合拡張に特に適している分類タスクである．それは，非常に多くの変換を施してもクラスは不変であり，さまざまな幾何学的演算を適用することで入力データを簡単に変換できるためである．以前に説明したように，分類器は，入力データのランダムな移動や回転，場合によっては反転によってデータ集合を拡張できる恩恵を受けている．特殊なコンピュータビジョンのアプリケーションでは，一般に，より高度な変換がデータ集合拡張に利用されている．その中には，画像の色のランダムな摂動 (Krizhevsky *et al.*, 2012) や，入力データの非線形幾何学的歪み (LeCun *et al.*, 1998b) が含まれている．

12.3　音声認識

音声認識は，自然言語による発話を含む音響信号を，それに対応する話者が意図したとおりの単語の系列に写像するタスクである．$\boldsymbol{X} = (\boldsymbol{x}^{(1)}, \boldsymbol{x}^{(2)}, \ldots, \boldsymbol{x}^{(T)})$ は，音響入力ベクトルの系列（通常は音声信号を 20ms のフレームに分割して生成）を表す．ほとんどの音声認識システムは，手作業で設計された特殊な特徴量を使用して入力を前処理するが，一部の深層学習システム (Jaitly and Hinton, 2011) では，生の入力から直接特徴量を学習する．$\boldsymbol{y} = (y_1, y_2, \ldots, y_N)$ は，出力するべき系列（通常，単語または文字の系列）を示す．**自動音声認識（automatic speech recognition，ASR）**タスクは，音響系列 $\boldsymbol{X}$ が与えられたときに，最も取りうる可能性の高い言語系列 $\boldsymbol{y}$ を計算する以下の関数 f^*_{ASR} を作成することから構成される．

$$f^*_{\mathrm{ASR}}(\boldsymbol{X}) = \arg\max_{\boldsymbol{y}} P^*(\mathbf{y} \mid \mathbf{X} = \boldsymbol{X}). \tag{12.4}$$

ただし，P^* は入力 $\boldsymbol{X}$ を目標 $\boldsymbol{y}$ に関連付ける真の条件付き分布である．

1980 年代から，2009〜2012 年ごろまでの間，最先端の音声認識システムは，主に，隠れマルコフモデル（HMM）とガウス混合モデル（GMM）を結合したものであった．GMM は，音響特徴と音素との関連をモデリングし (Bahl *et al.*, 1987)，HMM は，音素の系列をモデリングする．GMM-HMM モデル群は，音響波形を以下のプロセスによって生成されるものとして扱う．まず，HMM が音素と離散副音素状態（各音素の開始，中間，終了など）の系列を生成し，次に，GMM が各離散記号を音声波形の短いセグメントに変換する．ASR の領域では，最近まで GMM-HMM システムが支配的だったが，音声認識は実際にニューラルネットワークが適用された最初の領域の 1 つであり，1980 年代末期から 1990 年代初頭にかけて数多くの ASR システムがニューラルネットワークを利用していた (Bourlard and Wellekens, 1989; Waibel *et al.*, 1989; Robinson and Fallside, 1991; Bengio *et al.*, 1991, 1992; Konig *et al.*, 1996)．当時，ニューラルネットワークを利用した ASR の性能は，GMM-HMM システムの性能とほぼ同程度であった．たとえば，Robinson and Fallside (1991) は TIMIT (Garofolo *et al.*, 1993) コーパス（39 音素を区別する）を利用するタスクで 26% の音素誤り率を達成したが，これは HMM に基づくシステムと同程度か，むしろ上回っていた．それ以来，TIMIT は音素認識のベンチマークとして使われ続けており，物体認識における MNIST と同じような役割を果たしている．しかし，音声認識ソフトウェアに関わる複雑なエンジニアリングと，GMM-HMM に基づいてこれらのシステムを構築するために費やされた努力のために，業界はニューラルネットワークに切り替えるに値する説得力のある理由を見出せていなかった．結果として，2000 年代末期まで，音声認識におけるニューラルネットワークの利用方法は，学術的研究においても産業的研究においても，GMM-HMM システムに追加できる特徴量をニューラルネットワークで学習させることに集中していた．

その後，**より大型で深いモデル**とより大きなデータ集合を利用するようになると，GMM の代わりにニューラルネットワークを用いることで，音響特徴を音素（または副音素状態）に関連付けるタスクにおける認識精度が大幅に向上した．2009 年からは，音声研究者が，教師なし学習に基づく深層学習の一種を音声認識に適用し始めた．この深層学習を利用するアプローチは，制限付きボルツマンマシン（RBM）と呼ばれる無向確率モデルを訓練して，入力データをモデリングすることに基づいていた．RBM については，III部で説明する．音声認識のタスクの解決においては，深いフィードフォワードネットワークを構築するために教師なし事前学習が利用された．このネットワークでは，各層が 1 つの RBM として訓練され，初期化されていた．このようなネットワークでは，（中央フレーム周辺の）固定サイズの入力ウィンドウでスペクトル音響表現を抽出し，その中央フレームの HMM 状態の条件付き確率を予測する．このような深いネットワークを訓練することで，TIMIT (Mohamed *et al.*, 2009, 2012a) の認識率が大幅に向上し，音素誤り率は約 26% から 20.7% に低下した．これらのモデルが成功した理由については，Mohamed *et al.* (2012b) の分析を参照されたい．基本的な単音認識パイプラインへの拡張には，誤り率のさらなる低減に貢献する話者適応特徴量 (Mohamed *et al.*, 2011) が追加された．このアプローチは，（TIMIT の焦点である）音素認識から大規模語彙を持つ音声認識へとアーキテクチャを拡張する研究に即座に取り入れられた (Dahl *et al.*, 2012)．これは，単に音素を認識するだけではなく，大規模な語彙を対象として単語の系列を認識するものだった．音声認識のための深層ネットワークは，最終的には，事前学習とボルツマンマシンに基づくものから，ReLU とドロップアウトのような技術に基づくものに移行した (Zeiler *et al.*, 2013; Dahl *et al.*, 2013)．そのときまでに，産業界の主要な音声研究グループのいくつかは，すでに学術界の研究者と協力して深層学習を探究し始めていた． Hinton *et al.* (2012a) は，これらの共同研究によって実現された革新的な技術について説明しており，それらは現在携帯電話などの製品に導入されている．

その後，これらのグループは，さらに大規模なラベル付きデータセットへの探求や，深層ネットワークのアーキテクチャの初期化，訓練，設定にいくつかの手法を組み込むにつれて，教師なし事前学習は不要であるか，有意な向上は見られないということを悟った．これら音声認識の単語誤り率における認識性能の大きな進歩は，（約 30% の改善という）前例のないものだった．それまでは，約 10 年間の長期にわたって，訓練集合のサイズが継続的に大きくなっていたにもかかわらず，従来の GMM-HMM

技術では誤り率があまり改善されてこなかったのである（Deng and Yu (2014) の図 2.4 参照）．これにより，音声認識コミュニティは深層学習に急速に移行していった．およそ 2 年の間に，音声認識に関する大半の工業製品は深層ニューラルネットワークを組み込んだ．この成功は，深層学習のアルゴリズムと ASR のアーキテクチャとに新たな研究の波を起こし，その状況は今日でも続いている．

これらの革新の 1 つに，時間と周波数とにわたって重みを複製する畳み込みネットワーク (Sainath *et al.*, 2013) の利用があり，時間にわたってのみ重みを複製する従来の時間遅れニューラルネットワークよりも改善されている．2 つの次元を持つ新しい畳み込みモデルは，入力スペクトログラムを 1 つの長いベクトルとして扱うのではなく，1 つの軸が時間に対応し，もう 1 つの軸がスペクトル成分の周波数に対応している画像として扱う．

もう 1 つの重要な流れとして現在も進行中の方向性は，HMM を完全に取り除いたエンドツーエンドの深層学習音声認識システムである．この方向の最初の大きな進展は，Graves *et al.* (2013) から始まった．これは，深層 LSTM RNN（10.10.1節参照）を訓練するのに，LeCun *et al.* (1998b) や CTC フレームワーク (Graves *et al.*, 2006; Graves, 2012) において見られたような，MAP 推定によるフレームと音素の位置合わせを利用している． 深層 RNN (Graves *et al.*, 2013) は，タイムステップごとに複数の層からの状態変数を持つ．これらは，展開されるグラフに対して 2 種類の深さ（層の積み重ねによる通常の深さと，時間的展開による深さ）を与える．この研究により，TIMIT の音素誤り率は 17.7% の低さを記録した．別の設定で適用された深層 RNN の他の変種の研究については，Pascanu *et al.* (2014a) とChung *et al.* (2014) を参照されたい．

エンドツーエンドの深層学習 ASR に向けた別の先進的な取り組みは，音響レベルの情報と音素レベルの情報の「アラインメント（位置合わせ）」をシステムに学習させることである (Chorowski *et al.*, 2014; Lu *et al.*, 2015).

12.4　自然言語処理

自然言語処理（natural language processing，NLP）は，コンピュータが英語やフランス語などの人間の言語を使用するための技術である．コンピュータプログラムは，通常，単純なプログラムによって効率的かつ一義的に構文解析できるように，特別に設計された言語を読み込んで動作する．より自然に出現してきた言語は，しばしば曖昧であり，例外的な用法も多い．自然言語処理のアプリケーションには機械翻訳が含まれるが，これには，ある人間の言語で記述された文章を読んで，別の言語で同等の意味を持つ文章を出力する必要がある．多くの NLP アプリケーションは，自然言語の単語，文字，バイトの系列を，確率分布として定義する言語モデルに基づいている．

この章で説明する他のアプリケーションと同様に，ごく一般的なニューラルネットワーク技術を自然言語処理にうまく適用することができる．ただし，優れたパフォーマンスを実現し，大規模なアプリケーションに対応するには，この分野に固有の戦略が重要になる．通常，自然言語の効率的なモデルを構築するには，系列データの処理に特化した手法を使用する必要がある．多くの場合，自然言語を個々の文字やバイトの系列ではなく，単語の系列と見なして処理することが多い．単語の総数は非常に多いので，単語ベースの言語モデルは，非常に高次元でスパースな離散空間を取り扱う必要がある．このような空間のモデルを，計算上および統計上の両面で効率的にするためのいくつかの戦略が開発されている．

12.4.1 n-gram

言語モデル（language model）は，自然言語におけるトークンの系列に対する確率分布を定義する．トークンは，モデルがどのように設計されているかに応じて，1つの単語であったり，1つの文字であったり，さらには1バイトであることもある．トークンは，つねに離散的なエンティティである．

最も初期に成功した言語モデルは，n-gram と呼ばれる固定長のトークンの系列のモデルに基づいていた．1つの n-gram は，n 個のトークンの系列である．

n-gram に基づくモデルでは，n 番目のトークンの条件付き確率を，その前の $n-1$ 個のトークンの下で定義する．このモデルでは，これらの条件付き分布の積を使用して，より長い系列の確率分布を次式のように定義する．

$$P(x_1, \ldots, x_\tau) = P(x_1, \ldots, x_{n-1}) \prod_{t=n}^{\tau} P(x_t \mid x_{t-n+1}, \ldots, x_{t-1}). \tag{12.5}$$

この分解方法が正しいことは，確率の連鎖律によって説明できる．初期系列 $P(x_1, \ldots, x_{n-1})$ に対する確率分布は，より小さい n の値を持つ異なるモデルによってモデリングできる．

それぞれの n-gram が訓練集合に何回ずつ現れるかを数えるだけで最尤推定を計算できることから，n-gram モデルの訓練は直接的で簡単だと言える．n-gram に基づくモデルは，何十年もの間，統計的言語モデリングの中心的な基盤技術であった (Jelinek and Mercer, 1980; Katz, 1987; Chen and Goodman, 1999)．

n が小さな値の場合，モデルは特定の名前で呼ばれる．n=1 の場合は**ユニグラム**（unigram），n=2 の場合は**バイグラム**（bigram），n=3 の場合は**トライグラム**（trigram）である．これらの名前は，対応する数字のラテン語の接頭辞と，書かれたものを意味するギリシャ語の接尾辞「-gram」から派生している．

通常は，n-gram モデルと $n-1$gram モデルの両方を同時に訓練する．これにより，

$$P(x_t \mid x_{t-n+1}, \ldots, x_{t-1}) = \frac{P_n(x_{t-n+1}, \ldots, x_t)}{P_{n-1}(x_{t-n+1}, \ldots, x_{t-1})} \tag{12.6}$$

は，単に2つの格納された確率を調べるだけで，簡単に計算できる．これが P_n での推論を正確に再現するものであるためには，P_{n-1} を訓練するときに，各系列から最後の文字を除外したものを使わなければならない．

例として，トライグラムモデルが文「THE DOG RAN AWAY」の確率をどのように計算するかを示す．文の最初の単語は，条件付き確率に基づく標準的な式で扱うことができない．これは，文の先頭には文脈がないからである．代わりに，文の先頭にある単語に対しては，周辺確率を使用する必要がある．したがって，$P_3(\texttt{THE DOG RAN})$ を評価する．最後に，典型的な条件付き分布である $P(\texttt{AWAY} \mid \texttt{DOG RAN})$ を使用して，最後の単語を予測できる．これを式12.6とまとめると，

$$P(\texttt{THE DOG RAN AWAY}) = P_3(\texttt{THE DOG RAN}) P_3(\texttt{DOG RAN AWAY}) / P_2(\texttt{DOG RAN}) \tag{12.7}$$

を得ることができる．

n-gram モデルにおける最尤法の根本的な限界は，タプル $(x_{t-n+1}, \ldots, x_t)$ がテスト集合に出現する可能性があるにもかかわらず，訓練集合の回数によって推定される P_n がゼロとなる可能性があること

である．これは，2 種類の致命的な問題の要因となる可能性がある．1 つ目の問題は，P_{n-1} がゼロのとき，比を定義できず，モデルは合理的な出力を生成しないことである．2 つ目の問題は，P_{n-1} が 0 ではなくても，P_n が 0 の場合，テスト時の対数尤度は $-\infty$ となることである．このような致命的な問題を避けるために，ほとんどの n-gram モデルは**平滑化**（smoothing）を採用している．平滑化のテクニックは，観察されていないタプルの確率質量を，それと類似する観察されているタプルの確率質量で代用するものである．このアプローチの概要と実験による比較は Chen and Goodman (1999) を参照されたい．1 つの基本的なテクニックは，次のシンボルの値の候補すべてに非ゼロ確率質量を加えることである．この方法の正当性は，カウントパラメータに一様分布またはディリクレ事前分布を仮定するベイズ推定として考えることで説明できる．別のよく知られている方法では，高次と低次の n-gram モデルを持つ混合モデルを作ることによって，高次のモデルはより大きな容量を提供し，低次のモデルはゼロカウント問題を回避しようとする．**バックオフ法**（back-off method）は，文脈 $x_{t-1}, \ldots, x_{t-n+1}$ の出現頻度が低すぎて高次のモデルが使えない場合，低次の n-gram を参照する．より正確には，k を徐々に増やしながら，十分に信頼できる推定が見つかるまで，文脈 $x_{t-n+k}, \ldots, x_{t-1}$ を使って x_t の分布を繰り返し推定する．

古典的な n-gram モデルは，次元の呪いに対して特に脆弱である．$|\mathbb{V}|^n$ 個の取りうる n-gram があり，$|\mathbb{V}|$ はしばしば非常に大きい．膨大な量の訓練集合と控え目な n を用いたとしても，ほとんどの n-gram は訓練集合に出現しない．古典的な n-gram モデルは，最近傍の参照を実行しているとみなすこともできる．言い換えれば，これは k 近傍法と類似した，局所的なノンパラメトリックな予測器として見ることができる．これらの非常に局所的な予測器が直面する統計的問題については，5.11.2節で説明している．言語モデルにおいてこの問題が通常よりもさらに深刻なのは，どの 2 つの異なる単語も，one-hot ベクトル空間内で互いに同じ距離を持っているためである．したがって，どの「隣人」からも多くの情報を引き出すことは難しく，同じ文脈を文字どおりに繰り返す訓練事例だけが，局所的な汎化の役に立つ．これらの問題を克服するために，言語モデルは，ある単語と，その単語と意味的に類似するいくつかの別の単語との間で，知識を共有できる必要がある．

n-gram モデルの統計的効率を改善するために，**クラスベース言語モデル**（class-based language model）(Brown *et al.*, 1992; Ney and Kneser, 1993; Niesler *et al.*, 1998) では，単語カテゴリの概念を導入し，同じカテゴリに属する単語間で統計的な強さを共有する．このアイデアは，クラスタリングのアルゴリズムを使用して，単語の集合を，他の単語との共起頻度に基づいてクラスタやクラスに分割することである．そうすると，このモデルは，条件付きを示す縦棒の右側で文脈を表すのに，個々の単語の ID ではなく単語クラスの ID を使用できる．ミキシングやバックオフによって，単語ベースモデルとクラスベースモデルを組み合わせた複合モデルを作ることもできる．単語クラスは，ある単語を同じクラスの別の単語に置き換えた系列の間でも汎化する方法を提供してくれるが，この表現では多くの情報が失われてしまう．

12.4.2 ニューラル言語モデル

ニューラル言語モデル（neural language model, NLM）は，単語の分散表現を用いることで，自然言語の系列をモデリングする際に問題となる次元の呪いを克服するように設計された言語モデルのクラスである (Bengio *et al.*, 2001)．クラスベースの n-gram モデルとは異なり，ニューラル言語モデルは，各単語を別の単語と区別して符号化する能力を失うことなく，2 つの単語が似ていることを認識できる．ニューラル言語モデルでは，1 つの単語（およびその文脈）と他の類似の単語および文脈との間で，統計的な強度を共有する．このような共有が可能なのは，モデルが同様の特徴を有する単語を同様に扱えるように，分散表現をモデルに学習させるからである．たとえば，単語 dog と単語 cat が，多くの属性を共有している表現に写像されていれば，単語 cat を含む文章は，単語 dog を含む文章に対してこのモデルによって予測されるであろう情報を通知することができるし，その逆も可能である．そのような属性が多く存在するため，多くの方法で汎化が起こり，各訓練文から意味的に関連する指数関数的に多数の文に情報が転送される．次元の呪いは，文の長さに応じて指数関数的に多数の文に汎化することをモデルに求める．このモデルでは，各訓練文を指数関数的に多数の類似文に関連付けることによって，この呪いの問題に対応する．

このような単語の表現を，**単語埋め込み**（word embedding）と呼ぶことがある．この解釈では，生のシンボルを，語彙のサイズに等しい次元を持つ空間内の点としてみなす．単語表現は，これらの点をより低い次元の特徴空間に埋め込む．元の空間では，すべての単語が one-hot ベクトルで表されるため，すべての単語の対は互いにユークリッド距離 $\sqrt{2}$ の位置にある．埋め込み空間では，同様の文脈で頻繁に出現する単語（またはモデルによって学習された何らかの「特徴」を共有する単語の対）は互いに近くなる．これは，多くの場合，似た意味を持つ単語が隣り合うような結果をもたらす．図12.3は，学習された単語埋め込み空間の特定の領域を拡大したもので，意味的に似ている単語が，どれほど互いに近い表現に写像されているかを示している．

他の分野のニューラルネットワークでも，埋め込みは定義されている．たとえば，畳み込みネットワークの隠れ層は，「画像埋め込み」を提供している．NLP の専門家が，通常，この埋め込みというアイデアに，より強い関心を持ってきた理由は，自然言語が，もともと，実数値ベクトル空間には存在しないためである．隠れ層は，データを表現する方法において，より劇的な質的変化をもたらした．

自然言語処理のモデルを改善するために分散表現を使用する基本的な考え方は，ニューラルネットワークの領域に限定されない．複数の潜在変数という形の分散表現を持つグラフィカルモデルでも使用できる (Mnih and Hinton, 2007).

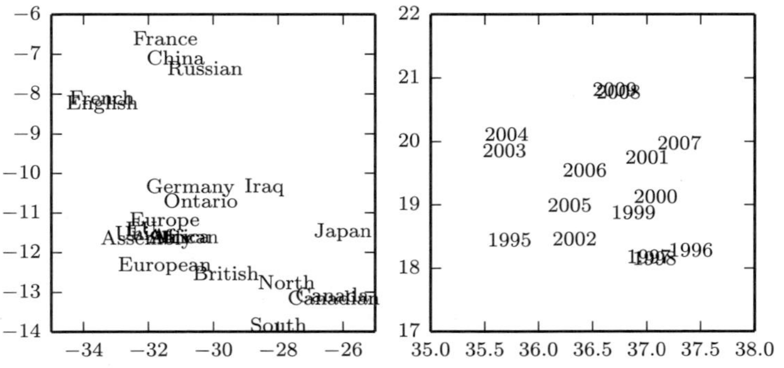

図 **12.3:** ニューラル機械翻訳モデルから得られた単語埋め込みの 2 次元視覚化 (Bahdanau *et al.*, 2015)．特定の領域を拡大しており，意味的に関連する単語が互いに近い埋め込みベクトルを持っている様子が見てとれる．左の図には国名が表示され，右の図には数字が表示されている．これらの埋め込みは 2 次元で表現されているが，これは単に視覚化するための措置である．実際のアプリケーションでは，一般に埋め込みは高い次元を持ち，単語間の多様な種類の類似性を同時に獲得できる．

12.4.3　高次元の出力

多くの自然言語アプリケーションでは，出力の基本単位として，（文字ではなく）単語を生成するモデルを必要とすることが多い．大規模な語彙集合を利用する場合，出力する単語を選択するための分布を表現するのは，語彙集合の大きさゆえに計算上大きなコストがかかることがある．多くのアプリケーションでは，$\mathbb{V}$ には数十万もの語が含まれている．そのような分布を表現するための単純なアプローチは，隠れ表現から出力空間へのアフィン変換を適用し，次いでソフトマックス関数を適用することである．サイズ $|\mathbb{V}|$ の語彙集合 $\mathbb{V}$ があるとする．このアフィン変換の線形成分を記述する重み行列は，その出力次元が $|\mathbb{V}|$ であるため，非常に大きいものとなる．これは，行列を表現するために高いメモリコストを要し，行列積を計算するために高い計算コストを要することを意味する．ソフトマックスはすべての $|\mathbb{V}|$ 個の出力で正規化されるので，訓練時とテスト時の両方で完全な行列積を実行する必要がある．正しい出力に対する重みベクトルとの内積のみを計算してもだめなのである．したがって，出力層の高い計算コストは，訓練時（尤度およびその勾配を計算するため）およびテスト時（すべての単語もしくは選択された単語への確率を計算するため）の両方で生じる．特殊な損失関数の場合，勾配は効率的に計算できる (Vincent *et al.*, 2015) が，従来のソフトマックスの出力層に適用される標準的な交差エントロピー損失は多くの困難をもたらす．

出力確率 $\hat{\boldsymbol{y}}$ を予測するために使用される最上位の隠れ層を，$\boldsymbol{h}$ とする．このとき，学習された重み $\boldsymbol{W}$ と学習されたバイアス $\boldsymbol{b}$ とを用いて，$\boldsymbol{h}$ から $\hat{\boldsymbol{y}}$ への変換をパラメータ化するとすれば，アフィン・ソフトマックス出力層は

$$a_i = b_i + \sum_j W_{ij} h_j \quad \forall i \in \{1, \ldots, |\mathbb{V}|\} \tag{12.8}$$

$$\hat{y}_i = \frac{e^{a_i}}{\sum_{i'=1}^{|\mathbb{V}|} e^{a_{i'}}} \tag{12.9}$$

を計算する．$\boldsymbol{h}$ が n_h 個の要素を含む場合，上記の演算に要する計算量は $O(|\mathbb{V}|n_h)$ である．n_h が数千，$|\mathbb{V}|$ が数十万にも上る場合，この演算はほとんどのニューラル言語モデルの計算のほぼ全体を占めることになる．

12.4.3.1　ショートリストの利用

最初のニューラル言語モデル (Bengio *et al.*, 2001, 2003) では，語彙サイズを 10,000 語や 20,000 語に制限することにより，多数の出力語に対してソフトマックスを使用する際の高い計算コストに対処していた．Schwenk and Gauvain (2002) とSchwenk (2007) は，このアプローチを基にして，語彙集合 $\mathbb{V}$ を次の 2 つに分割した．1 つは，頻出語で構成される**ショートリスト**（**shortlist**）$\mathbb{L}$ で，ニューラルネットワークによって処理される．もう 1 つは，より低い出現頻度の単語で構成されるテールリスト $\mathbb{T} = \mathbb{V} \backslash \mathbb{L}$ で，n-gram モデルによって処理される．2 つの予測を組み合わせるために，ニューラルネットワークは，文脈 C の後ろに出現する単語がテールリストに属している確率も予測しなければならない．これは，追加のシグモイド出力ユニットを付け加えて，$P(i \in \mathbb{T} \mid C)$ を推定することによって実現できる．次に，その追加の出力を使用して，$\mathbb{V}$ のすべての単語に対する確率分布の推定値を次のように得ることができる．

$$P(y = i \mid C) = 1_{i \in \mathbb{L}} P(y = i \mid C, i \in \mathbb{L})(1 - P(i \in \mathbb{T} \mid C))$$

$$+ 1_{i \in \mathbb{T}} P(y = i \mid C, i \in \mathbb{T}) P(i \in \mathbb{T} \mid C). \tag{12.10}$$

ただし，$P(y = i \mid C, i \in \mathbb{L})$ はニューラル言語モデルによって提供され，$P(y = i \mid C, i \in \mathbb{T})$ は n-gram モデルで提供される．若干の変更を加えれば，このアプローチは，シグモイドユニットをわざわざ追加しなくても，ニューラル言語モデルのソフトマックス層に出力値を 1 つ追加することによっても機能する．

ショートリストのアプローチの明白な欠点は，ニューラル言語モデルの潜在的な汎化能力の利点が（最も役に立たないと言ってもよい）頻出単語に限定されることである．この欠点が，以下に説明するような，高次元の出力に対処するための別の方法の探究につながった．

12.4.3.2　階層的ソフトマックス

大きな語彙集合 $\mathbb{V}$ に対応する高次元出力層の計算的負担を軽減する古典的アプローチ (Goodman, 2001) は，確率を階層的に分解することである．$|\mathbb{V}|$ の因数を用いることで，$|\mathbb{V}|$ に比例（なおかつ隠れユニット数 n_h にも比例）して必要となる計算量を，$\log |\mathbb{V}|$ にまで減らすことができる．Bengio (2002) と Morin and Bengio (2005) は，この因数分解アプローチをニューラル言語モデルに対して導入した．

この階層は，単語のカテゴリ，単語のカテゴリのカテゴリ，単語のカテゴリのカテゴリのカテゴリなどのように作られていくと考えることができる．これらの入れ子状のカテゴリは木構造を形成し，単語は葉にあたる．平衡木では，木の深さは $O(\log |\mathbb{V}|)$ となる．ある単語が選択される確率は，木のルートから単語を含む葉までの経路上のすべてのノードにおいて，その単語に通じる枝を選択する確率をすべて掛け合わせることによって与えられる．図12.4に簡単な例を示す．Mnih and Hinton (2009) は，複数の意味を持つ単語をよりよくモデリングするために，同一の単語を指すのに複数の経路を使用する方法についても説明している．単語が選択される確率を計算するには，その単語につながるすべての経路の確率を合計する．

木の各ノードで必要とされる条件付き確率を予測するためには，木の各ノードでロジスティック回帰モデルを使用し，これらのモデルすべてに入力として同じ文脈 C を与える．訓練集合には正しい出力が符号化されているため，教師あり学習によってロジスティック回帰モデルを訓練できる．この訓練には，正しい決定系列の対数尤度を最大にすることに対応する標準的な交差エントロピー損失を使用するのが一般的である．

出力の対数尤度は効率的に計算できる（$|\mathbb{V}|$ ではなく $\log |\mathbb{V}|$）ので，その勾配も効率的に計算できる．これには，出力パラメータに関する勾配だけでなく，隠れ層の活性化に関する勾配も含まれる．

木構造を最適化して，予想される計算回数を最小限に抑えることは可能だが，通常は実用的ではない．情報理論のツールを使えば，単語の相対頻度を考慮して最適なバイナリコードを選択する方法がある．このためには，単語に関連付けられたビット数が，その単語の頻度の対数にほぼ等しくなるように木を構成すればよい．しかしながら，実際には，出力確率の計算はニューラル言語モデルにおける全計算の一部にすぎないので，通常，計算上の節約はその努力に値するものではない．たとえば，幅 n_h の全結合された隠れ層が l 層あるとする．単語を識別するために必要なビット数の加重平均を n_b とする．ただし，重み付けは，単語の出現頻度によって与えられる．この例では，隠れ層の活性化を計算するのに必要な演算の数は $O(ln_h^2)$ まで増加し，一方で，出力の計算は $O(n_h n_b)$ まで増加する．$n_b \leq ln_h$ である限り，n_b を小さくするよりも n_h を小さくする方が計算量を削減できる．実際，n_b はたいてい小さい．語彙のサイズが 100 万語を超えることはほとんどなく，$\log_2(10^6) \approx 20$ であるため，n_b を 20 程度に減らすことは可能である．しかし，n_h はもっと大きいことが多く，だいたい 10^3 かそれ以上にな

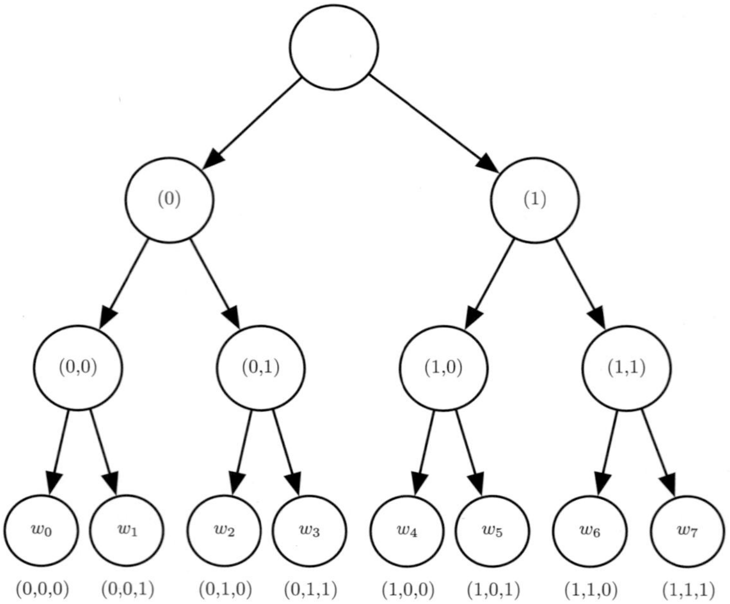

図 12.4: 単語カテゴリの簡単な階層図．8 つの単語 $w_0, \ldots, w_7$ を 3 階層に編成している．木の葉は，実際の特定の単語を表す．内部ノードは，単語のグループを表す．任意のノードは，ルートからそのノードに到達するまでの二分決定（0 = 左，1 = 右）の列によって指し示すことができる．スーパークラス (0) はクラス (0, 0) と (0, 1) を含み，各クラスはそれぞれ単語集合 $\{w_0, w_1\}$ と $\{w_2, w_3\}$ を含む．同様に，スーパークラス (1) はクラス (1, 0) と (1, 1) を含み，各クラスはそれぞれ単語集合 (w_4, w_5) と (w_6, w_7) を含む．木が十分に平衡している場合，最大深度（二分決定の数）は単語数 $|\mathbb{V}|$ の対数のオーダーであり，$|\mathbb{V}|$ 語のうちの 1 つを選択するためには $O(\log|\mathbb{V}|)$ の演算（ルートからの経路上にあるノード 1 つにつき 1 回ずつ）を実行すればよい．この例では，単語 y の確率を計算するには，ルートからノード y への経路上の各ノードについて，左右どちらに移動するかの二分決定に対応する 3 つの確率を乗算する．値 y に向かって木を移動するときの，i 番目の二分決定を $b_i(y)$ とする．出力 y をサンプリングする確率は，条件付き確率の連鎖律を使用して，条件付き確率の積に分解され，各ノードを指し示すインデックスとしてはこのビット列の接頭部分が利用される．たとえば，ノード (1, 0) は接頭辞 $(b_0(w_4) = 1, b_1(w_4) = 0)$ に対応し，w_4 の確率は以下のように分解できる．

$$P(\mathrm{y} = w_4) = P(\mathrm{b}_0 = 1, \mathrm{b}_1 = 0, \mathrm{b}_2 = 0) \tag{12.11}$$

$$= P(\mathrm{b}_0 = 1)P(\mathrm{b}_1 = 0 \mid \mathrm{b}_0 = 1)P(\mathrm{b}_2 = 0 \mid \mathrm{b}_0 = 1, \mathrm{b}_1 = 0). \tag{12.12}$$

る．分岐因子を 2 に設定して木を慎重に最適化するのではなく，深さが 2 で分岐因子が $\sqrt{|\mathbb{V}|}$ の木を定義することもできる．このような木は，単に相互に排他的な単語クラスの集合を定義することに対応する．深さ 2 の木に基づく単純なアプローチは，階層的なアプローチにおける計算上の利点の大部分を得ることができる．

解決されずに残ったいくつかの疑問の 1 つは，これらの単語クラスを最適に定義する方法，すなわち一般的な単語階層を定義する方法である．初期の研究では既存の階層を使用していた (Morin and Bengio, 2005) が，階層もまた，理想的にはニューラル言語モデルと一緒に学習しうる．しかし，階層を学ぶことは困難である．これは，単語階層の選択が離散的であり，勾配に基づく最適化を適用できないために，対数尤度の厳密な最適化が計算困難であるように考えられるからである．しかし，離散最適化を使用することで，単語クラスへの単語の分割を近似的に最適化することができる．

階層的ソフトマックスの重要な利点は，特定の単語の確率をテスト時に計算したい場合，訓練時とテスト時の両方で計算上の利点が得られることである．

当然，$|\mathbb{V}|$ 語の単語すべての確率を計算すると，階層的ソフトマックスを利用しても大量の計算を要する．もう 1 つの重要な操作は，与えられた文脈で最も可能性の高い単語を選択することである．残念なことに，この木構造は，この問題に対する効率的で正確な解決策を提供していない．

欠点を 1 つ挙げると，階層的ソフトマックスは，実際には，次に説明するサンプリングベースの方法よりもテスト結果が悪くなる傾向があることである．これは，単語クラスの選択に問題があるためかもしれない．

12.4.3.3 重点サンプリング

ニューラル言語モデルの訓練を高速化する 1 つの方法は，次の位置に現れることのないすべての単語からの勾配による寄与の計算を明確に避けることである．不適切な単語は，どれも，モデルにおける確率が低いはずである．これらの単語をすべて列挙することは，計算コストを高くするだろう．代わりに，単語の部分集合のみをサンプリングすることが可能である．式12.8で導入された表記法を使用すると，このときの勾配は次のように書くことができる．

$$\frac{\partial \log P(y \mid C)}{\partial \theta} = \frac{\partial \log \mathrm{softmax}_y(\boldsymbol{a})}{\partial \theta} \tag{12.13}$$

$$= \frac{\partial}{\partial \theta} \log \frac{e^{a_y}}{\sum_i e^{a_i}} \tag{12.14}$$

$$= \frac{\partial}{\partial \theta} (a_y - \log \sum_i e^{a_i}) \tag{12.15}$$

$$= \frac{\partial a_y}{\partial \theta} - \sum_i P(y = i \mid C) \frac{\partial a_i}{\partial \theta}. \tag{12.16}$$

ただし，$\boldsymbol{a}$ は，前ソフトマックス活性（またはスコア）のベクトルであり，1 つの単語が 1 つの要素に対応している．最初の項は**正項**（positive phase）であり，a_y を押し上げる役割を果たす．2 番目の項は**負項**（negative phase）であり，すべての i に対して重み $P(i \mid C)$ によって a_i を押し下げる役割を果たす．負項は期待値であるため，モンテカルロサンプルで推定できる．しかし，それはモデル自身からサンプリングする必要がある．モデルからサンプリングするには，語彙内のすべての i に対して $P(i \mid C)$ を計算する必要があるが，これはまさに避けたい事態である．

モデルからサンプリングする代わりに，提案分布（q と表記する）と呼ばれる別の分布からサンプリングし，適切な重みを使用して，不適切な分布からのサンプリングによって生じるバイアスを補正することができる (Bengio and Sénécal, 2003; Bengio and Sénécal, 2008)．これは，17.2節で詳しく説明する**重点サンプリング**（importance sampling）と呼ばれる，より一般的な手法の適用である．残念ながら，厳密な重点サンプリングでさえも効率的ではない．それは，重み p_i/q_i の計算が必要なためで，$p_i = P(i \mid C)$ を計算するためには，すべてのスコア a_i を計算しなければならないからである．この応用法として採用された解決手法は**バイアス重点サンプリング**（biased importance sampling）と呼ばれ，重要度の重みの合計が 1 になるように正規化される．負の単語 n_i がサンプリングされると，関連する

勾配は

$$w_i = \frac{p_{n_i}/q_{n_i}}{\sum_{j=1}^{N} p_{n_j}/q_{n_j}} \tag{12.17}$$

で重み付けされる．これらの重みは，以下の勾配に対する負項の寄与を推定するために使われる q から，m 個の負例サンプルに適切な重要度を与えるために使用される．

$$\sum_{i=1}^{|\mathbb{V}|} P(i \mid C) \frac{\partial a_i}{\partial \theta} \approx \frac{1}{m} \sum_{i=1}^{m} w_i \frac{\partial a_{n_i}}{\partial \theta}. \tag{12.18}$$

ユニグラムやバイグラムの分布は，提案分布 q としてうまく機能する．そのような分布のパラメータをデータから推定することは容易である．パラメータを推定した後，そのような分布から非常に効率的にサンプリングすることも可能である．

重点サンプリングは，大きなソフトマックス出力を持つモデルの高速化に役立つだけではない．より一般的には，1-of-n の選択ではないスパースなベクトルを出力する大規模なスパース出力層での訓練を高速化するのに有効である．1 つの例は bag-of-words（BoW）である．BoW はスパースなベクトル $\boldsymbol{v}$ であり，v_i は文書中の語彙に含まれる単語 i の有無を示す．もしくは，v_i は単語 i が出現する回数を示すこともできる．そのようなスパースなベクトルを出力する機械学習モデルは，さまざまな理由により，訓練するのに多くのコストを要する可能性がある．学習の早い段階では，モデルは，実際には，出力を真にスパースにすることを選択できない．さらに，訓練に使用する損失関数は，出力のすべての要素を目標のすべての要素と比較するという観点で，最も自然に記述できるかもしれない．これは，スパースな出力を利用することに計算上の利点があることが，必ずしも明確ではないことを意味する．なぜなら，モデルは大半の出力を非ゼロにすることを選択するかもしれない上に，すべての非ゼロ要素は対応する訓練目標と（たとえ訓練目標がゼロであっても）比較されなければならないためである．Dauphin *et al.* (2011) は，重点サンプリングを用いてそのようなモデルを高速化できることを示した．効率的なアルゴリズムは，いくつかの「ポジティブ語」（目標内で非ゼロであるもの）および同じ数の「ネガティブ語」に対する再構築損失を最小化する．ネガティブ語は，間違われやすい単語をサンプリングするヒューリスティックを用いてランダムに選択される．このヒューリスティックな過度のサンプリングによって生じるバイアスは，後で重要度の重みを使用して修正できる．

これらのすべての場合において，出力層の勾配推定にかかる計算複雑性は，出力ベクトルの大きさに比例するのではなく，負例サンプルの数に比例する程度に減少する．

12.4.3.4　雑音対照推定とランキング損失

大きな語彙を扱うニューラル言語モデルの訓練にかかる計算量を抑えるために，サンプリングに基づく他の手法も提案されている．初期の例は，Collobert and Weston (2008a) によって提案されたランキング損失である．これは，各単語に対するニューラル言語モデルの出力をスコアとして扱い，正しい単語 a_y のスコアが，他のスコア a_i と比較して高くランキングされるようにする．提案されるランキング損失は，次式で与えられる．

$$L = \sum_i \max(0, 1 - a_y + a_i). \tag{12.19}$$

観察された単語 a_y のスコアがネガティブ語 a_i のスコアより，その差で 1 だけ大きい場合，i 番目の項の勾配はゼロになる．この基準の 1 つの問題は条件付き確率の推定値を出せないことで，この値は音声認識やテキスト生成（翻訳などの条件付きテキスト生成タスクを含む）などのアプリケーションに有用である．

より最近導入されたニューラル言語モデルの訓練目的は，雑音対照推定であり，これは18.6節で説明している．このアプローチはニューラル言語モデルにうまく適用されている (Mnih and Teh, 2012; Mnih and Kavukcuoglu, 2013).

12.4.4　ニューラル言語モデルと n-gram の統合

ニューラルネットワーク上で n-gram モデルを利用する主な利点は，n-gram モデルは（非常に多くのタプルの頻度を格納することによって）1 つの事例を処理するのにごく少量の計算しか要しない（現在の文脈と一致する少量のタプルしか参照しない）一方で大きなモデルの容量を達成することである．カウント数にアクセスするためにハッシュテーブルや木を使用すると，n-grams モデルに要する計算はデータ量にほとんど依存しなくなる．これに比べ，ニューラルネットワークのパラメータ数を 2 倍にすることは，一般的には，計算時間をおよそ 2 倍にする．例外として，各計算パスですべてのパラメータを使用しないモデルもある．埋め込み層は，各計算パスに 1 つの埋め込みだけを指し示すので，事例ごとの計算時間を増やすことなく語彙サイズを増やすことができる．タイル型畳み込みネットワークのような，いくつかの他のモデルは，パラメータ共有の程度を低減することで，同じ計算量を維持しながらパラメータを追加できる．しかしながら，行列積に基づく典型的なニューラルネットワークの層は，パラメータの数に比例した計算量を要する．

したがって，容量を追加する簡単な方法の 1 つは，ニューラル言語モデルと n-gram 言語モデルからなるアンサンブルで，両方のアプローチを組み合わせることである (Bengio *et al.*, 2001, 2003)．他のアンサンブル手法と同様，このテクニックはアンサンブルの構成要素が個別にミスをしたとしても，テスト誤差を減らすことができる．アンサンブル学習の分野では，一様重み付けや，検証集合で選択された重みなど，アンサンブルの構成要素による予測を組み合わせるさまざまな方法が用意されている．Mikolov *et al.* (2011a) は，2 つのモデルだけではなく，多くのモデルを含むようにアンサンブルを拡張した．また，ニューラルネットワークと最大エントロピーモデルをペアにして，一緒に訓練することも可能である (Mikolov *et al.*, 2011b)．このアプローチは，モデルの他の部分には接続されず出力に直接接続された追加の入力集合を使用して，ニューラルネットワークを訓練するとみなすことができる．この追加の入力は，入力文脈内における特定の n-gram の存在を示す尺度であるため，これらの変数は非常に高次元で非常にスパースである．アーキテクチャの新しい部分には最大 $|sV|^n$ 個のパラメータが含まれるため，モデル容量は大幅に増加する．しかし，追加された入力は非常にスパースであるため，入力を処理するために必要な追加の計算量はごくわずかである．

12.4.5　ニューラル機械翻訳

機械翻訳は，ある自然言語の文を読んで，それと同等の意味を持つ文を別の言語で出力するタスクである．機械翻訳システムは，多くの場合，多数の構成要素を必要とする．上位のレベルには，多くの場合，多数の翻訳候補を提案する構成要素がある．これらの翻訳の多くは，言語間の違いから，文法上正しい形にはならない．たとえば，多くの言語では名詞の後ろに形容詞がつくため，直接英語に翻訳すると，「apple red」のようなフレーズになってしまう．提案メカニズムは多くの異なる翻訳案を提案するが，その中に「red apple」を含んでいれば理想的である．翻訳システムにおける 2 つ目の構成要素は言語モデルであり，これにより提案された翻訳が評価され，「red apple」に「apple red」よりも高いスコアが与えられる．

機械翻訳にニューラルネットワークを利用する初期の研究は，ニューラル言語モデルを使用して翻訳システムにおける言語モデルを強化することだった (Schwenk *et al.*, 2006; Schwenk, 2010)．以前は，ほとんどの機械翻訳システムでは，この構成要素に n-gram モデルを使用していた．機械翻訳に使用されていた n-gram ベースのモデルには，従来のバックオフ n-gram モデル (Jelinek and Mercer, 1980; Katz, 1987; Chen and Goodman, 1999) だけではなく，**最大エントロピー言語モデル（maximum entropy language model）** (Berger *et al.*, 1996) も含まれている．このモデルでは，アフィン・ソフトマックス層は，文脈内で頻出する n-gram の存在を手掛かりに，次の単語を予測する．

伝統的な言語モデルは，自然言語で記述された文の確率を単に示すだけである．機械翻訳は，与えられた入力文から出力文を生成する動作を伴うので，自然言語モデルを条件付きのモデルに拡張することには妥当性があるだろう．6.2.1.1節で説明したように，ある変数に対する周辺分布を定義するモデルを拡張して，文脈 C の下でのその変数の条件付き分布を定義するのは簡単である．ただし，C は単一の変数または変数のリストである．Devlin *et al.* (2014) は，MLP を使用することで，ソース言語のフレーズ $\mathrm{s}_1, \mathrm{s}_2, \ldots, \mathrm{s}_n$ の下での，ターゲット言語のフレーズ $\mathrm{t}_1, \mathrm{t}_2, \ldots, \mathrm{t}_k$ のスコアを算出する統計的な機械翻訳のベンチマークで，最先端技術を打ち破った．MLP は $P(\mathrm{t}_1, \mathrm{t}_2, \ldots, \mathrm{t}_k \mid \mathrm{s}_1, \mathrm{s}_2, \ldots, \mathrm{s}_n)$ を推定する．この MLP が出力する推定値が，条件付き n-gram モデルによって算出される推定値に取って代わったのである．

MLP を利用するアプローチの欠点は，系列を固定長にするための前処理が必要なことである．翻訳をより柔軟にするためには，可変長入力および可変長出力に対応できるモデルが望ましい．RNN はこの能力を持っている．10.2.4節では，ある入力の下での系列の条件付き分布を表す RNN を構築するいくつかの方法を説明している．また，10.4節では，入力が系列のときに，この条件付けを行う方法を説明している．すべての場合において，最初に，1 つのモデルが入力系列を読み取り，入力系列を要約するデータ構造を出力する．この要約を「文脈」C と呼ぶ．文脈 C は，ベクトルのリストであっても

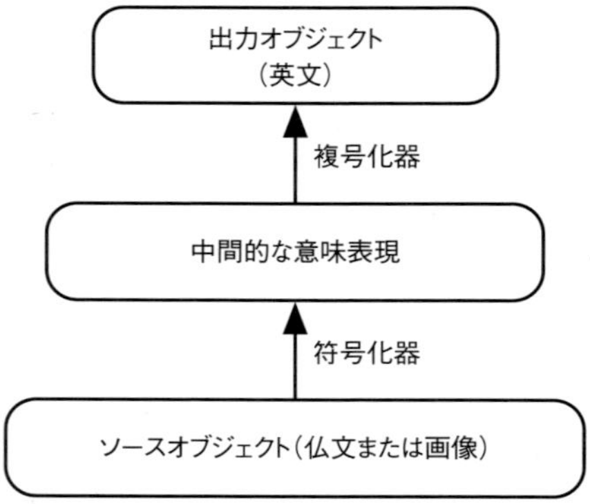

図 **12.5:** 表層表現（単語の系列や画像など）と意味表現との間を，行きつ戻りつして写像する符号化器・復号化器のアーキテクチャ．あるモダリティからのデータの符号化器出力（たとえば，フランス語の文章から，その文章の意味を捉えた隠れ表現への符号化器の写像など）を，別のモダリティへの復号化器入力（たとえば，文章の意味を捉えた隠れ表現から，英語への復号化器の写像など）として使用することによって，あるモダリティから別のモダリティに翻訳するシステムを訓練できる．このアイデアは，機械翻訳だけではなく，画像からのキャプション生成にもうまく適用されている．

よいし，ベクトルやテンソルであってもよい．入力を読み取って C を生成するモデルは，RNN(Cho *et al.*, 2014a; Sutskever *et al.*, 2014; Jean *et al.*, 2014) や畳み込みネットワーク (Kalchbrenner and Blunsom, 2013) である．次に，2 番目のモデル（通常は RNN）が文脈 C を読み込み，ターゲット言語で文を生成する．この機械翻訳のための符号化器・復号化器の枠組みに関する一般化された概念を図12.5に示す．

ソース文に条件付けられた文全体を生成するためには，モデルはソース文全体を表現する方法を持たなければならない．初期のモデルは，個々の単語やフレーズしか表現できなかった．表現学習の観点からは，ソース言語とターゲット言語のどちらで書かれているかにかかわらず，同じ意味を持つ文章が類似する表現を持つように表現を学ぶことが有益である．この戦略は，最初は，畳み込みと RNN との組み合わせを使用して探究された (Kalchbrenner and Blunsom, 2013)．その後の研究では，RNN を使用して，翻訳案を採点 (Cho *et al.*, 2014a) したり，翻訳された文章を生成 (Sutskever *et al.*, 2014) したりする手法が提案された．Jean *et al.* (2014) は，これらのモデルをより大規模な語彙に対応させた．

12.4.5.1 アテンションメカニズムの利用とデータ片のアラインメント

固定サイズの表現を使用して，非常に長い（たとえば 60 語の）文章のすべての意味を詳細に捉えることは非常に困難である．十分に大きな RNN を，適切に時間をかけて訓練すれば達成できることは，Cho *et al.* (2014a) やSutskever *et al.* (2014) で示されている．しかし，より効率的なアプローチは，文全体や段落全体を読み込んで（文脈や表現の要旨を得て），翻訳された単語を一度に 1 つずつ出力することである．その都度，入力文の異なる部分に焦点を当てて，次の出力語を生成するために必要な意味の詳細を収集する．これは，まさしく Bahdanau *et al.* (2015) が初めて紹介したアイデアである．

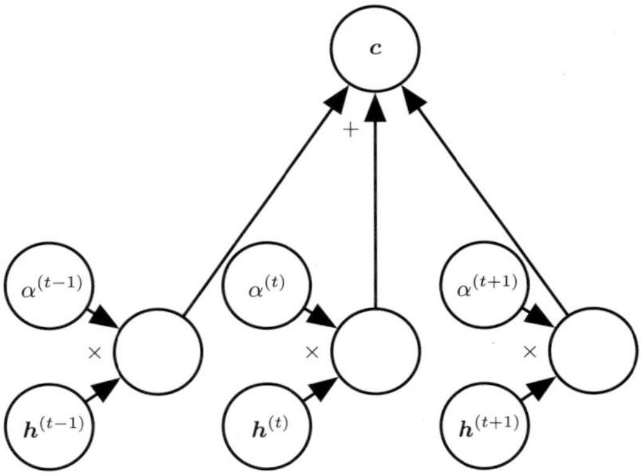

図 **12.6:** 最新のアテンションメカニズム．Bahdanau *et al.* (2015) によって提案され，本質的には加重平均である．文脈ベクトル $\boldsymbol{c}$ は，重み $\alpha^{(t)}$ を用いて特徴ベクトル $\boldsymbol{h}^{(t)}$ の加重平均を取ることによって形成される．いくつかのアプリケーションでは，特徴ベクトル $\boldsymbol{h}$ はニューラルネットワークの隠れユニットだが，モデルへの生の入力であってもよい．重み $\alpha^{(t)}$ は，モデル自身によって生成される．それらは通常 $[0,1]$ の間の値であり，1 つの $\boldsymbol{h}^{(t)}$ だけに集中させることで，加重平均はその特定の時間ステップの読みに正確に近づいていく．重み $\alpha^{(t)}$ は，通常，モデルの別の部分によって出力される関連するスコアにソフトマックス関数を適用することで生成される．アテンションメカニズムは，所望の $\boldsymbol{h}^{(t)}$ を直接索引付けするよりも多くの計算を要するが，直接索引付けは勾配降下法で訓練できない．加重平均に基づくアテンションメカニズムは，既存の最適化アルゴリズムで訓練できる滑らかで微分可能な近似である．

時間ステップごとに入力系列の特定の部分に焦点を当てるために使われているアテンションメカニズムを図12.6に示す．

アテンションベースのシステムは，次の 3 つの構成要素で構成されていると考えることができる．

1. 生のデータ（ソース文中のソース単語など）を**読み込み**，1 つの単語位置に 1 つの特徴ベクトルが対応する分散表現に変換する処理．
2. 上記の出力を格納する特徴ベクトルのリスト．事実の系列を格納する**メモリ**として考えることができる．後から検索できるが，それは同じ順序である必要はなく，また，すべての要素を調べる必要もない．
3. メモリの内容を**活用**して，タスクを順番に実行する処理．タイムステップごとに，1 つのメモリ要素（もしくは異なる重みを持つ数個のメモリ要素）の内容にアテンションを置くことができる．

第 3 の構成要素は，翻訳された文を生成する．

ある言語で書かれた文の中の単語が，別の言語に翻訳された文の中の対応する単語とアラインメントされている場合，対応する単語埋め込みを関連付けることが可能になる．これまでの研究では，ある言語における単語埋め込みと別の言語における単語埋め込みとを関連付ける一種の翻訳マトリックスを学習できることが示されており (Kočiský *et al.*, 2014)，フレーズテーブル内の頻度計算に基づく従来のアプローチよりも低いアラインメント誤差率をもたらす．これよりもさらにさかのぼって，クロスリンガル単語ベクトルの学習についての研究もある (Klementiev *et al.*, 2012)．このアプローチに対しては，多くの拡張が可能である．たとえば，より効率的なクロスリンガルアラインメント (Gouws *et al.*, 2014) は，より大きなデータ集合の訓練を可能にした．

12.4.6　歴史的視点

シンボルのための分散表現のアイデアは，誤差逆伝播法の最初の探究のうちの 1 つの中で，Rumelhart *et al.* (1986a) によって提案された．これは，シンボルを家族の構成員に対応させ，（Colin，Mother，Victoria）のような 3 つ組を形成する訓練事例を用いて，家族の構成員間の関係を，ニューラルネットワークに捉えさせるというものだった．ニューラルネットワークの第一層は，家族の構成員ごとの表現を学習した．たとえば，Colin の特徴量は，Colin がどの家系に所属するか，家系のどの枝に属するか，どの世代から出ているか，などといったことを表現する．ニューラルネットワークは，所望の予測を得るために，これらの属性をともに関連付けるルールを学習する計算であると考えることができる．モデルは，その後，誰が Colin の母親であるかを推論するなどの予測をすることができる．

シンボルの埋め込みを作るという考え方は，Deerwester *et al.* (1990) によって単語埋め込みの考え方に拡張された．これらの埋め込みは，SVD を使用して学習された．その後，埋め込みは，ニューラルネットワークによって学習するのが一般的になった．

自然言語処理の歴史は，入力をモデルに表現する方法の違いに関する人気の変遷をたどることで追うことができる．これらのシンボルや単語に関する初期の研究に続いて行われた，NLP におけるニューラルネットワークの最初期のアプリケーションのいくつか (Miikkulainen and Dyer, 1991; Schmidhuber, 1996) は，入力を文字の系列として表現していた．

Bengio *et al.* (2001) は，単語のモデリングに焦点を戻し，解釈可能な単語埋め込みを生成するニューラル言語モデルを提案した．これらのニューラルモデルは，1980 年代における小さなシンボル集合から，最新のアプリケーションにおける（固有名詞やスペルミスを含む）数百万もの単語へと定義する表現を拡張した．この計算的スケーリングの努力は，12.4.3節で述べた技術の発明につながった．

最初は，言語モデルの基本単位として単語を使用することで，言語モデリングの性能が向上した (Bengio *et al.*, 2001)．今日に至るまで，新しい技術は，文字ベースのモデル (Sutskever *et al.*, 2011) と単語ベースのモデルの両方を，継続的に推し進めている．最近の研究 (Gillick *et al.*, 2015) では，Unicode 文字の個々のバイトさえモデリングする．

ニューラル言語モデルの背後にあるアイデアは，構文解析 (Henderson, 2003, 2004; Collobert, 2011)，品詞タグ付け，意味役割付与，チャンク化などのいくつかの自然言語処理アプリケーションに拡張され，単語埋め込みがタスク間で共有される単一のマルチタスク学習のアーキテクチャ (Collobert and Weston, 2008a; Collobert *et al.*, 2011a) が利用されることもあった．

t-SNE 次元削減アルゴリズム (van der Maaten and Hinton, 2008) の開発や，それを利用して 2009 年に Joseph Turian が開発して注目を浴びた単語埋め込みの可視化アプリケーションに端を発する形で，埋め込みの 2 次元視覚化は言語モデルを分析するための一般的なツールとなった．

12.5 その他のアプリケーション

本節では，これまで述べてきた物体認識，音声認識，自然言語処理などの標準的なタスクとは異なるタイプの深層学習のアプリケーションについて説明する．本書のIII部では，さらにその範囲を広げて，主に研究分野で残っている課題について述べる．

12.5.1 推薦システム

情報技術分野における機械学習の主なアプリケーションの 1 つは，潜在的なユーザーや顧客にアイテムを推薦することである．推薦には，2 つの主要な種類のアプリケーションが存在する．オンライン広告とアイテムの推薦である（多くの場合，推薦が商品の販売を目的とすることに変わりはない）．どちらの場合も，ユーザーとアイテムとの関連性を予測することに依存している．つまり，ユーザーに，その商品に関する広告を見せたり推薦したりすることで，何らかの行動（商品を購入するなどの行動）につながる確率か，あるいは期待される利益（商品の価格にもよるが）のどちらかを予測することである．インターネットは，現在，さまざまな形態のオンライン広告によって，大部分の資金が調達されている．経済の中には，オンラインショッピングに依存している分野も多くある．Amazon や eBay などの企業は，自社の商品を推薦するために，深層学習を含む機械学習を利用している．ときには，アイテムが実際に販売される商品でない場合もある．例としては，ソーシャルネットワークのニュースフィードに表示する投稿を選択すること，見るべき動画の推薦，ジョークの推薦，専門家からのアドバイスの推薦，ビデオゲームの対戦相手のマッチング，恋人紹介サービスにおけるマッチングが挙げられる．

多くの場合，この関連付けの問題は，教師あり学習の問題のように扱われる．アイテムとユーザーに関する情報が与えられて，関心を示す何らかの反応（ユーザーが広告をクリックしたり，評価を入力したり，「いいね」ボタンをクリックしたり，商品を購入したり，商品にいくらかの金額を費やしたり，商品のページを訪問して時間を費やしたりするなどの行動）を予測する．これは，最終的には回帰問題（ある条件付き期待値を予測）または確率的分類問題（ある離散事象の条件付き確率を予測）のいずれかに落とし込まれることが多い．

推薦システムに関する初期の研究は，これらの予測のための入力として，ユーザー ID とアイテム ID という最小限の情報のみを利用していた．この状況では，汎化させる唯一の方法は，異なるユーザー間または異なるアイテム間の目標変数の値のパターンの類似性を利用することである．ユーザー 1 とユーザー 2 の両方が，アイテム A，B，C を好きだとする．このことから，ユーザー 1 とユーザー 2 は似たような嗜好があると推測できる．ユーザー 1 がアイテム D を好む場合，これはユーザー 2 も D を好むだろうと予測する強力な手掛かりになる．この原理に基づくアルゴリズムは，**協調フィルタリング** (collaborative filtering) と呼ばれる．ノンパラメトリックなアプローチ（たとえば，嗜好パターン間の推定類似度に基づく最近傍法）とパラメトリックな手法の両方が可能である．パラメトリックな手法は，各ユーザーと各アイテムの分散表現（埋め込みとも呼ばれる）を学習することに依存している場合が多い．目標変数（レーティングなど）の双線形予測は，単純ながら非常に成功したパラメトリックな手法であり，しばしば最先端のシステムの構成要素としても利用されている．この場合の予測は，ユーザー埋め込みとアイテム埋め込みとの間の内積によって得られる（場合によっては，ユーザー ID またはアイテム ID のいずれかのみに依存する定数によって補正される）．$\hat{\boldsymbol{R}}$ は予測値を含む行列，$\boldsymbol{A}$ は各行にユーザー埋め込みを持つ行列，$\boldsymbol{B}$ は各列にアイテム埋め込みを持つ行列であるとする．$\boldsymbol{b}$ と $\boldsymbol{c}$ を，それぞれ，各ユーザー（が通常どれほど気難しいのか肯定的なのか）と各アイテム（が一般に人気があるのか）に対する一種のバイアスを含むベクトルとする．このとき，双線形予測は次のようにして得られる．

$$\hat{R}_{u,i} = b_u + c_i + \sum_j A_{u,j} B_{j,i}. \tag{12.20}$$

一般的には，予測されるレーティング $\hat{R}_{u,i}$ と実際のレーティング $R_{u,i}$ との間の二乗誤差を最小化したいだろう．ユーザー埋め込みとアイテム埋め込みは，最初に低次元（2 次元や 3 次元）に縮小すれば，視覚化するのに都合がよい．あるいは，ちょうど単語埋め込みのように，ユーザーやアイテムを互いに比較するためにも使用できる．これらの埋め込みを取得する 1 つの方法は，実際の目標（レーティングなど）の行列 $\boldsymbol{R}$ の特異値分解を実行することである．これは，$\boldsymbol{R} = \boldsymbol{UDV}'$（または正規化された行列）を 2 つの因子の積に因数分解して，階数の低い行列 $\boldsymbol{A} = \boldsymbol{UD}$ と $\boldsymbol{B} = \boldsymbol{V}'$ を求めることに対応する．SVD の 1 つの問題は，欠損エントリを，あたかも目標値が 0 であるかのように，勝手に処理することである．そうではなくて，欠損エントリについては，予測するコストをかけたくないと考えるだろう．幸いにも，観測されたレーティングの二乗和誤差も，勾配ベースの最適化によって容易に最小化できる．SVD と式12.20の双線形予測は，ともに Netflix prize のコンテスト (Bennett and Lanning, 2007) で非常によい成果を出した．これは，多数の匿名ユーザーによる事前のレーティングのみに基づいて，映画のレーティングを予測するものである．2006 年から 2009 年の間に行われたコンテストには，多くの機械学習の専門家が参加した．この取り組みは，高度な機械学習を使用する推薦システムの研究レベルを高め，推薦システムの改善をもたらした．シンプルな双線形予測や SVD は，単体では勝利しなかったものの，優勝者 (Töscher *et al.*, 2009; Koren, 2009) を含むほとんどの競技者が提案したアンサンブルモデルの構成要素になっていた．

分散表現を用いたこれらの双線形モデル以外で，協調フィルタリングのためにニューラルネットワークが利用された最初のケースは，RBM の無向確率モデルに基づいていた (Salakhutdinov *et al.*, 2007)．RBM は，Netflix のコンテストで優勝したアンサンブル手法の重要な構成要素の 1 つであった (Töscher *et al.*, 2009; Koren, 2009)．レーティングの行列を因数分解するアイデアの，より進んだ派生形もニューラルネットワークのコミュニティで探究されている (Salakhutdinov and Mnih, 2008)．

しかし，協調フィルタリングシステムには根本的な限界がある．それは，新しいアイテムや新しいユーザーが追加された場合，レーティングの履歴がないため，他のアイテムやユーザーとの類似性，すなわち，たとえば新しいユーザーと既存のアイテムとの関連度を評価する方法がないことである．これは，コールドスタート推薦の問題と呼ばれる．コールドスタート推薦の問題を解決する一般的な方法は，個々のユーザーとアイテムに関する追加情報を導入することである．たとえば，この追加情報は，ユーザーのプロファイルや各アイテムの特徴に関する情報である．このような情報を使用するシステムは，**コンテンツベース推薦システム**（content-based recommender system）と呼ばれる．ユーザーやアイテムの持つ豊富な特徴から埋め込みへの写像は，深層学習のアーキテクチャによって学習できる (Huang *et al.*, 2013; Elkahky *et al.*, 2015).

畳み込みネットワークなどの特化した深層学習のアーキテクチャは，音楽の推薦において，ミュージカルオーディオトラックなどのリッチなコンテンツからの特徴抽出を学習するためにも利用されている (van den Oörd *et al.*, 2013)．この研究では，畳み込みネットワークが音響特徴を入力として取り込み，関連する曲に関する埋め込みを計算する．その後，この曲の埋め込みとユーザーの埋め込みの内積を使用して，ユーザーがその曲を聴くかどうかを予測する．

12.5.1.1　探索と活用

ユーザーに推薦する場合，通常の教師あり学習の領域を超えて，強化学習の領域に入る問題が発生する．推薦に関する問題の多くは，**文脈付きバンディット**（contextual bandit）として，理論的に最も正確に説明されている (Langford and Zhang, 2008; Lu *et al.*, 2010)．問題は，推薦システムを使用してデータを収集すると，バイアスのかかった不完全な視点からのユーザー嗜好が得られることである．推薦されたアイテムに対してのみユーザーの応答が得られ，他のアイテムに対する応答は得られない．これに加えて，何も推薦されていないユーザーについては何も情報を得ることができないケースもありうる．たとえば，広告オークションの場合，広告に提案された価格が最低価格の閾値を下回っていたり，オークションに勝てなかったりした場合，広告は表示されないことになるだろう．さらに重要なことに，他のアイテムを推薦していれば，どのような結果がもたらされたかについての情報も得られない．各訓練事例 $\boldsymbol{x}$ に対して 1 つのクラス $\hat{y}$ を選択して（典型的には，モデルに応じて最も高い確率を持つクラス），フィードバックとしてはクラスが正解だったかどうかだけを受け取るようにして分類器を学習するようなものである．真のラベル y に直接アクセス可能な教師あり学習の場合よりも，各事例から得られる情報量は明らかに少なくなるので，より多くの事例が必要となる．さらに悪いことに，慎重さに欠けている場合，データがさらに集まったとしても，間違った決定を下し続けるシステムに陥るかもしれない．これは，学習器が正しい決定をするまで正しい決定について学習しないため，正しい決定をする確率が当初は非常に低いからである．これは，選択された行動に対する報酬のみが観察される強化学習の状況に類似している．一般に，強化学習には，多くの行動と多くの報酬の系列が必要である．バンディットの状況は強化学習の特別な場合であり，学習器は 1 つの行動だけを取り，1 つの報酬を受け取る．バンディット問題は，どの報酬がどの行動に関連しているかを学習器が知っているという意味で，より簡単である．一般的な強化学習の状況では，高い報酬や低い報酬が，最近の行動や遠い過去の行動によって引き起こされた可能性がある．**文脈付きバンディット**（contextual bandit）という用語は，ある入力変数が決定を通知できるという文脈の中で，行動が実行される場合を指す．たとえば，少なくともユーザーの身元を知っていて，1 つのアイテムを選択したいとする．文脈から行動への写像は，**方策**（policy）とも呼ばれる．学習器とデータ分布（これは学習器の行動に依存する）との間のフィードバックのループは，強化学習とバンディット研究の中心的な研究課題である．

強化学習では，**探索**（exploration）と**活用**（exploitation）との間のトレードオフにおいて選択を迫られる．活用とは，学習された方策の中で，現時点で最良な方策に由来する行動，高い報酬を実現するだろうと知っている行動を取ることを指す．探索とは，より多くの訓練データを得るために特別な行動を取ることを指す．文脈 $\boldsymbol{x}$ の下で行動 a が報酬 1 を与えることがわかっているとして，それが最良の報酬であるかどうかはわからない．現在の方策を活用し，行動 a を取り続けることで，比較的確実に報酬 1 を得ようと望むかもしれない．しかし，行動 a' を試してみるような探索を望むかもしれない．行動 a' を試みたら，何が起こるかわからない．報酬 2 を得ることを期待するが，報酬 0 を得るリスクもある．いずれにせよ，結果として，少なくとも何らかの知識を得る．

探索は，可能な行動の空間全体を網羅しようとするランダムな行動をときおり取るものから，予想される報酬と報酬に関するモデルの不確実性とに基づいて行動の選択を計算するモデルベースのアプローチまで，さまざまな方法で実装できる．

探索や活用をどの程度まで選択するかは，多くの要因によって決定される．最も主要な要因の 1 つとして関心があるのは，タイムスケールである．エージェントが報酬を得るのに時間的余裕がない場合は，活用を優先する．エージェントが報酬を得るのに長い時間をかけてもよい場合，より多くの知識でより効果的に将来の行動を計画できるように，より多くの探索から開始する．時間が経過して学習した方策が改善されるにつれ，多くの活用の方向に進む．

教師あり学習では，入力ごとにどの出力が正しいかを教師信号がつねに指定するため，探索と活用の間にトレードオフがない．ラベルが最高の出力であることがつねにわかっているので，現在のモデルの出力よりも優れているかどうか，異なる出力を試して判断する必要はない．

探索と活用のトレードオフの他に，強化学習におけるもう 1 つの困難は，異なる方策を評価・比較することの難しさである．強化学習は，学習器と環境との相互作用を伴う．このフィードバックのループは，入力値のテスト集合を固定して，学習器の性能を評価することが容易ではないことを意味する．方策自体が，どの入力が見られるかを決定する．Dudik *et al.* (2011) は，文脈付きバンディットを評価するための手法を提示している．

12.5.2　知識表現・推論・質問応答

深層学習のアプローチが，言語モデリング，機械翻訳，自然言語処理の分野で大きく成功した理由は，シンボル (Rumelhart *et al.*, 1986a) と単語 (Deerwester *et al.*, 1990; Bengio *et al.*, 2001) に対する埋め込みの利用にある．これらの埋め込みは，個々の単語および概念に関する意味論的知識を表す．研究の最先端は，フレーズの埋め込みや，単語と事実の間の関係の埋め込みを開発することである．検索エンジンは，すでにこの目的のために機械学習を使用しているが，これらのより高度な表現を改善するためには，まだ多くの課題が残っている．

12.5.2.1　知識・関係・質問応答

興味深い研究の方向性の 1 つは，2 つのエンティティ間の**関係**（relation）を捉えるために，分散表現がどのように訓練できるかを明らかにすることである．これらの関係によって，物体に関する事実と，物体同士がどのように相互作用するかを形式化することができる．

数学では，**二項関係**（binary relation）は，物体の順序対の集合である．集合に含まれている対には関係があると言い，集合に含まれていない対には関係がないと言う．たとえば，エンティティの集合 $\{1, 2, 3\}$ に，「より小さい」という関係を定義するには，順序対の集合 $\mathbb{S} = \{(1, 2), (1, 3), (2, 3)\}$ を定義すればよい．この関係が定義されると，それを動詞のように利用できる．$(1, 2) \in \mathbb{S}$ であるため，1 は 2

より小さいと言える．また，$(2,1) \notin \mathbb{S}$ であるため，2 は 1 より小さいとは言えない．当然，互いに関連するエンティティは数字でなくてもよい．(`dog`, `mammal`) のようなタプルを含む `is_a_type_of` の関係を定義することもできる．

AI においては，関係を，単純な構文を持ち高度に構造化された言語の文として考える．関係は動詞の役割を果たし，関係の 2 つの引数はその主語と目的語の役割を果たす．これらの文は，次のようなトークンの 3 つ組の形を取り，

$$(\text{subject}, \text{verb}, \text{object}) \tag{12.21}$$

その値は以下のようになる．

$$(\text{entity}_i, \text{relation}_j, \text{entity}_k). \tag{12.22}$$

関係に似た概念として，**属性**（**attribute**）も定義できるが，これは引数を 1 つしか取らない．

$$(\text{entity}_i, \text{attribute}_j). \tag{12.23}$$

たとえば，属性 `has_fur` を定義して，`dog` のようなエンティティに適用することができる．

多くのアプリケーションでは，関係を表現し，関係について推論する必要がある．ニューラルネットワークにおいては，これをどのように行うのが最善だろうか．

もちろん，機械学習モデルは訓練データを必要とする．構造化されていない自然言語からなる訓練データ集合から，エンティティ間の関係を推論することができる．関係を明示的に識別する構造化されたデータベースもある．これらのデータベースの一般的な構造は，**関係データベース**（**relational database**）であり，形式上の違いはあるが，3 つのトークンの文と同じ種類の情報を格納する．データベースが，日常生活に関する常識的知識やアプリケーション分野に関する専門的知識を人工知能システムに伝えることを意図している場合には，そのデータベースを**知識ベース**（**knowledge base**）と呼ぶ．知識ベースには，`Freebase`，`OpenCyc`，`WordNet`，`Wikibase`[*1]などの一般的なものから，`GeneOntology`[*2]などのもっと専門的なものまである．エンティティと関係の表現を学習させるには，知識ベースの各 3 つ組を訓練事例として扱い，それらの同時分布を捉える訓練の目的関数を最大化すればよい (Bordes *et al.*, 2013a)．

訓練データに加えて，訓練するモデル族も定義する必要がある．一般的なアプローチは，ニューラル言語モデルを拡張して，エンティティと関係をモデリングすることである．ニューラル言語モデルは，各単語の分散表現を与えるベクトルを学習する．また，これらのベクトルの関数を学習することによって，ある単語の系列の後ろにどの単語がよく出現するかといった，単語間の相互作用についても学習する．関係ごとに 1 つの埋め込みベクトルを学習することで，このアプローチをエンティティと関係に拡張できる．事実，言語のモデリングと，関係として符号化される知識のモデリングは非常に類似しており，研究者がそのようなエンティティの表現を訓練する場合には，知識ベース**と**自然言語の文の**両方を**使用したり (Bordes *et al.*, 2011, 2012; Wang *et al.*, 2014a)，複数の関係データベースからのデータを結合したり (Bordes *et al.*, 2013b) する．このようなモデルに関連付けられた特定のパラメータ化については，多くの可能性が存在する．エンティティ間の関係について学習させる初期の研究 (Paccanaro and Hinton, 2000) では，非常に制約の厳しいパラメトリック形式（「線形の関係埋め込み」）を仮定して，エンティティの表現とは異なる形式で関係を表現していた．たとえば，Paccanaro and Hinton (2000) と Bordes *et al.* (2011) は，関係がエンティティの演算子のように動作するという考えで，エン

[*1] それぞれ次のサイトで公開されている．`freebase.com`，`cyc.com/opencyc`，`wordnet.princeton.edu`，`wikiba.se`
[*2] `geneontology.org`

ティティにはベクトル，関係には行列を使用した．別な方法としては，関係をさらに別のエンティティとみなすこともできる (Bordes *et al.*, 2012)．これによって，関係に関する言明を作成することができ，同時分布をモデリングするためにそれらを組み合わせる機械処理に，より柔軟性を与える．

このようなモデルの短期の実用的なアプリケーションは，知識グラフの欠損した弧を予測する**リンク予測**（**link prediction**）である．これは，古い事実に基づいて新しい事実を一般化する方法の一形態である．現存する知識ベースのほとんどは，手作業によって構築されており，多くの（もしかしたら大部分の）真の関係が知識ベースから抜け落ちたままにされている．このようなアプリケーションの例については，Wang *et al.* (2014b)，Lin *et al.* (2015)，Garcia-Duran *et al.* (2015) を参照されたい．

リンク予測タスクでモデルの性能を評価するのは，正例（真であることが知られている事実）のデータ集合だけでは困難である．モデルが，データ集合に含まれていない事実を提示した場合，モデルが間違いを起こしたのか，未知の新しい事実が発見されたのか確信を持てない．メトリックは，多少不正確ではあるが，正しいとわかっている正の事実の出力集合を，真実性が低そうな他の事実と比較して，モデルがどのようにランク付けするかを評価することに基づく方法である．負例の可能性が高い興味ある事例（間違いである可能性が高い事実）を構築する一般的な方法は，真の事実から始め，たとえば，その関係の中のあるエンティティをランダムに選択された別のエンティティで置き換えるなどの方法により，その事実を破損させることである．一般的な精度である top–10% メトリックは，モデルが，「正しい」事実を，その事実を破損させて得られたすべての事例の上位 10% の中にランク付けした回数をカウントする．

知識ベースとその分散表現の別のアプリケーションは**語義曖昧性解消**（**word-sense disambiguation**）(Navigli and Velardi, 2005; Bordes *et al.*, 2012) で，ある文脈の中で，単語のどの意味が適切であるかを判断するタスクである．

最終的に，関係からなる知識に，推論プロセスと自然言語理解を組み合わせることで，一般的な質問応答システムを構築することができる．一般的な質問応答システムは，入力された情報を処理するとともに，重要な事実については後で検索・推論できるように整理して覚えておかなければならない．これは，未解決の困難な課題として残っており，制限された「トイ」環境でのみ解決できている．現在，特定の宣言的な事実を記憶して検索する最良の方法は，10.12節で述べたような明示的なメモリメカニズムを使うことである．メモリネットワークは，当初はトイ質問応答タスクを解決するために提案された (Weston *et al.*, 2014)． Kumar *et al.* (2015) は，GRU 回帰結合型ネットワークを用いて，メモリに入力を読み込んだり，メモリ内容に応じて答えを生成したりする拡張を提案している．

深層学習は，ここに記載されている以外にも多くのアプリケーションに適用されており，本書の執筆の後からも適用されていくのは確実であろう．そのような話題を包括的に網羅するようなものを記述することは不可能だろう．ここでのサーベイは，執筆時点で可能なことの代表的な例を提供している．

II部はこれで終わるが，ここでは，深層ネットワークを用いる最新の実践と，その中で使われている最も成功したすべての方法について記述した．一般的に言えば，これらの方法は，コスト関数の勾配を使用して，所望の関数を近似するモデルのパラメータを見つけることを意味している．十分な訓練データがあれば，このアプローチは極めて強力である．これから，III部に移るが，そこでは研究の領域に踏み込む．より少ない訓練データで動作したり，より多様なタスクを実行したりするような手法である．そこでの課題は，より困難なものであり，今まで述べてきた状況ほど解決に近づいてはいない．

第 III 部

深層学習の研究

本書のこの部では，現在研究コミュニティで追及されている，より野心的で先進的な深層学習のアプローチについて説明する．

本書の以前の部では，教師あり学習の問題を解決する方法を示した．教師あり学習は，十分な写像の事例が与えられた下で，あるベクトルから別のベクトルへの写像を学習する方法であった．

解決したい問題すべてが，このカテゴリに入るわけではない．新しい事例を生成したり，ある点がどれくらいもっともらしいか判断したり，欠損値を処理したり，ラベルがない大量の事例や関連するタスクの事例を利用したりしたい場合がある．産業への応用に対する現状の欠点は，学習アルゴリズムに対して大量の教師ありデータが必要ということである．本書のこの部では，既存のモデルが適切に機能するのに必要なラベル付きデータの量を削減し，より広い範囲のタスクに適用可能な思索的アプローチをいくつか検討する．この目標を達成するには，通常，何らかの形の教師なし学習または半教師あり学習が必要である．

教師なし学習の問題に取り組むために，多くの深層学習アルゴリズムが設計されているが，幅広い種類のタスクに対する教師あり学習の問題を大きく解決したのと同レベルに，教師なし学習の問題を真に解決したアルゴリズムは存在しない．本書のこの部では，教師なし学習の既存のアプローチと，この分野でどのように進歩を遂げることができるかについての一般的な考え方をいくつか説明する．

教師なし学習の難しさの中心的な原因は，モデル化された確率変数の高次元性にある．これは，統計的な課題と計算上の課題という，2つの異なる課題をもたらす．**統計的な課題**は汎化と関係する．すなわち，区別したい状態の数は，次元数とともに指数関数的に増加するので，取りうる（または制限のある計算資源で使える）事例数よりもはるかに大きくなってしまう．高次元分布に関する**計算上の課題**は，学習モデルを学習もしくは使用するための多くのアルゴリズム（特に明示的な確率関数を推定するアルゴリズム）が，次元数に対して指数関数的に増加する計算を必要とするために生じる．

確率モデルでは，この計算上の課題は，計算困難な推論の実行や，分布を正規化する必要から生じる．

- **計算困難な推論**：推論については，主に19章で議論する．a，b，c における同時分布を捉えるモデルに関して，ある変数 a の他の変数 b が与えられた下での確率値を推測する問題を考える．そのような条件付き確率を計算するためには，変数 c の値を足し合わせるだけではく，a と c の値を足し合わせた正規化定数も計算する必要がある．
- **計算困難な正規化定数（分配関数）**：分配関数については，主に18章で説明する．確率変数の定数の正規化は，推論（上記）だけでなく，学習においても生じる．多くの確率モデルには，そうした正規化定数が含まれる．残念ながら，そういったモデルを学習するには，多くの場合，モデルパラメータに関して分配関数の対数の勾配を計算する必要がある．その計算は，一般的に分配関数そのものを計算するのと同じくらい困難である．マルコフ連鎖モンテカルロ（MCMC）法（17章）は，しばしば，分配関数を扱う（分配関数の計算もしくは分配関数の勾配の計算）ために使われる．残念ながら，MCMC 法はモデル分布のモードが多数かつよく分離されている場合，特に高次元空間において，劣ってしまう（17.5節）．

こういった困難な計算に対峙する方法の 1 つは，近似することである．本書のIII部で議論されるように，近似に関する多くのアプローチが提案されている．また，この部で議論されるもう 1 つの興味深い方法は，こうした困難な計算を設計によって完全に回避することである．そういった計算を必要としない方法は非常に魅力的である．近年，その動機を有するいくつかの生成モデルが提案されている．生成モデリングについてのさまざまな現代的アプローチについては20章で議論する．

III部は，深層学習の分野にもたらされた幅広い視点を理解して，真の人工知能に向けてこの分野を推し進めたいと考える研究者にとって，最も重要である．

第 13 章

線形因子モデル

深層学習の最先端の研究の多くでは，入力の確率モデル $p_{\text{model}}(\boldsymbol{x})$ の構築が必要とされている．このようなモデルでは確率的推論によって，その環境にある任意の変数が与えられた下での任意の他変数を，原理的には予測できる．これらのモデルの多くには，$p_{\text{model}}(\boldsymbol{x}) = \mathbb{E}_{\boldsymbol{h}} p_{\text{model}}(\boldsymbol{x} \mid \boldsymbol{h})$ となる潜在変数 $\boldsymbol{h}$ もある．このような潜在変数によって，データを表現する別の方法が得られる．潜在変数に基づく分散表現では，深層順伝播型ネットワークと回帰結合型ネットワークに関する説明で見た表現学習の利点のすべてが得られる．

この章では，潜在変数を持つ最も簡単な確率モデルである線形因子モデルについて説明する．このモデルは混合モデル (Hinton *et al.*, 1995a; Ghahramani and Hinton, 1996; Roweis *et al.*, 2002) や，より大きな深層確率モデル (Tang *et al.*, 2012) を構築するための要素として使われることがある．またこれらのモデルは，さらに発展的な深層モデルによって推し進められる生成モデルの構築において，必要な多くの基礎的アプローチを示している．

線形因子モデルは，$\boldsymbol{h}$ の線形変換にノイズを加えることで $\boldsymbol{x}$ を生成する確率的線形復号化関数を用いて定義される．

こういったモデルは，単純な同時分布を持つ説明因子を発見できるので興味深い．線形復号化器を簡単に利用できることから，線形因子モデルは大々的に研究される最初の潜在変数モデルとなった．

線形因子モデルで記述されるデータ生成過程は次のようなものである．まず，以下の分布から説明因子 $\boldsymbol{h}$ をサンプリングする．

$$\mathbf{h} \sim p(\boldsymbol{h}). \tag{13.1}$$

ただし，$p(\boldsymbol{h})$ は因数分解可能な（factorial）分布 $p(\boldsymbol{h}) = \prod_i p(h_i)$ なので，容易にサンプリングできる．次に，因子が与えられた下での実数値の観測変数

$$\boldsymbol{x} = \boldsymbol{W}\boldsymbol{h} + \boldsymbol{b} + \text{noise} \tag{13.2}$$

をサンプリングする．ただし，このノイズは通常ガウス分布であり対角（つまり次元間が独立）である．これを図13.1に示す．

13.1 確率的 PCA と因子分析

確率的 PCA（主成分分析），因子分析，その他の線形因子モデルは，上式（13.1と13.2）の特別な場合にあたり，ノイズ分布と，$\boldsymbol{x}$ を観測する前の潜在変数 $\boldsymbol{h}$ におけるモデル事前分布の選択が異なるだけ

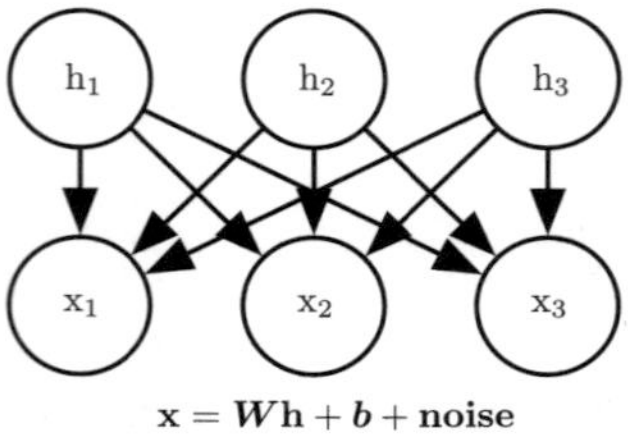

図 **13.1:** 線形因子モデル族を表した有向グラフモデル．観測データベクトル $\boldsymbol{x}$ は，独立な隠れ因子 $\boldsymbol{h}$ の線形結合にノイズを加えて得られると仮定している．確率的 PCA，因子分析，ICA などのモデルは，ノイズと事前分布 $p(\boldsymbol{h})$ の形式について，それぞれ異なる選択をしている．

である．

因子分析（factor analysis） (Bartholomew, 1987; Basilevsky, 1994) では，潜在変数の事前分布は，単に分散 1 を持つガウス分布

$$\mathbf{h} \sim \mathcal{N}(\boldsymbol{h}; \mathbf{0}, \boldsymbol{I}) \tag{13.3}$$

である．ここで，観測変数 x_i は $\boldsymbol{h}$ が与えられた下で**条件付き独立**（conditionally independent）であると仮定する．具体的には，ノイズは変数ごとの分散ベクトルを $\boldsymbol{\sigma}^2 = [\sigma_1^2, \sigma_2^2, \ldots, \sigma_n^2]^\top$ とする対角共分散ガウス分布から得られ，その共分散行列は $\boldsymbol{\psi} = \mathrm{diag}(\boldsymbol{\sigma}^2)$ となっている．

したがって，潜在変数の役割は異なる観測変数 x_i 同士の**依存関係を捉える**ことにある．実際，$\boldsymbol{x}$ が多変量正規確率変数であることは，以下のように容易にわかる．

$$\mathbf{x} \sim \mathcal{N}(\boldsymbol{x}; \boldsymbol{b}, \boldsymbol{W}\boldsymbol{W}^\top + \boldsymbol{\psi}). \tag{13.4}$$

確率的な枠組みの中で PCA を計算するために，因子分析モデルを少し変更して，条件付き分散 σ_i^2 を互いに等しくすることができる．そうした場合，σ^2 はスカラーになるので，$\boldsymbol{x}$ の共分散は単に $\boldsymbol{W}\boldsymbol{W}^\top + \sigma^2\boldsymbol{I}$ となる．これにより，条件付き分布

$$\mathbf{x} \sim \mathcal{N}(\boldsymbol{x}; \boldsymbol{b}, \boldsymbol{W}\boldsymbol{W}^\top + \sigma^2\boldsymbol{I}) \tag{13.5}$$

または，等価な

$$\mathbf{x} = \boldsymbol{W}\mathbf{h} + \boldsymbol{b} + \sigma\mathbf{z} \tag{13.6}$$

が導かれる．ただし $\mathbf{z} \sim \mathcal{N}(\boldsymbol{z}; \mathbf{0}, \boldsymbol{I})$ はガウスノイズである．その後，Tipping and Bishop (1999) が示したように，パラメータ $\boldsymbol{W}$ と σ^2 を推定するのに反復 EM アルゴリズムを利用することができる．

この**確率的 PCA**（probabilistic PCA）モデルは，潜在変数 h によって，データの大部分の変動を**再構成誤差**（reconstruction error）という小さな残差 σ^2 以下で捕捉できるという結果を利用する． Tipping and Bishop (1999) が示したように，確率的 PCA は $\sigma \to 0$ で PCA になる．その場合には，$\boldsymbol{x}$ が与えられた下での $\boldsymbol{h}$ の条件付き期待値は，PCA と同じく，$\boldsymbol{W}$ の d 個の列ベクトルで張られた空間への $\boldsymbol{x} - \boldsymbol{b}$ の直交射影となる．

$\sigma \to 0$ となるにつれて，確率的 PCA によって定義された密度モデルは，$\boldsymbol{W}$ の列ベクトルで張られた d 次元の周りで非常に鋭くなっていく．これにより，実際には超平面の近くに集まっていないデータに対して，モデルは非常に低い尤度を割り当てる．

13.2 独立成分分析（ICA）

独立成分分析（ICA）は最も古い表現学習アルゴリズムの１つである (Herault and Ans, 1984; Jutten and Herault, 1991; Comon, 1994; Hyvärinen, 1999; Hyvärinen *et al.*, 2001a; Hinton *et al.*, 2001; Teh *et al.*, 2003). ICAとは，観測信号を拡大縮小したり足し合わせたりすることでその観測信号を構成するいくつもの潜在的な信号に分解しようとする，線形因子をモデル化するためのアプローチの１つである．潜在的な信号はただ互いにほとんど無相関というよりも，完全に独立したものとして意図されている[*1].

たくさんの異なる個別の方法論がICAと呼ばれている．ここで紹介するのは他の生成モデルに最も似ている変種で，完全にパラメトリックな生成モデルを訓練する (Pham *et al.*, 1992). 潜在因子における事前分布 $p(\boldsymbol{h})$ は，前もって利用者によって決定されなければならない．モデルは，次いで決定論的に $\boldsymbol{x} = \boldsymbol{W}\boldsymbol{h}$ を生成する．（式3.47を用いて）変数の非線形変化を施すことで，$p(\boldsymbol{x})$ を決定できる．その後のモデルの学習は通常どおり最尤法を使って進められる．

このアプローチを用いる理由は，$p(\boldsymbol{h})$ を独立に選ぶことで，元の因子を可能な限り独立に近い形で復元できるからである．この方法は普通，高位の抽象的な原因因子を捉えるためではなく，混合された低位の信号を復元するために使われる．この設定では，各訓練事例がある時点となり，各 x_i は混ざり合った信号の１つのセンサーによる観測値であり，各 h_i は元の信号１つに対する，１つの推定値である．たとえば，n 人が同時に話しているとしよう．もし n 本のマイクを異なる地点に置いたとすれば，ICAは各マイクで拾ったそれぞれの話し手の声量の違いを検出でき，各 h_i がたった１人の発声だけを明瞭に含むように分離できる．これは神経科学において脳波記録法として一般的に使われている，脳内で発生する電気信号を記録する技術である．たくさんの電極センサーが被験者の頭に付けられていて，身体からの多数の電気信号の計測に使われる．実験者は，通常脳からの信号だけに関心があるが，被験者の心臓や眼からの信号は強く，被験者の頭皮から得られる計測値をわかりにくくさせてしまう．電極に届く信号は混合されているので，ICAは心臓からくる信号の電気的な特徴を脳内で発生した信号から選り分け，さらに脳の異なる領域からの信号を互いに分離しなければならない．

前述のように，ICAにはさまざまな変種がある．あるものは，$\boldsymbol{x}$ を生成するときに，決定論的な復号化器を使わずにノイズを加える．ほとんどの場合，最尤基準は使用されないが，代わりに $\boldsymbol{h} = \boldsymbol{W}^{-1}\boldsymbol{x}$ の要素を互いに独立にさせようとする．この目標を達成するにはさまざまな基準が利用できる．式3.47では，$\boldsymbol{W}$ の行列式を求める必要がある．これには計算コストがかかり，数値演算としても不安定である．ICAの変種には，$\boldsymbol{W}$ を直交行列に制限することで，このやっかいな演算を避けているものもある．

ICAの変種はどれも $p(\boldsymbol{h})$ がガウス分布でないことを必要とする．これは，もし $p(\boldsymbol{h})$ がガウス分布を要素として持つ独立事前分布であれば，$\boldsymbol{W}$ が１つに定まらないからである．多くの $\boldsymbol{W}$ の値に対して，同じ $p(\boldsymbol{x})$ における分布を得ることができてしまう．これは，確率的PCAや因子分析のような他の線形因子モデルとは，大きく異なっている．他のモデルでは，モデルに対する演算の多くに閉形式解を持たせるために，$p(\boldsymbol{h})$ がガウス分布であることを求めるものが多い．利用者が明示的に分布を決める最尤法では，通常は $p(h_i) = \frac{d}{dh_i}\sigma(h_i)$ を用いる．典型的に利用されるこういった非ガウス分布は，通常0付近に大きな峰を持つので，ICAのほとんどの実装はスパースな特徴量を学習していると見ることもできる．

[*1] 3.8節で無相関な変数と，独立な変数の違いを論じている．

ICA の多くの変種は，本書の用法でいう生成モデルではない．本書における生成モデルとは，$p(\boldsymbol{x})$ を表現するものか，$p(\boldsymbol{x})$ からサンプルを抽出できるものかのどちらかである．ICA の多くの変種は $\boldsymbol{x}$ と $\boldsymbol{h}$ の間の変換方法を知っているだけで，$p(\boldsymbol{x})$ を表現する方法は何ももたず，したがって $p(\boldsymbol{h})$ における分布を課すこともない．たとえば，$\boldsymbol{h} = \boldsymbol{W}^{-1}\boldsymbol{x}$ のサンプル尖度が高ければ，それは $p(\boldsymbol{h})$ が非ガウス分布であることを示すので，多くの ICA の変種ではサンプル尖度を増加させようとする．しかしながら，これは $p(\boldsymbol{h})$ を明示的に表現しなくても達成できる．ICA がデータの生成やデータの密度推定よりも，信号分離の分析ツールとしてよく使われる理由はここにある．

PCA が14章で説明する非線形自己符号化器に一般化できるのと同じように，ICA は非線形関数 f を用いて観測データを生成する非線形生成モデルに一般化できる．非線形 ICA の初期の研究は Hyvärinen and Pajunen (1999) に，これをアンサンブル学習に用いた成功例はRoberts and Everson (2001) およびLappalainen *et al.* (2000) を参考にされたい．ICA のもう 1 つの非線形拡張が，**非線形独立要素推定**（nonlinear independent components estimation，NICE）というアプローチ (Dinh *et al.*, 2014) である．NICE は，各変換のヤコビ行列式が効率よく計算できるような性質を持つ一連の可逆変換（符号化段階）を積み上げたものである．これによって尤度が正確に計算できる．また ICA と同じように，NICE はデータを因数分解された周辺分布を持つ空間に変換しようとするが，非線形符号化器のおかげで成功する可能性がより高くなる．符号化器は，その完全な逆変換を行う復号化器に関連付けられているので，（最初に $p(\boldsymbol{h})$ からサンプルを抽出し，その後復号化器を適用することで）モデルから簡単にサンプルを生成できる．

ICA のもう 1 つの一般化は，統計的依存関係が 1 つの群の中にはあって，異なる群の間にはないような特徴量の群を学習することである (Hyvärinen and Hoyer, 1999; Hyvärinen *et al.*, 2001b)．関係するユニットの群が重複しないように選ばれるとき，これは**独立部分空間分析**（independent subspace analysis）と呼ばれる．各隠れユニットに空間座標を割り当てて，空間的に隣接するユニットの群を重複させることも可能である．これは，隣接するユニットに類似の特徴量を学習させる．自然画像に応用すると，この**トポグラフィック ICA**（topographic ICA）のアプローチは，隣接する特徴量が，類似した向きや位置，周波数を持つようなガボールフィルタを学習する．類似のガボール関数による多くの異なる位相ずれが各領域の中に発生し，このため狭い領域でのプーリングは並進不変性を生む．

13.3　Slow Feature Analysis

Slow feature analysis（SFA）は，時間信号からの情報を使って不変特徴量を学習する線形因子モデルである (Wiskott and Sejnowski, 2002)．

Slow feature analysis は，slowness 原理と呼ばれる一般原理がきっかけとなっている．光景の重要な特徴は，光景の描写を構成する個々の計測値に比べて，非常にゆっくり変化するというのがその考え方である．たとえば，コンピュータビジョンでは個々の画素値が非常に速く変わることがある．もしシマウマが左から右へ画像を横切って動いたなら，個々の画素はシマウマの縞がその画素を通り過ぎるときに，黒から白にすばやく変わり，また黒に戻るだろう．それに比べて，シマウマが画像の中にいるかどうかを表す特徴量はまったく変化せず，シマウマの位置を表す特徴量はゆっくりと変化する．そこで，時間をかけてゆっくり変化する特徴量を学習するようにモデルを正則化したい．

この slowness 原理は，slow feature analysis より以前から存在しており，さまざまなモデルに利用されてきた (Hinton, 1989; Földiák, 1989; Mobahi *et al.*, 2009; Bergstra and Bengio, 2009)．一般的

に，slowness 原理は勾配降下法で学習されるどのような微分可能なモデルにも利用できる．slowness 原理は，以下の形式の項をコスト関数に加えることで導入できる．

$$\lambda \sum_t L(f(\boldsymbol{x}^{(t+1)}), f(\boldsymbol{x}^{(t)})). \tag{13.7}$$

ただし λ は slowness 正規化項の強さを決定するハイパーパラメータ，t は時系列サンプルの添え字，f は正規化される特徴抽出器，そして L は $f(\boldsymbol{x}^{(t)})$ と $f(\boldsymbol{x}^{(t+1)})$ との距離を測る損失関数である．L は一般的には平均二乗差が選ばれる．

Slow feature analysis は，slowness 原理の特に効率のよい利用方法である．なぜなら，線形特徴抽出器に用いられることで，閉形式で学習できるからである．ICA のいくつかの変種と同じように，SFA それ自体はちゃんとした生成モデルではない．その意味は，入力空間と特徴量空間の間の線形写像を定義しても，特徴量空間における事前分布を定義してはおらず，よって入力空間に分布 $p(\boldsymbol{x})$ を与えていないということである．

SFA アルゴリズム (Wiskott and Sejnowski, 2002) は，$f(\boldsymbol{x};\boldsymbol{\theta})$ が線形変換になるように定義し，最適化問題

$$\min_{\boldsymbol{\theta}} \mathbb{E}_t(f(\boldsymbol{x}^{(t+1)})_i - f(\boldsymbol{x}^{(t)})_i)^2 \tag{13.8}$$

を，制約

$$\mathbb{E}_t f(\boldsymbol{x}^{(t)})_i = 0 \tag{13.9}$$

と

$$\mathbb{E}_t[f(\boldsymbol{x}^{(t)})_i^2] = 1 \tag{13.10}$$

の下で解くことからできている．学習された特徴量の平均が 0 という制約は，問題が一意な解を持つために必要である．そうでなければ，すべての特徴量の値に同じ定数を加えることで，同じ値の slowness 目的関数を持つ異なる解を作れるだろう．特徴量が単位分散を持つという制約は，すべての特徴量が 0 につぶれるような病的な解を防ぐために必要である．PCA と同じように，SFA 特徴量は順序付けられており，最初の特徴量が最も遅いようになっている．複数の特徴量を学習するためには，さらに以下のような制約を加える必要がある．

$$\forall i < j, \mathbb{E}_t[f(\boldsymbol{x}^{(t)})_i f(\boldsymbol{x}^{(t)})_j] = 0. \tag{13.11}$$

これは，学習された特徴量が互いに線形無相関であることを示す．この制約がなければ，学習した特徴量すべてが単に同一の一番遅い信号を捉えることになるだろう．再構成誤差を最小化するなどの，特徴量を多様化させる別の仕組みも考えられるだろうが，この無相関の仕組みは，SFA 特徴量の線形性により，単純な解を採用する．SFA 問題は，線形代数のパッケージソフトによって閉形式で解くことができる．

SFA は典型的に，その実行前に非線形基底展開を $\boldsymbol{x}$ に適用することによって，非線形特徴量の学習に用いられる．たとえば，$\boldsymbol{x}$ をその 2 次基底展開，すなわちすべての i と j について $x_i x_j$ を要素に持つベクトルで置き換えることはよくある．したがって線形 SFA モジュールは，線形 SFA 特徴抽出器を繰り返し学習し，その出力に非線形基底展開を適用し，さらにその基底展開の上で別の線形 SFA 特徴抽出器を学習することによって，深層非線形 slow 特徴抽出器を学習するように構成できる．

自然な風景動画の小さな空間片で学習すると，2 次基底展開を用いる SFA が学習した特徴量には，V1 皮質の複雑な細胞にある特徴量と共通する多くの特徴が見られる (Berkes and Wiskott, 2005)．コ

ンピュータで描画された 3D 環境の中でランダムに動く動画で学習すると，深層 SFA が学習した特徴量には，ネズミの脳で走行指示に使われる神経細胞が表現するような特徴量と共通する多くの性質が見られる (Franzius *et al.*, 2007)．したがって，SFA はそれなりに生物学的に妥当なモデルと思われる．

SFA の大きな利点は，SFA がどの特徴量を学習するかを深層非線形の設定においてさえも理論的に予測できることである．そのような理論的予測をするためには，構成空間に関する環境のダイナミクスを知らなければならない（たとえば，3D 描画環境でのランダムな動きでは，理論的予測はカメラの位置や速度についての確率分布の知識からもたらされる）．潜在因子が実際どう変わるかの知識があれば，それらの因子を表す最適な関数を解析的に解くことができるだろう．実際に，深層 SFA にシミュレーションデータを適用した実験においては，理論的に予測された関数を復元できているように思われる．これと比較して，他の学習アルゴリズムでは損失関数が特定の画素値に大きく依存しており，どの特徴量をモデルが学習するかを特定するのがより難しくなっている．

深層 SFA は，物体認識および姿勢推定の特徴量の学習にも使われてきた (Franzius *et al.*, 2008)．今のところ，slowness 原理は最先端の応用例の基礎にはなっていない．その性能を妨げている要因が何なのかは明らかではない．我々は，もしかしたら slowness の事前分布は強すぎるかもしれないと考えている．そうであれば，特徴量が近似的に定数になるような事前分布を与えるよりも，ある時間ステップから次の時間ステップが容易に予測できるような特徴量を持つ事前分布を与える方がいいのかもしれない．物体の位置は，その物体の速度が速いか遅いかにかかわらず有用な特徴量であるが，slowness 原理は速い速度を持つ物体の位置を無視するようにモデルに促す．

13.4　スパース符号化

スパース符号化（sparse coding） (Olshausen and Field, 1996) は，教師なし特徴量学習と特徴抽出の仕組みとして重点的に研究されてきた線形因子モデルである．厳密に言えば，「スパース符号化」の語はこのモデルで $\boldsymbol{h}$ の値を推論する過程を指しており，「スパースモデリング」の語はモデルの設計と学習の過程を指している．しかしながら，両方を指して「スパース符号化」の語を使うことが多い．

他の線形因子モデルのほとんどと同じように，ノイズを加えた線形復号化器を使って，式13.2に示すように $\boldsymbol{x}$ の再構成を得ている．より具体的には，スパース符号化モデルは通常線形因子が等方性精度 β のガウスノイズを持つと仮定している．

$$p(\boldsymbol{x} \mid \boldsymbol{h}) = \mathcal{N}(\boldsymbol{x}; \boldsymbol{W}\boldsymbol{h} + \boldsymbol{b}, \frac{1}{\beta}\boldsymbol{I}). \tag{13.12}$$

分布 $p(\boldsymbol{h})$ としては，0 付近で鋭い山を持つものを選ぶ (Olshausen and Field, 1996)．通常選択される分布には，因数分解されたラプラス分布，コーシー分布，因数分解されたスチューデントの t 分布が含まれる．たとえば，スパース性のペナルティ係数 λ の観点からパラメータ化されたラプラス事前分布は

$$p(h_i) = \text{Laplace}(h_i; 0, \frac{2}{\lambda}) = \frac{\lambda}{4} e^{-\frac{1}{2}\lambda |h_i|} \tag{13.13}$$

で与えられ，スチューデントの t 事前分布は

$$p(h_i) \propto \frac{1}{(1 + \frac{h_i^2}{\nu})^{\frac{\nu+1}{2}}} \tag{13.14}$$

で与えられる．

最尤法によるスパース符号化の訓練は計算困難である．代わりに，データの符号化と，符号化されたデータをよりよく再構成するような復号化器の学習とを，交互に行うことで学習させる．このアプローチは，最尤法に対する近似の原理を使って，後に19.3節で掘り下げて正当化される．

PCA のようなモデルでは，$\boldsymbol{h}$ を予測し，重み行列による乗算のみからなる，パラメトリックな符号化関数が使われることを見てきた．スパース符号化で用いる符号化器はパラメトリックな符号化器ではない．その代わり，符号化器は以下に示すように，最もふさわしい符号値を 1 つ探し出す最適化問題を解くような最適化アルゴリズムである．

$$\boldsymbol{h}^* = f(\boldsymbol{x}) = \arg\max_{\boldsymbol{h}} p(\boldsymbol{h} \mid \boldsymbol{x}). \tag{13.15}$$

式13.13と式13.12を組み合わせると，この式から以下の最適化問題が導かれる．

$$\arg\max_{\boldsymbol{h}} p(\boldsymbol{h} \mid \boldsymbol{x}) \tag{13.16}$$

$$= \arg\max_{\boldsymbol{h}} \log p(\boldsymbol{h} \mid \boldsymbol{x}) \tag{13.17}$$

$$= \arg\min_{\boldsymbol{h}} \lambda||\boldsymbol{h}||_1 + \beta||\boldsymbol{x} - \boldsymbol{W}\boldsymbol{h}||_2^2. \tag{13.18}$$

ここでは，$\boldsymbol{h}$ に依存しない項を消し，正の拡大係数で割ることで式を簡単化した．

$\boldsymbol{h}$ に L^1 ノルムが付けられるため，この方法はスパースな $\boldsymbol{h}^*$ を与える（7.1.2節項を参照）．

単に推論を行うだけでなくモデルを学習するためには，$\boldsymbol{h}$ に関する最小化と $\boldsymbol{W}$ に関する最小化を交互に行う．ここの説明では，β をハイパーパラメータとして扱う．この最適化問題における β の役割は λ と共有されており，2 つのハイパーパラメータは必要ないため，通常は β を 1 とする．原理上は，β をモデルのパラメータとして扱い，学習させることもできる．ここでの説明では，$\boldsymbol{h}$ に依存せず β に依存する項を消した．β を学習するためには，これらの項は含まれている必要があり，そうしなければ β は 0 につぶれてしまうだろう．

すべてのスパース符号化のアプローチが，$p(\boldsymbol{h})$ と $p(\boldsymbol{x} \mid \boldsymbol{h})$ を明示的に構築するわけではない．この推論手続きを使って抽出しても多くが 0 であるような活性化値によって，特徴量の辞書を学習させることにのみ興味がある場合も多い．

もし $\boldsymbol{h}$ をラプラス事前分布からサンプリングすれば，$\boldsymbol{h}$ の要素が実際に 0 になるという事象は実はゼロ確率事象である．生成モデルそれ自体が特別にスパースというわけではなく，特徴抽出器だけがスパースなのである．Goodfellow *et al.* (2013d) は，スパイクとスラブを用いたスパース符号化モデルと呼ばれる別のモデル族に属する近似推論法を説明しており，そこでは事前分布からのサンプルは通常本物の 0 を含んでいる．

ノンパラメトリックな符号化器と組み合わせたスパース符号化のアプローチは，再構成誤差と対数事前分布の組み合わせを，原理上は他のいかなるパラメトリックな符号化器よりもよく最小化できる．もう 1 つの利点は，符号化器に汎化誤差がないことである．パラメトリック符号化器は，$\boldsymbol{x}$ から $\boldsymbol{h}$ にどう写像するかを，汎化するような方法で学ばねばならない．訓練データに似ておらずなじみのない $\boldsymbol{x}$ に対して，学習されたパラメトリックな符号化器は，正確な再構成やスパース符号をもたらすような $\boldsymbol{h}$ を見つけるのに失敗するかもしれない．スパース符号化モデルの大部分の定式化について推論問題は凸であり，（重みベクトルの複製が発生するような縮退の場合を除いて）最適化手続きはつねに最適なコードを見つける．明らかにスパース性コストと再構成コストは，未知の点にて依然として上昇する可能性があるが，これは符号化器の重みの汎化誤差ではなく，復号化器の重みの汎化誤差によるものである．ス

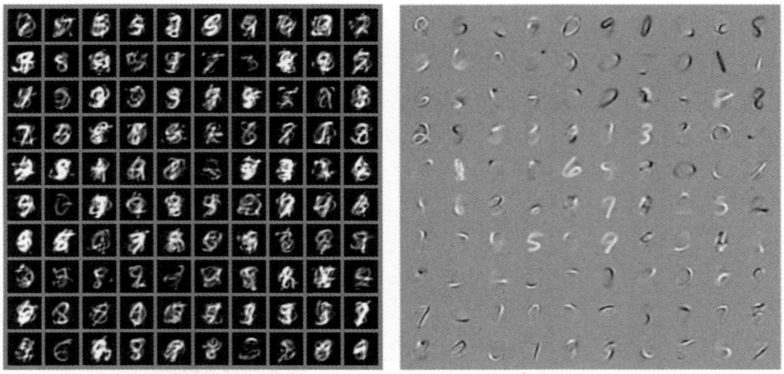

図 **13.2:** MNIST データ集合にて学習されたスパイクとスラブを用いたスパース符号化モデルからのサンプルと重みの例．（左）訓練例に似ていないモデルからのサンプル．一見したところ，モデルがひどく適合していないのだと思うだろう．（右）モデルの重みベクトルは，ペンの動きや，ときに完全な数字を表現するよう学習されている．したがって，モデルは有用な特徴量を学習している．問題は，特徴量についての因数分解可能な事前分布が，結果としてランダムに結び付いた特徴量の部分集合になってしまうことである．そのような部分集合のほとんどが，認識可能な MNIST の数字を形作るのにふさわしくない．このことが，これらの隠れ符号におけるより強力な分布を持つ生成モデルの設計への動機付けとなっている．図はGoodfellow *et al.* (2013d) の許可を得て転載されている．

パース符号化の最適化に基づく符号化過程に汎化誤差がないことにより，スパース符号化が分類のための特徴抽出器として使われたなら，パラメトリックな関数がコードの予測に使われたときよりも，よりよい汎化を結果的にもたらすかもしれない．Coates and Ng (2011) は物体認識課題において，スパース符号化特徴量の方が，線形シグモイド自己符号化器と呼ばれるパラメトリック符号化器に基づく関連モデルによる特徴量よりも，よく汎化していることを示した．この研究に影響を受けてGoodfellow *et al.* (2013d) は，非常に少ないラベル（クラスごとに 20 以下）しか使えない状況下で，スパース符号化の変種が他の特徴抽出器よりもよりよく汎化していることを示した．

ノンパラメトリック符号化器の主な欠点は，$\boldsymbol{x}$ が与えられた下での $\boldsymbol{h}$ を計算するために，より多くの時間が必要となることである．なぜならノンパラメトリックのアプローチでは，反復アルゴリズムの実行が必要だからである．14章で作られるパラメトリック自己符号化器のアプローチでは，固定数のレイヤーのみを使っており，多くの場合 1 つだけである．もう 1 つの欠点は，ノンパラメトリック符号化器を介する逆伝播が簡単ではないことで，これがスパース符号化モデルを教師なし基準で事前学習させて，その後教師あり基準で再学習することを難しくしている．近似微分を認める改良されたスパース符号化も確かに存在するが，広く用いられてはいない (Bagnell and Bradley, 2009)．

スパース符号化は，他の線形因子モデルと同じく，図13.2に示すような粗末なサンプルを生み出すことがよくある．このことは，モデルがデータをうまく再構成できて，分類器に有用な特徴量をもたらしている場合でさえも起こる．この理由は，各個別の特徴量はよく学習できているかもしれないが，隠れコードにおける因数分解可能な事前分布が，それぞれの生成されたサンプルの中のすべての特徴量のランダムな部分集合を含むモデルに結果としてなっているからである．このことが，最も深い符号レイヤーに因数分解できない分布を強いるより深いモデルの開発や，ならびにもっと洗練された浅いモデルの開発への動機付けとなっている．

13.5　PCA の多様体解釈

PCA と因子分析を含む線形因子モデルは多様体を学習していると解釈できる (Hinton *et al.*, 1997). 確率的 PCA は，高い確率を持つ薄いパンケーキの形で領域を定義するものと見なせる．これはガウス分布であり，いくつかの軸に沿っては非常に狭く，他の軸に沿っては長く伸びていて，ちょうどパンケーキが水平軸に沿って広がっているのと同じである．これを図13.3に示す．PCA はこのパンケーキを，より高次元の空間にある線形多様体に並べるものと解釈できる．従来の PCA だけではなく，$\boldsymbol{x}$ の再構成を $\boldsymbol{x}$ にできるだけ近づけることを目指して行列 $\boldsymbol{W}$ と $\boldsymbol{V}$ を学習する，どのような線形自己符号化器にもこの解釈が適用できる．

符号化器を

$$\boldsymbol{h} = f(\boldsymbol{x}) = \boldsymbol{W}^\top(\boldsymbol{x} - \boldsymbol{\mu}) \tag{13.19}$$

とする．この符号化器は，低次元な h の表現を計算する．自己符号化器の立場では，再構成を計算する復号化器

$$\hat{\boldsymbol{x}} = g(\boldsymbol{h}) = \boldsymbol{b} + \boldsymbol{V}\boldsymbol{h} \tag{13.20}$$

がある．

再構成誤差

$$\mathbb{E}[||\boldsymbol{x} - \hat{\boldsymbol{x}}||^2] \tag{13.21}$$

を最小化する線形符号化器と線形復号化器の選び方は，$\boldsymbol{V} = \boldsymbol{W}$，$\boldsymbol{\mu} = \boldsymbol{b} = \mathbb{E}[\boldsymbol{x}]$ に相当し，$\boldsymbol{W}$ の列は，共分散行列

$$\boldsymbol{C} = \mathbb{E}[(\boldsymbol{x} - \boldsymbol{\mu})(\boldsymbol{x} - \boldsymbol{\mu})^\top] \tag{13.22}$$

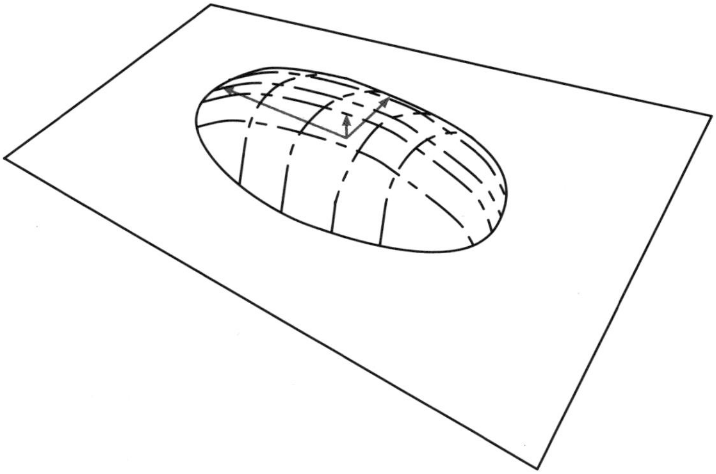

図 13.3: 低次元多様体の近くに集中した確率を捉える平らなガウス分布．この図は，中央を貫く「多様体平面」の上にある「パンケーキ」の上半分を表している．多様体に直交する方向（平面の外を指す矢印）の分散は非常に小さく，「ノイズ」のように考えることができる．一方，それ以外の方向（平面の中の矢印）の分散は大きく，「信号」や次元数を減らしたデータの座標系に相当する．

の主固有ベクトルと同じ部分空間を張る正規直交基底を構成する．PCA の場合，$\boldsymbol{W}$ の列はこれらの固有ベクトルで，（すべて実数で非負の）対応する固有値の大きさで並んでいる．

$\boldsymbol{C}$ の固有値 λ_i が，固有ベクトル $\boldsymbol{v}^{(i)}$ の方向の $\boldsymbol{x}$ の分散に相当することも示せる．もし $\boldsymbol{x} \in \mathbb{R}^D$, $\boldsymbol{h} \in \mathbb{R}^d$ で $d < D$ ならば，（$\boldsymbol{\mu}, \boldsymbol{b}, \boldsymbol{V}, \boldsymbol{W}$ を上記のように選んだときの）最適再構成誤差は，

$$\min \mathbb{E}[||\boldsymbol{x} - \hat{\boldsymbol{x}}||^2] = \sum_{i=d+1}^{D} \lambda_i \tag{13.23}$$

である．よって，もし共分散のランクが d なら，λ_{d+1} から λ_D までの固有値は 0 で，再構成誤差も 0 である．

さらに上記の解は，再構成誤差を最小化する代わりに，直交行列 $\boldsymbol{W}$ の下で $\boldsymbol{h}$ の要素の分散を最大化して得られることも示せる．

線形因子モデルは最も単純な生成モデルであり，データの表現を学習する最も単純なモデルである．線形分類器と線形回帰モデルが深層順伝播型ネットワークに拡張できるように，これらの線形因子モデルも，より強力かつ柔軟なモデル族で同じタスクを実行する自己符号化器ネットワークや深層確率モデルへと拡張できる．

第 14 章

自己符号化器

自己符号化器（autoencoder）とは，入力をその出力にコピーするように学習させたニューラルネットワークである．内部的には，入力を表すために使われる**符号**（code）を記述する隠れ層 $\boldsymbol{h}$ を持っている．このネットワークは符号化器関数 $\boldsymbol{h} = f(\boldsymbol{x})$ と，再構成 $\boldsymbol{r} = g(\boldsymbol{h})$ を生成する復号化器との 2 つの部分から構成されていると見ることもできる．この構造を図14.1に示す．自己符号化器が単にどこでも $g(f(\boldsymbol{x})) = \boldsymbol{x}$ となるように学習できても，特に有用というわけではない．代わりに，自己符号化器は完全なコピーを学習しないように設計されている．通常は，近似的にのみコピーできるように，そして訓練データに類似した入力のみをコピーするように制限されている．モデルは入力の中のコピーすべき特徴に優先順位をつけなければならないので，データに含まれる有用な性質をしばしば学習する．

最近の自己符号化器は，符号化器と復号化器の概念が決定的関数の枠を超えて，確率的な写像 $p_{\text{encoder}}(\boldsymbol{h} \mid \boldsymbol{x})$ と $p_{\text{decoder}}(\boldsymbol{x} \mid \boldsymbol{h})$ へと一般化されている．

自己符号化器のアイデアはニューラルネットワークの数十年にわたる歴史的経緯の一部となっている (LeCun, 1987; Bourlard and Kamp, 1988; Hinton and Zemel, 1994)．従来の自己符号化器は次元削減や特徴量の学習に使用されていた．近年，自己符号化器と潜在変数モデルの間の理論的な関係によって，20章で説明するように自己符号化器は生成モデルの最前線に位置することとなった．自己符号化器は順伝播型ネットワークの特別な場合であると考えられ，まったく同じ手法で学習させることができる．通常は誤差逆伝播法によって計算される勾配に基づくミニバッチ勾配降下法が使われる．一般的な順伝播型ネットワークとは異なり，自己符号化器は**再循環**（recirculation）(Hinton and McClelland, 1988) を用いた学習も可能である．これは，元の入力によるネットワークの活性化と，再構成された入力によるネットワークの活性化の比較に基づく学習アルゴリズムである．再循環は逆伝播よりも生物学的に妥当であると考えられているが，機械学習への応用ではほとんど使用されない．

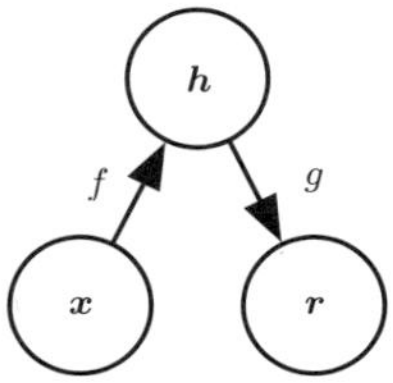

図 **14.1:** 内部表現すなわち符号 $\boldsymbol{h}$ を介して，入力 $\boldsymbol{x}$ を（再構成と呼ばれる）出力 $\boldsymbol{r}$ に写像する自己符号化器の一般的な構造．自己符号化器は符号化器 f（$\boldsymbol{x}$ から $\boldsymbol{h}$ への写像）と復号化器 g（$\boldsymbol{h}$ から $\boldsymbol{r}$ への写像）の 2 つの構成要素からなる．

14.1 不完備な自己符号化器

入力を出力にコピーする，と言うと無意味に思えるかもしれないが，普通は復号化器の出力には関心がない．代わりに，入力をコピーするタスクを実行するように自己符号化器を学習させることで，$\boldsymbol{h}$ に有用な性質が備わることを期待している．

自己符号化器から有用な特徴量を得る方法の 1 つに，$\boldsymbol{h}$ の次元が $\boldsymbol{x}$ より小さくなるように制限することがある．符号次元が入力次元より小さい自己符号化器を**不完備**（undercomplete）と呼ぶ．不完備な表現を学習すると，自己符号化器は訓練データの最も顕著な特徴量を捉えるようになる．

学習プロセスは単純に損失関数

$$L(\boldsymbol{x}, g(f(\boldsymbol{x}))) \tag{14.1}$$

を最小化するものとして記述される．ただし，L は，たとえば平均二乗誤差のような，$g(f(\boldsymbol{x}))$ と $\boldsymbol{x}$ の差異の大きさに応じてペナルティが課される損失関数である．

復号化器が線形で L が平均二乗誤差であるとき，不完備な自己符号化器は PCA と同じ部分空間に張られるように学習する．この場合，コピータスクを実行するように訓練した自己符号化器は，副作用として訓練データの主部分空間を学習する．

非線形符号化器関数 f と非線形復号化器関数 g を備えた自己符号化器は，これによってさらに強力な PCA の非線形汎化を学習することができる．残念ながら，符号化器と復号化器の容量が大きすぎると，自己符号化器はデータの分布に関する有益な情報を抽出せずに，コピータスクを実行することを学習してしまう．理論的には，符号が 1 次元でも非常に強力な非線形符号化器を持つ自己符号化器ならば，符号 i で各訓練事例 $\boldsymbol{x}^{(i)}$ を表現することを学習できてしまうことも考えられるだろう．復号化器はこれらの整数の添え字を元の特定の訓練事例の値に写像することを学習するだろう．実際にはこのようなことにはならないが，このことから，コピータスクを実行するように訓練された自己符号化器の容量が大きすぎると，データ集合に関する有用な性質の学習に失敗する可能性があることは明らかである．

14.2 正則化付き自己符号化器

入力次元よりも符号次元が小さい不完備な自己符号化器は，訓練集合の経験分布の最も顕著な特徴量を学習することができる．これらの自己符号化器では，符号化器と復号化器の容量が大きすぎると有用な情報を何も学習できないことを前節では確認した．

同様の問題は，隠れ符号が入力と等しい次元を持つ場合，さらには隠れ符号が入力より大きな次元を持つ**過完備**（overcomplete）の場合にも生じる．これらの場合は，線形符号化器と線形復号化器でさえも，データの分布に関する有用な情報は何も学習しないままに，入力から出力へのコピーを学習しうる．

理想的には，符号化器および復号化器の符号次元および容量を，モデル化される分布の複雑さに基づいて選ぶことで，どのような構造の自己符号化器でもうまく学習させることができるだろう．正則化付き自己符号化器にはその能力がある．正則化付き自己符号化器では，符号化器と復号化器を浅くし，符号のサイズを小さく保ってモデル容量を制限するのではなく，入力を出力にコピーする以外の性質もモデルが保持できるような損失関数を利用する．これらの性質には，表現のスパース性，表現の微分の小ささ，雑音や入力の欠落に対するロバスト性といった性質が含まれる．正則化付き自己符号化器は非線形や過完備であってよく，たとえモデルの容量が自明な恒等関数を学習するのに十分な大きさであっても，データの分布に関する有用な情報を学習することができる．

ここで説明した手法は正則化付き自己符号化器の最も自然な解釈であるが，それに加えて，潜在変数を持ち（与えられた入力から潜在的な表現を計算するための）推論手順を備えた生成モデルは，ほとんどの場合自己符号化器の特殊な形式とみなせる．この自己符号化器との接続を重要視する生成モデリング手法には 2 つあり，それはヘルムホルツマシン (Hinton *et al.*, 1995b) の後継である変分自己符号化器（20.10.3節）と確率的生成ネットワーク（20.12節）である．これらのモデルは入力の大容量で過完備な符号化を自然に学習し，その符号化を有用にするための正則化は必要ない．これらの符号化は自然と有用なものになる．なぜなら入力を出力にコピーするのではなく，訓練データの確率を近似的に最大化するようにモデルが訓練されるからである．

14.2.1 スパース自己符号化器

スパース自己符号化器とは単に，訓練基準として再構成誤差に加え符号層 $\boldsymbol{h}$ でのスパース性ペナルティ項 $\Omega(\boldsymbol{h})$ が含まれた自己符号化器である．

$$L(\boldsymbol{x}, g(f(\boldsymbol{x}))) + \Omega(\boldsymbol{h}). \tag{14.2}$$

ただし，$g(\boldsymbol{h})$ は復号化器の出力であり，また通常は符号化器出力を使って $\boldsymbol{h} = f(\boldsymbol{x})$ とする．

スパース自己符号化器は通常，分類のような別タスクに利用する特徴量の学習に用いられる．スパースになるよう正則化された自己符号化器は，単純に恒等関数として振る舞うだけでなく，訓練に使われたデータ集合に固有の統計的特徴量に反応せねばならないだろう．このため，コピータスクの実行をスパース性ペナルティ項を付けて訓練させると，副産物として有用な特徴量を学習したモデルが得られる．

このペナルティ項 $\Omega(\boldsymbol{h})$ は，順伝播型ネットワークに追加された単なる正則化項で，そのネットワークの主なタスクは入力の出力へのコピー（教師なし学習目的）であり，場合によっては，このスパースな特徴量を当てにした別の教師ありタスク（教師あり学習目的による）も行うと考えられる．重み減衰のような他の正則化とは異なり，この正則化に対するわかりやすいベイズ的解釈はない．5.6.1節で説明したように，重み減衰やその他の正則化ペナルティ項を使った訓練はベイズ推定に対する MAP 近似として解釈できて，追加された正則化ペナルティ項はモデルパラメータの事前確率分布に相当している．この見方では，正則化された最大尤度は $p(\boldsymbol{\theta} \mid \boldsymbol{x})$ を最大化することに対応し，このことは $\log p(\boldsymbol{x} \mid \boldsymbol{\theta}) + \log p(\boldsymbol{\theta})$ の最大化と等価である．$\log p(\boldsymbol{x} \mid \boldsymbol{\theta})$ 項は通常のデータ対数尤度の項であり，$\log p(\boldsymbol{\theta})$ 項はパラメータの対数事前分布で，$\boldsymbol{\theta}$ の特定の値への選好を含んでいる．この見方は5.6節で説明している．正則化付き自己符号化器は，そのような解釈を受け付けない．なぜならこの正則化はデータに依存しており，定義によれば正式な意味での事前分布ではないからである．それでも，これらの正則化項が関数の選好を暗に示していると考えることはできる．

スパース性ペナルティ項はコピータスクにおける正則化であると言うよりむしろ，スパース自己符号化器の枠組み全体が潜在変数を有する生成モデルの最尤学習の近似であると考えられる．可視変数 $\boldsymbol{x}$ と潜在変数 $\boldsymbol{h}$ を持つモデルが陽な同時分布 $p_{\text{model}}(\boldsymbol{x}, \boldsymbol{h}) = p_{\text{model}}(\boldsymbol{h}) p_{\text{model}}(\boldsymbol{x} \mid \boldsymbol{h})$ を持っているとする．$p_{\text{model}}(\boldsymbol{h})$ は潜在変数に対するモデルの事前分布であり，$\boldsymbol{x}$ を見る前のモデルの信念を表している．以前「事前分布」という言葉を使ったときは，モデルのパラメータに対する，訓練データを見る前の信念を符号化する分布 $p(\boldsymbol{\theta})$ を指していたが，ここでは言葉の用法が異なっている．対数尤度は以下のように分解できる．

$$\log p_{\mathrm{model}}(\boldsymbol{x}) = \log \sum_{\boldsymbol{h}} p_{\mathrm{model}}(\boldsymbol{h}, \boldsymbol{x}). \tag{14.3}$$

自己符号化器は，$\boldsymbol{h}$ の尤度の高い値 1 つだけを点推定することによって，この和を近似していると考えられる．これはスパース符号化生成モデル（13.4節）と類似しているが，$\boldsymbol{h}$ はパラメトリック符号化器の出力であり，最も尤度の高い $\boldsymbol{h}$ を推論する最適化の結果として得られたものではない．この観点から，選択された $\boldsymbol{h}$ で

$$\log p_{\mathrm{model}}(\boldsymbol{h}, \boldsymbol{x}) = \log p_{\mathrm{model}}(\boldsymbol{h}) + \log p_{\mathrm{model}}(\boldsymbol{x} \mid \boldsymbol{h}) \tag{14.4}$$

が最大化される．$\log p_{\mathrm{model}}(\boldsymbol{h})$ の項はスパース性を誘導しうる．たとえば，ラプラス事前分布

$$p_{\mathrm{model}}(h_i) = \frac{\lambda}{2} e^{-\lambda |h_i|} \tag{14.5}$$

は絶対値スパース性ペナルティ項に相当する．対数事前分布を絶対値ペナルティ項で表すと，以下が得られる．

$$\Omega(\boldsymbol{h}) = \lambda \sum_i |h_i| \tag{14.6}$$

$$-\log p_{\mathrm{model}}(\boldsymbol{h}) = \sum_i \left(\lambda |h_i| - \log \frac{\lambda}{2} \right) = \Omega(\boldsymbol{h}) + \mathrm{const}. \tag{14.7}$$

ただし，定数項は λ にのみ依存し，$\boldsymbol{h}$ には依存しない．通常は λ をハイパーパラメータとして扱い，パラメータの学習に影響を与えない定数項を除外する．他の事前分布（たとえばスチューデントの t 分布など）もスパース性を誘導できる．近似を用いた最尤学習における $p_{\mathrm{model}}(\boldsymbol{h})$ の効果により得られるスパース性の観点から見ると，スパース性ペナルティ項は正則化項ではなく，ただモデルによるその潜在変数上の分布がもたらす帰結にすぎない．この見方は，自己符号化器を訓練する別の動機をもたらす．つまりそれは，生成モデルの近似を用いた学習方法という側面である．また，自己符号化器によって学習された特徴量が有用であることを示す，別な理由ともなる．つまり，それらの特徴量が入力を説明する潜在変数を記述するという点である．

初期のスパース自己符号化器の研究 (Ranzato *et al.*, 2007a, 2008) ではスパース性のさまざまな形式が検証され，最尤法を無向確率モデル $p(\boldsymbol{x}) = \frac{1}{Z}\tilde{p}(\boldsymbol{x})$ に適用したときに生じるスパース性ペナルティ項と $\log Z$ 項の関係が提案された．発想としては，$\log Z$ の最小化は確率モデルがどこでも高い確率を保持することを防ぎ，また自己符号化器に課したスパース性は自己符号化器が再構成誤差をどこでも低くなることを防ぐというものである．ここでは，関係性は一般的なメカニズムを直感的に理解するレベルに在り，数学的な関係ではない．有向モデル $p_{\mathrm{model}}(\boldsymbol{h})p_{\mathrm{model}}(\boldsymbol{x} \mid \boldsymbol{h})$ における $\log p_{\mathrm{model}}(\boldsymbol{h})$ と，スパース性ペナルティ項とが関係していると解釈する方が，数学的にはより明快である．

スパース（および雑音除去）自己符号化器で $\boldsymbol{h}$ の**実際のゼロ**を達成する方法の 1 つが Glorot *et al.* (2011b) で取り入れられた．そのアイデアとは，ReLU を用いて符号層を生成するというものである．（絶対値ペナルティ項のように）実際に表現をゼロに押し込める事前分布を使えば，これにより表現中のゼロの平均数を間接的に制御できる．

14.2.2　雑音除去自己符号化器

コスト関数にペナルティ項 Ω を追加するのではなく，コスト関数の再構成誤差の項を変えることによって，有用な情報を学習する自己符号化器を作ることができる．

従来，自己符号化器は次のような関数を最小化していた．

$$L(\boldsymbol{x}, g(f(\boldsymbol{x}))). \tag{14.8}$$

ただし L は，差の L^2 ノルムのような，$\boldsymbol{x}$ から隔たった $g(f(\boldsymbol{x}))$ にペナルティを課す損失関数である．この損失関数は $g \circ f$ に，容量が十分なら単純な恒等関数を学習するよう促す．

雑音除去自己符号化器（denoising autoencoder，DAE）は，代わりに以下を最小化する．

$$L(\boldsymbol{x}, g(f(\tilde{\boldsymbol{x}}))). \tag{14.9}$$

ただし，$\tilde{\boldsymbol{x}}$ は何らかの形式の雑音によって破損した $\boldsymbol{x}$ のコピーである．したがって，雑音除去自己符号化器は，単に入力をコピーするのではなく，この破損を元に戻す必要がある．

雑音除去の学習は，Alain and Bengio (2013) やBengio *et al.* (2013c) で示されたように，f と g に暗黙のうちに $p_{\text{data}}(\boldsymbol{x})$ の構造を学習させる．したがって雑音除去自己符号化器は，再構成誤差を最小化することの副産物として，有用な性質がどのように現れるかを示すもう 1 つの例を提示している．雑音除去自己符号化器は，恒等関数の学習を妨げるよう注意が払われていれば，過完備で高容量のモデルを自己符号化器として使用できることの例でもある．雑音除去自己符号化器は14.5節でより詳しく説明される．

14.2.3 微分へのペナルティによる正則化

自己符号化器を正則化するもう 1 つの戦略は，スパース自己符号化器のようにペナルティ項 Ω を使うことである．

$$L(\boldsymbol{x}, g(f(\boldsymbol{x}))) + \Omega(\boldsymbol{h}, \boldsymbol{x}). \tag{14.10}$$

ただし，ここでは次のような異なる形式の Ω を用いる．

$$\Omega(\boldsymbol{h}, \boldsymbol{x}) = \lambda \sum_i ||\nabla_{\boldsymbol{x}} h_i||^2. \tag{14.11}$$

これはモデルに，$\boldsymbol{x}$ の変化がわずかなときは大きく変化しない関数を学習させる．このペナルティ項は，訓練事例にのみ適用されるため，自己符号化器は訓練集合の経験分布に関する情報を捉える特徴量を学習する．

この方法で正則化された自己符号化器は，**縮小自己符号化器**（contractive autoencoder，CAE）と呼ばれる．この手法は，雑音除去自己符号化器，多様体学習，確率的モデリングと理論的な関係がある．CAE のさらなる詳細は14.7節で説明する．

14.3 表現力，レイヤーサイズ，および深さ

自己符号化器は，単層の符号化器と単層の復号化器だけで学習することが多い．しかし，これは必要条件ではない．実際に，深層符号化器や深層復号化器の利用は多くの利点をもたらす．

6.4.1節で説明したように，順伝播型ネットワークの深さには多くの利点があることを思い出してほしい．自己符号化器は順伝播型ネットワークなので，その利点は自己符号化器にも当てはまる．さらに符号化器自体も復号化器自体も順伝播型ネットワークなので，これらの自己符号化器の各部は個々に深さのメリットを享受できる．

深さの自明ではない大きな利点の 1 つは，万能近似定理により，少なくとも 1 つの隠れ層を有する順伝播型ニューラルネットワークは，十分な隠れユニットがあれば，任意の精度で（広範なクラス内の）関数の近似を表現できることが保証される点である．これは，1 つの隠れ層を持つ自己符号化器が，データの定義域に沿って恒等関数を任意の精確さで表現できることを示している．しかし，入力から符号への写像に隠れ層はない．これは，符号がスパースでなければならないといった任意の制約を強制できないことを示している．符号化器自体の内に少なくとも 1 つの隠れ層が追加された深層自己符号化器は，十分な隠れユニットがあれば，入力から符号へのどのような写像をも任意の精度で近似できる．

深さは，いくつかの関数を表現する計算コストを指数関数的に減らすことができる．また深さは，いくつかの関数の学習に必要な訓練データの量を指数関数的に減らすこともできる．順伝播型ネットワークの深さの利点については6.4.1節を振り返ってほしい．

実験では，深層自己符号化器は，対応する線形または浅い自己符号化器に比べて，ずっと良好な圧縮をもたらすことがわかっている (Hinton and Salakhutdinov, 2006).

深層自己符号化器を訓練する一般的な戦略は，浅い自己符号化器を積み重ねて学習させることによって，深層構造を貪欲に事前学習させることである．そのため，最終的な目標が深い自己符号化器の学習である場合でも，浅い自己符号化器はよく現れる．

14.4　確率的な符号化器と復号化器

自己符号化器は単なる順伝播型ネットワークである．従来の順伝播型ネットワークで用いられるものと同じ損失関数と出力ユニットの種類を，自己符号化器でも使用できる．

6.2.2.4節の説明にあるように，順伝播型ネットワークの出力ユニットと損失関数を設計する場合の一般的な方針は，出力分布 $p(\boldsymbol{y} \mid \boldsymbol{x})$ を定義し，負の対数尤度 $-\log p(\boldsymbol{y} \mid \boldsymbol{x})$ を最小化することである．その設定の下で $\boldsymbol{y}$ は，たとえばクラスラベルのように目的となるベクトルである．

自己符号化器の場合，$\boldsymbol{x}$ は入力と同時に目標でもある．しかし，それでも以前と同じ手順を適用できる．隠れ符号 $\boldsymbol{h}$ が与えられると，復号化器が条件付き分布 $p_{\text{decoder}}(\boldsymbol{x} \mid \boldsymbol{h})$ を出力すると見なせる．その後，$-\log p_{\text{decoder}}(\boldsymbol{x} \mid \boldsymbol{h})$ の最小化によって自己符号化器を学習させる．この損失関数の正確な形式は p_{decoder} の形式によって変わる．従来の順伝播型ネットワークと同様に，$\boldsymbol{x}$ が実数である場合，普通は線形出力ユニットを用いてガウス分布の平均をパラメータ化する．その場合，負の対数尤度は平均二乗誤差基準である．同様に，$\boldsymbol{x}$ が二値の場合は，シグモイド出力ユニットによってパラメータが与えられるベルヌーイ分布に相当し，$\boldsymbol{x}$ の値が離散値の場合はソフトマックス分布に相当する，などとなる．通常，確率分布の評価コストが低くなるように，出力変数は $\boldsymbol{h}$ の下で条件付き独立であるとして扱われる．しかし，混合密度出力のように，相関のある出力のモデルを計算可能とする手法もある．

ここまでで見てきた順伝播型ネットワークからさらに大きく話を進めるために，図14.2に示すように，**符号化関数**（encoding function）$f(\boldsymbol{x})$ の概念を**符号化分布**（encoding distribution）$p_{\text{encoder}}(\boldsymbol{h} \mid \boldsymbol{x})$ へと一般化することもできる．

任意の潜在変数モデル $p_{\text{model}}(\boldsymbol{h}, \boldsymbol{x})$ は，確率的符号化器

$$p_{\text{encoder}}(\boldsymbol{h} \mid \boldsymbol{x}) = p_{\text{model}}(\boldsymbol{h} \mid \boldsymbol{x}) \tag{14.12}$$

と確率的復号化器

$$p_{\text{decoder}}(\boldsymbol{x} \mid \boldsymbol{h}) = p_{\text{model}}(\boldsymbol{x} \mid \boldsymbol{h}) \tag{14.13}$$

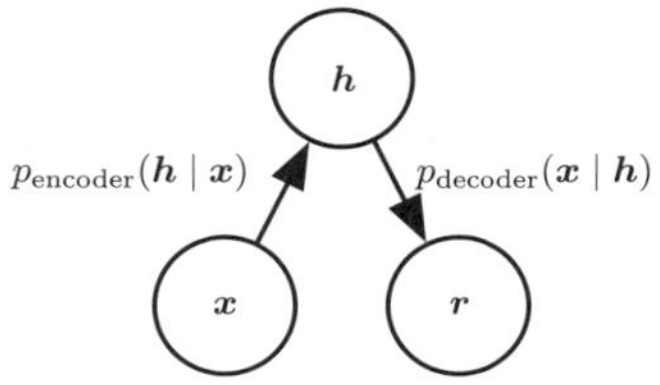

図 **14.2:** 確率的自己符号化器の構造で，ここでの符号化器と復号化器はどちらも単純な関数とする代わりに雑音注入を含めており，これが意味するところは，符号化器の出力は分布 $p_{\text{encoder}}(\boldsymbol{h} \mid \boldsymbol{x})$ から，復号化器の出力は分布 $p_{\text{decoder}}(\boldsymbol{x} \mid \boldsymbol{h})$ からのサンプルと見なせることである．

を定義する．一般に，符号化器と復号化器の分布は，必ずしも同一の同時分布 $p_{\text{model}}(\boldsymbol{x},\boldsymbol{h})$ と矛盾のない条件付き分布でなくてもよい． Alain *et al.* (2015) では，符号化器と復号化器を雑音除去自己符号化器として訓練させると，（十分な容量とサンプルがあれば）漸近的に矛盾はなくなる傾向があることが示されている．

14.5 雑音除去自己符号化器

雑音除去自己符号化器（denoising autoencoder，DAE）は，破損したデータ点を入力として受け取り，元の破損していないデータ点を出力として予測するように訓練された自己符号化器である．

DAE の訓練手順を図14.3に示す．ここでは破損過程 $C(\tilde{\mathbf{x}} \mid \mathbf{x})$ を導入する．これは，データサンプル $\mathbf{x}$ が与えられた時に，破損したサンプル $\tilde{\mathbf{x}}$ が従う条件付き分布を表す．すると自己符号化器は，訓練ペア $(\boldsymbol{x}\tilde{\boldsymbol{x}})$ から推定された**再構成分布**（reconstruction distribution）$p_{\text{reconstruct}}(\mathbf{x} \mid \tilde{\mathbf{x}})$ を次のように学習する：

1. 訓練データから訓練事例 $\boldsymbol{x}$ をサンプリングする．
2. $C(\tilde{\mathbf{x}} \mid \mathbf{x} = \boldsymbol{x})$ から破損した $\tilde{\boldsymbol{x}}$ をサンプリングする．
3. $(\boldsymbol{x}, \tilde{\boldsymbol{x}})$ を訓練事例として用い，自己符号化器の再構成分布 $p_{\text{reconstruct}}(\boldsymbol{x} \mid \tilde{\boldsymbol{x}}) = p_{\text{decoder}}(\boldsymbol{x} \mid \boldsymbol{h})$

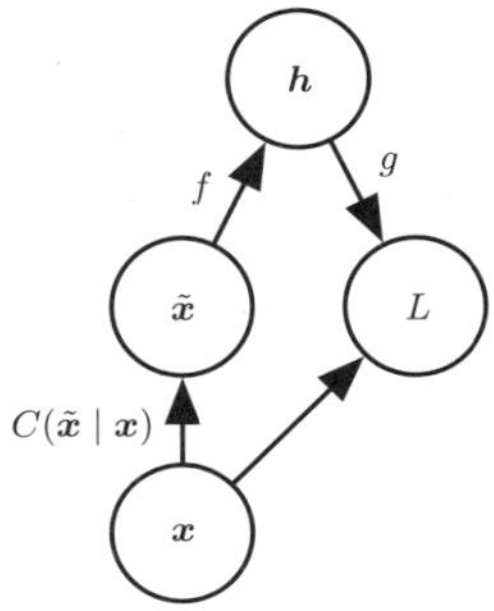

図 **14.3:** 雑音除去自己符号化器のコスト関数の計算グラフ．破損したデータ $\tilde{\boldsymbol{x}}$ から完全なデータ点 $\boldsymbol{x}$ を再構成するように学習させる．これは損失 $L = -\log p_{\text{decoder}}(\boldsymbol{x} \mid \boldsymbol{h} = f(\tilde{\boldsymbol{x}}))$ の最小化によって達成される．ただし，$\tilde{\boldsymbol{x}}$ は破損したデータ事例 $\boldsymbol{x}$ であり，定められた破損過程 $C(\tilde{\boldsymbol{x}} \mid \boldsymbol{x})$ によって得られる．通常，分布 p_{decoder} は因数分解可能な分布であり，その平均パラメータは順伝播型ネットワーク g から出力される．

を推定する．ここで，$\boldsymbol{h}$ は符号化器 $f(\tilde{\boldsymbol{x}})$ の出力であり，通常 p_{decoder} は復号化器 $g(\boldsymbol{h})$ で定義される．

通常は，勾配に基づく近似最小化（たとえばミニバッチ勾配降下法）を，負の対数尤度 $-\log p_{\text{decoder}}(\boldsymbol{x} \mid \boldsymbol{h})$ に対して単純に実行すればよい．符号化器が決定的である限り，雑音除去自己符号化器は順伝播型ネットワークであり，他の順伝播型ネットワークとまったく同じ手法で学習させることが可能である．

したがって，DAE は確率的勾配降下法を以下の期待値について実行していると見なせる．

$$-\mathbb{E}_{\mathbf{x}\sim\hat{p}_{\text{data}}(\mathbf{x})}\mathbb{E}_{\tilde{\mathbf{x}}\sim C(\tilde{\mathbf{x}}\mid\boldsymbol{x})}\log p_{\text{decoder}}(\boldsymbol{x} \mid \boldsymbol{h} = f(\tilde{\boldsymbol{x}})). \tag{14.14}$$

ただし，$\hat{p}_{\text{data}}(\mathbf{x})$ は訓練集合の経験分布である．

14.5.1　スコアの推定

スコアマッチング (Hyvärinen, 2005) は最尤法の代替手段である．この方法では，すべての訓練点 $\boldsymbol{x}$ でモデルが訓練集合の経験分布と同じ**スコア**（score）を持つよう促すことで，確率分布の一致推定量を与える．この文脈にて，スコアとは以下に示す勾配場である．

$$\nabla_{\boldsymbol{x}} \log p(\boldsymbol{x}). \tag{14.15}$$

スコアマッチングについては18.4節でさらに説明する．ここでの自己符号化器に関する検討の上では，$\log p_{\text{data}}$ の勾配場の学習が，p_{data} 自体の構造を学習する方法の 1 つだと理解しておけば十分である．

DAE の非常に重要な性質は，（条件付きガウス分布 $p(\boldsymbol{x} \mid \boldsymbol{h})$ を使う）訓練基準によって，自己符号化器が訓練集合の経験分布のスコアを推定するベクトル場 $(g(f(\boldsymbol{x})) - \boldsymbol{x})$ を学習することである．これを図14.4に示す．

（シグモイド隠れユニットと線形再構成ユニットで構成される）自己符号化器を，ガウス雑音と平均二乗誤差による再構成コストを利用した雑音除去で訓練することは，RBM と呼ばれる種類の無向確率モデルの，ガウス可視ユニットを用いた訓練と等価である (Vincent, 2011)．この種類のモデルについては20.5.1節で詳しく説明するが，ここでは，それが陽な $p_{\text{model}}(\boldsymbol{x};\boldsymbol{\theta})$ を与えるモデルだと理解すれば十分である．**雑音除去スコアマッチング**（denoising score matching） (Kingma and LeCun, 2010) を使って RBM を訓練する場合，その学習アルゴリズムは，その RBM と対応する自己符号化器での雑音除去訓練に相当する．雑音レベルを固定すると，正則化スコアマッチングは一致推定量を与えず，代わりに元の分布をぼやけさせた分布が復元する．しかし雑音レベルが，サンプル数が無限大に近づくにつれ，0 に近づくように選ばれたならば，また一致性は復元される．雑音除去スコアマッチングについては18.5節でさらに詳しく説明する．

自己符号化器と RBM の間には別な関係も存在する．RBM にスコアマッチングを適用して得られるコスト関数は，CAE (Swersky *et al.*, 2011) の縮小ペナルティに似た正則化項と足し合わせられた再構成誤差に等しい． Bengio and Delalleau (2009) は，自己符号化器の勾配が，RBM のコントラスティブ・ダイバージェンス学習の近似を与えることを示した．

$\boldsymbol{x}$ の値が連続の場合，ガウス分布による破損と再構成分布を用いた雑音除去基準は，一般的な符号化器と復号化器のパラメータ設定に応用可能なスコア推定量を与える (Alain and Bengio, 2013)．このことは，一般的な符号化器と復号化器で構成を，二乗誤差基準

$$||g(f(\tilde{\boldsymbol{x}})) - \boldsymbol{x}||^2 \tag{14.16}$$

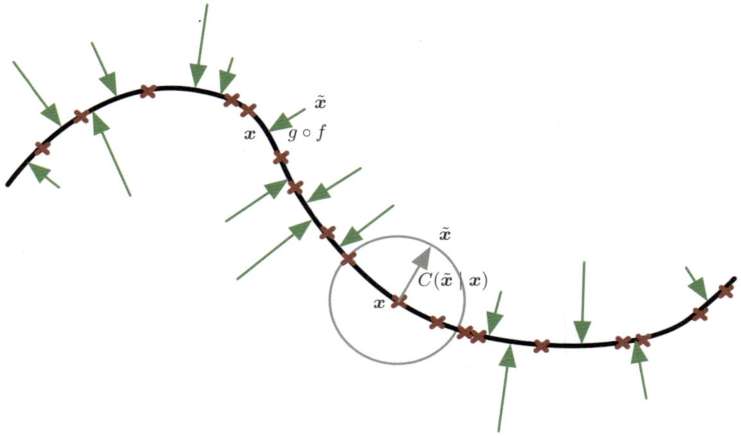

図 14.4: 雑音除去自己符号化器は，破損したデータ点 $\tilde{\boldsymbol{x}}$ を元のデータ点 $\boldsymbol{x}$ に写像するように訓練される．訓練事例 $\boldsymbol{x}$ は，黒い太線で描かれた低次元多様体の近くに配置された赤い×印で示されている．破損過程 $C(\tilde{\boldsymbol{x}} \mid \boldsymbol{x})$ については，同じ確率で破損の生じる箇所が灰色の円で描かれている．灰色の矢印は，ある訓練事例が破損過程後のサンプルへ変換されることを示している．雑音除去自己符号化器が二乗誤差 $||g(f(\tilde{\boldsymbol{x}})) - \boldsymbol{x}||^2$ の平均値を最小化するように訓練されるとき，再構成 $g(f(\tilde{\boldsymbol{x}}))$ は $\mathbb{E}_{\mathbf{x},\tilde{\mathbf{x}} \sim p_{\text{data}}(\mathbf{x})C(\tilde{\mathbf{x}}|\mathbf{x})}[\mathbf{x} \mid \tilde{\boldsymbol{x}}]$ を推定する．ベクトル $g(f(\tilde{\boldsymbol{x}})) - \tilde{\boldsymbol{x}}$ は，近似的に多様体上の最も近い点に向かう方向を指す．これは $g(f(\tilde{\boldsymbol{x}}))$ が，$\tilde{\boldsymbol{x}}$ を生じさせたであろう完全な点 $\boldsymbol{x}$ の重心を推定するからである．したがって，自己符号化器は，緑の矢印で示されたベクトル場 $g(f(\boldsymbol{x})) - \boldsymbol{x}$ を学習する．このベクトル場は，スコア $\nabla_{\boldsymbol{x}} \log p_{\text{data}}(\boldsymbol{x})$ を，二乗平均再構成誤差である乗法因子の違いを除いて推定する．

と，雑音の分散を σ^2 とする破損

$$C(\tilde{\mathbf{x}} = \tilde{\boldsymbol{x}}|\boldsymbol{x}) = \mathcal{N}(\tilde{\boldsymbol{x}}; \mu = \boldsymbol{x}, \Sigma = \sigma^2 I) \tag{14.17}$$

で学習することで，スコアを推定できる可能性を意味している．これがどのように機能するかの説明は図14.5を参照されたい．

一般に，再構成 $g(f(\boldsymbol{x}))$ から入力 $\boldsymbol{x}$ を引いた値は，どんな関数の勾配にも，ましてやスコアにも対応している保証はない．そのため，初期の成果 (Vincent, 2011) は，$g(f(\boldsymbol{x})) - \boldsymbol{x}$ を別の関数の微分にて得られるような，特定のパラメータの置き方に限定されていた．Kamyshanska and Memisevic (2015) は，$g(f(\boldsymbol{x})) - \boldsymbol{x}$ がその族の全要素のスコアに対応するような浅い自己符号化器の族を同定することで，Vincent (2011) の結果を一般化した．

ここまで説明してきたのはただ，確率分布の表現法を，雑音除去自己符号化器がいかに学習するかだけであった．より一般的には，自己符号化器を生成モデルとして利用し，この分布からサンプルを生成したい場合がある．これについては20.11節で説明する．

14.5.1.1　歴史的観点

雑音除去に MLP を使用するという考えは，LeCun (1987) とGallinari *et al.* (1987) の研究にさかのぼる．Behnke (2001) も回帰結合型ネットワークを使用して，画像から雑音を除去した．雑音除去自己符号化器は，ある意味では，単なる雑音除去を学習させた MLP である．しかし，「雑音除去自己符号化器」という名称には，単に入力から雑音を除去する方法を学習するだけでなく，雑音除去の学習の副作用として，良好な内部表現を学習するという意図も含まれている．この考え方はずっと後になって現れ

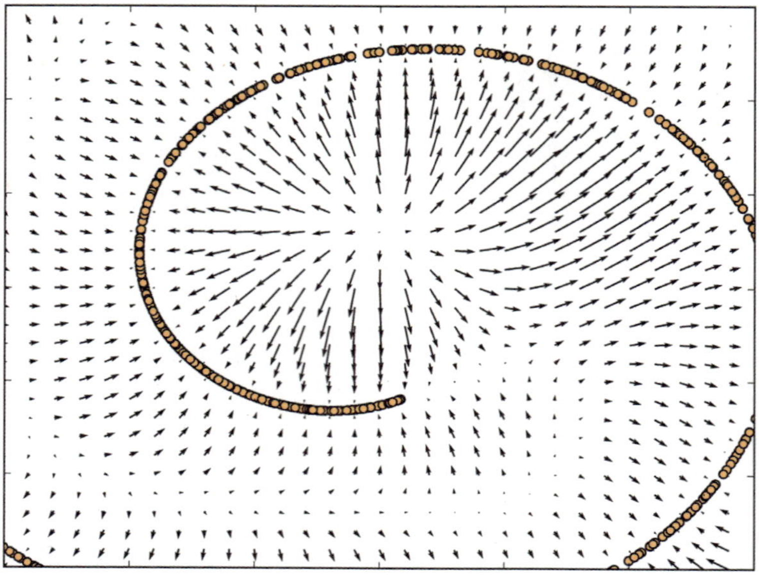

図 14.5: 湾曲した 1D 多様体の周囲にある，雑音除去自己符号化器によって学習されたベクトル場．データは 2D 空間上で多様体の近くに集中している．各矢印の長さは，自己符号化器による再構成から入力を引いたベクトルに比例しており，暗黙的に推定された確率分布に基づいて，その確率が高い方向に向いている．このベクトル場がゼロになるのは，推定された密度関数の最小値と（データ多様体上の）最大値においてである．たとえば，この曲線は相互につながりのある局所最大値の 1 次元多様体を形成する．局所最小値は，2 本の曲線間の隔たりの中央付近に現れる．再構成誤差のノルム（矢印の長さで示される）が大きいとき，確率は，矢印の方向に進むにつれて著しく高くなり，それは，確率の低い領域のほとんどで当てはまる．自己符号化器は，低確率な点をより高確率な再構成へと写像する．確率が最大の場所では再構成はより精密になるため，矢印は短くなる．図はAlain and Bengio (2013) の許可を得て再現されている．

たものである (Vincent *et al.*, 2008, 2010)．学習された表現を後で用いれば，より深い教師なしネットワークや教師ありネットワークの事前学習もできるだろう．スパース自己符号化器やスパース符号化，縮小自己符号化器，他の正則化付き自己符号化器のように，DAE の導入の動機は，符号化器と復号化器が役に立たない恒等関数を学習することを防ぎながら，非常に高い表現能力を持つ符号化器を学習させることにあった．

現代の DAE の登場に先立って，Inayoshi and Kurita (2005) は同じ手法の一部を用いて，同じ目標の一部を探究した．彼らのアプローチは，再構成誤差の最小化を教師あり目的関数と合わせた上で，教師あり MLP の隠れ層に雑音を注入するというものである．その目的は，再構成誤差と注入される雑音を使うことで，汎化性能を向上させることであった．しかし，彼らの手法は線形符号化器に基づいており，モダンな DAE ほど強力な関数の族を学習できなかった．

14.6　自己符号化器による多様体学習

自己符号化器では，他の多くの機械学習アルゴリズムと同様に，データが低次元多様体やそのような多様体の小さい集合の周りに集中しているという5.11.3節で説明した考えを利用している．機械学習ア

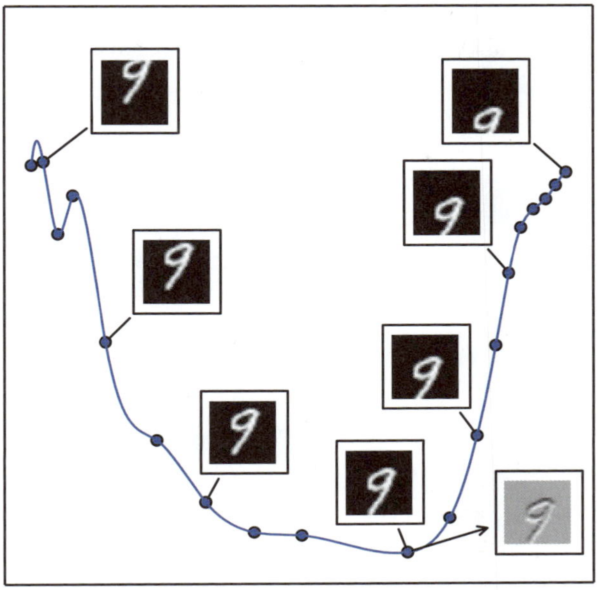

図 **14.6:** 接超平面の概念の説明図．ここでは，784 次元空間の 1 次元多様体を作成している．784 画素の MNIST 画像を 1 つ取り出し，それを縦方向に移動させて変形させている．画像空間上で曲線経路として描かれた 1 次元多様体上の座標は縦方向の移動量によって定義される．この多様体上のいくつかの点を図に示す．可視化のため，PCA を用いて多様体を 2 次元空間に射影している．n 次元多様体は，すべての点にて 1 つの n 次元接平面を持っている．接平面は，まさしくその点で多様体と接しており，その点において多様体の面と平行に向いている．多様体上にとどまったままで移動可能な方向の空間を定義しているのである．この 1 次元多様体は 1 本の接線を持つ．ある点における接線を，接方向が画像空間内でどのように現れるかを示す画像とともに例示した．接線に沿って移動しても変化しない画素を灰色で，明るく変化する画素を白色で，暗く変化する画素を黒色で示す．

ルゴリズムの中にはこの考えを単に，学習した関数はそういう多様体の上で正しく振る舞うが，多様体から遠い入力に対しては異常な振る舞いをしてもよい，という点に限ってのみ利用しているものもある．自己符号化器ではこのアイデアをさらに進めて，多様体の構造学習を目的としている．

自己符号化器がどのように多様体を学習するかを理解するために必要な，多様体の重要な性質をいくつか示す．

多様体の重要な特徴の 1 つに，その**接平面**（tangent planes）集合に関する性質がある．接平面は，d 次元多様体上の点 $\boldsymbol{x}$ において，多様体上で許容される局所的な変動の方向に張られた d 個の基底ベクトルにて与えられる．図14.6に示すように，これらの局所的方向は多様体上にとどまったままで $\boldsymbol{x}$ をわずかに変化させる方法を示している．

自己符号化器の訓練手順はすべて，次の 2 つの力の歩み寄りを含んでいる．

1. 訓練事例 $\boldsymbol{x}$ の表現 $\boldsymbol{h}$ を学習させ，復号化器によって $\boldsymbol{h}$ から $\boldsymbol{x}$ を近似的に復元できるようにする．

$\boldsymbol{x}$ が訓練データから抽出されているという事実は重要である．なぜなら，自己符号化器がデータ生成分布では起こらなそうな入力をうまく再構成できなくてよいことを意味するからである．

2. 制約や正則化のペナルティ項を満たす．これは自己符号化器の容量を制限するような構造上の制約でもよく，また再構成コストに追加された正則化項でもよい．これらのテクニックではたいてい，入力に対する感度がより低い解が選ばれる．

どちらの力も単独で役に立たないのは明らかである．入力を出力へコピーしても，入力を無視しても，それだけでは役に立たない．その代わり，2 つの力をどちらも考慮すれば役に立つ．なぜならそれらは，隠れ表現がデータ生成分布の構造を捉えるように強いるためである．重要な原理として，自己符号化器は**訓練事例を再構成するために必要な変化のみ**を表現できる．もしデータ生成分布が低次元多様体付近に集中していれば，この多様体の局所的座標系を暗に捉えた表現を生み出す．$\boldsymbol{x}$ の周りの多様体と接する変化のみが，$\boldsymbol{h} = f(\boldsymbol{x})$ の変化に対応する必要がある．したがって，符号化器は入力空間 $\boldsymbol{x}$ から表現空間への写像として，多様体方向に沿った変化にのみ敏感で，多様体に直交する変化には無反応な写像を学習する．

1 次元の例を図14.7に示す．この図は，再構成関数にデータ点の周りでの摂動へ反応させないことで，自己符号化器に多様体構造を復元させられることを示している．

自己符号化器が多様体学習において役に立つ理由を理解するには，他のアプローチと比較してみるとよい．多様体を特徴付けるために最もよく学習されるのは，多様体上（あるいはその付近）のデータ点の**表現**（representation）である．ある事例に対するそのような表現は埋め込みとも呼ばれる．通常これは，多様体を低次元部分集合として持つ「周辺」の空間より，さらに少ない次元の低次元ベクトルによって与えられる．各訓練事例の埋め込みを直接学習するアルゴリズム（以下に説明するノンパラメト

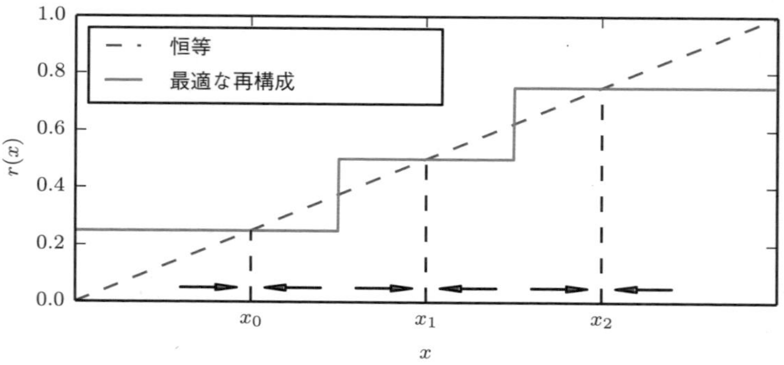

図 14.7: 自己符号化器が，データ点付近の小さな摂動に対して不変であるような再構成関数を学習すれば，その自己符号化器はデータの多様体構造を捉えている．ここで，多様体構造とは 0 次元多様体の集まりである．斜めの破線は再構成の目標となる恒等関数を示している．最適な再構成関数は，データ点がある場所では必ず恒等関数と交わる．図の最下部にある横向きの矢印は，矢印の根元の位置にある $r(\boldsymbol{x}) - \boldsymbol{x}$ の再構成方向ベクトルを表し，入力空間内ではつねに最も近い「多様体」（1 次元の場合は 1 つのデータ点）の方を向いている．雑音除去自己符号化器は明白に，再構成関数 $r(\boldsymbol{x})$ の微分をデータ点の周りで小さくしようとする．縮小自己符号化器も，符号化器では同様にする．$r(\boldsymbol{x})$ の微分は，データ点の周りでは小さいことが求められるが，データ点の間では大きくてもよい．データ点の間の空間は多様体の間の領域に対応しており，そこでの再構成関数の微分は，破損したデータ点を多様体上に戻すため大きくなければいけない．

リック多様体学習アルゴリズム）もあれば，より一般的な写像を学習して周辺空間（入力空間）内の任意のポイントからその埋め込みへと写像する（符号化器や表現関数と呼ばれることもある）アルゴリズムもある．

多様体学習では，主にこのような多様体を捉えようとする教師なし学習の方法が注目されている．非線形多様体を学習する初期の機械学習研究では，そのほとんどが**最近傍グラフ**（nearest-neighbor graph）に基づく**ノンパラメトリック**（non-parametric）法に集中していた．このグラフは訓練事例ごとに１つのノードと，近傍のノードを互いにつなぐエッジを持つ．これらの手法 (Schölkopf *et al.*, 1998; Roweis and Saul, 2000; Tenenbaum *et al.*, 2000; Brand, 2003; Belkin and Niyogi, 2003; Donoho and Grimes, 2003; Weinberger and Saul, 2004; Hinton and Roweis, 2003; van der Maaten and Hinton, 2008) では図14.8に示すように，事例とその近傍との間の差分ベクトルに対応する変化の方向に張られた接平面に，各ノードを結び付ける．

次いで，グローバル座標系は最適化によって，あるいは線形システムを解くことによって得られる．図14.9は，どのようにすれば多様体に多数の局所線形なガウス分布状の小区画（あるいは，ガウス分布は接方向に平らなため「パンケーキ」とも呼ばれる）を敷き詰められるかを示している．

しかし，このような局所的ノンパラメトリック手法による多様体学習には根本的な問題があることが，Bengio and Monperrus (2005) で提起されている．多様体があまり滑らかではないとき（多くの山や谷やねじれがあるとき）には，非常に多くの訓練事例が必要になるのである．これは，未知の変化には汎化できないため，そのような変化のすべてを含める必要があるためである．実際，これらの方法は，隣接するサンプルの間を補間することによってのみ，多様体の形状を一般化できる．残念ながら，AI

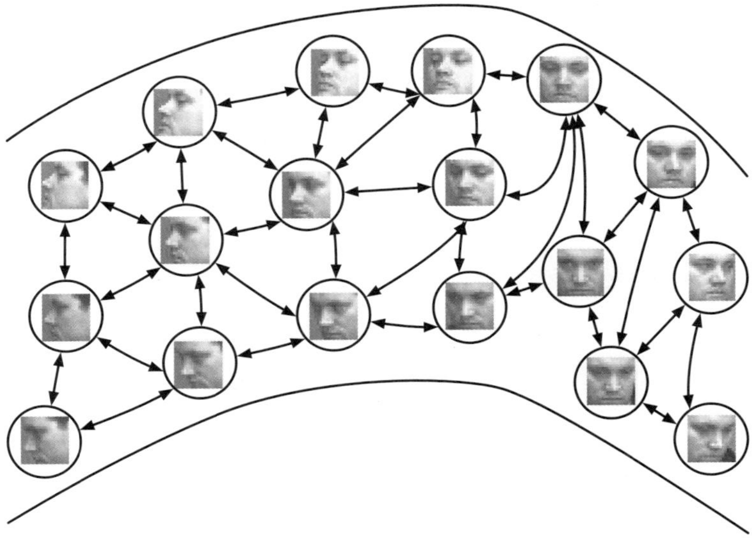

図 **14.8:** ノンパラメトリック多様体学習手順によって最近傍グラフを構築できる．ノードが訓練事例を表し，有向エッジが最近傍関係を示している．このことからさまざまな方法によって，あるグラフ中の近傍に対応付けられた接平面や，同様に各訓練事例を実数値のベクトル位置に結び付ける座標系，すなわち**埋め込み**（embedding）が得られる．そういった表現を一般化して，補間法という形で新たな事例に当てはめることができる．事例数が多様体の歪みやねじれを包含できるくらいに十分多ければ，このアプローチはうまくいく．QMUL 多視点顔データ集合 (Gong *et al.*, 2000) からの画像．

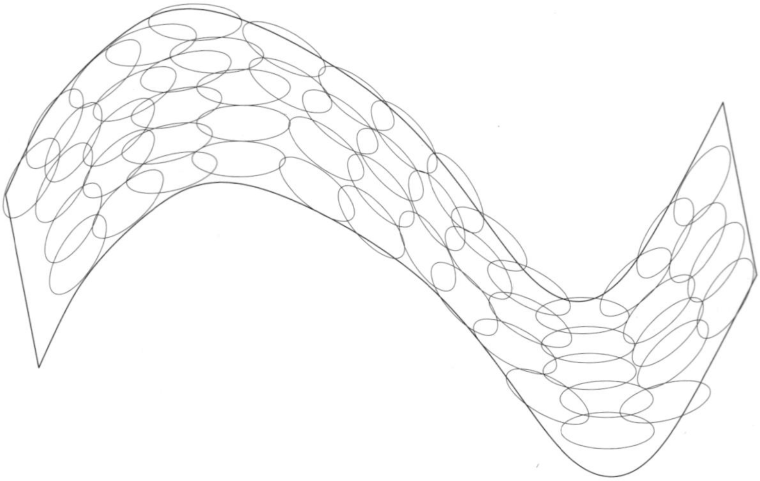

図 **14.9:** それぞれの位置における接平面（図14.6参照）がわかれば，それらを敷き詰めて大域的座標系や密度関数を形成できる．それぞれの局所的な小区画は，局所的なユークリッド座標系や局所的に平らなガウス分布，すなわち「パンケーキ」と考えられる．パンケーキと直交する方向の分散は非常に小さくて，パンケーキ上の座標系を定める方向の分散は非常に大きい．これらのガウス分布を組み合わせることで，多様体 Parzen 窓アルゴリズム (Vincent and Bengio, 2003) や，その非局所所ニューラルネットベースの変種 (Bengio *et al.*, 2006c) にあるような推定密度関数が得られる．

の問題に関わる多様体は，局所的補間のみで捉えるのが難しい非常に複雑な構造を取りうる．たとえば，図14.6に示すような移動によって得られる多様体を考えてみよう．入力ベクトル内の 1 つの座標 x_i だけに注目すると，画像が移動するにつれて，画像の輝度の山や谷ごとに注目する座標の値が山や谷になるのを観察できる．言い換えれば，元の画像の原型にある輝度の模様が複雑であれば，ちょっとした画像の移動によって生成される多様体も，複雑になってしまう．これが，多様体構造を捉えるために分散表現と深層学習を用いる理由である．

14.7　縮小自己符号化器

縮小自己符号化器 (Rifai *et al.*, 2011a,b) は，符号 $\boldsymbol{h} = f(\boldsymbol{x})$ に次のような明示的な正則化を導入することで，f の微分をできるだけ小さくしようとする．

$$\Omega(\boldsymbol{h}) = \lambda \left\| \frac{\partial f(\boldsymbol{x})}{\partial \boldsymbol{x}} \right\|_F^2. \tag{14.18}$$

ペナルティ項 $\Omega(\boldsymbol{h})$ は，符号化器関数に関する偏微分のヤコビ行列のフロベニウスノルムの二乗（二乗された要素の和）である．

雑音除去自己符号化器と縮小自己符号化器には次のような関連がある．Alain and Bengio (2013) は，小さなガウス入力雑音の極限にて，雑音除去による再構成誤差が $\boldsymbol{x}$ を $\boldsymbol{r} = g(f(\boldsymbol{x}))$ に写像する再構成関数の縮小ペナルティ項と等しくなることを示した．言い換えれば，雑音除去自己符号化器は再構成関数を，小さいが有限サイズの入力摂動から影響を受けにくくさせて，一方で縮小自己符号化器は特徴抽出関数を，無限に小さい入力摂動から影響を受けにくくさせる．分類器で用いる特徴量 $f(\boldsymbol{x})$ の事前学習において，ヤコビ行列に基づく縮小ペナルティ項を用いる場合，最良の分類精度は通常，縮小ペナルティ項を $g(f(\boldsymbol{x}))$ ではなく $f(\boldsymbol{x})$ に適用することで得られる．$f(\boldsymbol{x})$ の縮小ペナルティ項は，14.5.1節で議論したようにスコアマッチングとも密接な関係にある．

縮小（contractive）という名称は，CAE が空間を歪める方法からきている．具体的には，CAE は入力の摂動に抵抗するように訓練されるため，入力点の近傍は，出力点でより小さい近傍に写像するよう促される．このことは，入力の近傍を出力のより小さな近傍に縮小していると考えることができる．

明確にしておくと，CAE は局所的にしか縮小しない．学習点 $\boldsymbol{x}$ の摂動はすべて $f(\boldsymbol{x})$ の近くに写像されるのである．大域的には，2 つの異なる点 $\boldsymbol{x}$ と $\boldsymbol{x}'$ が，元の点同士より遠く離れた点 $f(\boldsymbol{x})$ と $f(\boldsymbol{x}')$ に写像されてもよい．f はデータ多様体間の内側に向かって，あるいはデータ多様体から離れる方向に広がりうると考えるのが妥当だろう（たとえば，図14.7に示した 1 次元の例ではどうなっていたかを参照されたい）．シグモイドユニットに $\Omega(\boldsymbol{h})$ のペナルティ項を適用する場合，ヤコビ行列を縮める 1 つの簡単な方法はシグモイドユニットを 0 か 1 に飽和させることである．これによって，CAE は入力点をシグモイドの極値に符号化して，バイナリ符号として解釈しうるようになる．またこのことは，CAE がシグモイド隠れユニットが張ることのできる超立方体のほぼ全域へと，その符号値を広められることを確実にする．

点 $\boldsymbol{x}$ におけるヤコビ行列 $\boldsymbol{J}$ は，非線形符号化器 $f(\boldsymbol{x})$ を近似する線形演算子だと考えることができる．これにより「縮小」という言葉はより形式的に使用できるようになる．線形演算子の理論では，$\boldsymbol{J}\boldsymbol{x}$ のノルムがすべての単位ノルム $\boldsymbol{x}$ に対して 1 以下であるとき，ある線形演算子は縮小していると言う．言い換えれば，単位球を縮めるとき，$\boldsymbol{J}$ は縮小していると言う．CAE は，これら局所線形演算子のそれぞれが縮小するように，すべての訓練点 $\boldsymbol{x}$ において $f(\boldsymbol{x})$ の局所線形近似のフロベニウスノルムにペナルティを与えていると考えられる．

14.6節で説明したように，正則化付き自己符号化器は，2 つの相反する力のバランスを取ることで多様体を学習する．CAE の場合には，2 つの力は再構成誤差と縮小ペナルティ項 $\Omega(\boldsymbol{h})$ である．再構成誤差だけでは，CAE は恒等関数を学習することになるだろう．縮小ペナルティ項だけでは，CAE は $\boldsymbol{x}$ に関して一定である特徴量を学習することになるだろう．これら 2 つの力が歩み寄ることで，自己符号化器の微分 $\frac{\partial f(\boldsymbol{x})}{\partial \boldsymbol{x}}$ が大半で小さくなる．入力の少数の方向に対応する少数の隠れユニットのみが，大きな微分を持ちうるのである．

CAE の目的は，データの多様体構造を学習することである．$\boldsymbol{J}\boldsymbol{x}$ が大きくなる方向 $\boldsymbol{x}$ では，$\boldsymbol{h}$ が素早く変化するため，その方向はおそらく多様体の接平面を近似する方向にもなっている．Rifai *et al.* (2011a) とRifai *et al.* (2011b) の実験では，CAE を学習させることで，$\boldsymbol{J}$ の特異値のほとんどが 1 より小さくなり，したがって縮小することが示されている．しかし，いくつかの特異値は 1 を超えたままである．これは再構成誤差ペナルティ項が，CAE に最大の局所的分散を持つ方向を符号化させるためである．最大の特異値に対応する方向は，縮小自己符号化器が学習した接方向と解釈される．理想的には，これらの接方向はデータにおける実際の変化に相当するべきである．たとえば，図14.6で示したように，画像に応用される CAE は，画像がどのように変化するかを示す接ベクトルを，画像内の対象物が徐々に姿勢を変えていくようなものとして学習するべきである．実験で得られた特異ベクトルの可視化は，図14.10に示すように，確かに入力画像の有意義な変換と関連しているように思われる．

CAE の正則化基準に関する実用上の問題の 1 つは，隠れ層が 1 つの自己符号化器の場合には計算コストが安く済むが，より深い自己符号化器の場合ははるかに高くつくことである．Rifai *et al.* (2011a) が採用した戦略は，ひと続きの単層自己符号化器を個別に訓練して，それぞれの訓練では直前の自己符

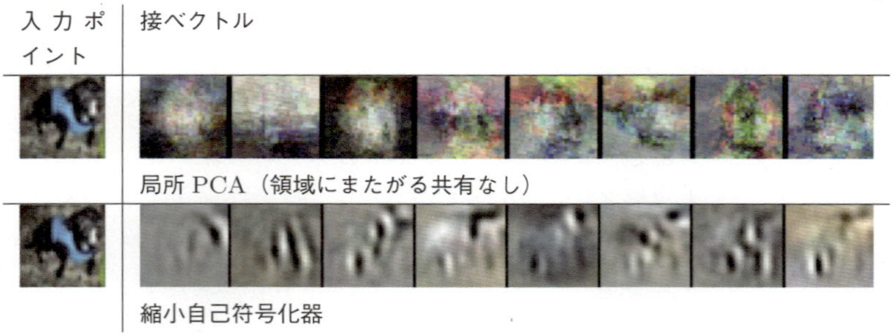

図 **14.10:** 局所 PCA および縮小自己符号化器によって推定された多様体の接ベクトルの例．多様体上の位置は，CIFAR-10 データ集合から取り出した犬の入力画像によって定義される．接ベクトルは，入力から符号への写像のヤコビ行列 $\frac{\partial \boldsymbol{h}}{\partial \boldsymbol{x}}$ の主要な特異ベクトルによって推定される．局所 PCA と CAE のどちらも局所的な接線を捉えることはできるが，CAE の方が限られた訓練データからより正確な推定値を形成できる．なぜなら CAE は，活性隠れユニットの部分集合を共有するような異なる位置の間での，パラメータ共有を利用しているからである．CAE の接線方向は通常，対象物の部位（頭や脚など）の移動や変化に相当する．画像はRifai *et al.* (2011c) の許可を得て転載した．

号化器の隠れ層を再構成させる方法である．これらの自己符号化器を合成することで，深層自己符号化器を形成できる．各層は局所的に縮小するように別々に学習されているので，深層自己符号化器も同様に縮小している．得られる結果は，深層モデルのヤコビ行列へのペナルティ項を用いて，構造全体を同時に学習させて得られるであろうものと同一にはならないが，望ましい定性的な性質の多くを捉えている．

もう 1 つの実用的な問題は，復号化器に何らかの拡大や縮小を課さなければ，縮小ペナルティ項が役に立たない結果を得てしまうことである．たとえば，符号化器が入力に小さな定数 ϵ を掛けており，復号化器は符号を ϵ で割っているとする．ϵ が 0 に近づくと，符号化器はその分布について何も学習しないままに，縮小ペナルティ項 $\Omega(\boldsymbol{h})$ を 0 に近づけてしまう．この間，復号化器は完全な再構成を保持している． Rifai *et al.* (2011a) ではこれを，f と g の重みを結び付けることで防いでいる．f と g はともに標準的なニューラルネットワーク層で，アフィン変換とそれに続く要素ごとの非線形変換からなる．そこで，g の重み行列を f の重み行列の転置行列にするのがわかりやすい方法である．

14.8　予測スパース分解

予測スパース分解（predictive sparse decomposition，PSD）は，スパース符号化とパラメトリック自己符号化器を組み合わせたモデルである (Kavukcuoglu *et al.*, 2008)．パラメトリック符号化器は，反復推論の出力を予測するように学習される．PSD は，画像や動画における物体認識のための教師なし特徴量学習や (Kavukcuoglu *et al.*, 2009, 2010; Jarrett *et al.*, 2009; Farabet *et al.*, 2011)，同様で音声にも応用されてきた (Henaff *et al.*, 2011)．このモデルは，双方パラメトリックな符号化器 $f(\boldsymbol{x})$ と復号化器 $g(\boldsymbol{h})$ で構成されている．学習中，$\boldsymbol{h}$ は最適化アルゴリズムによって制御されている．学習は

$$||\boldsymbol{x} - g(\boldsymbol{h})||^2 + \lambda|\boldsymbol{h}|_1 + \gamma||\boldsymbol{h} - f(\boldsymbol{x})||^2 \tag{14.19}$$

を最小化することで進む．スパース符号化と同様に，学習アルゴリズムは $\boldsymbol{h}$ に対する最小化とモデルパラメータに対する最小化とを交互に行う．$\boldsymbol{h}$ に対する最小化は早く，なぜなら $f(\boldsymbol{x})$ が $\boldsymbol{h}$ によい初期

値を与え，またコスト関数が $\boldsymbol{h}$ を制約して $f(\boldsymbol{x})$ の近くにとどめるためである．簡単な勾配降下法により，わずか 10 ステップで妥当な値の $\boldsymbol{h}$ を得られる．

PSD で用いられる学習手順では，まずスパース符号化モデルを訓練してから，次いで $f(\boldsymbol{x})$ を訓練してスパース符号化特徴量の値を予測するわけではない．PSD の学習手順では復号化器を正則化して，$f(\boldsymbol{x})$ が良好な符号値を推論できるようなパラメータを使うようにする．

予測スパース符号化は，**学習による近似推論**（learned approximate inference）の例である．19.5節ではこの話題をさらに発展させる．19章で説明する方法を使えば，PSD はモデルの対数尤度の下界を最大化することで有向スパース符号化確率モデルを学習している，と解釈できることがはっきりする．

PSD の実際の応用では，交互最適化は学習中にのみ行われる．パラメトリック符号化器 f は，モデルがデプロイされた際，学習済み特徴量の計算に利用される．f の評価は，勾配降下法による $\boldsymbol{h}$ の推論に比べて計算コストが低い．f は微分可能なパラメトリック関数なので，PSD モデルは積み重ねたり，別の基準で学習される深層ネットワークの初期化のために利用できる．

14.9 自己符号化器の応用

自己符号化器は，次元削減や情報検索のタスクへの応用で成功してきた．次元削減は，表現学習と深層学習の最初の応用の 1 つであり，自己符号化器を研究する初期のきっかけの 1 つでもあった．たとえばHinton and Salakhutdinov (2006) は，積み重ねた RBM を学習させて，それらの重みを深層自己符号化器の初期化に使った．その深層自己符号化器の隠れ層は段階的に小さくなっていて，最後の層は 30 ユニットまで狭められていた．得られた符号は，30 次元への PCA よりも小さい再構成誤差をもたらし，また学習された表現は，解釈や元になったカテゴリとの関連付けが質的により容易で，これらのカテゴリは，よく分離された集団として現れた．

低次元表現は，分類問題など多くのタスクの性能を改善できる．より小さなモデル空間では，消費するメモリと実行時間もより小さくなる．Salakhutdinov and Hinton (2007b) やTorralba *et al.* (2008) に見られるように，次元削減の多くの形式では，意味的に関連するサンプル同士を近くへと配置する．より低次元の空間への写像は，汎化を助けるヒントをもたらす．

次元削減によって通常よりさらに恩恵を受けるタスクが，**情報検索**（information retrieval）である．情報検索とは，入力された質問に似た項目をデータベースから見つけるタスクである．このタスクでは，他のタスクが次元削減で得るのと同様の恩恵を受けるとともに，ある種の低次元空間では検索が非常に効率的になるというさらなる恩恵も受ける．具体的には，低次元の**バイナリ**の符号を生成するように次元削減アルゴリズムを訓練すれば，バイナリ符号ベクトルを登録事項へと写像するハッシュテーブルに，すべてのデータベースの登録事項を格納できる．このハッシュテーブルを使用すると，質問と同じバイナリ符号を持つすべてのデータベースの登録事項を返すことで，情報検索を実行できるようになる．また，質問を符号化したものから個々のビットを反転させるだけで，少しだけ似ていない登録事項も非常に効率よく検索できる．この次元削減とバイナリ化による情報検索の手法は**セマンティックハッシング**（semantic hashing）(Salakhutdinov and Hinton, 2007b, 2009b) と呼ばれ，文章入力 (Salakhutdinov and Hinton, 2007b, 2009b) や画像 (Torralba *et al.*, 2008; Weiss *et al.*, 2008; Krizhevsky and Hinton, 2011) に応用されてきた．

セマンティックハッシングのバイナリ符号を生成するために，通常は最終層にシグモイドを利用した符号化関数を用いる．このシグモイドユニットは，すべての入力値に対して，ほぼ 0 かほぼ 1 に飽和するよう学習されねばならない．これには，学習中のシグモイド非線形性の直前に，相加性雑音を挿入するだけでよい．雑音の大きさは時間の経過とともに増加させるべきである．その雑音に負けずに可能な限り多くの情報を保持するため，ネットワークはシグモイド関数への入力の大きさを飽和が起こるまで増大させねばならない．

ハッシュ関数を学習するアイデアは，いくつかの方向性でさらに研究されており，その中には，ハッシュテーブル内の近傍事例を探すタスクとより直接的に結び付いた損失を最適化する表現を学習するアイデアも研究されている (Norouzi and Fleet, 2011).

第15章

表現学習

本章ではまず，表現を学習するということの意味するところについて，また表現という概念が深い構造の設計にどのように役立ちうるのかについて説明する．また，たとえば教師なしタスクによって得られた情報を教師ありタスクに利用する場合など，異なるタスク間での統計的強度の共有がどのように行われるかについて説明する．表現の共有は，複数のモダリティやドメインを扱う場合に有用である．また，タスク表現が存在するものの事例が少数であるか，あるいは事例がまったくないようなタスクに対して，すでに学習した知識を転移させる場合にも有用である．最後に，表現学習が成功した理由に立ち戻って議論する．分散表現 (Hinton *et al.*, 1986) と深層表現の理論的優位性から始め，データ生成過程に潜在する仮定，特に観測データの裏に潜む原因についての，より一般的なアイデアについて議論して本章をまとめる．

多くの情報処理タスクは，情報がどのように表現されているかによって簡単にも難しくもなる．これは，日常生活にも，コンピュータサイエンス一般にも，そして機械学習にも適用可能な一般的な原理である．たとえば，人間が「210 割る 6」を筆算で計算するのは簡単である．代わりに，もし数字がローマ数字で表現されているとすると，このタスクはより難しくなる．CCX を VI で割るように求められたほとんどの現代人は，まずこれらの数字をアラビア数字に変換し，位取り記数法による筆算を利用できるようにするところから始めるだろう．より具体的には，適切な表現や不適切な表現を用いるさまざまな処理の漸近的な実行時間を定量化することができる．たとえば，ソートされた数値リストの適切な位置に数値を挿入する処理は，もしリストが連結リストで表現されていれば $O(n)$ の処理であり，赤黒木で表現されていれば $O(\log n)$ である．

では，機械学習の文脈では，何が表現の良し悪しを決めるのか．一般的に言えば，よい表現とはそれに続く学習タスクを簡単にするものである．通常，表現の選択は，その後に行う学習タスクに依存する．

教師あり学習により訓練された順伝播型ネットワークは，一種の表現学習を行っているとみなすことができる．具体的には，ネットワークの最後の層は典型的にはソフトマックス回帰分類器などの線形分類器であり，ネットワークの残りの部分はこの分類器に与える表現を学習していると考えることができる．教師あり基準を用いた訓練を行うと，すべての隠れ層における表現は自然と（特に上部の隠れ層ほど）分類タスクを簡単にするような特性を持つようになっていく．たとえば，入力された特徴量では線形分離できないクラス群が，最後の隠れ層では線形分離できるようになりうる． 原理的には，最終層はたとえば近傍分類器 (Salakhutdinov and Hinton, 2007a) のような別のモデルでもよい．最後から 2 番目の層における特徴量は，最後の層の種類に応じて異なる特性を獲得するのが望ましい．

順伝播型ネットワークの教師あり学習は学習される中間表現に関する明示的な条件をまったく含んで

いない．他の種類の表現学習アルゴリズムは，表現を形作るために何らかの方法で明示的に設計されている場合も多い．たとえば，密度推定を容易にするための表現を学習したい場合を考えてみよう．より独立した分布はよりモデリングしやすいので，表現ベクトル $\boldsymbol{h}$ の要素を独立にするような目的関数を設計できるだろう．教師ありネットワークの場合と同様に，教師なし深層学習アルゴリズムは主な訓練目標を持つとともに，副次的な効果として表現を学習することもできる．表現がどのように獲得されたかには関係なく，学習された表現は別のタスクに利用することができる．あるいは，複数のタスク（いくつかが教師ありで，いくつかが教師なしでもよい）を，内部表現を共有させた上で同時に学習させることもできる．

表現を学習するほとんどの問題は，入力に関する情報をできるだけ保存することと，（独立性のような）好ましい特性を獲得することのトレードオフに直面することになる．

表現学習は，教師なし学習や半教師あり学習を行う 1 つの方法であるため特に興味深い．ラベルなし訓練データが多数あり，ラベルあり訓練データが比較的少数であるような状況はしばしばある．ラベルありの部分集合を利用した教師あり学習技術による訓練は，しばしばひどい過剰適合を引き起こす．半教師あり学習は，ラベルなしデータも学習に使うことで過剰適合の問題を低減する方法を提供する．具体的には，まずラベルなしデータからよい表現を学習し，学習した表現を教師あり学習タスクを解くために利用できる．

人間や動物は極めて少数のラベルあり事例から学習することができるが，それがなぜ可能なのかは今のところわかっていない．たとえば，脳は極めて大規模な分類器のアンサンブルを使っているとか，ベイズ推定技術を使っているとか，さまざまな要因により人間の高い能力を説明できるだろう．よくある仮説の 1 つは，脳は教師なし学習や半教師あり学習を有効活用できるというものである．ラベルなしデータを活用する方法はいくつも存在する．本章ではラベルなしデータがよい表現の学習に利用できるという仮説に焦点を当てる．

15.1　層ごとの貪欲教師なし事前学習

教師なし学習は，畳み込みや回帰結合のような特殊な構造を必要とせずに深層教師ありネットワークの学習を可能にした初めての方法であり，深層ニューラルネットワークの再燃の上で重要な歴史的役割を果たした．この手続きのことを**教師なし事前学習**（unsupervised pretraining）や，より正確に**層ごとの貪欲教師なし事前学習**（greedy layer-wise unsupervised pretraining）と呼ぶ．この手続きは，あるタスク（入力分布の形を捉えようとする教師なし学習）により学習された表現が，別のタスク（同じ入力ドメインにおける教師あり学習）にどのように有用であるかを示す標準的な例である．

層ごとの貪欲教師なし事前学習は，RBM や単層自己符号化器，スパースコーディングモデル，隠れ表現を学ぶその他のモデルなどの，単層表現を学習するアルゴリズムに基づいている．各層は 1 つ前の層の出力を入力とし，データの新しい表現を出力として生成する教師なし学習により事前学習される．ここで，新しい表現の分布（あるいは予測したいカテゴリなどのその他の変数との関係）はより単純なものとなることが期待される．アルゴリズムの形式的な記述はアルゴリズム15.1を参照されたい．

教師なし基準を利用した層ごとの貪欲学習法は，教師ありタスクのための深層ニューラルネットワークの複数の層を同時に訓練することの困難性を回避するために長らく利用されてきた．このアプローチは少なくともネオコグニトロン (Fukushima, 1975) までさかのぼる．2006 年の深層学習ルネサンスは，貪欲学習法によりすべての層をまとめて学習するための良質な初期値を見つけることができ，この

Algorithm 15.1 層ごとの貪欲教師なし事前学習手続き．

教師なし特徴量学習アルゴリズムを $\mathcal{L}$ とする．$\mathcal{L}$ は訓練事例の集合を入力とし，符号化器または特徴量関数 f を返す．入力生データを $\boldsymbol{X}$ とする．$\boldsymbol{X}$ は行ごとに 1 つの事例を持つ．$f^{(1)}(\boldsymbol{X})$ は $\boldsymbol{X}$ に対する 1 段目の符号化器の出力を示す．再学習を行うには，学習器 $\mathcal{T}$ を用いる．$\mathcal{T}$ は初期関数 f と入力事例 $\boldsymbol{X}$（および対応する目標 $\boldsymbol{Y}$，ただし教師あり再学習を行う場合）を入力とし，再学習された関数を返す．ステージ数を m とする．

$f \leftarrow$ Identity function
$\tilde{\boldsymbol{X}} = \boldsymbol{X}$
for $k = 1, \ldots, m$ **do**
  $f^{(k)} = \mathcal{L}(\tilde{\boldsymbol{X}})$
  $f \leftarrow f^{(k)} \circ f$
  $\tilde{\boldsymbol{X}} \leftarrow f^{(k)}(\tilde{\boldsymbol{X}})$
end for
if *fine-tuning* ***then***
  $f \leftarrow \mathcal{T}(f, \boldsymbol{X}, \boldsymbol{Y})$
end if
Return f

アプローチが全結合構造における訓練であっても利用できることがわかったことから始まった (Hinton *et al.*, 2006; Hinton and Salakhutdinov, 2006; Hinton, 2006; Bengio *et al.*, 2007; Ranzato *et al.*, 2007a)．この発見の前には，畳み込み深層ネットワークか，回帰結合の結果としての深さを持つネットワークのみが訓練可能であるとみなされていた．今日，層ごとの貪欲事前学習は全結合深層構造の学習に必ずしも必要ではないことがわかっているが，教師なし事前学習アプローチは成功した最初の方法であった．

層ごとの貪欲事前学習の**貪欲**（greedy）というのは，**貪欲アルゴリズム**（greedy algorithm），つまり解法のすべての部分を一緒に最適化するのではなく，それぞれの部分を独立に 1 つずつ最適化することを指している．また，**層ごと**（layer-wise）というのは，その独立部分がネットワークの各層であることに由来している．すなわち，層ごとの貪欲事前学習は一度に 1 つの層を扱い，k 番目の層を学習するときにはそれまでの層を固定しておく．具体的には，（最初に訓練される）下の層は，より上の層が挿入された後で変化しない．また，**教師なし**（unsupervised）というのは，各層が教師なし表現学習アルゴリズムによって訓練されることからきている．これはまた**事前学習**（pretraining）とも呼ばれている．これは，この学習が，あくまでもすべての層を同時学習アルゴリズムにより**再学習**（fine-tune）する前の最初のステップであると想定されているためである．教師あり学習の文脈では，これは一種の正則化（いくつかの実験において，事前学習は訓練誤差を減らすことなくテスト誤差を減らしている）やパラメータの初期化の一種とみなすことができる．

「事前学習」という用語は，事前学習そのものの段階だけでなく，事前学習と教師あり学習の 2 段階を組み合わせたプロトコル全体を指してよく使われる．教師あり学習段階は，事前学習段階により学習された特徴量の上に乗った簡単な分類器の訓練を伴うか，あるいは事前学習段階で学習されたネットワーク全体の教師あり再学習を伴う．どのような教師なし学習アルゴリズムを利用しても，どのようなモデルを採用しても，多くの場合全体的な学習スキームはほぼ同じである．どの教師なし学習アルゴリズムを選択するかは明らかにその細部に影響を与えるものの，教師なし事前学習の多くの応用事例はこの基本的なプロトコルに沿っている.

層ごとの貪欲教師なし事前学習は，深層自己符号化器 (Hinton and Salakhutdinov, 2006) や，多層の隠れ変数を持つ確率モデルなど，その他の教師なし学習アルゴリズムの初期化にも利用することができる．このようなモデルには，深層信念ネットワーク (Hinton *et al.*, 2006) や深層ボルツマンマシン (Salakhutdinov and Hinton, 2009a) も含まれている．これらの深層生成モデルについては20章で説明する.

8.7.4節で説明したように，層ごとの貪欲**教師あり**事前学習を行うことも可能である．これは，浅いネットワークの学習は深いネットワークの学習よりも簡単であるという前提に立っており，いくつかの文脈で検証されてきているようである (Erhan *et al.*, 2010).

15.1.1　教師なし事前学習はいつ，なぜうまく働くのか

多くのタスクでは，層ごとの貪欲教師なし事前学習は分類タスクのテスト誤差をかなり改善できる．この結果は，2006 年に始まる深層ニューラルネットワークへの新たな関心のきっかけとなった (Hinton *et al.*, 2006; Bengio *et al.*, 2007; Ranzato *et al.*, 2007a)．しかし，その他の多くのタスクでは，教師なし事前学習は利益を与えないか，無視できない害を引き起こすかのどちらかである．Ma *et al.* (2015) は，化合物活性予想のための機械学習モデルにおける事前学習の効果を調べ，平均的には事前学習がわずかに有害であるが，劇的に役立つようなタスクも多くあることを発見した．教師なし事前学習は役に立つこともあるが有害なことも多いので，いつ，なぜうまくいくかを理解することは，ある特定のタスクに対して適用可能であるかを決める上で重要である.

はじめに，ここでの議論のほとんどは貪欲教師なし事前学習に限定されたものであるとはっきりさせておこう．7.13節で言及した仮想敵対的学習のような，ニューラルネットワークで半教師あり学習を行うまったく異なる別のパラダイムも存在している．また，自己符号化器や生成モデルを，教師ありモデルと同時に学習させることもできる．このような 1 段階アプローチの例には，識別的 RBM(Larochelle and Bengio, 2008) や梯子ネットワーク (Rasmus *et al.*, 2015) などの，全体の目的関数が 2 つの項（1 つはラベルを用い，もう 1 つは入力のみを用いる）の明示的な総和であるようなモデルが含まれている.

教師なし事前学習は 2 つの異なるアイデアを組み合わせている．1 つ目は，深層ニューラルネットワークの初期パラメータの選択はモデルに対して強い正則化効果を持ちうる（また，それほどではないにせよ最適化を改善する）というアイデアである．2 つ目は，入力分布の学習が，入力から出力への写像の学習を手助けしうるという，より一般的なアイデアである.

どちらのアイデアも，完全には理解されていない機械学習アルゴリズムのいくつかの要素間の複雑な相互作用を伴っている.

1 つ目のアイデア，すなわち深層ニューラルネットワークの初期パラメータの選択がその性能に対して強い正則化効果を持ちうるということについては，まだよくわかっていない．事前学習が有名になった際，モデルをある位置に初期化することは，ある局所解を避けて別の局所解へと向かわせるものと理解されていた．今日，局所解はもはやニューラルネットワークの最適化における深刻な問題であるとは考えられていない．標準的なニューラルネットワークの学習手順は通常，どんな種類の臨界点にも到達していないことがわかっている．ただし，事前学習が，事前学習なしではたどり着けなかった領域にモデルを初期化している可能性は残されている．たとえば，コスト関数が事例ごとに非常にバラついておりミニバッチが著しくノイズにまみれた勾配の推定しか与えない区域に囲まれた領域や，ヘッセ行列が

著しく不完全に条件付けられており勾配降下法が非常に小さなステップしか利用しない区域で囲まれた領域などがこれに該当する．しかし，事前学習されたパラメータのどの側面が教師あり学習の段階で保存されているかを正確に特徴付けるのは難しい．これが，現代的なアプローチが通常教師なし学習と教師あり学習を 2 つの逐次的な段階としてではなく，同時に利用している 1 つの理由である．また，単に特徴抽出器のパラメータを固定させて，教師あり学習を学習済みの特徴量の上に乗せた分類器にのみ行うことで，教師あり学習段階での最適化がどのように教師なし学習段階で得られた情報を保存しているかという複雑な考えと格闘するのを避けることができる．

学習アルゴリズムが教師なし段階で学習した情報を，教師あり学習段階をよりよく実行するために利用できるという別のアイデアはより理解されている．基本的なアイデアは，教師なしタスクで有用な特徴量には，教師あり学習のタスクにとっても有用なものもありうるということである．たとえば，自動車とオートバイの画像の生成モデルを訓練する場合，タイヤについて知るとともに，画像中にタイヤがいくつあるかを知る必要があるだろう．運がよければ，タイヤの表現は教師あり学習器が利用しやすい形式になりうる．これは数学的，あるいは理論的レベルではまだ理解されていないため，どのタスクが教師なし学習から利点を得られるかをつねに予想することはできない．このアプローチの多くの側面は，使われているモデルに強く依存している．たとえば，事前学習された特徴量の上に線形分類器を乗せる場合には，その特徴量は潜在的なクラスを線形分離しなければならない．このような特性が自然に得られることも多いが，つねに得られるわけではない．これが，教師あり学習と教師なし学習を同時に行うことが好まれるもう 1 つの理由である．同時に行うことで，出力層により課された制約を最初から自然に取り入れることができる．

教師なし事前学習を表現学習の観点からみると，教師なし事前学習は初期表現が不十分である場合により有効であると期待できる．1 つの重要な例は単語埋め込みの利用である．2 つの異なる one-hot ベクトル間の距離はすべて同じ（L^2 の二乗が 2 となる距離）になるので，単語表現に one-hot ベクトルを用いてもあまり有益ではない．学習された単語埋め込みは，単語間の類似度を単語間の距離として自然に符号化することができる．そのため，教師なし事前学習は単語を処理する際に特に有用である．逆に画像を処理する際にはそこまで有用ではない．これはおそらく，画像はすでにリッチなベクトル空間に存在していて，その距離が低品質ながら類似度の測定方法となるためであると思われる．

正則化の観点から見ると，教師なし事前学習はラベルあり事例が非常に少ない場合に最も手助けになると期待できる．教師なし事前学習によって付加される情報のソースはラベルなしデータであり，ラベルなし事例が大量にある場合にもうまく働くと期待できる．大量のラベルなし事例を利用した教師なし事前学習と少数のラベルあり事例を利用した半教師あり学習の利点は，2011 年の 2 つの転移学習に関するコンペティションにおける教師なし事前学習の勝利により，とりわけ明らかになった (Mesnil *et al.*, 2011; Goodfellow *et al.*, 2011)．このコンペティションでは，目標タスクのラベルあり事例が少なく（クラスあたり 5 から数十程度）設定されていた．この結果については，Paine *et al.* (2014) による慎重に管理された実験で検証されている．

その他にも，いくつかの要因が関連しているようである．たとえば，教師なし事前学習はおそらく学習される関数が極めて複雑である場合に最も有用である．教師なし学習は重み減衰のような正則化とは異なっている．なぜなら，学習器が単純な関数を発見する方向にバイアスを与えるのではなく，むしろ学習器が教師なし学習タスクにとって有用であるような特徴量関数を発見する方向に向かわせているからである．もし真の潜在的な関数が入力分布の規則性によって複雑に形作られているならば，教師なし学習はより適切な正則化となりうる．

これらの注意点はとりあえずおいておき，ここでは，教師なし事前学習が改善をもたらすとわかって

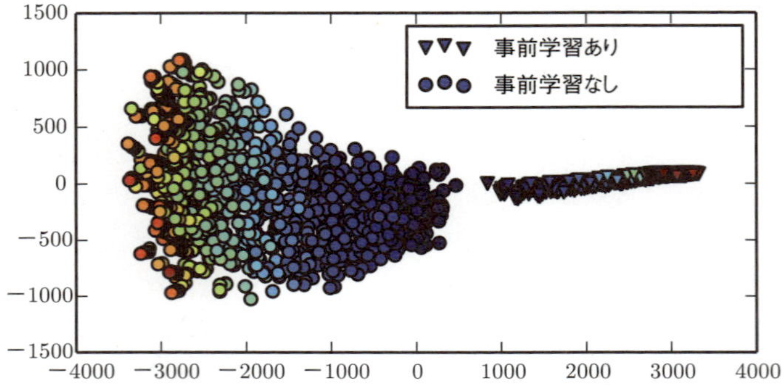

図 15.1: 非線形写像による**関数空間**（パラメータ空間ではないことに注意されたい．これはパラメータベクトルから関数への多対一の写像を避けるためである．）における異なるニューラルネットワークの学習軌道の可視化．各ニューラルネットワークはランダムに異なる値で初期化されたり，あるいは教師なし事前学習を行ったり行わなかったりしたものである．各点は訓練過程の特定の時点における異なるニューラルネットワークに対応している．この図はErhan *et al.* (2010) の許可を得て改変した．関数空間での座標軸は，すべての入力 $\boldsymbol{x}$ を出力 $\boldsymbol{y}$ に関連付ける無限次元のベクトルである．Erhan *et al.* (2010) は多くの決まった $\boldsymbol{x}$ に $\boldsymbol{y}$ を結び付けることで，高次元空間への線形射影を行った．また彼らはその後，Isomap(Tenenbaum *et al.*, 2000) を利用した 2 次元空間へのさらなる非線形射影を行った．図中の陰影は時刻を表している．すべてのネットワークは，図の中心付近（ほとんどの入力に対してクラス y に関する近似的な一様な分布を与える関数の領域に対応する）で初期化されている．時間が経つにつれて，学習により関数が外側，つまり強い予測をする点へと移動している．事前学習を行った場合には訓練がばらつかずにある 1 つの領域で停止しており，また事前学習を行わない場合には重ならない領域で停止している．Isomap は大域的な相対距離（したがって大きさも）を保存しようとするため，事前学習済みモデルに対応する小さな領域は，事前学習に基づく推定量が分散を低下させていることを示唆している．

いる成功事例のいくつかを分析し，事前学習が何を改善しうるのかについて知られていることを説明する．通常，教師なし事前学習は分類器を改良するために利用され，テスト集合の誤差を減らすという観点から最も興味を持たれている．しかし，教師なし事前学習は分類以外のタスクも手助けし，単に正則化として働くだけでなく，最適化を改善することもできる．たとえば，教師なし事前学習は，深層自己符号化器の訓練再構成誤差とテスト再構成誤差の両方を改良することができる (Hinton and Salakhutdinov, 2006).

Erhan *et al.* (2010) は，教師なし事前学習のいくつかの成功について説明するために，多くの実験を行った．訓練誤差の改善とテスト誤差の改善は，どちらも教師なし事前学習が，それなしには到達不可能な領域にパラメータを導くという観点から説明することができる．ニューラルネットワークの訓練は非決定的であり，実行するたびに異なる関数へと収束する．訓練は，勾配が小さくなった点，過剰適合を防ぐための早期打ち切りにより学習が終了した点，勾配は大きいものの確率性やヘッセ行列の条件不足などの問題により下り坂に向かうステップが見つけにくい点で停止するだろう．事前学習を行わなかったニューラルネットワークがバラバラな領域で停止するのに対して，教師なし事前学習を利用したニューラルネットワークは一貫して特定の関数領域で停止する．この現象の視覚的な説明は，図15.1を参照されたい．事前学習を利用したネットワークが到達した領域は小さく，このことは，事前学習が推定過程の分散を低下させており，そしてまた深刻な過剰適合のリスクを低下させていることを示唆している．言い換えれば，教師なし事前学習はニューラルネットワークのパラメータをそこから抜けられないような領域に初期化しており，この初期化を利用した学習結果を一貫させ，またこの初期化を行わない場合と比較してそれほど悪い結果になりにくくしている．

Erhan *et al.* (2010) はまた，事前学習が最もよく働くのは**いつか**という問いに対する答えもいくつか与えている．具体的には，より深いネットワークでは事前学習によってテスト誤差の平均と分散を最も低下したことを報告している．これらの実験は，より深いネットワークを学習する現代的な技術（ReLU，ドロップアウト，バッチ正規化）が発明されたり普及したりする前に行われており，最新の手法とともに教師なし事前学習を行う効果についてはあまり明らかになっていないことを心にとどめておいてほしい．

重要な問いの 1 つは，教師なし事前学習がどのように正則化として機能しうるかである．1 つの仮説は，事前学習が観測データを生成する潜在的因子に関する特徴量を発見する手助けをしているというものである．これは，教師なし事前学習の他にも多くのアルゴリズムを動機付けている重要なアイデアである．より詳細には15.3節で説明する．

他の教師なし学習手法と比較して，教師なし事前学習は 2 つの別々の訓練段階を必要とするというデメリットがある．多くの正則化手法には，1 つのハイパーパラメータの値を調節することで正則化の強度を利用者が制御できる．教師なし事前学習には，教師なし段階で生じる正則化の強度を調節するわかりやすい方法が存在しない．代わりに大量のハイパーパラメータがあり，その効果を事後に測定することはできるが，事前に予測することは難しい．事前学習戦略を使う代わりに教師なし学習と教師あり学習を同時に行う場合には，1 つのハイパーパラメータが存在する．通常は教師なしコストに付与される係数であり，教師なし目的関数が教師ありモデルを正則化する強さを決める．利用者は，係数を小さくすることで，予期したとおりに弱い正則化をつねに実現することができる．教師なし事前学習の場合，このように正則化の強さを柔軟に変化させる方法は存在しない．すなわち，教師ありモデルは，事前学習のパラメータに初期化されているか，あるいはいないかのどちらかである．

2 段階学習のもう 1 つのデメリットは，それぞれの段階が独自のハイパーパラメータを持つことである．通常，2 段目の性能は 1 段目の途中では予想できないため，1 段目のハイパーパラメータを試してから，それを 2 段目から得られるフィードバックを利用して更新するまでの間には長い遅延がある．最も理にかなった方法は，Larochelle *et al.* (2009) に示されているように，教師あり段階での検証データに対する誤差を事前学習段階のハイパーパラメータの選択に利用するというものである．実際には，いくつかのハイパーパラメータ，たとえば事前学習の繰り返し回数などは，教師なし目的関数における早期打ち切りを利用することで，事前学習段階で簡易的に設定される．これは理想的な方法ではないものの，教師あり目的関数を利用する場合よりも計算上はるかに安価である．

今日，自然言語処理の領域を除いて，教師なし事前学習はほとんど使われていない．自然言語処理の領域は one-hot ベクトルによる自然な単語表現が単語間の類似度を測るのに適切でなく，また極めて大量のラベルなしデータが利用可能である．その場合の事前学習の利点は，巨大なラベルなしデータ（たとえば数十億もの単語を含むコーパスなど）に対して一度だけ事前学習を行うことで（通常は単語の，さらには文章の）良好な表現を学習し，学習事例がかなり少ない教師ありタスクでその表現を利用したり再学習したりできることである．このような取り組み方はCollobert and Weston (2008b)，Turian *et al.* (2010)，Collobert *et al.* (2011a) によって切り開かれ，今日でも利用されている．

ドロップアウトやバッチ正規化によって正則化された教師あり学習に基づく深層学習の技術は，たくさんのタスクで人間レベルの性能を発揮できているが，それは極めて大規模なラベルありデータ集合が存在する場合に限られている．同様の技術は CIFAR-10 や MNIST のような，クラスあたりおおよそ 5,000 のラベルあり事例があるような，中規模のデータ集合においても教師なし事前学習を上回っている．選択的スプライシングデータ集合のような極めて小規模なデータ集合においては，ベイズ的な手法が教師なし事前学習による方法を凌駕している (Srivastava, 2013)．これらの理由から教師なし事前学習の人気は低下している．それでもなお，教師なし事前学習は深層学習研究の歴史上において重要なマイルストーンであり続けており，最新のアプローチに影響を与え続けている．事前学習のアイデアは8.7.4節に示した**教師あり事前学習**（supervised pretraining）に一般化され，転移学習を実現するためのアプローチとして極めて一般的となっている．教師あり事前学習による転移学習は，ImageNet データ集合で事前学習された畳み込みネットワークを利用する場合によく使われる (Oquab *et al.*, 2014; Yosinski *et al.*, 2014)．専門家はこれらの目的のために学習したネットワークのパラメータを公開しており，自然言語処理の領域での事前学習単語ベクトル (Collobert *et al.*, 2011a; Mikolov *et al.*, 2013a) と同様である．

15.2　転移学習とドメイン適応

転移学習やドメイン適応とは，ある設定（たとえば分布 P_1）で学んだことを別の設定（たとえば分布 P_2）の汎化能力向上に役立てようとする状況を指す言葉である．これは，前の節で考えた教師なし学習タスクにより得られた表現を教師あり学習タスクに転移するというアイデアをより一般化している．

転移学習（transfer learning）では，学習器は 2 つ以上の異なるタスクを実行する．ただし，ここでは P_1 の変化を説明するような因子の多くが，P_2 を学習するために捉えるべき変化にとっても適切であると仮定している．通常，これは入力が同じでも目標が異なる性質を持つ教師あり学習の状況として理解される．たとえば，はじめに犬と猫のような視覚的に分類されるある集合について学習し，続いてアリとハチのような最初とは異なる集合について学習する場合があるだろう．もし最初の設定（P_1 からのサンプリング）において大量のデータがあれば，P_2 から得られる非常に少ない事例のみで素早く汎化するために有用な表現を学習する手助けになるだろう．視覚的なカテゴリの多くは，エッジや目に見える形などの下位の概念，幾何学的変化による影響，照明の変化などを**共有**している．一般に，複数の設定で現れる潜在的因子に対応する，異なる設定やタスクに対して有用な特徴量が存在している時に，転移学習やマルチタスク学習 (7.7節)，ドメイン適応は表現学習によって達成できる．このことは，共有された下位層とタスク依存の上位層を持つ図7.2に示されている．

しかし，異なるタスク間で共有されているのが入力の意味ではなく，出力の意味である場合もある．たとえば，音声認識システムでは，出力層は適切な文章を生成する必要があるが，入力に近い前方の層は話者によって大きく異なる音素や副音素の発声を認識する必要がある．このような場合，図15.2に示すように出力に近い上位層を共有し，タスクごとに前処理を持つ方が理にかなっている．

ドメイン適応（domain adaptation）の場合，タスク（と最適な入出力の写像）は各設定で同じであるものの，それぞれの入力分布が微妙に異なっているような場合である．たとえば，感情分析（センチメント分析）のタスクを考えてみよう．このタスクは，あるコメントがポジティブな感情を示すものか，ネガティブな感情を示すものかを決定するものである．ウェブ上に投稿されるコメントはさまざまなカテゴリに属している．ドメイン適応は，書籍，ビデオ，音楽などのメディアコンテンツ上のカスタマーレビューで学習した感情予測器を，後からテレビやスマートフォンなどの家電に関するコメントの分析に利用する際に必要となる．この場合，すべての記述をポジティブ，ニュートラル，ネガティブのいずれかに言い当てる潜在的な関数を考えることはできるが，あるドメインと他のドメインでは語彙や文体が異なっており，複数のドメイン間で一般化するのがより難しいのは当然である．雑音除去自己符号化器を利用した単純な教師なし事前学習は，ドメイン適応を利用した感情分析で極めてうまく働くことが

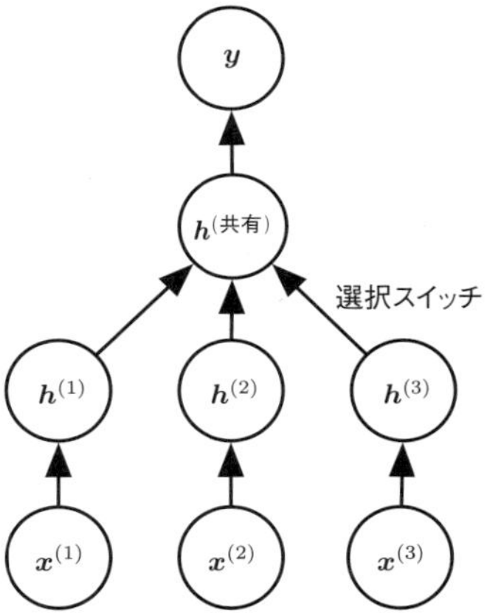

図 **15.2:** マルチタスク学習や転移学習のための構造の例．出力変数 $\mathbf{y}$ はすべてのタスクに対して同じ意味を持ち，一方で入力変数 $\mathbf{x}$ はタスクごと（つまり，たとえばユーザーごと）に異なる意味（さらには次元数が異なることさえありうる）を持っている．3 つのタスクに対する入力を $\mathbf{x}^{(1)}$，$\mathbf{x}^{(2)}$，$\mathbf{x}^{(3)}$ と記す．選択スイッチまでの下位レベルはタスク特有であり，それより上位レベルは共有されている．下位レベルはタスクに特有な入力を汎用的な特徴量に変換するように学習される．

わかっている (Glorot *et al.*, 2011b).

類似した問題に**コンセプトドリフト**（concept drift）と呼ばれるものがある．コンセプトドリフトはデータ分布が時間とともに緩やかに変化することを考慮した転移学習の一種とみなすことができる．コンセプトドリフトと転移学習は，どちらもマルチタスク学習の特殊形とみなすことができる．通常「マルチタスク学習」という用語は教師あり学習のタスクを指すが，転移学習の一般的な概念は，教師なし学習や強化学習にも同様に適用可能である．

いずれの場合でも，目的とするところは，最初の設定からのデータを生かして，2 つ目の設定における学習や，さらには 2 つ目の設定における予測の直接的な作成に有用な情報を抽出することである．表現学習の中心的なアイデアは，同一の表現が双方の問題設定で有用であるというものである．どちらの問題設定でも同じ表現を利用することにより，双方のタスクで利用できる訓練データを生かした表現を獲得することができる．すでに言及したように，転移学習のための教師なし深層学習はいくつかの機械学習のコンペティションで成功を収めてきた (Mesnil *et al.*, 2011; Goodfellow *et al.*, 2011)．初期のコンペティションの実験設定は次のようなものである．参加者は，あるいくつかのカテゴリ集合に関するデータ集合（分布 P_1 から得られたもの）が与えらる．参加者は，たとえば転移設定（分布 P_2）からサンプリングした入力に対して適用した場合に線形分類器を少ないラベルあり事例から良好に汎化できるような，（生データを何らかの表現に写像する）良好な特徴空間をこのデータ集合から学習することを求められる．このコンペティションで得られた最も印象的な結果の 1 つは，（最初の設定 P_1 において集められたデータを用いた純粋な教師なし学習による）より深い表現を使う構造ほど，2 つ目の（転移学習の）設定 P_2 における新しいカテゴリの学習曲線がよりよくなるというものである．深い表現を使うと，浅い表現を使う場合と比較して少ないラベル付き事例数でも漸近的な汎化能力を達成できる．

ワンショット学習（one-shot learning）と**ゼロショット学習**（zero-shot learning）は 2 つの転移学習の極端な形式である．ゼロショット学習は**ゼロデータ学習**（zero-data learning）と呼ばれることもある．

ワンショット学習では転移タスクのたった1つのラベルあり事例のみが与えられ，ゼロショット学習のタスクではラベルあり事例がまったく与えられない．

ワンショット学習 (Fei-Fei *et al.*, 2006) は，潜在的なクラスをきれいに分けるような表現を1段階目で学習することで可能となる．知識を転移する際には，1つのラベル付き事例があれば，特徴空間上でその点の周りにあるいくつものテスト事例のラベルを推論するのに十分である．学習された表現空間で，このような不変性に対応する変化の要因がその他の要因からきれいに区別でき，特定のカテゴリの物体を識別するのにどの要因が重要なのかを何らかの形で学習する限りにおいて，これはうまくいく．

ゼロショット学習の例として，学習器が大量のテキストを読んだ後に物体認識を行うような問題設定を考えよう．もしそのテキストが物体を十分にうまく説明できているとすれば，ある特定の物体のクラスを，その物体の画像を1枚も見ずに認識しうる．たとえば，猫は4本の足と尖った耳を持つというテキストを読んでいた場合，学習器は猫の画像を前もって見ていなくても，ある画像が猫であると推測することができうるだろう．

ゼロデータ学習 (Larochelle *et al.*, 2008) とゼロショット学習 (Palatucci *et al.*, 2009; Socher *et al.*, 2013b) が可能なのは，訓練時に追加情報が利用されているからである．ゼロデータ学習のシナリオを，3つのランダムな変数を含むものとして考えることができる．それぞれ，通常の入力 $\boldsymbol{x}$，通常の出力または目標 $\boldsymbol{y}$，タスクを記述する追加の確率変数 T である．モデルは条件付き分布 $p(\boldsymbol{y} \mid \boldsymbol{x}, T)$ を推定するように訓練される．ここで，T はモデルに実行させたいタスクの記述である．猫に関する記述を読んだ後に猫を認識する例では，出力は $y = 1$ が"yes"，$y = 0$ が"no"を示すようなバイナリ変数 y である．タスク変数 T は，返答を求める「この画像の中に猫はいますか？」のような質問を表している．もし，T と同じ空間に存在する物体の教師なし事例を含んだ訓練集合があれば，見たことがない T のインスタンスの意味を推測することができるかもしれない．猫の画像を見たことがなくても猫を識別するという例では，「猫には4本の足がある」や「猫には尖った耳がある」といった文を含む，ラベルなしのテキストデータを持っていることが重要である．

ゼロショット学習を実現するには，T がある種の汎化を可能にするような方法で表現されている必要がある．たとえば，T は物体のカテゴリを指すような単純な one-hot ベクトルではダメである．Socher *et al.* (2013b) は，代わりに，それぞれのカテゴリに関係する単語の物体カテゴリの分散表現を，学習された単語埋め込みによって与えている．

機械翻訳の分野でも同様の現象が起こっている (Klementiev *et al.*, 2012; Mikolov *et al.*, 2013b; Gouws *et al.*, 2014)．機械翻訳では，ある言語に関する複数の単語が与えられており，その単語間の関係は単一言語コーパスにより学習可能である．同時にまた，機械翻訳ではある言語の単語と別の言語の単語を関連付ける翻訳文が与えられる．このとき，もし言語 X における単語 A を言語 Y における単語 B へと翻訳するラベルあり事例が与えられなかったとしても，ラベル付き事例による学習を汎化して，未知の単語 A に関する翻訳を推測することができる．なぜなら，このやり方では，言語 X における単語の分散表現と，言語 Y における単語の分散表現を学習し，その後，2つの空間を関係付ける（おそらく双方向の）リンクを，双方の言語における文章のペアからなる訓練事例を介して構築していることになるためである．この転移は，3つの要素（2つの表現と，それらの間の関係）がすべて一緒に学習された場合に最もうまくいくであろう．

ゼロショット学習は転移学習の特殊な形式である．同様の原理は，**マルチモーダル学習** (multi-modal learning) をどのように実現できるかを説明するのにも役立つ．すなわち，あるモダリティでの表現とその他のモダリティでの表現，およびあるモダリティにおける観測 $\boldsymbol{x}$ と別のモダリティにおける

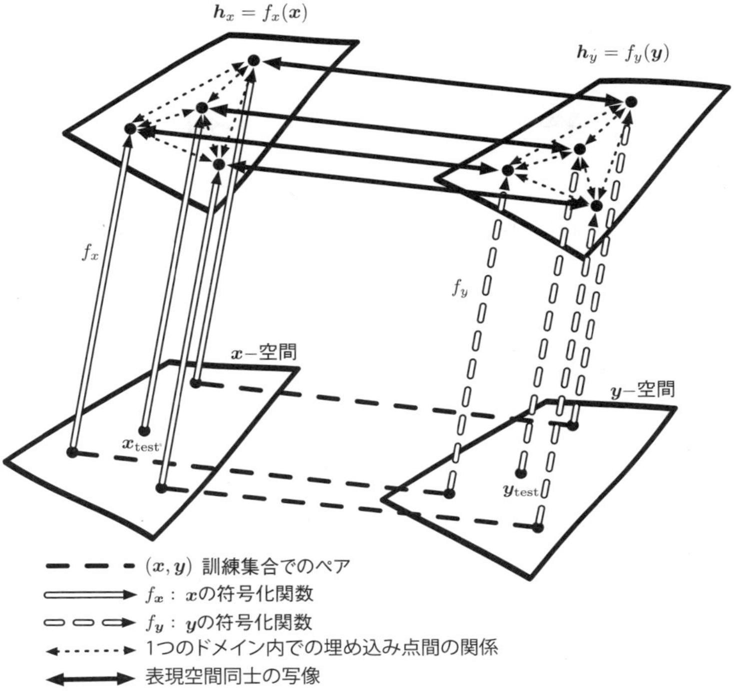

図 **15.3:** $\boldsymbol{x}$ と $\boldsymbol{y}$ の 2 つのドメイン間の転移学習はゼロショット学習を可能にする．ラベルあり，あるいはラベルなしの事例 $\boldsymbol{x}$ は表現関数 f_x を学習可能にし，同様に事例 $\boldsymbol{y}$ は f_y を学習可能にする．上向き矢印は関数 f_x および f_y を適用していることを意味しており，矢印の形でそれぞれの関数を区別している．$\boldsymbol{h}_x$ 空間における距離は $\boldsymbol{x}$ 空間内の点の任意のペアの類似度を与える．これはおそらく $\boldsymbol{x}$ 空間における距離よりも意味があるものである．同様に，$\boldsymbol{h}_y$ 空間における距離は $\boldsymbol{y}$ 空間内の点の任意のペアの類似度を提供する．これらの類似度関数は点線の双方向矢印で示されている．ラベルあり事例（破線の水平線）は表現 $f_x(\boldsymbol{x})$ と表現 $f_y(\boldsymbol{y})$ の間の 1 方向または双方向の写像（実線の双方向矢印）を学習して，これらの表現を互いにつなげることのできた $(\boldsymbol{x}, \boldsymbol{y})$ のペアである．ゼロデータ学習は，ここで次のように実現できる．まず，たとえある単語に対する画像がこれまでに提示されていなかったとしても，画像 $\boldsymbol{x}_{\text{test}}$ をその単語 $\boldsymbol{y}_{\text{test}}$ と関連付けることができる．これは単純に単語表現 $f_y(\boldsymbol{y}_{\text{test}})$ と画像表現 $f_x(\boldsymbol{x}_{\text{test}})$ を，表現空間の間の写像を介してお互いに関連付けることができるためである．その画像とその単語はペアで与えられたことがなくとも，それぞれの特徴ベクトル $f_x(\boldsymbol{x}_{\text{test}})$ や $f_y(\boldsymbol{y}_{\text{test}})$ が互いに関連付けられているため，これはうまく働く．この図は Hrant Khachatrian の示唆から着想を得た．

観測 $\boldsymbol{y}$ からなるペア $(\boldsymbol{x}, \boldsymbol{y})$ の（普通は同時分布の）関係を捉えるという方法である (Srivastava and Salakhutdinov, 2012)．これらの 3 種類のパラメータ集合（$\boldsymbol{x}$ から表現へ，$\boldsymbol{y}$ から表現へ，および 2 つの表現間の関係）を学習することで，ある表現に含まれる概念は別の表現に含まれる概念へとつながれ，その逆方向も同様で，新しいペアに意味のある汎化ができる．この手順を図15.3に示す．

15.3 半教師あり学習による原因因子のひもとき

表現学習に関する重要な問いに，何が表現の良し悪しを決めるのか，というものがある．1 つの仮説は，理想的な表現とは，その表現の中の特徴量が観測データの潜在的原因に対応しており，それぞれの特徴量や特徴空間における方向が異なる潜在的な原因に対応していることで，表現がお互いの原因をときほぐせるというようなものである．この仮説は，まずはじめに $p(\boldsymbol{x})$ のよい表現を探すようなアプローチを動機付けている．もし $\boldsymbol{y}$ が $\boldsymbol{x}$ の最も顕著な原因に含まれていれば，そのような表現はおそらく $p(\boldsymbol{y} \mid \boldsymbol{x})$ を計算する上でもよい表現である．このアイデアは，遅くとも1990年代には深層学習研究の大いなる指針となっていた (Becker and Hinton, 1992; Hinton and Sejnowski, 1999)．どのような場合に半教師あり学習が純粋な教師あり学習をしのぐのかに関するその他の論争については，Chapelle *et al.* (2006) の1.2節を参照されたい．

表現学習のその他のアプローチでは，たとえばその要素がスパースであったり，他と独立であったりするような，モデリングしやすい表現に関心をおいてきた．潜在的な原因因子をきれいに分離するような表現が必ずしもモデリングしやすいものである必要はないかもしれない．しかし，教師なし表現学習を介した半教師あり学習を動機付けるもう少し踏み込んだ仮説では，多くのAIタスクにおいてこの2つの特性は一致する．すなわち，観測したものに対する潜在的な説明をいったん獲得すれば，個々の属性を他から分離することは一般に簡単である，ということである．具体的には，もしある表現 $\boldsymbol{h}$ が観測された $\boldsymbol{x}$ の潜在的な原因の多くを表現しており，出力 $\boldsymbol{y}$ が最も顕著な原因に含まれていれば，$\boldsymbol{h}$ から $\boldsymbol{y}$ を予測するのは容易である．

まず，$p(\mathbf{x})$ の教師なし学習が $p(\mathbf{y} \mid \mathbf{x})$ の学習の助けにならず，半教師あり学習が失敗する場合を考えてみよう．たとえば，$p(\mathbf{x})$ が一様分布であり，$f(\boldsymbol{x}) = \mathbb{E}[\mathbf{y} \mid \boldsymbol{x}]$ を学習しようとしている場合を考える．明らかに，$\boldsymbol{x}$ の値の訓練集合を観測するだけでは $p(\mathbf{y} \mid \mathbf{x})$ について何の情報も得られない．

次に，半教師あり学習が成功しうる簡単な例を見てみよう．図15.4に示すように，$\mathbf{y}$ の値ごとに1つの混合成分を持つ混合分布から $\mathbf{x}$ が立ち上がっている場合を考えてみよう．もし混合成分同士がうまく分離していれば，$p(\mathbf{x})$ のモデリングにより各成分の正確な位置が明らかになり，各クラスに1つずつラベルあり事例があれば $p(\mathbf{y} \mid \mathbf{x})$ を完全に学習できるだろう．しかし，より一般的には，何が $p(\mathbf{y} \mid \mathbf{x})$ と $p(\mathbf{x})$ を互いに結び付けうるのだろうか．

もし $\mathbf{y}$ が $\mathbf{x}$ の原因因子の1つと密接に関係していれば，$p(\mathbf{x})$ と $p(\mathbf{y} \mid \mathbf{x})$ は強く結び付き，変動の潜在的要因をひもとこうとする教師なし表現学習が半教師あり学習の戦略として有用となるだろう．

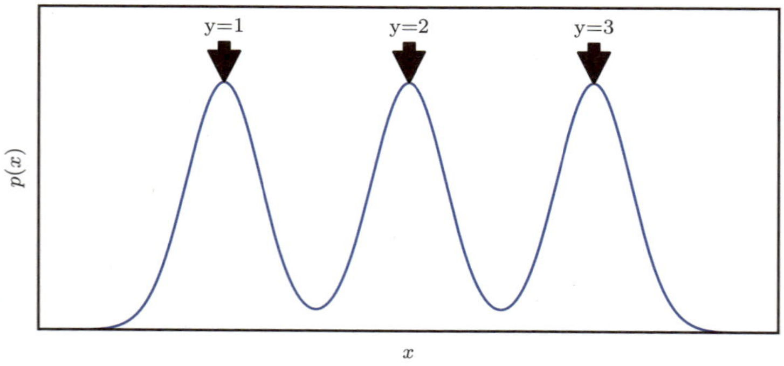

図15.4: 混合モデル．3つの成分の混合であるような x の密度の例を示す．成分そのものは潜在する説明因子 y である．混合成分（たとえば画像データにおける自然物クラス）は統計的に顕著であるため，$p(x)$ を教師なしの方法でラベルなし事例からモデリングするだけで，因子 y が明らかになる．

$\mathbf{y}$ が $\mathbf{x}$ の原因因子の 1 つであり，$\mathbf{h}$ がすべての因子を表現していると考えよう．真の生成過程は，$\mathbf{h}$ が $\mathbf{x}$ の親であるような有向グラフィカルモデルに従った構造を持つものとして考えることができる．

$$p(\mathbf{h}, \mathbf{x}) = p(\mathbf{x} \mid \mathbf{h})p(\mathbf{h}). \tag{15.1}$$

結果として，データは次の周辺確率を持つ．

$$p(\boldsymbol{x}) = \mathbb{E}_{\mathbf{h}} p(\boldsymbol{x} \mid \boldsymbol{h}). \tag{15.2}$$

この単純な観測の結果から，（汎化の観点から言って）$\mathbf{x}$ に関する最もよいモデルは，$\mathbf{x}$ の中で観測された変化を説明するような潜在変数として $\mathbf{h}$ を使い，上記の「真の」構造を暴くようなものであると言える．それゆえ，上で議論した「理想的な」表現学習はこのような隠れ因子を復元するべきである．もし $\mathbf{y}$ がこのような因子の 1 つであれば（あるいはそのうちの 1 つと密接に関係していれば），そのような表現から $\mathbf{y}$ を予測するための学習を行うのも容易である．また，$\mathbf{x}$ の下での $\mathbf{y}$ の条件付き分布は，以下に示すように，ベイズ則により上式の成分と結び付いている．

$$p(\mathbf{y} \mid \mathbf{x}) = \frac{p(\mathbf{x} \mid \mathbf{y})p(\mathbf{y})}{p(\mathbf{x})}. \tag{15.3}$$

すなわち，周辺分布 $p(\mathbf{x})$ は条件付き分布 $p(\mathbf{y} \mid \mathbf{x})$ に密接に結び付いており，前者の構造に関する知識は，後者の学習に対して手助けになるはずである．それゆえ，このような仮定が満たされる状況では，半教師あり学習の性能は改善されるはずである．

重要な研究課題は，ほとんどの観測結果が，極めて多くの数の潜在的原因によって生成されているという事実によるものである．$\mathbf{y} = \mathrm{h}_i$ であるが，教師なし学習器にはどの h_i なのかがわかっていないと考えよう．力づくな解法は，教師なし学習器が表現を学習する際に，適度に注目される**すべて**の生成因子 h_j を捉えさせ，それらを互いにひもとき，そうすることでどの h_j が y に対応しているかにかかわらず，$\mathbf{h}$ から $\mathbf{y}$ を簡単に予測できるようにする手法である．

実際のところ，ある観測に影響を与えるような変動の因子のすべて，もしくはほとんどすべてを捉えるということは不可能であり，この力づくな解法は実現できない．たとえば，ある風景の中で，背景にあるとても小さな物体すべてを表現に符号化する必要があるだろうか．人間が今行っているタスクとただちに関係しないような環境の変化を認知できないというのはよく知られた心理学的な現象である．この現象については，たとえばSimons and Levin (1998) を参照されたい．半教師あり学習における最先端の重要な研究は，それぞれの状況で**何を**符号化するべきか決定することである．現在のところ，大量の潜在的原因を扱うための主要な戦略は 2 つある．1 つ目は，最も適切な変化の要因群を捉えるように，教師あり学習の信号を同時に教師なし学習の信号としても使う方法であり，2 つ目は，もし純粋に教師なし学習のみを利用するのならば，より大きな表現を使うことである．

教師なし学習に関する新たに生まれた戦略は，どの潜在的原因が最も顕著であるかに関する定義を変化させることである．歴史的には，自己符号化器や生成モデルは，多くの場合平均二乗誤差に似た固定された基準を最適化するように訓練されてきた．これらの固定された基準はどの原因が顕著と考えられるかを決定している．たとえば，画像のピクセルに対して適用された平均二乗誤差は，多数のピクセルの輝度が大きく変化する場合にのみ潜在的原因が顕著であるということを暗黙的に指定している．この方法は，解こうとしているタスクが小さな物体との相互作用を含む場合に問題となりうる．図15.5に，自己符号化器が小さな卓球の玉を符号化する必要があることを学習できなかったロボティクスタスクの事例を示す．同じロボットは，野球のボールのようにより大きく，平均二乗誤差による基準でより顕著な変化を引き起こすような物体とはうまく相互作用することができている．

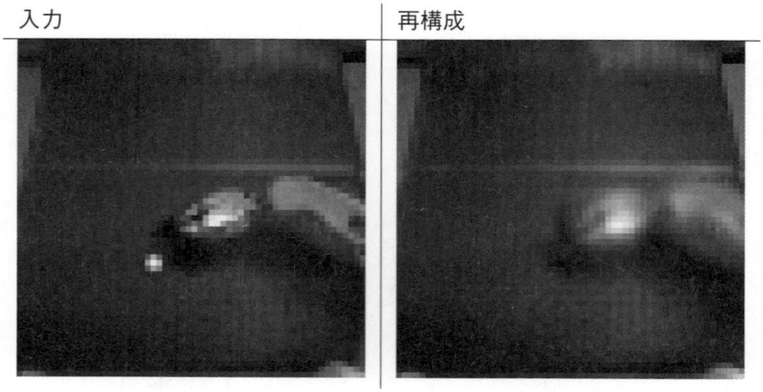

図 **15.5:** 平均二乗誤差により訓練された自己符号化器．この例では卓球の玉を再構築するのに失敗している．卓球の玉が存在していることや，それらの空間的な座標は画像を生成するために重要な潜在的な原因因子であり，ロボティクスタスクにとって重要な情報である．残念なことに，この自己符号化器は容量が制限されており，また平均二乗誤差による訓練では，卓球の玉を符号化するのに十分なほど顕著な情報であるとはみなさなかった．

顕著さの定義には他の方向性もありうる．たとえば，あるピクセル群が簡単に見てわかるようなパターンに従っているとすれば，たとえそのパターンが極度の明るさや暗さを伴っていなくても，そのようなパターンは極めて顕著だと考えることができる．このような顕著さに関する定義を実装する 1 つの方法は，近年開発されたアプローチである**敵対的生成ネットワーク**（generative adversarial networks, GANs）(Goodfellow *et al.*, 2014c) を利用することである．このアプローチでは，生成モデルは順伝播分類器をだますように訓練される．順伝播分類器は，生成モデルから来たすべてのサンプルを偽物であると，そして訓練集合から来たすべてのサンプルを本物であると判定しようとする．このフレームワークでは，順伝播型ネットワークが識別可能などんな構造的パターンも顕著さが大きくなる．敵対的生成ネットワークについては20.10.4節でより詳細に説明する．ここでの説明では，このネットワークが，何が顕著であるかを決める方法を**学習**していると理解すれば十分である．Lotter *et al.* (2015) は，人間の頭部画像を生成するように訓練されたモデルが，平均二乗誤差で訓練した場合には耳の生成をおろそかにする傾向にあるが，敵対的フレームワークで訓練した場合には耳をうまく生成できることを示した．耳は周りの皮膚と比較して著しく明るかったり暗かったりしないので，平均二乗誤差損失によれば，耳は特に顕著ではないと判断される．しかし，耳の形は特徴的で決まった場所にあるため，敵対的生成フレームワークの下では非常に顕著なものとなり，順伝播型ネットワークは耳の検出を簡単に学習できる．具体的な画像については図15.6を参照されたい．敵対的生成ネットワークは，どの因子を表現するべきかの決定に向けた 1 つのステップにすぎない．将来の研究において，どの因子を表現するべきかを決定するよりよい方法が発見され，またタスクに依存して異なる因子を表現するためのメカニズムが開発されることを期待している．

Schölkopf *et al.* (2012) が指摘したように，潜在的な原因因子を学習する利点は，もし真の生成過程において $\mathbf{x}$ が結果であり $\mathbf{y}$ が原因であるならば，$p(\mathbf{x} \mid \mathbf{y})$ のモデリングが $p(\mathbf{y})$ の変化に対してロバストになることである．もし因果関係が逆ならば，これは成り立たない．なぜならば，ベイズ則により，$p(\mathbf{x} \mid \mathbf{y})$ は $p(\mathbf{y})$ の変化に敏感だからである．ドメインの違いや時間的な非定常性，あるいはタスクの性質の変化に伴う分布の変化を考えるとき，潜在的な原因における周辺分布は変化しうる一方で，**因果メカニズムは不変のままである**（宇宙の法則は一定である）．それゆえ，原因因子 $\mathbf{h}$ と $p(\mathbf{x} \mid \mathbf{h})$ を復元

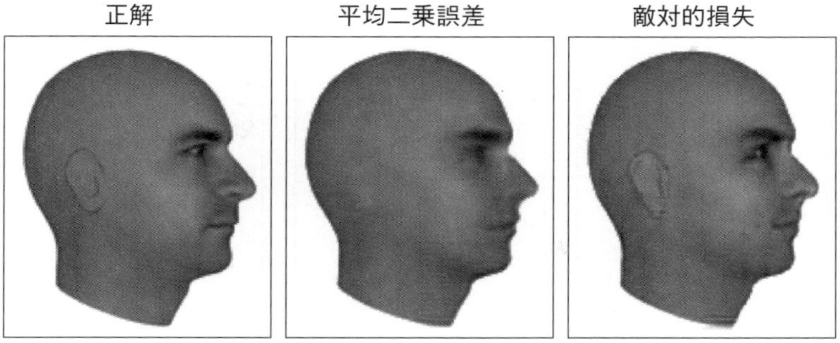

図 15.6: 予測的生成ネットワークによる，どの特徴量が顕著であるかを学習することの重要性を示す例．この例において，予測的生成ネットワークは特定の視点での人間の頭部の 3D モデルの外観を予測するように訓練されたものである．（左）正解事例．正しい画像であり，ネットワークが出力するべきもの．（中央）平均二乗誤差のみで学習させた予測的生成ネットワークが生成した画像．周辺の肌と比較して，耳は明るさに大きな違いを生じさせないので，それらの表現をモデルが学習するには十分に顕著ではなかった．（右）平均二乗誤差と敵対的損失の組み合わせにより訓練されたモデルが出力した画像．この学習されたコスト関数を使用すると，耳は予測可能なパターンに従うため顕著である．どの潜在的な原因が重要であり，またモデリングに十分関連しているかを学習することは，活発に研究されている重要な領域である．図はLotter *et al.* (2015) の好意により提供された．

しようと試みる生成モデルの学習を介して，あらゆる変化に対するより良好な汎化やロバスト性が期待される．

15.4 分散表現

概念の分散表現（互いに分離可能なさまざまな要素により構成された表現）は，表現学習を実現する最も重要なツールの 1 つである．分散表現が強力なのは，それぞれが k 個の値を持つ n 個の特徴量を利用することで，k^n の異なる概念を表現することができるためである．本書を通して見てきたように，多数の隠れユニットを持つニューラルネットワークも，多数の潜在変数を持つ確率モデルも，この分散表現を利用している．ここでは，新しい洞察を加えよう．15.3節で示したように，多くの深層学習アルゴリズムは，データを説明するような潜在的な原因因子の表現を隠れユニットが学習できるという仮定に動機付けられている．表現空間における各方向は異なる潜在的状態変数の値に対応できるため，分散表現はこのアプローチにおいて自然な方法である．

分散表現の 1 つの例は n 次元のバイナリ特徴ベクトルである．この場合，それぞれが潜在的に入力空間における異なる領域に対応する 2^n 個の状態を取ることができる（図15.7）．このような表現は，入力が 1 つのシンボルやカテゴリと関連している**シンボリック表現**と比較することができる．もし辞書に n 個のシンボルがあったとすると，それぞれが関連するカテゴリの存在を検出する役割を持つ n 個の特徴抽出器を考えることができるだろう．この場合，図15.8に示すように，入力空間の n 個の異なる領域を切り分けるような，表現空間における n 個の異なる状態のみが起こりうる．このようなシンボル表現は one-hot 表現と呼ばれている．それは，相互排他的な（1 つだけが有効であるような）n ビットのバイナリベクトルで表現することができるからである．シンボル表現は広範な非分散表現のクラスの具体的な例である．これは，多くのエントリを含みうるものの，各エントリに対して独立した意味のある制御方法を持たない表現である．

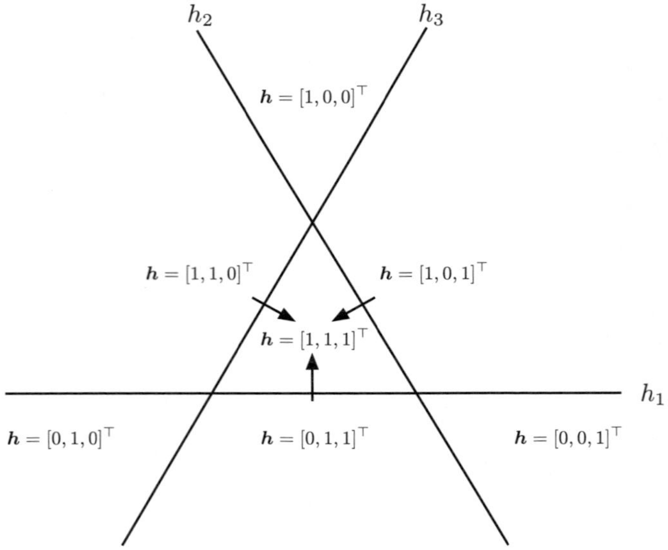

図 15.7: 分散表現に基づく学習アルゴリズムがどのように入力空間を領域分割するかを示した図．この例には，h_1，h_2，h_3 の 3 つのバイナリ特徴量がある．各特徴量は，学習された線形変換の出力を閾値で区切ることにより定義される．各特徴量は $\mathbb{R}^2$ の平面を 2 つの半平面に分割する．h_i^+ を $h_i = 1$ となる入力ポイントの集合，h_i^- を $h_i = 0$ となる入力ポイントの集合としよう．この図では，各線は 1 つの h_i に対する決定境界を示しており，また対応する矢印は h_i^+ 側を指している．この表現は，全体として見ると，これらの半平面の交わりごとに固有の値を取る．たとえば，表現値 $[1,1,1]^\top$ は領域 $h_1^+ \cap h_2^+ \cap h_3^+$ に対応している．これを図15.8に示す非分散表現の例と比較してみてほしい．入力が d 次元の一般的な場合，分散表現は $\mathbb{R}^d$ を半平面ではなく半空間の交わりにより分割する．n 個の特徴量を持つ分散表現は $O(n^d)$ の異なる領域に一意のコードを割り当てるが，一方で，n 個の事例を持つ最近傍アルゴリズムは n 個の領域にのみ一意のコードを割り当てる．したがって，分散表現は非分散表現よりも指数関数的に多くの領域を区別することができる．ここで，すべての $\boldsymbol{h}$ 値が取りうる値ではないこと（この例では $\boldsymbol{h} = \boldsymbol{0}$ は存在しない）と，分散表現の上にある線形分類器はすべての隣接領域に異なるクラスの識別を割り当てることができないことを心にとどめておくこと．深層線形閾値ネットワークであっても VC 次元はたった $O(w \log w)$ である (Sontag, 1998)．ここで，w は重みの数である．強力な表現層と弱い分類層の組み合わせは強力な正則化となりうる．すなわち，「人」と「人でない」という概念を学習しようとする分類器は，「眼鏡をかけていない男性」を表す入力に割り当てられたクラスと異なるクラスを「眼鏡をかけた女性」を表す入力に割り当てる必要はない．このネットワークの容量に関する制約は，各分類器がほんの少数の h_i に焦点を当てることを促進し，また線形分離可能な形でクラスを表現する方法の学習を促進する．

非分散表現に基づく学習アルゴリズムの例は，次のようなものである．

- k 平均法を含むクラスタリング手法．各入力ポイントは決まって 1 つのクラスタに割り当てられる．
- k 近傍法アルゴリズム．1 つまたは少数のテンプレートやプロトタイプ事例が，与えられた入力に関連付けられている．$k > 1$ の場合，各入力を表現する複数の値が存在するが，それらを互いに独立して制御することはできず，それゆえ真の分散表現ではない．
- 決定木．入力が与えられた時に，たった 1 つの葉ノード（および根から葉に至るまでの経路上にあるノード）のみが活性化する．
- 混合ガウスや混合エキスパート．テンプレート（クラスタの中心）あるいはエキスパートが活性

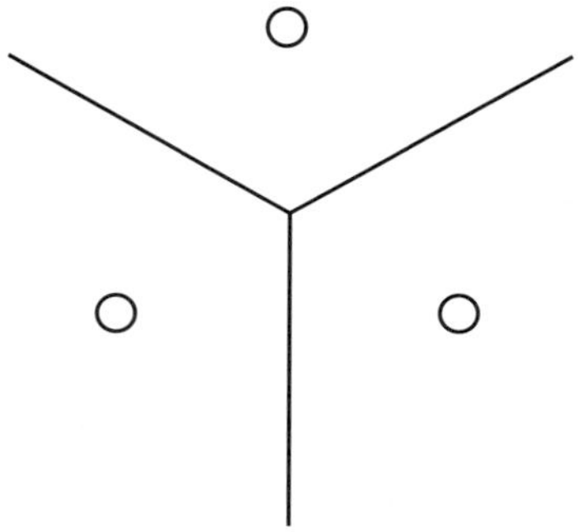

図 **15.8:** 最近傍アルゴリズムがどのように入力空間を領域分割するかを示した図．最近傍アルゴリズムは，非分散表現に基づく学習アルゴリズムの例である．他の非分散アルゴリズムは異なる分割の仕方をするが，通常それらは**各領域ごとに別個のパラメータ集合を利用して**入力空間を分割する．非分散アプローチの利点は，十分なパラメータが与えられれば，難しい最適化アルゴリズムを解かなくても訓練集合に適合できることである．これは，領域ごとに異なる出力を**独立**に選択するのが容易なためである．このアプローチの欠点は，このような非分散モデルは滑らかさに関する prior を介した局所的な汎化しかできないことであり，その結果として利用可能な事例数よりも多くの山と谷を持つような複雑な関数を学習するのが難しくなる点である．この例を分散表現の場合（図15.7）と比較されたい．

の**度合い**に関連付けられる．k 近傍法と同様に，各入力は複数の値により表現されるが，それらの値を互いに独立に制御するのは容易ではない．

- ガウシアンカーネル（や他の類似の局所カーネル）を利用したカーネルマシン．各「サポートベクトル」やテンプレート事例の活性度合いは連続値となるが，混合ガウスと同様の問題がある．
- n-gram を基にした言語／翻訳モデル．文脈（シンボルの連なり）の集合は接尾辞の木構造に応じて仕切られる．たとえば，1 つの葉ノードが w_1 と w_2 という最後の 2 語に対応してもよい．木の各葉ノード（共有があってもよい）に別個のパラメータが推定される．

いくつかの非分散表現アルゴリズムでは，出力は部分ごとに一定ではなく，代わりに周辺の領域との補完により決まる．パラメータ（または事例）の数と，区切ることが可能な領域の数との関係は依然として線形のままである．

分散表現をシンボリックな表現と区別する重要な関連概念が，異なる概念間で**共通の属性によって汎化が生じること**である．純粋なシンボルでは，「**猫**」と「**犬**」の間の距離は，他の任意の 2 つのシンボル間の距離と同じである．しかし，もし意味のある分散表現でそれらを関連付けるとすれば，猫に関して言える多くのことが犬にも汎化され，逆もまた然りである．たとえば，この分散表現は，「**猫**」と「**犬**」双方に埋め込まれている同じ値として，「**毛が生えている**」や「**足の数**」のようなエントリを持つことができる．単語の分散表現に対して演算を行う自然言語モデルは，単語の one-hot 表現に対して直接演算を行う他のモデルよりも，ずっとうまく汎化できる（12.4節を参照されたい）．分散表現によって，豊富な**類似度空間**が生じ，その空間では意味的に類似した概念（または入力）は距離も近くなる．このような特性は，純粋なシンボリック表現では得られない．

学習アルゴリズムの一部に分散表現を用いることが統計的な利点を持ちうるのは，いつで，またそれはなぜなのだろうか．分散表現は，見るからに複雑な構造が少数のパラメータによって簡潔に表現できるような時に，統計的な利点を持つことができる．いくつかの従来的な非分散学習アルゴリズムでは，滑らかさの仮定によってのみ汎化が行われる．滑らかさの仮定とは，もし $u \approx v$ であれば，学習される目標関数 f は一般に $f(u) \approx f(v)$ という性質を持つということである．このような仮定を定式化する方法はたくさんあるが，結局のところ $f(x) \approx y$ であることがわかっている事例 (x, y) があったとして，入力を $x + \epsilon$ まで少しだけ動かすときに，変化量を可能な限り小さくしてこの制約を近似的に満たすような推定器 $\hat{f}$ を選択する問題に落ち着く．この仮定が非常に有用なのは明らかであるが，この仮定は次元の呪いの影響を受ける．すなわち，多くの異なる領域で何度も増減するようなある目標関数を学習するためには[*1]，少なくとも識別可能な領域数と同じだけの事例が必要となる．これらの領域のそれぞれをカテゴリやシンボルと考えることもできる．すなわち，シンボル（あるいは領域）ごとに別個の自由度を持たせることで，シンボルから値への任意の復号化器の写像を学習することができる．しかし，この方法では新たなシンボルを新たな領域に汎化させることはできない．

運が良ければ，目標関数は滑らかさ以外にも何らかの規則性を持ちうるかもしれない．たとえば，最大プーリングを利用した畳み込みネットワークは，画像中の物体の位置によらず物体を認識することができる．この性質は，物体の空間的変換が入力空間での滑らかな変換に対応していなくても現れる．

分散表現学習アルゴリズムの特殊な事例について吟味してみよう．このアルゴリズムとは，入力の線形関数を閾値で区切ることによりバイナリ特徴量を抽出するというようなものである．図15.7に示すように，この表現における各バイナリ特徴量は実数空間 $\mathbb{R}^d$ を一対の半空間に分割する．半空間の数 n が増加するにつれて指数関数的に増加する半空間の交わりの数は，この分散表現の学習器がどのくらいの数の領域を識別できるかを決定付けている．実数空間 $\mathbb{R}^d$ における n 個の超平面の配置により，何個の領域が生成されているのだろうか．超平面の交わりに関する一般的な結果 (Zaslavsky, 1975) を適用すると，このバイナリ特徴表現が識別可能な領域の数は

$$\sum_{j=0}^{d} \binom{n}{j} = O(n^d) \tag{15.4}$$

となる (Pascanu *et al.*, 2014b)．したがって，入力の大きさに対して指数関数的に，隠れユニット数に対して多項式的に増加することがわかる．

これらの説明は，分散表現の汎化能力を説明するための幾何学的な主張を与える．すなわち，$O(nd)$ のパラメータ（実数空間 $\mathbb{R}^d$ における n 個の線形閾値特徴量）を利用して，入力空間において $O(n^d)$ の領域を明確に表現することができるということである．代わりに，もしデータに関してまったく何の仮定も置かず，領域ごとに 1 つの固有のシンボルを持つ表現を利用し，シンボルごとにパラメータを分けて $\mathbb{R}^d$ 中の対応する部分空間を識別すると，$O(n^d)$ の領域を記述するためには $O(n^d)$ の事例が必要となる．より一般的に，分散表現を支持するこの主張は，線形閾値ユニットを使う代わりに，分散表現の属性ごとに非線形でおそらく連続な特徴抽出器を利用する場合にも拡張することができるだろう．この場合の主張は，もし $k \ll r$ で，k 個のパラメータを持つパラメトリックな変換が入力空間における r 個の領域を学習でき，またこのような表現を得ることが関心のあるタスクにとって有益であるならば，この方法は非分散設定よりもずっとうまく汎化しうるということである．非分散設定では，同じ特徴量と入力空間の r 個の領域分割を得るのに $O(r)$ の事例が必要だろう．より少数のパラメータでモデルを表現すれば，適合させるパラメータがより少なくて済み，それゆえうまく汎化させるのにはるかに少ない訓練事例で済む．

[*1] 潜在的には，指数関数的に多くの領域で振る舞いが異なるある関数を学習させたいこともあるだろう．すなわち，d 次元空間において，次元ごとに少なくとも 2 つの異なる値を持つ場合，f は 2^d 個の異なる領域で異なる振る舞いをすることが望ましく，それには $O(2^d)$ の訓練事例が必要である．

分散表現を基にしたモデルがなぜ良好な汎化能力を持つのかについて，より進んだ主張は，そのようなモデルは多くの異なる領域をはっきりと区別して符号化できるにもかかわらずその容量が制限されていることである．たとえば，線形閾値ユニットを利用したニューラルネットワークのVC次元はわずか $O(w \log w)$ である (Sontag, 1998)．ただし，w は重みの個数である．この制限は，非常に多くの固有な符号が表現空間に割り当てられうる一方で，すべての符号空間を完全に利用することも，表現空間 $\boldsymbol{h}$ から出力 $\boldsymbol{y}$ に写像するような任意の関数を線形分類器で学習することもできないために生じるものである．したがって，分散表現を線形分類器とともに利用することは，識別したいクラスは $\boldsymbol{h}$ が捉える潜在的な原因因子の関数として線形分離できるという事前信念を表している．通常は，緑色の物体すべてに関する画像集合や，すべての車に関する画像集合などのカテゴリを学習したいのであって，非線形な排他的論理和ロジックが必要なカテゴリを学習したいわけではない．たとえば，すべての赤い車と緑色のトラックの集合をあるクラスとし，すべての緑色の車と赤いトラックの集合を異なるクラスとしたいことは通常ない．

これまでに議論したアイデアは抽象的なものであるが，実験的にも検証されている．Zhou *et al.* (2015) は，ImageNet と Places ベンチマークデータ集合で訓練された深層畳み込みネットワークの隠れユニットが，多くの場合，人間が自然に割り当てるようなラベルと対応付けて解釈できるような特徴量を学習していることを発見した．実際には，隠れユニットが簡単な言葉で表されるようなものをいつも学習するわけではないというのは確かだが，最も優れたコンピュータビジョンの深層ネットワークの上位層近くにこれが現れるのを見てみるのは興味深い．これらの特徴量に共通するものは，**他のすべての状態をことごとく見なくても，それぞれが学習していることを**想像できるということである．Radford *et al.* (2015) は，生成モデルが顔画像の表現を学習し，表現空間内の異なる方向が異なる変動の潜在的因子を捉えていることを実証した．図15.9は，表現空間のある方向がその人物が男性か女性かに対応し，別の方向がその人がメガネをかけているかどうかに対応していることを示している．このような特徴量は自動的に発見されたものであり，あらかじめ定められたものではない．隠れユニット分類器のためにラベルを用意する必要はない．すなわち，ある目的関数に対する勾配降下法は，そのタスクがそのような特徴を必要とする限り，意味的に興味深い特徴を自然に学習する．男性と女性の区別や，メガネのあるなしの区別を学習するときに，それ以外の $n-1$ 個の特徴量すべての状態を，その値のす

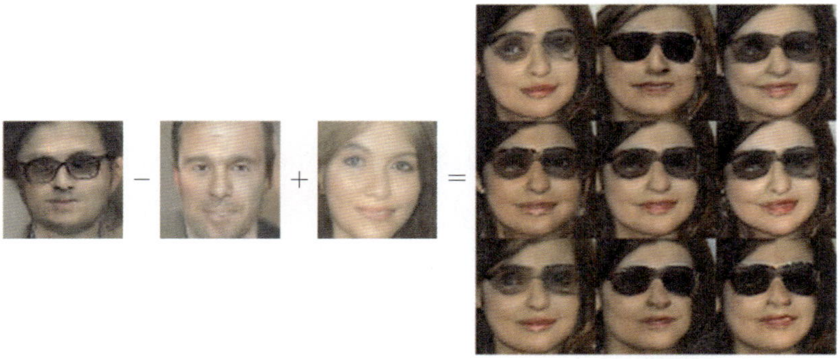

図 **15.9:** 分散表現を学習した生成モデル．メガネをかけるという概念から性別の概念を分離している．メガネをかけた男性の概念の表現から始めて，メガネをかけていない男性の概念を表現するベクトルを引き，最後にメガネをかけていない女性の概念を表現するベクトルを足し合わせると，メガネをかけた女性の概念を表現するベクトルが得られる．この生成モデルは，正しいクラスに属すると認識できるような画像を指すすべての表現ベクトルを正しく復号化している．画像はRadford *et al.* (2015) の許可を得て転載されている．

べての組み合わせを含む事例によって特徴付ける必要はない．このような統計的な分離可能性により，訓練中には見られなかった人間の特徴量の新たな状態に対して汎化することができるようになる．

15.5　深さがもたらす指数関数的な増大

6.4.1節では，多層パーセプトロンが万能近似器であることと，浅いネットワークと比較して指数関数的に小さな深層ネットワークによって表現できる関数があることを確認した．モデルの規模を小さくすることは統計的な効率の改善につながる．本節では，より一般的に分散隠れ表現を持つ他の種類のモデルに対して同様の結果をどのように適用できるかについて述べる．

15.4節で，顔画像に潜在する説明因子を学習させた生成モデルの例を確認した．説明因子には，人の性別と，メガネをかけているかどうかが含まれていた．このタスクを達成した生成モデルは深層ニューラルネットワークをもとにしたものである．線形ネットワークのような浅いネットワークに抽象的な説明因子と画像のピクセルとの間にある複雑な関係の学習を期待するのは妥当ではないだろう．このタスクやその他の AI タスクにおいて，互いにほぼ独立に選ぶことができてかつ意味のある入力に対応しているような因子はかなり高次であり，極めて非線形な方法で入力と関係している可能性が高い．われわれは，これが表現では（入力の関数としてみたときの）高次の特徴量や（生成モデルの原因としてみたときの）因子がいくつもの非線形性の組み合わせにより得られるような，**深層**分散表現が必要な理由であると考えている．

多くの非線形性と，再利用された特徴量の階層との組み合わせを利用して計算を構成することによって，分散表現を用いることにより得られる指数関数的増大に加えて，統計的効率の指数関数的増大も得られることが，多くの異なる設定において証明されている．1 つの隠れ層を持つ多くの種類のネットワーク（たとえば，飽和非線形性，ブーリアンゲート，積和，RBF ユニットを使ったもの）は万能近似器であると示すことができる．万能近似器であるモデルのグループは，十分な隠れユニット数が与えられると，多くのクラスの関数（すべての連続関数を含む）をゼロでない任意の許容水準で近似することができる．しかし，必要な隠れユニット数は莫大である．深層構造が持つ表現力に関する理論的な検証結果によれば，深さ k の構造では効率的に表現できるものの，不十分な深さ（深さ 2 や深さ $k-1$）では入力の規模に対して指数関数的な隠れユニット数が必要となるような関数の族が存在することが示されている．

6.4.1節では，決定的順伝播型ネットワークが関数の万能近似器であることを見てきた．制限付きボルツマンマシンや深層信念ネットワークを含む，潜在変数の隠れ層を 1 つ持つ多くの構造化確率モデルは確率分布の万能近似器である (Le Roux and Bengio, 2008, 2010; Montúfar and Ay, 2011; Montúfar, 2014; Krause *et al.*, 2013).

6.4.1節では，十分な深さを持つ深層順伝播型ネットワークが，浅すぎるネットワークと比較して指数関数的な利点を持つことを見てきた．同様の結果は，確率モデルなどのその他のモデルについても得ることができる．そのような確率モデルの 1 つに**積和ネットワーク**（sum-product network，SPN）がある (Poon and Domingos, 2011)．これらのモデルは，確率変数の集合に対する確率分布を計算するために多項式回路を利用している．Delalleau and Bengio (2011) は，指数関数的に巨大なモデルを必要とするのを避けるためには最低限の深さの SPN を必要とする確率分布が存在することを示した．後に，Martens and Medabalimi (2014) は，SPN の有限な深さの間には，どの 2 つの間にも有意差があり，SPN を扱いやすくするために利用される制約の一部はその表現力を制限する可能性があることを示した．

別の興味深い進展は，畳み込みネットワークに関連する深層回路の族の表現力に関する一連の理論的な結果である．これらの結果は，浅い回路が深い回路により計算された関数を近似すればよいだけであっても，深い回路が指数関数的な利点を持つことを強調している (Cohen *et al.*, 2015)．比較のために述べると，従来の理論的な研究は浅い回路が特定の関数を正確に複製しなければならないという設定での主張にとどまっていた．

15.6 潜在的原因発見のための手掛かり

本章の結びとして，「何が表現の良し悪しを決めるのか」という最初の問いに話を戻そう．1つの答えは，15.3節で最初に述べた，理想的な表現とはデータを生成した潜在的な変動の原因因子，特に扱っているアプリケーションに関連する因子をひもとくものであるというものである．表現学習における戦略のほとんどは，この潜在的な変動の因子を学習によって見つけるのを助ける手掛かりを導入することに基づいている．この手掛かりにより，学習器は観測された因子を他の因子から分離することができる．教師あり学習は極めて強力な手掛かりを与える．すなわち，各 $\boldsymbol{x}$ とともに観測されるラベル $\boldsymbol{y}$ は，通常，変動の因子の少なくとも1つの値を直接的に特定しているということである．より一般的に，豊富なラベルなしデータを活用するために，表現学習は潜在的因子に関するより直接的ではないその他の手掛かりを利用している．これらの手掛かりは，学習アルゴリズムの設計者が学習器を導くために課される暗黙的な事前信念の形を取る．ノーフリーランチ定理などの結果は，良好な汎化性能を得るために正則化戦略が必要であることを示している．普遍的な優れた正則化戦略を見つけるのは不可能であるが，深層学習の目的の1つは，人間や動物が解けるタスクに類似したさまざまなAIタスクに適用可能な，ほどほどに一般的な正則化戦略の集合を見つけることである．

ここでは，このような一般的な正則化戦略のリストを提供する．このリストは明らかに完成したものではないが，潜在的因子に対応する特徴量を学習アルゴリズムが発見するように促す方法の具体的な例を与える．このリストはBengio *et al.* (2013d) の3.1節で紹介されたものを一部拡張している．

- **滑らかさ**：これは，d を単位量とするとき，わずかな ϵ に対して $f(\boldsymbol{x}+\epsilon\boldsymbol{d}) \approx f(\boldsymbol{x})$ が成り立つことを意味している．この仮定により，学習器は訓練事例を使って入力空間の近傍点を汎化できる．多くの機械学習アルゴリズムはこのアイデアを活用しているが，次元の呪いを克服するには十分ではない．
- **線形性**：多くの学習アルゴリズムは，いくつかの変数の間の関係が線形であることを仮定している．これにより，アルゴリズムは観測データからかなり離れたデータに対する予測を行えるようになるが，時には極端すぎる予測を導くこともある．滑らかさの仮定を用いない単純な機械学習アルゴリズムのほとんどは，代わりに線形性の仮定を用いている．これらは実際異なる仮定である．たとえば，大量の重みを持つ線形関数を高次元空間に適用した場合，その出力はあまり滑らかなものではないだろう．線形性の仮定の限界に関するさらなる議論はGoodfellow *et al.* (2014b) を参照されたい．
- **複数の説明因子**：表現学習アルゴリズムの多くは，データが複数の潜在的な説明因子により生成されており，これらの因子のそれぞれの状態が与えられればほとんどのタスクは簡単に解けるという仮定に動機付けられている．15.3節では，この見方が表現学習を経由した半教師あり学習をどのように動機付けるかに言及した．$p(\boldsymbol{x})$ と $p(\boldsymbol{y} \mid \boldsymbol{x})$ はどちらも同じ潜在的な説明因子を参照していているため，$p(\boldsymbol{x})$ の構造を学習するには $p(\boldsymbol{y} \mid \boldsymbol{x})$ のモデリングに有用なのと同じ特徴量のいくらかを学習する必要がある．15.4節ではこの見方が，表現空間内の異なる方向が異なる変動の因子に対応している分散表現を利用することをどのように動機付けるかを説明した．

- **原因因子**：モデルは，学習された表現 $\boldsymbol{h}$ で表される変動の因子を観測データ $\boldsymbol{x}$ の原因として扱うように構築され，その逆は成り立たない．15.3節で議論したように，これは半教師あり学習にとって有益であり，根本的な原因に関する分布が変化したときや，新しいタスクに学習済みのモデルを使うときに，このモデルをより頑健にする．
- **深さあるいは説明因子の階層性**：上位の抽象的な概念は，階層構造をなす単純な概念により定義できる．他の視点から見ると，深いアーキテクチャを利用することは，あるタスクが多段階プログラムで達成されるべきであるという信念を反映している．この多段階プログラムは，各段階は前の段階で達成された処理の出力を参照するようなものである．
- **タスク間の共有因子**：この仮定は，同じ入力 $\mathbf{x}$ を共有する異なる変数 y_i に対応するたくさんのタスクがあるときや，各タスクがグローバルな入力 $\mathbf{x}$ の部分集合や関数 $f^{(i)}(\mathbf{x})$ と結び付いているとき，各 y_i は関連する因子 $\mathbf{h}$ の共通プールからなる異なる部分集合と結び付いているというものである．これらの部分集合は重なり合っているため，共有された中間表現 $P(\mathbf{h} \mid \mathbf{x})$ を経由してすべての $P(\mathrm{y}_i \mid \mathbf{x})$ を学習することで，タスク間の統計的強度が共有される．
- **多様体**：確率の大部分は集中しており，集中している領域は局所的につながっていて，また小さな体積を占めている．連続値を扱う場合，この領域はデータが存在する元の空間よりかなり小さな次元を持つ低次元多様体により近似することができる．いくつもの機械学習アルゴリズムは，この多様体上でのみ意味のある振る舞いをする (Goodfellow *et al.*, 2014b)．いくつかの機械学習アルゴリズム，特に自己符号化器は多様体構造を明示的に学習しようとする．
- **自然なクラスタリング**：多くの機械学習アルゴリズムは，入力空間において結合された多様体はそれぞれ 1 つのクラスに割り当てられるであろうと仮定している．データはいくつものつながっていない多様体上に存在しているかもしれないが，クラスはそれぞれの多様体の中で一定のままである．この仮定は，接線伝播法や二重逆伝播法，多様体正接分類器や敵対的学習などさまざまな学習アルゴリズムを動機付けている．
- **時間的，空間的なコヒーレンス**：Slow feature analysis や関連するアルゴリズムは，最も重要な説明因子は時間をかけてゆっくり変化するか，少なくとも真の潜在的な説明因子を予測する方がピクセルの値のような生の観測値を予測するよりも簡単であることを仮定している．このアプローチのさらなる説明は13.3節を参照されたい．
- **スパース性**：ほとんどの特徴量は，おそらくほとんどの入力を説明するのに関連していない．たとえば，象の胴体を検出する特徴量は，猫の画像を表現するときに利用する必要はない．それゆえ，「ある」か「ない」かで解釈できるようなどのような特徴量も，ほとんどの場合は「ない」という状態であるべき，という事前分布を課すことは妥当である．
- **因子の依存関係の簡潔さ**：よい高次の表現では，因子は互いに単純な依存関係で結び付いている．最も単純な可能性は周辺独立 $P(\mathbf{h}) = \prod_i P(\mathbf{h}_i)$ であるが，線形従属や浅い自己符号化器によって捉えられた関係などもまた適切な仮定である．この仮定は多くの物理法則で成り立っており，線形予測器や因数分解された事前分布を，学習された表現の上に結合するときに仮定されている．

表現学習の概念は，深層学習の多くの形式のすべてと結び付いている．順伝播型や回帰結合型ネットワーク，自己符号化器や深層確率モデルは，すべて表現を学習し，そして利用している．可能な限り最良な表現を学ぶ方法は，研究のエキサイティングな領域として残されている．

第 16 章

深層学習のための構造化確率モデル

深層学習は，研究者が設計作業の指針やアルゴリズムの記述に利用可能な多くのモデル形式を活用している．そのような形式の 1 つが**構造化確率モデル**（structured probabilistic models）という概念である．すでに3.14節でも，構造化確率モデルについて手短に議論した．その際は簡単な説明にとどめたが，II部のアルゴリズムの一部を記述する言語として，構造化確率モデルを使用する方法を理解するのに十分であった．III部では，構造化確率モデルは，深層学習における多くの最重要研究トピックの基幹となる要素となっている．これらの研究アイデアについて議論するための準備として，本章では構造化確率モデルについてより詳しく説明する．本章は自己完結するように意図して書かれている．つまり，読者は本章を読み進める前に本章以前の導入部を見直す必要はない．

構造化確率モデルは確率分布を記述する方法であり，確率分布内のどの確率変数が互いに直接相互作用するかを記述するためにグラフを使う．ここでは「グラフ」という用語をグラフ理論での意味で使用する．つまりここでいうグラフとは，辺集合によって互いに接続している頂点集合のことを指している．モデルの構造はグラフで定義されるため，こういったモデルは多くの場合**グラフィカルモデル**（graphical models）とも呼ばれる．

グラフィカルモデルの研究コミュニティは大きく，そこでは多くの異なるモデル，学習アルゴリズム，および推論アルゴリズムが開発されてきた．本章では，深層学習の研究コミュニティにとって最も有用であることがわかっている概念に力点をおいて，グラフィカルモデルの最も中心にある考え方についての基礎的な背景を説明する．すでにグラフィカルモデルについて十分な予備知識を持っている場合は，本章のほとんどを飛ばしてもよい．しかし，グラフィカルモデルの専門家でも，本章の最終節である16.7節を読むことは有益だろう．16.7節では，グラフィカルモデルが深層学習アルゴリズムで使われる独特な方法に焦点を当てる．深層学習の専門家は，それ以外のグラフィカルモデルの研究コミュニティで一般的に使用されているものに比べると，非常に異なるモデル構造，学習理論および推論手順を使用する傾向にある．本章では，こういった好みの違いを明確にして，その理由を説明する．

本章では，まず大規模な確率モデルを設計する上での課題について説明する．次に，グラフを使って確率分布の構造を記述する方法について説明する．本アプローチによって多くの課題が解決できるが，グラフィカルモデル自体に複雑さがないというわけではない．グラフィカルモデルでは，どの変数が直接相互作用できる必要があるか，つまり与えられた問題に対してどのグラフ構造が最も適切かを理解することが最も難しい．16.5節では，依存関係について学習することでこの難しさを解決する 2 つのアプローチを概説する．最後に，16.7節で，深層学習の研究者がグラフィカルモデリングに独自のアプローチを使うことに独特な重点をおいていることを議論する．

16.1　非構造化モデルの課題

深層学習の目標は，人工知能の解決に必要なさまざまな問題に合わせて機械学習を調整することである．これは，豊富な構造を持つ高次元データを理解できることを意味する．たとえば，AI アルゴリズムが自然画像[*1]，言葉を表す音声波形，および複数の単語や句読点の文字を含む文書を理解できるようにしたい．

分類アルゴリズムはそのような豊富な高次元分布を受け取って，どんな物体が写真に含まれているか，どんな単語が録音で話されているか，どんなトピックに関する文書かといったカテゴリラベルに要約できる．この分類プロセスでは入力の中にあるほとんどの情報が捨てられて，単一の出力（もしくはその単一出力値についての確率分布）が取り出される．また，分類器はしばしば入力の多くの部分を無視することもできる．たとえば，写真に写っている物体を認識するとき，通常写真の背景は無視できる．

確率モデルはその他のさまざまなタスクを解くことができる．通常このようなタスクは分類問題よりもコストがかかる．そのようなタスクの中には複数の出力値を出さなければならないものもある．ほとんどの場合，入力の一部を無視することなく全体の構造を完全に理解する必要がある．これらのタスクには次のようなものが含まれる．

- **密度推定**（density estimation）：入力 $\boldsymbol{x}$ が与えられた下で，機械学習システムはデータ生成分布の下で真の密度 $p(\boldsymbol{x})$ の推定値を返す．このタスクではただ 1 つの出力しか必要ないが，入力全体を完全に理解する必要がある．もし入力ベクトルの 1 要素でも異常ならば，システムはそのようなベクトルに対して低い確率を割り当てなければならない．
- **ノイズ除去**（denoising）：損傷していたり，不完全に観測されていたりする入力 $\tilde{\boldsymbol{x}}$ が与えられた下で，機械学習システムは元の正しい $\boldsymbol{x}$ の推定値を返す．たとえば，機械学習システムは，古い写真からホコリや傷を取り除くように求められることがある．このタスクでは，複数の出力（推定されたきれいな事例 $\boldsymbol{x}$ の全要素）と，入力全体の理解（たった 1 つの損傷領域でも，最終的な推定値が損傷していると示すように）が必要である．
- **欠損値補完**（missing value imputation）：$\boldsymbol{x}$ のいくつかの要素の観測が与えられた下で，モデルは $\boldsymbol{x}$ の観測されない要素の一部またはすべてにわたる推定量か確率分布を返すことが求められる．このタスクでは複数の出力が必要である．モデルは $\boldsymbol{x}$ のあらゆる要素を復元するように要求されるため，入力全体を理解する必要がある．
- **サンプリング**（sampling）：モデルは分布 $p(\boldsymbol{x})$ から新しいサンプルを生成する．応用として，音声合成，すなわち人間の自然な話し方のように聞こえる新たな波形の生成がある．これには，複数の出力値と，入力全体のよいモデルが必要である．サンプルに間違った分布から得られた要素が 1 つでもあれば，このサンプリング処理は誤りとなる．

小さい自然画像を使ったサンプリングタスクの例については図16.1を参照されたい．

何千，何百万もの確率変数を持つ豊富な分布をモデリングすることは，計算的にも統計的にも困難な作業である．二値変数だけをモデル化したいとしよう．これは考えられる最も単純な事例だが，それでもすでに膨大であるように思われる．32×32 ピクセルの小さいカラー（RGB）画像の場合，この形式

[*1] **自然画像**（natural image）とは，合成レンダリングされた画像やウェブページのスクリーンショットなどとは対照的に，適度に普通の環境でカメラ撮影された画像のことである．

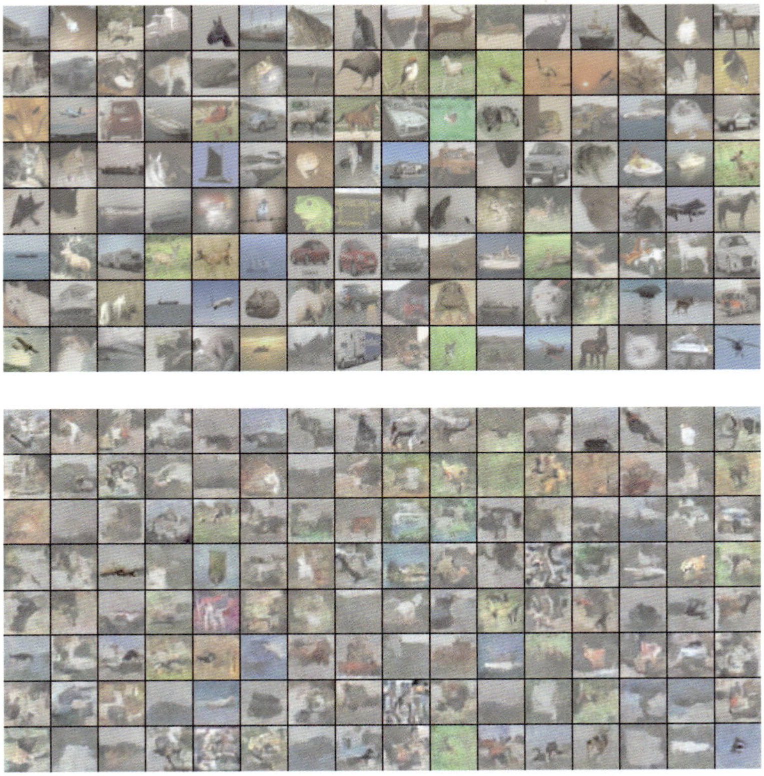

図 **16.1:** 自然画像の確率モデリング．（上）CIFAR-10 データ集合 (Krizhevsky and Hinton, 2009) の 32×32 ピクセルカラー画像の例．（下）このデータ集合で訓練した構造化確率モデルから得たサンプル．各サンプルは，ユークリッド空間で最も近い訓練事例と同じグリッド内の位置にある．この比較によって，モデルが訓練データを記憶しているのではなく，本当に新しい画像を合成していることがわかる．両方の画像集合のコントラストは見やすく調整されている．図はCourville *et al.* (2011) の許可を得て転載した．

で 2^{3072} もの取りうる二値画像がある．この数は宇宙の推定原子数の 10^{800} 倍以上である．

一般に，k 個の値を取る n 個の離散変数からなる確率変数ベクトル $\mathbf{x}$ の分布をモデル化したい場合，考えられる結果ごとに 1 つの確率値を割り当ててルックアップテーブルに格納し $P(\mathbf{x})$ を表現する単純なアプローチでは，k^n 通りものパラメータが必要となる．

この方法は，以下の理由により実現不可能である．

- **メモリ（表現を格納するコスト）**：n と k が非常に小さい数である場合を除き，分布をテーブルとして表現するためには，あまりにも多くの値を格納する必要がある．
- **統計的有効性**：モデル内のパラメータ数が増加するにつれて，統計的推定量を用いてモデルパラメータの値を選ぶために必要な訓練データの量も増加する．テーブルベースのモデルは天文学的な数のパラメータを持っているため，正確に適合させるためには天文学的に多くの訓練集合が必要となる．（12.4.1節にあるバックオフ法もしくは平滑化した n-gram モデルのように）テーブル内の異なるエントリを関連付ける仮定を追加しない限り，そのようなモデルはすべて訓練集合に対してひどく過剰適合する．

- **実行時間（推論コスト）**：たとえば，周辺分布 $P(\mathrm{x}_1)$ や条件付き分布 $P(\mathrm{x}_2 \mid \mathrm{x}_1)$ などの他の分布を計算するために，同時分布 $P(\mathbf{x})$ のモデルを使う推論タスクを実行するとする．こういった分布を計算するためにはテーブル全体を合計する必要があるため，これらの演算の実行時間はモデルを格納するための困難なメモリコストと同じくらい高くつく．
- **実行時間（サンプリングコスト）**：同様に，モデルからサンプルを抽出したいとしよう．単純な方法は，ある値 $\mathrm{u} \sim U(0,1)$ をサンプリングしたら，テーブル内を順に見ながら確率値を加算していき，その値が u を超えたらテーブル内のその位置に対応する結果を返すことである．これは最悪の場合テーブル全体を読み込む必要があるため，他の演算と同様に指数関数的なコストとなる．

テーブルベースのアプローチの問題は，すべての取りうる変数の部分集合間の，すべての取りうる相互作用を明示的にモデル化しているということである．現実のタスクで遭遇する確率分布はこれよりはるかに単純である．通常，ほとんどの変数は間接的にのみ相互に影響する．

たとえば，リレー競走においてチームのゴール時間をモデル化することを考えよう．このチームはアリス（Alice），ボブ（Bob），キャロル（Carol）の 3 人のランナーで構成されているとする．レースの開始時にアリスはバトンを持ってトラックを走り始める．トラックを 1 周し終わった後，彼女はボブにバトンを渡す．そして，ボブは 1 周走り，最後の 1 周を走るキャロルにバトンを渡す．彼らのゴール時間は，それぞれ連続確率変数でモデル化することができる．アリスのゴール時間は，彼女が最初に走るため他の誰にも依存しない．ボブはアリスが完走するまで走り始めることができないので，ボブのゴール時間はアリスのゴール時間に依存する．アリスがより速く完走すればボブも速く完走し，それ以外でも同様になる．最後に，キャロルのゴール時間は 2 人のチームメイトに依存する．アリスが遅い場合，おそらくボブも遅く完走するだろう．結果として，キャロルはかなり遅いスタート時間となり，したがってゴール時間も同様に遅くなる可能性が高い．しかしながら，キャロルのゴール時間はボブを通じて**間接的に**しかアリスのゴール時間に依存しない．ボブのゴール時間をすでに知っているのであれば，アリスのゴール時間を知ってもキャロルのゴール時間をこれ以上よく推定することはできない．つまり，アリスのボブに対する影響と，ボブのキャロルに対する影響という 2 つの相互作用のみを使ってリレー競走をモデル化することができる．アリスとキャロルの間の第 3 の間接的な相互作用をモデルから省略することができる．

構造化確率モデルは，確率変数間の直接的な相互作用のみをモデル化する形式的な枠組みを提供する．これにより，モデルに含まれるパラメータが大幅に少なくなり，したがってより少ないデータから確実に推定できるようになる．こういったより小さいモデルは，モデルの格納，推論の実行，そしてモデルからのサンプルの抽出に関して計算コストも劇的に削減する．

16.2　グラフを使用したモデル構造の記述

構造化確率モデルは，確率変数間の相互作用を表現するために（辺によって結合された「ノード」や「頂点」というようなグラフ理論の意味での）グラフを使用する．各ノードは確率変数を表現し，各辺は直接的な相互作用を表現する．これらの直接的な相互作用は他の間接的な相互作用を含意するが，直接的な相互作用のみを明示的にモデル化する必要がある．

グラフを用いて確率分布における相互作用を記述する方法は複数ある．以降の節では，最も一般的で便利なアプローチのいくつかについて説明する．グラフィカルモデルは，有向非巡回グラフに基づくモデルと，無向グラフに基づくモデルという 2 つのカテゴリに分けることができる．

16.2.1 有向モデル

構造化確率モデルの 1 つに**有向グラフィカルモデル**（**directed graphical model**）がある．他の呼び方として，**信念ネットワーク**（**belief network**）や**ベイジアンネットワーク**（**Bayesian network**）[*2] (Pearl, 1985) も知られている．

有向グラフィカルモデルは辺が有向，すなわちある頂点から他の頂点を指し示しているため「有向（指示，directed）」と呼ばれる．この方向は矢印で図に表現される．矢印の方向はどの変数の確率分布が他の変数によって定義されているかを示している．a から b に矢印を描くということは，a の下での条件付き分布（a は，条件付きを示す縦棒の右側に書かれる変数の 1 つ）として b の確率分布を定義することを意味する．言い換えると，b の分布は a の値に依存する．

16.1節のリレー競走の例を続けて，アリスのゴール時間を t_0，ボブのゴール時間を t_1，そしてキャロルのゴール時間を t_2 としよう．前に見たように，t_1 の推定値は t_0 に依存する．t_2 の推定値は t_1 に直接依存するが，t_0 には間接的にしか依存しない．この関係は，図16.2に示す有向グラフィカルモデルで描くことができる．

形式的には，変数 $\mathbf{x}$ で定義された有向グラフィカルモデルは，頂点がモデル内の確率変数である有向非巡回グラフ $\mathcal{G}$ と**局所条件付き確率分布**（**local conditional probability distributions**）$p(\mathrm{x}_i \mid Pa_{\mathcal{G}}(\mathrm{x}_i))$ の集合で定義される．ただし，$Pa_{\mathcal{G}}(\mathrm{x}_i)$ はグラフ $\mathcal{G}$ における x_i の親ノード（または頂点）である．$\mathbf{x}$ の確率分布は

$$p(\mathbf{x}) = \Pi_i p(\mathrm{x}_i \mid Pa_{\mathcal{G}}(\mathrm{x}_i)) \tag{16.1}$$

のように与えられる．

リレー競走の例では，これは図16.2で描かれたグラフを使うと，

$$p(\mathrm{t}_0, \mathrm{t}_1, \mathrm{t}_2) = p(\mathrm{t}_0)p(\mathrm{t}_1 \mid \mathrm{t}_0)p(\mathrm{t}_2 \mid \mathrm{t}_1) \tag{16.2}$$

となる．

これが実際に本書で初めて出会う構造化確率モデルである．構造化モデリングが非構造化モデリングと比べてどれだけ多くの利点があるかを確かめるために，使用コストを調べることができる．

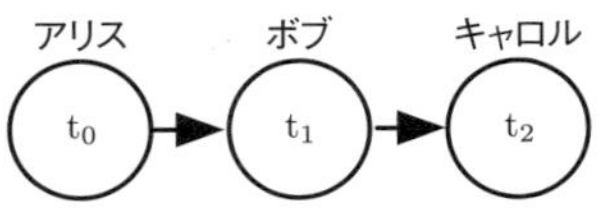

図 16.2: リレー競走の例を描いた有向グラフィカルモデル．アリスが完走するまでボブは走り始めないため，アリスのゴール時間 t_0 はボブのゴール時間 t_1 に影響する．同様に，キャロルはボブが完走した後に走り始めるので，ボブのゴール時間 t_1 はキャロルのゴール時間 t_2 に直接影響する．

[*2] Judea Pearl は，ネットワークによって計算された値の「判断的性質」を強調したいとき，すなわち事象の頻度ではなく信念の程度を表現することを強調したいときに「ベイジアンネットワーク」という用語を使うことを提案した．

0 分から 10 分の間を 6 秒間隔で離散化することで時間を表すとしよう．これは t_0，t_1 および t_2 のそれぞれを，100 通りの値を取りうる離散変数とすることになる．テーブルで $p(\mathrm{t}_0, \mathrm{t}_1, \mathrm{t}_2)$ を表現しようとすると，999,999 個の値（設定される確率のうちの 1 つは，確率の合計が 1 という制約によって自動的に決まるので，t_0 の 100 通りの値 $\times \mathrm{t}_1$ の 100 通りの値 $\times \mathrm{t}_2$ の 100 通りの値 -1 となる）を格納する必要がある．代わりに条件付き確率分布ごとのテーブルだけを作成すれば，t_0 における分布は 99 個の値，t_0 が与えられた下での t_1 を定義するテーブルは 9,900 個の値，そして t_1 が与えられた下での t_2 を定義するテーブルも 9,900 個の値が必要となるので，合計 19,899 個の値になる．これは有向グラフィカルモデルを使用することで，パラメータ数が 50 分の 1 以下に減少したことを意味する．

一般に，それぞれ k 個の値を取る n 個の離散変数をモデル化するためには，単一テーブルのアプローチのコストは以前見たように $O(k^n)$ の規模になる．ここで，これらの変数について有向グラフィカルモデルを構築するとする．m を単一の条件付き確率分布に現れる（条件付きを示す縦棒の両側にある）変数の最大個数とすると，有向モデルのテーブルのコストは $O(k^m)$ の規模になる．$m << n$ のようなモデルを設計する限り，非常に劇的な節約効果が得られる．

言い換えれば，各変数がグラフ内に親をほとんど持たない限り，分布は非常に少ないパラメータで表現することができる．木構造のような，グラフ構造におけるいくつかの制約も，変数の部分集合における周辺分布や条件付き分布の計算のような処理が効率的であることを保証する．

どのような情報がグラフに符号化できるか，またはできないのかを理解することは重要である．グラフはどの変数が互いに条件付き独立であるかについての簡素化した仮定しか符号化しない．他の簡素化した仮定を作ることも可能である．たとえば，アリスの成績にかかわらず，ボブはつねに同じように走ると仮定しよう（実際には，アリスの成績はおそらくボブの成績に影響を与える．アリスが特定の競走で特に速く走った場合，ボブの性格によっては，この結果にせき立てられて彼女の卓越した能力に対抗しようとするかもしれないし，あるいは油断して手を抜くかもしれない）．そうすると，アリスがボブのゴール時間に与える唯一の影響は，ボブが走るのに必要と思われる時間の合計に，アリスのゴール時間を加える必要があることだけである．この洞察によって，$O(k^2)$ ではなく $O(k)$ の規模のパラメータでモデルを定義することができる．しかし，t_0 と t_1 はこの仮定でも依然として直接依存していることに注意されたい．なぜならば，t_1 はボブがゴールする絶対時間を表しており，ボブ自身が走った時間の合計ではないからである．つまり，グラフにはなお t_0 から t_1 への矢印が含まれている必要がある．ボブの個人走行時間が他のすべての要因と独立であるという仮定は，t_0，t_1 そして t_2 におけるグラフに符号化することはできない．その代わりに，この情報は条件付き分布そのものの定義に符号化される．条件付き分布はもはや t_0 と t_1 で索引付けられる $k \times k-1$ 個の要素のテーブルではなく，$k-1$ 個のパラメータのみを使用したやや複雑な式となる．有向グラフィカルモデルの構文は，条件付き分布をどのように定義するかの制約を一切課さず，どの変数を引数として取ることができるかのみを定義する．

16.2.2　無向モデル

有向グラフィカルモデルは，構造化確率モデルを記述するための 1 つの言語を与えてくれる．もう 1 つのよく知られている言語は**無向モデル**（undirected models）である．無向モデルは，**マルコフ確率場**（Markov random fields, MRFs）や**マルコフネットワーク**（Markov networks）（Kindermann, 1980）としても知られている．名前が示すように，無向モデルでは辺に向きのないグラフが使用される．

有向モデルは，ある特定の方向にそれぞれの矢印を描く明確な理由があるような状況に最も自然に適用できる．多くの場合，これは因果関係が理解され，その因果関係が 1 方向にしか流れない状況である．

このような状況の１つがリレー競走の例である．前の走者は後ろの走者のゴール時間に影響を与えるが，後ろの走者は前の走者に影響を与えない．

モデル化したいすべての状況で相互作用の方向が明確なわけではない．相互作用がそもそも方向を持たなかったり，両方向に作用すると思われる場合は，無向モデルを使用する方が適切かもしれない．

そういった状況の例として，3つの二値変数における分布をモデル化したいとしよう．3つの変数はそれぞれ，あなたが病気であるかどうか，あなたの同僚が病気であるかどうか，そしてあなたのルームメイトが病気であるかどうかを表す．リレー競走の例のように，発生する相互作用の種類について仮定を簡素化することができる．あなたの同僚とルームメイトがお互いを知らないと仮定すると，どちらかが風邪のような病気をもう片方に直接うつすことはほぼありえない．この出来事は非常にまれであるため，モデル化しなくても問題ない．しかし，どちらかがあなたに風邪をうつし，そしてあなたがもう片方にうつしてしまうことは当然起こりうる．同僚からあなたへの風邪の伝染と，あなたからルームメイトへの風邪の伝染をモデル化することで，同僚からルームメイトへの間接的な伝染をモデル化することができる．

この場合，あなたがルームメイトに風邪をうつすのは，ルームメイトがあなたに風邪をうつすのと同じくらい起こりやすい．そのため，モデルの基礎となる，明確な単方向の物語は存在しない．これが無向モデルを使用する動機である．有向モデルと同様に，無向モデルの2つのノードが辺で接続されている場合，これらのノードに対応する確率変数は互いに直接相互作用する．有向モデルとは異なり，無向モデルの辺には矢印がなく，条件付き確率分布に関連付けられない．

あなたの健康状態を表す確率変数を h_y，ルームメイトの健康状態を表す確率変数を h_r，そして同僚の健康状態を表す確率変数を h_c とする．このシナリオを表したグラフの描画については図16.3を参照されたい．

形式的には，無向グラフモデルは無向グラフ $\mathcal{G}$ で定義された構造化確率モデルである．グラフ中の各クリーク $\mathcal{C}$ について[*3]，**因子**（factor）$\phi(\mathcal{C})$（**クリークポテンシャル**（clique potential）とも呼ばれる）は，そのクリーク内の変数が取りうる結合状態のそれぞれに対して，その変数の親和性を測定する．因子は非負値に制約され，合わせて**非正規化確率分布**（unnormalized probability distribution）

$$\tilde{p}(\mathbf{x}) = \Pi_{\mathcal{C}\in\mathcal{G}}\phi(\mathcal{C}) \tag{16.3}$$

を定義する．

非正規化確率分布は，すべてのクリークが小さい限り効率的に動作する．それは高い親和性の状態がより起こりやすいというアイデアを符号化している．しかし，ベイジアンネットワークとは異なり，クリークの定義にほとんど構造がないため，クリークをともに掛け合わせることで有効な確率分布が得ら

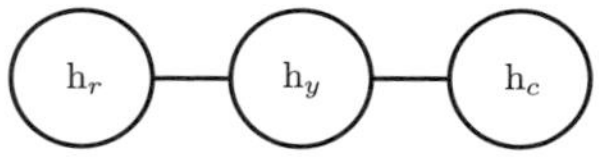

図 16.3: ルームメイトの健康状態 h_r，あなたの健康状態 h_y，そして同僚の健康状態 h_c が互いにどのように影響しているかを表す無向グラフ．あなたとルームメイトはお互い風邪をうつす可能性があり，あなたと同僚にも同じ可能性がある．しかし，ルームメイトと同僚がお互いを知らないと仮定すると，あなたを介して間接的にしかうつらない．

[*3] グラフのクリークとは，グラフの辺によってすべてが互いに接続されているノードの部分集合である．

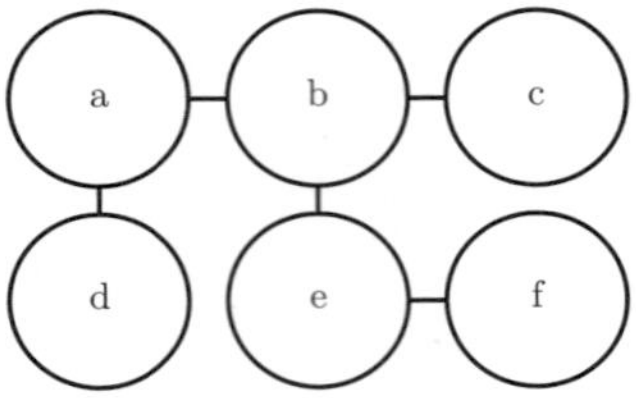

図 **16.4:** このグラフは，適切に選択された ϕ 関数に対して，$p(\mathrm{a},\mathrm{b},\mathrm{c},\mathrm{d},\mathrm{e},\mathrm{f})$ を $\frac{1}{Z}\phi_{\mathrm{a},\mathrm{b}}(\mathrm{a},\mathrm{b})\phi_{\mathrm{b},\mathrm{c}}(\mathrm{b},\mathrm{c})\phi_{\mathrm{a},\mathrm{d}}(\mathrm{a},\mathrm{d})\phi_{\mathrm{b},\mathrm{e}}(\mathrm{b},\mathrm{e})\phi_{\mathrm{e},\mathrm{f}}(\mathrm{e},\mathrm{f})$ と書けることを示している．

れる保証は何もない．無向グラフから因数分解の情報を読み取る例については図16.4を参照されたい．

あなた，ルームメイト，そして同僚の間で広がる風邪の例では 2 つのクリークが含まれる．1 つのクリークには h_y と h_c が含まれる．このクリークの因子はテーブルで定義でき，次のような値を取るかもしれない．

	$\mathrm{h}_y = 0$	$\mathrm{h}_y = 1$
$\mathrm{h}_c = 0$	2	1
$\mathrm{h}_c = 1$	1	10

状態 1 は健康であることを示し，状態 0 は健康状態が悪い（風邪を引いている）ことを示す．通常は 2 人とも健康なので，対応する状態は最も親和性が高い．1 人だけが病気になっている状態はまれなので最も低い親和性となる．両方が病気になっている状態（1 人からもう 1 人に感染したため）はより親和性の高い状態となるが，どちらも健康な状態ほど普通ではない．

モデルを完成させるには，h_y と h_r を含むクリークについても同様の因子を定義する必要がある．

16.2.3　分配関数

非正規化確率分布はどこでも非負であることが保証されているが，総和もしくは積分が 1 となることは保証されていない．有効な確率分布を得るために，対応する正規化された確率分布を使用する必要がある．[*4]

$$p(\mathbf{x}) = \frac{1}{Z}\tilde{p}(\mathbf{x}). \tag{16.4}$$

ただし，Z は確率分布の総和もしくは積分を 1 にする値である．

$$Z = \int \tilde{p}(\mathbf{x})d\mathbf{x}. \tag{16.5}$$

ϕ 関数が一定となるとき，Z は定数とみなすことができる．ϕ 関数にパラメータがある場合，Z はそのパラメータの関数であることに注意されたい．文献では，スペースを節約するために引数を省略して Z を書くことが普通である．正規化定数 Z は，統計物理から借用した用語である**分配関数**（partition function）として知られている．

Z は状態 $\mathbf{x}$ のすべての取りうる同時割り当てについて積分または総和を取るので，しばしば計算が困難となる．無向モデルの正規化された確率分布を得るためには，モデル構造と ϕ 関数の定義が Z の

[*4] クリークポテンシャルの積を正規化して定義された分布は**ギブス分布**（Gibbs distribution）とも呼ばれる．

効率的な計算に役立たなければならない．深層学習では，Z は通常計算困難となる．正確に Z を計算することが困難なため，近似に頼る必要がある．そのような近似アルゴリズムは18章のトピックである．

無向モデルを設計する際に留意すべき重要な考慮事項の 1 つは，Z が存在しないような方法で因子を指定することが可能だということである．これは，モデル内の変数のいくつかが連続であり，なおかつその定義域における $\tilde{p}$ の積分が発散する場合に発生する．たとえば，単一のクリークポテンシャル $\phi(x) = x^2$ で，あるスカラー変数 $\mathrm{x} \in \mathbb{R}$ をモデル化するとしよう．この場合，

$$Z = \int x^2 dx \tag{16.6}$$

となる．この積分は発散するため，このように選ばれた $\phi(x)$ に対応する確率分布は存在しない．時には，$\phi(x)$ 関数のいくつかのパラメータの選択が，確率分布が定義されるかどうかを決定することもある．たとえば，$\phi(x;\beta) = \exp\left(-\beta x^2\right)$ について，パラメータ β は Z が存在するかどうかを決定する，β が正の場合には x におけるガウス分布となるが，β が正以外の場合には ϕ が正規化できなくなる．

有向モデルと無向モデルの主要な違いの 1 つは，有向モデルが最初から確率分布に関して直接定義される一方で，無向モデルは確率分布に変換される ϕ 関数によってより緩く定義されるということである．この違いにより，これらのモデルを扱うために身に付けるべき直感も変わってくる．無向モデルを扱う際に留意すべき重要な考え方の 1 つは，与えられた ϕ 関数の集合が対応する確率分布の種類に，各変数の定義域が劇的な影響を与えるということである．たとえば，n 次元のベクトル値の確率変数 $\mathbf{x}$ と，バイアス $\boldsymbol{b}$ のベクトルによってパラメータ化された無向モデルを考えよう．$\mathbf{x}$ の各要素について 1 つのクリーク $\phi^{(i)}(\mathrm{x}_i) = \exp(b_i \mathrm{x}_i)$ があるとする．これはどのような確率分布となるのだろうか．その答えは，まだ $\mathbf{x}$ の定義域を指定していないため十分な情報がない，ということになる．もし $\mathbf{x} \in \mathbb{R}^n$ ならば，Z を定義する積分は発散し確率分布は存在しない．$\mathbf{x} \in \{0,1\}^n$ ならば，$p(\mathbf{x})$ は n 個の独立分布 $p(\mathrm{x}_i = 1) = \mathrm{sigmoid}\,(b_i)$ に因数分解できる．$\mathbf{x}$ の定義域が単純な基底ベクトルの集合（$\{[1,0,\ldots,0],[0,1,\ldots,0],\ldots,[0,0,\ldots,1]\}$）ならば，$p(\mathbf{x}) = \mathrm{softmax}(\boldsymbol{b})$ となるので，b_i の値が大きい場合は $j \neq i$ に対して $p(\mathrm{x}_j = 1)$ が実際に減少する．多くの場合，比較的単純な ϕ 関数の集合から複雑な振る舞いを得るために，慎重に選ばれた変数の定義域の効果を利用することができる．この考えの実際の応用については20.6節で後ほど検討する．

16.2.4 エネルギーベースモデル

無向モデルに関する多くの興味深い理論解析結果は $\forall \mathbf{x}, \tilde{p}(\mathbf{x}) > 0$ という仮定に依存する．この条件を適用する便利な方法は**エネルギーベースモデル**（**エネルギーに基づくモデル**，energy-based model, EBM）

$$\tilde{p}(\mathbf{x}) = \exp(-E(\mathbf{x})) \tag{16.7}$$

を使用することである．ただし，$E(\mathbf{x})$ は**エネルギー関数**（energy function）として知られている．$\exp(z)$ はすべての z について正となるため，いかなる状態 $\mathbf{x}$ についても確率 0 をもたらすエネルギー関数はないことが保証されている．エネルギー関数は完全に自由に選択できるので，学習はより簡単になる．仮にクリークポテンシャルを直接学習するならば，ある特定の最小確率値を任意に課すために制約付き最適化を用いる必要がある．エネルギー関数を学習することで，制約なし最適化を用いることができる[*5]．エネルギーベースモデルにおける確率は，いくらでも 0 に近づくことができるが，0 に到達

[*5] いくつかのモデルでは，Z が存在することを確認するために制約付き最適化を使用する必要がある場合もある．

することはない．

式16.7で与えられる形式の分布は，どれも**ボルツマン分布**（Boltzmann distribution）の例である．このため，多くのエネルギーベースモデルは**ボルツマンマシン**（Boltzmann machines）(Fahlman *et al.*, 1983; Ackley *et al.*, 1985; Hinton *et al.*, 1984; Hinton and Sejnowski, 1986) と呼ばれる．あるモデルをいつエネルギーベースモデルと呼ぶべきか，あるいはいつボルツマンマシンと呼ぶべきかについて確立した指針はない．ボルツマンマシンという用語は，はじめは二値変数に限ったモデルを記述するために導入されたが，今日では，平均-共分散型制限付きボルツマンマシンなどの多くのモデルで実数値変数も含まれている．ボルツマンマシンはもともと潜在変数の有無にかかわらず定義されていたが，ボルツマンマシンという用語は今日ほとんどの場合潜在変数を持つモデルを指し示すために使用され，潜在変数を持たないボルツマンマシンはたいていマルコフ確率場または対数線形モデルと呼ばれている．

無向グラフ内のクリークは非正規化確率関数の因子に対応する．$\exp(a)\exp(b) = \exp(a+b)$ となるため，無向グラフ内の異なるクリークがエネルギー関数の異なる項に対応する．言い換えると，エネルギーベースモデルは単にマルコフネットワークの特別な種類にすぎない．つまり，このべき乗がエネルギー関数の各項を異なるクリークの因子に対応付けている．無向グラフ構造からエネルギー関数の形を読み取る方法の例については図16.5を参照されたい．エネルギー関数内に複数の項があるエネルギーベースモデルを**エキスパートの積**（product of experts）とみなすことができる (Hinton, 1999)．エネルギー関数の各項は確率分布の中の別の因子に対応する．エネルギー関数の各項は特定のソフトな制約を満たすかどうかを決定する「エキスパート」と考えることができる．各エキスパートは確率変数の低次元への射影のみに関する 1 つの制約だけを課すが，確率分布の積によって組み合わさると複数のエキスパートが合わさって複雑な高次元の制約を課すことになる．

エネルギーベースモデルの定義の一部，すなわち式16.7における $-$ の符号は，機械学習の観点からは何ら機能的目的を果たさない．この $-$ 符号は E の定義に含むことができる．関数 E の多くの選択に対して，いずれにしても学習アルゴリズムは自由にエネルギーの符号を決めることができる．この $-$ 符号は，主に機械学習の文献と物理学の文献との間の互換性を保つために存在している．確率モデリングに関する多くの発展はもともと統計物理学者たちによってなされたが，彼らにとって E は実際の物理的なエネルギーを指し，任意の符号をもたない．「エネルギー」や「分配関数」などの専門用語は，数学的な応用性の方が，統計物理学者たちによって発展した物理学の背景よりも広いにもかかわらず，いまだにこれらの技術に関連付けられている．機械学習研究者の中にはこのマイナス符号を取り除こうとする人もいた（たとえばSmolensky (1986) は負のエネルギーを**ハーモニー**（harmony）と呼んだ）が，これは標準的な慣習ではない．

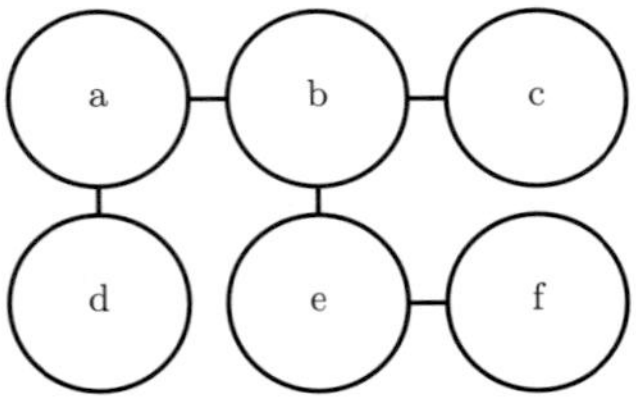

図 16.5: このグラフは，適切に選択されたクリークごとのエネルギー関数に対して，$E(\mathrm{a,b,c,d,e,f})$ を $E_{\mathrm{a,b}}(\mathrm{a,b}) + E_{\mathrm{b,c}}(\mathrm{b,c}) + E_{\mathrm{a,d}}(\mathrm{a,d}) + E_{\mathrm{b,e}}(\mathrm{b,e}) + E_{\mathrm{e,f}}(\mathrm{e,f})$ と書けることを示している．図16.4の ϕ 関数は，各 ϕ を対応する負のエネルギーの指数関数に設定することで（たとえば，$\phi_{\mathrm{a,b}}(\mathrm{a,b}) = \exp(-E(\mathrm{a,b}))$）得ることができることに注意されたい．

確率モデルに基づいて動作する多くのアルゴリズムでは，$p_{\text{model}}(\boldsymbol{x})$ を計算する必要はなく，$\log \tilde{p}_{\text{model}}(\boldsymbol{x})$ を計算すればよい．潜在変数 $\boldsymbol{h}$ があるエネルギーベースモデルでは，これらのアルゴリズムはこの量にマイナス符号を付けて表現されることがあり，**自由エネルギー**（free energy）と呼ばれる．

$$\mathcal{F}(\boldsymbol{x}) = -\log \sum_{\boldsymbol{h}} \exp\left(-E(\boldsymbol{x}, \boldsymbol{h})\right). \tag{16.8}$$

本書では通常，より一般的な $\log \tilde{p}_{\text{model}}(\boldsymbol{x})$ という定式化を選択する．

16.2.5　分離と d 分離

グラフィカルモデルの辺はどの変数が直接相互作用するかを示している．多くの場合，どの変数が**間接的**に相互作用するかを知る必要がある．こういった間接的な相互作用の一部は，他の変数を観測することで有効化または無効化される．より形式的には，変数の他の部分集合の値が与えられたとき，どの変数の部分集合が互いに条件付き独立かを知りたい．

無向モデルの場合，グラフ内の条件付き独立性を特定することは非常に簡単である．この場合，グラフが示す条件付き独立性は**分離**（separation）と呼ばれる．変数集合 $\mathbb{S}$ が与えられた下で，変数集合 $\mathbb{A}$ が変数集合 $\mathbb{B}$ と独立であることがグラフ構造から示される場合，$\mathbb{A}$ は $\mathbb{S}$ が与えられた下で $\mathbb{B}$ から**分離される**（separated）と言う．変数 a と b が非観測変数だけを含んだ経路で接続されている場合，これらの変数は分離されない．もし，それらの間に経路がなかったり，すべての経路に観測変数が含まれているならば，それらは分離される．非観測変数のみを含む経路を「アクティブ」，観測変数を含む経路を「非アクティブ」と呼ぶ．

グラフを描画するとき，影を付けて観測変数を示すことができる．このように描かれたとき，無向モデル内でアクティブや非アクティブな経路がどのように見えるかについては図16.6を参照されたい．無

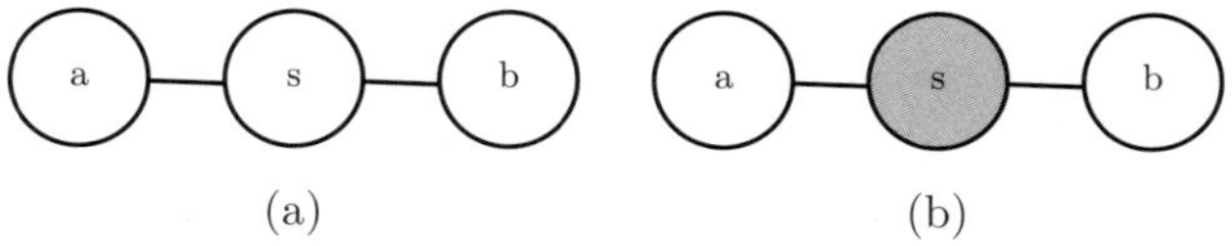

図 **16.6:** (a)　確率変数 a と確率変数 b の間の s を通る経路は，s が観測されないのでアクティブである．つまり，a と b は分離されない．(b)　ここでは，s に影を付けて観測されていることを示している．a と b の間の唯一の経路は s を通っていて，その経路は非アクティブなので，a と b は s が与えられた下で分離されると結論付けられる．

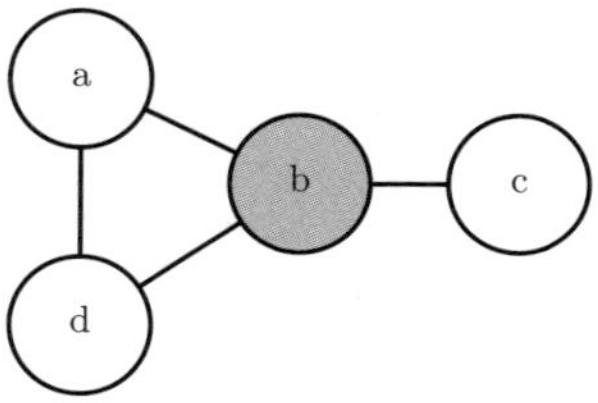

図 **16.7:** 無向グラフから分離特性を読み取る例．ここでは，b に影を付けて観測されていることを示している．b を観測することで a から c への唯一の経路が遮断されるため，a と c は b が与えられた下で互いに分離されている．b の観測によって a と d の間の 1 つの経路も遮断されるが，それらの間には 2 つ目のアクティブな経路がある．したがって，a と d は b が与えられた下で分離されない．

向グラフから分離を読み取る例については図16.7を参照されたい.

有向モデルにも同様の概念は適用されるが，有向モデルにおいては，これらの概念は **d 分離**（**有向分離**，**d-separation**）と呼ばれる.「d」は「依存（dependence)」の略である. 有向グラフの d 分離は無向グラフの分離と同様に定義される. すなわち，変数集合 $\mathbb{S}$ が与えられた下で，変数集合 $\mathbb{A}$ が変数集合 $\mathbb{B}$ と独立であることがグラフ構造から示される場合，$\mathbb{A}$ は $\mathbb{S}$ が与えられた下で $\mathbb{B}$ から d 分離されると言う.

無向モデルと同様に，グラフ内にどのようなアクティブな経路が存在するかを調べることで，グラフが示す独立性を調べることができる. 前述のように，2 つの変数の間にアクティブな経路がある場合は依存し，そのような経路が存在しない場合は d 分離される. 有向ネットでは，経路がアクティブかど

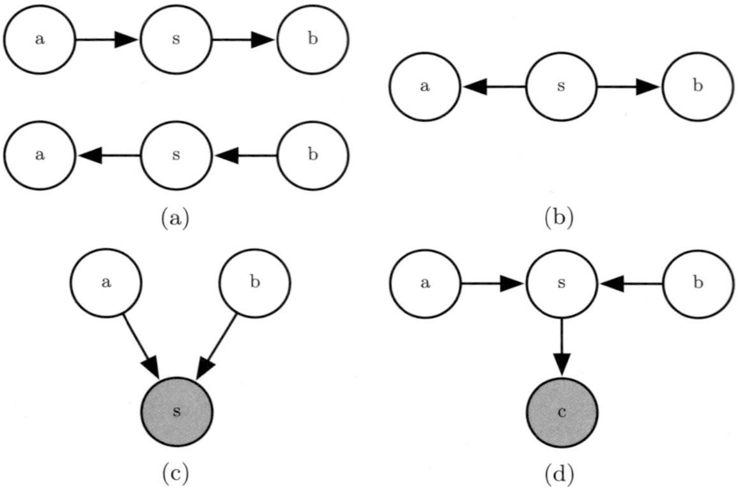

図 16.8: 確率変数 a と b の間に存在する長さ 2 のアクティブな経路の全種類. (a) a から b，またはその逆に，直接進む矢印を持つ経路. この種の経路は s が観測された場合遮断される. この種の経路はすでにリレー競走の例で見てきた. (b) a と b が**共通因子** s によって接続されている. たとえば，s はハリケーンがあるかどうかを示す変数とし，a と b は近くにある 2 つの異なる気象観測基地での風速を測定するとしよう. もし，基地 a で非常に強い風を観測したならば，基地 b でも強風となることが予想される. このような経路は s の観測によって遮断される. ハリケーンがあることをすでに知っているならば，a で観測されているものにかかわらず b で強風となることが予想される. a で（ハリケーンがあると）予想されるよりも弱い風だったとしても，b での風速予想は（ハリケーンがあることを知っているので）変更されないだろう. しかし，s が観測されない場合，a と b は依存する. つまり，経路はアクティブとなる. (c) a と b の両方が s の親となる. これは **V 構造**（**V-structure**）または**衝突事例**（**the collider case**）と呼ばれる. V 構造により，a と b は**弁明効果**（**explaining away effect**）によって関連付けられる. この場合，s が観測されたときに経路は実際にアクティブになる. たとえば，s をあなたの同僚が職場にいないことを示す変数としよう. 変数 a は彼女が病気であることを示す一方で，b は彼女が休暇であることを表現する. 彼女が職場にいないことを観測した場合，たぶん彼女は病気か休暇だろうと推測できるが，両方が同時に起こることはまずありえない. 彼女が休暇中だと判明した場合，この事実は彼女の欠席を**説明**（**弁明**）するのに十分である. 彼女はおそらく病気でないとも推測できる. (d) 弁明効果は s のどの子孫を観測しても発生する. たとえば，c を同僚から報告書を受け取ったかどうかを表す変数だとしよう. 報告書を受け取っていないことに気づいた場合，彼女は今日職場にいないだろうという確率の推定値が増加し，今度は彼女が病気か休暇のいずれかであるという可能性が高まる. V 構造を通る経路を遮断する唯一の方法は，共有された子の子孫のいずれも観測しないことである.

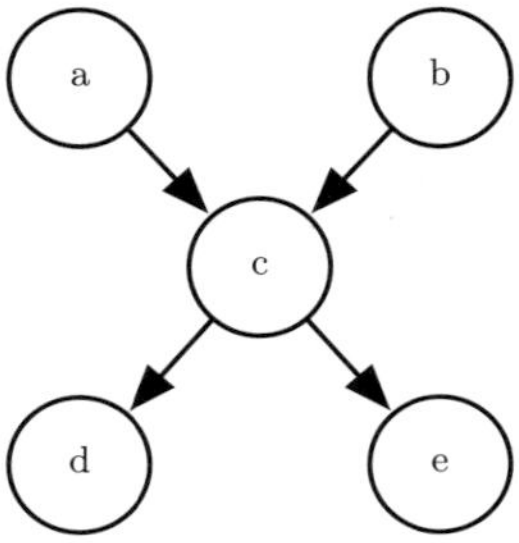

図 **16.9:** このグラフから，いくつかの d 分離の特性を読み取ることができる．例として，

- a と b は空集合が与えられた下で d 分離される．
- a と e は c が与えられた下で d 分離される．
- d と e は c が与えられた下で d 分離される．

いくつかの変数を観測することで，もはや d 分離されない変数があることも確認できる．

- a と b は c が与えられた下で d 分離されない．
- a と b は d が与えられた下で d 分離されない．

うかを判断する方法はやや複雑である．有向グラフ内のアクティブな経路を特定する方針については図16.8を参照されたい．グラフからいくつかの特性を読み取る例については図16.9を参照されたい．

分離や d 分離は**グラフによって示される**条件付き独立性についてのみ伝えることを覚えておくことが重要である．グラフがすべての存在する独立性を示している必要はない．特に，どのような分布でも表現のために完全グラフ（すべての取りうる辺を持つグラフ）を使用することはつねに正しい．実際，既存のグラフィカル表記では表現できない独立性を含む分布もある．**文脈特有の独立性**（context-specific independences）は，ネットワークにおけるいくつかの変数の値に依存して存在する独立性である．たとえば，a，b および c という 3 つの二値変数のモデルを考えよう．a が 0 のとき b と c は独立だが，a が 1 のとき b は決定論的に c と等しいとする．a = 1 のときの動作の符号化では b と c を接続する辺が必要となる．すると，このグラフは a = 0 のとき b と c が独立であることを示せなくなる．

一般にグラフは，独立性が存在しないときに存在すると示すことは決してない．しかし，グラフは独立性を符号化できないことがある．

16.2.6　有向グラフと無向グラフの変換

多くの場合，特定の機械学習モデルは有向もしくは無向であるとして言及される．たとえば，通常 RBM は無向，スパースコーディングは有向として言及される．この言葉遣いの選択はやや誤解を招く可能性がある．なぜなら，本質的に有向もしくは無向な確率モデルはないからである．そうではなくて，有向グラフを使用して最も簡単に記述できるモデルや，無向グラフを使用して最も簡単に記述できるモデルがあるということなのである．

有向モデルと無向モデルには両方とも利点と欠点がある．どちらのアプローチも明らかに優れているのではなく，また普遍的に好ましいわけでもない．その代わり，タスクごとに使用する言語を選択する必要がある．この選択はどの確率分布を記述したいかにある程度依存する．どちらのアプローチが確率分布内の独立性を最も捉えることができるか，もしくはどちらのアプローチが分布を記述するために最小の辺を使用するかに基づき，有向モデリングと無向モデリングのいずれかを選択できる．それ以外の

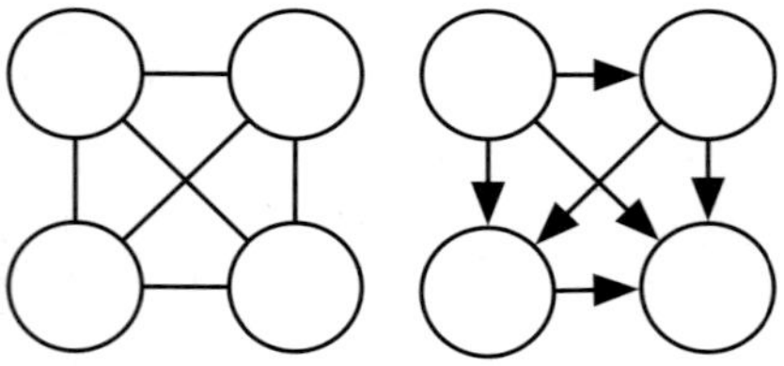

図 16.10: 完全グラフの例．このグラフはどの確率分布も記述できる．ここでは 4 つの確率変数の例を示す．**(左)** 完全無向グラフ．無向の場合，完全グラフはただ 1 つとなる．**(右)** 完全有向グラフ．有向グラフの場合，唯一の完全グラフはない．変数の順序を選択し，各変数から順序が後ろのすべての変数に弧を描く．したがって，確率変数の集合には，それぞれ階乗個の完全グラフが存在する．この例では，変数を左から右，上から下に順序付けている．

要因も，どちらの言語を使うかの選択に影響を与える可能性がある．単一の確率分布で作業しているときでも，時折異なるモデル言語に切り替えることがある．特定の変数の部分集合を観測した場合，もしくは異なる計算タスクを実行したい場合，異なる言語の方が適切になることがある．たとえば，有向モデルの記述によって，モデルからサンプルを効率的に抽出する直接的なアプローチが得られることが多い（16.3節で説明）．一方で，無向モデルの定式化は近似推論の処理の導出に便利であることが多い（これは19章でみる．無向モデルの役割については式19.56で強調される）．

すべての確率分布は有向モデルと無向モデルのどちらでも表現できる．最悪の場合でも「完全グラフ」を利用することで，つねにどのような分布も表現することができる．有向モデルの場合の完全グラフは，確率変数を順序付けて，各変数が順序で前になる他のすべての変数をグラフ内の先祖とするような任意の有向非巡回グラフである．無向モデルの場合の完全グラフは，単純にすべての変数を含む 1 つのクリークをもったグラフである．例として図16.10を参照されたい．

もちろん，グラフィカルモデルの有用性は，直接相互作用しない変数もあることがグラフによって示されているということにある．完全グラフは独立性をまったく示していないのであまり有用ではない．

確率分布をグラフで表現するとき，実際には存在しない独立性を示さずに，できるだけ多くの独立性を示すようなグラフを選択することが望ましい．

この観点から，有向モデルを使うことでより効率的に表現できる分布もあれば，無向モデルを使うことでより効率的に表現できる分布もある．言い換えると，有向モデルは無向モデルでは符号化できないような独立性を符号化でき，逆もまた同様である．

有向モデルは，無向モデルが完全には表現できないような，ある特定の種類の部分構造を使用できる．この部分構造は**非モラル（不道徳，immorality）**と呼ばれる．この構造は，2 つの確率変数 a と b が両方とも第 3 の確率変数 c の親であり，a と b を直接接続する辺がどちらの向きにもない場合に発生する．（「非モラル」という名前は奇妙に思われるかもしれないが，未婚の両親についての冗談としてグラフィカルモデルの文献に組み込まれた．）グラフ $\mathcal{D}$ の有向モデルを無向モデルに変換するには，新たなグラフ $\mathcal{U}$ を作る必要がある．変数 x と y の全ペアについて，$\mathcal{D}$ に x と y を接続する（いずれかの向きの）有向辺があるか，もしくは $\mathcal{D}$ において x と y がどちらも第 3 の変数 z の親である場合，$\mathcal{U}$ に x と y を接続する無向辺を追加する．この結果得られた $\mathcal{U}$ は**モラル化グラフ（moralized graph）**と呼ばれる．モラル化によって有向モデルを無向モデルに変換する例については図16.11を参照されたい．

同様に，無向モデルは有向モデルが完全には表現できない部分構造を含むことができる．具体的には，有向グラフ $\mathcal{D}$ は，$\mathcal{U}$ が 4 以上の長さの**ループ（loop）**を含んでいる場合，そのループに**弦（chord）**が

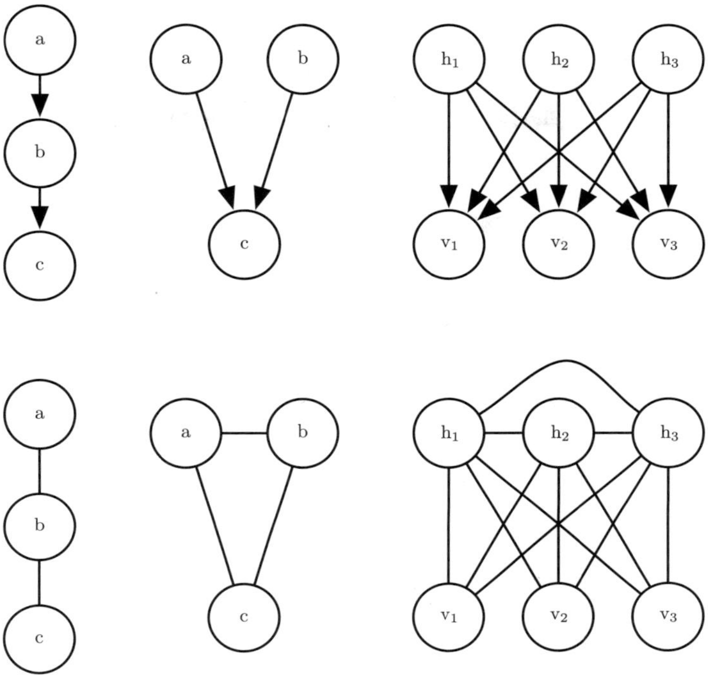

図 **16.11:** モラル化グラフの作成による有向モデル（上の行）から無向モデル（下の行）への変換例．**（左）**この単純な鎖状のグラフは，単に有向辺を無向辺に置き換えるだけでモラル化グラフに変換することができる．結果として得られる無向モデルは，正確に同じ独立性と条件付き独立性の集合を示す．**（中央）**このグラフは，無向グラフに変換すると必ずいくつかの独立性を失う最も単純な有向モデルである．このグラフは単一の非モラルだけで構成されている．a と b は c の親であるため，c が観測されたときアクティブな経路によって接続される．この依存関係を捉えるために，無向モデルには 3 つの変数すべてを含んだクリークが必要である．このクリークは $a \perp b$ という事実を符号化できない．**（右）**一般に，モラル化はグラフに多くの辺を加えることになるので，多くの暗黙の独立性が失われる．たとえば，このスパースコーディングのグラフは，隠れユニットの全ペア間にモラル化された辺を追加する必要がある．したがって，新たに導入される直接的依存関係の数は二次関数的に増加する．

ない限り無向グラフ $\mathcal{U}$ で示されるすべての条件付き独立性を捉えることができない．ループは無向辺で接続された変数の連なりであり，連なりの最後の変数はこの連なりの最初の変数に接続されている．弦は，ループを定義する連なり内の任意の 2 つの連続していない変数間の接続である．$\mathcal{U}$ が 4 以上の長さのループを持ち，これらのループに弦がない場合，そのグラフを有向モデルに変換する前に弦を追加しなければならない．こういった弦を追加すると，$\mathcal{U}$ に符号化された独立性の情報の一部が捨てられてしまう．$\mathcal{U}$ に弦を追加したグラフは，**弦**（chordal）グラフ，もしくはすべてのループをより小さな三角ループで記述できるので**三角化**（triangulated）グラフとして知られている．弦グラフから有向グラフ $\mathcal{D}$ を作成するには，辺に方向を割り当てる必要もある．その際，$\mathcal{D}$ に有向巡回を作ってはならない．さもないと，有効な有向確率モデルが定義されない結果となる．$\mathcal{D}$ の辺に方向を割り当てる方法の 1 つは，確率変数を順序付けて，各辺の向きを順序が前のノードから順序が後ろのノードに向けることである．実際にグラフを使った説明については図16.12を参照されたい．

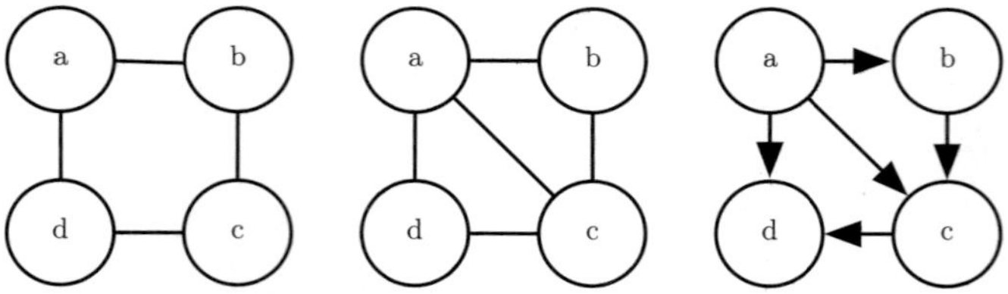

図 **16.12:** 無向モデルから有向モデルへの変換．（**左**）この無向モデルは弦がない長さ 4 のループを持つため，有向モデルに変換することはできない．具体的には，無向モデルは，有向モデルが同時に捉えられない 2 つの異なる独立性，すなわち $a \perp c \mid \{b, d\}$ と $b \perp d \mid \{a, c\}$ を符号化する．（**中央**）無向モデルを有向モデルに変換するには，長さ 4 以上の全ループが弦を持つように，グラフを三角化しなければならない．そうするために，a と c を接続する辺を追加するか，b と d を接続する辺を追加することができる．この例では，a と c を接続する辺を追加することを選択する．（**右**）この変換処理を終わらせるには，各辺に方向を割り当てる必要がある．その際には，決して有向巡回を作ってはならない．有向巡回を防ぐ方法の 1 つは，ノードについて順序付けを行い，各辺を順序が前のノードから順序が後ろのノードに向けることである．この例では，変数名を使ってアルファベット順に順序付けしている．

16.2.7　因子グラフ

因子グラフ（factor graphs）は無向モデルを描く別の方法で，標準的な無向モデル構文のグラフィカル表現における曖昧性を解決する．無向モデルでは，いずれの ϕ 関数の範囲もグラフ内のいくつかのクリークの**部分集合**でなければならない．曖昧性は，各クリークが実際にクリーク全体を含むような対応する因子を持つかどうか明らかでないために生じる．たとえば，3 つのノードを含むクリークは，3 つのノード全体における因子に対応してもよく，もしくはそれぞれが一対のノードだけを含むような 3 つの因子に対応してもよい．因子グラフは各 ϕ 関数の範囲を明示的に表現することでこの曖昧性を解決する．具体的には，因子グラフは 2 部無向グラフから構成される無向モデルのグラフィカル表現である．ノードの一部は円で描かれる．これらのノードは標準的な無向モデルのように確率変数に対応する．残りのノードは四角形で描かれる．これらのノードは非正規化確率分布の因子 ϕ に対応する．変数と

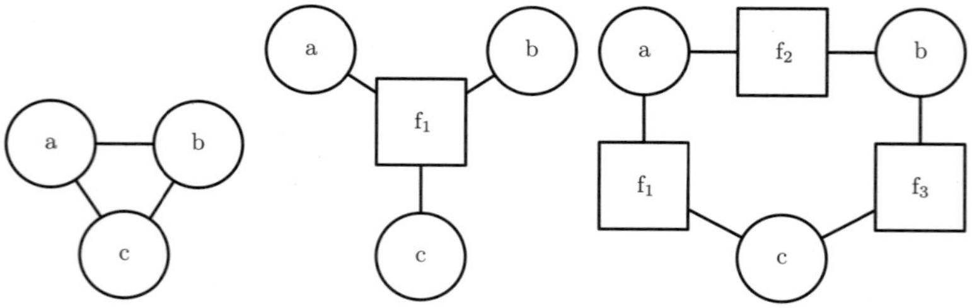

図 **16.13:** 因子グラフが無向ネットワークの解釈における曖昧性を解決する方法の例．（**左**）3 つの変数，a，b および c を含むクリークがある無向ネットワーク．（**中央**）同じ無向モデルに対応する因子グラフ．この因子グラフは，3 つの変数すべてにおいて 1 つの因子を持つ．（**右**）同じ無向モデルに対するもう 1 つの有効な因子グラフ．この因子グラフは 3 つの因子を持ち，それぞれの因子は 2 つの変数だけを含む．この因子グラフと中央に描かれた因子グラフの両方とも同じ無向グラフで表現できるが，それでも，この因子グラフの方が中央に描かれた因子グラフよりも，表現，推論，学習のすべてにおいてずっと漸近的に扱いやすい．

因子は無向辺で接続される．変数と因子は，変数が非正規化確率分布内の因子の引数の 1 つである場合にのみグラフ内で接続される．グラフ内では，因子は他の因子と結合せず，変数も他の変数と結合できない．因子グラフが無向ネットワークの解釈における曖昧性をどのように解決するかの例については図16.13を参照されたい．

16.3 グラフィカルモデルからのサンプリング

グラフィカルモデルはモデルからサンプルを描く作業も容易にする．

有向グラフィカルモデルの利点の 1 つは，**伝承サンプリング**（ancestral sampling）と呼ばれる単純で効率的な手続きによって，モデルによって表現される同時分布からサンプルを生成できることである．基本的な考えは，グラフ内の変数 x_i をトポロジカルな順序にソートするということである．すなわち，すべての i と j について，x_i が x_j の親の場合，j は i より大きくなる．そして，変数はこの順序でサンプリングされる．つまり，最初に $\mathrm{x}_1 \sim P(\mathrm{x}_1)$ をサンプリングし，そして $P(\mathrm{x}_2 \mid Pa_{\mathcal{G}}(\mathrm{x}_2))$ をサンプリングしていき，最後に $P(\mathrm{x}_n \mid Pa_{\mathcal{G}}(\mathrm{x}_n))$ をサンプリングするまで続ける．それぞれの条件付き分布 $p(\mathrm{x}_i \mid Pa_{\mathcal{G}}(\mathrm{x}_i))$ から容易にサンプリングできれば，モデル全体からも容易にサンプリングできる．トポロジカルソート演算は式16.1における条件付き分布を読み込み，順番にサンプリングできることを保証する．トポロジカルソートがなければ，親が利用可能になる前の変数をサンプルしようとするかもしれない．

いくつかのグラフでは，複数のトポロジカルな順序付けが可能である．伝承サンプリングはこういったトポロジカルな順序付けのどれとでもともに使用できる．

伝承サンプリングは，一般に（各条件付き分布からのサンプリングが容易であると仮定すると）非常に高速で便利である．

伝承サンプリングの欠点の 1 つは，有向グラフィカルモデルにしか適用されないということである．もう 1 つの欠点は，すべての条件付きのサンプリング演算をサポートしているわけではないということである．有向グラフィカルモデルにおける変数の部分集合から，他のいくつかの変数が与えられた下でサンプリングしたいとき，すべての条件付け変数が，順序付けられたグラフからサンプリングされる変数よりも早く来るように求められることがよくある．この場合，モデル分布によって指定された局所的な条件付き確率分布からサンプリングできる．そうでなければ，サンプリングする必要のある条件付き分布は，観測変数が与えられた下での事後分布となる．こういった事後分布は，通常モデルで明示的に指定されておらず，パラメータ化もされていない．こういった事後分布の推論にはコストがかかる．これに当てはまるモデルでは，伝承サンプリングはもはや効率的ではなくなる．

残念ながら，伝承サンプリングは有向モデルにしか適用できない．無向モデルを有向モデルに変換すればサンプリングできるが，これは（新しい有向グラフの根ノードにおける周辺分布を決定するために）困難な推論問題を解くことが必要となるか，もしくは結果として得られる有向モデルが困難になるほど多くの辺を導入する必要がある．最初に有向モデルに変換せずに無向モデルからサンプリングするには，巡回依存関係の解決が必要となる．すべての変数は他のすべての変数と相互作用するので，サンプリング処理の開始点は明確ではない．残念なことに，無向グラフィカルモデルからのサンプリングは高価で複数の経路を持った処理である．概念的に最も単純なアプローチは**ギブスサンプリング**（Gibbs sampling）である．確率変数 $\mathbf{x}$ の n 次元ベクトルにおけるグラフィカルモデルがあるとする．各変数 x_i を，順番に他のすべての変数で条件付けられた $p(\mathrm{x}_i \mid \mathrm{x}_{-i})$ からサンプリングする．グラフィカルモデルの分離特性により，x_i の近傍のみを等価的に条件付けることができる．残念ながら，グラフィカルモデルを 1 回通って n 個の変数をすべてサンプリングした後でも，$p(\mathbf{x})$ からの適正なサンプルはまだ手に入らない．代わりに，この処理を繰り返し，近傍の更新値を使ってすべての n 個の変数すべてを再びサンプリングする必要がある．多数の繰り返しの後，この処理は正しい分布からのサンプリングに漸近的に収束する．サンプルが望ましい分布の十分に正確な近似にいつ到達したかを決定することは困難である．無向モデルのためのサンプリング技術は高度なトピックであり，より詳細な説明は17章を参照されたい．

16.4 構造化モデリングの利点

構造化確率モデルを用いる最も重要な利点は，確率分布を表現するコストだけでなく，学習と推論のコストも劇的に削減できることである．有向モデルの場合にはサンプリングも加速されるが，無向グラフではこの状況は複雑になる可能性がある．これらの操作すべてを短い実行時間と少ないメモリで可能にする主要なメカニズムは，いくらかの相互作用をモデル化しないように選択していることである．グラフィカルモデルは辺を省いて情報を伝達する．辺がないところでは，直接的な相互作用をモデル化する必要がないという前提をモデルが明示している．

構造化確率モデルを使うことによる定量化できない利益は，知識表現と，知識の学習もしくは既存の知識が与えられた下での推論を明示的に分離することができることである．これにより，モデルの開発とデバッグが容易になる．幅広いクラスのグラフに適用可能な学習アルゴリズムと推論アルゴリズムを設計し，分析し，そして評価することができる．それとは独立に，データの中で重要だと考えられる関係を捉えるモデルを設計することができる．そしてこういった異なるアルゴリズムと構造を合わせて，さまざまな可能性の組み合わせ（デカルト積）を得ることができる．すべての可能な状況に対してエンドツーエンドのアルゴリズムで設計することは，はるかに困難である．

16.5 依存関係の学習

よい生成モデルは観測変数，すなわち「可視」変数 $\mathbf{v}$ における分布を正確に捉える必要がある．多くの場合，$\mathbf{v}$ の異なる要素は互いに大きく依存している．深層学習において，これらの依存関係をモデル化するために最も一般的に使われるアプローチは，いくつかの潜在変数，すなわち「隠れ」変数 $\mathbf{h}$ を導入することである．すると，モデルは v_i と $\mathbf{h}$ 間の直接的な依存関係と，$\mathbf{h}$ と v_j 間の直接的な依存関係とを介して，間接的に変数 v_i と v_j 間の依存関係を捉えることができる．

潜在変数を含まない $\mathbf{v}$ のよいモデルは，ベイジアンネットワークではノードごとに非常に多くの親を持ち，マルコフネットワークでは非常に大きなクリークを持つ必要がある．こういった高次の相互作用を表現するだけでコストがかかってしまう．それは，メモリに格納しなければならないパラメータ数がクリーク内の要素数とともに指数関数的に増加するという計算的な意味だけではなく，この指数関数的に増加する数のパラメータを正確に推定するためには豊富なデータを必要とするという統計的な意味でもコストがかかるからである．

モデルが直接接続によって可視変数間の依存関係を捉えようとするとき，通常，全変数を結合することは不可能であり，グラフは密に結び付いた変数を接続し，他の変数間の辺は省略するように設計する必要がある．**構造学習**（structure learning）と呼ばれる機械学習の領域全体がこの問題に専念している．

構造学習のよい参考文献として (Koller and Friedman, 2009) を参照されたい．大部分の構造学習の技術は貪欲的探索の形式である．構造が提案され，その構造を持ったモデルが訓練され，スコアが与えられる．このスコアは訓練集合の正解率が高いモデルに報酬を与え，複雑なモデルに罰則を与える．それから，少数の辺が追加もしくは削除された候補構造が，次の探索段階として提案される．探索は，スコアが増大すると期待される新しい構造に進む．

適応性のある構造の代わりに潜在変数を利用することで，個別の探索や，複数回の訓練を行う必要がなくなる．可視変数と隠れ変数における固定された構造は，可視ユニットと隠れユニットとの間の直接的な相互作用を使用して，可視ユニット間の間接的な相互作用を課すことができる．簡単なパラメータ学習法を使って，周辺分布 $p(\mathbf{v})$ の正しい構造に帰する固定された構造モデルを学習できる．

潜在変数には $p(\mathbf{v})$ を効率的に捉えるという役割を超えた利点がある．新しい変数 $\mathbf{h}$ は $\mathbf{v}$ の別の表現も提供する．たとえば，3.9.6節で議論したように，混合ガウス分布は入力がどの事例のカテゴリから抽出されたかに対応する潜在変数を学習する．これは，混合ガウスモデルにおける潜在変数を分類のために使用できることを意味する．14章では，スパースコーディングのような単純な確率モデルが，分類器の入力特徴量や多様体に沿った座標系として利用できる潜在変数をどのように学習するかを見た．他のモデルも同じ方法で使用できるが，より深いモデルや，異なる種類の相互作用を持ったモデルならば入力をより豊かに記述できる．潜在変数を学習することで，多くのアプローチが特徴学習を達成している．多くの場合，$\mathbf{v}$ と $\mathbf{h}$ のいくつかのモデルが与えられた下で，$\mathbb{E}[\mathbf{h} \mid \mathbf{v}]$ や $\mathrm{argmax}_{\boldsymbol{h}} p(\boldsymbol{h}, \boldsymbol{v})$ が $\boldsymbol{v}$ のよい特徴写像であることが実験的観測によって示されている．

16.6 推論と近似推論

確率モデルを使用する主な方法の 1 つは，変数が互いにどのように関連しているかを質問することである．医療テストの集合が与えられれば，患者がどんな病気を抱えているかを求めることができる．潜在変数モデルでは，観測変数 $\mathbf{v}$ を記述する特徴量 $\mathbb{E}[\mathbf{h} \mid \mathbf{v}]$ を抽出したいこともある．他のタスクを実行するために，このような問題を解く必要があることもある．多くの場合，最尤原理を使ってモデルを学習する．

$$\log p(\boldsymbol{v}) = \mathbb{E}_{\mathbf{h} \sim p(\mathbf{h} \mid \boldsymbol{v})} \left[\log p(\boldsymbol{h}, \boldsymbol{v}) - \log p(\boldsymbol{h} \mid \boldsymbol{v}) \right] \tag{16.9}$$

なので，学習則を実施するために $p(\mathbf{h} \mid \boldsymbol{v})$ を計算したいことがよくある．これらはすべて，他の変数が与えられた下でいくつかの変数の値を予測したり，他の変数の値が与えられた下でいくつかの変数における確率分布を予測したりする必要のある**推論**（inference）問題の例である．

残念ながら，多くの興味深い深層モデルでは，こういった推論問題は，簡単にするために構造化グラフィカルモデルを利用したとしても困難である．グラフ構造は適切な数のパラメータで複雑で高次元な分布を表現できるが，深層学習で使用されるグラフは通常効果的な推論も可能にするのに十分なほど制限されているわけではない．

一般のグラフィカルモデルの周辺分布の計算が#P 困難であることを確認するのは簡単である．複雑性クラス#P は複雑性クラス NP の一般化である．NP の問題では，問題に解答があるのかどうかだけを判断し，解答があるならばその 1 つを見つければよい．#P の問題では，解答の数を数えることが要求される．最悪の場合のグラフィカルモデルを構築するために，3-SAT 問題における二値変数のグラフィカルモデルを定義することを考えてみよう．これらの変数には一様分布を課すことができる．次に，各節が充足しているかどうかを示す二値潜在変数を，各節に 1 つずつ追加する．そして，すべての節が充足しているかどうかを示す，もう 1 つの潜在変数を加える．これは，潜在変数の簡約木を作り，木の各ノードに 2 つの他の変数が充足しているかどうかを報告させることによって，大きなクリークを作らずに行うことができる．この木の葉は各節についての変数である．木の根は問題全体が充足しているかどうかを報告する．リテラルにおいて一様分布のため，簡約木の根における周辺分布は，この問題を充足させる割り当ての割合を指定する．これは最悪の場合を想定した例だが，NP 困難なグラフは実際の現実の事態で一般的に発生する．

これが近似推論を使用する動機となる．深層学習に関しては，近似推論といえば通常変分推論を指す．変分推論では，できるだけ真の分布に近い近似分布 $q(\mathbf{h} \mid \mathbf{v})$ を求めることで，真の分布 $p(\mathbf{h} \mid \boldsymbol{v})$ を近似する．変分推論やその他の技術については19章で詳しく説明する．

16.7　構造化確率モデルへの深層学習のアプローチ

深層学習の専門家は，一般に，構造化確率モデルを使って作業する他の機械学習の専門家と同じ基礎的な計算手法を使用する．しかし深層学習に関しては，通常これらの手段の組み合わせ方について異なる設計上の決定がなされるため，従来のグラフィカルモデルとはまったく異なる趣を持つ全体的なアルゴリズムとモデルになる．

深層学習では，特に深いグラフィカルモデルがつねに必要とされるわけではない．グラフィカルモデルに関しては，計算グラフとしてではなく，グラフィカルモデルのグラフとしてモデルの深さを定義することができる．h_i から観測変数までの最短経路が j ステップの場合，潜在変数 h_i を深さ j と考えることができる．通常，モデルの深さはそのような h_i の最大深度として記述される．この種の深さは，計算グラフによる深さとは異なる．深層学習に使用される多くの生成モデルには，潜在変数がないか，もしくは一層の潜在変数しかないが，深い計算グラフを使用してモデル内の条件付き分布を定義している．

深層学習では，ほとんどつねに分散表現の考え方が使われている．深い学習の目的で使われる浅いモデル（深いモデルの形成のために，後に構成される事前学習した浅いモデルなど）であっても，ほとんどつねに単一で大きな潜在変数の層がある．深層学習のモデルは，一般に観測変数より潜在変数の方が多い．変数間の複雑な非線形の相互作用は，複数の潜在変数を経由する間接的な接続によって達成される．

対照的に，伝統的なグラフィカルモデルには，変数の多くがいくつかの訓練事例からランダムに欠損していても，通常，少なくとももときどきは観測される変数が含まれることが多い．伝統的なモデルでは，変数間の複雑で非線形な相互作用を捉えるために，たいてい高次の項や構造学習が使われている．潜在変数があっても，通常その数は少ない．

潜在変数を設計する方法も深層学習では異なっている．深層学習の専門家は，一般に潜在変数が前もって何か特定の意味を取るようには意図しない．つまり，訓練アルゴリズムは特定のデータ集合をモデル化するのに必要な概念を自由に作り出すことができる．この潜在変数を人間が事後解釈するのはあまり簡単ではないが，可視化技術によって潜在変数が表すものを大まかに特徴付けることが可能になる．潜在変数が伝統的なグラフィカルモデルにおいて使われる場合，文書のトピック，学生の知性，患者の症状を引き起こす病気など，特定の意味を念頭に置いて設計される．こういったモデルは，たいてい人間の専門家によってもより解釈しやすく，より理論的な保証が与えられる．しかしながら，複雑な問題への拡張が難しく，深層モデルほど多くの異なる状況で再利用することはできない．

もう 1 つの明らかな違いは，深層学習のアプローチで一般的に使われる接続の種類である．深層グラフィカルモデルには，一般に他のユニットのグループにすべてが接続されている大規模なユニットのグループがあるので，2 つのグループ間の相互作用は単一の行列で記述できる．伝統的なグラフィカルモデルは接続数が非常に少なく，各変数の接続の選択を個別に設計することができる．このモデル構造の設計は，推論アルゴリズムの選択と密接に関連している．グラフィカルモデルに対する伝統的なアプローチは，一般に厳密推論の扱いやすさを維持することを目標としている．この制約があまりにも制限されている場合によく使われる近似推論アルゴリズムが**ループあり確率伝播法**（loopy belief propagation）と呼ばれるアルゴリズムである．これらのアプローチのどちらも，スパースに接続されたグラフでたいていうまく機能する．これと比較して，深層学習で使われるモデルでは，各可視ユニット v_i は多くの隠れユニット h_j に接続される傾向があるので，$\mathbf{h}$ は v_i（そしておそらく他のいくつかの観測変数も）の分散表現を提供できる．分散表現には多くの利点があるが，グラフィカルモデルと計算複雑性の観点から，分散表現は通常厳密推論やループあり確率伝播のような伝統的な技術を適用するにはあまりスパースでないようなグラフを生成するという欠点がある．結果として，より大きなグラフィカルモデルのコミュニティと深層グラフィカルモデルのコミュニティの間の最も顕著な違いの 1 つは，ループあり確率伝播が深層学習ではほとんど使われないということである．ほとんどの深層モデルは，代わりにギブスサンプリングや変分推論を効率的にするように設計されている．もう 1 つの考慮すべき点は，深層学習には非常に多くの潜在変数が含まれるため，効率的な数値コードが不可欠になるということである．これによって，高水準の推論アルゴリズムを選択することに加えて，ユニットをグループ化して層を作り，2 つの層間の相互作用を行列によって記述するさらなる動機がもたらされる．これによって，アルゴリズムの個々のステップを効率的な行列積演算，またはブロック対角行列積や畳み込みのような疎に結合された一般化によって実装することが可能になる．

最後に，グラフィカルモデリングに向けた深層学習のアプローチは，未知なものに関する著しい寛容性によって特徴付けられる．望ましいすべての量が正確に計算できるようになるまでモデルを単純化するのではなく，訓練や利用がほとんどできなくなるまでモデルのパワーを高める．多くの場合，周辺分布が計算できないモデルを使用し，これらのモデルから近似サンプルを抽出するだけで満足する．多くの場合，妥当な時間で近似できない困難な目的関数を持つモデルを訓練するが，そのような関数の勾配の推定値を効率的に得ることができればモデルを近似的に訓練できる．深層学習のアプローチは，多くの場合，絶対に必要な最小限の情報量を見つけ出し，できるだけ早くその情報の妥当な近似を得る方法を見つけ出す．

16.7.1　例：制限付きボルツマンマシン

制限付きボルツマンマシン（restricted Boltzmann machine, RBM）(Smolensky, 1986) もしくは**ハーモニウム**（harmonium）は，グラフィカルモデルが深層学習に使われる方法の典型例である．RBM 自体は深層モデルではないが，代わりに，入力の表現の学習に使われる単一の隠れ変数の層がある．20章では，RBM を使用して，多くのより深いモデルを設計する方法を説明する．ここでは，多種多様な深層グラフィカルモデルにおいて，RBM がどのようにして多くの実践例となっているかを示す．そのようなモデルでは，ユニットは層と呼ばれる大規模なグループを構成しており，層間の接続は行列で記述され，接続は比較的密であり，モデルは効率的なギブスサンプリングが可能になるよう設計されている．そしてこのモデル設計の重点は，設計者によってその意味が指定されていない潜在変数を，訓練アルゴリズムに自由に学習させることにある．後に，20.2節で，より詳細に RBM を取り上げる．

標準的な RBM は二値の可視ユニットと隠れユニットとを持つエネルギーベースモデルである．その

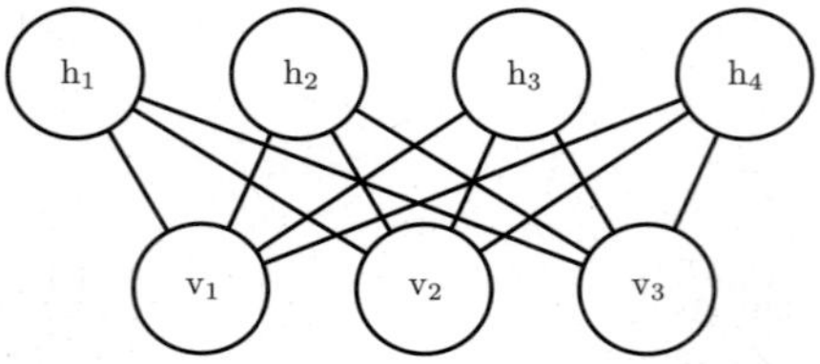

図 **16.14:** マルコフネットワークとして描かれた RBM.

エネルギー関数は

$$E(\boldsymbol{v},\boldsymbol{h}) = -\boldsymbol{b}^\top \boldsymbol{v} - \boldsymbol{c}^\top \boldsymbol{h} - \boldsymbol{v}^\top \boldsymbol{W}\boldsymbol{h} \tag{16.10}$$

となる．ただし，$\boldsymbol{b}$，$\boldsymbol{c}$ および $\boldsymbol{W}$ は，制約のない実数値の学習パラメータである．このモデルは $\boldsymbol{v}$ と $\boldsymbol{h}$ の 2 つのユニットのグループで分けられ，それらの間の相互作用は行列 $\boldsymbol{W}$ で記述されていることがわかる．このモデルは図16.14にグラフを用いて描かれている．この図から明らかなように，このモデルの重要な側面は，どの 2 つの可視ユニット間にも，どの 2 つの隠れユニット間にも直接的な相互作用がないということである（したがって「制限付き」と呼ばれている．一般のボルツマンマシンは任意の接続を持っていてもよい）．

RBM におけるこの制約は，以下のようなよい特性を生む．

$$p(\mathbf{h} \mid \mathbf{v}) = \Pi_i p(\mathrm{h}_i \mid \mathbf{v}). \tag{16.11}$$

そして

$$p(\mathbf{v} \mid \mathbf{h}) = \Pi_i p(\mathrm{v}_i \mid \mathbf{h}). \tag{16.12}$$

個々の条件付き分布は計算も簡単である．二値の RBM について，次の式を得る．

$$P(\mathrm{h}_i = 1 \mid \mathbf{v}) = \sigma\left(\mathbf{v}^\top \boldsymbol{W}_{:,i} + b_i\right) \tag{16.13}$$

$$P(\mathrm{h}_i = 0 \mid \mathbf{v}) = 1 - \sigma\left(\mathbf{v}^\top \boldsymbol{W}_{:,i} + b_i\right). \tag{16.14}$$

これらの特性を組み合わせることで，効率的な**ブロックギブス**（block Gibbs）サンプリングが可能になる．これは，すべての $\mathbf{h}$ を同時にサンプリングすることと，すべての $\mathbf{v}$ を同時にサンプリングすることを交互に行う方法である．RBM モデルからギブスサンプリングによって生成されたサンプルを図16.15に示す．

エネルギー関数自体は単にパラメータの線形関数にすぎないので簡単に微分できる．たとえば，

$$\frac{\partial}{\partial W_{i,j}} E(\mathbf{v},\mathbf{h}) = -\mathrm{v}_i \mathrm{h}_j \tag{16.15}$$

である．

効率的なギブスサンプリングと効率的な微分という 2 つの特性により訓練しやすくなる．18章では，モデルからのサンプルに適用されたこのような微分を計算することで，無向モデルが訓練できることを確認する．

モデルの訓練はデータ $\boldsymbol{v}$ の表現 $\boldsymbol{h}$ を誘導する．多くの場合，$\boldsymbol{v}$ を記述する特徴量の集合として $\mathbb{E}_{\mathbf{h}\sim p(\mathbf{h}|\boldsymbol{v})}[\boldsymbol{h}]$ を使用できる．

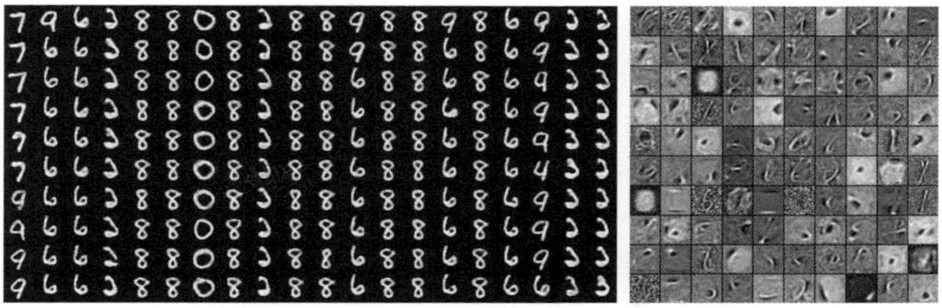

図 **16.15:** 訓練した RBM からのサンプルとその重み．（**左**）ギブスサンプリングを使用して描かれた，MNIST で訓練したモデルからのサンプル．各列は個別のギブスサンプリング処理である．各行は別の 1000 ステップのギブスサンプリングの出力を表す．連続的なサンプルは互いに強く相関している．（**右**）対応する重みベクトル．これを図13.2で示した線形因子モデルのサンプルや重みと比較されたい．こちらのサンプルは，RBM の事前分布 $p(\boldsymbol{h})$ が因数であると制約されないため，はるかに優れている．RBM はサンプリング時にどの特徴量が一緒に現れるべきかを学習できる．一方で，RBM の事後分布 $p(\boldsymbol{h} \mid \boldsymbol{v})$ は因数だが，スパースコーディングの事後分布 $p(\boldsymbol{h} \mid \boldsymbol{v})$ はそうでないため，スパースコーディングの方が特徴抽出にはよいモデルかもしれない．非因数の $p(\boldsymbol{h})$ と非因数の $p(\boldsymbol{h} \mid \boldsymbol{v})$ の両方を持つことができるモデルもある．画像はLISA (2008) の許可を得て転載した．

全体として，RBM はグラフィカルモデルに対する典型的な深層学習のアプローチを示している．つまり，表現学習は潜在変数の層により達成されており，行列でパラメータ化された層間の効率的な相互作用と組み合わされている．

グラフィカルモデルという言語は，確率モデルを記述するための洗練された，柔軟で，明確な言語を提供する．今後の章では，多種多様な深層確率モデルを記述するために，この言語を別の観点で使用する．

第 17 章

モンテカルロ法

ランダム化アルゴリズムは，ラスベガスアルゴリズムとモンテカルロアルゴリズムという 2 つのおおまかなカテゴリに分類される．ラスベガスアルゴリズムはつねに正しい答え（または失敗したという報告）を正確に返す．このようなアルゴリズムは，ランダムな量の資源，通常はメモリや時間を消費する．反対に，モンテカルロアルゴリズムはランダムな誤差量で答えを返す．一般に，より多くの資源（通常は実行時間とメモリ）を消費することで，この誤差量を減らすことができる．どんな計算量の設定でも，モンテカルロアルゴリズムは近似解を提供できる．

機械学習の多くの問題は非常に困難なため，それらの問題に対する正確な答えを得ることは決して期待できない．このため，正確な決定論的アルゴリズムやラスベガスアルゴリズムは，機械学習アルゴリズムの選択肢から除外される．代わりに，決定論的近似アルゴリズムやモンテカルロ近似を使用する必要がある．どちらのアプローチも，機械学習の至るところに現れる．本章ではモンテカルロ法に焦点を当てる．

17.1　サンプリングとモンテカルロ法

機械学習の目標を達成するために使われる多くの重要な技術は，ある確率分布からサンプルを抽出し，このサンプルを利用してある望ましい量のモンテカルロ推定を行うことに基づいている．

17.1.1　なぜサンプリングをするのか

確率分布からサンプルを抽出したい理由は多くある．サンプリングは，低コストで多くの総和と積分を近似する柔軟な方法を提供する．ミニバッチで全訓練コストをサブサンプリングする場合のように，コストはかかるが計算的に扱いやすい総和を求める際には，サンプリングを利用することで大幅な高速化を実現できることがある．学習アルゴリズムによって，無向モデルの対数分配関数の勾配のような，計算困難な総和や積分の近似が必要になる場合もある．他の多くの場合でも，訓練分布からサンプリングできるモデルを訓練したいという意味で，サンプリングは実際に目標となる．

17.1.2 モンテカルロサンプリングの基礎

総和や積分が正確に計算できない（たとえば，指数関数的に多くの項の総和となり，かつ正確な単純化が知られていない）ときに，モンテカルロサンプリングを使用して近似できる場合が多い．このアイデアは，総和や積分がある分布の下での期待値であるかのように見て，**対応する平均値によって期待値を近似する**というものである．

$$s = \sum_{\boldsymbol{x}} p(\boldsymbol{x}) f(\boldsymbol{x}) = E_p[f(\mathbf{x})] \tag{17.1}$$

または

$$s = \int p(\boldsymbol{x}) f(\boldsymbol{x}) d\boldsymbol{x} = E_p[f(\mathbf{x})] \tag{17.2}$$

のように，推定する総和や積分を期待値で書き直そう．ただし，p は確率変数 $\mathbf{x}$ における確率分布（総和の場合）もしくは確率密度関数（積分の場合）である．

p から n 個のサンプル $\boldsymbol{x}^{(1)}, \ldots, \boldsymbol{x}^{(n)}$ を抽出して，経験平均値

$$\hat{s}_n = \frac{1}{n} \sum_{i=1}^{n} f(\boldsymbol{x}^{(i)}) \tag{17.3}$$

を形成することで s を近似できる．この近似はいくつかの異なる特性によって正当化される．最初の自明な観察は，推定量 $\hat{s}$ が不偏ということである．これは，

$$\mathbb{E}[\hat{s}_n] = \frac{1}{n} \sum_{i=1}^{n} \mathbb{E}[f(\boldsymbol{x}^{(i)})] = \frac{1}{n} \sum_{i=1}^{n} s = s \tag{17.4}$$

となるためである．しかし，それに加えて**大数の法則**（law of large numbers）によれば，サンプル $\boldsymbol{x}^{(i)}$ が i.i.d. ならば平均値はほぼ確実に期待値

$$\lim_{n \to \infty} \hat{s}_n = s \tag{17.5}$$

に収束する．ただし，個々の項の分散 $\mathrm{Var}[f(\boldsymbol{x}^{(i)})]$ が有界である場合に限る．これをより明確に確かめるために，n が増加したときの $\hat{s}_n$ の分散を考えよう．分散 $\mathrm{Var}[\hat{s}_n]$ は減少し，$\mathrm{Var}[f(\mathbf{x}^{(i)})] < \infty$ である限り，0 に収束する．すなわち

$$\mathrm{Var}[\hat{s}_n] = \frac{1}{n^2} \sum_{i=1}^{n} \mathrm{Var}[f(\mathbf{x})] \tag{17.6}$$

$$= \frac{\mathrm{Var}[f(\mathbf{x})]}{n}. \tag{17.7}$$

この便利な結果は，モンテカルロ平均の不確実性，すなわちモンテカルロ近似における期待誤差量を推定する方法も示している．$f(\boldsymbol{x}^{(i)})$ の経験平均と経験分散の両方を計算し[*1]，推定された分散をサンプル数 n で割って，$\mathrm{Var}[\hat{s}_n]$ の推定量を得る．**中心極限定理**（central limit theorem）によれば，平均の分布 $\hat{s}_n$ は，平均 s と分散 $\frac{\mathrm{Var}[f(\mathbf{x})]}{n}$ を持つ正規分布に収束する．これにより，正規密度関数の累積分布を用いて推定値 $\hat{s}_n$ の信頼区間を推定できる．

[*1] 多くの場合，分散の不偏推定量が好まれる．分散の不偏推定量では，差の二乗和を n ではなく $n-1$ で割る．

これはすべて，基準分布 $p(\boldsymbol{x})$ から簡単にサンプリングできることに依存しているが，それはいつも可能であるとは限らない．p からサンプリングできないときは，17.2節に示されている重点サンプリングを使用する方法もある．より一般的なアプローチは，関心のある分布に向かって収束する連続した推定量を形成することである．それがマルコフ連鎖モンテカルロ法である (17.3節).

17.2 重点サンプリング

式17.2のモンテカルロ法で使われる被積分関数（もしくは被総和関数）の分解において重要なのは，被積分関数のどの部分が確率 $p(\boldsymbol{x})$ の役割を果たすべきか，それから被積分関数のどの部分が（その確率分布における）期待値を推定される量 $f(\boldsymbol{x})$ の役割を果たすべきかを決定することである．$p(\boldsymbol{x})f(\boldsymbol{x})$ は，つねに

$$p(\boldsymbol{x})f(\boldsymbol{x}) = q(\boldsymbol{x})\frac{p(\boldsymbol{x})f(\boldsymbol{x})}{q(\boldsymbol{x})} \tag{17.8}$$

のように書き換えられるので，分解はひと通りではない．この場合，q からサンプリングして，$\frac{pf}{q}$ の平均を取ることになる．多くの場合，p が与えられ，それと f とで期待値を計算することが望まれる．そして，この問題が最初から期待値として指定されていることから，この p と f とに分解するのが自然な選択であることが示される．しかし，問題の最初の仕様によっては，所定の水準の精度を得るために必要なサンプル数という点では，最適な選択でないかもしれない．幸いなことに，最適な選択 q^* の形は容易に得られる．この最適な q^* は最適重点サンプリングと呼ばれるものに対応する．

式17.8で示された同一性のために，どのようなモンテカルロ推定量

$$\hat{s}_p = \frac{1}{n}\sum_{i=1,\mathbf{x}^{(i)}\sim p}^{n} f(\boldsymbol{x}^{(i)}) \tag{17.9}$$

も次のような重点サンプリング推定量に変換することができる．

$$\hat{s}_q = \frac{1}{n}\sum_{i=1,\mathbf{x}^{(i)}\sim q}^{n} \frac{p(\boldsymbol{x}^{(i)})f(\boldsymbol{x}^{(i)})}{q(\boldsymbol{x}^{(i)})}. \tag{17.10}$$

推定量の期待値が q に依存しないことは容易にわかる．すなわち，

$$\mathbb{E}_q[\hat{s}_q] = \mathbb{E}_q[\hat{s}_p] = s. \tag{17.11}$$

しかし，重点サンプリングの推定量の分散は q の選択にかなり敏感である可能性がある．分散は

$$\mathrm{Var}[\hat{s}_q] = \mathrm{Var}[\frac{p(\mathbf{x})f(\mathbf{x})}{q(\mathbf{x})}]/n \tag{17.12}$$

で与えられる．最小の分散は，q が

$$q^*(\boldsymbol{x}) = \frac{p(\boldsymbol{x})|f(\boldsymbol{x})|}{Z} \tag{17.13}$$

のときである．ただし，Z は正規化定数で，$q^*(\boldsymbol{x})$ の総和や積分が 1 になるように適切に選択される．よりよい重点サンプリング分布は，被積分関数が大きい場所ほど重みを大きくする．実際，$f(\boldsymbol{x})$ の符号が変化しないときには $\mathrm{Var}[\hat{s}_{q^*}] = 0$ となり，これは，最適な分布が使われるときには**単一のサンプルで十分**であることを意味する．もちろん，これは単に q^* の計算が本来の問題を本質的に解決したため

であり，したがって，最適分布から単一サンプルを抽出するというこのアプローチは，通常実用的ではない．

どんなサンプリング分布 q の選択も（正しい期待値が得られるという意味で）有効であり，q^* は（小さい分散が得られるという意味で）最適なものである．q^* からのサンプリングは通常不可能だが，それでもある程度分散を減らしつつ，他の q を選択することはできる．

もう1つのアプローチは，正規化した p や q を必要としない利点を持つ**バイアス重点サンプリング** (biased importance sampling) を使用することである．離散変数の場合，バイアス重点サンプリング推定量は

$$\hat{s}_{BIS} = \frac{\sum_{i=1}^{n} \frac{p(\boldsymbol{x}^{(i)})}{q(\boldsymbol{x}^{(i)})} f(\boldsymbol{x}^{(i)})}{\sum_{i=1}^{n} \frac{p(\boldsymbol{x}^{(i)})}{q(\boldsymbol{x}^{(i)})}} \tag{17.14}$$

$$= \frac{\sum_{i=1}^{n} \frac{p(\boldsymbol{x}^{(i)})}{\tilde{q}(\boldsymbol{x}^{(i)})} f(\boldsymbol{x}^{(i)})}{\sum_{i=1}^{n} \frac{p(\boldsymbol{x}^{(i)})}{\tilde{q}(\boldsymbol{x}^{(i)})}} \tag{17.15}$$

$$= \frac{\sum_{i=1}^{n} \frac{\tilde{p}(\boldsymbol{x}^{(i)})}{\tilde{q}(\boldsymbol{x}^{(i)})} f(\boldsymbol{x}^{(i)})}{\sum_{i=1}^{n} \frac{\tilde{p}(\boldsymbol{x}^{(i)})}{\tilde{q}(\boldsymbol{x}^{(i)})}} \tag{17.16}$$

で与えられる．ただし，$\tilde{p}$ と $\tilde{q}$ は p と q の非正規形で，$\boldsymbol{x}^{(i)}$ は q からのサンプルである．この推定量は $\mathbb{E}[\hat{s}_{BIS}] \neq s$ のため偏る．ただし漸近的に，$n \to \infty$ で式17.14の分母が1に収束する場合を除く．したがって，この推定量は漸近不偏と呼ばれる．

よい q を選択することでモンテカルロ推定の効率は大きく改善するが，悪い q の選択は効率をかなり悪化させる可能性がある．式17.12に戻ると，$\frac{p(\boldsymbol{x})|f(\boldsymbol{x})|}{q(\boldsymbol{x})}$ を大きくする q のサンプルがある場合，推定量の分散がかなり大きくなることがわかる．これは，$q(\boldsymbol{x})$ が小さく，$p(\boldsymbol{x})$ も $f(\boldsymbol{x})$ もそれを埋め合わせるほどには小さくない場合に起こりうる．分布 q は，通常，簡単にサンプリングできるように単純な分布が選ばれる．$\boldsymbol{x}$ が高次元のとき，q のこの単純さのため，p や $p|f|$ はあまり一致しなくなる．$q(\boldsymbol{x}^{(i)}) \gg p(\boldsymbol{x}^{(i)})|f(\boldsymbol{x}^{(i)})|$ のとき，重点サンプリングは（小さな数や0を合計する）無駄なサンプルを収集する．一方，これはめったに発生しないが，$q(\boldsymbol{x}^{(i)}) \ll p(\boldsymbol{x}^{(i)})|f(\boldsymbol{x}^{(i)})|$ のとき，比は莫大になる．後者の事象はめったに起こらないため，代表的サンプルに現れず，代表的な s の過小評価をもたらすため，全体の過大評価によって補われることはめったにない．このような非常に大きい，または非常に小さい数は，$\boldsymbol{x}$ が高次元のときに典型的である．なぜなら，高次元では同時確率の動的範囲が非常に大きくなる可能性があるからである．

この危険性にもかかわらず，重点サンプリングとその変形は，深層学習アルゴリズムを含む多くの機械学習アルゴリズムで非常に有用であることがわかっている．例として，大規模な語彙があるニューラル言語モデル（12.4.3.3節）や，大規模な数の出力を持つその他のニューラルネットにおいて，訓練を加速させるための重点サンプリングの利用を参照されたい．また，18.7節で分配関数（確率変数の正規化定数）を推定するため，それから20.10.3節で変分自己符号化器のような深層有向モデルにおける対数尤度を推定するために，重点サンプリングがどのように使われるかを参照されたい．重点サンプリングは，確率的勾配降下法でモデルパラメータの学習に使われるコスト関数の勾配の推定を改善するためにも使われる．特に，コスト関数の合計値のほとんどが，少数の誤分類された事例に由来する分類器のようなモデルの場合に使われる．より頻繁に，より難しい事例をサンプリングすることで，このような場合における勾配の分散を減らすことができる (Hinton, 2006)．

17.3 マルコフ連鎖モンテカルロ法

多くの場合，モンテカルロ法を使用したくても，分布 $p_{\text{model}}(\mathbf{x})$，もしくはよい（分散が小さい）重点サンプリング分布 $q(\mathbf{x})$ から正確にサンプルを抽出する扱いやすい手法はない．深層学習に関しては，これは $p_{\text{model}}(\mathbf{x})$ が無向モデルで表現されるときに最も起こりやすい．こうした場合，$p_{\text{model}}(\mathbf{x})$ から近似的にサンプリングするために，**マルコフ連鎖**（Markov chain）と呼ばれる数学的なツールを導入する．マルコフ連鎖を使用してモンテカルロ推定を行うアルゴリズム族は，**マルコフ連鎖モンテカルロ法**（Markov chain Monte Carlo methods，MCMC）と呼ばれる．機械学習のためのマルコフ連鎖モンテカルロ法については，Koller and Friedman (2009) の中でより詳細に述べられている．MCMC 技術を適用するための最も標準的で一般的な約束事は，モデルがどの状態に対しても確率ゼロを割り当てないことである．したがって，この技術は，16.2.4節で述べたエネルギーベースモデル（energy-based model，EBM）$p(\boldsymbol{x}) \propto \exp(-E(\boldsymbol{x}))$ からのサンプリングとして提示するのが最も便利である．EBM の定式化では，どの状態もゼロ以外の確率を持つことが保証されている．MCMC 法は実際にはより広範に適用可能であり，確率ゼロの状態を含む多くの確率分布でも利用することができる．しかし，MCMC 法の振る舞いに関する理論的保証は，そのような異なる分布族に対して個別に示さなければならない．深層学習においては，すべてのエネルギーベースモデルに自然に適用される一般的な理論的保証に依存することが最も多い．

エネルギーベースモデルからサンプルを抽出するのが困難である理由を理解するために，分布 $p(\mathrm{a}, \mathrm{b})$ を定義する 2 つの変数だけを持つ EBM を考えよう．a をサンプリングするには $p(\mathrm{a} \mid \mathrm{b})$ から抽出しなければならないし，b をサンプリングするには $p(\mathrm{b} \mid \mathrm{a})$ から抽出しなければならない．それでは鶏と卵問題のように困難に思われる．有向モデルは，そのグラフが有向かつ非巡回なため，こういった問題を回避している．**伝承サンプリング**（ancestral sampling）を実行するには，単に各変数をトポロジカルな順序でサンプリングすればよい．これは，すでにサンプリングされたことが保証されている，各変数の親で条件付けているからである（16.3節）．伝承サンプリングは，サンプルを得るための効率的な単一パス手法を定義する．

EBM では，マルコフ連鎖を使ってサンプリングすることで，この鶏と卵問題を回避できる．マルコフ連鎖の基本的な考えは，任意の値として始まる状態 $\boldsymbol{x}$ を持つということである．時間が経つと，$\boldsymbol{x}$ は繰り返しランダムに更新される．最終的に，$\boldsymbol{x}$ は $p(\boldsymbol{x})$ からの正しいサンプルに（非常に近く）なる．形式的には，マルコフ連鎖は確率状態 $\boldsymbol{x}$ と遷移分布 $T(\boldsymbol{x}' \mid \boldsymbol{x})$ によって定義される．遷移分布は，状態 $\boldsymbol{x}$ から始まる場合に，ランダム更新によって状態 $\boldsymbol{x}'$ に移る確率を示している．マルコフ連鎖を実行することは，状態 $\boldsymbol{x}$ を，$T(\mathbf{x}' \mid \boldsymbol{x})$ からサンプリングした値 $\boldsymbol{x}'$ に繰り返し更新することを意味する．

MCMC 法がどのように働くかを理論的に理解するには，問題の再パラメータ化が役立つ．まず，確率変数 $\mathbf{x}$ が可算個の状態を持つ場合に注目する．すると，この状態を単なる正の整数 x として表現できる．x の異なる整数値は，元の問題の異なる状態 $\boldsymbol{x}$ に対応する．

無限に多くのマルコフ連鎖を並列して実行すると，何が起こるか考えよう．異なるマルコフ連鎖のすべての状態は，ある分布 $q^{(t)}(x)$ から抽出される，ただし，t は経過した時間ステップ数を示す．開始時の $q^{(0)}$ は，各マルコフ連鎖について x を任意に初期化するために使用される分布である．その後，$q^{(t)}$ は，これまで実行したマルコフ連鎖のすべてのステップに影響される．目標は，$q^{(t)}(x)$ が $p(x)$ に収束することである．

問題を正の整数 x に関して再パラメータ化したので，確率分布 q はベクトル $\boldsymbol{v}$ を使って

$$q(\mathrm{x} = i) = v_i \tag{17.17}$$

と記述できる．

単一のマルコフ連鎖の状態 x を新たな状態 x' に更新すると，何が起こるか考えよう．状態 x' に到達する単一状態の確率は，次のように与えられる．

$$q^{(t+1)}(x') = \sum_x q^{(t)}(x) T(x' \mid x). \tag{17.18}$$

整数のパラメータ化を使うことで，行列 $\boldsymbol{A}$ を使用して遷移演算子 T の効果を表現できる．$\boldsymbol{A}$ を

$$A_{i,j} = T(\mathbf{x}' = i \mid \mathbf{x} = j) \tag{17.19}$$

となるように定義する．この定義を使用して，式17.18を書き換えることができる．単一状態がどのように更新されるかを理解するために q と T の形で記述するのではなく，ここでは，更新を適用するときに（並行して実行する）すべての異なるマルコフ連鎖における分布全体がどのように推移するかを $\boldsymbol{v}$ と $\boldsymbol{A}$ で記述する．すなわち，

$$\boldsymbol{v}^{(t)} = \boldsymbol{A}\boldsymbol{v}^{(t-1)}. \tag{17.20}$$

マルコフ連鎖の更新を繰り返し適用することは，行列 $\boldsymbol{A}$ を繰り返し掛けることに対応する．言い換えると，この処理を行列 $\boldsymbol{A}$ の累乗と考えることができる．すなわち，

$$\boldsymbol{v}^{(t)} = \boldsymbol{A}^t \boldsymbol{v}^{(0)}. \tag{17.21}$$

行列 $\boldsymbol{A}$ は，それぞれの列が確率分布を表現しているため特別な構造を持つ．このような行列は**確率行列**（stochastic matrices）と呼ばれる．ある指数 t について，任意の状態 x から他の任意の状態 x' に遷移する確率がいずれもゼロでないならば，ペロン＝フロベニウスの定理（Perron-Frobenius theorem）(Perron, 1907; Frobenius, 1908) によって最大の固有値が実数であり，かつ 1 に等しいことが保証される．時間が経過するとともに，以下のように，すべての固有値がべき乗されることが確認できる．

$$\boldsymbol{v}^{(t)} = \left(\boldsymbol{V}\mathrm{diag}(\boldsymbol{\lambda})\boldsymbol{V}^{-1}\right)^t \boldsymbol{v}^{(0)} = \boldsymbol{V}\mathrm{diag}(\boldsymbol{\lambda})^t \boldsymbol{V}^{-1}\boldsymbol{v}^{(0)}. \tag{17.22}$$

この過程により，1 に等しくないすべての固有値が 0 に減衰する．いくつかの追加的な緩い条件下では，$\boldsymbol{A}$ は固有値 1 を持つただ 1 つの固有ベクトルだけを持つことが保証される．したがって，この過程は**定常分布**（stationary distribution）に収束する．定常分布は**平衡分布**（equilibrium distribution）と呼ばれることもある．収束すると，

$$\boldsymbol{v}' = \boldsymbol{A}\boldsymbol{v} = \boldsymbol{v} \tag{17.23}$$

となり，そして，この同様の条件はすべての追加ステップで保持される．これは固有ベクトル方程式である．定常点となるためには，$\boldsymbol{v}$ は対応する固有値 1 を持つ固有ベクトルでなければならない．この条件は，一度定常分布に達すると，遷移サンプリング処理を繰り返し適用しても，さまざまなマルコフ連鎖の状態における**分布**が変更されないことを保証する（もちろん，遷移演算子によってそれぞれ個々の状態は変更される）．

正しく T を選んだ場合，定常分布 q は，サンプリングしたい分布 p と等しくなる．17.4節で，T の選択方法について説明する．

可算状態を持つマルコフ連鎖のほとんどの特性は連続変数に一般化できる．この状況ではマルコフ連鎖を**ハリス連鎖**（Harris chain）と呼ぶ著者もいるが，本書ではマルコフ連鎖という用語を使って両方の条件を記述する．一般に，遷移演算子 T を持つマルコフ連鎖は，緩い条件の下で，以下の式で記述される固定点に収束する．

$$q'(\mathbf{x}') = \mathbb{E}_{\mathbf{x}\sim q} T(\mathbf{x}' \mid \mathbf{x}). \tag{17.24}$$

離散の場合は式17.23を書き換えるだけである．$\mathbf{x}$ が離散の場合，期待値は総和に対応し，$\mathbf{x}$ が連続の場合，期待値は積分に対応する．

状態が連続か離散かにかかわらず，すべてのマルコフ連鎖法は，最終的に状態が平衡分布からサンプルを生成し始めるまで確率的更新を繰り返し適用することで成り立っている．平衡分布に達するまでマルコフ連鎖を実行することは，マルコフ連鎖の「**バーンイン**（burning in）」と呼ばれる．連鎖が平衡分布に達した後は，連続する無限に多くのサンプルが平衡分布から抽出される．それらは同一に分布しているが，任意の連続する 2 つのサンプルは非常に高い相関関係にある．したがって，有限個の連続するサンプルは，平衡分布をそれほど表しているわけではないかもしれない．この問題を軽減する方法の 1 つは，連続する n 個のサンプルごとに 1 つだけを返すことである．これによって，平衡分布の統計量の推定値は，MCMC サンプルと次のいくつかのサンプルとの間の相関によって偏らない．したがって，マルコフ連鎖の使用コストが高いのは，平衡分布にバーンインするまでに必要な時間と，平衡に到達した後，あるサンプルから別の相関のない適切なサンプルへの遷移に必要な時間のためである．真に独立したサンプルが望まれる場合，複数のマルコフ連鎖を並行して実行させることができる．このアプローチでは，追加した並列計算を利用することで，待ち時間が解消する．全サンプルを生成するために単一のマルコフ連鎖だけを使う戦略と，望ましいサンプル 1 つ 1 つに対してマルコフ連鎖を 1 つずつ使う戦略は両極にある．深層学習の専門家は，通常ミニバッチ内の事例数とほぼ同数の連鎖を使い，この固定されたマルコフ連鎖の集合から必要な数のサンプルを抽出する．一般に使われるマルコフ連鎖の数は 100 である．

もう 1 つの難しさは，平衡分布に達するまでマルコフ連鎖がどのくらいのステップ数を実行しなければならないかが，事前にはわからないということである．この時間の長さは**混合時間**（mixing time）と呼ばれる．マルコフ連鎖が平衡分布に達したかどうかテストすることも困難である．この質問の答えに導いてくれる正確な理論は存在しない．理論によって連鎖が収束することはわかるが，それ以上はわからない．マルコフ連鎖を確率ベクトル $\boldsymbol{v}$ に作用する行列 $\boldsymbol{A}$ の観点から分析すると，$\boldsymbol{A}^t$ が，唯一の固有値 1 を除くすべての固有値を実質的に $\boldsymbol{A}$ から失ったときに，連鎖が混合することがわかる．これは，2 番目に大きい固有値の大きさが混合時間を決定することを意味する．しかし，実際にはマルコフ連鎖を行列の形で表現できない．確率モデルが遷移できる状態の数は，変数の数に対して指数関数的に大きくなるので，$\boldsymbol{v}$，$\boldsymbol{A}$，$\boldsymbol{A}$ の固有値を表現することは不可能である．こうした障害や他の障害のために，通常マルコフ連鎖が混合しているかどうかはわからない．代わりに，十分と思われる時間をおおまかに見積もってマルコフ連鎖を単純に実行し，ヒューリスティックな手法を使って連鎖が混合したかどうかを判断する．このようなヒューリスティックな手法には，手作業でサンプルを調べたり，連続するサンプル間の相関を測定したりすることが含まれる．

17.4 ギブスサンプリング

ここまでは，$\boldsymbol{x} \leftarrow \boldsymbol{x}' \sim T(\boldsymbol{x}' \mid \boldsymbol{x})$ を繰り返し更新することで，分布 $q(\boldsymbol{x})$ からサンプルを抽出する方法を説明してきた．しかし，$q(\boldsymbol{x})$ が有用な分布であると保証する方法は説明しなかった．本書では，2

つの基本的なアプローチを検討する．1 つ目のアプローチは，学習した p_{model} から T を導出することである．この手法については，EBM からサンプリングした場合を例に，以下で説明する．2 つ目のアプローチは，T を直接パラメータ化して学習することで，その定常分布が関心のある p_{model} を暗黙的に定義するというものである．2 つ目のアプローチの例は，20.12および20.13節で議論されている．

深層学習においては，一般に，分布 $p_{\text{model}}(\boldsymbol{x})$ を定義するエネルギーベースモデルからマルコフ連鎖を使用してサンプルを抽出する．この場合，マルコフ連鎖の $q(\boldsymbol{x})$ が $p_{\text{model}}(\boldsymbol{x})$ になってほしい．望ましい $q(\boldsymbol{x})$ を得るためには，適切な $T(\boldsymbol{x}' \mid \boldsymbol{x})$ を選択する必要がある．

$p_{\text{model}}(\boldsymbol{x})$ からサンプリングするマルコフ連鎖を設計するための概念的に単純で効果的なアプローチは，**ギブスサンプリング**（Gibbs sampling）を使うことである，ギブスサンプリングでは，$T(\mathbf{x}' \mid \mathbf{x})$ からのサンプリングは，1 つの変数 x_i を選択し，無向グラフ $\mathcal{G}$ 内の近傍によって条件付けられた p_{model} からサンプリングすることで達成される．この無向グラフはエネルギーベースモデルの構造を定義している．また，複数の変数がすべての近傍の下で条件付き独立であるならば，それらを同時にサンプリングすることもできる．16.7.1節の RBM の例で示したように，RBM のすべての隠れユニットは，すべての可視ユニットの下で互いに条件付き独立なため同時にサンプリングすることができる．同様に，すべての可視ユニットは，すべての隠れユニットの下で互いに条件付き独立なため同時にサンプリングすることができる．このようにして多くの変数を同時に更新するギブスサンプリングのアプローチは**ブロックギブスサンプリング**（block Gibbs sampling）と呼ばれる．

p_{model} からサンプリングするためにマルコフ連鎖を設計する別のアプローチも可能である．たとえば，メトロポリス・ヘイスティングス法（Metropolis-Hastings algorithm）は他の分野で広く使われている．無向モデリングに対する深層学習のアプローチに関しては，ギブスサンプリング以外のアプローチを利用することはまれである．サンプリング技術の改善は，可能性のある研究フロンティアの 1 つである．

17.5　分離されたモード間の混合の課題

MCMC 法に伴う主な難しさは，それらが不十分に**混合**（mix）する傾向にあるということである．理想的には，$p(\boldsymbol{x})$ からサンプリングするように設計されたマルコフ連鎖からの連続サンプルは，互いに完全に独立であり，その確率に比例して $\boldsymbol{x}$ 空間内の多くの異なる領域に現れるだろう．しかしそうではなく，特に高次元の場合には，MCMC サンプルは強く相関するようになる．このような振る舞いを，緩速混合（slow mixing）や，さらには混合の失敗（failure to mix）と呼ぶ．緩速混合を持つ MCMC 法は，連鎖の状態（サンプリングされた確率変数）に関して，エネルギー関数に対するノイズあり勾配降下法，あるいは等価な，確率に対するノイズあり山登り法に類似するものを意図せずに実行しているとみなせる．一般的に，エネルギー $E(\boldsymbol{x}^{(t)})$ がエネルギー $E(\boldsymbol{x}^{(t-1)})$ より低いか，またはほぼ等しくなる場合，連鎖は状態 $\boldsymbol{x}^{(t-1)}$ から状態 $\boldsymbol{x}^{(t)}$ まで（マルコフ連鎖の状態空間で）小さなステップを取る傾向がある．これは，連鎖がより低いエネルギー状態をもたらす移動を優先するためである．あまり起こりそうにない状態（$p(\mathbf{x})$ からの典型的なエネルギーより高いエネルギー）から出発すると，連鎖によって状態のエネルギーが徐々に減らされ，たまにしか他のモードに移動しない傾向がある．連鎖が，モードと呼ばれる低エネルギー領域（たとえば，もし変数が画像における画素ならば，低エネルギー領域は同じ物体の画像の連続した多様体かもしれない）をいったん見つけると，連鎖はそのモードの周りを（一種のランダムウォークに従って）移動する傾向がある．ときどきそのモードを抜け出して，通常は元に戻るか，あるいは（脱出ルートを見つけた場合は）他のモードに移動する．問題は，成功する脱出ルートが多くの興味深い分布にはまれなので，マルコフ連鎖は同じモードを必要以上に長くサンプリン

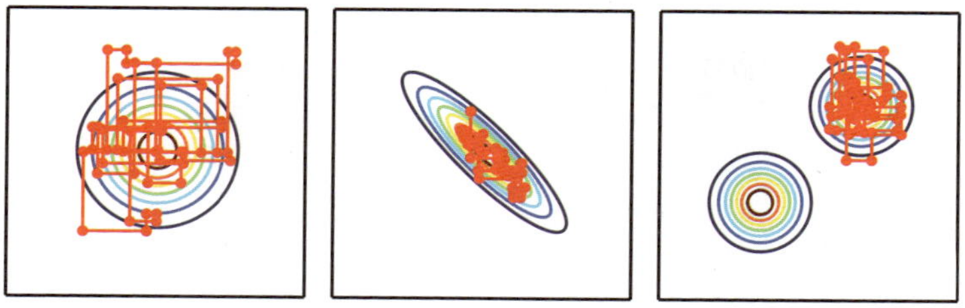

図 **17.1:** 3 つの分布におけるギブスサンプリングに従う経路．マルコフ連鎖は，両方の場合のモードで初期化されている．**（左）** 2 つの独立変数を持つ多変量正規分布．変数が独立なので，ギブスサンプリングはうまく混合する．**（中央）** 相関の高い変数を持つ多変量正規分布．変数間の相関は，マルコフ連鎖の混合を困難にする．各変数の更新は他の変数で条件付けされなければならないので，相関によって，マルコフ連鎖が出発点から離れられる率は減少する．**（右）** 座標軸に平行でなく大きく離れたモードを持つ混合ガウス分布．一度に 1 つの変数だけを変更しながらモードを変更することは困難なので，ギブスサンプリングは非常に遅く混合する．

グし続けるということである．

この問題は，ギブスサンプリングアルゴリズム（17.4節）を考えると，非常に明確となる．この状況で，与えられたステップ数以内で，あるモードから近くのモードに移る確率を考えよう．その確率を決めるのは，これらのモード間の「エネルギー障壁（energy barrier)」の形状である．高いエネルギー障壁（低い確率の領域）で分離される 2 つのモード間の遷移は（エネルギー障壁の高さに関して）指数関数的に低い可能性となる．これを図17.1で説明する．この問題は，低い確率の領域で分離された，高い確率を持つモードが複数あるときに生じ，その中でも特に，各ギブスサンプリングステップが，主にその他の変数によって値が決定される変数の小さな部分集合だけを更新する必要がある場合に生じる．

単純な例として，2 つの変数 a と b におけるエネルギーベースモデルを考えよう．両変数は -1 と 1 の二値を取る．もし，ある大きな正の数 w について $E(\mathrm{a},\mathrm{b}) = -w\mathrm{ab}$ ならば，そのモデルは a と b が同じ符号を持つという強い信念を表している．$\mathrm{a}=1$ のギブスサンプリングステップを使って b を更新することを考えよう．b における条件付き確率は $P(\mathrm{b}=1 \mid \mathrm{a}=1) = \sigma(w)$ で与えられる．w が大きければシグモイドは飽和し，そして b を 1 にする確率も 1 に近づく．同様に，$\mathrm{a}=-1$ ならば，b を -1 にする確率は 1 に近づく．$P_{\mathrm{model}}(\mathrm{a},\mathrm{b})$ に従えば，両方の変数の両方の符号はどれも同程度に起こりやすい．$P_{\mathrm{model}}(\mathrm{a} \mid \mathrm{b})$ に従えば，両方の変数は同じ符号を持つだろう．これは，ギブスサンプリングによって，これらの変数の符号が反転することは非常にまれであることを意味する．

実際の状況では，2 つのモード間の遷移だけでなく，より一般的に，実際のモデルに含まれる多くのモード間について配慮するため，この課題はさらに大きくなる．モード間の混合が困難なために，いくつかのそのような遷移が困難な場合，ほとんどのモードを覆うような信頼できるサンプル集合を得るのは非常にコストがかかり，その定常分布への連鎖の収束は非常に遅くなる．

この問題は，高度に依存するユニット群を見つけて，ブロック内でそれらすべてを同時に更新することで解決できる場合もある．残念ながら，依存関係が複雑な場合，そのユニット群からサンプルを抽出するのは計算的に困難となる．結局のところ，マルコフ連鎖が導入されたもともとの解決すべき問題は，

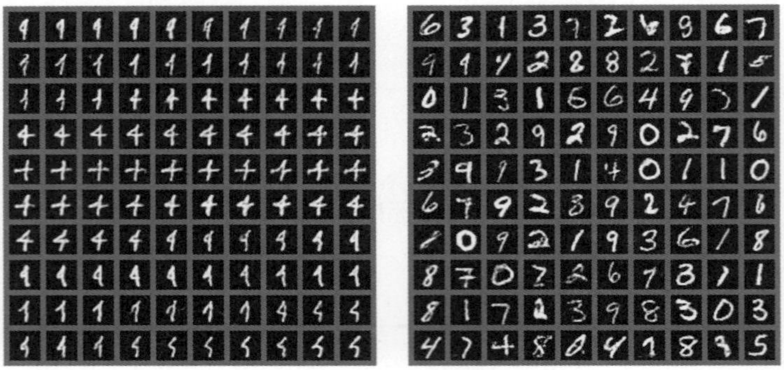

図 **17.2:** 深層確率モデルにおける緩速混合問題の説明．各パネルは左から右へ，上から下に読む．（左）MNIST データ集合で訓練した深層ボルツマンマシンに適用された，ギブスサンプリングからの連続サンプル．連続サンプルはお互いに類似している．ギブスサンプリングは深層グラフィカルモデルで実行されるため，この類似性は生の視覚的特徴ではなく意味的なものに基づいているが，ギブス連鎖が，たとえば数字を変更するといった，分布のあるモードから別のモードに遷移することは困難である．（右）敵対的生成ネットワーク（generative adversarial network）からの連続伝承サンプル．伝承サンプリングは他のサンプルから独立して各サンプルを生成するため，混合問題はない．

大規模な変数群からサンプリングするというこの問題である．

同時分布 $p_{\text{model}}(\boldsymbol{x}, \boldsymbol{h})$ を定義する潜在変数を持つモデルにおいては，$p_{\text{model}}(\boldsymbol{x} \mid \boldsymbol{h})$ からのサンプリングと $p_{\text{model}}(\boldsymbol{h} \mid \boldsymbol{x})$ からのサンプリングを交互に繰り返すことで $\boldsymbol{x}$ のサンプルを抽出することが多い．急速に混合するという観点からは，$p_{\text{model}}(\boldsymbol{h} \mid \boldsymbol{x})$ には高いエントロピーが望まれる．しかし，$\boldsymbol{h}$ の有用な表現を学習するという観点からは，$\boldsymbol{h}$ には，$\boldsymbol{x}$ をうまく再構成するために $\boldsymbol{x}$ についての十分な情報を符号化することが望まれる．これは，$\boldsymbol{h}$ と $\boldsymbol{x}$ が大きな相互情報量となるべきであることを示している．これら 2 つの目標は互いに対立している．しばしば，$\boldsymbol{x}$ を $\boldsymbol{h}$ に正確に符号化するが，あまりうまく混合できないような生成モデルが学習される．この状況はボルツマンマシンで頻繁に発生する．ボルツマンマシンが学習する分布がよりはっきりするほど，モデル分布からサンプリングするマルコフ連鎖にとって，うまく混合することがより困難となる．この問題は図17.2で説明される．

興味のある分布が，クラスごとに別々の多様体があるような多様体構造を持つとき，MCMC 法はあまり役に立たなくなる．すなわち，分布は多くのモードの周りに集中し，これらのモードは高エネルギーの広大な領域によって分離されてしまう．この種の分布は多くの分類問題で予期されるものであり，モード間の混合が悪いため，MCMC 法は非常に遅く収束することになる．

17.5.1　モード間の混合のためのテンパリング

分布が，低い確率の領域に囲まれた高い確率の尖った峰を持つとき，分布の異なるモード間で混合することは困難となる．高速混合のためのいくつかの技術は，別の種類の目標分布を構成することに基づいている．そのような分布では，峰がそれほど高くなく，周囲の谷もそれほど低くない．エネルギーベースモデルによって，そのための特に簡単な方法が得られる．ここまでは，エネルギーベースモデルを確率分布

$$p(\boldsymbol{x}) \propto \exp\left(-E(\boldsymbol{x})\right) \tag{17.25}$$

で定義して説明してきた．エネルギーベースモデルは，分布がどれほど尖った峰かを制御する追加パラメータ β を用いて以下のように拡張できる．

$$p_\beta(\boldsymbol{x}) \propto \exp\left(-\beta E(\boldsymbol{x})\right). \tag{17.26}$$

この β パラメータは，統計物理学におけるエネルギーベースモデルの起源を反映して，しばしば**温度**（**temperature**）の逆数として記述される．温度がゼロに落ちて，β が無限大に上昇すると，エネルギーベースモデルは決定論的になる．温度が無限大に上昇して，β が 0 に落ちると，（離散 $\boldsymbol{x}$ についての）分布は一様になる．

通常，モデルは $\beta = 1$ で評価されるように訓練される．しかし，他の温度，特に $\beta < 1$ を使うこともできる．**テンパリング**（**焼き戻し**，**tempering**）はサンプルを $\beta < 1$ で抽出することで，p_1 のモード間を急速に混合する一般的な戦略である．

焼きなまし遷移（**焼き戻し遷移**，**tempered transitions**）(Neal, 1994) に基づくマルコフ連鎖は，一時的に高い温度の分布からサンプリングして異なるモードに混合し，その後，単位温度の分布からサンプリングを再開する．これらの技術は RBM などのモデルに適用されている (Salakhutdinov, 2010)．もう 1 つのアプローチは，**パラレルテンパリング**（**並列焼き戻し**，**parallel tempering**）を使用することである．この手法では，マルコフ連鎖は，さまざまな温度のさまざまな状態を並列にシミュレーションする．最も高い温度状態ではゆっくり混合するが，最も低い温度，すなわち温度 1 ではモデルから正確なサンプルが提供される．遷移演算子は 2 つの異なる温度レベル間で確率的に入れ替わる状態を含むので，高温スロットからの十分に高い確率のサンプルは，より低い温度スロットに飛び込むことができる．このアプローチは RBM にも適用される (Desjardins *et al.*, 2010; Cho *et al.*, 2010)．テンパリングは有望なアプローチであるが，現時点では，研究者は複雑な EBM からのサンプリングという課題を解決するような強力な前進を遂げていない．考えられる理由の 1 つは，**臨界温度**（**critical temperatures**）が存在して，その付近では，テンパリングを効果的にするために，温度遷移を（温度が徐々に低下するように）非常に遅くしなければならないということである．

17.5.2　深さが混合に役立つ可能性

潜在変数モデル $p(\boldsymbol{h}, \boldsymbol{x})$ からサンプルを抽出するとき，$p(\boldsymbol{h} \mid \boldsymbol{x})$ があまりにもよく $\boldsymbol{x}$ を符号化した場合，$p(\boldsymbol{x} \mid \boldsymbol{h})$ からのサンプリングによって $\boldsymbol{x}$ はあまり変化せず，混合が不十分になるということを見てきた．この問題を解決する 1 つの方法は $\boldsymbol{h}$ を深い表現にすることである．これは，$\boldsymbol{h}$ の空間におけるマルコフ連鎖をより容易に混合できるように，$\boldsymbol{x}$ を $\boldsymbol{h}$ に符号化する．自己符号化器や RBM などのような多くの表現学習アルゴリズムは，$\boldsymbol{x}$ における元のデータ分布に比べて，より一様でより単峰な $\boldsymbol{h}$ における周辺分布をもたらす傾向にある．これは，すべての利用可能な表現空間を使いながら，再構成誤差を最小化しようとすることから生じるとも言える．なぜなら，異なる訓練事例が $\boldsymbol{h}$ 空間で互いに容易に区別でき，したがって十分に分離されるときに，訓練事例における訓練誤差の最小化はよりよく達成されるからである．Bengio *et al.* (2013a) は，より深く重ねた正則化自己符号化器や RBM が，最上位の $\boldsymbol{h}$ 空間において，異なるモード（実験ではカテゴリ）に対応した領域間の隔たりが少ない，より広がって一様な周辺分布をもたらすことを観測した．そのようなより高位の空間で RBM を訓練することで，ギブスサンプリングはモード間でより早く混合できるようになった．しかし，この観測結果を使って深層生成モデルのよりよい訓練や，深層生成モデルからのよりよいサンプリングを支援する方法は不明なままである．

混合の困難さにもかかわらず，モンテカルロ技術は便利であり，多くの場合で利用可能な最良のツールである．実際，これらは次に議論する，無向モデルの困難な分配関数と対峙するために使われる，最も重要なツールである．

第 18 章

分配関数との対峙

16.2.2節では，非正規化確率分布 $\tilde{p}(\mathbf{x};\theta)$ によって，多くの確率モデル（一般に無向グラフィカルモデルとして知られている）が定義されることを見た．有効な確率分布を得るためには，以下の式のように，$\tilde{p}$ を分配関数 $Z(\boldsymbol{\theta})$ で割って正規化する必要がある．

$$p(\mathbf{x};\boldsymbol{\theta}) = \frac{1}{Z(\boldsymbol{\theta})}\tilde{p}(\mathbf{x};\boldsymbol{\theta}). \tag{18.1}$$

分配関数は非正規化確率の全状態にわたる積分（連続変数の場合）

$$\int \tilde{p}(\boldsymbol{x})d\boldsymbol{x} \tag{18.2}$$

または，総和（離散変数の場合）

$$\sum_{\boldsymbol{x}} \tilde{p}(\boldsymbol{x}) \tag{18.3}$$

である．

この演算は，多くの興味深いモデルで困難である．

20章で見るように，いくつかの深層学習モデルは，計算的に扱いやすい正規化定数を持つように設計されているか，$p(\mathbf{x})$ の計算をまったくせずに使えるように設計されている．しかし，その他のモデルでは分配関数が計算困難という課題に直面している．本章では，計算困難な分配関数を持つモデルを訓練したり，評価したりするための技術を説明する．

18.1　対数尤度の勾配

最尤法による無向モデルの学習を特に難しくするのは，パラメータに依存した分配関数である．対数尤度のパラメータに関する勾配は，次式のように，分配関数の勾配に対応する項を持つ．

$$\nabla_{\boldsymbol{\theta}} \log p(\mathbf{x};\boldsymbol{\theta}) = \nabla_{\boldsymbol{\theta}} \log \tilde{p}(\mathbf{x};\boldsymbol{\theta}) - \nabla_{\boldsymbol{\theta}} \log Z(\boldsymbol{\theta}). \tag{18.4}$$

これは学習の**正段階**（**正項**，**positive phase**）と**負段階**（**負項**，**negative phase**）への分解としてよく知られている．

関心のあるほとんどの無向モデルにおいて，負段階の計算は困難である．隠れ変数がないか，隠れ変数間の相互作用がわずかしかないモデルは，典型的に扱いやすい正段階を持っている．単純な正段階と困難な負段階を持つモデルの典型例が RBM である．RBM では，可視ユニットが与えられた下で隠れユニットが互いに条件付き独立になる．隠れ変数の間に複雑な相互作用があることで正段階が困難になる事例については，主に19章で扱う．本章では，負段階の困難さに焦点を絞る．

$\log Z$ の勾配をさらに詳しく見てみると

$$\nabla_{\boldsymbol{\theta}} \log Z \tag{18.5}$$

$$= \frac{\nabla_{\boldsymbol{\theta}} Z}{Z} \tag{18.6}$$

$$= \frac{\nabla_{\boldsymbol{\theta}} \sum_{\mathbf{x}} \tilde{p}(\mathbf{x})}{Z} \tag{18.7}$$

$$= \frac{\sum_{\mathbf{x}} \nabla_{\boldsymbol{\theta}} \tilde{p}(\mathbf{x})}{Z} \tag{18.8}$$

となる．

任意の $\mathbf{x}$ について $p(\mathbf{x}) > 0$ が保証されるモデルでは，$\tilde{p}(\mathbf{x})$ を $\exp(\log \tilde{p}(\mathbf{x}))$ で置き換えて

$$\frac{\sum_{\mathbf{x}} \nabla_{\boldsymbol{\theta}} \exp(\log \tilde{p}(\mathbf{x}))}{Z} \tag{18.9}$$

$$= \frac{\sum_{\mathbf{x}} \exp(\log \tilde{p}(\mathbf{x})) \nabla_{\boldsymbol{\theta}} \log \tilde{p}(\mathbf{x})}{Z} \tag{18.10}$$

$$= \frac{\sum_{\mathbf{x}} \tilde{p}(\mathbf{x}) \nabla_{\boldsymbol{\theta}} \log \tilde{p}(\mathbf{x})}{Z} \tag{18.11}$$

$$= \sum_{\mathbf{x}} p(\mathbf{x}) \nabla_{\boldsymbol{\theta}} \log \tilde{p}(\mathbf{x}) \tag{18.12}$$

$$= \mathbb{E}_{\mathbf{x} \sim p(\mathbf{x})} \nabla_{\boldsymbol{\theta}} \log \tilde{p}(\mathbf{x}) \tag{18.13}$$

となる．

この導出では，離散値 $\boldsymbol{x}$ における総和を使っているが，連続値 $\boldsymbol{x}$ における積分を使っても類似の結果となる．連続値での導出では，積分記号における微分に関するライプニッツの法則を用いて，恒等式

$$\nabla_{\boldsymbol{\theta}} \int \tilde{p}(\mathbf{x}) d\boldsymbol{x} = \int \nabla_{\boldsymbol{\theta}} \tilde{p}(\mathbf{x}) d\boldsymbol{x} \tag{18.14}$$

を得る．この恒等式は，$\tilde{p}$ と $\nabla_{\boldsymbol{\theta}} \tilde{p}(\mathbf{x})$ について，ある正則条件の下でのみ適用できる．測度論的に言えば，その条件は，次のとおりである．(i) $\boldsymbol{\theta}$ のすべての値に対して，非正規化分布 $\tilde{p}$ はルベーグ積分可能な $\boldsymbol{x}$ の関数でなければならない．(ii) すべての $\boldsymbol{\theta}$ および，ほとんどすべての $\boldsymbol{x}$ に対して，勾配 $\nabla_{\boldsymbol{\theta}} \tilde{p}(\mathbf{x})$ が存在しなければならない．(iii) すべての $\boldsymbol{\theta}$ および，ほとんどすべての $\boldsymbol{x}$ に対して，$\max_i |\frac{\partial}{\partial \theta_i} \tilde{p}(\mathbf{x})| \leq R(\boldsymbol{x})$ となるように $\nabla_{\boldsymbol{\theta}} \tilde{p}(\mathbf{x})$ を制限する可積分関数 $R(\boldsymbol{x})$ が存在しなければならない．幸いなことに，機械学習で関心のあるほとんどのモデルは，これらの性質をもっている．

この恒等式

$$\nabla_{\boldsymbol{\theta}} \log Z = \mathbb{E}_{\mathbf{x} \sim p(\mathbf{x})} \nabla_{\boldsymbol{\theta}} \log \tilde{p}(\mathbf{x}) \tag{18.15}$$

は，計算困難な分配関数を持つモデルの尤度を近似的に最大化する，さまざまなモンテカルロ法の基礎となっている．

無向モデルを学習するためのモンテカルロ法によるアプローチは，正段階と負段階の両方を考えるための直感的な枠組みを与えてくれる．正段階では，データから抽出した $\boldsymbol{x}$ に対して $\log \tilde{p}(\mathbf{x})$ を増加させる．負段階では，モデル分布から抽出した $\log \tilde{p}(\mathbf{x})$ を減少させることで，分配関数を減少させる．

深層学習の文献では，エネルギー関数（式16.7）に関して $\log \tilde{p}$ をパラメータ化することが一般的である．この場合，図18.1で説明されているように，正段階は訓練事例のエネルギーを押し下げるものとして，また，負段階はモデルから抽出されたサンプルのエネルギーを押し上げるものとして解釈できる．

18.2　確率的最尤法とコントラスティブ・ダイバージェンス

式18.15を実装する単純な方法は，勾配が必要なたびに，ランダムな初期値からマルコフ連鎖をバーンインすることで，この式を計算することである．確率的勾配降下法で学習が行われるとき，このアプローチでは，勾配ステップ 1 回ごとに連鎖をバーンインしなければならない．このアプローチにより，アルゴリズム18.1に示す訓練手順が導かれる．内側ループでマルコフ連鎖をバーンインするコストが高いため，この手順は計算量的に実行不可能となる．この手順は，近似を目的とする他のより実用的なアルゴリズムの出発点となる．

Algorithm 18.1 勾配上昇法を用いた計算困難な分配関数の対数尤度最大化のための単純な MCMC アルゴリズム

ステップの大きさ ϵ を，小さい正の数に定める
ギブスステップの回数 k を，バーンインできる十分な大きさに定める．小さい画像パッチについて RBM を訓練するには，だいたい 100 回ぐらいである
while 収束しない **do**
　訓練集合から，m 個の事例のミニバッチ $\{\mathbf{x}^{(1)}, \ldots, \mathbf{x}^{(m)}\}$ をサンプリングする
　$\mathbf{g} \leftarrow \frac{1}{m}\sum_{i=1}^{m} \nabla_{\boldsymbol{\theta}} \log \tilde{p}(\mathbf{x}^{(i)}; \boldsymbol{\theta})$
　m 個のサンプル集合 $\{\tilde{\mathbf{x}}^{(1)}, \ldots, \tilde{\mathbf{x}}^{(m)}\}$ を（たとえば一様分布や正規分布，場合によってはモデルの周辺分布と合致するような周辺分布からの）ランダムな値で初期化する
　for $i = 1$ to k **do**
　　for $j = 1$ to m **do**
　　　$\tilde{\mathbf{x}}^{(j)} \leftarrow \text{gibbs\_update}(\tilde{\mathbf{x}}^{(j)})$
　　end for
　end for
　$\mathbf{g} \leftarrow \mathbf{g} - \frac{1}{m}\sum_{i=1}^{m} \nabla_{\boldsymbol{\theta}} \log \tilde{p}(\tilde{\mathbf{x}}^{(i)}; \boldsymbol{\theta})$
　$\boldsymbol{\theta} \leftarrow \boldsymbol{\theta} + \epsilon \mathbf{g}$
end while

最尤法のための MCMC を用いるアプローチは，データが発生する部分でモデル分布を押し上げようとする力と，モデルサンプルが発生する部分でモデル分布を押し下げようとする力という，2 つの力の均衡を達成する試みと見なせる．図18.1はこの過程を説明している．この 2 つの力は，$\log \tilde{p}$ の最大化と $\log Z$ の最小化に対応する．負段階にはいくつかの近似が可能である．これらの近似は，負段階の計算量を小さくする反面，負段階を誤った位置で押し下げるものとして理解できる．

負段階ではモデル分布からサンプルを抽出する必要があるため，モデルが強く信じている点を探していると考えることができる．負段階はこれらの点の確率を下げるように作用するので，これらの点は一

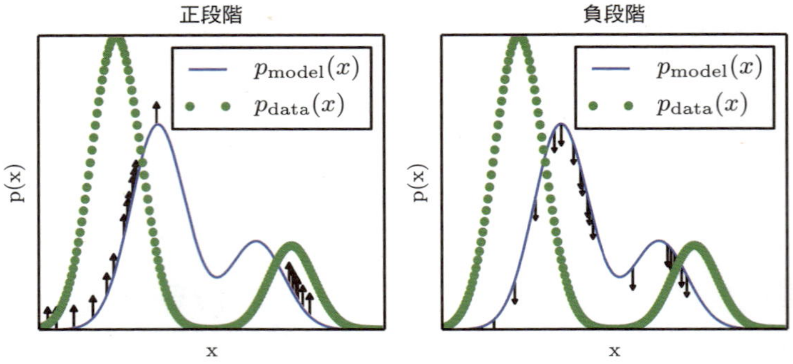

図 18.1:「正段階」と「負段階」を持つアルゴリズム18.1の見方．（左）正段階では，データ分布から点をサンプリングして，非正規化確率を押し上げる．これにより，データの中にある可能性の高い点はさらに押し上げられる．（右）負段階では，モデル分布から点をサンプリングして，非正規化確率を押し下げる．これは，あらゆるところで非正規化確率に大きな定数を加えるような正段階の傾向を打ち消すように作用する．データ分布とモデル分布が等しいとき，正段階が点を押し上げる可能性は，負段階が押し下げる可能性と同じになる．このとき，勾配（の期待値）はなくなり，訓練は終了する．

般的に世界に関するモデルの誤った信念を表すと考えられる．このような点は，文献でしばしば「幻想（hallucinations）」または「幻想粒子（fantasy particles）」と呼ばれる．実際，負段階は人類やその他の動物が夢を見ることへの有力な説明として提唱されたものである (Crick and Mitchison, 1983)．このアイデアは，脳が世界の確率モデルを維持しており，起きている間に現実の出来事を経験するときは $\log \tilde{p}$ の勾配に従い，寝ている間に現在のモデルからサンプリングされた出来事を経験するときは $\log Z$ を最小化するような $\log \tilde{p}$ の負の勾配に従うというものである．この見方は，正段階と負段階を持つアルゴリズムを記述するために使われる言葉のほとんどを説明するが，神経科学的実験によって正しいと証明されているわけではない．機械学習のモデルでは通常，正段階と負段階を，覚醒状態とレム睡眠という期間に分けるのではなく，同時に使用する必要がある．19.5節で説明するように，他の機械学習アルゴリズムでは，他の目的でモデル分布からサンプルを抽出しており，このようなアルゴリズムでも夢を見る睡眠[*1]の機能を説明できるかもしれない．

学習における正段階と負段階の役割をこのように理解したところで，アルゴリズム18.1の代わりになる，より安価なアルゴリズムを設計してみよう．単純な MCMC アルゴリズムの主なコストは，ステップごとに，ランダムな初期値からマルコフ連鎖をバーンインするコストである．1 つの自然な解決策は，マルコフ連鎖をモデル分布と非常に近い分布から初期化して，バーンイン操作が多くのステップ数を取らないようにすることである．

コントラスティブ・ダイバージェンス（contrastive divergence，CD，あるいは k 回のギブスステップを使った CD を指して CD-k）アルゴリズムでは，各ステップのマルコフ連鎖をデータ分布からのサンプルで初期化する (Hinton, 2000, 2010)．このアプローチをアルゴリズム18.2に示す．データ分布からのサンプリングは，データ集合ですでに利用可能なため，コストがかからない．最初は，データ分布がモデル分布に近くないので，負段階はあまり正確ではない．幸いなことに，正段階はそれでも，データにおけるモデルの確率を正確に高めることができる．正段階がしばらく動作した後は，モデル分布が

*1 訳注：レム睡眠のこと．

Algorithm 18.2 最適化手順として勾配上昇法を用いたコントラスティブ・ダイバージェンスアルゴリズム

ステップの大きさ ϵ を，小さい正の数に定める
ギブスステップの回数 k を，$p(\mathbf{x};\boldsymbol{\theta})$ からサンプリングするマルコフ連鎖が p_{data} で初期化されてから混合できる十分な大きさに定める．小さい画像パッチについて RBM を訓練するには，だいたい 1～20 回くらいである
while 収束しない **do**
  訓練集合から m 個の事例のミニバッチ $\{\mathbf{x}^{(1)},\ldots,\mathbf{x}^{(m)}\}$ をサンプリングする
  $\mathbf{g} \leftarrow \frac{1}{m}\sum_{i=1}^{m}\nabla_{\boldsymbol{\theta}}\log\tilde{p}(\mathbf{x}^{(i)};\boldsymbol{\theta})$
  for $i=1$ to m **do**
    $\tilde{\mathbf{x}}^{(i)} \leftarrow \mathbf{x}^{(i)}$
  end for
  for $i=1$ to k **do**
    for $j=1$ to m **do**
      $\tilde{\mathbf{x}}^{(j)} \leftarrow \text{gibbs\_update}(\tilde{\mathbf{x}}^{(j)})$
    end for
  end for
  $\mathbf{g} \leftarrow \mathbf{g} - \frac{1}{m}\sum_{i=1}^{m}\nabla_{\boldsymbol{\theta}}\log\tilde{p}(\tilde{\mathbf{x}}^{(i)};\boldsymbol{\theta})$
  $\boldsymbol{\theta} \leftarrow \boldsymbol{\theta} + \epsilon\mathbf{g}$
end while

データ分布に近くなり，負段階が正確になり始める．

もちろん，CD が正しい負段階の近似であることに変わりはない．CD が正しい負段階の実行に定性的に失敗する主な状況は，実際の訓練事例から遠いところにある高確率の領域を抑えられない場合である．これらの領域は，モデルの下では確率が高いが，データ生成分布の下では確率が低く，**偽モード（誤ったモード，spurious modes）**と呼ばれている．図18.2では，偽モードが生じる理由を説明している．基本的に，k が非常に大きくない限り，訓練点で初期化されたマルコフ連鎖は，データ分布から遠く離れたモデル分布のモードには到達できない．

Carreira-Perpiñan and Hinton (2005) は，RBM やすべての変数が可視変数のボルツマンマシン（fully visible Boltzmann machines）について，CD による推定量が最尤推定量とは異なる点に収束することから，CD による推定量が偏ることを実験的に示した．彼らの主張によれば，この偏りは小さいため，CD を用いて低コストでモデルを初期化し，後でより高コストな MCMC でそのモデルを再学習できる．Bengio and Delalleau (2009) は，CD が正しい MCMC の勾配更新における最小の項を無視していると解釈でき，このことが偏りを説明していると示している．

CD は RBM のような浅いモデルを訓練するのに有用である．これらのモデルは，順に積み重ねられることで，DBN や DBM のようなさらに深いモデルの初期化に使える．しかし，CD は深いモデルを直接訓練するのに役立つわけではない．なぜなら，可視ユニットのサンプルが与えられた下での隠れユニットのサンプルを得ることが困難だからである．データに隠れユニットが含まれていないため，訓練点からの初期化はこの問題の解決にならない．データから可視ユニットを初期化したとしても，それらの可視サンプルで条件付けられた隠れユニットの分布からサンプリングするマルコフ連鎖をバーンインする必要がある．

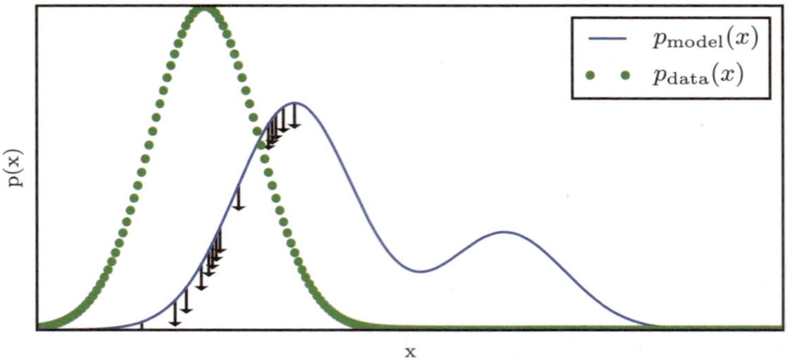

図 **18.2:** 偽モード．コントラスティブ・ダイバージェンス（アルゴリズム18.2）の負段階が，偽モードを抑制できない場合の例．偽モードとは，モデル分布には存在するが，データ分布には存在しないモードのことである．コントラスティブ・ダイバージェンスは，マルコフ連鎖をデータ点で初期化して，ほんの数ステップしかマルコフ連鎖を実行しないため，データ点から遠くにあるモデルのモードには到達しにくい．つまり，モデルからサンプリングするときに，データに似ていないサンプルが得られてしまうことがある．また，モデルの確率質量の一部がこうした偽モードに割かれてしまうので，モデルは正しい状態に高い確率質量を割り当てるのが難しくなる．可視化のため，この図ではやや単純化された距離概念を使っている．この図では，偽モードは $\mathbb{R}$ 上の数直線に沿って，正しいモードから遠く離れている．これは，マルコフ連鎖が $\mathbb{R}$ 上の一変数 x を局所的に動かすことに基づくことに相当する．ほとんどの深層確率モデルでは，マルコフ連鎖はギブスサンプリングに基づいており，個々の変数を非局所的に動かすことはできるが，すべての変数を同時に動かすことはできない．こういった問題により，通常はモード間のユークリッド距離よりも編集距離（edit distance）を考えた方がよい．しかし，高次元空間の編集距離を 2-D プロットで表すのは困難である．

CD アルゴリズムは，データからの入力を急速に変えてしまうようなマルコフ連鎖を持つモデルを罰するものと考えられる．つまり CD による訓練は，自己符号化器の訓練に多少類似している．CD は他の訓練手法より偏るが，訓練後に積み重ねるような浅いモデルを事前学習するには有用である．これは，積み重ねる最初のモデルが，より多くの情報を隠れ変数に複写するようになり，それによって，後に積み重ねるモデルがその情報を利用可能となるためである．これは，CD による訓練に関する原理的な設計上の利点というよりは，多くの場合で利用できる副作用として考えるべきである．

Sutskever and Tieleman (2010) は，CD の更新方向がいかなる関数の勾配でもないことを示した．これにより，CD が無限に循環し続ける状況となる可能性もあるが，実際には深刻な問題にならない．

CD が抱える問題の多くを解決する別の戦略は，各勾配ステップのマルコフ連鎖を，前の勾配ステップの状態で初期化することである．このアプローチは，初め応用数学と統計の分野で**確率的最尤法**（**stochastic maximum likelihood, SML**）という名前で発見され (Younes, 1998)，後に深層学習の分野で**持続的コントラスティブ・ダイバージェンス**（**persistent contrastive divergence, PCD，あるいは 1 更新あたり k 回のギブスステップを使う PCD を指して PCD-k**）法として独自に再発見された (Tieleman, 2008)．アルゴリズム18.3を参照されたい．このアプローチの基本的な考えは，確率的勾配アルゴリズムのステップが小さい限り，前ステップのモデルは現ステップのモデルに近いだろうということである．したがって，前モデルの分布からのサンプルは，現モデルの分布からの偏りのないサンプルと非常に近いものとなるので，これらのサンプルで初期化されたマルコフ連鎖は，混合するまでにそれほど時間がかからなくなる．

各マルコフ連鎖は，勾配ステップごとに初めに戻るのではなく，学習過程を通じて更新され続けるので，連鎖はすべてのモデルのモードを見つけるために十分遠くまで自由に動き回ることができる．したがって，SML は CD に比べて，偽モードを持つモデルを形成することにかなり耐性がある．さらに，可視変数か潜在変数かにかかわらず，すべてのサンプリングされた変数の状態を溜めておけるため，SML は隠れユニットと可視ユニットの両方に初期点をもたらす．CD は可視ユニットの初期化をもたらすだけなので，深いモデルではバーンインが必要となる．一方，SML は深いモデルを効率よく訓練できる．Marlin *et al.* (2010) は，SML を本章で紹介される他の多数の基準と比較した．彼らは，SML が RBM のテスト集合における対数尤度で最もよい結果を出すこと，そして RBM の隠れユニットが SVM 識別器の特徴量として使われるとき，SML が最良の分類精度を出すことを発見した．

マルコフ連鎖がステップ間で混合するよりも速く，確率的勾配アルゴリズムがモデルを動かしてしまうとき，SML は不正確になりやすい．これは k が小さすぎるか，ϵ が大きすぎる場合に発生する．これらの値の許容範囲は，残念ながら問題に大きく依存する．連鎖がステップ間でうまく混合しているかどうか，形式的に確かめる方法は知られていない．主観的には，ギブスステップの回数に対して学習率が高すぎる場合に，勾配ステップにまたがる負段階サンプルの分散が異なるマルコフ連鎖にまたがる場合よりも大きいことを観測できる．たとえば，MNIST で訓練したモデルは，あるステップで 7 のみをサンプリングするかもしれない．すると，学習プロセスで 7 に対応するモードが強く押し下げられ，次のステップでは，そのモデルは 9 ばかりをサンプリングするかもしれない．

Algorithm 18.3 最適化手順として勾配上昇法を用いた確率的最尤法／持続的コントラスティブ・ダイバージェンスアルゴリズム

ステップサイズ ϵ を，小さい正の数に定める
ギブスステップの回数 k を，$p(\mathbf{x};\boldsymbol{\theta}+\epsilon\mathbf{g})$ からサンプリングするマルコフ連鎖が $p(\mathbf{x};\boldsymbol{\theta})$ のサンプルから始めてバーンインできる十分な大きさに定める．小さい画像パッチについて，おそらく RBM では 1 回，DBM のようなもっと複雑なモデルでは 5〜50 回くらいである
m 個のサンプルの集合 $\{\tilde{\mathbf{x}}^{(1)},\ldots,\tilde{\mathbf{x}}^{(m)}\}$ を（たとえば一様分布や正規分布，場合によってはモデルの周辺分布と合致するような周辺分布からの）ランダムな値で初期化する
while 収束しない **do**
  訓練集合から，m 個の事例のミニバッチ $\{\mathbf{x}^{(1)},\ldots,\mathbf{x}^{(m)}\}$ をサンプリングする
  $\mathbf{g} \leftarrow \frac{1}{m}\sum_{i=1}^{m}\nabla_{\boldsymbol{\theta}}\log\tilde{p}(\mathbf{x}^{(i)};\boldsymbol{\theta})$
  for $i=1$ to k **do**
    for $j=1$ to m **do**
      $\tilde{\mathbf{x}}^{(j)} \leftarrow \text{gibbs\_update}(\tilde{\mathbf{x}}^{(j)})$
    end for
  end for
  $\mathbf{g} \leftarrow \mathbf{g} - \frac{1}{m}\sum_{i=1}^{m}\nabla_{\boldsymbol{\theta}}\log\tilde{p}(\tilde{\mathbf{x}}^{(i)};\boldsymbol{\theta})$
  $\boldsymbol{\theta} \leftarrow \boldsymbol{\theta}+\epsilon\mathbf{g}$
end while

SML で訓練したモデルからのサンプルを評価するときには注意が必要である．モデルを訓練した後は，ランダムな開始点に初期化された新たなマルコフ連鎖からサンプルを抽出する必要がある．訓練に使われた持続的な負の連鎖に存在するサンプルは，モデルの直近のいくつかの状態に影響されているため，モデルの容量を実際よりも大きく見せることがある．

Berglund and Raiko (2013) は，CD と SML で得られる勾配の推定におけるバイアスとバリアンスを調べる実験を行った．CD は，正確なサンプリングに基づく推定量に比べて低いバリアンスとなることがわかった．一方で，SML のバリアンスはより高くなった．CD が低バリアンスとなる理由は，正段階と負段階の両方で同じ訓練点を用いているからである．負段階を別の訓練点で初期化する場合は，正確なサンプリングに基づく推定量よりも高バリアンスになる．

MCMC を用いてモデルからサンプルを抽出することに基づくこれらすべての手法は，原理的にほぼすべての MCMC の変種とともに使用できる．これは，SML のようなテクニックを，17章で説明したパラレルテンパリング (Desjardins *et al.*, 2010; Cho *et al.*, 2010) などの改良された MCMC テクニックを用いて改善できることを意味している．

学習中の混合を加速するアプローチの 1 つは，モンテカルロサンプリング技術を変更するのではなく，モデルとコスト関数のパラメータ化を変更することである．Fast PCD（FPCD） (Tieleman and Hinton, 2009) では，従来のモデルにおけるパラメータ $\boldsymbol{\theta}$ を，式

$$\boldsymbol{\theta} = \boldsymbol{\theta}^{(\text{slow})} + \boldsymbol{\theta}^{(\text{fast})} \tag{18.16}$$

で置き換える．パラメータ数はこれまでの 2 倍となり，それらを要素ごとに足し合わせることで，元のモデル定義で使われるパラメータを得る．パラメータのうち fast の方は，非常に大きな学習率で訓練されるため，学習の負段階に応じて迅速に適合できるようになり，マルコフ連鎖を新たな領域に押し進めることができる．これによってマルコフ連鎖が速く混合するようになるが，この効果は，学習中に fast 重みが自由に変化する場合にのみ発生する．一般的には，マルコフ連鎖がモードを変更するのに十分な長さだけ，一時的に fast 重みを大きな値にし，その後 fast 重みに大きな重み減衰を適用して，小さな値に収束するようにする．

本節で説明した MCMC に基づく手法の大きな利点の 1 つは，$\log Z$ の勾配の推定が得られることから，問題を本質的に $\log \tilde{p}$ の寄与と $\log Z$ の寄与に分解できることである．後は，$\log \tilde{p}(\mathbf{x})$ に対処するために，任意の他の方法を使うことができて，その方法による勾配に負段階の勾配を足すだけでよい．このことは特に，正段階では $\tilde{p}$ の下界だけを与える手法を利用できることを意味している．しかし，本章で紹介される $\log Z$ に対処する他の手法のほとんどは，有界に基づく正段階の手法*2とは互換性がない．

18.3　擬似尤度

分配関数やその勾配におけるモンテカルロ近似は，分配関数に直接対峙している．他のアプローチでは，分配関数を計算せずにモデルを訓練することで，この問題を回避している．これらのアプローチのほとんどは，無向確率モデルでは，確率の比を計算するのは容易だという見解に基づいている．これは，分配関数が比の分子と分母の双方に現れて

$$\frac{p(\mathbf{x})}{p(\mathbf{y})} = \frac{\frac{1}{Z}\tilde{p}(\mathbf{x})}{\frac{1}{Z}\tilde{p}(\mathbf{y})} = \frac{\tilde{p}(\mathbf{x})}{\tilde{p}(\mathbf{y})} \tag{18.17}$$

のように打ち消し合うためである．

擬似尤度は，条件付き確率がこの比による形を取るため，分配関数の情報がなくても計算できることに基づいている．$\mathbf{x}$ が $\mathbf{a}$ と $\mathbf{b}$ と $\mathbf{c}$ に分けられると仮定しよう．ただし，$\mathbf{a}$ が求めたい条件付き分布にお

*2 訳注：変分推論などの下界を最大化するような手法のこと．

ける変数を含み，$\mathbf{b}$ が条件付けたい変数を含み，$\mathbf{c}$ がクエリに含まれない変数を含むとする．すなわち，

$$p(\mathbf{a} \mid \mathbf{b}) = \frac{p(\mathbf{a}, \mathbf{b})}{p(\mathbf{b})} = \frac{p(\mathbf{a}, \mathbf{b})}{\sum_{\mathbf{a},\mathbf{c}} p(\mathbf{a}, \mathbf{b}, \mathbf{c})} = \frac{\tilde{p}(\mathbf{a}, \mathbf{b})}{\sum_{\mathbf{a},\mathbf{c}} \tilde{p}(\mathbf{a}, \mathbf{b}, \mathbf{c})}. \tag{18.18}$$

この量は $\mathbf{a}$ の周辺化を必要としており，これは $\mathbf{a}$ と $\mathbf{c}$ があまり多くの変数を含まなければ非常に効率よく計算できる．極端な場合では，$\mathbf{a}$ が 1 つの変数で $\mathbf{c}$ が空ということもあり，この場合，この演算は 1 つの確率変数が取る値の数と同じ回数だけの $\tilde{p}$ の評価のみを必要とする．

残念ながら，対数尤度を計算するためには，大きな変数集合についての周辺化が必要となる．全部で n 個の変数がある場合は，$n-1$ 個の集合について周辺化しなければならない．確率の連鎖律より，

$$\log p(\mathbf{x}) = \log p(x_1) + \log p(x_2 \mid x_1) + \cdots + p(x_n \mid \mathbf{x}_{1:n-1}) \tag{18.19}$$

となる．この場合，$\mathbf{a}$ を最大限に小さくしたが，$\mathbf{c}$ は $\mathbf{x}_{2:n}$ と同じ大きさになりうる．計算量を減らすために，単純に $\mathbf{c}$ を $\mathbf{b}$ に移動するとどうなるだろうか．これが**擬似尤度**（**pseudolikelihood**）(Besag, 1975) 目的関数であり，次式のように，他のすべての特徴量 $\boldsymbol{x}_{-i}$ が与えられた下での特徴量 x_i の値の予測に基づく．

$$\sum_{i=1}^{n} \log p(x_i \mid \boldsymbol{x}_{-i}). \tag{18.20}$$

もし，各確率変数が k 個の異なる値を取るとすると，その計算には $\tilde{p}$ を $k \times n$ 回評価すればよく，これは分配関数の計算に k^n 回の評価が必要なのとは対照的である．

これは無節操な解決策のように見えるかもしれないが，擬似尤度最大化による推定値は漸近的に一致することが証明されている (Mase, 1995)．もちろん，データ集合が大きなサンプル極限に到達しない場合には，擬似尤度は最尤推定量と異なる振る舞いを示す可能性がある．

一般化擬似尤度推定量（**generalized pseudolikelihood estimator**）(Huang and Ogata, 2002) を用いることで，計算複雑性を最尤法からのずれと交換できる．一般化擬似尤度推定量では，条件付きを示す縦棒の左側に出現する各変数に対応する各インデックスの m 個の異なる集合 $\mathbb{S}^{(i)}, i = 1, \ldots, m$ を用いる．$m = 1$ かつ $\mathbb{S}^{(1)} = 1, \ldots, n$ という極端な場合には，一般化擬似尤度は対数尤度となる．$m = n$ かつ $\mathbb{S}^{(i)} = \{i\}$ という極端な場合には，一般化擬似尤度は擬似尤度となる．一般化擬似尤度目的関数は

$$\sum_{i=1}^{m} \log p(\mathbf{x}_{\mathbb{S}^{(i)}} \mid \mathbf{x}_{-\mathbb{S}^{(i)}}) \tag{18.21}$$

で与えられる．

擬似尤度に基づくアプローチの性能は，モデルの使われ方に大きく依存する．擬似尤度は，密度推定やサンプリングなど，完全な同時確率 $p(\mathbf{x})$ のよいモデルを必要とするタスクで性能が悪くなる傾向がある．しかし，少量の欠損値を埋めるような，訓練時に条件付き確率だけが求められるタスクでは，最尤法よりも性能がよくなることがある．データが規則的な構造を持っているため，インデックス集合 $\mathbb{S}$ が最も重要な相関だけを捉えるように設計でき，無視できる相関しかない変数の集団は除外できる場合に，一般化擬似尤度のテクニックは特に強力となる．たとえば，自然画像では，空間的に大きく離れた画素は相関関係も弱いので，一般化擬似尤度は，空間的に局所化された小さなウィンドウである各集合 $\mathbb{S}$ を適用できる．

擬似尤度推定量の欠点の 1 つは，19章で扱う変分推論のような，$\tilde{p}(\mathbf{x})$ の下界のみを与える他の近似手法とは使えないことである．これは，$\tilde{p}$ が分母に現れるためである．分母の下界は，式全体では上界

を与えるだけであり，上界を最大化する恩恵は何もない．これによって，擬似尤度のアプローチを深層ボルツマンマシンのような深層モデルに当てはめることが困難になる．なぜなら，変分法は，互いに相互作用する多くの隠れ変数の層を近似的に周辺化するための主要なアプローチの 1 つだからである．しかしながら，擬似尤度は下界に基づかない近似推論法を用いて，単一層のモデルや深層モデルの訓練に使用できるため，依然として深層学習に有用である．

擬似尤度は，条件付き分布すべてを明示的に計算しているため，SML に比べて勾配ステップあたりの時間が非常に大きい．しかし，一般化擬似尤度や同じような基準は，もし事例ごとに 1 つだけランダムに選ばれた条件付き確率が計算されるなら (Goodfellow *et al.*, 2013b)，それによって計算時間が SML のそれに一致するよう引き下げられるので，それでもなおよい性能を示す．

擬似尤度推定量は，明示的に $\log Z$ を最小化していないにもかかわらず，負段階と似ているものと考えられる．それぞれの条件付き分布の分母は，学習アルゴリズムが訓練事例と異なる 1 つの変数だけを持つ状態すべての確率を抑えるような結果となる．

擬似尤度の漸近的有効性についての理論的解析は，Marlin and de Freitas (2011) を参照されたい．

18.4　スコアマッチングとレシオマッチング

スコアマッチング (Hyvärinen, 2005) は，Z やその微分を推定せずにモデルを訓練する，もう 1 つの一貫した手段をもたらす．**スコアマッチング**という名は，対数密度の引数に関する微分 $\nabla_{\boldsymbol{x}} \log p(\boldsymbol{x})$ が，専門用語で**スコア**（score）と呼ばれるところからきている．スコアマッチングで使われている戦略は，以下のように，モデル対数密度の入力に関する微分と，データ対数密度の入力に関する微分との期待二乗差を最小化するというものである．

$$L(\boldsymbol{x},\boldsymbol{\theta}) = \frac{1}{2}||\nabla_{\boldsymbol{x}} \log p_{\text{model}}(\boldsymbol{x};\boldsymbol{\theta}) - \nabla_{\boldsymbol{x}} \log p_{\text{data}}(\boldsymbol{x})||_2^2 \tag{18.22}$$

$$J(\boldsymbol{\theta}) = \frac{1}{2}\mathbb{E}_{p_{\text{data}}(\boldsymbol{x})} L(\boldsymbol{x},\boldsymbol{\theta}) \tag{18.23}$$

$$\boldsymbol{\theta}^* = \min_{\boldsymbol{\theta}} J(\boldsymbol{\theta}). \tag{18.24}$$

この目的関数は，Z が $\boldsymbol{x}$ の関数でないことから $\nabla_{\mathbf{x}} Z = 0$ となるため，分配関数 Z の微分に伴う困難を回避している．最初は，スコアマッチングによって新たな困難が生じたように見える．なぜなら，データ分布のスコアの計算には，訓練データ p_{data} を生成する真の分布の知識が必要なためである．幸い，$L(\boldsymbol{x},\boldsymbol{\theta})$ の期待値の最小化は，

$$\tilde{L}(\boldsymbol{x},\boldsymbol{\theta}) = \sum_{j=1}^{n}\left(\frac{\partial^2}{\partial x_j^2}\log p_{\text{model}}(\boldsymbol{x};\boldsymbol{\theta}) + \frac{1}{2}\left(\frac{\partial}{\partial x_j}\log p_{\text{model}}(\boldsymbol{x};\boldsymbol{\theta})\right)^2\right) \tag{18.25}$$

の期待値の最小化と等価である．ただし n は $\boldsymbol{x}$ の次元数である．

スコアマッチングでは $\mathbf{x}$ に関する微分を取ることが必要なため，離散データのモデルには適用できないが，モデルの潜在変数は離散でもよい．

擬似尤度と同様，スコアマッチングは $\log \tilde{p}(\mathbf{x})$ とその微分を直接評価できるときにのみ使える．スコアマッチングでは $\log \tilde{p}(\mathbf{x})$ の微分および二階微分が必要となるが，$\log \tilde{p}(\mathbf{x})$ の下界からは，それらの微分の情報が得られないため，下界のみが与えられる手法では用いることができない．つまり，スパースコーディングモデルや深層ボルツマンマシンのような，隠れユニット間に複雑な相互作用があるモデル

の推定には，スコアマッチングを適用することはできない．スコアマッチングは，大きなモデルにおける最初の隠れ層の事前学習に使えるが，大きなモデルのより深い層の事前学習戦略として適用されたことはない．これはおそらく，そのようなモデルの隠れ層には通常，離散変数が含まれるからである．

スコアマッチングは明示的な負段階を持たないが，特定の種類のマルコフ連鎖を用いたコントラスティブ・ダイバージェンスの一種とみなすことができる (Hyvärinen, 2007a)．この場合のマルコフ連鎖はギブスサンプリングではなく，勾配に従って局所的に移動する別のアプローチである．局所的な移動の大きさがゼロに近づくとき，スコアマッチングはこの種のマルコフ連鎖を用いた CD と等価になる．

Lyu (2009) はスコアマッチングを離散の場合に一般化した（しかし導出に誤りがあり，Marlin *et al.* (2010) で修正された）．Marlin *et al.* (2010) は，多くの事象の観測される確率が 0 になるような高次元離散空間においては，**一般化スコアマッチング**（generalized score matching，GSM）が機能しないことを発見した．

スコアマッチングの基本的な考えを離散データに拡張するさらによいアプローチが**レシオマッチング**（ratio matching）である (Hyvärinen, 2007b)．レシオマッチングは，特に二値データに対して適用される．レシオマッチングは，目的関数

$$L^{(\mathrm{RM})}(\boldsymbol{x},\boldsymbol{\theta}) = \sum_{j=1}^{n}\left(\frac{1}{1+\frac{p_{\mathrm{model}}(\boldsymbol{x};\boldsymbol{\theta})}{p_{\mathrm{model}}(f(\boldsymbol{x}),j);\boldsymbol{\theta})}}\right)^2 \tag{18.26}$$

の事例における平均値を最小化することからなる．ただし，$f(\boldsymbol{x},j)$ は $\mathbf{x}$ の j 番目のビットを反転させたものを返す．レシオマッチングは，2 つの確率の比を取ることで分配関数を打ち消すという，擬似尤度推定量と同じ手段で分配関数を回避している．Marlin *et al.* (2010) は，テスト画像集合の雑音を除去するためにレシオマッチングで訓練したモデルの性能を調べ，レシオマッチングが SML，擬似尤度，および GSM を上回ることを示した．

擬似尤度推定量と同様に，レシオマッチングでは $\tilde{p}$ の評価がデータ点ごとに n 回必要となるため，更新にかかる計算コストが SML の約 n 倍となる．

擬似尤度推定量と同様に，レシオマッチングは訓練事例と一変数だけ異なるすべての幻想状態を押し下げると考えられる．レシオマッチングは特に二値データに適用されるため，データにおけるハミング距離が 1 以内のすべての幻想状態に作用することになる．

レシオマッチングは，単語数ベクトルのような，高次元の疎なデータを処理するための基礎としても有用である．この種のデータは，密な形式で表現するには非常にコストがかかるため，MCMC に基づく手法にとって課題となるが，MCMC サンプラーは，モデルがデータ分布における疎性を表現するように学習するまでは疎な値を生成しない．Dauphin and Bengio (2013) は，レシオマッチングに対する不偏確率的近似を設計することで，この問題を克服した．この近似は，ランダムに選択された目的関数の項の部分集合のみを評価するので，モデルで完全な幻想サンプルを生成する必要がない．

レシオマッチングの漸近的有効性についての理論的解析は，Marlin and de Freitas (2011) を参照されたい．

18.5 雑音除去スコアマッチング

真の p_{data} ではなく，分布

$$p_{\text{smoothed}}(\boldsymbol{x}) = \int p_{\text{data}}(\boldsymbol{y})q(\boldsymbol{x} \mid \boldsymbol{y})d\boldsymbol{y} \tag{18.27}$$

を適合させることで，スコアマッチングを正則化したい場合がある．分布 $q(\boldsymbol{x} \mid \boldsymbol{y})$ は破損過程であり，通常は $\boldsymbol{y}$ に少量のノイズを加えて $\boldsymbol{x}$ を形成する過程である．

雑音除去スコアマッチングが特に有用であるのは，実際には，真の p_{data} ではなく，その真の分布からのサンプルで定義された経験分布しか利用できないためである．任意の一致推定量は，十分な容量があれば，p_{model} を訓練点を中心としたディラック分布の集合にする．q による平滑化は，この問題を軽減するのに役立つが，5.4.5節で説明した漸近的一致性の性質を失う．Kingma and LeCun (2010) は，平滑化分布 q を正規分布のノイズとする正則化スコアマッチングを行う手順を導入した．

14.5.1節から，いくつかの自己符号化器を訓練するアルゴリズムは，スコアマッチングや雑音除去スコアマッチングと等価であることを思い出してほしい．したがって，これらの自己符号化器訓練アルゴリズムは分配関数の問題を克服する方法となる．

18.6 雑音対照推定

計算困難な分配関数を持つモデルを推定するほとんどのテクニックでは，分配関数の推定値は得られない．SML と CD は，分配関数自体ではなく，対数分配関数の勾配のみを推定する．スコアマッチングと擬似尤度は，分配関数に関連する量の計算を完全に回避している．

雑音対照推定（noise-contrastive estimation，NCE）(Gutmann and Hyvarinen, 2010) は異なる戦略を取る．このアプローチでは，モデルが推定する確率分布は，明示的に

$$\log p_{\text{model}}(\mathbf{x}) = \log \tilde{p}_{\text{model}}(\mathbf{x}; \boldsymbol{\theta}) + c \tag{18.28}$$

のように表される．ただし，c は $-\log Z(\boldsymbol{\theta})$ の近似として明示的に導入される．雑音対照推定の手順では，$\boldsymbol{\theta}$ だけを推定するのではなく，c を単にもう 1 つのパラメータとして扱い，双方に同じアルゴリズムを用いて $\boldsymbol{\theta}$ と c を同時に推定する．したがって，結果として得られる $\log p_{\text{model}}(\mathbf{x})$ は有効な確率分布と正確には一致しない可能性があるが，c の推定が向上するにつれて，有効な分布にどんどん近づく[*3]．

このようなアプローチでは，推定の基準として最大尤度を使用することは不可能であろう．最尤基準は，有効な確率分布となるように c を調整するのではなく，c を任意に高く設定することを選択するだろう．

NCE は，$p(\mathbf{x})$ を推定する教師なし学習問題を，カテゴリの 1 つがモデルから生成されるデータに対応する確率的二値分類器を学習する問題に変えることによって動作する．この教師あり学習問題は，最尤推定量が元の問題の漸近的一致推定量を定義するように構築される．

[*3] NCE は，追加パラメータ c を導入する必要がないような，扱いやすい分配関数を持つ問題にも適用できる．しかし，困難な分配関数のモデルを推定する方法として，最も関心を集めている．

具体的には，**雑音分布**（noise distribution）$p_{\text{noise}}(\mathbf{x})$ という 2 つ目の分布を導入する．この雑音分布は，評価もサンプリングも容易である必要がある．これで，$\mathbf{x}$ および新たな二値クラス変数 y におけるモデルを構築できる．この新たな同時モデルでは，以下が成り立つ．

$$p_{\text{joint}}(y=1) = \frac{1}{2} \tag{18.29}$$

$$p_{\text{joint}}(\mathbf{x} \mid y=1) = p_{\text{model}}(\mathbf{x}) \tag{18.30}$$

$$p_{\text{joint}}(\mathbf{x} \mid y=0) = p_{\text{noise}}(\mathbf{x}). \tag{18.31}$$

言い換えれば，y はスイッチ変数であり，$\mathbf{x}$ がモデルと雑音分布のどちらから生成されるかを決定している．

訓練データについても，同様の同時モデルを構築できる．この場合，スイッチ変数は，$\mathbf{x}$ を**データ**と雑音分布のどちらから抽出するかを決定している．形式的に書くと，$p_{\text{train}}(y=1) = \frac{1}{2}$，$p_{\text{train}}(\mathbf{x} \mid y = 1) = p_{\text{data}}(\mathbf{x})$，$p_{\text{train}}(\mathbf{x} \mid y=0) = p_{\text{noise}}(\mathbf{x})$ である．

これにより，p_{joint} を p_{train} に適合させるという**教師あり**学習問題において，次式のように標準的な最尤学習を使用できる．

$$\boldsymbol{\theta}, c = \arg\max_{\boldsymbol{\theta}, c} \mathbb{E}_{\mathbf{x}, \mathrm{y} \sim p_{\text{train}}} \log p_{\text{joint}}(y \mid \mathbf{x}). \tag{18.32}$$

分布 p_{joint} は，本質的には，モデルの対数確率と雑音分布との差に対して適用されるロジスティック回帰モデルである．すなわち，

$$p_{\text{joint}}(y=1 \mid \mathbf{x}) = \frac{p_{\text{model}}(\mathbf{x})}{p_{\text{model}}(\mathbf{x}) + p_{\text{noise}}(\mathbf{x})} \tag{18.33}$$

$$= \frac{1}{1 + \frac{p_{\text{noise}}(\mathbf{x})}{p_{\text{model}}(\mathbf{x})}} \tag{18.34}$$

$$= \frac{1}{1 + \exp\left(\log \frac{p_{\text{noise}}(\mathbf{x})}{p_{\text{model}}(\mathbf{x})}\right)} \tag{18.35}$$

$$= \sigma\left(-\log \frac{p_{\text{noise}}(\mathbf{x})}{p_{\text{model}}(\mathbf{x})}\right) \tag{18.36}$$

$$= \sigma\left(\log p_{\text{model}}(\mathbf{x}) - \log p_{\text{noise}}(\mathbf{x})\right). \tag{18.37}$$

したがって，$\log \tilde{p}_{\text{model}}$ が簡単に逆伝播できて，さらに上で述べたように，（p_{joint} を評価するための）p_{noise} の評価と（訓練データを生成するための）サンプリングが容易ならば，NCE を単純に適用できる．

NCE は確率変数が少ない問題に適用した場合に最もうまくいくが，確率変数が多くの値を取りうる場合でもうまく動作する．たとえば，文脈が与えられた下での単語における条件付き分布のモデリングに対して，適用することに成功している (Mnih and Kavukcuoglu, 2013)．単語は大量の語彙から抽出することができるが，1 つの単語だけ抽出すればよい．

NCE は，多くの確率変数を持つ問題に適用すると，効率が低下する．ロジスティック回帰分類器は，ありそうにない値を取る変数を 1 つでも特定すると，雑音サンプルを棄却する可能性がある．これは，p_{model} が基本的な周辺統計量を学習した後は，学習が大きく遅くなることを意味する．非構造化ガウス雑音を p_{noise} として使用して，顔画像のモデルを学習するとしよう．p_{model} が目について学習すると，

口のような顔の他の特徴について一切学習しないまま，ほぼすべての非構造化雑音サンプルを棄却する可能性がある．

p_{noise} の評価とサンプリングが容易でなければならないというのは，制限しすぎかもしれない．p_{noise} が単純な場合，殆どのサンプルはデータと明らかに異なるため，p_{model} を著しく改善することはできない可能性がある．

スコアマッチングや擬似尤度と同様，NCE は $\tilde{p}$ の下界しか利用できない場合には使えない．そのような下界は，$p_{\text{joint}}(y=1 \mid \mathbf{x})$ の下界を構築するためには使えるが，NCE の目的関数の項の半分である $p_{\text{joint}}(y=0 \mid \mathbf{x})$ においては，上界の構築にしか使えない．同様に p_{noise} の下界も，$p_{\text{joint}}(y=1 \mid \mathbf{x})$ の上界しか与えないため役に立たない．

各勾配ステップの前にモデル分布をコピーすることで新たな雑音分布を定義する場合，NCE は**自己対照推定**（self-contrastive estimation）と呼ばれる手順を定義する．この期待勾配は，最尤法の期待勾配に等しい (Goodfellow, 2014)．この NCE の特殊な事例では，雑音サンプルがモデルから生成されたものとなるが，これは最尤法が，つねに現実と自身の発展する信念を区別するようにモデルを学習する手順として解釈できることを示している．一方雑音対照推定は，モデルに現実と固定された基準（雑音モデル）を区別させるだけなので，いくらか計算コストを削減できる．

モデルの勾配を得るために，訓練サンプルと（分類器を定義するモデルエネルギー関数で）生成されたサンプルを分類する教師ありタスクを利用することは，以前からさまざまな形で導入されてきた (Welling *et al.*, 2003b; Bengio, 2009)．

雑音対照推定は，よい生成モデルは雑音からのデータを区別できるはずであるという考えに基づいている．関係の深いアイデアに，よい生成モデルは分類器がデータと区別できないサンプルを生成できるはずである，というものがある．このアイデアから，敵対的生成ネットワークが生み出された (20.10.4節)．

18.7　分配関数の推定

本章の大部分は，無向グラフィカルモデルに関連した計算困難な分配関数 $Z(\boldsymbol{\theta})$ の計算を回避する手法の説明に費やしたが，本節では，分配関数を直接推定するいくつかの手法について説明する．

分配関数の推定が重要なのは，データの正規化された尤度を計算したいときに必要となるためである．これは，モデルの**評価**，訓練性能の監視，モデル同士の比較において，しばしば重要となる．

例として，確率分布 $p_A(\mathbf{x};\boldsymbol{\theta}_A) = \frac{1}{Z_A}\tilde{p}_A(\mathbf{x};\boldsymbol{\theta}_A)$ を定義するモデル $\mathcal{M}_A$ と，確率分布 $p_B(\mathbf{x};\boldsymbol{\theta}_B) = \frac{1}{Z_B}\tilde{p}_B(\mathbf{x};\boldsymbol{\theta}_B)$ を定義するモデル $\mathcal{M}_B$ という 2 つのモデルがあるとしよう．モデルを比較する普通の方法は，双方のモデルが独立同分布のテストデータ集合に割り当てる尤度を評価して比較することである．m 個の事例からなるテスト集合 $\{\boldsymbol{x}^{(1)},\ldots,\boldsymbol{x}^{(m)}\}$ を考えよう．もし $\prod_i p_A(\mathrm{x}^{(i)};\boldsymbol{\theta}_A) > \prod_i p_B(\mathrm{x}^{(i)};\boldsymbol{\theta}_B)$，あるいはこの式と等価だが

$$\sum_i \log p_A(\mathrm{x}^{(i)};\boldsymbol{\theta}_A) - \sum_i \log p_B(\mathrm{x}^{(i)};\boldsymbol{\theta}_B) > 0 \tag{18.38}$$

ならば，よりよいテスト対数尤度を持つという意味で，$\mathcal{M}_A$ は $\mathcal{M}_B$ よりも優れたモデルである（少なくとも，テスト集合におけるよいモデルである）．残念ながら，この条件が成り立つかどうかを調べるには，分配関数の情報が必要となる．式18.38はモデルが各点に割り当てる対数確率の評価が必要であり，分配関数の評価が必要となる．式18.38を変形して，以下のように 2 つのモデルの分配関数の比の

みわかればよい形に変えることで，この状況を少しだけ単純化できる．

$$\sum_i \log p_A(\mathbf{x}^{(i)};\boldsymbol{\theta}_A) - \sum_i \log p_B(\mathbf{x}^{(i)};\boldsymbol{\theta}_B) = \sum_i \left(\log \frac{\tilde{p}_A(\mathbf{x}^{(i)};\boldsymbol{\theta}_A)}{\tilde{p}_B(\mathbf{x}^{(i)};\boldsymbol{\theta}_B)}\right) - m \log \frac{Z(\boldsymbol{\theta}_A)}{Z(\boldsymbol{\theta}_B)}. \tag{18.39}$$

これで，どちらのモデルの分配関数も知らなくとも，それらの比だけで，$\mathcal{M}_A$ が $\mathcal{M}_B$ よりもよいモデルかどうかを決定できる．すぐ後で見るように，2 つのモデルが類似している場合，重点サンプリングを使ってこの比を推定できる．

しかしながら，$\mathcal{M}_A$ または $\mathcal{M}_B$ の下でのテストデータの実際の確率を計算したい場合は，分配関数の実際の値を計算しなければならないだろう．そうは言っても，もし 2 つの分配関数の比 $r = \frac{Z(\boldsymbol{\theta}_B)}{Z(\boldsymbol{\theta}_A)}$ を知っており，2 つのうちのどちらか一方，たとえば $Z(\boldsymbol{\theta}_A)$ だけでも実際の値を知っていれば，他方の値を計算できる．すなわち，

$$Z(\boldsymbol{\theta}_B) = rZ(\boldsymbol{\theta}_A) = \frac{Z(\boldsymbol{\theta}_B)}{Z(\boldsymbol{\theta}_A)} Z(\boldsymbol{\theta}_A). \tag{18.40}$$

分配関数を推定する単純な方法は，単純な重点サンプリングのようなモンテカルロ法を用いることである．このアプローチを積分を用いる連続変数に関して説明するが，積分を総和で置き換えることで容易に離散変数に適用できる．提案分布 $p_0(\mathbf{x}) = \frac{1}{Z_0}\tilde{p}_0(\mathbf{x})$ を用いることで，サンプリングや，分配関数 Z_0 と非正規化分布 $\tilde{p}_0(\mathbf{x})$ の評価が扱いやすくなる．

$$Z_1 = \int \tilde{p}_1(\mathbf{x})\, d\mathbf{x} \tag{18.41}$$

$$= \int \frac{p_0(\mathbf{x})}{p_0(\mathbf{x})} \tilde{p}_1(\mathbf{x})\, d\mathbf{x} \tag{18.42}$$

$$= Z_0 \int p_0(\mathbf{x}) \frac{\tilde{p}_1(\mathbf{x})}{\tilde{p}_0(\mathbf{x})}\, d\mathbf{x} \tag{18.43}$$

$$\hat{Z}_1 = \frac{Z_0}{K} \sum_{k=1}^{K} \frac{\tilde{p}_1(\mathbf{x}^{(k)})}{\tilde{p}_0(\mathbf{x}^{(k)})} \quad \text{s.t.} : \mathbf{x}^{(k)} \sim p_0. \tag{18.44}$$

最後の行では，$p_0(\mathbf{x})$ から抽出したサンプルを使った積分のモンテカルロ推定量 $\hat{Z}_1$ を作り，非正規化分布 $\tilde{p}_1$ と提案分布 p_0 の比によって，それぞれのサンプルを重み付けしている．

このアプローチによって，次のように分配関数の間の比も推定できる．

$$\frac{1}{K} \sum_{k=1}^{K} \frac{\tilde{p}_1(\mathbf{x}^{(k)})}{\tilde{p}_0(\mathbf{x}^{(k)})} \quad \text{s.t.} : \mathbf{x}^{(k)} \sim p_0. \tag{18.45}$$

この値は，式18.39で示したように，2 つのモデルを比べるために直接用いることもできる．

もし分布 p_0 が p_1 に近ければ，式18.44は分配関数を推定する有効な手段になりうる (Minka, 2005)．残念ながら，ほとんどの場合，p_1 は複雑（通常は多峰分布）であり，かつ高次元空間上で定義されている．高品質な近似になるほど p_1 に近いまま，容易に評価できるような，扱いやすい p_0 を見つけるのは困難である．p_0 と p_1 が近くない場合，p_0 からのほとんどのサンプルは p_1 の下では低い確率になるため，式18.44の総和に対して（比較的）無視できる寄与にしかならない．

この総和において重要な重みを持つサンプルがほとんどない場合，分散が大きいため質の低い推定量が生じる．これは，推定値 $\hat{Z}_1$ の分散の推定値

$$\hat{\mathrm{Var}}\left(\hat{Z}_1\right) = \frac{Z_0}{K^2} \sum_{k=1}^{K} \left(\frac{\tilde{p}_1(\mathbf{x}^{(k)})}{\tilde{p}_0(\mathbf{x}^{(k)})} - \hat{Z}_1\right)^2 \tag{18.46}$$

から定量的に理解できる．この量は，重要度重み $\frac{\tilde{p}_1(\mathbf{x}^{(k)})}{\tilde{p}_0(\mathbf{x}^{(k)})}$ の値に有意差がある場合に最大となる．

ここで，高次元空間における複雑な分布に対する分配関数を推定するという困難な課題に対処するため構築された，焼きなまし重点サンプリングとブリッジサンプリングという 2 つの関連した戦略に目を向けよう．どちらも上記で導入した単純重点重みサンプリングから開始しており，どちらも提案分布 p_0 が p_1 から離れすぎるという問題を，p_0 と p_1 の間の**隔たりを埋める**（*bridge the gap*）中間分布（intermediate distributions）を導入することで克服しようとする．

18.7.1　焼きなまし重点サンプリング

$D_{\mathrm{KL}}(p_0 \| p_1)$ が大きい（すなわち，p_0 と p_1 がほとんど重ならない）状況において，**焼きなまし重点サンプリング**（annealed importance sampling, AIS）と呼ばれる戦略は，中間分布を導入することで隔たりを埋めようとする (Jarzynski, 1997; Neal, 2001)．分布の系列 $p_{\eta_0}, \ldots, p_{\eta_n}$ を考えよう．ただし，系列の最初が p_0，最後が p_1 となるように，$0 = \eta_0 < \eta_1 < \cdots < \eta_{n-1} < \eta_n = 1$ とする．

このアプローチにより，高次元空間において定義される多峰分布（訓練した RBM で定義される分布など）の分配関数が推定できるようになる．まずは既知の分配関数を持つより単純なモデル（重みがゼロの RBM など）から始めて，2 つのモデルの分配関数の間の比を推定する．この比の推定は，ゼロと学習した重みの間を補間する重みを持つ RBM の系列のように，多くの類似した分布の系列の比の推定に基づく．

比 $\frac{Z_1}{Z_0}$ は次のように書けるようになる．

$$\frac{Z_1}{Z_0} = \frac{Z_1}{Z_0}\frac{Z_{\eta_1}}{Z_{\eta_1}} \cdots \frac{Z_{\eta_{n-1}}}{Z_{\eta_{n-1}}} \tag{18.47}$$

$$= \frac{Z_{\eta_1}}{Z_0}\frac{Z_{\eta_2}}{Z_{\eta_1}} \cdots \frac{Z_{\eta_{n-1}}}{Z_{\eta_{n-2}}}\frac{Z_1}{Z_{\eta_{n-1}}} \tag{18.48}$$

$$= \prod_{j=0}^{n-1} \frac{Z_{\eta_{j+1}}}{Z_{\eta_j}}. \tag{18.49}$$

すべての $0 \le j \le n-1$ に対して，分布 p_{η_j} と p_{η_j+1} が十分に近ければ，単純な重点サンプリングによってそれぞれの因子 $\frac{Z_{\eta_{j+1}}}{Z_{\eta_j}}$ を確実に推定でき，そしてそれらの因子を使って $\frac{Z_1}{Z_0}$ の推定量が得られる．

これらの中間分布はどこから得られるのだろうか．もともとの提案分布 p_0 が設計上選択されたのと同様に，分布の系列 $p_{\eta_1} \ldots p_{\eta_{n-1}}$ も設計において選択される．つまり，中間分布は問題領域に合わせて具体的に構築できる．一般的なよく使われる中間分布の選び方としては，次のように，目標分布 p_1 と（分配関数が知られている）開始の提案分布 p_0 との，加重幾何平均を用いることである．

$$p_{\eta_j} \propto p_1^{\eta_j} p_0^{1-\eta_j}. \tag{18.50}$$

これらの中間分布からサンプリングするために，現在 $\boldsymbol{x}$ の下での $\boldsymbol{x}'$ に遷移する条件付き確率分布を定義するマルコフ連鎖遷移関数 $T_{\eta_j}(\boldsymbol{x}' \mid \boldsymbol{x})$ の系列を定義する．遷移演算子 $T_{\eta_j}(\boldsymbol{x}' \mid \boldsymbol{x})$ は，次のように $p_{\eta_j}(\boldsymbol{x})$ が不変になるように定義される．

$$p_{\eta_j}(\boldsymbol{x}) = \int p_{\eta_j}(\boldsymbol{x}') T_{\eta_j}(\boldsymbol{x} \mid \boldsymbol{x}')\, d\boldsymbol{x}'. \tag{18.51}$$

これらの遷移は，すべての確率変数を複数回通過する方法やその他の反復方法を含む，任意のマルコフ連鎖モンテカルロ法（たとえばメトロポリス・ヘイスティングス法，ギブスサンプリング）で構築できる．

AIS サンプリング戦略では次に，p_0 からサンプルを生成し，遷移演算子を使用して，目標分布 p_1 からのサンプルに到達するまで，中間分布から順次サンプルを生成する．

- for $k = 1 \ldots K$
  - $\boldsymbol{x}_{\eta_1}^{(k)} \sim p_0(\mathbf{x})$ をサンプリング
  - $\boldsymbol{x}_{\eta_2}^{(k)} \sim T_{\eta_1}(\mathbf{x}_{\eta_2}^{(k)} \mid \boldsymbol{x}_{\eta_1}^{(k)})$ をサンプリング
  - ...
  - $\boldsymbol{x}_{\eta_{n-1}}^{(k)} \sim T_{\eta_{n-2}}(\mathbf{x}_{\eta_{n-1}}^{(k)} \mid \boldsymbol{x}_{\eta_{n-2}}^{(k)})$ をサンプリング
  - $\boldsymbol{x}_{\eta_n}^{(k)} \sim T_{\eta_{n-1}}(\mathbf{x}_{\eta_n}^{(k)} \mid \boldsymbol{x}_{\eta_{n-1}}^{(k)})$ をサンプリング
- end

サンプル k については，式18.49で与えられる中間分布間の移動に対して重要度重みを連鎖することで，次のように重要度重みを導出できる．

$$w^{(k)} = \frac{\tilde{p}_{\eta_1}(\boldsymbol{x}_{\eta_1}^{(k)})}{\tilde{p}_0(\boldsymbol{x}_{\eta_1}^{(k)})} \frac{\tilde{p}_{\eta_2}(\boldsymbol{x}_{\eta_2}^{(k)})}{\tilde{p}_{\eta_1}(\boldsymbol{x}_{\eta_2}^{(k)})} \cdots \frac{\tilde{p}_1(\boldsymbol{x}_1^{(k)})}{\tilde{p}_{\eta_{n-1}}(\boldsymbol{x}_{\eta_n}^{(k)})}. \tag{18.52}$$

オーバーフローなどの計算上の問題を回避するため，確率の乗算や除算によって $w^{(k)}$ を計算するよりも，対数確率の加算や減算によって $\log w^{(k)}$ を計算するのがおそらく最良である．

このように定義されたサンプリング手順および，式18.52で与えられた重要度重みを用いて，分配関数の比の推定値は

$$\frac{Z_1}{Z_0} \approx \frac{1}{K} \sum_{k=1}^{K} w^{(k)} \tag{18.53}$$

で与えられる．

この手順が有効な重点サンプリングの枠組みを定義していることを検証するために，AIS の手順が，拡張状態空間における単純な重点サンプリングに対応することを示すことができる (Neal, 2001)．ここで，データ点は積空間 $[\boldsymbol{x}_{\eta_1}, \ldots, \boldsymbol{x}_{\eta_{n-1}}, \boldsymbol{x}_1]$ からサンプリングされるとする．これを示すため，拡張空間における分布を次のように定義する．

$$\tilde{p}(\boldsymbol{x}_{\eta_1}, \ldots, \boldsymbol{x}_{\eta_{n-1}}, \boldsymbol{x}_1) \tag{18.54}$$

$$= \tilde{p}_1(\boldsymbol{x}_1)\tilde{T}_{\eta_{n-1}}(\boldsymbol{x}_{\eta_{n-1}} \mid \boldsymbol{x}_1)\tilde{T}_{\eta_{n-2}}(\boldsymbol{x}_{\eta_{n-2}} \mid \boldsymbol{x}_{\eta_{n-1}}) \ldots \tilde{T}_{\eta_1}(\boldsymbol{x}_{\eta_1} \mid \boldsymbol{x}_{\eta_2}). \tag{18.55}$$

ただし $\tilde{T}_a$ は，（ベイズ則の適用により）次式のように T_a で定義される遷移演算子の逆演算である．

$$\tilde{T}_a(\boldsymbol{x}' \mid \boldsymbol{x}) = \frac{p_a(\boldsymbol{x}')}{p_a(\boldsymbol{x})} T_a(\boldsymbol{x} \mid \boldsymbol{x}') = \frac{\tilde{p}_a(\boldsymbol{x}')}{\tilde{p}_a(\boldsymbol{x})} T_a(\boldsymbol{x} \mid \boldsymbol{x}'). \tag{18.56}$$

式18.55で与えられる拡張状態空間における同時分布の表現に上式を代入することで，以下の式が得られる．

$$\tilde{p}(\boldsymbol{x}_{\eta_1}, \ldots, \boldsymbol{x}_{\eta_{n-1}}, \boldsymbol{x}_1) \tag{18.57}$$

$$= \tilde{p}_1(\boldsymbol{x}_1) \frac{\tilde{p}_{\eta_{n-1}}(\boldsymbol{x}_{\eta_{n-1}})}{\tilde{p}_{\eta_{n-1}}(\boldsymbol{x}_1)} T_{\eta_{n-1}}(\boldsymbol{x}_1 \mid \boldsymbol{x}_{\eta_{n-1}}) \prod_{i=1}^{n-2} \frac{\tilde{p}_{\eta_i}(\boldsymbol{x}_{\eta_i})}{\tilde{p}_{\eta_i}(\boldsymbol{x}_{\eta_{i+1}})} T_{\eta_i}(\boldsymbol{x}_{\eta_{i+1}} \mid \boldsymbol{x}_{\eta_i}) \tag{18.58}$$

$$= \frac{\tilde{p}_1(\boldsymbol{x}_1)}{\tilde{p}_{\eta_{n-1}}(\boldsymbol{x}_1)} T_{\eta_{n-1}}(\boldsymbol{x}_1 \mid \boldsymbol{x}_{\eta_{n-1}})\ \tilde{p}_{\eta_1}(\boldsymbol{x}_{\eta_1}) \prod_{i=1}^{n-2} \frac{\tilde{p}_{\eta_{i+1}}(\boldsymbol{x}_{\eta_{i+1}})}{\tilde{p}_{\eta_i}(\boldsymbol{x}_{\eta_{i+1}})} T_{\eta_i}(\boldsymbol{x}_{\eta_{i+1}} \mid \boldsymbol{x}_{\eta_i}). \tag{18.59}$$

これで，上記で与えられたサンプリングの枠組みによって，拡張サンプルにおける同時提案分布 q からサンプルを生成する手段が得られる．この同時分布は

$$q(\boldsymbol{x}_{\eta_1}, \ldots, \boldsymbol{x}_{\eta_{n-1}}, \boldsymbol{x}_1) = p_0(\boldsymbol{x}_{\eta_1}) T_{\eta_1}(\boldsymbol{x}_{\eta_2} \mid \boldsymbol{x}_{\eta_1}) \ldots T_{\eta_{n-1}}(\boldsymbol{x}_1 \mid \boldsymbol{x}_{\eta_{n-1}}) \tag{18.60}$$

で与えられる．拡張空間における同時分布は式18.59である．$q(\boldsymbol{x}_{\eta_1}, \ldots, \boldsymbol{x}_{\eta_{n-1}}, \boldsymbol{x}_1)$ を，サンプルを抽出する拡張状態空間における提案分布とすれば，以下のように重要度重みが決定される．

$$w^{(k)} = \frac{\tilde{p}(\boldsymbol{x}_{\eta_1}, \ldots, \boldsymbol{x}_{\eta_{n-1}}, \boldsymbol{x}_1)}{q(\boldsymbol{x}_{\eta_1}, \ldots, \boldsymbol{x}_{\eta_{n-1}}, \boldsymbol{x}_1)} = \frac{\tilde{p}_1(\boldsymbol{x}_1^{(k)})}{\tilde{p}_{\eta_{n-1}}(\boldsymbol{x}_{\eta_{n-1}}^{(k)})} \cdots \frac{\tilde{p}_{\eta_2}(\boldsymbol{x}_{\eta_2}^{(k)})}{\tilde{p}_1(\boldsymbol{x}_{\eta_1}^{(k)})} \frac{\tilde{p}_{\eta_1}(\boldsymbol{x}_{\eta_1}^{(k)})}{\tilde{p}_0(\boldsymbol{x}_0^{(k)})}. \tag{18.61}$$

これらの重みは，AIS で提案された重みと同じである．したがって，AIS は単純な重点サンプリングを拡張状態に適用したものと解釈できて，その有効性は重点サンプリングの有効性からただちに導かれる．

焼きなまし重点サンプリングは，Jarzynski (1997) によって最初に発見され，後にNeal (2001) によって独自に再発見された．これは，今のところ無向確率モデルにおける分配関数を推定する最も一般的な方法である．この理由は，以下で説明する他の手法と比べて本質的な利点がこの手法にあるというよりは，この手法を制限ボルツマンマシンと深層信念ネットワークの分配関数の推定に適用した影響力のある論文 (Salakhutdinov and Murray, 2008) の発表によるところが大きいかもしれない．

AIS 推定量の性質（たとえば分散や効率）に関する議論については，Neal (2001) を参照されたい．

18.7.2　ブリッジサンプリング

ブリッジサンプリング（bridge sampling）(Bennett, 1976) は，AIS のように重点サンプリングの欠点に取り組んだもう 1 つの手法である．ブリッジサンプリングでは，一連の中間分布を連鎖するのではなく，ブリッジ（bridge）として知られる 1 つの分布 p_* を頼りに，既知の分配関数 p_0 の分布と，分配関数 Z_1 を推定しようとしている分布 p_1 との間を補間する．

ブリッジサンプリングでは，Z_1/Z_0 の比を，$\tilde{p}_0$ と $\tilde{p}_*$ の間の期待重要度重みと，$\tilde{p}_1$ と $\tilde{p}_*$ の間の期待重要度重みとの比で推定する．

$$\frac{Z_1}{Z_0} \approx \sum_{k=1}^{K} \frac{\tilde{p}_*(\boldsymbol{x}_0^{(k)})}{\tilde{p}_0(\boldsymbol{x}_0^{(k)})} \bigg/ \sum_{k=1}^{K} \frac{\tilde{p}_*(\boldsymbol{x}_1^{(k)})}{\tilde{p}_1(\boldsymbol{x}_1^{(k)})}. \tag{18.62}$$

ブリッジ分布 p_* を，p_0 と p_1 の両方で台（support）の重なりが大きくなるように慎重に選択すれば，ブリッジサンプリングは 2 つの分布間の距離（より形式的には $D_{\mathrm{KL}}(p_0 \| p_1)$）を，標準的な重点サンプリングよりも非常に大きくすることができる．

最適なブリッジ分布は，$p_*^{(opt)}(\mathbf{x}) \propto \frac{\tilde{p}_0(\boldsymbol{x})\tilde{p}_1(\boldsymbol{x})}{r\tilde{p}_0(\boldsymbol{x})+\tilde{p}_1(\boldsymbol{x})}$ で与えられることが示される．ただし，$r = Z_1/Z_0$ である．最初は，この解法は推定したい量をまさに必要としているようにみえるので，実用的でないように思われる．しかし，r の粗い推定から始めて，得られるブリッジ分布を使って反復的に推定量を改善することができる (Neal, 2005)．つまり，反復的に比を再推定し，各反復を使って r の値を更新するのである．

■連結重点サンプリング AIS とブリッジサンプリングの両方に利点がある．もし（p_0 と p_1 が十分に近いことから）$D_{\mathrm{KL}}(p_0 \| p_1)$ があまり大きくないならば，ブリッジサンプリングは AIS よりも効率的に分配関数の比を推定できる手段となる．しかし，もし 2 つの分布が，1 つの分布 p_* で隔たりを埋めるには離れすぎているならば，少なくとも潜在的に多くの中間分布を持つ AIS を使って p_0 と p_1 の間の距離を測ることができる．Neal (2005) は，連結重点サンプリング法（linked importance sampling method）が，AIS で使われる中間分布の橋渡しをし，全体の分配関数の推定を大幅に改善するために，ブリッジサンプリング戦略の力をいかに活用しているかを示した．

■訓練中の分配関数の推定 AIS が多くの無向モデルの分配関数を推定するための標準的な手法として受け入れられているが，計算量は多く，訓練中に用いるのは依然として不可能である．そのため，訓練中に分配関数の推定を維持するための代替戦略が研究されている．

Desjardins *et al.* (2011) は，ブリッジサンプリング，短い連鎖の AIS，およびパラレルテンパリングの組み合わせを用いて，訓練過程を通じて RBM の分配関数を追跡する枠組みを考案した．この戦略は，パラレルテンパリングの枠組みにおけるすべての温度操作に対し，RBM の分配関数の独立した推定が維持されることに基づいている．著者らは，学習の反復ごとに分配関数の低分散な推定値を見つけ出すために，隣接した連鎖（すなわち，パラレルテンパリングからの連鎖）における分配関数の比のブリッジサンプリングによる推定値と，AIS による時間にわたる推定値を組み合わせた．

本章で説明したツールは，計算困難な分配関数という問題を克服するさまざまな方法を提供するが，生成モデルの訓練と使用には，他にもいくつかの困難が伴う．これらの中で最も重要なのが，次に直面する，計算困難な推論という問題である．

第 19 章

近似推論

多くの確率モデルにおいて学習が難しいのは，推論の実行が困難なためである．深層学習の文脈では，通常，可視変数 $\boldsymbol{v}$ の集合と潜在変数 $\boldsymbol{h}$ の集合がある．推論の課題とは，通常，$p(\boldsymbol{h} \mid \boldsymbol{v})$ を計算するか，$p(\boldsymbol{h} \mid \boldsymbol{v})$ に関して期待値を取るという困難な問題のことを指す．このような演算は，しばしば最尤学習のようなタスクにおいて必要である．

制限付きボルツマンマシンや確率的 PCA のような，隠れ層が 1 つしかない多くの単純なグラフィカルモデルは，$p(\boldsymbol{h} \mid \boldsymbol{v})$ を計算したり，$p(\boldsymbol{h} \mid \boldsymbol{v})$ に関して期待値を取ったりといった推論演算が容易になるように定義されている．残念ながら，隠れ変数の層が複数あるような多くのグラフィカルモデルは，計算困難な事後分布を持っている．このようなモデルにおける厳密推論には指数関数的な量の時間が必要となる．スパース符号化のような単一の層しか持たないモデルでさえ，この問題を抱えている．

本章では，こうした計算困難な推論問題に立ち向かうための技術をいくつか紹介する．20章では，深層信念ネットワークや深層ボルツマンマシンなど，そのままでは計算困難となるような確率モデルを訓練するために，こういったテクニックをどのように使用するかについて説明する．

深層学習における計算困難な推論問題は，通常，構造化グラフィカルモデルにおける潜在変数間の相互作用から生じる．いくつかの例については図19.1を参照されたい．このような相互作用は，無向グラフにおける直接的な相互作用や，有向モデルにおける同じ可視ユニットの共通の先祖間による「弁明」相互作用が原因の可能性がある．

19.1 最適化としての推論

困難な推論問題に立ち向かうためのアプローチの多くは，推論が最適化問題として記述できるという考えを利用している．したがって，近似推論アルゴリズムは，その根底にある最適化問題を近似することによって得られる．

最適化問題を構築するために，観測変数 $\boldsymbol{v}$ と潜在変数 $\boldsymbol{h}$ からなる確率モデルを仮定する．観測データの対数確率 $\log p(\boldsymbol{v}; \boldsymbol{\theta})$ を計算したい．$\boldsymbol{h}$ の周辺化にコストがかかる場合，$\log p(\boldsymbol{v}; \boldsymbol{\theta})$ の計算が非常に困難になることがある．代わりに，$\log p(\boldsymbol{v}; \boldsymbol{\theta})$ における下界 $\mathcal{L}(\boldsymbol{v}, \boldsymbol{\theta}, q)$ なら計算できる．この下界は**エビデンス下界**（**evidence lower bound，ELBO**）と呼ばれている．この下界の一般的な別名に，負の**変分自由エネルギー**（**variational free energy**）がある．具体的には，エビデンス下界は

$$\mathcal{L}(\boldsymbol{v}, \boldsymbol{\theta}, q) = \log p(\boldsymbol{v}; \boldsymbol{\theta}) - D_{\mathrm{KL}}\left(q(\boldsymbol{h} \mid \boldsymbol{v}) \| p(\boldsymbol{h} \mid \boldsymbol{v}; \boldsymbol{\theta})\right) \tag{19.1}$$

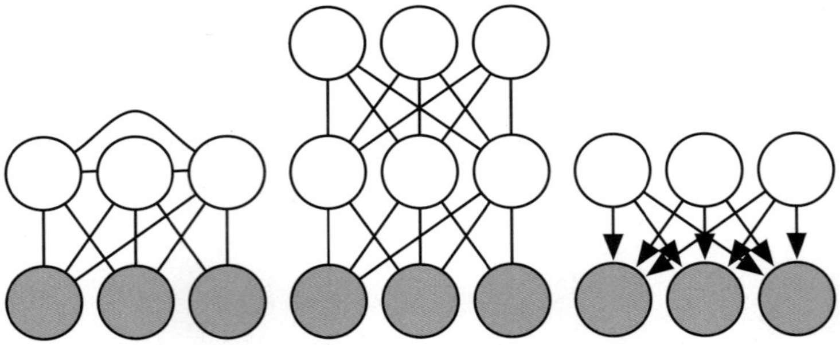

図 19.1: 深層学習における計算困難な問題は，通常，構造化グラフィカルモデルにおける潜在変数間の相互作用の結果である．これらの相互作用は，潜在変数が互いに直接接続している辺や，V 構造の子が観測されることでアクティブとなる長い経路によって生じる可能性がある．（左）隠れ層間の接続がある**半制限付きボルツマンマシン** (semi-restricted Boltzmann machine) (Osindero and Hinton, 2008)．このような潜在変数間の直接的な接続は，潜在変数の長いクリークによって事後分布が計算困難になる．（中央）層内の結合がない変数の層で構成される深層ボルツマンマシンは，層間の接続によって依然として計算困難な事後分布を持つ．（右）この有向モデルは，可視変数が観測されたときに潜在変数間の相互作用を持つ．これは，どの 2 つの潜在変数にも共通の親があるからである．いくつかの確率モデルは，上に描かれたグラフ構造のうち 1 つを持つにもかかわらず，潜在変数に関して扱いやすい推論を提供することができる．これは，グラフに記述されていない追加の依存関係を導入するための条件付き確率分布を選択した場合に可能となる．たとえば，確率的 PCA は右のようなグラフ構造を持つが，使用される特定の条件付き分布の特殊な性質（互いに直交する基底ベクトルを持つ条件付き線形ガウス分布）のために，単純な推論を持つ．

と定義される．ただし，q は $\boldsymbol{h}$ における任意の確率分布である．

$\log p(\boldsymbol{v})$ と $\mathcal{L}(\boldsymbol{v}, \boldsymbol{\theta}, q)$ の間の差は KL ダイバージェンスで与えられ，KL ダイバージェンスはつねに非負なので，$\mathcal{L}$ はつねに最大でも求めたい対数確率と同じ値にしかならないことがわかる．この 2 つは，q が $p(\boldsymbol{h} \mid \boldsymbol{v})$ と同じ分布となる場合にのみ等しくなる．

驚くべきことに，かなり容易に $\mathcal{L}$ を計算できるような分布 q が存在する．簡単な代数によって，以下のように，$\mathcal{L}$ をより便利な形に変形できる．

$$\mathcal{L}(\boldsymbol{v}, \boldsymbol{\theta}, q) = \log p(\boldsymbol{v}; \boldsymbol{\theta}) - D_{\mathrm{KL}}(q(\boldsymbol{h} \mid \boldsymbol{v}) \| p(\boldsymbol{h} \mid \boldsymbol{v}; \boldsymbol{\theta})) \tag{19.2}$$

$$= \log p(\boldsymbol{v}; \boldsymbol{\theta}) - \mathbb{E}_{\mathbf{h} \sim q} \log \frac{q(\boldsymbol{h} \mid \boldsymbol{v})}{p(\boldsymbol{h} \mid \boldsymbol{v})} \tag{19.3}$$

$$= \log p(\boldsymbol{v}; \boldsymbol{\theta}) - \mathbb{E}_{\mathbf{h} \sim q} \log \frac{q(\boldsymbol{h} \mid \boldsymbol{v})}{\frac{p(\boldsymbol{h}, \boldsymbol{v}; \boldsymbol{\theta})}{p(\boldsymbol{v}; \boldsymbol{\theta})}} \tag{19.4}$$

$$= \log p(\boldsymbol{v}; \boldsymbol{\theta}) - \mathbb{E}_{\mathbf{h} \sim q} \left[\log q(\boldsymbol{h} \mid \boldsymbol{v}) - \log p(\boldsymbol{h}, \boldsymbol{v}; \boldsymbol{\theta}) + \log p(\boldsymbol{v}; \boldsymbol{\theta})\right] \tag{19.5}$$

$$= -\mathbb{E}_{\mathbf{h} \sim q} \left[\log q(\boldsymbol{h} \mid \boldsymbol{v}) - \log p(\boldsymbol{h}, \boldsymbol{v}; \boldsymbol{\theta})\right]. \tag{19.6}$$

これによって，エビデンス下界のより正式な定義が得られる．

$$\mathcal{L}(\boldsymbol{v}, \boldsymbol{\theta}, q) = \mathbb{E}_{\mathbf{h} \sim q} \left[\log p(\boldsymbol{h}, \boldsymbol{v})\right] + H(q). \tag{19.7}$$

q を適切に選択することで，$\mathcal{L}$ の計算は扱いやすくなる．任意の q の選択に対して，$\mathcal{L}$ は尤度の下界となる．$p(\boldsymbol{h} \mid \boldsymbol{v})$ をよりよく近似する $q(\boldsymbol{h} \mid \boldsymbol{v})$ に対しては，下界 $\mathcal{L}$ はより厳密になる．つまり，下界 $\mathcal{L}$ は $\log p(\boldsymbol{v})$ により近づく．$q(\boldsymbol{h} \mid \boldsymbol{v}) = p(\boldsymbol{h} \mid \boldsymbol{v})$ のとき，近似は完全となり，$\mathcal{L}(\boldsymbol{v}, \boldsymbol{\theta}, q) = \log p(\boldsymbol{v}; \boldsymbol{\theta})$ となる．

したがって，推論は，$\mathcal{L}$ を最大にするような q を見つける処理と考えることができる．厳密推論は，$p(\boldsymbol{h} \mid \boldsymbol{v})$ を含む関数族 q で探索することで，完全に $\mathcal{L}$ を最大化する．本章では，近似最適化を用いて q を見つけ出す，さまざまな形の近似推論を導出する方法を示す．最適化で探索可能な分布族 q を制限したり，もしくは $\mathcal{L}$ を完全に最大化せずに単に大幅に増加させるだけの不完全な最適化手順を使用したりすることによって，最適化手順をより安価に近似できる．

どのような q を選んでも，$\mathcal{L}$ は下界となる．この最適化問題のアプローチの選択によって，計算が安価または高価になるような，厳密または緩い下界を得ることができる．不完全な最適化手順を使用したり，限定した q 分布族に対して完全な最適化手順を使用することで，q の適合度合いは低くくなるが，計算コストを削減することができる．

19.2 期待値最大化

下界 $\mathcal{L}$ の最大化に基づく最初のアルゴリズムとして，**期待値最大化** (expectation maximization, EM) アルゴリズムを紹介する．EM アルゴリズムは，潜在変数を持つモデルの一般的な訓練アルゴリズムである．ここでは，Neal and Hinton (1999) で展開された EM アルゴリズムの観点に従って説明する．本章で説明する他のほとんどのアルゴリズムとは異なり，EM は近似推論のためのアプローチではなく，近似事後分布の学習のためのアプローチである．

EM アルゴリズムは，2 つのステップを収束するまで交互に行うことで構成される．

- E ステップ（E-step）（期待値ステップ，expectation step）：ステップ開始時のパラメータ値を $\boldsymbol{\theta}^{(0)}$ とする．訓練したい訓練事例 $\boldsymbol{v}^{(i)}$（バッチでもミニバッチでも有効）のすべてのインデックス i について，$q(\boldsymbol{h}^{(i)} \mid \boldsymbol{v}) = p(\boldsymbol{h}^{(i)} \mid \boldsymbol{v}^{(i)}; \boldsymbol{\theta}^{(0)})$ とする．これは，q が**現在の**パラメータの値 $\boldsymbol{\theta}^{(0)}$ に関して定義されることを意味する．つまり，$\boldsymbol{\theta}$ を変化すると $p(\boldsymbol{h} \mid \boldsymbol{v}; \boldsymbol{\theta})$ も変化するが，$q(\boldsymbol{h} \mid \boldsymbol{v})$ は $p(\boldsymbol{h} \mid \boldsymbol{v}; \boldsymbol{\theta}^{(0)})$ と等しいままである．
- M ステップ（M-step）（最大化ステップ，maximization step）：選択した最適化アルゴリズムを使って，$\boldsymbol{\theta}$ に関して
$$\sum_i \mathcal{L}(\boldsymbol{v}^{(i)}, \boldsymbol{\theta}, q) \tag{19.8}$$
を完全または部分的に最大化する．

これは，$\mathcal{L}$ を最大化するための座標上昇アルゴリズムと見ることができる．一方のステップで q に関して $\mathcal{L}$ を最大化し，もう一方のステップで $\boldsymbol{\theta}$ に関して $\mathcal{L}$ を最大化するのである．

潜在変数モデルにおける確率的勾配上昇法は，M ステップが単一の勾配ステップを取ることからなる EM アルゴリズムの特殊な場合とみなすことができる．EM アルゴリズムの他の変種では，より大きな勾配ステップを取ることができる．あるモデル族では，M ステップを解析的に実行することもできる．そのため，このモデル族では，現在の q が与えられた下での $\boldsymbol{\theta}$ の最適解まで一気に到達することができる．

E ステップに厳密推論が含まれているにもかかわらず，EM アルゴリズムはある意味で近似推論を使っていると考えることができる．特に，M ステップでは同じ q の値がすべての $\boldsymbol{\theta}$ の値に使えると仮定されている．これによって，M ステップが，E ステップで使われる $\boldsymbol{\theta}^{(0)}$ の値からさらに遠く離れて移動するにつれて，$\mathcal{L}$ と真の $\log p(\boldsymbol{v})$ の間に隔たりが生じることになる．幸いなことに，次のループに

入ると，E ステップによって隔たりが再び 0 に戻る．

EM アルゴリズムには，いくつかの異なる洞察が含まれている．まず，学習過程の基本構造が含まれている．これは，データ集合全体の尤度を改善するためにモデルパラメータを更新するが，このときすべての欠損変数[*1]は事後分布の推定値によって与えられる値になる，というものである．この洞察はEM アルゴリズム固有のものではない．たとえば，対数尤度を最大化するために勾配降下法を使うことも同じ性質を持つ．対数尤度の勾配計算では，隠れユニットにおける事後分布に関して期待値を取ることが必要である．EM アルゴリズムに含まれるもう 1 つの重要な洞察は，異なる $\boldsymbol{\theta}$ の値に移動した後でも，同じ q の値を使い続けられるということである．この洞察は，古典的な機械学習では，大幅な M ステップ更新を導出するために用いられる．深層学習においては，多くのモデルは複雑すぎるため，最適な大幅 M ステップ更新に対する扱いやすい解を得られない．そのため，EM アルゴリズムにとってより固有なものといえる 2 つ目の洞察は，深層学習ではめったに使われない．

19.3　MAP 推定とスパース符号化

通常，**推論**という用語は，ある変数集合の下での別の変数集合の確率分布を計算することを指している．潜在変数を持つ確率モデルを訓練するとき，通常は $p(\boldsymbol{h} \mid \boldsymbol{v})$ の計算に関心がある．推論の別の形は，欠損変数の取りうる値における分布全体を推定するのではなく，欠損変数の最も可能性の高い値を計算することである．潜在変数モデルにおいて，これは

$$\boldsymbol{h}^* = \arg\max_{\boldsymbol{h}} p(\boldsymbol{h} \mid \boldsymbol{v}) \tag{19.9}$$

を計算することを意味する．これは**最大事後確率**（maximum a posteriori）推定として知られ，MAP 推定と略される．

MAP 推定は，$\boldsymbol{h}^*$ の厳密な最も可能性の高い値を計算するため，通常近似推論とは考えられない．しかし，$\mathcal{L}(\boldsymbol{v}, \boldsymbol{h}, q)$ の最大化に基づく学習処理を開発したい場合，MAP 推定を q の値を与える手順として考えることは有用である．この意味では，MAP 推定は最適な q を提供しないため，近似推論と考えることができる．

19.1節から，厳密推論が，厳密な最適化アルゴリズムを使用して，制約のない確率分布族における q に関して

$$\mathcal{L}(\boldsymbol{v}, \boldsymbol{\theta}, q) = \mathbb{E}_{\mathbf{h} \sim q}\left[\log p(\boldsymbol{h}, \boldsymbol{v})\right] + H(q) \tag{19.10}$$

を最大化することで構成されることを思い出してほしい．分布 q の族を制限することによって，MAP 推定を近似推論の形として導くことができる．具体的には，q がディラック分布

$$q(\boldsymbol{h} \mid \boldsymbol{v}) = \delta(\boldsymbol{h} - \boldsymbol{\mu}) \tag{19.11}$$

になるようにする．これは，$\boldsymbol{\mu}$ によって q を完全に制御できることを意味する．$\boldsymbol{\mu}$ によって変化しない $\mathcal{L}$ の項を消すと，最適化問題

$$\boldsymbol{\mu}^* = \arg\max_{\boldsymbol{\mu}} \log p(\boldsymbol{h} = \boldsymbol{\mu}, \boldsymbol{v}) \tag{19.12}$$

が残る．これは，MAP 推定問題

$$\boldsymbol{h}^* = \arg\max_{\boldsymbol{h}} p(\boldsymbol{h} \mid \boldsymbol{v}) \tag{19.13}$$

[*1] 訳注：ここでは隠れ変数もしくは潜在変数を指す．

と等しい.

したがって，EM に類似した学習手順を正当化できる．その学習手順とは，$\boldsymbol{h}^*$ を推定するための MAP 推定と，$\boldsymbol{\theta}$ の更新による $\log p(\boldsymbol{h}^*, \boldsymbol{v})$ の増加を交互に実行する手順である．EM と同様に，これは $\mathcal{L}$ の座標上昇法の形式である．つまり，推論を使った q に関する $\mathcal{L}$ の最適化と，パラメータ更新を使った $\boldsymbol{\theta}$ に関する $\mathcal{L}$ の最適化を交互に実行する形式である．この手順全体は，$\mathcal{L}$ が $\log p(\boldsymbol{v})$ の下界ということから正当化される．MAP 推定の場合，ディラック分布の微分エントロピーが負の無限大となり，下界が無限に緩くなるため，この正当化はむしろ無意味である．しかし，$\boldsymbol{\mu}$ にノイズを加えることで，下界が再び意味を持つようになる.

MAP 推定は，深層学習において，特徴抽出器と学習メカニズムの両方で一般的に使用される．これは主にスパース符号化モデルに利用されている.

13.4節から，スパース符号化は，スパース性を導く事前分布を隠れユニットに課す線形因子モデルであったことを思い出してほしい．通常は，次の式のような因数分解可能なラプラス事前分布を選択する.

$$p(h_i) = \frac{\lambda}{2} e^{-\lambda |h_i|}. \tag{19.14}$$

次に，線形変換とノイズを加えることによって，可視ユニットを生成する.

$$p(\boldsymbol{v} \mid \boldsymbol{h}) = \mathcal{N}(\boldsymbol{v}; \boldsymbol{W}\boldsymbol{h} + \boldsymbol{b}, \beta^{-1}\boldsymbol{I}).^{*2} \tag{19.15}$$

$p(\boldsymbol{h} \mid \boldsymbol{v})$ は計算することも，表現することさえも困難である．変数 h_i と h_j の対は，どれもともに $\boldsymbol{v}$ の親である．これは，$\boldsymbol{v}$ を観測することで，h_i と h_j を接続するアクティブな辺がグラフィカルモデルに含まれるようになることを意味する．したがって，すべての隠れユニットは，$p(\boldsymbol{h} \mid \boldsymbol{v})$ の中の 1 つの巨大なクリークに加わる．仮にモデルがガウス分布ならば，これらの相互作用は共分散行列によって効率的にモデル化できるが，スパースな事前分布によって，この相互作用は非ガウス分布になる.

$p(\boldsymbol{h} \mid \boldsymbol{v})$ は計算困難なため，対数尤度とその勾配の計算も困難となる．したがって，厳密な最尤学習は使用できない．その代わり，MAP 推定を使い，さらに $\boldsymbol{h}$ の MAP 推定値周りのディラック分布によって定義される ELBO を最大化することでパラメータを学習する.

訓練集合内のベクトル $\boldsymbol{h}$ をすべて連結して行列 $\boldsymbol{H}$ とし，ベクトル $\boldsymbol{v}$ をすべて連結して行列 $\boldsymbol{V}$ とした場合，スパース符号化の学習処理は

$$J(\boldsymbol{H}, \boldsymbol{W}) = \sum_{i,j} |H_{i,j}| + \sum_{i,j} \left(\boldsymbol{V} - \boldsymbol{H}\boldsymbol{W}^\top\right)^2_{i,j} \tag{19.16}$$

の最小化で構成される．スパース符号化の多くの応用では，非常に小さな $\boldsymbol{H}$ や大きな $\boldsymbol{W}$ といった異常な解を防ぐために，$\boldsymbol{W}$ の列ノルムに対する重み減衰や制約も含まれる.

$\boldsymbol{H}$ に関する最小化と $\boldsymbol{W}$ に関する最小化を交互に行うことで，J を最小化できる．どちらの補助問題も凸問題である．実際，$\boldsymbol{W}$ に関する最小化は単なる線形回帰問題である．しかし，両方の引数に関する J の最小化は，通常，凸問題ではない.

$\boldsymbol{H}$ に関する最小化には，feature-sign search アルゴリズム (Lee *et al.*, 2007) などの特殊なアルゴリズムが必要となる.

[*2] 訳注：原著では左辺の変数が $\boldsymbol{x}$ になっているが，誤りなので修正した.

19.4　変分推論と変分学習

ここまで，エビデンス下界 $\mathcal{L}(\boldsymbol{v},\boldsymbol{\theta},q)$ が $\log p(\boldsymbol{v};\boldsymbol{\theta})$ の下界であること，推論が q に関する $\mathcal{L}$ の最大化とみなせること，そして学習が $\boldsymbol{\theta}$ に関する $\mathcal{L}$ の最大化とみなせることについて見てきた．また，EM アルゴリズムによって，固定された q で大きな学習ステップを行うことができることと，MAP 推定に基づく学習アルゴリズムによって，分布全体を推定するのではなく $p(\boldsymbol{h}\mid\boldsymbol{v})$ の点推定を用いて学習できることを見てきた．ここでは，より一般的な変分学習のアプローチを展開する．

変分学習の核となる考えは，制限された分布族 q において $\mathcal{L}$ を最大化できるということである．この族は，$\mathbb{E}_q \log p(\boldsymbol{h},\boldsymbol{v})$ が計算しやすいように選択する必要がある．このための典型的な方法は，q がどのように因数分解されるかについての仮定を導入することである．

変分学習の一般的なアプローチは，q が因数分解可能な分布，すなわち

$$q(\boldsymbol{h}\mid\boldsymbol{v})=\prod_i q(h_i\mid\boldsymbol{v}) \tag{19.17}$$

という制約を課すことである．これは**平均場近似**（mean field）法と呼ばれる．より一般的には，任意に選択したグラフィカルモデル構造を q に課すことで，近似で捉えたい相互作用の数を柔軟に決定することができる．この完全に一般的なグラフィカルモデルのアプローチは**構造化変分推論**（structured variational inference）(Saul and Jordan, 1996) と呼ばれる．

変分によるアプローチの美しさは，q に対して特定のパラメータ形式を指定する必要がないということである．どのように因数分解するべきかは指定するが，その後は，最適化問題によって因数分解の制約の範囲内で最適な確率分布が決定される．離散潜在変数の場合には，単に，伝統的な最適化技術を使用して，分布 q を記述する有限個の変数を最適化することを意味する．連続潜在変数の場合には，変分法と呼ばれる数学の分野を用いて関数空間における最適化を行い，実際に q を表現するためにどの関数を使うべきかを決定することを意味する．変分法は「変分学習」や「変分推論」といった名前の由来となっている．ただし，これらの名前は，潜在変数が離散で，変分の計算が不要なときにも適用される．連続潜在変数の場合，変分法は，モデルを設計する人間から負担の大部分を取り除いてくれる強力な技術である．つまり，モデル設計者は q の因数分解の方法を指定するだけでよく，事後分布を正確に近似できる特定の q の設計方法を推測する必要はない．

$\mathcal{L}(\boldsymbol{v},\boldsymbol{\theta},q)$ は $\log p(\boldsymbol{v};\boldsymbol{\theta})-D_{\mathrm{KL}}(q(\boldsymbol{h}\mid\boldsymbol{v})\|p(\boldsymbol{h}\mid\boldsymbol{v};\boldsymbol{\theta}))$ と定義されるため，q に関する $\mathcal{L}$ の最大化は $D_{\mathrm{KL}}(q(\boldsymbol{h}\mid\boldsymbol{v})\|p(\boldsymbol{h}\mid\boldsymbol{v}))$ の最小化と考えることができる．この意味では，q を p に適合させている．しかし，近似を適合させるのに，KL ダイバージェンスをこれまでとは逆向きに使っている．モデルをデータに適合させるために最尤学習を使うときには $D_{\mathrm{KL}}(p_{\mathrm{data}}\|p_{\mathrm{model}})$ を最小化する．これは，図3.6で示されているように，最尤法はデータが高確率であるすべての場所でモデルが高い確率を持つようにするのに対して，最適化に基づく推論手順は真の事後分布が低確率であるすべての場所で q が低い確率を持つようにするということである．KL ダイバージェンスの両方の向きが，望ましい特性と望ましくない特性とを持っている．どちらを使用するべきかについては，それぞれのアプリケーションでどの特性が最優先事項となるかに依存する．推論最適化問題の場合，計算上の理由から $D_{\mathrm{KL}}(q(\boldsymbol{h}\mid\boldsymbol{v})\|p(\boldsymbol{h}\mid\boldsymbol{v}))$ を選択する．特に，$D_{\mathrm{KL}}(q(\boldsymbol{h}\mid\boldsymbol{v})\|p(\boldsymbol{h}\mid\boldsymbol{v}))$ の計算には q に関する期待値の評価も含まれているので，q を単純な形に設計することで必要な期待値を単純化できる．逆向きの KL ダイバージェンスには，真の事後分布に関する期待値の計算が必要となる．真の事後分布の形はモデルの選択によって決定される

ため，$D_{\mathrm{KL}}(p(\boldsymbol{h} \mid \boldsymbol{v}) \| q(\boldsymbol{h} \mid \boldsymbol{v}))$ を正確に計算するための，コストが低減されたアプローチを設計することはできない．

19.4.1 離散潜在変数

離散潜在変数を持つ変分推論は比較的単純である．ここで分布 q を定義するが，典型的に q の各因子は離散状態のルックアップテーブルによって定義される．最も単純な場合，$\boldsymbol{h}$ は二値であり，q が個別の h_i のそれぞれに因数分解できるという平均場近似の仮定を置く．この場合，確率を要素として持つベクトル $\hat{\boldsymbol{h}}$ で q をパラメータ化できる．そうすると，$q(h_i = 1 \mid \boldsymbol{v}) = \hat{h}_i$ となる．

q の表現方法を決定したら，単純にそのパラメータを最適化する．離散潜在変数の場合，これは単なる標準的な最適化問題である．原理的には，q の選択は，勾配降下法のような任意の最適化アルゴリズムを用いて行うことができる．

この最適化は学習アルゴリズムの内部ループで行う必要があるので，非常に高速でなければならない．この速度を達成するためには，一般に，比較的小さくて単純な問題を少ない反復で解くように設計された，特別な最適化アルゴリズムを使用する．よくある選択は不動点方程式を反復することである．言い換えると，$\hat{h}_i$ について以下の式を解くことである．

$$\frac{\partial}{\partial \hat{h}_i} \mathcal{L} = 0. \tag{19.18}$$

収束基準を満たすまで，$\hat{\boldsymbol{h}}$ の異なる要素を繰り返し更新する．

これをより具体的にするために，**二値スパース符号化モデル**（binary sparse coding model）に変分推論を適用する方法を示す（ここではHenniges *et al.* (2010) によって提案されたモデルを説明するが，彼らが導入した特殊なアルゴリズムではなく，伝統的で一般的な平均場近似をモデルに適用して説明する）．この導出は数学的にかなり詳細になるため，これまで説明してきた変分推論と変分学習の上位概念的な説明での曖昧さを完全に解消したい読者を対象とする．変分学習アルゴリズムを導出したり実装したりする予定がない読者は，次の節まで読み飛ばしても新しい上位概念を読み損ねてしまうことはない．この二値スパース符号化の例を読み進める読者には，3.10節の，確率モデルで一般的に現れる関数の有用な特性の一覧を見直しておくことをお勧めする．以下の導出の中で，これらの特性を任意に使用するが，その場所をその都度強調表示したりはしない．

二値スパース符号化モデルでは，入力 $\boldsymbol{v} \in \mathbb{R}^n$ は，それぞれの有無の値を取れる m 個の異なる要素を合計したものにガウスノイズを足したモデルから生成される．各要素は，$\boldsymbol{h} \in \{0,1\}^m$ の中の対応する隠れユニットによって，オンやオフに切り替わる．すなわち，

$$p(h_i = 1) = \sigma(b_i) \tag{19.19}$$

$$p(\boldsymbol{v} \mid \boldsymbol{h}) = \mathcal{N}(\boldsymbol{v}; \boldsymbol{W}\boldsymbol{h}, \boldsymbol{\beta}^{-1}). \tag{19.20}$$

ただし，$\boldsymbol{b}$ は学習可能なバイアス集合，$\boldsymbol{W}$ は学習可能な重み行列，$\boldsymbol{\beta}$ は学習可能な対角精度行列である．

このモデルを最尤法で学習させるには，パラメータに関して微分することが必要である．バイアスの1つに関する微分を考えてみよう．つまり，

$$\frac{\partial}{\partial b_i} \log p(\boldsymbol{v}) \tag{19.21}$$

$$=\frac{\frac{\partial}{\partial b_i}p(\boldsymbol{v})}{p(\boldsymbol{v})} \tag{19.22}$$

$$=\frac{\frac{\partial}{\partial b_i}\sum_{\boldsymbol{h}}p(\boldsymbol{h},\boldsymbol{v})}{p(\boldsymbol{v})} \tag{19.23}$$

$$=\frac{\frac{\partial}{\partial b_i}\sum_{\boldsymbol{h}}p(\boldsymbol{h})p(\boldsymbol{v}\mid\boldsymbol{h})}{p(\boldsymbol{v})} \tag{19.24}$$

$$=\frac{\sum_{\boldsymbol{h}}p(\boldsymbol{v}\mid\boldsymbol{h})\frac{\partial}{\partial b_i}p(\boldsymbol{h})}{p(\boldsymbol{v})} \tag{19.25}$$

$$=\sum_{\boldsymbol{h}}p(\boldsymbol{h}\mid\boldsymbol{v})\frac{\frac{\partial}{\partial b_i}p(\boldsymbol{h})}{p(\boldsymbol{h})} \tag{19.26}$$

$$=\mathbb{E}_{\mathbf{h}\sim p(\boldsymbol{h}\mid\boldsymbol{v})}\frac{\partial}{\partial b_i}\log p(\boldsymbol{h}). \tag{19.27}$$

これには，$p(\boldsymbol{h}\mid\boldsymbol{v})$ に関する期待値の計算が必要である．残念ながら，$p(\boldsymbol{h}\mid\boldsymbol{v})$ は複雑な分布である．$p(\boldsymbol{h},\boldsymbol{v})$ と $p(\boldsymbol{h}\mid\boldsymbol{v})$ のグラフ構造については，図19.2を参照されたい．事後分布は隠れユニットの完全グラフに対応しているため，変数削減アルゴリズムを使っても，力ずくな方法（brute force）よりも速く必要な期待値を計算することはできない．

代わりに，変分推論と変分学習を使ってこの難しさを解決することができる．

平均場近似を次のように行うことができる．

$$q(\boldsymbol{h}\mid\boldsymbol{v})=\prod_i q(h_i\mid\boldsymbol{v}). \tag{19.28}$$

二値スパース符号化モデルの潜在変数は二値なので，因数分解可能な q を表現するためには，単純に m 個のベルヌーイ分布 $q(h_i\mid\boldsymbol{v})$ をモデル化すればよい．ベルヌーイ分布の平均を表現する自然な方法は，確率のベクトル $\hat{\boldsymbol{h}}$ を使って，$q(h_i=1\mid\boldsymbol{v})=\hat{h}_i$ とすることである．$\hat{h}_i$ が 0 や 1 にならないという制約を課すことで，たとえば $\log\hat{h}_i$ を計算するときのエラーを回避することができる．

変分推論の方程式では，解析的に $\hat{h}_i$ が 0 や 1 にならないことがわかるだろう．しかし，ソフトウェアの実装では，マシンの丸め誤差によって 0 や 1 といった値になる可能性がある．ソフトウェアでは，変分パラメータ $\boldsymbol{z}$ という制約のないベクトルを使って二値スパース符号化を実装し，$\hat{\boldsymbol{h}}=\sigma(\boldsymbol{z})$ という関係によって $\hat{\boldsymbol{h}}$ を得ることができる．したがって，シグモイドとソフトプラス（softplus）に関する恒

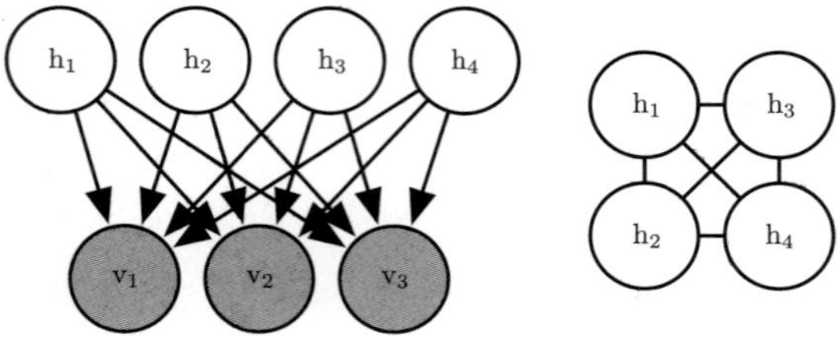

図 **19.2:** 4 つの隠れユニットを持つ二値スパース符号化モデルのグラフ構造．（**左**）$p(\boldsymbol{h},\boldsymbol{v})$ のグラフ構造．辺が有向なので，どの 2 つの隠れユニットも，すべての可視ユニットの共同親であることに注意されたい．（**右**）$p(\boldsymbol{h}\mid\boldsymbol{v})$ のグラフ構造．共同親の間のアクティブな経路を説明するために，事後分布はすべての隠れユニットの間に辺を必要とする．

等式 $\log\sigma(z_i) = -\zeta(-z_i)$ を使って，コンピュータ上で $\log\hat{\boldsymbol{h}}_i$ を安全に計算できる．

二値スパース符号化モデルにおける変分学習の導出を始めるために，平均場近似の使用が学習を扱いやすくすることを示す．

エビデンス下界は次式で与えられる．

$$
\begin{aligned}
&\mathcal{L}(\boldsymbol{v},\boldsymbol{\theta},q) && (19.29)\\
=&\mathbb{E}_{\mathbf{h}\sim q}[\log p(\boldsymbol{h},\boldsymbol{v})] + H(q) && (19.30)\\
=&\mathbb{E}_{\mathbf{h}\sim q}[\log p(\boldsymbol{h}) + \log p(\boldsymbol{v}\mid\boldsymbol{h}) - \log q(\boldsymbol{h}\mid\boldsymbol{v})] && (19.31)\\
=&\mathbb{E}_{\mathbf{h}\sim q}\left[\sum_{i=1}^{m}\log p(h_i) + \sum_{i=1}^{n}\log p(v_i\mid\boldsymbol{h}) - \sum_{i=1}^{m}\log q(h_i\mid\boldsymbol{v})\right] && (19.32)\\
=&\sum_{i=1}^{m}\left[\hat{h}_i(\log\sigma(b_i) - \log\hat{h}_i) + (1-\hat{h}_i)(\log\sigma(-b_i) - \log(1-\hat{h}_i))\right] && (19.33)\\
&+\mathbb{E}_{\mathbf{h}\sim q}\left[\sum_{i=1}^{n}\log\sqrt{\frac{\beta_i}{2\pi}}\exp\left(-\frac{\beta_i}{2}(v_i - \boldsymbol{W}_{i,:}\boldsymbol{h})^2\right)\right] && (19.34)\\
=&\sum_{i=1}^{m}\left[\hat{h}_i(\log\sigma(b_i) - \log\hat{h}_i) + (1-\hat{h}_i)(\log\sigma(-b_i) - \log(1-\hat{h}_i))\right] && (19.35)\\
&+\frac{1}{2}\sum_{i=1}^{n}\left[\log\frac{\beta_i}{2\pi} - \beta_i\left(v_i^2 - 2v_i\boldsymbol{W}_{i,:}\hat{\boldsymbol{h}} + \sum_j\left[W_{i,j}^2\hat{h}_j + \sum_{k\neq j}W_{i,j}W_{i,k}\hat{h}_j\hat{h}_k\right]\right)\right]. && (19.36)
\end{aligned}
$$

これらの方程式からはあまり美的魅力を感じないが，$\mathcal{L}$ が少数の単純な算術演算で表現できることがわかる．したがって，エビデンス下界 $\mathcal{L}$ は計算的に扱いやすく，計算困難な対数尤度の代わりに $\mathcal{L}$ を使用できる．

原則として，$\boldsymbol{v}$ と $\boldsymbol{h}$ の両方について単純に勾配上昇法を実行することで，まったく問題なく，推論と訓練を組み合わせたアルゴリズムとなる．しかし，通常は，2 つの理由からこの手法を使わない．第 1 に，各 $\boldsymbol{v}$ について $\hat{\boldsymbol{h}}$ を保管する必要があるということである．通常，事例ごとにメモリを必要としないアルゴリズムが好まれる．各事例に関して動的に更新されるベクトルを覚えておく必要がある場合，学習アルゴリズムを何十億もの事例に拡張することは困難である．第 2 に，$\boldsymbol{v}$ の中身を認識するために，特徴量 $\hat{\boldsymbol{h}}$ を非常に素早く抽出できるようにしたいということである．現実的なデプロイ環境では，$\hat{\boldsymbol{h}}$ はリアルタイムで計算できる必要がある．

これら 2 つの理由により，通常は平均場パラメータ $\hat{\boldsymbol{h}}$ を計算するために勾配降下法を使わない．代わりに，不動点方程式を使ってそれらを素早く推定する．

不動点方程式の根底にある考え方は，$\nabla_{\boldsymbol{h}}\mathcal{L}(\boldsymbol{v},\boldsymbol{\theta},\hat{\boldsymbol{h}}) = \boldsymbol{0}$ を満たす，$\hat{\boldsymbol{h}}$ の極大値を探すということである．この方程式をすべての $\hat{\boldsymbol{h}}$ に関して同時に効率的に解くことはできない．しかし，単一の変数についてなら解くことができる．すなわち，

$$\frac{\partial}{\partial\hat{h}_i}\mathcal{L}(\boldsymbol{v},\boldsymbol{\theta},\hat{\boldsymbol{h}}) = 0. \tag{19.37}$$

その後，解を反復的に $i = 1,\ldots,m$ に対する方程式に適用し，収束基準を満たすまでこのサイクルを繰り返すことができる．一般的な収束基準は，更新のサイクル全体で $\mathcal{L}$ がある公差[*3]の量以上に改善し

[*3] 訳注：公差（tolerance）とは許容される差のことで，不動点方程式では，初期値と現在の値を比較して，その差があらか

ないときや，サイクル内で $\hat{\boldsymbol{h}}$ が一定量以上変化しないときに停止するように設定される．

平均場不動点方程式の反復は，幅広い種類のモデルに高速な変分推論を提供することができる一般的な技術である．これをより具体的にするために，特に二値スパース符号化モデルの更新の導出方法を示す．

最初に，$\hat{h}_i$ に関する微分の式を書く必要がある．そのために，式19.36を式19.37の左辺に代入する．すなわち，

$$\frac{\partial}{\partial \hat{h}_i}\mathcal{L}(\boldsymbol{v},\boldsymbol{\theta},\hat{\boldsymbol{h}}) \tag{19.38}$$

$$=\frac{\partial}{\partial \hat{h}_i}\left[\sum_{j=1}^{m}\left[\hat{h}_j(\log\sigma(b_j)-\log\hat{h}_j)+(1-\hat{h}_j)(\log\sigma(-b_j)-\log(1-\hat{h}_j))\right]\right. \tag{19.39}$$

$$\left.+\frac{1}{2}\sum_{j=1}^{n}\left[\log\frac{\beta_j}{2\pi}-\beta_j\left(v_j^2-2v_j\boldsymbol{W}_{j,:}\hat{\boldsymbol{h}}+\sum_k\left[W_{j,k}^2\hat{h}_k+\sum_{l\neq k}W_{j,k}W_{j,l}\hat{h}_k\hat{h}_l\right]\right)\right]\right] \tag{19.40}$$

$$=\log\sigma(b_i)-\log\hat{h}_i-1+\log(1-\hat{h}_i)+1-\log\sigma(-b_i) \tag{19.41}$$

$$+\sum_{j=1}^{n}\left[\beta_j\left(v_jW_{j,i}-\frac{1}{2}W_{j,i}^2-\sum_{k\neq i}\boldsymbol{W}_{j,k}\boldsymbol{W}_{j,i}\hat{h}_k\right)\right] \tag{19.42}$$

$$=b_i-\log\hat{h}_i+\log(1-\hat{h}_i)+\boldsymbol{v}^\top\boldsymbol{\beta}\boldsymbol{W}_{:,i}-\frac{1}{2}\boldsymbol{W}_{:,i}^\top\boldsymbol{\beta}\boldsymbol{W}_{:,i}-\sum_{j\neq i}\boldsymbol{W}_{:,j}^\top\boldsymbol{\beta}\boldsymbol{W}_{:,i}\hat{h}_j. \tag{19.43}$$

この不動点更新の推論則を適用するために，式19.43を 0 とおいて，$\hat{h}_i$ について解く．すなわち，

$$\hat{h}_i=\sigma\left(b_i+\boldsymbol{v}^\top\boldsymbol{\beta}\boldsymbol{W}_{:,i}-\frac{1}{2}\boldsymbol{W}_{:,i}^\top\boldsymbol{\beta}\boldsymbol{W}_{:,i}-\sum_{j\neq i}\boldsymbol{W}_{:,j}^\top\boldsymbol{\beta}\boldsymbol{W}_{:,i}\hat{h}_j\right). \tag{19.44}$$

この時点で，回帰結合型ニューラルネットワークとグラフィカルモデルの推論の間に密接な関係があることがわかる．特に，平均場不動点方程式は，回帰結合型ニューラルネットワークを定義する．このネットワークが扱うタスクは推論の実行である．モデルの記述からネットワークを導出する方法はすでに説明したが，この推論ネットワークを直接訓練することもできる．この主題に基づくいくつかのアイデアについては20章で説明する．

二値スパース符号化の場合，式19.44で示された回帰結合型ニューラルネットワークの接続は，隣接する隠れユニットの値の変化に基づいて隠れユニットを繰り返し更新することで構成されていることがわかる．入力はつねに $\boldsymbol{v}^\top\beta\boldsymbol{W}$ という固定メッセージを隠れユニットに送信するが，隠れユニットは互いに送信するメッセージをたえず更新する．具体的に言うと，2 つのユニット $\hat{h}_i$ と $\hat{h}_j$ は，それらの重みベクトルが同調するとき，互いに抑制する．これは競合の一形態である．つまり，2 つの隠れユニットがともに入力を説明するとき，入力を最もよく説明するユニットだけがアクティブのままでいられるということである．この競合は，平均場近似が，二値スパース符号化の事後分布から弁明相互作用を捉えようとする試みである．この弁明効果は，実際には多峰性の事後分布を引き起こすことになる．そのため，事後分布からサンプルを抽出する場合，あるユニットをアクティブにするサンプルもあれば，別のユニットをアクティブにするサンプルもある．しかし，両方をアクティブにするサンプルはほとんど

じめ決められた公差より大きかったら更新を継続し，以下だったら終了する．

ない．残念ながら，弁明相互作用は平均場に使われる因数分解可能な分布 q ではモデル化できないため，平均場近似はモデル化のために 1 つのモードを選択することを余儀なくされる．これは図3.6に示される動作の一例である．

式19.44を等価な形に書き換えることで，さらにいくつかの洞察を明らかにできる．すなわち，

$$\hat{h}_i = \sigma\left(b_i + \left(\boldsymbol{v} - \sum_{j\neq i} \boldsymbol{W}_{:,j}\hat{h}_j\right)^\top \boldsymbol{\beta}\boldsymbol{W}_{:,i} - \frac{1}{2}\boldsymbol{W}_{:,i}^\top\boldsymbol{\beta}\boldsymbol{W}_{:,i}\right). \tag{19.45}$$

この再定式化で，各ステップの入力が，$\boldsymbol{v}$ ではなく $\boldsymbol{v} - \sum_{j\neq i} \boldsymbol{W}_{:,j}\hat{h}_j$ で構成されているとみなすことができる．よって，ユニット i は，他のユニットのコードが与えられた下での $\boldsymbol{v}$ の残差誤差を符号化しようとしていると考えることができる．そのため，スパース符号化を反復自己符号化器として考えることができる．スパース符号化は入力の符号化と復号化を繰り返して，反復するたびに再構成の誤りを修正しようとする．

この例では，一度に 1 つのユニットを更新する更新則を導出した．より多くのユニットを同時に更新することができれば好都合である．深層ボルツマンマシンのようないくつかのグラフィカルモデルでは，同時に多くの $\hat{\boldsymbol{h}}$ の入力を解くことができるように構成されている．残念ながら，二値のスパース符号化では，そのようなブロック更新は認められていない．その代わり，**ダンピング**（damping）と呼ばれるヒューリスティックな技術を使って，ブロック更新を行うことができる．ダンピングのアプローチでは，$\hat{\boldsymbol{h}}$ のそれぞれの要素について個別に最適値を解き，すべての値をその方向に小さいステップで動かす．このアプローチでは，もはや各ステップで $\mathcal{L}$ が増加することは保証されないが，実際には多くのモデルでうまく動作する．メッセージ伝達アルゴリズムにおける同期の度合いやダンピング戦略の選択について，詳しくはKoller and Friedman (2009) を参照されたい．

19.4.2 変分法

変分学習の説明を続ける前に，変分学習で使われる重要な数学的ツールである**変分法**（calculus of variations）について簡単に紹介する必要がある．

多くの機械学習技術は，最小値を与える入力ベクトル $\boldsymbol{\theta} \in \mathbb{R}^n$ を見つけることによって関数 $J(\boldsymbol{\theta})$ を最小化することに基づいている．これは，多変量計算や線形代数を使って $\nabla_{\boldsymbol{\theta}} J(\boldsymbol{\theta}) = \boldsymbol{0}$ における臨界点を解くことにより達成できる，場合によっては，ある確率変数における確率密度関数を求めたいときのように，実際に関数 $f(\boldsymbol{x})$ を解きたいことがある．これは変分法によって可能となる．

関数 f の関数は**汎関数**（functional）$J[f]$ として知られている．ベクトル値を取る引数の要素に関して関数の偏微分を取ることができるように，$\boldsymbol{x}$ の任意の特定の値における関数 $f(\boldsymbol{x})$ の個々の値に関して汎関数 $J[f]$ の**汎関数微分**（functional derivatives）（**変分導関数**（variational derivatives）としても知られている）を取ることができる．点 $\boldsymbol{x}$ における関数 f の値に関する汎関数 J の汎関数微分は $\frac{\delta}{\delta f(x)}J$ と表される．

汎関数微分を形式的に完全に展開することは，本書の範囲を超えている．ここでの目的のためには，微分可能な関数 $f(\boldsymbol{x})$ と微分可能な関数 $g(y, \boldsymbol{x})$ について連続微分で示せば十分である．すなわち，

$$\frac{\delta}{\delta f(\boldsymbol{x})}\int g\left(f(\boldsymbol{x}), \boldsymbol{x}\right) d\boldsymbol{x} = \frac{\partial}{\partial y} g(f(\boldsymbol{x}), \boldsymbol{x}). \tag{19.46}$$

この恒等式を直感的に理解するために，$f(\boldsymbol{x})$ を，実数ベクトル $\boldsymbol{x}$ をインデックスとする，無数に多くの要素を持つベクトルであると考えることができる．この（いくぶん不完全な）見方では，汎関数微分を与えるこの恒等式は，正の整数をインデックスとするベクトル $\boldsymbol{\theta} \in \mathbb{R}^n$ に対して得られるものと同じである．

$$\frac{\partial}{\partial \theta_i} \sum_j g(\theta_j, j) = \frac{\partial}{\partial \theta_i} g(\theta_i, i). \tag{19.47}$$

他の機械学習の出版物における多くの結果では，より一般化した**オイラー・ラグランジュ方程式**（Euler-Lagrange equation）を使って提示されており，これによって g を f の値だけでなく f の導関数にも依存するようにできる．しかし，本書で提示する結果には，こういった完全に一般化された形式は必要ない．

ベクトルに関して関数を最適化するために，ベクトルに関して関数の勾配を取り，勾配の全要素が 0 に等しくなる点について解く．同様に，すべての点で汎関数微分が 0 と等しくなる関数について解くことで，汎関数を最適化できる．

この処理の働き方の例として，$x \in \mathbb{R}$ における最大の微分エントロピーを持つ確率密度関数を見つける問題を考えよう．確率分布 $p(x)$ のエントロピーは次式で定義されることを思い出してほしい．

$$H[p] = -\mathbb{E}_x \log p(x). \tag{19.48}$$

連続値のため，期待値は積分である．すなわち，

$$H[p] = -\int p(x) \log p(x) dx. \tag{19.49}$$

結果が確率分布とならない可能性があるため，関数 $p(x)$ に関して $H[p]$ を単純に最大化することはできない．代わりに，ラグランジュの未定乗数法を使って $p(x)$ の積分が 1 になるという制約を追加する必要がある．また，分散が増加するにつれ，エントロピーは無限に増加する．これでは，どの分布が最大のエントロピーを持つかという問題に意味がなくなってしまう．代わりに，固定された分散 σ^2 について，どの分布が最大エントロピーを持つかを問うことにする．最後に，エントロピーを変更せずに分布を任意に変化できるため，この問題は劣決定系となる．単一の解を与えるために，分布の平均が μ であるという制約を追加する．この最適化問題のラグランジュ汎関数は，

$$\mathcal{L}[p] = \lambda_1 \left(\int p(x)dx - 1 \right) + \lambda_2 \left(\mathbb{E}[x] - \mu\right) + \lambda_3 \left(\mathbb{E}[(x-\mu)^2] - \sigma^2\right) + H[p] \tag{19.50}$$

$$= \int \left(\lambda_1 p(x) + \lambda_2 p(x) x + \lambda_3 p(x)(x-\mu)^2 - p(x)\log p(x)\right) dx - \lambda_1 - \mu\lambda_2 - \sigma^2\lambda_3 \tag{19.51}$$

となる．

p に関してラグランジアンを最小化するために，汎関数微分を 0 と置く．すなわち，

$$\forall x, \frac{\delta}{\delta p(x)} \mathcal{L} = \lambda_1 + \lambda_2 x + \lambda_3 (x-\mu)^2 - 1 - \log p(x) = 0. \tag{19.52}$$

この条件は，$p(x)$ の関数形を示している．この方程式を代数的に変形することによって，

$$p(x) = \exp\left(\lambda_1 + \lambda_2 x + \lambda_3 (x-\mu)^2 - 1\right) \tag{19.53}$$

が得られる．

$p(x)$ がこの関数形を取ることは，直接的にはまったく仮定しなかった．つまり，汎関数を解析的に最小化することで，この式そのものを得たのである．最小化問題を終わらせるには，すべての制約が満たされるように λ の値を選択する必要がある．制約が満たされている限り，変数 λ に関するラグランジアンの勾配は 0 なので，任意の λ 値を自由に選択できる．すべての制約を満たすために $\lambda_1 = 1 - \log \sigma \sqrt{2\pi}$，$\lambda_2 = 0$，$\lambda_3 = -\frac{1}{2\sigma^2}$ と置くと

$$p(x) = \mathcal{N}(x; \mu, \sigma^2) \tag{19.54}$$

が得られる．これが，真の分布がわからないときに，正規分布を使う理由の 1 つである．正規分布は最大エントロピーを持つので，この仮定を置くことで，取りうる最小限の構造にできる．

エントロピーについてのラグランジュ汎関数の臨界点を調べると，固定分散の最大エントロピーに対応する 1 つの臨界点しか見つからなかった．エントロピーを**最小化する**確率分布関数はどうなのだろうか．なぜ最小値に対応する 2 つ目の臨界点が見つからなかったのだろうか．それは，最小エントロピーを達成する特定の関数がないからである．関数が 2 つの点 $x = \mu + \sigma$ と $x = \mu - \sigma$ により多くの確率密度を配置して，他のすべての x の値により少ない確率密度を配置すると，要求された分散を維持しながらエントロピーを失う．しかし，2 つの点以外のすべてに正確に質量ゼロを配置する関数は，積分が 1 にならないため，有効な確率分布にならない．したがって，単一の最小の正の実数が存在しないのと同様に，単一の最小エントロピーの確率分布関数は存在しない．その代わり，これら 2 つの点にのみ質量を置くように収束する，一連の確率分布は存在するということができる．この縮退した状況は混合ディラック分布として記述できる．ディラック分布は単一の確率分布関数で記述できないので，ディラック分布も混合ディラック分布も関数空間内の単一の特定の点には対応しない．したがって，こうした分布は，汎関数微分がゼロとなる特定の点について解く手法では出現しない．これが，この手法の限界である．ディラック分布のような分布は，解を仮定して，それが正しいことを証明するといった，他の手法で見つける必要がある．

19.4.3 連続潜在変数

グラフィカルモデルが連続潜在変数を含んでいる場合にも，やはり $\mathcal{L}$ を最大化することで変分推論と変分学習を行うことができる．しかし，$q(\boldsymbol{h} \mid \boldsymbol{v})$ に関して $\mathcal{L}$ を最大化するときに，変分法を使用する必要がある．

多くの場合，専門家は変分法の問題自体を解く必要はまったくない．その代わり，平均場不動点の更新のための一般的な方程式がある．平均場近似を

$$q(\boldsymbol{h} \mid \boldsymbol{v}) = \prod_i q(h_i \mid \boldsymbol{v}) \tag{19.55}$$

とし，すべての $j \neq i$ について $q(h_j \mid \boldsymbol{v})$ を固定するならば，非正規化分布

$$\tilde{q}(h_i \mid \boldsymbol{v}) = \exp\left(\mathbb{E}_{\mathbf{h}_{-i} \sim q(\mathbf{h}_{-i} \mid \boldsymbol{v})} \log \tilde{p}(\boldsymbol{v}, \boldsymbol{h})\right) \tag{19.56}$$

を正規化することによって最適な $q(h_i \mid \boldsymbol{v})$ を得られる．ただし，変数のどんな同時状態に対しても，p によって確率 0 が割り当てられない場合に限る．方程式内の期待値を計算することで，$q(h_i \mid \boldsymbol{v})$ の正しい関数形が得られる．変分学習の新しい形を開発したい場合は，変分法を使用して q の関数形を直接導出するだけでよい．式19.56によって，任意の確率モデルの平均場近似が与えられる．

式19.56は不動点方程式である．つまり，それぞれの i の値を順に適用し，収束するまで繰り返すように設計されている．しかし，この式はそれ以上のことを伝えている．この式は，不動点方程式によって到達するかどうかにかかわらず，最適解が取る関数形を示している．これは，その方程式から関数形を得ることができ，式の中に現れる値のいくつかをパラメータとみなせることを意味する．そのため，好きな最適化アルゴリズムで最適化することができる．

例として，潜在変数 $\boldsymbol{h} \in \mathbb{R}^2$ と 1 つの可視変数 v を持つ，簡単な確率モデルを考えよう．$p(\boldsymbol{h}) = \mathcal{N}(\boldsymbol{h}; 0, \boldsymbol{I})$ および $p(v \mid \boldsymbol{h}) = \mathcal{N}(v; \boldsymbol{w}^\top \boldsymbol{h}; 1)$ と仮定する．実際には，$\boldsymbol{h}$ を積分消去することでこのモデルを単純化することができる．その結果は，単に v におけるガウス分布となる．このモデル自体は興味深いものではないが，ただ確率モデリングに変分法をどのように適用できるのかを簡単に説明するために構築したのである．

真の事後分布は，正規化定数を無視して，次式で与えられる．

$$p(\boldsymbol{h} \mid \boldsymbol{v}) \tag{19.57}$$

$$\propto p(\boldsymbol{h}, \boldsymbol{v}) \tag{19.58}$$

$$= p(h_1)p(h_2)p(\boldsymbol{v} \mid \boldsymbol{h}) \tag{19.59}$$

$$\propto \exp\left(-\frac{1}{2}\left[h_1^2 + h_2^2 + (v - h_1 w_1 - h_2 w_2)^2\right]\right) \tag{19.60}$$

$$= \exp\left(-\frac{1}{2}\left[h_1^2 + h_2^2 + v^2 + h_1^2 w_1^2 + h_2^2 w_2^2 - 2vh_1 w_1 - 2vh_2 w_2 + 2h_1 w_1 h_2 w_2\right]\right). \tag{19.61}$$

h_1 と h_2 を一緒に乗算する項が存在するため，真の事後分布は h_1 と h_2 に因数分解できないことがわかる．

式19.56を適用すると，

$$\tilde{q}(h_1 \mid \boldsymbol{v}) \tag{19.62}$$

$$= \exp\left(\mathbb{E}_{\mathrm{h}_2 \sim q(\mathrm{h}_2 \mid \boldsymbol{v})} \log \tilde{p}(\boldsymbol{v}, \boldsymbol{h})\right) \tag{19.63}$$

$$= \exp\left(-\frac{1}{2}\mathbb{E}_{\mathrm{h}_2 \sim q(\mathrm{h}_2 \mid \boldsymbol{v})}\left[h_1^2 + h_2^2 + v^2 + h_1^2 w_1^2 + h_2^2 w_2^2\right.\right. \tag{19.64}$$

$$\left.\left. -2vh_1 w_1 - 2vh_2 w_2 + 2h_1 w_1 h_2 w_2\right]\right) \tag{19.65}$$

となる．このことから，$q(h_2 \mid \boldsymbol{v})$ から得る必要があるのは，実質的に 2 つの値だけだとわかる．つまり，$\mathbb{E}_{\mathrm{h}_2 \sim q(\mathrm{h} \mid \boldsymbol{v})}[h_2]$ と $\mathbb{E}_{\mathrm{h}_2 \sim q(\mathrm{h} \mid \boldsymbol{v})}[h_2^2]$ である．これらを $\langle h_2 \rangle$ および $\langle h_2^2 \rangle$ と書くと，次式が得られる．

$$\tilde{q}(h_1 \mid \boldsymbol{v}) = \exp\left(-\frac{1}{2}\left[h_1^2 + \langle h_2^2 \rangle + v^2 + h_1^2 w_1^2 + \langle h_2^2 \rangle w_2^2\right.\right. \tag{19.66}$$

$$\left.\left. -2vh_1 w_1 - 2v\langle h_2 \rangle w_2 + 2h_1 w_1 \langle h_2 \rangle w_2\right]\right). \tag{19.67}$$

このことから，$\tilde{q}$ がガウス分布の関数形を持つことがわかる．したがって，$q(\boldsymbol{h} \mid \boldsymbol{v}) = \mathcal{N}(\boldsymbol{h}; \boldsymbol{\mu}, \boldsymbol{\beta}^{-1})$ とすることができる．ただし，$\boldsymbol{\mu}$ と対角ベクトル $\boldsymbol{\beta}$ は変分パラメータで，任意に選択した技術を用いて最適化することができる．ここで，q がガウス分布であるとは一切仮定しなかったことを思い出してほしい．ガウス分布の形は，$\mathcal{L}$ に関して q を最大化するために変分法を使うことで，自動的に導出されたのである．異なるモデルに同じアプローチを用いることで，q の異なる関数形が得られる可能性がある．

これはもちろん，説明するために構築した単純な事例にすぎない．深層学習における連続変数を用いた変分学習の実際の応用例については，Goodfellow *et al.* (2013d) を参照されたい．

19.4.4 学習と推論の相互作用

近似推論を学習アルゴリズムの一部として使うことは学習過程に影響し，これが今度は推論アルゴリズムの精度に影響する．

具体的には，訓練アルゴリズムは，近似推論アルゴリズムの根底にある近似仮定がより真になるようにモデルを適応する傾向がある．パラメータを訓練するとき，変分学習は

$$\mathbb{E}_{\mathbf{h}\sim q}\log p(\boldsymbol{v},\boldsymbol{h}) \tag{19.68}$$

を増加させる．これによって，特定の $\boldsymbol{v}$ について，$q(\boldsymbol{h}\mid\boldsymbol{v})$ の下で高い確率を持つ $\boldsymbol{h}$ の値について $p(\boldsymbol{h}\mid\boldsymbol{v})$ が増大し，$q(\boldsymbol{h}\mid\boldsymbol{v})$ の下で低い確率を持つ $\boldsymbol{h}$ の値について $p(\boldsymbol{h}\mid\boldsymbol{v})$ が減少する．

この挙動は，近似仮定が自己充足的予言[*4]となる原因である．単峰性の近似事後分布でモデルを訓練する場合，厳密推論でモデルを訓練することで得られるものよりも，はるかに単峰性に近い真の事後分布を持つモデルが得られるだろう．

したがって，変分近似によってモデルに課される真の損害の量を計算することは非常に困難である．$\log p(\boldsymbol{v})$ を推定する手法はいくつかある．多くの場合，モデルを訓練した後に $\log p(\boldsymbol{v};\boldsymbol{\theta})$ を推定し，$\mathcal{L}(\boldsymbol{v},\boldsymbol{\theta},q)$ との隔たりが小さいことを確認する．このことから，学習過程で得られた特定の $\boldsymbol{\theta}$ の値について，変分近似が正確であると結論付けることができる．しかし，変分近似が一般に正確であるとか，変分近似は学習過程にほとんど害を及ぼさないなどと結論付けるべきではない．変分近似による真の損害の量を測るには，$\boldsymbol{\theta}^*=\max_{\boldsymbol{\theta}}\log p(\boldsymbol{v};\boldsymbol{\theta})$ を知る必要がある．$\mathcal{L}(\boldsymbol{v},\boldsymbol{\theta},q)\approx\log p(\boldsymbol{v};\boldsymbol{\theta})$ と $\log p(\boldsymbol{v};\boldsymbol{\theta})\ll\log p(\boldsymbol{v};\boldsymbol{\theta}^*)$ は同時に成立できる．$\max_q\mathcal{L}(\boldsymbol{v},\boldsymbol{\theta}^*,q)\ll\log p(\boldsymbol{v};\boldsymbol{\theta}^*)$ の場合，$\boldsymbol{\theta}^*$ による事後分布は，q の分布族で捉えるにはあまりにも複雑すぎるので，訓練過程では決して $\boldsymbol{\theta}^*$ に到達しない．このような問題は検出が非常に困難である．なぜなら，比較のために $\boldsymbol{\theta}^*$ を見つけることができる優れた学習アルゴリズムがある場合にしか，その問題が起こったことを確かめられないからである．

19.5 学習による近似推論（Learned approximate inference）

ここまで，推論が関数 $\mathcal{L}$ の値を増加させる最適化処理として考えられることを見てきた．不動点方程式や勾配に基づく最適化などの反復処理によって明示的に実行する最適化は，非常に高価で時間がかかることが多い．多くの推論のためのアプローチでは，近似推論の実行を学習することによって，このコストを回避する．具体的には，最適化処理が，入力 $\boldsymbol{v}$ を近似分布 $q^*=\arg\max_q\mathcal{L}(\boldsymbol{v},q)$ に写像する関数 f であると考えることができる．複数段階の反復最適化処理を単なる関数と考えると，近似 $\hat{f}(\boldsymbol{v};\boldsymbol{\theta})$ を実装するニューラルネットワークで近似できる．

19.5.1 Wake-Sleep

$\boldsymbol{v}$ から $\boldsymbol{h}$ を推論するモデルの訓練で最も困難であることの 1 つは，モデルを訓練するための教師あり訓練集合がないということである．つまり，$\boldsymbol{v}$ が与えられた下での適切な $\boldsymbol{h}$ がわからない．$\boldsymbol{v}$ か

[*4] 訳注：自己充足的予言とは，ある事象や状況に関しての判断や思い込みが原因となり，結果としてその判断や思い込みが現実化してしまうことを意味する．ここでは，あらかじめ近似事後分布に近似仮定を置いて訓練することで，結果としてその仮定に沿うような分布が獲得されることを指している．

ら $\boldsymbol{h}$ への写像はモデル族の選択に依存し，学習過程を通じて，$\boldsymbol{\theta}$ が変化するにつれて変わり続ける．wake-sleep アルゴリズム (Hinton *et al.*, 1995b; Frey *et al.*, 1996) は，$\boldsymbol{h}$ と $\boldsymbol{v}$ の両方のサンプルをモデル分布から抽出することによって，この問題を解決する．たとえば，有向モデルでは，$\boldsymbol{h}$ から始まり $\boldsymbol{v}$ で終わる伝承サンプリングを行うことで，安価に行うことができる．この推論ネットワークは，その後，逆写像を実行するように訓練できる．つまり，現在の $\boldsymbol{v}$ の要因となる $\boldsymbol{h}$ を予測する．このアプローチの主な欠点は，モデルの下で高い確率を持つような $\boldsymbol{v}$ の値に対してしか，推論ネットワークを学習できないということである．訓練の初めでは，モデル分布はデータ分布に似ていないため，推論ネットワークはデータに似たサンプルを学習する機会がなくなってしまう．

18.2節では，人間や動物における夢を見る睡眠の役割についての 1 つの可能性のある説明として，夢は，モンテカルロ学習アルゴリズムが無向モデルの対数分配関数の負の勾配を近似するために使う，負の段階のサンプルを提供しているかもしれないことを示した．生物学的な夢についてのもう 1 つの可能性のある説明は，夢は，$\boldsymbol{v}$ が与えられた下で $\boldsymbol{h}$ を予測する推論ネットワークを訓練するために使われる $p(\boldsymbol{h}, \boldsymbol{v})$ からのサンプルを提供しているということである．ある意味で，この説明は分配関数の説明よりも納得できる．モンテカルロアルゴリズムは，数ステップを正の段階の勾配だけを使って実行し，次の数ステップを負の段階の勾配だけを使って実行すると，一般にうまく働かなくなる．人間や動物は，通常，数時間連続して起きてから，数時間連続して眠っている．このスケジュールが無向モデルのモンテカルロ訓練の根拠となりうるかどうか，簡単には明らかにできない．しかし，$\mathcal{L}$ の最大化に基づく学習アルゴリズムは，長時間 q を改善し，長時間 $\boldsymbol{\theta}$ を改善して実行することができる．生物学的な夢の役割が q を予測するためにネットワークを訓練することならば，動物がどのように何時間も起きていられるのか（長く起きているほど $\mathcal{L}$ と $\log p(\boldsymbol{v})$ の隔たりは大きくなるが，$\mathcal{L}$ は下界のままである），そして，内部モデルに損害を与えずにどのように何時間も眠り続けられるのか（生成モデル自体は睡眠中に変更されない）を説明できる．もちろん，このような考えはまったくの推測であり，夢がこうした目標のいずれかを達成していると示唆するような確かな証拠は何もない．夢は，動物の方策を訓練する動物の遷移モデルから擬似的な経験をサンプリングすることで，確率モデルよりむしろ強化学習の役割も果たしているのかもしれない．あるいは，夢は，機械学習コミュニティではまだ予期されていない，何か別の目的を果たしているかもしれない．

19.5.2　推論学習の他の形式

学習による近似推論の戦略は，他のモデルでも適用されている．Salakhutdinov and Larochelle (2010) は，学習させた推論ネットワークにおける 1 回の実行が，DBM における平均場不動点方程式の反復よりも速い推論をもたらすことを示した．この訓練手順は，推論ネットワークを実行し，その推定値を改善する平均場の 1 ステップを適用し，この改善された推定値を元の推定値の代わりに出力するように推論ネットワークを訓練することに基づいている．

すでに14.8節で，予測スパース分解モデル（PSD）が，浅い符号化器ネットワークを訓練して入力のスパースコードを予測することを確認した．これは，自己符号化器とスパース符号化のハイブリッドと見なせる．符号化器が学習による近似 MAP 推論を実行するものと見なせる場合においては，そのモデルに対する確率的意味を考え出すことができる．PSD は浅い符号化器を持つため，平均場推論で見てきたような，ユニット間のある種の競合を実装することはできない．しかしこの問題は，ISTA テクニック[*5]のように，学習による近似推論の実行のために深層符号化器を訓練することで対策できる

[*5] 訳注：ISTA（Iterative Shrinkage and Thresholding Algorithm）とは，L1 正則化に対する近接勾配法（proximal

(Gregor and LeCun, 2010b).

学習による近似推論は，近年，変分自己符号化器 (Kingma, 2013; Rezende *et al.*, 2014) という形で，生成モデリングで主要なアプローチの 1 つとなった．この洗練されたアプローチでは，推論ネットワークの明示的な目標を構築する必要がない．その代わり，推論ネットワークは単に $\mathcal{L}$ を定義するために使用され，推論ネットワークのパラメータは $\mathcal{L}$ が増加するように適用される．このモデルは20.10.3節で詳しく説明する．

近似推論を使うことによって，幅広い種類のモデルを訓練し，利用できるようになる．こうしたモデルの多くは，次の章で説明する．

gradient method）である．

第 20 章

深層生成モデル

本章では，16章から19章 で紹介されたテクニックを用いて構築や訓練ができる具体的な生成モデルをいくつか紹介する．これらのモデルは，どれも何らかの形で多変数における確率分布を表している．確率分布関数を明示的に評価できるモデルがある一方で，確率分布関数を評価できないが，分布からサンプルを抽出するなどの，その分布についての知識が暗黙的に必要とされる演算を助けるモデルもある．また，いくつかのモデルが16章で示したグラフィカルモデルの用語を用いて，グラフや因子に関して記述される構造化確率モデルである一方で，因子に関して簡単に記述できないが，それでも確率分布を表現するモデルもある．

20.1　ボルツマンマシン

ボルツマンマシンは，もともと二値ベクトルにおける任意の確率分布を学習するための一般的な「コネクショニズム」的アプローチとして導入された (Fahlman *et al.*, 1983; Ackley *et al.*, 1985; Hinton *et al.*, 1984; Hinton and Sejnowski, 1986)．異なる種類の変数を持つボルツマンマシンの変種は，かなり前に最初のボルツマンマシンの人気を上回った．本節では，二値変数のボルツマンマシンを簡単に紹介し，このモデルで訓練や推論を試みる際に問題となる点について議論する．

ボルツマンマシンを，d 次元の二値確率変数ベクトル $\mathbf{x} \in \{0,1\}^d$ において定義する．ボルツマンマシンはエネルギーベースモデル（16.2.4節）である．したがって，以下のエネルギー関数を用いて同時確率分布を定義する．

$$P(\boldsymbol{x}) = \frac{\exp\left(-E(\boldsymbol{x})\right)}{Z}. \tag{20.1}$$

ただし，$E(\boldsymbol{x})$ はエネルギー関数であり，Z は $\sum_{\boldsymbol{x}} P(\boldsymbol{x}) = 1$ を満たす分配関数である．ボルツマンマシンのエネルギー関数は

$$E(\boldsymbol{x}) = -\boldsymbol{x}^\top \boldsymbol{U} \boldsymbol{x} - \boldsymbol{b}^\top \boldsymbol{x} \tag{20.2}$$

で与えられる．ただし，$\boldsymbol{U}$ はモデルパラメータの「重み」行列で，$\boldsymbol{b}$ はバイアスを表すパラメータのベクトルである．

ボルツマンマシンの一般的な設定では，n 次元の訓練事例の集合が与えられる．式20.1は，観測変数における同時確率分布を記述している．このシナリオは確かに実行可能であるが，観測変数の間の相互作用の種類を，重み行列で表されるものに制限している．具体的に言うと，これは，1 つのユニットが活性する確率が，他のユニットの値による線形モデル（ロジスティック回帰）によって与えられることを意味する．

ボルツマンマシンは，すべての変数が観測されているわけではない場合に，より力を発揮する．この場合，潜在変数は多層パーセプトロンモデル（MLP）内の隠れユニットと同様に振る舞い，可視ユニット間の高次の相互作用をモデリングできる．隠れユニットを追加してロジスティック回帰を MLP に変換することで，MLP が関数の万能近似器になるのと同じように，隠れユニットを持つボルツマンマシンはもはや変数間の線形関係のモデリングに制限されない．その代わり，ボルツマンマシンは離散変数における確率質量関数の万能近似器になる (Le Roux and Bengio, 2008).

形式的に，ユニット $\boldsymbol{x}$ を 2 つの部分集合，すなわち可視ユニット $\boldsymbol{v}$ と潜在（または隠れ）ユニット $\boldsymbol{h}$ に分解する．このエネルギー関数は以下のように表される．

$$E(\boldsymbol{v},\boldsymbol{h}) = -\boldsymbol{v}^\top\boldsymbol{R}\boldsymbol{v} - \boldsymbol{v}^\top\boldsymbol{W}\boldsymbol{h} - \boldsymbol{h}^\top\boldsymbol{S}\boldsymbol{h} - \boldsymbol{b}^\top\boldsymbol{v} - \boldsymbol{c}^\top\boldsymbol{h}. \tag{20.3}$$

■ボルツマン機械学習　ボルツマンマシンの学習アルゴリズムは，通常，最尤法が基本となる．すべてのボルツマンマシンは計算困難な分配関数を持っているため，最尤勾配は18章で述べたテクニックを用いて近似する必要がある．

最尤法に基づく学習則によって訓練したボルツマンマシンの興味深い性質の 1 つは，2 つのユニットを結合する特定の重みの更新が，異なる確率分布 $P_{\text{model}}(\boldsymbol{v})$ と $\hat{P}_{\text{data}}(\boldsymbol{v})P_{\text{model}}(\boldsymbol{h} \mid \boldsymbol{v})$ の下で得られる 2 つのユニットの統計量のみに依存することである．ネットワークの残りの部分はその統計量の形成に貢献するが，ネットワークの残りの部分やそれらの統計量の生成方法を知らなくても重みの更新は可能である．つまり，この学習則は「局所的」であるということであり，これによってボルツマンマシン機械学習は，ある程度生物学的に妥当性のあるものになる．もし，各ニューロンがボルツマンマシンにおける確率変数であるとすれば，2 つの確率変数を結合する軸索や樹状突起が，実際に物理的に接した細胞の発火パターンを観測することによってのみ学習できると考えられる．特に，正段階では一緒に発火する頻度が高い 2 つのユニット同士は結び付きが強くなる．これはヘブ学習則 (Hebb, 1949) の一例であり，「同時に発火すれば，相互に結合する（fire together, wire together）」という覚えやすい形で要約される．ヘブ学習則は生物システムにおける学習を説明した最古の仮説であり，今日でも健在である (Giudice *et al.*, 2009).

局所的な統計量よりも多くの情報を用いる他の学習アルゴリズムでは，さらなるメカニズムの存在を仮定する必要がある．たとえば，脳が多層パーセプトロンにおける誤差逆伝播を実装するためには，勾配情報をネットワークの逆向きに伝えるための第 2 の通信ネットワークを持つ必要があるだろう．誤差逆伝播の生物学的に妥当性のある実装（および近似）は提案されている (Hinton, 2007a; Bengio, 2015) ものの，いまだ検証されておらず，Bengio (2015) では，勾配の誤差逆伝播をボルツマンマシンに似たエネルギーベースモデルにおける推論に結び付けている（ただし，そのモデルの潜在変数は連続である）.

ボルツマンマシン機械学習における負段階を，生物学的観点から説明するのはいくぶん困難である．18.2節で議論したように，夢を見る睡眠が負段階のサンプリングの一形態であるかもしれない．もっとも，このアイデアは推測の域を出ない．

20.2　制限付きボルツマンマシン

制限付きボルツマンマシン（RBM）は，ハーモニウム（harmonium）(Smolensky, 1986) という名前で考案され，深層確率モデルにおける最も一般的な構成要素の 1 つである．16.7.1節では RBM について簡単に説明した．ここでは，これまでの情報を復習して，さらに詳しく説明する．RBM は，可視

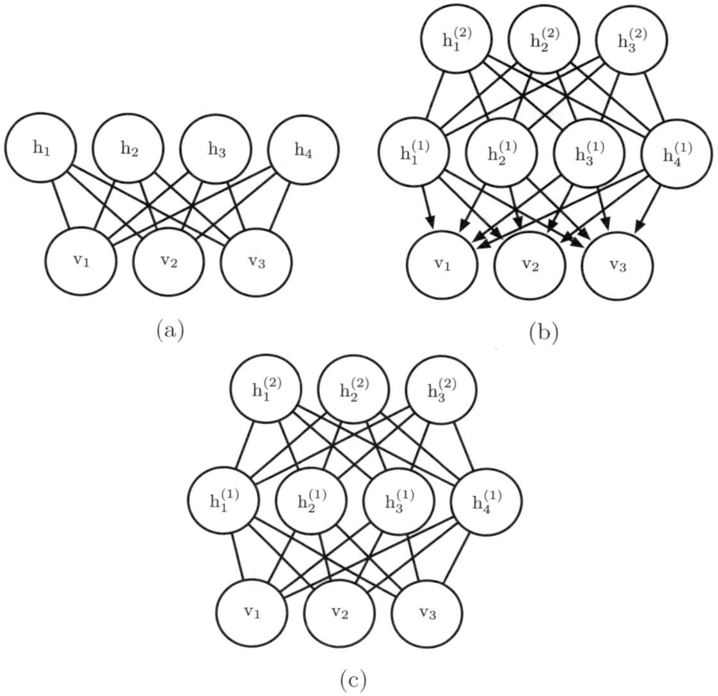

図 **20.1:** 制限付きボルツマンマシン（RBM）によって構築されるモデルの例．(a) 制限付きボルツマンマシン自体は，グラフの一部が可視ユニットで，その他の部分が隠れユニットになっている 2 部グラフに基づく無向グラフィカルモデルである．可視ユニット間の結合も，隠れユニット間の結合もない．一般に，すべての可視ユニットはすべての隠れユニットと結合しているが，畳み込み RBM のような，スパースに結合している RBM を構築することも可能である．(b) 深層信念ネットワーク（DBN）は，有向，無向どちらの結合も含むハイブリッドなグラフィカルモデルである．RBM と同じく層内結合はない．しかし，DBN には複数の隠れ層があり，異なる層の隠れユニット間結合は存在する．深層信念ネットワークに必要なすべての局所的な条件付き確率分布は，それを構成する RBM の局所的な条件付き確率分布から直接コピーされる．別の方法として，完全な無向グラフによって DBN を表現することもできるが，上位層同士の依存関係を捉えるための層内結合が必要になるだろう．(c) 深層ボルツマンマシン（DBM）は潜在変数の層が複数ある無向グラフィカルモデルである．RBM や DBN のように，DBM には層内結合がない．RBM との結び付きは，DBM の方が DBN よりも弱い．RBM の積み重ねにより DBM を初期化する場合には，RBM のパラメータをわずかに修正する必要がある．DBM の種類によっては，RBM の集合をあらかじめ訓練しなくても，訓練することができる．

変数の層と単一の潜在変数の層を含む無向確率グラフィカルモデルである．RBM は，より深いモデルを形成するために（他の RBM の上に）積み重ねることもできる．いくつかの例を図20.1に示す．特に，図20.1a では RBM 自体のグラフ構造を示している．これは，可視層内の変数間の結合も，隠れ層内のユニット間の結合も許されない 2 部グラフである．

二値の制限付きボルツマンマシンについての説明から始めるが，後で見るように，他の種類の可視ユニットや隠れユニットへの拡張も存在する．

より形式的に，観測層が n_v 個の二値確率変数の集合からなるとし，それらをまとめてベクトル $\mathbf{v}$ として表現しよう．潜在層，あるいは隠れ層にある n_h 個の二値確率変数をまとめて $\boldsymbol{h}$ と表す．

制限付きボルツマンマシンは，一般的なボルツマンマシンのように，以下のエネルギー関数で定められた同時確率分布によるエネルギーベースモデルである．

$$P(\mathbf{v}=\boldsymbol{v},\mathbf{h}=\boldsymbol{h})=\frac{1}{Z}\exp\left(-E(\boldsymbol{v},\boldsymbol{h})\right). \tag{20.4}$$

RBM のエネルギー関数は

$$E(\boldsymbol{v},\boldsymbol{h})=-\boldsymbol{b}^\top\boldsymbol{v}-\boldsymbol{c}^\top\boldsymbol{h}-\boldsymbol{v}^\top\boldsymbol{W}\boldsymbol{h} \tag{20.5}$$

として与えられる．Z は分配関数として知られる正規化定数で，以下のように表される．

$$Z=\sum_{\boldsymbol{v}}\sum_{\boldsymbol{h}}\exp\left\{-E(\boldsymbol{v},\boldsymbol{h})\right\}. \tag{20.6}$$

分配関数 Z の定義から明らかなように，巧妙に設計されたアルゴリズムが確率分布の規則性を利用して Z をより速く計算できない限り，Z を計算する（すべての状態において完全に総和を取る）単純な方法は計算的に困難である．Long and Servedio (2010) は，制限付きボルツマンマシンの場合に分配関数 Z が計算困難であることを形式的に証明した．分配関数 Z が計算困難であることは，正規化された同時確率 $P(\boldsymbol{v})$ の評価も計算困難であることを意味する．

20.2.1　条件付き分布

$P(\boldsymbol{v})$ は計算困難であるが，RBM の 2 部グラフ構造には，条件付き分布 $P(\mathbf{h}\mid\mathbf{v})$ と $P(\mathbf{v}\mid\mathbf{h})$ が因数分解可能で，比較的簡単に計算やサンプリングができるという特別な性質がある．

同時分布から条件付き分布を導くのは簡単である．すなわち，

$$P(\boldsymbol{h}\mid\boldsymbol{v})=\frac{P(\boldsymbol{h},\boldsymbol{v})}{P(\boldsymbol{v})} \tag{20.7}$$

$$=\frac{1}{P(\boldsymbol{v})}\frac{1}{Z}\exp\left\{\boldsymbol{b}^\top\boldsymbol{v}+\boldsymbol{c}^\top\boldsymbol{h}+\boldsymbol{v}^\top\boldsymbol{W}\boldsymbol{h}\right\} \tag{20.8}$$

$$=\frac{1}{Z'}\exp\left\{\boldsymbol{c}^\top\boldsymbol{h}+\boldsymbol{v}^\top\boldsymbol{W}\boldsymbol{h}\right\} \tag{20.9}$$

$$=\frac{1}{Z'}\exp\left\{\sum_{j=1}^{n_h}c_jh_j+\sum_{j=1}^{n_h}\boldsymbol{v}^\top\boldsymbol{W}_{:,j}\boldsymbol{h}_j\right\} \tag{20.10}$$

$$=\frac{1}{Z'}\prod_{j=1}^{n_h}\exp\left\{c_jh_j+\boldsymbol{v}^\top\boldsymbol{W}_{:,j}\boldsymbol{h}_j\right\}. \tag{20.11}$$

可視ユニット $\mathbf{v}$ で条件付けているため，これらを分布 $P(\mathbf{h}\mid\mathbf{v})$ に関して定数として扱える．条件付き分布 $P(\mathbf{h}\mid\mathbf{v})$ を因数分解できるという性質は，ベクトル $\boldsymbol{h}$ の同時確率が個々の要素 h_j における（非正規化）分布の積として記述できることから，ただちに導かれる．個々の二値 h_j における分布を正規化するのは簡単である．

$$P(h_j=1\mid\boldsymbol{v})=\frac{\tilde{P}(h_j=1\mid\boldsymbol{v})}{\tilde{P}(h_j=0\mid\boldsymbol{v})+\tilde{P}(h_j=1\mid\boldsymbol{v})} \tag{20.12}$$

$$=\frac{\exp\left\{c_j+\boldsymbol{v}^\top\boldsymbol{W}_{:,j}\right\}}{\exp\{0\}+\exp\left\{c_j+\boldsymbol{v}^\top\boldsymbol{W}_{:,j}\right\}} \tag{20.13}$$

$$=\sigma\left(c_j+\boldsymbol{v}^\top\boldsymbol{W}_{:,j}\right). \tag{20.14}$$

ここで，隠れ層についての完全な条件付き分布は以下の因数分解可能な分布で表現できる．

$$P(\boldsymbol{h} \mid \boldsymbol{v}) = \prod_{j=1}^{n_h} \sigma\left((2\boldsymbol{h}-1) \odot (\boldsymbol{c} + \boldsymbol{W}^\top \boldsymbol{v})\right)_j . \tag{20.15}$$

同様の導出によって，関心のある他の条件付き分布である $P(\boldsymbol{v} \mid \boldsymbol{h})$ も，以下の因数分解可能な分布であることが示される．

$$P(\boldsymbol{v} \mid \boldsymbol{h}) = \prod_{i=1}^{n_v} \sigma\left((2\boldsymbol{v}-1) \odot (\boldsymbol{b} + \boldsymbol{W}\boldsymbol{h})\right)_i . \tag{20.16}$$

20.2.2　制限付きボルツマンマシンの訓練

RBM では，$\tilde{P}(\boldsymbol{v})$ の効率的な評価と微分が可能であり，ブロックギブスサンプリングの形による効率的な MCMC サンプリングも可能である．したがって，18章で紹介された，計算困難な分配関数を持つ訓練モデルに対する任意のテクニックを用いて，容易に訓練することができる．これには，CD，SML (PCD)，レシオマッチングなどが含まれている．深層学習で用いられる他の無向モデルと比較すると，$P(\mathbf{h} \mid \boldsymbol{v})$ を閉形式で正確に計算できるため，RBM は比較的簡単に訓練できる．深層ボルツマンマシンなどの，その他の深層モデルには，計算困難な分配関数と計算困難な推論という 2 つの困難性がある．

20.3　深層信念ネットワーク

深層信念ネットワーク（deep belief network，DBN）は，深層アーキテクチャの訓練に成功した最初の非畳み込みモデルの 1 つである (Hinton *et al.*, 2006; Hinton, 2007b)．2006 年における深層信念ネットワークの登場は，昨今の深層学習復興の先駆けとなった．深層信念ネットワークの導入以前には，深層モデルは最適化するには難しすぎると考えられていた．そのため，凸目的関数を持つカーネルマシンが研究の情勢を支配していた．深層信念ネットワークは，MNIST データ集合においてカーネル法を用いたサポートベクトルマシンより優れた性能を発揮し，深層アーキテクチャがうまくいくことを示した (Hinton *et al.*, 2006)．今日，他の教師なし学習アルゴリズムや生成的学習アルゴリズムと比較しても，深層信念ネットワークに対する興味は薄れ，めったに使われることもなくなったが，深層学習の歴史において重要な役割を果たしたことは，今でも十分に認識されている．

深層信念ネットワークは潜在変数の層を複数持つ生成モデルである．通常，潜在変数は二値変数で，可視ユニットは二値または実数値を取りうる．層内結合はない．通常，各層のすべてのユニットは隣接する層のすべてのユニットとつながっているが，よりスパースに結合された DBN を構築することも可能である．最上位の二層間の結合は無向である．その他のすべての層間の結合は有向で，データに最も近い層に向かって矢印が向いている．図20.1b に例を示す．

l 層の隠れ層を持つ DBN は，l 個の重み行列 $\boldsymbol{W}^{(1)}, \ldots, \boldsymbol{W}^{(l)}$ を持つ．この DBN はまた，$\boldsymbol{b}^{(0)}$ を可視層のバイアスとして，$\boldsymbol{b}^{(0)}, \ldots, \boldsymbol{b}^{(l)}$ という $l+1$ 個のバイアスベクトルも持つ．この DBN で表現される確率分布は，

$$P(\boldsymbol{h}^{(l)}, \boldsymbol{h}^{(l-1)}) \propto \exp\left(\boldsymbol{b}^{(l)\top}\boldsymbol{h}^{(l)} + \boldsymbol{b}^{(l-1)\top}\boldsymbol{h}^{(l-1)} + \boldsymbol{h}^{(l-1)\top}\boldsymbol{W}^{(l)}\boldsymbol{h}^{(l)}\right) \tag{20.17}$$

$$P(h_i^{(k)} = 1 \mid \boldsymbol{h}^{(k+1)}) = \sigma\left(b_i^{(k)} + \boldsymbol{W}_{:,i}^{(k+1)\top}\boldsymbol{h}^{(k+1)}\right) \forall i, \forall k \in 1, \ldots, l-2 \tag{20.18}$$

$$P(v_i = 1 \mid \boldsymbol{h}^{(1)}) = \sigma\left(b_i^{(0)} + \boldsymbol{W}_{:,i}^{(1)\top}\boldsymbol{h}^{(1)}\right) \forall i \tag{20.19}$$

と表される．実数値可視ユニットの場合は，

$$\mathbf{v} \sim \mathcal{N}\left(\boldsymbol{v}; \boldsymbol{b}^{(0)} + \boldsymbol{W}^{(1)\top}\boldsymbol{h}^{(1)}, \boldsymbol{\beta}^{-1}\right) \tag{20.20}$$

で置き換える．ただし扱いやすさのため，$\boldsymbol{\beta}$ を対角行列とする．他の指数分布族の可視ユニットへの一般化は，少なくとも理論的には簡単である．隠れ層が 1 つのみの DBN が RBM である．

DBN からサンプルを生成するときは，まず隠れ層のうちの上二層に対してギブスサンプリングを数回実行する．この段階は，隠れ層のうちの上二層で定義された RBM からサンプリングするのと本質的に等価である．次に，モデルのその他の部分を通る伝承サンプリングを 1 回使うことで，可視ユニットからサンプルを抽出することができる．

深層信念ネットワークは，有向モデルと無向モデルの両方に関して多くの問題をはらんでいる．

深層信念ネットワークによる推論は，各有向層内での弁明効果と，無向結合のある 2 つの隠れ層間の相互作用により計算困難である．対数尤度の標準的なエビデンス下界を評価したり最大化したりすることも計算困難であるが，これはエビデンス下界でネットワークの幅に等しい大きさのクリークの期待値を取るためである．

対数尤度の評価や最大化は，潜在変数の周辺化という計算困難な推論問題に取り組むだけでなく，上二層の無向モデルにおける計算困難な分配関数の問題に取り組むことも必要とする．

深層信念ネットワークを訓練するためには，コントラスティブ・ダイバージェンスまたは確率的最尤法を用いて RBM を訓練し，$\mathbb{E}_{\mathbf{v}\sim p_{\text{data}}} \log p(\boldsymbol{v})$ を最大化することから始める．そして，その RBM のパラメータを用いて DBN の一層目のパラメータを定義する．次に，二層目の RBM を訓練して

$$\mathbb{E}_{\mathbf{v}\sim p_{\text{data}}}\mathbb{E}_{\mathbf{h}^{(1)}\sim p^{(1)}(\boldsymbol{h}^{(1)}|\boldsymbol{v})} \log p^{(2)}(\boldsymbol{h}^{(1)}) \tag{20.21}$$

を近似的に最大化する．ここで，$p^{(1)}$ は一層目の RBM が表す確率分布であり，$p^{(2)}$ は二層目の RBM が表す確率分布である．言い換えると，一層目の RBM がデータによって決まるとき，二層目の RBM は，一層目の RBM の隠れユニットをサンプリングすることによって定義される分布をモデリングするように訓練される．この手続きは何度でも繰り返すことができ，新たな RBM を足すたびに一層前の RBM からサンプリングするようにモデリングすることで，DBN の層を好きなだけ増やすことができる．それぞれの RBM が DBN の別々の層を定義している．この手続きは，DBN の下でデータの対数尤度の変分下界を増加させるものとして正当化される (Hinton *et al.*, 2006).

ほとんどの応用においては，層別の貪欲手続きが完了した後で DBN を同時に訓練するような手間はかけられていない．しかし，wake-sleep アルゴリズムを用いて生成的な再学習を行うことが可能である．

訓練された DBN はそのまま生成モデルとして使うこともできるが，DBN の最も興味深い点は分類モデルを向上させる能力にある．DBN から重みを取り出し，その重みを用いて MLP を定義することができる．

$$\boldsymbol{h}^{(1)} = \sigma\left(b^{(1)} + \boldsymbol{v}^\top\boldsymbol{W}^{(1)}\right) \tag{20.22}$$

$$\boldsymbol{h}^{(l)} = \sigma\left(b_i^{(l)} + \boldsymbol{h}^{(l-1)\top}\boldsymbol{W}^{(l)}\right) \forall l \in 2, \ldots, m. \tag{20.23}$$

DBN の生成的な訓練によって学習された重みとバイアスを用いて MLP を初期化した後で，MLP を訓練して分類タスクを実行することができる．このような MLP への追加訓練は識別的な再学習の一例として知られている．

MLP のこのような選択の仕方は，19章で紹介した，第一原理から導かれる多くの推論方程式に比べると，やや恣意的である．この MLP は，実際にうまくいくとされ，文献でも一貫して使用されているヒューリスティックな選択である．多くの近似的な推論テクニックに求められているのは，いくつかの制約の下での対数尤度について，最も**厳しい**変分下界を見つける能力である．DBN における MLP で定義された隠れユニットの期待値を用いて，対数尤度の変分下界を構築することはできるが，これは隠れユニットにおける**任意の**確率分布に当てはまるのであって，この MLP が特に厳しい下界を与えると信じる理由はない．特に，MLP は DBN のグラフィカルモデルにおける多くの重要な相互作用を無視している．MLP は，可視ユニットから最も深い隠れユニットまで情報を伝播させるが，反対方向や横方向には情報を伝播させない．DBN のグラフィカルモデルは，層間のトップダウンの相互作用だけでなく，同じ層内のすべての隠れユニット間の弁明相互作用を持っている．

DBN の対数尤度は計算困難だが，AIS によって近似できる (Salakhutdinov and Murray, 2008)．この近似によって，生成モデルとしての質を評価することができる．

「深層信念ネットワーク」という用語は，あらゆる種類の深層ニューラルネットワークを指すものとして一般に誤用されており，潜在変数が意味を持たないネットワークにさえも使われている．この用語は，最も深い層での無向結合と，それ以外のすべての連続する 2 つの層の間での有向結合を持つモデルについて特に用いられるべきである．

この用語は，深層信念ネットワークには無向層が含まれている一方で「信念ネットワーク」という用語が純粋な有向モデルを指して使われることがあるために，混乱を引き起こすこともある．深層信念ネットワークの頭字語である DBN はまた動的ベイジアンネットワーク (Dean and Kanazawa, 1989) の頭字語と同じであり，そちらはマルコフ連鎖を表すためのベイジアンネットワークである．

20.4 深層ボルツマンマシン

深層ボルツマンマシン（**deep Boltzmann machine, DBM**）(Salakhutdinov and Hinton, 2009a) は，もう 1 つの種類の深層生成モデルである．深層信念ネットワーク（DBN）とは異なり，DBM は完全な無向モデルである．RBM とは異なり，DBM は潜在変数の層を複数（RBM はたった 1 つ）持つ．しかし，RBM と同様に，各層内の各変数は相互に独立しており，隣接する層の変数によって条件付けられる．グラフ構造については図20.2を参照されたい．深層ボルツマンマシンは，文書モデリング (Srivastava *et al.*, 2013) など多くのタスクに応用されてきた．

RBM や DBN のように，DBM は（モデルの表現を簡単にするための仮定として）一般に二値ユニットしか持たないが，実数値可視ユニットに拡張することは簡単である．

DBM はエネルギーベースモデルであり，モデル変数についての同時確率分布がエネルギー関数 E によってパラメータ化される．1 つの可視層 $\boldsymbol{v}$ と，3 つの隠れ層 $\boldsymbol{h}^{(1)}$，$\boldsymbol{h}^{(2)}$，$\boldsymbol{h}^{(3)}$ からなる深層ボルツマンマシンの場合，同時確率は

$$P\left(\boldsymbol{v}, \boldsymbol{h}^{(1)}, \boldsymbol{h}^{(2)}, \boldsymbol{h}^{(3)}\right) = \frac{1}{Z(\boldsymbol{\theta})} \exp\left(-E(\boldsymbol{v}, \boldsymbol{h}^{(1)}, \boldsymbol{h}^{(2)}, \boldsymbol{h}^{(3)}; \boldsymbol{\theta})\right) \tag{20.24}$$

となる．表現を簡潔化するため，以下ではバイアスパラメータは省略する．このとき，DBM のエネルギー関数は次のように定義される．

$$E(\boldsymbol{v}, \boldsymbol{h}^{(1)}, \boldsymbol{h}^{(2)}, \boldsymbol{h}^{(3)}; \boldsymbol{\theta}) = -\boldsymbol{v}^\top \boldsymbol{W}^{(1)} \boldsymbol{h}^{(1)} - \boldsymbol{h}^{(1)\top} \boldsymbol{W}^{(2)} \boldsymbol{h}^{(2)} - \boldsymbol{h}^{(2)\top} \boldsymbol{W}^{(3)} \boldsymbol{h}^{(3)}. \tag{20.25}$$

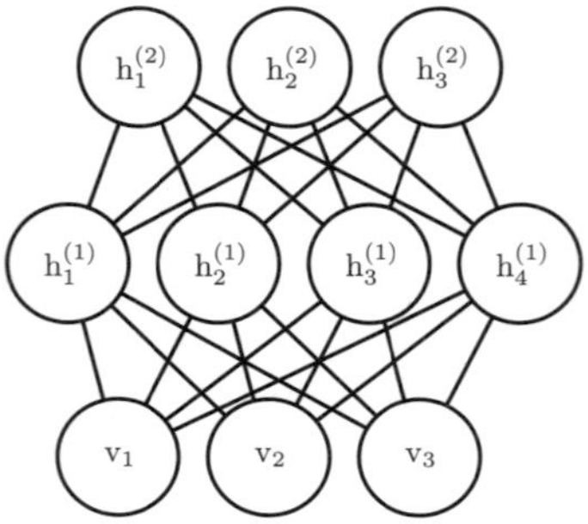

図 **20.2:** 一層の可視層（下）と 2 つの隠れ層からなる深層ボルツマンマシンのグラフィカルモデル．結合は隣接する層のユニット間だけである．層内結合はない．

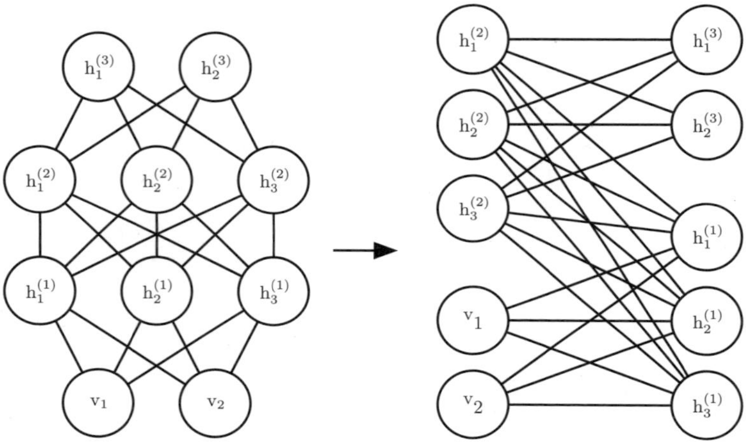

図 **20.3:** 2 部グラフ構造を明らかにするために再配置した深層ボルツマンマシン．

RBM のエネルギー関数（式20.5）と比較すると，DBM のエネルギー関数には重み行列（$\boldsymbol{W}^{(2)}$ と $\boldsymbol{W}^{(3)}$）の形で隠れユニット（隠れ変数）間の結合が含まれている．これから見ていくように，これらの結合はモデルの振る舞いやどのように推論を実行するかに重大な影響を与える．

全結合ボルツマンマシン（すべてのユニットが他のすべてのユニットと結合している）と比較すると，DBM には RBM と同様の利点がある．具体的には，図20.3に示すように，DBM の層は奇数番目の層を一方の側に，偶数番目の層を反対の側に持つ 2 部グラフに編成することができる．このことから，偶数番目の層にある変数で条件付けると，奇数番目の層にある変数が条件付き独立になることがすぐにわかる．もちろん，奇数番目の層にある変数で条件付けると，偶数番目の層にある変数が条件付き独立になる．

DBM が 2 部構造であることから，以前 RBM の条件付き分布に用いたのと同じ方程式を適用して，DBM の条件付き分布を求めることができる．ある層内のユニットは，隣接する層の値が与えられた下で互いに条件付き独立である．そのため，二値変数に関する分布は，各ユニットが活性である確率を与えるベルヌーイ分布のパラメータによって完全に記述できる．2 つの隠れ層を持つ先ほどの例では，活

性確率は

$$P(v_i = 1 \mid \boldsymbol{h}^{(1)}) = \sigma\left(\boldsymbol{W}_{i,:}^{(1)}\boldsymbol{h}^{(1)}\right) \tag{20.26}$$

$$P(h_i^{(1)} = 1 \mid \boldsymbol{v}, \boldsymbol{h}^{(2)}) = \sigma\left(\boldsymbol{v}^\top \boldsymbol{W}_{:,i}^{(1)} + \boldsymbol{W}_{i,:}^{(2)}\boldsymbol{h}^{(2)}\right) \tag{20.27}$$

$$P(h_k^{(2)} = 1 \mid \boldsymbol{h}^{(1)}) = \sigma\left(\boldsymbol{h}^{(1)\top}\boldsymbol{W}_{:,k}^{(2)}\right) \tag{20.28}$$

となる．

2 部構造は深層ボルツマンマシンにおけるギブスサンプリングを効率化する．ギブスサンプリングに対する簡単なアプローチは，1 回の更新につき 1 つの変数しか更新しないことである．RBM では，すべての可視ユニットを 1 つ目のブロックで更新し，すべての隠れユニットを 2 番目のブロックで更新することが可能である．単純に考えると，反復ごとに 1 つの層のユニットからなるブロックを更新するため，l 層の DBM では $l+1$ 回の更新が必要であると思うかもしれない．しかしながら，すべてのユニットをたった 2 回の演算で更新することが可能である．ギブスサンプリングは，（可視層を含む）すべての偶数番目の層を含むブロックと，すべての奇数番目の層を含む別のブロックの 2 つの更新ブロックに分けることができる．2 部構造の DBM の結合パターンにより，偶数番目の層が与えられた下での奇数番目の層の分布は因数分解可能となり，1 つのブロックとして同時に独立してサンプリングできる．同様に，奇数番目の層が与えられた下での偶数番目の層は，1 つのブロックとして同時に独立してサンプリングできる．効率的なサンプリングは，確率的最尤アルゴリズムを用いる訓練において特に重要である．

20.4.1 興味深い性質

深層ボルツマンマシンには，多くの興味深い性質がある．

DBM は DBN の後に発展した．DBN と比較して，DBM では事後分布 $P(\boldsymbol{h} \mid \boldsymbol{v})$ がより単純である．いささか直感に反するが，この事後分布の単純さによって，事後分布のより豊かな近似が可能となる．DBN の場合，ヒューリスティックな動機付けによる近似推論手続きを用いて分類を実行する．ここでは，シグモイド活性化関数と元の DBN と同じ重みを使用する MLP のネットワークを上向きに伝播することで，隠れユニットの平均場の期待値に対する妥当な値が与えられると推測される．任意の分布 $Q(\boldsymbol{h})$ を用いて，対数尤度の変分下界を求めることができる．したがって，このヒューリスティックな手続きによって，そのような下界が求められる．しかし，その下界は明示的に最適化されないので，厳しくならない可能性がある．特に，ヒューリスティックな Q の推定では，入力に近い隠れユニットでの深い層の隠れユニットからのトップダウンのフィードバックによる影響だけでなく，同じ層内の隠れユニット同士の相互作用も無視している．DBN における MLP に基づくヒューリスティックな推論手続きでは，これらの相互作用を考慮することができないので，結果的に得られる Q はおそらく最適とは程遠くなる．DBM では，ある層内のすべての隠れユニットは，他の層が与えられた下で条件付き独立である．層内の相互作用がないことで，不動点方程式を用いて変分下界を最適化したり，真の最適な平均場の期待値を（ある数値許容範囲内で）見つけたりすることができる．

適切な平均場を利用すれば，DBM の近似推論手続きはトップダウンのフィードバック相互作用の影響を取り込むことができる．このことによって，DBM は神経科学の立場からも興味深いものとなっている．なぜなら，人間の脳は多くのトップダウンのフィードバック結合を用いていることが知られているからである．この性質により，DBM は実際の神経科学的な現象の計算モデルとして使用されてきた (Series *et al.*, 2010; Reichert *et al.*, 2011).

DBM の不幸な性質の 1 つは，DBM からのサンプリングが比較的難しいということである．DBN は最上部の二層でのみ MCMC サンプリングを使う必要がある．他の層は，サンプリング過程の最後に，効率的な伝承サンプリングを 1 回実行する中で使われるだけである．DBM からサンプルを生成するためには，すべての層にわたって MCMC を使い，モデルのすべての層をすべてのマルコフ連鎖の遷移に関与させる必要がある．

20.4.2　DBM の平均場推論

DBM のある層における隣接する層の下での条件付き確率分布は，因数分解可能になる．2 つの隠れ層を持つ DBM の例の場合，これらの分布は $P(\boldsymbol{v} \mid \boldsymbol{h}^{(1)})$，$P(\boldsymbol{h}^{(1)} \mid \boldsymbol{v}, \boldsymbol{h}^{(2)})$，$P(\boldsymbol{h}^{(2)} \mid \boldsymbol{h}^{(1)})$ と書ける．すべての隠れ層に関する分布は，層間の相互作用のため一般的には因数分解できない．2 つの隠れ層の例では，互いに依存する変数 $\boldsymbol{h}^{(1)}$ と $\boldsymbol{h}^{(2)}$ の間の相互作用重み $\boldsymbol{W}^{(2)}$ のため，$P(\boldsymbol{h}^{(1)}, \boldsymbol{h}^{(2)} \mid \boldsymbol{v})$ は因数分解できない．

DBN の場合と同様に，DBM の事後分布を近似する方法を見つける必要がある．しかし DBN とは異なり，DBM の隠れユニットにおける事後分布は，複雑ではあるものの，(19.4節で議論されたように）変分近似，特に平均場近似によって簡単に近似することができる．平均場近似は，近似分布を完全に因数分解可能な分布に制限した，変分推論の単純な形である．DBM に関しては，平均場方程式は層間の両方向の相互作用を捉える．本節では，最初にSalakhutdinov and Hinton (2009a) で導入された，反復近似推論手続きを導出する．

推論のための変分近似では，適度に単純な分布族によって特定の目標分布（この場合は可視ユニットが与えられた下での隠れユニットの事後分布）を近似するタスクに取り組む．平均場近似の場合，近似する分布族は隠れユニットが条件付き独立となるような分布の集合である．

ここでは，2 つの隠れ層の場合について，平均場近似のアプローチを展開する．$Q(\boldsymbol{h}^{(1)}, \boldsymbol{h}^{(2)} \mid \boldsymbol{v})$ を $P(\boldsymbol{h}^{(1)}, \boldsymbol{h}^{(2)} \mid \boldsymbol{v})$ の近似とする．平均場仮定は

$$Q(\boldsymbol{h}^{(1)}, \boldsymbol{h}^{(2)} \mid \boldsymbol{v}) = \prod_j Q(h_j^{(1)} \mid \boldsymbol{v}) \prod_k Q(h_k^{(2)} \mid \boldsymbol{v}) \tag{20.29}$$

を意味する．

平均場近似は，真の事後分布 $P(\boldsymbol{h}^{(1)}, \boldsymbol{h}^{(2)} \mid \boldsymbol{v})$ に最もよく適合する分布族を見つけようとする．重要なことは，$\boldsymbol{v}$ の新しい値を使用するたびに，別の分布 Q を見つけるための推論過程を再度実行する必要があるということである．

$Q(\boldsymbol{h} \mid \boldsymbol{v})$ が $P(\boldsymbol{h} \mid \boldsymbol{v})$ にどれだけ適切に適合しているかを測定する多くの方法が考えられる．平均場のアプローチでは

$$\mathrm{KL}(Q \| P) = \sum_{\boldsymbol{h}} Q(\boldsymbol{h}^{(1)}, \boldsymbol{h}^{(2)} \mid \boldsymbol{v}) \log \left(\frac{Q(\boldsymbol{h}^{(1)}, \boldsymbol{h}^{(2)} \mid \boldsymbol{v})}{P(\boldsymbol{h}^{(1)}, \boldsymbol{h}^{(2)} \mid \boldsymbol{v})} \right) \tag{20.30}$$

を最小化することである．

一般に，独立性の仮定をおけば，それに加えて近似分布のパラメトリックな形式を与える必要はない．変分近似の手続きは，一般に近似分布の関数形を復元することができる．しかし，（ここでの説明にお

ける）二値の隠れユニットについての平均場の仮定については，事前にモデルのパラメータを固定することによって一般性が失われることはない．

Q をベルヌーイ分布の積としてパラメータ化する．すなわち，$\boldsymbol{h}^{(1)}$ の各要素の確率をパラメータと結び付ける．具体的には，各 j について，$\hat{h}_j^{(1)} \in [0,1]$ に対して $\hat{h}_j^{(1)} = Q(h_j^{(1)} = 1 \mid \boldsymbol{v})$ とし，各 k について，$\hat{h}_k^{(2)} \in [0,1]$ に対して $\hat{h}_k^{(2)} = Q(h_k^{(2)} = 1 \mid \boldsymbol{v})$ とする．したがって，事後分布について以下の近似が得られる．

$$Q(\boldsymbol{h}^{(1)}, \boldsymbol{h}^{(2)} \mid \boldsymbol{v}) = \prod_j Q(h_j^{(1)} \mid \boldsymbol{v}) \prod_k Q(h_k^{(2)} \mid \boldsymbol{v}) \tag{20.31}$$

$$= \prod_j (\hat{h}_j^{(1)})^{h_j^{(1)}} (1 - \hat{h}_j^{(1)})^{(1-h_j^{(1)})} \times \prod_k (\hat{h}_k^{(2)})^{h_k^{(2)}} (1 - \hat{h}_k^{(2)})^{(1-h_k^{(2)})}. \tag{20.32}$$

もちろん，より多くの層を持つ DBM の場合，近似事後分布のパラメータ化は次のような明確な方法で拡張することができる．これは 2 部グラフ構造を利用して，ギブスサンプリングと同じ工程に従い，まず偶数番目の層すべてを同時に更新し，次に奇数番目の層すべてを同時に更新するといった方法である．

近似分布 Q の族を指定したので，後は P に最もよく適合する族を選択する手続きを指定すればよい．これを行う最も直接的な方法は，式19.56で示された平均場方程式を用いることである．平均場方程式は，変分下界の微分をゼロとして解くことで導かれる．この方程式は，単純に Q に関する期待値を取ることで，任意のモデルについて変分下界を最適化する方法を抽象的に表している．

こうした一般的な方程式を適用することで，以下の更新則が得られる（再びバイアス項は無視している）．

$$\hat{h}_j^{(1)} = \sigma\left(\sum_i v_i W_{i,j}^{(1)} + \sum_{k'} W_{j,k'}^{(2)} \hat{h}_{k'}^{(2)}\right), \quad \forall j \tag{20.33}$$

$$\hat{h}_k^{(2)} = \sigma\left(\sum_{j'} W_{j',k}^{(2)} \hat{h}_{j'}^{(1)}\right), \quad \forall k. \tag{20.34}$$

この連立方程式の不動点では，変分下界 $\mathcal{L}(Q)$ の極大値が得られる．したがって，これらの不動点更新方程式によって，（式20.33を用いた）$\hat{h}_j^{(1)}$ の更新と（式20.34を用いた）$\hat{h}_k^{(2)}$ の更新を交互に行う反復アルゴリズムが定義される．MNIST のような小さな問題では，学習用の正段階の勾配を近似的に見つけるには 10 回程度の少ない反復で十分であり，高精度な分類に使用される単一の特定の事例の高品質な表現を得るには通常 50 回程度で十分である．近似変分推論をより深い DBM に対して拡張するのは容易である．

20.4.3　DBM のパラメータ学習

DBM の学習では，18章のテクニックを用いた計算困難な分配関数の課題と，19章のテクニックを用いた計算困難な事後分布の課題の両方に立ち向かわなくてはならない．

20.4.2節で述べたように，変分推論によって，計算困難な $P(\boldsymbol{h} \mid \boldsymbol{v})$ を近似する分布 $Q(\boldsymbol{h} \mid \boldsymbol{v})$ を構築できる．そして学習は，計算困難な対数尤度 $\log P(\boldsymbol{v};\boldsymbol{\theta})$ の変分下界である $\mathcal{L}(\boldsymbol{v}, Q, \boldsymbol{\theta})$ の最大化により進められる．

2 つの隠れ層を持つ深層ボルツマンマシンについて，$\mathcal{L}$ は次の式で与えられる．

$$\mathcal{L}(Q,\boldsymbol{\theta}) = \sum_i \sum_{j'} v_i W^{(1)}_{i,j'} \hat{h}^{(1)}_{j'} + \sum_{j'} \sum_{k'} \hat{h}^{(1)}_{j'} W^{(2)}_{j',k'} \hat{h}^{(2)}_{k'} - \log Z(\boldsymbol{\theta}) + \mathcal{H}(Q). \tag{20.35}$$

この式には，まだ対数分配関数 $\log Z(\boldsymbol{\theta})$ が含まれている．深層ボルツマンマシンは構成要素として制限付きボルツマンマシンを持つため，制限付きボルツマンマシンに当てはまる分配関数の計算やサンプリングによる困難は，深層ボルツマンマシンにも当てはまる．これは，ボルツマンマシンの確率質量関数を評価するのに，焼きなまし重点サンプリングのような近似的な方法が必要になることを意味している．同様に，モデルを訓練するには対数分配関数の勾配を近似する方法が必要であることを意味している．これらの方法の一般的な説明については18章を参照されたい．通常，DBM は確率的最尤法によって訓練される．18章で説明した他のテクニックの多くは適用できない．擬似尤度のようなテクニックでは，単に変分下界を得るのではなく，非正規化確率を評価できる必要がある．深層ボルツマンマシンでは，可視ユニットが与えられた下での隠れユニットの効率的なサンプリングができないため，コントラスティブ・ダイバージェンスでは，代わりに負段階のサンプルが新たに必要になるたびにマルコフ連鎖のバーンインが必要になる．そのため，コントラスティブ・ダイバージェンスは遅くなってしまう．

変分でない確率的最尤アルゴリズムについては，18.2節で説明した．DBM に適用される変分確率的最尤法について，アルゴリズム20.1で示す．バイアスパラメータのない，単純化した DBM の変種について説明することを思い出してほしい．しかし，バイアスパラメータを含むように一般化することは容易である．

20.4.4　層別の事前学習

残念ながら，ランダムな初期化による（上述の）確率的最尤法を用いた DBM の訓練は，通常失敗に終わる．場合によっては，モデルは適切な分布の表現を学習するのに失敗する．あるいは，DBM が分布をうまく表現できても，得られる尤度が RBM だけの尤度と比べて高くない場合もある．第一層以外のすべての層で非常に小さな重みしか持たない DBM は，RBM とほぼ同じ分布を表現する．

同時訓練を可能にするさまざまなテクニックが開発されており，20.4.5節で説明する．しかし，DBM の同時訓練問題を克服するための初期の最も有名な手法は，層別の貪欲事前学習である．この方法では，DBM の各層を RBM として独立に訓練する．第一層では，入力データをモデリングするように訓練する．その次の RBM では，それぞれ 1 つ前の RBM の事後分布からのサンプルをモデリングするように訓練する．すべての RBM をこのような方法で訓練した後に，これらの RBM をまとめて DBM を構成する．その後，PCD を用いて DBM を訓練できる．一般的に PCD による訓練は，モデルパラメータおよびデータの対数尤度で測定される性能や入力の分類能力に対して，わずかな変更しか及ぼさない．訓練手続きの説明については，図20.4を参照されたい．

この層別の貪欲訓練の手続きは，単なる座標上昇法ではない．層別の貪欲訓練の手続きは，各ステップでパラメータの部分集合の 1 つを最適化するという意味では，座標上昇法と多少類似している．2 つの方法の異なる点は，層別の貪欲訓練手続きが，各ステップで異なる目的関数を用いることである．

DBM の層別の貪欲事前学習は，DBN の層別の貪欲事前学習とは異なる．DBN の場合，各 RBM のパラメータは対応する DBN に直接コピーできる．DBM の場合，RBM のパラメータは DBM に含める前に変更する必要がある．積み重ねる RBM の中間層はボトムアップ入力のみを使って訓練されるが，積み重ねて DBM を形成した後は，その層はボトムアップ入力とトップダウン入力の両方を持つ．この効果を説明するために，Salakhutdinov and Hinton (2009a) は，最上部と最下部を除くすべての

Algorithm 20.1 2つの隠れ層を持つ DBM を訓練する変分確率的最尤法アルゴリズム

ステップサイズ ϵ を，小さい正の数に定める
ギブスステップの回数 k を，$p(\boldsymbol{v}, \boldsymbol{h}^{(1)}, \boldsymbol{h}^{(2)}; \boldsymbol{\theta} + \epsilon\Delta_{\boldsymbol{\theta}})$ のマルコフ連鎖が，$p(\boldsymbol{v}, \boldsymbol{h}^{(1)}, \boldsymbol{h}^{(2)}; \boldsymbol{\theta})$ からのサンプルから始めて，バーンインできる十分な大きさに定める
それぞれが m 行からなる3つの行列 $\tilde{\boldsymbol{V}}$，$\tilde{\boldsymbol{H}}^{(1)}$，$\tilde{\boldsymbol{H}}^{(2)}$ を（たとえばベルヌーイ分布，もしくはなるべくモデルの周辺分布と合致するような周辺分布からの）ランダムな値で初期化する
while 収束しない（学習ループ） **do**
　訓練データから，m 個の事例のミニバッチをサンプリングし，計画行列 $\boldsymbol{V}$ の行に並べる
　行列 $\hat{\boldsymbol{H}}^{(1)}$ と $\hat{\boldsymbol{H}}^{(2)}$ を，なるべくモデルの周辺分布で初期化する
　while 収束しない（平均場推論ループ） **do**
　　$\hat{\boldsymbol{H}}^{(1)} \leftarrow \sigma\left(\boldsymbol{V}\boldsymbol{W}^{(1)} + \hat{\boldsymbol{H}}^{(2)}\boldsymbol{W}^{(2)\top}\right)$
　　$\hat{\boldsymbol{H}}^{(2)} \leftarrow \sigma\left(\hat{\boldsymbol{H}}^{(1)}\boldsymbol{W}^{(2)}\right)$
　end while
　$\Delta_{\boldsymbol{W}^{(1)}} \leftarrow \frac{1}{m}\boldsymbol{V}^\top\hat{\boldsymbol{H}}^{(1)}$
　$\Delta_{\boldsymbol{W}^{(2)}} \leftarrow \frac{1}{m}\hat{\boldsymbol{H}}^{(1)\ \top}\hat{\boldsymbol{H}}^{(2)}$
　for $l = 1$ to k（ギブスサンプリング） **do**
　　ギブスブロック 1:
　　$\forall i, j, P(\tilde{V}_{i,j} = 1) = \sigma\left(\boldsymbol{W}_{j,:}^{(1)}\left(\tilde{\boldsymbol{H}}_{i,:}^{(1)}\right)^\top\right)$ からサンプリングされた $\tilde{V}_{i,j}$
　　$\forall i, j, P(\tilde{H}_{i,j}^{(2)} = 1) = \sigma\left(\tilde{\boldsymbol{H}}_{i,:}^{(1)}\boldsymbol{W}_{:,j}^{(2)}\right)$ からサンプリングされた $\tilde{H}_{i,j}^{(2)}$
　　ギブスブロック 2:
　　$\forall i, j, P(\tilde{H}_{i,j}^{(1)} = 1) = \sigma\left(\tilde{\boldsymbol{V}}_{i,:}\boldsymbol{W}_{:,j}^{(1)} + \tilde{\boldsymbol{H}}_{i,:}^{(2)}\boldsymbol{W}_{j,:}^{(2)\top}\right)$ からサンプリングされた$\tilde{H}_{i,j}^{(1)}$
　end for
　$\Delta_{\boldsymbol{W}^{(1)}} \leftarrow \Delta_{\boldsymbol{W}^{(1)}} - \frac{1}{m}\boldsymbol{V}^\top\tilde{\boldsymbol{H}}^{(1)}$
　$\Delta_{\boldsymbol{W}^{(2)}} \leftarrow \Delta_{\boldsymbol{W}^{(2)}} - \frac{1}{m}\tilde{\boldsymbol{H}}^{(1)\top}\tilde{\boldsymbol{H}}^{(2)}$
　$\boldsymbol{W}^{(1)} \leftarrow \boldsymbol{W}^{(1)} + \epsilon\Delta_{\boldsymbol{W}^{(1)}}$（これは簡略化して書かれており，実際には学習率の減衰を用いるモメンタムなどのより効果的なアルゴリズムを用いる）
　$\boldsymbol{W}^{(2)} \leftarrow \boldsymbol{W}^{(2)} + \epsilon\Delta_{\boldsymbol{W}^{(2)}}$
end while

RBM の重みを，DBM に挿入する前に半分にすることを提唱した．さらに，最下部の RBM は，各可視ユニットの2つの「コピー」と，その2つのコピー間で等しくなるように制約した重みを使用して訓練する必要がある．これは，上向きの伝播において重みが実質的に2倍になることを意味している．同様に，最上部の RBM は，最上層の2つのコピーを使用して訓練する必要がある．

深層ボルツマンマシンの最高水準の結果を得るには，標準的な SML アルゴリズムを修正して，同時 PCD 訓練ステップの負段階で少量の平均場を使用する必要がある (Salakhutdinov and Hinton, 2009a)．特にエネルギー勾配の期待値は，すべてのユニットが互いに独立となる平均場分布に関して計算されるべきである．この平均場分布のパラメータは，平均場不動点方程式を1ステップだけ実行することで得られるべきである．負段階で部分平均場を使用する場合と使用しない場合の中心化 DBM の性能比較については，Goodfellow *et al.* (2013b) を参照されたい．

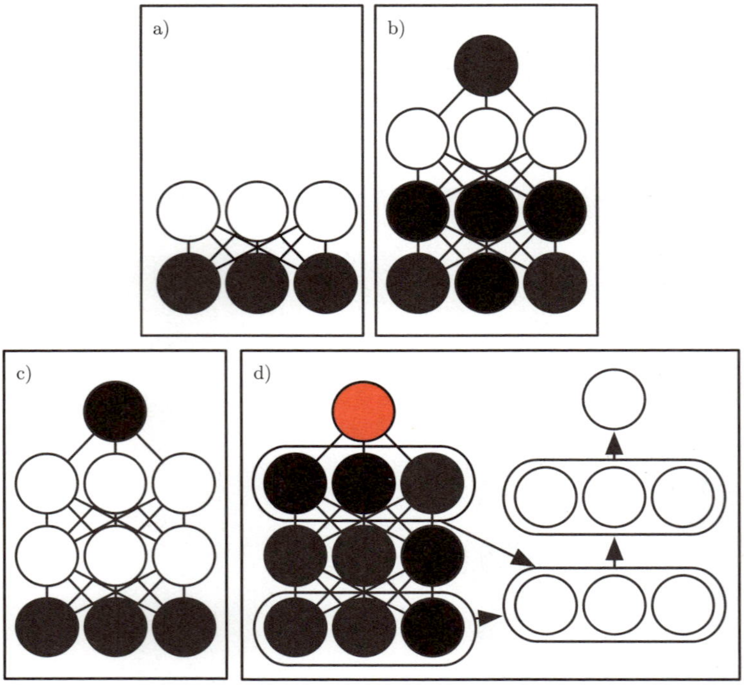

図 **20.4:**　MNIST データ集合を分類するために使われる深層ボルツマンマシンの訓練手続き (Salakhutdinov and Hinton, 2009a; Srivastava *et al.*, 2014). (a)　CD を用いて RBM を訓練し，$\log P(\boldsymbol{v})$ を近似的に最大化する．(b)　CD-k を用いて，$\boldsymbol{h}^{(1)}$ と目標クラス y をモデリングする 2 つ目の RBM を訓練し，$\log P(\boldsymbol{h}^{(1)}, \mathrm{y})$ を近似的に最大化する．ただし，$\boldsymbol{h}^{(1)}$ は，データに条件付けられた 1 つ目の RBM の事後分布から抽出される．学習の過程で，k を 1 から 20 まで増加させる．(c)　2 つの RBM をまとめて DBM にする．$k = 5$ の確率的最尤法を用いて DBM を訓練し，$\log P(\mathbf{v}, \mathrm{y})$ を近似的に最大化する．(d)　y をモデルから消去する．y のないモデルで平均場推論を実行することで得られる新たな特徴量の集合 $\boldsymbol{h}^{(1)}$ と $\boldsymbol{h}^{(2)}$ を定義する．これらの特徴量を，平均場の追加パスと同じ構造の MLP への入力として用いる．また，この MLP は y を推定するための追加の出力層を持つ．MLP の重みを初期化して，DBM の重みと同じにする．確率的勾配降下法とドロップアウトを用いて MLP を訓練し，$\log P(\mathrm{y} \mid \mathbf{v})$ を近似的に最大化する．図はGoodfellow *et al.* (2013b) から引用した．

20.4.5　深層ボルツマンマシンの同時訓練

古典的な DBM は教師なし貪欲事前学習を必要とし，分類を適切に行うためには，抽出した隠れ層の特徴量の上部に別の MLP に基づく分類器が必要である．これには，いくつかの望ましくない特性がある．最初の RBM を訓練している間は DBM 全体の特性を評価することができないため，訓練中に性能を追跡することは難しい．したがって，訓練過程のかなり後になるまで，ハイパーパラメータがどのくらい適切に機能しているかを知ることは困難である．DBM のソフトウェア実装には，個別の RBM の CD による訓練，DBM 全体の PCD による訓練，MLP での誤差逆伝播に基づく訓練など，さまざまな要素が必要である．最後に，ボルツマンマシンの上部の MLP は，入力に欠損がある場合でも推論ができるといった，ボルツマンマシン確率モデルの多くの利点を失ってしまう．

深層ボルツマンマシンの同時訓練問題を解決するには，主に 2 つの方法がある．1 つ目は，**中心化深層ボルツマンマシン**（centered deep Boltzmann machine）(Montavon and Muller, 2012) で，学習過程の初期段階で，コスト関数のヘッセ行列がよりよい条件数となるようにモデルを再パラメータ化したものである．これによって，層別の貪欲事前学習段階がなくてもモデルを訓練できる．このモデルは，結果としてテスト集合において優れた対数尤度を達成し，高品質なサンプルを生成する．残念ながら，分類器として適切に正則化された MLP と競合することはできないままである．深層ボルツマンマシンの同時訓練を可能にする 2 つ目の方法は，**多予測深層ボルツマンマシン**（multi-prediction deep Boltzmann machine）(Goodfellow *et al.*, 2013b) の利用である．このモデルは，MCMC によって勾配を推定する問題を回避するために誤差逆伝播アルゴリズムを使用できる代替的な訓練基準を用いている．残念ながら，この新たな基準によってよい尤度やサンプルは得られないが，MCMC のアプローチと比較して，優れた分類性能と欠損した入力を適切に推論する能力を示す．

ボルツマンマシンの中心化トリックは，ボルツマンマシンの一般的な見方に立ち返って，重み行列 $\boldsymbol{U}$ とバイアス $\boldsymbol{b}$ を持つユニット $\boldsymbol{x}$ の集合によって構成されるものとすると，簡単に説明できる．式20.2より，エネルギー関数は以下のように与えられることを思い出してほしい．

$$E(\boldsymbol{x}) = -\boldsymbol{x}^\top \boldsymbol{U}\boldsymbol{x} - \boldsymbol{b}^\top \boldsymbol{x}. \tag{20.36}$$

重み行列 $\boldsymbol{U}$ に異なるスパース性のパターンを使用することで，RBM や異なる層数を持つ DBM といったボルツマンマシンの構造を実装することができる．これは，$\boldsymbol{x}$ を可視ユニットと隠れユニットとに分け，相互作用しないユニットについて $\boldsymbol{U}$ の要素をゼロにすることで達成される．中心化ボルツマンマシンでは，次の式のように，ベクトル $\boldsymbol{\mu}$ を導入して，すべての状態から減算する．

$$E'(\boldsymbol{x}; \boldsymbol{U}, \boldsymbol{b}) = -(\boldsymbol{x} - \boldsymbol{\mu})^\top \boldsymbol{U}(\boldsymbol{x} - \boldsymbol{\mu}) - (\boldsymbol{x} - \boldsymbol{\mu})^\top \boldsymbol{b}. \tag{20.37}$$

通常は，$\boldsymbol{\mu}$ は訓練の最初に固定するハイパーパラメータである．モデルを初期化するときに，$\boldsymbol{x} - \boldsymbol{\mu} \approx \boldsymbol{0}$ となるように選択するのが一般的である．この再パラメータ化によってモデルが表現できる確率分布の集合が変化することはないが，尤度に適用される確率的勾配降下法のダイナミクスは変化する．具体的には，多くの場合で，再パラメータ化によってヘッセ行列がよりよい条件数となる．Melchior *et al.* (2013) は，ヘッセ行列の条件数が改善することを実験的に確認し，中心化トリックが別のボルツマン機械学習のテクニックである**増強勾配**（enhanced gradient）(Cho *et al.*, 2011) と等価であることを観測した．ヘッセ行列の条件数の改善によって，多層の深層ボルツマンマシンを訓練するような難しい場合でも，学習を成功させることができる．

深層ボルツマンマシンを同時訓練するための別のアプローチは，多予測深層ボルツマンマシン（MP-DBM）である．MP-DBM では，平均場方程式を，取りうるすべての推論問題を近似的に解くための回帰結合型ネットワークの族を定義するものとみなしている (Goodfellow *et al.*, 2013b)．尤度を最大化するようにモデルを訓練するのではなく，それぞれの回帰結合型ネットワークが対応する推論問題に対する正確な答えを得るようにモデルを訓練する．訓練過程を図20.5に示す．この過程は，訓練事例をランダムにサンプリングし，推論ネットワークに対する入力の部分集合をランダムにサンプリングし，それから推論ネットワークを訓練して，それ以外のユニットの値を予測することから構成される．

近似推論のために計算グラフを誤差逆伝播するという一般的な原理は，他のモデルにも適用されている (Stoyanov *et al.*, 2011; Brakel *et al.*, 2013)．これらのモデルや MP-DBM では，最終的な損失は尤度の下界ではない．代わりに，最終的な損失は通常，近似推論ネットワークが欠損値に課す近似条件付き分布に基づくものになる．これは，これらのモデルの訓練がややヒューリスティックになることを

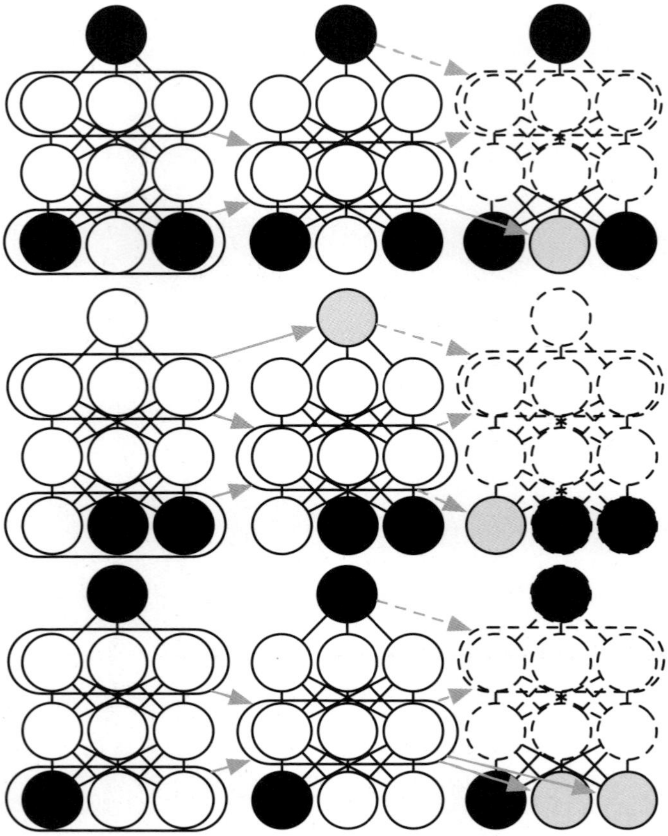

図 **20.5:** 深層ボルツマンマシンの多予測訓練過程の説明．各行は，それぞれ同じ訓練ステップにおけるミニバッチ内の異なる事例を示している．各列は，それぞれ平均場推論過程内の時間ステップを表現する．各事例では，データ変数の部分集合をサンプリングして推論過程の入力とする．これらの変数は黒く塗られていて，条件付けを示している．次に，平均場推論過程を実行する．この過程の中で，どの変数が別のどの変数に影響するかを矢印で示している．実際の応用では，数ステップにわたって平均場を展開する．この図では 2 ステップだけを展開している．破線の矢印は，より多くのステップでこの過程を展開する方法を示している．推論過程の入力として使われなかったデータ変数は目標となり，灰色に塗られている．各事例に対する推論過程は，回帰結合型ネットワークとして見ることができる．勾配降下法と誤差逆伝播法を用いて，入力が与えられた下での正しい目標が生成されるように，これらの回帰結合型ネットワークを訓練する．これは，MP-DBM が正確な推定値をもたらすように平均場過程を訓練する．図はGoodfellow *et al.* (2013b) から引用した．

意味する．MP-DBM で学習したボルツマンマシンによって表現される $p(\boldsymbol{v})$ を調べると，ギブスサンプリングで質の悪いサンプルが生成されるという意味では，多少不完全となる傾向にある．

推論グラフの誤差逆伝播には，主に 2 つの利点がある．1 つ目は，近似推論を用いて，実際に使用する方法でモデルが訓練されることである．これは，たとえば欠損した入力を補完したり，欠損した入力があっても分類したりするための近似推論が，元の DBM よりも MP-DBM の方で正確であることを意味する．元の DBM はそれだけで正確な分類器を作成するものではない．元の DBM で最良の分類結果が得られるのは，DBM の推論を利用してクラスラベルの分布を計算したからではなく，DBM によって抽出された特徴量を利用する別の分類器を訓練したからである．MP-DBM の平均場推論は，特別な修正を加えずに，分類器として適切に機能する．近似推論を誤差逆伝播するもう 1 つの利点は，逆伝播が損失の正確な勾配を計算することである．これは，バイアスとバリアンスの両方で悩まされる，SML による訓練での近似勾配よりも最適化に適している．これはおそらく，DBM が層別の貪欲事前訓練を必要とするのに対して，MP-DBM が同時に訓練できる理由を説明している．近似推論グラフの誤差逆伝播の欠点は，対数尤度を最適化する方法ではなく，一般化擬似尤度のヒューリスティックな近似が与えられることである．

MP-DBM は，NADE の枠組みを拡張した NADE-k(Raiko *et al.*, 2014) に影響を与えた．これについては20.10.10節で述べる．

MP-DBM は，ドロップアウトといくらか関連がある．ドロップアウトは，さまざまな計算グラフの間で同じパラメータを共有している．それぞれのグラフの違いは，それぞれのユニットを含むか含まないかの違いである．MP-DBM もまた，多くの計算グラフにわたってパラメータを共有する．MP-DBM の場合，グラフ間の違いは各入力ユニットが観測されているかどうかである．もしユニットが観測されていない場合，MP-DBM はドロップアウトのように完全に削除するわけではない．その代わりに，MP-DBM はそれを推論する潜在変数として扱う．いくつかのユニットを潜在変数にするのではなく取り除いてしまうことで，MP-DBM にドロップアウトを適用することも考えられる．

20.5　実数値データに対するボルツマンマシン

ボルツマンマシンはもともと二値データで利用するために開発されたものではあるが，画像や音声のモデリングのような多くの応用では，実数値における確率分布を表現する能力が必要となるだろう．場合によっては，[0,1] 間の実数値データを，二値変数の期待値として扱うことができる．たとえば，Hinton (2000) は，訓練集合のグレースケール画像を [0,1] 間の確率値を定義するものとして扱っている．各ピクセルは二値の値が 1 である確率を定義し，二値のピクセルはすべて互いに独立にサンプリングされる．これは，グレースケールの画像データ集合で二値モデルを評価する一般的な手続きである．しかし，これは特段理論的に満足できるアプローチというわけではなく，この方法で独立にサンプリングした二値画像はノイズが多くなる．本節では，実数値データにおける確率密度を定義するボルツマンマシンを紹介する．

20.5.1　ガウス–ベルヌーイ型 RBM

制限付きボルツマンマシンは，多くの指数型分布族の条件付き分布に対して構築することができる (Welling *et al.*, 2005)．これらのうち，最も一般的なものは二値の隠れユニットと実数値の可視ユニットからなる RBM であり，可視ユニットの条件付き分布は，平均が隠れユニットの関数となるガウス分布である．

ガウス–ベルヌーイ型 RBM をパラメータ化するには多くの方法がある．1 つの選択肢は，ガウス分布に共分散行列を用いるか精度行列を用いるかである．ここでは精度行列を用いた定式化について説明する．共分散行列による定式化は簡単な修正で得られる．ここで必要な条件付き分布は

$$p(\boldsymbol{v} \mid \boldsymbol{h}) = \mathcal{N}(\boldsymbol{v}; \boldsymbol{W}\boldsymbol{h}, \boldsymbol{\beta}^{-1}) \tag{20.38}$$

である．

以下のように非正規化対数条件付き分布を展開することで，エネルギー関数に加える必要のある項を見つけることができる．

$$\log \mathcal{N}(\boldsymbol{v}; \boldsymbol{W}\boldsymbol{h}, \boldsymbol{\beta}^{-1}) = -\frac{1}{2}(\boldsymbol{v} - \boldsymbol{W}\boldsymbol{h})^\top \boldsymbol{\beta}(\boldsymbol{v} - \boldsymbol{W}\boldsymbol{h}) + f(\boldsymbol{\beta}). \tag{20.39}$$

ここで，f は，モデル中の確率変数ではなくパラメータのみを含むすべての項を 1 つにまとめた関数である．f の唯一の役割は分布の正規化であり，選択する任意のエネルギー関数の分配関数がその役割を果たすため，f の項は無視することができる．

もし，式20.39中の $\boldsymbol{v}$ を含むすべての項を（符号を反転させて）エネルギー関数に含め，それ以外に $\boldsymbol{v}$ を含む項を加えたりしなければ，エネルギー関数は求めたい条件付き分布 $p(\boldsymbol{v} \mid \boldsymbol{h})$ を表すことになる．

他の条件付き分布である $p(\boldsymbol{h} \mid \boldsymbol{v})$ に関しては，多少自由度がある．式20.39には以下の項があることに注意されたい．

$$\frac{1}{2}\boldsymbol{h}^\top \boldsymbol{W}^\top \boldsymbol{\beta}\boldsymbol{W}\boldsymbol{h}. \tag{20.40}$$

この項には $h_i h_j$ の項が含まれるため，そのままエネルギー関数に含めることはできない．これらは隠れユニット間の辺に対応する．これらの項を含むと，制限付きボルツマンマシンではなく線形因子モデルとなる．ボルツマンマシンを設計するときは，単純にこれらの $h_i h_j$ の交差項を省略する．これらを省略しても条件付き分布 $p(\boldsymbol{v} \mid \boldsymbol{h})$ は変わらないので，式20.39は依然として保たれる．しかし，単一の h_i だけを含む項を含めるかどうかの選択肢が残っている．もし対角精度行列を仮定すると，各隠れユニット h_i に対する以下の項があることがわかる．

$$\frac{1}{2}h_i \sum_j \beta_j W_{j,i}^2. \tag{20.41}$$

ここでは，$h_i \in \{0, 1\}$ なので，$h_i^2 = h_i$ となることを用いた．もし，この項を（符号を反転させて）エネルギー関数に含めると，そのユニットの重みが大きく，可視ユニットと高い精度で結合している場合に，h_i が自然にオフになるように偏る．このバイアス項を含めるかどうかの選択は，（隠れユニットのバイアスパラメータが含まれていると仮定した場合に）モデルが表現できる分布族に影響を与えることはないが，モデルの学習ダイナミクスに影響を与える．この項を含めることで，重みの大きさが急激に増加しても，隠れユニットの活性は適切なままとなる．

したがって，ガウス–ベルヌーイ型 RBM のエネルギー関数を定義する 1 つの方法は

$$E(\boldsymbol{v}, \boldsymbol{h}) = \frac{1}{2}\boldsymbol{v}^\top(\boldsymbol{\beta} \odot \boldsymbol{v}) - (\boldsymbol{v} \odot \boldsymbol{\beta})^\top \boldsymbol{W}\boldsymbol{h} - \boldsymbol{b}^\top \boldsymbol{h} \tag{20.42}$$

とすることである．しかし，項を追加したり，精度ではなく分散に関してエネルギー関数をパラメータ化することも可能である．

この導出では可視ユニットにバイアス項を含めなかったが，これは簡単に追加することができる．ガウス–ベルヌーイ型 RBM のパラメータ化における可変性の最後の要因の 1 つは，精度行列の取り扱い方の選択である．この選択は，（おそらくデータの周辺精度に基づいて推定される）定数として固定するか，あるいは学習するかのどちらかである．また，精度行列は単位行列のスカラー倍でもよいし，対角行列でもよい．通常は，ガウス分布におけるいくつかの演算では逆行列を求める必要があり，対角行列が逆行列を持つことは自明であるため，この文脈では精度行列を非対角行列にすることはない．次節以降では，他の形式のボルツマンマシンが，精度行列の逆行列の計算を回避するさまざまなテクニックを用いて，共分散構造をモデリングしていることを確認する．

20.5.2　条件付き共分散の無向モデル

ガウス型 RBM は実数値データの正準エネルギーモデルであったが，Ranzato *et al.* (2010a) は，ガウス型 RBM の帰納的バイアスが，ある種の実数値データ，特に自然画像に存在する統計的変動にはあまり適していないと主張している．この問題は，自然画像に存在する情報量の多くが，生のピクセル値ではなくピクセル間の共分散に埋め込まれているということである．言い換えると，画像内の有用な情報のほとんどが存在するのは，ピクセル間の関係であり，ピクセルの絶対値ではないということである．ガウス型 RBM は，隠れユニットが与えられた下での入力の条件付き平均しかモデリングしないため，条件付き共分散の情報を捉えることができない．こうした批判を受けて，実数値データの共分散をよりよく説明しようとする代替的なモデルが提案されている．こうしたモデルには，平均–共分散型 RBM（the mean and covariance RBM，mcRBM*1），平均–スチューデントの t 分布の積（mean-product of t-distribution，mPoT）モデル，スパイク–スラブ型 RBM（spike and slab RBM，ssRBM）がある．

■平均–共分散型 RBM　mcRBM は，隠れユニットを用いて，すべての観測ユニットの条件付き平均と条件付き共分散を独立に符号化する．mcRBM の隠れ層は平均ユニットと共分散ユニットの 2 つのユニットのグループに分けられる．条件付き平均をモデリングするグループは単なるガウス型 RBM である．もう 1 つのグループは共分散型 RBM（covariance RBM，cRBM）(Ranzato *et al.*, 2010a) と呼ばれるもので，以下に説明するように条件付き共分散構造をモデリングする要素を持っている．

特に，二値の平均ユニット $\boldsymbol{h}^{(m)}$ と二値の共分散ユニット $\boldsymbol{h}^{(c)}$ を持つ mcRBM モデルは，次のように 2 つのエネルギー関数の組み合わせで定義される．

$$E_{\mathrm{mc}}(\boldsymbol{x}, \boldsymbol{h}^{(m)}, \boldsymbol{h}^{(c)}) = E_{\mathrm{m}}(\boldsymbol{x}, \boldsymbol{h}^{(m)}) + E_{\mathrm{c}}(\boldsymbol{x}, \boldsymbol{h}^{(c)}) \tag{20.43}$$

ただし，E_{m} は標準ガウス–ベルヌーイ型 RBM のエネルギー関数であり*2,

$$E_{\mathrm{m}}(\boldsymbol{x}, \boldsymbol{h}^{(m)}) = \frac{1}{2}\boldsymbol{x}^\top \boldsymbol{x} - \sum_j \boldsymbol{x}^\top \boldsymbol{W}_{:,j} h_j^{(m)} - \sum_j b_j^{(m)} h_j^{(m)} \tag{20.44}$$

となる．また E_{c} は，条件付き共分散の情報をモデリングする cRBM のエネルギー関数であり

$$E_{\mathrm{c}}(\boldsymbol{x}, \boldsymbol{h}^{(c)}) = \frac{1}{2}\sum_j h_j^{(c)} \left(\boldsymbol{x}^\top \boldsymbol{r}^{(j)}\right)^2 - \sum_j b_j^{(c)} h_j^{(c)} \tag{20.45}$$

となる．パラメータ $\boldsymbol{r}^{(j)}$ は $h_j^{(c)}$ に関連付けられた共分散重みベクトルであり，$\boldsymbol{b}^{(c)}$ は共分散オフセットのベクトルである．結合エネルギー関数によって，同時確率分布は

$$p_{\mathrm{mc}}(\boldsymbol{x}, \boldsymbol{h}^{(m)}, \boldsymbol{h}^{(c)}) = \frac{1}{Z}\exp\left\{-E_{\mathrm{mc}}(\boldsymbol{x}, \boldsymbol{h}^{(m)}, \boldsymbol{h}^{(c)})\right\} \tag{20.46}$$

と定義され，$\boldsymbol{h}^{(m)}$ と $\boldsymbol{h}^{(c)}$ が与えられた下での観測変数における条件付き確率は

$$p_{\mathrm{mc}}(\boldsymbol{x} \mid \boldsymbol{h}^{(m)}, h^{(c)}) = \mathcal{N}\left(\boldsymbol{x}; \boldsymbol{C}_{\boldsymbol{x}|\boldsymbol{h}}^{\mathrm{mc}}\left(\sum_j \boldsymbol{W}_{:,j} h_j^{(m)}\right), \boldsymbol{C}_{\boldsymbol{x}|\boldsymbol{h}}^{\mathrm{mc}}\right) \tag{20.47}$$

---

*1 「mcRBM」という用語は，文字をそのままエム–シー–アール–ビー–エムと読む．「マクドナルド」のように「mc」を「マク」とは読まない．

*2 この種類のガウス–ベルヌーイ型 RBM のエネルギー関数は，画像データのピクセルあたりの平均がゼロであると仮定している．ピクセル平均がゼロでないモデルを構成するために，ピクセルのオフセットを容易に追加できる．

と多変量ガウス分布として定義される．共分散行列 $\boldsymbol{C}^{\mathrm{mc}}_{\boldsymbol{x}|\boldsymbol{h}} = \left(\sum_j h_j^{(c)} \boldsymbol{r}^{(j)} \boldsymbol{r}^{(j)\top} + \boldsymbol{I}\right)^{-1}$ が非対角行列であり，$\boldsymbol{W}$ が条件付き平均をモデリングするガウス型 RBM と関連する重み行列であることに注意されたい．条件付き共分散の構造が非対角行列であるため，コントラスティブ・ダイバージェンスや継続的コントラスティブ・ダイバージェンスを用いて mcRBM を訓練するのは困難である．CD と PCD では $\boldsymbol{x}$，$\boldsymbol{h}^{(m)}$，$\boldsymbol{h}^{(c)}$ の同時分布からのサンプリングが必要であり，これは標準的な RBM では条件付き分布におけるギブスサンプリングによって達成される．しかし，mcRBM では，$p_{\mathrm{mc}}(\boldsymbol{x} \mid \boldsymbol{h}^{(m)}, \boldsymbol{h}^{(c)})$ からサンプリングするには，学習の繰り返しごとに $(\boldsymbol{C}^{\mathrm{mc}})^{-1}$ を計算する必要がある．これは，より大規模な観測データに対して非実用的な計算上の負荷となる可能性がある．Ranzato and Hinton (2010) は，mcRBM の自由エネルギーについてハミルトニアン（ハイブリッド）モンテカルロ (Neal, 1993) を用いて周辺分布 $p(\boldsymbol{x})$ から直接サンプリングすることで，条件付き確率 $p_{\mathrm{mc}}(\boldsymbol{x} \mid \boldsymbol{h}^{(m)}, \boldsymbol{h}^{(c)})$ からの直接的なサンプリングを回避している．

■平均–スチューデントの t 分布の積　平均–スチューデントの t 分布の積（mean-product of Student's t-distribution，mPoT）モデル (Ranzato *et al.*, 2010b) は，PoT モデル (Welling *et al.*, 2003a) を拡張したものであり，cRBM を mcRBM に拡張した方法と同様である．これはガウス型 RBM のような隠れユニットを追加してゼロでないガウス平均を含ませることで達成される．mcRBM と同じように，PoT の観測変数における条件付き分布は（非対角共分散行列を持つ）多変量ガウス分布である．しかし，mcRBM とは異なり，隠れ変数における相補的な条件付き分布は，条件付き独立なガンマ分布によって与えられる．ガンマ分布 $\mathcal{G}(k, \theta)$ は，正の実数における平均 $k\theta$ の確率分布である．mPoT モデルについての基本的な考え方を理解するために，ガンマ分布をより詳細に理解する必要はない．

mPoT のエネルギー関数は

$$E_{\mathrm{mPoT}}(\boldsymbol{x}, \boldsymbol{h}^{(m)}, \boldsymbol{h}^{(c)}) \tag{20.48}$$

$$= E_m(\boldsymbol{x}, \boldsymbol{h}^{(m)}) + \sum_j \left(h_j^{(c)} \left(1 + \frac{1}{2} \left(\boldsymbol{r}^{(j)\top} \boldsymbol{x} \right)^2 \right) + (1 - \gamma_j) \log h_j^{(c)} \right) \tag{20.49}$$

で与えられる．ただし，$\boldsymbol{r}^{(j)}$ はユニット $h_j^{(c)}$ と関連する共分散重みベクトルであり，$E_m(\boldsymbol{x}, \boldsymbol{h}^{(m)})$ は式20.44で定義されているとおりである．

mcRBM の場合と同じように，mPoT モデルのエネルギー関数は，非対角共分散を持つ $\boldsymbol{x}$ における条件付き分布による多変量ガウス分布を指定している．mPoT モデルの学習は（やはり mcRBM と同様に）非対角ガウスの条件付き分布 $p_{\mathrm{mPoT}}(\boldsymbol{x} \mid \boldsymbol{h}^{(m)}, \boldsymbol{h}^{(c)})$ からサンプリングできないため困難となる．そのため，Ranzato *et al.* (2010b) は，ハミルトニアン（ハイブリッド）モンテカルロによって $p(\boldsymbol{x})$ から直接サンプリングすることも提案している．

■スパイク–スラブ型制限付きボルツマンマシン　スパイク–スラブ型制限付きボルツマンマシン（spike and slab restricted Boltzmann machines，ssRBM）(Courville *et al.*, 2011) は，実数値データの共分散構造をモデリングする別の手段を提供する．mcRBM と比べ，ssRBM は逆行列法もハミルトニアンモンテカルロ法も必要としないという利点がある．mcRBM や mPoT モデルと同様に，ssRBM の二値隠れユニットは，補助的な実数値変数を用いてピクセル間の条件付き共分散を符号化する．

スパイク–スラブ型 RBM には，2 つの隠れユニット集合がある．すなわち，二値の**スパイク**（spike）ユニット $\mathbf{h}$ と実数値の**スラブ**（slab）ユニット $\mathbf{s}$ である．隠れユニットによって条件付けられた可視ユニットの平均は，$(\boldsymbol{h} \odot \boldsymbol{s})\boldsymbol{W}^\top$ によって与えられる．つまり，各列 $\boldsymbol{W}_{:,i}$ は，$h_i = 1$ の場合に入力に現れうる要素を定義している．対応するスパイク変数 h_i は，要素が存在するかどうかを決定する．対応するスラブ変数 s_i は，要素が存在する場合に，その強度を決定する．スパイク変数がアクティブな場合，対応するスラブ変数は $\boldsymbol{W}_{:,i}$ で定義される軸に沿った入力に分散を加える．これにより，入力の共分散をモデリングできる．幸運にも，ギブスサンプリングによるコントラスティブ・ダイバージェンスと継続的コントラスティブ・ダイバージェンスは，依然として適用可能である．ここでは，逆行列を計算する必要はない．

形式的には，ssRBM モデルは，次のエネルギー関数で定義される．

$$E_{\mathrm{ss}}(\boldsymbol{x},\boldsymbol{s},\boldsymbol{h}) = -\sum_i \boldsymbol{x}^\top \boldsymbol{W}_{:,i} s_i h_i \ + \frac{1}{2}\boldsymbol{x}^\top \left(\boldsymbol{\Lambda} + \sum_i \boldsymbol{\Phi}_i h_i\right)\boldsymbol{x} \tag{20.50}$$

$$+\frac{1}{2}\sum_i \alpha_i s_i^2 \ -\sum_i \alpha_i \mu_i s_i h_i \ -\sum_i b_i h_i + \sum_i \alpha_i \mu_i^2 h_i. \tag{20.51}$$

ただし，b_i はスパイク h_i のオフセットであり，$\boldsymbol{\Lambda}$ は観測値 $\boldsymbol{x}$ の対角精度行列である．パラメータ $\alpha_i > 0$ は実数値のスラブ変数 $\boldsymbol{s}_i$ に対するスカラーの精度パラメータである．パラメータ $\boldsymbol{\Phi}_i$ は，$\boldsymbol{x}$ に対して $\boldsymbol{h}$ で調節される二次制約を定義する非負の対角行列である．各 μ_i はスラブ変数 s_i の平均パラメータである．

このエネルギー関数で定義される同時分布を使用すると，ssRBM の条件付き分布を比較的簡単に導出できる．たとえば，スラブ変数 $\boldsymbol{s}$ を周辺化することによって，二値スパイク変数 $\boldsymbol{h}$ が与えられた下での観測変数における条件付き分布は

$$p_{\mathrm{ss}}(\boldsymbol{x} \mid \boldsymbol{h}) = \frac{1}{P(\boldsymbol{h})}\frac{1}{Z}\int \exp\left\{-E(\boldsymbol{x},\boldsymbol{s},\boldsymbol{h})\right\}\ d\boldsymbol{s} \tag{20.52}$$

$$= \mathcal{N}\left(\boldsymbol{x}; \boldsymbol{C}^{\mathrm{ss}}_{\boldsymbol{x}|\boldsymbol{h}} \sum_i \boldsymbol{W}_{:,i}\mu_i h_i\ ,\ \boldsymbol{C}^{\mathrm{ss}}_{\boldsymbol{x}|\boldsymbol{h}}\right) \tag{20.53}$$

となる．ただし，$\boldsymbol{C}^{\mathrm{ss}}_{\boldsymbol{x}|\boldsymbol{h}} = \left(\boldsymbol{\Lambda} + \sum_i \boldsymbol{\Phi}_i h_i - \sum_i \alpha_i^{-1} h_i \boldsymbol{W}_{:,i}\boldsymbol{W}_{:,i}^\top\right)^{-1}$ である．最後の等式は，共分散行列 $\boldsymbol{C}^{\mathrm{ss}}_{\boldsymbol{x}|\boldsymbol{h}}$ が正定値のときのみ成り立つ．

スパイク変数によってゲートするということは，$\mathbf{h} \odot \mathbf{s}$ における真の周辺分布がスパースであることを意味する．これはスパースコーディングとは異なり，モデルからのサンプルはコード内に（測度論的に）「ほとんど」ゼロを含まず，スパース性を与えるためには MAP 推定が必要となる．

ssRBM を mcRBM や mPoT モデルと比較すると，ssRBM はかなり異なる方法で観測変数の条件付き共分散をパラメータ化する．mcRBM と mPoT はともに，方向 $\boldsymbol{r}^{(j)}$ の条件付き共分散を制約するために隠れユニット $\boldsymbol{h}_j > 0$ の活性を用いて，観測値の共分散構造を $\left(\sum_j h_j^{(c)} \boldsymbol{r}^{(j)} \boldsymbol{r}^{(j)\top} + \boldsymbol{I}\right)^{-1}$ としてモデリングする．ssRBM は対照的に，対応する重みベクトルで指定された方向に沿って精度行列を選択するために，隠れ変数のスパイク活性 $h_i = 1$ を用いて，観測値の条件付き共分散を特定する．ssRBM の条件付き共分散は，確率的主成分分析の積（product of probabilistic principal components analysis, PoPPCA）(Williams and Agakov, 2002) という異なるモデルによって与えられるものと同様である．過完備な設定の場合，ssRBM のパラメータ化によるスパースな活性によって，スパースに活性化された h_i の選択された方向にのみ（$\boldsymbol{\Lambda}^{-1}$ で与えられる名目上の分散を超える）有意な分散が可能になる．mcRBM や mPoT のモデルでは，過完備な表現は，観測空間における特定の方向の変化を捉えるために，その方向の正射影でのすべての潜在的な制約を除去する必要があるということを意味する．これは，これらのモデルが過完備な設定にはあまり適していないことを示している．

スパイク–スラブ型制限付きボルツマンマシンの主な欠点は，パラメータのいくつかの設定によって，共分散行列が正定値でなくなる可能性があるということである．このような共分散行列では，平均から離れた値がより非正規化確率となるため，すべての取りうる結果における積分が発散してしまう．一般に，この問題は簡単なヒューリスティックなトリックで回避できる．しかし，いまだ理論的に満足のいく解決策はない．確率が定義されていない領域を明示的に回避するために制約付き最適化を使用すると，過度に保守的になり，モデルが高性能になるパラメータ空間の領域に到達することも妨げられてしまう．

定性的には，ssRBM の畳み込み型の変種は自然画像の優れたサンプルを生成する．いくつかの例を図16.1に示す．

ssRBM はいくつかの拡張が可能である．高次の相互作用やスラブ変数の平均プーリング (Courville *et al.*, 2014) を含めることで，ラベル付きデータが少ない場合でも，モデルは分類器のための優れた特徴量を学習できる．分配関数が未定義にならないようにエネルギー関数に項を追加することで，スパイク–スラブ型スパースコーディング（spike and slab sparse coding, S3C）(Goodfellow *et al.*, 2013d) のようなスパースコーディングモデルが得られる．

20.6　畳み込みボルツマンマシン

9章で見たように，画像のような非常に高次元の入力は，機械学習モデルの計算，メモリ，および統計的要件に大きな負担を与える．小さなカーネルを用いた離散畳み込みによる行列乗算の置き換えは，平行移動不変な空間的構造や時間的構造を持つ入力に対するこれらの問題を解決する標準的な方法である．Desjardins and Bengio (2008) は，この方法を RBM に適用して，うまくいくことを示した．

通常，深層畳み込みネットワークは，連続する各層の空間的大きさが減少するようにプーリング演算を必要とする．順伝播型畳み込みネットワークでは，プーリングされる要素の最大値などのプーリング関数を用いることが多い．これをどのようにエネルギーベースモデルの設定に一般化するかは自明ではない．二値プーリングユニット p を n 個の二値検出ユニット $\mathbf{d}$ に導入し，制約に違反するたびにエネルギー関数を ∞ に設定することによって，$p = \max_i d_i$ を課すことができる．しかし，これは正規化定数を計算するために，2^n 個の異なるエネルギー状態を評価する必要があるため，十分に拡張できない．3×3 の小さなプーリング領域でも，プーリングユニットごとに $2^9 = 512$ 回ものエネルギー関数の評価が必要になる．

Lee *et al.* (2009) は，この問題に対して**確率的最大プーリング**（**probabilistic max pooling**）（畳み込み順伝播型ネットワークのアンサンブルを暗黙的に構築するテクニックである「確率的プーリング」と混同しないように）と呼ばれる解決法を開発した．確率的最大プーリングの背景にある戦略は，検出ユニットを制約して，1 回につき最大で 1 つのユニットだけをアクティブにするというものである．これは，合計で $n+1$ 個の状態（n 個の検出ユニットのどれか 1 つが発火するのに対応するそれぞれの状態と，すべての検出ユニットが発火しない状態 1 つ）しかないことを意味である．プーリングユニットは，1 つの検出ユニットが発火している場合にのみ発火する．すべてのユニットが発火していない状態では，エネルギーはゼロとなる．これは，$n+1$ 個の状態をとる，単一の変数だけを持つモデルを記述していると考えることができる．あるいは同等に，$n+1$ 個の変数の同時割り当て以外のすべてに対してエネルギーを ∞ とする，$n+1$ 個の変数を持つモデルと考えることもできる．

効率的ではあるが，確率的最大プーリングによって，検出ユニットは相互に排他的になる．これは，ある状況では有効な正則化制約になるが，他の状況ではモデルの容量に対して有害な制限となる可能性がある．また，プーリング領域の重複もサポートされていない．プーリング領域の重複は，通常，順伝播型畳み込みネットワークで最高の性能を得るために必要となるので，この制約によって畳み込みボルツマンマシンの性能が大幅に低下する．

Lee *et al.* (2009) は，確率的最大プーリングを用いて畳み込み深層ボルツマンマシンが構築できることを実証した[*3]．このモデルは，入力の欠損部分を埋めるなどの操作を実行できる．このモデルは知的魅力があるものの，実用的な動作は困難であり，分類器としても，通常は教師あり学習で訓練した伝統的な畳み込みネットワークほどには機能しない．

多くの畳み込みモデルは，さまざまな空間サイズの入力に対して同じように適切に機能する．ボルツマンマシンでは，さまざまな理由から，入力サイズを変えるのが困難である．分配関数は入力サイズの変更によって変わる．さらに，多くの畳み込みネットワークでは，入力サイズに比例してプーリング領域を拡大することでサイズに対する不変性を実現しているが，ボルツマンマシンのプーリング領域のサイズを変えるのは困難である．伝統的な畳み込みニューラルネットワークでは，固定された数のプーリングユニットを使用し，プーリング領域のサイズを動的に増加させることで，可変サイズの入力に対して固定サイズの表現を得ることができる．ボルツマンマシンでは，大きなサイズのプーリング領域は，単純なアプローチではコストが高くなりすぎる．同じプーリング領域内の検出ユニットのそれぞれを相互排他的にするLee *et al.* (2009) のアプローチでは，計算上の問題は解決しているが，それでもなおプーリング領域のサイズを可変にできない．たとえば，エッジ検出器を学習する検出ユニットにおいて 2×2 の確率的最大プーリングを持つモデルを学習させるとする．これは，各 2×2 の領域内に 1 つのエッジしか現れないという制約を課す．次に，入力画像のサイズを各方向に 50% 増加させると，それに応じてエッジの数も増加することが予想される．その代わりに，プーリング領域のサイズを各方向に 50% 増加させて 3×3 にすると，相互排他的な制約によって，今度はこれらのエッジのそれぞれが 3×3 の領域内に 1 回しか現れないようになる．このようにしてモデルの入力画像を拡大すると，モデルは密度の低いエッジを生成するようになる．もちろん，これらの問題は，モデルが固定サイズのベクトルを出力するために可変量のプーリングを使用する必要がある場合のみに発生する．確率的最大プーリングを使うモデルでは，モデルの出力が入力画像に比例してサイズを変更できる特徴マップである限り，可変サイズの入力画像を受理できる．

画像の境界にあるピクセルによっても，いくつかの困難が生じる．これは，ボルツマンマシンの結合が対称という事実によって悪化する．もし，入力を暗黙的にゼロパディングしなければ，可視ユニットよりも隠れユニットの方が少なくなり，画像の境界にある可視ユニットは，より少ない隠れ層の受容野に置かれることになるため，適切にモデリングされなくなる．しかし，もし入力を暗黙的にゼロパディングすれば，境界にある隠れユニットはより少ない入力ピクセルに依存することになり，必要なときにアクティブにならない可能性がある．

20.7 構造化出力や系列出力のためのボルツマンマシン

構造化出力のシナリオでは，ある入力 $\boldsymbol{x}$ からある出力 $\boldsymbol{y}$ に写像できるモデルを訓練するが，このとき $\boldsymbol{y}$ の異なるエントリは相互に関係しており，何らかの制約に従う必要がある．たとえば，音声合成のタスクの場合，$\boldsymbol{y}$ は波形であり，波形全体が一貫性のある発声として聞こえる必要がある．

[*3] この文献では，このモデルを「深層信念ネットワーク」と表現している．しかし，このモデルは扱いやすい層別の平均場不動点更新を用いる純粋な無向モデルで記述されているので，深層ボルツマンマシンの定義に最もよく合致している．

$\boldsymbol{y}$ のエントリ間の関係を表現する自然なやり方は，確率分布 $p(\mathbf{y} \mid \boldsymbol{x})$ を用いることである．条件付き分布をモデリングするために拡張したボルツマンマシンによって，この確率モデルを扱うことができる．

ボルツマンマシンによる条件付きモデリングと同じツールは，構造化出力のタスクだけでなく，系列モデリングにも使える．後者の場合，モデルは入力 $\boldsymbol{x}$ を出力 $\boldsymbol{y}$ に写像するのではなく，変数の系列における確率分布 $p(\mathbf{x}^{(1)}, \ldots, \mathbf{x}^{(\tau)})$ を推定する必要がある．条件付きボルツマンマシンは，このタスクを達成するために $p(\mathbf{x}^{(t)} \mid \mathbf{x}^{(1)}, \ldots, \mathbf{x}^{(t-1)})$ という形で因子を表現できる．

ビデオゲームや映画産業にとって重要な系列モデリングのタスクは，3D キャラクターのレンダリングに使われるスケルトンのジョイント角度の系列をモデリングすることである．これらの系列は，モーションキャプチャシステムを使用して俳優の動きを記録して収集されることが多い．キャラクター動作の確率モデルによって，新しく，見たことがないが，現実感のあるアニメーションを生成することができる．この系列モデリングのタスクを解決するために，Taylor *et al.* (2007) は，小さな m に対する条件付き RBM モデリング $p(\boldsymbol{x}^{(t)} \mid \boldsymbol{x}^{(t-1)}, \ldots, \boldsymbol{x}^{(t-m)})$ を導入した．このモデルは，バイアスパラメータが前の m 個の $\boldsymbol{x}$ の値の線形関数である $p(\boldsymbol{x}^{(t)})$ における RBM である．$\boldsymbol{x}^{(t-1)}$ とそれ以前の複数の変数のさまざまな値で条件付けることで，$\mathbf{x}$ における新しい RBM が得られる．$\mathbf{x}$ における RBM の重みは変化しないが，過去のさまざまな値で条件付けることで，RBM 内のさまざまな隠れユニットがアクティブになる確率を変更することができる．隠れユニットのさまざまな部分集合を活性化したり不活性化したりすることで，$\mathbf{x}$ に誘発される確率分布を大きく変えることができる．条件付き RBM の他の変種 (Mnih *et al.*, 2011) や，条件付き RBM を用いる系列モデリングの他の変種 (Taylor and Hinton, 2009; Sutskever *et al.*, 2009; Boulanger-Lewandowski *et al.*, 2012) も実現可能である．

系列モデリングのタスクには，他にも，音符の系列における分布をモデリングして作曲に使用するというものがある．Boulanger-Lewandowski *et al.* (2012) は，RNN-RBM の系列モデルを導入して，このタスクに適用した．RNN-RBM は，各時間ステップの RBM パラメータを出す RNN からなる，フレーム $\boldsymbol{x}^{(t)}$ の系列の生成モデルである．RBM のバイアスパラメータのみが 1 ステップごとに変化するような先ほど述べたモデルとは異なり，RNN-RBM は，RNN を用いて，重みも含めた RBM のすべてのパラメータを出す．モデルを訓練するためには，RNN を通って損失関数の勾配が誤差逆伝播できる必要がある．損失関数は RNN の出力には直接適用されない．その代わり，損失関数は RBM に適用される．これは，コントラスティブ・ダイバージェンスや関連するアルゴリズムを使って，RBM パラメータに関して損失を近似的に微分する必要があることを意味する．その後，通常の通時的誤差逆伝播アルゴリズムを用いて，近似勾配を RNN を通って誤差逆伝播することができる．

20.8　その他のボルツマンマシン

ボルツマンマシンには他にも多くの変種が実現可能である．

ボルツマンマシンは，さまざまな訓練基準で拡張することができる．これまで，生成的基準 $\log p(\boldsymbol{v})$ を近似的に最大化するように訓練されたボルツマンマシンに焦点を当ててきた．代わりに，$\log p(y \mid \boldsymbol{v})$ の最大化を目標とする識別的 RBM を訓練することも可能である (Larochelle and Bengio, 2008)．このアプローチは，生成的基準と識別的基準の両方の線形結合を使用する場合に最もよく機能する．残念ながら，少なくとも既存の方法を使用すると，RBM は MLP ほど強力な教師あり学習器にはならないようである．

実際に使用されるボルツマンマシンのほとんどは，エネルギー関数に 2 次の相互作用しか持たない．

すなわち，それらのエネルギー関数は多くの項の和であり，それぞれの項は2つの確率変数の積のみを含んでいる．このような項の例が，$v_i W_{i,j} h_j$ である．エネルギー関数の項に多くの変数間の積が含まれる高次のボルツマンマシン (Sejnowski, 1987) を訓練することも可能である．1つの隠れユニットと2つの異なる画像との間の3方向の相互作用によって，ビデオの1フレームから次のフレームへの空間変換をモデリングできる (Memisevic and Hinton, 2007, 2010)．one-hotのクラス変数の乗算によって，どのクラスが存在するかに応じて，可視ユニットと隠れユニットの関係を変更することができる (Nair and Hinton, 2009)．高次相互作用を用いる最近の例としては，隠れユニットの2つのグループ，すなわち可視ユニット $\boldsymbol{v}$ とクラスラベル y の両方と相互作用するグループと，入力値 $\boldsymbol{v}$ とだけ相互作用するもう1つのグループを持つボルツマンマシンがある (Luo *et al.*, 2011)．これは，ある隠れユニットについて，クラスに関係する特徴量を用いて，入力をモデリングするように学習するだけではなく，追加の隠れユニットについて，事例のクラスを決定することなく，$\boldsymbol{v}$ のサンプルが現実的であるために必要なやっかいな細部を説明するように学習するものと解釈できる．もう1つの高次相互作用の使用法は，いくつかの特徴量を制御することである．Sohn *et al.* (2013) は，3次の相互作用と，各可視ユニットに関連する二値のマスク変数を持つボルツマンマシンを導入した．これらのマスク変数をゼロに設定すると，隠れユニットに対する可視ユニットの影響が取り除かれる．これによって，分類問題に関係のない可視ユニットを，クラスを推定する推論経路から取り除くことができる．

より一般的には，ボルツマンマシンの枠組みは，これまで探求されてきたものよりも多くのモデル構造を可能にする豊富なモデル空間である．新しいボルツマンマシンの形式を開発するためには，新たなニューラルネットワーク層を開発するよりも，多くの注意と創造性が必要となる．これは，ボルツマンマシンに必要なすべての条件付き分布の扱いやすさを維持するエネルギー関数を見つけることが，しばしば困難なためである．こうした努力が必要であるものの，この分野には革新的な発見が見つかる余地が残されている．

20.9 確率的演算を通る誤差逆伝播

従来のニューラルネットワークでは，ある入力変数 $\boldsymbol{x}$ の決定論的な変換を実装している．生成モデルを開発する場合は，ニューラルネットワークを拡張して $\boldsymbol{x}$ の確率的な変換を実装したいことが多い．確率的な変換を実装する簡単な方法の1つが，一様分布やガウス分布などの，単純な確率分布からサンプリングした入力 $\boldsymbol{z}$ を追加して，ニューラルネットワークを拡張することである．そうすると，ニューラルネットワークは内部的には決定論的な計算を続けることができるが，$\boldsymbol{z}$ にアクセスできない観測者にとっては，関数 $f(\boldsymbol{x}, \boldsymbol{z})$ は確率的に現れることになる．f が連続的かつ微分可能であれば，通常と同じように，誤差逆伝播を用いて訓練に必要な勾配を計算できる．

例として，平均 μ と分散 σ^2 を持つガウス分布から，以下のようにサンプル y を抽出する演算を考える．

$$\mathrm{y} \sim \mathcal{N}(\mu, \sigma^2). \tag{20.54}$$

y の個々のサンプルは，関数によってではなく，照会のたびに出力が変化するサンプリング過程によって生成されるため，分布のパラメータである μ と σ^2 に関して y を微分することは直感に反しているようにみえるかもしれない．しかし，このサンプリング過程を，潜在的な確率値 $\mathrm{z} \sim \mathcal{N}(z; 0, 1)$ を変換して求めたい分布からサンプルを得るように書き換えることができる．

$$y = \mu + \sigma z. \tag{20.55}$$

サンプリング演算を追加的な入力 z を持つ決定論的な演算とみなすことで，サンプリング演算を通って誤差逆伝播できるようになった．重要なことは，追加的な入力変数の分布が，微分を計算したい変数の関数ではないということである．この結果は，同じ値の z でサンプリング演算をやり直せる場合に，μ や σ の微小変化によって出力がどのように変化するかを示している．

サンプリング演算を通って誤差逆伝播できるため，その演算をより大きなグラフに組み込むことができる．サンプリング分布の出力の上に，グラフの要素を構築することができる．たとえば，ある損失関数 $J(y)$ の微分を計算することができる．また，サンプリング演算の入力やサンプリング演算のパラメータを出力とするグラフの要素を構築することもできる．たとえば，$\mu = f(\boldsymbol{x};\boldsymbol{\theta})$ と $\sigma = g(\boldsymbol{x};\boldsymbol{\theta})$ を持つ，より大きなグラフを構築することができる．この拡張したグラフでは，これらの関数を通る誤差逆伝播を使用して，$\nabla_{\boldsymbol{\theta}} J(y)$ を導出することができる．

このガウスサンプリングの例で使われている原理は，より一般的に適用可能である．$p(\mathrm{y};\boldsymbol{\theta})$ や $p(\mathrm{y} \mid \boldsymbol{x};\boldsymbol{\theta})$ の形式を取る任意の確率分布は，$p(\mathrm{y} \mid \boldsymbol{\omega})$ のように表現できる．ただし，$\boldsymbol{\omega}$ は，パラメータ $\boldsymbol{\theta}$ および該当する場合は入力 $\boldsymbol{x}$ を含む変数である．分布 $p(\mathrm{y} \mid \boldsymbol{\omega})$（ただし，$\boldsymbol{\omega}$ は他の変数の関数となりうる）から値 y をサンプリングする場合，

$$\mathbf{y} \sim p(\mathbf{y} \mid \boldsymbol{\omega}) \tag{20.56}$$

を

$$\boldsymbol{y} = f(\boldsymbol{z};\boldsymbol{\omega}) \tag{20.57}$$

に書き換えることができる．ただし，$\boldsymbol{z}$ はランダム性の発生源である．そうすると，f がほとんど至るところで連続的かつ微分可能である限り，f に適用される誤差逆伝播アルゴリズムなどの従来のツールを使用することで，$\boldsymbol{\omega}$ に関して $\boldsymbol{y}$ の微分を計算することができる．重要な点は，$\boldsymbol{\omega}$ は $\boldsymbol{z}$ の関数でなく，また $\boldsymbol{z}$ は $\boldsymbol{\omega}$ の関数でないことである．このテクニックは，**再パラメータ化トリック**（reparametrization trick），**確率的誤差逆伝播法**（stochastic back-propagation），あるいは**摂動解析**（perturbation analysis）と呼ばれることが多い．

f が連続的かつ微分可能であるという条件は，当然ながら $\boldsymbol{y}$ が連続であることを必要とする．離散値のサンプルを生成するサンプリング過程を通って誤差逆伝播したい場合は，20.9.1節で議論する REINFORCE アルゴリズム (Williams, 1992) の変種などの強化学習アルゴリズムを使用することで，$\boldsymbol{\omega}$ の勾配を推定できる．

ニューラルネットワークの応用では，通常，単位一様分布や単位ガウス分布などの単純な分布から $\boldsymbol{z}$ を抽出することを選択し，ネットワークの決定論的な部分がその入力を再形成できるようにすることで，より複雑な分布を実現している．

確率的演算による勾配の伝播や最適化というアイデアは，20 世紀半ばまでさかのぼり (Price, 1958; Bonnet, 1964)，強化学習の文脈で機械学習に初めて使用された (Williams, 1992)．最近では，変分近似 (Opper and Archambeau, 2009) や，確率的生成ニューラルネットワーク (Bengio *et al.*, 2013b; Kingma, 2013; Kingma and Welling, 2014b,a; Rezende *et al.*, 2014; Goodfellow *et al.*, 2014c) に適用されている．雑音除去自己符号化器や，ドロップアウトで正則化されたネットワークなどの多くのネットワークでも，ノイズをモデルから独立させるための特別な再パラメータ化を必要とせずに，ノイズを入力として取り込むように自然に設計されている．

20.9.1　離散的な確率的演算を通る誤差逆伝播

モデルが離散変数 $\boldsymbol{y}$ を出力する場合には，再パラメータ化トリックを適用できない[*4]．モデルが入力 $\boldsymbol{x}$ とパラメータ $\boldsymbol{\theta}$ の両方をベクトル $\boldsymbol{\omega}$ にまとめた形で取り，それらをランダムノイズ $\boldsymbol{z}$ と組み合わせて $\boldsymbol{y}$ を

$$\boldsymbol{y} = f(\boldsymbol{z}; \boldsymbol{\omega}) \tag{20.58}$$

のように生成するとする．$\boldsymbol{y}$ が離散的であるため，f はステップ関数でなければならない．ステップ関数の導関数はどの点でも役に立たない．ステップ関数の各ステップのちょうど境界にあたる部分では導関数が定義されないが，これは小さな問題である．大きな問題は，ステップの境界と境界の間の領域のほとんど至るところで，導関数がゼロになることである．したがって，いかなるコスト関数 $J(\boldsymbol{y})$ を微分しても，モデルのパラメータ $\boldsymbol{\theta}$ の更新方法に関する情報は何も得られない．

REINFORCE アルゴリズム (REward Increment = Nonnegative Factor × Offset Reinforcement × Characteristic Eligibility) は，単純だが強力な解の族を定義する枠組みを提供する (Williams, 1992)．この核となるアイデアは，たとえ $J(f(\boldsymbol{z}; \boldsymbol{\omega}))$ が役に立たない導関数を含むステップ関数であっても，期待コスト $\mathbb{E}_{\mathbf{z}\sim p(\mathbf{z})} J(f(\boldsymbol{z}; \boldsymbol{\omega}))$ は，勾配降下法が適用できる滑らかな関数になることが多いということである．$\boldsymbol{y}$ が高次元（または多くの離散確率的決定の組み合わせの結果）である場合，通常はその期待値の計算は困難になるが，モンテカルロ平均を用いることで偏りなく推定することができる．勾配の確率的推定には，SGD や他の確率的勾配に基づく最適化テクニックを用いることができる．

REINFORCE の最も簡単な形は，期待コストを以下のように単純に微分することで導出できる．

$$\mathbb{E}_z[J(\boldsymbol{y})] = \sum_{\boldsymbol{y}} J(\boldsymbol{y}) p(\boldsymbol{y}) \tag{20.59}$$

$$\frac{\partial \mathbb{E}[J(\boldsymbol{y})]}{\partial \boldsymbol{\omega}} = \sum_{y} J(\boldsymbol{y}) \frac{\partial p(\boldsymbol{y})}{\partial \boldsymbol{\omega}} \tag{20.60}$$

$$= \sum_{y} J(\boldsymbol{y}) p(\boldsymbol{y}) \frac{\partial \log p(\boldsymbol{y})}{\partial \boldsymbol{\omega}} \tag{20.61}$$

$$\approx \frac{1}{m} \sum_{\mathbf{y}^{(i)} \sim p(\boldsymbol{y}),\, i=1}^{m} J(\boldsymbol{y}^{(i)}) \frac{\partial \log p(\boldsymbol{y}^{(i)})}{\partial \boldsymbol{\omega}}. \tag{20.62}$$

式20.60は，J が ω を直接参照していないという仮定に基づいている．この仮定を緩和してアプローチを拡張するのは簡単である．式20.61では，対数の微分公式 $\frac{\partial \log p(\boldsymbol{y})}{\partial \boldsymbol{\omega}} = \frac{1}{p(\boldsymbol{y})} \frac{\partial p(\boldsymbol{y})}{\partial \boldsymbol{\omega}}$ を利用した．式20.62によって，勾配の不偏モンテカルロ推定量が得られる．

本節で $p(\boldsymbol{y})$ と書かれている場所は，いずれも $p(\boldsymbol{y} \mid \boldsymbol{x})$ と書いても同じである．これは，$p(\boldsymbol{y})$ が $\boldsymbol{\omega}$ によってパラメータ化され，$\boldsymbol{x}$ が存在する場合，$\boldsymbol{\omega}$ は $\boldsymbol{\theta}$ と $\boldsymbol{x}$ の両方を含むからである．

単純な REINFORCE 推定量における問題の 1 つは，非常に分散が大きいことである．そのため，勾配のよい推定量を得るためには $\boldsymbol{y}$ のサンプルを多く抽出する必要がある．つまり，もし 1 つのサンプルしか抽出されない場合，SGD の収束は非常に遅くなり，学習率をより小さくする必要がある．**分散減少**（variance reduction）法 (Wilson, 1984; L'Ecuyer, 1994) を用いることで，推定量の分散を大幅に

[*4] 訳注：2017 年現在，微分可能な離散サンプルを（近似的に）生成できるような分布が提案されている (Jang *et al.*, 2016; Maddison *et al.*, 2016)．

減らすことができる．このアイデアは，期待値を変更せずに分散が小さくなるように推定量を修正するというものである．REINFORCE の文脈で提案されている分散減少法では，$J(\boldsymbol{y})$ の補正に使われる**ベースライン**（baseline）を計算する．$\boldsymbol{y}$ に依存しない，いかなるオフセット $b(\boldsymbol{\omega})$ も，推定勾配の期待値を変更しないことに注意されたい．なぜなら

$$E_{p(\boldsymbol{y})}\left[\frac{\partial \log p(\boldsymbol{y})}{\partial \boldsymbol{\omega}}\right] = \sum_{\boldsymbol{y}} p(\boldsymbol{y}) \frac{\partial \log p(\boldsymbol{y})}{\partial \boldsymbol{\omega}} \tag{20.63}$$

$$= \sum_{\boldsymbol{y}} \frac{\partial p(\boldsymbol{y})}{\partial \boldsymbol{\omega}} \tag{20.64}$$

$$= \frac{\partial}{\partial \boldsymbol{\omega}} \sum_{\boldsymbol{y}} p(\boldsymbol{y}) = \frac{\partial}{\partial \boldsymbol{\omega}} 1 = 0 \tag{20.65}$$

であり，すなわち

$$E_{p(\boldsymbol{y})}\left[(J(\boldsymbol{y}) - b(\boldsymbol{\omega}))\frac{\partial \log p(\boldsymbol{y})}{\partial \boldsymbol{\omega}}\right] = E_{p(\boldsymbol{y})}\left[J(\boldsymbol{y})\frac{\partial \log p(\boldsymbol{y})}{\partial \boldsymbol{\omega}}\right] - b(\boldsymbol{\omega})E_{p(\boldsymbol{y})}\left[\frac{\partial \log p(\boldsymbol{y})}{\partial \boldsymbol{\omega}}\right] \tag{20.66}$$

$$= E_{p(\boldsymbol{y})}\left[J(\boldsymbol{y})\frac{\partial \log p(\boldsymbol{y})}{\partial \boldsymbol{\omega}}\right] \tag{20.67}$$

となるからである．さらに，最適な $b(\boldsymbol{\omega})$ は，$p(\boldsymbol{y})$ の下で $(J(\boldsymbol{y}) - b(\boldsymbol{\omega}))\frac{\partial \log p(\boldsymbol{y})}{\partial \boldsymbol{\omega}}$ の分散を計算し，$b(\boldsymbol{\omega})$ に関して最小化することで求められる．この最適ベースライン $b^*(\boldsymbol{\omega})_i$ は，以下のように，ベクトル $\boldsymbol{\omega}$ の各要素 ω_i ごとに異なることがわかる．

$$b^*(\boldsymbol{\omega})_i = \frac{E_{p(\boldsymbol{y})}\left[J(\boldsymbol{y})\frac{\partial \log p(\boldsymbol{y})}{\partial \omega_i}^2\right]}{E_{p(\boldsymbol{y})}\left[\frac{\partial \log p(\boldsymbol{y})}{\partial \omega_i}^2\right]}. \tag{20.68}$$

したがって，ω_i に関する勾配推定量は

$$(J(\boldsymbol{y}) - b(\boldsymbol{\omega})_i)\frac{\partial \log p(\boldsymbol{y})}{\partial \omega_i} \tag{20.69}$$

となる．ただし，$b(\boldsymbol{\omega})_i$ は上記の $b^*(\boldsymbol{\omega})_i$ を推定する．推定値 b を得るには，通常，追加の出力をニューラルネットワークに加え，新たな出力を訓練して，$\boldsymbol{\omega}$ の各要素について $E_{p(\boldsymbol{y})}[J(\boldsymbol{y})\frac{\partial \log p(\boldsymbol{y})}{\partial \omega_i}^2]$ および $E_{p(\boldsymbol{y})}\left[\frac{\partial \log p(\boldsymbol{y})}{\partial \omega_i}^2\right]$ を推定すればよい．これらの追加の出力は，平均二乗誤差目的関数で訓練することができる．このとき，与えられた $\boldsymbol{\omega}$ について，$\boldsymbol{y}$ が $p(\boldsymbol{y})$ からサンプリングされる場合，$J(\boldsymbol{y})\frac{\partial \log p(\boldsymbol{y})}{\partial \omega_i}^2$ および $\frac{\partial \log p(\boldsymbol{y})}{\partial \omega_i}^2$ をそれぞれ目標として使用する．推定値 b は，これらの推定値を式20.68に代入することで復元される．Mnih and Gregor (2014) は，$b(\boldsymbol{\omega}) \approx E_{p(\boldsymbol{y})}[J(\boldsymbol{y})]$ をベースラインとして用い，目標を $J(\boldsymbol{y})$ として訓練した（$\boldsymbol{\omega}$ の全要素 i にわたる）単一の共有出力の使用を推奨した．

分散減少法は，Dayan (1990) による二値の報酬の場合の先行研究を一般化して，強化学習の文脈に導入された (Sutton *et al.*, 2000; Weaver and Tao, 2001)．深層学習の文脈における減少分散を用いた REINFORCE アルゴリズムの最新の使用例については，Bengio *et al.* (2013b)，Mnih and Gregor (2014)，Ba *et al.* (2014)，Mnih *et al.* (2014)，Xu *et al.* (2015) を参照されたい．Mnih and Gregor (2014) は，入力に依存するベースライン $b(\boldsymbol{\omega})$ の使用に加えて，$(J(\boldsymbol{y}) - b(\boldsymbol{\omega}))$ の大きさを，訓練中の移動平均によって推定される標準偏差で除算して，適応学習率の一種として訓練中に調整することで，訓練過程で生じる重大な変動の影響に対処できることを発見した．Mnih and Gregor (2014) は，これをヒューリスティックな**分散正規化**（variance normalization）と呼んだ．

REINFORCE に基づく推定量は，$\boldsymbol{y}$ の選択を，対応する $J(\boldsymbol{y})$ の値と関連させることで，勾配を推定しているものと理解できる．現在のパラメータ化の下で $\boldsymbol{y}$ の適切な値が得られそうにない場合，適切な値を偶然得るには長い時間がかかるため，この構成を強化する必要があることを示す信号が得られる．

20.10 有向生成ネットワーク

16章で議論したように，有向グラフィカルモデルはグラフィカルモデルの中でも有名な部類に属している．有向グラフィカルモデルは，大きな機械学習のコミュニティでは非常に人気があったが，より小さな深層学習のコミュニティでは，2013 年ごろまで RBM などの無向グラフィカルモデルの陰で注目されてこなかった．

本節では，伝統的に深層学習のコミュニティに関連した標準的な有向グラフィカルモデルをいくつか概説する．

部分的に有向モデルである深層信念ネットワークについてはすでに説明した．また，浅い有向生成モデルと考えられるスパースコーディングモデルについてもすでに触れた．これらは深層学習において特徴学習器としてしばしば用いられるが，サンプル生成や密度推定などについては性能が低い傾向がある．ここでは，深く，完全に有向なモデルをいくつか取り上げる．

20.10.1 シグモイド信念ネットワーク

シグモイド信念ネットワーク (Neal, 1990) は，特定の種類の条件付き確率分布を持つ単純な形式の有向グラフィカルモデルである．一般に，シグモイド信念ネットワークは，二値状態のベクトル $\boldsymbol{s}$ を持ち，状態の各要素が先祖からの影響を受けるものと考えられる．すなわち，

$$p(s_i) = \sigma\left(\sum_{j<i} W_{j,i} s_j + b_i\right). \tag{20.70}$$

シグモイド信念ネットワークの最も一般的な構造は，多数の層に分かれているものであり，一連の多数の隠れ層を通る伝承サンプリングによって，最終的に可視層が生成される．この構造は深層信念ネットワークとよく似ているが，サンプリング過程の開始時のユニットは，互いに独立であり，制限付きボルツマンマシンからサンプルされるものではない．このような構造はさまざまな理由で興味深い．その理由の 1 つは，個々の層の幅が可視層の次元に制限されていても，十分な深さが与えられれば，二値変数におけるどんな確率分布でも任意の精度で近似できるという意味で，構造が可視ユニットにおける確率分布の万能近似器になるということである (Sutskever and Hinton, 2008).

シグモイド信念ネットワークでは，可視ユニットのサンプルの生成は非常に効率的であるが，他の大半の演算は効率的ではない．可視ユニットの下での隠れユニットの推論は計算困難である．変分下界では全層を含むクリークの期待値を取る必要があるため，平均場推論も計算困難である．この問題は困難なままであり，有向離散ネットワークの普及を妨げてきた．

シグモイド信念ネットワークで推論を実行する 1 つのアプローチとして，シグモイド信念ネットワークに特化した異なる下界を構築することが挙げられる (Saul *et al.*, 1996)．このアプローチは，非常に小さなネットワークにのみ適用されている．もう 1 つのアプローチとしては，19.5節に示したような学習による推論メカニズムを使うことが挙げられる．ヘルムホルツマシン (Dayan *et al.*, 1995; Dayan and Hinton, 1996) は，隠れユニットにおける平均場分布のパラメータを予測する推論ネットワークと組み合わせたシグモイド信念ネットワークである．シグモイド信念ネットワークに対する最新のアプローチ (Gregor *et al.*, 2014; Mnih and Gregor, 2014) でも，依然としてこの推論ネットワークのアプローチを取っている．これらのテクニックは，潜在変数の離散的な性質により，依然として困難である．推論ネットワークの出力を通って単純に誤差逆伝播することはできないが，代わりに，20.9.1節で示したように，離散サンプリング過程を通って誤差逆伝播するために，比較的信頼性の低いメカニズムを用いる必要がある．重点サンプリング，reweighted wake-sleep (Bornschein and Bengio, 2015)，双方向ヘルムホルツマシン (Bornschein *et al.*, 2015) に基づく近年のアプローチでは，シグモイド信念ネットワークを迅速に訓練できるようになり，ベンチマークタスクにおいて最高水準の性能に到達できるようになった．

シグモイド信念ネットワークの特別な場合は，潜在変数がない場合である．尤度から潜在変数を周辺化する必要がないため，この場合の学習は効率的である．自己回帰ネットワークと呼ばれるモデル族は，すべての変数が可視変数である信念ネットワークを，（二値変数だけでなく）他の種類の変数や（対数線形関係だけでなく）他の条件付き分布の構造に一般化したものである．自己回帰ネットワークについては，20.10.7節で説明する．

20.10.2　微分可能な生成器ネットワーク

多くの生成モデルは，微分可能な**生成器ネットワーク**（generator network）を用いるというアイデアに基づいている．モデルは，微分可能な関数 $g(\boldsymbol{z};\boldsymbol{\theta}^{(g)})$ を用いて，潜在変数 $\mathbf{z}$ のサンプルをサンプル $\mathbf{x}$ に，あるいはサンプル $\mathbf{x}$ における分布に変換する．この関数は，通常ニューラルネットワークで表現される．このモデルの部類には，生成器ネットワークを推論ネットワークと組み合わせる変分自己符号化器，生成器ネットワークを識別器ネットワークと組み合わせる敵対的生成ネットワーク，生成器ネットワークを単独で訓練するテクニックなどがある．

生成器ネットワークは，本質的にはサンプルを生成するためのパラメータ化された計算手続きである．ここでは，アーキテクチャによってサンプルのための取りうる分布族が提供され，パラメータによってその族から分布が選択される．

たとえば，平均が $\boldsymbol{\mu}$ で共分散が $\boldsymbol{\Sigma}$ である正規分布からサンプルを抽出する標準的な手続きは，平均がゼロで単位共分散の正規分布から抽出したサンプル $\mathbf{z}$ を非常に単純な生成器ネットワークに与えるというものである．この生成器ネットワークには，以下のように，アフィン変換層が 1 つだけ含まれる．

$$\boldsymbol{x} = g(\boldsymbol{z}) = \mu + \boldsymbol{L}\boldsymbol{z}. \tag{20.71}$$

ただし，$\boldsymbol{L}$ は $\boldsymbol{\Sigma}$ のコレスキー分解で与えられる．

擬似乱数生成器は，単純な分布の非線形変換を用いることもできる．たとえば，**逆関数法**（**逆関数サンプリング法**，inverse transform sampling）(Devroye, 2013) は，$U(0,1)$ からスカラー z を抽出し，非線形変換を適用してスカラー x を得る．この場合，$g(z)$ は，累積分布関数 $F(x) = \int_{-\infty}^{x} p(v)dv$ の逆変換によって与えられる．$p(x)$ を指定でき，x について積分でき，さらにその結果得られる関数を逆変換できるならば，機械学習を使用せずに $p(x)$ からサンプリングすることができる．

直接指定するのが困難であったり，積分が困難であったり，あるいは結果として得られる積分の逆変換が困難であるような，複雑な分布からサンプルを生成するためには，順伝播型ネットワークを用いて非線形関数 g のパラメトリックな族を表現し，訓練データを用いて求めたい関数を選択するようなパラメータを推論する．

g によって，$\mathbf{z}$ の分布を $\mathbf{x}$ の求めたい分布に変換する，変数の非線形変換が得られると考えることができる．

式3.47から，可逆で，微分可能かつ連続的な g について，

$$p_z(\boldsymbol{z}) = p_x(g(\boldsymbol{z})) \left| \det(\frac{\partial g}{\partial \boldsymbol{z}}) \right| \tag{20.72}$$

が成り立つことを思い出してほしい．これは $\mathbf{x}$ における確率分布

$$p_x(\boldsymbol{x}) = \frac{p_z(g^{-1}(\boldsymbol{x}))}{\left| \det(\frac{\partial g}{\partial \boldsymbol{z}}) \right|} \tag{20.73}$$

を暗黙的に課すということである．もちろん，g の選択によってはこの式の評価は困難になるかもしれないので，$\log p(\boldsymbol{x})$ を直接最大化しようとするのではなく，g を学習するという間接的な手段を用いることが多い．

場合によっては，g を用いて $\boldsymbol{x}$ のサンプルを直接提供するのではなく，g を用いて $\boldsymbol{x}$ の条件付き分布を定義する．たとえば，シグモイド出力で構成される最終層を持つ生成器ネットワークを使って，ベルヌーイ分布の平均パラメータを提供することができる．すなわち，

$$p(\mathrm{x}_i = 1 \mid \boldsymbol{z}) = g(\boldsymbol{z})_i. \tag{20.74}$$

この場合，g を用いて $p(\boldsymbol{x} \mid \boldsymbol{z})$ を定義すると，$\boldsymbol{z}$ を周辺化することで $\boldsymbol{x}$ における分布が課される．すなわち，

$$p(\boldsymbol{x}) = \mathbb{E}_{\boldsymbol{z}} p(\boldsymbol{x} \mid \boldsymbol{z}). \tag{20.75}$$

どちらのアプローチも，分布 $p_g(\boldsymbol{x})$ を定義し，20.9節で述べた再パラメータ化トリックを用いて p_g のさまざまな基準を訓練することができる．

生成器ネットワークを定式化する 2 つの異なるアプローチ，すなわち条件付き分布のパラメータを出すアプローチとサンプルを直接出すアプローチには，相補的な長所と短所がある．生成器ネットワークが $\boldsymbol{x}$ における条件付き分布を定義する場合は，連続データだけでなく離散データも生成することができる．生成器ネットワークがサンプルを直接提供する場合は，連続データのみを生成できる（順伝播で離散化を導入することはできるが，そうすると誤差逆伝播を用いてモデルを訓練できなくなってしまう）．直接サンプリングすることの利点は，設計者が簡単に記述したり代数演算したりできるような形の条件付き分布を，強制的に使用する必要がなくなることである．

微分可能な生成器ネットワークに基づくアプローチは，分類のための微分可能な順伝播型ネットワークに対して，勾配降下法の適用が成功していることに動機付けられている．教師あり学習に関しては，勾配に基づく学習により訓練した深層順伝播型ネットワークは，十分な隠れユニットと十分な訓練データが与えられれば，うまくいくことが実質的に保証されるようである．この成功の秘訣を，生成モデリングにも同じように転用できるだろうか．

生成モデリングでは，学習プロセスにおいて計算困難な基準の最適化が必要となるため，分類モデルや回帰モデルよりも困難なように思える．微分可能な生成器ネットワークに関して，この基準が計算困難になるのは，生成器ネットワークの入力 $\boldsymbol{z}$ と出力 $\boldsymbol{x}$ の両方がデータによって指定されるわけではないためである．教師あり学習の場合，入力 $\boldsymbol{x}$ と出力 $\boldsymbol{y}$ の両方が与えられるため，最適化手続きでは，指

定された写像方法を学習すればよい．生成モデリングの場合，学習手続きでは，$\boldsymbol{z}$ 空間を有効なやり方で配置する方法と，$\boldsymbol{z}$ から $\boldsymbol{x}$ に写像する方法を決定する必要がある．

Dosovitskiy *et al.* (2015) は，$\boldsymbol{z}$ と $\boldsymbol{x}$ の間の対応が与えられている単純化された問題について研究した．具体的には，訓練データは，コンピュータでレンダリングした椅子の画像としている．また潜在変数 $\boldsymbol{z}$ は，使用する椅子モデルの選択，椅子の位置，および画像のレンダリングに影響するその他詳細な設定を記述する，レンダリングエンジンに与えられるパラメータとしている．この人工的に生成されたデータを用いて，畳み込みネットワークは，画像の概念を記述する $\boldsymbol{z}$ からレンダリング画像の近似 $\boldsymbol{x}$ への写像を学習することができる．これは，現代の微分可能な生成器ネットワークが良好な生成モデルとなる十分なモデル容量を持っていること，そして現代の最適化アルゴリズムがそれらに適合する能力を持っていることを示唆している．難しいのは，それぞれの $\boldsymbol{x}$ に対する $\boldsymbol{z}$ の値が固定されておらず，しかも前もってわからない場合に，生成器ネットワークの訓練方法を決定することにある．

次節以降では，$\boldsymbol{x}$ の訓練サンプルしか与えられていない微分可能な生成器ネットワークを訓練するいくつかのアプローチについて説明する．

20.10.3　変分自己符号化器

変分自己符号化器（variational autoencoder，VAE）(Kingma, 2013; Rezende *et al.*, 2014) は，学習による近似推論を用い，勾配に基づく方法で純粋に訓練できる有向モデルである．

このモデルからサンプルを生成するために，VAE はまず，符号分布 $p_{\text{model}}(\boldsymbol{z})$ から $\boldsymbol{z}$ をサンプリングする．次に，このサンプルは微分可能な生成器ネットワーク $g(\boldsymbol{z})$ を通る．最後に，$\boldsymbol{x}$ が分布 $p_{\text{model}}(\boldsymbol{x}; g(\boldsymbol{z})) = p_{\text{model}}(\boldsymbol{x} \mid \boldsymbol{z})$ からサンプリングされる．しかし，訓練の間，近似推論ネットワーク（または符号化器）$q(\boldsymbol{z} \mid \boldsymbol{x})$ は $\boldsymbol{z}$ を得るために使われるので，$p_{\text{model}}(\boldsymbol{x} \mid \boldsymbol{z})$ は復号化器ネットワークとみなされる．

変分自己符号化器の背景にある重要な洞察は，データ点 $\boldsymbol{x}$ に関連する変分下界 $\mathcal{L}(q)$ を最大化することによって変分自己符号化器を訓練できるということである．すなわち，

$$\mathcal{L}(q) = \mathbb{E}_{\boldsymbol{z}\sim q(\boldsymbol{z}|\boldsymbol{x})} \log p_{\text{model}}(\boldsymbol{z}, \boldsymbol{x}) + \mathcal{H}(q(\mathbf{z} \mid \boldsymbol{x})) \tag{20.76}$$

$$= \mathbb{E}_{\boldsymbol{z}\sim q(\boldsymbol{z}|\boldsymbol{x})} \log p_{\text{model}}(\boldsymbol{x} \mid \boldsymbol{z}) - D_{\text{KL}}(q(\mathbf{z} \mid \boldsymbol{x}) || p_{\text{model}}(\mathbf{z})) \tag{20.77}$$

$$\leq \log p_{\text{model}}(\boldsymbol{x}). \tag{20.78}$$

式20.76では，第 1 項を潜在変数の近似事後分布の下での可視変数と隠れ変数の同時対数尤度とみなす（正確な事後分布の代わりに近似事後分布を使うことを除いて，EM 法とまったく同じである）．同様に，第 2 項を近似事後分布のエントロピーとみなす．q をガウス分布に選択すると，ノイズが予測平均に加算されるため，エントロピー項の最大化によってノイズの標準偏差が増加する．より一般的には，このエントロピー項によって，変分事後分布が，最も確率の高い値を推定する単一点に崩壊するのではなく，$\boldsymbol{x}$ を生成した可能性がある多くの $\boldsymbol{z}$ の値に対して高い確率質量を配置するようになる．式20.77では，第 1 項を他の自己符号化器にあるような再構成による対数尤度とみなす．第 2 項は近似事後分布 $q(\mathbf{z} \mid \boldsymbol{x})$ とモデル事前分布 $p_{\text{model}}(\boldsymbol{z})$ を互いに近づけようとする．

変分推論と変分学習の伝統的なアプローチでは，通常，不動点方程式の反復（19.4節）といった最適化アルゴリズムによって，q を推論する．こうしたアプローチは，遅い上に，多くの場合閉形式で $\mathbb{E}_{\mathbf{z}\sim q} \log p_{\text{model}}(\boldsymbol{z}, \boldsymbol{x})$ を計算できる必要がある．変分自己符号化器の主なアイデアは，q のパラメータを生成するパラメトリックな符号化器（推論ネットワークや認識モデルとも呼ばれる）を訓練すること

である．$\boldsymbol{z}$ が連続変数である限り，$q(\boldsymbol{z} \mid \boldsymbol{x}) = q(\boldsymbol{z}; f(\boldsymbol{x}; \boldsymbol{\theta}))$ から抽出される $\boldsymbol{z}$ のサンプルを通る誤差逆伝播によって $\boldsymbol{\theta}$ に関して勾配を得ることができる．学習は，符号化器と復号化器のパラメータについて $\mathcal{L}$ を最大化するだけである．$\mathcal{L}$ におけるすべての期待値は，モンテカルロサンプリングによって近似される．

変分自己符号化器のアプローチは，美しく，理論的に満足がいき，実装が簡単である．また，優れた結果も出しており，生成モデルの最先端のアプローチの 1 つである．変分自己符号化器の主な欠点は，画像について訓練した変分自己符号化器のサンプルが，ややぼやける傾向があることである．この現象の原因はまだわかっていない．1 つの可能性は，このぼやける性質が，最尤法，すなわち $D_{\mathrm{KL}}(p_{\mathrm{data}} \| p_{\mathrm{model}})$ の最小化の本質的効果であるということである．これは，図3.6に示すように，モデルは訓練データに現れる点に高い確率を与えるが，同様に他の点にも高い確率を与えるということを意味している．これらの他の点には，ぼやけた画像が含まれる可能性がある．モデルが，空間の別の部分にではなく，ぼやけた画像に確率の重みを置くように選択する一因は，実際に使われている変分自己符号化器では通常，分布 $p_{\mathrm{model}}(\boldsymbol{x}; g(\boldsymbol{z}))$ に対してガウス分布が用いられるということである．そのような分布の尤度の下界の最大化は，わずかなピクセルしかない入力特徴量や，ピクセルの明るさに対してわずかな変化しかもたらさない入力特徴量を無視する傾向があるという意味では，伝統的な自己符号化器を平均二乗誤差で訓練するのと似ている．Theis *et al.* (2015) やHuszar (2015) によって議論されているように，この問題は VAE に固有のものではなく，対数尤度，または同等に $D_{\mathrm{KL}}(p_{\mathrm{data}} \| p_{\mathrm{model}})$ を最適化する生成モデルでも共通している．現代の VAE モデルが抱えるもう 1 つのやっかいな問題は，符号化器が入力空間内の十分な局所方向を，周辺確率と因数分解された事前確率が一致する空間に変換できないかのように，$\boldsymbol{z}$ 空間の部分集合だけを使用する傾向があるということである．

VAE の枠組みは，幅広いモデル構造に容易に拡張することができる．これは，扱いやすさを維持するために非常に慎重なモデル設計が必要なボルツマンマシンに対して，大きな利点となっている．VAE は，多様な微分可能な演算子の族で，非常にうまく動作する．特に洗練された VAE の 1 つは，deep recurrent attention writer（DRAW）モデル (Gregor *et al.*, 2015) である．DRAW は，アテンションメカニズムを組み合わせた回帰結合型の符号化器と復号化器を用いる．DRAW モデルの生成過程は，異なる小さな画像パッチに順次アクセスし，それらの点のピクセルの値を描くことからなる．VAE は，VAE の枠組みの中で回帰結合型の符号化器と復号化器を用いて変分 RNN (Chung *et al.*, 2015b) を定義することで，系列を生成するように拡張することもできる．伝統的な RNN からのサンプル生成では，出力空間でしか非決定論的な演算はない．変分 RNN はその上，VAE の潜在変数によって捉えられる，潜在的により抽象的なレベルでのランダムな変動性も持つ．

VAE の枠組みは，従来の変分下界だけではなく，次式で示すような**重要度重み付き自己符号化器**（importance-weighted autoencoder）(Burda *et al.*, 2015) の目的関数を最大化するようにも拡張されている．

$$\mathcal{L}_k(\boldsymbol{x}, q) = \mathbb{E}_{\mathbf{z}^{(1)},\ldots,\mathbf{z}^{(k)} \sim q(\boldsymbol{z}|\boldsymbol{x})}\left[\log \frac{1}{k}\sum_{i=1}^{k} \frac{p_{\mathrm{model}}(\boldsymbol{x}, \boldsymbol{z}^{(i)})}{q(\boldsymbol{z}^{(i)} \mid \boldsymbol{x})}\right]. \tag{20.79}$$

この新しい目的関数は，$k=1$ のときに従来の下界 $\mathcal{L}$ と等しくなる．しかし，この目的関数は提案分布 $q(\boldsymbol{z} \mid \boldsymbol{x})$ から $\boldsymbol{z}$ を重点サンプリングすることで，真の $\log p_{\mathrm{model}}(\boldsymbol{x})$ の推定をしていると解釈することもできる．重要度重み付き自己符号化器の目的関数は，$\log p_{\mathrm{model}}(\boldsymbol{x})$ の下界でもあり，k が増えるにつれて厳しくなる．

変分自己符号化器には，MP-DBM や近似推論グラフを通る誤差逆伝播を含む他のアプローチとの興味深い結び付きがある (Goodfellow *et al.*, 2013b; Stoyanov *et al.*, 2011; Brakel *et al.*, 2013)．こう

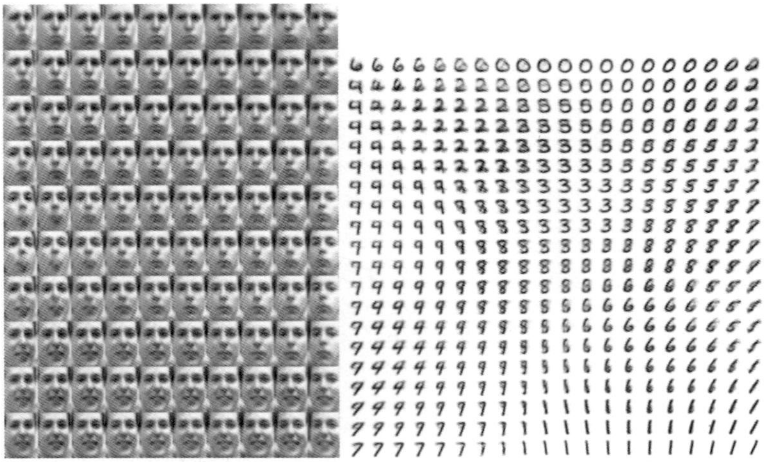

図 **20.6:** 変分自己符号化器で学習された，高次元多様体の 2-D 座標系の例 (Kingma and Welling, 2014a)．可視化のため，2 つの次元は直接ページにプロットできるので，データ多様体の本来の次元がはるかに高いとしても，2 次元の潜在符号を持つモデルを訓練することで，そのモデルがどのように働くかを理解することができる．ここに示された画像は，訓練集合からの事例ではなく，2-D の「符号」$\boldsymbol{z}$（各画像は 2-D の一様格子上の異なる「符号」$\boldsymbol{z}$ の選択に対応する）を単純に変えることで，モデル $p(\boldsymbol{x} \mid \boldsymbol{z})$ から実際に生成された画像 $\boldsymbol{x}$ である．（**左**）Frey の顔の多様体の 2-D マップ．見つかった次元のうちの 1 つ（横方向）はおおよそ顔の回転に対応し，もう 1 つ（縦方向）は感情表現に対応している．（**右**）MNIST 多様体の 2-D マップ．

した従来のアプローチでは，計算グラフを得るために平均場不動点方程式などの推論手続きが必要だった．変分自己符号化器は，任意の計算グラフについて定義されることから，モデル選択を扱いやすい平均場不動点方程式を持つものに限定する必要がないため，広い範囲の確率モデル族に適用可能である．変分自己符号化器には，モデルの対数尤度の下界を増加させるという利点もある．一方で，MP-DBM や同類のモデルの基準は，よりヒューリスティックなものであり，近似推論の結果を正確にする以上の確率的解釈はほとんどない．変分自己符号化器の欠点の 1 つは，$\boldsymbol{x}$ が与えられた下での $\boldsymbol{z}$ の推論という 1 つの問題についてしか，推論ネットワークを学習しないことである．旧来の方法では，変数の任意の部分集合が与えられた下での別の変数の任意の部分集合の近似推論を実行できるが，これは平均場不動点方程式が，これらさまざまな問題すべてについて，計算グラフ間でのパラメータ共有方法を指定しているためである．

変分自己符号化器の非常に優れた性質の 1 つは，パラメータ化された符号化器を生成器ネットワークと一緒に同時に訓練させることで，モデルが符号化器によって捉えられる予測可能な座標系を学習するようにできることである．これにより，変分自己符号化器は優れた多様体学習アルゴリズムになる．変分自己符号化器によって学習された低次元多様体の例については，図20.6を参照されたい．図に示した実例の 1 つでは，このアルゴリズムによって，顔の画像に現れる 2 つの独立な変動の因子，すなわち回転の角度と感情の表現が見つかった．

20.10.4　敵対的生成ネットワーク

敵対的生成ネットワーク（generative adversarial networks，GANs）(Goodfellow *et al.*, 2014c) は，微分可能な生成器ネットワークに基づく，もう 1 つの生成モデリング手法である．

敵対的生成ネットワークは，生成器ネットワークが敵対者と競争するというゲーム理論的なシナリオに基づいている．生成器ネットワークは，サンプル $\boldsymbol{x} = g(\boldsymbol{z}; \boldsymbol{\theta}^{(g)})$ を直接生成する．その敵対者である**識別器ネットワーク**（**discriminator network**）は，訓練データから抽出したサンプルと，生成器から抽出したサンプルを識別しようとする．識別器は，$d(\boldsymbol{x}; \boldsymbol{\theta}^{(d)})$ で与えられる確率値を出すが，これは，$\boldsymbol{x}$ がモデルから抽出される偽のサンプルではなく真の訓練事例である確率を示している．

敵対的生成ネットワークにおける学習を定式化する最も単純な方法は，ゼロサムゲームである．このとき，関数 $v(\boldsymbol{\theta}^{(g)}, \boldsymbol{\theta}^{(d)})$ によって識別器の報酬が決定される．生成器は自身の報酬として $-v(\boldsymbol{\theta}^{(g)}, \boldsymbol{\theta}^{(d)})$ を受け取る．学習の間，各プレイヤーは自身の報酬を最大化しようとするため

$$g^* = \arg\min_g \max_d v(g, d) \tag{20.80}$$

に収束する．v には通常，

$$v(\boldsymbol{\theta}^{(g)}, \boldsymbol{\theta}^{(d)}) = \mathbb{E}_{\mathbf{x}\sim p_{\text{data}}} \log d(\boldsymbol{x}) + \mathbb{E}_{\boldsymbol{x}\sim p_{\text{model}}} \log (1 - d(\boldsymbol{x})) \tag{20.81}$$

が選ばれる．この式から，識別器はサンプルが真か偽かを正しく分類するように学習しようとする．同時に，生成器は識別器をだまして，サンプルが真だと信じさせようとする．収束点では，生成器のサンプルは真のデータと見分けがつかず，識別器はどれに対しても $\frac{1}{2}$ を出力する．収束した後は，識別器を捨ててもよい．

GAN を設計する主な動機は，その学習過程で，近似推論も分配関数の勾配の近似も必要ないことである．$\boldsymbol{\theta}^{(g)}$ において $\max_d v(g, d)$ が凸である場合（たとえば最適化が確率密度関数の空間で直接行われる場合），この手続きは収束することが保証され，漸近的に一致する．

残念ながら，g と d がニューラルネットワークによって表現されていて，$\max_d v(g, d)$ が凸でない場合，GAN の学習は実際には困難なことがある．Goodfellow (2014) は，非収束性によって，GAN が過小適合する可能性があることを指摘した．一般に，2 人のプレイヤーのコストに対して同時に勾配降下法を適用しても，平衡に到達することは保証されていない．たとえば，価値関数 $v(a, b) = ab$ を考え，1 人のプレイヤーが a を制御してコスト ab を受け取り，もう 1 人のプレイヤーが b を制御してコスト $-ab$ を受け取るとしよう．各プレイヤーが極小の勾配ステップを取るようにモデリングすると，各プレイヤーは自身のコストを相手のプレイヤーに払わせるように下げるので，a と b は原点の平衡点には到達せずに，安定した円軌道を描く．ここで，ミニマックスゲームの平衡点は，v の極小値ではなく，両プレイヤーのコストが同時に最小になる点であることに注意されたい．つまり，平衡点は，1 人目のプレイヤーのパラメータに関して極小値となり，2 人目のプレイヤーのパラメータに関して極大値となる，v の鞍点である．したがって，どちらのプレイヤーもコストを減少できない鞍点に正確に到達するのではなく，両プレイヤーが交互に v の増加させて減少させることを永遠に繰り返す可能性がある．この非収束性の問題が，どの程度 GAN に悪影響を与えるかはわかっていない．

Goodfellow (2014) は，報酬の代わりの定式化を発見した．この定式化では，ゲームはもはやゼロサムではなく，識別器が最適であるときはつねに最尤学習と同じ期待勾配となる．最尤法の訓練は収束す

図 **20.7:** LSUN データ集合で訓練した GAN が生成した画像．（左）DCGAN モデルが生成した寝室の画像．Radford *et al.* (2015) の許可を得て転載した．（右）LAPGAN モデルが生成した教会の画像．Denton *et al.* (2015) の許可を得て転載した．

るため，再定式化したこの GAN のゲームも，十分なサンプルが与えられれば収束するはずである．残念ながら，この代わりの定式化は，実際には収束性を改善しないようである．これはおそらく，識別器の準最適性や期待勾配の分散が大きいことが原因である．

現実の実験では，GAN のゲームの最も性能がよい定式化は，ゼロサムでも最尤法に相当するものでもなく，Goodfellow *et al.* (2014c) によって導入された，ヒューリスティックな動機付けによる別の定式化である．この最も性能がよい定式化では，生成器は，識別器が正しい予測をする対数確率を減少させることを目指すのではなく，識別器が間違える対数確率を増加させることを目指す．この再定式化は単に，識別器が生成器のすべてのサンプルを高い信念で棄却する状況でも，識別器のロジットに関する生成器のコスト関数の微分が大きく維持されるという考えのみが動機となっている．

GAN の学習の安定化は未解決問題である．幸いなことに，GAN の学習は，モデル構造とハイパーパラメータを慎重に選択すればうまく動作する．Radford *et al.* (2015) は，画像合成タスクに対して非常にうまく動作する深層畳み込み GAN（deep convolutional GAN，DCGAN）を作り，図15.9で示したように，その潜在表現空間が重要な変動の要因を捉えていることを示した．DCGAN の生成器によって生成される画像の例については，図20.7を参照されたい．

GAN の学習問題は，生成過程を多くの詳細な段階に分割することでも単純化できる．周辺分布 $p(\boldsymbol{x})$ からの単純なサンプリングではなく，分布 $p(\boldsymbol{x} \mid \boldsymbol{y})$ からのサンプリングを学習する条件付き GAN (Mirza and Osindero, 2014) を訓練することができる．Denton *et al.* (2015) は，一連の条件付き GAN が，最初は非常に低解像度な画像を生成し，それから徐々に画像に詳細を追加するように訓練できることを示した．このテクニックは，ラプラシアンピラミッドを用いてさまざまな段階の詳細を持つ画像を生成することから，LAPGAN モデルと呼ばれている．LAPGAN の生成器は，識別器ネットワークをだますだけではなく，人間もだますことができる．実験の被験者は，このネットワークの出力の 40% を本物のデータであると認識した．LAPGAN の生成器によって生成された画像の例については，図20.7を参照されたい．

GAN の学習手続きの特異な能力は，訓練点に確率ゼロを割り当てるような確率分布に適合できることである．生成器ネットワークは，特定の点の対数確率を最大にするのではなく，訓練点に多少類似した点を持つ多様体を描き出すように学習する．やや逆説的には，これは，モデルが人間によって生成タスクの本質を捉えていると判断された多様体を表現しながら，テスト集合に負の無限大の対数尤度を割り当てる可能性があることを意味する．これは明確に利点や欠点というわけではなく，単純に，生成器ネットワークの最終層で生成されたすべての値にガウスノイズを加えることで，すべての点にゼロでない確率を割り当てることも保証できる．このようにしてガウスノイズを加えた生成器ネットワークからのサンプリングは，平均を生成器ネットワークでパラメータ化した条件付きガウス分布からのサンプリングと同じである．

ドロップアウトは，識別器ネットワークにおいて重要であると思われる．特に，生成器ネットワークの勾配を計算する際には，ユニットを確率的にドロップアウトするべきである．決定論的な重みを 2 で割った識別器の勾配では，あまり効果がないようである．同様に，ドロップアウトを使用しないと，結果が悪くなるようである．

GAN の枠組みは，微分可能な生成器ネットワークのために設計されているが，同様の原理を他の種類のモデルの訓練にも用いることができる．たとえば，**自己教師ありブースティング**（self-supervised boosting）は，ロジスティック回帰による識別器をだますように，RBM による生成器を訓練するために使用することができる (Welling *et al.*, 2002).

20.10.5 モーメントマッチング生成ネットワーク

モーメントマッチング生成ネットワーク（generative moment matching network）(Li *et al.*, 2015; Dziugaite *et al.*, 2015) は，微分可能な生成器ネットワークに基づく別の形式の生成モデルである．VAE や GAN とは異なり，生成器ネットワークを，VAE で用いられる推論ネットワークや GAN で用いられる識別器ネットワークなどのように，何か別のネットワークと組み合わせる必要はない．

これらの生成ネットワークは，**モーメントマッチング**（moment matching）と呼ばれるテクニックで訓練される．モーメントマッチングの背景にある基本的なアイデアは，モデルによって生成されるサンプルの統計量の多くが，訓練集合に含まれる事例の統計量とできるだけ近くなるように生成器を訓練することである．ここでの**モーメント**（moment）とは，確率変数のさまざまな累乗の期待値である．たとえば，一次モーメントは平均，二次モーメントは二乗平均などとなる．多次元では，確率ベクトルの各要素は異なる累乗となってもよいので，モーメントは，

$$\mathbb{E}_{\boldsymbol{x}}\Pi_i x_i^{n_i} \tag{20.82}$$

の形で表される任意の量となる．ただし，$\boldsymbol{n} = [n_1, n_2, \ldots, n_d]^\top$ は非負整数のベクトルである．

初見では，このアプローチは計算不可能に思える．たとえば，$x_i x_j$ という形のすべてのモーメントを一致させたい場合は，$\boldsymbol{x}$ の次元で 2 次である複数の値の差を最小化する必要がある．さらに，1 次と 2 次のモーメントをすべて一致させても，多変量ガウス分布に適合するには十分であるが，それでは値の間の線形関係しか捉えられない．ニューラルネットワークに期待することは，より高次のモーメントを必要とする複雑な非線形関係を捉えることである．GAN は，すべてのモーメントを網羅的に列挙するというこの問題を，動的に更新される識別器を用いることで回避している．この識別器は，生成器ネットワークが最もうまく一致できていない統計量に自動的に注目するようになっている．

代わりに，モーメントマッチング生成ネットワークは，maximum mean discrepancy（MMD）(Schölkopf and Smola, 2002; Gretton *et al.*, 2012) と呼ばれるコスト関数を最小化することによって訓練することができる．このコスト関数は，無限次元空間における一次モーメントの誤差を測るのに，カーネル関

数で定義された特徴量空間への暗黙的な写像を用いることで，無限次元ベクトルの計算を扱いやすくする．比較する 2 つの分布が等しい場合にのみ，MMD コストはゼロになる．

視覚的には，モーメントマッチング生成ネットワークからのサンプルは，やや期待外れなものとなる．幸いなことに，生成器ネットワークに自己符号化器を組み合わせることで，このサンプルを改善することができる．まず，訓練集合を再構成するように，自己符号化器を訓練する．次に，自己符号化器の符号化器を用いて，全訓練集合を符号空間に変換する．それから，符号サンプルを生成するように，生成器ネットワークを訓練する．すると，生成した符号サンプルは，復号化器によって視覚的に満足のいくサンプルに写像することができる．

GAN とは異なり，コスト関数は，訓練集合と生成器ネットワークの両方からの事例のバッチに関してのみ定義される．1 つの訓練事例だけ，あるいは生成器ネットワークからの 1 つのサンプルだけの関数で訓練を更新することはできない．これは，多くのサンプルにわたる経験平均としてモーメントを計算しなければならないからである．バッチサイズが小さすぎると，MMD はサンプリングされる分布の真の変動量を過小評価する可能性がある．いかなる有限バッチサイズも，この問題を完全に取り除くのに十分な大きさではないが，バッチサイズを大きくすることで，過小評価の量を減らすことができる．バッチサイズが大きすぎると，1 つの小さな勾配ステップを計算するために多くの事例を処理する必要があるため，訓練手続きは実行不可能なほど遅くなる．

GAN と同様に，生成器ネットワークが訓練点に確率ゼロを割り当てる場合であっても，MMD を用いて生成器ネットワークを訓練することが可能である．

20.10.6　畳み込み生成ネットワーク

画像を生成するときには，畳み込み構造を含む生成器ネットワークを使うことがしばしば有効である（たとえばGoodfellow *et al.* (2014c) やDosovitskiy *et al.* (2015) を参照されたい）．そのためには，9.5節で説明した畳み込み演算子の「転置」を使用する．このアプローチは，より現実的な画像が得られることが多く，パラメータ共有のない全結合層を用いるよりも少ないパラメータを使って行うことができる．

認識タスクの畳み込みネットワークには，画像からネットワークの最上位にある要約層（多くの場合，クラスラベル）へ向かう情報の流れがある．この画像がネットワークを通って上方に流れるにつれて，画像の表現は有害な変更に対して不変になるように，情報が捨てられる．生成器ネットワークでは，これとは逆の状況になる．生成される画像表現がネットワークを通って伝播するにつれて，豊富な詳細が追加され，物体の位置，姿勢，質感，明暗などのあらゆる詳細を備えた画像の最終表現（もちろん画像そのもの）に達するようにする必要がある．畳み込み認識ネットワークにおいて情報を捨てる主なメカニズムは，プーリング層である．生成器ネットワークでは，情報を加える必要があると思われる．ほとんどのプーリング関数は可逆ではないので，プーリング層の逆関数を生成器ネットワークに組み込むことはできない．より簡単な演算は，単に表現の空間サイズを大きくすることである．満足のいく性能が得られそうなアプローチは，Dosovitskiy *et al.* (2015) によって導入された「アンプーリング」を使用することである．この層は，特定の単純化した条件の下での最大プーリング演算の逆変換に対応している．まず 1 つに，最大プーリング演算の大きさは，プーリング領域の幅と同じになるように制約されている．次に，各プーリング領域における最大入力は，左上の隅の入力であると仮定する．最後に，各プーリング領域における非最大入力は，すべてゼロであると仮定する．これらは非常に強力で非現実的な仮定だが，これによって，最大プーリングの逆演算が可能になる．逆のアンプーリング演算は，ゼロのテンソルを割り当て，それから各値を入力の空間座標 i から出力の空間座標 $i \times k$ にコピーする．整数値 k はプーリング領域の大きさを定義している．アンプーリング演算子の定義を動機付ける仮定は非現実的であるが，アンプーリングの後の層がその特異な出力を補正するように学習できるので，モデル全体で生成されるサンプルは，視覚的に満足のいくものになる．

20.10.7　自己回帰ネットワーク

自己回帰ネットワークは，潜在確率変数を持たない有向確率モデルである．これらのモデルの条件付き確率分布はニューラルネットワーク（ときには，ロジスティック回帰のような非常に単純なニューラルネットワーク）によって表現される．これらのモデルのグラフ構造は完全グラフである．確率の連鎖律を用いて観測変数における同時確率を分解すると，$P(x_d \mid x_{d-1}, \ldots, x_1)$ という形式の条件付き確率の積が得られる．こうしたモデルは，**完全可視的ベイジアンネットワーク（すべての変数が可視変数のベイジアンネットワーク，fully-visible Bayes network，FVBN）**と呼ばれ，条件付き分布ごとのロジスティック回帰 (Frey, 1998) を初め，隠れユニットを持つニューラルネットワーク (Bengio and Bengio, 2000b; Larochelle and Murray, 2011) などの多くの形式で成功を収めてきた．20.10.10節で紹介するNADE (Larochelle and Murray, 2011) のような一部の自己回帰ネットワークでは，統計的優位性（より少ない固有のパラメータ）と計算的優位性（より少ない計算量）の両方をもたらすパラメータ共有の形式を導入することができる．これらは**特徴量の再利用**という深層学習で繰り返される主題のもう 1 つの例である．

20.10.8　線形自己回帰ネットワーク

最も単純な形式の自己回帰ネットワークには，隠れユニットも，パラメータや特徴量の共有もない．それぞれの $P(x_i \mid x_{i-1}, \ldots, x_1)$ は，線形モデル（実数値データであれば線形回帰，二値データであればロジスティック回帰，離散データであればソフトマックス回帰）としてパラメータ化される．このモデルは，Frey (1998) によって導入され，d 個の変数をモデリングするときのパラメータ数は $O(d^2)$ になる．これを図20.8に示す．

変数が連続的であれば，線形自己回帰モデルは，観測変数間の線形の対相互作用を捉えるような多変量ガウス分布を定式化する，もう 1 つの方法にすぎない．

線形自己回帰ネットワークは，本質的には線形分類法の生成モデリングへの一般化である．そのため，線形自己回帰ネットワークには，線形分類器と同じ利点と欠点がある．線形分類器と同様に，凸な損失関数で訓練することができ，（ガウス分布の場合と同様に）閉形式の解が許容される．また線形分類器と同様に，モデル自体には容量を増やす方法がないため，入力の基底展開やカーネルトリックのようなテクニックを用いて容量を増やす必要がある．

20.10.9　ニューラル自己回帰ネットワーク

ニューラル自己回帰ネットワーク (Bengio and Bengio, 2000a,b) は，ロジスティック自己回帰ネットワーク（図20.8）と同じ左から右のグラフィカルモデルを持つが，そのグラフィカルモデル構造中の条件付き確率を異なる方法でパラメータ化する．新たなパラメータ化によって，容量を必要なだけ増やせるという点でより強力になり，任意の同時分布を近似できるようになる．また新たなパラメータ化に

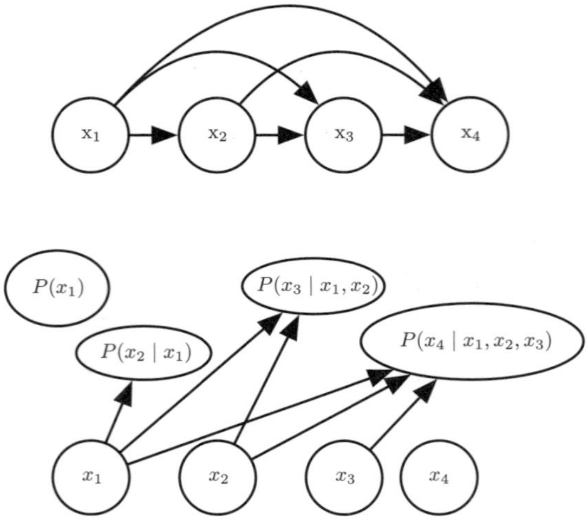

図 **20.8:** i 番目の変数を，その前の $i-1$ 個の変数から予測する完全可視的信念ネットワーク．（上）FVBN のための有向グラフィカルモデル．（下）ロジスティック FVBN のための対応する計算グラフ．それぞれの予測は線形予測器によって与えられる．

よって，一般的な深層学習に共通のパラメータ共有と特徴量共有の原理が導入され，汎化を改善することもできる．このモデルは，図20.8と同じ構造を共有する，従来の表形式のグラフィカルモデルで生じる次元の呪いを回避するという目的が動機となっている．表形式の離散確率モデルでは，各条件付き分布は確率の表で表現され，変数の取りうる状態のそれぞれに対して 1 つのエントリと 1 つのパラメータを持つ．代わりにニューラルネットワークを使うことで，2 つの優位性が得られる．

1. $(i-1) \times k$ 個の入力と k 個の出力（変数が離散で k 個の値を取る場合は，one-hot に符号化される）を持つニューラルネットワークによって各 $P(x_i \mid x_{i-1}, \ldots, x_1)$ をパラメータ化することで，指数関数的な数のパラメータ（と事例）を必要とせずに条件付き確率を推定でき，それでもなお，確率変数の間の高次の依存関係を捉えることができる．
2. 各 x_i の予測に別々のニューラルネットワークを使う代わりに，図20.9に示すように，**左から右**への接続を使って，すべてのニューラルネットワークを 1 つに結合することができる．言い換えれば，x_i を予測するために計算される隠れ層の特徴量を，$x_{i+k} (k > 0)$ を予測するために再利用できることを意味している．したがって，隠れユニットは**グループ**に編成される．このグループには，i 番目のグループ内のすべてのユニットが入力値 $x_1, \ldots, x_i$ にのみ依存するという特殊性がある．これらの隠れユニットの計算に使われるパラメータは，一連のすべての変数の予測を改善するために，共同で最適化される．これは，回帰結合型ネットワークや畳み込みネットワークのアーキテクチャからマルチタスク学習や転移学習に至るまでのシナリオにおいて，深層学習の至るところで繰り返される**再利用原理**（*reuse principle*）の一例である．

各 $P(x_i \mid x_{i-1}, \ldots, x_1)$ は，6.2.1.1節で議論したように，ニューラルネットワークの出力が x_i の条件付き分布の**パラメータ**を予測することによって条件付き分布を表現できる．元のニューラル自己回帰ネットワークは，当初は純粋に離散多変量データ（ベルヌーイ分布の変数であればシグモイド出力，マルチヌーイ分布の変数であればソフトマックス出力）に関して評価されていたが，そのようなモデルを，

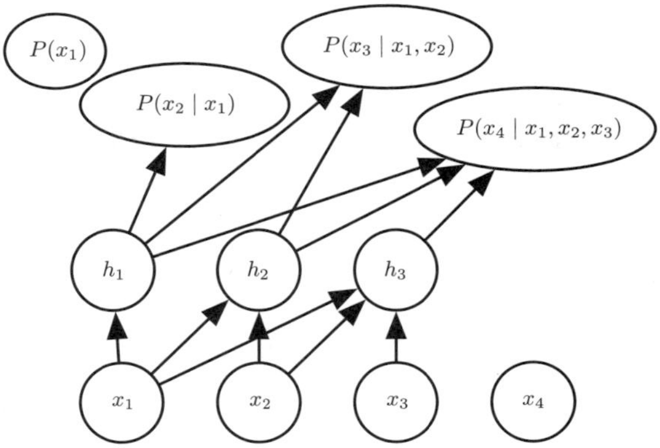

図 **20.9:** i 番目の変数 x_i を，その前の $i-1$ 個の変数から予測するニューラル自己回帰ネットワーク．$x_1, \ldots, x_i$ の関数である特徴量（h_i で表される隠れユニットのグループ）が，それに続く変数 $x_{i+1}, x_{i+2}, \ldots, x_d$ のすべての予測に再利用できるようにパラメータ化される．

連続変数や，離散変数と連続変数の両方を含む同時確率に拡張するのは自然なことである．

20.10.10　NADE

ニューラル自己回帰密度推定器（neural auto-regressive density estimator，NADE）は，ニューラル自己回帰ネットワークのうち，近年非常に成功した形式である (Larochelle and Murray, 2011)．接続は，元のBengio and Bengio (2000b) のニューラル自己回帰ネットワークと同じであるが，NADE は，図20.10に示すように，追加のパラメータ共有スキームを導入している．異なるグループ j の隠れユニットのパラメータは共有されている．

i 番目の入力 x_i から，j 番目のグループの隠れユニットの k 番目の要素 $h_k^{(j)} (j \geq i)$ への重み $W'_{j,k,i}$ は，グループ内で共有される．

$$W'_{j,k,i} = W_{k,i}. \tag{20.83}$$

残りの $j < i$ の重みはゼロである．

Larochelle and Murray (2011) がこの共有スキームを選択したのは，NADE モデルにおける順伝播が，RBM における欠損入力を埋めるために平均場推論で実行される計算と，大雑把に似ているためである[*5]．この平均場推論は，共有重みを持つ回帰結合型ネットワークを実行することに対応し，推論の最初のステップが NADE と同じである．唯一の違いは，NADE では，隠れユニットを出力に結合する出力重みが，入力を隠れユニットに結合する重みと独立してパラメータ化されていることである．RBM においては，隠れユニットから出力への重みは，入力から隠れユニットへの重みの転置である．NADE アーキテクチャは，回帰結合型の平均場推論を 1 つのステップだけではなく，k ステップを模倣するように拡張できる．このアプローチは NADE-k と呼ばれる (Raiko *et al.*, 2014)．

前に述べたように，自己回帰ネットワークは連続値データを処理するように拡張できる．連続密度をパラメータ化する特に強力で一般的な方法は，（3.9.6節で紹介した）混合ガウス分布である．混合ガウス分布は，混合重み α_i（要素 i の係数または事前確率），要素ごとの条件付き平均 μ_i，要素ごとの条件

[*5] 訳注：具体的には，RBM において x_i 以外の入力が欠損した場合を指す．

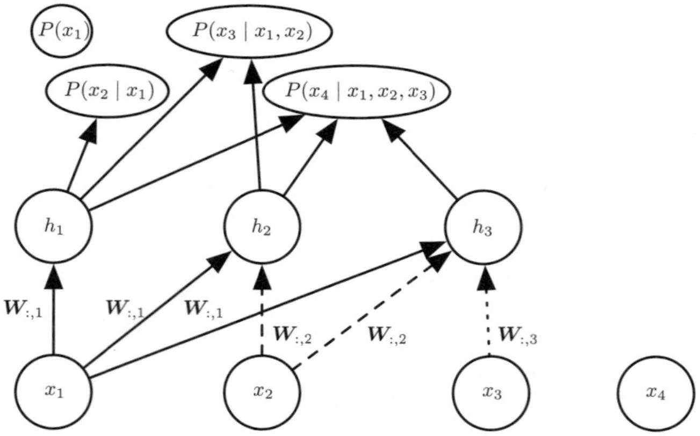

図 **20.10:** ニューラル自己回帰密度推定器（NADE）の例．$j > i$ の場合，隠れユニットはグループ $\boldsymbol{h}^{(j)}$ で編成されており，入力 $x_1, \ldots, x_i$ のみが $\boldsymbol{h}^{(i)}$ の計算と $P(x_j \mid x_{j-1}, \ldots, x_1)$ の予測に関わっている．NADE は，特定の重み共有パターンを使用している点で，初期のニューラル自己回帰ネットワークとは異なっている．$W'_{j,k,i} = W_{k,i}$ は，x_i から任意のグループ $j \geq i$ の k 番目のユニットへのすべての重みについて共有されている（図の中では，複製された重みはすべて同じ線のパターンを用いて示されている）．ベクトル $(W_{1,i}, W_{2,i}, \ldots, W_{n,i})$ を $\boldsymbol{W}_{:,i}$ と表すことに注意されたい．

付き分散 σ_i^2 を持つ．RNADE(Uria *et al.*, 2013) と呼ばれるモデルでは，このパラメータ化を用いて NADE を実数値に拡張している．他の混合密度ネットワークと同様に，この分布のパラメータはネットワークの出力であり，混合重みの確率はソフトマックスユニットによって生成され，分散は正になるようにパラメータ化される．確率的勾配降下法は，条件付き平均 μ_i と条件付き分散 σ_i^2 の間の相互作用により数値的に好ましくない挙動を示すことがある．この困難を軽減するために，Uria *et al.* (2013) は，誤差逆伝播の段階で，平均の勾配を置き換えて擬似勾配を用いている．

ニューラル自己回帰アーキテクチャのもう 1 つの非常に興味深い拡張では，観測変数について任意の順序を選択する必要性を取り除いている (Murray and Larochelle, 2014)．自己回帰ネットワークにおいて，順序をランダムにサンプリングし，どの入力が観測され（条件付きを示す縦棒の右側），どれが予測されるか，すなわち欠損と考えるか（条件付きを示す縦棒の左側）を特定する情報を隠れユニットに与えることで，任意の順序に対応できるようにネットワークを学習するということが考えられる．このアイデアが優れているのは，訓練した自己回帰ネットワークを使って，きわめて効率的に**任意の推論問題を実行する**（すなわち，変数の任意の部分集合の下で，任意の部分集合における確率分布から予測やサンプリングをする）ことができるためである．最後に，変数には多くの順序が可能（n 個の変数に対して $n!$ 個）であり，変数の各順序 o によってさまざまな $p(\mathbf{x} \mid o)$ が得られるので，o の多くの値に対してモデルのアンサンブルを形成できる．

$$p_{\text{ensemble}}(\mathbf{x}) = \frac{1}{k} \sum_{i=1}^{k} p(\mathbf{x} \mid o^{(i)}). \tag{20.84}$$

このアンサンブルモデルは通常，単一の順序で定義される個々のモデルよりも汎化し，高い確率をテスト集合に割り当てるようになる．

同じ論文では，このアーキテクチャの深層版が提案されているが，残念ながら，すぐに元のニューラル自己回帰ネットワーク (Bengio and Bengio, 2000b) と同じくらいの高い計算コストになっている．

第一層と出力層は，標準的な NADE と同様に，$O(nh)$ の積和演算で計算できる．ただし，h は隠れユニットの数（図20.10と20.9におけるグループ h_i の大きさ）であり，Bengio and Bengio (2000b) では $O(n^2h)$ である．しかし，他の隠れ層については，l 層でのすべての「前の」グループが $l+1$ 層での「次の」グループの予測に関わっていて，各層で h 個の隠れユニットの n 個のグループがあるとすると，計算量は $O(n^2h^2)$ である．Murray and Larochelle (2014) と同様に，$l+1$ 層の i 番目のグループが，l 層の i 番目のグループのみに依存するようにすれば，計算量を $O(nh^2)$ まで削減できるが，それでも通常の NADE と比べると h 倍も悪い．

20.11 自己符号化器からのサンプリング

14章では，多くの種類の自己符号化器がデータ分布を学習することを見てきた．スコアマッチング，雑音除去自己符号化器，そして縮小自己符号化器の間には密接なつながりがある．これらのつながりは，いくつかの種類の自己符号化器が，何らかの方法でデータ分布を学習することを示している．このようなモデルからサンプルを抽出する方法については，まだ見ていない．

変分自己符号化器のような，ある種類の自己符号化器は，明示的に確率分布を表現しており，単純な伝承サンプリングが可能である．その他のほとんどの種類の自己符号化器は，MCMC サンプリングを必要とする．

縮小自己符号化器は，データ多様体の接平面の推定を回復するように設計されている．これは，ノイズを挿入して符号化と復号化を繰り返すことで，多様体の表面に沿ったランダムウォークが引き起こされることを意味する (Rifai *et al.*, 2012; Mesnil *et al.*, 2012)．この多様体での拡散テクニックは，マルコフ連鎖の一種である．

また，任意の雑音除去自己符号化器からサンプリング可能な，より一般的なマルコフ連鎖も存在する．

20.11.1 任意の雑音除去自己符号化器に関連付けられるマルコフ連鎖

上記の議論では，どのようなノイズを挿入するか，そして自己符号化器が推定する分布から生成されるマルコフ連鎖をどこで得るかという問題が残されている．Bengio *et al.* (2013c) は，**一般化雑音除去自己符号化器**（generalized denoising autoencoders）のための，そのようなマルコフ連鎖の構築方法を示した．一般化雑音除去自己符号化器は，破損した入力が与えられた下できれいな入力の推定値をサンプリングする雑音除去分布によって規定される．

推定分布から生成されるマルコフ連鎖の各ステップは，図20.11に示すように，以下のサブステップからなる．

1. 前の状態 $\boldsymbol{x}$ から始めて，$C(\tilde{\boldsymbol{x}} \mid \boldsymbol{x})$ から $\tilde{\boldsymbol{x}}$ をサンプリングすることで破損ノイズを挿入する．
2. $\tilde{\boldsymbol{x}}$ を $\boldsymbol{h} = f(\tilde{\boldsymbol{x}})$ に符号化する．
3. $\boldsymbol{h}$ を復号化して，$p(\mathbf{x} \mid \boldsymbol{\omega} = g(\boldsymbol{h})) = p(\mathbf{x} \mid \tilde{\boldsymbol{x}})$ のパラメータ $\boldsymbol{\omega} = g(\boldsymbol{h})$ を得る．
4. $p(\mathbf{x} \mid \boldsymbol{\omega} = g(\boldsymbol{h})) = p(\mathbf{x} \mid \tilde{\boldsymbol{x}})$ から次の状態 $\boldsymbol{x}$ をサンプリングする．

Bengio *et al.* (2014) は，もし自己符号化器 $p(\mathbf{x} \mid \tilde{\mathbf{x}})$ が対応する真の条件付き分布の一致推定量になるならば，上述のマルコフ連鎖の定常分布は，$\mathbf{x}$ のデータ生成分布の一致推定量（暗黙的ではあるが）となることを示した．

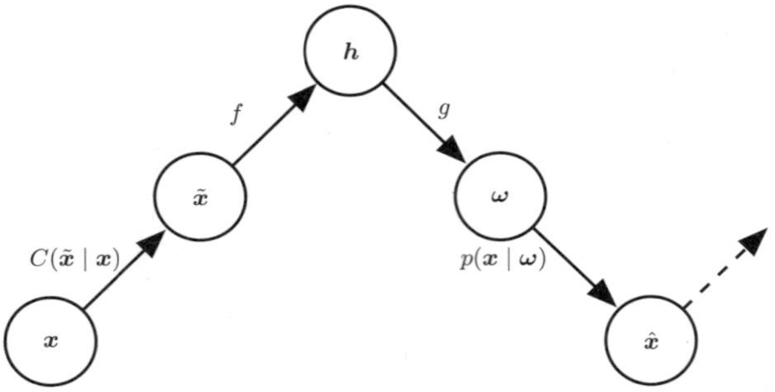

図 20.11: 訓練した雑音除去自己符号化器に関連付けられるマルコフ連鎖の各ステップ．雑音除去自己符号化器は，雑音除去対数尤度基準によって暗黙的に訓練した確率モデルからサンプルを生成する．各ステップは以下のとおりである．(a) $\boldsymbol{x}$ から，破損過程 C によってノイズを挿入し，$\tilde{\boldsymbol{x}}$ を生成する．(b) 関数 f で符号化し，$\boldsymbol{h} = f(\tilde{\boldsymbol{x}})$ を生成する．(c) その結果を関数 g で復号化し，再構成分布に対するパラメータ $\boldsymbol{\omega}$ を生成する．(d) $\boldsymbol{\omega}$ が与えられた下で，再構成分布 $p(\mathbf{x} \mid \boldsymbol{\omega} = g(f(\tilde{\boldsymbol{x}})))$ から新しい状態をサンプリングする．典型的な二乗再構成誤差の場合，$g(\boldsymbol{h}) = \hat{\boldsymbol{x}}$ は $\mathbb{E}[\boldsymbol{x} \mid \tilde{\boldsymbol{x}}]$ の推定値で，破損はガウスノイズを加えることからなるため，$p(\mathbf{x} \mid \boldsymbol{\omega})$ からのサンプリングは，再構成 $\hat{\boldsymbol{x}}$ に 2 回目のガウスノイズを加えることをからなる．後者のノイズレベルは，再構成の平均二乗誤差に対応すべきであるが，挿入されるノイズはそれらの混合速度だけでなく推定量が経験分布を滑らかにする範囲を制御するハイパーパラメータである (Vincent, 2011)．ここで示す例では，C と p の条件付き分布だけが確率的ステップである（f と g は決定論的な計算である）が，生成的確率ネットワーク (Bengio *et al.*, 2014) のように，自己符号化器の中にノイズを挿入することもできる．

20.11.2　クランピングと条件付きサンプリング

ボルツマンマシンと同様に，雑音除去自己符号化器やその一般化（以下に述べる GSN など）を用いて，条件付き分布 $p(\mathbf{x}_f \mid \mathbf{x}_o)$ からサンプリングすることができる．これは単純に，**観測**ユニット $\mathbf{x}_f$ をクランピング（固定，clamping）し，$\mathbf{x}_f$ と（もし存在するならば）サンプリングされた潜在変数が与えられた下で**自由**ユニット $\mathbf{x}_o$ を再サンプリングするだけでよい．たとえば，MP-DBM は雑音除去自己符号化器の一種と解釈することができ，欠損した入力をサンプリングできる．GSN は，のちに MP-DBM に含まれるいくつかのアイデアを一般化し，同じ演算を実行した (Bengio *et al.*, 2014)．

Alain *et al.* (2015) は，Bengio *et al.* (2014) の命題 1 に欠けている条件を特定した．これは，遷移演算子（ある状態から次の状態へと連鎖を進める確率的な写像によって定義される）が**詳細釣り合い (detailed balance)** と呼ばれる性質を満たす必要があるというものである．詳細釣り合いは，遷移演算子によって順方向または逆方向に進むかどうか関わらず，平衡状態のマルコフ連鎖が平衡状態を維持することを指定する．ピクセルの半分（画像の右側）をクランピングし，残りの半分にマルコフ連鎖を実行した実験を図20.12に示す．

20.11.3　ウォークバック訓練手続き

ウォークバック訓練手続き（walk-back training procedure）は，雑音除去自己符号化器の生成的訓練の収束を加速する方法として，Bengio *et al.* (2013c) によって提案された．1 ステップの符号化–復号化再構成を実行する代わりに，この手続きは，（マルコフ連鎖を生成する場合と同様に）別の複数の

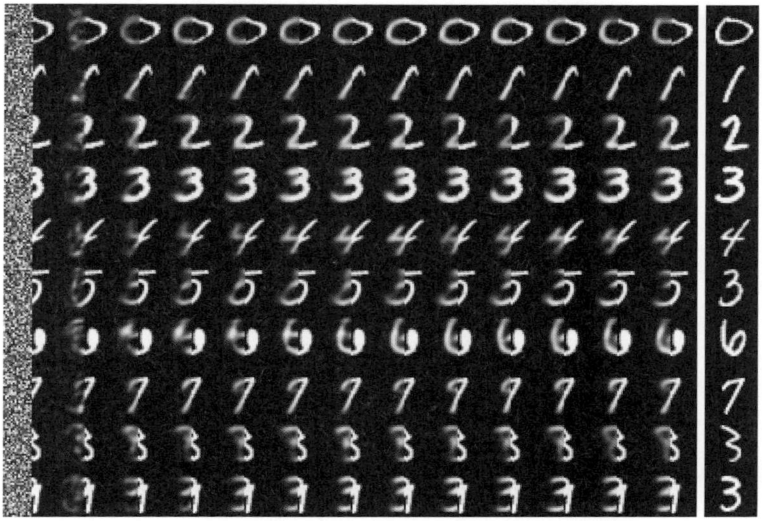

図 **20.12:** 画像の右半分をクランピングし，各ステップで左半分だけを再サンプリングしてマルコフ連鎖を実行した例．これらのサンプルは，ウォークバック手続きを用いて各時間ステップで MNIST の数字を再構成するように訓練した GSN から得られる．

確率的な符号化–復号化ステップからなり，（18.2節で説明した，コントラスティブ・ダイバージェンスアルゴリズムと同じように）訓練事例で初期化し，最後の確率的再構成（または途中のすべての再構成）にペナルティを与える．

k ステップでの訓練は（同じ定常分布に達するという意味では）1 ステップでの訓練と同等であるが，実際には，データから離れている偽モードをより効率的に除去できるという利点がある．

20.12　生成的確率ネットワーク

生成的確率ネットワーク（generative stochastic networks，GSNs）(Bengio *et al.*, 2014) は，雑音除去自己符号化器を一般化したものであり，可視変数（通常 $\mathbf{x}$ で表される）に加えて，生成するマルコフ連鎖における潜在変数 $\mathbf{h}$ を含んでいる．

GSN は，マルコフ連鎖の 1 ステップを指定する，2 つの条件付き確率分布によってパラメータ化される．

1. $p(\mathbf{x}^{(k)} \mid \mathbf{h}^{(k)})$ は，現在の潜在状態が与えられた下で次の可視変数を生成する方法を示す．このような「再構成分布」は，雑音除去自己符号化器，RBM，DBN，DBM にも見られる．
2. $p(\mathbf{h}^{(k)} \mid \mathbf{h}^{(k-1)}, \mathbf{x}^{(k-1)})$ は，前の潜在状態と可視変数の下で，潜在状態変数を更新する方法を示す．

雑音除去自己符号化器や GSN が（有向や無向の）古典的確率モデルと異なっている点は，可視変数と潜在変数の同時確率を数学的に規定するのではなく，それらの生成過程そのものをパラメータ化することである．代わりに後者は，**もし存在するならば，**暗黙的に生成するマルコフ連鎖の定常分布として定義される．定常分布が存在するための条件は緩やかであり，標準的な MCMC で必要な条件と同じである（17.3節参照）．これらの条件は，連鎖が混合することを保証するために必要であるが，遷移分布の選び方（たとえば，決定論的な場合など）によって破られることがある．

GSN のための別の訓練基準を考えることもできる．Bengio *et al.* (2014) によって提案され評価された基準は，雑音除去自己符号化器と同様に，可視ユニットの単純な再構成対数確率である．これは，観測事例に対してクランピング $\mathbf{x}^{(0)} = \boldsymbol{x}$ し，その後のいくつかの時間ステップで $\boldsymbol{x}$ を生成する確率を最大化，すなわち $\log p(\mathbf{x}^{(k)} = \boldsymbol{x} \mid \mathbf{h}^{(k)})$ を最大化することで達成される．ただし $\mathbf{h}^{(k)}$ は，$\mathbf{x}^{(0)} = \boldsymbol{x}$ が与えられた下で，連鎖からサンプリングされる．モデルの他の部分について $\log p(\mathbf{x}^{(k)} = \boldsymbol{x} \mid \mathbf{h}^{(k)})$ の勾配を推定するために， Bengio *et al.* (2014) は20.9節で導入した再パラメータ化トリックを用いている．

GSN の訓練の収束を改善するために，(20.11.3節で紹介した）ウォークバック訓練手続きが使用された (Bengio *et al.*, 2014).

20.12.1　識別 GSN

GSN の元の定式化 (Bengio *et al.*, 2014) は教師なし学習のモデリングのためのものであり，観測データ $\mathbf{x}$ について暗黙的に $p(\mathbf{x})$ をモデリングしていたが，この枠組を $p(\mathbf{y} \mid \boldsymbol{x})$ を最適化するように修正することもできる．

たとえば，Zhou and Troyanskaya (2014) は，入力変数を固定したまま，出力変数の再構成対数確率を誤差逆伝播するだけで，GSN をこのように一般化している．彼らは，この手法を系列（タンパク質の二次構造）のモデリングに適用し，マルコフ連鎖の遷移演算子において（1 次元）畳み込み構造を導入した．マルコフ連鎖の各ステップでは，各層に対して新しい系列が生成され，この系列が次のタイムステップにおいて他の層（たとえば 1 つ下の層や 1 つ上の層）の値を計算するための入力になることに留意されたい．

ゆえに，マルコフ連鎖は，実際には出力変数（および関連する高次の隠れ層）に対するものであり，入力系列はその連鎖を条件付ける役割しか担っていない．誤差逆伝播によって，マルコフ連鎖により暗黙的に表現される出力分布を，入力系列がどのように条件付けるかを学習できる．したがって，これは構造化出力の文脈で GSN を使う事例となる．

Zöhrer and Pernkopf (2014) は，教師ありコストと教師なしコスト，すなわち $\mathbf{y}$ と $\mathbf{x}$ のそれぞれの再構成対数確率を（異なる重み付けで）単純に足すことで，（上記の研究のような）教師ありの目的と（元の GSN の研究のような）教師なしの目的を組み合わせたハイブリッドモデルを導入した．このようなハイブリッド基準は， Larochelle and Bengio (2008) によって，すでに RBM に導入されている．この論文では，このスキームを用いることで，分類性能が向上することが示されている．

20.13　他の生成スキーム

これまで紹介してきた方法では，サンプルを生成するために，MCMC サンプリング，伝承サンプリング，またはこれら 2 つの混合を使用した．これらは生成モデリングにおいて最も有名なアプローチであるが，決して唯一のアプローチではない．

Sohl-Dickstein *et al.* (2015) は，非平衡熱力学に基づき，生成モデルを学習するための**拡散逆変換** (diffusion inversion) 訓練スキームを開発した．このアプローチは，サンプリングしたい確率分布には構造があるというアイデアに基づいている．この構造は，確率分布をより多くのエントロピーを持つように少しずつ変化させる拡散過程によって，徐々に破壊される．生成モデルを形成するために，この過程を逆向きに実行して，構造化されていない分布に対して構造を徐々に修復するようにモデルを訓練することができる．分布を目標の分布に近づける過程を反復的に適用することで，徐々にその目標の分布に近づけることができる．このアプローチは，サンプルを生成するために多くの反復を必要とするという点で，MCMC 法に似ている．しかし，モデルは連鎖の最後のステップによって生成される確率分布として定義される．その意味では，この反復手続きによって導かれる近似は存在しない．Sohl-Dickstein *et al.* (2015) によって導入されたアプローチも，雑音除去自己符号化器（20.11.1節）の生成的解釈にとても近い．雑音除去自己符号化器と同様に，拡散逆変換は，ノイズを加える効果を確率的に元に戻そうとする遷移演算子を訓練する．異なる点は，拡散逆変換は拡散過程の 1 つのステップのみを元に戻す必要があるのであって，きれいなデータ点にまで完全に移動するわけではないということである．これは，雑音除去自己符号化器の通常の再構成による対数尤度の目的関数に存在する，次のようなジレンマに対処している．すなわち，小さなノイズの場合，学習器はデータ点の近くの状態しか見ることができないが，大きなノイズの場合，学習器は（雑音除去分布が非常に複雑かつ多峰であるため）ほぼ不可能な作業を求められるということである．拡散逆変換によって，学習器は，データ点周辺の密度の形をより正確に学習できるだけではなく，データ点から遠くに現れる偽モードを取り除くこともできる．

サンプル生成のもう 1 つのアプローチは，**近似ベイズ計算**（approximate Bayesian computation, ABC）の枠組み (Rubin *et al.*, 1984) である．このアプローチでは，サンプルの選択された関数のモーメントが，求めたい分布のモーメントに一致するように，サンプルが棄却または修正される．このアイデアは，モーメントマッチングのようにサンプルのモーメントを使用しているが，モデルを訓練して正しいモーメントを持つサンプルを自動的に出すのではなく，サンプル自体を修正するため，モーメントマッチングとは異なる．Bachman and Precup (2015) は，ABC を使って GSN における MCMC の軌跡を形づくることで，深層学習において ABC のアイデアを用いる方法を示した．

これからも，生成モデリングに対する他の多くのアプローチが発見されることを期待する．

20.14　生成モデルの評価

生成モデルの研究者は，ある生成モデルを別の生成モデルと比較する必要がしばしばある．これは大抵の場合，新しく発明された生成モデルが，既存のモデルに比べて，ある分布をより適切に捉えていることを示すためである．

これは困難で微妙なタスクである．多くの場合，モデルの下でのデータの対数確率は実際に評価できないが，近似的にのみ評価することはできる．この場合に重要なのは，何が正確に測定されているかを明確に考えて，伝えることである．たとえば，モデル A については対数尤度の確率的な推定値を評価できて，モデル B については対数尤度の決定論的な下界を評価できるとする．もし，モデル A がモデル B よりも高いスコアを得たとして，どちらの方がよいといえるだろうか．もし，どちらのモデルが分布のよりよい内部表現を持っているかを決定することに関心があるならば，モデル B の下界がどれだけ緩いかを決定する何らかの方法がない限り，実際に知ることはできない．しかし，たとえば異常検知を実行するなど，モデルが実用的にどれだけ使えるかに関心があるならば，興味のある実用的タスクに固有の基準に基づいて，モデルがより好ましいということはできる．たとえば，テスト事例のランキングでは，適合率や再現率などのランキング基準で評価することができる．

生成モデルを評価するもう 1 つの微妙な点は，評価指標そのものが困難な研究課題である場合が多いことである．モデルを公平に比較する方法を確立するのは非常に困難である．たとえば，発明したばかりの新しいモデルの $\log \tilde{p}(\boldsymbol{x}) - \log Z$ を計算するために，AIS を用いて $\log Z$ を推定する場合を考える．計算効率のよい AIS の実装では，モデル分布のいくつかのモードを見つけられず，Z を過小評価してしまい，結果として $\log p(\boldsymbol{x})$ を過大評価するかもしれない．そのため，モデルによる高い尤度の推定値が，よいモデルによるものなのか，AIS の悪い実装によるものなのかを判断するのは困難になる可能性がある．

機械学習の他の分野では，通常，データの事前処理に多少の変動が許されている．たとえば，物体認識アルゴリズムの精度を比較する場合，アルゴリズムが必要とする入力の種類に基づいて，アルゴリズムごとに少し異なるように，入力画像を前処理することは通常許されている．生成モデリングでは異なり，前処理の変更は，たとえ非常に小さくてわずかなものであっても，まったく許容されない．入力データに対するどのような変更であっても，捉えられる分布を変え，タスクを根本的に変えてしまう．たとえば，入力に対して 0.1 を掛けると，尤度を人為的に 10 倍に増やすことになる．

前処理の問題は，より一般的な生成モデリングのベンチマークの 1 つである MNIST データ集合による生成モデルのベンチマークで，一般に発生する．MNIST はグレースケール画像で構成されている．MNIST の画像を実数ベクトル空間における点として扱うモデルもあれば，二値として扱うモデルもある．さらには，グレースケールの値を二値のサンプルの確率として扱うモデルもある．実数値モデルは他の実数値モデルのみと比較し，二値モデルは他の二値モデルのみと比較することが不可欠である．そうでなければ，測定した尤度は同じ空間上にのらない．二値モデルでは，対数尤度は最大でもゼロとなるが，実数値モデルでは，密度の測定値であるため，いくらでも大きくなることができる．二値モデルの中でも，まったく同じ種類の二値化を使ってモデルを比較することが重要である．たとえば，グレーのピクセルは，0.5 を閾値として 0 か 1 に二値化できるし，1 となる確率がグレーピクセルの明度によって与えられるランダムサンプルを抽出することで二値化することもできる．ランダムな二値化を使う場合，データ集合全体を一度だけ二値化することもできるし，訓練の各ステップごとに異なるランダムな事例を 1 つ抽出したり，評価のために複数のサンプルを抽出することもできる．これらの 3 つのスキームは，それぞれ大きく異なる尤度となるので，異なるモデルを比較するときには，両方のモデルが訓練や評価に同じ二値化のスキームを用いていることが重要である．実際，単一ステップでランダムな二値化を適用する研究者は，ランダムな二値化の結果を含むファイルを共有して，二値化ステップの異なる結果に基づいて結果に違いが生じないようにしている．

データ分布から本物に近いサンプルを生成できることが生成モデルの目標の 1 つであるため，専門家はサンプルを視覚的に検査することで生成モデルを評価することが多い．最良の場合，これは研究者自身ではなく，サンプルの出所を知らない実験の被験者によって検査される (Denton *et al.*, 2015)．残念ながら，非常に不適切な確率モデルが，非常によいサンプルを生成する可能性もある．モデルが単に訓練事例のいくつかをコピーしているだけなのかどうかを検証するための一般的な方法は，図16.1に示されている．このアイデアは，生成されたサンプルに対して，訓練集合の中から，$\boldsymbol{x}$ の空間におけるユークリッド距離に基づく最近傍を示すというものである．この検査の目的は，モデルが訓練集合に過剰適合してしまい，訓練事例を単に再現している場合を検出することである．過少適合と過剰適合が同時に生じてもなお，個々ではよく見えるサンプルを生成する可能性もある．犬と猫の画像で訓練する生成モデルが，単に犬の訓練画像を再現するように学習する場合を考えてみよう．そのようなモデルは，訓練集合に含まれていない画像を生成しないことから，明らかに過剰適合であるが，猫の訓練画像に対して確率を割り当てないことから，過少適合でもある．しかし人間は，個々の犬の画像が高品質であると判定してしまうだろう．この単純な例であれば，人間が，多くのサンプルを調べて猫がいないと判断するのも簡単だろう．より現実的な設定では，何万ものモードを持つデータを訓練した生成モデルが少数のモードを無視しているかもしれず，人間が欠けている変化を見つけ出すために十分な画像を調べたり覚えたりすることは容易ではない．

サンプルの視覚的な品質は信頼できる基準ではないため，計算的に可能であれば，モデルがテストデータに割り当てる対数尤度を評価することも多い．残念ながら，尤度が本当に関心のあるモデルの特徴を測定しない場合もあるようである．たとえば，MNIST の実数値モデルは，決して変化しない背景のピクセルに対して任意に低い分散を割り当てることで，任意の高い尤度を得ることができる．これらの一定の特徴量を検知できるモデルやアルゴリズムは無制限の報酬を得ることができるが，これは大して役に立たない．コストが負の無限大に近づく可能性は，実数値を用いるあらゆる最尤問題に存在するが，MNIST の生成モデルでは，多くの出力値が簡単に予測できるので，特に問題になる．これは，生成モデルを評価する他の方法を作る必要性を強く示唆している．

Theis *et al.* (2015) は，上記のアイデアを含む，生成モデルの評価に関わる多くの問題をまとめている．彼らは，生成モデルには多くの異なる使い方があり，測定基準の選択がモデルを使う意図と一致していなければならないことを強調している．たとえば，最も本物に近い点に対して高い確率を割り当てることに優れている生成モデルもあれば，本物から遠い点に対してめったに高い確率を割り当てないことに優れている生成モデルもある．これらの違いは，図3.6に示したように，生成モデルが $D_{\mathrm{KL}}(p_{\mathrm{data}} \| p_{\mathrm{model}})$ と $D_{\mathrm{KL}}(p_{\mathrm{model}} \| p_{\mathrm{data}})$ のどちらを最小化するように設計されているかによって生じる．残念ながら，各測定基準を最も適しているタスクに用いるように制限しても，現在使われている測定基準はすべて深刻な弱点を持ち続けている．したがって，生成モデリングにおける最も重要な研究課題の 1 つは，生成モデルをどのように改善するかだけではなく，実は，我々の進歩を測定する新しい技術を設計することなのである．

20.15　結論

隠れユニットを持つ生成モデルを訓練することは，与えられた訓練データによって表現される世界を理解するモデルを作るための強力な方法である．生成モデルは，モデル $p_{\mathrm{model}}(\boldsymbol{x})$ と表現 $p_{\mathrm{model}}(\boldsymbol{h} \mid \boldsymbol{x})$ を学習することによって，$\boldsymbol{x}$ 内の入力変数間の関係についての多くの推論問題に対する答えを提供したり，階層構造の異なる層で $\boldsymbol{h}$ の期待値を取ることで $\boldsymbol{x}$ を表現するさまざまな方法を提供したりすることができる．生成モデルは，AI システムに，理解しなければならないさまざまな直感的な概念の枠組みを提供することを約束し，不確実であってもこれらの概念について推論する能力を与える．我々は，読者がこれらのアプローチをより強力にする新手法を見つけだし，学習と知能の基礎となる原理を理解する旅を続けてくれることを願っている．

参考文献

Abadi, M., Agarwal, A., Barham, P., Brevdo, E., Chen, Z., Citro, C., Corrado, G. S., Davis, A., Dean, J., Devin, M., Ghemawat, S., Goodfellow, I., Harp, A., Irving, G., Isard, M., Jia, Y., Jozefowicz, R., Kaiser, L., Kudlur, M., Levenberg, J., Mané, D., Monga, R., Moore, S., Murray, D., Olah, C., Schuster, M., Shlens, J., Steiner, B., Sutskever, I., Talwar, K., Tucker, P., Vanhoucke, V., Vasudevan, V., Viégas, F., Vinyals, O., Warden, P., Wattenberg, M., Wicke, M., Yu, Y., and Zheng, X. (2015). TensorFlow: Large-scale machine learning on heterogeneous systems. Software available from tensorflow.org.

Ackley, D. H., Hinton, G. E., and Sejnowski, T. J. (1985). A learning algorithm for Boltzmann machines. *Cognitive Science*, **9**, 147–169.

Alain, G. and Bengio, Y. (2013). What regularized auto-encoders learn from the data generating distribution. In *ICLR'2013, arXiv:1211.4246*.

Alain, G., Bengio, Y., Yao, L., Éric Thibodeau-Laufer, Yosinski, J., and Vincent, P. (2015). GSNs: Generative stochastic networks. arXiv:1503.05571.

Anderson, E. (1935). The Irises of the Gaspé Peninsula. *Bulletin of the American Iris Society*, **59**, 2–5.

Ba, J., Mnih, V., and Kavukcuoglu, K. (2014). Multiple object recognition with visual attention. *arXiv:1412.7755*.

Bachman, P. and Precup, D. (2015). Variational generative stochastic networks with collaborative shaping. In *Proceedings of the 32nd International Conference on Machine Learning, ICML 2015, Lille, France, 6-11 July 2015*, pages 1964–1972.

Bacon, P.-L., Bengio, E., Pineau, J., and Precup, D. (2015). Conditional computation in neural networks using a decision-theoretic approach. In *2nd Multidisciplinary Conference on Reinforcement Learning and Decision Making (RLDM 2015)*.

Bagnell, J. A. and Bradley, D. M. (2009). Differentiable sparse coding. In D. Koller, D. Schuurmans, Y. Bengio, and L. Bottou, editors, *Advances in Neural Information Processing Systems 21 (NIPS'08)*, pages 113–120.

Bahdanau, D., Cho, K., and Bengio, Y. (2015). Neural machine translation by jointly learning to align and translate. In *ICLR'2015, arXiv:1409.0473*.

Bahl, L. R., Brown, P., de Souza, P. V., and Mercer, R. L. (1987). Speech recognition with continuous-parameter hidden Markov models. *Computer, Speech and Language*, **2**, 219–234.

Baldi, P. and Hornik, K. (1989). Neural networks and principal component analysis: Learning from examples without local minima. *Neural Networks*, **2**, 53–58.

Baldi, P., Brunak, S., Frasconi, P., Soda, G., and Pollastri, G. (1999). Exploiting the past and the future in protein secondary structure prediction. *Bioinformatics*, **15**(11), 937–946.

Baldi, P., Sadowski, P., and Whiteson, D. (2014). Searching for exotic particles in high-energy physics with deep learning. *Nature communications*, **5**.

Ballard, D. H., Hinton, G. E., and Sejnowski, T. J. (1983). Parallel vision computation. *Nature*.

Barlow, H. B. (1989). Unsupervised learning. *Neural Computation*, **1**, 295–311.

Barron, A. E. (1993). Universal approximation bounds for superpositions of a sigmoidal function. *IEEE Trans. on Information Theory*, **39**, 930–945.

Bartholomew, D. J. (1987). *Latent variable models and factor analysis.* Oxford University Press.

Basilevsky, A. (1994). *Statistical Factor Analysis and Related Methods: Theory and Applications.* Wiley.

Bastien, F., Lamblin, P., Pascanu, R., Bergstra, J., Goodfellow, I. J., Bergeron, A., Bouchard, N., and Bengio, Y. (2012). Theano: new features and speed improvements. Deep Learning and Unsupervised Feature Learning NIPS 2012 Workshop.

Basu, S. and Christensen, J. (2013). Teaching classification boundaries to humans. In *AAAI'2013*.

Baxter, J. (1995). Learning internal representations. In *Proceedings of the 8th International Conference on Computational Learning Theory (COLT'95)*, pages 311–320, Santa Cruz, California. ACM Press.

Bayer, J. and Osendorfer, C. (2014). Learning stochastic recurrent networks. *ArXiv e-prints*.

Becker, S. and Hinton, G. (1992). A self-organizing neural network that discovers surfaces in random-dot stereograms. *Nature*, **355**, 161–163.

Behnke, S. (2001). Learning iterative image reconstruction in the neural abstraction pyramid. *Int. J. Computational Intelligence and Applications*, **1**(4), 427–438.

Beiu, V., Quintana, J. M., and Avedillo, M. J. (2003). VLSI implementations of threshold logic-a comprehensive survey. *Neural Networks, IEEE Transactions on*, **14**(5), 1217–1243.

Belkin, M. and Niyogi, P. (2002). Laplacian eigenmaps and spectral techniques for embedding and clustering. In T. Dietterich, S. Becker, and Z. Ghahramani, editors, *Advances in Neural Information Processing Systems 14 (NIPS'01)*, Cambridge, MA. MIT Press.

Belkin, M. and Niyogi, P. (2003). Laplacian eigenmaps for dimensionality reduction and data representation. *Neural Computation*, **15**(6), 1373–1396.

Bengio, E., Bacon, P.-L., Pineau, J., and Precup, D. (2015a). Conditional computation in neural networks for faster models. arXiv:1511.06297.

Bengio, S. and Bengio, Y. (2000a). Taking on the curse of dimensionality in joint distributions using neural networks. *IEEE Transactions on Neural Networks, special issue on Data Mining and Knowledge Discovery*, **11**(3), 550–557.

Bengio, S., Vinyals, O., Jaitly, N., and Shazeer, N. (2015b). Scheduled sampling for sequence prediction with recurrent neural networks. Technical report, arXiv:1506.03099.

Bengio, Y. (1991). *Artificial Neural Networks and their Application to Sequence Recognition.* Ph.D. thesis, McGill University, (Computer Science), Montreal, Canada.

Bengio, Y. (2000). Gradient-based optimization of hyperparameters. *Neural Computation*, **12**(8), 1889–1900.

Bengio, Y. (2002). New distributed probabilistic language models. Technical Report 1215, Dept. IRO, Université de Montréal.

Bengio, Y. (2009). *Learning deep architectures for AI*. Now Publishers.

Bengio, Y. (2013). Deep learning of representations: looking forward. In *Statistical Language and Speech Processing*, volume 7978 of *Lecture Notes in Computer Science*, pages 1–37. Springer, also in arXiv at http://arxiv.org/abs/1305.0445.

Bengio, Y. (2015). Early inference in energy-based models approximates back-propagation. Technical Report arXiv:1510.02777, Universite de Montreal.

Bengio, Y. and Bengio, S. (2000b). Modeling high-dimensional discrete data with multi-layer neural networks. In *NIPS 12*, pages 400–406. MIT Press.

Bengio, Y. and Delalleau, O. (2009). Justifying and generalizing contrastive divergence. *Neural Computation*, **21**(6), 1601–1621.

Bengio, Y. and Grandvalet, Y. (2004). No unbiased estimator of the variance of k-fold cross-validation. In S. Thrun, L. Saul, and B. Schölkopf, editors, *Advances in Neural Information Processing Systems 16 (NIPS'03)*, Cambridge, MA. MIT Press, Cambridge.

Bengio, Y. and LeCun, Y. (2007). Scaling learning algorithms towards AI. In *Large Scale Kernel Machines*.

Bengio, Y. and Monperrus, M. (2005). Non-local manifold tangent learning. In L. Saul, Y. Weiss, and

L. Bottou, editors, *Advances in Neural Information Processing Systems 17 (NIPS'04)*, pages 129–136. MIT Press.

Bengio, Y. and Sénécal, J.-S. (2003). Quick training of probabilistic neural nets by importance sampling. In *Proceedings of AISTATS 2003*.

Bengio, Y. and Sénécal, J.-S. (2008). Adaptive importance sampling to accelerate training of a neural probabilistic language model. *IEEE Trans. Neural Networks*, **19**(4), 713–722.

Bengio, Y., De Mori, R., Flammia, G., and Kompe, R. (1991). Phonetically motivated acoustic parameters for continuous speech recognition using artificial neural networks. In *Proceedings of EuroSpeech'91*.

Bengio, Y., De Mori, R., Flammia, G., and Kompe, R. (1992). Neural network-Gaussian mixture hybrid for speech recognition or density estimation. In *NIPS 4*, pages 175–182. Morgan Kaufmann.

Bengio, Y., Frasconi, P., and Simard, P. (1993). The problem of learning long-term dependencies in recurrent networks. In *IEEE International Conference on Neural Networks*, pages 1183–1195, San Francisco. IEEE Press. (invited paper).

Bengio, Y., Simard, P., and Frasconi, P. (1994). Learning long-term dependencies with gradient descent is difficult. *IEEE Tr. Neural Nets*.

Bengio, Y., Latendresse, S., and Dugas, C. (1999). Gradient-based learning of hyper-parameters. Learning Conference, Snowbird.

Bengio, Y., Ducharme, R., and Vincent, P. (2001). A neural probabilistic language model. In T. K. Leen, T. G. Dietterich, and V. Tresp, editors, *NIPS'2000*, pages 932–938. MIT Press.

Bengio, Y., Ducharme, R., Vincent, P., and Jauvin, C. (2003). A neural probabilistic language model. *JMLR*, **3**, 1137–1155.

Bengio, Y., Le Roux, N., Vincent, P., Delalleau, O., and Marcotte, P. (2006a). Convex neural networks. In *NIPS'2005*, pages 123–130.

Bengio, Y., Delalleau, O., and Le Roux, N. (2006b). The curse of highly variable functions for local kernel machines. In *NIPS'2005*.

Bengio, Y., Larochelle, H., and Vincent, P. (2006c). Non-local manifold Parzen windows. In *NIPS'2005*. MIT Press.

Bengio, Y., Lamblin, P., Popovici, D., and Larochelle, H. (2007). Greedy layer-wise training of deep networks. In *NIPS'2006*.

Bengio, Y., Louradour, J., Collobert, R., and Weston, J. (2009). Curriculum learning. In *ICML'09*.

Bengio, Y., Mesnil, G., Dauphin, Y., and Rifai, S. (2013a). Better mixing via deep representations. In *ICML'2013*.

Bengio, Y., Léonard, N., and Courville, A. (2013b). Estimating or propagating gradients through stochastic neurons for conditional computation. arXiv:1308.3432.

Bengio, Y., Yao, L., Alain, G., and Vincent, P. (2013c). Generalized denoising auto-encoders as generative models. In *NIPS'2013*.

Bengio, Y., Courville, A., and Vincent, P. (2013d). Representation learning: A review and new perspectives. *IEEE Trans. Pattern Analysis and Machine Intelligence (PAMI)*, **35**(8), 1798–1828.

Bengio, Y., Thibodeau-Laufer, E., Alain, G., and Yosinski, J. (2014). Deep generative stochastic networks trainable by backprop. In *ICML'2014*.

Bennett, C. (1976). Efficient estimation of free energy differences from Monte Carlo data. *Journal of Computational Physics*, 22(2), 245–268.

Bennett, J. and Lanning, S. (2007). The Netflix prize.

Berger, A. L., Della Pietra, V. J., and Della Pietra, S. A. (1996). A maximum entropy approach to natural language processing. *Computational Linguistics*, 22, 39–71.

Berglund, M. and Raiko, T. (2013). Stochastic gradient estimate variance in contrastive divergence and persistent contrastive divergence. *CoRR*, abs/1312.6002.

Bergstra, J. (2011). *Incorporating Complex Cells into Neural Networks for Pattern Classification*. Ph.D.

thesis, Université de Montréal.

Bergstra, J. and Bengio, Y. (2009). Slow, decorrelated features for pretraining complex cell-like networks. In *NIPS'2009*.

Bergstra, J. and Bengio, Y. (2012). Random search for hyper-parameter optimization. *J. Machine Learning Res.*, **13**, 281–305.

Bergstra, J., Breuleux, O., Bastien, F., Lamblin, P., Pascanu, R., Desjardins, G., Turian, J., Warde-Farley, D., and Bengio, Y. (2010). Theano: a CPU and GPU math expression compiler. In *Proc. SciPy*.

Bergstra, J., Bardenet, R., Bengio, Y., and Kégl, B. (2011). Algorithms for hyper-parameter optimization. In *NIPS'2011*.

Berkes, P. and Wiskott, L. (2005). Slow feature analysis yields a rich repertoire of complex cell properties. *Journal of Vision*, **5**(6), 579–602.

Bertsekas, D. P. and Tsitsiklis, J. (1996). *Neuro-Dynamic Programming*. Athena Scientific.

Besag, J. (1975). Statistical analysis of non-lattice data. *The Statistician*, **24**(3), 179–195.

Bishop, C. M. (1994). Mixture density networks.

Bishop, C. M. (1995a). Regularization and complexity control in feed-forward networks. In *Proceedings International Conference on Artificial Neural Networks ICANN'95*, volume 1, page 141–148.

Bishop, C. M. (1995b). Training with noise is equivalent to Tikhonov regularization. *Neural Computation*, **7**(1), 108–116.

Bishop, C. M. (2006). *Pattern Recognition and Machine Learning*. Springer.

Blum, A. L. and Rivest, R. L. (1992). Training a 3-node neural network is NP-complete.

Blumer, A., Ehrenfeucht, A., Haussler, D., and Warmuth, M. K. (1989). Learnability and the Vapnik–Chervonenkis dimension. *Journal of the ACM*, **36**(4), 929—865.

Bonnet, G. (1964). Transformations des signaux aléatoires à travers les systèmes non linéaires sans mémoire. *Annales des Télécommunications*, **19**(9–10), 203–220.

Bordes, A., Weston, J., Collobert, R., and Bengio, Y. (2011). Learning structured embeddings of knowledge bases. In *AAAI 2011*.

Bordes, A., Glorot, X., Weston, J., and Bengio, Y. (2012). Joint learning of words and meaning representations for open-text semantic parsing. *AISTATS'2012*.

Bordes, A., Glorot, X., Weston, J., and Bengio, Y. (2013a). A semantic matching energy function for learning with multi-relational data. *Machine Learning: Special Issue on Learning Semantics*.

Bordes, A., Usunier, N., Garcia-Duran, A., Weston, J., and Yakhnenko, O. (2013b). Translating embeddings for modeling multi-relational data. In C. Burges, L. Bottou, M. Welling, Z. Ghahramani, and K. Weinberger, editors, *Advances in Neural Information Processing Systems 26*, pages 2787–2795. Curran Associates, Inc.

Bornschein, J. and Bengio, Y. (2015). Reweighted wake-sleep. In *ICLR'2015, arXiv:1406.2751*.

Bornschein, J., Shabanian, S., Fischer, A., and Bengio, Y. (2015). Training bidirectional Helmholtz machines. Technical report, arXiv:1506.03877.

Boser, B. E., Guyon, I. M., and Vapnik, V. N. (1992). A training algorithm for optimal margin classifiers. In *COLT '92: Proceedings of the fifth annual workshop on Computational learning theory*, pages 144–152, New York, NY, USA. ACM.

Bottou, L. (1998). Online algorithms and stochastic approximations. In D. Saad, editor, *Online Learning in Neural Networks*. Cambridge University Press, Cambridge, UK.

Bottou, L. (2011). From machine learning to machine reasoning. Technical report, arXiv.1102.1808.

Bottou, L. (2015). Multilayer neural networks. Deep Learning Summer School.

Bottou, L. and Bousquet, O. (2008). The tradeoffs of large scale learning. In *NIPS'2008*.

Boulanger-Lewandowski, N., Bengio, Y., and Vincent, P. (2012). Modeling temporal dependencies in high-dimensional sequences: Application to polyphonic music generation and transcription. In *ICML'12*.

Boureau, Y., Ponce, J., and LeCun, Y. (2010). A theoretical analysis of feature pooling in vision algorithms.

In *Proc. International Conference on Machine learning (ICML'10)*.

Boureau, Y., Le Roux, N., Bach, F., Ponce, J., and LeCun, Y. (2011). Ask the locals: multi-way local pooling for image recognition. In *Proc. International Conference on Computer Vision (ICCV'11)*. IEEE.

Bourlard, H. and Kamp, Y. (1988). Auto-association by multilayer perceptrons and singular value decomposition. *Biological Cybernetics*, **59**, 291–294.

Bourlard, H. and Wellekens, C. (1989). Speech pattern discrimination and multi-layered perceptrons. *Computer Speech and Language*, **3**, 1–19.

Boyd, S. and Vandenberghe, L. (2004). *Convex Optimization*. Cambridge University Press, New York, NY, USA.

Brady, M. L., Raghavan, R., and Slawny, J. (1989). Back-propagation fails to separate where perceptrons succeed. *IEEE Transactions on Circuits and Systems*, **36**, 665–674.

Brakel, P., Stroobandt, D., and Schrauwen, B. (2013). Training energy-based models for time-series imputation. *Journal of Machine Learning Research*, **14**, 2771–2797.

Brand, M. (2003). Charting a manifold. In *NIPS'2002*, pages 961–968. MIT Press.

Breiman, L. (1994). Bagging predictors. *Machine Learning*, **24**(2), 123–140.

Breiman, L., Friedman, J. H., Olshen, R. A., and Stone, C. J. (1984). *Classification and Regression Trees*. Wadsworth International Group, Belmont, CA.

Bridle, J. S. (1990). Alphanets: a recurrent 'neural' network architecture with a hidden Markov model interpretation. *Speech Communication*, **9**(1), 83–92.

Briggman, K., Denk, W., Seung, S., Helmstaedter, M. N., and Turaga, S. C. (2009). Maximin affinity learning of image segmentation. In *NIPS'2009*, pages 1865–1873.

Brown, P. F., Cocke, J., Pietra, S. A. D., Pietra, V. J. D., Jelinek, F., Lafferty, J. D., Mercer, R. L., and Roossin, P. S. (1990). A statistical approach to machine translation. *Computational linguistics*, **16**(2), 79–85.

Brown, P. F., Pietra, V. J. D., DeSouza, P. V., Lai, J. C., and Mercer, R. L. (1992). Class-based *n*-gram models of natural language. *Computational Linguistics*, **18**, 467–479.

Bryson, A. and Ho, Y. (1969). *Applied optimal control: optimization, estimation, and control*. Blaisdell Pub. Co.

Bryson, Jr., A. E. and Denham, W. F. (1961). A steepest-ascent method for solving optimum programming problems. Technical Report BR-1303, Raytheon Company, Missle and Space Division.

Buciluǎ, C., Caruana, R., and Niculescu-Mizil, A. (2006). Model compression. In *Proceedings of the 12th ACM SIGKDD international conference on Knowledge discovery and data mining*, pages 535–541. ACM.

Burda, Y., Grosse, R., and Salakhutdinov, R. (2015). Importance weighted autoencoders. *arXiv preprint arXiv:1509.00519*.

Cai, M., Shi, Y., and Liu, J. (2013). Deep maxout neural networks for speech recognition. In *Automatic Speech Recognition and Understanding (ASRU), 2013 IEEE Workshop on*, pages 291–296. IEEE.

Carreira-Perpiñan, M. A. and Hinton, G. E. (2005). On contrastive divergence learning. In R. G. Cowell and Z. Ghahramani, editors, *Proceedings of the Tenth International Workshop on Artificial Intelligence and Statistics (AISTATS'05)*, pages 33–40. Society for Artificial Intelligence and Statistics.

Caruana, R. (1993). Multitask connectionist learning. In *Proc. 1993 Connectionist Models Summer School*, pages 372–379.

Cauchy, A. (1847). Méthode générale pour la résolution de systèmes d'équations simultanées. In *Compte rendu des séances de l'académie des sciences*, pages 536–538.

Cayton, L. (2005). Algorithms for manifold learning. Technical Report CS2008-0923, UCSD.

Chandola, V., Banerjee, A., and Kumar, V. (2009). Anomaly detection: A survey. *ACM computing surveys (CSUR)*, **41**(3), 15.

Chapelle, O., Weston, J., and Schölkopf, B. (2003). Cluster kernels for semi-supervised learning. In

S. Becker, S. Thrun, and K. Obermayer, editors, *Advances in Neural Information Processing Systems 15 (NIPS'02)*, pages 585–592, Cambridge, MA. MIT Press.

Chapelle, O., Schölkopf, B., and Zien, A., editors (2006). *Semi-Supervised Learning*. MIT Press, Cambridge, MA.

Chellapilla, K., Puri, S., and Simard, P. (2006). High Performance Convolutional Neural Networks for Document Processing. In Guy Lorette, editor, *Tenth International Workshop on Frontiers in Handwriting Recognition*, La Baule (France). Université de Rennes 1, Suvisoft. http://www.suvisoft.com.

Chen, B., Ting, J.-A., Marlin, B. M., and de Freitas, N. (2010). Deep learning of invariant spatio-temporal features from video. NIPS*2010 Deep Learning and Unsupervised Feature Learning Workshop.

Chen, S. F. and Goodman, J. T. (1999). An empirical study of smoothing techniques for language modeling. *Computer, Speech and Language*, **13**(4), 359–393.

Chen, T., Du, Z., Sun, N., Wang, J., Wu, C., Chen, Y., and Temam, O. (2014a). DianNao: A small-footprint high-throughput accelerator for ubiquitous machine-learning. In *Proceedings of the 19th international conference on Architectural support for programming languages and operating systems*, pages 269–284. ACM.

Chen, T., Li, M., Li, Y., Lin, M., Wang, N., Wang, M., Xiao, T., Xu, B., Zhang, C., and Zhang, Z. (2015). MXNet: A flexible and efficient machine learning library for heterogeneous distributed systems. *arXiv preprint arXiv:1512.01274*.

Chen, Y., Luo, T., Liu, S., Zhang, S., He, L., Wang, J., Li, L., Chen, T., Xu, Z., Sun, N., *et al.* (2014b). DaDianNao: A machine-learning supercomputer. In *Microarchitecture (MICRO), 2014 47th Annual IEEE/ACM International Symposium on*, pages 609–622. IEEE.

Chilimbi, T., Suzue, Y., Apacible, J., and Kalyanaraman, K. (2014). Project Adam: Building an efficient and scalable deep learning training system. In *11th USENIX Symposium on Operating Systems Design and Implementation (OSDI'14)*.

Cho, K., Raiko, T., and Ilin, A. (2010). Parallel tempering is efficient for learning restricted Boltzmann machines. In *IJCNN'2010*.

Cho, K., Raiko, T., and Ilin, A. (2011). Enhanced gradient and adaptive learning rate for training restricted Boltzmann machines. In *ICML'2011*, pages 105–112.

Cho, K., van Merriënboer, B., Gulcehre, C., Bougares, F., Schwenk, H., and Bengio, Y. (2014a). Learning phrase representations using RNN encoder-decoder for statistical machine translation. In *Proceedings of the Empiricial Methods in Natural Language Processing (EMNLP 2014)*.

Cho, K., Van Merriënboer, B., Bahdanau, D., and Bengio, Y. (2014b). On the properties of neural machine translation: Encoder-decoder approaches. *ArXiv e-prints*, abs/1409.1259.

Choromanska, A., Henaff, M., Mathieu, M., Arous, G. B., and LeCun, Y. (2014). The loss surface of multilayer networks.

Chorowski, J., Bahdanau, D., Cho, K., and Bengio, Y. (2014). End-to-end continuous speech recognition using attention-based recurrent NN: First results. arXiv:1412.1602.

Christianson, B. (1992). Automatic Hessians by reverse accumulation. *IMA Journal of Numerical Analysis*, 12(2), 135–150.

Chrupala, G., Kadar, A., and Alishahi, A. (2015). Learning language through pictures. arXiv 1506.03694.

Chung, J., Gulcehre, C., Cho, K., and Bengio, Y. (2014). Empirical evaluation of gated recurrent neural networks on sequence modeling. NIPS'2014 Deep Learning workshop, arXiv 1412.3555.

Chung, J., Gülçehre, Ç., Cho, K., and Bengio, Y. (2015a). Gated feedback recurrent neural networks. In *ICML'15*.

Chung, J., Kastner, K., Dinh, L., Goel, K., Courville, A., and Bengio, Y. (2015b). A recurrent latent variable model for sequential data. In *NIPS'2015*.

Ciresan, D., Meier, U., Masci, J., and Schmidhuber, J. (2012). Multi-column deep neural network for traffic sign classification. *Neural Networks*, **32**, 333–338.

Ciresan, D. C., Meier, U., Gambardella, L. M., and Schmidhuber, J. (2010). Deep big simple neural nets for handwritten digit recognition. *Neural Computation*, 22, 1–14.

Coates, A. and Ng, A. Y. (2011). The importance of encoding versus training with sparse coding and vector quantization. In *ICML'2011*.

Coates, A., Lee, H., and Ng, A. Y. (2011). An analysis of single-layer networks in unsupervised feature learning. In *Proceedings of the Thirteenth International Conference on Artificial Intelligence and Statistics (AISTATS 2011)*.

Coates, A., Huval, B., Wang, T., Wu, D., Catanzaro, B., and Andrew, N. (2013). Deep learning with COTS HPC systems. In S. Dasgupta and D. McAllester, editors, *Proceedings of the 30th International Conference on Machine Learning (ICML-13)*, volume 28 (3), pages 1337–1345. JMLR Workshop and Conference Proceedings.

Cohen, N., Sharir, O., and Shashua, A. (2015). On the expressive power of deep learning: A tensor analysis. arXiv:1509.05009.

Collobert, R. (2004). *Large Scale Machine Learning*. Ph.D. thesis, Université de Paris VI, LIP6.

Collobert, R. (2011). Deep learning for efficient discriminative parsing. In *AISTATS'2011*.

Collobert, R. and Weston, J. (2008a). A unified architecture for natural language processing: Deep neural networks with multitask learning. In *ICML'2008*.

Collobert, R. and Weston, J. (2008b). A unified architecture for natural language processing: Deep neural networks with multitask learning. In *ICML'2008*.

Collobert, R., Weston, J., Bottou, L., Karlen, M., Kavukcuoglu, K., and Kuksa, P. (2011a). Natural language processing (almost) from scratch. *The Journal of Machine Learning Research*, 12, 2493–2537.

Collobert, R., Kavukcuoglu, K., and Farabet, C. (2011b). Torch7: A Matlab-like environment for machine learning. In *BigLearn, NIPS Workshop*.

Comon, P. (1994). Independent component analysis - a new concept? *Signal Processing*, 36, 287–314.

Cortes, C. and Vapnik, V. (1995). Support vector networks. *Machine Learning*, 20, 273–297.

Couprie, C., Farabet, C., Najman, L., and LeCun, Y. (2013). Indoor semantic segmentation using depth information. In *International Conference on Learning Representations (ICLR2013)*.

Courbariaux, M., Bengio, Y., and David, J.-P. (2015). Low precision arithmetic for deep learning. In *Arxiv:1412.7024, ICLR'2015 Workshop*.

Courville, A., Bergstra, J., and Bengio, Y. (2011). Unsupervised models of images by spike-and-slab RBMs. In *ICML'11*.

Courville, A., Desjardins, G., Bergstra, J., and Bengio, Y. (2014). The spike-and-slab RBM and extensions to discrete and sparse data distributions. *Pattern Analysis and Machine Intelligence, IEEE Transactions on*, 36(9), 1874–1887.

Cover, T. M. and Thomas, J. A. (2006). *Elements of Information Theory, 2nd Edition*. Wiley-Interscience.

Cox, D. and Pinto, N. (2011). Beyond simple features: A large-scale feature search approach to unconstrained face recognition. In *Automatic Face & Gesture Recognition and Workshops (FG 2011), 2011 IEEE International Conference on*, pages 8–15. IEEE.

Cramér, H. (1946). *Mathematical methods of statistics*. Princeton University Press.

Crick, F. H. C. and Mitchison, G. (1983). The function of dream sleep. *Nature*, 304, 111–114.

Cybenko, G. (1989). Approximation by superpositions of a sigmoidal function. *Mathematics of Control, Signals, and Systems*, 2, 303–314.

Dahl, G. E., Ranzato, M., Mohamed, A., and Hinton, G. E. (2010). Phone recognition with the mean-covariance restricted Boltzmann machine. In *NIPS'2010*.

Dahl, G. E., Yu, D., Deng, L., and Acero, A. (2012). Context-dependent pre-trained deep neural networks for large vocabulary speech recognition. *IEEE Transactions on Audio, Speech, and Language Processing*, 20(1), 33–42.

Dahl, G. E., Sainath, T. N., and Hinton, G. E. (2013). Improving deep neural networks for LVCSR using rectified linear units and dropout. In *ICASSP'2013*.

Dahl, G. E., Jaitly, N., and Salakhutdinov, R. (2014). Multi-task neural networks for QSAR predictions. arXiv:1406.1231.

Dauphin, Y. and Bengio, Y. (2013). Stochastic ratio matching of RBMs for sparse high-dimensional inputs. In *NIPS26*. NIPS Foundation.

Dauphin, Y., Glorot, X., and Bengio, Y. (2011). Large-scale learning of embeddings with reconstruction sampling. In *ICML'2011*.

Dauphin, Y., Pascanu, R., Gulcehre, C., Cho, K., Ganguli, S., and Bengio, Y. (2014). Identifying and attacking the saddle point problem in high-dimensional non-convex optimization. In *NIPS'2014*.

Davis, A., Rubinstein, M., Wadhwa, N., Mysore, G., Durand, F., and Freeman, W. T. (2014). The visual microphone: Passive recovery of sound from video. *ACM Transactions on Graphics (Proc. SIGGRAPH)*, **33**(4), 79:1–79:10.

Dayan, P. (1990). Reinforcement comparison. In *Connectionist Models: Proceedings of the 1990 Connectionist Summer School*, San Mateo, CA.

Dayan, P. and Hinton, G. E. (1996). Varieties of Helmholtz machine. *Neural Networks*, **9**(8), 1385–1403.

Dayan, P., Hinton, G. E., Neal, R. M., and Zemel, R. S. (1995). The Helmholtz machine. *Neural computation*, **7**(5), 889–904.

Dean, J., Corrado, G., Monga, R., Chen, K., Devin, M., Le, Q., Mao, M., Ranzato, M., Senior, A., Tucker, P., Yang, K., and Ng, A. Y. (2012). Large scale distributed deep networks. In *NIPS'2012*.

Dean, T. and Kanazawa, K. (1989). A model for reasoning about persistence and causation. *Computational Intelligence*, **5**(3), 142–150.

Deerwester, S., Dumais, S. T., Furnas, G. W., Landauer, T. K., and Harshman, R. (1990). Indexing by latent semantic analysis. *Journal of the American Society for Information Science*, **41**(6), 391–407.

Delalleau, O. and Bengio, Y. (2011). Shallow vs. deep sum-product networks. In *NIPS*.

Deng, J., Dong, W., Socher, R., Li, L.-J., Li, K., and Fei-Fei, L. (2009). ImageNet: A Large-Scale Hierarchical Image Database. In *CVPR09*.

Deng, J., Berg, A. C., Li, K., and Fei-Fei, L. (2010a). What does classifying more than 10,000 image categories tell us? In *Proceedings of the 11th European Conference on Computer Vision: Part V*, ECCV'10, pages 71–84, Berlin, Heidelberg. Springer-Verlag.

Deng, L. and Yu, D. (2014). Deep learning – methods and applications. *Foundations and Trends in Signal Processing*.

Deng, L., Seltzer, M., Yu, D., Acero, A., Mohamed, A., and Hinton, G. (2010b). Binary coding of speech spectrograms using a deep auto-encoder. In *Interspeech 2010*, Makuhari, Chiba, Japan.

Denil, M., Bazzani, L., Larochelle, H., and de Freitas, N. (2012). Learning where to attend with deep architectures for image tracking. *Neural Computation*, **24**(8), 2151–2184.

Denton, E., Chintala, S., Szlam, A., and Fergus, R. (2015). Deep generative image models using a Laplacian pyramid of adversarial networks. *NIPS*.

Desjardins, G. and Bengio, Y. (2008). Empirical evaluation of convolutional RBMs for vision. Technical Report 1327, Département d'Informatique et de Recherche Opérationnelle, Université de Montréal.

Desjardins, G., Courville, A. C., Bengio, Y., Vincent, P., and Delalleau, O. (2010). Tempered Markov chain Monte Carlo for training of restricted Boltzmann machines. In *International Conference on Artificial Intelligence and Statistics*, pages 145–152.

Desjardins, G., Courville, A., and Bengio, Y. (2011). On tracking the partition function. In *NIPS'2011*.

Desjardins, G., Simonyan, K., Pascanu, R., *et al.* (2015). Natural neural networks. In *Advances in Neural Information Processing Systems*, pages 2062–2070.

Devlin, J., Zbib, R., Huang, Z., Lamar, T., Schwartz, R., and Makhoul, J. (2014). Fast and robust neural network joint models for statistical machine translation. In *Proc. ACL'2014*.

Devroye, L. (2013). *Non-Uniform Random Variate Generation*. SpringerLink : Bücher. Springer New

York.

DiCarlo, J. J. (2013). Mechanisms underlying visual object recognition: Humans vs. neurons vs. machines. NIPS Tutorial.

Dinh, L., Krueger, D., and Bengio, Y. (2014). NICE: Non-linear independent components estimation. arXiv:1410.8516.

Donahue, J., Hendricks, L. A., Guadarrama, S., Rohrbach, M., Venugopalan, S., Saenko, K., and Darrell, T. (2014). Long-term recurrent convolutional networks for visual recognition and description. arXiv:1411.4389.

Donoho, D. L. and Grimes, C. (2003). Hessian eigenmaps: new locally linear embedding techniques for high-dimensional data. Technical Report 2003-08, Dept. Statistics, Stanford University.

Dosovitskiy, A., Springenberg, J. T., and Brox, T. (2015). Learning to generate chairs with convolutional neural networks. In *Proceedings of the IEEE Conference on Computer Vision and Pattern Recognition*, pages 1538–1546.

Doya, K. (1993). Bifurcations of recurrent neural networks in gradient descent learning. *IEEE Transactions on Neural Networks*, **1**, 75–80.

Dreyfus, S. E. (1962). The numerical solution of variational problems. *Journal of Mathematical Analysis and Applications*, **5(1)**, 30–45.

Dreyfus, S. E. (1973). The computational solution of optimal control problems with time lag. *IEEE Transactions on Automatic Control*, **18(4)**, 383–385.

Drucker, H. and LeCun, Y. (1992). Improving generalisation performance using double back-propagation. *IEEE Transactions on Neural Networks*, **3**(6), 991–997.

Duchi, J., Hazan, E., and Singer, Y. (2011). Adaptive subgradient methods for online learning and stochastic optimization. *Journal of Machine Learning Research*.

Dudik, M., Langford, J., and Li, L. (2011). Doubly robust policy evaluation and learning. In *Proceedings of the 28th International Conference on Machine learning*, ICML '11.

Dugas, C., Bengio, Y., Bélisle, F., and Nadeau, C. (2001). Incorporating second-order functional knowledge for better option pricing. In T. Leen, T. Dietterich, and V. Tresp, editors, *Advances in Neural Information Processing Systems 13 (NIPS'00)*, pages 472–478. MIT Press.

Dziugaite, G. K., Roy, D. M., and Ghahramani, Z. (2015). Training generative neural networks via maximum mean discrepancy optimization. *arXiv preprint arXiv:1505.03906*.

El Hihi, S. and Bengio, Y. (1996). Hierarchical recurrent neural networks for long-term dependencies. In *NIPS'1995*.

Elkahky, A. M., Song, Y., and He, X. (2015). A multi-view deep learning approach for cross domain user modeling in recommendation systems. In *Proceedings of the 24th International Conference on World Wide Web*, pages 278–288.

Elman, J. L. (1993). Learning and development in neural networks: The importance of starting small. *Cognition*, **48**, 781–799.

Erhan, D., Manzagol, P.-A., Bengio, Y., Bengio, S., and Vincent, P. (2009). The difficulty of training deep architectures and the effect of unsupervised pre-training. In *Proceedings of AISTATS'2009*.

Erhan, D., Bengio, Y., Courville, A., Manzagol, P., Vincent, P., and Bengio, S. (2010). Why does unsupervised pre-training help deep learning? *J. Machine Learning Res.*

Fahlman, S. E., Hinton, G. E., and Sejnowski, T. J. (1983). Massively parallel architectures for AI: NETL, thistle, and Boltzmann machines. In *Proceedings of the National Conference on Artificial Intelligence AAAI-83*.

Fang, H., Gupta, S., Iandola, F., Srivastava, R., Deng, L., Dollár, P., Gao, J., He, X., Mitchell, M., Platt, J. C., Zitnick, C. L., and Zweig, G. (2015). From captions to visual concepts and back. arXiv:1411.4952.

Farabet, C., LeCun, Y., Kavukcuoglu, K., Culurciello, E., Martini, B., Akselrod, P., and Talay, S. (2011). Large-scale FPGA-based convolutional networks. In R. Bekkerman, M. Bilenko, and J. Langford, editors, *Scaling up Machine Learning: Parallel and Distributed Approaches*. Cambridge University Press.

Farabet, C., Couprie, C., Najman, L., and LeCun, Y. (2013). Learning hierarchical features for scene labeling. *IEEE Transactions on Pattern Analysis and Machine Intelligence*, **35**(8), 1915–1929.

Fei-Fei, L., Fergus, R., and Perona, P. (2006). One-shot learning of object categories. *IEEE Transactions on Pattern Analysis and Machine Intelligence*, **28**(4), 594–611.

Finn, C., Tan, X. Y., Duan, Y., Darrell, T., Levine, S., and Abbeel, P. (2015). Learning visual feature spaces for robotic manipulation with deep spatial autoencoders. *arXiv preprint arXiv:1509.06113*.

Fisher, R. A. (1936). The use of multiple measurements in taxonomic problems. *Annals of Eugenics*, **7**, 179–188.

Földiák, P. (1989). Adaptive network for optimal linear feature extraction. In *International Joint Conference on Neural Networks (IJCNN)*, volume 1, pages 401–405, Washington 1989. IEEE, New York.

Franzius, M., Sprekeler, H., and Wiskott, L. (2007). Slowness and sparseness lead to place, head-direction, and spatial-view cells.

Franzius, M., Wilbert, N., and Wiskott, L. (2008). Invariant object recognition with slow feature analysis. In *Artificial Neural Networks-ICANN 2008*, pages 961–970. Springer.

Frasconi, P., Gori, M., and Sperduti, A. (1997). On the efficient classification of data structures by neural networks. In *Proc. Int. Joint Conf. on Artificial Intelligence*.

Frasconi, P., Gori, M., and Sperduti, A. (1998). A general framework for adaptive processing of data structures. *IEEE Transactions on Neural Networks*, **9**(5), 768–786.

Freund, Y. and Schapire, R. E. (1996a). Experiments with a new boosting algorithm. In *Machine Learning: Proceedings of Thirteenth International Conference*, pages 148–156, USA. ACM.

Freund, Y. and Schapire, R. E. (1996b). Game theory, on-line prediction and boosting. In *Proceedings of the Ninth Annual Conference on Computational Learning Theory*, pages 325–332.

Frey, B. J. (1998). *Graphical models for machine learning and digital communication*. MIT Press.

Frey, B. J., Hinton, G. E., and Dayan, P. (1996). Does the wake-sleep algorithm learn good density estimators? In D. Touretzky, M. Mozer, and M. Hasselmo, editors, *Advances in Neural Information Processing Systems 8 (NIPS'95)*, pages 661–670. MIT Press, Cambridge, MA.

Frobenius, G. (1908). Über matrizen aus positiven elementen, s. *B. Preuss. Akad. Wiss. Berlin, Germany*.

Fukushima, K. (1975). Cognitron: A self-organizing multilayered neural network. *Biological Cybernetics*, **20**, 121–136.

Fukushima, K. (1980). Neocognitron: A self-organizing neural network model for a mechanism of pattern recognition unaffected by shift in position. *Biological Cybernetics*, **36**, 193–202.

Gal, Y. and Ghahramani, Z. (2015). Bayesian convolutional neural networks with Bernoulli approximate variational inference. *arXiv preprint arXiv:1506.02158*.

Gallinari, P., LeCun, Y., Thiria, S., and Fogelman-Soulie, F. (1987). Memoires associatives distribuees. In *Proceedings of COGNITIVA 87*, Paris, La Villette.

Garcia-Duran, A., Bordes, A., Usunier, N., and Grandvalet, Y. (2015). Combining two and three-way embeddings models for link prediction in knowledge bases. *arXiv preprint arXiv:1506.00999*.

Garofolo, J. S., Lamel, L. F., Fisher, W. M., Fiscus, J. G., and Pallett, D. S. (1993). Darpa timit acoustic-phonetic continous speech corpus cd-rom. nist speech disc 1-1.1. *NASA STI/Recon Technical Report N*, **93**, 27403.

Garson, J. (1900). The metric system of identification of criminals, as used in Great Britain and Ireland. *The Journal of the Anthropological Institute of Great Britain and Ireland*, (2), 177–227.

Gers, F. A., Schmidhuber, J., and Cummins, F. (2000). Learning to forget: Continual prediction with LSTM. *Neural computation*, **12**(10), 2451–2471.

Ghahramani, Z. and Hinton, G. E. (1996). The EM algorithm for mixtures of factor analyzers. Technical Report CRG-TR-96-1, Dpt. of Comp. Sci., Univ. of Toronto.

Gillick, D., Brunk, C., Vinyals, O., and Subramanya, A. (2015). Multilingual language processing from bytes. *arXiv preprint arXiv:1512.00103*.

Girshick, R., Donahue, J., Darrell, T., and Malik, J. (2015). Region-based convolutional networks for accurate object detection and segmentation.

Giudice, M. D., Manera, V., and Keysers, C. (2009). Programmed to learn? The ontogeny of mirror neurons. *Dev. Sci.*, 12(2), 350—363.

Glorot, X. and Bengio, Y. (2010). Understanding the difficulty of training deep feedforward neural networks. In *AISTATS'2010*.

Glorot, X., Bordes, A., and Bengio, Y. (2011a). Deep sparse rectifier neural networks. In *AISTATS'2011*.

Glorot, X., Bordes, A., and Bengio, Y. (2011b). Domain adaptation for large-scale sentiment classification: A deep learning approach. In *ICML'2011*.

Goldberger, J., Roweis, S., Hinton, G. E., and Salakhutdinov, R. (2005). Neighbourhood components analysis. In L. Saul, Y. Weiss, and L. Bottou, editors, *Advances in Neural Information Processing Systems 17 (NIPS'04)*. MIT Press.

Gong, S., McKenna, S., and Psarrou, A. (2000). *Dynamic Vision: From Images to Face Recognition*. Imperial College Press.

Goodfellow, I., Le, Q., Saxe, A., and Ng, A. (2009). Measuring invariances in deep networks. In *NIPS'2009*, pages 646–654.

Goodfellow, I., Koenig, N., Muja, M., Pantofaru, C., Sorokin, A., and Takayama, L. (2010). Help me help you: Interfaces for personal robots. In *Proc. of Human Robot Interaction (HRI)*, Osaka, Japan. ACM Press, ACM Press.

Goodfellow, I. J. (2010). Technical report: Multidimensional, downsampled convolution for autoencoders. Technical report, Université de Montréal.

Goodfellow, I. J. (2014). On distinguishability criteria for estimating generative models. In *International Conference on Learning Representations, Workshops Track*.

Goodfellow, I. J., Courville, A., and Bengio, Y. (2011). Spike-and-slab sparse coding for unsupervised feature discovery. In *NIPS Workshop on Challenges in Learning Hierarchical Models*.

Goodfellow, I. J., Warde-Farley, D., Mirza, M., Courville, A., and Bengio, Y. (2013a). Maxout networks. In S. Dasgupta and D. McAllester, editors, *ICML'13*, pages 1319–1327.

Goodfellow, I. J., Mirza, M., Courville, A., and Bengio, Y. (2013b). Multi-prediction deep Boltzmann machines. In *NIPS26*. NIPS Foundation.

Goodfellow, I. J., Warde-Farley, D., Lamblin, P., Dumoulin, V., Mirza, M., Pascanu, R., Bergstra, J., Bastien, F., and Bengio, Y. (2013c). Pylearn2: a machine learning research library. *arXiv preprint arXiv:1308.4214*.

Goodfellow, I. J., Courville, A., and Bengio, Y. (2013d). Scaling up spike-and-slab models for unsupervised feature learning. *IEEE Transactions on Pattern Analysis and Machine Intelligence*, 35(8), 1902–1914.

Goodfellow, I. J., Mirza, M., Xiao, D., Courville, A., and Bengio, Y. (2014a). An empirical investigation of catastrophic forgeting in gradient-based neural networks. In *ICLR'2014*.

Goodfellow, I. J., Shlens, J., and Szegedy, C. (2014b). Explaining and harnessing adversarial examples. *CoRR*, abs/1412.6572.

Goodfellow, I. J., Pouget-Abadie, J., Mirza, M., Xu, B., Warde-Farley, D., Ozair, S., Courville, A., and Bengio, Y. (2014c). Generative adversarial networks. In *NIPS'2014*.

Goodfellow, I. J., Bulatov, Y., Ibarz, J., Arnoud, S., and Shet, V. (2014d). Multi-digit number recognition from Street View imagery using deep convolutional neural networks. In *International Conference on Learning Representations*.

Goodfellow, I. J., Vinyals, O., and Saxe, A. M. (2015). Qualitatively characterizing neural network optimization problems. In *International Conference on Learning Representations*.

Goodman, J. (2001). Classes for fast maximum entropy training. In *International Conference on Acoustics, Speech and Signal Processing (ICASSP)*, Utah.

Gori, M. and Tesi, A. (1992). On the problem of local minima in backpropagation. *IEEE Transactions on Pattern Analysis and Machine Intelligence*, **PAMI-14**(1), 76–86.

Gosset, W. S. (1908). The probable error of a mean. *Biometrika*, **6**(1), 1–25. Originally published under the pseudonym "Student".

Gouws, S., Bengio, Y., and Corrado, G. (2014). BilBOWA: Fast bilingual distributed representations without word alignments. Technical report, arXiv:1410.2455.

Graf, H. P. and Jackel, L. D. (1989). Analog electronic neural network circuits. *Circuits and Devices Magazine, IEEE*, **5**(4), 44–49.

Graves, A. (2011). Practical variational inference for neural networks. In *NIPS'2011*.

Graves, A. (2012). *Supervised Sequence Labelling with Recurrent Neural Networks*. Studies in Computational Intelligence. Springer.

Graves, A. (2013). Generating sequences with recurrent neural networks. Technical report, arXiv:1308.0850.

Graves, A. and Jaitly, N. (2014). Towards end-to-end speech recognition with recurrent neural networks. In *ICML'2014*.

Graves, A. and Schmidhuber, J. (2005). Framewise phoneme classification with bidirectional LSTM and other neural network architectures. *Neural Networks*, **18**(5), 602–610.

Graves, A. and Schmidhuber, J. (2009). Offline handwriting recognition with multidimensional recurrent neural networks. In D. Koller, D. Schuurmans, Y. Bengio, and L. Bottou, editors, *NIPS'2008*, pages 545–552.

Graves, A., Fernández, S., Gomez, F., and Schmidhuber, J. (2006). Connectionist temporal classification: Labelling unsegmented sequence data with recurrent neural networks. In *ICML'2006*, pages 369–376, Pittsburgh, USA.

Graves, A., Liwicki, M., Bunke, H., Schmidhuber, J., and Fernández, S. (2008). Unconstrained on-line handwriting recognition with recurrent neural networks. In J. Platt, D. Koller, Y. Singer, and S. Roweis, editors, *NIPS'2007*, pages 577–584.

Graves, A., Liwicki, M., Fernández, S., Bertolami, R., Bunke, H., and Schmidhuber, J. (2009). A novel connectionist system for unconstrained handwriting recognition. *Pattern Analysis and Machine Intelligence, IEEE Transactions on*, **31**(5), 855–868.

Graves, A., Mohamed, A., and Hinton, G. (2013). Speech recognition with deep recurrent neural networks. In *ICASSP'2013*, pages 6645–6649.

Graves, A., Wayne, G., and Danihelka, I. (2014a). Neural Turing machines. arXiv:1410.5401.

Graves, A., Wayne, G., and Danihelka, I. (2014b). Neural Turing machines. *arXiv preprint arXiv:1410.5401*.

Grefenstette, E., Hermann, K. M., Suleyman, M., and Blunsom, P. (2015). Learning to transduce with unbounded memory. In *NIPS'2015*.

Greff, K., Srivastava, R. K., Koutník, J., Steunebrink, B. R., and Schmidhuber, J. (2015). LSTM: a search space odyssey. *arXiv preprint arXiv:1503.04069*.

Gregor, K. and LeCun, Y. (2010a). Emergence of complex-like cells in a temporal product network with local receptive fields. Technical report, arXiv:1006.0448.

Gregor, K. and LeCun, Y. (2010b). Learning fast approximations of sparse coding. In L. Bottou and M. Littman, editors, *Proceedings of the Twenty-seventh International Conference on Machine Learning (ICML-10)*. ACM.

Gregor, K., Danihelka, I., Mnih, A., Blundell, C., and Wierstra, D. (2014). Deep autoregressive networks. In *International Conference on Machine Learning (ICML'2014)*.

Gregor, K., Danihelka, I., Graves, A., and Wierstra, D. (2015). DRAW: A recurrent neural network for image generation. *arXiv preprint arXiv:1502.04623*.

Gretton, A., Borgwardt, K. M., Rasch, M. J., Schölkopf, B., and Smola, A. (2012). A kernel two-sample test. *The Journal of Machine Learning Research*, 13(1), 723–773.

Gülçehre, Ç. and Bengio, Y. (2013). Knowledge matters: Importance of prior information for optimization. In *International Conference on Learning Representations (ICLR'2013)*.

Guo, H. and Gelfand, S. B. (1992). Classification trees with neural network feature extraction. *Neural Networks, IEEE Transactions on*, 3(6), 923–933.

Gupta, S., Agrawal, A., Gopalakrishnan, K., and Narayanan, P. (2015). Deep learning with limited numerical precision. *CoRR*, abs/1502.02551.

Gutmann, M. and Hyvarinen, A. (2010). Noise-contrastive estimation: A new estimation principle for unnormalized statistical models. In *Proceedings of The Thirteenth International Conference on Artificial Intelligence and Statistics (AISTATS'10)*.

Hadsell, R., Sermanet, P., Ben, J., Erkan, A., Han, J., Muller, U., and LeCun, Y. (2007). Online learning for offroad robots: Spatial label propagation to learn long-range traversability. In *Proceedings of Robotics: Science and Systems*, Atlanta, GA, USA.

Hajnal, A., Maass, W., Pudlak, P., Szegedy, M., and Turan, G. (1993). Threshold circuits of bounded depth. *J. Comput. System. Sci.*, 46, 129–154.

Håstad, J. (1986). Almost optimal lower bounds for small depth circuits. In *Proceedings of the 18th annual ACM Symposium on Theory of Computing*, pages 6–20, Berkeley, California. ACM Press.

Håstad, J. and Goldmann, M. (1991). On the power of small-depth threshold circuits. *Computational Complexity*, 1, 113–129.

Hastie, T., Tibshirani, R., and Friedman, J. (2001). *The elements of statistical learning: data mining, inference and prediction*. Springer Series in Statistics. Springer Verlag.

He, K., Zhang, X., Ren, S., and Sun, J. (2015). Delving deep into rectifiers: Surpassing human-level performance on ImageNet classification. *arXiv preprint arXiv:1502.01852*.

Hebb, D. O. (1949). *The Organization of Behavior*. Wiley, New York.

Henaff, M., Jarrett, K., Kavukcuoglu, K., and LeCun, Y. (2011). Unsupervised learning of sparse features for scalable audio classification. In *ISMIR'11*.

Henderson, J. (2003). Inducing history representations for broad coverage statistical parsing. In *HLT-NAACL*, pages 103–110.

Henderson, J. (2004). Discriminative training of a neural network statistical parser. In *Proceedings of the 42nd Annual Meeting on Association for Computational Linguistics*, page 95.

Henniges, M., Puertas, G., Bornschein, J., Eggert, J., and Lücke, J. (2010). Binary sparse coding. In *Latent Variable Analysis and Signal Separation*, pages 450–457. Springer.

Herault, J. and Ans, B. (1984). Circuits neuronaux à synapses modifiables: Décodage de messages composites par apprentissage non supervisé. *Comptes Rendus de l'Académie des Sciences*, 299(III-13), 525—528.

Hinton, G. (2012). Neural networks for machine learning. Coursera, video lectures.

Hinton, G., Deng, L., Dahl, G. E., Mohamed, A., Jaitly, N., Senior, A., Vanhoucke, V., Nguyen, P., Sainath, T., and Kingsbury, B. (2012a). Deep neural networks for acoustic modeling in speech recognition. *IEEE Signal Processing Magazine*, 29(6), 82–97.

Hinton, G., Vinyals, O., and Dean, J. (2015). Distilling the knowledge in a neural network. *arXiv preprint arXiv:1503.02531*.

Hinton, G. E. (1989). Connectionist learning procedures. *Artificial Intelligence*, 40, 185–234.

Hinton, G. E. (1990). Mapping part-whole hierarchies into connectionist networks. *Artificial Intelligence*, 46(1), 47–75.

Hinton, G. E. (1999). Products of experts. In *ICANN'1999*.

Hinton, G. E. (2000). Training products of experts by minimizing contrastive divergence. Technical Report GCNU TR 2000-004, Gatsby Unit, University College London.

Hinton, G. E. (2006). To recognize shapes, first learn to generate images. Technical Report UTML TR

2006-003, University of Toronto.

Hinton, G. E. (2007a). How to do backpropagation in a brain. Invited talk at the NIPS'2007 Deep Learning Workshop.

Hinton, G. E. (2007b). Learning multiple layers of representation. *Trends in cognitive sciences*, **11**(10), 428–434.

Hinton, G. E. (2010). A practical guide to training restricted Boltzmann machines. Technical Report UTML TR 2010-003, Department of Computer Science, University of Toronto.

Hinton, G. E. and Ghahramani, Z. (1997). Generative models for discovering sparse distributed representations. *Philosophical Transactions of the Royal Society of London*.

Hinton, G. E. and McClelland, J. L. (1988). Learning representations by recirculation. In *NIPS'1987*, pages 358–366.

Hinton, G. E. and Roweis, S. (2003). Stochastic neighbor embedding. In *NIPS'2002*.

Hinton, G. E. and Salakhutdinov, R. (2006). Reducing the dimensionality of data with neural networks. *Science*, **313**(5786), 504–507.

Hinton, G. E. and Sejnowski, T. J. (1986). Learning and relearning in Boltzmann machines. In D. E. Rumelhart and J. L. McClelland, editors, *Parallel Distributed Processing*, volume 1, chapter 7, pages 282–317. MIT Press, Cambridge.

Hinton, G. E. and Sejnowski, T. J. (1999). *Unsupervised learning: foundations of neural computation*. MIT press.

Hinton, G. E. and Shallice, T. (1991). Lesioning an attractor network: investigations of acquired dyslexia. *Psychological review*, **98**(1), 74.

Hinton, G. E. and Zemel, R. S. (1994). Autoencoders, minimum description length, and Helmholtz free energy. In *NIPS'1993*.

Hinton, G. E., Sejnowski, T. J., and Ackley, D. H. (1984). Boltzmann machines: Constraint satisfaction networks that learn. Technical Report TR-CMU-CS-84-119, Carnegie-Mellon University, Dept. of Computer Science.

Hinton, G. E., McClelland, J., and Rumelhart, D. (1986). Distributed representations. In D. E. Rumelhart and J. L. McClelland, editors, *Parallel Distributed Processing: Explorations in the Microstructure of Cognition*, volume 1, pages 77–109. MIT Press, Cambridge.

Hinton, G. E., Revow, M., and Dayan, P. (1995a). Recognizing handwritten digits using mixtures of linear models. In G. Tesauro, D. Touretzky, and T. Leen, editors, *Advances in Neural Information Processing Systems 7 (NIPS'94)*, pages 1015–1022. MIT Press, Cambridge, MA.

Hinton, G. E., Dayan, P., Frey, B. J., and Neal, R. M. (1995b). The wake-sleep algorithm for unsupervised neural networks. *Science*, **268**, 1558–1161.

Hinton, G. E., Dayan, P., and Revow, M. (1997). Modelling the manifolds of images of handwritten digits. *IEEE Transactions on Neural Networks*, **8**, 65–74.

Hinton, G. E., Welling, M., Teh, Y. W., and Osindero, S. (2001). A new view of ICA. In *Proceedings of 3rd International Conference on Independent Component Analysis and Blind Signal Separation (ICA'01)*, pages 746–751, San Diego, CA.

Hinton, G. E., Osindero, S., and Teh, Y. (2006). A fast learning algorithm for deep belief nets. *Neural Computation*, **18**, 1527–1554.

Hinton, G. E., Srivastava, N., Krizhevsky, A., Sutskever, I., and Salakhutdinov, R. (2012b). Improving neural networks by preventing co-adaptation of feature detectors. Technical report, arXiv:1207.0580.

Hinton, G. E., Vinyals, O., and Dean, J. (2014). Dark knowledge. Invited talk at the BayLearn Bay Area Machine Learning Symposium.

Hochreiter, S. (1991). Untersuchungen zu dynamischen neuronalen Netzen. Diploma thesis, T.U. München.

Hochreiter, S. and Schmidhuber, J. (1995). Simplifying neural nets by discovering flat minima. In *Advances in Neural Information Processing Systems 7*, pages 529–536. MIT Press.

Hochreiter, S. and Schmidhuber, J. (1997). Long short-term memory. *Neural Computation*, **9**(8), 1735–1780.

Hochreiter, S., Bengio, Y., and Frasconi, P. (2001). Gradient flow in recurrent nets: the difficulty of learning long-term dependencies. In J. Kolen and S. Kremer, editors, *Field Guide to Dynamical Recurrent Networks*. IEEE Press.

Holi, J. L. and Hwang, J.-N. (1993). Finite precision error analysis of neural network hardware implementations. *Computers, IEEE Transactions on*, **42**(3), 281–290.

Holt, J. L. and Baker, T. E. (1991). Back propagation simulations using limited precision calculations. In *Neural Networks, 1991., IJCNN-91-Seattle International Joint Conference on*, volume 2, pages 121–126. IEEE.

Hornik, K., Stinchcombe, M., and White, H. (1989). Multilayer feedforward networks are universal approximators. *Neural Networks*, **2**, 359–366.

Hornik, K., Stinchcombe, M., and White, H. (1990). Universal approximation of an unknown mapping and its derivatives using multilayer feedforward networks. *Neural networks*, **3**(5), 551–560.

Hsu, F.-H. (2002). *Behind Deep Blue: Building the Computer That Defeated the World Chess Champion*. Princeton University Press, Princeton, NJ, USA.

Huang, F. and Ogata, Y. (2002). Generalized pseudo-likelihood estimates for Markov random fields on lattice. *Annals of the Institute of Statistical Mathematics*, **54**(1), 1–18.

Huang, P.-S., He, X., Gao, J., Deng, L., Acero, A., and Heck, L. (2013). Learning deep structured semantic models for web search using clickthrough data. In *Proceedings of the 22nd ACM international conference on Conference on information & knowledge management*, pages 2333–2338. ACM.

Hubel, D. and Wiesel, T. (1968). Receptive fields and functional architecture of monkey striate cortex. *Journal of Physiology (London)*, **195**, 215–243.

Hubel, D. H. and Wiesel, T. N. (1959). Receptive fields of single neurons in the cat's striate cortex. *Journal of Physiology*, **148**, 574–591.

Hubel, D. H. and Wiesel, T. N. (1962). Receptive fields, binocular interaction, and functional architecture in the cat's visual cortex. *Journal of Physiology (London)*, **160**, 106–154.

Huszar, F. (2015). How (not) to train your generative model: schedule sampling, likelihood, adversary? *arXiv:1511.05101*.

Hutter, F., Hoos, H., and Leyton-Brown, K. (2011). Sequential model-based optimization for general algorithm configuration. In *LION-5*. Extended version as UBC Tech report TR-2010-10.

Hyotyniemi, H. (1996). Turing machines are recurrent neural networks. In *STeP'96*, pages 13–24.

Hyvärinen, A. (1999). Survey on independent component analysis. *Neural Computing Surveys*, **2**, 94–128.

Hyvärinen, A. (2005). Estimation of non-normalized statistical models using score matching. *Journal of Machine Learning Research*, **6**, 695–709.

Hyvärinen, A. (2007a). Connections between score matching, contrastive divergence, and pseudolikelihood for continuous-valued variables. *IEEE Transactions on Neural Networks*, **18**, 1529–1531.

Hyvärinen, A. (2007b). Some extensions of score matching. *Computational Statistics and Data Analysis*, **51**, 2499–2512.

Hyvärinen, A. and Hoyer, P. O. (1999). Emergence of topography and complex cell properties from natural images using extensions of ica. In *NIPS*, pages 827–833.

Hyvärinen, A. and Pajunen, P. (1999). Nonlinear independent component analysis: Existence and uniqueness results. *Neural Networks*, **12**(3), 429–439.

Hyvärinen, A., Karhunen, J., and Oja, E. (2001a). *Independent Component Analysis*. Wiley-Interscience.

Hyvärinen, A., Hoyer, P. O., and Inki, M. O. (2001b). Topographic independent component analysis. *Neural Computation*, **13**(7), 1527–1558.

Hyvärinen, A., Hurri, J., and Hoyer, P. O. (2009). *Natural Image Statistics: A probabilistic approach to early computational vision*. Springer-Verlag.

Inayoshi, H. and Kurita, T. (2005). Improved generalization by adding both auto-association and hidden-layer noise to neural-network-based-classifiers. *IEEE Workshop on Machine Learning for Signal Processing*, pages 141—146.

Ioffe, S. and Szegedy, C. (2015). Batch normalization: Accelerating deep network training by reducing internal covariate shift.

Jacobs, R. A. (1988). Increased rates of convergence through learning rate adaptation. *Neural networks*, **1**(4), 295–307.

Jacobs, R. A., Jordan, M. I., Nowlan, S. J., and Hinton, G. E. (1991). Adaptive mixtures of local experts. *Neural Computation*, **3**, 79–87.

Jaeger, H. (2003). Adaptive nonlinear system identification with echo state networks. In *Advances in Neural Information Processing Systems 15*.

Jaeger, H. (2007a). Discovering multiscale dynamical features with hierarchical echo state networks. Technical report, Jacobs University.

Jaeger, H. (2007b). Echo state network. *Scholarpedia*, **2**(9), 2330.

Jaeger, H. (2012). Long short-term memory in echo state networks: Details of a simulation study. Technical report, Technical report, Jacobs University Bremen.

Jaeger, H. and Haas, H. (2004). Harnessing nonlinearity: Predicting chaotic systems and saving energy in wireless communication. *Science*, **304**(5667), 78–80.

Jaeger, H., Lukosevicius, M., Popovici, D., and Siewert, U. (2007). Optimization and applications of echo state networks with leaky- integrator neurons. *Neural Networks*, **20**(3), 335–352.

Jain, V., Murray, J. F., Roth, F., Turaga, S., Zhigulin, V., Briggman, K. L., Helmstaedter, M. N., Denk, W., and Seung, H. S. (2007). Supervised learning of image restoration with convolutional networks. In *Computer Vision, 2007. ICCV 2007. IEEE 11th International Conference on*, pages 1–8. IEEE.

Jaitly, N. and Hinton, G. (2011). Learning a better representation of speech soundwaves using restricted Boltzmann machines. In *Acoustics, Speech and Signal Processing (ICASSP), 2011 IEEE International Conference on*, pages 5884–5887. IEEE.

Jaitly, N. and Hinton, G. E. (2013). Vocal tract length perturbation (VTLP) improves speech recognition. In *ICML'2013*.

Jang, E., Gu, S., and Poole, B. (2016). Categorical reparameterization with gumbel-softmax. *arXiv preprint arXiv:1611.01144*.

Jarrett, K., Kavukcuoglu, K., Ranzato, M., and LeCun, Y. (2009). What is the best multi-stage architecture for object recognition? In *ICCV'09*.

Jarzynski, C. (1997). Nonequilibrium equality for free energy differences. *Phys. Rev. Lett.*, **78**, 2690–2693.

Jaynes, E. T. (2003). *Probability Theory: The Logic of Science*. Cambridge University Press.

Jean, S., Cho, K., Memisevic, R., and Bengio, Y. (2014). On using very large target vocabulary for neural machine translation. arXiv:1412.2007.

Jelinek, F. and Mercer, R. L. (1980). Interpolated estimation of Markov source parameters from sparse data. In E. S. Gelsema and L. N. Kanal, editors, *Pattern Recognition in Practice*. North-Holland, Amsterdam.

Jia, Y. (2013). Caffe: An open source convolutional architecture for fast feature embedding. `http://caffe.berkeleyvision.org/`.

Jia, Y., Huang, C., and Darrell, T. (2012). Beyond spatial pyramids: Receptive field learning for pooled image features. In *Computer Vision and Pattern Recognition (CVPR), 2012 IEEE Conference on*, pages 3370–3377. IEEE.

Jim, K.-C., Giles, C. L., and Horne, B. G. (1996). An analysis of noise in recurrent neural networks: convergence and generalization. *IEEE Transactions on Neural Networks*, **7**(6), 1424–1438.

Jordan, M. I. (1998). *Learning in Graphical Models*. Kluwer, Dordrecht, Netherlands.

Joulin, A. and Mikolov, T. (2015). Inferring algorithmic patterns with stack-augmented recurrent nets. *arXiv preprint arXiv:1503.01007*.

Jozefowicz, R., Zaremba, W., and Sutskever, I. (2015). An empirical evaluation of recurrent network architectures. In *ICML'2015*.

Judd, J. S. (1989). *Neural Network Design and the Complexity of Learning*. MIT press.

Jutten, C. and Herault, J. (1991). Blind separation of sources, part I: an adaptive algorithm based on neuromimetic architecture. *Signal Processing*, **24**, 1–10.

Kahou, S. E., Pal, C., Bouthillier, X., Froumenty, P., Gülçehre, c., Memisevic, R., Vincent, P., Courville, A., Bengio, Y., Ferrari, R. C., Mirza, M., Jean, S., Carrier, P. L., Dauphin, Y., Boulanger-Lewandowski, N., Aggarwal, A., Zumer, J., Lamblin, P., Raymond, J.-P., Desjardins, G., Pascanu, R., Warde-Farley, D., Torabi, A., Sharma, A., Bengio, E., Côté, M., Konda, K. R., and Wu, Z. (2013). Combining modality specific deep neural networks for emotion recognition in video. In *Proceedings of the 15th ACM on International Conference on Multimodal Interaction*.

Kalchbrenner, N. and Blunsom, P. (2013). Recurrent continuous translation models. In *EMNLP'2013*.

Kalchbrenner, N., Danihelka, I., and Graves, A. (2015). Grid long short-term memory. *arXiv preprint arXiv:1507.01526*.

Kamyshanska, H. and Memisevic, R. (2015). The potential energy of an autoencoder. *IEEE Transactions on Pattern Analysis and Machine Intelligence*.

Karpathy, A. and Li, F.-F. (2015). Deep visual-semantic alignments for generating image descriptions. In *CVPR'2015*. arXiv:1412.2306.

Karpathy, A., Toderici, G., Shetty, S., Leung, T., Sukthankar, R., and Fei-Fei, L. (2014). Large-scale video classification with convolutional neural networks. In *CVPR*.

Karush, W. (1939). *Minima of Functions of Several Variables with Inequalities as Side Constraints*. Master's thesis, Dept. of Mathematics, Univ. of Chicago.

Katz, S. M. (1987). Estimation of probabilities from sparse data for the language model component of a speech recognizer. *IEEE Transactions on Acoustics, Speech, and Signal Processing*, **ASSP-35**(3), 400–401.

Kavukcuoglu, K., Ranzato, M., and LeCun, Y. (2008). Fast inference in sparse coding algorithms with applications to object recognition. Technical report, Computational and Biological Learning Lab, Courant Institute, NYU. Tech Report CBLL-TR-2008-12-01.

Kavukcuoglu, K., Ranzato, M.-A., Fergus, R., and LeCun, Y. (2009). Learning invariant features through topographic filter maps. In *CVPR'2009*.

Kavukcuoglu, K., Sermanet, P., Boureau, Y.-L., Gregor, K., Mathieu, M., and LeCun, Y. (2010). Learning convolutional feature hierarchies for visual recognition. In *NIPS'2010*.

Kelley, H. J. (1960). Gradient theory of optimal flight paths. *ARS Journal*, **30**(10), 947–954.

Khan, F., Zhu, X., and Mutlu, B. (2011). How do humans teach: On curriculum learning and teaching dimension. In *Advances in Neural Information Processing Systems 24 (NIPS'11)*, pages 1449–1457.

Kim, S. K., McAfee, L. C., McMahon, P. L., and Olukotun, K. (2009). A highly scalable restricted Boltzmann machine FPGA implementation. In *Field Programmable Logic and Applications, 2009. FPL 2009. International Conference on*, pages 367–372. IEEE.

Kindermann, R. (1980). *Markov Random Fields and Their Applications (Contemporary Mathematics ; V. 1)*. American Mathematical Society.

Kingma, D. and Ba, J. (2014). Adam: A method for stochastic optimization. *arXiv preprint arXiv:1412.6980*.

Kingma, D. and LeCun, Y. (2010). Regularized estimation of image statistics by score matching. In *NIPS'2010*.

Kingma, D., Rezende, D., Mohamed, S., and Welling, M. (2014). Semi-supervised learning with deep generative models. In *NIPS'2014*.

Kingma, D. P. (2013). Fast gradient-based inference with continuous latent variable models in auxiliary form. Technical report, arxiv:1306.0733.

Kingma, D. P. and Welling, M. (2014a). Auto-encoding variational bayes. In *Proceedings of the International Conference on Learning Representations (ICLR)*.

Kingma, D. P. and Welling, M. (2014b). Efficient gradient-based inference through transformations between bayes nets and neural nets. Technical report, arxiv:1402.0480.

Kiros, R., Salakhutdinov, R., and Zemel, R. (2014a). Multimodal neural language models. In *ICML'2014*.

Kiros, R., Salakhutdinov, R., and Zemel, R. (2014b). Unifying visual-semantic embeddings with multimodal neural language models. *arXiv:*1411.2539 [cs.LG].

Klementiev, A., Titov, I., and Bhattarai, B. (2012). Inducing crosslingual distributed representations of words. In *Proceedings of COLING 2012*.

Knowles-Barley, S., Jones, T. R., Morgan, J., Lee, D., Kasthuri, N., Lichtman, J. W., and Pfister, H. (2014). Deep learning for the connectome. *GPU Technology Conference*.

Koller, D. and Friedman, N. (2009). *Probabilistic Graphical Models: Principles and Techniques.* MIT Press.

Konig, Y., Bourlard, H., and Morgan, N. (1996). REMAP: Recursive estimation and maximization of a posteriori probabilities – application to transition-based connectionist speech recognition. In D. Touretzky, M. Mozer, and M. Hasselmo, editors, *Advances in Neural Information Processing Systems 8 (NIPS'95)*. MIT Press, Cambridge, MA.

Koren, Y. (2009). The BellKor solution to the Netflix grand prize.

Kotzias, D., Denil, M., de Freitas, N., and Smyth, P. (2015). From group to individual labels using deep features. In *ACM SIGKDD*.

Koutnik, J., Greff, K., Gomez, F., and Schmidhuber, J. (2014). A clockwork RNN. In *ICML'2014*.

Kočiský, T., Hermann, K. M., and Blunsom, P. (2014). Learning Bilingual Word Representations by Marginalizing Alignments. In *Proceedings of ACL*.

Krause, O., Fischer, A., Glasmachers, T., and Igel, C. (2013). Approximation properties of DBNs with binary hidden units and real-valued visible units. In *ICML'2013*.

Krizhevsky, A. (2010). Convolutional deep belief networks on CIFAR-10. Technical report, University of Toronto. Unpublished Manuscript: http://www.cs.utoronto.ca/ kriz/conv-cifar10-aug2010.pdf.

Krizhevsky, A. and Hinton, G. (2009). Learning multiple layers of features from tiny images. Technical report, University of Toronto.

Krizhevsky, A. and Hinton, G. E. (2011). Using very deep autoencoders for content-based image retrieval. In *ESANN*.

Krizhevsky, A., Sutskever, I., and Hinton, G. (2012). ImageNet classification with deep convolutional neural networks. In *NIPS'2012*.

Krueger, K. A. and Dayan, P. (2009). Flexible shaping: how learning in small steps helps. *Cognition*, **110**, 380–394.

Kuhn, H. W. and Tucker, A. W. (1951). Nonlinear programming. In *Proceedings of the Second Berkeley Symposium on Mathematical Statistics and Probability*, pages 481–492, Berkeley, Calif. University of California Press.

Kumar, A., Irsoy, O., Su, J., Bradbury, J., English, R., Pierce, B., Ondruska, P., Iyyer, M., Gulrajani, I., and Socher, R. (2015). Ask me anything: Dynamic memory networks for natural language processing. *arXiv:1506.07285*.

Kumar, M. P., Packer, B., and Koller, D. (2010). Self-paced learning for latent variable models. In *NIPS'2010*.

Lang, K. J. and Hinton, G. E. (1988). The development of the time-delay neural network architecture for speech recognition. Technical Report CMU-CS-88-152, Carnegie-Mellon University.

Lang, K. J., Waibel, A. H., and Hinton, G. E. (1990). A time-delay neural network architecture for isolated word recognition. *Neural networks*, 3(1), 23–43.

Langford, J. and Zhang, T. (2008). The epoch-greedy algorithm for contextual multi-armed bandits. In *NIPS'2008*, pages 1096—1103.

Lappalainen, H., Giannakopoulos, X., Honkela, A., and Karhunen, J. (2000). Nonlinear independent component analysis using ensemble learning: Experiments and discussion. In *Proc. ICA*. Citeseer.

Larochelle, H. and Bengio, Y. (2008). Classification using discriminative restricted Boltzmann machines. In *ICML'2008*.

Larochelle, H. and Hinton, G. E. (2010). Learning to combine foveal glimpses with a third-order Boltzmann machine. In *Advances in Neural Information Processing Systems 23*, pages 1243–1251.

Larochelle, H. and Murray, I. (2011). The Neural Autoregressive Distribution Estimator. In *AISTATS'2011*.

Larochelle, H., Erhan, D., and Bengio, Y. (2008). Zero-data learning of new tasks. In *AAAI Conference on Artificial Intelligence*.

Larochelle, H., Bengio, Y., Louradour, J., and Lamblin, P. (2009). Exploring strategies for training deep neural networks. *Journal of Machine Learning Research*, 10, 1–40.

Lasserre, J. A., Bishop, C. M., and Minka, T. P. (2006). Principled hybrids of generative and discriminative models. In *Proceedings of the Computer Vision and Pattern Recognition Conference (CVPR'06)*, pages 87–94, Washington, DC, USA. IEEE Computer Society.

Le, Q., Ngiam, J., Chen, Z., hao Chia, D. J., Koh, P. W., and Ng, A. (2010). Tiled convolutional neural networks. In J. Lafferty, C. K. I. Williams, J. Shawe-Taylor, R. Zemel, and A. Culotta, editors, *Advances in Neural Information Processing Systems 23 (NIPS'10)*, pages 1279–1287.

Le, Q., Ngiam, J., Coates, A., Lahiri, A., Prochnow, B., and Ng, A. (2011). On optimization methods for deep learning. In *Proc. ICML'2011*. ACM.

Le, Q., Ranzato, M., Monga, R., Devin, M., Corrado, G., Chen, K., Dean, J., and Ng, A. (2012). Building high-level features using large scale unsupervised learning. In *ICML'2012*.

Le Roux, N. and Bengio, Y. (2008). Representational power of restricted Boltzmann machines and deep belief networks. *Neural Computation*, 20(6), 1631–1649.

Le Roux, N. and Bengio, Y. (2010). Deep belief networks are compact universal approximators. *Neural Computation*, 22(8), 2192–2207.

LeCun, Y. (1985). Une procédure d'apprentissage pour Réseau à seuil assymétrique. In *Cognitiva 85: A la Frontière de l'Intelligence Artificielle, des Sciences de la Connaissance et des Neurosciences*, pages 599–604, Paris 1985. CESTA, Paris.

LeCun, Y. (1986). Learning processes in an asymmetric threshold network. In F. Fogelman-Soulié, E. Bienenstock, and G. Weisbuch, editors, *Disordered Systems and Biological Organization*, pages 233–240. Springer-Verlag, Les Houches, France.

LeCun, Y. (1987). *Modèles connexionistes de l'apprentissage*. Ph.D. thesis, Université de Paris VI.

LeCun, Y. (1989). Generalization and network design strategies. Technical Report CRG-TR-89-4, University of Toronto.

LeCun, Y., Jackel, L. D., Boser, B., Denker, J. S., Graf, H. P., Guyon, I., Henderson, D., Howard, R. E., and Hubbard, W. (1989). Handwritten digit recognition: Applications of neural network chips and automatic learning. *IEEE Communications Magazine*, 27(11), 41–46.

LeCun, Y., Bottou, L., Orr, G. B., and Müller, K.-R. (1998a). Efficient backprop. In *Neural Networks, Tricks of the Trade*, Lecture Notes in Computer Science LNCS 1524. Springer Verlag.

LeCun, Y., Bottou, L., Bengio, Y., and Haffner, P. (1998b). Gradient based learning applied to document recognition. *Proc. IEEE*.

LeCun, Y., Kavukcuoglu, K., and Farabet, C. (2010). Convolutional networks and applications in vision. In *Circuits and Systems (ISCAS), Proceedings of 2010 IEEE International Symposium on*, pages 253–256. IEEE.

L'Ecuyer, P. (1994). Efficiency improvement and variance reduction. In *Proceedings of the 1994 Winter Simulation Conference*, pages 122—132.

Lee, C.-Y., Xie, S., Gallagher, P., Zhang, Z., and Tu, Z. (2014). Deeply-supervised nets. *arXiv preprint arXiv:1409.5185*.

Lee, H., Battle, A., Raina, R., and Ng, A. (2007). Efficient sparse coding algorithms. In B. Schölkopf, J. Platt, and T. Hoffman, editors, *Advances in Neural Information Processing Systems 19 (NIPS'06)*, pages 801–808. MIT Press.

Lee, H., Ekanadham, C., and Ng, A. (2008). Sparse deep belief net model for visual area V2. In *NIPS'07*.

Lee, H., Grosse, R., Ranganath, R., and Ng, A. Y. (2009). Convolutional deep belief networks for scalable unsupervised learning of hierarchical representations. In L. Bottou and M. Littman, editors, *Proceedings of the Twenty-sixth International Conference on Machine Learning (ICML'09)*. ACM, Montreal, Canada.

Lee, Y. J. and Grauman, K. (2011). Learning the easy things first: self-paced visual category discovery. In *CVPR'2011*.

Leibniz, G. W. (1676). Memoir using the chain rule. (Cited in TMME 7:2&3 p 321-332, 2010).

Lenat, D. B. and Guha, R. V. (1989). *Building large knowledge-based systems; representation and inference in the Cyc project*. Addison-Wesley Longman Publishing Co., Inc.

Leshno, M., Lin, V. Y., Pinkus, A., and Schocken, S. (1993). Multilayer feedforward networks with a nonpolynomial activation function can approximate any function. *Neural Networks*, 6, 861—867.

Levenberg, K. (1944). A method for the solution of certain non-linear problems in least squares. *Quarterly Journal of Applied Mathematics*, II(2), 164–168.

L'Hôpital, G. F. A. (1696). *Analyse des infiniment petits, pour l'intelligence des lignes courbes*. Paris: L'Imprimerie Royale.

Li, Y., Swersky, K., and Zemel, R. S. (2015). Generative moment matching networks. *CoRR*, abs/1502.02761.

Lin, T., Horne, B. G., Tino, P., and Giles, C. L. (1996). Learning long-term dependencies is not as difficult with NARX recurrent neural networks. *IEEE Transactions on Neural Networks*, 7(6), 1329–1338.

Lin, Y., Liu, Z., Sun, M., Liu, Y., and Zhu, X. (2015). Learning entity and relation embeddings for knowledge graph completion. In *Proc. AAAI'15*.

Linde, N. (1992). The machine that changed the world, episode 3. Documentary miniseries.

Lindsey, C. and Lindblad, T. (1994). Review of hardware neural networks: a user's perspective. In *Proc. Third Workshop on Neural Networks: From Biology to High Energy Physics*, pages 195—202, Isola d'Elba, Italy.

Linnainmaa, S. (1976). Taylor expansion of the accumulated rounding error. *BIT Numerical Mathematics*, 16(2), 146–160.

LISA (2008). Deep learning tutorials: Restricted Boltzmann machines. Technical report, LISA Lab, Université de Montréal.

Long, P. M. and Servedio, R. A. (2010). Restricted Boltzmann machines are hard to approximately evaluate or simulate. In *Proceedings of the 27th International Conference on Machine Learning (ICML'10)*.

Lotter, W., Kreiman, G., and Cox, D. (2015). Unsupervised learning of visual structure using predictive generative networks. *arXiv preprint arXiv:1511.06380*.

Lovelace, A. (1842). Notes upon L. F. Menabrea's "Sketch of the Analytical Engine invented by Charles Babbage".

Lu, L., Zhang, X., Cho, K., and Renals, S. (2015). A study of the recurrent neural network encoder-decoder for large vocabulary speech recognition. In *Proc. Interspeech*.

Lu, T., Pál, D., and Pál, M. (2010). Contextual multi-armed bandits. In *International Conference on Artificial Intelligence and Statistics*, pages 485–492.

Luenberger, D. G. (1984). *Linear and Nonlinear Programming*. Addison Wesley.

Lukoševičius, M. and Jaeger, H. (2009). Reservoir computing approaches to recurrent neural network training. *Computer Science Review*, **3**(3), 127–149.

Luo, H., Shen, R., Niu, C., and Ullrich, C. (2011). Learning class-relevant features and class-irrelevant features via a hybrid third-order RBM. In *International Conference on Artificial Intelligence and Statistics*, pages 470–478.

Luo, H., Carrier, P. L., Courville, A., and Bengio, Y. (2013). Texture modeling with convolutional spike-and-slab RBMs and deep extensions. In *AISTATS'2013*.

Lyu, S. (2009). Interpretation and generalization of score matching. In *Proceedings of the Twenty-fifth Conference in Uncertainty in Artificial Intelligence (UAI'09)*.

Ma, J., Sheridan, R. P., Liaw, A., Dahl, G. E., and Svetnik, V. (2015). Deep neural nets as a method for quantitative structure – activity relationships. *J. Chemical information and modeling*.

Maas, A. L., Hannun, A. Y., and Ng, A. Y. (2013). Rectifier nonlinearities improve neural network acoustic models. In *ICML Workshop on Deep Learning for Audio, Speech, and Language Processing*.

Maass, W. (1992). Bounds for the computational power and learning complexity of analog neural nets (extended abstract). In *Proc. of the 25th ACM Symp. Theory of Computing*, pages 335–344.

Maass, W., Schnitger, G., and Sontag, E. D. (1994). A comparison of the computational power of sigmoid and Boolean threshold circuits. *Theoretical Advances in Neural Computation and Learning*, pages 127–151.

Maass, W., Natschlaeger, T., and Markram, H. (2002). Real-time computing without stable states: A new framework for neural computation based on perturbations. *Neural Computation*, **14**(11), 2531–2560.

MacKay, D. (2003). *Information Theory, Inference and Learning Algorithms*. Cambridge University Press.

Maclaurin, D., Duvenaud, D., and Adams, R. P. (2015). Gradient-based hyperparameter optimization through reversible learning. *arXiv preprint arXiv:1502.03492*.

Maddison, C. J., Mnih, A., and Teh, Y. W. (2016). The concrete distribution: A continuous relaxation of discrete random variables. *arXiv preprint arXiv:1611.00712*.

Mao, J., Xu, W., Yang, Y., Wang, J., Huang, Z., and Yuille, A. L. (2015). Deep captioning with multimodal recurrent neural networks. In *ICLR'2015*. arXiv:1410.1090.

Marcotte, P. and Savard, G. (1992). Novel approaches to the discrimination problem. *Zeitschrift für Operations Research (Theory)*, **36**, 517–545.

Marlin, B. and de Freitas, N. (2011). Asymptotic efficiency of deterministic estimators for discrete energy-based models: Ratio matching and pseudolikelihood. In *UAI'2011*.

Marlin, B., Swersky, K., Chen, B., and de Freitas, N. (2010). Inductive principles for restricted Boltzmann machine learning. In *Proceedings of The Thirteenth International Conference on Artificial Intelligence and Statistics (AISTATS'10)*, volume 9, pages 509–516.

Marquardt, D. W. (1963). An algorithm for least-squares estimation of non-linear parameters. *Journal of the Society of Industrial and Applied Mathematics*, **11**(2), 431–441.

Marr, D. and Poggio, T. (1976). Cooperative computation of stereo disparity. *Science*, **194**.

Martens, J. (2010). Deep learning via Hessian-free optimization. In L. Bottou and M. Littman, editors, *Proceedings of the Twenty-seventh International Conference on Machine Learning (ICML-10)*, pages 735–742. ACM.

Martens, J. and Medabalimi, V. (2014). On the expressive efficiency of sum product networks. *arXiv:1411.7717*.

Martens, J. and Sutskever, I. (2011). Learning recurrent neural networks with Hessian-free optimization. In *Proc. ICML'2011*. ACM.

Mase, S. (1995). Consistency of the maximum pseudo-likelihood estimator of continuous state space Gibbsian processes. *The Annals of Applied Probability*, **5**(3), pp. 603–612.

McClelland, J., Rumelhart, D., and Hinton, G. (1995). The appeal of parallel distributed processing. In *Computation & intelligence*, pages 305–341. American Association for Artificial Intelligence.

McCulloch, W. S. and Pitts, W. (1943). A logical calculus of ideas immanent in nervous activity. *Bulletin of Mathematical Biophysics*, **5**, 115–133.

Mead, C. and Ismail, M. (2012). *Analog VLSI implementation of neural systems*, volume 80. Springer Science & Business Media.

Melchior, J., Fischer, A., and Wiskott, L. (2013). How to center binary deep Boltzmann machines. *arXiv preprint arXiv:1311.1354*.

Memisevic, R. and Hinton, G. E. (2007). Unsupervised learning of image transformations. In *Proceedings of the Computer Vision and Pattern Recognition Conference (CVPR'07)*.

Memisevic, R. and Hinton, G. E. (2010). Learning to represent spatial transformations with factored higher-order Boltzmann machines. *Neural Computation*, **22**(6), 1473–1492.

Mesnil, G., Dauphin, Y., Glorot, X., Rifai, S., Bengio, Y., Goodfellow, I., Lavoie, E., Muller, X., Desjardins, G., Warde-Farley, D., Vincent, P., Courville, A., and Bergstra, J. (2011). Unsupervised and transfer learning challenge: a deep learning approach. In *JMLR W&CP: Proc. Unsupervised and Transfer Learning*, volume 7.

Mesnil, G., Rifai, S., Dauphin, Y., Bengio, Y., and Vincent, P. (2012). Surfing on the manifold. Learning Workshop, Snowbird.

Miikkulainen, R. and Dyer, M. G. (1991). Natural language processing with modular PDP networks and distributed lexicon. *Cognitive Science*, **15**, 343–399.

Mikolov, T. (2012). *Statistical Language Models based on Neural Networks*. Ph.D. thesis, Brno University of Technology.

Mikolov, T., Deoras, A., Kombrink, S., Burget, L., and Cernocky, J. (2011a). Empirical evaluation and combination of advanced language modeling techniques. In *Proc. 12th annual conference of the international speech communication association (INTERSPEECH 2011)*.

Mikolov, T., Deoras, A., Povey, D., Burget, L., and Cernocky, J. (2011b). Strategies for training large scale neural network language models. In *Proc. ASRU'2011*.

Mikolov, T., Chen, K., Corrado, G., and Dean, J. (2013a). Efficient estimation of word representations in vector space. In *International Conference on Learning Representations: Workshops Track*.

Mikolov, T., Le, Q. V., and Sutskever, I. (2013b). Exploiting similarities among languages for machine translation. Technical report, arXiv:1309.4168.

Minka, T. (2005). Divergence measures and message passing. *Microsoft Research Cambridge UK Tech Rep MSRTR2005173*, **72**(TR-2005-173).

Minsky, M. L. and Papert, S. A. (1969). *Perceptrons*. MIT Press, Cambridge.

Mirza, M. and Osindero, S. (2014). Conditional generative adversarial nets. *arXiv preprint arXiv:1411.1784*.

Mishkin, D. and Matas, J. (2015). All you need is a good init. *arXiv preprint arXiv:1511.06422*.

Misra, J. and Saha, I. (2010). Artificial neural networks in hardware: A survey of two decades of progress. *Neurocomputing*, **74**(1), 239–255.

Mitchell, T. M. (1997). *Machine Learning*. McGraw-Hill, New York.

Miyato, T., Maeda, S., Koyama, M., Nakae, K., and Ishii, S. (2015). Distributional smoothing with virtual adversarial training. In *ICLR*. Preprint: arXiv:1507.00677.

Mnih, A. and Gregor, K. (2014). Neural variational inference and learning in belief networks. In *ICML'2014*.

Mnih, A. and Hinton, G. E. (2007). Three new graphical models for statistical language modelling. In Z. Ghahramani, editor, *Proceedings of the Twenty-fourth International Conference on Machine Learning (ICML'07)*, pages 641–648. ACM.

Mnih, A. and Hinton, G. E. (2009). A scalable hierarchical distributed language model. In D. Koller, D. Schuurmans, Y. Bengio, and L. Bottou, editors, *Advances in Neural Information Processing Systems 21 (NIPS'08)*, pages 1081–1088.

Mnih, A. and Kavukcuoglu, K. (2013). Learning word embeddings efficiently with noise-contrastive estimation. In C. Burges, L. Bottou, M. Welling, Z. Ghahramani, and K. Weinberger, editors, *Advances in Neural Information Processing Systems 26*, pages 2265–2273. Curran Associates, Inc.

Mnih, A. and Teh, Y. W. (2012). A fast and simple algorithm for training neural probabilistic language models. In *ICML'2012*, pages 1751–1758.

Mnih, V. and Hinton, G. (2010). Learning to detect roads in high-resolution aerial images. In *Proceedings of the 11th European Conference on Computer Vision (ECCV)*.

Mnih, V., Larochelle, H., and Hinton, G. (2011). Conditional restricted Boltzmann machines for structure output prediction. In *Proc. Conf. on Uncertainty in Artificial Intelligence (UAI)*.

Mnih, V., Kavukcuoglo, K., Silver, D., Graves, A., Antonoglou, I., and Wierstra, D. (2013). Playing Atari with deep reinforcement learning. Technical report, arXiv:1312.5602.

Mnih, V., Heess, N., Graves, A., and Kavukcuoglu, K. (2014). Recurrent models of visual attention. In Z. Ghahramani, M. Welling, C. Cortes, N. Lawrence, and K. Weinberger, editors, *NIPS'2014*, pages 2204–2212.

Mnih, V., Kavukcuoglo, K., Silver, D., Rusu, A. A., Veness, J., Bellemare, M. G., Graves, A., Riedmiller, M., Fidgeland, A. K., Ostrovski, G., Petersen, S., Beattie, C., Sadik, A., Antonoglou, I., King, H., Kumaran, D., Wierstra, D., Legg, S., and Hassabis, D. (2015). Human-level control through deep reinforcement learning. *Nature*, **518**, 529–533.

Mobahi, H. and Fisher, III, J. W. (2015). A theoretical analysis of optimization by Gaussian continuation. In *AAAI'2015*.

Mobahi, H., Collobert, R., and Weston, J. (2009). Deep learning from temporal coherence in video. In L. Bottou and M. Littman, editors, *Proceedings of the 26th International Conference on Machine Learning*, pages 737–744, Montreal. Omnipress.

Mohamed, A., Dahl, G., and Hinton, G. (2009). Deep belief networks for phone recognition.

Mohamed, A., Sainath, T. N., Dahl, G., Ramabhadran, B., Hinton, G. E., and Picheny, M. A. (2011). Deep belief networks using discriminative features for phone recognition. In *Acoustics, Speech and Signal Processing (ICASSP), 2011 IEEE International Conference on*, pages 5060–5063. IEEE.

Mohamed, A., Dahl, G., and Hinton, G. (2012a). Acoustic modeling using deep belief networks. *IEEE Trans. on Audio, Speech and Language Processing*, **20**(1), 14–22.

Mohamed, A., Hinton, G., and Penn, G. (2012b). Understanding how deep belief networks perform acoustic modelling. In *Acoustics, Speech and Signal Processing (ICASSP), 2012 IEEE International Conference on*, pages 4273–4276. IEEE.

Moller, M. F. (1993). A scaled conjugate gradient algorithm for fast supervised learning. *Neural Networks*, **6**, 525–533.

Montavon, G. and Muller, K.-R. (2012). Deep Boltzmann machines and the centering trick. In G. Montavon, G. Orr, and K.-R. Müller, editors, *Neural Networks: Tricks of the Trade*, volume 7700 of *Lecture Notes in Computer Science*, pages 621–637. Preprint: http://arxiv.org/abs/1203.3783.

Montúfar, G. (2014). Universal approximation depth and errors of narrow belief networks with discrete units. *Neural Computation*, **26**.

Montúfar, G. and Ay, N. (2011). Refinements of universal approximation results for deep belief networks and restricted Boltzmann machines. *Neural Computation*, **23**(5), 1306–1319.

Montufar, G. F., Pascanu, R., Cho, K., and Bengio, Y. (2014). On the number of linear regions of deep neural networks. In *NIPS'2014*.

Mor-Yosef, S., Samueloff, A., Modan, B., Navot, D., and Schenker, J. G. (1990). Ranking the risk factors for cesarean: logistic regression analysis of a nationwide study. *Obstet Gynecol*, **75**(6), 944–7.

Morin, F. and Bengio, Y. (2005). Hierarchical probabilistic neural network language model. In *AISTATS'2005*.

Mozer, M. C. (1992). The induction of multiscale temporal structure. In J. M. S. Hanson and R. Lippmann, editors, *Advances in Neural Information Processing Systems 4 (NIPS'91)*, pages 275–282, San Mateo, CA. Morgan Kaufmann.

Murphy, K. P. (2012). *Machine Learning: a Probabilistic Perspective*. MIT Press, Cambridge, MA, USA.

Murray, B. U. I. and Larochelle, H. (2014). A deep and tractable density estimator. In *ICML'2014*.

Nair, V. and Hinton, G. (2010). Rectified linear units improve restricted Boltzmann machines. In *ICML'2010*.

Nair, V. and Hinton, G. E. (2009). 3d object recognition with deep belief nets. In Y. Bengio, D. Schuurmans, J. D. Lafferty, C. K. I. Williams, and A. Culotta, editors, *Advances in Neural Information Processing Systems 22*, pages 1339–1347. Curran Associates, Inc.

Narayanan, H. and Mitter, S. (2010). Sample complexity of testing the manifold hypothesis. In *NIPS'2010*.

Naumann, U. (2008). Optimal Jacobian accumulation is NP-complete. *Mathematical Programming*, **112**(2), 427–441.

Navigli, R. and Velardi, P. (2005). Structural semantic interconnections: a knowledge-based approach to word sense disambiguation. *IEEE Trans. Pattern Analysis and Machine Intelligence*, **27**(7), 1075—1086.

Neal, R. and Hinton, G. (1999). A view of the EM algorithm that justifies incremental, sparse, and other variants. In M. I. Jordan, editor, *Learning in Graphical Models*. MIT Press, Cambridge, MA.

Neal, R. M. (1990). Learning stochastic feedforward networks. Technical report.

Neal, R. M. (1993). Probabilistic inference using Markov chain Monte-Carlo methods. Technical Report CRG-TR-93-1, Dept. of Computer Science, University of Toronto.

Neal, R. M. (1994). Sampling from multimodal distributions using tempered transitions. Technical Report 9421, Dept. of Statistics, University of Toronto.

Neal, R. M. (1996). *Bayesian Learning for Neural Networks*. Lecture Notes in Statistics. Springer.

Neal, R. M. (2001). Annealed importance sampling. *Statistics and Computing*, **11**(2), 125–139.

Neal, R. M. (2005). Estimating ratios of normalizing constants using linked importance sampling.

Nesterov, Y. (1983). A method of solving a convex programming problem with convergence rate $O(1/k^2)$. *Soviet Mathematics Doklady*, **27**, 372–376.

Nesterov, Y. (2004). *Introductory lectures on convex optimization : a basic course*. Applied optimization. Kluwer Academic Publ., Boston, Dordrecht, London.

Netzer, Y., Wang, T., Coates, A., Bissacco, A., Wu, B., and Ng, A. Y. (2011). Reading digits in natural images with unsupervised feature learning. Deep Learning and Unsupervised Feature Learning Workshop, NIPS.

Ney, H. and Kneser, R. (1993). Improved clustering techniques for class-based statistical language modelling. In *European Conference on Speech Communication and Technology (Eurospeech)*, pages 973–976, Berlin.

Ng, A. (2015). Advice for applying machine learning. `https://see.stanford.edu/materials/aimlcs229/ML-advice.pdf`.

Niesler, T. R., Whittaker, E. W. D., and Woodland, P. C. (1998). Comparison of part-of-speech and automatically derived category-based language models for speech recognition. In *International Conference on Acoustics, Speech and Signal Processing (ICASSP)*, pages 177–180.

Ning, F., Delhomme, D., LeCun, Y., Piano, F., Bottou, L., and Barbano, P. E. (2005). Toward automatic phenotyping of developing embryos from videos. *Image Processing, IEEE Transactions on*, **14**(9), 1360–1371.

Nocedal, J. and Wright, S. (2006). *Numerical Optimization*. Springer.

Norouzi, M. and Fleet, D. J. (2011). Minimal loss hashing for compact binary codes. In *ICML'2011*.

Nowlan, S. J. (1990). Competing experts: An experimental investigation of associative mixture models. Technical Report CRG-TR-90-5, University of Toronto.

Nowlan, S. J. and Hinton, G. E. (1992). Simplifying neural networks by soft weight-sharing. *Neural Computation*, **4**(4), 473–493.

Olshausen, B. and Field, D. J. (2005). How close are we to understanding V1? *Neural Computation*, **17**, 1665–1699.

Olshausen, B. A. and Field, D. J. (1996). Emergence of simple-cell receptive field properties by learning a sparse code for natural images. *Nature*, **381**, 607–609.

Olshausen, B. A., Anderson, C. H., and Van Essen, D. C. (1993). A neurobiological model of visual attention and invariant pattern recognition based on dynamic routing of information. *J. Neurosci.*, **13**(11), 4700–4719.

Opper, M. and Archambeau, C. (2009). The variational Gaussian approximation revisited. *Neural computation*, **21**(3), 786–792.

Oquab, M., Bottou, L., Laptev, I., and Sivic, J. (2014). Learning and transferring mid-level image representations using convolutional neural networks. In *Computer Vision and Pattern Recognition (CVPR), 2014 IEEE Conference on*, pages 1717–1724. IEEE.

Osindero, S. and Hinton, G. E. (2008). Modeling image patches with a directed hierarchy of Markov random fields. In J. Platt, D. Koller, Y. Singer, and S. Roweis, editors, *Advances in Neural Information Processing Systems 20 (NIPS'07)*, pages 1121–1128, Cambridge, MA. MIT Press.

Ovid and Martin, C. (2004). *Metamorphoses*. W.W. Norton.

Paccanaro, A. and Hinton, G. E. (2000). Extracting distributed representations of concepts and relations from positive and negative propositions. In *International Joint Conference on Neural Networks (IJCNN)*, Como, Italy. IEEE, New York.

Paine, T. L., Khorrami, P., Han, W., and Huang, T. S. (2014). An analysis of unsupervised pre-training in light of recent advances. *arXiv preprint arXiv:1412.6597*.

Palatucci, M., Pomerleau, D., Hinton, G. E., and Mitchell, T. M. (2009). Zero-shot learning with semantic output codes. In Y. Bengio, D. Schuurmans, J. D. Lafferty, C. K. I. Williams, and A. Culotta, editors, *Advances in Neural Information Processing Systems 22*, pages 1410–1418. Curran Associates, Inc.

Parker, D. B. (1985). Learning-logic. Technical Report TR-47, Center for Comp. Research in Economics and Management Sci., MIT.

Pascanu, R., Mikolov, T., and Bengio, Y. (2013). On the difficulty of training recurrent neural networks. In *ICML'2013*.

Pascanu, R., Gülçehre, Ç., Cho, K., and Bengio, Y. (2014a). How to construct deep recurrent neural networks. In *ICLR'2014*.

Pascanu, R., Montufar, G., and Bengio, Y. (2014b). On the number of inference regions of deep feed forward networks with piece-wise linear activations. In *ICLR'2014*.

Pati, Y., Rezaiifar, R., and Krishnaprasad, P. (1993). Orthogonal matching pursuit: Recursive function approximation with applications to wavelet decomposition. In *Proceedings of the 27 th Annual Asilomar Conference on Signals, Systems, and Computers*, pages 40–44.

Pearl, J. (1985). Bayesian networks: A model of self-activated memory for evidential reasoning. In *Proceedings of the 7th Conference of the Cognitive Science Society, University of California, Irvine*, pages 329–334.

Pearl, J. (1988). *Probabilistic Reasoning in Intelligent Systems: Networks of Plausible Inference*. Morgan Kaufmann.

Perron, O. (1907). Zur theorie der matrices. *Mathematische Annalen*, **64**(2), 248–263.

Petersen, K. B. and Pedersen, M. S. (2006). The matrix cookbook. Version 20051003.

Peterson, G. B. (2004). A day of great illumination: B. F. Skinner's discovery of shaping. *Journal of the Experimental Analysis of Behavior*, **82**(3), 317–328.

Pham, D.-T., Garat, P., and Jutten, C. (1992). Separation of a mixture of independent sources through a maximum likelihood approach. In *EUSIPCO*, pages 771–774.

Pham, P.-H., Jelaca, D., Farabet, C., Martini, B., LeCun, Y., and Culurciello, E. (2012). NeuFlow: dataflow vision processing system-on-a-chip. In *Circuits and Systems (MWSCAS), 2012 IEEE 55th*

International Midwest Symposium on, pages 1044–1047. IEEE.

Pinheiro, P. H. O. and Collobert, R. (2014). Recurrent convolutional neural networks for scene labeling. In *ICML'2014*.

Pinheiro, P. H. O. and Collobert, R. (2015). From image-level to pixel-level labeling with convolutional networks. In *Conference on Computer Vision and Pattern Recognition (CVPR)*.

Pinto, N., Cox, D. D., and DiCarlo, J. J. (2008). Why is real-world visual object recognition hard? *PLoS Comput Biol*, **4**.

Pinto, N., Stone, Z., Zickler, T., and Cox, D. (2011). Scaling up biologically-inspired computer vision: A case study in unconstrained face recognition on facebook. In *Computer Vision and Pattern Recognition Workshops (CVPRW), 2011 IEEE Computer Society Conference on*, pages 35–42. IEEE.

Pollack, J. B. (1990). Recursive distributed representations. *Artificial Intelligence*, **46**(1), 77–105.

Polyak, B. and Juditsky, A. (1992). Acceleration of stochastic approximation by averaging. *SIAM J. Control and Optimization*, **30(4)**, 838–855.

Polyak, B. T. (1964). Some methods of speeding up the convergence of iteration methods. *USSR Computational Mathematics and Mathematical Physics*, **4**(5), 1–17.

Poole, B., Sohl-Dickstein, J., and Ganguli, S. (2014). Analyzing noise in autoencoders and deep networks. *CoRR*, **abs/1406.1831**.

Poon, H. and Domingos, P. (2011). Sum-product networks: A new deep architecture. In *Proceedings of the Twenty-seventh Conference in Uncertainty in Artificial Intelligence (UAI)*, Barcelona, Spain.

Presley, R. K. and Haggard, R. L. (1994). A fixed point implementation of the backpropagation learning algorithm. In *Southeastcon'94. Creative Technology Transfer-A Global Affair., Proceedings of the 1994 IEEE*, pages 136–138. IEEE.

Price, R. (1958). A useful theorem for nonlinear devices having Gaussian inputs. *IEEE Transactions on Information Theory*, **4**(2), 69–72.

Quiroga, R. Q., Reddy, L., Kreiman, G., Koch, C., and Fried, I. (2005). Invariant visual representation by single neurons in the human brain. *Nature*, **435**(7045), 1102–1107.

Radford, A., Metz, L., and Chintala, S. (2015). Unsupervised representation learning with deep convolutional generative adversarial networks. *arXiv preprint arXiv:1511.06434*.

Raiko, T., Yao, L., Cho, K., and Bengio, Y. (2014). Iterative neural autoregressive distribution estimator (NADE-k). Technical report, arXiv:1406.1485.

Raina, R., Madhavan, A., and Ng, A. Y. (2009). Large-scale deep unsupervised learning using graphics processors. In L. Bottou and M. Littman, editors, *Proceedings of the Twenty-sixth International Conference on Machine Learning (ICML'09)*, pages 873–880, New York, NY, USA. ACM.

Ramsey, F. P. (1926). Truth and probability. In R. B. Braithwaite, editor, *The Foundations of Mathematics and other Logical Essays*, chapter 7, pages 156–198. McMaster University Archive for the History of Economic Thought.

Ranzato, M. and Hinton, G. H. (2010). Modeling pixel means and covariances using factorized third-order Boltzmann machines. In *CVPR'2010*, pages 2551–2558.

Ranzato, M., Poultney, C., Chopra, S., and LeCun, Y. (2007a). Efficient learning of sparse representations with an energy-based model. In *NIPS'2006*.

Ranzato, M., Huang, F., Boureau, Y., and LeCun, Y. (2007b). Unsupervised learning of invariant feature hierarchies with applications to object recognition. In *Proceedings of the Computer Vision and Pattern Recognition Conference (CVPR'07)*. IEEE Press.

Ranzato, M., Boureau, Y., and LeCun, Y. (2008). Sparse feature learning for deep belief networks. In *NIPS'2007*.

Ranzato, M., Krizhevsky, A., and Hinton, G. E. (2010a). Factored 3-way restricted Boltzmann machines for modeling natural images. In *Proceedings of AISTATS 2010*.

Ranzato, M., Mnih, V., and Hinton, G. (2010b). Generating more realistic images using gated MRFs. In

NIPS'2010.

Rao, C. (1945). Information and the accuracy attainable in the estimation of statistical parameters. *Bulletin of the Calcutta Mathematical Society*, 37, 81–89.

Rasmus, A., Valpola, H., Honkala, M., Berglund, M., and Raiko, T. (2015). Semi-supervised learning with ladder network. *arXiv preprint arXiv:1507.02672*.

Recht, B., Re, C., Wright, S., and Niu, F. (2011). Hogwild: A lock-free approach to parallelizing stochastic gradient descent. In *NIPS'2011*.

Reichert, D. P., Seriès, P., and Storkey, A. J. (2011). Neuronal adaptation for sampling-based probabilistic inference in perceptual bistability. In *Advances in Neural Information Processing Systems*, pages 2357–2365.

Rezende, D. J., Mohamed, S., and Wierstra, D. (2014). Stochastic backpropagation and approximate inference in deep generative models. In *ICML'2014*. Preprint: arXiv:1401.4082.

Rifai, S., Vincent, P., Muller, X., Glorot, X., and Bengio, Y. (2011a). Contractive auto-encoders: Explicit invariance during feature extraction. In *ICML'2011*.

Rifai, S., Mesnil, G., Vincent, P., Muller, X., Bengio, Y., Dauphin, Y., and Glorot, X. (2011b). Higher order contractive auto-encoder. In *ECML PKDD*.

Rifai, S., Dauphin, Y., Vincent, P., Bengio, Y., and Muller, X. (2011c). The manifold tangent classifier. In *NIPS'2011*.

Rifai, S., Bengio, Y., Dauphin, Y., and Vincent, P. (2012). A generative process for sampling contractive auto-encoders. In *ICML'2012*.

Ringach, D. and Shapley, R. (2004). Reverse correlation in neurophysiology. *Cognitive Science*, 28(2), 147–166.

Roberts, S. and Everson, R. (2001). *Independent component analysis: principles and practice*. Cambridge University Press.

Robinson, A. J. and Fallside, F. (1991). A recurrent error propagation network speech recognition system. *Computer Speech and Language*, 5(3), 259–274.

Rockafellar, R. T. (1997). Convex analysis. princeton landmarks in mathematics.

Romero, A., Ballas, N., Ebrahimi Kahou, S., Chassang, A., Gatta, C., and Bengio, Y. (2015). Fitnets: Hints for thin deep nets. In *ICLR'2015, arXiv:1412.6550*.

Rosen, J. B. (1960). The gradient projection method for nonlinear programming. part i. linear constraints. *Journal of the Society for Industrial and Applied Mathematics*, 8(1), pp. 181–217.

Rosenblatt, F. (1958). The perceptron: A probabilistic model for information storage and organization in the brain. *Psychological Review*, 65, 386–408.

Rosenblatt, F. (1962). *Principles of Neurodynamics*. Spartan, New York.

Roweis, S. and Saul, L. K. (2000). Nonlinear dimensionality reduction by locally linear embedding. *Science*, 290(5500).

Roweis, S., Saul, L., and Hinton, G. (2002). Global coordination of local linear models. In T. Dietterich, S. Becker, and Z. Ghahramani, editors, *Advances in Neural Information Processing Systems 14 (NIPS'01)*, Cambridge, MA. MIT Press.

Rubin, D. B. *et al.* (1984). Bayesianly justifiable and relevant frequency calculations for the applied statistician. *The Annals of Statistics*, 12(4), 1151–1172.

Rumelhart, D., Hinton, G., and Williams, R. (1986a). Learning representations by back-propagating errors. *Nature*, 323, 533–536.

Rumelhart, D. E., Hinton, G. E., and Williams, R. J. (1986b). Learning internal representations by error propagation. In D. E. Rumelhart and J. L. McClelland, editors, *Parallel Distributed Processing*, volume 1, chapter 8, pages 318–362. MIT Press, Cambridge.

Rumelhart, D. E., McClelland, J. L., and the PDP Research Group (1986c). *Parallel Distributed Processing: Explorations in the Microstructure of Cognition*. MIT Press, Cambridge.

Russakovsky, O., Deng, J., Su, H., Krause, J., Satheesh, S., Ma, S., Huang, Z., Karpathy, A., Khosla, A., Bernstein, M., Berg, A. C., and Fei-Fei, L. (2014a). ImageNet Large Scale Visual Recognition Challenge.

Russakovsky, O., Deng, J., Su, H., Krause, J., Satheesh, S., Ma, S., Huang, Z., Karpathy, A., Khosla, A., Bernstein, M., *et al.* (2014b). Imagenet large scale visual recognition challenge. *arXiv preprint arXiv:1409.0575*.

Russel, S. J. and Norvig, P. (2003). *Artificial Intelligence: a Modern Approach*. Prentice Hall.

Rust, N., Schwartz, O., Movshon, J. A., and Simoncelli, E. (2005). Spatiotemporal elements of macaque V1 receptive fields. *Neuron*, **46**(6), 945–956.

Sainath, T., Mohamed, A., Kingsbury, B., and Ramabhadran, B. (2013). Deep convolutional neural networks for LVCSR. In *ICASSP 2013*.

Salakhutdinov, R. (2010). Learning in Markov random fields using tempered transitions. In Y. Bengio, D. Schuurmans, C. Williams, J. Lafferty, and A. Culotta, editors, *Advances in Neural Information Processing Systems 22 (NIPS'09)*.

Salakhutdinov, R. and Hinton, G. (2009a). Deep Boltzmann machines. In *Proceedings of the International Conference on Artificial Intelligence and Statistics*, volume 5, pages 448–455.

Salakhutdinov, R. and Hinton, G. (2009b). Semantic hashing. In *International Journal of Approximate Reasoning*.

Salakhutdinov, R. and Hinton, G. E. (2007a). Learning a nonlinear embedding by preserving class neighbourhood structure. In *Proceedings of the Eleventh International Conference on Artificial Intelligence and Statistics (AISTATS'07)*, San Juan, Porto Rico. Omnipress.

Salakhutdinov, R. and Hinton, G. E. (2007b). Semantic hashing. In *SIGIR'2007*.

Salakhutdinov, R. and Hinton, G. E. (2008). Using deep belief nets to learn covariance kernels for Gaussian processes. In J. Platt, D. Koller, Y. Singer, and S. Roweis, editors, *Advances in Neural Information Processing Systems 20 (NIPS'07)*, pages 1249–1256, Cambridge, MA. MIT Press.

Salakhutdinov, R. and Larochelle, H. (2010). Efficient learning of deep Boltzmann machines. In *Proceedings of the Thirteenth International Conference on Artificial Intelligence and Statistics (AISTATS 2010), JMLR W&CP*, volume 9, pages 693–700.

Salakhutdinov, R. and Mnih, A. (2008). Probabilistic matrix factorization. In *NIPS'2008*.

Salakhutdinov, R. and Murray, I. (2008). On the quantitative analysis of deep belief networks. In W. W. Cohen, A. McCallum, and S. T. Roweis, editors, *Proceedings of the Twenty-fifth International Conference on Machine Learning (ICML'08)*, volume 25, pages 872–879. ACM.

Salakhutdinov, R., Mnih, A., and Hinton, G. (2007). Restricted Boltzmann machines for collaborative filtering. In *ICML*.

Sanger, T. D. (1994). Neural network learning control of robot manipulators using gradually increasing task difficulty. *IEEE Transactions on Robotics and Automation*, **10**(3).

Saul, L. K. and Jordan, M. I. (1996). Exploiting tractable substructures in intractable networks. In D. Touretzky, M. Mozer, and M. Hasselmo, editors, *Advances in Neural Information Processing Systems 8 (NIPS'95)*. MIT Press, Cambridge, MA.

Saul, L. K., Jaakkola, T., and Jordan, M. I. (1996). Mean field theory for sigmoid belief networks. *Journal of Artificial Intelligence Research*, **4**, 61–76.

Savich, A. W., Moussa, M., and Areibi, S. (2007). The impact of arithmetic representation on implementing mlp-bp on fpgas: A study. *Neural Networks, IEEE Transactions on*, **18**(1), 240–252.

Saxe, A. M., Koh, P. W., Chen, Z., Bhand, M., Suresh, B., and Ng, A. (2011). On random weights and unsupervised feature learning. In *Proc. ICML'2011*. ACM.

Saxe, A. M., McClelland, J. L., and Ganguli, S. (2013). Exact solutions to the nonlinear dynamics of learning in deep linear neural networks. In *ICLR*.

Schaul, T., Antonoglou, I., and Silver, D. (2014). Unit tests for stochastic optimization. In *International*

Conference on Learning Representations.

Schmidhuber, J. (1992). Learning complex, extended sequences using the principle of history compression. *Neural Computation*, 4(2), 234–242.

Schmidhuber, J. (1996). Sequential neural text compression. *IEEE Transactions on Neural Networks*, 7(1), 142–146.

Schmidhuber, J. (2012). Self-delimiting neural networks. *arXiv preprint arXiv:1210.0118*.

Schölkopf, B. and Smola, A. J. (2002). *Learning with kernels: Support vector machines, regularization, optimization, and beyond.* MIT press.

Schölkopf, B., Smola, A., and Müller, K.-R. (1998). Nonlinear component analysis as a kernel eigenvalue problem. *Neural Computation*, 10, 1299–1319.

Schölkopf, B., Burges, C. J. C., and Smola, A. J. (1999). *Advances in Kernel Methods — Support Vector Learning.* MIT Press, Cambridge, MA.

Schölkopf, B., Janzing, D., Peters, J., Sgouritsa, E., Zhang, K., and Mooij, J. (2012). On causal and anticausal learning. In *ICML'2012*, pages 1255–1262.

Schuster, M. (1999). On supervised learning from sequential data with applications for speech recognition.

Schuster, M. and Paliwal, K. (1997). Bidirectional recurrent neural networks. *IEEE Transactions on Signal Processing*, 45(11), 2673–2681.

Schwenk, H. (2007). Continuous space language models. *Computer speech and language*, 21, 492–518.

Schwenk, H. (2010). Continuous space language models for statistical machine translation. *The Prague Bulletin of Mathematical Linguistics*, 93, 137–146.

Schwenk, H. (2014). Cleaned subset of WMT '14 dataset.

Schwenk, H. and Bengio, Y. (1998). Training methods for adaptive boosting of neural networks. In M. Jordan, M. Kearns, and S. Solla, editors, *Advances in Neural Information Processing Systems 10 (NIPS'97)*, pages 647–653. MIT Press.

Schwenk, H. and Gauvain, J.-L. (2002). Connectionist language modeling for large vocabulary continuous speech recognition. In *International Conference on Acoustics, Speech and Signal Processing (ICASSP)*, pages 765–768, Orlando, Florida.

Schwenk, H., Costa-jussà, M. R., and Fonollosa, J. A. R. (2006). Continuous space language models for the IWSLT 2006 task. In *International Workshop on Spoken Language Translation*, pages 166–173.

Seide, F., Li, G., and Yu, D. (2011). Conversational speech transcription using context-dependent deep neural networks. In *Interspeech 2011*, pages 437–440.

Sejnowski, T. (1987). Higher-order Boltzmann machines. In *AIP Conference Proceedings 151 on Neural Networks for Computing*, pages 398–403. American Institute of Physics Inc.

Series, P., Reichert, D. P., and Storkey, A. J. (2010). Hallucinations in Charles Bonnet syndrome induced by homeostasis: a deep Boltzmann machine model. In *Advances in Neural Information Processing Systems*, pages 2020–2028.

Sermanet, P., Chintala, S., and LeCun, Y. (2012). Convolutional neural networks applied to house numbers digit classification. *CoRR*, abs/1204.3968.

Sermanet, P., Kavukcuoglu, K., Chintala, S., and LeCun, Y. (2013). Pedestrian detection with unsupervised multi-stage feature learning. In *Proc. International Conference on Computer Vision and Pattern Recognition (CVPR'13)*. IEEE.

Shilov, G. (1977). *Linear Algebra.* Dover Books on Mathematics Series. Dover Publications.

Siegelmann, H. (1995). Computation beyond the Turing limit. *Science*, 268(5210), 545–548.

Siegelmann, H. and Sontag, E. (1991). Turing computability with neural nets. *Applied Mathematics Letters*, 4(6), 77–80.

Siegelmann, H. T. and Sontag, E. D. (1995). On the computational power of neural nets. *Journal of Computer and Systems Sciences*, 50(1), 132–150.

Sietsma, J. and Dow, R. (1991). Creating artificial neural networks that generalize. *Neural Networks*,

4(1), 67–79.

Simard, D., Steinkraus, P. Y., and Platt, J. C. (2003). Best practices for convolutional neural networks. In *ICDAR'2003*.

Simard, P. and Graf, H. P. (1994). Backpropagation without multiplication. In *Advances in Neural Information Processing Systems*, pages 232–239.

Simard, P., Victorri, B., LeCun, Y., and Denker, J. (1992). Tangent prop - A formalism for specifying selected invariances in an adaptive network. In *NIPS'1991*.

Simard, P. Y., LeCun, Y., and Denker, J. (1993). Efficient pattern recognition using a new transformation distance. In *NIPS'92*.

Simard, P. Y., LeCun, Y. A., Denker, J. S., and Victorri, B. (1998). Transformation invariance in pattern recognition — tangent distance and tangent propagation. *Lecture Notes in Computer Science*, **1524**.

Simons, D. J. and Levin, D. T. (1998). Failure to detect changes to people during a real-world interaction. *Psychonomic Bulletin & Review*, **5**(4), 644–649.

Simonyan, K. and Zisserman, A. (2015). Very deep convolutional networks for large-scale image recognition. In *ICLR*.

Sjöberg, J. and Ljung, L. (1995). Overtraining, regularization and searching for a minimum, with application to neural networks. *International Journal of Control*, **62**(6), 1391–1407.

Skinner, B. F. (1958). Reinforcement today. *American Psychologist*, **13**, 94–99.

Smolensky, P. (1986). Information processing in dynamical systems: Foundations of harmony theory. In D. E. Rumelhart and J. L. McClelland, editors, *Parallel Distributed Processing*, volume 1, chapter 6, pages 194–281. MIT Press, Cambridge.

Snoek, J., Larochelle, H., and Adams, R. P. (2012). Practical Bayesian optimization of machine learning algorithms. In *NIPS'2012*.

Socher, R., Huang, E. H., Pennington, J., Ng, A. Y., and Manning, C. D. (2011a). Dynamic pooling and unfolding recursive autoencoders for paraphrase detection. In *NIPS'2011*.

Socher, R., Manning, C., and Ng, A. Y. (2011b). Parsing natural scenes and natural language with recursive neural networks. In *Proceedings of the Twenty-Eighth International Conference on Machine Learning (ICML'2011)*.

Socher, R., Pennington, J., Huang, E. H., Ng, A. Y., and Manning, C. D. (2011c). Semi-supervised recursive autoencoders for predicting sentiment distributions. In *EMNLP'2011*.

Socher, R., Perelygin, A., Wu, J. Y., Chuang, J., Manning, C. D., Ng, A. Y., and Potts, C. (2013a). Recursive deep models for semantic compositionality over a sentiment treebank. In *EMNLP'2013*.

Socher, R., Ganjoo, M., Manning, C. D., and Ng, A. Y. (2013b). Zero-shot learning through cross-modal transfer. In *27th Annual Conference on Neural Information Processing Systems (NIPS 2013)*.

Sohl-Dickstein, J., Weiss, E. A., Maheswaranathan, N., and Ganguli, S. (2015). Deep unsupervised learning using nonequilibrium thermodynamics.

Sohn, K., Zhou, G., and Lee, H. (2013). Learning and selecting features jointly with point-wise gated Boltzmann machines. In *ICML'2013*.

Solomonoff, R. J. (1989). A system for incremental learning based on algorithmic probability.

Sontag, E. D. (1998). VC dimension of neural networks. *NATO ASI Series F Computer and Systems Sciences*, **168**, 69–96.

Sontag, E. D. and Sussman, H. J. (1989). Backpropagation can give rise to spurious local minima even for networks without hidden layers. *Complex Systems*, **3**, 91–106.

Sparkes, B. (1996). *The Red and the Black: Studies in Greek Pottery*. Routledge.

Spitkovsky, V. I., Alshawi, H., and Jurafsky, D. (2010). From baby steps to leapfrog: how "less is more" in unsupervised dependency parsing. In *HLT'10*.

Squire, W. and Trapp, G. (1998). Using complex variables to estimate derivatives of real functions. *SIAM Rev.*, **40**(1), 110—112.

Srebro, N. and Shraibman, A. (2005). Rank, trace-norm and max-norm. In *Proceedings of the 18th Annual Conference on Learning Theory*, pages 545–560. Springer-Verlag.

Srivastava, N. (2013). *Improving Neural Networks With Dropout*. Master's thesis, U. Toronto.

Srivastava, N. and Salakhutdinov, R. (2012). Multimodal learning with deep Boltzmann machines. In *NIPS'2012*.

Srivastava, N., Salakhutdinov, R. R., and Hinton, G. E. (2013). Modeling documents with deep Boltzmann machines. *arXiv preprint arXiv:1309.6865*.

Srivastava, N., Hinton, G., Krizhevsky, A., Sutskever, I., and Salakhutdinov, R. (2014). Dropout: A simple way to prevent neural networks from overfitting. *Journal of Machine Learning Research*, **15**, 1929–1958.

Srivastava, R. K., Greff, K., and Schmidhuber, J. (2015). Highway networks. *arXiv:1505.00387*.

Steinkrau, D., Simard, P. Y., and Buck, I. (2005). Using GPUs for machine learning algorithms. *2013 12th International Conference on Document Analysis and Recognition*, **0**, 1115–1119.

Stoyanov, V., Ropson, A., and Eisner, J. (2011). Empirical risk minimization of graphical model parameters given approximate inference, decoding, and model structure. In *Proceedings of the 14th International Conference on Artificial Intelligence and Statistics (AISTATS)*, volume 15 of *JMLR Workshop and Conference Proceedings*, pages 725–733, Fort Lauderdale. Supplementary material (4 pages) also available.

Sukhbaatar, S., Szlam, A., Weston, J., and Fergus, R. (2015). Weakly supervised memory networks. *arXiv preprint arXiv:1503.08895*.

Supancic, J. and Ramanan, D. (2013). Self-paced learning for long-term tracking. In *CVPR'2013*.

Sussillo, D. (2014). Random walks: Training very deep nonlinear feed-forward networks with smart initialization. *CoRR*, **abs/1412.6558**.

Sutskever, I. (2012). *Training Recurrent Neural Networks*. Ph.D. thesis, Department of computer science, University of Toronto.

Sutskever, I. and Hinton, G. E. (2008). Deep narrow sigmoid belief networks are universal approximators. *Neural Computation*, **20**(11), 2629–2636.

Sutskever, I. and Tieleman, T. (2010). On the Convergence Properties of Contrastive Divergence. In Y. W. Teh and M. Titterington, editors, *Proc. of the International Conference on Artificial Intelligence and Statistics (AISTATS)*, volume 9, pages 789–795.

Sutskever, I., Hinton, G., and Taylor, G. (2009). The recurrent temporal restricted Boltzmann machine. In *NIPS'2008*.

Sutskever, I., Martens, J., and Hinton, G. E. (2011). Generating text with recurrent neural networks. In *ICML'2011*, pages 1017–1024.

Sutskever, I., Martens, J., Dahl, G., and Hinton, G. (2013). On the importance of initialization and momentum in deep learning. In *ICML*.

Sutskever, I., Vinyals, O., and Le, Q. V. (2014). Sequence to sequence learning with neural networks. In *NIPS'2014, arXiv:1409.3215*.

Sutton, R. and Barto, A. (1998). *Reinforcement Learning: An Introduction*. MIT Press.

Sutton, R. S., Mcallester, D., Singh, S., and Mansour, Y. (2000). Policy gradient methods for reinforcement learning with function approximation. In *NIPS'1999*, pages 1057—1063. MIT Press.

Swersky, K., Ranzato, M., Buchman, D., Marlin, B., and de Freitas, N. (2011). On autoencoders and score matching for energy based models. In *ICML'2011*. ACM.

Swersky, K., Snoek, J., and Adams, R. P. (2014). Freeze-thaw Bayesian optimization. *arXiv preprint arXiv:1406.3896*.

Szegedy, C., Liu, W., Jia, Y., Sermanet, P., Reed, S., Anguelov, D., Erhan, D., Vanhoucke, V., and Rabinovich, A. (2014a). Going deeper with convolutions. Technical report, arXiv:1409.4842.

Szegedy, C., Zaremba, W., Sutskever, I., Bruna, J., Erhan, D., Goodfellow, I. J., and Fergus, R. (2014b).

Intriguing properties of neural networks. *ICLR*, abs/1312.6199.

Szegedy, C., Vanhoucke, V., Ioffe, S., Shlens, J., and Wojna, Z. (2015). Rethinking the Inception Architecture for Computer Vision. *ArXiv e-prints*.

Taigman, Y., Yang, M., Ranzato, M., and Wolf, L. (2014). DeepFace: Closing the gap to human-level performance in face verification. In *CVPR'2014*.

Tandy, D. W. (1997). *Works and Days: A Translation and Commentary for the Social Sciences*. University of California Press.

Tang, Y. and Eliasmith, C. (2010). Deep networks for robust visual recognition. In *Proceedings of the 27th International Conference on Machine Learning, June 21-24, 2010, Haifa, Israel*.

Tang, Y., Salakhutdinov, R., and Hinton, G. (2012). Deep mixtures of factor analysers. *arXiv preprint arXiv:1206.4635*.

Taylor, G. and Hinton, G. (2009). Factored conditional restricted Boltzmann machines for modeling motion style. In L. Bottou and M. Littman, editors, *Proceedings of the Twenty-sixth International Conference on Machine Learning (ICML'09)*, pages 1025–1032, Montreal, Quebec, Canada. ACM.

Taylor, G., Hinton, G. E., and Roweis, S. (2007). Modeling human motion using binary latent variables. In B. Schölkopf, J. Platt, and T. Hoffman, editors, *Advances in Neural Information Processing Systems 19 (NIPS'06)*, pages 1345–1352. MIT Press, Cambridge, MA.

Teh, Y., Welling, M., Osindero, S., and Hinton, G. E. (2003). Energy-based models for sparse overcomplete representations. *Journal of Machine Learning Research*, **4**, 1235–1260.

Tenenbaum, J., de Silva, V., and Langford, J. C. (2000). A global geometric framework for nonlinear dimensionality reduction. *Science*, **290**(5500), 2319–2323.

Theis, L., van den Oord, A., and Bethge, M. (2015). A note on the evaluation of generative models. arXiv:1511.01844.

Thompson, J., Jain, A., LeCun, Y., and Bregler, C. (2014). Joint training of a convolutional network and a graphical model for human pose estimation. In *NIPS'2014*.

Thrun, S. (1995). Learning to play the game of chess. In *NIPS'1994*.

Tibshirani, R. J. (1995). Regression shrinkage and selection via the lasso. *Journal of the Royal Statistical Society B*, **58**, 267–288.

Tieleman, T. (2008). Training restricted Boltzmann machines using approximations to the likelihood gradient. In W. W. Cohen, A. McCallum, and S. T. Roweis, editors, *Proceedings of the Twenty-fifth International Conference on Machine Learning (ICML'08)*, pages 1064–1071. ACM.

Tieleman, T. and Hinton, G. (2009). Using fast weights to improve persistent contrastive divergence. In L. Bottou and M. Littman, editors, *Proceedings of the Twenty-sixth International Conference on Machine Learning (ICML'09)*, pages 1033–1040. ACM.

Tipping, M. E. and Bishop, C. M. (1999). Probabilistic principal components analysis. *Journal of the Royal Statistical Society B*, **61**(3), 611–622.

Torralba, A., Fergus, R., and Weiss, Y. (2008). Small codes and large databases for recognition. In *Proceedings of the Computer Vision and Pattern Recognition Conference (CVPR'08)*, pages 1–8.

Touretzky, D. S. and Minton, G. E. (1985). Symbols among the neurons: Details of a connectionist inference architecture. In *Proceedings of the 9th International Joint Conference on Artificial Intelligence - Volume 1*, IJCAI'85, pages 238–243, San Francisco, CA, USA. Morgan Kaufmann Publishers Inc.

Tu, K. and Honavar, V. (2011). On the utility of curricula in unsupervised learning of probabilistic grammars. In *IJCAI'2011*.

Turaga, S. C., Murray, J. F., Jain, V., Roth, F., Helmstaedter, M., Briggman, K., Denk, W., and Seung, H. S. (2010). Convolutional networks can learn to generate affinity graphs for image segmentation. *Neural Computation*, **22**(2), 511–538.

Turian, J., Ratinov, L., and Bengio, Y. (2010). Word representations: A simple and general method for semi-supervised learning. In *Proc. ACL'2010*, pages 384–394.

Töscher, A., Jahrer, M., and Bell, R. M. (2009). The BigChaos solution to the Netflix grand prize.

Uria, B., Murray, I., and Larochelle, H. (2013). Rnade: The real-valued neural autoregressive density-estimator. In *NIPS'2013*.

van den Oörd, A., Dieleman, S., and Schrauwen, B. (2013). Deep content-based music recommendation. In *NIPS'2013*.

van der Maaten, L. and Hinton, G. E. (2008). Visualizing data using t-SNE. *J. Machine Learning Res.*, **9**.

Vanhoucke, V., Senior, A., and Mao, M. Z. (2011). Improving the speed of neural networks on CPUs. In *Proc. Deep Learning and Unsupervised Feature Learning NIPS Workshop*.

Vapnik, V. N. (1982). *Estimation of Dependences Based on Empirical Data*. Springer-Verlag, Berlin.

Vapnik, V. N. (1995). *The Nature of Statistical Learning Theory*. Springer, New York.

Vapnik, V. N. and Chervonenkis, A. Y. (1971). On the uniform convergence of relative frequencies of events to their probabilities. *Theory of Probability and Its Applications*, **16**, 264–280.

Vincent, P. (2011). A connection between score matching and denoising autoencoders. *Neural Computation*, **23**(7).

Vincent, P. and Bengio, Y. (2003). Manifold Parzen windows. In *NIPS'2002*. MIT Press.

Vincent, P., Larochelle, H., Bengio, Y., and Manzagol, P.-A. (2008). Extracting and composing robust features with denoising autoencoders. In *ICML 2008*.

Vincent, P., Larochelle, H., Lajoie, I., Bengio, Y., and Manzagol, P.-A. (2010). Stacked denoising autoencoders: Learning useful representations in a deep network with a local denoising criterion. *J. Machine Learning Res.*, **11**.

Vincent, P., de Brébisson, A., and Bouthillier, X. (2015). Efficient exact gradient update for training deep networks with very large sparse targets. In C. Cortes, N. D. Lawrence, D. D. Lee, M. Sugiyama, and R. Garnett, editors, *Advances in Neural Information Processing Systems 28*, pages 1108–1116. Curran Associates, Inc.

Vinyals, O., Kaiser, L., Koo, T., Petrov, S., Sutskever, I., and Hinton, G. (2014a). Grammar as a foreign language. Technical report, arXiv:1412.7449.

Vinyals, O., Toshev, A., Bengio, S., and Erhan, D. (2014b). Show and tell: a neural image caption generator. arXiv 1411.4555.

Vinyals, O., Fortunato, M., and Jaitly, N. (2015a). Pointer networks. *arXiv preprint arXiv:1506.03134*.

Vinyals, O., Toshev, A., Bengio, S., and Erhan, D. (2015b). Show and tell: a neural image caption generator. In *CVPR'2015*. arXiv:1411.4555.

Viola, P. and Jones, M. (2001). Robust real-time object detection. In *International Journal of Computer Vision*.

Visin, F., Kastner, K., Cho, K., Matteucci, M., Courville, A., and Bengio, Y. (2015). ReNet: A recurrent neural network based alternative to convolutional networks. *arXiv preprint arXiv:1505.00393*.

Von Melchner, L., Pallas, S. L., and Sur, M. (2000). Visual behaviour mediated by retinal projections directed to the auditory pathway. *Nature*, **404**(6780), 871–876.

Wager, S., Wang, S., and Liang, P. (2013). Dropout training as adaptive regularization. In *Advances in Neural Information Processing Systems 26*, pages 351–359.

Waibel, A., Hanazawa, T., Hinton, G. E., Shikano, K., and Lang, K. (1989). Phoneme recognition using time-delay neural networks. *IEEE Transactions on Acoustics, Speech, and Signal Processing*, **37**, 328–339.

Wan, L., Zeiler, M., Zhang, S., LeCun, Y., and Fergus, R. (2013). Regularization of neural networks using dropconnect. In *ICML'2013*.

Wang, S. and Manning, C. (2013). Fast dropout training. In *ICML'2013*.

Wang, Z., Zhang, J., Feng, J., and Chen, Z. (2014a). Knowledge graph and text jointly embedding. In *Proc. EMNLP'2014*.

Wang, Z., Zhang, J., Feng, J., and Chen, Z. (2014b). Knowledge graph embedding by translating on hyperplanes. In *Proc. AAAI'2014*.

Warde-Farley, D., Goodfellow, I. J., Courville, A., and Bengio, Y. (2014). An empirical analysis of dropout in piecewise linear networks. In *ICLR'2014*.

Wawrzynek, J., Asanovic, K., Kingsbury, B., Johnson, D., Beck, J., and Morgan, N. (1996). Spert-II: A vector microprocessor system. *Computer*, **29**(3), 79–86.

Weaver, L. and Tao, N. (2001). The optimal reward baseline for gradient-based reinforcement learning. In *Proc. UAI'2001*, pages 538–545.

Weinberger, K. Q. and Saul, L. K. (2004). Unsupervised learning of image manifolds by semidefinite programming. In *CVPR'2004*, pages 988–995.

Weiss, Y., Torralba, A., and Fergus, R. (2008). Spectral hashing. In *NIPS*, pages 1753–1760.

Welling, M., Zemel, R. S., and Hinton, G. E. (2002). Self supervised boosting. In *Advances in Neural Information Processing Systems*, pages 665–672.

Welling, M., Hinton, G. E., and Osindero, S. (2003a). Learning sparse topographic representations with products of Student-t distributions. In *NIPS'2002*.

Welling, M., Zemel, R., and Hinton, G. E. (2003b). Self-supervised boosting. In S. Becker, S. Thrun, and K. Obermayer, editors, *Advances in Neural Information Processing Systems 15 (NIPS'02)*, pages 665–672. MIT Press.

Welling, M., Rosen-Zvi, M., and Hinton, G. E. (2005). Exponential family harmoniums with an application to information retrieval. In L. Saul, Y. Weiss, and L. Bottou, editors, *Advances in Neural Information Processing Systems 17 (NIPS'04)*, volume 17, Cambridge, MA. MIT Press.

Werbos, P. J. (1981). Applications of advances in nonlinear sensitivity analysis. In *Proceedings of the 10th IFIP Conference, 31.8 - 4.9, NYC*, pages 762–770.

Weston, J., Bengio, S., and Usunier, N. (2010). Large scale image annotation: learning to rank with joint word-image embeddings. *Machine Learning*, **81**(1), 21–35.

Weston, J., Chopra, S., and Bordes, A. (2014). Memory networks. *arXiv preprint arXiv:1410.3916*.

Widrow, B. and Hoff, M. E. (1960). Adaptive switching circuits. In *1960 IRE WESCON Convention Record*, volume 4, pages 96–104. IRE, New York.

Wikipedia (2015). List of animals by number of neurons — Wikipedia, the free encyclopedia. [Online; accessed 4-March-2015].

Williams, C. K. I. and Agakov, F. V. (2002). Products of Gaussians and Probabilistic Minor Component Analysis. *Neural Computation*, **14**(5), 1169–1182.

Williams, C. K. I. and Rasmussen, C. E. (1996). Gaussian processes for regression. In D. Touretzky, M. Mozer, and M. Hasselmo, editors, *Advances in Neural Information Processing Systems 8 (NIPS'95)*, pages 514–520. MIT Press, Cambridge, MA.

Williams, R. J. (1992). Simple statistical gradient-following algorithms connectionist reinforcement learning. *Machine Learning*, **8**, 229–256.

Williams, R. J. and Zipser, D. (1989). A learning algorithm for continually running fully recurrent neural networks. *Neural Computation*, **1**, 270–280.

Wilson, D. R. and Martinez, T. R. (2003). The general inefficiency of batch training for gradient descent learning. *Neural Networks*, **16**(10), 1429–1451.

Wilson, J. R. (1984). Variance reduction techniques for digital simulation. *American Journal of Mathematical and Management Sciences*, **4**(3), 277—312.

Wiskott, L. and Sejnowski, T. J. (2002). Slow feature analysis: Unsupervised learning of invariances. *Neural Computation*, **14**(4), 715–770.

Wolpert, D. and MacReady, W. (1997). No free lunch theorems for optimization. *IEEE Transactions on Evolutionary Computation*, **1**, 67–82.

Wolpert, D. H. (1996). The lack of a priori distinction between learning algorithms. *Neural Computation*,

8(7), 1341–1390.

Wu, R., Yan, S., Shan, Y., Dang, Q., and Sun, G. (2015). Deep image: Scaling up image recognition. arXiv:1501.02876.

Wu, Z. (1997). Global continuation for distance geometry problems. *SIAM Journal of Optimization*, 7, 814–836.

Xiong, H. Y., Barash, Y., and Frey, B. J. (2011). Bayesian prediction of tissue-regulated splicing using RNA sequence and cellular context. *Bioinformatics*, 27(18), 2554–2562.

Xu, K., Ba, J. L., Kiros, R., Cho, K., Courville, A., Salakhutdinov, R., Zemel, R. S., and Bengio, Y. (2015). Show, attend and tell: Neural image caption generation with visual attention. In *ICML'2015, arXiv:1502.03044*.

Yildiz, I. B., Jaeger, H., and Kiebel, S. J. (2012). Re-visiting the echo state property. *Neural networks*, 35, 1–9.

Yosinski, J., Clune, J., Bengio, Y., and Lipson, H. (2014). How transferable are features in deep neural networks? In *NIPS'2014*.

Younes, L. (1998). On the convergence of Markovian stochastic algorithms with rapidly decreasing ergodicity rates. In *Stochastics and Stochastics Models*, pages 177–228.

Yu, D., Wang, S., and Deng, L. (2010). Sequential labeling using deep-structured conditional random fields. *IEEE Journal of Selected Topics in Signal Processing*.

Zaremba, W. and Sutskever, I. (2014). Learning to execute. arXiv 1410.4615.

Zaremba, W. and Sutskever, I. (2015). Reinforcement learning neural Turing machines. *arXiv:1505.00521*.

Zaslavsky, T. (1975). *Facing Up to Arrangements: Face-Count Formulas for Partitions of Space by Hyperplanes*. Number no. 154 in Memoirs of the American Mathematical Society. American Mathematical Society.

Zeiler, M. D. and Fergus, R. (2014). Visualizing and understanding convolutional networks. In *ECCV'14*.

Zeiler, M. D., Ranzato, M., Monga, R., Mao, M., Yang, K., Le, Q., Nguyen, P., Senior, A., Vanhoucke, V., Dean, J., and Hinton, G. E. (2013). On rectified linear units for speech processing. In *ICASSP 2013*.

Zhou, B., Khosla, A., Lapedriza, A., Oliva, A., and Torralba, A. (2015). Object detectors emerge in deep scene CNNs. ICLR'2015, arXiv:1412.6856.

Zhou, J. and Troyanskaya, O. G. (2014). Deep supervised and convolutional generative stochastic network for protein secondary structure prediction. In *ICML'2014*.

Zhou, Y. and Chellappa, R. (1988). Computation of optical flow using a neural network. In *Neural Networks, 1988., IEEE International Conference on*, pages 71–78. IEEE.

Zöhrer, M. and Pernkopf, F. (2014). General stochastic networks for classification. In *NIPS'2014*.

欧文索引

D

E

日本語索引

■ り

■ る

■ れ

■ ろ

■ わ

訳者プロフィール

松尾 豊（まつお ゆたか）

東京大学 工学系研究科技術経営戦略学専攻 特任准教授
監訳，まえがき，第 1 章

鈴木 雅大（すずき まさひろ）

東京大学 工学系研究科技術経営戦略学専攻
監訳，本書冒頭（ウェブサイト，謝辞，表記），第 I 部冒頭，第 II 部冒頭，第 III 部冒頭，
第 16 章，第 17 章，第 18 章，第 19 章，第 20 章

黒滝 紘生（くろたき ひろき）

東京大学 工学系研究科技術経営戦略学専攻
第 2 章，第 13 章，第 14 章

河野 慎（かわの まこと）

慶應義塾大学 政策・メディア研究科
第 3 章，第 7 章

味曽野 雅史（みその まさのり）

東京大学 情報理工学系研究科システム情報学専攻
第 4 章，第 6 章

保住 純（ほずみ じゅん）

東京大学 工学系研究科技術経営戦略学専攻
第 5 章

野中 尚輝（のなか なおき）

東京大学 工学系研究科技術経営戦略学専攻
第 8 章，第 11 章

岩澤 有祐（いわさわ ゆうすけ）

東京大学 工学系研究科技術経営戦略学専攻 特任研究員
監訳，第 9 章，第 15 章

冨山 翔司（とやま じょうじ）

東京大学 工学系研究科技術経営戦略学専攻
第 10 章

中山 浩太郎（なかやま こうたろう）

東京大学 工学系研究科技術経営戦略学専攻 特任講師
監訳，第 12 章

角田 貴大（つのだ たかひろ）

オックスフォード大学 物理学科物性物理学専攻
第 20 章

●本書に対するお問い合わせは、電子メール（info@asciidwango.jp）にてお願いいたします。
但し、本書の記述内容を越えるご質問にはお答えできませんので、ご了承ください。

深層学習

2018 年 2 月 28 日　初版発行
2020 年 12 月 24 日　初版第 6 刷発行

著　者　Ian Goodfellow, Yoshua Bengio, Aaron Courville
監　訳　岩澤 有祐、鈴木 雅大、中山 浩太郎、松尾 豊
翻　訳　黒滝 紘生、河野 慎、味曽野 雅史、保住 純、野中 尚輝、冨山 翔司、角田 貴大
翻訳協力　株式会社トランネット 田中 幸、柴田 浩一
発行者　夏野 剛
発　行　株式会社ドワンゴ

〒 104-0061
東京都中央区銀座 4-12-15 歌舞伎座タワー
編集 03-3549-6153
電子メール info@asciidwango.jp
https://asciidwango.jp/

発　売　株式会社 KADOKAWA

〒 102-8177
東京都千代田区富士見 2-13-3
KADOKAWA 購入窓口　0570–002–008（ナビダイヤル）
https://www.kadokawa.co.jp/

印刷・製本　株式会社リーブルテック

Printed in Japan

Cover image: Central Park Azalea Walk Dreamscape by Daniel Ambrosi (danielambrosi.com)
Daniel Ambrosi's "Dreamscapes" are created by applying a version of Google's DeepDream open source software modified by Joseph Smarr (Google) and Chris Lamb (NVIDIA) to operate successfully on Ambrosi's multi-hundred megapixel panoramic images.

ISBN: 978-4-04-893062-8 C3004

アスキードワンゴ編集部
編　集　鈴木嘉平、星野浩章